Enzyklopädie der Rechts- und Staatswissenschaft

Begründet von
F. von Liszt und W. Kaskel

Herausgegeben von
H. Albach · E. Helmstädter
P. Lerche · D. Nörr

Abteilung Rechtswissenschaft

Eugen Ulmer

Urheber- und Verlagsrecht

Dritte, neu bearbeitete Auflage

Springer-Verlag Berlin Heidelberg New York 1980

Professor Dr. Dr. h.c. EUGEN ULMER
Dreschstraße 17
8000 München 40

ISBN 3-540-10367-8 Springer-Verlag Berlin Heidelberg New York
ISBN 0-387-10367-8 Springer-Verlag New York Heidelberg Berlin

ISBN 3-540-02506-5 2. Auflage Springer-Verlag Berlin Heidelberg New York
ISBN 0-387-02506-5 2nd edition Springer-Verlag New York Heidelberg Berlin

CIP-Kurztitelaufnahme der Deutschen Bibliothek

Enzyklopädie der Rechts- und Staatswissenschaft/begr. von F. von Liszt u. W. Kaskel.
Hrsg. von H. Albach ... – Berlin, Heidelberg, New York: Springer.
Teilw. hrsg. von W. Kunkel. – Teilw. hrsg. von P. Lerche; D. Nörr.
Abteilung Rechtswissenschaft
NE: Liszt, Franz von [Begr.]; Albach, Horst [Hrsg.]; Lerche, Peter [Hrsg.];
Kunkel, Wolfgang [Hrsg.]
Ulmer, Eugen: Urheber- und Verlagsrecht

Ulmer, Eugen: Urheber- und Verlagsrecht/Eugen Ulmer
3., neu bearb. Aufl. – Berlin, Heidelberg, New York: Springer, 1980.
(Enzyklopädie der Rechts- und Staatswissenschaft: Abteilung Rechtswissenschaft)
ISBN 3-540-10367-8 (Berlin, Heidelberg, New York)
ISBN 0-387-10367-8 (New York, Heidelberg, Berlin)

Printed in Germany
Satz, Druck- und Bindearbeiten: Brühlsche Universitätsdruckerei, Gießen
2143/3321–543210

Den Kollegen und Mitarbeitern
im Max-Planck-Institut für
ausländisches und internationales
Patent-, Urheber- und Wettbewerbsrecht

Vorwort

Die erste Auflage dieses Buches war 1951, die zweite Auflage 1960 erschienen. Angesichts der Rechtsentwicklung in den beiden Jahrzehnten, die seitdem verstrichen sind, war eine Fülle von Änderungen und Neuerungen zu beachten. Voran steht dabei das Urheberrechtsgesetz von 1965, mit dem die jahrzehntelangen deutschen Reformarbeiten ihren Abschluß gefunden haben, sowie das ergänzende Gesetz über die Wahrnehmung von Urheberrechten und verwandten Schutzrechten. Aus dem Konventionsrecht waren insbesondere das Rom-Abkommen über den Schutz der ausübenden Künstler, der Hersteller von Tonträgern und der Sendeunternehmen, die Stockholmer und Pariser Revisionen der Berner Übereinkunft und die Pariser Revision des Welturheberrechtsabkommens zu berücksichtigen. Im Gemeinsamen Markt sind es die Wettbewerbsregeln und der Grundsatz des freien Warenverkehrs, die für die Beurteilung urheberrechtlicher Sachverhalte von Bedeutung geworden sind. Und nicht zuletzt sind es wiederum neuartige, durch die technische Entwicklung bedingte Sachverhalte, wie die neuen audiovisuellen Medien, die Sendungen über Satelliten und der Einsatz der elektronischen Datenverarbeitung, die besondere urheberrechtliche Fragen auf den Plan gerufen haben.

Die Berücksichtigung der Neuerungen sowie der reichen Rechtsprechung und Literatur haben eine umfassende Neubearbeitung erforderlich gemacht. Sie war schon bald nach Erlaß des Urheberrechtsgesetzes geplant, hat aber durch vordringliche Arbeiten auf nationaler und internationaler Ebene einen Aufschub erfahren. Bei der Ausarbeitung hat sich eine Erweiterung des Umfangs des Buchs als unvermeidlich erwiesen. Unter anderem wurde auch dem Urhebervertragsrecht angesichts der Bedeutung, die ihm für die Ausübung des Urheberrechts zukommt, ein breiterer Raum als früher gewidmet.

Als Stätte der Arbeit an der Neuauflage hat sich das Münchener Max-Planck-Institut für ausländisches und internationales Patent-, Urheber- und Wettbewerbsrecht angesichts seiner umfassenden Fachbibliothek besonders bewährt. Eine Quelle der Bereicherung waren mir auch die Aussprache und Zusammenarbeit mit den Kollegen und Mitarbeitern im Institut, denen diese Auflage in freundschaftlicher Verbundenheit gewidmet ist. Ich schließe dabei auch den mit den Arbeiten des Instituts seit mehreren Jahren eng verbundenen Präsidenten Dr. KURT HAERTEL ein, dessen Initiative ich die Berufung in die zu den internationalen Urheberrechtskonferenzen entsandten Delegationen der Bundesrepublik und die daraus erwachsenen wertvollen Kontakte mit ausländischen Sachkennern verdanke.

Gesetzgebung, Rechtsprechung und Schrifttum sind bis Anfang Juli 1980 berücksichtigt.

München, Juli 1980 EUGEN ULMER

Inhaltsverzeichnis

2. Kapitel. Die Werke und ihr Urheber

3. Kapitel. Die Rechte der Urheber

8. Kapitel. Verwandte Schutzrechte

9. Kapitel. Die Rechtsverletzungen und ihre Folgen

Verzeichnis der Abkürzungen

Die Literatur, die im Schrifttumsverzeichnis (§ 8) sowie vor einzelnen Abschnitten dieses Werkes angegeben ist, wird nur mit abgekürztem Titel zitiert. Bei Lehrbüchern und Grundrissen ist dem Verfassernamen die Abkürzung UR, bei Kommentaren die Abkürzung des Gesetzes beigefügt. Die sonstigen Abkürzungen sind die üblichen. Es bedeuten insbesondere:

AG	Amtsgericht
Amtliche Begründung	Amtliche Begründung zum Regierungsentwurf des Urheberrechtsgesetzes, abgedruckt bei HAERTEL-SCHIEFLER, Urheberrechtsgesetz und Gesetz über die Wahrnehmung verwandter Schutzrechte, 1967
Ann.	Annales de la propriété industrielle, artistique et littéraire
Arch. civ. Pr.	Archiv für die civilistische Praxis
Arch. FunkR	Archiv für Funkrecht
ARD	Arbeitsgemeinschaft der öffentlich-rechtlichen Rundfunkanstalten der Bundesrepublik Deutschland
AWD	Außenwirtschaftsdienst des Betriebs-Beraters
BArbG	Bundesarbeitsgericht
BBl.	Börsenblatt für den Deutschen Buchhandel, Frankfurter Ausgabe
BGB	Bürgerliches Gesetzbuch
BGH	Bundesgerichtshof
BGHSt.	Entscheidungen des BGH in Strafsachen (amtliche Sammlung)
BGHZ	Entscheidungen des BGH in Zivilsachen (amtliche Sammlung)
BIEM	Bureau International gérant les Droits de l'Enrégistrement et de la Reproduction Méchanique (früher: Bureau International de l'Edition Méchanique)
BKartA	Bundeskartellamt
BPatG	Bundespatentgericht
BVerfG	Bundesverfassungsgericht
BVerfGE	Entscheidungen des BVerfG (amtliche Sammlung)
BVerwG	Bundesverwaltungsgericht
CISAC	Confédération Internationale des Sociétés d'Auteurs et Compositeurs

DdA	Le Droit d'Auteur, Revue mensuelle de l'Organisation Mondiale de la Propriété Intellectuelle
DJZ	Deutsche Juristenzeitung
DÖV	Die öffentliche Verwaltung
DP	Dalloz Recueil Périodique
DRZ	Deutsche Rechtszeitschrift
EuGH	Gerichtshof der Europäischen Gemeinschaften
EWG	Europäische Wirtschaftsgemeinschaft
EWG-Vertrag	Vertrag zur Gründung der Europäischen Wirtschaftsgemeinschaft
Französisches UrhG	Loi sur la Propriété littéraire et artistique vom 11. März 1957
GEMA	Gesellschaft für musikalische Aufführungsrechte und mechanische Vervielfältigungsrechte
GeschmMG	Gesetz betreffend das Urheberrecht an Mustern und Modellen
GG	Grundgesetz für die Bundesrepublik Deutschland
GRUR	Gewerblicher Rechtsschutz und Urheberrecht
GRUR Int.	Gewerblicher Rechtsschutz und Urheberrecht, Internationaler Teil
GVL	Gesellschaft zur Verwertung von Leistungsschutzrechten
GWB	Gesetz gegen Wettbewerbsbeschränkungen
INTERGU	Internationale Gesellschaft für Urheberrecht
Italienisches UrhG	Italienisches Urheberrechtsgesetz vom 22. April 1941
Jherings Jahrb.	Jahrbücher für Dogmatik, begründet von R.v. Jhering
JW	Juristische Wochenschrift
JZ	Juristenzeitung
Kass.hof	Französischer Kassationshof
KG	Kammergericht Berlin
KO	Konkursordnung
KUG	Gesetz betreffend das Urheberrecht an Werken der bildenden Künste und der Photographie vom 9. Januar 1907
LArbG	Landesarbeitsgericht
LG	Landgericht
LUG	Gesetz betreffend das Urheberrecht an Werken der Literatur und der Tonkunst vom 19. Juni 1901
LZ	Leipziger Zeitschrift für deutsches Recht
MPI	Max-Planck-Institut für ausländisches und internationales Patent-, Urheber- und Wettbewerbsrecht

MuW	Markenschutz und Wettbewerb
NJW	Neue Juristische Wochenschrift
Novelle 1972	Gesetz zur Änderung des UrhG vom 10. November 1972
ÖJZ	Österreichische Juristenzeitung
Österreichischer OGH	Österreichischer Oberster Gerichtshof
Österreichisches UrhG	Österreichisches Urheberrechtsgesetz
OLG	Oberlandesgericht
PatG	Patentgesetz
PVÜ	Pariser Verbandsübereinkunft zum Schutz des gewerblichen Eigentums
RabelsZ	Zeitschrift für ausländisches und internationales Privatrecht, begründet von Ernst Rabel
RBÜ	Revidierte Berner Übereinkunft zum Schutz von Werken der Literatur und Kunst
Revue de l'U.E.R.	Revue de l'Union Européenne de Radiodiffusion
Rev. WUA	Welturheberrechtsabkommen, Fassung von 1971
RG	Reichsgericht
RGSt.	Entscheidungen des Reichsgerichts in Strafsachen (amtliche Sammlung)
RGZ	Entscheidungen des Reichsgerichts in Zivilsachen (amtliche Sammlung)
RIDA	Revue Internationale du Droit d'Auteur
ROHG	Reichsoberhandelsgericht
Rom-Abkommen	Internationales Abkommen über den Schutz der ausübenden Künstler, der Hersteller von Tonträgern und der Sendeunternehmen
Rspr.d.OLG	Die Rechtsprechung der Oberlandesgerichte auf dem Gebiet des Zivilrechts
Sir.	Recueil Sirey
SJZ	Süddeutsche Juristenzeitung
Schulze, BGHZ, KGZ,OLGZ,LGZ	Schulze Rechtsprechung zum Urheberrecht: Entscheidungen des BGH, des KG, der Oberlandesgerichte und Landgerichte
Schweizer UrhG	Schweizer Bundesgesetz vom 7. Dezember 1922 über das Urheberrecht an Werken der Literatur und Kunst
StGB	Strafgesetzbuch

StPO	Strafprozeßordnung
UFITA	Archiv für Urheber-, Film-, Funk- und Theaterrecht
UN. Cop. Bull.	UNESCO Copyright Bulletin
UR	Urheberrecht
UrhG	Gesetz über das Urheberrecht und verwandte Schutzrechte vom 9. September 1965
UrhG der DDR	Urheberrechtsgesetz der DDR vom 13. September 1965
U.S.	United States Supreme Court Reports
VerlG	Gesetz über das Verlagsrecht vom 19. Juni 1901
VAAP	All-Unions-Agentur der Sowjetunion für Urheberrechte
WahrnG	Gesetz über die Wahrnehmung von Urheberrechten und verwandten Schutzrechten vom 9. September 1965
WIPO	World Intellectual Property Organization
WUA	Welturheberrechtsabkommen
WuW	Wirtschaft und Wettbewerb
WZG	Warenzeichengesetz
ZAkDR	Zeitschrift der Akademie für deutsches Recht
ZDF	Zweites Deutsches Fernsehen
ZHR	Zeitschrift für das gesamte Handels- und Wirtschaftsrecht
ZPO	Zivilprozeßordnung
ZPÜ	Zentralstelle für private Überspielungsrechte

Einleitung

§ 1. Vom Urheberrecht im allgemeinen

I. Die Urheberrechtsordnung regelt die Rechtsverhältnisse an Werken der Literatur, der Wissenschaft und der Kunst. Sie schützt das Schaffen der Urheber, indem sie an die Ergebnisse des Schaffens anknüpft: Gegenstand des Urheberrechts sind die Werke, die, wie Sprachwerke und pantomimische Werke, wie Musikwerke und Werke der bildenden Künste, Lichtbildwerke und Filmwerke sowie Darstellungen wissenschaftlicher oder technischer Art, aus persönlichem geistigem Schaffen erwachsen.

1. Grundlage der Urheberrechtsordnung waren in Deutschland bis 1965 zwei Urheberrechtsgesetze: das Gesetz betreffend das Urheberrecht an Werken der Literatur und der Tonkunst (LUG) von 1901 und das Gesetz betreffend das Urheberrecht an Werken der bildenden Künste und der Photographie (KUG) von 1907. Die Zweiteilung war historisch bedingt. Sachlich war sie nicht veranlaßt. Die Regeln, die für die geschützten Werke gelten, stimmen in ihren Grundzügen miteinander überein. Mit Grund ist daher im Zuge der deutschen Urheberrechtsreform, an der seit Ende der zwanziger Jahre gearbeitet wurde, eine Zusammenfassung erfolgt: In der Bundesrepublik wurde am 9. September 1965 das Gesetz über Urheberrechte und verwandte Schutzrechte (UrhG) erlassen; in der DDR gilt das Gesetz über das Urheberrecht vom 13. September 1965.

Die Einheitlichkeit des Urheberrechts findet ihren Ausdruck auch in den führenden völkerrechtlichen Verträgen: Die völkerrechtliche Union, die 1886 in Bern gegründet wurde, ist ein Verband zum Schutz von Werken der Literatur und der Kunst; der Unionsvertrg führt seit der Berliner Revisionskonferenz von 1908 den Namen Revidierte Berner Übereinkunft (RBÜ). Das Welturheberrechtsabkommen (WUA), das im Jahr 1952 in Genf mit dem Ziel abgeschlossen wurde, auch im Verhältnis zu Staaten, die nicht der Berner Union angehören, insbesondere den Vereinigten Staaten von Amerika, den Urheberrechtsschutz durch ein multilaterales Abkommen sicherzustellen, dient, wie es in der Präambel und in Art. I heißt, dem Schutz der Werke der Literatur, der Wissenschaft und der Kunst.

2. Daß die RBÜ von den Werken der Literatur und Kunst, das UrhG und das WUA dagegen von den Werken der Literatur, Wissenschaft und Kunst sprechen, bedeutet in der Sache keinen Unterschied: Art. 2 RBÜ erläutert den Begriff der Werke der Literatur und Kunst dahin, daß er „alle Erzeugnisse auf dem Gebiet der Literatur, der Wissenschaft und der Kunst ohne Rücksicht auf die Art und Form des Ausdrucks" umfaßt. In den Urheberrechtsschutz einbezogen sind daher auch i.S. der RBÜ nicht nur wissenschaftliche Schriften und Reden, sondern auch tabellarische Werke, graphische und plastische Darstellungen, Kartenwerke u.a. Jedenfalls steht der Begriff der wissenschaftlichen Werke demjenigen der literarischen Werke nahe. Beide Begriffe überschneiden sich bei wissenschaftlichen Sprachwerken. Auch sind es nicht die wissenschaftlichen Ideen, Lehren oder Erkenntnisse, die unter Urheberrechtsschutz stehen, sondern die Werke, in denen sie begründet, erläutert, dargestellt oder angewandt werden. Auch wenn Ausdrucksmittel nicht Wort oder Schrift, sondern spezifische Mittel der wissenschaftlichen Darstellung sind, kann man die wissenschaftlichen Werke im weiteren Sinn des Wortes zu den Werken der Literatur rechnen.

3. Allgemein gesehen verläuft zwischen den Werken der Literatur, der Wissenschaft und der Kunst keine scharfe Grenzlinie. Der Begriff der Werke der Literatur, Wissenschaft und Kunst umschreibt vielmehr den Gesamtbereich der urheberrechtlich geschützten Werke, der durch die Aufzählung der wichtigsten Werkgattungen eine nähere Erläuterung erfährt. Während Musikwerke, Werke der bildenden Künste und pantomimische Werke eindeutig zum Bereich der Kunst gehören, lassen sich Gedichte, Dramen und Romane sowohl als Werke der Literatur wie als Werke der Kunst verstehen. Filme können als Spielfilme künstlerische, als Dokumentarfilme literarische, als Lehrfilme auch wissenschaftliche Werke sein. In Unterordnung unter den Gesamtbegriff der literarischen, wissenschaftlichen und künstlerischen Werke bilden sie aber eine einheitliche Werkgattung.

4. Rechnet man mit der RBÜ in einem weiteren Sinn des Wortes auch wissenschaftliche Werke zu den Werken der Literatur, so kann man zusammenfassend von den Werken der Literatur und Kunst sprechen. Auch in der vorliegenden Darstellung verwenden wir, sofern wir der Einfachheit halber von literarischen und künstlerischen Werken sprechen, den Begriff als gleichbedeutend mit dem gesetzlichen Begriff der Werke der Literatur, Wissenschaft und Kunst.

II. Das Urheberrecht schützt die Interessen der Urheber und ihrer Rechtsnachfolger. Es sind materielle und ideelle Interessen. Dem Urheber ist die Nutzung seines Werkes vorbehalten. Auch ist er in den ideellen Belangen geschützt, die aus der Schöpfung des Werkes erwachsen.

1. Unter den Rechten, die dem Urheber zustehen, pflegt man zwischen den Verwertungsrechten und dem Urheberpersönlichkeitsrecht zu unterscheiden.

Die Verwertungsrechte sind, geschichtlich gesehen, aus dem Nachdruckverbot erwachsen. Es ist eine Erweiterung des Nachdruckverbots, wenn dem Urheber im Zuge der Rechtsentwicklung das ausschließliche Recht zur Vervielfältigung seines Werkes, gleichgültig in welchem Verfahren und in welcher Zahl sie erfolgt, sowie das ausschließliche Recht zur Verbreitung der Werkstücke zuerkannt wurden. Dazu kommen als weitere Verwertungsrechte das ausschließliche Recht zur öffentlichen Wiedergabe des Werkes in unkörperlicher Form, wie das Recht zum öffentlichen Vortrag von Sprachwerken, zur öffentlichen Aufführung von Musik- und Bühnenwerken und zur öffentlichen Vorführung von Lichtbildwerken. Der fortschreitenden technischen Entwicklung entsprechend, ist der Bereich dieser Rechte zunehmend umfassender geworden: Vervielfältigung ist auch die reprographische Vervielfältigung durch Herstellung von Fotokopien, Mikrokopien und Xerokopien, die Einspeicherung des Werkes in Datenverarbeitungsanlagen sowie die Festlegung des Werkes auf Bild- und Tonträgern. Öffentliche Wiedergabe in unkörperlicher Form ist auch die Rundfunksendung, die öffentliche Wiedergabe mittels Bild- oder Tonträger sowie die Wiedergabe einer Rundfunksendung, die in einem öffentlichen Lokal erfolgt. Auch ist dem Urheber die Verwertung seines Werkes nicht nur in der Originalform vorbehalten; seine Zustimmung ist vielmehr auch zur Verwertung in bearbeiteter Form, beispielsweise in einer Übersetzung oder einer filmischen Bearbeitung, erforderlich. Im ganzen ist es eine reiche Palette von Verwertungsmöglichkeiten, die den Urhebern im Verlauf der Entwicklung zugewachsen sind; entsprechend erhöht wurde aber auch die Gefahr von Eingriffen in ihre Rechte.

Zur *Terminologie* ist folgendes zu bemerken: Unter dem Begriff der öffentlichen Wiedergabe versteht das UrhG die öffentliche Wiedergabe in unkörperlicher Form (§ 15 Abs. 2 UrhG). Ton- bzw. Bildträger sind Vorrichtungen zur wiederholbaren Wiedergabe von Ton- oder Bildfolgen wie Schallplatten und Videogramme (§ 16 Abs. 2 UrhG). Die Begriffe sind insbesondere auch im Filmrecht von Bedeutung: Bei Filmwerken sind bei Stummfilmen die Bildträger, bei Tonfilmen die Bild- und Tonträger das körperliche Substrat, auf dem das Filmwerk festgelegt ist. Bei Filmen, die keine Filmwerke sind und die das UrhG als Laufbilder bezeichnet, ist der Begriff des Films mit dem Begriff des Bildträgers bzw. des Bild- und Tonträgers identisch.

Die Verwertungsrechte sichern den Urheber in der Nutzung des Werkes. Insbesondere geht es um den Nutzen, der aus der Reproduktion gezogen werden kann; der Urheber kann ihn unmittelbar ziehen, indem er sein Werk im Selbstverlag erscheinen läßt oder indem er in eigener Regie

Vorträge, Aufführungen oder Vorführungen veranstaltet. Zumeist legt er aber die Veranstaltung in fremde Hand. Die Verwertung erfolgt durch den Verleger, den Schallplatten- oder Filmhersteller, ein Theater- oder Konzertunternehmen, ein Sendeunternehmen usw. Die Unternehmen leiten ihre Rechte von dem Urheber ab. Sie schließen mit ihm den Verlagsvertrag, den Vertrag über die Herstellung von Tonträgern, den Verfilmungsvertrag, den Aufführungsvertrag, den Sendevertrag oder sonstige Urheberrechtsverträge, in denen die Vergütung des Urhebers festgelegt wird. Wird das Werk ohne seine Zustimmung verwertet, so kann er Schadensersatz- oder Bereicherungsansprüche geltend machen.

Indem dem Urheber die Verwertung des Werkes zuerkannt wird, werden aber neben den Vermögensinteressen auch ideelle Interessen des Urhebers geschützt. Als Inhaber der ausschließlichen Verwertungsrechte ist der Urheber in der Lage, die Art und Weise der Verwertung seines Werkes zu steuern. Er bestimmt u.a. darüber, ob das Werk im Druck erscheinen, ob es Gegenstand einer Vervielfältigung auf Ton- oder Bildträgern, einer Rundfunksendung oder sonstigen öffentlichen Wiedergabe, einer Verfilmung oder einer anderen Bearbeitung werden soll, und er entscheidet über das Unternehmen, dem er die Nutzung seines Werkes anvertraut.

Zum Urheberpersönlichkeitsrecht wird zwar das Recht der Erstveröffentlichung gerechnet. Die Entscheidung über weitere Akte, durch die das Werk der Öffentlichkeit zugänglich gemacht wird, trifft aber der Urheber allein aufgrund der Verwertungsrechte.

2. Auch die Verwertungsrechte haben demnach einen persönlichkeitsrechtlichen Einschlag. Sie reichen aber zum Schutz der ideellen Interessen des Urhebers nicht aus. In Fortführung von Ansätzen aus älterer Zeit sind sie daher in der neueren Rechtsentwicklung durch weitere Rechte ergänzt worden, die ganz oder vorwiegend dem Schutz seiner ideellen Interessen dienen. Vor allem ist dem Urheber das Recht zuerkannt worden, die Anerkennung seiner Urheberschaft zu verlangen und der Entstellung oder sonstigen Beeinträchtigung seines Werkes entgegenzutreten, die seine geistigen oder persönlichen Interessen am Werk gefährdet. Man pflegt diese Befugnisse im internationalen Urheberrecht unter dem Begriff des droit moral, in Deutschland unter dem Begriff des Urheberpersönlichkeitsrechts zusammenzufassen. Seit dem UrhG wird in der Bundesrepublik auch das Recht der Erstveröffentlichung zum Urheberpersönlichkeitsrecht gerechnet.

Grundlegend für die Anerkennung des droit moral auf internationaler Ebene ist die auf der Rom-Konferenz (1928) dem Text der RBÜ eingefügte Bestimmung des Art. 6bis. In der Fassung der Stockholmer Revision (1967) und der Pariser Revision (1971) lautet sie wie folgt: ,,Unabhängig von seinen vermögensrechtlichen Befugnissen und selbst nach deren Abtretung behält der Urheber das Recht, die Urheberschaft am Werk für sich in Anspruch zu nehmen und sich jeder Entstellung, Verstümmelung, sonstigen Änderung oder Beeinträchtigung des Werkes zu widersetzen, die seiner Ehre oder seinem Ruf nachteilig sein könnten.“

3. Die Einteilung der Rechte der Urheber in Verwertungsrechte und Urheberpersönlichkeitsrecht ist keine erschöpfende. Vielmehr kommen als Rechte, die aus dem Urheberrecht fließen, auch Vergütungsansprüche in Betracht. Zum Teil handelt es sich dabei um die Ausnahmefälle, in denen die Verwertungsrechte zu bloßen Vergütungsansprüchen abgeschwächt werden, wie beispielsweise die Fälle, in denen das Gesetz die Aufnahme von Werken oder Werkteilen in Sammlungen gestattet, die für den Kirchen-, Schul- oder Unterrichtsgebrauch bestimmt sind, dabei aber vorsieht, daß dem Urheber eine angemessene Vergütung zu zahlen ist. Zum Teil sind es aber auch Rechte, die primär als Vergütungsansprüche ausgestaltet sind, wie die Ansprüche aus dem Folgerecht, das den bildenden Künstlern im Fall der Weiterveräußerung der Originale ihrer Werke zusteht, sowie die Ansprüche, die der Urheber im Fall des Vermietens oder Verleihens von Vervielfältigungsstücken geltend machen kann. Hier entfällt für den Urheber die Möglichkeit der Steuerung der Verwertung. Anders als bei den Verwertungsrechten handelt es sich bei den Vergütungsansprüchen um reine Vermögensrechte.

4. Geschützt sind die Interessen des Urhebers und seiner Rechtsnachfolger. Es ist nur ein abgekürzter Ausdruck, wenn man gemeinhin die Werke der Literatur und der Kunst als „geschützte Werke" bezeichnet. Das allgemeine kulturelle Anliegen, daß wertvolle Werke in ihrem Bestand erhalten und gegen Entstellung geschützt werden, führt über die Zielsetzung des Urheberrechts hinaus.

Dem allgemeinen kulturellen Interesse wird, soweit es um künstlerisch wertvolle Bauwerke geht, durch die landesrechtlichen Bestimmungen über den Denkmalschutz Rechnung getragen. Darüber hinaus stellt sich die Frage, ob auch musikalische Werke und Werke der Literatur, die von allgemeiner Bedeutung sind, nach dem Erlöschen des Urheberrechts im öffentlichen Interesse gegen entstellende Wiedergabe geschützt werden sollen. Ein solcher Schutz könnte aber so wenig wie der Denkmalschutz an den Urheberrechtsschutz anknüpfen. Seine Voraussetzungen sowohl wie die Organe, in deren Hände er gelegt wird, müßten besonders bestimmt werden. Vgl. darüber unten § 79 II.

III. Das Urheberrecht ist zeitlich begrenzt. Nach dem Recht der Berner Union umfaßt die Schutzdauer in der Regel das Leben des Urhebers und 50 Jahre nach seinem Tod. Die Frist von 50 Jahren ist eine Mindestfrist. In der Bundesrepublik wurde sie durch das UrhG auf 70 Jahre post mortem auctoris verlängert. Mit dem Ablauf werden die Werke literarisches und künstlerisches Gemeingut. Unter den zahlreichen Werken, die geschaffen werden, sind es freilich nur wenige, die 70 Jahre nach dem Tod des Urhebers noch lebenskräftig sind. Die Rechtsordnung mißt aber bei der Beschränkung der Dauer des Rechts an geistigen Schöpfungen mit einheitlichem Maß.

Die zeitliche Begrenzung, die mit der Befristung des Patentschutzes verwandt ist, wird im Schrifttum oft damit gerechtfertigt, daß alles geistige Schaffen seine Grundlage in der geistigen Gesamtentwicklung und in den Werten habe, die der Urheber vorfindet und anderen verdankt. Da sein Werk „von der gemeinsamen Atmosphäre von Tatsachen und Erfahrungen der ganzen menschlichen Gesellschaft"[1] abhänge, sei es gerecht, daß ihm nur ein befristetes Schutzrecht an seiner Schöpfung gewährt werde. Aber diese Begründung ist unzureichend. Sie verkennt, daß alle menschlichen Leistungen umweltbedingt sind. Die geistige Arbeit, aus der individuelle Schöpfungen erwachsen, braucht einen Vergleich mit sonstiger menschlicher Arbeit, die zum Gütererwerb führt, nicht zu scheuen. Von der Leistung her läßt sich der Unterschied zwischen der begrenzten Dauer des Urheberrechts und der unbegrenzten Dauer des Eigentums nicht begründen. Der Grund liegt vielmehr darin, daß in unserer sozialen Ordnung den geistigen Schöpfungen eine andere Funktion zukommt als den Sachgütern: Die Sachgüter sind zu dauernder Verteilung bestimmt. Die geistigen Schöpfungen tragen dagegen die Tendenz in sich, Gemeingut zu werden. Der Schutz besteht nur, solange noch mit Rechtsnachfolgern des Urhebers zu rechnen ist, die seiner Person nahestehen und denen daher sowohl die wirtschaftliche Verwertung wie die Wahrung der ideellen Interessen zu belassen ist.

IV. Wie alle Privatrechte, so sind auch die Urheberrechte sozial gebundene Rechte: Sie unterliegen den Schranken, durch die die Rechtssphäre des einzelnen gegenüber den Anforderungen der Allgemeinheit abgegrenzt wird. Im Urheberrecht geht es dabei, seinem Wesen entsprechend, um Schranken, die durch die Erfordernisse des geistigen und kulturellen Lebens bedingt sind. Veröffentlichung und Erscheinen erweisen sich dabei als Stufen im Lebensgang des Werkes: Von der Veröffentlichung ab sind Kleinzitate und die öffentliche Beschreibung des Werkes zulässig. Vom Erscheinen ab sind größere Zitate in wissenschaftlichen Werken und Entlehnungen zugunsten von Sammlungen gestattet, die dem Kirchen-, Schul- oder Unterrichtsgebrauch dienen. Auch wird dem Interesse der Öffentlichkeit an der Information Rechnung getragen; insbesondere bestehen Schranken zugunsten der Berichterstattung durch Presse, Rundfunk und Film.

Die Bezeichnung des Urheberrechts als eines *sozial gebundenen Rechts* geht auf Kopsch (ArchFunkR 1928, S. 261) zurück. Sie ist in Deutschland in Rechtsprechung und Schrifttum gebräuchlich geworden. Der Sache nach ist aber der Gedanke nicht neu: Das deutsche Urheberrecht hat stets auf die Interessen der Allgemeinheit besondere Rücksicht genommen. Die Lehre von der sozialen Bindung bringt aber zutreffend zum Ausdruck, daß es sich um Schranken handelt, die dem Urheberrecht der sozialen Natur der Rechtsordnung entsprechend immanent sind. Die Lehre ist freilich zuweilen mißbraucht worden.

---

[1] So charakterisiert Vinding Kruse, Eigentumsrecht (aus dem Dänischen übersetzt von Larsen), Bd. I (1931), S. 523, die herrschende Auffassung, der er kritisch entgegentritt.

Insbesondere darf sie nicht zum Deckmantel für die Verfolgung von Verwerterinteressen werden.

1. In den Folgen, die aus der Lehre von der sozialen Bindung des Urhebers gezogen werden, gilt es freilich maßzuhalten. Die Sicherung der berechtigten Interessen des Urhebers muß gewahrt bleiben. Bereits das UrhG hat daher mit Grund die Schranken des Urheberrechts enger gezogen als die früheren Gesetze. Noch weiter eingeschränkt wurden einzelne Regeln durch die Rechtsprechung des BVerfG: Kulturpolitische Interessen, so wurde entschieden, vermögen es zwar zu rechtfertigen, daß in Sammlungen für den Kirchen-, Schul- und Unterrichtsgebrauch Teile von Werken oder Werke von geringem Umfang ohne Zustimmung des Urhebers aufgenommen werden; es verstößt aber gegen die im Grundgesetz verankerte Eigentumsgarantie, wenn dem Urheber auch eine Vergütung für seine geistige Arbeit vorenthalten wird.

So BVerfGE 31, 229, 246. Über weitere einschlägige Entscheidungen des BVerfG, insbesondere auch über die Entscheidung zur Kirchenmusik (BVerfGE 49, 382), vgl. unten §§ 11 I und 69 III.

2. Die Schranken, die dem Urheberrecht gezogen werden, sind ihrem Wesen nach Schranken der Verwertungsrechte. Das Urheberpersönlichkeitsrecht bleibt grundsätzlich gewahrt. Auch schließt die Achtung vor dem geistigen Band, das den Urheber mit seinem Werk verbindet, Enteignungen, wie sie bei Sachgütern möglich sind, aus. Insbesondere wäre ein Eingriff in das Urheberrecht, der dazu führen würde, daß das Werk wider den Willen des Urhebers veröffentlicht wird, mit unserem Rechtsempfinden unvereinbar.

Zwangseingriffen gegenüber ist demnach das Urheberrecht widerstandskräftiger als das Sacheigentum. Das ist der berechtigte Kern der berühmten Stelle aus dem Bericht, den LE CHAPELIER der französichen Nationalversammlung zur Begründung des Urheberrechts erstattete: ,,La plus sacrée, la plus inattaquable, et, si je puis ainsi parler, la plus personnelle de toutes les propriétés, est l'ouvrage, fruit de la pensée d'un écrivain.'' — Im Widerspruch zu dem Grundsatz steht die Zwangsverwertung deutscher Geisteswerke im Ausland, die als Kriegs- und Nachkriegsmaßnahme durchgeführt wurde. Vgl. dazu ULMER, SJZ 1948, Sp. 439 ff.

V. Im Mittelpunkt des Urheberrechts steht der Urheber: der Verfasser des Sprachwerkes, der Komponist, der bildende Künstler usw. Um diesen Mittelpunkt lagert sich aber ein Kreis von Personen, Unternehmungen und Verbänden, die durch Verträge abgeleitete Rechte erwerben.

1. Träger der abgeleiteten Rechte sind Personen und Verbände, denen das Werk zur Verwertung überlassen wird, insbesondere nutzungsberechtigte Unternehmer. Neben den Verlegern, die die Vervielfältigung und Verbreitung übernehmen, stehen Rundfunkanstalten, denen das Senderecht eingeräumt wird, Bühnenunternehmen und Musikveranstalter, die das Aufführungsrecht erwerben, Schallplattenhersteller, denen

die Rechte zur Herstellung und Verbreitung von Tonträgern übertragen werden, Filmhersteller, die aus dem Urheberrecht der geistig Schaffenden die Rechte zur Herstellung, Verbreitung und Vorführung des Filmwerks ableiten, usw.

Träger abgeleiteter Rechte sind ferner die Verbände und Firmen, die mit der Wahrnehmung und dem Vertrieb der Verwertungsrechte beauftragt werden. Neben Bühnenverlagen und Bühnenvertrieben, die aufgrund der Verträge, die sie mit den Urhebern schließen, die Aufführungsrechte an Bühnenwerken geltend machen, geht es dabei vor allem um die Verwertungsgesellschaften, in denen sich Urheber oder Urheber und Verleger zwecks Wahrnehmung urheberrechtlicher Befugnisse zusammenschließen. Sie entstanden zuerst im Bereich der Musik. Angesichts der Vielheit der Musikveranstalter sahen sich Komponisten, Textdichter und Musikverleger darauf angewiesen, die Aufführungsrechte durch eine Organisation wahrnehmen zu lassen, die die Verträge mit den Musikveranstaltern abschließt, die Aufführungen überwacht, die Tantiemen einzieht und an die Berechtigten ausschüttet. Mit dem Aufkommen der Schallplattenindustrie kam die weitere Aufgabe hinzu, die mechanischen Vervielfältigungsrechte geltend zu machen. Beide Aufgaben liegen in der Bundesrepublik in den Händen der GEMA (Gesellschaft für musikalische Aufführungsrechte und mechanische Vervielfältigungsrechte). Auch auf anderen Schaffensgebieten sind zur Wahrnehmung der Rechte, insbesondere der Rechte, die sich individueller Geltendmachung entziehen, nach dem Vorbild der GEMA Verwertungsgesellschaften errichtet worden, darunter im Bereich der Literatur die Verwertungsgesellschaft Wort und im Bereich der bildenden Künste die Verwertungsgesellschaft Bild-Kunst. Auf internationaler Ebene sind die Verwertungsgesellschaften in der Confédération Internationale des Sociétés d'Auteurs et Compositeurs (CISAC) zu gemeinsamer Arbeit verbunden.

2. Grundsätzlich gesehen hat die gemeinsame Wahrnehmung der Rechte der Urheber durch Verwertungsgesellschaften dazu geführt, daß die Urheberrechtsordnung, die ihrer Idee und Anlage nach von den Rechten der einzelnen Urheber ausgeht, eine Ergänzung durch kollektive Elemente erfahren hat. Es ist nicht nur das eigene Interesse der Urheber, das sie veranlaßt, die dafür in Frage kommenden Rechte durch Verwertungsgesellschaften wahrnehmen zu lassen. Vielmehr schreibt auch das UrhG für einzelne Rechte der Urheber vor, daß sie nur durch Verwertungsgesellschaften geltend gemacht werden können. Berücksichtigt wird dabei auch das Interesse der Benutzer daran, daß sie anstelle der Vergütung einer Vielzahl von Rechtsinhabern eine Pauschalzahlung an eine Verwertungsgesellschaft vornehmen können.

Die Regelung der Art und Weise der Geltendmachung der Rechte und der Verteilung der Erträgnisse macht eine Zusammenarbeit zwischen den Urhebern in den Organen der Verwertungsgesellschaften erforderlich, die bei der GEMA und bei der Verwertungsgesellschaft Wort auch eine Zusammenarbeit mit den Verlegern ist. Trotz grundsätzlicher Anerkennung der Autonomie der Verwertungsgesellschaften greift dabei auch der Gesetzgeber ein, um Mißbräuche auszuschließen: Das gleichzeitig mit dem UrhG erlassene Gesetz über die Wahrnehmung von Urheberrechten und verwandten Schutzrechten (WahrnG) sieht eine Aufsicht über die Verwertungsgesellschaften vor, deren Ausübung dem Deutschen Patentamt obliegt. Auch besteht kraft Gesetzes ein Wahrnehmungszwang zugunsten der Urheber, wenn eine wirksame Geltendmachung ihrer Rechte in anderer Weise nicht möglich ist, sowie ein Abschlußzwang zugunsten der Verwerter, die auf die Bewilligung der Rechte durch die Verwertungsgesellschaften angewiesen sind.

Die Regelung im WahrnG läßt dabei erkennen, daß die Urheberrechtsordnung in ihrer modernen Gestaltung auch eine *soziale Komponente* aufweist: Die zuerst von der GEMA vorgenommenen Errichtung eines Sozialfonds, auf den ein Teil der Erträgnisse für Unterstützungs- und Versorgungszwecke übertragen wird, sieht das WahrnG in einer Sollvorschrift (§ 8) als allgemeine Regel für Verwertungsgesellschaften vor. Auch die in der Urheberrechtsnovelle von 1972 enthaltene Regelung über die Vergütungsansprüche, die den Urhebern bei der Vermietung und dem Verleih von Vervielfältigungsstücken zustehen, ist in der Erwartung getroffen worden, daß ein wesentlicher Teil der Erträgnisse für soziale Zwecke, insbesondere den Aufbau einer Altersversorgung der Urheber, verwendet wird,; vgl. unten § 61 I,2. Auch in dem Bestreben der Urheber nach tarifvertraglicher Regelung ihrer Beziehungen zu den Verwertern zeigt sich eine Annäherung an arbeitsrechtliche Gedanken. Vgl. dazu insbesondere DIETZ, in GRUR 1972, 11 ff. und 1976, 289, sowie unten § 91 II,1.

VI. Eine Rechtsnachfolge in das Urheberrecht ist nur im Wege der Erbfolge, der Erbauseinandersetzung und der Erfüllung von Vermächtnissen möglich. Im übrigen ist das Urheberrecht nicht übertragbar. Möglich ist nur eine Verfügung über die Verwertungsrechte, die durch Einräumung von Nutzungsrechten erfolgt, sowie eine Abtretung der Vergütungsansprüche. Das Urheberpersönlichkeitsrecht bleibt grundsätzlich beim Urheber zurück.

1. Die abgeleiteten Rechte sowohl der nutzungs- wie der wahrnehmungsberechtigten Personen, Unternehmen und Verbände entstehen durch die Einräumung von Nutzungsrechten und durch die Abtretung von Vergütungsansprüchen. Auf solcher Verfügung beruhen u. a. das Verlagsrecht, das Aufführungsrecht der Konzertveranstalter und Bühnenunternehmen, das Senderecht der Rundfunkanstalten sowie das Wahrnehmungsrecht der GEMA und anderer Verwertungsgesellschaften. Die Einräumung von Nutzungsrechten wird dabei im Schrifttum zuweilen mit sachenrechtlichen Verfügungen, beispielsweise mit der Be-

stellung eines Nießbrauchs, verglichen. Der Vergleich bleibt aber unvollkommen. Der Typenzwang des Sachenrechts fehlt. Die einzelnen Nutzungsrechte können gesondert vergeben werden. Auch sonstige Beschränkungen und Aufspaltungen sind möglich. Jedenfalls verbleibt aber dem Urheber das Urheberrecht als das Mutterrecht, das beim Erlöschen der abgeleiteten Rechte wieder zum Vollrecht erstarkt.

2. Die Verfügungen über die Verwertungsrechte sind im Rechtsleben an Verträge gebunden, in denen die Parteien schuldrechtliche Verpflichtungen übernehmen. Als Verpflichtungsverträge unterstehen sie den allgemeinen Regeln des Schuldrechts. Aber die bekannten Typen der schuldrechtlichen Verträge genügen zu ihrer Erfassung nicht. Der Verlagsvertrag ist als ein schuldrechtlicher Vertrag besonderer Art im Verlagsgesetz geregelt. Für andere Urheberrechtsverträge, beispielsweise für Verträge mit Rundfunkanstalten, Schallplatten- oder Filmherstellern, fehlt eine solche Regelung. Im Rechtsleben herrschen Vertragsmuster und Formulare. In Anlehnung an das Urheberrecht hat sich ein besonderes Urhebervertragsrecht entwickelt, dessen ältester und heute noch wichtigster Teil das im Verlagsgesetz von 1901 (VerlG) geregelte Verlagsrecht ist.

VII. Die Urheberrechte sind ausschließliche Privatrechte. Sie sind von jedermann zu achten. Die Folgen der Urheberrechtsverletzung sind grundsätzlich dieselben wie die Folgen der Verletzung sonstiger ausschließlicher Rechte. Bei schuldhafter Verletzung entstehen Schadensersatzansprüche. Auch können ohne Rücksicht auf Verschulden Bereicherungs- und Abwehransprüche geltend gemacht werden: Der Berechtigte kann die Herausgabe der Bereicherung verlangen, die durch unzulässige Benutzung auf seine Kosten erlangt worden ist. Mit dem Abwehranspruch kann er die Unterlassung drohender und die Beseitigung fortdauernder Störungen begehren. Darüber hinaus sieht das UrhG Ansprüche auf Vernichtung der rechtswidrig hergestellten, rechtswidrig verbreiteten oder zur rechtswidrigen Verbreitung bestimmten Exemplare sowie der zur rechtswidrigen Vervielfältigung bestimmten Vorrichtungen vor: Der Makel der Rechtswidrigkeit setzt die Exemplare und Vorrichtungen in den vom Gesetz bestimmten Grenzen der Vernichtung aus. In ihrer Gesamtheit sichern die Ansprüche die Rechte des Urhebers und seiner Rechtsnachfolger in wirksamer Weise. Ist ein rasches Vorgehen geboten, um Urheberrechtsverletzungen entgegenzutreten, so kann der Berechtigte unter den Voraussetzungen der §§ 935 und 940 ZPO den Erlaß einer einstweiligen Verfügung beantragen.

Dem Rechtsgedanken, daß das Urheberrecht ein dem Sacheigentum verwandtes ausschließliches Privatrecht ist, entspricht es, daß bestimmte Urheberrechtsverletzungen ähnlich dem Diebstahl mit Strafe bedroht sind. Bestraft werden vorsätzliche Zuwiderhandlungen. Sie werden als

Vergehen mit einer Freiheitsstrafe bis zu einem Jahr oder mit Geldstrafe geahndet. Die Strafverfolgung setzt einen Antrag des Verletzten voraus und kann im Wege der Privatklage erfolgen. Der Staatsanwalt schreitet nur ein, wenn ein öffentliches Interesse vorliegt.

In der Praxis steht heute die zivilrechtliche Verfolgung der Urheberrechtsverletzung im Vordergrund. Strafverfahren sind im Gegensatz zu früher selten geworden. Für den Verletzten hat die Klage im Zivilprozeß den Vorzug, daß er keinen Vorsatz nachzuweisen braucht. In schweren Fällen, insbesondere bei fortgesetzten Zuwiderhandlungen, erscheint aber, wie sich insbesondere im letzten Jahrzehnt bei der Verfolgung von *Raubdrucken* gezeigt hat, eine Verfolgung durch den Staatsanwalt angezeigt. Vgl. darüber unten § 133 I, 2.

§ 2. Vom Gegenstand des Urheberrechts

I. Die Urheberrechte sind gegenständliche Rechte. Sie bestehen in bezug auf bestimmte literarische oder künstlerische Werke. Freilich: Der Gegenstand des Urheberrechts ist kein Sachkörper, und seine Zuordnung begründet keine Sachherrschaft, wie sie uns aus der Besitz- und Eigentumsordnung geläufig ist. Die Vorstellung, daß das Werk Objekt des Urheberrechts ist, setzt eine Vergeistigung sowohl des Gegenstands- wie des Herrschaftsbegriffs voraus.

1. Die Vergeistigung des Gegenstandsbegriffs hat sich vollzogen, seitdem man zu unterscheiden gelernt hat zwischen den Werkstücken, die als Sachkörper Gegenstand des Eigentums sind, und dem Werk, das als unkörperliches Gut Gegenstand des Urheberrechts ist. Begrifflich ist der Unterschied vor allem von Kohler herausgearbeitet worden, der in seinen Schriften zum Patentrecht und zum Urheberrecht gezeigt hat, daß die Gegenstände dieser Schutzrechte unkörperliche Güter sind. Er hat sie als Immaterialgüter bezeichnet.

Kohler hat die Lehre von den immateriellen Gütern zuerst 1878 in seinem Patentrecht entwickelt. Er hat sie dann in seinem Autorrecht (1880) auf das Urheberrecht übertragen. In Arch.civ.Pr. 82, S. 141 ff., zeigt er die Verbindungslinien, die von der Idee des geistigen Eigentums zur Theorie vom Immaterialgüterrecht führen. Insbesondere beruft er sich auf Schopenhauer, der das Eigentum am Gedankenwerk des Autors als ein immaterielles bezeichnet. (Handschriftlicher Nachlaß, herausgegeben von Frauenstädt, S. 380 f.)

2. Aber auch die Deutung Kohlers ist noch unvollkommen. Er versteht unter den Immaterialgütern unkörperliche Güter, die wirtschaftlich verwertbar sind. In der Zuordnung des Werkes sieht er nur eine Zuordnung zu wirtschaftlicher Nutzung. Den Schutz der ideellen Interessen des Urhebers läßt er aus einer anderen Quelle, aus dem Persönlichkeitsrecht, dem von ihm sog. Individualrecht, fließen. Zu solcher Beschränkung und Zweiteilung ist aber kein Anlaß. Wir müssen vielmehr, über Kohler hinausgreifend, auch den Herrschaftsbegriff abwandeln: Das Werk steht dem Urheber nicht nur als ein wirtschaftlich verwertbares Gut, sondern zugleich als ein Kind seines Geistes zu, mit dem ihn ein

ideelles Band verbindet. Die Zuordnung des Werkes besagt nicht nur, daß dem Urheber die wirtschaftliche Verwertung vorbehalten ist; sie besagt vielmehr zugleich, daß er die Vaterschaft am Werk in Anspruch nehmen und daß er um seiner Person und um des Werkes willen darüber entscheiden kann, ob und wie das Werk in der Öffentlichkeit erscheint. Zuordnung des Werkes bedeutet mit anderen Worten nichts anderes, als daß die materiellen und ideellen Interessen geschützt werden, die dem Urheber aus der Schöpfung seines Werkes erwachsen.

Unter die *Immaterialgüterrechte* kann man daher die Urheberrechte nur rechnen, wenn man den Begriff nicht im Kohlerschen Sinn auf Vermögensrechte beschränkt, sondern auch Rechte einbezieht, die neben vermögensrechtlichen persönlichkeitsrechtliche Elemente enthalten. Die Terminologie hat zeitweise geschwankt. U. a. hatten PINZGER, GRUR 1934, 399 f. und KÜHNEMANN, UFITA 13 (1940), S. 31, die Urheberrechte den Immaterialgüterrechten, insbesondere den Erfinder- und Warenzeichenrechten gegenübergestellt. Heute pflegt man sie sowohl in der allgemeinen Rechtslehre wie im urheberrechtlichen Fachschrifttum zu den Immaterialgüterrechten zu rechnen; vgl. ENNECCERUS-NIPPERDEY, Allgemeiner Teil des bürgerlichen Rechts, 15. Aufl., S. 461 ff.; LARENZ, Allgemeiner Teil, 5. Aufl., S. 190 f.; SCHRAMM, Grundlagenforschung, S. 21 f.; und TROLLER, Immaterialgüterrecht, Bd. I, S. 48 ff.

II. Die Werke sind Individualitäten im Bereich der Literatur und der Kunst. Auf geistiger Schöpfung beruhend, treten sie in sinnlich wahrnehmbaren Formen in Erscheinung. So erscheinen die Sprachwerke im Vortrag, in der Schrift oder im Druck, die Musikwerke in der Aufführung, der Notenschrift oder auf Tonträgern, die Werke der bildenden Künste im Original, in Kopien oder in Lichtbildern, Werke aller Art in Rundfunksendungen und in Filmen. Die Reihe der Erscheinungsarten ist nicht begrenzt. Wiedergabe ist stets aufs neue möglich.

1. Die Werke als Gegenstand des Urheberrechts sind zu unterscheiden von den Werkstücken. Nur die Stücke, in denen das Werk körperlich festgehalten wird, die Schriften und Bücher, Bilder und Noten, Bild- und Tonträger, sind körperliche Gegenstände und damit Sachen i. S. des § 90 BGB. Als solche sind sie Gegenstände des Sachenrechts. Das Eigentum an den Werkstücken, seine Begründung, sein Inhalt, seine Übertragung und Belastung, richtet sich nach den Regeln des bürgerlichen Rechts.

Bei den Werkstücken unterscheiden wir weiter zwischen dem Urstück und den Vervielfältigungsstücken. Dem Manuskript des Sprachwerkes oder des Werkes der Tonkunst stehen die Abschriften, die gedruckten Exemplare, die Abdrucke gegenüber. Bei Werken der bildenden Künste unterscheiden wir die Originale von Kopien, Drucken, Fotografien usw.

2. Die Werke sind der Wiedergabe fähig. Neben der Wiedergabe in Werkstücken, die rechtlich als Vervielfältigung bezeichnet wird, gibt es Wiedergaben ohne körperliche Festlegung. Beispiele der unkörperlichen

Wiedergabe sind Vortrag, Aufführung, Vorführung von Lichtbildern, Wiedergabe mittels Ton- oder Bildträger sowie Sendungen durch Rundfunk. Sie bilden rechtlich eine zusammengehörige Gruppe.

Der Begriff der unkörperlichen Wiedergabe geht auf W. HOFFMANN, Rechtsvergleichendes Handwörterbuch VII, S. 64, zurück. Heute spricht das UrhG von der öffentlichen Wiedergabe, wobei es den Begriff auf die Wiedergabe in unkörperlicher Form beschränkt (§ 15 Abs. 2). Der Begriff umfaßt dabei sowohl die persönliche Wiedergabe durch Vortrag oder Aufführung wie die mechanische Wiedergabe, beispielsweise die Vorführung von Lichtbildern oder die Wiedergabe mittels Bild- und Tonträger.

3. Die Werke treten mit oder ohne körperliche Festlegung in Erscheinung. Sie erschöpfen sich in diesen Erscheinungen nicht. Aber in der Außenwelt werden sie in diesen Erscheinungen existent, und für das Recht sind sie nur in ihnen greifbar. So ist das Werk zwar der gemeinsame Beziehungspunkt der urheberrechtlichen Regeln. Der Rechtsschutz setzt aber voraus, daß das Werk in äußere Erscheinung tritt, und die Gebote und Verbote des Rechts beziehen sich auf Akte, die sinnlich wahrgenommen werden können.

Dadurch kann das Urheberrecht in ein Spannungsverhältnis zum Sachenrecht, insbesondere zum Eigentum, treten. Der Drucker, der das Werk unbefugt vervielfältigt, ist zwar Eigentümer der nachgedruckten Exemplare; er ist aber in der Verwertung seines Eigentums beschränkt. Die Verbreitung der Exemplare ist verboten, und er hat darüber hinaus zu gewärtigen, daß der Urheber die Vernichtung der rechtswidrig hergestellten Exemplare verlangt. Das Urheberrecht geht, wo es mit den Sachenrechten in Kollision tritt, den Sachenrechten vor. Es führt zu einer Beschränkung der Sachenrechte. Besonders deutlich wird dieses Spannungsverhältnis beim Werkschutz: Der Urheber kann dem Sacheigentümer Entstellungen verbieten, die seinen berechtigten ideellen Interessen zuwiderlaufen. So kann beispielsweise der Maler oder der Architekt dem Eigentümer des Gemäldes oder des Bauwerkes die Vornahme von Änderungen untersagen, die seinen Ruf als Künstler gefährden würden. Die Herrschaft über das Werk beschränkt die Rechte, die dem Eigentümer des Werkstücks zustehen. Vgl. darüber unten § 41 III.

4. Die Lehre vom Werk, das als unkörperliches Gut von den Medien zu unterscheiden ist, in denen es in Erscheinung tritt, ist unter dem Einfluß einer positivistischen Rechtsphilosophie in der neueren *skandinavischen* Rechtslehre angegriffen worden; vgl. dazu die zusammenfassende Darstellung von STRÖMHOLM, GRUR Int. 1963, 433 ff. u. 481 ff. Hauptvertreter der Kritik sind ROSS, Tidsskrift for Rettsvitenskap, 1945, S. 340 ff., und BERGSTRÖM, Uteslutande rätt att förfoga över verket (Ausschließliche Rechte, über das Werk zu verfügen) (1954). Gemeinsam ist ihnen, daß sie die Realität der Geisteswerke bestreiten und nur die physische Realität der Handlungen und Medien sowie die psychische Realität des Erlebnisvorgangs bei Werkschöpfung und Werkgenuß anerkennen. In Wahrheit können aber weder ROSS noch BERGSTRÖM auf den Begriff des inneren Werkes verzichten. Es ist der notwendige Beziehungspunkt, ohne den sich weder relevante Handlungen i. S. von ROSS noch relevante Medien i. S. von BERGSTRÖM bestimmen lassen. Dieses sogenannte

innere Werk ist das Ergebnis der geistigen Schöpfung, das dem Urheber zugeordnet ist. Richtig ist nur, daß die aus dieser Zuordnung sich ergebenden Rechtsfolgen sich auf sinnlich wahrnehmbare Handlungen und Objekte beziehen. Sie sind die „vermittelnden Glieder", in denen das Werk in Erscheinung tritt; vgl. dazu N. HARTMANN, Das Problem des geistigen Seins (2. Aufl. 1949).

III. Als unkörperliche Gegenstände sind die Werke der Literatur und der Kunst mit anderen unkörperlichen Rechtsgütern verwandt. Am nächsten stehen ihnen die Erfindungen. Wie die Werke der Literatur und der Kunst der Wiedergabe fähig sind, so gestattet die Erfindung als technische Lehre eine Ausführung in beliebiger Wiederholung. Ähnlich ist die Lage auch bei den Kennzeichen, insbesondere den Warenzeichen, die in der Werbung benutzt werden und immer aufs neue in Erscheinung treten. Die rechtlichen Regeln beziehen sich auf äußere Erscheinungen, in denen der geschützte Gegenstand wahrnehmbar wird.

Vgl. über diese Parallelen zwischen Urheberrechten und gewerblichen Schutzrechten, insbesondere über die Wiederholbarkeit als Voraussetzung der Schutzrechte, SCHRAMM, Grundlagenforschung, S. 29 ff.

Die Verwandtschaft ist aber nur eine begrenzte. Kennzeichnend ist der Unterschied in der Wirkung der Schutzrechte. Die Erfinderrechte und die Warenzeichenrechte begründen eine Sperrwirkung: Identische Erfindungen können unabhängig voneinander gemacht werden. Übereinstimmende Warenzeichen können von mehreren Unternehmern zur Bezeichnung gleichartiger Waren verwendet werden, ohne daß der eine das Warenzeichen des anderen kennt. In solchen Fällen entscheidet der Zeitrang der Anmeldung beim Patentamt. Die Benutzung der identischen Erfindung oder der übereinstimmenden Marke ist eine Verletzung des Schutzrechts, das aufgrund der früheren Anmeldung erteilt wird.

Anders im Urheberrecht. Die Urheberrechtsverletzung setzt die Verwertung einer fremden Schöpfung voraus. Bei zufälliger Übereinstimmung liegt keine Urheberrechtsverletzung vor. Wer in Kunst und Literatur selbständig schafft, braucht die Verletzung fremder Urheberrechte nicht zu fürchten. Er hat es nicht nötig, den Bestand älterer Rechte zu überprüfen.

Hinterlegungen, Eintragungen und Bekanntmachungen sind daher, anders als bei den gewerblichen Schutzrechten, entbehrlich. Dem entspricht es, daß sich im deutschen Urheberrecht und im Recht der Berner Union der Grundsatz der Formfreiheit des Urheberrechtsschutzes durchgesetzt hat. Vgl. darüber unten § 20 II.

Diese Beschränkung der Schutzwirkung steht in enger Beziehung zum Wesen der literarischen und künstlerischen Schöpfungen: Eine volle Übereinstimmung zwischen Werken, die auf selbständigem Schaffen beruhen, erscheint menschlicher Erfahrung nach als ausgeschlossen. Je stärker die Prägung ist, die die Persönlichkeit des Urhebers dem Werk verleiht, um so schärfer werden sich die Werke gegeneinander abgrenzen. Das Maß freilich, in dem die persönliche Note sich geltend macht, ist bei verschiedenen Werken ein verschiedenes. Neben den idealtypischen Fällen, in denen die Persönlichkeit des Urhebers dem Werk ihren Stempel aufdrückt, gibt es nicht nur die „kleine Münze“ des Urheberrechts — Werbeschriften, Prospekte, Tabellen u. dgl. —, bei der von einer persönlichen Note nur noch in bescheidenem Maß die Rede sein kann. Sondern es gibt auch Ergebnisse wissenschaftlicher Arbeit, wie beispielsweise Kartenwerke, bei denen für die individuelle Darstellung nur geringer Spielraum bleibt.

So kann zwar durch Zufall keine volle Übereinstimmung entstehen. Die Möglichkeit, daß selbständiges Schaffen zu ähnlichen Ergebnissen führt, ist aber nicht auszuschließen. Soweit die Werke einander in wesentlichen Zügen nahekommen, ist, wo diese Möglichkeit besteht, die Entscheidung über das Vorliegen einer Urheberrechtsverletzung davon abhängig, ob der Urheber des jüngeren Werkes das ältere Werk gekannt und — sei es auch nur unbewußt — seinem Schaffen zugrunde gelegt hat. So ist beispielsweise bei einer geographischen Karte, die einer anderen Karte nahekommt, zu fragen, ob die ältere Karte nachgezeichnet oder ob die neue Karte auf selbständiger Grundlage geschaffen wurde.

In der Rechtsprechung ist die Frage wiederholt gestellt worden. Die weitgehende Übereinstimmung ist für die Praxis ein wichtiges Indiz dafür, daß der Urheber des jüngeren Werkes das ältere benutzt hat, mag er auch möglicherweise seinerseits das, was nur Erinnerung ist, für eigene Schöpfung gehalten haben. Aber der Beweis, daß der Urheber das ältere Werk nicht gekannt hat, muß gehört werden. Vgl. BGHZ 50, 350, sowie BGH in GRUR 1971, 268 (Magdalenenarie). Übereinstimmend wird die Rechtslage auch von COPINGER-SKONE JAMES, Copyright, S. 3 und NIMMER, Copyright Bd. 1 § 2.01 unter Hinweis auf die englische und amerikanische Rechtsprechung beurteilt.

§ 3. Verwandte Schutzrechte

Von den Urheberrechten zu unterscheiden sind die verwandten Schutzrechte. Es ist eine Begriffsbildung und Unterscheidung, die sich in der Rechtsentwicklung der letzten Jahrzehnte auf nationaler und internationaler Ebene angebahnt und durchgesetzt hat: Neben den Werkschöpfungen stehen sonstige Leistungen, die im kulturellen Bereich erbracht werden und für die sich ein Rechtsschutz als erforderlich erwiesen hat, der in seiner Ausgestaltung bald mehr, bald weniger weitgehend mit dem Urheberrechtsschutz verwandt ist.

I. Den Urhebern nahe stehen die ausübenden Künstler. Grundsätzlich ist aber ihre Mission nicht Werkschöpfung, sondern Wiedergabe fremder Werke.

Nur in *Sonderfällen*, in denen die ausübenden Künstler bei der Darbietung durch Improvisation das Werk bearbeiten oder noch unfertige Werke, wie beispielsweise die sogenannte Entwurfsmusik, vollenden, können sie zu Urhebern werden. Vgl. über solche Ausnahmefälle unten § 28 III—V.

Im Regelfall sind die ausübenden Künstler Interpreten der Urheber und ihrer Werke. Als vergängliche und an den Raum gebundene Leistungen bedurften ihre Darbietungen ursprünglich keines besonderen Schutzes; die Interessen der ausübenden Künstler konnten in den Verträgen gewahrt werden, die sie mit den Konzertveranstaltern, Bühnenunternehmen usw. schlossen. Seitdem es aber möglich geworden ist, die Darbietungen der ausübenden Künstler auf Ton- oder Bildträgern festzuhalten oder sie durch technische Mittel, wie insbesondere durch Rundfunk, an andere Orte zu übertragen, wurde offenbar, daß auch den ausübenden Künstlern ein Schutzrecht gebührt, das durch die Zuerkennung von Einwilligungsrechten und Vergütungsansprüchen eine besondere Ausgestaltung erfahren hat.

II. In enger Verbindung mit der Anerkennung der Rechte der ausübenden Künstler ist in der internationalen Rechtsentwicklung diejenige der Rechte der Hersteller von Tonträgern und der Sendeunternehmen erfolgt. Es sind nicht theoretische Gründe, die zu dieser Verbindung geführt haben. Bei den ausübenden Künstlern geht es neben der Sicherung ihrer wirtschaftlichen Interessen um die Achtung vor ihrer Persönlichkeit, die es ausschließen muß, daß ihre Vorträge und Aufführungen ohne ihre Zustimmung aufgenommen oder gesendet werden. Bei den Herstellern von Tonträgern und den Sendeunternehmen handelt es sich um den Schutz der in ihrem Unternehmen erbrachten Leistungen. Bestimmte Arten der Eingriffe, wie beispielsweise das ungenehmigte Nachpressen oder Überspielen von Schallplatten durch andere Unternehmen, sind Akte von Wettbewerbern, die als Handlungen des Schmarotzens schon kraft der Vorschriften gegen den unlauteren Wettbewerb bekämpft werden könnten. Der wettbewerbsrechtliche Schutz hat aber den Nachteil, daß ihm, da er aus allgemeinen Regeln abgeleitet werden muß, die erforderliche Bestimmtheit fehlt; insbesondere bleibt die Frage nach der Schutzdauer offen. Die Interessen der phonographischen Industrie und der Sendeunternehmen erforderten daher über den wettbewerbsrechtlichen Kern hinaus einen Ausbau des Schutzes i. S. der Anerkennung ausschließlicher Rechte an Tonträgern und Sendungen. Mit den Rechten an den Darbietungen der ausübenden Künstler berühren sie sich ungeachtet ihrer verschiedenen Wurzel durch die nahe Beziehung zwischen den Schutzgegenständen: Tonträger und Sendungen sind Medien, die Vorträge und Aufführungen körperlich festhalten oder in die Ferne tragen. Die Rechte müssen daher sinnvoll aufeinander abgestimmt werden.

Auf internationaler Ebene wurde nach langjähriger Vorarbeit im Jahr 1961 ein besonderes Abkommen, das Rom-Abkommen über den Schutz der ausübenden Künstler, der Hersteller von Tonträgern und der Sendeunternehmen, geschlossen. In der internationalen Terminologie pflegt man dabei die im Abkommen geschützten Rechte als angrenzende Rechte (droits voisins, neighbouring rights) zu bezeichnen.

III. In der Bundesrepublik Deutschland sind die Rechte der ausübenden Künstler, der Hersteller von Tonträgern und der Sendeunternehmen in dem den verwandten Schutzrechten gewidmeten zweiten Teil des UrhG geregelt. Der Schutz trägt den Vorschriften des Rom-Akommens Rechnung, ist aber im einzelnen, insbesondere zugunsten der ausübenden Künstler, weiter ausgestaltet. Auch wurde folgerichtigerweise neben dem Schutzrecht der Hersteller von Tonträgern ein Schutzrecht der Filmhersteller an den Bildträgern oder den Bild- und Tonträgern anerkannt, die bei Filmwerken das körperliche Substrat der geistigen Schöpfung sind.

Bei Filmwerken ist zwischen dem Urheberrecht der geistigen Schöpfer und dem verwandten Schutzrecht des Filmherstellers an den Bildträgern oder den Bild- und Tonträgern des Films zu unterscheiden; bei Filmen, die keine Filmwerke sind, den sogenannten Laufbildern, bleibt der Schutz auf die Rechte an den Bildträgern bzw. den Bild- und Tonträgern beschränkt. Vgl. darüber unten § 126.

Der Begriff der verwandten Schutzrechte, von dem das UrhG ausgeht, schließt die genannten „angrenzenden" Rechte ein. Er ist aber weiter als dieser. Einbezogen ist auch das Schutzrecht an Lichtbildern, die keine Lichtbildwerke sind. Auch sieht das UrhG verwandte Schutzrechte an wissenschaftlichen Ausgaben urheberrechtlich nicht geschützter Werke oder Texte sowie an Ausgaben nachgelassener Werke vor. Insbesondere wurde durch den Schutz der editio princeps eine Lücke des früheren Rechts geschlossen, auf die im Schrifttum vielfach hingewiesen worden war.

Von dem weiteren Begriff der *verwandten Schutzrechte* geht auch das Österreichische Urheberrechtsgesetz in seiner Regelung (§§ 66 ff.) aus. Das Urheberrechtsgesetz der DDR spricht von angrenzenden Rechten, zu denen auch die Rechte am Werktitel, am Personenbildnis sowie an Briefen und Tagebüchern gerechnet werden.

Im deutschen Schrifttum pflegt man die verwandten Schutzrechte auch als Leistungsschutzrechte zu bezeichnen. Die Bezeichnung soll verdeutlichen, daß Gegenstand des Schutzes nicht Schöpfungen der Urheber, sondern sonstige Leistungen sind, die im kulturellen Bereich erbracht werden.

Der Unterschied zwischen Urheberrechtsschutz und Leistungsschutz ist im Schrifttum insbesondere von Willy Hoffmann herausgearbeitet worden. Vgl. dazu seine Abhandlung in UFITA 12 (1939) 96 ff.

IV. Die Unterscheidung zwischen Urheberrechten und verwandten Schutzrechten hat sich als fruchtbar erwiesen. Sie ermöglicht es, den Begriff des Urheberrechts auf Rechte zu beschränken, die aus echtem Werkschaffen erwachsen, gleichwohl aber weiteren berechtigten Schutzbedürfnissen zu genügen.

Der Begriff der verwandten Schutzrechte darf freilich nicht darüber täuschen, daß es sich nicht wie bei den Urheberrechten um Rechte einheitlicher Prägung handelt. Die einzelnen Typen bleiben vielmehr ihrer Natur nach zu unterscheiden. Den Urheberrechten am nächsten stehen die Rechte an Lichtbildern, für die das UrhG vorsieht, daß auf sie sinngemäß die Regeln über die Rechte an Lichtbildwerken anzuwenden sind. Auch die Rechte an wissenschaftlichen Ausgaben entsprechen, von der Verkürzung der Schutzdauer abgesehen, in ihrem Inhalt den Urheberrechten, während die Rechte an nachgelassenen Werken enger umgrenzt sind.

Die angrenzenden Rechte der ausübenden Künstler, der Hersteller von Tonträgern und Filmen sowie der Sendeunternehmen bilden im Rahmen der verwandten Schutzrechte eine besondere Gruppe. In ihrer Natur weisen sie zwar, wie bereits erwähnt wurde, Verschiedenheiten auf. Gemeinsam ist ihnen aber die Begrenzung des Schutzumfangs: Anders als bei den Urheberrechten und den sonstigen verwandten Schutzrechten, erstreckt sich der Schutz nicht auf nachschaffende Leistungen. Er bleibt vielmehr auf den Schutz gegen die unmittelbare Leistungsübernahme beschränkt, die durch technische Mittel erfolgt. Vgl. darüber unten § 120 II, 3.

§ 4. Technische Schutzrechte. Urheberrechte und gewerbliche Schutzrechte

Riezler, Urheber- und Erfinderrecht, 1909; Schramm, Grundlagenforschung auf dem Gebiet des gewerblichen Rechtsschutzes und Urheberrechts, 1954; Bussmann/Pietzcker/Kleine, Gewerblicher Rechtsschutz und Urheberrecht, 3. Aufl. 1962; Windisch, Gewerblicher Rechtsschutz und Urheberrecht im zwischenstaatlichen Bereich, 1965. — Osterrieth, Lehrbuch des gewerblichen Rechtsschutzes, 1908; Hubmann, Gewerblicher Rechtsschutz, 3. Aufl. 1974. — Bernhardt, Lehrbuch des deutschen Patentrechts, 3. Aufl. 1973; Klauer-Möhring, Patentrechtskommentar, 3. Aufl. 1971; Haertel, Europäisches Patentübereinkommen, 2. Aufl. 1978.

Urheberrechte und verwandte Schutzrechte bilden ein in sich geschlossenes Rechtsgebiet. Seine Eigenart wird dadurch bestimmt, daß es sich um Rechte im Bereich der Literatur und Kunst handelt. Die Darstellung muß aber Rechenschaft über den Standort des Urheberrechts und über sein Verhältnis zu anderen Rechten an unkörperlichen Gütern geben. Wir gehen dabei von den Begriffspaaren Urheberrecht und Erfinderrecht sowie Urheberrecht und gewerblicher Rechtsschutz aus.

I. Technische Schutzrechte (Erfinderrechte[1]) sind die Patente und Gebrauchsmusterrechte. Gesetzliche Grundlagen sind das Patentgesetz

[1] Der Begriff des Erfinderrechts ist mehrdeutig. In dem Begriffspaar Urheberrecht-Erfinderrecht bezeichnet er die technischen Schutzrechte. Im System des Patentrechts wird er dagegen in einem engeren Sinn verwendet. Hier bedeutet Erfinderrecht das durch die Erfindung entstehende Recht, aus dem das Recht auf das Patent und das Erfinderpersönlichkeitsrecht fließt. Vgl. Bernhardt, S. 76 ff., und Klauer-Möhring, PatG, § 3, Anm. 8.

und das Gebrauchsmustergesetz. Im Zuge der Europäisierung hat das Patentrecht eine wesentliche Fortbildung erfahren. Ergebnisse der Zusammenarbeit auf europäischer Ebene sind das Übereinkommen über die Erteilung europäischer Patente (Europäisches Patentübereinkommen vom 5. 10. 1973) und das Übereinkommen über das europäische Patent für den Gemeinsamen Markt (Gemeinschaftspatentübereinkommen vom 15. 12. 1975). Zwecks Anpassung an die Übereinkommen hat das PatG durch Gesetz vom 21. 6. 1976 mit Wirkung ab 1. 1. 1978 und durch Gesetz vom 26. 7. 1979 mit Wirkung ab 1. 1. 1981 wesentliche Änderungen erfahren.

Das *Europäische Patentübereinkommen* ist am 7. 10. 1977 in Kraft getreten. Seitdem können Patente nicht nur durch die fortbestehenden Ämter der Vertragsstaaten, sondern aufgrund entsprechender Anmeldung auch durch das neuerrichtete Europäische Patentamt in München erteilt werden. Das europäische Patent gewährt seinem Inhaber in jedem Vertragsstaat, für das es erteilt wird, dieselben Rechte, die ihm ein in diesem Staat erteiltes nationales Patent gewähren würde. Für die Länder des Gemeinsamen Marktes wird das Übereinkommen durch das (noch nicht in Kraft getretene) Gemeinschaftspatentübereinkommen ergänzt: Die für die EWG-Staaten erteilten europäischen Patente sind Gemeinschaftspatente, die in allen Mitgliedstaaten die gleiche Wirkung haben und für alle Gebiete nur gemeinsam übertragen werden und erlöschen können. — Materiellrechtlich gilt sowohl für das deutsche wie für das europäische Recht, daß Patente für Erfindungen erteilt werden, die neu sind, auf einer erfinderischen Tätigkeit beruhen und gewerblich anwendbar sind.

Die Wirkung des Patents wird in der vom 1. 1. 1981 ab geltenden Fassung des PatG dahin bestimmt, daß allein der Patentinhaber befugt ist, die patentierte Erfindung zu benutzen. Die Benutzungshandlungen sowie die Erstreckung der Wirkung darauf, anderen Mittel zur Benutzung der Erfindung anzubieten oder zu liefern, und die Schranken des Patentschutzes sind in §§ 6, 6a und 6b PatG näher bestimmt. Die Schutzfrist beträgt 20 Jahre; ihr Lauf beginnt mit dem Tag, der auf die Anmeldung der Erfindung folgt. — Das *Gebrauchsmusterrecht* schützt Arbeitsgerätschaften und Gebrauchsgegenstände, die dem Arbeits- oder Gebrauchszweck durch eine neue Gestaltung, Anordnung oder Vorrichtung dienen. Der Schutz wurde in Ergänzung des Patentschutzes für Modelle geschaffen, die wegen ihres geringeren Erfindungsgehalts oder wegen der Höhe der patentrechtlichen Gebühren für den Patentschutz nicht in Frage kommen. Die Anforderungen, die an die erfinderische Tätigkeit gestellt werden, sind minder streng als im Patentrecht. Der Gebrauchsmusterschutz kann aber nur für Arbeitsgerätschaften und Gebrauchsgegenstände, nicht für sonstige Erfindungen in Anspruch genommen werden. Erfindungen von Stoffen, insbesondere von Stoffen, die auf chemischem Weg hergestellt werden, Verfahrenserfindungen u. a., scheiden aus. Die Erteilung des Schutzes erfolgt aufgrund einer Anmeldung durch Eintragung in die vom Patentamt geführte Gebrauchsmusterrolle. Die Schutzfrist beträgt 3 Jahre. — Mit dem Patentschutz verwandt ist auch der Schutz von Pflanzenzüchtungen, der auf dem Sortenschutzgesetz von 1968 (in der Fassung der Bekanntmachung von 4. 1. 1977) beruht.

Die technischen Schutzrechte sind, ebenso wie die Urheberrechte, zeitlich begrenzte Rechte an geistigen Schöpfungen. Dem Berechtigten ist die gewerbliche Verwertung vorbehalten. Das persönlichkeitsrechtliche Element tritt zurück, fehlt aber nicht ganz: Der Erfinder hat Anspruch darauf, bei den Bekanntmachungen über die Anmeldung und die

Erteilung des Patents sowie auf der Patentschrift genannt zu werden.[1] Trotz solcher gemeinsamen Züge bestehen aber wesentliche Unterschiede sowohl in der Entstehung wie im Inhalt der Schutzrechte: Die technischen Schutzrechte entstehen erst mit der Erteilung durch das Patentamt. Unter den inhaltlichen Abweichungen ist besonders charakteristisch, daß die technischen Schutzrechte anders als die Urheberrechte die bereits erwähnte Sperrwirkung entfalten. Die Benutzung einer identischen Erfindung kann auch dann untersagt werden, wenn sie selbständig erarbeitet worden ist. Es sind Unterschiede, die ihren Grund in der Wesensverschiedenheit von technischen und literarisch-künstlerischen Schöpfungen haben. Der Erfindung als technischer Lehre fehlt die Individualität des literarischen und künstlerischen Werkes. Urheberrechte und technische Schutzrechte sind daher als Typen der Rechte an geistigen Schöpfungen voneinander zu unterscheiden.

Im Schrifttum sind die Erfinderrechte bisweilen in den Begriff der Urheberrechte einbezogen worden. Man sprach von Urheberrechten im weiteren Sinn. (Vgl. Kisch, Handbuch des Patentrechts, S. 17, und Riezler, UR, S. 3 ff.) Eine solche Ausdehnung des Begriffs ist aber angesichts der Verschiedenartigkeit der Typen bedenklich. Sie wird heute, jedenfalls im Fachschrifttum, vermieden.

II. Der Begriff des gewerblichen Rechtsschutzes umfaßt die Gebiete des Patentrechts, des Musterrechts, des Warenzeichenrechts sowie den Schutz gegen unlauteren Wettbewerb. Man pflegt ihn dem Begriff der Urheberrechte zur Seite zu stellen und das Gesamtgebiet, das durch die beiden Begriffe umgrenzt wird, als Urheberrecht und gewerblichen Rechtsschutz zu bezeichnen.

1. Patentrecht, Musterrecht, Warenzeichenrecht und Schutz gegen unlauteren Wettbewerb sind privatrechtliche Sondergebiete, die dem Schutz des technischen und des gewerblichen Schaffens dienen. Ähnlich wie die Urheberrechte stehen sie außerhalb des Systems des bürgerlichen Rechts: Es geht nicht um den Schutz von Sachgütern, sondern um den Schutz von gewerblich verwertbaren Erfindungen, Mustern und Kennzeichen, sowie um den Schutz des gewerblichen Schaffens gegen unlauteren Wettbewerb. Dem Sacheigentum, das im bürgerlichen Recht verankert ist, tritt das ,,gewerbliche Eigentum'', die propriété industrielle, gegenüber. Der Begriff gehört auch dem internationalen Recht an. Der führende völkerrechtliche Vertrag ist die Pariser Verbandsübereinkunft zum Schutz des gewerblichen Eigentums.

Der französischen und internationalen Terminologie folgend, sprach man auch in Deutschland zunächst vom Schutz des gewerblichen Eigentums. Da es sich aber um kein Eigentum im juristisch-dogmatischen Sinn handelt, verdient der Begriff des gewerblichen Rechtsschutzes den Vorzug, der sich in Deutschland durchgesetzt hat.

---

[1] Vgl. § 36 PatG. Dogmatisch gesehen ist die Rechtslage eine andere als im Urheberrecht: Das Erfinderpersönlichkeitsrecht fließt aus dem dem Patent vorgelagerten Recht an der Erfindung. Das Patent selbst ist reines Vermögensrecht.

2. Die Urheberrechte werden nicht zum gewerblichen Rechtsschutz gerechnet: Der Schutz der Werke der Literatur und Kunst hängt nicht von der gewerblichen Verwertbarkeit ab. Der Urheberrechtsschutz schließt zwar die materiellen Interessen ein, die sich aus der Verwertungsmöglichkeit ergeben; er greift aber darüber hinaus, da er auch die persönlichen und geistigen Interessen des Urhebers sichert. Geschützt sind daher auch Werke, deren Wiedergabe nur mit wirtschaftlichen Opfern zu erreichen ist. Das „literarische und künstlerische Eigentum", die propriété littéraire et artistique, ist von dem „gewerblichen Eigentum", der propriété industrielle, zu unterscheiden.

3. Was insbesondere den Musterschutz betrifft, so ist zwischen dem Gebrauchs- und dem Geschmacksmusterschutz zu unterscheiden. Die Gebrauchsmusterrechte sind technische Schutzrechte. Die Geschmacksmusterrechte, deren Schutz auf dem Gesetz über das Urheberrecht an Mustern und Modellen von 1876 (GeschmMG) beruht, stehen dagegen als Rechte an Mustern, die auf den Formen- oder Farbensinn wirken, in ihrem Gegenstand dem Urheberrecht nahe: Im Bereich des Schutzes der industriellen Formgebung berühren sie sich mit dem Urheberrecht an Werken der angewandten Kunst, das in Fällen in Anspruch genommen werden kann, in denen künstlerische Gestaltungshöhe vorliegt. Anders als der Urheberrechtsschutz, setzt aber der Schutz von Geschmacksmustern ihre gewerbliche Verwertbarkeit voraus und ist an Formalitäten gebunden. In der Rechtssystematik, insbesondere auch im internationalen Recht, in dem der Schutz in der Pariser Verbandsübereinkunft geregelt ist, wird daher das Geschmacksmusterrecht zu den gewerblichen Schutzrechten gerechnet.

Vgl. über das Verhältnis von Kunstschutz und Geschmacksmusterschutz unten § 25 III, 2. In seiner Rechtsnatur weist das Geschmacksmusterrecht sowohl Züge auf, in denen es der Natur der technischen Schutzrechte, wie Züge, in denen es der Natur der Urheberrechte entspricht: Voraussetzung des Geschmacksmusterschutzes sind gemäß § 1 Abs. 2 GeschmMG Neuheit und Eigentümlichkeit des Musters. Im Schrifttum war streitig, ob die Neuheit in einem objektiven Sinn (Unbekanntheit der Gestaltung in Fachkreisen) zu verstehen ist oder ob, wie im Urheberrecht, subjektive Neuheit (selbständige Erarbeitung durch den Musterschöpfer) genügt.[1] Der BGH hat in BGHZ 50, 340 entschieden, daß im Geschmacksmusterrecht, ähnlich wie bei den technischen Schutzrechten, von einem objektiven Neuheitsbegriff auszugehen ist. Andererseits ist der Schutz, der aufgrund des Geschmacksmusterrechts gewährt wird, nicht Schutz mit Sperrwirkung, sondern nur Schutz gegen Nachbildung. Diese Zwitterstellung zwischen dem, was man in der britischen Terminologie den patent approach und den copyright approach nennt, ist nicht überzeugend. Eine Reform des GeschmMG, für die ein Schutz mit Sperrwirkung vorgeschlagen wird, erscheint als vordringlich. Zu den Reformplänen vgl. BRIGITTE ENGLERT, Grundzüge des Rechtsschutzes der industriellen Formgebung (Schriftenreihe des MPI zum gewerblichen Rechtsschutz, Bd. 45), 1978.

---

[1] Vgl. dazu die Vorauflage, S. 418 f.

III. In ihrer Verbindung sind die Begriffe Urheberrecht und gewerblicher Rechtsschutz zu einem Sammelbegriff für die privatrechtlichen Gebiete geworden, die dem Schutz des geistigen und gewerblichen Schaffens dienen. Die Unterschiede zwischen den einzelnen Schutzrechten werden dadurch nicht aufgehoben. Aber die Zusammenfassung ist ein Ausdruck dafür, daß sie sich in ihrer Wirkung in mannigfaltiger Weise berühren und ergänzen.

1. Urheberrecht und gewerblicher Rechtsschutz erscheinen als ein einheitliches juristisches Fachgebiet. Seiner Pflege dienen gemeinsame Organe und Verbände. Auch in der Justizverwaltung, der die Vorarbeit für die Gesetzgebung und die Sorge für ihre Durchführung obliegt, sind Urheberrecht und gewerblicher Rechtsschutz ein Gebiet einheitlicher Sachbearbeitung.

In der Rechtswissenschaft hat insbesondere JOSEF KOHLER in seinen Werken über Urheberrecht, Musterrecht, Patentrecht, Warenzeichenrecht und Wettbewerbsrecht das Gesamtgebiet von Urheberrecht und gewerblichem Rechtsschutz erforscht und unter einheitlichen Gesichtspunkten dargestellt. OSTERRIETH, RIEZLER u. a. sind ihm darin gefolgt. Im neueren Schrifttum werden gemeinsame Grundlagen und Querverbindungen zwischen Urheberrechten und gewerblichen Schutzrechten von SCHRAMM, Grundlagenforschung, und TROLLER, Immaterialgüterrecht, aufgezeigt. Verbandsmäßig liegt die gemeinsame Pflege des Fachgebiets in der Hand der Deutschen Vereinigung für gewerblichen Rechtsschutz und Urheberrecht. Ihre Organe sind die Zeitschriften Gewerblicher Rechtsschutz und Urheberrecht (GRUR) und Gewerblicher Rechtsschutz und Urheberrecht, Internationaler Teil (GRUR Int.).

2. Auch im internationalen Recht weisen Urheberrecht und gewerblicher Rechtsschutz gemeinsame Züge auf. Die Urheber-, Patent-, Muster- und Warenzeichenrechte sind territorial begrenzte Rechte. Die Schutzrechte wirken, gleichgültig ob sie kraft Gesetzes entstehen oder ob sie auf besonderem Erteilungsakt beruhen, nur innerhalb der Grenzen eines Staates oder — wie es im Gemeinschaftspatentübereinkommen vorgesehen ist — einer Staatengruppe. Im Wettbewerbsrecht fehlt es zwar an der Zuerkennung eines ausschließlichen Rechts. Auch hier führt aber der Grundsatz, daß die Wettbewerbshandlung nach dem Recht des Begehungsorts zu beurteilen ist, zu einem verwandten Ergebnis.

Der Auslandsschutz wird durch völkerrechtliche Verträge sichergestellt. Die führenden multilateralen Abkommen sind für das Urheberrecht die Berner Übereinkunft und das Welturheberrechtsabkommen, für den gewerblichen Rechtsschutz die Pariser Verbandsübereinkunft. Sie bauen übereinstimmend auf dem Grundsatz der Inländerbehandlung auf: Die Schutzberechtigten werden in anderen Vertragsstaaten aufgrund der Gesetze geschützt, die in diesen Staaten für den Schutz der eigenen Staatsangehörigen gelten. Darüber hinaus sind bestimmte Mindestschutzrechte vorgesehen.

Die Pariser Union zum Schutz des gewerblichen Eigentums wurde 1883 gegründet. Der Unionsvertrag wurde mehrfach, zuletzt 1953 in Lissabon und 1967 in Stockholm, revidiert. Zu den Verbandsländern gehören, anders als bei der Berner Union, auch die Vereinigten Staaten von Amerika und die Sowjetunion.

3. Organisatorisch besteht auf internationaler Ebene eine Verbindung zwischen der Berner Union zum Schutz der Werke der Literatur und Kunst und der Pariser Union zum Schutz des gewerblichen Eigentums. Die internationalen Büros der beiden Unionen standen ursprünglich unter der Aufsicht des Schweizer Bundesrats und waren zu den Vereinigten Internationalen Büros für den Schutz des geistigen Eigentums miteinander verbunden. 1967 wurde auf der Stockholmer Revisionskonferenz in einem besonderen Abkommen eine umfassende Neuregelung vereinbart: Als Dachverband wurde die Weltorganisation für geistiges Eigentum (World Intellectual Property Organization — WIPO; Organisation Mondiale pour la Propriété Intellectuelle — OMPI) mit Sitz in Genf errichtet, die als Sonderorganisation der Vereinten Nationen anerkannt wurde. Ihr oberstes Organ ist die Generalversammlung, in der alle Verbandsländer der Berner und Pariser Union vertreten sind und die den Generaldirektor der Organisation ernennt. Zu den umfassenden Funktionen der Organisation gehört insbesondere auch die Aufgabe der Verwaltung der beiden Unionen, denen das Internationale Büro der Weltorganisation als Sekretariat dient.

Vgl. für die Berner Union unten § 14 I, 3. Publikationen der Weltorganisation sind für den Bereich des Urheberrechts die Zeitschriften Le Droit d'Auteur und Coypright, für den Bereich des gewerblichen Rechtsschutzes die Zeitschriften La Propriété industrielle und Industrial Property. Der Inhalt der französischen und englischen Publikationen ist übereinstimmend. Beim Zitat der urheberrechtlichen Zeitschrift beschränken wir uns daher auf den Hinweis auf die französische Ausgabe (Le Droit d'Auteur — DdA), die seit 1888 erscheint und der erst ab 1962 die englische Ausgabe zur Seite gestellt wurde.

§ 5. Urheberrecht und Arbeitsrecht. Der Lohn der geistigen Arbeit

Piola Caselli, Codice del diritto di autore, Commentario della nuova legge, 1943; Heinrich Mitteis, Grundriß des österreichischen Urheberrechts, 1943. — A. Dietz, Die sozialen Bestrebungen der Schriftsteller und Künstler und das Urheberrecht, GRUR 1972, 11 ff. — W. Erman, Wissenschaftliches Eigentum, mit einer Vorrede von Ernst Heymann, 1929. — Neumeyer, Der Schutz wissenschaftlicher Entdeckungen in der Sowjetunion, GRUR Int. 1973, 326 ff.

I. Das Urheberrecht dient, ebenso wie das Erfinderrecht, dem Schutz geistiger Arbeit. Es gehört aber ebensowenig wie dieses dem Arbeitsrecht an. Das Arbeitsrecht regelt die Rechtsverhältnisse, die sich aus abhängiger, in fremdem Dienst geleisteter Arbeit ergeben. Für das Urheberrecht aber ist es gleichgültig, ob das Werk das Ergebnis freier literarischer oder künstlerischer Tätigkeit ist oder ob es im Rahmen eines Arbeitsverhältnisses geschaffen wird.

Wenn der Urheber in einem Arbeitsverhältnis steht, wenn er beispielsweise als Journalist in einem Zeitungsverlag oder als Mitarbeiter in einem kunstgewerblichen Unternehmen angestellt ist, so treffen Urheberrecht und Arbeitsrecht zusammen. Keines der Rechtsgebiete geht aber in dem anderen auf: Die Urheberrechte entstehen kraft des Werkschaffens in der Person des Arbeitnehmers. Das Arbeitsverhältnis richtet sich nach dem Tarif- und Arbeitsvertrag. Der Arbeitsvertrag pflegt dabei die ausdrückliche oder stillschweigende Vereinbarung einzuschließen, daß dem Arbeitgeber die für die Zwecke des Unternehmens erforderlichen Nutzungsrechte eingeräumt werden. Urheberrechtsklauseln werden insbesondere auch in Tarifverträgen vereinbart. Vgl. darüber unten § 95.

Wenn gleichwohl nicht nur die italienische Gesetzgebung das Urheberrecht in das Buch der Arbeit einbezieht, sondern auch im deutschen Rechtskreis die Lehre vertreten wurde, daß das Urheberrecht das Arbeitsrecht der geistig Schaffenden sei, so ist der Beziehungspunkt der Gedanke des Lohnes für die Arbeit. Der Urheber ist nicht mehr wie einst auf die Gunst von Mäzenen angewiesen. Er ist vielmehr, indem ihm die Verwertung seines Werkes vorbehalten ist, in den Wirtschaftsprozeß eingeschaltet. Honorare und Tantiemen werden zu Einkünften. Sie können bloße Nebeneinkünfte sein, sie können aber auch zur Grundlage der wirtschaftlichen Existenz werden.

Die Einordnung des Urheberrechts in das diritto di lavore wurde im italienischen UrhG von 1941 vorgenommen. Ihr Sinn und ihre Bedeutung werden in dem Kommentar von PIOLA CASELLI erläutert. Vgl. dazu kritisch DE BOOR, DdA 1943, 123 ff. — Im deutschen Rechtskreis ist die Lehre, daß das Urheberrecht Teil eines umfassend gedachten Arbeitsrechts sei, vor allem von H. MITTEIS, Östr. UR, S. 24, vertreten worden. Er bezeichnet das Urheberrecht als das „Arbeitsrecht des geistig frei Schaffenden".

II. Das Urheberrecht erscheint im System des deutschen Rechts zwar nicht als ein Teil des Arbeitsrechts. In seinem vermögensrechtlichen Gehalt hat es aber die dem Arbeitsrecht verwandte Aufgabe der wirtschaftlichen Sicherung der Schöpfer literarischer und künstlerischer Werke.

Grundlage der wirtschaftlichen Existenz sind die Einkünfte aus der Verwertung von Werken insbesondere bei den freiberuflich schaffenden Schriftstellern und Komponisten. Bei den bildenden Künstlern ist zu unterscheiden: Maler und Bildhauer, die Werke im Auftrag anderer schaffen oder die Originale ihrer Werke verkaufen, erhalten Vergütungen aufgrund der Werk- oder Kaufverträge, die sich auf das Original der Werke beziehen. Das Urheberrecht bleibt grundsätzlich unberührt. Es sichert dem Künstler zusätzliche Einnahmen aus Reproduktionen und deren Vertrieb, aus dem Folgerecht und aus der Vermietung und dem Verleih von Vervielfältigungsstücken.

1. Der Bedeutung dieser Aufgabe bewußt, lassen sich Gesetzgeber und Rechtsprechung von dem Gedanken leiten, daß dem Urheber die Verwertung seines Werkes in umfassender Weise vorbehalten ist. Unter der Herrschaft der Urheberrechtsgesetze von 1901 und 1907 hat eine fortschrittliche Rechtsprechung diesem Leitgedanken u. a. durch die Schließung von Lücken der gesetzlich anerkannten Verwertungsrechte sowie durch eine einschränkende Auslegung der dem Urheberrecht gezogenen Schranken Rechnung getragen. Das UrhG von 1965 hat an die

Ergebnisse dieser Rechtsprechung angeknüpft und in Einzelfragen den Urheberrechtsschutz verstärkt. Ein weiterer Ausbau ist durch die Urheberrechtsnovelle von 1972 erfolgt. Auch stehen neue Reformpläne zur Erörterung.

2. Die Regelung der Verwertungsrechte bedingt, daß das Einkommen der Urheber von dem wirtschaftlichen Erfolg ihrer Werke abhängig ist. Rang und Wert der Werke bleiben dabei außer Betracht. Die Autoren der leichten Muse, wie Schlagerkomponisten u. a., können höhere Einkünfte erzielen als die Urheber kulturell wertvoller Werke.

Es handelt sich dabei um eine Folge der marktwirtschaftlichen Ordnung. Die Folge läßt sich nur vermeiden, wenn man, wie es in den sozialistischen Oststaaten der Fall ist, zu einem System administrativer Regelung der Publikation der Werke und der Vergütungssätze übergeht. Mit der damit verbundenen politischen Lenkung und dem Verlust der Freiheit der Veröffentlichung ist aber diese Folge, insbesondere auch vom Standpunkt der Urheber aus gesehen, zu teuer erkauft.

Ein gewisser Ausgleich zugunsten der kulturell bedeutsamen Werke kann durch Förderungsmaßnahmen erfolgen. In Betracht kommen u. a. Stipendien, Verleihung von Literatur- und Kunstpreisen, Aufträge und Ankäufe der öffentlichen Hand, Förderung durch private Organisationen sowie die Höherbewertung kulturell wertvoller Werke in den Verteilungsplänen der Verwertungsgesellschaften wie insbesondere die Höherbewertung der ernsten Musik im Verteilungsplan der GEMA.

Vgl. zu der Problematik und den in Betracht kommenden Förderungsmaßnahmen die eingehende Untersuchung von FRANZ RIKLIN, Das Urheberrecht als individuelles Herrschaftsrecht und seine Stellung im Rahmen der zentralen Wahrnehmung urheberrechtlicher Befugnisse sowie der Kunstförderung (Bd. 47 der Arbeiten aus dem Juristischen Seminar der Universität Freiburg/Schweiz), 1978.

3. Darüber hinaus bleibt es eine wichtige Aufgabe des Gesetzgebers, sozialpolitischen Gesichtspunkten Rechnung zu tragen. Soziale Forderungen, darunter insbesondere auch die Forderung nach einer Kranken-, Alters- und Hinterbliebenenvorsorge, sind seit dem Ende der sechziger Jahre von den Urhebern und ihren Verbänden, darunter dem im Jahre 1969 gegründeten Verband deutscher Schriftsteller, mit Nachdruck vertreten worden. Sie haben in der Öffentlichkeit Widerhall erfahren und auch die neuere Gesetzgebung beeinflußt. U. a. geht es um eine zusätzliche Speisung der Sozialfonds der Verwertungsgesellschaften, wie sie insbesondere durch die 1972 erfolgte Neuregelung der Vergütungsansprüche bei Vermietung und Verleih von Vervielfältigungsstücken, der sogenannten Bibliothekstantieme, ermöglicht wurde, um die Anwendung arbeitsrechtlicher Regeln, darunter der Regeln über Tarifverträge auf Urheber und ausübende Künstler, die zwar rechtlich selbständig aber wirtschaftlich abhängig sind, sowie um die Einbeziehung in das System der Sozialversicherung.

Vgl. über die sozialen Bestrebungen der Urheber insbesondere DIETZ, a.a.O. Im Hinblick auf diese Bestrebungen hat die Bundesregierung dem Deutschen Bundestag, dessen Aufforderung entsprechend, im Jahr 1975 eine umfassende Untersuchung über die wirtschaftliche Lage der Künstler, den sogenannten „Künstlerbericht", vorgelegt (Deutscher Bundestag, 7. Wahlperiode, Drucksache 7/3071). Er ergänzt die bereits zuvor, aus Privatinitiative erwachsene Darstellung der Wirtschaftslage der Wortautoren, den von FOHRBACH/WIESAND 1972 erstatteten sogenannten „Autorenreport". Über die Anforderungen, die an den Ausbau des Urhebervertragsrechts gestellt werden, vgl. unten § 91.

III. Das Urheberrecht schützt das geistige Schaffen im Bereich der Literatur und Kunst, das Patent- Gebrauchs- und Geschmacksmusterrecht im Bereich der Technik und der industriellen Formgebung. Im übrigen sind aber der Methode der Zuerkennung ausschließlicher Rechte an den Ergebnissen geistiger Arbeit Grenzen gesetzt. Insbesondere sind die Ergebnisse wissenschaftlicher Arbeit nur in den Grenzen des Urheber- und Erfinderrechts geschützt. Die literarische Darstellung begründet das Urheberrecht. Dem Verfasser ist die Vervielfältigung, die Verbreitung sowie die öffentliche Wiedergabe seines Werkes vorbehalten. Die Ideen und Lehren, die in seinem Werk enthalten sind, sind aber, urheberrechtlich gesehen, frei: Ihre Darstellung durch andere ist gestattet. Der patentrechtliche Schutz hat zur Voraussetzung, daß die Arbeitsergebnisse gewerblich verwertbare Erfindungen sind. Eine wissenschaftliche Entdeckung, die die Möglichkeit der Verwertung eröffnet, die Wege zu ihr aber noch nicht aufzeigt, wie beispielsweise die Entdeckung der Hertzschen Wellen, ist keine rechtlich schutzfähige Erfindung.

1. Es hat nicht an Versuchen gefehlt, die Lücke zugunsten der wissenschaftlichen Arbeit zu schließen. Insbesondere ging nach dem Ersten Weltkrieg von Frankreich eine Bewegung aus, die den Schutz des „wissenschaftlichen Eigentums" (propriété scientifique) forderte. Ihr Ziel war, den Wissenschaftler an dem Gewinn zu beteiligen, der aus der Auswertung seiner Entdeckung gezogen wird. Im Völkerbund wurden Entwürfe für ein Abkommen über den Schutz des wissenschaftlichen Eigentums ausgearbeitet. Sie stießen jedoch wegen der Schwierigkeiten der praktischen Durchführung auf erhebliche Bedenken, so daß die Arbeit zum Stillstand kam. Nach dem Zweiten Weltkrieg wurden sie 1952 von der UNESCO wiederaufgenommen. Man sprach dabei nicht mehr von wissenschaftlichem Eigentum, sondern von einem Recht der Forscher (droit des savants) und prüfte insbesondere die Möglichkeit, das ideelle Interesse des Forschers an der Anerkennung der wissenschaftlichen Priorität zu sichern. Auch diesen Arbeiten blieb aber der Erfolg versagt.

Über die Geschichte der Idee des wissenschaftlichen Eigentums und die Arbeiten des Völkerbunds berichtet ERMAN, a.a.O.; über die Initiative der UNESCO vgl. UNESCO Cop. Bull. 1953 VI Nr. 2, S. 1 ff. Die im Rahmen des Völkerbunds erarbeiteten Entwürfe sahen zwar zugunsten der Forscher kein ausschließliches Recht an der Entdeckung, wohl aber Vergütungsansprüche gegen diejenigen vor, die gewerblichen Nutzen aus der Entdeckung ziehen. Die Stellungnahmen der Staaten zu den Vorschlägen waren aber nicht ermutigend. Über die Beurteilung in Deutschland vgl. ERNST HEYMANN (Sitzungsberichte der Preußischen Akademie der Wissenschaften, 1928, S. 119): Er warnte vor der Anerkennung der nur schwer bestimmbaren Rechte und hielt nur die Verleihung von Preisen aus gemeinsamen Kassen für möglich, die durch unabhängige Gremien zu erfolgen hätte.

2. Eine neue Initiative zu einer internationalen Regelung ging aus Anlaß der Errichtung der Weltorganisation für geistiges Eigentum von den sozialistischen Oststaaten unter Führung der Sowjetunion aus. Angesichts des Schutzes wissenschaftlicher Entdeckungen, wie er in der Sowjetunion sowie in Albanien, Bulgarien und der Tschechoslowakei vorgesehen ist, wurden in dem Übereinkommen über die Errichtung der Weltorganisation von 1967 in die Definition des Begriffs des geistigen Eigentums auch die Rechte betreffend die wissenschaftlichen Entdeckungen einbezogen. Aufgrund der Vorarbeiten, die im Rahmen der Weltorganisation geleistet wurden, kam es am 2.3.1978 in Genf zum Abschluß eines Vertrags über die internationale Registrierung wissenschaftlicher Entdeckungen. Die Registrierung durch das Internationale Büro erfolgt aufgrund eines Antrags des Entdeckers, dem eine Erklärung einer wissenschaftlichen Einrichtung oder einer Behörde eines Vertragsstaats beizufügen ist, daß der Gegenstand der Anmeldung eine wissenschaftliche Entdeckung i.S. des Vertrags ist. Das Internationale Büro soll die wichtigsten Angaben über die Entdeckung in einer Zeitschrift veröffentlichen. Rechte an der Entdeckung werden durch die Registrierung nicht begründet.

Der Vertrag wurde nur von Bulgarien, Marokko, der Sowjetunion und Ungarn unterzeichnet und ist noch nicht in Kraft getreten. In seinem Inhalt bleibt er wesentlich hinter der Regelung zurück, wie sie insbesondere in der Sowjetunion erfolgt ist. Die Grundsätze des sowjetischen Entdeckungsschutzes sind im Anschluß an die Regelung des Urheberrechts in den Grundlagen der Zivilgesetzgebung, Einzelheiten in der Verordnung über Entdeckungen, Erfindungen und Rationalisierungsvorschläge vom 28.8.1973 geregelt. Das Recht des Entdeckers nimmt dabei eine Zwischenstellung zwischen Urheber- und Erfinderrecht ein. Der Entdecker hat das Recht, die Anerkennung seiner Urheberschaft und seiner Priorität an der Entdeckung zu verlangen und sich durch ein Diplom bestätigen zu lassen, sowie einen Anspruch gegen den Staat auf Zahlung einer Vergütung, deren Höhe durch das Patentamt nach Ermessen festgesetzt wird. — Für die westlichen Industriestaaten stellt sich das Problem in anderer Weise. Die Förderung und Pflege der Grundlagenforschung und die Überführung ihrer Ergebnisse in die Phase der Entwicklung sind eine vordringliche Aufgabe, die eines verstärkten Einsatzes staatlicher Mittel bedarf. Was die Veröffentlichung der Entdeckungen betrifft, an der insbesondere auch den Entwicklungsländern gelegen ist, so bedarf das Verhältnis zum Patentschutz besonderer Berücksichtigung. Die Publikation bringt die Gefahr mit sich, daß dem Entdecker ein späterer Patentschutz versagt wird, weil aufgrund der Veröffentlichung die der Erfindung zugrundeliegende Entdeckung möglicherweise bereits zum Stand der Technik gerechnet wird. Eine Ermutigung zur Veröffentlichung hätte daher zur Voraussetzung, daß dem Entdecker eine Neuheitsschonfrist gewährt wird. Vgl. dazu BOSSUNG, in GRUR Int. 1978, 382.

§ 6. Urheberrecht und Persönlichkeitsrecht

O. v. GIERKE, Deutsches Privatrecht I (1895), S. 702 ff.; JOSEF KOHLER, Das Recht an Briefen, 1892; ders., Das Eigenbild im Recht, 1903. — HUBMANN, Das Persönlichkeitsrecht, 2. Aufl. 1967; v. CAEMMERER, Der privatrechtliche Persönlichkeitsschutz nach deutschem Recht, in: Festschrift für v. HIPPEL, 1967, S. 720 ff.; HELDRICH, Der Persönlichkeitsschutz Verstorbener, in: Festschrift für HEINRICH LANGE, 1974, S. 143 ff.; KRÜGER-NIELAND, Das Urheberpersönlichkeitsrecht, eine besondere Erscheinungsform des allgemeinen Persönlichkeitsrechts? in: Festschrift für FRITZ HAUSS, 1978, S. 215 ff. — NIPPERDEY, Die Würde des Menschen, in: NEUMANN/NIPPERDEY/SCHEUNER, Die Grundrechte II (1954), S. 8 ff.

Das Urheberrecht schließt das Urheberpersönlichkeitsrecht ein. Das Verhältnis, in dem der persönlichkeitsrechtliche Schutz zu dem vermögensrechtlichen steht, ist eine Grundfrage des Urheberrechts, die bei der Darstellung der Urheberrechtstheorien zu erörtern ist.

Das Verständnis der Rechtslage erfordert aber zugleich eine Klarstellung der Beziehungen zum allgemeinen Persönlichkeitsrecht. Die Praxis des Rechtslebens zeigt uns, daß einzelne Rechte, die aus dem allgemeinen Persönlichkeitsrecht fließen, beispielsweise das Recht am Namen, am eigenen Bild, an Briefen und Aufzeichnungen persönlicher Art, in enger Berührung mit urheberrechtlichen Materien stehen. Darüber hinaus gilt es, grundsätzlich das Verhältnis zwischen dem im Urheberrecht enthaltenen Persönlichkeitsrecht und dem allgemeinen Persönlichkeitsrecht zu bestimmen.

I. In der deutschen Gesetzgebung wurden zunächst einzelne Rechte anerkannt, die dem Schutz von Persönlichkeitsgütern dienen. Insbesondere schützt § 12 BGB das Recht am Namen. Das KUG schützt in den Bestimmungen der §§ 22—24, die auch nach dem Erlaß des UrhG in Kraft geblieben sind, das Recht am eigenen Bild.

1. In der deutschen Rechtswissenschaft war darüber hinaus schon vor Jahrzehnten, insbesondere von GIERKE und KOHLER, die Anerkennung des allgemeinen Persönlichkeitsrechts gefordert worden. Die Rechtsprechung des RG hat sich diesem Anliegen versagt. Das hat zu fühlbaren Mängeln geführt. Insbesondere konnte der Verfasser von privaten Aufzeichnungen und Briefen einer ihm unerwünschten Veröffentlichung nur entgegentreten, wenn sie als literarisches Werk unter Urheberrechtsschutz standen.

Vgl. dazu die Entscheidungen in RGZ 41, 48 und 69, 401.

Geschlossen wurde die Lücke durch die Rechtsprechung des BGH: Unter Berufung auf Art. 1 und 2 GG, in denen das Recht des Menschen auf Achtung seiner Würde und das Recht auf freie Entfaltung der Persönlichkeit unter verfassungsrechtlichen Schutz gestellt wurden, wurde erstmals in BGHZ 13, 334 über die gesetzlich geregelten einzelnen Persönlichkeitsrechte hinaus ein allgemeines Persönlichkeitsrecht anerkannt.

Die Entscheidung betraf den Fall der Veröffentlichung eines Briefs in der Presse. Weitere Entscheidungen, in denen es u.a. um den Schutz der Persönlichkeit gegen die Offenbarung von Krankenpapieren (BGHZ 24, 72), gegen die heimliche Bildaufnahme (BGHZ 24, 200), gegen die heimliche Tonbandaufnahme von Gesprächen (BGHZ 27, 284), um den Schutz der Privat- und Familiensphäre (BGH in GRUR 1965, 254) und um eine ehrverletzende Entstellung des Persönlichkeitsbildes (BGHZ 50, 135) ging, haben den Grundsatz bestätigt. Die Rechtsprechung steht im Einklang mit der heute auch im Schrifttum herrschenden Meinung. Vgl. v. CAEMMERER, HUBMANN, und NIPPERDEY, a.a.O.

2. Der zeitweise verfolgte Plan einer gesetzlichen Regelung des allgemeinen Persönlichkeitsrechts scheiterte an dem Widerstand der Presse. Es blieb daher die Aufgabe der Rechtsprechung, die Tragweite des Schutzes zu bestimmen. Sie geht dabei von einer Interessen- und Güterabwägung aus, für die sich Anhaltspunkte aus den Regeln des § 193 StGB über den Rechtfertigungsgrund der Wahrnehmung berechtigter Interessen und den Vorschriften des KUG über das Recht am eigenen Bild ergeben. Für Presse und Rundfunk wurde in Abweichung von der Rechtsprechung des RG anerkannt, daß sie eine öffentliche Aufgabe erfüllen, wenn sie über Angelegenheiten berichten, an denen ein ernsthaftes Informationsinteresse der Öffentlichkeit besteht; jedenfalls bleibt aber der Betroffene gegen leichtfertige Verbreitung unwahrer Nachrichten sowie gegen Entstellungen und grobe Fälle der Ehrverletzung geschützt.

Vgl. über Presseinformationen insbesondere BGHZ 31, 308 und 36, 77 sowie über einen Fall grober Ehrverletzung BGHZ 39, 124 („Fernsehansagerin"). Zur Interessen- und Güterabwägung vgl. insbesondere auch BVerfGE 35, 207 betreffend ein Dokumentarfernsehspiel, durch dessen Inhalt die Rehabilitierung eines vor seiner Entlassung stehenden Strafgefangenen gefährdet wurde. — Über den Entwurf eines Gesetzes zur Neuordnung des zivilrechtlichen Persönlichkeits- und Ehrenschutzes, den die Bundesregierung 1959 dem Bundestag vorlegte, vgl. WEITMANN in: NJW 1959, 313 ff.

3. Bei Eingriffen in das Persönlichkeitsrecht steht dem Verletzten ein Abwehranspruch zu: Er kann auf Beseitigung der Beeinträchtigung und, wenn weitere Eingriffe zu befürchten sind, auf Unterlassung klagen. Bei schuldhafter Verletzung kann er gemäß § 823 Abs. 1 BGB Schadensersatz verlangen. In den Fällen schwerwiegender Eingriffe in das Persönlichkeitsrecht billigt die Rechtsprechung dem Verletzten auch Geldersatz für den von ihm erlittenen immateriellen Schaden zu.

Die erste einschlägige Entscheidung über Geldersatz für immateriellen Schaden war die sogenannte Herrenreiter-Entscheidung (BGHZ 26, 349), in der es um einen Turnierreiter ging, dessen Bild ohne seine Zustimmung zur Werbung für ein Sexualkräftigungsmittel verwendet wurde. Die Entscheidung stieß im Hinblick auf die Regel des § 253 BGB bei Instanzgerichten und im Schrifttum zum Teil auf Widerspruch. Sie wurde aber in BGHZ 35, 363 und 39, 124 bestätigt, wobei die Abweichung von § 253 BGB mit der Wertentscheidung zugunsten des Persönlichkeitsrechts begründet wurde, die aus Art. 1 und 2 GG zu erschließen ist. Im Schrifttum stimmten ihr u.a. v.CAEMMERER, HUBMANN und NIPPERDEY a.a.O., sowie STOLL (Referat für den 45. deutschen Juristentag) zu. Heute kommt der feststehenden Rechtsprechung, die auch vom BVerfG gebilligt wurde (GRUR 1974, 44), gewohnheitsrechtliche Geltung zu.

Neben dem Schadensersatzanspruch kommt in Fällen gewerblicher Ausnutzung auch der *Bereicherungsanspruch* in Betracht: Wird beispielsweise das Bild einer Person ohne ihre Zustimmung für Werbezwecke verwendet, so kann der Berechtigte, auch wenn kein Verschulden des Verletzers vorliegt, die Zahlung einer angemessenen Vergütung verlangen. Vgl. BGHZ 20, 355: In der Entscheidung werden mit Recht die Grundsätze, die für den Bereicherungsanspruch im Urheberrecht gelten (unten § 131 III), entsprechend zur Anwendung gebracht.

4. Auch das Persönlichkeitsrecht des Verstorbenen wurde von der Rechtsprechung anerkannt (vgl. insbesondere BGHZ 50, 133, 136 — „Mephisto"). Zur Wahrnehmung des Rechts ist in erster Linie der vom Verstorbenen Berufene befugt. In entsprechender Anwendung der Regel, die im KUG für das Recht am eigenen Bild vorgesehen ist, kommen aber auch die näheren Angehörigen des Verstorbenen als Hüter der persönlichkeitsrechtlichen Belange in Betracht.

Bezüglich der Zeitdauer des Schutzes ist mangels einer Festlegung, die nur durch den Gesetzgeber erfolgen könnte, darauf abzustellen, ob und in welchem Maß die Erinnerung an den Verstorbenen noch lebendig ist. Der postmortale Schutz kann dabei zunächst eine Einschränkung erfahren, bis er nach längerem Zeitablauf erlischt. Ebenso grundsätzlich BGHZ 50, 140, wo es heißt, das Schutzbedürfnis schwinde in dem Maß, in dem die Erinnerung an den Verstorbenen verblaßt, sowie HELDRICH, a.a.O. HUBMANN, S. 345, entscheidet sich dagegen für eine einheitliche Frist von 25 Jahren, deren Lauf mit dem Ende des Todesjahres beginnt.

II. Das Gebot der Achtung fremder Persönlichkeit gilt auch im Bereich der Literatur, der Kunst und der Fotografie. Es geht dabei um die Werke, die Personendarstellungen zum Gegenstand haben, sowie um die Aufnahme von Personen und ihre Verwertung, beispielsweise im Bildbericht, im Film oder in der Fernsehsendung. Zu berücksichtigen sind — neben den Regeln über den Ehrenschutz — insbesondere das Recht am Namen, das Recht auf die Achtung des Privat- und Familienlebens und das Recht am Persönlichkeitsbild.

1. In Dichtungen, Romanen, Bühnen- oder Filmwerken können Namen verwendet werden, die im Leben vorkommen. Das ist nicht zu vermeiden. Der Urheber kann nicht alle Namen frei erfinden. Aber er darf für eine auf seiner Phantasie beruhende Gestalt keinen Namen wählen, der nach Lage der Umstände mit einer bestimmten Person in Beziehung gebracht wird.

Die Verwendung des Namens ist in solchen Fällen Verletzung des in § 12 BGB geregelten Namensrechts. Anders steht es, wenn der Urheber den Namen nicht für eine Phantasiegestalt benutzt, sondern die Person selbst in seinem Werk unter ihrem Namen darstellt. Das ist, wie in RGZ 91, 350 (Weberlied) mit Recht hervorgehoben wird, keine Verletzung des Namensrechts, das seinem Wesen nach ein Kennzeichnungsrecht ist. Wohl aber kann eine Verletzung des Gebots der Achtung fremden Privat- und Familienlebens oder eine Ehrverletzung vorliegen.

2. Grenzen werden der Darstellung in Literatur und Kunst auch durch das Gebot der Achtung fremden Privat- und Familienlebens gezogen. Die private Lebenssphäre darf nicht ohne triftigen Grund zum Gegenstand öffentlicher Erörterung oder Darstellung werden.

Der Dichter und Schriftsteller kann zwar auf Anregungen aus dem Bereich der Wirklichkeit nicht verzichten. Er muß aber, soweit es um das Privat- und Familienleben anderer geht, eine Darstellung vermeiden, die unmittelbar auf bestimmte Personen Bezug nimmt. Vgl. dazu OLG Kiel in UFITA 2 (1929) S. 559 ff.

Auch das Interesse der Öffentlichkeit an wahrheitsgemäßer Information ist grundsätzlich nur insoweit schutzwürdig, als es sich nicht um Tatsachen aus dem Bereich des Privat- und Familienlebens handelt. Doch gibt es Ausnahmen. Insbesondere kann bei Persönlichkeiten, die im öffentlichen Leben stehen, auch die Unterrichtung über bestimmte Vorgänge des Privatlebens (Erwartung und Geburt von Thronerben, Verlobungen, Heiraten, Scheidungen usw.) einem berechtigten Interesse der Öffentlichkeit entsprechen; doch bleibt auch hier jedenfalls die Intimsphäre der Persönlichkeit geschützt.

3. Das Recht am eigenen Bild, das in §§ 22—24 KUG geregelt ist, ist das ausschließliche Recht des Menschen, über die Verbreitung und öffentliche Schaustellung seines Bildnisses zu entscheiden. Dem Recht sind freilich Schranken gezogen. Insbesondere entfällt das Erfordernis der Einwilligung des Berechtigten bei Bildnissen aus dem Bereich der Zeitgeschichte sowie bei Bildnissen, deren Verbreitung oder Schaustellung einem höheren Interesse der Kunst dient. Auch in diesen Ausnahmefällen bleibt aber ein Rest des Persönlichkeitsrechts gewahrt: Die Verbreitung und Schaustellung ist unzulässig, wenn durch sie ein berechtigtes Interesse des Abgebildeten oder, wenn er verstorben ist, seiner Angehörigen verletzt wird.

Die Einbeziehung der Regelung in das KUG war, systematisch gesehen, verfehlt. Das Recht steht nicht dem Urheber, sondern dem Abgebildeten zu und ist seinem Wesen nach nicht Urheberrecht, sondern Persönlichkeitsrecht. Die systematische Darstellung des Rechts am eigenen Bild ist daher, ebenso wie die Darstellung der sonstigen Persönlichkeitsrechte, Aufgabe der Lehre vom bürgerlichen Recht. Hier ist die Regelung nur in ihren Grundzügen zu erläutern:

a) Bildnisse sind sowohl Lichtbilder wie Zeichnungen, Gemälde, Büsten usw. Auf die größere oder geringere Ähhlichkeit kommt es nicht an. Es genügt, daß der Abgebildete erkennbar ist. Das gilt auch für *Karikaturen*: Im Fall der Erkennbarkeit der karikierten Person ist die Verbreitung und öffentliche Schaustellung nur in den vom Gesetz vorgesehenen Fällen zulässig. Ebenso Osterrieth-Marwitz, KUG S. 165; abweichend Allfeld, KUG § 22, Anm. 2. Unstreitig ist, daß die *Totenmaske* geschützt ist.

b) Die Schranke bezüglich der *Bildnisse aus dem Bereich der Zeitgeschichte* dient dem Interesse der Öffentlichkeit an der Information durch Bild- und Fernsehbericht. In Betracht kommen insbesondere Bildnisse von Persönlichkeiten des politischen Lebens, von führenden Männern der Wirtschaft (KG in JW 1925, 378), bekannten Künstlern (BGHZ 20, 349), Forschern und Erfindern, aber auch von Personen, die durch unmoralische Handlungen oder Straftaten in der Öffentlichkeit begründetes Aufsehen erregt haben (OLG Frankfurt in GRUR 1958, 508). Unter Umständen ist die Zugehörigkeit zur Zeitgeschichte nur eine vorübergehende und entfällt, wenn das Ereignis, das die Person bekanntgemacht hat, an Aktualität verloren hat. Erforderlich ist stets, daß ein berechtigtes Interesse der Öffentlichkeit an der Information vorliegt; Sensationslust vermag die Veröffentlichung nicht zu rechtfertigen. Auch macht das Recht zur Verbreitung und Schaustellung halt vor berechtigten Gegeninteressen des Abgebildeten. Unzulässig ist insbesondere die Veröffentlichung von Bildnissen aus dem Intimbereich des Privatlebens sowie die Verwendung der Bildnisse zu Werbezwecken (BGHZ 20, 350).

Die Ausnahme zugunsten der Bildnisse, deren Verbreitung oder Schaustellung einem *höheren Interesse der Kunst* dient, soll insbesondere die Veröffentlichung von Bildnisstudien ermöglichen. Ist freilich das Bildnis auf Bestellung angefertigt, so verbleibt es mit Rücksicht auf das Vertrauensverhältnis, das zwischen dem Künstler und dem Abgebildeten besteht, bei dem Erfordernis der Einwilligung des Abgebildeten.

Weitere Ausnahmen sind in § 23 KUG für Bilder vorgesehen, auf denen die Personen nur als Beiwerk neben einer Landschaft oder einer sonstigen Örtlichkeit erscheinen, sowie für Bilder von Versammlungen, Aufzügen und ähnlichen Vorgängen, an denen die abgebildete Person teilgenommen hat. Eine Schranke besteht auch im Interesse der Rechtspflege und der öffentlichen Sicherheit; § 24 KUG.

c) Die Einwilligung des Abgebildeten zur Verbreitung und Schaustellung kann ausdrücklich oder stillschweigend erteilt werden. Im Zweifel gilt sie als erteilt, wenn der Abgebildete dafür, daß er sich abbilden ließ — insbesondere für das Modellstehen —, eine Entlohnung erhielt; § 22 Satz 2 KUG. Ist der Abgebildete verstorben, so besteht das Recht noch 10 Jahre lang fort. Seine Wahrnehmung liegt aber nicht in der Hand seiner Erben, sondern in derjenigen seiner Angehörigen. Angehörige i.S. des Gesetzes sind der überlebende Ehegatte und die Kinder des Abgebildeten, eventuell seine Eltern; § 22 Satz 3 KUG.

d) Eine Ergänzung erfährt der gesetzliche Schutz durch Regeln, die sich aus dem allgemeinen Persönlichkeitsrecht ergeben. Insbesondere kann eine Rechtsverletzung nicht nur in der Verbreitung und Schaustellung, sondern bereits in der Aufnahme des Bildnisses liegen. Auch Personen der Zeitgeschichte brauchen es grundsätzlich nicht zu dulden, daß von ihnen innerhalb ihrer privaten Sphäre ohne ihr Wissen Bildaufnahmen gemacht werden; vgl. über einen einschlägigen Fall der „Bildniserschleichung" BGHZ 24, 209.

4. Ähnlich wie das Recht am eigenen Bild, umfaßt der persönlichkeitsrechtliche Schutz auch den Schutz gegen die Darstellung der Lebensweise einer Person oder von Ausschnitten aus ihren Handlungen und Lebensschicksalen, die auf der Bühne, im Film, in der Rundfunksendung, in Romanen, Biographien usw. erfolgt. Auch hier gilt freilich die Schranke, daß Darstellungen aus dem Bereich der Zeitgeschichte zulässig sind, sofern sie in ihren wesentlichen Zügen wahrheitsgetreu sind und keine ungerechtfertigte Herabsetzung enthalten.

a) In der Rechtsprechung ging es dabei zunächst um Fälle der Darstellung auf der Bühne und im Film, bei denen es nahelag, sie in entsprechender Anwendung der Regeln über das Recht am eigenen Bild zu beurteilen.

Die erste einschlägige Entscheidung war diejenige des KG (JW 1928, 363 ff.) im Rechtsstreit zwischen WILHELM II. und der Berliner Piscatorbühne. Das KG erwog, daß die Darstellung zwar eine solche aus dem Bereich der Zeitgeschichte war, verurteilte aber zur Unterlassung, weil durch die Art der Charakterisierung WILHELMS II. das Bild seiner Persönlichkeit verfälscht wurde. In der Entscheidung wurde als wesentlich angesehen, daß die Maske WILHELMS II. nachgeahmt war; auch in BGHZ 26, 67 wird noch auf diesen Gesichtspunkt verwiesen. Mit Grund haben dagegen LG München (UFITA 20 (1955) 230) und LG Frankfurt (UFITA 20 (1955) 240) bei der Beurteilung der Spielfilme, in denen die Vorgänge des 20. Juli 1944 dargestellt wurden, das Erfordernis der Ähnlichkeit des Erscheinungsbilds nicht mehr erwähnt; die Anträge der Angehörigen der dargestellten Personen auf Erlaß einer einstweiligen Verfügung wurden jedoch abgelehnt, weil es sich um Filme aus dem Bereich der Zeitgeschichte handelte und weder eine historische Unwahrheit noch eine herabsetzende Darstellungsweise vorlag.

b) Grundsätzlich kann es aber nicht darauf ankommen, ob es sich um eine visuelle Darstellung oder um eine Darstellung in Wort oder Schrift, insbesondere in Romanen oder Biographien, handelt.

Die Darstellung kann auch in einem Schlüsselroman erfolgen. So lag es insbesondere bei dem „Mephisto"-Roman von KLAUS MANN. Die Hauptfigur des Romans entsprach in zahlreichen Einzelheiten dem Lebens- und Berufsbild von Gustav Gründgens, so daß anzunehmen war, daß ein beträchtlicher Teil der Leser sie mit ihm identifizierte. Dadurch wurde ihnen aber ein verzerrtes Bild vermittelt. Der BGH untersagte daher in BGHZ 50, 133 aufgrund der Klage des Adoptivsohns und Alleinerben von GUSTAV GRÜNDGENS die Verbreitung des Romans; vgl. dazu KRÜGER-NIELAND, Persönlichkeitsschutz Verstorbener als Schranke der Freiheit der Kunst, in: GRUR 1968, 523. Die Verfassungsbeschwerde des Verlags wurde in BVerfGE 30, 133 zurückgewiesen. Die Mehrheit der Richter ging dabei davon aus, daß der Konflikt zwischen der verfassungsrechtlichen Garantie der Kunstfreiheit (Art. 5 Abs. 3 GG) und dem Persönlichkeitsschutz nach Maßgabe der gesetzlichen Wertordnung zu lösen und dabei die durch Art. 1 Abs. 1 GG garantierte Würde des Menschen zu beachten ist.

Rechtlich erscheint es sachgemäß, die Fälle der visuellen Darstellung und der Darstellung durch Wort oder Schrift einheitlich nach den für das allgemeine Persönlichkeitsrecht geltenden Grundsätzen zu beurteilen. Diese Grundsätze decken sich zwar weitgehend, vor allem auch was die Schranken des Schutzes betrifft, mit den gesetzlichen Regeln über das Recht am eigenen Bild. Anders als beim Recht am eigenen Bild bleibt aber der postmortale Schutz nicht auf 10 Jahre beschränkt. Der Fortbestand des Schutzes hängt vielmehr nach allgemeinen Grundsätzen davon ab, ob die Erinnerung an den Verstorbenen noch lebendig ist.

III. Das Urheberpersönlichkeitsrecht unterscheidet sich von dem allgemeinen Persönlichkeitsrecht und den aus ihm fließenden einzelnen Rechten durch seinen Bezug auf ein bestimmtes, vom Urheber geschaffenes Werk sowie dadurch, daß es neben den persönlichen auch die geistigen Interessen des Urhebers schützt, die sich auf Bestand und Unversehrtheit des Werkes richten (vgl. unten § 38 II, 1): Es sichert das geistige Band, das den Urheber mit einer einzelnen literarischen oder künstlerischen Schöpfung verbindet.

Individualinteressen des Urhebers, die sich nicht auf ein einzelnes Werk, sondern auf die Gesamtheit seines Werkschaffens beziehen, werden nicht durch das Urheberpersönlichkeitsrecht, können aber gegebenenfalls durch das allgemeine Persönlichkeitsrecht geschützt werden. Vgl. dazu das Beispiel, das H. MITTEIS, Östr. UR, S. 25, unter Verwendung einer Anekdote bildet: Dem Maler M wird erzählt, sein minder bedeutender Kollege X rühme sich, einige Bilder des M seien in Wahrheit von ihm, dem X, gemalt. M soll darauf gesagt haben: „Solange der X angibt, er habe meine Bilder gemalt, will ich schweigen; aber wenn er sagen sollte, ich hätte seine Bilder gemalt, dann erhebe ich Einspruch." Im ersteren Fall liegt eine Verletzung des Urheberpersönlichkeitsrechts vor, weil es sich um die ideellen Interessen des M handelt, die aus der Schöpfung bestimmter Werke erwachsen. Im letzteren Fall handelt es sich um die Verletzung allgemeiner persönlicher Interessen. Der Einspruch des M gründet sich nicht auf das Urheberpersönlichkeitsrecht, sondern auf das allgemeine Persönlichkeitsrecht.

1. In seinem Wesen steht freilich das Urheberpersönlichkeitsrecht dem allgemeinen Persönlichkeitsrecht nahe. Die Würde des Menschen, die in Art. 1 GG für unantastbar erklärt wird, erfordert sowohl den Schutz der Persönlichkeit im allgemeinen wie die Achtung des Urheberpersönlichkeitsrechts. Wichtige Rechtsgrundsätze, die für das allgemeine Persönlichkeitsrecht gelten, sind daher auch auf das Urheberpersönlichkeitsrecht anwendbar: Die Würde des Menschen schützen wir ohne Rücksicht auf die Staatsangehörigkeit; dem entspricht es, daß das Urheberpersönlichkeitsrecht des Ausländers ohne Rücksicht darauf zu achten ist, ob er nach den Regeln des internationalen Rechts im Inland Urheberrechtsschutz genießt. Vgl. unten § 13, III.

2. Die Ausgestaltung im einzelnen ist aber eine verschiedene. Unter anderem liegt eine wesentliche Besonderheit darin, daß sich das Urheberpersönlichkeitsrecht mit den vermögensrechtlichen Elementen des Urheberrechts zu einer Einheit verbindet. Es ist kein selbständiges, sondern ein im Urheberrecht gebundenes Recht. Es geht beim Tod des Urhebers auf die Erben über und erlischt mit Ablauf der urheberrechtlichen Schutzfrist.

Die Bindung des Urheberpersönlichkeitsrechts an das Urheberrecht erklärt sich aus der engen Verflechtung zwischen vermögensrechtlichem und persönlichkeitsrechtlichem Schutz, die der Aufspaltung der Befugnisse im Fall des Todes entgegensteht. Vgl. darüber unten § 18, II.

3. Zu den durch das Urheberpersönlichkeitsrecht geschützten Interessen gehört auch das Interesse, über die Veröffentlichung des Werkes zu entscheiden. Dem Urheber kann nicht nur an der Veröffentlichung, sondern auch daran gelegen sein, daß die Veröffentlichung unterbleibt, weil sie seinen Ruf oder sein Ansehen als Schriftsteller oder Künstler gefährden könnte oder weil er die Verantwortung für die Veröffentlichung nicht übernehmen will.

Dieses Urheberinteresse ist von dem Interesse an der Geheimhaltung zu unterscheiden, das bei privaten Aufzeichnungen, Briefen u. dgl. besteht. Insoweit geht es um den Schutz gegen Indiskretionen, der aus dem allgemeinen Persönlichkeitsrecht abzuleiten ist. Er kann ohne Rücksicht darauf geltend gemacht werden, ob die Briefe oder Aufzeichnungen urheberrechtlich geschützt sind oder nicht.

Aus der Rechtsprechung vgl. BGHZ 15, 250. In der Entscheidung ging es um die Tagebücher, die Cosima Wagner geführt hatte. Sie hatte ihren Sohn zum Alleinerben berufen, hatte aber die Tagebücher noch zu Lebzeiten ihrer Tochter Eva Chamberlain schenkweise in der Absicht übergeben, dadurch die vertrauliche Behandlung sicherzustellen. Frau

Chamberlain verbot durch letztwillige Verfügung die Veröffentlichung der Tagebücher während einer Zeit von 30 Jahren. Demgegenüber machten die Erben des Sohnes geltend, daß das Urheberrecht auf sie übergegangen sei und daß ihnen kraft des Urheberpersönlichkeitsrechts die Entscheidung über die Veröffentlichung zustehe. Der BGH wies ihre Klage mit der Begründung ab, daß auch das Urheberpersönlichkeitsrecht nicht jeder Disposition entzogen sei, daß vielmehr Cosima Wagner in der Lage war, ihrer Tochter nicht nur die Nutzungsrechte, sondern auch die geistige Obhut über die Tagebücher zu übertragen (vorbehaltlich eines auf die Erben übergegangenen Restes des Urheberpersönlichkeitsrechts). Die Entscheidung ist im Ergebnis zutreffend. Sie hätte aber einfacher mit dem allgemeinen Persönlichkeitsrecht begründet werden können: Da es sich um vertrauliche Aufzeichnungen handelte, kamen nicht nur das Urheberrecht, sondern auch der persönlichkeitsrechtliche Indiskretionsschutz in Betracht. Dieser Schutz kann von demjenigen, dem er vom Verfasser zur Wahrnehmung anvertraut wurde, auch dann geltend gemacht werden, wenn das Urheberrecht im Erbgang auf andere übergegangen ist.

§ 7. Urheberrecht und Wettbewerbsrecht

ELSTER, Urheber- und Erfinderrecht, Warenzeichenrecht und Wettbewerbsrecht, 2. Aufl. 1928. — BAUMBACH-HEFERMEHL, Wettbewerbsrecht, 12. Aufl. 1978; ULMER-REIMER, Das Recht des unlauteren Wettbewerbs in den Mitgliedstaaten der EWG, Bd. III Deutschland (1968). — FIKENTSCHER, Wettbewerb und gewerblicher Rechtsschutz, 1958; LOEWENHEIM, Urheberrecht und Kartellrecht in UFITA 79 (1977), 175 ff. — Gesetz gegen Wettbewerbsbeschränkungen und europäisches Kartellrecht, Gemeinschaftskommentar, hrsg. von MÜLLER-HENNEBERG und G. SCHWARTZ, 3. Aufl. 1972—79. — JOHANNES, Gewerblicher Rechtsschutz und Urheberrecht im europäischen Gemeinschaftsrecht, 1973; MESTMÄCKER, Europäisches Wettbewerbsrecht, 1974; ders., Die Anwendung des europäischen Gemeinschaftsrechts auf Urheberrechte, in: Teil III des Kommentars zum deutschen Urheberrecht von MESTMÄCKER-SCHULZE (1976).

Der Rechtsverkehr im Bereich von Literatur und Kunst ist Teil des Wirtschaftsverkehrs, für den die Regeln der Wettbewerbsordnung gelten. Es geht dabei sowohl um die Bekämpfung des unlauteren Wettbewerbs wie um das Recht der Wettbewerbsbeschränkungen, dessen Aufgabe die Sicherung der Freiheit und der Funktionsfähigkeit des Wettbewerbs ist. Für das Recht der Wettbewerbsbeschränkungen (Kartellrecht) kommen dabei insbesondere auch die Wettbewerbsregeln des EWG-Vertrags in Betracht sowie die Ergänzungen, die sie durch die Regeln über den freien Warenverkehr im Gemeinsamen Markt finden.

I. Der Schutz gegen unlauteren Wettbewerb beruht auf dem Gesetz gegen den unlauteren Wettbewerb von 1909 (UWG). Geschützt ist das gewerbliche Schaffen im weitesten Sinn des Wortes: Auch die freie Berufstätigkeit, die Tätigkeit des Schriftstellers, des Künstlers usw. ist einbezogen. Das Gesetz handelt von Einzeltatbeständen des unlauteren Wettbewerbs wie der täuschenden Werbung, dem Kennzeichenmißbrauch und dem Geheimnisverrat, ergänzt sie aber durch eine Generalklausel, die ihnen vorangestellt ist. Sie richtet sich gegen alle Wettbewerbshandlungen, die gegen die guten Sitten verstoßten (§ 1 UWG). Eine reiche Rechtsprechung, die an §§ 1 UWG und 826 BGB anknüpft, hat im einzelnen die Regeln entwickelt, die eine wirksame Bekämpfung des unlauteren Wettbewerbs gestatten.

Seiner Aufgabe nach mit dem Recht des unlauteren Wettbewerbs verwandt ist das Warenzeichenrecht. Das Warenzeichengesetz schützt Wort- und Bildzeichen aufgrund ihrer Eintragung in die vom Patentamt geführte Warenzeichenrolle sowie Ausstattungen, die innerhalb der beteiligten Verkehrskreise als Kennzeichen für Waren oder Dienstleistungen gelten, gegen die Benutzung verwechslungsfähiger Kennzeichen für gleiche oder gleichartige Waren oder Dienstleistungen. Wettbewerbs- und Warenzeichenrecht sind dabei von der Rechtsprechung unter einheitlichen Gesichtspunkten fortentwickelt worden.

1. Urheberrechtsschutz, Schutz gegen unlauteren Wettbewerb und Warenzeichenschutz erwachsen aus verschiedenen Wurzeln. Das Urheberrecht geht von der schöpferischen Leistung aus, die sich im Werk objektiviert, das Wettbewerbsrecht von der Unlauterkeit der Wettbewerbshandlung, das Warenzeichenrecht von dem Recht an der Marke, das durch die Eintragung oder die Durchsetzung im Verkehr erworben wurde.

Abweichend lehrte ELSTER, a.a.O. sowie in einer Reihe von Abhandlungen, daß das Urheberrecht nur ein Ausschnitt aus einem umfassenden Wettbewerbsrecht sei, das den Schutz der geistigen Schöpfungen einschließt. Die von ihm vertretene Theorie vom Geistesgut-Wettbewerbsrecht hat sich aber nicht durchzusetzen vermocht. U. a. besteht der Urheberrechtsschutz ohne Rücksicht darauf, ob das Werk wirtschaftlich verwertbar ist oder nicht.

Die Berührungspunkte zwischen dem Urheberrecht und dem Recht des unlauteren Wettbewerbs erklären sich aus der Nähe der Schutzbereiche. Vom Wettbewerbsrecht her gesehen, geht es dabei um die Handlungen, durch die sich ein Mitbewerber den Ruf oder die Leistungen eines anderen in unzulässiger Weise zu eigen macht. Typische Tatbestände sind einerseits der Mißbrauch fremder Kennzeichen, andererseits die unlautere Ausnutzung fremder Arbeitsergebnisse. Es handelt sich um den Kennzeichenschutz und den Leistungsschutz. Das Verhältnis zum Urheberrecht ist dabei ein verschiedenes: Der Kennzeichenschutz beruht auf dem Wettbewerbs- und Warenzeichenrecht und steht gleichwertig neben dem Urheberrechtsschutz. Der Leistungsschutz ist dagegen grundsätzlich dem Urheberrecht und den verwandten Schutzrechten vorbehalten; dem Wettbewerbsrecht kommt hier nur eine ergänzende Bedeutung zu.

2. Der wettbewerbsrechtliche und warenzeichenrechtliche Kennzeichenschutz steht unter dem Grundgedanken, daß der eigenen Leistung kein fremder Ruf zunutze gemacht werden darf. Die Benutzung verwechslungsfähiger Bezeichnungen ist verboten. Für das Verhältnis zum Urheberrecht ist dabei von besonderer Bedeutung, daß neben Warenzeichen, Firmen, Geschäftsnamen und verkehrsbekannten Ausstattungen ge-

mäß § 16 UWG auch der Werktitel als Kennzeichen eines Geisteswerkes Wettbewerbsschutz genießt.

Urheberschutz kommt für den Werktitel nur in seltenen Ausnahmefällen in Betracht. Der Schwerpunkt liegt auf dem wettbewerbsrechtlichen Kennzeichenschutz. Vgl. darüber unten § 31 III.

Der Kennzeichenschutz kann mit dem Urheberrechts- oder dem Geschmacksmusterschutz zusammentreffen. So kann beispielsweise das Etikett von Weinflaschen oder die Kühlerfigur auf Kraftwagen aufgrund der Eigenart ihrer Gestaltung unter Urheberrechts- oder Geschmacksmusterschutz stehen, zugleich aber als Warenzeichen oder als Ausstattung geschützt sein. Die Schutzrechte bestehen in einem solchen Fall unabhängig voneinander. Der Warenzeichen- und Ausstattungsschutz kann auch noch in Anspruch genommen werden, wenn die Schutzfristen des UrhG oder GeschmMG abgelaufen sind.

Zu den Ausstattungen, die im Fall ihrer Verkehrsgeltung Kennzeichenschutz genießen, gehören nicht nur die Wort- und Bildzeichen sowie die Verpackung und Umhüllung einer Ware. Vielmehr kann auch die charakteristische Form einer Ware zur Ausstattung werden. Begründet aber die Formgebung Wesen und Art der Ware selbst, so kommt der Ausstattungsschutz nicht in Betracht. Vgl. dazu insbesondere die *Hummel*-Entscheidung des BGH (BGHZ 5, 1). Sie betraf Kinderplastiken aus Porzellan und Steingut, die nach dem Entwurf der Nonne INNOZENTIA HUMMEL hergestellt waren. Ein wesentliches Merkmal war der kindlich-naive Ausdruck der Gesichter. Dieses Merkmal kehrte in den Kinderplastiken der Beklagten wieder. Eine Urheberrechtsverletzung war nicht anzunehmen, da keine Nachbildung der Einzelplastiken, sondern nur eine Anlehnung an Motiv und Stil der Darstellung vorlag. Auch der Berufung auf den Ausstattungsschutz blieb der Erfolg versagt, da die Formgebung nicht als Zutat zur Ware erschien, sondern das Wesen der Ware selbst ausmachte. Auf der gleichen Linie liegt die Entscheidung des BGH in GRUR 1959, 289, die der Form einer Vase (Rosenthal-Vase) den Ausstattungsschutz mit der Begründung versagte, daß die Wertschätzung im Verkehr auf der Formgebung beruht, sowie die Entscheidung in BGHZ 35, 349 betreffend die in Textilerzeugnisse eingewebten farbigen Muster. — Über den Ausschluß des Ausstattungsschutzes einer technisch funktionell bedingten Gestaltung vgl. BGHZ 11, 129.

Ein Wettbewerbsverstoß durch Ausnutzung fremden Rufs kann im übrigen bei Werken der Literatur und Kunst auch dadurch begangen werden, daß durch sie Vorstellungen über Beziehungen zu einem älteren, bekannten Werk hervorgerufen werden.

Vgl. dazu BGH in GRUR 1958, 402. Es ging um die Ausnutzung der Bekanntheit des Liedes „Lili Marleen" durch den Textdicher eines neuen Lieds (Auf Wiedersehen, Marlén). Es lag zwar keine Urheberrechtsverletzung vor. Die Gefahr, daß ein nicht unerheblicher Teil des Publikums in dem neuen Lied eine vom ursprünglichen Textdichter geschaffene Abwandlung des alten Liedes sah, und die Tatsache, daß der Beklagte mit solcher Vorstellung rechnete, begründete aber einen Wettbewerbsverstoß. Anders war die Sachlage in BGHZ 26, 62 zu beurteilen: Ein Filmwerk knüpfte in seiner Handlung an die bekannten Romanfiguren SHERLOCK HOLMES und DR. WATSON an. Ein Irrtum der Filmzuschauer darüber, daß es sich um eine Abwandlung der Werke von CONAN DOYLE handle, wurde aber nicht hervorgerufen.

3. Unzulässiger Wettbewerb ist auch die unlautere Ausnutzung fremder Arbeitsergebnisse. Das Arbeitsergebnis als solches ist zwar wettbewerbsrechtlich gesehen grundsätzlich frei. Die Maschine, die nicht unter Patent- oder Gebrauchsmusterschutz steht, kann nachgebaut werden; das Textilmuster, das weder Urheberrechts- noch Geschmacksmusterschutz genießt, kann nachgebildet werden. Hier gelten die Freiheit des Wettbewerbs und der Grundsatz, daß der eine auf den Leistungen des anderen weiterbauen kann.

Wettbewerbsverletzung ist nur das Schmarotzen, die unlautere Ausnutzung fremder Arbeitsergebnisse, beispielsweise die Nachbildung, die durch Erschleichung oder Vertrauensbruch ermöglicht wurde. Die deutsche Rechtsprechung hat eine Zeitlang unter dem Begriff der sklavischen Nachahmung mit der Begründung, es verstoße wider die guten Sitten, sich das mit Mühe und Kosten gschaffene Arbeitsergebnis eines anderen anzueignen, diesen Schutz in bedenklicher Weise ausgebaut. U. a. wurden Spielwaren und andere Erzeugnisse gegen Nachbildung geschützt, denen mangels genügender Eigenart der Urheberrechtsschutz und Geschmacksmusterschutz zu versagen war.[1] Die Rechtsprechung stieß aber mit Grund auf Widerspruch. Grundsätzlich muß der Schutz der individuellen Gestaltung dem Urheberrecht und Geschmacksmusterrecht vorbehalten bleiben. Sonst verlöre nicht nur das Erfordernis der schöpferischen Leistung, sondern auch die zeitliche Begrenzung des Urheber- und Musterschutzes ihren Sinn. Die neuere Rechtsprechung hat daher die früher entwickelten Leitsätze wesentlich eingeschränkt. Sie bedient sich dabei meist der Formel, es müßten besondere Umstände vorliegen, die geeignet sind, die Übernahme fremder Arbeitsergebnisse als unzulässig erscheinen zu lassen.

Vgl. zu der neueren Rechtsprechung die Entscheidungen in RGZ 135, 394; 142, 150; 144, 49 und BGHZ 5, 10; 18, 182; 21, 209 und 27, 360 sowie aus dem Schrifttum BAUMBACH-HEFERMEHL, UWG, § 1, Anm. 380 und ULMER-REIMER, a.a.O., S. 190 ff.

4. Die besonderen Umstände sind in der Regel zusätzliche Merkmale, die die Sittenwidrigkeit begründen. Einschlägig sind die bereits erwähnten Fälle der Nachbildung, die durch eine Erschleichung oder einen Vertrauensbruch ermöglicht wird: Der Mitbewerber hat sich die zur Nachbildung erforderlichen Kenntnisse auf unredliche Weise verschafft oder durch die Verwertung der ihm anvertrauten Muster einen Vertrauensbruch begangen. Weitere Beispiele sind Sachverhalte, bei denen durch die Nachbildung von Erzeugnissen wettbewerbsrechtlicher Eigenart eine Verwechslungsgefahr hervorgerufen wird oder in denen eine

---

[1] Vgl. insbesondere RGZ 111, 254 (Käthe-Kruse-Puppen) und RGZ 115, 180 (Puppenjunge).

planmäßige Anlehnung an die im Verkehr bekannte zugkräftige Linie eines Mitbewerbers vorliegt.

Über einen Fall des *Vertrauensbruchs* vgl. BGHZ 16, 4: Bei Modeneuheiten verstößt es ohne Rücksicht darauf, ob sie unter Urheber- und Geschmacksmusterschutz stehen oder nicht, wider die guten Sitten, wenn Zwischenmeister, die unter Überlassung der Modellskizze mit einer Serienanfertigung beauftragt wurden, das Modell während der gleichen Saison auch an Konkurrenzfirmen des Auftraggebers liefern. — Zu dem Gesichtspunkt der Verwechslungsgefahr vgl. BGHZ 21, 266. Ist objektiv Verwechslungsgefahr und subjektiv Täuschungsabsicht gegeben, so liegt stets unlauterer Wettbewerb vor. Wettbewerbswidrig kann aber die Nachbildung schon dann sein, wenn der Nachbildner das Erzeugnis in Verkehr bringt, ohne sich um die Gefahr der Verwechslung mit dem Vorbild zu kümmern oder Maßnahmen zur Vermeidung der Verwechslungsgefahr zu treffen. Jedenfalls setzt aber, wie in ständiger Rechtsprechung angenommen wird, die Gefahr einer Irreführung des Verkehrs voraus, daß der Gegenstand der Nachbildung Merkmale aufweist, die wettbewerbsrechtlich eigenartig sind; vgl. die Nachweise aus der Rechtsprechung bei BAUMBACH-HEFERMEHL, UWG § 1, Anm. 391. — Zu dem Gesichtspunkt der *Planmäßigkeit der Nachbildung* und Ausnutzung vgl. RGZ 146, 247 und insbesondere BGHZ 5, 1. In der letzteren Entscheidung, die die Hummelfiguren betraf, lehnte der BGH zwar, wie oben bemerkt wurde, den Ausstattungsschutz ab. Er betonte aber, daß es unlauterer Wettbewerb wäre, wenn die beklagte Firma bei der Herstellung von Kinderplastiken ihre eigene Linie verlassen hätte und bewußt in die Linie der Hummelfiguren eingeschwenkt wäre. Vgl. auch die weiteren Entscheidungen des BGH zu den Hummelfiguren in GRUR 1961, 581 und 1970, 250.

Die genannten Umstände sind Richtlinien für die Beurteilung. Maßgebend bleibt aber stets die Würdigung der einzelnen Sachverhalte in ihrer Gesamtheit.

Als Sonderfall hat der BGH den wettbewerbsrechtlichen Schutz von *Modeneuheiten* beurteilt. In der Entscheidung (BGHZ 60, 168) wird ausgeführt, daß es an sich keinem Unternehmen der Modebranche untersagt werden kann, seine Ware an den jeweiligen Modetrend anzupassen. Anders liege es aber bei Modeneuheiten wettbewerbsrechtlicher Eigenart, deren Gesamteindruck durch individuell gestaltete Merkmale geprägt ist. Die Unternehmen, die möglicherweise wegen eines Rückgriffs auf vorbekannte ältere Muster weder Urheberrechts- noch Geschmacksmusterschutz in Anspruch nehmen können, seien bei Mustern der genannten Art auf den wettbewerbsrechtlichen Schutz gegen eine identische oder nahezu identische Nachahmung angewiesen; der Schutz sei jedoch in der Regel auf eine Saison zu beschränken.

5. Strengere Maßstäbe als an die Fälle des Nachschaffens sind an die sogenannte unmittelbare Leistungsübernahme anzulegen, bei der der Wettbewerber ein fertiges Leistungsergebnis verwertet. Die erste einschlägige Entscheidung war das Urteil des Reichsgerichts (RGZ 73, 294) über das Nachpressen von Schallplatten: Das Verhalten des Mitbewerbers, der sich durch das Nachpressen erhebliche Herstellungskosten sowie die Zahlung von Vergütungen an die ausübenden Künstler ersparte, wurde als unlauterer Wettbewerb beurteilt. Das RG hat damit, schon bevor durch die Novelle zum LUG von 1910 ein ausschließliches Recht am Tonträger anerkannt wurde, das im UrhG seine sachgemäße Ausge-

staltung als verwandtes Schutzrecht erfahren hat, einen Schutz auf wettbewerbsrechtlicher Grundlage gewährt.

In ähnlicher Weise erwies sich der *ergänzende wettbewerbsrechtliche Leistungsschutz* auch als Schrittmacher für die Anerkennung anderer mit dem Urheberrecht verwandter Schutzrechte: In BGHZ 33, 20 sowie 37, 15 wurden die ausübenden Künstler auf wettbewerbsrechtlicher Grundlage gegen die Tonbandaufnahme ihrer Aufführung und die Sendeunternehmen gegen die gewerbsmäßige Wiedergabe von Fernsehsendungen in Lichtspieltheatern geschützt. An die Stelle dieses wettbewerbsrechtlichen Schutzes ist im UrhG der Schutz durch verwandte Schutzrechte getreten.

Von Bedeutung ist der Gesichtspunkt der unmittelbaren Leistungsübernahme auch in Fällen der fotomechanischen Vervielfältigung von Ausgaben gemeinfreier Werke. Wettbewerbswidrig ist eine solche Vervielfältigung jedenfalls, wenn sich die nachgedruckte Ausgabe noch im Handel befindet. Anders kann es aber liegen, wenn es sich um die Vervielfältigung einer bereits seit längerer Zeit vergriffenen Ausgabe handelt.

Vgl. BGHZ 51, 41. Der BGH rückte in der Entscheidung von dem Gedanken ab, daß die unmittelbare Leistungsübernahme stets unlauterer Wettbewerb ist, und wies in einem Fall, in dem die Originalausgabe bereits seit etwa 12 Jahren vergriffen war, die Wettbewerbsklage ab. Er stellte dabei grundsätzlich darauf ab, ob noch eine Aktualität des Wettbewerbs besteht. Lehrreich für die Abgrenzung zwischen Nachbildung und unmittelbarer Leistungsübernahme ist im übrigen die Entscheidung in BGHZ 44, 288 (Apfelmadonna). Der Schutz wurde für die Reproduktion eines gemeinfreien Bildwerkes in Anspruch genommen, die die Klägerin in ihrer kunstgewerblichen Werkstatt hergestellt hatte. Der Beklagte, ein Kunstbildhauer, bildete diese Reproduktion in Holz nach, wobei er das Rohmodell mit der Fräse fertigte, die Feinheiten aber mit der Hand schnitzte. Der Fall unterschied sich infolgedessen von einem Nachguß, bei dem keine eigene handwerkliche Betätigung vorliegt. Da auch keine zusätzlichen, die Sittenwidrigkeit begründenden Umstände vorlagen, wurde die Klage abgewiesen.

II. Die Regeln des Gesetzes gegen Wettbewerbsbeschränkungen (GWB) gelten auch für den wirtschaftlichen Verkehr im Bereich von Literatur und Kunst. Sie erfahren freilich im einzelnen eine Abwandlung im Interesse der Erhaltung der Vielfalt der Presse, im Hinblick auf die Wahrnehmung urheberrechtlicher Befugnisse durch Verwertungsgesellschaften und aus allgemeinen kulturpolitischen Gründen.

1. Das GWB sieht die Nichtigkeit von Kartellverträgen und Kartellbeschlüssen sowie Regeln über sonstige wettbewerbsbeschränkende Vereinbarungen, über wettbewerbsbeschränkendes und diskriminierendes Verhalten sowie eine Mißbrauchsaufsicht über marktbeherrschende Unternehmen vor. Zuwiderhandlungen gegen die Vorschriften des GWB sind zumeist Ordnungswidrigkeiten, die mit Geldbuße geahndet werden können.

Die Regeln des GWB sind insbesondere für die Unternehmen von Bedeutung, die urheberrechtliche Nutzungsrechte verwerten, wie Verlagsunternehmen, Schallplatten- und Filmhersteller, Bühnenunternehmen, Rundfunkanstalten usw. U. a. geht es um Vereinbarungen zwischen den Unternehmen, in denen Preise festgelegt oder Absatzgebiete aufgeteilt werden, und entsprechende abgestimmte Verhaltensweisen, um die Aufforderung zu Liefer- oder Bezugssperren und um die Kontrolle von Zusammenschlüssen. Im Rahmen der Mißbrauchsaufsicht kann das BKartA oder die Landeskartellbehörde auch die Preisgestaltung durch marktbeherrschende Unternehmen und deren Geschäftsbedingungen beanstanden. Darunter fallen auch die Bedingungen, die marktbeherrschende Unternehmen dem Abschluß der Verträge mit Urhebern oder ausübenden Künstlern zugrunde legen.

Wichtige Aufschlüsse über die Praxis sind aus den jährlichen *Tätigkeitsberichten des BKartA* zu entnehmen, die in den Drucksachen des Bundestags veröffentlicht werden. In den nach Wirtschaftszweigen gegliederten Mitteilungen finden sich spezielle Angaben über den Sektor ,,Kulturelle Leistungen''. Schwerpunkte sind dabei die Berichte über Verlage, den Buch-, Zeitungs- und Zeitschriftenhandel sowie über die Filmwirtschaft. Neben Absprachen und aufeinander abgestimmten Verhaltensweisen auf horizontaler Ebene geht es dabei um Beziehungen zu Unternehmen nachfolgender Wirtschaftsstufen, wie das Verhältnis der Verlage zu Zwischenbuchhändlern und Sortimentern und der Filmverleiher zu den Lichtspieltheatern. Beanstandet wurden u. a. außer den Preisabsprachen zwischen Verlagsunternehmen auch Absprachen zwischen der Deutschen Landesgruppe des internationalen Verbandes der phonographischen Industrie und den Musikverlegern über die Bedingungen der Notenvermietung sowie Absprachen zwischen Filmverleihern über die Abspielfolge von Spielfilmen (Bericht 1953, S. 56 und 1966, S. 62). Als wettbewerbsbeschränkende Vereinbarungen i. S. des § 15 GWB wurden u. a. Vereinbarungen über Eintrittspreise in Filmbestellverträgen (Bericht 1965, S. 56) und über Mindestpreise in Lizenzverträgen mit Buchgemeinschaften (Bericht 1976, S. 84) beurteilt, als Koppelungsgeschäft i. S. des § 18 Abs. 1 Nr. 4 GWB Vereinbarungen zwischen Filmverleihern und Theaterbesitzern, in denen die Vermietung von Spielfilmen von der gleichzeitigen Abnahme einer Wochenschau abhängig gemacht wurde (Bericht 1963, S. 58 und 1966, S. 62). Über Grenzen, die beim Blockbuchen von Filmen einzuhalten sind, vgl. Bericht 1970, S. 83. Auch über die Geschäftstätigkeit der Fernsehanstalten, insbesondere über ihre Beziehungen zu Filmproduzenten, liegen mehrere Berichte vor. Gegen das ZDF als marktbeherrschendes Unternehmen wurde 1971 ein Mißbrauchsverfahren wegen der Honorarbedingungen, die den Verträgen mit den freien Mitarbeitern zugrunde gelegt wurden, eingeleitet, in dessen Rahmen einzelne unbillige Klauseln Anlaß zur Beanstandung durch das BKartA gaben (Bericht 1974, S. 75). In der Mehrzahl der Fälle konnten die Verfahren eingestellt werden, nachdem die betroffenen Unternehmen sich bereiterklärt hatten, den Beanstandungen Rechnung zu tragen; in einer Reihe von Fällen sind aber auch hohe Geldbußen verhängt worden.

2. Die in § 24 GWB vorgesehene Fusionskontrolle, die verhindern soll, daß durch den Zusammenschluß von Unternehmen eine marktbeherrschende Stellung entsteht oder verstärkt wird, hat im Interesse der Erhaltung der Vielfalt der Presse eine Verschärfung in Fällen erfahren, in denen durch den Zusammenschluß der Wettbewerb beim Verlag, bei der Herstellung oder beim Vertrieb von Zeitungen oder Zeitschriften und deren Bestandteilen beschränkt wird.

Gemäß § 24 Abs. 9 GWB bleibt es zwar bei der Regel, daß ein Zusammenschluß von der Kartellbehörde nur untersagt werden kann, wenn die beteiligten Unternehmen im letzten Geschäftsjahr Umsatzerlöse von mindestens 500 Millionen DM erzielt haben. Ist aber diese Voraussetzung erfüllt, so ist die Untersagung, anders als sonst, auch dann möglich, wenn sich Unternehmen, die im letzten Geschäftsjahr Umsatzerlöse von nicht mehr als 50 Millionen DM hatten, einem größeren Unternehmen anschließen oder wenn zu erwarten ist, daß sich die Wettbewerbsbeschränkung nicht im gesamten Geltungsbereich des GWB oder einem wesentlichen Teil desselben auswirkt: Auch die Erhaltung von kleineren Zeitungs- und Zeitschriftenverlagen sowie regionaler Presseorgane ist erwünscht.

3. Für die Verwertungsgesellschaften wurde im WahrnG eine Sonderregelung getroffen. Sie wurden der Aufsicht des Patentamts unterstellt. Die Anwendung des GWB wurde dagegen eingeschränkt. Die im GWB durch das WahrnG eingefügte Bestimmung des § 102 a sieht vor, daß die §§ 1 und 15 GWB auf die Bildung von Verwertungsgesellschaften, die der patentamtlichen Aufsicht unterliegen, sowie auf wettbewerbsbeschränkende Verträge oder Beschlüsse solcher Verwertungsgesellschaften keine Anwendung finden. Dem BKartA bleibt jedoch eine Mißbrauchsaufsicht vorbehalten. Vgl. darüber unten § 98 I, 1.

Anders ist die Rechtslage bei kollektiven Vereinbarungen, die Verbände von Urhebern und ausübenden Künstlern mit den Verwertern oder Verbänden von Verwertern über den Inhalt von Einzelverträgen schließen, in denen den Verwertern Rechte bewilligt werden. Zulässig sind zwar Tarifverträge, die mit Wirkung für Arbeitnehmer und arbeitnehmerähnliche Personen geschlossen werden, nicht aber kollektive Vereinbarungen, in denen Normen für die Verträge mit wirtschaftlich selbständigen Urhebern oder ausübenden Künstlern, die das BKartA wie sonstige Angehörige freier Berufe zu den Unternehmern i. S. des GWB rechnet, festgelegt werden. Solche Verträge hatten vor Inkrafttreten des GWB wesentlich zur Fortentwicklung des Urheberrechts beigetragen. Das BKartA hat sie in einer Reihe von Fällen beanstandet. Angesichts der Tatsache, daß die Urheber und ausübenden Künstler im Vergleich zu den Verwertern in der Regel die schwächeren Vertragspartner sind, erscheint die Regelung als reformbedürftig und eine der Freistellung der Verwertungsgesellschaften entsprechende Einschränkung der Anwendung des GWB als angezeigt. Vgl. darüber unten § 91 II, 2.

4. Kulturpolitische Gesichtspunkte liegen der Ausnahme von dem Verbot der Preisbindung der zweiten Hand zugrunde, die § 16 GWB für Verlagserzeugnisse vorsieht. Sie ermöglicht die Aufrechterhaltung des Systems des festen Ladenpreises im Buchhandel, das für den Fortbestand eines leistungsfähigen Sortimentsbuchhandels von Bedeutung ist. Vgl. unten § 105 IV.

III. Der EWG-Vertrag sieht in Art. 85 vor, daß alle Vereinbarungen zwischen Unternehmen, Beschlüsse von Unternehmensvereinigungen und aufeinander abgestimmte Verhaltensweisen, die den Handel zwischen Mitgliedstaaten zu beeinträchtigen geeignet sind und eine Behinderung, Einschränkung oder Verfälschung des Wettbewerbs innerhalb des Gemeinsamen Marktes bezwecken oder bewirken, verboten sind. Art. 86 EWG-Vertrag untersagt die mißbräuchliche Ausnutzung einer beherrschenden Stellung auf dem Gemeinsamen Markt oder auf einem wesentlichen Teil desselben durch ein oder mehrere Unternehmen, soweit dies dazu führen kann, den Handel zwischen Mitgliedstaaten zu beeinträchtigen. Eine Ergänzung erfahren die wettbewerbsrechtlichen Regeln durch den Grundsatz des freien Warenverkehrs im Gemeinsamen Markt.

1. In Anwendung der Regeln des EWG-Vertrags geht der Gerichtshof der Europäischen Gemeinschaften (EuGH) in ständiger Rechtsprechung von der Formel aus, daß der EWG-Vertrag zwar den Bestand der gewerblichen Schutzrechte und des Urheberrechts unberührt läßt, daß aber die Ausübung dieser Rechte unter die Verbote des Vertrags fallen kann.

Die Formel ist in Auslegung des Art. 36 EWG-Vertrag gebildet worden. Die Vorschrift sieht eine Ausnahme von dem Grundsatz des freien Warenverkehrs vor, indem sie Einfuhr-, Ausfuhr- und Durchfuhrverbote oder -beschränkungen, die aus Gründen des gewerblichen und kommerziellen Eigentums gerechtfertigt sind, unter dem Vorbehalt gestattet, daß sie weder ein Mittel zur willkürlichen Diskriminierung noch eine verschleierte Beschränkung des Handels zwischen den Mitgliedstaaten darstellen. Zum kommerziellen Eigentum wird von der herrschenden Meinung neben den gewerblichen Schutzrechten auch das Urheberrecht gerechnet; vgl. MESTMÄCKER, Anwendung des europäischen Gemeinschaftsrechts, S. 19, und H. FERID, Zur Anwendung von Art. 36 EWG-Vertrag auf nationale Urheberrechte und verwandte Schutzrechte, Mitarbeiterfestschrift für Eugen Ulmer, 1973, S. 75. Der EuGH legt die Bestimmung einschränkend i. S. eines Bestandsschutzes aus. Vgl. die zusammenfassende Formulierung im Sirena-Urteil, GRUR Int. 1971, 280.

Wettbewerbswidrige Ausübung des Urheberrechts sind u. a. Abreden und aufeinander abgestimmte Verhaltensweisen von nutzungsberechtigten Unternehmen, die die An- und Verkaufspreise, die Aufteilung von Märkten oder die Anwendung unterschiedlicher Bedingungen auf gleichwertige Leistungen zum Gegenstand haben. Zu der Mißbrauchskontrolle gegenüber marktbeherrschenden Unternehmen gehört u. a. auch eine Fusionskontrolle, durch die einer zu weitgehenden Konzentration der europäischen Wirtschaftsunternehmen entgegengetreten werden kann.

Vgl. die Entscheidung des EuGH im Continental-Can-Fall vom 21. 1. 1972, in: Sammlung der Rechtsprechung des EuGH 1972, 158.

2. Aufgrund von Art. 86 EWG-Vertrag hat die Kommission der Europäischen Gemeinschaften u. a. in mehreren Verfahren auch die Satzungen und die Vertragspraxis der Verwertungsgesellschaften der EWG-Staaten, darunter auch der GEMA, überprüft. Die Monopolstellung der Verwertungsgesellschaften sollte im Interesse des Wettbewerbs eine Beschränkung erfahren. Nicht durchzusetzen vermochte die Kommission zwar die Regel, daß die Urheber trotz der treuhänderischen Übertragung ihrer Rechte an Verwertungsgesellschaften das Recht behalten sol-

len, Nutzungsbewilligungen auch selbst zu erteilen. Der EuGH hat diese dem Grundsatz der einheitlichen Wahrnehmung der Rechte durch Verwertungsgesellschaften widersprechende Forderung mit Grund abgelehnt. Dagegen haben die Verwertungsgesellschaften anderen Beanstandungen der Kommission durch Änderung ihrer Satzungen und Vertragsmuster Rechnung getragen, durch die u. a. eine zu weitgehende Bindung der Mitglieder an die Gesellschaften ausgeschlossen und der Wechsel zu anderen Verwertungsgesellschaften erleichtert, die Beschränkung der treuhänderischen Übertragung auf einzelne Nutzungsarten ermöglicht und die Gleichstellung der Mitglieder anderer EWG-Staaten mit inländischen Mitgliedern sichergestellt wurde.

Vgl. dazu die GEMA-Entscheidung der Kommission vom 2. 6. 1971 und ihre Ergänzung durch die Entscheidung vom 6. 7. 1972 in GRUR Int. 1973, 86 ff. mit Anmerkung von SCHULZE.

3. Zur Ausübung von Patenten und Warenzeichenrechten, die eine Aufteilung der Märkte und damit eine Beschränkung des Handels zwischen den Mitgliedstaaten der EWG zur Folge haben, hat der EuGH in einer Reihe grundsätzlicher Entscheidungen Stellung genommen.

Zu den Entscheidungen in den Fällen Grundig-Consten, Parke-Davis, Sirena u. a. vgl. insbesondere MESTMÄCKER, Europäisches Wettbewerbsrecht, S. 450 ff. Zu der Entscheidung im Fall Centrafarm/Wintrop vgl. BEIER, in: GRUR Int. 1978, 263 ff. Der Schwerpunkt in der Beurteilung der Rechtslage verlagerte sich in den neueren Entscheidungen von der Anwendung des Art. 85 EWG-Vertrag auf die unmittelbare Anwendung der Regeln über den freien Warenverkehr im Gemeinsamen Markt. Vgl. dazu auch REIMER in: GRUR Int. 1972, 221 ff.

Über die Ausübung eines mit dem Urheberrecht verwandten Schutzrechts — des Schutzrechts an Tonträgern — hat der EuGH in dem Polydor-Urteil vom 6. 6. 1971 (GRUR Int. 1971, 450) entschieden. Die Deutsche Grammophon-GmbH (DG) hatte ihrer französischen Tochtergesellschaft die ausschließliche Linzenz erteilt, die von ihr gepreßten Schallplatten der Marke Polydor in Frankreich zu vertreiben. Ein deutscher Händler kaufte über Zwischenhändler einen Teil der in Frankreich vertriebenen Schallplatten auf und verkaufte sie in der Bundesrepublik zu wesentlich billigeren Preisen als die von der DG im Inland in Verkehr gesetzten Platten. Die DG sah darin einen Verstoß gegen das ihr gemäß § 85 UrhG zustehende ausschließliche Recht, die von ihr hergestellten Platten zu vervielfältigen und zu verbreiten, und berief sich darauf, daß das Verbreitungsrecht durch das ausländische Inverkehrbringen nicht erschöpft sei. Der EuGH ging dagegen in seiner Entscheidung davon aus, daß es gegen die Regeln über den freien Warenverkehr im Gemeinsamen Markt verstößt, „wenn ein Hersteller von Tonträgern das ihm nach der Gesetzgebung eines Mitgliedstaats zustehende Recht, die geschützten Gegenstände in Verkehr zu bringen, ausübt, um in diesem

Mitgliedstaat den Vertrieb von Erzeugnissen, die von ihm selbst oder mit seiner Zustimmung in einem anderen Mitgliedstaat verkauft worden sind, allein deshalb zu verbieten, weil dieses Inverkehrbringen nicht im Hoheitsgebiet des ersten Mitgliedstaates erfolgt ist".

Die Entscheidung des EuGH erging aufgrund eines Vorlagebeschlusses des OLG Hamburg. Der Beschluß ist in GRUR Int. 1970, 377 mit einer Anmerkung des Verfassers veröffentlicht. Vgl. dazu unten § 47 II, 2.

Die Frage, ob die Regel des Polydor-Urteils entsprechend auch auf das Verbreitungsrecht des Urhebers anzuwenden ist, ist vom EuGH noch nicht entschieden worden. Im Grundsatz ist sie m. E. zu bejahen. Zur Vermeidung von Härten empfiehlt sich aber eine ausdrückliche Regelung, in der Übergangsvorschriften getroffen werden. Vgl. darüber unten § 47 III 2.

4. Eine Schranke für die Weiterverbreitung kann im übrigen als Folge der verschiedenen Länge der Schutzfristen in Betracht kommen.

Beispielsweise wird ein Werk deutschen Ursprungs in den Niederlanden 50 Jahre nach dem Tod des Urhebers gemeinfrei, während es in der Bundesrepublik bis zum Ablauf von 70 Jahren post mortem auctoris geschützt ist. In den Niederlanden ist daher bereits nach Ablauf von 50 Jahren ein Nachdruck möglich. In der Bundesrepublik kann jedoch der Rechtsnachfolger des Urhebers oder der Verleger, dem das Verlagsrecht ohne zeitliche Beschränkung eingeräumt wurde, bis zum Ablauf von 70 Jahren die Verbreitung der nachgedruckten Exemplare verbieten. In solchen Fällen geht es um den Bestand des Urheberrechts, der durch die Vorschriften des EWG-Vertrags nicht berührt wird. Eine Lösung dieses Problems zur Sicherstellung des freien Warenverkehrs im Gemeinsamen Markt wäre nur durch eine Vereinheitlichung der Schutzfristen möglich. Vlg. DIETZ, UR in der Europäischen Gemeinschaft, S. 242 ff.

§ 8. Schrifttum des Urheberrechts

I. Handbücher, Lehrbücher und Grundrisse

1. Ältere Werke: JOSEF KOHLER, Das Autorrecht, 1880; ders., Das literarische und artistische Kunstwerk und sein Autorschutz, 1892; ders., Urheberrecht an Schriftwerken und Verlagsrecht, 1907; ders., Kunstwerkrecht, 1908. — RIEZLER, Deutsches Urheber- und Erfinderrecht, 1909. — OSTERRIETH, Das Urheberrecht in HOLTZENDORFF-KOHLERS Enzyklopädie der Rechtswissenschaft II, S. 381 ff., 1914. — RUNGE, Urheber- und Verlagsrecht, 1948—1953.

2. Neuere Werke: HUBMANN, Urheber- und Verlagsrecht, 4. Aufl. 1978. — SAMSON, Urheberrecht, 1973.

3. Urheberrecht der DDR: GLÜCKSMANN-MÜNZER-PÜSCHEL-STAAT-WENDT, Urheberrecht, hrsg. von PÜSCHEL, 1975.

II. Kommentare

1. Kommentare zu älteren Gesetzen: ALLFELD, Das Urheberrecht an Werken der Literatur und der Tonkunst, 2. Aufl. 1928; ders., Kommentar zu dem Gesetz betreffend des Urheberrecht an Werken der bildenden Künste und der Photographie, 1908. — GOLDBAUM, Urheber- und Urhebervertragsrecht (LUG, VerlG und RBÜ), 2. Aufl. 1927. — OSTERRIETH-MARWITZ, Das Kunstschutzgesetz, 2. Aufl. 1929. — VOIGTLÄNDER-ELSTER-KLEINE, Urheberrecht (LUG), 4. Aufl. 1952.

2. Kommentare zum UrhG: FROMM-NORDEMANN, 4. Aufl. 1979. — v. GAMM, Urheberrechtsgesetz, 1968. — MESTMÄCKER-SCHULZE, Urheberrechtskommentar, Bd. I und II, Loseblattausgabe. — MÖHRING-NICOLINI, Urheberrechtsgesetz, 1970.

3. Kommentare zum VerlG: ALLFELD, Das Verlagsrecht, 2. Aufl. 1929. — BAPPERT-MAUNZ, Verlagsrecht, 1952. — HOFFMANN, Das Reichsgesetz über das Verlagsrecht, 1925. — LEISS, Verlagsgesetz, 1973. — VOIGTLÄNDER-ELSTER, Gesetz über das Verlagsrecht, 3. Aufl. 1939.

III. Sammlungen und Schriftenreihen

1. Quellensammlung: HAERTEL-SCHIEFLER, Urheberrechtsgesetz und Gesetz über die Wahrnehmung verwandter Schutzrechte, Textausgabe mit Materialien (insbesondere amtlicher Begründung), 1967.

2. Entscheidungssammlung: SCHULZE, Rechtsprechung zum Urheberrecht, Loseblattausgabe.

3. Gutachtensammlungen: Gutachten des preußischen literarischen Sachverständigen-Vereins, 1837—1861, hrsg. von HEYDEMANN und DAMBACH; 1864—1873 sowie 1874—1889, hrsg. von DAMBACH. — Gutachten der preußischen Sachverständigenkammer, 1902—1907, hrsg. von DAUDE. — WOLLENBERG, Gutachten der fünf preußischen Sachverständigenkammern für UR, 1936. — HILLIG-GREUNER, Gutachten über urheberrechtliche, verlagsrechtliche und verlegerische Fragen, Bd. I 1928, Bd. II 1934 (fotomechanischer Nachdruck mit ergänzenden Angaben, 1953).

4. Materialsammlung: SCHULZE, Urhebervertragsrecht, 2. Aufl. 1974.

5. Schriftenreihen: Schriftenreihe der Internationalen Gesellschaft für Urheberrecht. — Schriftenreihe der UFITA. — Urheberrechtliche Abhandlungen des Max-Planck-Instituts für ausländisches und internationales Patent-, Urheber- und Wettbewerbsrecht.

IV. Sondergebiete. Monographien

1. Sondergebiete: BAPPERT, Rechtsfragen des Buchhandels, 2. Aufl. 1958. — BERTHOLD - v. HARTLIEB, Filmrecht, 1957. — DELP, Das gesamte

Recht der Presse, des Buchhandels, des Rundfunks und des Fernsehens, Loseblattausgabe. — GERSTENBERG, die Urheberrechte an Werken der Kunst, der Architektur und der Photographie, 1968. — HENSSLER, Urheberschutz in der angewandten Kunst und Architektur, 1950. — LOCHER, Das Recht der bildenden Kunst, 1954. — REINERS, Das Bühnenwerk und sein Schutz, 1927. — RIEZLER, Die Geschäfte des Buch- und Kunsthandels in Ehrenbergs Handbuch des Handelsrechts 5. Bd., II Abt., 1915. — SCHULZE, Urheberrecht in der Musik, 4. Aufl. 1972.

2. Monographien: DE BOOR, Urheberrecht und Verlagsrecht, 1917; ders., Vom Wesen des Urheberrechts, 1933. — BÜCHLER, Die Übertragung des Urheberrechts, 1925. — HAUFFE, Der Künstler und sein Recht, 1956. — ERNST HEYMANN, Die zeitliche Begrenzung des Urheberrechts (Sitzungsberichte der Preußischen Akademie der Wissenschaften, 1927, XI, S. 49 ff.). — HUBMANN, Das Recht des schöpferischen Geistes, 1954. — KUMMER, Das urheberrechtlich schützbare Werk, 1968. — LUDWIG MITTEIS, Zur Kenntnis des literarisch-artistischen Urheberrechts, in Festschrift für Unger, 1898. — NEUMANN-DUESBERG, Das gesprochene Wort im Urheber- und Persönlichkeitsrecht, 1949. — SCHRAMM, Grundlagenforschung auf dem Gebiet des gewerblichen Rechtsschutzes und Urheberrechts, 1954; ders., Die schöpferische Leistung, 1957. — ULMER, Der Urheberrechtsschutz wissenschaftlicher Werke unter besonderer Berücksichtigung der Programme elektronischer Rechenanlagen (Sitzungsberichte der Bayerischen Akademie der Wissenschaften, 1967, Heft 1); ders., Urhebervertragsrecht, 1977.

V. Rechtsvergleichung. Auslandsrechte

1. Rechtsvergleichung: DIETZ, Das Urheberrecht in der Europäischen Gemeinschaft, 1978. — W. HOFFMANN, Urheberrecht im Rechtsvergleichenden Handwörterbuch VII, S. 49 ff. — LADAS, The International Protection of Literary and Artistic Works, 2 Bde., 1938. — PINNER, World Copyright, an Encyclopedia, Vol. I—IV, 1953—1958. — RINTELEN, Urheberrecht und Urhebervertragsrecht nach österreichischem, deutschem und schweizerischem Recht, 1958. — STRÖMHOLM, Le Droit moral de l'auteur en droit allemand, français et scandinave, Bd. I und Bd. II, 1 und 2, 1966—1973. — ULMER-BUSSMANN-WEBER, Das Recht der Verwertungsgesellschaften (vergleichende Darstellung der gesetzlichen Bestimmungen), 1955.

2. Quellensammlungen: Copyright Law and Treaties of the World, hrsg. von UNESCO und WIPO, Loseblattausgabe. — Laws and Treaties of the World on the protection of performers, producers of phonograms and broadcasting organizations, hrsg. von ILO, UNESCO und

WIPO (Loseblattausgabe) — Möhring-Schulze-Ulmer-Zweigert, Quellen des Urheberrechts, Loseblattausgabe.

3. Führende ausländische Werke:

Frankreich: Desbois, Le Droit d'Auteur en France, 3. Aufl. 1978.

Großbritannien: Copinger and Skone James, Copyright, including international copyright, 11. Aufl. 1971.

Italien: Piola Caselli, Codice del diritto di autore, commentario della nuova legge, 1943.

Österreich: Dittrich, Österreichisches und internationales Urheberrecht (Manz'sche Gesetzesausgabe), 1974.

Schweiz: Troller, Immaterialgüterrecht, 2. Aufl., Bd. I 1968, Bd. II 1971.

Sowjetunion: Boguslawski, Urheberrecht in den internationalen Beziehungen, 1977 (Zusammenstellung russischer Publikationen in deutscher Sprache).

Vereinigte Staaten von Amerika: Nimmer, On Copyright, 4 Bde. (hrsg. als Loseblattausgabe seit 1978).

Vgl. im übrigen zum Recht von Auslandsstaaten die Schrifttumsangaben in § 12.

VI. Internationales Urheberrecht

Bappert-Wagner, Internationales Urheberrecht, 1956. — Bogsch, The Law of Copyright under the Universal Copyright Convention, 3. Aufl. 1968. — Desbois-Françon-Kerever, Les Conventions internationales du droit d'auteur et des droits voisins, 1978. — Hoffmann, Die Berner Übereinkunft zum Schutze von Werken der Literatur und Kunst, 1935. — Masouyé, Guide de la Convention de Berne pour la protection des oeuvres littéraires et artistiques, 1978. — Nordemann-Vinck-Hertin, Internationales Urheberrecht, 1977. — Röthlisberger, Die Berner Übereinkunft, 1906. — De Sanctis, La convenzione internazionale di Berna per la protezione delle opere letterarie ed artistiche, 1949; ders., La convenzione universale del diritto di autore, 1953. — Troller, Das internationale Privat- und Zivilprozeßrecht im gewerblichen Rechtsschutz und Urheberrecht, 1952. — Ulmer, Die Immaterialgüterrechte im internationalen Privatrecht, Bd. 38 der Schriftenreihe zum gewerblichen Rechtsschutz des Max-Planck-Instituts für ausländisches und internationales Patent-, Urheber- und Wettbewerbsrecht, 1975.

VII. Zeitschriften

1. Deutsche Zeitschriften: Archiv für Urheber-, Film-, Funk- und Theaterrecht (UFITA). — Börsenblatt für den Deutschen Buchhandel,

Frankfurter und Leipziger Ausgabe. — Film und Recht. — Gewerblicher Rechtsschutz und Urheberrecht; Gewerblicher Rechtsschutz und Urheberrecht, Internationaler Teil. — International Review of Industrial Property and Copyright Law, hrsg. vom Max-Planck-Institut für ausländisches und internationales Patent-, Urheber- und Wettbewerbsrecht.

2. Ausländische Zeitschriften: Annales de la propriété industrielle, artistique et littéraire. — The Author. — Bulletin of the Copyright Society of the USA. — Il Diritto di Autore. — Nordiskt Immateriellt Rättskydd (NIR). — Österreichische Blätter für gewerblichen Rechtsschutz und Urheberrecht. — Rassegna della proprietà industriale letteraria artistica. — Revue Internationale du droit d'Auteur. — Schweizer Mitteilungen über gewerblichen Rechtsschutz und Urheberrecht.

3. Internationale Zeitschriften: Zeitschriften der Weltorganisation für geistiges Eigentum: Le Droit d'Auteur (erscheint seit 1888); Copyright (erscheint seit 1962); die beiden Zeitschriften sind inhaltsgleich; Zitate unter Le Droit d'Auteur. — Zeitschrift der UNESCO: UNESCO Copyright Bulletin.

1. Kapitel

Die Grundlagen

I. Geschichte und Rechtsquellen

§ 9. Geschichte des Urheberrechts

ERNST HEYMANN, Die zeitliche Begrenzung des Urheberrechts, 1927; M. RINTELEN, Der Rechtsschutz für geistiges Schaffen, ein geschichtlicher Überblick, 1931; KAPP-GOLDFRIEDRICH, Geschichte des deutschen Buchhandels, 4 Bde., 1886—1913; L. GIESEKE, Die geschichtliche Entwicklung des deutschen Urheberrechts (Göttinger rechtswissenschaftliche Studien, 22), 1957; FR. LEHNE, Zur Rechtsgeschichte der kaiserlichen Druckprivilegien (Mitteilungen des österreichischen Instituts für Geschichtsforschung, 53, S. 323 ff.), 1939; POHLMANN, Das neue Geschichtsbild der deutschen Urheberrechtsentwicklung, Schriftenreihe der UFITA, Heft 20, 1961; ders., Die Frühgeschichte des musikalischen Urheberrechts, 1962; BAPPERT, Wider und für den Urheberrechtsgeist des Privilegienzeitalters, in: GRUR 1961, 441, 503 und 553 ff.; ders., Vom Ertragsrecht zum Verlagsrecht, in: UFITA 63 (1972) 85 ff. — OSTERRIETH, Die Geschichte des Urheberrechts in England, 1895. — Archiv für Geschichte des Buchwesens, hrsg. von der historischen Kommission des Börsenvereins des Deutschen Buchhandels (19 Bände, seit 1958).

I. Altertum und Mittelalter haben kein Urheberrecht gekannt. Wir finden in der Antike, insbesondere im Römischen Reich, zwar vielfach Verträge zwischen Schriftstellern und Verlegern. Die Vervielfältigung der Werke erfolgt durch Abschriften, für die infolge des Sklavenwesens billige Arbeitskräfte zur Verfügung stehen. Der Handel mit Abschriften ist verbreitet. Auch fehlt nicht die moralische Mißbilligung des geistigen Diebstahls. Der Ausdruck Plagiat geht auf den Dichter MARTIAL zurück, der in einem Epigramm seine veröffentlichten Gedichte mit freigelassenen Sklaven verglich und den Poeten, der sie als eigene vortrug, als Menschenräuber (plagiarius) bezeichnete. Zur Ausbildung des Rechtsgedankens, daß der Urheber nicht nur die Sachherrschaft über das Manuskript, sondern auch die Herrschaft über das Werk habe, ist es aber nicht gekommen.

Auch im Mittelalter hat sich ein Urheberrechtsschutz nicht entwickelt. Die Vervielfältigung der Manuskripte lag Jahrhunderte hindurch in der Hand der Mönche. Erst im späteren Mittelalter ist aus der Herstellung von Abschriften und dem Manuskriptenhandel ein besonderer Berufszweig geworden, der vor allem am Sitz von Universitäten blühte. Dabei ist uns zwar die Sorge des Urhebers um den Bestand seines Werkes überliefert. So hat EIKE VON REPGOW in der Reimvorrede zum Sachsenspiegel sich gegen diejenigen verwahrt, die es versuchen sollten, den Inhalt seiner Rechtsaufzeichnungen zu ändern und den geänderten Text als den seinigen auszugeben. Es fehlt aber das Bestreben, dem Urheber den Nutzen aus der Reproduktion seines Werkes zu sichern. Das gilt auch im Bereich der bildenden Künste. Der große Auftraggeber ist die Kirche. Der Künster empfängt den Lohn für die Herstellung des Originals. Im übrigen tritt aber seine Persönlichkeit hinter dem geschaffenen Werk zurück. Die Vorstellung, daß die Nachahmung eine Rechtsverletzung ist, fehlt.

Vgl. über das Zurücktreten der Künstlerpersönlichkeit im Bereich der bildenden Künste die Untersuchung von WÜRTENBERGER über das Kunstfälschertum (1940). Erst Renaissance und Humanismus haben die Künstlerpersönlichkeit aus der Gebundenheit der mittelalterlichen Ordnung gelöst.

II. Die Wendung zur Neuzeit bringt entscheidende Änderungen: Die Buchdruckerkunst ermöglicht die Herstellung einer Vielzahl von Werkstücken. Die Notwendigkeit des Schutzes gegen Nachdruck wird offenbar. Auch in der bildenden Kunst erwacht angesichts der Vervollkommnung der Holzschneidekunst und des Aufkommens des Kupferstichs das Schutzbedürfnis. Zugleich fällt kraft der geistigen Strömungen der Renaissance, des Humanismus und der Reformation stärker als im Mittelalter das Licht auf die Persönlichkeit des Urhebers. Neben dem Verbot des Nachdrucks finden wir erste Ansätze eines persönlichkeitsrechtlichen Schutzes.

1. Schutz gegen Nachdruck wird durch Privilegien gewährt. Das Privilegienwesen knüpft an die alten Gewerbemonopole an. Die Stadt Venedig hat 1469 dem JOHANN VON SPEYER, der die Buchdruckerkunst nach Venedig brachte, für 5 Jahre das ausschließliche Recht zur Ausübung dieser Kunst erteilt. Auch wurden Privilegien zur Verwendung bestimmter Lettern oder Schriftformen gewährt. Es sind Privilegien, die der Förderung des Gewerbes dienen. Soweit sie für technische Neuerungen erteilt werden, sind sie Vorläufer der Patente. Die Wurzel des Urheberrechts liegt in den Privilegien, die für bestimmte Werke oder Werkgattungen verliehen wurden. Solche Privilegien finden wir seit dem ausgehenden 15. Jahrhundert in Italien und seit dem beginnenden 16. Jahrhundert in Deutschland, Frankreich und England. Sie wurden dem Drucker und im Verlauf der Entwicklung auch dem vom Drucker verschiedenen Verleger erteilt. Auch Autoren sind, wie neuere Untersuchungen erwiesen haben, in zahlreichen Fällen Privilegien gewährt worden. Geschützt wurden auch Werke der bildenden Künste: aus dem 16. Jahrhundert sind uns Privilegien für Stiche von DÜRER und ZEITBLOM bekannt.

Die ersten, uns bekannten Druckprivilegien wurden 1481 und 1483 vom Herzog von Mailand erteilt; besondere Bedeutung für die weitere Entwicklung kam den Druckprivilegien zu, die von der Republik Venedig erstmals 1486 für die Venezianer Geschichte des Sabellicus und sodann in zahlreichen weiteren Fällen erteilt wurden. In Deutschland finden sich Bücherprivilegien als Privilegien des Reichsregiments seit 1501, als kaiserliche Privilegien seit 1510, als landesherrliche Privilegien seit 1518. Mit dem Verfall der Reichsgewalt gewinnen die landesherrlichen Privilegien die Oberhand. Die Erteilung der Privilegien steht in Deutschland ebenso wie in England und Frankreich in enger Verbindung mit der Zensur, die der Kaiser, die Landesherren und ihre geistlichen Berater zur Überwachung von Druckschriften einführen. Von besonderer Bedeutung sind für Deutschland das kaiserliche Bücherkommissariat in Frankfurt a.M. und die kursächsische Bücherkommission in Leipzig geworden. Frankfurt, das ursprünglich als Meßplatz und Buchhandelszentrum führend war, verlor seit dem Ausgang des 17. Jahrhunderts seine Vorherrschaft an Leipzig. Kursachsen ist für Jahrhunderte das Zentrum des deutschen Buchhandels geworden. — Über die Autorenprivilegien, die in größerer Zahl erteilt wurden, als früher angenommen worden war, vgl. POHLMANN, Das neue Geschichtsbild.

In der Praxis wurden Privilegien nicht nur für den Druck neuer Werke, sondern auch für die Ausgaben klassischer Werke und neben den Privilegien für einzelne Veröffentlichungen auch Generalprivilegien für Schulbücher, Kalender, Wörterbücher usw. erteilt. Auch fiskalische Gesichtspunkte sprachen bei der Erteilung mit. Jedenfalls wird sie von der Ablieferung von Pflichtexemplaren abhängig gemacht. Die Ausgestaltung im einzelnen bleibt Ermessenssache. Auch soweit sich ein fester Stil für die Privilegien herausbildet, wechselt doch die Frist, für die der Rechtsschutz gewährt wird. Sie schwankt im allgemeinen zwischen 1 und 10 Jahren, wird aber in Einzelfällen auch länger bemessen. Und wie die Erteilung, so steht auch die Verlängerung im Ermessen der Behörde.

Um die Verlängerung der Privilegien entbrannten insbesondere in Frankreich heftige Kämpfe. Gegner der Verlängerung sind die Drucker in der Provinz, die durch die in der Hand der Pariser Drucker befindlichen Privilegien beschränkt werden und die verlangen, daß mit dem Ablauf der im Privileg gesetzten Frist das Werk in das domaine public fällt. Auch fordern die Urheber und ihre Erben, daß die Verlängerung jedenfalls nicht ohne ihre Zustimmung erteilt wird.

2. Bei der Erteilung der Privilegien an Drucker und Verleger ging es in erster Linie um den Schutz des Gewerbes: Im Hinblick auf den Druck- und Verlagsaufwand soll dem Inhaber des Privilegs durch das Nachdruckverbot die wirtschaftliche Verwertung der Ausgabe für eine bestimmte Zeit gesichert werden. Voraussetzung ist dabei, daß es sich um ein für die Allgemeinheit wichtiges, ein dem gemeinen Nutzen dienendes Werk handelt. Doch ist es ein Fortschritt in Richtung auf den Urheberrechtsgedanken, wenn in der Verwaltungspraxis die Erteilung von Privilegien an Drucker und Verleger von dem Nachweis abhängig gemacht wird, daß der Urheber oder Herausgeber die Drucklegung bewilligt hat, und wenn zur Rechtfertigung des Schutzes geltend gemacht

wird, daß der Verleger nur durch das Nachdruckverbot zur Honorierung des Autors in die Lage versetzt wird. Die Erteilung der Autorenprivilegien wird zumeist unmittelbar mit Fleiß, Arbeit und Kunst des Autors begründet. Auch wird nicht selten bei der Ausgestaltung des Privilegs der Bedeutung des Autors und seines Werkschaffens Rechnung getragen.

Vgl. zu der Frage nach dem gewerblichen bzw. urheberrechtlichen Charakter des Privilegienschutzes POHLMANN und BAPPERT, a.a.O. Gestützt auf das von ihm neu erschlossene Archivmaterial, geht POHLMANN, davon aus, daß sich, entgegen der bisher herrschenden Auffassung, bereits im 16. Jahrhundert der Gedanke des Urheberschutzes durchgesetzt hat. BAPPERT hält dagegen grundsätzlich daran fest, daß der Schutz seinen Grund in dem Aufwand von Drucker und Verleger hat; auch die Honorierung des Urhebers, die seit der Mitte des 16. Jahrhunderts aufkommt, deutet er als Teil des Verlagsaufwands. In Wahrheit läßt die in den Privilegien enthaltene Begründung (Arenga) sowohl gewerberechtliche wie urheberrechtliche Gedanken erkennen. Auch im Schrifttum des Privilegienzeitalters wird teils das gewerberechtliche, teils das urheberrechtliche Element in den Vordergrund gestellt. vgl. GIESEKE, a.a.O., S. 37 ff. Jedenfalls bleibt die Erteilung von Autorenprivilegien nicht auf die Fälle beschränkt, in denen der Autor das Werk im Selbstverlag erscheinen läßt oder sonst die Kosten der Veröffentlichung trägt. Lehrreich ist die Beurteilung der Rechtslage in dem Rechtsstreit zwischen zwei Verlagen, die beide ein Werk von ORLANDO DI LASSO im Druck herausgaben, der in den Jahren 1581—82 vor dem Rat der Stadt Nürnberg ausgetragen wurde: Das bessere Recht wurde nicht dem Verleger, der sich auf ein ihm für sein gesamtes Verlagsprogramm erteiltes Generalprivileg berief, sondern dem Verleger zugesprochen, der sich auf das Privileg berufen konnte, das ORLANDO DI LASSO erteilt worden war, mit dessen „Wissen und gutem Willen" die Drucklegung erfolgte.

3. Neben den Privilegien sind auch einzelne gesetzliche Nachdruckverbote überliefert. So wurde in Basel bereits 1531 bestimmt, daß kein Drucker die Bücher eines anderen innerhalb von 3 Jahren nachdrucken dürfe. Es war ein Mindestschutz, der nach Bedarf durch Privilegien ergänzt wurde. In Verordnungen und Gesetzen des 17. Jahrhunderts, insbesondere in einem kaiserlichen Mandat von 1685 und einer kursächsischen Verordnung von 1686, klingt bereits der Gedanke an, daß die Drucker sich auch vom Nachdruck unprivilegierter, aber vom Verleger rechtmäßig kraft eines Vertrags mit dem Verfasser vervielfältigter Bücher zu enthalten habe. Praktisch war aber das Privileg als Voraussetzung für die Rechtsverfolgung, insbesondere für die Bestrafung des Nachdruckers, noch nicht zu entbehren.

Über die allgemeinen Nachdruckverbote vgl. GIESEKE, S. 51 ff. Den ihnen zugrundeliegenden Rechtsgedanken bezeichnet G. als die Lehre vom „Verlagseigentum". Anders als die spätere Lehre vom geistigen Eigentum geht sie, auch wenn verlangt wird, daß der Verleger das Manuskript vom Autor erworben hat, von der Idee aus, daß der Verleger das Verlagsrecht originär durch Verlag und Druck des Werkes erworben hat.

4. Ansätze zu einem persönlichkeitsrechtlichen Schutz der Autoren sind seit dem 16. Jahrhundert erkennbar. Die Urheber berufen sich dabei auf das Recht zur Veröffentlichung ihrer Werke und insbesondere

auf das Recht, einer veränderten oder entstellten Wiedergabe entgegenzutreten. So hat sich LUTHER dagen beschwert, daß seine Werke in veränderter Form nachgedruckt werden, und hat aufgrund seiner Beschwerde wenigstens so viel erreicht, daß der Rat von Nürnberg den Nachdruckern die Beifügung ihres Namens und des Erscheinungsortes vorschrieb. Auch DÜRER ist, soweit er nicht ein Verbot von Nachbildungen durchzusetzen vermochte, doch wenigstens gegen die Übernahme seines Künstlerzeichens geschützt worden.

Mehrfach haben auch Dozenten gegen die Vervielfältigung ihrer Vorlesungen Verwahrung eingelegt und sich dabei auf die Verletzung ihres Rufs angesichts der Fehlerhaftigkeit der Nachschriften berufen. So ist aus dem 16. Jahrhundert die Streitschrift des Juristen LAGUS und aus dem 18. Jahrhundert die Beschwerde des Mediziners BOERHAVE wegen der Vervielfältigung von Kollegvorträgen überliefert. BOERHAVES Beschwerde führte zu einem Schutz der Leidener Universitätsvorträge durch die Generalstaaten. Vgl. darüber STAMMLER, Deutsches Rechtsleben im alten Reich, S. 315 ff.

III. Die Schale des Privilegienwesens, in der sich in den ersten zwei Jahrhunderten nach der Erfindung der Buchdruckerkunst der Rechtsschutz entwickelt, beginnt man seit dem ausgehenden 17. Jahrhundert abzustreifen. Entscheidend ist dabei die Idee vom geistigen Eigentum geworden. Der Gedanke, daß die Stellung des Urhebers zu seinem Werk dem Eigentum an Sachen vergleichbar sei, ist an sich nicht neu. Vom Diebstahl (furtum) an Werken sprach man schon im Altertum. LUTHER, der sich über den Nachdruck seiner Bibelübersetzung und anderer Schriften beklagte, hat die Nachdrucker mit Straßenräubern und Dieben verglichen. [1] Was man aber zunächst nur als Verstoß gegen die Moral ansah, das empfindet man nunmehr als Rechtsverletzung. Die Rechtsquelle, auf die man sich dabei beruft, ist das Naturrecht: Die Werke, die ein Gelehrter ausarbeitet, sagt JOH. STEPHAN PÜTTER in der die Rechtsanschauung seiner Zeit zusammenfassenden Schrift über den Büchernachdruck [2], sind „unstreitig ein wahres Eigentum ihres Verfassers, so wie ein jeder das, was seiner Geschicklichkeit und seinem Fleiß sein Dasein zu danken hat, als sein Eigentum ansehen kann". Aus diesem Eigentum, so lehrt PÜTTER, ist das Verlagsrecht abgeleitet, das

[1] Die Zurechtweisung ist in LUTHERS 1525 erschienener „Vermanung an die Drücker" enthalten. Sie war durch den Diebstahl eines Manuskripts in einer Wittenberger Druckerei veranlaßt, das dann nach Nürnberg verkauft und dort gedruckt wurde. Die Vermahnung LUTHERS beschränkt sich aber nicht auf diesen Sonderfall, sondern richtet sich allgemein gegen den Nachdruck seiner Schriften. Sein Anliegen war dabei einerseits der Schutz von Arbeit und Kosten der Drucker, andererseits die Sorge vor Entstellung seiner Werke. Vgl. GIESEKE S. 39.

[2] J. ST. PÜTTER, Der Büchernachdruck nach ächten Grundsätzen des Rechts, Göttingen 1774.

dem Verleger zusteht und trotz dem Verkauf der einzelnen Exemplare verbleibt.

Die naturrechtliche Lehre vom geistigen Eigentum ist eine gemeineuropäische. Sie wird in Deutschland ebenso wie in England und Frankreich vertreten. Ihre Durchsetzung in der Praxis freilich ist in den einzelnen Ländern in verschiedener Weise und zu verschiedener Zeit erfolgt. Sie verband sich mit einer Läuterung des Eigentumsgedankens, die sich im besonderen in der Frage vollzog, ob es ein ewiges Eigentum an Geisteswerken gäbe oder ob dieses Eigentum, anders als das Sacheigentum, befristet sei. Die Art dieser Durchsetzung und Läuterung wurde für die Entwicklung des Urheberrechtsschutzes, insbesondere im englischen, französischen und deutschen Rechtskreis, von wesentlicher Bedeutung.

1. In der Verallgemeinerung des Nachdruckverbots und in der Beseitigung der behördlichen Willkür bei Verleihung und Ausgestaltung der Privilegien geht England den anderen Ländern voran. Die Aufsicht über das Bücherwesen ist in England im 16. Jahrhundert in die Hände der Buchhändlergilde (Stationers Company) gelegt worden. Die Eintragung in die Register dieser Gilde, der die Ablieferung von Pflichtexemplaren vorausging, wurde der Erteilung eines Privilegs gleichgeachtet. Die Entwicklung findet ihren Abschluß mit einem Gesetz vom Jahre 1709 (Act 8 Anne c. 19): Dem Urheber eines Schriftwerks wird das ausschließliche Recht zur Drucklegung gewährt. Die Eintragung in das Register bleibt aber Voraussetzung für die Bestrafung des Nachdruckers. Die Schutzfrist wird einheitlich, unter Anknüpfung an die patentrechtliche Frist, auf 14 Jahre seit der Veröffentlichung des Werkes festgelegt. Falls der Urheber nach Ablauf der 14 Jahre noch lebt, verbleibt ihm das Recht für eine weitere Frist von 14 Jahren.

Neben dieser gesetzlichen Anerkennung steht die theoretische Grundlegung. Unter Anknüpfung an die Lehre von LOCKE, daß das Eigentum an den Gegenständen der Natur seine Rechtfertigung in der auf sie verwendeten Arbeit findet, hat WARBURTON in einer 1747 erschienenen Schrift aus der Arbeit des Urhebers am Werk dessen geistiges Eigentum (literary propriety) abgeleitet.[1] Gleicher Ansicht ist der große englische Rechtssystematiker BLACKSTONE.[2] Das geistige Eigentum erwächst aus der Schöpfung des Werkes; der gesetzliche Schutz ist nur eine Verstärkung des Rechtsschutzes, der bereits auf dem Common Law beruht; er ist so wenig wie der Schutz des sonstigen Eigentums befristet. Diese naturrechtliche Begründung hat zunächst gesiegt. In der Entscheidung Millar v. Taylor wurde sie 1769 von der Kings Bench unter Vorsitz von Lord MANSFIELD anerkannt. Fünf Jahre später hat jedoch das Oberhaus

---

[1] Vgl. darüber OSTERRIETH, Geschichte des UR in England S. 116 ff.

[2] Commentaries on the laws of England (1765) II 26, 8.

in der grundlegenden Entscheidung Donaldson v. Beckets dahin erkannt, daß das auf dem Common Law beruhende Recht mit der Veröffentlichung erlischt. An seine Stelle tritt der zeitlich beschränkte gesetzliche Schutz.

Damit hat der Gedanke gesiegt, daß das Urheberrecht an veröffentlichten Werken ein befristetes Recht ist. Aber dieser Sieg war um den Preis erkämpft, daß die Fortentwicklung des englischen Urheberrechtes nicht auf dem Boden des Common Law, sondern aufgrund der Gesetzgebung erfolgt ist, die ihren Ausgangspunkt von einzelnen Werkgattungen und einzelnen Verletzungstatbeständen nahm. Das Gesetz von 1709 ist durch spätere Copyright Acts ersetzt und durch Gesetze zugunsten der Tonkunst und der bildenden Künste ergänzt worden. Die erste umfassende Regelung brachte der Copyright Act von 1911, an dessen Stelle nach der Brüsseler Revision der Berner Übereinkunft und dem Abschluß des Welturheberrechtsabkommens der Copyright Act von 1956 trat. Die Zugehörigkeit Englands zur Berner Konvention hat dazu geführt, daß auf Formvorschriften verzichtet wurde. Die Hinterlegung von Pflichtexemplaren und die Registrierung sind nicht mehr Voraussetzung des Urheberschutzes.

Auch der Schutz der unveröffentlichten Werke ist seit 1911 durch die Gesetzgebung geregelt. In den Vereinigten Staaten ist dagegen noch bis zu der Neuregelung im Copyright Act von 1976 die Unterscheidung zwischen dem auf dem Common Law beruhenden Recht an unveröffentlichten Werken und dem copyright an veröffentlichten Werken ebenso wie die Berechnung der Schutzfrist von der ersten Veröffentlichung ab beibehalten worden; an den Formalitäten wird grundsätzlich noch heute festgehalten; vgl. unten § 12 V, 3 und 4.

2. In Frankreich ist die Lehre vom geistigen Eigentum im 18. Jahrhundert vor allem von D'Héricourt, Diderot und Voltaire vertreten worden. Die Lehre wurde als Waffe im Streit um die Verlängerung der Privilegien benutzt. Während die Buchhändler das Monopol der mit Privilegien ausgestatteten Pariser Verleger durch den Kampf gegen die Verlängerung der Privilegien einzuschränken versuchten, beriefen sich diese auf das zeitlich unbeschränkte geistige Eigentum der Urheber, das auf sie übergegangen sei. Die letzte königliche Regelung des Privilegienwesens, die im Jahre 1777 erfolgte, entschied den Streit dahin, daß das Verlagsprivileg in der Hand des Autors, der das Werk im Selbstverlag erscheinen läßt, als ein ewiges augestaltet werden könne, daß aber bei einer Übertragung an den Verleger das Recht mit dem Tode des Autors zugunsten der Allgemeinheit erlösche.

Die Französiche Revolution führte zu einer entscheidenden Wendung. Wie die sonstigen Privilegien, so wurden auch die Bücherprivilegien als eine Einrichtung des ancien régime beseitigt. Der Schutz wird neu auf der in das allgemeine Rechtsbewußtsein übergegangenen Lehre vom geistigen Eigentum aufgebaut. Die propriété litteraire et artistique, zu der sich die Nationalversammlung mit Nachdruck bekennt, wird in den Gesetzen von 1791 und 1793 anerkannt. Freilich, dem Geiste der Französischen Revolution entsprach nicht die Anerkennung eines ewigen Urheberrechts. Die Betonung der allgemeinen Freiheit führte vielmehr zu der Forderung, daß das Recht nach Ablauf einer bestimmten Frist ins Freie, in das domaine public, falle. So wurde 1793 der Schutz bis zum Ablauf von 10 Jahren nach dem Tode des Urhebers gewährt. Später wurde die Schutzfrist verlängert und zuletzt 1866 auf 50 Jahre post mortem auctoris festgelegt.

Im übrigen ist das französische Urheberrecht folgerichtig aufgrund der Gesetze von 1791 und 1793 weiterentwickelt worden. Die Rechtsprechung, die sich im Einklang mit der Rechtslehre von dem Gedanken leiten ließ, daß dem Urheber einerseits das monopole exclusif d'exploitation, andererseits das droit moral zustehe, hat den Schutz der Urheber wirkungsvoll ausgebaut. Damit wurden die Grundlagen gelegt, auf denen das neue, im Jahre 1957 erlassene Urheberrechtsgesetz beruht. Mit der Bezeichnung »Loi sur la propriété littéraire et artistique« wird bewußt an die Lehre vom geistigen Eigentum angeknüpft.

3. Auch in Deutschland entfaltet die Idee des geistigen Eigentums ihre werbende Kraft. In der Rechtswissenschaft vertritt ADRIAN BEIER[1] die Ansicht, daß der Nachdruck auch ohne Privilegien unstatthaft sei, da das natürliche Recht einen jeden anweise, „liegen zu lassen, was nicht sein ist". Ging es BEIER dabei noch in erster Linie um den Schutz der Verleger, so haben andere wie BÖHMER[2], THURNEISEN[3] und insbesondere PÜTTER die Lehre vertieft und das Recht des Urhebers in den Mittelpunkt gestellt. In der deutschen Philosophie wird die Idee vom geistigen Eigentum von FICHTE, HEGEL und SCHOPENHAUER vertreten. Zu den Problemen, um die man dabei ringt, gehört insbesondere die Frage, wie das Recht am Werk vom Eigentum an den einzelnen Exemplaren abzugrenzen sei. IMMANUEL KANT beantwortete sie dahin, das Sacheigentum sei ein dingliches, das Urheberrecht dagegen ein persönliches Recht. Unter Berufung auf ihn hat die deutsche Rechtswissenschaft neben der Lehre vom geistigen Eigentum auch die Theorie entwickelt, daß das Urheberrecht Persönlichkeitsrecht ist (unten § 17 I).

Die Durchsetzung in der Praxis ist freilich eine langsame. Die deutschen Juristenfakultäten sind in ihren Gutachten geteilter Meinung darüber, ob der Nachdruck beim Fehlen von Privilegien zulässig ist.[4] In der

---

[1] Kurzer Bericht von der nützlichen und vortrefflichen Buchhandlung und derselben Privilegien, Jena 1690.

[2] JUSTUS HENNING BÖHMER in: Kurze Einleitung zum geschickten Gebrauch der Akten, 1731.

[3] Baseler Dissertation, 1738.

[4] Das geistige Eigentum wird anerkannt von Leipzig (1706) und Wittenberg (1722). Dagegen wird von Jena (1722), Gießen (1722), Helmstedt (1723) und Erfurt (1723) das Privileg als unerläßliche Voraussetzung des Rechtsschutzes betrachtet. Vgl. die Fundstellen bei PÜTTER S. 119 ff.

Gesetzgebung beginnt sich der Privilegienschutz mit dem unmittelbaren Schutz zu vermischen. Das kursächsische Mandat von 1773 bestimmt, daß alle Bücher geschützt sein sollen, die Privilegien erlangt haben oder vom Verleger in ein bei der Bücherkommission in Leipzig geführtes Protokoll eingetragen wurden. Darüber hinaus wurden aber die Verleger von Werken, die in Sachsen gedruckt waren, auch dann geschützt, wenn sie den Nachweis führen konnten, daß sie das Verlagsrecht vom Autor erworben haben. Auch das preußische allgemeine Landrecht von 1794 stellt noch das Verlagsrecht in den Mittelpunkt seiner Regelung. Der Verleger wird aufgrund des Vertrags, den er mit dem Autor geschlossen hat, gegen Nachdruck geschützt. Neben diesem allgemeinen Schutz kann aber noch ein besonderer Schutz durch Privilegien gewährt werden, dessen Bedeutung in den im Privileg festgesetzten Strafbestimmungen liegt.

So ist in Deutschland der Übergang von dem auf Privileg beruhenden Verlagsrecht zum Urheberrecht des Verfassers ein allmählicher gewesen. Es war nicht ein revolutionärer Umbruch wie in Frankreich. Ein schweres Hindernis für einen durchgreifenden Schutz war die staatliche Zersplitterung. Die Privilegien und die gesetzlichen Nachdruckverbote galten nur im Bereich des Landes, für das sie erlassen waren. Merkantilistische Gewerbepolitik erschwerte den Urhebern und Verlegern anderer Länder den Erwerb von Schutzrechten. So blühte der Nachdruck gerade in der Zeit, in der die deutsche Literatur zu ihrer hohen Bedeutung erwuchs.

GOETHES Dichtungen sind nicht nur als Einzelschriften vielfach nachgedruckt worden, sondern auch Gesamtausgaben seiner Werke erschienen allenthalben in Deutschland ohne seine Zustimmung. Für die Ausgabe letzter Hand sicherte er sich und seinen Verleger durch 39 Privilegien, die ihm von den einzelnen Bundesstaaten erteilt wurden. Vgl. darüber A. B. SCHMIDT, Goethekreis und deutsche Rechtsgeschichte (1935) S. 28 f.

Deutschland war daher im 19. Jahrhundert vor die doppelte Aufgabe gestellt, die Schale des Privilegienwesens endgültig abzustreifen und eine gesamtdeutsche Regelung herbeizuführen. Die treibende Kraft war dabei der Buchhandel. Eine Kommission des deutschen Buchhandels wurde beauftragt, auf dem Wiener Kongreß Beschlüsse gegen den Nachdruck zu erwirken. Sie erreichte, daß in der deutschen Bundesakte „die Sicherstellung der Rechte der Schriftsteller und Verleger gegen den Nachdruck“ zugesagt wurde. Aber die Einlösung dieses Versprechens ließ lange auf sich warten, und noch 1832 begnügte sich der Bund damit, die Gegenseitigkeit des Schutzes unter den Bundesstaaten sicherzustellen. Schließlich brachte Preußen durch das Gesetz von 1837 zum Schutz des Eigentums an Werken der Wissenschaft und der Kunst den Stein ins Rollen. Das preußische Gesetz war, insofern es unmittelbar vom Recht des Urhebers ausging, das erste deutsche moderne Urheberrechtsgesetz.

Um die Bemessung der Schutzfrist war lange gekämpft worden. Die Möglichkeit der Verlängerung der Privilegien und der Protokollierung in Leipzig hatte im Verein mit der Idee vom geistigen Eigentum auch in Deutschland den Gedanken an ein ewiges Urheberrecht nahegelegt. Andererseits wurden aber die Interessen der Allgemeinheit in die Waagschale geworfen und auf die Regelung in Frankreich und England verwiesen. So entschied sich das preußische Gesetz für einen Schutz auf Lebenszeit des Urhebers und auf 30 Jahre nach seinem Tod. Der Deutsche Bund entschloß sich aufgrund des preußischen Vorgehens von 1837, den Bundesstaaten einen Schutz von mindestens 10 Jahren seit Erscheinen des Werkes zur Pflicht zu machen, und verlängerte die Frist 1845 auf 30 Jahre post mortem auctoris. Damit wurde für Deutschland die 30jährige Schutzfrist allgemeines Recht; sie wurde 1934 durch die 50jährige und 1965 durch die 70jährige ersetzt.

Mit der Gründung des Norddeutschen Bundes und des Deutschen Reiches war die Bahn für eine einheitliche Gesetzgebung frei. Der Schutz des „geistigen Eigentums" wurde in der Bismarckschen Verfassung ausdrücklich zur Sache der Bundes- bzw. Reichsgesetzgebung erhoben. Die vorangegangenen Gesetze der deutschen Einzelstaaten sowie ein Entwurf des Börsenvereins der deutschen Buchhändler hatten wichtige Vorarbeit geleistet. So wurde bereits 1870 ein Urheberrechtsgesetz des Norddeutschen Bundes erlassen, das 1871 zum Reichsgesetz wurde. Es wurde 1901 durch das Gesetz betreffend das Urheberrecht an Werken der Literatur und der Tonkunst abgelöst und durch das Verlagsgesetz ergänzt. Das Kunsturheberrecht war 1870 abgetrennt worden, da seine Regelung eine längere Vorarbeit erforderte. Sie erfolgte durch das Gesetz von 1876, an dessen Stelle 1907 das Gesetz betreffend das Urheberrecht an Werken der bildenden Künste und der Photographie trat. Die Gesetze von 1901 und 1907 brachten dabei wichtige Fortschritte. Insbesondere wurde im LUG der Schutz gegen Übersetzungen erweitert und das Urheberrecht an Werken der Tonkunst ausgebaut. Im Kunsturheberrecht wurde der Schutz auf Bauwerke und auf Werke der angewandten Kunst ausgedehnt.

Der Werdegang des deutschen Urheberrechts war demnach ein längerer als der des französischen. Es ist nicht unmittelbar aus der Idee vom geistigen Eigentum erwachsen, hat vielmehr verschiedenen Strömungen Rechnung getragen. Die deutsche Regelung war daher noch in den Gesetzen von 1901 und 1907 eine differenziertere; die Befugnisse des Urhebers wurden einzeln aufgezählt und im Hinblick auf widerstreitende Interessen durch Sonderbestimmungen beschränkt.

§ 10. Die neuere Urheberrechtsentwicklung

EDUARD REIMER, Vergleichende Darstellung der geltenden deutschen Gesetzestexte und früherer Gesetzesentwürfe zum deutschen Urheberrecht als Grundlage für die Wiederaufnahme der Reformarbeit, 1950. — DE BOOR, Grundprobleme der Urheberrechtsreform, in: UFITA 18 (1954) 260 ff.; ders., Urheberrechtliche Grundsatzfragen, in: UFITA 21 (1956) 129 ff.; WALTER STRAUSS, Zur Urheberrechtsreform, in: UFITA 22 (1956) 129 ff.; ULMER, Deutsche und französische Urheberrechtsreform, in: JZ 1955, 401 ff.; ders., Vom deutschen Urheberrecht und seiner Entwicklung, in: UFITA 23 (1957) 257 ff. — SCHULZE, Recht und Unrecht. Eine Studie zur Urheberrechtsreform, 1954. — DIETZ, Das Urheberrecht in der Europäischen Gemeinschaft, 1978.

I. Der Erlaß der deutschen Urheberrechtsgesetze von 1901 und 1907 bedeutete einen Einschnitt, aber keinen Stillstand in der Rechtsentwicklung. Neue Arten des Werkschaffens und der Werknutzung mußten berücksichtigt, der Rechtsschutz der Urheber ausgebaut und die Absteckung der Grenzen des Schutzes überprüft werden. Auch war der Ausbau der Regeln über das Urheberpersönlichkeitsrecht vordringlich und kam die Regelung der verwandten Schutzrechte in Sicht.

In der Weiterentwicklung des Urheberrechts gingen dabei entscheidende Einflüsse von der internationalen Regelung aus. Insbesondere sind die Revisionskonferenzen der Berner Übereinkunft zu Marksteinen in der neueren Geschichte des Urheberrechts geworden. In der Berliner Revisionskonferenz von 1908 wurden erstmals Schallplatte und Film berücksichtigt. Das zu ihrer Ausführung erlassene Reichsgesetz vom 22. 5. 1910 hat als Novelle zum LUG und KUG die erforderlichen Ergänzungen der deutschen Gesetzestexte gebracht. Die Rom-Konferenz von 1928 hat die Rundfunksendung berücksichtigt und hat darüber hinaus zur Verankerung des Urheberpersönlichkeitsrechts im Konventionstext geführt. Die Revisionskonferenz von Brüssel (1948) hat u. a. einen weiteren Ausbau des Vortrags-, Aufführungs- und Senderechts und des mechanischen Vervielfältigungsrechts der Urheber gebracht.

Die deutsche Rechtsprechung konnte zwar aufgrund einer freieren Auslegung der Urheberrechtsgesetze mit den Ergebnissen der internationalen Rechtsentwicklung, jedenfalls mit den Ergebnissen der Rom-Konferenz, noch weitgehend Schritt halten. So sind insbesondere die Entscheidungen des RG über das Urheberpersönlichkeitsrecht (RGZ 79, 397), über die Rundfunksendungen (RGZ 113, 413) und über den Tonfilm (RGZ 140, 231) sowie die Entscheidung des BGH über öffentliche Schallplattenkonzerte (BGHZ 11, 135) für die deutsche Praxis richtunggebend geworden. Die Gesetzestexte erwiesen sich aber als überaltert.

II. Die Arbeiten an der Reform des deutschen Urheberrechts kamen seit der Revision der RBÜ in Rom (1928) in Gang. Auf private Entwürfe ist im Jahr 1932 ein amtlicher Entwurf gefolgt, der in dem Bestreben, ein einheitliches Recht für beide Staaten zu schaffen, gemeinsam von der deutschen und österreichischen Justizverwaltung ausgearbeitet worden war. Der Entwurf wurde in einer vom Reichsjustizministerium überarbeiteten Fassung zur Grundlage von weiteren Beratungen im Urheberrechtsausschuß der Akademie für deutsches Recht, deren Ergebnis 1939 veröffentlicht wurde. Die Arbeiten kamen aber infolge des Ausbruchs des Zweiten Weltkriegs zum Stillstand.

Vgl. über die Reformarbeiten WILLY HOFFMANN, der 1933 einen neuen Entwurf vorgelegt und in DJZ 1935, 285 ff. über den Stand der Arbeiten berichtet hat, sowie die Schrift von DE BOOR, Vom Wesen des Urheberrechts (1933), die eine kritische Auseinandersetzung mit dem amtlichen Entwurf nebst Verbesserungsvorschlägen enthält. Der Entwurf des Urheberrechtsausschusses der Akademie für deutsches Recht wurde in GRUR 1949, 242 ff. veröffentlicht. Nach dem Zweiten Weltkrieg hat EDUARD REIMER, a.a.O., eine vergleichende Darstellung der geltenden deutschen Gesetzestexte und der Entwürfe 1932 und 1939 sowie des Entwurfs HOFFMANN veröffentlicht.

III. Nach der Brüsseler Revision der RBÜ (1948) wurden die Reformarbeiten vom Bundesjustizministerium wieder aufgenommen. Das Ministerium verfolgte dabei das Ziel, mit der Durchführung der Urheberrechtsreform den Beitritt der Bundesrepublik zur Brüsseler Fassung der RBÜ zu verbinden.

1. Referentenentwürfe zur deutschen Urheberrechtsreform wurden 1954 veröffentlicht.[1] In seiner systematischen Grundlage war der Entwurf des UrhG im ganzen der folgerichtige Abschluß der jahrzehntelangen Vorarbeiten: Die geschützten Werke und die Rechte der Urheber wurden in einer neuen, dem Stand des Werkschaffens und der Werknutzung entsprechenden Weise bestimmt. Das Urheberpersönlichkeitsrecht wurde nicht nur in Einzelbestimmungen, sondern grundsätzlich in die urheberrechtliche Regelung einbezogen. Urheberrecht und verwandte Schutzrechte wurden klar voneinander unterschieden. In wichtigen Einzelfragen, die das Verhältnis der Urheber zu den Verwertern betreffen, blieb jedoch der Entwurf hinter den Erwartungen zurück, die auf einen stärkeren Ausbau des Urheberrechtsschutzes gerichtet waren. Die Kritik ließ zeitweise das rechte Maß vermissen. Eindrucksvoll kam aber in der Mehrheit der Stellungnahmen die Überzeugung zum Ausdruck, daß der geistigen Arbeit ein starker Rechtsschutz gebührt, der ihr im Rahmen unserer Sozial- und Wirtschaftsordnung den ihr zustehenden Anteil an den Wirtschaftsgütern sichert. Zu der Begründung der rechtspolitischen Forderung der Urheber wurde dabei, der geistigen Situation der Nachkriegszeit entsprechend, stärker als früher wieder an naturrechtliche Gedanken und an die Idee vom geistigen Eigentum angeknüpft.

Vgl. zur Auseinandersetzung über die Urheberrechtsreform einerseits die Kritik von SCHULZE, a.a.O., sowie die unten, § 16 IV, 2 zitierten Schriften von ERMECKE, HAUFFE, HUBMANN, HEINRICH LEHMANN, OVERATH und RICHARTZ, andererseits die Mahnung DE BOORS in UFITA 21 (1956) 129 ff., in den rechtspolitischen Forderungen Maß zu halten.

---

[1] Vgl. den Text der Entwürfe zum UrhG und WahrnG bei HAERTEL-SCHNEIDER, Taschenbuch des Urheberrechts (1955), S. 502 ff.

Über Einzelfragen s. BAPPERT-WAGNER, in: UFITA 18 (1954) 328 ff., BUSSMANN, in: UFITA 18 (1954) 29 ff. sowie (bezüglich des Filmrechts) ULMER, in: GRUR 1955, 518 ff. Zur Würdigung der Kritik durch das Bundesjustizministerium s. STRAUSS, a.a.O.

2. Unter Beachtung der Erörterung im Schrifttum wurden die Referentenentwürfe überarbeitet und dabei eine Verstärkung des Urheberrechtsschutzes u. a. durch den Abbau von Schranken des Urheberrechts und durch die Verlängerung der Schutzfrist von 50 auf 70 Jahre p. m. a. vorgenommen. Ihren Abschluß fand die Reform mit dem Erlaß der Gesetze über Urheberrecht und verwandte Schutzrechte und die Wahrnehmung von Urheberrechten und verwandten Schutzrechten vom 9. 9. 1965.

Das VerlG bleibt mit Ausnahme einiger Vorschriften, die durch Bestimmungen des UrhG ersetzt wurden, in Kraft. Gleichzeitig mit dem UrhG und dem WahrnG wurde durch ein weiteres Gesetz dem Beitritt der Bundesrepublik zur Brüsseler Fassung der RBÜ zugestimmt. Über die Ratifikation der Stockholmer Fassung (1967) und der Pariser Fassung (1971) der RBÜ vgl. unten § 14 VI.

3. *Übergangsbestimmungen* sind in §§ 129—137 UrhG vorgesehen. Was das Urheberrecht betrifft, so sind die Regeln des UrhG grundsätzlich auch auf die vor seinem Inkrafttreten geschaffenen Werke anwendbar. Werke jedoch, die bei Inkrafttreten der Schutzfristverlängerung (17. 9. 1965) gemeinfrei waren, blieben gemeinfrei; vgl. dazu BGH in GRUR 1976, 649. Für nachgelassene Werke, die nach Ablauf von 50 Jahren seit dem Tod des Urhebers, aber vor dem Inkrafttreten des UrhG veröffentlicht worden sind, bleibt es bei der bisherigen Schutzdauer (vgl. unten § 78 II). Die Vorschriften über verwandte Schutzrechte finden auf Leistungen Anwendung, die beim Inkrafttreten des UrhG geschützt waren. Von Bedeutung ist dies für die Schutzrechte an Lichtbildern, die keine Lichtbildwerke sind, sowie für das Schutzrecht, das den ausübenden Künstlern an Tonträgern zusteht, die sie bespielt haben: Aus dem Urheberrecht, das KUG und LUG zugunsten der Lichtbildner und der ausübenden Künstler vorgesehen hatten, ist mit Inkrafttreten des UrhG ein verwandtes Schutzrecht geworden. — Gemeinsam gilt für Urheberrecht und verwandte Schutzrechte, daß auf Verträge, die vor dem Inkrafttreten des UrhG geschlossen wurden, die früheren Gesetze anwendbar bleiben. Doch gelten einzelne Ausnahmen: Die Rückrufsrechte wegen Nichtausübung und gewandelter Überzeugung (§§ 41 und 42 UrhG) stehen dem Urheber auch in Fällen von Verfügungen zu, die er vor Inkrafttreten des UrhG getroffen hat; doch beginnt die beim Rückruf wegen Nichtausübung vorgesehene Frist frühestens mit dem Inkrafttreten des UrhG. Auf Verträge über künftige Werke ist § 40 UrhG anwendbar; doch beginnt auch hier die in § 40 Abs. 1 vorgesehene Frist frühestens mit dem Inkrafttreten des UrhG. Auf Verträge mit Urhebern und ausübenden Künstlern, die in Erfüllung ihrer Pflichten aus Arbeits- oder Dienstverhältnissen Werke geschaffen oder Darbietungen erbracht haben, finden §§ 43 und 79 UrhG Anwendung. — Verfügungen über Rechte, die vor dem Inkrafttreten des UrhG getroffen wurden, bleiben wirksam; sie erstrecken sich jedoch im Zweifel nicht auf Befugnisse, die erst durch das UrhG begründet wurden. Für die Übertragung des Urheberrechts gilt dies mit der Maßgabe, daß dem Erwerber die entsprechenden, im UrhG vorgesehenen Nutzungsrechte zustehen. Zu der Frage, ob sich die Übertragung auch auf den Zeitraum erstreckt, um den die Dauer des Urheberrechts verlängert wurde, vgl. unten § 78 III. — Zur Vermeidung von Härten in Fällen, in denen das UrhG eine kürzere Schutzdauer vorsieht als LUG und KUG, gilt die durch die Novelle 1972 vorgesehene Sondervorschrift des § 135 a. UrhG. Die Regel kommt für die Rechte an Lichtbildwerken und Lichtbildern sowie insbesondere für die Rechte der ausübenden Künstler in Betracht. Vgl. unten § 123 VII.

IV. Auch nach dem Inkrafttreten des UrhG bleibt der Impuls zu einer Verstärkung des Urheberrechtsschutzes lebendig. Der Entscheidung des BVerfG vom 7. 7. 1971, die unter Berufung auf die Eigentumsgarantie des GG ergangen ist,[1] entsprechend, wurde durch die Novelle von 1972 § 46 UrhG abgeändert: Es bleibt zwar erlaubt, in bestimmten Grenzen ohne Zustimmung des Urhebers geschützte Werke oder Werkteile in Sammlungen aufzunehmen, die für den Kirchen-, Schul- oder Unterrichtsgebrauch bestimmt sind; dem Urheber ist aber, anders als es im UrhG vorgesehen war, für die Vervielfältigung und Verbreitung eine angemessene Vergütung zu zahlen. Auch wurden durch die Novelle das Folgerecht der Urheber von Werken der bildenden Künste ausgebaut sowie die Regeln über den Vergütungsanspruch, der den Urhebern in Fällen des Vermietens von Vervielfältigungsstücken zusteht, auf Fälle des Verleihens erstreckt. Auch gehen die Reformbestrebungen weiter. Unter anderem ist angesichts des Überhandnehmens der reprographischen Vervielfältigung eine Änderung der Regeln über die Vervielfältigung zum persönlichen und eigenen Gebrauch geplant. Auch ist eine Regelung des Urhebervertragsrechts in Aussicht genommen.

Für die Zukunft stellt sich im übrigen die Frage nach einer Harmonisierung des Urheberrechts in den Mitgliedstaaten der EWG. Sie ist zwar nicht in gleichem Maß vordringlich, wie es die Europäisierung des europäischen Patentrechts war. Die Zugehörigkeit aller Mitgliedstaaten der EWG zur Berner Union bedingt wichtige Gemeinsamkeiten. Immerhin bestehen aber Unterschiede nicht nur in Einzelfragen, wie bei der Regelung des Urheberpersönlichkeitsrechts, des Urheberrechts an Filmwerken, der Schutzdauer und der verwandten Schutzrechte, sondern auch in den dogmatischen Strukturen der Rechtsordnungen. Eine Angleichung, wie sie von der Kommission der Europäischen Gemeinschaften geplant wird, wird daher nur schrittweise möglich sein und bei Einzelfragen beginnen müssen.

Vgl. dazu die vergleichende Untersuchung von Dietz, Das UR in der Europäischen Gemeinschaft, in der D. eine Harmonisierung in verschiedenen Phasen vorschlägt.

V. In der Deutschen Demokratischen Republik hat das Urheberrecht unter Aufhebung auch des VerlG eine Neuregelung durch das Gesetz über das Urheberrecht vom 13. 9. 1965 erfahren. Sie schließt auch eine Regelung des Urhebervertragsrechts ein, die allgemeine Bestimmungen sowie Sonderregeln über den Verlagsvertrag und andere wichtige Vertragstypen enthält, sowie eine Regelung der angrenzenden Rechte, zu denen außer den Leistungsschutzrechten der ausübenden Künstler, der Hersteller von Tonträgern, der Sendeunternehmen und der Fotografen, die nicht als Urheber von Werken der Fotografie geschützt sind, auch

[1] BVerfGE 31, 229.

die Rechte am Werktitel, am eigenen Bild sowie an Briefen und Tagebüchern gerechnet werden. Die urheberrechtliche Schutzfrist bleibt auf 50 Jahre p. m. a. beschränkt. Doch heißt es, daß die sozialistische Gesellschaft auch nach dem Ablauf der Schutzfrist den Schutz der geistigen Güter der Nation gewährleistet; auch kann der Schutz des Nachlasses bedeutender Schriftsteller, Künstler oder Wissenschaftler zur Aufgabe der Nation erklärt werden. Unter dem Titel „freie Werknutzung" sind Schranken des Urheberrechts in weitergehendem Maß als im UrhG der Bundesrepublik vorgesehen. U. a. ist es dem Rundfunk gestattet, jedes veröffentlichte Werk ohne Zustimmung des Urhebers gegen das in der staatlichen Honorarordnung vorgesehene Entgelt zu senden. Die Wahrnehmung der Rechte zur Aufführung, Sendung und mechanischen Vervielfältigung von Musikwerken liegt in der Hand der Anstalt zur Wahrung der Aufführungsrechte auf dem Gebiet der Musik (AWA), die 1951 als Anstalt des öffentlichen Rechts errichtet wurde.

Größer als die Verschiedenheit bei den Regeln über die Rechte der Urheber, bei denen sich Nachwirkungen der früheren deutschen Urheberrechtsgesetze sowie der Reformarbeiten zeigen, sind diejenigen, die durch die wirtschaftliche und politische Struktur bedingt sind. Die Unternehmen, denen die Verbreitung der Werke obliegt, insbesondere auch die Verlagsunternehmen, sind volkseigene oder genossenschaftliche Betriebe. Die Verlagspläne bedürfen behördlicher Bestätigung. Über den Inhalt der Urheberrechtsverträge werden vom Ministerium für Kultur in Zusammenarbeit mit den gesellschaftlichen Organisationen der Urheber und den Gewerkschaften Vertragsmuster entwickelt und veröffentlicht. Bestimmungen über Mindest- und Höchstsätze der Honorierung können für allgemein verbindlich erklärt werden.

Aus dem Schrifttum vgl. PÜSCHEL, Urheberrecht der Deutschen Demokratischen Republik, 1969, sowie das 1975 erschienene, von PÜSCHEL herausgegebene Sammelwerk Urheberrecht mit Beiträgen von GLÜCKSMANN, MÜNZER, PÜSCHEL, STAAT und WENDT. Das Werk enthält außer der Wiedergabe der Gesetze, Honorarbedingungen und Vertragsmuster einen einführenden und einen lexikalischen Teil.

Für die zwischenstaatlichen Beziehungen ist wichtig, daß aufgrund einer Anordnung des Ministers für Kultur vom 7. 2. 1966 der Erwerb der urheberrechtlichen Nutzungsbefugnisse von Partnern außerhalb der DDR sowie die Vergabe solcher Befugnisse an Partner außerhalb der DDR der staatlichen Genehmigung bedürfen, die durch das Büro für Urheberrechte erteilt wird. Erwerb und Vergabe ohne Genehmigung sind strafbar. Aus der Sicht der Bundesrepublik und ihrer Rechtsordnung ist jedoch die Vergabe von Rechten durch Bürger oder Institutionen der DDR, darunter die Vergabe von Verlagsrechten an Verlage der Bundesrepublik, auch ohne Genehmigung als wirksam anzusehen.

Vgl. dazu das Solschenizyn-Urteil des BGH zu der entsprechenden Frage nach der Wirkung des staatlichen Außenhandelsmonopols der Sowjetunion in BGHZ 64, 183 sowie unten § 12 VII, 3.

§ 11. Die Quellen des Urheberrechts

Als allgemeines Prizip wird der Urheberrechtsschutz, seiner naturrechtlichen Grundlage entsprechend, in der Erklärung der Menschenrechte gefordert, die am 10. 12. 1948 von der Generalversammlung der Vereinten Nationen verkündet wurde: In Art. 27 Abs. 2 der Erklärung heißt es, daß jeder Mensch das Recht auf Schutz seiner ideellen und materiellen Interessen hat, die sich aus der wissenschaftlichen, literarischen und künstlerischen Produktion ergeben, deren Urheber er ist.

I. In der Bundesrepublik Deutschland ist der Urheberrechtsschutz in seinem Kern verfassungsrechtlich gewährleistet: der vermögensrechtliche Schutz durch die Regel des Art. 14 GG über die Gewährleistung des Eigentums; der Schutz der ideellen Interessen durch die Regeln der Art. 1 und 2 GG über die Unantastbarkeit der Würde des Menschen und über das Recht auf freie Entfaltung der Persönlichkeit.

Zum vermögensrechtlichen Schutz sind eine Reihe von Entscheidungen des BVerfG ergangen. In Übereinstimmung mit der im Schrifttum vorherrschenden Meinung geht das BVerfG davon aus, daß die vermögensrechtlichen Befugnisse des Urheberrechts als Eigentum i. S. des Art. 14 GG anzusehen sind; in Anknüpfung an die naturrechtliche Lehre wird dabei in einer der Entscheidungen[1] vom geistigen Eigentum gesprochen. Aufgabe des Gesetzgebers bleibt es zwar gemäß Art. 14 Abs. 1 Satz 2 GG, Inhalt und Schranken des Eigentums zu bestimmen. Er kann dabei aber nicht beliebig verfahren, muß vielmehr nach den Worten des BVerfG den „Grundgehalt der Eigentumsgarantie" wahren, indem er die Rechte zur Verwertung des Werkes in angemessener Weise dem Urheber zuordnet. Bei der Bestimmung der Schranken des Urheberrechts muß der Gesetzgeber „die Belange des einzelnen und den Schutz der Allgemeinheit in einen gerechten Ausgleich bringen". Bei dem Spielraum, der ihm dabei bleibt, muß er aber berücksichtigen, daß in keinem vergleichbaren Lebensbereich die gesetzliche Verpflichtung besteht, das Ergebnis eigener Leistung zugunsten des Allgemeininteresses unentgeltlich zur Verfügung zu stellen.

Von dieser Beschränkung des Spielraums ist das BVerfG insbesondere in der Entscheidung vom 7. 7. 1971 betreffend die Aufnahme geschützter Werke oder Werkteile in Sammlungen ausgegangen, die für den Kirchen-, Schul- und Unterrichtsgebrauch bestimmt sind: Der Gesetzgeber kann zwar in Ansehung der kulturellen Interessen die Verbotsrechte der Urheber ausschließen, muß ihnen aber jedenfalls einen Anspruch auf angemessene Vergütung sichern (BVerfG 31, 229, 246). Auf der gleichen Linie liegt der Be-

---

[1] BVerfGE 31, 263.

schluß des BVerfG vom 15. 10. 1978 über Kirchenmusik (BVerfG 49, 382): Den Komponisten von Kirchenmusik und Blasmusik kann entgegen der Regel des § 52 Abs. 1 Nr. 2 UrhG die Vergütung bei einer öffentlichen Aufführung in einem Gottesdienst oder in anderen Veranstaltungen der Kirchen oder Religionsgemeinschaften des öffentlichen Rechts nicht vorenthalten werden (vgl. darüber unten § 69 III). Im Rahmen des Spielraums, der dem Gesetzgeber verbleibt, liegt dagegen die Ausgestaltung der Rechte, die dem Urheber im Fall des Vermietens und Verleihens von Vervielfältigungsstücken zuerkannt werden, die mit Zustimmung des Urhebers im Wege der Veräußerung in Verkehr gebracht worden sind, sowie die in § 47 UrhG im Interesse des Unterrichts zugelassene Aufnahme einzelner Werke auf Bild- und Tonträger, die innerhalb einer Schulfunksendung ausgestrahlt werden (BVerfG 31, 247 und 270). Beiden Fällen ist gemeinsam, daß jedenfalls die vorausgegangene Vervielfältigung und Verbreitung der Exemplare bzw. Ausstrahlung der Schulfunksendung durch den Rundfunk nur mit Zustimmung des Urhebers zulässig ist und daher vergütungspflichtig gemacht werden kann. Aus dem Schrifttum vgl. zu den Entscheidungen insbesondere MAUNZ in: GRUR 1973, 103 ff. und HUBMANN in: GRUR Int. 1973, 270 ff.

II. Rechtsquellen im Rang von einfachen Gesetzen sind die Gesetze vom 9. 9. 1965: das Gesetz über Urheberrecht und verwandte Schutzrechte und das Gesetz über die Wahrnehmung von Urheberrechten und verwandten Schutzrechten. Beide Gesetze sind mit Wirkung für die Bundesrepublik und das Land Berlin am 1. 1. 1968 in Kraft getreten; einzelne Bestimmungen, wie insbesondere die Verlängerung der Schutzdauer von 50 auf 70 Jahre p. m. a. am Tag nach der Verkündung. §§ 142 und 143 UrhG.

Eine Novellierung hat das UrhG durch das Änderungsgesetz vom 10. 11. 1972 (Novelle 1972) erfahren. Kleinere Änderungen des UrhG und WahrnG betreffen strafrechtliche und kostenrechtliche Regeln. In Einzelfragen (Führung der Urheberrolle, Verfahren vor der im WahrnG vorgesehenen Schiedsstelle) wurde der BJustMin zum Erlaß von Rechtsverordnungen ermächtigt. Die Urheberrechtsgesetze von 1901 und 1907 wurden aufgehoben; das KUG bleibt jedoch in den Regeln über das Recht am eigenen Bild in Kraft. Im VerlG wurden die Bestimmungen der §§ 3, 13 und 42 aufgehoben und durch Regeln des UrhG ersetzt.

In den Urheberrechtsgesetzen von 1901 und 1907 war vorgesehen, daß zur Unterstützung der Gerichte in Urheberrechtssachen auf Landesebene Sachverständigenkammern zu errichten sind, bei denen die Gerichte und Staatsanwaltschaften Gutachten erheben können. Vorgänger und Vorbild war der 1837 errichtete Preußische Sachverständigenverein, dessen Gutachten von wesentlichem Einfluß auf die urheberrechtliche Rechtsprechung waren. Mit der zunehmenden Beherrschung des Rechtsstoffs durch die Gerichte ist die Bedeutung der Sachverständigenkammern zurückgegangen. Das UrhG von 1965 sieht sie nicht mehr vor.

Die früheren Gutachten, die in den Sammlungen von HEYDEMANN und DAMBACH, von DAUDE und WOLLENWEBER veröffentlicht worden sind, bleiben aber als Erkenntnisquelle, insbesondere bezüglich der geschichtlichen Entwicklung, von Bedeutung.

III. Die für die Bundesrepublik verbindlichen Urheberrechtsabkommen wie die RBÜ, das WUA und die bilateralen Abkommen begründen nicht nur völkerrechtliche Verpflichtungen. Vielmehr sind die Regeln der Abkommen, sofern sie in ihrem Inhalt die erforderliche Bestimmtheit aufweisen, in der Bundesrepublik unmittelbar als privatrechtliche Rechtssätze anzuwenden, die gleichen Rang wie einfache Bundesgesetze haben. Sie sind von den Regeln der Abkommen zu unterscheiden, deren Anwendung, wie beispielsweise die Bestimmung der zur Wahrung des in der RBÜ vorgesehenen Urheberpersönlichkeitsrechts erforderlichen Rechtsbehelfe, besondere gesetzliche Vorschriften erforderlich macht.

Der Grundsatz der *unmittelbaren Anwendbarkeit* der nach Inhalt und Fassung dazu geeigneten Regeln der Abkommen entspricht der Rechtsauffassung in der Mehrzahl der Staaten. Ein Teil der Staaten, darunter insbesondere Großbritannien und die skandinavischen Staaten, verlangen dagegen, daß die Regeln der völkerrechtlichen Verträge im einzelnen durch besonderes Gesetz in das innerstaatliche Recht übergeführt werden. In Deutschland wurde der Grund für die unmittelbare Anwendbarkeit von der früher in Rechtsprechung und Schrifttum herrschenden Lehre darin gesehen, daß durch das Gesetz, in dem gemäß Art. 59 Abs. 2 GG die Zustimmung zur Ratifikation erteilt wird, die dafür in Betracht kommenden Regeln der Konventionen global in das innerstaatliche Recht transformiert werden. In der neueren völkerrechtlichen Literatur beginnt sich dagegen die sogenannte Vollzugstheorie durchzusetzen. Vgl. u. a. MOSLER, Das Völkerrecht in der Praxis der deutschen Gerichte (1957). Sie sieht in dem Zustimmungsgesetz nur das Anwendungsgebot, aufgrund dessen den einschlägigen Regeln der Konventionen unter Beibehaltung ihres Charakters als Völkerrechtsnorm Geltung zukommt. Im Ergebnis deckt sie sich dabei mit dem in den USA geltenden Grundsatz, daß die Vorschriften völkerrechtlicher Verträge, soweit es ihre Natur und ihr Inhalt zulassen „self-executive" sind. Bei Abwägung der Ergebnisse verdient die neuere Lehre, wie G. BÖHM (Der völkerrechtliche Vertrag im deutschen Recht, 1965) nachweist, den Vorzug. Insbesondere vermag sie unmittelbar zu erklären, daß die Regeln der Konventionen nicht bereits aufgrund des Zustimmungsgesetzes, sondern erst mit dem Inkrafttreten der Konventionen für die Bundesrepublik anwendbar sind und ihre Anwendung mit dem Erlöschen der völkerrechtlichen Bindung endet. Nicht haltbar ist dagegen die Meinung von BAUM in GRUR 1950, 437 ff., und BAPPERT-WAGNER RBÜ, Art. 1, Anm. 5, daß das Konventionsrecht als Recht höherer Ordnung von den Gerichten auch bei späterer abweichender Regelung in einem nationalen Gesetz anzuwenden ist. Jedenfalls ist aber eine „völkerrechtsfreundliche Auslegung" geboten. U. a. spricht die Vermutung dagegen, daß spätere Gesetze eines Vertragsstaats von der Konventionsnorm abweichen wollen. Zur Abgrenzung zwischen unmittelbar anwendbaren Regeln und solchen, deren Anwendung einer besonderen gesetzlichen Bestimmung bedarf, vgl. BGHZ 11, 138 und ULMER, in GRUR Int. 1950, 57 ff.

Die unmittelbare Anwendbarkeit der Konventionsnormen wird im Schrifttum zuweilen mit den Worten gekennzeichnet, daß die Regeln beispielsweise der RBÜ *„iure conventionis"* gelten. Meist verwendet man aber den Begriff in einem engeren Sinn zur Kennzeichnung des Schutzes, der nicht auf dem Grundsatz der Inländerbehandlung, sondern auf den besonderen Vorschriften der RBÜ beruht. Vgl. beispielsweise BAUM in GRUR 1949, 15 ff.

IV. Über die Quellen des Urhebervertragsrechts vgl. unten § 90 II. Außer den im VerlG und im UrhG enthaltenen einschlägigen Bestimmungen kommt hier das sogenannte „lebende" Recht in Betracht, das in Vertragsmustern, in allgemeinen Geschäftsbedingungen, in Regelsammlungen, in der Verkehrssitte des Buchhandels, im Bühnenbrauch usw. seinen Niederschlag findet. Dabei ist es aber, wie in der neueren Rechtsentwicklung erkannt wurde, eine wichtige Aufgabe von Rechtsprechung und Gesetzgebung, Gefahren zu begegnen, die aus einseitiger Formulierung der Vertragsbedingungen erwachsen.

II. Ausländisches und internationales Urheberrecht

§ 12. Ausländisches Urheberrecht

Ältere Werke: RÖTHLISBERGER, Der interne und der internationale Schutz des Urheberrechts in den Ländern des Erdballs, 4. Aufl., bearbeitet von HILLIG und GEUNER, 1931. — W. HOFFMANN, Urheberrechtsgesetze des Auslands, 1939; ders., Urheberrecht im Rechtsvergleichenden Handwörterbuch, VII, S. 49 ff. (1939); PINNER, World Copyright, an Encyclopedia, Vol. I—IV (1953—1958).

Fortlaufend ergänzte Sammlungen: Quellen des Urheberrechts, hrsg. von MÖHRING-SCHULZE-ULMER-ZWEIGERT (Sammlung der Gesetze im Originaltext und deutscher Übersetzung mit einführenden Länderberichten); Gesetzessammlungen in englischer und französischer Sprache, hrsg. von UNESCO und WIPO: Copyright Law and Treaties of the World und Lois et Traités sur le droit d'auteur.

Die Wurzeln des Urheberrechts liegen in der europäischen Urheberrechtsgeschichte. Der aus der Idee des geistigen Eigentums erwachsene Rechtsgedanke, daß dem Urheber grundsätzlich das Recht zur Veröffentlichung und Verwertung seiner Werke zusteht, ist, ungeachtet der Verschiedenheit der Ausprägung im einzelnen, allen Staaten der Welt gemeinsam, die eine Urheberrechtsgesetzgebung haben.

Eine vergleichende Betrachtung zeigt Verwandtschaften von Rechtsordnungen verschiedener Staaten und Staatengruppen. An die in der allgemeinen Rechtsvergleichung übliche Einteilung in Rechtskreise kann dabei freilich nur mit Vorsicht angeknüpft werden. Neben Verwandtschaften, die auf der Zugehörigkeit zur gleichen Rechtsfamilie beruhen, bestehen Gemeinsamkeiten, die aus dem Zug zur Rechtsangleichung erwachsen, der von den multilateralen Abkommen, insbesondere der Berner Übereinkunft, ausgeht. Vergleicht man beispielsweise die Rechtsordnungen Großbritanniens und der Vereinigten Staaten von Amerika, so sind zwar strukturelle Verwandtschaften erkennbar, die auf der gemeinsamen Rechtsgeschichte beruhen. In wichtigen, praktisch bedeutsamen Fragen des Urheberrechts, wie der Frage nach dem Erfordernis der Einhaltung von Formalitäten, stehen aber die Urheberrechtsgesetze Großbritanniens und der Staaten des Britischen Commonwealth denjenigen der Staaten, mit denen sie in der Berner Union verbunden sind, insbesondere den Rechtsordnungen der kontinentaleuropäischen Staaten, näher als der Urheberrechtsordnung der USA.

I. Für das deutsche Sprachgebiet sind neben den Urheberrechtsordnungen der Bundesrepublik und der DDR die Urheberrechtsgesetze Österreichs und der Schweiz in Betracht zu ziehen.

1. Österreich hat, wie bereits erwähnt wurde, die Arbeiten an einer Neuordnung des Urheberrechts gemeinschaftlich mit Deutschland nach der 1928 in Rom erfolgten Revision der RBÜ in Angriff genommen. Frucht der Zusammenarbeit war ein gleichlautender Entwurf eines neu-

en Urheberrechtsgesetzes (amtlicher Entwurf 1932). Nach 1933 trennten sich jedoch die Wege. In Österreich kam nach einer Überarbeitung des gemeinsamen Entwurfs die Reformarbeit 1936 mit dem Erlaß des Bundesgesetzes über das Urheberrecht an Werken der Literatur und der Kunst und über verwandte Schutzrechte zum Abschluß. Änderungen hat das Gesetz durch Novellen von 1949, 1953, 1963, 1972 und 1980 erfahren. U. a. wurde durch die Urheberrechtsnovelle von 1972 auch in Österreich die regelmäßige urheberrechtliche Schutzfrist von 50 auf 70 Jahre p.m.a. verlängert.

Die Überarbeitung und Fortbildung des Entwurfs 1932 ist das bedeutsame Werk des österreichischen Ministerialreferenten KARL LISSBAUER. Trotz der Trennung der Wege bestehen aber wichtige Übereinstimmungen zwischen den Urheberrechtsgesetzen der Bundesrepublik und Österreichs. Insbesondere geht auch das österreichische UrhG davon aus, daß das Urheberrecht grundsätzlich nicht übertragbar ist; zulässig ist nur die Einräumung von Werknutzungsbewilligungen (einfachen Rechten) und von Werknutzungsrechten (ausschließlichen Rechten). Über Reformfragen vgl. WALTER, Zur Revision des österreichischen Urheberrechts, in: GRUR Int. 1974, 429 ff. und 1975, 11 ff. — Für den Verlagsvertrag gelten neben den allgemeinen Bestimmungen des UrhG die Regeln der §§ 1172 und 1173 des Allgemeinen bürgerlichen Gesetzbuches, die sich auf die Definition des Verlagsvertrags und auf Bestimmungen über die Veranstaltung einer Neuauflage beschränken. Im übrigen geht man davon aus, daß angesichts der engen Verbindung zwischen Österreich und der Bundesrepublik Deutschland auf den Gebieten des Verlagswesens und des Buchhandels das deutsche Verlagsgesetz bei der Auslegung der Verträge als Übung des redlichen Verkehrs zu berücksichtigen ist. — Aus dem Schrifttum vgl. H. MITTEIS, Grundriß des österreichischen Urheberrechts, 1936; RINTELEN, Urheberrecht und Urhebervertragsrecht (mit Berücksichtigung auch des deutschen und schweizerischen Rechts), 1958; DITTRICH, Österreichisches und internationales Urheberrecht (Gesetzesausgabe mit Materialien und Erläuterungen), 1974; ders., Das österreichische Verlagsrecht, 1969. Zeitschrift: Österreichische Blätter für gewerblichen Rechtsschutz und Urheberrecht.

2. In der Schweiz gilt das Bundesgesetz über das Urheberrecht an Werken der Literatur und Kunst vom 7. 12. 1922. Es weist Verwandtschaften mit den deutschen Urheberrechtsgesetzen von 1901 und 1907 auf. Wichtige Änderungen sind durch das Gesetz vom 24. 6. 1955 erfolgt. U. a. brachte es der Schweiz, die länger als Deutschland und Österreich an der 30jährigen Schutzfrist festgehalten hatte, die Verlängerung der Schutzdauer auf 50 Jahre post mortem auctoris. Eine Regelung der verwandten Schutzrechte steht noch aus. Sie soll gleichzeitig mit der Entscheidung über den Beitritt zum Rom-Abkommen über die angrenzenden Rechte im Zug der Neuregelung des Urheberrechts erfolgen, an der seit einer Reihe von Jahren gearbeitet wird.

Ein erster Entwurf für ein Bundesgesetz betreffend das Urheberrecht (Vorentwurf I) wurde 1971, ein überarbeiteter Entwurf (Vorentwurf II) 1974 veröffentlicht; 1974 erfolgte auch die Veröffentlichung eines Vorentwurfs für ein Bundesgesetz über den Schutz der ausübenden Künstler, der Hersteller von Tonträgern und der Sendeunternehmen. Vgl. zu den Reformarbeiten TROLLER, Brennpunkte der schweizerischen Urheberrechts-Revision

(Referate und Mitteilungen des Schweizerischen Juristenvereins, 1963, Heft 1), sowie ULMER in: Festschrift für Troller (1976) S. 189 ff. — Das Verlagsrecht ist in der Schweiz in Art. 380—393 Obligationenrecht geregelt. Anders als im deutschen VerlG sind auch Regeln über den Verlag von Werken der bildenden Künste vorgesehen. Für die Auslegung der Verlagsverträge kommt der Verkehrssitte des Buchhandels und damit auch den im deutschen Sprachgebiet herrschenden Usancen Bedeutung zu. — Schrifttum: RÖTHLISBERGER, Schweizer Urheber- und Verlagsrecht, 2. Auflage bearbeitet von MENTHA, 1932; STREULI, Urheberrecht in der Schweiz, 1943; TROLLER, Immaterialgüterrecht, 2. Aufl., Bd. I., 1968 und Bd. II, 1971. Zeitschrift: Schweizerische Mitteilungen über gewerblichen Rechtsschutz und Urheberrecht.

II. In den kontinentalen Staaten Westeuropas sind neuere, umfassende Urheberrechtsgesetze vor allem in Frankreich und Italien erlassen worden.

1. In Frankreich löste die Loi sur la propriété littéraire et artistique (1957) die klassischen Urheberrechtsgesetze von 1791 und 1793 ab (vgl. oben § 9 III, 2). Ziel der Gesetzgebungsarbeit war dabei nicht in erster Linie eine Neugestaltung des Urheberrechts, sondern die kodifikatorische Festlegung der Ergebnisse, die von der französischen Rechtsprechung und Rechtswissenschaft in Auslegung und Fortbildung der alten Gesetze gewonnen worden sind. Unter den Rechten des Urhebers steht an der Spitze das droit moral, das als ewiges und unveräußerliches Recht ausgestaltet ist. Die Verwertungsrechte werden in die beiden großen Gruppen des droit de représentation (Recht zur Darbietung) und des droit de reproduction (Recht zur Vervielfältigung) gegliedert. Auch sind allgemeine Regeln über die Urheberrechtsverträge im Gesetz enthalten.

Die Anerkennung der angrenzenden Rechte (droits voisins) stößt in Frankreich auf Widerstand, insbesondere seitens der Urheberorganisationen. Immerhin hat Frankreich das Übereinkommen zum Schutz der Hersteller von Tonträgern gegen die unerlaubte Vervielfältigung ihrer Tonträger von 1971 ratifiziert. Der Schutz wird jedoch nicht auf der Grundlage eines ausschließlichen Rechts, sondern aufgrund der Regeln gegen unlauteren Wettbewerb gewährt. Ein Rechtsschutz der ausübenden Künstler fehlt. Die früher in einzelnen Entscheidungen anerkannte Möglichkeit der entsprechenden Anwendung urheberrechtlicher Regeln ist vom Kassationshof in der Entscheidung vom 15. 3. 1977 abgelehnt worden, RIDA 93 (1977) 141. — Schrifttum: HENRI DESBOIS, Le Droit d'Auteur en France, 3. Aufl. 1978; FRANÇON, La propriété littéraire et artistique, 1970; ROBERT PLAISANT, Juris-Classeur de la propriété littéraire (Loseblatt-Ausgabe seit 1953). Zeitschrift: Revue Internationale du Droit d'Auteur (RIDA).

2. In Italien sind die Grundlagen des Urheberrechts im Libro di Lavoro des Codice Civile geregelt. Die Einzelregelung ist im UrhG vom 22. 4. 1941 erfolgt. Besondere Bestimmungen sind u. a. über das Urheberrecht am Filmwerk und über das Senderecht getroffen worden. In die Regelung einbezogen sind als „diritti connessi" auch die angrenzenden Rechte. Für das Urhebervertragsrecht wurden allgemeine Bestimmungen sowie Sonderregeln über den Verlagsvertrag und die Aufführungsverträge getroffen. Die Vermittlung und Wahrnehmung der Rechte der Ur-

heber ist in Italien zentralisiert: Sie liegt in der Hand der Società Italiana degli Autori ed Editori (SIAE), die eine Körperschaft des öffentlichen Rechts ist. Auch sind Registrierungen der Werke vorgesehen, die freilich nicht Voraussetzungen des Urheberrechtsschutzes sind.

Schrifttum: PIOLA CASELLI, Codice del Diritto di Autore, 1943; GIANNINI, Il Diritto di Autore, 1943; GRECO, I Diritti sui Beni Immateriali, 1948. — Zeitschrift: Il Diritto di Autore.

3. In *Belgien* ist das Urheberrecht durch das UrhG vom 22. 3. 1886, geändert durch Gesetz vom 11. 3. 1958 und vom 10. 10. 1967 geregelt; in den *Niederlanden* durch das Gesetz über die Neuregelung des Urheberrechts vom 23. 9. 1912, zuletzt geändert durch das Gesetz vom 27. 10. 1972 und ergänzt durch den für die Fotokopierfrage bedeutsamen Beschluß bezüglich des Kopierens urheberrechtlich geschützter Werke vom 20. 6. 1974; in *Luxemburg* durch das Urheberrechtsgesetz vom 29. 3. 1972 und das Gesetz über den Schutz der ausübenden Künstler, der Hersteller von Tonträgern und der Sendeunternehmen vom 23. 9. 1975. — Schrifttum: RECHT, Le Droit d'auteur en Belgique, 1953; WINK-LIMPERG, Auteursrecht in Nederland (7. Aufl. 1975); Auteurswet 1912, 10. Aufl. herausg. von BARTELS, 1973.

4. In *Spanien* gilt das Gesetz über das geistige Eigentum vom 10. 1. 1879. Voraussetzung des Urheberrechtsschutzes sind die Eintragung des Werkes in das Urheberrechtsregister und die Hinterlegung von 3 Pflichtexemplaren. Doch bedingt die Zugehörigkeit Spaniens zur RBÜ, daß Werke, die ihren Ursprung in einem anderen Verbandsland der Union haben, ohne Einhaltung der Formalitäten geschützt werden. Die Schutzfrist beträgt 80 Jahre p. m. a. — Schrifttum: BAYO-BUSTAMANTE, La Propiedad intelectual, 1949; MOUCHET-RADAELLI, Los Derechos del Escritor y del Artiste, 1953. — In *Portugal* ist eine Neuregelung des Urheberrechts durch Gesetz vom 2. 5. 1966 erfolgt. Die Erfüllung von Formalitäten wird nicht verlangt. Anders als in der früheren Gesetzgebung wird das Urheberrecht nicht mehr als ewiges Recht geschützt; die Schutzdauer beträgt vielmehr 50 Jahre p. m. a.

III. Die in *Skandinavien* geltenden Urheberrechtsgesetze, durch die die alten Gesetze abgelöst wurden, sind das Ergebnis einer Zusammenarbeit der nordischen Staaten. Aufgrund von gemeinsamen Beratungen und von Entwürfen, die in den einzelnen Staaten ausgearbeitet worden sind, sind neue Urheberrechtsgesetze in *Schweden* 1960, in *Dänemark, Finnland* und *Norwegen* 1961 erlassen worden, die nur in Einzelfragen voneinander abweichen. Der Reformarbeit kamen die traditionelle Pflege der Urheberrechtswissenschaft an den skandinavischen Universitäten sowie rechtsvergleichende Vorarbeiten zustatten. Der eingehenden Regelung der Verwertungsrechte und des Urheberpersönlichkeitsrechts folgt in den Gesetzen eine Regelung des Urhebervertragsrechts, die neben allgemeinen Bestimmungen Vorschriften über den Verlagsvertrag, den Vertrag über die öffentliche Wiedergabe von Werken und den Verfilmungsvertrag enthält, sowie eine Regelung der angrenzenden Rechte.

Im *Schrifttum* war die erste wissenschaftliche Darstellung des UR das Werk von G. EBERSTEIN, Den svenska författarätten, 2 Bde. (1923 und 1925). Neuere Literatur zum schwedischen UR: EBERSTEIN-LJUNGMAN, Immaterialrätt, 9. Aufl. 1959; zum dänischen UR LUND, Ophavsret, 1961, und KOKTVEDGAARD, Immaterialretspositioner, 1965. Berichte über die schwedische Urheberrechtsreform sind in deutscher Sprache von LJUNGMAN in GRUR Int. 1957, 63 ff., und BERGSTRÖM in GRUR Int. 1962, 364 ff. veröffentlicht worden. — Zeitschrift: Nordisk Immateriellt Rättskydd (NIR).

IV. Vom britischen Urheberrecht war bereits bei der Darstellung der Urheberrechtsgeschichte die Rede (oben § 9 III, 1). Das aus der Rechtsentwicklung hervorgegangene System des britischen Urheberrechts ist über Großbritannien und Nordirland hinaus zur Grundlage der Urheberrechtsgesetze einer Reihe von Staaten geworden, darunter nicht nur der Staaten des Britischen Commonwealth, sondern auch anderer Staaten, die zur britischen Urheberrechtsfamilie zu rechnen sind.

1. Im Vereinigten Königreich von Großbritannien und Nordirland gilt der Copyright Act von 1965. Die Art der Regelung ist, britischem Gesetzesstil entsprechend, detaillierter als diejenige der kontinentaleuropäischen Rechtsordnungen. Der Zugehörigkeit des Vereinigten Königreichs zur Berner Union entspricht die umfassende Regelung des Kreises der geschützten Werke und der Verwertungsrechte der Urheber sowie der Verzicht auf Formalitäten. Die regelmäßige Schutzfrist beträgt 50 Jahre p. m. a. Systematisch wird zwischen dem Copyright an „original works" und dem copyright an Tonträgern, Filmen, Rundfunksendungen u. a. unterschieden. Das Copyright der zweiten Gruppe, das im Schrifttum auch als ancillary right bezeichnet wird, steht seinem Wesen nach den im kontinentalen und internationalen Urheberrecht sogenannten angrenzenden Rechten nahe. Die Interessen der ausübenden Künstler werden durch Strafbestimmungen geschützt.

Nicht einbezogen in die Regeln ist, anders als in den kontinentaleuropäischen Systemen, das Urheberpersönlichkeitsrecht. Es sind nur bestimmte deliktische Klagen, wie die actions for passing off and defamation, die im Fall des Mißbrauchs des Urhebernamens oder der Rufschädigung geltend gemacht werden können. — An der Reform des Gesetzes wird seit mehreren Jahren gearbeitet. Der im Jahr 1973 in Vorbereitung der Reform unter dem Vorsitz von Justice WHITFORD eingesetzte Ausschuß hat 1977 unter dem Titel „Copyright and Design Law, Report of the Committee to Consider the Law of Copyright and Designs" eine eingehende und wertvolle Untersuchung mit Reformvorschlägen vorgelegt. In dem Report (dem sogenannten Whitford Report) werden u. a. auch die Probleme der Reprographie, der neuen audiovisuellen Medien, des Schutzes von Computerprogrammen sowie der Einspeicherung und Wiedergewinnung geschützter Werke in Computers erörtert. — Im Schrifttum ist die führende Darstellung des britischen Urheberrechts das Werk von COPINGER and SKONE JAMES, Copyright (11. Aufl. 1971).

2. Dem britischen copyright law nahe stehen die Rechtsordnungen von *Irland* (UrhG von 1963) und den Ländern des Britischen Commonwealth, darunter insbesondere *Australien* (UrhG von 1968), *Kanada* (UrhG von 1952), *Neuseeland* (UrhG von 1962) sowie von dem früheren Commonwealth-Mitglied *Südafrika* (UrhG von 1965). Auch die Gesetze von *Indien* (1957), *Pakistan* (1962) und einer Reihe früherer britischer Kolonien entsprechen in Aufbau und System der britischen Regelung, weisen aber als Gesetze von Entwicklungsländern Besonderheiten auf. Aus historischen Gründen gehört auch *Israel* zum britischen Urheberrechtskreis: Aufgrund des britischen Mandats für Palästina wurde durch den Copyright Act (Extension for Palestine) Order in Council und durch Proklamation

des Britischen Hochkommissars der British Imperial Copyright Act von 1911 in Kraft gesetzt und gleichzeitig die Copyright Ordinance von 1924 erlassen. Später wurden einzelne Bestimmungen durch israelische Gesetze ergänzt bzw. geändert. Insbesondere wurde durch Gesetz vom 26. 7. 1971 die Schutzfrist auf 70 Jahre p.m.a. verlängert.

V. Das Recht der *Vereinigten Staaten von Amerika* knüpfte im 18. Jahrhundert an das englische Urheberrecht an, folgte aber nicht mehr seiner späteren Entwicklung. Es wurde vielmehr zu einem Urheberrecht eigener Prägung, das in wichtigen Fragen von den Regeln der Berner Übereinkunft abweicht. Erst der neue Copyright Act von 1976 hat eine Annäherung gebracht, insbesondere im Hinblick auf die Regeln über die Schutzdauer. Noch immer bestehen aber Unterschiede; u. a. bleibt der Schutz der veröffentlichten Werke von der Wahrung von Formalitäten abhängig.

Die führende Darstellung des neuen amerikanischen Urheberrechts ist das Werk von MELVILLE B. NIMMER, On Copyright (4 Bd., Loseblattsammlung seit 1978). Aus dem deutschen Schrifttum zum amerikanischen Urheberrecht vgl. SPINDLER, in: GRUR Int. 1977, 421 ff., und von WESTERHOLT-WEISSTHANNER in UFITA 82 (1978), 5 ff. — Zeitschrift: Bulletin of the Copyright Society of the USA, begründet von W. DERENBERG.

1. Die Urheberrechtsgesetzgebung ist Bundessache. Die Zuständigkeit des Bundes beruht auf der auch für die Gesetzesauslegung bedeutsamen Bestimmung der amerikanischen Verfassung (Art. I Section 8): The Congress shall have power to promote the progress of science and useful arts, by securing for limited times to authors and inventors the exclusive right to their respective writings and discoveries.

Der Gedanke, daß es das *öffentliche Interesse* ist — das Interesse am Fortschritt der Wissenschaft und der nützlichen Künste —, das es gebietet, die Urheber in ihren Werken zu schützen, hat seine Wurzel im englischen Recht (das Statute of Anne von 1709 hatte sich als „Act for the encouraging of learning" bezeichnet). Die verfassungsmäßige Verankerung verleiht dem Rechtsgedanken besondere Bedeutung: Das öffentliche Interesse erscheint als der Grund für den Urheberrechtsschutz; zugleich bestimmt es aber die Grenzen, die ihm zu ziehen sind. Vgl. dazu die Schrift von LUTHER H. EVANS, Copyright and the public interest (1949).

Das erste Bundesgesetz zum Schutz des Urheberrechts wurde 1790 erlassen. Im Jahr 1870 wurde die Hinterlegung der Pflichtexemplare und die Registrierung der Schutzanträge bei der Library of Congress in Washington zentralisiert, der für diese Aufgabe seit 1897 das unter der Leitung des Register of Copyrights stehende Copyright Office als selbständige Abteilung angegliedert ist. Spätere Gesetze, insbesondere der Copyright Act von 1909, erweiterten den Schutz. Abgelöst wurde die bisherige Regelung durch den Copyright Act von 1976, der am 1. 1. 1978 in Kraft getreten ist. Es ist ein umfassendes Gesetzgebungswerk, das freilich in seinem an sich klaren Aufbau dadurch beeinträchtigt wird, daß in wichtigen, zwischen den Interessentengruppen umstrittenen

Fragen, wie in den Fragen der Reprographie und des Kabelfernsehens, komplizierte Kompromisse getroffen werden mußten.

Wie im britischen Recht ist das Urheberpersönlichkeitsrecht nicht in die Regelung einbezogen. Die neuere Rechtsprechung zeigt aber eine Reihe von Fällen, in denen die Gerichte unter verschiedenen rechtlichen Gesichtspunkten das Recht am Urhebernamen anerkannt und Schutz gegen Entstellungen gewährt haben. Vgl. die Nachweise bei NIMMER, Bd. 2, § 8, 21.

2. In einer erweiternden Auslegung des verfassungsrechtlichen Begriffs der ,,writings" werden als ,,original works of authorship" insbesondere literarische, musikalische, dramatische, pantomimische, choreographische Werke, Werke der bildenden Künste, Filmwerke und andere audiovisuelle Werke unter der Voraussetzung geschützt, daß sie körperlich festgelegt sind.

Verwandte Schutzrechte sind nicht vorgesehen. Anerkannt ist aber ein Copyright an Tonaufnahmen (sound recordings), das jedoch in seiner Schutzwirkung hinter dem Copyright an sonstigen Werken zurückbleibt, insbesondere kein Aufführungsrecht einschließt. Bezüglich des Schutzes der ausübenden Künstler werden Reformpläne erwogen.

3. Bis zum Gesetz von 1976 unterschied das amerikanische Urheberrecht zwischen dem Schutz veröffentlichter und unveröffentlichter Werke. Die unveröffentlichten Werke wurden grundsätzlich durch das common law der Einzelstaaten ohne zeitliche Begrenzung geschützt.

Der Copyright Act von 1976 sieht dagegen ein einheitliches Schutzsystem vor. Bundesgesetzlich werden auch unveröffentlichte Werke geschützt. Der Begriff der Veröffentlichung (publication) bleibt aber noch für bestimmte Regelungsbereiche, insbesondere für die Regeln über die Wahrung von Formalitäten, von Bedeutung.

In seiner Definition entspricht der Begriff der publication nicht dem deutschen Rechtsbegriff der Veröffentlichung, kommt vielmehr dem Begriff des Erscheinens nahe: Erforderlich ist grundsätzlich, daß Kopien des Werkes der Öffentlichkeit durch Verkauf, Vermietung oder Verleih zugänglich gemacht werden; auch wird, anders als im deutschen Recht, unter Veröffentlichung nicht bloß die Erstveröffentlichung des Werkes verstanden. Tonträger (Phonorecords) sind zwar, wie in Nachwirkung der Apollo-Entscheidung des Supreme Court (U.S. 1—1908) angenommen wird, keine Kopien. Ihre Verbreitung erfüllt aber, ebenso wie die Verbreitung von Kopien, den Tatbestand der Veröffentlichung.

4. Wichtige Formalität, deren Erfüllung zur Wahrung des Urheberrechtsschutzes erforderlich ist, ist der Schutzvermerk, dem im Rechtsleben eine Warnungsfunktion zukommt. Das Gesetz sieht vor, daß im Fall der Veröffentlichung von Werken, die mit Zustimmung des Inhabers des Copyright im In- oder Ausland erfolgt, alle Kopien, die verbreitet werden, den Copyright-Vermerk tragen müssen, der aus dem Kennzeichen © oder dem Wort ,,Copyright" oder der Abkürzung ,,Copr." in Verbindung mit dem Namen des Inhabers des Copyright und der Jah-

reszahl der ersten Veröffentlichung besteht.[1] Entsprechend ist im Fall der Veröffentlichung von Tonaufnahmen, die mit Zustimmung des Inhabers des Copyright erfolgt, erforderlich, daß alle Tonträger, die verbreitet werden, das Kennzeichen ℗ in Verbindung mit dem Namen des Inhabers des Copyright an der Tonaufnahme tragen. Ein Schutzvermerk für die Werke, die Gegenstand der Tonaufnahme sind, ist nicht erforderlich.

Für Einzelfälle sind Erleichterungen vorgesehen. Insbesondere genügt bei Sammelwerken ein einzelner Copyright-Vermerk auch für den Schutz der im Sammelwerk veröffentlichten Beiträge. Im übrigen sieht das neue Gesetz insofern eine Milderung vor, als in bestimmten Fällen, insbesondere wenn der Vermerk nur bei einem verhältnismäßig kleinen Teil der verbreiteten Kopien oder Tonträger fehlt, die Sanktion der Schutzlosigkeit entfällt; ein gutgläubiger Verletzer kann aber in solchen Fällen nicht auf Schadensersatz in Anspruch genommen werden.

Weitere Formalitäten, die das amerikanische Recht vorsieht, sind die Hinterlegung von 2 Exemplaren der besten Ausgabe des Werkes oder von 2 Tonträgern beim Copyright Office sowie der Antrag auf Registrierung des Werkes durch das Copyright Office. Die Einhaltung der Verpflichtung zur Hinterlegung ist nicht Schutzvoraussetzung; Sanktion der Pflicht ist vielmehr im Fall der Nichterfüllung der Anforderung der Exemplare durch das Copyright Office eine Bestrafung. Auch entfällt die Pflicht zur Hinterlegung bei Werken, die nicht in den USA veröffentlicht wurden. Der Antrag auf Registrierung durch das Copyright Office, die nach Prüfung der Schutzfähigkeit erfolgt und über die eine Bescheinigung ausgestellt wird, ist dagegen auch bei Werken, die nicht in den USA veröffentlicht wurden, Voraussetzung für die Erhebung einer Urheberrechtsklage.

Die Pflicht zur Hinterlegung besteht auch bei Werken, die erstmals im Ausland, später aber auch in den USA veröffentlicht wurden. Mangels einer Veröffentlichung in den USA genügt es dagegen, daß dem Antrag auf Registrierung durch das Copyright Office eine Kopie des Werkes oder ein Tonträger beigefügt wird. Jedenfalls kann aber der Inhaber des Copyright mangels einer Veröffentlichung in den USA mit der Einreichung des Exemplars und dem Antrag auf Registrierung zuwarten, bis eine etwaige Rechtsverletzung erfolgt. Im Fall einer Rechtsverletzung kann freilich der Kläger die gesetzlichen Pauschalbeträge für den erlittenen Schaden sowie Ersatz der Anwaltskosten grundsätzlich nur verlangen, wenn das Werk vor Beginn der Verletzungshandlung eingetragen worden ist. Auch in Fällen der Veröffentlichung im Ausland empfiehlt es sich daher, wenn eine Verletzungshandlung in den USA zu befürchten ist, den Antrag auf Registrierung baldmöglichst zu stellen.

Die früher im amerikanischen Recht vorgesehene sogenannte *manufacturing clause*, die einer merkantilistischen Gewerbepolitik entsprach, indem sie den Schutz von Werken in englischer Sprache sowie von Werken amerikanischer Staatsangehöriger davon abhängig machte, daß die Drucklegung im Inland erfolgt ist, hat ihre Bedeutung im wesentlichen

[1] Vgl. dazu die Regelung in Art. III WUA unten § 15 V, 1.

eingebüßt. Eine wichtige Einschränkung hatte sie bereits durch die Regel des Art. III WUA erfahren. Der Copyright Act von 1976 sieht nur noch in bestimmten Fällen bei ausländischer Drucklegung Einfuhrverbote vor; auch diese entfallen aber mit Wirkung ab 1. 6. 1982.

5. Die Regelung der Schutzdauer hat durch den Copyright Act von 1976 eine wesentliche Änderung erfahren: Aufgrund des früheren Rechts hatte sie 28 Jahre seit der ersten Veröffentlichung betragen, verlängerte sich jedoch aufgrund eines Antrags, der während des letzten Jahres vor Fristablauf beim Copyright Office zu stellen war, um weitere 28 Jahre. Das neue Gesetz sieht dagegen grundsätzlich für Werke, die seit dem 1. 1. 1978 geschaffen werden, nach dem Vorbild der Regelung in der RBÜ eine Schutzfrist von 50 Jahren post mortem auctoris vor. Für ältere Werke gilt eine Übergangsregelung, die unter dem Grundgedanken steht, daß bei rechtzeitig gestelltem Erneuerungsantrag die Schutzfrist 75 Jahre ab erster Veröffentlichung beträgt.

In Durchführung des Grundgedankens wird unterschieden: Läuft am Stichtag (1. 1. 1978) noch die erste Schutzfrist von 28 Jahren, so bedarf es wie bisher eines Erneuerungsantrags, der dann eine Verlängerung um 47 Jahre zur Folge hat; ist der Schutz jedoch bereits verlängert worden und hat er am 31. 12. 1976 noch bestanden, so kann eine Gesamtschutzdauer von 75 Jahren in Anspruch genommen werden. Die Länge der Schutzdauer, die in der Übergangsregelung vorgesehen ist, erklärt sich daraus, daß nach amerikanischen Schätzungen im Durchschnitt der Fälle die Schutzfrist von 75 Jahren ab erster Veröffentlichung der Frist von 50 Jahren p. m. a. entspricht. Zu Einzelfällen vgl. SPINDLER, a. a. O., S. 429. Über die Schutzdauer der Werke amerikanischen Ursprungs in der Bundesrepublik vgl. BGHZ 70, 268 und BGH in GRUR Int. 1979, 52, sowie ULMER, in GRUR Int. 1979, 39 ff. (mit Kritik an der zweiten der beiden Entscheidungen).

VI. In den Staaten Lateinamerikas setzte der Urheberrechtsschutz im 19. Jahrhundert ein. Wichtige Einflüsse gingen von den Urheberrechtsgesetzen Spaniens und Portugals aus. In Kuba gilt noch das spanische UrhG von 1879. In den anderen Staaten sind im Laufe des 19. und 20. Jahrhunderts selbständige Urheberrechtsgesetze erlassen worden.

Vgl. über die Entwicklung des Urheberrechts in Lateinamerika ERNST HEYMANN, in RabelsZ 1942, 25, und EMERY, in DdA 1977, 131 ff. Der praktische Schutz bleibt dabei, wie HEYMANN bemerkt, nicht selten hinter dem Reichtum an Gesetzen zurück; insbesondere wird von spanischer Seite über den Nachdruck in einzelnen lateinamerikanischen Ländern geklagt. Von der Berner Union hielten sich die lateinamerikanischen Staaten zunächst fern; insbesondere waren die vielfach vorgesehenen Formalitäten und die Beschränkung des Übersetzungsschutzes ein Hindernis für den Beitritt. Die Haltung hat sich jedoch in Erkenntnis der Notwendigkeit eines effektiven internationalen Urheberrechtsschutzes auch im Interesse der heimischen literarischen und künstlerischen Produktion in den letzten Jahrzehnten geändert. Als erstes Land ist *Brasilien* 1922 der RBÜ beigetreten; seit 1967 sind ihm *Argentinien, Chile, Mexiko* und *Uruguay* gefolgt. Andere Länder, wie *Kuba, Panama, Paraguay* und *Venezuela* haben sich auf den Beitritt zum WUA beschränkt. Von den Urheberrechtsgesetzen der einzelnen Staaten sind insbesondere die Gesetze von *Argentinien* (1933) und *Mexiko* (1956) sowie die neuen Gesetze von *Brasilien* (1973), *Chile* (1970) und *Ekuador* (1976) zu nennen. Zum Teil wird noch nach spanischem Vorbild Registrierung der Werke verlangt, wobei es in einzelnen Ländern, wie in Brasilien, umstritten ist, ob die Formalität nur Beweiszwecken dient oder Voraussetzung des Urheberrechtsschutzes ist. Die Schutzfrist beträgt in *Kolumbien, Kuba* und *Panama* 80 Jahre post mortem auctoris, in *Brasilien* 60 Jahre, in *Argentinien* und *Ekuador* 50 Jahre, in *Uruguay* 40 Jahre, in *Chile* und *Mexiko* 30 Jahre. Die verwandten Schutzrechte, insbesondere die Rechte der ausübenden Künstler, sind in den neueren Gesetzen, zum Teil eingehend, geregelt.

VII. Unter sich haben die amerikanischen Staaten mehrfach Urheberrechtskonventionen geschlossen. Der erste multilaterale Vertrag kam 1889 in *Montevideo* zwischen südamerikanischen Staaten zustande. Im Gegensatz zu den späteren amerikanischen Konventionen läßt das Abkommen von Montevideo vorbehaltlich der Annahme durch die einzelnen Staaten auch den Beitritt außeramerikanischer Staaten zu, wovon u. a. auch Deutschland Gebrauch gemacht hat (vgl. unten § 13 IV, 2). Weitere Konventionen folgten. U. a. kam im Zeichen der Panamerikanischen Union 1910 unter Beteiligung auch der USA die Konvention von *Buenos Aires* zustande, die 1928 in *Havanna* revidiert wurde. Das letzte Ergebnis der panamerikanischen Bewegung war die Konvention von *Washington* (1946). Im ganzen zählt man 11 multilaterale amerikanische Konventionen. Man hat die Abkommen, die jeweils nur für einen Teil der amerikanischen Staaten verbindlich wurden, mit einem Mosaik verglichen. In ihrer Wirkung für den internationalen Urheberrechtsschutz und die Fortbildung des Urheberrechts blieben sie wesentlich hinter der Berner Übereinkunft zurück. Auch haben sie durch den Abschluß des WUA an Bedeutung verloren. Sie blieben zwar auch zwischen Staaten, die Vertragsstaaten des WUA sind, in Kraft; bei Abweichungen haben jedoch die Bestimmungen des WUA als des jüngeren Abkommens den Vorrang; Art. XVIII WUA. Soweit die lateinamerikanischen Staaten der Berner Union beigetreten sind, gilt für ihr Verhältnis zu anderen Verbandsländern die Regel des Art. 20 RBÜ, daß Sonderabkommen nur insoweit verbindlich sind, als sie den Urhebern weitergehende Rechte als die RBÜ gewähren oder andere Bestimmungen enthalten, die der RBÜ nicht zuwiderlaufen.

VIII. In der *Sowjetunion* sind die Grundsätze des Urheberrechts in den im Jahre 1961 erlassenen Grundlagen der Zivilgesetzgebung geregelt. Die Einzelregelung ist in den zwischen 1964 und 1965 geschaffenen Zivilgesetzbüchern der Unionsrepubliken erfolgt, darunter dem Zivilgesetzbuch der Russischen Sozialistischen Föderativen Sowjetrepublik von 1964. Wichtige Änderungen haben die Gesetze aus Anlaß des 1973 erfolgten Beitritts der Sowjetunion zum WUA erfahren. Insbesondere ist die Schutzfrist von 15 auf 25 Jahre p. m. a. verlängert und das Übersetzungsrecht der Urheber grundsätzlich anerkannt worden.

Aus dem Schrifttum vgl. das im Staatsvertrag der DDR erschienene Werk von BOGUSLAWSKI, Urheberrecht in den internationalen Beziehungen (1977), das eine Zusammenstellung russischer Publikationen in deutscher Sprache enthält und außer den internationalen Beziehungen insbesondere auch die geschichtliche Entwicklung im vor- und nachrevolutionären Rußland und die Rechtslage in der Sowjetunion darstellt, sowie LOEBER, Urheberrecht der Sowjetunion (1966). Über den Beitritt der Sowjetunion zum WUA und seine Folgen vgl. ULMER in GRUR Int. 1973, 93 ff. und DIETZ in GRUR Int. 1975, 341 ff.

1. Das Urheberpersönlichkeitsrecht und das Veröffentlichungsrecht des Urhebers sind grundsätzlich anerkannt. Im übrigen finden sich aber trotz der Revision von 1973 noch wesentliche Einschränkungen des Urheberrechts. Grundsätzlich heißt es zwar, daß die Verwertung des Wer-

kes durch andere vom Urheber autorisiert werden muß. Doch ist, sofern es sich um die Verwertung veröffentlichter Werke handelt, eine Reihe von Ausnahmen vorgesehen. Zum Teil, wie bei der Wiedergabe durch die Massenmedien Presse, Rundfunk und Kinofilm, kann die Verwertung zustimmungs- und vergütungsfrei erfolgen. Zum Teil, wie bei der öffentlichen Aufführung erschienener Werke sowie bei einer Aufnahme auf Ton- und Bildträgern, die nicht für Rundfunk- oder Kinozwecke, sondern zur sonstigen Verwertung bestimmt sind, bleibt das Recht der Urheber auf einen Vergütungsanspruch beschränkt. Auch kann das Recht zur Herausgabe, öffentlichen Aufführung und sonstigen Nutzung eines Werkes vom Staat durch Zwangsaufkauf erworben werden.

2. Für das Urhebervertragsrecht ist wichtig, daß die Musterverträge über die Nutzung eines Werkes, insbesondere über die Einräumung des Verlagsrechts, der Bestätigung in einem Verfahren bedürfen, das durch die Gesetzgebung der Sowjetunion und der Unionsrepubliken festgelegt wird. Bedingungen eines mit dem Urheber geschlossenen Vertrags, die seine Stellung gegenüber den im Gesetz oder im Mustervertrag vorgesehenen verschlechtern, sind unwirksam und werden durch die Bedingungen ersetzt, die im Gesetz oder im Mustervertrag vorgesehen sind. Die zu zahlende Vergütung wird innerhalb der Grenzen der bestätigten Sätze durch die Vereinbarung der Parteien bestimmt.

3. Im übrigen bedingt die politische und wirtschaftliche Struktur, daß die Verträge nur mit sozialistischen Organisationen im Rahmen der für sie geltenden Richtlinien geschlossen werden können. Eine Verwaltungsinstanz mit umfassender Zuständigkeit ist die Allunionsagentur für Urheberrechte (VAAP). Sie nimmt nicht nur in Wahrnehmung der Rechte der Urheber die Funktion der Verwertungsgesellschaften wahr. Sie hat vielmehr auch das gesetzliche Monopol, Verträge über die Nutzung von Werken sowjetischer Autoren im Ausland sowie über die Nutzung von Werken ausländischer Autoren in der UdSSR abzuschließen, Autorenhonorare einzuziehen und an die Empfangsberechtigten auszuzahlen.

Der Abschluß von Verträgen mit Ausländern unter Umgehung des Monopols der VAAP ist verboten. Vom Standpunkt der Rechtsordnung der Bundesrepublik aus vermag aber das Verbot die Gültigkeit solcher Verträge nicht zu beeinträchtigen. Das Urheberrecht der sowjetischen Autoren ist, soweit es um die Verwertung in der Bundesrepublik geht, in der Bundesrepublik belegen und damit Zwangseingriffen entzogen. Der sowjetische Autor kann daher selbst oder durch einen Bevollmächtigten Verlagsverträge oder sonstige Urheberrechtsverträge mit einem Unternehmer in der Bundesrepublik abschließen. Im Ergebnis ebenso BGHZ 64, 183 ff. betreffend den Vertrag, den ein von SOLSCHENIZYN bevollmächtigter Schweizer Rechtsanwalt mit einem Verlag in der Bundesrepublik über die Veröffentlichung einer deutschen Übersetzung des Werkes „August Vierzehn“ geschlossen hatte. Die Gültigkeit des Vertrags wurde anerkannt, da sich die Wirkung des staatlichen Außenhandelsmonopols der UdSSR grundsätzlich auf den territorialen Bereich beschränkt. Zugleich wurde klargestellt, daß die Verbreitung des Werkes von SOL-

SCHENIZYN im sogenannten Samizdat, die vor dem Beitritt der Sowjetunion zum WUA erfolgt war, keine Veröffentlichung i. S. des internationalen Urheberrechts war, so daß die 1977 in Frankreich erfolgte Veröffentlichung als Erstveröffentlichung anzusehen und das Werk daher durch die RBÜ geschützt war. Zum gleichen Ergebnis kam die Chancery Division des britischen High Court of Justice in ihrer Entscheidung vom 25 .11. 1971 (DdA 1972, 188 f.) Vgl. zu der Entscheidung auch DIETZ in GRUR Int. 1975, 341 ff., sowie unten, § 14 III.

IX. In den anderen *sozialistischen Oststaaten* ist der Urheberrechtsschutz — der Tradition dieser Länder und ihrer Zugehörigkeit zur Berner Union entsprechend — stärker als in der Sowjetunion ausgebaut.

Dies gilt, ähnlich wie in der DDR (vgl. oben § 10 V), insbesondere für die Urheberrechtsgesetze *Jugoslawiens* (1978), der *Tschechoslowakai* (1965) und *Ungarns* (1969), während die Gesetze *Bulgariens* (1951), *Polens* (1952) und *Rumäniens* (1956) eine gewisse Mittelstellung einnehmen. Anders steht es im Urhebervertragsrecht. In seinen Grundlagen ist es im Urheberrechtsgesetz geregelt. In der Mehrzahl der Staaten erfährt es aber eine wichtige Ergänzung durch Bestimmungen über Vertragsmuster, in denen zum Teil weitergehend auch die Höhe von Honoraren und Tantiemen geregelt ist. In *Jugoslawien* wird die Höhe der Vergütung durch die Vereinbarung zwischen den Parteien oder ihren Organisationen bestimmt, bei öffentlichen Aufführungen von dramatischen und dramatisch-musikalischen Werken durch die Tarife der Urheberorganisationen, darunter des Bundes der Komponisten Jugoslawiens. Aus dem Schrifttum vgl. BOYTHA, Das Urheberrecht der ungarischen Volksrepublik, Schriftenreihe der UFITA 49 (1974): KNAP, Die tschechoslowakische Urheberrechtsgesetzgebung, in UFITA 44 (1965) 313 ff. sowie SPAIĆ, Neue Entwicklungstendenzen im jugoslawischen Urheberrecht, in UFITA 50 (1967) 92 ff.

X. Was *Ostasien* betrifft, so ist in der Volksrepublik China das Urheberrechtsgesetz von 1928 im Jahr 1949 ersatzlos aufgehoben worden. [1] In Japan, das sowohl Verbandsland der Berner Union wie Vertragsstaat des WUA ist, ist eine Neuregelung des Urheberrechts durch Gesetz vom 6. 5. 1970 erfolgt. Es ist ein modernes Urheberrechtsgesetz, das den kontinental-europäischen Urheberrechtsordnungen nahesteht. Außer den Verwertungsrechten ist auch das Urheberpersönlichkeitsrecht geregelt. Die Schutzfrist beträgt 50 Jahre post mortem auctoris. Auch das Übersetzungsrecht ist, anders als in der früheren Regelung, während der ganzen Dauer des Urheberrechts am Originalwerk geschützt. Einbezogen in die Regelung sind auch die angrenzenden Rechte der ausübenden Künstler, der Hersteller von Tonträgern und der Sendeunternehmen. [2]

XI. Als eine Gruppe von Staaten mit besonderen kultur- und rechtspolitischen Anliegen zeichnet sich in der neueren Entwicklung des Urheberrechts die *Gruppe der Entwicklungsländer* ab. Gemeinsam ist ihnen jedenfalls, daß sie als Verbandsländer der Berner Union und als Vertragsstaaten des WUA berechtigt sind, die Vorrechte in Anspruch zu nehmen, die zu ihren Gunsten bei der Pariser Revision der beiden Übereinkommen vorgesehen wurden. Im Interesse ihrer kulturellen und so-

---

[1] Vgl. darüber sowie über arbeits- und verwaltungsrechtliche Regeln, die für die Publikation von Werken von Bedeutung sind, LOEBER, in GRUR Int. 1976, 388 ff. Auch in *Taiwan* besteht keine Urheberrechtsgesetzgebung.

[2] Aus dem Schrifttum vgl. TERUO DOI, The intellectual property law of Japan, 1980.

zialen Entwicklung ist ihnen gestattet, in Abweichung von dem durch die Konventionen gesicherten Standard des Urheberrechtsschutzes unter bestimmten Voraussetzungen das Vervielfältigungs- und Übersetzungsrecht der Urheber durch Zwangslizenzen zu beschränken (vgl. unten §§ 14 VI u. 15 VI). Im ganzen sind aber bisher in den Urheberrechtsgesetzen der Entwicklungsländer noch Nachwirkungen der geschichtlichen Entwicklung erkennbar. Insbesondere gilt dies für die afrikanischen Entwicklungsländer, die als frühere britische oder französische Kolonien in ihren Gesetzen Einflüsse des britischen oder französischen Urheberrechtssystems zeigen.

Ein *Mustergesetz* für die Urheberrechtsordnungen der Entwicklungsländer ist 1976 von einem Ausschuß von Regierungssachverständigen aus afrikanischen, asiatischen und lateinamerikansichen Entwicklungsländern sowie aus Jugoslawien in Tunis ausgearbeitet worden. Im Anhang wurden Bestimmungen über die Einschränkung des Übersetzungs- und Vervielfältigungsrechts durch Zwangslizenzen angefügt, die dem Ergebnis der Pariser Revisionskonferenzen der RBÜ und des WUA Rechnung tragen; vgl. DdA 1976, 142 ff. und 169 ff. Einem besonderen Anliegen der Entwicklungsländer entsprechend, sind in dem Mustergesetz auch Bestimmungen über Werke vorgesehen, die zum Bereich der nationalen Folklore gehören. Neuere Urheberrechtsgesetze der afrikanischen Entwicklungsländer sind die Gesetze von *Ägypten* (1954), *Algerien* (1973), *Ghana* (1961), *Kenia* (1966), *Libyien* (1968), *Senegal* (1973), *Sierra Leone* (1965), *Tunesien* (1976) und *Uganda* (1964).

§ 13. Internationales Urheberrecht. Allgemeines

Literatur s. Schrifttumsverzeichnis § 8 VI. Aus dem Schrifttum zum internationalen Privatrecht: Raape, Internationales Privatrecht (5. Aufl.) 1961; Rabel, The Conflict of Laws, Bd. 4, 1958; Martin Wolff, Das internationale Privatrecht Deutschlands (3. Aufl.) 1954.

I. Für das Urheberrecht gilt, ebenso wie für gewerbliche Schutzrechte, das Territorialitätsprinzip.

1. Anders als im Patentrecht, fehlt es zwar im Urheberrecht, seitdem die Stufe des Privilegienwesens überwunden ist, an einem besonderen staatlichen Verleihungsakt, dessen Rechtswirkung an den Staatsgrenzen endet. Das Urheberrecht entsteht kraft Gesetzes mit der Schöpfung des Werkes. Auch im Urheberrecht bleibt aber die Wirkung der gesetzlichen Regeln auf das Inland beschränkt. Der Idee vom geistigen Eigentum entspricht zwar die Forderung nach einem weltweiten Schutz der Werke der Literatur und Kunst. Angesichts der Verschiedenheit der nationalen Urheberrechtsordnungen liegt aber dem internationalen Urheberrecht nicht der Gedanke zugrunde, daß das im Ursprungsland erworbene und in seinem Inhalt durch dessen Gesetzgebung geprägte Recht in anderen Staaten anzuerkennen ist. Aus der Idee des geistigen Eigentums ist vielmehr die Forderung erwachsen, daß jedes literarische, wissenschaftliche und künstlerische Werk in den Ländern außerhalb des Ursprungslandes nach den gleichen Grundsätzen wie die Werke einhei-

mischer Urheber behandelt werde.[1] Dem entspricht der Grundsatz der Inländerbehandlung, der zum Hauptpfeiler der beiden großen multilateralen Urheberrechtskonventionen, der RBÜ und des WUA, geworden ist.

Die Beurteilung nach dem Recht des Ursprungslandes, die früher in einigen amerikanischen Konventionen, darunter der Konvention von Montevideo (1889) vorgesehen war, hat sich nicht als Grundlage für den internationalen Urheberrechtsschutz bewährt.

2. Die territoriale Schranke gilt auch für Zwangseingriffe in das Urheberrecht und die aus ihm abgeleiteten Rechte von Verlegern, Filmherstellern und anderen Unternehmern. Das hat sich angesichts der Enteignungsmaßnahmen, von denen die Unternehmen in der Nachkriegszeit in der DDR und anderen sozialistischen Oststaaten betroffen waren, als besonders bedeutsam erwiesen: Ist beispielsweise ein Verlag in der DDR enteignet und das Unernehmen in einen volkseigenen Betrieb umgewandelt worden, so wurde dem bisherigen Verleger das Verlagsrecht zwar für den Bereich der DDR entzogen. In der Bundesrepublik und im Land Berlin ist ihm aber das Verlagsrecht verblieben. Hier ist er zur Vervielfältigung und Verbreitung seiner Verlagswerke befugt und kann die Verbreitung der DDR-Ausgaben untersagen.

In Anwendung der Regel, daß Enteignungsmaßnahmen eines Staats nur dasjenige Vermögen ergreifen, das in diesem Staat *belegen* ist, ist die deutsche Rechtsprechung zunächst bei den gewerblichen Schutzrechten von dem Grundsatz ausgegangen, daß die in der Bundesrepublik bestehenden Rechte von den Enteignungsmaßnahmen nicht betroffen sind. Die Enteignung in der DDR hat daher zu einer Spaltung der Schutzrechte geführt. Vgl. die Knäckebrot-Entscheidung des OLG Hamburg in GRUR 1948, 260 sowie BGHZ 17, 209 und 18, 1. Sinngemäß dasselbe gilt auch für die Urheberrechte. Mit Recht hat daher das OLG Stuttgart (BBL 1956, 14) im Fall eines in Gotha enteigneten Verlegers dahin erkannt, daß ihm die Verlagsrechte im Bereich der Bundesrepublik verblieben sind. Auch im Schrifttum ist es vorherrschende Meinung, daß die Enteignung von gewerblichen Schutzrechten und Urheberrechten in ihrer Wirkung territorial auf das Enteignungsland beschränkt bleibt. Vgl. RAAPE, S. 643 ff.; ULMER in GRUR 1949, 69 ff. und 1951, 358 ff. sowie SEIDEL-HOHENVELDERN, Internationales Konfiskations- und Enteignungsrecht (1952) S. 99 ff. Abweichend nimmt dagegen TROLLER (Internationale Zwangsverwertung und Expropriation von Immaterialgütern, 1955) an, daß die Schutzrechte am Wohnsitz des Berechtigten belegen sind.

3. In Schrifttum und Rechtsprechung wird der *Sinn des Territorialitätsprinzips* zuweilen mißverstanden. Das Prinzip bedeutet, daß sich die Wirkung der nationalen Regelung auf das Inland beschränkt, es bedeutet aber nicht, daß ausländische Sachverhalte für das Inlandsrecht ohne Bedeutung sind. Beispielsweise wird das inländische Urheberrecht auch durch die Schöpfung von Werken im Ausland auf den Plan gerufen; Verträge, durch die Nutzungsrechte eingeräumt oder Vergütungsansprüche abgetreten werden, können auch mit Wirkung für das Inland im Ausland geschlossen werden. Vgl. dazu grundsätzlich BEIER in GRUR 1968, 492 ff. Im Urheberrecht wird die Rechtslage in einem Teil des Schrifttums und in Entscheidungen von Instanzgerichten insbesondere bei der Regel über

---

[1] Vgl. über diese Forderung, die erstmals auf der 1878 von der Pariser Société des gens de lettres einberufenen Urheberrechtskonferenz formuliert wurde, RÖTHLISBERGER, Berner Übereinkunft, S. 6.

die Erschöpfung des Verbreitungsrechts verkannt: Auch die Verbreitung des Werkes im Ausland kann unter bestimmten Voraussetzungen zur Erschöpfung des inländischen Verbreitungsrechts führen. Vgl. dazu unten § 47 II, 2.

II. Dem Territorialitätsprinzip entspricht der Grundsatz, daß die Schutzrechte, die Urheber im Inland genießen, nach inländischem Recht einschließlich der im Inland anwendbaren Regeln der Konventionen zu beurteilen sind. Es gilt dies sowohl für die Voraussetzungen wie für die Wirkung des Schutzes.

1. Über den Grundsatz besteht kein Zweifel. Fraglich und längere Zeit hindurch streitig war aber, ob Urheberrechtsverletzungen im Ausland, wenn nach den Regeln des Prozeßrechts ein Gerichtsstand im Inland begründet ist, auch in diesem inländischen Gerichtsstand verfolgt werden können. Wie steht es beispielsweise, wenn eine deutsche Wanderbühne bei einem Gastspiel in der Schweiz das Werk eines deutschen oder eines ausländischen Dichters ohne dessen Zustimmung aufführt? Eine Verletzung des deutschen Urheberrechts liegt in einem solchen Fall nicht vor. Es fragt sich aber, ob die Bühne in Deutschland aufgrund der Verletzung des schweizerischen Urheberrechts in Anspruch genommen werden kann.

Im Schrifttum wurde die Frage früher überwiegend verneint. Es wurde gelehrt, daß eine Verletzung des ausländischen Urheberrechts in Deutschland nicht verfolgt werden könne. Zu dieser Auslegung des Territorialitätsgrundsatzes ist aber kein Anlaß. Der Grundsatz besagt nur, daß das ausländische Urheberrecht in Deutschland keine Schutzwirkung entfaltet. Der Anwendung des ausländischen Urheberrechts auf ausländische Verletzungshandlungen steht es dagegen nicht im Wege. Die internationale Zuständigkeit ist vielmehr gegeben, soweit nach den Regeln des Prozeßrechts ein inländischer Gerichtsstand begründet ist.

Die Frage nach der Verfolgung ausländischer Rechtsverletzungen in Deutschland stellt sich für das Urheberrecht ebenso wie für die gewerblichen Schutzrechte (vgl. die zusammenfassende Untersuchung bei RIEZLER, Internationales Zivilprozeßrecht (1949) S. 86, und TROLLER, Das internationale Privat- und Zivilprozeßrecht, S. 261 ff.). In der deutschen Rechtsprechung wurde zunächst für das Warenzeichenrecht (RGZ 129, 385 und BGHZ 22, 13), später auch für das Patentrecht (OLG Düsseldorf in GRUR Int. 1968, 100) anerkannt, daß die Verletzung von Auslandsrechten auch im Inland verfolgt werden kann. Folgerichtigerweise ist dies auch für das Urheberrecht anzunehmen; ebenso RIEZLER und TROLLER, a. a. O., sowie RAAPE, S. 639 ff. Im Rahmen der EWG hat die Frage eine Klärung durch das Übereinkommen über die Gerichtszuständigkeit und die Vollstreckung gerichtlicher Entscheidungen in Zivil- und Handelssachen vom 27. 9. 1968 (revidiert aus Anlaß des Beitritts von Dänemark, Irland und Großbritannien am 9. 10. 1978) erfahren: Wie sich aus Art. 2 und 5 Nr. 3 des Übereinkommens ergibt, kann die Klage wegen Verletzung des Urheberrechts sowohl in dem Mitgliedstaat, in dem der Beklagte seinen Wohnsitz hat, wie in dem Mitgliedstaat erhoben werden, in dem das Schadensereignis eingetreten ist.

2. International-privatrechtlich gesehen enthält das internationale Urheberrecht eine Verweisung auf das Urheberrecht des Staates, für

dessen Gebiet der Schutz in Anspruch genommen wird: Aus dem Grundsatz der Inländerbehandlung, auf dem die Konventionen aufbauen, folgt nicht bloß die fremdenrechtliche Regel, daß Werke, die ihren Ursprung in einem Vertragsstaat haben, in den anderen Vertragsstaaten zu schützen sind. Inländerbehandlung bedeutet vielmehr zugleich, daß sich Bestand und Wirkung des Urheberrechts grundsätzlich nach der Rechtsordnung des Staates bestimmen, für dessen Gebiet der Schutz in Anspruch genommen wird.

3. Die Rechtslage ist daher eine andere als im Sachenrecht. Wer im Land A das Eigentum an den dort belegenen Waren erworben hat, kann, wenn er sie ausführt, die Anerkennung seines Rechts auch in anderen Ländern verlangen. Bei den Werken der Literatur und Kunst fehlt eine entsprechende Belegenheit in einem bestimmten Land. Die Werke treten zwar im Raum in sinnlich wahrnehmbarer Form in Erscheinung. Aber sie erschöpfen sich in dieser Erscheinung nicht und können überall in der Welt wiedergegeben werden. Stellt man die Frage nach der Belegenheit der Werke, so kann man sie aus der Sicht des internationalen Urheberrechts nur in einem übertragenen Sinn dahin beantworten, daß sie überall da belegen sind, wo eine Verwertung des Werkes erfolgt oder in Frage steht. Der Schwerpunkt der Urheberrechte liegt, mit anderen Worten, nicht im Ursprungsland, sondern im Schutzland, d. h. in dem Land, für dessen Gebiet der Schutz in Anspruch genommen wird.

RBÜ und WUA sprechen von den Rechtsvorschriften des Landes, in dem der Schutz in Anspruch genommen wird. Der Wortlaut ist mißverständlich. Sinngemäß bedeutet er nicht eine Verweisung auf die lex fori. Wenn beispielsweise ein deutsches Konzertunternehmen ein geschütztes Werk ohne Zustimmung des Urhebers in Großbritannien aufführt, so kann der Urheber die Klage, die er in Deutschland erhebt, nicht auf das deutsche, wohl aber auf das britische Urheberrecht stützen. Unter dem Schutzland ist daher das Recht des Landes zu verstehen, für dessen Gebiet der Schutz in Anspruch genommen wird. Vgl. dazu ULMER, Die Immaterialgüterrechte im internationalen Privatrecht, S. 10.

4. Abweichend wurde im Schrifttum des internationalen Privatrechts von einzelnen, insbesondere von BARTIN (Localisation territoriale des monopoles intellectuels, in Clunet 1934, 397 ff.), die Meinung vertreten, daß auf die Immaterialgüterrechte das *Recht des Ursprungslandes* anzuwenden sei. BARTIN unterscheidet dabei zwischen veröffentlichten und unveröffentlichten Werken. Bei veröffentlichten Werken richte sich Bestand und Umfang des Urheberrechts nach dem Recht des Landes der ersten Veröffentlichung, bei unveröffentlichten Werken nach dem Recht des Landes, dem der Urheber angehört. Demgegenüber hat sich aber in Praxis und Theorie des Immaterialgüterrechts in Übereinstimmung mit den Konventionsregeln der Gedanke der territorialen Begrenzung der Rechte durchgesetzt. Vgl. dazu insbesondere MARTIN WOLFF, S. 183; RAAPE, S. 637; RABEL, S. 68, und ULMER, Die Immaterialgüterrechte im internationalen Privatrecht, S. 8 ff. Gegen die abweichende Meinung von NEUHAUS und DROBNIG (RabelsZ 1976, 189 ff.) vgl. ULMER, RabelsZ 1977, 480 ff. Unhaltbar ist auch die in der Abhandlung von SCHACK, Zur Anknüpfung des Urheberrechts im internationalen Privatrecht (Bd. 10 der Schriftenreihe zum internationalen Recht, 1979), vertretene Meinung, daß auf das Urheberrecht grundsätzlich das Recht des Ursprungslandes anzuwenden sei und daß sich nur seine Wirkung nach dem Recht des Schutzlandes bestimme.

III. Der Kreis der Werke, die in der Bundesrepublik Urheberrechtsschutz genießen, wird durch das Urheberrechtsgesetz und die für die Bundesrepublik verbindlichen völkerrechtlichen Verträge bestimmt.

Das UrhG spricht genauer vom Geltungsbereich des Gesetzes, zu dem auch das *Land Berlin* gehört. In der vorliegenden Darstellung sprechen wir der Einfachheit halber von der Geltung in der Bundesrepublik, die die Geltung in Westberlin einschließt.

Das UrhG schützt in erster Linie die Werke der deutschen Staatsangehörigen; ist ein Werk von Miturhebern geschaffen, so genügt es, daß ein Miturheber deutscher Staatsangehöriger ist; § 120 UrhG. Die Werke ausländischer Staatsangehöriger werden gemäß § 121 UrhG geschützt, wenn sie in der Bundesrepublik im Original oder in Übersetzung erschienen sind, es sei denn, daß sie früher als 30 Tage vor diesem Erscheinen außerhalb der Bundesrepublik erschienen sind.

Den deutschen Staatsangehörigen stehen Deutsche i. S. des Art. 116 Abs. 1 GG gleich. Über den Begriff des Erscheinens, der dem internationalen Begriff der Veröffentlichung entspricht, vgl. unten § 32 II. Den in der Bundesrepublik erschienenen Werken sind Werke der bildenden Künste gleichgestellt, die mit einem inländischen Grundstück fest verbunden sind. Staatenlose mit gewöhnlichem Aufenthalt in der Bundesrepublik werden ebenso wie deutsche Staatsangehörige, Staatenlose mit gewöhnlichem Aufenthalt im Ausland ebenso wie Angehörige des betreffenden Auslandsstaates geschützt. Entsprechendes gilt für Ausländer, die Flüchtlinge i. S. von Staatsverträgen oder anderen Rechtsvorschriften sind. §§ 121, 122 und 123 UrhG.

Der Schutz des Urheberpersönlichkeitsrechts wird gemäß § 121 Abs. 6 UrhG allen Urhebern ohne Rücksicht auf ihre Staatsangehörigkeit gewährt.

IV. Eine wesentliche Erweiterung erfährt der Kreis der Berechtigten durch völkerrechtliche Verträge. Es sind teils mehrseitige, teils zweiseitige Verträge über den gegenseitigen Schutz von Urheberrechten.

1. Die Bundesrepublik ist Verbandsland der Berner Union zum Schutz von Werken der Literatur und Kunst sowie Vertragsstaat des WUA. Beide Abkommen sichern grundsätzlich den Schutz der Werke, deren Urheber einem anderen Vertragsstaat angehören, sowie der Werke, die erstmals in einem anderen Vertragsstaat veröffentlicht worden sind. Die Regelung im einzelnen ist, der Bedeutung der beiden Abkommen entsprechend, im folgenden Gegenstand besonderer Darstellung.

2. Im Jahr 1927 ist Deutschland der zwischen lateinamerikanischen Staaten geschlossenen Konvention von Montevideo beigetreten. Das Gegenseitigkeitsverhältnis wurde mit Argentinien, Bolivien und Paraguay begründet, die den deutschen Beitritt angenommen haben, vgl. dazu oben § 12 VII. Da aber Argentinien Verbandsland der Berner Union und Paraguay Vertragsstaat des WUA sind, liegt im Verhältnis zu diesen Staaten der Schwerpunkt auf den Regeln der RBÜ bzw. des WUA. Insbesondere findet der Grundsatz des Abkommens von Montevideo, daß für den Schutz das Recht des Ursprungslands maßgebend ist, keine Anwendung, da er im Widerspruch zu den Regeln der beiden großen multilateralen Konventionen steht.

3. Über die zweiseitigen Staatsverträge vgl. MÁJOROS, Les Arrangements bilatéraux en matière de droit d'auteur (1971) sowie zum Wortlaut der für die Bundesrepublik wichtigen Verträge NORDEMANN-VINCK-HERTIN, S. 463 ff. Wichtig war früher insbesondere der bilaterale Vertrag zwischen dem Deutschen Reich und den USA von 1892; er gilt nur insoweit fort, als seine Bestimmungen nicht von denjenigen des WUA abweichen. Auch im übrigen kommt heute angesichts der weitreichenden Geltung der großen multilateralen Abkommen den bilateralen Abkommen nur noch eine beschränkte Bedeutung zu. U. a. geht es um Bestimmungen über den gegenseitigen Urheberrechtsschutz in den Handelsabkommen mit Ägypten (1951), Pakistan (1950), Peru (1951), Sri Lanka (1952) und Thailand (1937). Sonderabkommen über den Schutz von Urheberrechten und gewerblichen Schutzrechten wurden mit Costa Rica (1933), dem Iran (1930), Island (1950) und Kolumbien (1959) geschlossen. Ein Abkommen, das 1930 mit Österreich über Fragen des gegenseitigen gewerblichen Rechtsschutzes und des gegenseitigen Schutzes des Urheberrechts geschlossen wurde, sah vor, daß die einem der beiden Staaten angehörigen Urheber von Werken der Literatur, Kunst und Fotografie auch für solche Werke Inländerbehandlung genießen, die erstmals außerhalb des Berner Verbands erschienen sind. Die Vereinbarung bedeutete gegenüber den früheren Fassungen der RBÜ, darunter auch der für Österreich verbindlichen Brüsseler Fassung, eine Erweiterung des Kreises der geschützten Werke, deckt sich aber heute mit der Regelung im WUA, zu dessen Vertragsstaaten sowohl die Bundesrepublik Deutschland wie Österreich gehören.

§ 14. Die Berner Übereinkunft

Literatur: RÖTHLISBERGER, Die Berner Übereinkunft, 1906; W. HOFFMANN, Die Berner Übereinkunft zum Schutz von Werken der Literatur und Kunst, 1935; BAPPERT-WAGNER, Internationales Urheberrecht, 1956; NORDEMANN-VINCK-HERTIN, Internationales Urheberrecht, 1977. — BAUM, Die Brüsseler Konferenz zur Revision der RBÜ, in GRUR 1949, 1 ff; REIMER-ULMER, Die Reform der materiellrechtlichen Bestimmungen der Berner Übereinkunft (Stockholmer Revision), in GRUR Int. 1967, 431 ff.; STEUP-BUNGEROTH, Die Pariser Revision der internationalen Urheberrechtsabkommen, UFITA 68 (1973) 1 ff.; ULMER, Die Revisionen der Urheberrechtsabkommen (Pariser Revisionen), in GRUR Int. 1971, 423 ff. — MASOUYÉ, Guide de la Convention de Berne pour la protection des oeuvres littéraires et artistiques, 1978.

I. Die Berner Union ist ein Staatenverband zum Schutz von Werken der Literatur und Kunst. Sie wurde 1886 auf einer vom Schweizer Bundesrat einberufenen diplomatischen Konferenz gegründet.

Die Impulse zur Gründung der Union sind von Urhebern, Verlegern und ihren Verbänden ausgegangen. Organisatorisch waren die treibenden Kräfte insbesondere die Pariser Société des gens de lettres, die Association littéraire internationale, die 1878 unter dem Ehrenvorsitz von VICTOR HUGO gegründet wurde, und der Börsenverein der deutschen Buchhändler, der 1882 auf dem römischen Kongreß der Association littéraire internationale beantragte, die erforderlichen Schritte zur Bildung einer ,,Literarunion" zu ergreifen. Der Annahme des Antrags folgte die Fühlungnahme mit dem Schweizer Bundesrat, der in den Jahren 1884—86 drei diplomatische Konferenzen einberief, auf deren letzter die Konvention unterzeichnet wurde.

1. Von den europäischen Ländern gehörten *Belgien, Deutschland, Frankreich, Großbritannien, Italien, die Schweiz* und *Spanien* von Anfang an zu den Verbandsländern. Verbandsfremde Länder können,

wenn ihre Gesetzgebung Gewähr für den Urheberrechtsschutz bietet, dem Verband beitreten.

Verbandsländer der Berner Union sind nach dem Stand vom 1. 1. 1980 folgende Staaten (Staaten, die der Pariser Fassung in ihrer Gesamtheit beigetreten sind, sind durch Kursivschrift gekennzeichnet): *Ägypten*, Argentinien, *Australien*, Bahamas, Belgien, *Benin, Brasilien, Bulgarien, Chile, Costa Rica, Dänemark, Bundesrepublik Deutschland, Deutsche Demokratische Republik, Elfenbeinküste*, Fidschi, Finnland, *Frankreich, Gabun, Griechenland,* der *Heilige Stuhl*, Indien, Irland, Island, Israel, *Italien, Japan, Jugoslawien, Kamerun,* Kanada, *Kongo*, Libanon, *Libyen*, Liechtenstein, *Luxemburg*, Madagaskar, *Mali*, Malta, Marokko, *Mauretanien, Mexiko, Monaco,* Neuseeland, Niederlande, *Niger,* Norwegen, *Obervolta,* Österreich, Pakistan, die Philippinen, Polen, *Portugal,* Rumänien, *Schweden,* die Schweiz, *Senegal, Spanien,* Sri Lanka, Süd-Afrika, *Surinam,* Thailand, *Togo,* Tschad, Tschechoslowakei, Türkei, *Tunesien, Ungarn, Uruguay,* Vereinigtes Königreich von Großbritannien und Nordirland, *Zaire, Zentralafrikanische Republik,* Zypern.

2. Revisionskonferenzen fanden 1896 in Paris, 1908 in Berlin, 1928 in Rom, 1948 in Brüssel, 1967 in Stockholm und 1971 in Paris statt. Die Bundesrepublik Deutschland hat die Pariser Fassung ratifiziert, die mit Wirkung ab 10. 10. 1974 in Kraft getreten ist. Maßgebend ist die Pariser Fassung für die Bundesrepublik im Verhältnis zu den Verbandsländern, die sie ihrerseits ratifiziert haben oder ihr beigetreten sind. Im Verhältnis zu anderen Verbandsländern gilt die für diese Länder verbindliche frühere Fassung der Übereinkunft.

Im folgenden wird der Darstellung, soweit nichts anderes vermerkt ist, die Pariser Fassung zugrunde gelegt. Die Fortgeltung einzelner Bestimmungen der früheren Fassungen kann sich aus Vorbehalten ergeben, die von Verbandsländern bei der Annahme der Berliner oder einer späteren Fassung gemacht worden sind. Die Vorbehalte betreffen insbesondere das Übersetzungsrecht. Die Bundesrepublik hat keine Vorbehalte gemacht. Über die Vorbehalte anderer Länder vgl. DdA 1980, 38 ff.

3. Die Führung der laufenden Geschäfte des Berner Verbands oblag ursprünglich dem Internationalen Büro, das unter dem Schutz und der Aufsicht des Schweizer Bundesrats stand und mit dem Internationalen Büro des Pariser Verbands zum Schutz des gewerblichen Eigentums zu den Vereinigten Internationalen Büros verbunden war. Eine entscheidende Umwandlung erfuhr die Verwaltungsstruktur auf der Stockholmer Revisionskonferenz (1967) aufgrund der Errichtung der Weltorganisation für geistiges Eigentum (WIPO); vgl. oben § 4 III 3. Grundsätzlich bleibt freilich im Rahmen der Weltorganisation die Unabhängigkeit der einzelnen Unionen, insbesondere auch der Berner Union, gewahrt. Ihr oberstes Organ ist die Versammlung der Verbandsländer, die u. a. die Entscheidungen über das Programm trifft, die Aufsicht über die Verwaltung führt und Weisungen für die Vorbereitung von Revisionskonferenzen erteilt. Die Durchführung der Verwaltungsaufgaben obliegt dem Internationalen Büro von WIPO, das an die Stelle der Vereinigten Internationalen Büros getreten ist.

Die besonderen Vorschriften über die Verwaltung der Berner Union sind in Art. 22—26 RBÜ enthalten. Die Versammlung der Verbandsländer wählt aus dem Kreis ihrer Mitglieder den Exekutivausschuß, der in Zusammenarbeit mit dem Generaldirektor der WIPO die Arbeiten der Versammlung vorbereitet und Maßnahmen zur Durchführung des von ihr festgelegten Programms trifft. Änderungen der Verwaltungsbestimmungen der RBÜ können von der Versammlung mit 2/3-Mehrheit beschlossen werden. Änderungen sonstiger Bestimmungen der RBÜ können dagegen nur von einer Revisionskonferenz beschlossen werden, wobei nach traditioneller Regel Einstimmigkeit erforderlich ist. Über den im einzelnen komplizierten Verwaltungsaufbau vgl. KRIEGER-ROGGE, in GRUR Int. 1967, 462 ff.

II. Die Berner Konvention hat für die Verbandsländer kein inhaltlich übereinstimmendes Urheberrecht geschaffen. Von der Vereinbarung eines Mustergesetzes (loi-type) als gemeinsamer Grundlage für die nationalen Gesetze wurde abgesehen. Grundgedanke der Regelung ist vielmehr die Inländerbehandlung: Im Ursprungsland werden die Werke aufgrund der nationalen Gesetzgebung geschützt. In den anderen Verbandsländern gewährleistet die Konvention den Urhebern verbandseigener Werke diejenigen Rechte, die die Gesetze dieser Länder den inländischen Urhebern gewähren.

Der Grundsatz der Inländerbehandlung hat sich als Grundlage des internationalen Urheberrechtsschutzes bewährt. Er entspricht dem Rechtsideal der Gleichbehandlung von Inländern und Ausländern und erleichtert die Rechtsanwendung, weil in jedem Verbandsland, in dem in die Rechte der Urheber eingegriffen wird, die Gerichte aufgrund der Gesetze des eigenen Landes zu entscheiden haben. Der Mangel des Grundsatzes ist freilich, daß er keine materielle Gegenseitigkeit verbürgt. Gälte allein die Regel der Inländerbehandlung, so hätten Länder mit hochentwickeltem Urheberrecht den Schutz ihrer Gesetze den Urhebern verbandseigener Werke ohne Rücksicht darauf zu gewähren, ob die Werke inländischen Ursprungs in anderen Verbandsländern einen entsprechenden Schutz genießen. Der Grundsatz wird daher durch Regeln ergänzt, die ein bestimmtes Mindestmaß des Schutzes sicherstellen.

1. Geschützt werden die Werke der Literatur und Kunst. Der Begriff ist in Art. 2 RBÜ durch einen umfassenden Katalog erläutert. Im Rahmen dieser Begriffsbestimmung kann der Verbandsschutz auch dann in Anspruch genommen werden, wenn die nationale Gesetzgebung die geschützten Werkgattungen enger umgrenzt.

S. über den Katalog unten § 20 I, 1. Zur Auslegung des Art. 2 RBÜ vgl. RGZ 71, 148.

2. Der Genuß und die Ausübung der durch die Konvention gewährten Rechte sind nicht an die Erfüllung von Formalitäten gebunden. Verbandseigene Werke können nur im Ursprungsland Vorschriften unterworfen werden, die den Urheberrechtsschutz oder seine Ausübung von der Hinterlegung von Exemplaren, von der Eintragung in einem Regi-

ster oder von einem Vorbehalt der Rechte abhängig machen. In den anderen Verbandsländern werden sie formfrei geschützt; Art. 5 Abs. 2 RBÜ.

3. Für die Schutzdauer ist seit der Brüsseler Revisionskonferenz grundsätzlich vorgesehen, daß sie die Lebenszeit des Urhebers und 50 Jahre nach seinem Tod umfassen muß. Art. 7 Abs. 1 RBÜ.

Ausnahmen sind in Art. 7 Abs. 2—4 RBÜ vorgesehen: Für anonyme und pseudonyme Werke wird die 50jährige Schutzfrist von dem Zeitpunkt ab berechnet, an dem das Werk erlaubterweise der Öffentlichkeit zugänglich gemacht worden ist. Für Filmwerke können die Verbandsländer bestimmen, daß die Schutzdauer 50 Jahre nach dem Zeitpunkt endet, an dem das Werk mit Zustimmung des Urhebers der Öffentlichkeit zugänglich gemacht worden ist, eventuell (mangels einer Veröffentlichung oder einer öffentlichen Wiedergabe innerhalb dieser Frist) 50 Jahre nach der Herstellung. Für Werke der Fotografie und für Werke der angewandten Kunst, die als Kunstwerke geschützt sind, darf die Schutzdauer nicht weniger als 25 Jahre seit der Herstellung betragen. Eine generelle Ausnahme sieht Art. 7 Abs. 7 RBÜ für Verbandsländer vor, die bei der Unterzeichnung der Pariser Fassung noch durch die Rom-Fassung gebunden waren: Solche Verbandsländer, wie beispielsweise Bulgarien und Rumänien, sind befugt, im Fall des Beitritts zur Pariser Fassung die kürzeren Fristen, die ihre Gesetzgebung vorsieht, beizubehalten.

Die von der RBÜ vorgesehenen Schutzfristen sind Mindestfristen. Die Verbandsländer sind berechtigt, eine längere Schutzdauer vorzusehen. Dementsprechend sehen u. a. die Gesetze der Bundesrepublik, von Österreich und Israel als regelmäßige Schutzfrist eine Frist von 70 Jahren, Spanien eine Frist von 80 Jahren p. m. a. vor.

Bei Werken, die ihren Ursprung in einem anderen Verbandsland haben, richtet sich die Schutzdauer, dem Grundsatz der Inländerbehandlung entsprechend, nach dem Gesetz des Schutzlandes. Der Grundsatz erfährt jedoch eine Einschränkung durch die Regel über den Vergleich der Schutzfristen: Sofern die Rechtsvorschriften des Schutzlandes nichts anderes bestimmen, überschreitet die Schutzdauer nicht die im Ursprungsland des Werkes festgesetzte Dauer; Art. 7 Abs. 8 RBÜ. Werke, die ihren Ursprung in einem Verbandsland mit 50jähriger Schutzfrist haben, werden demgemäß auch in der Bundesrepublik nur bis zum Ablauf von 50 Jahren p. m. a. geschützt.

Ausnahmen können sich für den Schutz in der Bundesrepublik aus den Regeln der §§ 120 und 121 UrhG ergeben, insbesondere für veröffentlichte Werke ausländischen Ursprungs, deren Urheber ein Deutscher ist.

4. Eine Ergänzung erfahren im übrigen die Regeln über die Inländerbehandlung vor allem auch durch die besonderen Rechte, die die RBÜ den Urhebern verbandseigener Werke gewährleistet. Auf den Revisionskonferenzen ist der Schutz der Urheber durch besondere Rechte laufend ausgebaut worden: Es sind die Regeln über den Schutz des Urheberpersönlichkeitsrechts, des Übersetzungsrechts, des Vortrags- und Aufführungsrechts, des Senderechts, des Verfilmungsrechts, seit der

Stockholmer und Pariser Revision auch des Vervielfältigungsrechts; vgl. unten V.

5. Nur im Ursprungsland hat es bei der Anwendung des innerstaatlichen Rechts sein Bewenden. Es liegt aber in der Natur der Sache, daß die Verbandsländer bestrebt sind, in ihren nationalen Gesetzgebungen nicht hinter dem Schutz zurückzubleiben, den sie den Urhebern von Werken ausländischen Ursprungs zu gewähren haben.

Die Regeln, die den Grundsatz der Inländerbehandlung ergänzen, sind daher Keime geworden, die zu einer Annäherung der Urheberrechtsordnungen der Verbandsländer geführt haben. Die Berner Konvention hat nicht nur die Durchsetzung der Formfreiheit des Urheberrechtsschutzes in den Verbandsländern begünstigt. Vielmehr sind darüber hinaus auch wichtige Befugnisse des Urhebers, darunter die Rechte, deren Anerkennung durch technische Neuerungen geboten wurde, in den Rechtsordnungen der Verbandsländer unter Anknüpfung an die auf den Revisionskonferenzen vereinbarten besonderen Rechte der Urheber geregelt worden.

Die besonderen Rechte werden vielfach als *Mindestrechte* bezeichnet; vgl. u. a. NORDEMANN-VINCK-HERTIN, RBÜ Art. 5, Anm. 4. Dem Begriff liegt der Gedanke zugrunde, daß etwaige weitergehende Rechte, die die Gesetze der Verbandsländer gewähren, von den Urhebern verbandseigener Werke kraft des Grundsatzes der Inländerbehandlung in Anspruch genommen werden können, die besonderen Rechte daher nur einen Mindestschutz begründen. Diese Auffassung war freilich früher umstritten und in der Praxis der Verbandsländer nicht allgemein anerkannt. Vgl. HOFFMANN, S. 17 ff., der in bestimmten Fällen von einem Maximalschutz sprach. In der Tat galt früher eine Ausnahme für das Übersetzungsrecht: Solange die Berner Konvention nur einen Übersetzungsschutz für 10 Jahre gewährte, konnten sich die Urheber verbandseigener Werke ausländischen Ursprungs nicht auf den weitergehenden innerdeutschen Schutz berufen. Die Regelung durch die Konvention war in dieser Frage eine abschließende (RGZ 102, 134). Heute hat dies nur noch im Verhältnis zu denjenigen Verbandsländern Bedeutung, die die Regelung der Berliner Revisionskonferenz nicht angenommen haben. Im übrigen entspricht es aber dem Sinn der Konvention, daß die weitergehenden Befugnisse, die die Rechtsordnungen der Verbandsländer gewähren, von den Urhebern verbandseigener Werke in Anspruch genommen werden können. Das ist auf der Brüsseler Konferenz mit Recht betont und durch die Neufassung des Art. 19 RBÜ klargestellt worden. Vgl. darüber BAUM, S. 39 f. Grundsätzlich ist daher die Bezeichnung Mindestrechte gerechtfertigt.

III. Bei der Bestimmung der verbandseigenen Werke — der Werke, deren Urheber durch die Konvention geschützt werden — knüpft die RBÜ an die Merkmale der Staatsangehörigkeit des Urhebers und der Veröffentlichung des Werkes an. Unter Veröffentlichung ist dabei das Erscheinen des Werkes zu verstehen. Die unkörperliche Wiedergabe, insbesondere die Wiedergabe durch Vortrag, Aufführung, Vorführung oder Rundfunksendung, sowie die Ausstellung eines Werkes der bildenden Künste und die Errichtung eines Bauwerkes sind keine Veröffentlichung. Erforderlich ist vielmehr, daß der Öffentlichkeit mit Zustimmung des Berechtigten Werkstücke in einer Weise zur Verfügung gestellt werden, die unter Berücksichtigung der Natur des Werkes, deren normalen Bedarf befriedigt. Art. 3 Abs. 3 RBÜ.

Der Begriff der Veröffentlichung entspricht grundsätzlich dem deutschen Begriff des Erscheinens (vgl. darüber unten § 32 IV). Lehrreich für die Auslegung des Begriffs ist die bereits oben (§ 12 VIII, 3) erwähnte Entscheidung des BGH in BGHZ 64, 183, betreffend den Roman von SOLSCHENIZYN „August vierzehn". SOLSCHENIZYN nahm den Urheberrechtsschutz unter Berufung darauf in Anspruch, daß sein Werk erstmals in Frankreich als einem Verbandsland der Berner Union veröffentlicht wurde. Fraglich war aber, ob nicht eine eventuell vorausgegangene Verbreitung des Werkes im sogenannten Samizdat in der Sowjetunion als erste Veröffentlichung anzusehen war (mit der Folge, daß ein Urheberrechtsschutz in der Bundesrepublik nicht in Anspruch genommen werden könnte, da die Sowjetunion in dem maßgebenden Zeitpunkt dem WUA noch nicht beigetreten war). Ob eine solche Ausgabe erfolgt ist, blieb dahingestellt. Entscheidend war für den BGH, daß durch eine Verbreitung im Samizdat nur eingeweihte Kreise in den Besitz von Werkexemplaren gelangen konnten und daher der interessierten Öffentlichkeit keine ausreichende Gelegenheit zur Einsichtnahme des Werkes gegeben war. Die Veröffentlichung durch den französischen Buchverlag war daher Erstveröffentlichung, die den Urheberrechtsschutz begründete.

1. Verbandseigene Werke sind veröffentlichte und unveröffentlichte Werke, deren Urheber einem der Verbandsländer angehören. Urheber, die keinem Verbandsland angehören, aber ihren gewöhnlichen Aufenthalt in einem Verbandsland haben, sind den Urhebern gleichgestellt, die diesem Verbandsland angehören. Art. 3 Abs. 1 a und Abs. 2 RBÜ.

Daß die Zugehörigkeit des Urhebers zu einem Verbandsland den Konventionsschutz auch bei veröffentlichten Werken begründet, ist eine Neuerung der Stockholmer und Pariser Fassung der RBÜ. Noch in der Brüsseler Fassung galten die veröffentlichten Werke nur dann als verbandseigene Werke, wenn sie in einem Verbandsland erstmalig oder gleichzeitig mit der Veröffentlichung in einem verbandsfremden Land veröffentlicht wurden. Im Verhältnis zu den Verbandsländern, für die die Neuregelung noch nicht verbindlich geworden ist, hat es daher bei der früheren Beschränkung des Schutzes sein Bewenden. — Was die Rechtslage im Fall des Wechsels der Staatsangehörigkeit oder des gewöhnlichen Aufenthaltsorts betrifft, so kommt es bei veröffentlichten Werken darauf an, ob der Urheber zur Zeit der ersten Veröffentlichung einem Verbandsland durch Staatsangehörigkeit oder gewöhnlichen Aufenthalt verbunden ist; ein späterer Wechsel der Staatsangehörigkeit oder des Aufenthaltsorts ist ohne Bedeutung. Bei unveröffentlichten Werken ist die Rechtslage umstritten. Mit der in Deutschland herrschenden Meinung wird auf den Zeitpunkt der Verletzungshandlung abzustellen sein. Vgl. BAPPERT-WAGNER, RBÜ Art. 4, Anm. 11; NORDEMANN-VINCK-HERTIN, RBÜ Art. 3—4, Anm. 11, und D. REIMER, in GRUR Int. 1967, 436 f. Abweichend vertritt BOGSCH (Universal Copyright Convention, S. 17) für die entsprechende Frage im WUA die Ansicht, daß es auf den Zeitpunkt der Schöpfung des Werkes ankommt.

2. Verbandseigene Werke sind ferner Werke, deren Urheber zwar keinem Verbandsland angehören, die aber erstmals in einem Verbandsland oder gleichzeitig in einem Verbandsland und in einem verbandsfremden Land veröffentlicht wurden. Art. 3 Abs. 1 b RBÜ.

Als gleichzeitig in mehreren Ländern veröffentlicht gilt i. S. der RBÜ jedes Werk, das innerhalb von 30 Tagen seit der ersten Veröffentlichung in zwei oder mehr Ländern erschienen ist. Art. 3 Abs. 4 RBÜ.

3. Eine Ergänzung der genannten Regeln sieht Art. 4 RBÜ für Filmwerke vor, deren Hersteller seinen Sitz oder seinen gewöhnlichen Aufenthaltsort in einem Verbandsland hat; für Werke der Baukunst, die in einem Verbandsland errichtet sind, sowie für Werke der graphischen und plastischen Künste, die Bestandteile eines in einem Verbandsland belegenen Grundstücks sind. Die Urheber dieser Werke genießen den Konventionsschutz auch dann, wenn sie sich weder auf das Merkmal der Staatsangehörigkeit noch auf das Merkmal der Veröffentlichung berufen können.

IV. Grundsatz des Konventionsschutzes ist die Regel des Art. 5 Abs. 1 RBÜ. Die Urheber verbandseigener Werke genießen in allen Verbandsländern mit Ausnahme des Ursprungslandes die Rechte, die die Gesetze der Verbandsländer den inländischen Urhebern gegenwärtig gewähren oder in Zukunft gewähren werden, sowie die besonderen in der RBÜ vorgesehenen Rechte.

1. Der Begriff des Ursprungslands wird in Art. 5 Abs. 4 RBÜ definiert.

a) Bei Werken, die erstmals in einem Verbandsland oder gleichzeitig in einem Verbandsland und in einem verbandsfremden Land veröffentlicht wurden, ist Ursprungsland das betreffende Verbandsland. Art. 5 Abs. 4a und b RBÜ.

Bei Werken, die gleichzeitig in mehreren Verbandsländern veröffentlicht wurden, ist Ursprungsland das Land, dessen Rechtsvorschriften die kürzeste Schutzdauer gewähren. Die Bestimmung ist auf die Regel über den Vergleich der Schutzfristen (vgl. oben II, 3) zugeschnitten. Erfolgt beispielsweise die Veröffentlichung eines Werkes gleichzeitig in der Schweiz (mit 50jähriger Schutzfrist) und in der Bundesrepublik Deutschland (mit 70jähriger Schutzfrist), so ist die Schweiz Ursprungsland. Auch in einem Verbandsland wie Österreich, das eine 70jährige Schutzfrist vorsieht, kann daher nur eine Schutzdauer von 50 Jahren in Anspruch genommen werden.

b) Bei unveröffentlichten Werken sowie bei Werken, die erstmals in einem verbandsfremden Land ohne gleichzeitige Veröffentlichung in einem Verbandsland veröffentlicht wurden, ist Ursprungsland das Verbandsland, dem der Urheber angehört. Art. 5 Abs. 4c RBÜ.

Handelt es sich jedoch um Filmwerke, deren Hersteller seinen Sitz oder seinen gewöhnlichen Aufenthalt in einem Verbandsland hat, um Werke der Baukunst, die in einem Verbandsland errichtet sind, oder um Werke der graphischen und plastischen Künste, die Bestandteile eines in einem Verbandsland belegenen Grundstücks sind, so ist Ursprungsland das betreffende Verbandsland.

2. Der Schutz im Ursprungsland bleibt der nationalen Gesetzgebung vorbehalten. Dies gilt in vollem Umfang für die Werke der Staatsange-

hörigen eines Verbandslands. Für Werke anderer Urheber schreibt Art. 5 Abs. 3 RBÜ vor, daß sie auch im Ursprungsland Inländerbehandlung genießen; die sonstigen Regeln der RBÜ finden aber bei solchen Werken im Ursprungsland keine Anwendung. Daher sind etwaige Formalitäten des Ursprungslandes als Voraussetzung für den Schutz in diesem Land zu beachten. Auch können die Urheber die besonderen Rechte, die ihnen die Übereinkunft ohne Rücksicht auf die nationale Gesetzgebung gewährt, nicht im Ursprungsland, sondern nur in den sonstigen Verbandsländern in Anspruch nehmen.

3. Der Schutz in den anderen Verbandsländern besteht ohne Rücksicht darauf, ob das Werk im Ursprungsland geschützt ist. Insbesondere wird der Schutz unabhängig davon gewährt, ob etwaigen, im Ursprungsland vorgeschriebenen Formalitäten genügt ist. Art. 5 Abs. 2 RBÜ.

Die Regel, daß für den Schutz in den anderen Verbandsländern das Recht des Schutzlandes einschließlich der in ihm anwendbaren Regeln der RBÜ maßgebend ist, gilt sowohl für den Erwerb wie für den Bestand und die Wirkung des Urheberrechts. Das Recht des Ursprungslands ist nur in Anwendung der bereits erwähnten Vorschrift über den Vergleich der Schutzfristen (vgl. oben II, 3) zu berücksichtigen.

Im übrigen sieht die RBÜ beim Folgerecht ausnahmsweise eine Berücksichtigung des Heimatrechts des Urhebers vor: Das Folgerecht kann gemäß Art. 14ter RBÜ in den Verbandsländern, die es gewähren, nur in Anspruch genommen werden, wenn auch das Heimatrecht des Urhebers diesen Schutz gewährt (vgl. darüber unten § 60 VII).

V. Die besonderen Rechte, die die Urheber verbandseigener Werke außerhalb des Ursprungslands in Anspruch nehmen können, sind in der Berner Konvention nicht systematisch entwickelt worden. Bei Gründung der Konvention setzte man voraus, daß den Urhebern die wichtigsten Verwertungsrechte durch die nationale Gesetzgebung der Verbandsländer gesichert werden; man begnügte sich mit einzelnen Ergänzungen, insbesondere bezüglich des Übersetzungsrechts.

1. Die Revisionskonferenzen haben den Schutz ausgebaut: Auf die Konferenzen von Berlin, Rom und Brüssel gehen der Ausbau des Übersetzungsrechts, die grundsätzliche Anerkennung des Urheberpersönlichkeitsrechts sowie die Regeln über das Aufführungs- und Vortragsrecht, das Verfilmungsrecht und das Senderecht der Urheber zurück. Eine wesentliche Lücke bestand aber noch insofern, als — von einzelnen Bestimmungen, insbesondere über das mechanische Vervielfältigungsrecht an Musikwerken, abgesehen — eine Regel über den Schutz des Vervielfältigungsrechts fehlte. Diese Lücke wurde auf der Stockholmer Revisionskonferenz durch die Regel des Art. 9 RBÜ geschlossen.

Die Schwierigkeit der Regelung lag darin, daß bei einer konventionsrechtlichen Gewährleistung des Vervielfältigungsrechts auch eine Bestimmung über die Ausnahmen erforderlich war, deren Zulassung der Gesetzgebung der Verbandsländer vorbehalten bleibt. In Stockholm wurde dafür die Regel des Art. 9 Abs. 2 RBÜ vorgesehen, daß die Verbandsländer die Vervielfältigung in gewissen Sonderfällen unter der Voraussetzung gestatten können, daß sie weder die normale Auswertung des Werkes beeinträchtigen noch die berechtigten Interessen des Urhebers unzumutbar verletzen. Vgl. dazu unten § 66 II 2.

2. Bei den besonderen Rechten ist freilich die Methode der Regelung eine verschiedene. Zum Teil handelt es sich um eine abschließende Regelung. Dies gilt insbesondere für das Übersetzungsrecht, das Aufführungs- und Vortragsrecht und das Verfilmungsrecht. Bei dem Recht zur Rundfunksendung ist es dagegen den Verbandsländern gestattet, die Voraussetzungen für die Ausübung des Rechts zu regeln, und bei den Rechten zur mechanischen Vervielfältigung von Musikwerken ist vorgesehen, daß die Verbandsländer für ihren Bereich Vorbehalte und Voraussetzungen festlegen können; in beiden Fällen bleibt aber dem Urheber jedenfalls der Anspruch auf eine angemessene Vergütung gesichert.

Diese elastische Methode kann weitergehend dazu führen, daß in der Konvention nur Grundsätze festgelegt werden, die Einzelregelung aber der nationalen Gesetzgebung vorbehalten bleibt. Die wichtigste einschlägige Bestimmung ist die Vorschrift des Art. 6bis RBÜ über das Urheberpersönlichkeitsrecht: Der Urheber hat das Recht, die Urheberschaft am Werk für sich in Anspruch zu nehmen und sich jeder Entstellung, Verstümmelung, sonstigen Änderung oder Beeinträchtigung des Werkes zu widersetzen, die seiner Ehre oder seinem Ruf nachteilig sein könnten. Die zur Wahrung dieses Rechts erforderlichen Rechtsbehelfe richten sich jedoch nach den Vorschriften des Schutzlandes.

Die Art und Weise der Regelung der besonderen Rechte ist für die Rechslage in den Ländern wesentlich, die, wie die Bundesrepublik Deutschland, davon ausgehen, daß die nach Inhalt und Fassung dazu geeigneten Regeln der Konvention unmittelbar anwendbar sind (vgl. oben § 11 III). Wird in der innerstaatlichen Gesetzgebung das Senderecht oder das mechanische Vervielfältigungsrecht durch eine gesetzliche oder eine Zwangslizenz beschränkt, so bleibt doch jedenfalls die Regel, daß der Anspruch des Urhebers auf eine angemessene Vergütung nicht beeinträchtigt werden darf, unmittelbar anwendbar. Dagegen setzt die Anwendung der Regel über das Urheberpersönlichkeitsrecht eine Regelung der Rechtsbehelfe in der nationalen Gesetzgebung voraus; die Verbandsländer sind aber zu einer solchen Regelung verpflichtet.

3. Die Regeln der Berner Konvention stehen daher in enger Verzahnung mit den Regeln der Landesrechte. Ihre Darstellung im einzelnen hat bei den Sachgebieten des Urheberrechts zu erfolgen.

VI. Die Stockholmer Revisionskonferenz (von 1967) hat nicht nur wie die früheren Revisionskonferenzen einen weiteren Ausbau des internationalen Urheberrechtsschutzes, insbesondere durch die Erweiterung des Kreises der verbandseigenen Werke und durch die Regel über das Vervielfältigungsrecht, gebracht. Sie hat vielmehr auch in einem dem Text der Übereinkunft angefügten Protokoll für die Entwicklungsländer der Forderung dieser Länder Rechnung getragen, daß ihnen im Hinblick auf ihre soziale und kulturelle Entwicklung eine Einschränkung des Urheberrechts gestattet wird; u. a. wurde vorgesehen, daß die Entwicklungsländer zu Unterrichts-, Studien- und Forschungszwecken beliebige Eingriffe in das Urheberrecht vornehmen, insbesondere den Nachdruck und die Übersetzung der geschützten Werke ohne vorherige Befragung des Urhebers mit der Maßgabe gestatten können, daß den Urhebern eine Vergütung gewährt wird. Auch wurde in Stockholm, wie bereits erwähnt wurde, im Zusammenhang mit der Errichtung der Weltorganisation für geistiges Eigentum die Verwaltungsstruktur der Berner Union neu geregelt. Den Verbandsländern wurde dabei vorbehalten, bei ihrer Ratifikation oder ihrem Beitritt die Erklärung abzugeben, daß sich ihre Bindung nicht auf die urheberrechtlichen Regeln der Art. 1—21 und das Protokoll für die Entwicklungsländer oder nicht auf die Verwaltungsvorschriften der Art. 22—26 bezieht.

Die weitgehende Einschränkung des Urheberrechts, die den Entwicklungsländern in der Stockholmer Fassung gestattet wurde, ist in den entwickelten Ländern auf heftigen Widerstand aus den Kreisen der Urheber und Verleger gestoßen. Die Mehrzahl der Verbandsländer, die die Stockholmer Fassung ratifiziert haben, darunter auch die Bundesrepublik, hat daher von dem Recht Gebrauch gemacht, die Bindung an die urheberrechtlichen Regeln und das Protokoll für die Entwicklungsländer auszuschließen. Die Stockholmer Fassung ist daher nur unter Beschränkung auf die Verwaltungsvorschriften und die Schlußvorschriften (Art. 22—38 RBÜ) in Kraft getreten.

Die dadurch entstandene Krise des internationalen Urheberrechts ist nach eingehenden Vorarbeiten durch eine weitere Revision überwunden worden, die 1971 in Paris gleichzeitig mit der Revision des WUA erfolgte. Die allgemeinen urheberrechtlichen Bestimmungen und die Verwaltungsvorschriften der Stockholmer Fassung blieben unberührt. Dagegen wurden die Vergünstigungen für die Entwicklungsländer in einem Anhang zur Pariser Fassung neu geregelt: sie wurden dahin eingeschränkt, daß es den Entwicklungsländern vorbehalten bleibt, das Übersetzungsrecht für Unterrichts-, Studien- und Forschungszwecke und das Vervielfältigungsrecht für den Gebrauch im Zusammenhang mit systematischem Unterricht durch Erteilung einer nichtausschließlichen und nichtübertragbaren Zwangslizenz zu beschränken. Die Erteilung der Lizenz setzt voraus, daß bestimmte Fristen seit der ersten Veröffentlichung des Werkes abgelaufen sind und daß der Rechtsinhaber ohne Erfolg um die Bewilligung einer vertraglichen Lizenz ersucht worden ist.

Vgl. über die Arbeiten zur Überwindung der Krise und über die Pariser Revisionen Ulmer, in GRUR Int. 1969, 375 ff.; 1970, 161 ff. und 329 ff.; 1971, 423 ff. sowie Steup-

BUNGEROTH, a. a. O. Wie in der Pariser Revision vorgesehen ist, darf die Übersetzungslizenz nur für die Übersetzung in eine Sprache erteilt werden, die in dem betreffenden Entwicklungsland im allgemeinen Gebrauch ist, und nur unter der Voraussetzung, daß seit der ersten Veröffentlichung des Werkes eine bestimmte Frist abgelaufen ist, ohne daß eine Übersetzung in diese Sprache veröffentlicht wurde. Die Frist beträgt in der Regel 3 Jahre, verkürzt sich jedoch auf ein Jahr bei Übersetzungen in eine Sprache, die nicht auch in einem oder mehreren entwickelten Ländern allgemein gebräuchlich ist. Eine weitere Frist läuft von dem Zeitpunkt an, in dem der Antragsteller den Inhaber des Übersetzungsrechts um die Bewilligung der Übersetzung ersucht hat; sie beträgt in der Regel 6 Monate, verlängert sich jedoch auf 9 Monate, wenn die von der ersten Veröffentlichung ab laufende Frist nur 1 Jahr beträgt. Eine Vervielfältigungslizenz darf nur erteilt werden, wenn seit der ersten Veröffentlichung eine bestimmte Frist abgelaufen ist, ohne daß der Rechtsinhaber in dem betreffenden Entwicklungsland Exemplare der Ausgabe zu einem Preis zum Verkauf gestellt hat, der dem landesüblichen Preis vergleichbarer Werke entspricht. Die Frist beträgt in der Regel 5 Jahre, bei Werken aus dem Bereich der Naturwissenschaften, Mathematik und Technik jedoch 3 Jahre, bei Romanen, Gedichten und Dramen sowie bei musikalischen Werken und Kunstbüchern 7 Jahre. Ergänzt wird die Dreijahresfrist durch eine weitere Frist von 6 Monaten, die vom Zeitpunkt der Befragung des Berechtigten ab läuft. Die Lizenzen sind territorial beschränkt: Die Ausfuhr der aufgrund der Zwangslizenz hergestellten Exemplare ist grundsätzlich untersagt. — Die Neuregelung ist infolge der Kompromisse, die geschlossen werden mußten, kompliziert, stellt jedoch im ganzen einen befriedigenden Interessenausgleich dar. Die Notwendigkeit der vorherigen Befragung des Rechtsinhabers soll dazu beitragen, daß in der großen Mehrzahl der Fälle die Zwangslizenz nicht realisiert zu werden braucht, daß es vielmehr zum Abschluß von Verträgen mit den Rechtsinhabern kommt, in denen die Beteiligten selbst eine angemessene Lösung finden. Von Bedeutung ist dabei auch, daß die UNESCO ein internationales Informationszentrum für Urheberrecht eingerichtet hat, das Informationen über die für die Entwicklungsländer in Betracht kommenden Werke sammelt, die Entwicklungsländer berät und unterstützt und den Abschluß von Verträgen, insbesondere die Vergabe von Übersetzungs- und Vervielfältigungslizenzen, vermittelt.

Die Pariser Fassung, die auch hinsichtlich der urheberrechtlichen Regeln und der Regeln über die Rechte der Entwicklungsländer von der erforderlichen Anzahl von Verbandsländern, darunter der Bundesrepublik Deutschland, ratifiziert wurde, ist mit Wirkung ab 10. 10. 1974 in ihrer Gesamtheit in Kraft getreten.

§ 15. Das Welturheberrechtsabkommen

Literatur: ARPAD BOGSCH, The Law of Copyright under the Universal Convention (3. Aufl. 1968). Aus dem deutschen Schrifttum: die vor § 14 genannten Kommentare von BAPPERT-WAGNER und NORDEMANN-VINCK-HERTIN.

I. Die Berner Übereinkunft hat sich als Grundlage des internationalen Urheberrechtsschutzes bewährt. Ihr Mangel ist jedoch, daß ihr die Universalität fehlt. Außerhalb des Berner Verbands stehen die Vereinigten Staaten von Amerika, die Sowjetunion und eine Anzahl anderer, insbesondere afrikanischer, amerikanischer und asiatischer Staaten.

1. Wiederholte Versuche, diese Lücken zu schließen, insbesondere die Vereinigten Staaten für den Beitritt zum Berner Verband zu gewin-

nen, sind gescheitert. Infolgedessen gewann der Gedanke Raum, ein neues umfassendes Urheberrechtsabkommen zu schließen. Seitdem die Rom-Konferenz der Berner Union 1928 den Wunsch nach einer Verständigung mit den amerikanischen Staaten und nach möglichst weitgehender Vereinheitlichung des Urheberrechtsschutzes in der ganzen Welt ausgesprochen hatte, sind eine Reihe von Plänen und Entwürfen für eine Weltkonvention ausgearbeitet worden.

Vgl. darüber ERNST HEYMANN, in RabelsZ 1942, 41 ff. und MENTHA, in GRUR 1951, 350 ff.

2. Nach dem Zweiten Weltkrieg wurde der Gedanke des Abschlusses einer Weltkonvention von der UNESCO aufgegriffen, die sich eine Urheberrechtsabteilung angliederte. In Sachverständigenberatungen, zu denen die UNESCO einlud, reifte der Plan, unbeschadet der Weitergeltung der Berner Übereinkunft und der sonstigen Urheberrechtskonventionen, ein Abkommen zum Schutz des Urheberrechts zu schließen, das weitmaschig genug ist, um den Beitritt aller Staaten der Welt zu ermöglichen. Der von den Sachverständigen ausgearbeitete Entwurf wurde zur Grundlage der Beratungen der Genfer Staatenkonferenz, auf der am 6. 9. 1952 das Welturheberrechtsabkommen unterzeichnet wurde. Es ist am 16. 9. 1955 in Kraft getreten.

3. Revidiert wurde das WUA gleichzeitig mit der RBÜ auf der Pariser Revisionskonferenz von 1971. Dabei wurde einerseits der Rechtsschutz durch ausdrückliche Anerkennung der ausschließlichen Rechte der Urheber zur Vervielfältigung, zur öffentlichen Aufführung und zur Rundfunksendung ihrer Werke verstärkt. Andererseits wurden den Entwicklungsländern die gleichen Vergünstigungen eingeräumt, die für sie im Anhang zur Pariser Fassung der RBÜ vorgesehen sind. Das Rev. WUA ist, nachdem es von der erforderlichen Anzahl von Staaten, darunter der Bundesrepublik Deutschland, ratifiziert wurde, am 10. 7. 1974 in Kraft getreten.

Für das Verhältnis der Abkommen zueinander ist in Art. IX Abs. 3 und 4 des revidierten Abkommens vorgesehen, daß der Beitritt zu ihm für die Staaten, die dem Abkommen von 1952 nicht angehören, zugleich als Beiritt zu diesem Abkommen gilt und daß die Beziehungen zu den Staaten, die dem revidierten Abkommen, und den Staaten, die dem Abkommen von 1952 angehören, sich nach dem Abkommen von 1952 richten. Insofern besteht ein Band zwischen den beiden Abkommen. Im folgenden wird der Einfachheit halber, sofern die Regeln der beiden Abkommen miteinander übereinstimmen, vom WUA, sofern Abweichungen vorliegen, vom WUA 1952 bzw. vom Rev. WUA gesprochen.

4. Das WUA begründet, anders als die Berner Übereinkunft, keinen Staatenverband. Es spricht daher nicht von Verbandsländern, sondern von vertragschließenden Staaten. Staaten, für die das WUA durch Ratifikation, Annahme oder Beiritt verbindlich geworden ist, werden im folgenden als Vertragsstaaten bezeichnet.

Vertragsstaaten nach dem Stand vom 1. 1. 1980 sind folgende Staaten (Staaten, für die das Rev. WUA verbindlich ist, werden durch Kursivschrift gekennzeichnet): *Algerien*, Andorra, Argentinien, *Australien, Bahamas, Bangladesch,* Belgien, *Brasilien, Bulgarien,* Chile, *Costa Rica, Dänemark, Bundesrepublik Deutschland, Deutsche Demokratische Republik,* Ekuador, *El Salvador,* Fidschi, Finnland, *Frankreich,* Ghana, Griechenland, Guatemala, Haiti, der Heilige Stuhl, Indien, Irland, Island, Israel, Italien, *Japan, Jugoslawien,* Kambodscha, *Kamerun,* Kanada, *Kenia, Kolumbien,* Kuba, Laos, Libanon, Liberia, Liechtenstein, Luxemburg, Malawi, Malta, *Marokko,* Mauritius, *Mexiko, Monaco,* Neuseeland, Nicaragua, Niederlande, Nigeria, *Norwegen,* Österreich, Pakistan, Panama, Paraguay, Peru, die Philippinen, *Polen*, Portugal, *Schweden,* Schweiz, *Senegal,* Sowjetunion, *Spanien,* Tschechoslowakei, *Tunesien, Ungarn,* Venezuela, *Vereinigte Staaten von Amerika, Vereinigtes Königreich von Großbritannien und Nordirland,* Zambia.

5. Die Prüfung von Fragen, die sich auf die Anwendung und Durchführung des WUA beziehen, die Vorbereitung von Revisionskonferenzen sowie die Prüfung aller anderen, den internationalen Urheberrechtsschutz betreffenden Fragen, ist die Aufgabe eines Regierungsausschusses, der aus den Vertretern von 18 Staaten besteht, die dem WUA angehören. Die Urheberrechtsabteilung der UNESCO dient dem Ausschuß als Sekretariat.

Fragen von allgemeiner Bedeutung für den internationalen Urheberrechtsschutz werden turnusmäßig in gemeinsamen Sitzungen des Exekutivausschusses der Berner Union und des Regierungsausschusses des WUA beraten. Diese Zusammenarbeit hat sich bewährt und insbesondere auch zur gemeinsamen Vorbereitung internationaler Abkommen, wie beispielsweise des Rom-Abkommens über die angrenzenden Rechte, geführt.

II. Das WUA baut ebenso wie die RBÜ auf dem Grundsatz der Inländerbehandlung auf. Ein Mindestschutz wird dagegen nicht in gleichem Umfang wie in der RBÜ gesichert. Sonderregeln sind im WUA 1952 nur für die Formalitäten, die Schutzdauer und das Übersetzungsrecht vorgesehen (vgl. darüber unten V). Im übrigen hatte es bei der Generalklausel des Art. I WUA sein Bewenden, daß die Vertragsstaaten zu einem wirksamen Urheberrechtsschutz verpflichtet sind; erst im Rev. WUA wurde sie durch eine Regel über den Schutz bestimmter Verwertungsrechte ergänzt.

1. Bezüglich der Werkgattungen sieht Art. I WUA vor, daß die Vertragsstaaten zum Schutz von Werken der Literatur, Wissenschaft und Kunst, wie Schriftwerken, musikalischen und dramatischen Werken, Filmwerken sowie Werken der Malerei, Stichen und Werken der Bildhauerei, verpflichtet sind. Die Aufzählung der Beispiele ist keine abschließende. Geschützt sind vielmehr auch verwandte Werkgattungen. Der Gesetzgebung der Vertragsstaaten bleibt jedoch ein Spielraum. Insbesondere entscheiden sie über die Einbeziehung der Werke der Fotografie und der angewandten Kunst in den Kreis der geschützten Werke.

Daß hinsichtlich der Werke der Fotografie und der angewandten Kunst keine Verpflichtung zum Schutz besteht, ergibt sich nicht nur daraus, daß auf der diplomatischen Konferenz einschlägigen Wünschen verschiedener Delegationen auf Einbeziehung in die

Beispiele keine Rechung getragen werden konnte, ist vielmehr auch aus der Regel des Art. IV Abs. 3 WUA zu erschließen, die für den Fall, daß solche Werke in den Vertragsstaaten geschützt werden, eine Mindestschutzfrist vorsieht. Auch von der Einbeziehung der Bauwerke in die Liste der Beispiele wurde mit Rücksicht darauf abgesehen, daß sie in den USA keinen Urheberrechtsschutz genießen. — Die abweichende Auffassung von DESBOIS-FRANÇON-KEREVER, S. 73, eine der RBÜ entsprechende umfassende Aufzählung von Beispielen sei nur vermieden worden, um die Anwendung des Abkommens auf neue Werkgattungen sicherzustellen, ist weder mit der Entstehungsgeschichte noch mit dem Wortlaut des WUA vereinbar.

2. Für den Inhalt des Schutzes besagt Art. I WUA, daß die Vertragsstaaten verpflichtet sind, alle Bestimmungen zu treffen, die notwendig sind, um einen ausreichenden und wirksamen Schutz des Urheberrechts zu gewähren. Zur Auslegung dieser Regel, heißt es in dem für die Konferenz von 1952 erstatteten Generalbericht, daß den Urhebern diejenigen Rechte zu sichern sind, die ihnen in den Kulturstaaten allgemein zugebilligt werden.

Einen Fortschritt bedeutet demgegenüber die Ergänzung, die die Generalklausel im Rev. WUA erfahren hat: Die in Art. I bezeichneten Rechte — so heißt es in Art. IVbis— umfassen die grundlegenden Rechte, die die wirtschaftlichen Interessen des Urhebers schützen, insbesondere die ausschließlichen Rechte der Vervielfältigung, der öffentlichen Aufführung und der Rundfunksendung. Dadurch ist außer dem Schutz des Übersetzungsrechts der Schutz bestimmter weiterer Rechte der Urheber ausdrücklich gewährleistet. Trotz dieser Revision ist aber die Regelung nicht in gleichem Maß umfassend wie in der RBÜ. Insbesondere fehlt eine Gewährleistung des Urheberpersönlichkeitsrechts. Auch bleibt den Vertragsstaaten für die Zulassung von Ausnahmen ein weitergehender Spielraum als in der RBÜ: Sie können gemäß Art. IVbis Abs. 2 Ausnahmen vorsehen, die dem Geist und den Bestimmungen des Abkommens nicht widersprechen, bleiben aber verpflichtet, jedem der Rechte, für die sie Ausnahmen vorsehen, ein angemessenes Maß an wirksamem Schutz zu gewähren.

Der Begriff des Aufführungsrechts ist in Art. IVbis Rev. WUA in einem weiteren Sinn zu verstehen als im UrhG, das unter dem Aufführungsrecht nur das Recht versteht, ein Musikwerk durch öffentliche Darbietung zu Gehör zu bringen oder ein Werk öffentlich bühnenmäßig darzustellen. Die authentischen englischen und französischen Texte sprechen von der „performance" bzw. der „représentation et exéxution" der Werke. Dem Sinn dieser Begriffe entsprechend, ist der konventionsrechtliche Begriff der Aufführung dahin zu deuten, daß er auch andere Akte der unkörperlichen Wiedergabe, wie den Vortrag von Sprachwerken und die Wiedergabe mittels Bild- und Tronträger, umfaßt. Im übrigen wird durch die Bestimmung des Art. IVbis Abs. 1 Satz 2, daß der Schutz des Vervielfältigungs-, Aufführungs- und Senderechts sowohl die Verwertung der Werke in ihrer ursprünglichen Form als auch in einer erkennbar daraus abgeleiteten Form umfaßt, in bestimmten Grenzen auch das Bearbeitungsrecht geschützt.

III. Ein Grundbegriff des WUA ist der Begriff der Veröffentlichung. Er ist nicht nur für die Bestimmung der durch das WUA geschützten Werke von Bedeutung; der Unterschied zwischen veröffentlichten und unveröffentlichten Werken begegnet vielmehr auch in den Regeln über die Förmlichkeiten, über die Berechnung der Schutzfrist und über das Übersetzungsrecht.

Wie die RBÜ, so geht auch das WUA nicht von dem weiten Begriff der Veröffentlichung aus, der auch die öffentliche Wiedergabe durch Vortrag, Aufführung, Vorführung und Sendung umfaßt, sondern von dem engeren Begriff der Veröffentlichung i. S. des Erscheinens: Veröffentlicht sind Werke, die der Öffentlichkeit durch Exemplare zugänglich gemacht werden, in denen sie körperlich festgelegt sind. Im Hinblick auf die Rechtslage, wie sie in den USA zur Zeit des Abschlusses des WUA bestand, wurde aber die Vervielfältigung auf Tonträgern nicht einbezogen. Es muß sich vielmehr um Exemplare handeln, die es gestatten, das Werk zu lesen oder sonst mit dem Auge wahrzunehmen. Art. VI WUA.

Zum Lesen geeignet sind auch die in Blindenschrift hergestellten Exemplare. Im übrigen muß es sich aber um Exemplare handeln, die für die Wahrnehmung durch das Auge bestimmt sind. Das bedarf bei Büchern und Zeitschriften, bei Bildern, Fotografien usw. keiner Darlegung. Zweifeln kann man dagegen über die Lage bei Filmen. Mit dem Auge wahrnehmbar ist das Filmwerk nur, soweit es auf den Bildstreifen, nicht dagegen soweit es auf den Tonstreifen des Films festgelegt ist. Eine Trennung der sichtbaren und der hörbaren Elemente liegt aber nicht im Sinn des Abkommens, das in Art. I von dem Filmwerk als Ganzem ausgeht. Daher ist anzunehmen, daß die Veröffentlichung des Films im Rechtssinn auch die Veröffentlichung der akustischen Elemente, insbesondere der Filmmusik, bedingt. Zum gleichen Ergebnis kommt das Gutachten des von der Genfer Konferenz für die Zeit bis zum Inkrafttreten des Abkommens eingesetzten vorläufigen Urheberrechtsausschusses (UNCopBull VII, 1954, S. 11 f.). Die Frage zeigt freilich, wie anfechtbar die Unterscheidung zwischen sichtbarer und hörbarer Festlegung ist, die auch in den USA im Hinblick auf den Veröffentlichungsbegriff im Copyright Act von 1976 aufgegeben wurde.

IV. Werke, die durch das WUA geschützt sind, sind alle Werke, deren Urheber einem Vertragsstaat angehören oder die erstmals im Gebiet eines Vertragsstaats veröffentlicht wurden. Art. II WUA.

1. Mit der Regel, daß zu den geschützten Werken auch Werke von Angehörigen eines Vertragsstaats gehören, die erstmalig in einem vertragsfremden Staat veröffentlicht wurden, ist das WUA der Regelung in der RBÜ vorausgegangen, in der die entsprechende Vorschrift erst in der Stockholmer und Pariser Fassung vorgesehen wurde.

Andererseits fehlt in Art. II WUA eine der RBÜ entsprechende Regelung über die gleichzeitige Veröffentlichung. Anzunehmen ist zwar, daß eine Veröffentlichung, die am gleichen Tag in einem Vertragsstaat und einem Nichtvertragsstaat erfolgt, als Erstveröffentlichung in einem Vertragsstaat anzusehen ist. Aber es genügt nicht, daß die Veröffentlichung in dem Vertragsstaat innerhalb von 30 Tagen nach der Veröffentlichung in einem Nichtvertragsstaat erfolgt ist.

Die Dreißigtagebestimmung findet sich nur in der Regel über den Vergleich der Schutzfristen in Art. IV Abs. 4 WUA (vgl. unten V, 2). Allgemein ist sie nicht anzuwenden. Ebenso Bogsch, Universal Copyright Convention, Art. II, Anm. 14.

2. Die Pflicht zur Inländerbehandlung sowie die sonstigen Pflichten der Vertragsstaaten bestehen in Ansehung von Werken, deren Urheber einem anderen Vertragsstaat angehört oder die erstmalig in einem anderen Vertragsstaat veröffentlicht wurden. Für den Schutz der Werke eigener Staatsangehöriger, die unveröffentlicht sind oder die erstmalig im eigenen Staatsgebiet oder in einem Nichtvertragsstaat veröffentlicht wurden, hat es bei den Regeln des nationalen Rechts sein Bewenden.

Werke eigener Staatsangehöriger, die erstmalig in einem anderen Vertragsstaat veröffentlicht wurden, sind dagegen nach Maßgabe des Abkommens zu schützen. So zutreffend Bogsch, Art. II, Amn. 5; die abweichende Auffassung von Bappert-Wagner, WUA, Art. I, Anm. 10, und Nordemann-Vinck-Hertin, WUA, Art. II, Anm. 3, verkennt, daß das Abkommen sowohl die Interessen schützt, die sich im Staat der ersten Veröffentlichung mit dem Werk verbinden, wie die Interessen in dem Staat, dem der Urheber angehört. Ebenso stehen Werke von Angehörigen eines anderen Vertragsstaats, die erstmalig im eigenen Staatsgebiet veröffentlicht wurden, unter dem Schutz des Abkommens. Eine Ausnahme gilt freilich für die Regel des Art. III WUA über die Förmlichkeiten: Die Verpflichtung aus Art. III gilt weder für Werke eigener Staatsangehöriger, noch für Werke, die erstmals im eigenen Staasgebiet veröffentlicht wurden.

Werke von Angehörigen eines Nichtvertragsstaats, die erstmalig in einem Vertragsstaat veröffentlicht wurden, stehen in diesem Staat nicht unter dem Schutz des Abkommens. Bestand und Inhalt des Schutzes richten sich vielmehr ausschließlich nach der nationalen Gesetzgebung. In den anderen Vertragsstaaten sind solche Werke dagegen nach Maßgabe des WUA geschützt.

3. Inhaltlich erfährt die Pflicht zur Inländerbehandlung ihre nähere Regelung in Art. II Abs. 1 und 2 WUA: Unveröffentlichte Werke werden in jedem Vertragsstaat nach den Regeln über den Schutz unveröffentlichter Werke der eigenen Staatsangehörigen geschützt; veröffentlichte Werke nach den Regeln über den Schutz der Werke eigener Staatsangehöriger, die erstmalig im Inland veröffentlicht wurden.

4. Eine Erweiterung erfährt der Kreis der durch das WUA geschützten Werke in den Vertragsstaaten, die — wie die Bundesrepublik Deutschland — die Zusatzprotokolle 1 und 2 ratifiziert haben: Protokoll 1 stellt die Staatenlosen und Flüchtlinge, die ihren gewöhnlichen Aufenthalt in einem Vertragsstaat haben, den Angehörigen dieses Staates gleich. Protokoll 2 dehnt den Schutz auf Werke aus, die zuerst durch die Organisation der Vereinten Nationen, die mit ihr verbundenen Sonderorganisationen oder durch die Organisation der amerikanischen Staaten veröffentlicht wurden, sowie auf die unveröffentlichten Werke dieser Organisationen. Die Ausdehnung auf die unveröffentlichten Werke bereitet der Auslegung in den Vertragsstaaten Schwierigkeiten, die nur natürliche Personen als Urheber anerkennen. Ist der Urheber Angehöriger eines Vertragsstaats, so ist das Werk ohnehin geschützt. Andernfalls ist m. E. anzunehmen, daß die Rechte insoweit geschützt sind, als sie vom Urheber auf die betreffende Organisation übertragen wurden.

5. Gemäß Art. II Abs. 3 WUA kann jeder Vertragsstaat durch seine Gesetzgebung seinen Staatsangehörigen die Personen gleichstellen, die ihren Wohnsitz in seinem Staatsgebiet haben. Solche Gleichstellung bleibt aber in ihrer Wirkung auf das eigene Staatsgebiet beschränkt. Stellt der Vertragsstaat A die Personen mit inländischem Wohnsitz seinen Staatsangehörigen gleich, so bedeutet dies nicht, daß in den anderen Vertragsstaaten die Werke solcher Personen wie Werke von Angehörigen des Vertragsstaats A zu schützen sind. Die Gleichstellung führt vielmehr nur zu einer Beschränkung der Verpflichtung des Vertragsstaats A: Soweit Werke eigener Staatsangehöriger im Inland nicht unter dem Schutz des Abkommens stehen, bleiben auch Werke von Personen mit inländischem Wohnsitz von dem Schutz ausgeschlossen.

V. Sonderregeln gelten für die Formalitäten, die Schutzdauer und das Übersetzungsrecht.

1. Der Gedanke, daß die Werke unabhängig von der Erfüllung von Formalitäten zu schützen sind, hat im WUA nur für die unveröffentlichten Werke Anerkennung gefunden.

Art. III Abs. 4 WUA verpflichtet die Vertragsstaaten, den unveröffentlichten Werken von Angehörigen anderer Vertragsstaaten Rechtsschutz ohne Erfüllung von Formalitäten zu gewähren.

Bei veröffentlichten Werken können die Vertragsstaaten dagegen den Urheberrechtsschutz von der Wahrung von Förmlichkeiten abhängig machen. In der Bestimmung der Förmlichkeiten sind sie insoweit frei, als es sich um Werke eigener Staatsangehöriger oder um Werke handelt, die erstmalig im eigenen Staatsgebiet veröffentlicht wurden. Bei allen anderen, durch das WUA geschützten Werken haben sie dagegen die Anforderung an die Förmlichkeiten als erfüllt anzusehen, wenn alle Exemplare des Werkes, die mit Zustimmung des Berechtigten veröffentlicht werden, das Kennzeichen © in Verbindung mit dem Namen des Inhabers des Urheberrechts und des Jahres der ersten Veröffentlichung tragen. Art. III Abs. 1 WUA.

Der Begriff der Förmlichkeiten wird in Art. III durch die Aufzählung von Beispielen erläutert. Auch das Erfordernis der Herstellung oder Veröffentlichung im eigenen Staatsgebiet wird zu den Formerfordernissen gerechnet; die Vereinigten Staaten haben dementsprechend die sogenannte Manufacturing Clause des amerikanischen Rechts entscheidend eingeschränkt (vgl. oben § 12 V 4). Vorbehalten bleiben Verfahrensvorschriften für die Durchführung eines Rechtsstreits, insbesondere das Erfordernis der Hinterlegung eines Exemplars des Werkes durch den Kläger bei dem Gericht oder einer Verwaltungsbehörde als Voraussetzung für die Einleitung eines Prozesses. Vgl. im übrigen unten § 20 II 2.

2. Für die Schutzdauer wird der Grundsatz der Inländerbehandlung durch Regeln über eine Mindestfrist ergänzt. Ausgangspunkt ist dabei das System der Berechnung der Schutzfrist vom Tod ab: Die Schutzdauer umfaßt mindestens die Lebensdauer des Urhebers und 25 Jahre nach seinem Tod. Dem abweichenden System, das in den Vereinigten Staaten vor der Neuregelung im Copyright Act von 1976 galt und noch heute für ältere Werke von Bedeutung ist (vgl. oben § 12 V, 5), wurde aber Rech-

nung getragen: Vertragsstaaten, die in dem Zeitpunkt, in dem das Abkommen für sie verbindlich wird, die Schutzdauer nicht vom Tod des Urhebers ab berechnen, sind befugt, sie von der Erstveröffentlichung oder der ihr vorausgegangenen Registrierung an zu berechnen. Die Frist darf dabei nicht weniger als 25 Jahre betragen. Art. IV Abs. 2a und b WUA.

Ausnahmen gelten für einzelne Arten von Werken: Auch diejenigen Vertragsstaaten, die die Schutzfrist grundsätzlich vom Tod ab, für bestimmte Arten von Werken — z. B. anonyme und pseudonyme Werke — aber von der Erstveröffentlichung ab berechnen, können diese Ausnahme aufrechterhalten und sie auf andere Arten von Werken erstrecken. Bei Werken der Fotografie und der angewandten Kunst darf in den Vertragsstaaten, die diese Werke schützen, die Schutzdauer nicht weniger als 10 Jahre betragen. Art. IV Abs. 2 a und Abs. 3 WUA.

Angesichts der Verschiedenheit der in den Vertragsstaaten geltenden Schutzdauer ist es von besonderer Bedeutung, daß das WUA den Vergleich der Schutzfristen gestattet. Ausgangspunkt des Vergleichs ist bei veröffentlichten Werken die Schutzdauer in dem Vertragsstaat, in dem das Werk zuerst veröffentlicht wurde; bei unveröffentlichten Werken in dem Vertragsstaat, dem der Urheber angehört. Die anderen Vertragsstaaten sind nicht verpflichtet, einen längeren Schutz zu gewähren, als dieser Staat für die in Betracht kommenden Werkgattungen vorsieht. Art. IV Abs. 4 WUA.

Bei gleichzeitiger (innerhalb einer Frist von 30 Tagen erfolgender) Veröffentlichung in zwei oder mehreren Vertragsstaaten gilt das Werk als zum erstenmal in dem Staat veröffentlicht, der die kürzeste Schutzdauer vorsieht. Werke von Angehörigen eines Vertragsstaats, die erstmals in einem Nichtvertragsstaat veröffentlicht wurden, werden i. S. der Regeln über den Vergleich der Schutzfristen als Werke angesehen, die in dem Vertragsstaat veröffentlicht wurden, dem der Urheber angehört; Art. IV Abs. 5 und 6 WUA.

Von der Regel der RBÜ über den Vergleich der Schutzfristen weicht die Regelung im WUA insofern ab, als nicht auf die Schutzdauer des einzelnen Werkes, sondern auf diejenige der Gattung abgestellt wird, zu der es gehört. Ist daher beispielsweise ein Werk im Staat der ersten Veröffentlichung mangels Einhaltung der Formalitäten nicht geschützt, so kann nicht geltend gemacht werden, daß die Schutzdauer in diesem Staat gleich null ist. Wohl aber ist anzunehmen, daß dieser Einwand zulässig ist, wenn die betreffende Werkgattung in einem Staat, dessen Regelung zum Vergleich steht, nicht geschützt ist.

Ebenso BOGSCH, Universal Copyright Convention, Art. IV. Anm. 22, und NORDEMANN-VINCK-HERTIN, Welturheberrechtsabkommen, Art. IV, Anm. 6. Ein weiterer Unterschied von der Regelung in der RBÜ besteht insofern, als die RBÜ den Vergleich der Schutzfristen vorsieht, sofern die Rechtsordnung des Schutzlandes nichts anderes bestimmt, während es im WUA heißt, daß kein Vertragsstaat zur Gewährung eines längeren als des zum Vergleich stehenden Schutzes verpflichtet ist. Angesichts dieser Fassung kann man darüber zweifeln, ob in Vertragsstaaten, in denen die Konventionsbestimmungen unmittelbar anwendbar sind, der Vergleich der Schutzfristen in Anspruch genommen werden kann, ohne daß es dazu einer ausdrücklichen gesetzlichen Bestimmung bedarf, wie sie u. a. in der Bundesrepublik Deutschland (Art. 2 a des Gesetzes über das WUA) und in Italien getroffen wurde. BOGSCH, Universal Copyright Convention, a. a. O. hält eine solche ausdrückliche Bestimmung für erforderlich. M. E. ist die Frage nicht aus der Sicht der Konvention, sondern aus der Sicht der nationalen Rechtsordnung zu beurteilen. Möglicherweise ist das Schweigen des Gesetzgebers, wie es beispielsweise in der Schweiz der Fall ist, dahin zu deuten, daß auf den Vergleich der Schutzfristen verzichtet wird. Anders wurde dagegen die Frage in Frankreich in einem vom Kassationshof bestätigten Urteil der Cour de Paris (DP 1975, 67) entschieden: Hier lag es nahe, an der traditionellen fremdenrechtlichen Regel des französischen Rechts, daß ausländische Urheber, sofern sich nicht aus einer Konvention etwas anderes ergibt, keinen weitergehenden Schutz als denjenigen des Ursprungslands in Anspruch nehmen können, insoweit festzuhalten, als sie nicht im Widerspruch zu der im WUA übernommenen Verpflichtung steht. — Über die Bedeutung des Vergleichs der Schutzfristen für die Schutzdauer, die in der Bundesrepublik für amerikanische Werke in Anspruch genommen werden kann, vgl. ULMER, in GRUR Int. 1979, 39 ff. und die dort zitierten Entscheidungen des BGH.

3. Hinsichtlich des Übersetzungsrechts stieß bei der Schaffung des WUA die Forderung nach einem vollen Schutz auf den Widerspruch einer Reihe von Staaten — darunter der lateinamerikanischen Staaten —, die geltend machten, daß die im Interesse ihrer Kultur erforderliche Übersetzung von Werken in ihre Landessprache notfalls auch gegen den Willen des Urhebers oder seines Rechtsnachfolgers ermöglicht werden müsse. Die Regelung in Art. V WUA beruht auf einen Kompromiß: Grundsätzlich steht den Urhebern der durch das WUA geschützten Werke das ausschließliche Übersetzungsrecht während der ganzen Dauer des Urheberrechts zu. Bei Schriftwerken können aber die Vertragsstaaten in ihrer Gesetzgebung eine Zwangslizenz vorsehen. Voraussetzung für ihre Bewilligung ist, daß bis zum Ablauf von 7 Jahren nach der ersten Veröffentlichung keine Übersetzung des Werkes in die Landessprache veröffentlicht wurde. Die Lizenz kann dann nach vorausgegangener vergeblicher Befragung des Rechtsinhabers auf Antrag von der zuständigen Behörde erteilt werden. Für eine angemessene Vergütung des Inhabers des Übersetzungsrechts ist Sorge zu tragen.

In Einzelbestimmungen über die Zwangslizenz werden persönlichkeitsrechtliche Gesichtspunkte berücksichtigt: Es ist eine einwandfreie Übersetzung zu gewährleisten. Der Titel des Originalwerkes und der Name seines Verfassers müssen auf allen Exemplaren der Ausgabe im Druck angegeben werden. Die Lizenz ist zu versagen, wenn der Verfasser die Exemplare seines Werkes aus dem Verkehr gezogen hat.

VI. Die Sonderbestimmungen zugunsten der Entwicklungsländer, die inhaltlich mit den Regeln des Anhangs zur Pariser Fassung der RBÜ übereinstimmen, wurden in Art. V $^{\text{bis, ter und quater}}$ Rev. WUA getroffen.

Beim Übersetzungsrecht konnte dabei in Art. V ^{ter} an die Regel des Art. V angeknüpft werden: Die Entwicklungsländer können, wenn es sich um eine Übersetzung für Unterrichts-, Studien- oder Forschungszwecke handelt, die in Art. V Abs. 2 vorgesehene Frist von 7 Jahren durch eine Frist von mindestens 3 Jahren bzw. bei einer Übersetzung in eine Sprache, die nicht in einem oder mehreren entwickelten Vertragsstaaten allgemein gebräuchlich ist, durch eine Frist von mindestens 1 Jahr ersetzen. Die Vervielfältigungslizenz ist in Art. V ^{quater} geregelt. Beide Zwangslizenzen sind nicht ausschließliche und nicht übertragbare Lizenzen. Die Ausfuhr der aufgrund der Zwangslizenz hergestellten Exemplare ist grundsätzlich verboten. Vgl. im übrigen die in Paris im Anhang zur RBÜ getroffenen Regeln, oben § 14 VI.

VII. Das Verhältnis des WUA zur Berner Übereinkunft wird in Art. XVII und in einer Zusatzerklärung geregelt, die für die Länder des Berner Verbands, welche gleichzeitig Vertragsstaaten des WUA sind, verbindlich ist.

1. Die Bestimmungen der RBÜ werden durch das WUA in keiner Weise berührt. Im Verhältnis der Länder des Berner Verbands zueinander ist das WUA auf den Schutz der Werke nicht anwendbar, deren Ursprungsland nach der RBÜ ein Land des Berner Verbandes ist.

Dies gilt selbst dann, wenn im Einzelfall die Bestimmungen des WUA für den Urheber günstiger wären. Beispielsweise erlischt in den Ländern, die sich die Regelung des Übersetzungsrechts in der Fassung der Pariser Zusatzakte von 1889 vorbehalten haben, das ausschließliche Übersetzungsrecht, wenn der Urheber nicht innerhalb von 10 Jahren davon Gebrauch gemacht hat. Aufgrund des WUA können diese Länder zwar bereits nach Ablauf von 7 Jahren die Erteilung einer Zwangslizenz vorsehen; dem Inhaber des Übersetzungsrechts bleibt aber bis zum Ablauf der Schutzfrist der Anspruch auf eine angemessene Vergütung. Diese Regelung ist nach Ablauf von 10 Jahren für den Urheber günstiger, kann aber für Werke, deren Ursprungsland ein Verbandsland der Berner Union ist, in den anderen Verbandsländern nicht in Anspruch genommen werden.

2. Darüber hinaus enthält die Zusatzerklärung eine besondere Schutzklausel für den Berner Verband: Ist Ursprungsland eines Werkes ein Land, das nach dem 1. 1. 1951 aus dem Berner Verband ausgeschieden ist, so kann für dieses Werk der Schutz des WUA in den Ländern des Berner Verbands nicht in Anspruch genommen werden.

Die Schutzklausel soll verhindern, daß Länder aus dem Berner Verband in der Erwartung ausscheiden, sie könnten als Vertragsstaaten des WUA den Werken eigenen Ursprungs in den Verbandsländern der Union, die gleichzeitig Vertragsstaaten des WUA sind, die Inländerbehandlung sichern, ohne ihrerseits den mit der Zugehörigkeit zur RBÜ verbundenen Anforderungen an den Urheberrechtsschutz entsprechen zu müssen. Eine Ausnahme von der Regel wurde bei der Pariser Revision zugunsten der Entwicklungsländer vorgesehen: Die Entwicklungsländer können aus dem Berner Verband ausscheiden, ohne daß die Sanktion der Schutzklausel eingreift. Die Schutzklausel tritt aber wieder in Kraft, wenn sie den Status als Entwicklungsland verlieren.

VIII. Das Verhältnis des WUA zu den Urheberrechtsabkommen, die ausschließlich zwischen amerikanischen Staaten abgeschlossen wurden, sowie zu sonstigen multilateralen und bilateralen Abkommen ist in Art. XVIII und XIX geregelt. Der Bestand dieser Abkommen bleibt unberührt. Bei Abweichungen haben aber die Bestimmungen des WUA als des jüngeren Abkommens den Vorrang. Umgekehrt gehen Abkommen zwischen amerikanischen Staaten, die nach Inkrafttreten des WUA abgeschlossen werden, im Fall von Abweichungen dem WUA vor. Der Schutz der Rechte, die bereits vor Inkrafttreten des jüngeren Abkommens erworben wurden, bleibt unberührt. — Für die Bundesrepublik ist diese Regelung im Hinblick auf das Verhältnis des WUA zu dem Abkommen zwischen dem

Deutschen Reich und den USA von 1892 von Bedeutung, das, anders als das WUA, keinen Vergleich der Schutzfristen vorsah und insofern für Werke amerikanischer Staatsangehöriger günstiger war als das WUA. Dennoch kommt — entgegen der Meinung, die von BOLLA in UNESCO CopBull VIII, Nr. 1 (1955) vertreten worden war — der abweichenden Regelung im WUA der Vorrang zu. Ebenso BOGSCH, Universal Copyright Convention, Art. XIX Anm. 2; BAPPERT-WAGNER, WUA, Art. XIX, Anm. 9, und NORDEMANN-VINCK-HERTIN, WUA, Art. XIX, Anm. 2, sowie BGHZ 70, 268. Bei Werken, die vor Inkrafttreten des WUA geschaffen worden waren, bleibt aber das Vertrauen auf die durch die frühere deutsche Regelung erworbene Rechtsposition (Schutz von 50 Jahren p. m. a.) geschützt. Vgl. dazu zusammenfassend ULMER, in GRUR Int. 1979, 39 ff.

III. Das Urheberrecht in der Rechtslehre. Grundfragen des Urheberrechts

§ 16. Idee und Lehre vom geistigen Eigentum

I. Das Urheberrecht ist in seinem Gang durch die Geschichte von Ideen und Lehren über sein Wesen und seine rechtliche Natur begleitet und getragen. Die Lehren erscheinen uns bald als konstruktive Deutungen des geltenden Rechtes, bald schließen sie grundsätzliche rechtspolitische Forderungen ein und werden zu geistigen Mächten, die bei der Gestaltung des Urheberrechts am Werke sind.

Der bedeutendste geistige Prozeß, der sich im Urheberrechtsdenken vollzogen hat, war die Überwindung der Privilegienlehre durch die Lehre vom geistigen Eigentum. Der Stufe des Privilegienwesens entsprach die Vorstellung, daß dem Drucker, dem Verleger oder dem Autor ein Monopolrecht verliehen wird, das die allgemeine Handlungsfreiheit beschränkt. Die Lehre vom geistigen Eigentum gründet dagegen das Urheberrecht auf die Natur der Sache: seine Anerkennung bestätigt nur, daß das Werk nicht der Allgemeinheit, sondern dem Urheber gehört, dem es zu danken ist. Mit der gesetzlichen Regelung scheint zwar der Unterschied zwischen dem auf besonderer Verleihung und dem auf der Natur der Sache beruhenden Recht zu verblassen, insofern es der auf dem staatlichen Gesetz beruhende Rechtssatz ist, durch den der Schutz der Werke sichergestellt wird. Aber solche positivistische Betrachtung verkennt die Bedeutung des Gerechtigkeitsgehalts des Urheberrechtsschutzes. Ein Gewerbemonopol, beispielsweise ein Salz- oder Tabakmonopol, kann aus reinen Zweckmäßigkeitsgründen verliehen werden. Hier liegt keine Schöpfung vor, die auf der Leistung des Monopolinhabers beruht. Anders steht es im Urheberrecht. Die Gesetze bedeuten für das Urheberrecht nur die Anerkennung und die nähere Ausgestaltung eines Rechts, dessen Existenz im allgemeinen Rechtsbewußtsein verankert ist.

Die naturrechtliche Begründung des Urheberrechts, die durch den Vergleich mit dem Sacheigentum unterstrichen wird, enthält daher eine Forderung an den Gesetzgeber; auch bleibt sie im Rahmen der gesetzlichen Regelung als Rechtsidee lebendig, unter deren Wirkung die Auslegung der Gesetze steht.

Vgl. über die Auseinandersetzung der naturrechtlichen Lehre vom geistigen Eigentum mit der älteren Privilegienlehre insbesondere JOHANN ST. PÜTTER, Der Büchernachdruck, S. 118 ff. Die Lehre, daß die Urheberrechte Monopolrechte seien, durch die in die allgemeine Handlungsfreiheit eingegriffen werde, ist auch im 19. Jahrhundert in Frankreich, Italien, England und Deutschland noch vielfach vertreten worden. Vgl. darüber KOHLER, Autorrecht S. 65 ff.; über die verwandten Lehren von GERBER und LABAND s. unten III.

II. Die Lehre vom geistigen Eigentum, die ihren Höhepunkt in der Naturrechtslehre des 18. Jahrhunderts erreichte, ist in ihrer Entwicklung bereits in der Geschichte des Urheberrechts dargestellt worden. Ihr richtiger Kern ist die Erkenntnis, daß das Urheberrecht ein ausschließliches Recht am Werk ist. Der Vergleich mit dem Sacheigentum als dem wichtigsten Privatrecht hat der Anerkennung und Durchsetzung des Urheberrechts wertvolle Hilfe geleistet. Die Idee vom geistigen Eigentum ist die Parole im Kampf um den Schutz der geistigen Arbeit gewesen. Sie hat diese Bedeutung noch heute nicht eingebüßt. Wenn im Gefolge des Krieges weitgehende Eingriffe in die Urheberrechte erfolgt sind, so lag der wirksamste Appell an das Rechtsbewußtsein in der Forderung der Achtung des geistigen Eigentums. Und wenn es in Wahrung der Rechte des Urhebers notwendig wird, den Laien zu überzeugen, beispielsweise dem Musikveranstalter darzulegen, daß er eine Vergütung nicht nur der Kapelle, sondern auch dem Komponisten schuldet, so pflegt der Hinweis auf das geistige Eigentum die stärkste Überzeugungskraft zu haben.

Indem freilich unter der Parole des geistigen Eigentums das Urheberrecht sich durchsetzte, wurden mit seiner gesetzlichen Regelung und seiner dogmatischen Durchdringung die Unterschiede deutlich, die zwischen dem Sacheigentum und dem Urheberrecht bestehen. Verschieden ist nicht nur der Gegenstand, sondern auch die Art der rechtlichen Herrschaft. Das Urheberrecht begründet kein Recht zum Besitz, sondern eine Herrschaft über das Werk, die die ideellen und materiellen Interessen des Urhebers sichert, ihm insbesondere die Entscheidung über die Veröffentlichung und Verwertung des Werkes vorbehält. Auch ist das Urheberrecht zeitlich begrenzt. Beim Sacheigentum wäre eine solche Befristung nicht ohne Neuverteilung der Güter möglich. Beim Urheberrecht ist dagegen die Folge der zeitlichen Schranke, daß das Werk gemeinfrei wird und seine Wiedergabe jedermann freisteht. Die Beschränkung der Schutzdauer bestätigt daher den in der Verschiedenheit der

Rechtsgüter begründeten Unterschied zwischen Sacheigentum und Urheberrecht.

III. Aus der Erkenntnis der Verschiedenheit von Sacheigentum und Urheberrecht erklärt sich die Kritik an der Lehre vom geistigen Eigentum, die im 19. Jahrhundert einsetzte. Die Kritik hat freilich zunächst dazu geführt, daß auch der berechtigte Kern der Lehre übersehen wurde. GERBER und LABAND insbesondere haben nicht nur das Eigentum des Urhebers an seinem Werke geleugnet, sondern bestritten, daß das Urheberrecht ein subjektives Recht sei. Der Schutz des Urhebers sei nur der Reflex von Verbotsnormen; die Zuwiderhandlung sei nicht Verletzung eines subjektiven Rechts.

Vgl. GERBER in Jherings Jahrb. 3 S. 359 ff. (1859) und LABAND in ZHR 23 S. 621 ff. (1878).

Dieser Rückschritt war aber bald überwunden: Die Anerkennung des Urheberrechts als Quelle der Befugnisse, die dem Urheber zustehen, und als eines Rechts, in das eine Rechtsnachfolge möglich ist, ist für unser Rechtsdenken unentbehrlich. Der Rechtswissenschaft bleibt aber die Aufgabe, die besondere Natur des Rechtes an geistigen Schöpfungen zu bestimmen. Die wichtigsten Erkenntnisse, die über die Lehre vom geistigen Eigentum hinaus erzielt wurden, sind dabei, daß anders als beim Sacheigentum der Gegenstand des Rechtes ein unkörperlicher ist und daß der Urheber nicht nur in der wirtschaftlichen Nutzung der Werkes, sondern auch in dem geistigen Band geschützt wird, das ihn mit dem Werk verbindet.

Gefördert wurden diese Erkenntnisse insbesondere durch die Lehre vom Urheberrecht als Persönlichkeitsrecht sowie durch KOHLERS Lehre vom Urheberrecht als Immaterialgüterrecht. Vgl. unten § 17.

IV. Die Fortschritte in der Erkenntnis des Urheberrechts schließen nicht aus, daß wir uns der Bedeutung der Lehre vom geistigen Eigentum bewußt bleiben.

1. Lebendig ist die Idee vom geistigen Eigentum insbesondere in Frankreich geblieben. Auch hier hat es zwar die Theorie unternommen, die besondere Natur des Urheberrechtes klarzustellen. Aber der Begriff der propriété littéraire et artistique ist deshalb nicht aufgegeben worden. Er lebt auch in der Bezeichnung des neuen französischen Urheberrechtsgesetzes fort.

Auch in anderen romanischen Ländern, insbesondere in Spanien, Portugal und den lateinamerikanischen Ländern, gehört der Begriff des geistigen Eigentums der Rechtssprache an. — In den angloamerikanischen Ländern ging, geschichtlich gesehen, der Schutz der unveröffentlichten Werke unmittelbar auf die Idee vom geistigen Eigentum zurück. Ohne eine solche Begrenzung wird aber der Begriff der literary and artistic property heute auch allgemein zur Kennzeichnung der Rechte des Urhebers an seinem Werk verwendet.

2. In Deutschland erscheint der Begriff des geistigen Eigentums in der Gesetzessprache zuletzt in der Bismarckschen Verfassung. Im Schrifttum hat ihn noch OSTERRIETH im ausgehenden 19. Jahrhundert der Dogmatik des Urheberrechtes zugrunde gelegt und damit die Forderung nach ewigem Urheberrechtsschutz verbunden.[1] In der Folge wurde er aber in der Rechtssprache vermieden: In der Dogmatik des deutschen bürgerlichen Rechtes und in der Regelung des BGB bleibt der Eigentumsbegriff auf das Sacheigentum beschränkt.

Über die Gründe vgl. WOLFF-RAISER, Sachenrecht 10. Bearbeitung (1957) S. 177 f.: Der auf die Herrschaft über Sachgüter beschränkte Eigentumsbegriff hat den Vorzug klarer Umgrenzung. Auf ihn beziehen sich die Regeln über den Eigentumserwerb und den Eigentumsverlust sowie über den Herausgabeanspruch des Eigentümers. Der Bemerkung von WOLFF-RAISER, daß keiner der Sätze, die für das Sacheigentum gelten, auf das geistige Eigentum anwendbar sei, steht freilich entgegen, daß der negatorische Anspruch nicht nur aus dem Sacheigentum, sondern auch aus dem Urheberrecht fließt.

Im Sprachgebrauch des Lebens, in dem ein weiterer, in seinen Umrissen freilich unbestimmter Eigentumsbegriff herrscht, hat sich dagegen die Bezeichnung geistiges Eigentum erhalten. Auch ist im Schrifttum und in der Rechtsprechung der Nachkriegszeit wieder an die alte Lehre angeknüpft worden. Diese Anknüpfung ist insofern berechtigt, als mit der Idee vom geistigen Eigentum ihrer naturrechtlichen Herkunft entsprechend die Rechtsüberzeugung fortlebt, daß dem Urheber nicht nur einzelne, besonders verliehene Befugnisse zustehen, daß ihm vielmehr aus seiner geistigen Arbeit ein Recht an dem literarischen oder künstlerischen Werk erwächst, das die Quelle umfassender Befugnisse ist.[2] Über die besondere Natur dieses Rechtes läßt sich freilich auf Grund eines generalisierenden Eigentumsbegriffs nichts aussagen. Auch ist es methodisch verfehlt, wenn der Inhalt des Sacheigentums als Vorbild und Maß für den Inhalt des geistigen Eigentums genommen wird.

In der Rechtsprechung hat der BGH in der Entscheidung über die Magnettonaufnahmen (BGHZ 17 S. 278) unter Bezugnahme auf die Ausführungen des Verfassers an die Lehre vom geistigen Eigentum angeknüpft. Er leitet daraus mit Recht den Gedanken ab, daß dem Urheber nicht nur einzelne Verwertungsrechte zustehen, deren Verleihung im Ermessen des Gesetzgebers liegt, daß ihm vielmehr in umfassender Weise die Verwertung seines Werke vorbehalten ist.

Weiter gehen HUBMANN in Das Recht des schöpferischen Geistes (1954 und Ufita 19 (1955) S. 58 ff. sowie — im Zeichen der Urheberrechtsreform — HEINRICH LEHMANN, ERMECKE, OVERATH und RICHARTZ in der Sammelschrift Urheberrechtsreform, ein Gebot der Gerechtigkeit (1954), ERICH SCHULZE in Recht und Unrecht, eine Studie zur Urheberrechtsreform (1954) und HAUFFE in Der Künstler und sein Recht (1955). HUBMANN leitet

---

[1] OSTERRIETH, Altes und Neues zur Lehre vom Urheberrecht (1892) S. 78 ff.

[2] Mit Grund hat auch VINDING KRUSE das geistige Eigentum in seine große Darstellung des Eigentumsrechts (deutsche Ausgabe in der Übersetzung von LARSEN, 1931) einbezogen, die über die juristische Dogmatik hinaus in die Rechtssoziologie und die Rechtspolitik vorstößt. Vgl. Bd. I S. 521 ff.

aus der sittlichen Weltordnung das ausschließliche Recht des Werkschöpfers „an dem in die Außenwelt hinausgestellten Teil des sich selbst entfaltenden Geistes" ab. Dem geistigen Allgemeingut, das der Urheber aus allgemeinen Quellen schöpft, stellt er den auf der individuellen Leistung beruhenden geistigen Gehalt gegenüber, der Eigentum des Schaffenden bleibt. In den Schriften zur Urheberrechtsreform wurde aus dem Begriff des geistigen Eigentums die Forderung nach einem verstärkten Urheberrechtsschutz abgeleitet.

Abgelehnt wird diese „neue Lehre vom geistigen Eigentum" von De Boor in Ufita 21 (1956) S. 129 ff. und von Roeber in Ufita 21 (1956) S. 150 ff. Die Schriften sind jedoch zu verschieden, als daß ein einheitliches Urteil möglich wäre. Hubmann knüpft an die Erkenntnisse der Wertphilosophie an; eine klare Abgrenzung zwischen Gemeingut und Eigengut ist jedoch — was De Boor mit Recht hervorhebt — durch Deduktion allein nicht zu gewinnen. Ermecke entwickelt die Idee vom geistigen Eigentum vom Standpunkt des katholischen Naturrechts aus. Im übrigen liegt die Bedeutung der Schriften weniger in der theoretischen Grundlegung, die methodisch vielfach anfechtbar ist, als vielmehr in den rechtspolitischen Forderungen zur Urheberrechtsreform, die sie enthielten.

3. Ähnlich wie die Sprache des Lebens geht auch das Grundgesetz in seinen Regeln über das Eigentum von einem weiteren Eigentumsbegriff aus als die bürgerlich-rechtliche Dogmatik. Eigentum im Sinne des Art. 14 GG sind alle privaten Vermögensrechte einschließlich des vermögensrechtlichen Gehaltes des Urheberrechts. Da der Schutz des Urheberpersönlichkeitsrechtes durch Art. 1 und 2 GG geboten ist, steht das Urheberrecht als Ganzes unter der Garantie der Verfassung.

Vgl. dazu oben § 11 I sowie Hubmann, UR, S. 70 ff., und Reinhardt, Urheberrecht und Grundgesetz, in Bd. 4 der Schriftenreihe der INTERgu (1957). Dagegen bestreitet Roeber a.a.O. unter Berufung auf den persönlichkeitsrechtlichen Gehalt des Urheberrechtes die Möglichkeit der Einbeziehung in die Eigentumsgarantie des Art. 14 GG. In Wahrheit steht es aber so, daß der persönlichkeitsrechtliche Gehalt stärkeren verfassungsrechtlichen Schutz genießt als der vermögensrechtliche, der unter den Schranken des Art. 14 steht. Auch die Sozialbindung, auf die Roeber hinweist, ist keine Besonderheit des Urheberrechtes. Sie ist vielmehr immanenter Bestandteil des subjektiven Rechts, sowohl des Sacheigentums wie des Urheberrechtes. Ihr Gehalt bedarf aber, der Natur des Rechtes an geistigen Schöpfungen entsprechend, besonderer Bestimmung. Vgl. dazu oben § 1 IV sowie Reinhardt a.a.O. S. 32.

§ 17. Persönlichkeitsrechtliche und vermögensrechtliche Elemente des Urheberrechts

I. Die Lehre, daß das Urheberrecht Persönlichkeitsrecht sei, geht von Deutschland aus, hat aber weit über Deutschland hinaus Bedeutung gewonnen.

1. Die Vertreter dieser Lehre pflegen sich auf Immanuel Kant zu berufen. In der Tat hat Kant das Urheberrecht als persönliches Recht bezeichnet. Sein Anliegen war aber ein besonderes. Er stellte die Frage, wie man das Recht am Schriftwerk vom Eigentum am Manuskript und an den einzelnen Exemplaren sondern könne, und er beantwortete sie dahin, daß das Buch einerseits ein körperliches Produkt und als solches Gegenstand des Eigentums, andererseits eine Rede des Verfassers an das

Publikum und als solche Gegenstand eines persönlichen Rechts sei. Es ging ihm um das Problem, das später durch die Unterscheidung zwischen körperlichen und unkörperlichen Gegenständen gelöst wurde. Aber das Stichwort vom persönlichen Recht war gefallen. Es wurde aufgegriffen. BLUNTSCHLI, DAHN u. a. haben die Lehre vom Urheberrecht als Persönlichkeitsrecht entwickelt. Ihre klassische Begründung hat sie in der Darstellung OTTO GIERKES gefunden.

KANT hat zum Urheberrecht in seinen Schriften über die Unrechtmäßigkeit des Büchernachdrucks (Berliner Monatsschrift 1785) und über die metaphysischen Anfangsgründe der Rechtslehre (1797) Stellung genommen. Die persönlichkeitsrechtliche Deutung findet sich sodann bei NEUSTETEL, Der Büchnachdruck (1824), bei GAREIS, Buschs Arch. 35 S. 197 ff. und in den Darstellungen des deutschen Privatrechts von BLUNTSCHLI, DAHN und BESELER. GIERKE hat seine Lehre in ZHR 29 S. 266 ff. und vor allem in seinem Deutschen Privatrecht I (1895) S. 762 ff. entwickelt.

GIERKES Theorie ist die idealistische Deutung des Urheberrechts. Das Urheberrecht, das aus geistiger Schöpfung fließt, ist — so lehrt er — seinem Inhalt nach das Recht, über die Wiedergabe des Geisteswerks zu entscheiden. Das Recht wird durch die Zugehörigkeit des Werks zur Persönlichkeitssphäre des Urhebers bestimmt und begrenzt. Mit dem Tod des Urhebers büßt es „die sprudelnde Quelle seiner Lebenskraft" ein. Seine Tage sind nun gezählt. Es besteht nur so lange fort „bis die Zeit verflossen ist, nach deren Ablauf die über den Tod hinaus fortwirkende geistige Individualität in keinem Sinn mehr dem engeren Kreis seiner Erben und Rechtsnachfolger und ganz nur noch der Nation und der Menschheit zu gehören scheint". Daß dem Urheber auch die wirtschaftliche Nutzung bleibt, wird nicht übersehen. Aber sie erscheint nur als eine Ausstrahlung des Rechts, das seinem Wesen nach die Herrschaft über einen „Bestandteil der eigenen Persönlichkeitssphäre" ist.

GIERKEs Darstellung hat starken Widerhall gefunden. Seine Lehre ist in Deutschland insbesondere von ERNST HEYMANN weitergeführt worden (vgl. Zeitliche Begrenzung S. 95, sowie RabelsZ 1937 S. 12 ff.). Auch in das romanische Rechtsdenken hat die Lehre vom Persönlichkeitsrecht Eingang gefunden. In der italienischen Theorie hat PIOLA CASELLI an GIERKE angeknüpft, ist dann freilich in seiner Lehre, insbesondere infolge der Einordnung des Urheberrechts in das Arbeitsrecht, zu anderen Deutungen gelangt (vgl. darüber DE BOOR in Ufita 17 (1944) S. 337 ff.).

2. Die Lehre vom Persönlichkeitsrecht hat wesentlichen Einfluß auf die Entwicklung des Urheberrechts gehabt. Der Schutz der ideellen Interessen des Urhebers, die Anerkennung des droit moral in der Rechtsprechung, in der Gesetzgebung und in der Berner Union ist durch die Theorie gefördert worden. Dem Urheberrecht im ganzen wird aber die Lehre nicht gerecht. Wenn GIERKE das Werk als einen Bestandteil der Persönlichkeitssphäre des Urhebers bezeichnet, so läßt sich ihm die Verselbständigung entgegenhalten, die trotz des geistigen Bandes, das Urheber und Werk verbindet, bereits mit der Schöpfung, insbesondere aber

mit der Veröffentlichung des Werkes eintritt. Das Verhältnis des Urhebers zum Werk ist nicht das Verhältnis zu sich selbst, sondern das Verhältnis zu einem geistigen Kinde, das seine eigene Bestimmung und seine eigenen Schicksale hat. Vor allem aber: wir rechnen heute die Rechtsgüter dann zu den Persönlichkeitsgütern, wenn der Rechtsschutz ganz oder vorwiegend den ideellen Interessen des Berechtigten dient. Es darf aber im Urheberrecht trotz der Bedeutung der ideellen Interessen nicht verkannt werden, daß nicht nur in der geschichtlichen Entwicklung der Schutz der materiellen Interessen im Vordergrund stand, sondern daß auch für das geltende Recht die Sicherung des Urhebers in der wirtschaftlichen Verwertung des Werkes eine Hauptaufgabe des Urheberrechts ist. Nur eine allseitige Berücksichtigung der Interessen des Urhebers kann daher zu einer richtigen Deutung des Urheberrechts führen.

Eine eingehende Darstellung der Stellung und Bedeutung der Lehre vom Urheberrecht als Persönlichkeitsrecht findet sich in dem Werk von Strömholm, Le Droit Moral de l'Auteur, Bd. I S. 182 ff. Rechtsvergleichend bemerkt Strömholm (S. 254 ff.) zutreffend, daß die Entwicklung des Urheberpersönlichkeitsrechts im 19. Jahrhundert in Deutschland entscheidend durch die Theorie, in Frankreich durch die Rechtsprechung bestimmt worden ist.

3. Im *französischen Recht* hat sich der Streit um die Rechtsnatur des Urheberrechts vor allem in der Auseinandersetzung um die Frage der Einordnung in die Begriffe des ehelichen Güterrechts entzündet. Als Eigentum an einem Gegenstand des beweglichen Vermögens wurde das Urheberrecht zunächst zum Gesamtgut der Fahrnisgemeinschaft gerechnet. Vgl. Urteil des Kass. Hofs in DP 1881.1.25. Später wurde jedenfalls das droit moral, zum Teil aber auch das Urheberrecht im ganzen als «faculté inhérente à la personne de l'auteur» zum Eigengut gezählt (im letzteren Sinne haben im Streit um die Urheberrechte der Mme. Canal die Instanzgerichte entschieden, anders dagegen der Kass. Hof in Sir. 1945.1.101). Die Frage ist nunmehr in Art. 25 des französischen UrhG von 1957 geregelt: Ohne Rücksicht auf den Güterstand verbleibt dem Ehegatten, in dessen Person das Urheberrecht entstanden oder dem es von einem Dritten übertragen worden ist, die Befugnis, das Werk der Öffentlichkeit zugänglich zu machen, die Bedingungen seiner Verwertung festzulegen und seine Integrität zu verteidigen; in das Gesamtgut der Gütergemeinschaft (im heutigen gesetzlichen französischen Güterstand: in das Gesamtgut der Errungenschaftsgemeinschaft) fließen nur die finanziellen Erträgnisse, die während der Ehe aus der Verwertung des Werkes erzielt werden. Über die französische Theorie vgl. Escarra-Rault-Hepp, La doctrine française du droit d'auteur (1937), S. 11 ff. und Desbois S. 260 ff. Im ganzen überwiegt die Deutung des droit d'auteur als eines droit double, das vermögensrechtliche und persönlichkeitsrechtliche Elemente vereinigt. Die Erkenntnis der Verschiedenheit vom Sacheigentum hat zeitweise zu einer Kritik an dem Begriff der propriété littéraire et artistique geführt. Er wurde aber nicht aufgegeben, und die neuere Lehre sowie die Gesetzessprache knüpfen bewußt wieder an die klassische Konzeption an, um den Geist des französischen Urheberrechtes zu kennzeichnen. Vgl. dazu die Vorbemerkung von Desbois in der Schrift La propriété littéraire et artistique (1953).

4. In einem neuen veränderten Sinn knüpft die Rechtslehre in mehreren *sozialistischen Staaten*, insbesondere in der DDR, in der Tschechoslowakei und in Ungarn, an die Lehre vom Urheberrecht als Persönlichkeitsrecht an: Das Urheberrecht wird als „sozialistisches Persönlichkeitsrecht" gedeutet. Vgl. dazu Karel Knap, in UFITA 79 (1977) 99 ff., und Boytha, Das Urheberrecht der Ungarischen Volksrepublik, Heft 49 der

Schriftenreihe der UFITA (1974). In der DDR heißt es in § 13 UrhG: „Das Urheberrecht ist sozialistisches Persönlichkeitsrecht. Aus ihm ergeben sich nichtvermögensrechtliche und vermögensrechtliche Befugnisse des Urhebers." Das Beiwort „sozialistisch" soll dabei die Bindung an die gesellschaftspolitische Zielsetzung kennzeichnen. Vgl. dazu PÜSCHEL, in Sammelwerk Urheberrecht, S. 28: Mit den Befugnissen des Urhebers „werden die geistigen und die kulturellen Interessen der Urheber im Einklang mit den Interessen der Gesellschaft an der Entwicklung der sozialistischen Nationalkultur gesichert". Wo dieser Einklang fehlt, entsteht zwar das Urheberrecht; in der Praxis bleibt aber dem Urheber angesichts der Bindung der Unternehmen an behördlich bestätigte Pläne die Möglichkeit der Verwertung versagt.

II. Grundfrage der Urheberrechtstheorie ist in der neueren Urheberrechtslehre die Frage geworden, in welchem Verhältnis der Schutz der materiellen und ideellen Interessen des Urhebers zueinander steht. Die Frage führt zu dem Gegensatz zwischen dualistischen und monistischen Theorien.

1. Die dualistische Theorie lehrt, daß Vermögensrecht und Persönlichkeitsrecht zu sondern sind. Durch die Schöpfung des Werkes entsteht nicht ein einheitliches Recht, sondern ein Doppelrecht. Die Theorie folgt damit der herkömmlichen Einteilung der Rechte und erleichtert die systematische Einordnung in die Gruppe der Vemögensrechte bzw. der Persönlichkeitsrechte.

Begründer und Hauptvertreter der dualistischen Theorie ist JOSEF KOHLER. Für das Vermögensrecht knüpft er an die Lehre vom geistigen Eigentum an, die er zur Theorie vom Immaterialgüterrecht fortentwickelt: Das Urheberrecht ist ein ausschließliches Recht an dem Werk als einem wirtschaftlich verwertbaren, immateriellen Gut. Dem Urheberrecht zur Seite tritt das Individualrecht. Es ist nicht spezifisch urheberrechtlicher Art. Es handelt sich vielmehr um das allgemeine Persönlichkeitsrecht, für dessen Anerkennung KOHLER, über die Rechtsprechung seiner Zeit hinausgreifend, eintrat. Auch in seiner Eigenschaft als Urheber kann sich der Mensch auf dieses Individualrecht berufen. Es sichert ihm insbesondere die Anerkennung der Urheberschaft und die Wahrung der Integrität des Werkes.

Vgl. außer KOHLERS Hauptwerken seine Abhandlungen ins Buschs Arch. 47 S. 176 ff., 303 ff., sowie ArchcivPr 82 S. 191 ff. KOHLER sieht freilich, daß Urheberrecht und Individualrecht nicht beziehungslos nebeneinander stehen. Unter anderem spricht er von „Verklammerungen kraft des Persönlichkeitsrechts". Vgl. UR an Schriftw. S. 439 ff. Hier liegen bei KOHLER Ansätze, die über die dualistische Theorie hinausführen.

Während KOHLER das Individualrecht neben das Urheberrecht stellt, wird von neueren Vertretern der dualistischen Theorie überwiegend[1] ge-

[1] Eine Ausnahme macht SMOSCHEWER Ufita 3 (1930) S. 119 ff., 229 ff. 349 ff., der die dualistische Lehre im Sinne KOHLERS weiterführt.

lehrt, daß das Urheberrecht selbst ein Doppelrecht sei. Es sei kein einheitliches Recht, sondern die Summe der beiden Rechte, die sich in der Hand des Urhebers vereinigen.

In diesem Sinn wurde die dualistische Theorie u. a. von MICHAELIS, Persönlichkeitsrechtliche Befugnisse im deutschen Urheberrecht (1926), und von GEORG MÜLLER, in UFITA 2 (1926) S. 367 ff., vertreten. Ähnlich für das Schweizer Urheberrecht MELLIGER, Das Verhältnis des Urheberrechts zu den Persönlichkeitsrechten (1929). Auch DE BOOR, Vom Wesen, S. 35 f., deutete das Urheberrecht als die Summe von Urhebervermögenrecht und droit moral; später hat er sich dagegen für die Annahme eines einheitlichen Rechts entschieden; UFITA 17 (1944) S. 351. Auch sonst zeigt sich vielfach eine Wendung zur monistischen Auffassung. TROLLER, Immaterialgüterrecht, Bd. I, S. 9 ff., kritisiert die früher in der Schweiz vorherrschende dualistische Lehre; die Entwürfe für ein neues Schweizer Urheberrechtsgesetz gehen, wie die Urheberrechtsgesetze der Bundesrepublik und Österreichs, eindeutig von der monistischen Lehre aus. Auch in der französischen Theorie vom droit double finden sich Hinweise auf die Untrennbarkeit der beiden Elemente. Schon SALEILLES (Sir. 1900.2.121) spricht zwar von der „dualité de caractères et d'éléments juridiques", geht aber von der Einheit des Urheberrechts aus, das er im Hinblick auf die verschiedenen, in ihm enthaltenen Elemente als „droit mixte" bezeichnet. Ähnlich ESCARRA-RAULT-HEPP, La Doctrine française du droit d'auteur, S. 35, und LEPAULLE, Les Droits de l'auteur sur son oeuvre (1927), S. 93, der im Urheberrecht ein „droit unique à faces différentes" sieht. Vorherrschend bleibt aber die dualistische Lehre, die im französischen Recht angesichts der Regel naheliegt, daß zwar die Verwertungsrechte, nicht aber das droit moral mit dem Ablauf der Schutzfrist erlöschen. Vgl. die eingehende Darstellung bei DESBOIS, S. 260 ff.

2. Auch die monistische Theorie leugnet nicht, daß das Urheberrecht vermögensrechtliche und persönlichkeitsrechtliche Elemente enthält. Sie verweist aber darauf, daß der Schutz der beiden Interessengruppen sich nicht trennen läßt. Im einzelnen ist die Begründung und die Deutung eine verschiedene. Einigkeit herrscht aber unter den Anhängern der monistischen Theorie über die Natur des Urheberrechtes als eines einheitlichen Rechts, das weder reines Vermögensrecht noch reines Persönlichkeitsrecht ist, das vielmehr einen besonderen Platz im Rechtssystem einnimmt.

Vgl. dazu ALLFELD LUG Einl. S. 21. Auch HUBMANN UR S. 20 f. und RINTELEN UR S. 37 haben sich der monistischen Auffassung angeschlossen. H. MITTEIS Östr. UR S. 61 f. vertritt sie mit der Begründung, daß die dem Urheber zustehenden Rechte nicht Teile, sondern Funktionen oder Ausstrahlungen des Urheberrechts sind. „Das Urheberrecht ist nicht statisch als Körper zu denken, der in Bestandteile zerlegt werden könnte, sondern dynamisch als Kraft, die nach verschiedenen Richtungen ausstrahlt." In der italienischen Rechtslehre ist PIOLA CASELLI Hauptvertreter der monistischen, von ihm sog. unitarischen Theorie. Vgl. insbesondere seinen Beitrag über das diritto morale in Diritto di autore 1930 S. 3 ff.: Das diritto morale ist ein Element des Urheberrechts, das nicht nur einen Sektor, sondern das Urheberrecht im ganzen bestimmt.

Im ganzen überwiegt im neueren Schrifttum die monistische Deutung. Sie ist grundsätzlich berechtigt. Das Verhältnis, in dem die urheberrechtlichen Befugnisse zueinander stehen, die Einheit des Rechts, aus dem sie fließen, und seine Stellung im Rechtssystem bedürfen aber näherer Darlegung.

§ 18. Einheit und Wesen des Urheberrechts

DE BOOR, Vom Wesen des Urheberrechts (1933); ders., Konstruktionsfragen im Urheberrecht, Ufita 17 (1944) S. 345 ff. — HUBMANN, Das Recht des schöpferischen Geistes (1954). — TROLLER, Immaterialgüterrecht, Bd. I (1968).

I. Man pflegt im Urheberrecht zwischen den vermögensrechtlichen und den persönlichkeitsrechtlichen Befugnissen des Urhebers zu unterscheiden. Die Verwertungsrechte werden als vermögensrechtliche Befugnisse, die dem Schutz der materiellen Interessen dienen, den persönlichkeitsrechtlichen Befugnissen gegenübergestellt, durch die die ideellen Interessen des Urhebers gewahrt werden. Die Unterscheidung gehört nicht nur dem Gedankenkreis der dualistischen Theorie an; vielmehr sprechen auch Anhänger der monistischen Lehre von vermögensrechtlichen und persönlichkeitsrechtlichen Ausstrahlungen des Urheberrechts. Sie begegnet auch im ausländischen und internationalen Urheberrecht. Kennzeichnend ist, daß Art. 6 bis RBÜ dem Urheber das droit moral unabhängig von den „vermögensrechtlichen" Befugnissen vorbehält.

Die Unterscheidung erscheint naheliegend. Genauere Prüfung der aus dem Urheberrecht fließenden Rechte zeigt jedoch, wie bereits in der Einleitung hervorgehoben wurde, daß zwischen der Gliederung der Rechte und der Art der geschützten Interessen keine volle Übereinstimmung besteht: Das Urheberpersönlichkeitsrecht schützt zwar, indem es dem Urheber die Entscheidung über die Veröffentlichung des Werkes sichert sowie das Recht auf Anerkennung der Urheberschaft und das Recht, Entstellungen seines Werkes entgegenzutreten, vorwiegend ideelle Interessen des Urhebers. Im Fall schuldhafter Verletzung können aber auch vermögensrechtliche Ersatzansprüche geltend gemacht werden. Dem Urheber können infolge der Verleugnung seiner Urheberschaft oder einer entstellten Wiedergabe seines Werkes Einnahmen, mit denen er sonst hätte rechnen können, entgehen und damit ein Vermögensschaden erwachsen, den er aufgrund der Verletzung des Urheberpersönlichkeitsrechts einklagen kann.

Als Verwertungsrechte stehen dem Urheber die Rechte zur Vervielfältigung, Verbreitung und öffentlichen Wiedergabe seines Werkes sowie die Bearbeitungsrechte zu. Dadurch wird ihm aber nicht bloß die Rechtsposition gesichert, kraft deren er das Werk selbst verwerten oder — wie es die Regel ist — Verträge abschließen kann, aufgrund derer ihm Honorare und Tantiemen zufließen. Vielmehr sind auch seine ideellen Interessen geschützt: Auch wenn der Urheber der Erstveröffentlichung seines Werkes, beispielsweise einer Sendung durch Rundfunk, zugestimmt hat, geht es für ihn um die Entscheidung darüber, ob das Werk weiterverwertet, beispielsweise gedruckt, öffentlich aufgeführt, übersetzt oder verfilmt werden soll und in wessen Hände er diese weitere Verwertung legt. Es ist eine Entscheidung, die er nicht nur unter wirtschaftlichen Gesichtspunkten trifft, sondern insbesondere auch im Hinblick auf seinen Ruf als Autor und auf die Bestimmung und Wirkung des von ihm geschaffenen Werkes.

Das wird im Schrifttum zwar wiederholt hervorgehoben (vgl. KLAUER, GRUR 1932, 645, und DE BOOR, Vom Wesen, S. 34), bei der systematischen Einordnung aber meist außer acht gelassen. Praktisch ist es von erheblicher Bedeutung. So ist es beim Güterstand der Gütergemeinschaft nicht damit getan, daß das Urheberpersönlichkeitsrecht dem Ehegatten zusteht, der das Werk geschaffen hat. Vielmehr muß ihm, um seiner ideellen Interessen willen, auch die Verfügung über die Verwertungsrechte verbleiben (vgl. unten IV 2). Aus dem gleichen Grund genügt es nicht, die Zwangsvollstreckung in die persönlichkeitsrechtlichen Befugnisse auszuschließen. Vielmehr sind auch der Zwangsvollstreckung in die Verwertungsrechte enge Grenzen gezogen. Eine Verfügung über die Verwertungsrechte ist zwar möglich. Sie führt aber nur zur Begründung von Tochterrechten, die im Bann des Urheberrechts verbleiben; vgl. darüber unten § 83 II.

Reine Vermögensrechte sind nur die Vergütungsansprüche, die aus dem Urheberrecht fließen, darunter die Ansprüche, die die bildenden Künstler aufgrund des Folgerechts im Fall der Weiterveräußerung der Originale ihrer Werke geltend machen können, sowie die Ansprüche auf eine angemessene Vergütung, die den Urhebern im Fall des Vermietens oder Verleihens von Vervielfältigungsstücken zustehen.

II. Die Befugnisse des Urhebers lassen sich zwar in Gruppen einteilen. Diese Gruppen stehen aber nicht beziehungslos nebeneinander und sie weisen nicht die Wesensverschiedenheit auf, aus der die dualistische Theorie auf die Existenz verschiedener Rechte schließt: Das Urheberrecht ist nicht nur die Summe der Befugnisse, die dem Urheber zustehen. Es ist vielmehr das einheitliche Recht, aus dem die Befugnisse fließen.

Bekämpft wird die hier vertretene Auffassung von HIRSCH in Ufita 22 (1956) S. 165 f. Über die wesentlich vorsichtigere Deutung der dualistischen Theorie hinausgehend lehrt er, daß der Begriff des Urheberrechtes als eines subjektiven Rechtes unbrauchbar und fehlerhaft sei. Dem Urheber stünde in Wahrheit eine große Anzahl von subjektiven Rechten und Befugnissen zu. Zusammenfassend könne man nur von einer „Rechtsposition" des Urhebers sprechen, die als Werkherrschaft zu bezeichnen sei. Mit dem Begriff der Werkherrschaft wird aber nichts anderes gesagt als mit der auf KOHLER zurückgehenden Lehre, daß das Urheberrecht seinem Wesen nach nicht eine Herrschaft über Sachgüter, sondern eine Herrschaft über das Werk als Immaterialgut ist. So wenig der Begriff der Sachherrschaft es ausschließt, das Eigentum als subjektives Recht zu deuten, so wenig steht der Begriff der Werkherrschaft der Deutung des Urheberrechtes als eines subjektiven Rechtes entgegen. In beiden Fällen handelt es sich um ein Recht, aus dem eine Reihe von Befugnissen fließt. GROPPLER, der in Ufita 25 (1958) S. 385 ff. an die Lehre HIRSCHS anknüpft, spricht freilich auch dem Eigentum die Eigenschaft als subjektives Recht ab und bezeichnet es nur als eine Rechtsposition. Damit setzt er sich aber in Widerspruch zu einer Vorstellungsweise, die für unser rechtliches Denken unentbehrlich ist. Vgl. zur Kritik der Unterscheidung zwischen Werkherrschaft und subjektivem Recht auch TROLLER, Immaterialgüterrecht Bd. I, S. 102

1. Die Einheit gilt nicht nur für die Entstehung, sondern auch für die Befristung des Urheberrechts. Mit dem Ablauf der Schutzfrist endet

das Urheberrecht. Auch die persönlichkeitsrechtlichen Befugnisse erlöschen.

Nur die Generation, die dem Urheber noch nahesteht, ist zur wirtschaftlichen Verwertung und zugleich zur Wahrung der ideellen Interessen des Urhebers berufen. Abweichend ist freilich die vorzugsweise in den romanischen Ländern geltende Regel, daß das droit moral ein ewiges Recht ist, die die Deutung des Urheberrechts als eines droit double nahelegt.

2. Die Einheit des Urheberrechts bleibt auch im Erbgang gewahrt. Eine Trennung von Verwertungsrechten und persönlichkeitsrechtlichen Befugnissen findet nicht statt. Das Urheberrecht geht vielmehr einheitlich auf die Erben über.

Unter dem Einfluß der dualistischen Theorie sehen einzelne ausländische Gesetze vor, daß nur die Verwertungsrechte auf die Erben übergehen, während die persönlichkeitsrechtlichen Befugnisse den Angehörigen anvertraut werden. Aber der Glaube, man könne auf diese Weise wirtschaftliche Verwertung und Schutz der ideellen Interessen trennen, ist ein Irrtum. Denn die Entscheidung, in welche Hand die Wiedergabe des Werkes gelegt werden soll, verbleibt dem Träger der Verwertungsrechte. Zu den Verwertungsrechten gehören auch die Bearbeitungsrechte, beispielsweise das Verfilmungsrecht; es liegt aber auf der Hand, daß durch die Vergabe des Verfilmungsrechtes auch in die ideellen Interessen des Urhebers eingegriffen wird. Das UrhG hat daher, ebenso wie das österreichische Urheberrechtsgesetz, mit Recht die Trennung abgelehnt; es ist sachentsprechend, daß die Befugnisse in einer Hand verbleiben; vgl. darüber unten § 82 III.

3. Hinsichtlich der Verfügung über die Rechte ist zu unterscheiden: Der Urheber kann über Verwertungsrechte und über Vergütungsansprüche verfügen. Eine entsprechende Verfügung über die persönlichkeitsrechtlichen Befugnisse ist nicht möglich. Ihre Ausübung kann anderen Personen nur zu treuen Händen überlassen werden.

Auch die Verfügung über die Verwertungsrechte hat aber Grenzen. Die abgeleiteten Rechte sind nur Tochterrechte, bei deren Erlöschen das Urheberrecht wieder zum Vollrecht erstarkt. Dem Urheber bleibt das Mutterrecht, in dessen Bann die abgeleiteten Rechte stehen und das weiterhin die Quelle der urheberrechtlichen Befugnisse ist. In diesem Mutterrecht bleibt die Einheit des Urheberrechts gewahrt.

4. Das Verhältnis, in dem der Interessenschutz zur Gestalt des Urheberrechts und zu den aus dem Urheberrecht fließenden Befugnissen steht, kann man sich an einem Bild verdeutlichen. Die beiden Interessengruppen erscheinen, wie bei einem Baum, als die Wurzeln des Urheberrechts, und dieses selbst als der einheitliche Stamm. Die urheberrechtlichen Befugnisse aber sind den Ästen und Zweigen vergleichbar, die aus dem Stamm erwachsen. Sie ziehen die Kraft bald aus beiden, bald ganz oder vorwiegend aus einer der Wurzeln.

III. Als einheitliche Regel läßt sich das Urheberrecht nicht in ein Rechtssystem einordnen, das nur Vermögensrechte und Persönlichkeitsrechte kennt. Es zeigt sich vielmehr, daß es neben den Rechten, die ihrem Typus nach zu einer der beiden Gruppen gehören, auch Rechte gibt, die Merkmale beider Gruppen in sich vereinigen.

1. Das Verhältnis der Urheberrechte zu den Vermögensrechten zeigt sich bei einem Vergleich mit den Sachenrechten. Die Sachenrechte sind Vermögensrechte. Die körperlichen Güter sind regelmäßig Gegenstände wirtschaftlicher Nutzung. Die Rechte an ihnen sind daher grundsätzlich veräußerlich, vererblich und der Zwangsvollstreckung unterworfen.[1] Die Eigentumsordnung schließt freilich die Berücksichtigung ideeller Interessen nicht aus: das Eigentum an Familienbildern und sonstigen Erinnerungsstücken, an Sammlungen und anderen Gütern kann in der Hand seines Inhabers auch dem Schutz persönlicher Interessen dienen.

Aber die Eigentumsordnung weist keine Elemente auf, die diesen Interessen im besonderen Rechnung tragen. Sie bewährt sich in ihrer vermögensrechtlichen Gestaltung auch da, wo ideelle Interessen auf dem Spiel stehen. In besonderen Fällen genügen einzelne Korrekturen, wie beispielsweise Grenzen, die der Zwangsvollstreckung gezogen werden.

Anders im Urheberrecht: Hier nimmt die Rechtsordnung im besonderen auf den Schutz der ideellen Interessen Rücksicht. Die Urheberrechte gehören daher nur mit einem Teil ihres Wesens den Vermögensrechten zu. Im ganzen sind sie in ihrer Gestalt durch eine Mischung vermögensrechtlicher und persönlichkeitsrechtlicher Elemente gekennzeichnet.

Eine solche Mischung zeigt sich auch bei anderen Rechten. Die Art der Mischung verlangt freilich in jedem Fall eine besondere Beurteilung. So ist beispielsweise das Recht an der Firma ein Vermögensrecht mit persönlichkeitsrechtlichem Einklang. Die Rechtsordnung erkennt diese besondere Natur des Firmenrechts an, indem sie die Fortführung der Firma von der ausdrücklichen Einwilligung des bisherigen Geschäftsinhabers abhängig macht (§ 22 HGB)

2. Die Rechtssätze, die für Vermögensrechte gelten, sind daher auf die Urheberrechte nur teilweise anwendbar. Das Urheberrecht ist zwar vererblich und kann im Zug des Erbgangs auf andere übertragen werden. Im übrigen ist es aber nicht übertragbar. Möglich ist nur eine Verfügung über die Verwertungsrechte, durch die Tochterrechte eingeräumt werden, sowie — in den Grenzen, die das Gesetz insbesondere beim Folgerecht vorsieht — eine Übertragung der Vergütungsansprüche.

Anders als bei Vermögensrechten ist auch die Rechtslage im ehelichen Güterrecht. Leben Ehegatten, denen Urheberrechte zustehen, im Güterstand der Gütergemeinschaft, so verbleibt das Urheberrecht als unübertragbares Recht, der Regel des § 1417 Abs. 2 BGB entsprechend,

---

[1] In diesen Regeln erweisen sich wesentliche Eigenschaften der Vermögensrechte. Entscheidend ist aber die Gesamtwürdigung, nicht die Anwendbarkeit einzelner Rechtssätze. Vgl. dazu v. TUHR, Allg. Teil I S. 313 ff.

im Sondergut der Gatten: Nicht nur das Urheberpersönlichkeitsrecht, sondern auch die Verwertungsrechte und damit die Entscheidung über Vervielfältigung, Verbreitung, öffentliche Wiedergabe und die Bearbeitung des Werkes, stehen dem Ehegatten zu, der das Werk geschaffen oder im Weg des Erbgangs erworben hat. Nur die vom UrhG vorgesehenen Vergütungsansprüche fallen, soweit sie übertragbar sind, ebenso wie die auf Vertrag beruhenden Ansprüche auf Honorare, Tantiemen usw. in das Gesamtgut.

Die Frage war unter der Herrschaft der Urheberrechtsgesetze von 1901 und 1907 umstritten. Mit Recht hatte aber bereits KOHLER, in Urheberrecht an Schriftwerken, S. 461, unter dem Gesichtspunkt der „Verklammerung kraft des Persönlichkeitsrechts" angenommen, daß das Urheberrecht im Sondergut des Ehegatten bleibt. Für das geltende Recht vertritt REBMANN, im Münchner Kommentar zum BGB, Bd. 5 (1978) § 1416, Anm. 13, die Meinung, daß zwar das Urheberrecht Sondergut bleibt, die Nutzungsrechte dagegen in das Gesamtgut fallen. Angesichts des persönlichkeitsrechtlichen Einschlags ist aber m. E. die Auffassung geboten, daß dem Urheber selbst die Entscheidung über die Einräumung der Nutzungsrechte verbleibt.

IV. Die Lehren und Theorien vom Urheberrecht haben vielfach nur einzelne Züge erklärt. Die Lehre vom Persönlichkeitsrecht vermittelt die Erkenntnis, daß das Urheberrecht auch dem Schutz ideeller Interessen dient. Dem Versuch, die Brücke zum Arbeitsrecht zu schlagen (oben § 5 I), liegt der Gedanke zugrunde, daß das Urheberrecht der literarischen und künstlerischen Arbeit ihren Platz im Wirtschaftsleben sichert, indem es den geistig Schaffenden die Verwertung ihrer Schöpfungen vorbehält. Die Theorie von der sozialen Bindung des Urheberrechts (oben § 1 IV) erklärt die Grenzen, die dem Urheberrecht gezogen sind. Das sind Teilwahrheiten. Ein volles Bild vom Wesen des Urheberrechts erschließt sich nur dem, der die Züge in ihrer Gesamtheit sieht.

Für die privatrechtliche Dogmatik bleibt die Erkenntnis wesentlich, daß die Urheberrechte gegenständliche Rechte sind. Darin sind sie dem Eigentum und anderen Gegenstandsrechten verwandt. KOHLER war auf dem richtigen Weg, als er die Lehre vom geistigen Eigentum zur Theorie vom Immaterialgüterrecht fortentwickelte. Seine Lehre bedarf aber, wie bereits in der Einleitung (oben § 2 I) gezeigt wurde, der Ergänzung. Nicht nur der Gegenstand des Rechts, sondern auch die Art der rechtlichen Herrschaft ist eine andere als beim Eigentum: Das Werk ist dem Urheber sowohl als wirtschaftlich verwertbares Gut wie als Kind seines Geistes zugeordnet. Seiner Natur nach hat daher das Urheberrecht seinen Platz weder bei den Vermögensrechten noch bei den Persönlichkeitsrechten. Es zeigt vielmehr, daß in der Systematik des Privatrechts Raum bleiben muß für die Anerkennung von Rechten, in denen vermögens- und persönlichkeitsrechtliche Elemente untrennbar miteinander vermengt sind.

§ 19. Die Individualität der Werke. Form und Inhalt

I. Die Werke sind Individualitäten im Bereich der Literatur und Kunst. Die Individualität ist für den Rechtsschutz bestimmend: Werke im Sinn des Urheberrechts sind nur Gebilde, die sich als Ergebnisse geistigen Schaffens von der Masse alltäglicher Sprachgebilde, gewöhnlicher Bauten, industrieller Erzeugnisse usw. abheben. Die Individualität ist auch für den Schutzumfang maßgebend: Urheberrechtsverletzung ist nicht nur die Verwertung des Werkes in seiner ursprünglichen Gestalt, beispielsweise der wörtliche Nachdruck des Schriftwerkes, sondern auch die Verwertung in Form von Übersetzungen, sonstigen Bearbeitungen und abhängigen Nachschöpfungen; Voraussetzung ist, daß das Werk in individuellen Zügen übernommen wird.

Von den individuellen Zügen des Werkes sind die Elemente abzugrenzen, die literarisches und künstlerisches Gemeingut sind. Zum Gemeingut gehören in erster Linie die Stoffe und Gegenstände, die dem Urheber durch die Natur, die Geschichte, die literarische oder künstlerische Überlieferung vorgegeben sind. So kann beispielsweise das Sujet in der bildenden Kunst oder der geschichtliche Sachverhalt in der Literatur immer aufs neue Gegenstand der Darstellung werden.

Darüber hinaus wachsen aber bei literarischen, insbesondere bei wissenschaftlichen Werken auch die Gedanken, Lehren und Theorien aus der dem Urheber vorbehaltenen Sphäre heraus und gehen in ihrem Sinngehalt in den freien Schatz des geistigen Lebens über. Ideen, politische oder wirtschaftliche Programme, wissenschaftliche Theorien usf. sind Gegenstände freier geistiger Auseinandersetzung.

II. Eine ältere, im deutschen Schrifttum längere Zeit vorherrschende Meinung lehrte, daß die Individualität des Werkes auf der Formgebung beruht. Die Werke der Literatur und der Kunst seien nur in ihrer Form, nicht aber in ihrem Inhalt geschützt. Der Inhalt als solcher sei frei und könne in neuer Form beliebig zur Darstellung gebracht werden.

Der Unterscheidung liegt die richtige Erkenntnis von der Freiheit der Gedanken und Lehren zugrunde. Als das Urheberrecht mit dem geistigen Eigentum des Urhebers begründet wurde, da mußte gezeigt werden, daß das Recht am Werk mit der Freiheit der Gedanken vereinbar ist. So hat in Deutschland insbesondere FICHTE[1] unter Anknüpfung an die philosophische Unterscheidung von Form und Stoff dargelegt, daß die Gedanken mit dem Erscheinen des Buches frei werden, daß aber die Form der Gedanken dem Urheber verbleibt.

[1] Beweis der Unrechtmäßigkeit des Büchernachdrucks (1791), Berliner Monatsschrift 21 S. 443 ff.

Diese Erkenntnis ist in der deutschen Rechtswissenschaft zu der allgemeinen Lehre ausgebaut worden, daß die Werke nur in ihrer Form geschützt seien. Nach dem Beispiel KOHLERs pflegte man dabei unter Verwendung eines Bildes aus der Sprachwissenschaft zur Form nicht nur das äußere Gewand der Werke, sondern auch die „innere Form" zu rechnen, die auch dann gewahrt bleibt, wenn die Werke bearbeitet, beispielsweise das Sprachwerk übersetzt oder das Musikwerk für andere Instrumente eingerichtet wird. Die dem Urheber vorbehaltene Benutzung wurde als Benutzung der Form gedeutet. Den erforderlichen Spielraum zur Bekämpfung abhängiger Nachschöpfungen versuchte man durch eine weite Auslegung des Begriffs der inneren Form zu gewinnen.

Vgl. KOHLER, UR an Schriftw. S. 128 ff. KOHLERs Lehre ist weitergeführt worden von DE BOOR UR S. 72 ff., RIEZLER UR S. 215, ALLFELD LUG § 1 Anm. 9, H. MITTEIS Östr. UR S. 29 f. u. a. KOHLER hatte freilich für Werke der Kunst (einschließlich der Dichtkunst) noch eine Ausnahme gemacht: ihre Individualität beruhe nicht allein auf der Formgebung, sondern auch auf dem „imaginären Bild", das der Schöpfung zugrunde liege. Spätere Autoren haben aber seine Lehre ohne diese Einschränkung weitergeführt. Die eingehendste Darstellung gibt DE BOOR a.a.O. Er nimmt eine ganze Reihe von übereinander gestaffelten Formen an. Dabei verflüchtigte sich aber der Begriff des Inhalts, und die Lehre sah sich genötigt, auch da, wo das Gesetz vom Inhalt spricht, den Begriff in den der Form umzudeuten.

Die Lehre ist jedoch in der Rechtsprechung auf Widerspruch gestoßen. Bei einem Bühnenwerk, so wurde entschieden, liegt eine Urheberrechtsverletzung auch dann vor, wenn das jüngere Werk seinem Inhalt nach in wesentlichen Teilen mit dem älteren Werk übereinstimmt.[2] Auch lag es auf derselben Linie, wenn das LUG seit der Nov. 1910 in § 12 Abs. 2 Nr. 6 dem Urheber die Befugnis zur Verfilmung des Inhalts eines Schriftwerkes vorbehielt. Es zeigte sich hier, daß das was wir unter Inhalt des Werkes verstehen, verschiedenartige Dinge sind. Aus der Freiheit der Gedanken und Lehren kann nicht auf die Freiheit der Fabel geschlossen werden, die auf der Phantasie des Dichters beruht. Die Lehre, daß die Individualität auf der Formgebung beruht, bedarf daher einer kritischen Überprüfung.

III. Die Unterscheidung zwischen Form und Inhalt begegnet nicht nur in der Rechtswissenschaft, sondern auch in der Sprache des Lebens und der Kunstwissenschaft. Sie läßt sich aber nur begrenzt durchführen. Bei der Musik, bei der Lyrik und bei der abstrakten bildenden Kunst erscheinen uns Form und Inhalt als untrennbare Einheit. Auch sonst sind es nur bestimmte Elemente, die sich als solche spezifisch inhaltlicher Art deuten lassen. Insbesondere sind es bei der bildenden Kunst die Gegenstände der Darstellung, in der Dichtung die Stoffe und Fabeln, in ge-

---

[2] So erstmalig das KG in der Entsch. über Alt-Heidelberg — Jung-Heidelberg, GRUR 1926 S. 441 ff.

schichtlichen Werken, Erzählungen und Berichten die Sachverhalte, in wissenschaftlichen und programmatischen Werken die Gedanken und Lehren, in Sammelwerken der ausgewählte Stoff, die Materialien und Beiträge.

Vgl. über die Begriffe Form und Inhalt auch SCHRAMM, Schöpferische Leistung, S. 261 ff., sowie RINTELEN, UR, S. 61 ff., (mit Hinweis auf den Begriff der Gestalt i. S. der Gestaltspsychologie). TROLLER, Immaterialgüterrecht, Bd. I, S. 510, will das Problem des gemeinfreien Inhalts auf die Frage beschränken, ob die Folge der Situationen — d. h. Stoff und Fabel des Werkes — vorbekannt war oder nicht.

1. Gehen wir von diesem Begriff des Inhalts aus, so ist zwar vieles, was darunter fällt, literarisches und künstlerisches Gemeingut. Aber der Inhalt ist nicht schlechthin frei. Das wird am deutlichsten bei den Werken der Dichtung. Gemeingut der Dichtung sind zwar die Stoffe, die aus der Geschichte, der Sage oder der literarischen Überlieferung übernommen werden. Aber von solchem Gemeingut zu unterscheiden ist die Fabel, die auf der Phantasie des Dichters beruht. Die Grenze verläuft hier nicht zwischen Form und Inhalt; sie verläuft vielmehr zwischen dem vorgegebenen Stoff und der schöpferischen Leistung. Es ist daher kein Zufall, wenn in der Gesetzgebung und in der Rechtsprechung die Schutzfähigkeit inhaltlicher Züge des Werkes erstmalig bei der Dichtung anerkannt wurde. Die vom Dichter ersonnene Fabel ist urheberrechtlich geschützt. Auch ihre Verwertung in Form einer Fortsetzung, in der unter Fortführung der Handlung die charakteristischen Züge der Personen und ihrer Umwelt übernommen werden, ist Urheberrechtsverletzung.

Nur der Gesichtspunkt der freien Benutzung vermag einzelne Anlehnungen zu rechtfertigen (vgl. unten VI). Zur grundsätzlichen Frage vgl. die bereits zitierte Entscheidung des KG über Alt-Heidelberg—Jung-Heidelberg in GRUR 1926 S. 441 ff. Das RG hat in RGZ 121 S. 70 an den Leitsatz dieser Entscheidung angeknüpft und ausgesprochen, die unzulässige Benutzung eines Schriftwerkes könne nicht bloß in der Übernahme der Sprachform, sondern auch in der Wiedergabe des Inhalts liegen. Auch OLG München in GRUR 1956 S. 432 ff. sowie OLG Karlsruhe in GRUR 1957 S. 395 ff. gehen davon aus, daß die auf der Phantasie des Dichters beruhende Fabel schutzfähig ist. Der BGH betont in GRUR 1959 S. 379 ff. (Gasparone) unter Berufung auf RGZ 121 S. 70 den Schutz des Ganges der Handlung eines Bühnenwerkes und der Charakteristik der handelnden Personen. Die Frage, ob und unter welchen Voraussetzungen die Fortsetzung eines unter Urheberrechtsschutz stehenden Romans durch Dritte zulässig ist, ließ er in BGHZ 26 S. 52 angesichts des Sachverhalts — es lag ein Hinweis auf bekannte Romangestalten, nicht aber eine Fortsetzung des Romans vor — dahingestellt.

2. Bei anderen Werken, insbesondere bei wissenschaftlichen Werken, erweitert sich der Kreis des literarischen Gemeinguts. Hier sind nicht nur die Sachverhalte Gemeingut, die der Natur oder Geschichte angehören. Vielmehr sind auch die Gedanken und Lehren, die im Werk enthalten sind, in ihrem Sinngehalt frei. Auch hier ist aber der Inhalt nicht schlechthin frei. Den einzelnen Gedanken stehen die Gedanken in ihrer Fülle und in ihrer Beziehung zueinander, den Lehren und Theorien

steht die wissenschaftliche Begründung in der Vielheit der gewählten Beispiele, der inneren Bezüge und der Schlußfolgerungen gegenüber.

Auch bei Sammelwerken können zwar die einzelnen Elemente und Materialien literarisches oder künstlerisches Gemeingut sein. Aber in der auf geistiger Arbeit beruhenden Sammlung und Auswahl liegt eine schutzfähige literarische Leistung. Urheberrechtlich geschützt sind daher unter anderem auch Wörterbücher, Entscheidungssammlungen, Zitatensammlungen u. dgl., sowie die Sammelwerke, in denen der Herausgeber Beiträge einer Mehrheit von Verfassern vereinigt. Die Individualität solcher Werke wird nicht nur durch die Anordnung und Gliederung, sondern auch durch die auf geistiger Arbeit beruhende Sammlung und Auswahl bestimmt. Eine Urheberrechtsverletzung kann daher auch dann vorliegen, wenn das vom Verfasser gesichtete Material ohne eigene Sammlung und Auswahl in anderer Anordnung oder Gliederung veröffentlicht wird.

Vgl. über den Schutz von Wörterbüchern die eingehende Entscheidung des ROHG in Entsch. 16 S. 220 ff: Aus einem Lexikon zu Sophokles darf nicht die Gesamtheit der Belegstellen in ein anderes Lexikon übernommen werden.

3. Die hier vertretene Meinung, daß die Unterscheidung zwischen Form und Inhalt die Problematik nicht zu lösen vermag, hat sich im neueren urheberrechtlichen Schrifttum weitgehend durchgesetzt. Vgl. insbesondere HUBMANN, UR, S. 33 ff.; FROMM-NORDEMANN, UrhG, § 2, Anm. 7, und MÖHRING-NICOLINI, UrhG, § 1, Nr. 2 b. Anders freilich noch v. GAMM, UrhG, § 15, Rdz. 16, der davon ausgeht, daß Gegenstand des Urheberrechtsschutzes die „konkrete Formgestaltung" ist.

4. Anders als die frühere deutsche Rechtslehre, unterscheidet das *anglo-amerikanische Recht* nicht zwischen Inhalt und Form des Werkes, sondern zwischen der Idee und ihrem Ausdruck (expression). Es ist der Gedanke der Freiheit der Ideen, der der Unterscheidung zugrunde liegt, die in England seit der Rechtsprechung des 19. Jahrhunderts vorherrschend geworden ist; vgl. COPINGER-SKONE-JAMES. S. 1 ff. Auch in den USA pflegt man zwischen Idee und ihrem Ausdruck zu unterscheiden. Der neue amerikanische Copyright Act bestimmt ausdrücklich in Sec. 102 b, daß der Urheberrechtsschutz nicht den Schutz von Ideen, Prinzipien, Systemen, Erfindungen, Methoden u. a. umfaßt. Unter der Idee versteht dabei die amerikanische Rechtslehre die „abstrakte" Idee. Vgl. CHAFEE, Restriction on the Law of Copyright, 45 Columbia Law Report, 503 ff. (1943), und NIMMER, On Copyright, Bd. 3, § 13.03 (A). Schutzfähig ist jedenfalls „the pattern of the work", bei Werken der Dichtung insbesondere auch „the sequence of events and the development of the interplay of characters". Diese Deutung steht mit der neueren Beurteilung im deutschen Recht im Einklang.

IV. An die Stelle der Unterscheidung zwischen Form und Inhalt muß daher die Unterscheidung zwischen den individuellen Zügen des Werkes und dem in ihm enthaltenen Gemeingut treten.

Zustimmend HUBMANN, Recht des schöpferischen Geistes S. 102. Abw. dagegen TROLLER, Immaterialgüterrecht, Bd. I, S. 428 ff. Seinen eingehenden Untersuchungen über die Werke der Literatur und Kunst legt er den Begriff der ästhetischen Werke zugrunde, wobei er sich im wesentlichen auf NICOLAI HARTMANNS Lehre von der Ästethik stützt. Infolge der Verlagerung des Schwerpunktes auf die Ästhetik bleiben aber seine Darlegungen einseitig. Bei Werken der Dichtung erkennt er zutreffend, daß Gegenstand des Schutzes nicht nur die Schichten der äußeren und inneren Form, sondern auch das durch sie getragene „geistige Bild", d. h. die Folge der Situationen, die vom Dichter geschaffene Fabel ist. Bei „Gedankenwerken", insbesondere bei wissenschaftlichen Werken, begrenzt er dagegen den Schutz auf die äußere Mitteilungsform. Er verkennt dabei aber, daß — im Gegensatz zu einzelnen Lehren und Ideen — auch das Gewebe der Gedanken und — bei Sammelwerken — auch die in der Auswahl des Stoffes liegende geistige Leistung geschützt ist.

1. Die Individualität des Werkes beruht nicht auf der Formgebung allein, sondern auf dem literarischen und künstlerischen Schaffen im ganzen. Von dem Schutz ausgeschlossen ist das Gemeingut. Der Begriff ist ein normativer: Es ist die Rücksicht auf die Freiheit des geistigen Lebens, die dazu führt, daß nicht nur der vorgebenene Stoff, sondern auch der Inhalt der Gedanken und Lehren aus dem Urheberrechtsschutz ausscheidet.

2. Richtig ist freilich, daß Form und Individualität in besonders naher Beziehung zueinander stehen können. Soweit im künstlerischen Schaffen die schöpferische Leistung in der Formgebung liegt, ist auch die Individualität des Werkes an dessen Form gebunden. Und soweit in literarischen und wissenschaftlichen Werken Sachverhalte, Gedanken und Lehren zur Darstellung kommen, ist die Invidualität des Werkes angesichts der Freiheit der einzelnen inhaltlichen Elemente in der Vielheit der Gesichtspunkte, in der Beziehung, in der sie zueinander stehen, und in der Art ihrer Darstellung, bildlich gesprochen im „Gewebe" des Werkes, zu sehen.

Vgl. dazu Ghiron, Grundsätzliche Betrachtungen über die Urheberrechte (übersetzt von Smoschewer), Ufita 5 (1932) S. 43. Er spricht von einem Komplex von Ideengehalten, von dem Gewebe eines Romans und von dem inneren Zusammenhang eines wissenschaftlichen Werkes.

V. Die Individualität des Werkes ist Voraussetzung des Urheberrechtsschutzes.

1. Die Individualität beruht auf der geistigen Leistung, durch die sich die Werke von schutzlosen Gebilden abgrenzen. Der Schwerpunkt wird dabei vielfach auf der Formgebung liegen. Neben der Formgebung fallen aber auch Eingebungen der Phantasie, Sammlung und Sichtung des Stoffes, sowie die gedankliche Verarbeitung ins Gewicht. In diesem Sinn wird in der Rechtsprechung mit Grund betont, daß die schöpferische Leistung sich sowohl in der Form wie im Inhalt offenbaren könne. Bei Ausführungen, die auf besonderer Sachkenntnis beruhen, insbesondere bei wissenschaftlichen Abhandlungen oder bei Sammlungen, die aus kritischer Sichtung und Prüfung des Stoffes erwachsen, erübrigt sich die Frage, ob auch die Formgebung schöpferische Züge aufweist. Die Formgebung ist zwar, da sie notwendiger Teil des Werkschaffens

ist, Voraussetzung für den Urheberrechtsschutz. Es ist aber nicht erforderlich, daß die schöpferische Leistung gerade in der Formgebung liegt.

Vgl. aus der Rechtsprechung insbesondere RGZ 143 S. 416: „Es kommt — bei der Beurteilung von Formularen — stets darauf an, ob sich im Inhalt des Vordrucks oder Formblattes oder Urkundenmusters ein ungewöhnlicher Grad geschäftlicher Erfahrung, Gewandtheit, Wirtschafts- oder Rechtskenntnis, oder in seiner Form eine eigentümliche, nicht von selbst gegebene Anordnung und Einteilung kundgibt."

2. Die Individualität der Werke kann von verschiedener Stärke sein. Am stärksten ist die Individualität, wenn das Werk den Stempel der Persönlichkeit des Urhebers trägt. Nicht nur bei künstlerischen, sondern auch bei wissenschaftlichen Werken kann durch Stil, Sprachgestaltung oder Gedankenführung der Schöpfer im Werk erkennbar sein. Der Urheberrechtsschutz läßt sich aber, wie bereits in der Lehre vom Gegenstand des Urheberrechts gezeigt wurde, nicht auf solche „Schöpfungen eigenpersönlicher Prägung" beschränken. Es gibt zahlreiche schutzfähige Werke der Kunst, die in ihrem Stil einer Kunstrichtung oder Schule entsprechen und bei denen wohl noch von einer persönlichen Note, aber nicht mehr von eigenpersönlicher Prägung gesprochen werden kann. Noch stärker kann die Persönlichkeit bei wissenschaftlichen und literarischen Arbeiten hinter der fachgerechten Verarbeitung des Stoffes zurücktreten. Besonders deutlich wird dies bei Wörterbüchern, bei Landkarten und ähnlichen stoffgebundenen Werken. Auch in solchen Fällen kann der geistigen Leistung der Urheberrechtsschutz nicht versagt werden. Es genügt, daß trotz der Stoffgebundenheit Spielraum für das individuelle Schaffen bleibt.

VI. Die Individualität des Werkes ist auch für den Umfang wesentlich, in dem dem Urheber die Benutzung des Werkes vorbehalten ist: Auch die Benutzung in veränderter Gestalt, insbesondere die Benutzung in bearbeiteter Form, setzt, solange der Urheber des Originalwerkes geschützt ist, dessen Zustimmung voraus. Neben der Individualität des geschützten Werkes ist aber bei Prüfung der Frage, ob ein Eingriff in das Urheberrecht vorliegt, auch die spätere literarische oder künstlerische Leistung in Betracht zu ziehen.

Rechtlich ist demnach eine doppelte Abgrenzung geboten: Es gibt nicht nur literarisches und künstlerisches Gemeingut, das jedermann benutzen kann. Vielmehr ist darüber hinaus auch die sog. freie Benutzung eines geschützten Werkes zulässig; § 24 Abs. 1 UrhG. Die Geschichte lehrt, daß im Bereich des literarischen und künstlerischen Schaffens immer aufs neue fruchtbare Berührungen mit früherem Schaffen stattfinden, und daß daher auch eine Anlehnung an Züge früherer Werke gestattet sein muß, die an sich schutzfähig sind. Die Benutzung muß aber, um als freie Benutzung gelten zu können, durch weitgehende Selbständigkeit des neuen Schaffens gerechtfertigt sein, angesichts deren die Züge des benutzten Werkes verblassen und in der neuen Schöpfung nicht mehr als wesentliche Züge erscheinen. So sind in der Dichtung Anlehnungen an Fabeln geschützter Werke auch insoweit möglich, als die Fabel auf der Phantasie des Urhebers beruht. Wissenschaftliche Lehren und Theorien können nicht nur in ihrem Sinngehalt übernommen werden; es kann vielmehr, soweit genügende Selbständigkeit vorliegt, auch eine Anlehnung an die Darlegung und Begründung erfolgen. Auch eine Anlehnung an die Form älterer Werke, beispielsweise an die Form von Werken der bildenden Künste, kann freie Benutzung sein. Entscheidend ist für die frei Benutzung die Stärke, in der sich die Individualität der neuen Schöpfung gegenüber derjenigen der früheren geltend macht. Vgl. darüber unten § 58 II.

Die ältere Lehre versuchte demgegenüber, auch das Wesen der freien Benutzung durch die Unterscheidung zwischen Form und Inhalt zu bestimmen. Freie Benutzung liege vor, wenn nur der Inhalt wiederkehre; die Benutzung des Werkes in seiner Form sei dagegen Urheberrechtsverletzung, wobei es genüge, daß die innere Form übernommen werde. (Vgl. u. a. ALLFELD LUG § 14 Anm. 3 und DE BOOR UR S. 160 f.) Daran ist richtig, daß da, wo das Werk in Anlage und Aufbau übernommen wird, trotz des Wechsels der äußeren Form stets eine unfreie Benutzung vorliegt. Aber die Unterscheidung zwischen Form und Inhalt reicht zur Abgrenzung nicht aus. Einerseits kann eine freie Benutzung auch da vorliegen, wo eine Anlehnung an die Form stattfindet; sonst gäbe es beispielsweise im Bereich der Baukunst keine freie Benutzung. Andererseits kann das Werk in seiner Individualität so wesentlich durch Eingebungen der Phantasie, durch Sammlung und Sichtung des Stoffes usw. bestimmt sein, daß auch bei neuer Formung das Urheberrecht verletzt wird.

2. Kapitel

Die Werke und ihr Urheber

I. Die Werke der Literatur, Wissenschaft und Kunst

§ 20. Die Werke und das Gesetz

I. Bei der Bestimmung der Werke, die unter Urheberrechtsschutz stehen, gingen die früheren deutschen Gesetze von den einzelnen Werkgattungen, wie den Schriftwerken, den Werken der Tonkunst, den Werken der bildenden Künste u. a., aus. Solche ,,Kategorienmethodik" bedingt aber die Gefahr, daß sich Lücken zeigen, wenn neue Werkgattungen entstehen, die der Gesetzgeber noch nicht berücksichtigt hat. So sind insbesondere in den letzten Jahrzehnten die Filmwerke als neue Werkgattung neben die bereits bestehenden getreten.

1. Das UrhG sieht daher in § 1 generell den Schutz der Urheber von Werken der Literatur, Wissenschaft und Kunst vor, bestimmt aber ergänzend in § 2 Abs. 1, daß zu den geschützten Werken insbesondere Sprachwerke, Werke der Musik, pantomimische Werke, Werke der bildenden Künste, Lichtbildwerke, Filmwerke und Darstellungen wissenschaftlicher und technischer Art gehören. Die Aufzählung ist keine erschöpfende. Die besonders genannten Werkgattungen sind aber Beispiele, die auch für die Auslegung des allgemeinen Begriffs der Werke der Literatur, Wissenschaft und Kunst von Bedeutung sind.

Die Methode der Erläuterung eines allgemeinen Werkbegriffs durch Beispiele hat sich bewährt. Sie liegt auch der Regelung in einer Reihe ausländischer Gesetze, darunter dem italienischen UrhG von 1941, dem französischen UrhG von 1957 und dem Copyright Act der Vereinigten Staaten von 1976, zugrunde. Insbesondere ist sie auch die Methode der RBÜ: Gemäß Art. 2 Abs. 1 RBÜ umfaßt die Bezeichnung Werke der Literatur und Kunst ,,alle Erzeugnisse auf dem Gebiet der Literatur, Wissenschaft und Kunst ohne Rücksicht auf die Art und Form des Ausdrucks, wie: Bücher, Broschüren und andere Schriftwerke; Vorträge, Ansprachen, Predigten und andere Werke gleicher Art; dramatische oder dramatisch-musikalische Werke; choreographische Werke und Pantomimen; musikalische Kompositionen mit oder ohne Text; Filmwerke einschließlich der Werke, die durch ein ähnliches Verfahren wie Filmwerke hervorgebracht sind; Werke der zeichnenden Kunst, der Malerei, der Baukunst, der Bildhauerei, Stiche und Lithographien; fotografische Werke, denen Werke gleichgestellt sind, die durch ein der Fotografie ähnliches Verfahren hervorgebracht sind; Werke der angewandten Kunst; Illustrationen, geographische Karten; Pläne, Skizzen und Darstellungen plastischer Art auf den Gebieten der Geographie, Topographie, Architektur oder Wissenschaft". Bei Werken der angewandten Kunst bleibt freilich die nähere Bestimmung über die Anwendung der urheberrechtslichen Regeln den Verbandsländern vorbehalten. Es geht hier um die Frage nach dem Verhältnis zwischen Kunsturheberrecht und Geschmacksmusterrecht (vgl. unten § 25 III 2). Sie wird in den Verbandsländern verschieden beantwortet. Art. 2 Abs. 7 RBÜ sieht daher vor, daß für Werke, die im Ursprungsland nur als Muster und Modelle geschützt werden, auch in anderen Verbandsländern nur der Musterschutz in Anspruch genommen werden kann; sofern jedoch in einem anderen Verbandsland kein Musterschutz besteht, sind die Werke urheberrechtlich zu schützen.

2. Eine nähere Bestimmung erfährt der Werkbegriff in § 2 Abs. 2 UrhG: Werke i. S. des Gesetzes sind nur persönliche geistige Schöpfungen. Die ursprünglich vorgeschlagene Formulierung, daß Werke nur Schöpfungen eigenpersönlicher Prägung sind, wurde mit Grund vermieden: Eine Prägung durch den Urheber in dem Sinn, daß das Werk die Persönlichkeit des Urhebers widerspiegelt, findet sich zwar bei Meisterwerken der Literatur und Kunst. Über solche Meisterwerke geht aber der urheberrechtliche Schutz weit hinaus. Für die Schutzfähigkeit genügt die Individualität des Werkes, die auf dem persönlichen geistigen Schaffen beruht.

In ähnlicher Weise hat die frühere deutsche Rechtssprechung ,,individuelle Geistestätigkeit" als Voraussetzung für den Urheberrechtsschutz verlangt (vgl. u. a. RGSt 41, 401). Das Schweizer UrhG spricht von eigenartiger Schöpfung; in den Entwürfen zur Neuregelung des Schweizer Urheberrechts wird mit überzeugender Begründung auf den ,,individuellen Charakter der literarischen und künstlerischen Schöpfung" abgestellt. Das österreichische UrhG umschreibt die Werke als eigentümliche geistige Schöpfungen. In Frankreich spricht das Schrifttum von der création personelle; das UrhG von den ,,oeuvres de l'esprit". Der Copyright Act der USA kennzeichnet die geschützten Werke als ,,original works of authorship". Vgl. im übrigen die Zusammenstellung der Definitionsversuche bei SCHRAMM, Die schöpferische Leistung, S. 106. Seinerseits kennzeichnet SCHRAMM (zu eng) das Werk als eine geistige, aus Phantasie geborene Schöpfung.

3. Eine neue Dimension haben die Begriffe des Gesetzes durch die Entwicklung, die Evolution der modernen Kunst erfahren. Insbesondere geht es um Erscheinungen im Bereich der bildenden Künste, der Musik und der Dichtung, die nicht mehr traditionellen Regeln der Ästhetik, bei der Musik den Gesetzen von Melodie und Harmonie entsprechen. Charakteristisch ist u. a. die Verwendung mathematischer und geometrischer Regeln und Formeln sowie die Einschaltung technischer Mittel in den Prozeß der Werkschöpfung. Beispiele sind serielle und elektronische Musik, Optical Art, Computermusik, Computergraphik, Computerdichtung u. a.

In der Rechtsprechung fehlt es noch an einschlägigen Entscheidungen über die Einbeziehung der modernen Phänomene in den gesetzlichen Werkbegriff. Im Schrifttum liegt dagegen bereits eine Reihe von Untersuchungen vor, darunter insbesondere das Werk des Schweizer Rechtslehrers MAX KUMMER über „Das urheberrechtlich schützbare Werk“ (1968), das einen umfassenden Überblick über die Erscheinungen gibt. Bei der Frage nach dem Urheberrechtsschutz stellt KUMMER auf die Individualität der Werke ab. Er versteht darunter aber nicht eine Individualität, die auf persönlichem geistigen Schaffen beruht. Individuell ist für ihn vielmehr eine Einmaligkeit im statistischen Sinn, eine hohe Wahrscheinlichkeit, daß ein anderer nicht zufällig dasselbe Gebilde schaffen wird. Die Frage, ob dieses Gebilde ein Werk der Literatur oder der Kunst sei, sei in Fällen, in denen sich der Autor in den hergebrachten Bahnen des literarischen, musikalischen und künstlerischen Schaffens bewegt, ohne weiteres zu bejahen. Die moderne Entwicklung habe aber dazu geführt, daß diese Eindeutigkeit sich nicht mehr von selbst verstehe. Hier sei daher darauf abzustellen, ob der Autor das Gebilde als Werk präsentiert. Einen Tuschspritzer an der Wand dürfe zwar ein Reporter fotografieren und das Bild als Tatort des Gefechts zweier Streithähne veröffentlichen. Der gleiche Spritzer, vom Urheber eingerahmt und als Kunstwerk ausgegeben, rufe dagegen das Urheberrecht auf den Plan. M. E. können wir aber bei aller Aufgeschlossenheit für die moderne Kunst das Urteil über die Schutzfähigkeit nicht dem Autor selbst überlassen. Auch ist zu bedenken, daß schon die Vorstufen eines Werkes, die Skizzen und Entwürfe, urheberrechtlichen Schutz genießen, die Präsentation als Kunstwerk aber dem Zeitpunkt nachfolgt, in dem diese Vorstufen geschaffen werden. Vgl. dazu ULMER, in GRUR 1968, 527 ff.; SAMSON, in UFITA 56 (1970) 117 ff., sowie GERSTENBERG, Moderne Kunst und Urheberrecht, in Festschrift für W. WENDEL (1969 S. 89 ff.

Im Streit der Meinungen über den Begriff der Kunst, seine Weite und seine Grenzen haben wir grundsätzlich davon auszugehen, daß der Jurist nicht zu einem Urteil über Kunstrichtungen berufen ist. Er wird vielmehr von den Auffassungen ausgehen, die im Leben, insbesondere im Kreis von Künstlern, Kunstkennern und -freunden, vertreten werden, und dabei auch den Meinungen einer künstlerischen Avantgarde Rechnung tragen. Unverzichtbar bleibt aber das Merkmal der persönlichen geistigen Schöpfung. Auf die Beurteilung typischer Erscheinungen ist bei der Erläuterung der Begriffe der Musikwerke und der Werke der bildenden Künste zurückzukommen.

Bei der *Computerkunst* verbindet sich die Frage nach der Schutzfähigkeit mit derjenigen nach der Person des Urhebers. Die Meinung von FROMM, in GRUR 1964, 403 ff., der Apparat könne geistiger Schöpfer sein, ist unhaltbar; vgl. dagegen FABIANI, in GRUR Int. 1965, 421 ff. Nur der Mensch, der den Apparat steuert, kommt als Urheber in Betracht. Im einzelnen sind, wie RISSET, in DdA 1979, 244 ff., nachweist, verschiedene Möglichkeiten zu unterscheiden: Möglich ist u. a. bei der musikalischen Komposition, daß der Computer nur das Mittel für den Komponisten ist, um die in Betracht kommenden Konsequenzen einer Regel oder die Varianten eines Schemas zu erkunden. Seltener ist die sogenannte automatische Komposition, die Komposition, die vom Computer ausgegeben wird. Am einfachsten liegen dabei die Fälle, in denen das Ergebnis durch das vom Komponisten oder aufgrund seiner Anweisung geschaffene Programm eindeutig bestimmt wird. Möglich ist jedoch, daß es sich infolge der Ausstattung des Computers mit einem Zufallsgenerator um ein Programm mit Aleatorik handelt. Der Computer kann dann aus dem Programm eine Reihe von Versionen entwickeln. Auch in solchen Fällen ist aber Urheber nicht der Apparat, sondern derjenige, der das Grundmuster geschaffen hat und die definitive Version (oder Versionen) bestimmt; sind es mehrere Personen, so können sie Miturheber sein. Entsprechend liegt es mutatis mutandis im Fall des Einsatzes eines Computers bei der Schöpfung von Werken der bildenden Künste und von Sprachwerken.

II. Das UrhG schützt die Werke der Literatur, Wissenschaft und Kunst, ohne die Erfüllung von Förmlichkeiten zu verlangen. Es knüpft unmittelbar an die Schöpfung des Werkes an.

1. Der Grundsatz der Formfreiheit des Urheberrechtsschutzes gilt sowohl nach deutschem Recht wie nach dem Recht der Berner Union: Hinterlegung, Eintragung, Vermerke über einen Vorbehalt der Rechte u. dgl. sind nicht erforderlich.

In Deutschland sind die Förmlichkeiten, die geschichtlich gesehen Restbestand des Privilegienwesens waren, bereits mit dem Erlaß der neueren Urheberrechtsgesetze im 19. Jahrhundert beseitigt worden. Nur für einzelne urheberrechtliche Befugnisse wurde noch am Erfordernis des Vorbehalts der Rechte festgehalten: Nach dem LUG von 1870 waren solche Vorbehalte, die auf dem Titel oder an der Spitze der Werkstücke anzubringen waren, noch für die Wahrung des Übersetzungsrechts und des musikalischen Aufführungsrechts erforderlich. Das Erfordernis wurde aber mit dem LUG von 1901 beseitigt. Die Urheberrechtsgesetze sowohl der Bundesrepublik wie der DDR haben den Grundsatz der Formfreiheit des Schutzes bestätigt.

Urheberrechtlich ohne Bedeutung sind die Vorschriften über die Ablieferung von *Pflichtexemplaren* an öffentliche Bibliotheken. Die Regeln darüber sind in den Landesgesetzen sowie in dem Bundesgesetz über die Deutsche Bibliothek enthalten; vgl. den Text der Gesetze bei RING, Deutsches Presse- und Rundfunkrecht (1977). Die Gesetze begründen die öffentlich-rechtliche Verpflichtung zur Ablieferung. Der Urheberrechtsschutz kann ohne Rücksicht auf die Erfüllung dieser Pflicht in Anspruch genommen werden.

Das Recht der Berner Union gewährleistet die Formfreiheit des Urheberrechtsschutzes seit der Berliner Revisionskonferenz (1908). Werke deutschen Ursprungs genießen daher auch in denjenigen Verbandsländern, die, wie beispielsweise Spanien, in ihrer nationalen Gesetzgebung noch die Wahrung von Förmlichkeiten vorschreiben, automatischen Urheberrechtsschutz. Andererseits werden verbandseigene Werke in Deutschland auch dann geschützt, wenn sie in ihrem Ursprungsland mangels Wahrung der Formalitäten schutzlos sind. Art. 5 Abs. 2 RBÜ.

Eine Ausnahme gilt gemäß § 49 UrhG — in Übereinstimmung mit Art. 10bis RBÜ — für Rundfunkkommentare und Artikel aus Zeitungen oder anderen lediglich Tagesinteressen dienenden Informationsblättern: Einzelne Kommentare und Artikel, die politische, wirtschaftliche oder religiöse Tagesfragen betreffen, dürfen öffentlich wiedergegeben sowie in anderen Zeitungen und Informationsblättern vervielfältigt und verbreitet werden, sofern sie nicht mit einem Vorbehalt der Rechte versehen sind. Vgl. darüber unten § 71 I.

Keine Ausnahme enthält dagegen die Vorschrift über die Anmeldung zur Eintragung in die Urheberrolle, durch die für anonyme und pseudonyme Werke die Berechnung der

Schutzfrist vom Tode des Autors statt von der Veröffentlichung ab gesichert wird (§ 66 Abs. 2 Nr. 2 UrhG): Die Förmlichkeit ist nicht Voraussetzung für den Urheberrechtsschutz, fällt vielmehr nur für die Berechnung der Schutzdauer ins Gewicht.

2. Im WUA hat sich angesichts der in den Vereinigten Staaten geltenden Regeln der Grundsatz der Formfreiheit des Urheberrechtsschutzes für veröffentlichte Werke nicht durchzusetzen vermocht. Zur Sicherung des Urheberrechtsschutzes in den Vertragsstaaten, die die Erfüllung von Formalitäten verlangen, genügt es jedoch, wenn die Exemplare des Werkes, die mit Zustimmung des Berechtigten veröffentlicht werden, das Kennzeichen © in Verbindung mit dem Namen des Inhabers des Urheberrechts und dem Jahr der ersten Veröffentlichung tragen. Art. III Abs. 1 WUA.

Über die amerikanischen Formalitäten und die Regeln, durch die die USA den Bestimmungen des WUA Rechnung getragen haben, vgl. oben § 12 V 4. Zu der Stelle, an der der Schutzvermerk anzubringen ist, insbesondere auch zu seiner Anbringung in Zeitungen und anderen periodischen Druckschriften, vgl. die Entschließung des Regierungsausschusses des WUA, die in deutscher Übersetzung in GRUR Int. 1957, 546 abgedruckt ist.

§ 21. Gemeinsame Schutzvoraussetzungen

Die gemeinsamen Schutzvoraussetzungen, die ohne Unterschied der Werkgattungen gelten, sind aus dem Begriff der Werke, ihrer Schöpfung und ihrer Individualität abzuleiten.

I. Gegenstand des Urheberrechtsschutzes ist das einzelne Werk in seiner Individualität. Nicht geschützt ist die Methode des Schaffens. Stil und Manier des Künstlers, die Technik des Malers, die Eigenart der Instrumentation oder die Besonderheit der Klangfärbung in der Musik sind nicht schutzfähig. Auch neue Versformen oder Tonskalen sind ebensowenig geschützt wie neue Typen des Schaffens (Hör- und Fernsehspiele, Lehrbriefe, Kurzkommentare u. dgl.).

Darüber herrscht Einigkeit in Schrifttum und Rechtsprechung. Vgl. Hubmann, UR S. 86; Mitteis, Österreichisches UrhG, S. 29, und aus der Rechtsprechung RGZ 116, 298 (der Typ eines Adreßbuchs ist nicht geschützt), sowie BGHZ 5, 1 und BGH in GRUR 1970, 250 (der künstlerische Stil der als Hummelfiguren bekannten Kinderplastiken ist nicht schutzfähig).

II. Der Schutz setzt voraus, daß das Werkschaffen für die menschlichen Sinne wahrnehmbar geworden ist.

1. Solange das Werk nur dem Geist des Urhebers angehört, bedarf es keines Schutzes. Aber der Schutz beginnt, sobald das Werk erkennbar geworden ist.

Gleichgültig ist dabei, ob das Werk unmittelbar wahrgenommen werden kann oder ob es eines technischen Geräts bedarf, um das Werk wahrnehmbar zu machen. Beispielsweise genügt bei der Livesendung im Rundfunk die Ausstrahlung der Wellen, die nur mittels eines Empfangsgeräts wahrnehmbar gemacht werden kann. Vgl. dazu BGHZ 37, 7.

Körperliche Festlegung ist, sofern das Werk ohne eine solche in Erscheinung treten kann, entbehrlich; so genügt bei Sprachwerken die mündliche Mitteilung, bei Musikwerken die Aufführung, auch wenn ihr keine Aufzeichnung zugrunde liegt.

Eine Ausnahme sah das LUG von 1901 noch für choreographische und pantomimische Werke durch die Bestimmung vor, daß der Bühnenvorgang schriftlich oder auf andere Weise festgehalten sein muß. Das UrhG sieht folgerichtigerweise von dieser Ausnahme ab. In einer Reihe von Auslandsstaaten wird aber noch an ihr festgehalten. Weitergehend verlangt das britische Recht die körperliche Festlegung als Voraussetzung für den Urheberrechtsschutz. Auch der neue Copyright Act der Vereinigten Staaten macht den Schutz davon abhängig, daß das Werk „in any tangible medium of expression" festgelegt ist; vorbehalten bleibt aber der Schutz nichtfixierter Werke durch das commom law der Einzelstaaten. Die RBÜ sieht in Art. 2 Abs. 2 vor, daß es der Gesetzgebung der Verbandsländer vorbehalten bleibt, die Werke der Literatur und Kunst oder eine oder mehrere Arten davon nur zu schützen, wenn sie auf einem materiellen Träger festgelegt sind.

2. Vollendung der Schöpfung ist nicht erforderlich. Auch die Skizze und der Entwurf sind geschützt. Sie sind, sofern genügende Individualität vorliegt, bereits Werke im urheberrechtlichen Sinn. Dagegen ist die bloße Anregung kein Werk. Bei der sogenannten „Idee", die einer Dichtung oder einem Filmwerk zugrunde liegt, ist zu unterscheiden: Soweit sie bloße Anregung ist, beispielsweise nur einen Hinweis auf einen Stoff oder einen sozialen Konflikt enthält, entbehrt sie des Schutzes. Hat sich aber die Anregung bereits zu einer individuellen Gestaltung verdichtet, ist insbesondere die Fabel in wesentlichen Zügen bereits entwickelt, so liegt ein Werk vor. Die Ausführung durch einen anderen ist in solchem Fall nicht Neuschöpfung; sie begründet nur ein abhängiges Urheberrecht oder — im Fall der Zusammenarbeit des anderen mit dem Schöpfer der Fabel — einen Anteil an dem ihnen gemeinsam zustehenden Miturheberrecht.

In der Praxis ist die Frage bezüglich einer *Filmidee* in den Entscheidungen des KG in Ufita 17 (1944) S. 62 und des OLG München in GRUR 1956 S. 432 f. erörtert worden. Der Urheberrechtsschutz wurde in beiden Fällen verneint. Das KG lehnte ihn ab, weil es sich bei der mitgeteilten Filmidee nur um einen „nicht weit hergeholten Einfall" gehandelt hatte und die Mitteilung auch in ihrer Form nur Alltagsgewand trug; angesichts der besonderen Umstände des Falles (die Mitteilung war im Vertrauen darauf erfolgt, daß im Falle ihrer Verwendung eine Beteiligung stattfindet) wurde aber ein Wettbewerbsverstoß angenommen. Das OLG München versagte den Urheberrechtsschutz, weil es sich nur um die einer näheren Ausformung entbehrende Mitteilung einer tatsächlichen Begebenheit handelte; auch Wettbewerbsverletzung wurde nicht angenommen. Aus dem Schrifttum vgl. Kopsch UFITA 17 (1944) S. 374 und Schramm, Die schöpferische Leistung S. 63 und 104.

Allgemein wird die Frage nach dem Rechtsschutz der Idee von Hubmann in UFITA 24 (1957) S. 1 ff. gestellt. Bei der rechtlichen Beurteilung ist jedoch zu unterscheiden: Die Idee einer künstlerischen oder literarischen Schöpfung kann unter besonderen Umständen bereits ein Werk im kleinen sein, das urheberrechtlich geschützt ist. Bei sonstigen Ideen, beispielsweise bei einer *Werbeidee*, scheidet dieser Gesichtspunkt aus. Mit Recht wurde daher in BGHZ 18 S. 175 f. der Idee, ein Nachschlagewerk in Zeitungen oder Zeitschriften in zum Ausschneiden geeigneten Fortsetzungen zu veröffentlichen, der urheberrechtliche Schutz versagt. Zur Frage des Schutzes von Werbeslogans vgl. unten § 22 I 4.

III. Die Werke sind Schöpfungen im Bereich der Literatur, der Wissenschaft oder der Kunst. Wichtige Anhaltspunkte für die Auslegung der gesetzlichen Bestimmungen ergeben sich aus der Aufzählung der Werkgattungen, die insbesondere geschützt sind, in § 2 Abs. 1 UrhG. Die Einbeziehung der Werke der angewandten Kunst (§ 2 Abs. 1 Nr. 4 UrhG) bestätigt die Regel, daß es auf den Zweck der Werke nicht ankommt; insbesondere schließt der praktische Zweck den Urheberrechtsschutz nicht aus. § 2 Abs. 1 Nr. 7 UrhG nennt unter den geschützten Werken auch Darstellungen wissenschaftlicher oder technischer Art, wozu die Rechtsprechung u. a. auch technische Konstruktionszeichnungen rechnet. Urheberrechtsschutzfähig ist aber nicht der Gegenstand der Darstellung, sondern nur die Darstellung selbst in ihren individuellen Zügen. Die Ausführung technischer Pläne, beispielsweise der Bau einer Maschine, ist, anders als die Ausführung künstlerischer Entwürfe, die ohne Zustimmung des Urhebers erfolgt, keine Urheberrechtsverletzung; vgl. darüber unten § 22 II 4.

Keine Werke der Literatur, Wissenschaft oder Kunst i. S. des Gesetzes sind Erfindungen, Methoden oder Systeme wie Werbemethoden, Buchhaltungs- und Stenographiesysteme, neuartige Spiele u. dgl. Ungeachtet der geistigen Arbeit, mit der sie geschaffen oder ersonnen wurden, sind sie urheberrechtlich nicht schutzfähig. Nur die Beschreibung in Wort oder Bild kann, genügende Individualität vorausgesetzt, urheberrechtlich geschützt werden.

Auch patentrechtlich sind zwar Erfindungen, nicht aber Spiele, Methoden und Systeme schutzfähig. In der Rechtsprechung wurde der Urheberrechtsschutz u. a. einem Buchhaltungsystem (RGZ 143, 412) versagt. Zum Schutz von Spielregeln vgl. BGH in GRUR 1962, 51. Mit Recht ging der BGH davon aus, daß die Spielregel in ihrer sprachlichen Fassung urheberrechtlich schutzfähig sein kann. Der Schutz wurde in dem Streitfall mangels genügender Individualität verneint. Zu Unrecht nahm aber der BGH in diesem Fall an, daß sich der Schutz, wenn er zu bejahen wäre, auch auf den „gedanklichen Inhalt“ beziehen würde. Die Regel an sich ist kein Werk der Literatur, das urheberrechtlich schutzfähig ist. Daher kann gegebenenfalls zwar ein Nachdruck der Spielregel, nicht aber eine neue selbständige Beschreibung oder gar die Anwendung der Regel zu einem öffentlich veranstalteten Spiel untersagt werden.

IV. Von schutzlosen Gebilden grenzen sich die geschützten Werke durch die Individualität ab, die ihnen als persönlichen geistigen Schöpfungen innewohnt.

1. Zur literarischen und künstlerischen Schöpfung gehört sowohl die Konzeption wie die Formung. Der Schwerpunkt der geistigen Leistung kann dabei auf den Eingebungen der Phantasie, auf den Entwick-

lungen und der Logik der Gedankenführung, auf der Darstellung oder auf der Auswahl und Anordnung von Beiträgen und Materialien liegen.

Literarische und künstlerische Schöpfungen sind nicht nur, wie TROLLER, Immaterialgüterrecht, Bd. I, S. 60 ff. und 504 ff., lehrt, ästhetische Werke, Werke, die den Schönheitssinn ansprechen. Der Begriff ist vielmehr in einem umfassenden Sinn auf die Schöpfungsvorgänge zu beziehen, durch die Gedanken, Empfindungen oder Gefühle ihren Ausdruck in Gebilden der Sprache oder der Töne, in Bildern oder Bildfolgen, in Plastiken oder Bauten finden. Im Bereich der Kunst geht es dabei um Leistungen der Phantasie und der Formgebung, im Bereich der Literatur auch um die Entwicklung und Logik der Gedankenführung und um die Leistung bei Auswahl und Anordnung des Stoffes.

2. Die Individualität setzt voraus, daß beim Werkschaffen persönliche Züge zur Entfaltung kommen. Fehlt der Spielraum für eine solche Entfaltung, wie beispielsweise bei den Zahlenreihen der Logarithmentafeln oder bei chemischen Formeln, die ihrer Natur nach nicht variabel sind, so liegt kein urheberrechtlich schutzfähiges Werkschaffen vor.

Dem Erfordernis, daß Raum für die Entfaltung persönlicher Züge bleiben muß, wird im UrhG durch den Begriff der *persönlichen* geistigen Schöpfung, in der französischen Rechtslehre durch den Begriff der création *personnelle*, Rechnung getragen. Es genügt freilich, wie beispielsweise die Kartenwerke und ähnliche Schöpfungen zeigen, daß für die individuelle Darstellung auch nur ein verhältnismäßig kleiner Spielraum bleibt.

Durch das Merkmal der geistigen Schöpfung heben sich die Werke von allem ab, was in der Masse aufgeht, was auf bloßer Schablone beruht. So unterscheidet sich durch die künstlerische Gestaltung das Bauwerk von dem gewöhnlichen Mietshaus, das Werk der angewandten Kunst von der „Dutzendware" des Handwerks oder der Fabrik. Durch die sprachliche Gestaltung oder durch die gedankliche Verarbeitung unterscheiden sich Vorträge und Reden von Äußerungen in der Unterhaltung, literarische Abhandlungen von alltäglichen Briefen usf. Durch die geistige Leistung bei Prüfung und Sichtung des Stoffs sind Zitatensammlungen, Entscheidungssammlungen u. dgl. von Theaterzetteln, Rundfunkprogrammen und ähnlichen Zusammenstellungen abzugrenzen, die auf bloßer Routine beruhen.

Auf einen besonderen *literarischen, wissenschaftlichen oder künstlerischen Rang sowie auf die Qualität des Werkes* kommt es nicht an. Auch der schlechte Roman, das künstlerisch unvollkommene Gemälde und die wissenschaftlich anfechtbare Abhandlung sind geschützt. Das wird in Schrifttum und Rechtsprechung zum Urheberrecht vielfach betont. Vgl. u. a. HUBMANN, UR S. 34, der ausführt, daß der „Wertgehalt" für die Schutzfähigkeit nicht entscheidend ist. Im französischen UrhG heißt es in Art. 2 ausdrücklich, daß es auf das „mérite" des Werkes nicht ankommt; die Schweizer Entwürfe sehen vor, daß die Werke „ohne Rücksicht auf Wert oder Zweck" geschützt werden. Solchem Verzicht auf die Prüfung von Rang oder Qualität bleibt aber die Frage vorgelagert, ob eine persönliche geistige Schöpfung vorliegt. Bei ihrer Beantwortung, wie insbesondere bei der Abgrenzung des Geschmacksmusterschutzes vom Urheberrechtsschutz an Werken der angewandten Kunst, sind Werturteile nicht völlig zu vermeiden. Auch für den Schutzumfang fällt die Stärke der literarischen und künstlerischen Eigenart ins Gewicht. Ein Richter, der literarisch oder künstlerisch wertblind ist, wäre ein schlechter Richter in Urheberrechtssachen. Vgl. dazu ULMER, in Homo Creator (Festschrift für TROLLER, 1976). S. 193.

3. Der nähere Verlauf der Grenzlinie ist bei den einzelnen Werkgattungen zu zeigen. Gewisse Unterschiede ergeben sich daraus, daß der Schutz der Werke der angewandten Kunst von dem Musterschutz unterbaut ist, während im übrigen der Schutz des literarischen oder künstlerischen Schaffens allein auf dem Urheberrecht beruht.

V. Geschützt sind nicht nur die Werke im ganzen, sondern auch Teile von Werken. Auch die Vervielfältigung, die Verbreitung und die öffentliche Wiedergabe des Teils eines geschützten Werkes sind Urheberrechtsverletzungen. Erforderlich und ausreichend ist, daß der benutzte Teil als solcher den Schutzvoraussetzungen genügt.

Entgegen einer früher vielfach vertretenen Auffassung kommt es für den Schutz des Werkteils nicht auf das Verhältnis an, in dem er zum Werkganzen steht. ALLFELD (LUG § 41 Anm. 3) hatte gelehrt, die Individualität des Werkes müsse sich in dem benutzten Teil offenbaren. In Wahrheit genügt es aber, daß der Werkteil als solcher die erforderliche Individualität aufweist. Unzutreffend war auch die Formel der Rechtsprechung (RGSt 8 S. 430, RGZ 12 S. 117 und 116 S. 303), es müsse ein erheblicher Teil des Werkes unbefugt benutzt werden und die Erheblichkeit sei nach dem quantitativen und qualitativen Verhältnis zu dem ganzen Werk zu beurteilen: ihre Anwendung hätte die nicht gerechtfertigte Folge, daß der Nachdruck eines gleich großen Teils aus einer kleinen Schrift unzulässig, aus einer größeren dagegen erlaubt wäre. Zutreffend hatte dagegen schon RGSt 39 S. 152 den Nachdruck der ersten vier Zeilen eines Gedichtes als Teilnachdruck beurteilt, ohne daß die Größe des Gedichtes und das Verhältnis des Teils zum Ganzen geprüft wurde. Der BGH stellt in BGHZ 9 S. 267 in Übereinstimmung mit der in den Vorauflagen vertretenen Meinung klar, daß es nicht auf das Verhältnis zum Werkganzen, sondern ausschließlich darauf ankommt, ob der entlehnte Teil des Werkes als solcher den urheberrechtlichen Schutzvoraussetzungen genügt; ebenso BGHZ 22, 219 und 28, 237.

§ 22. Sprachwerke. Darstellungen wissenschaftlicher oder technischer Art

Zu den Werken, die das UrhG insbesondere zu den geschützten Werken rechnet, gehören Sprachwerke sowie Darstellungen wissenschaftlicher oder technischer Art.

I. Geschützt sind Sprachwerke wie Schriftwerke und Reden; § 2 Abs. 1 Nr. 1 UrhG. Es sind Schöpfungen, bei denen die Vorstellungen, Gedanken oder Gefühle ihren Ausdruck in der Sprache finden. Die Spannweite des Begriffs ist eine große. Es geht sowohl um wissenschaftliche Schriften und Vorträge wie um lyrische und epische Dichtungen, um dramatische Werke (einschließlich der Textbücher zu Opern, Operetten und Singspielen), um Erzählungen, Romane und Novellen. Dazu kommen politische und religiöse Reden und Abhandlungen, belehrende und unterhaltende Literatur aller Art, Märchen- und Kinderbücher, Aufsätze in Zeitungen, Zeitschriften und Kalendern, Hörspiele, Rundfunkkommentare usw. Die Grenzen des Schutzes ergeben sich aus dem Erfordernis, daß das Sprachgebilde persönliche geistige Schöpfung sein muß.

1. Der Schutz der Sprachwerke besteht ohne Rücksicht darauf, ob sie körperlich festgelegt, insbesondere in Schrift oder Druck niedergelegt sind oder nicht. Es genügt, daß das Werk durch Vortrag, Rede oder sonstige mündliche Mitteilung in Erscheinung tritt.

Geschichtlich gesehen ging das Urheberrecht vom Schutz der Schriftwerke aus. Bereits das preußische UrhG von 1837 stellte aber den Schriftwerken die Predigten und Lehrvorträge, insbesondere akademische Vorlesungen, gleich. Das LUG von 1901 handelte von den Schriftwerken und solchen Vorträgen oder Reden, die dem Zweck der Erbauung, der Belehrung oder der Unterhaltung dienen; in Rechtsprechung und Schrifttum war aber anerkannt, daß es sich dabei nur um Beispiele mündlicher Mitteilungen handelt. Folgerichtigerweise geht das UrhG, ebenso wie die Urheberrechtsgesetze der DDR und Österreichs, von dem einheitlichen Begriff der Sprachwerke aus.

2. Das Merkmal der Schöpfung fehlt bei Editionen fremder Werke und Texte. Die erste Herausgabe einer ungeschützten alten Handschrift, die editio princeps, mag eine hohe wissenschaftlich-kritische Leistung erfordern. Sie ist aber nur Herstellung und Wiedergabe eines alten Textes, nicht Schöpfung eines Sprachwerkes. Das gleiche gilt bei textkritischen Ausgaben, neuerer, gemeinfrei gewordener Werke (z. B. Hölderlin-Ausgaben). Urheberrechtlich geschützt ist nur der mitveröffentlichte wissenschaftliche Apparat, nicht aber der Text als solcher. Nur soweit der Herausgeber den Text ergänzt, z. B. Lücken nach eigener Vermutung und Phantasie ausfüllt, kann ein Urheberrechtsschutz eingreifen. Entsprechend ist die Rechtslage bei der Herausgabe von Volkssagen, Volksliedern u. dgl. Ein urheberrechtlicher Schutz kommt nur insoweit in Frage, als bei der Herausgabe eigene Schöpfung am Werk ist, nicht dagegen für die wissenschaftlich sichtende Tätigkeit als solche.

Die Frage des Schutzes der editio princeps ist oft erörtert worden. De lege ferenda sind u. a. L. Mitteis (Zur Kenntnis S. 125) und Birkmeyer (Der Schutz der editio princeps, 1899) gegen Kohler (Grünhuts Zeitschr. 15 S. 207 f.) für den Schutz eingetreten. Zur Rechtsvergleichung s. J. Mertens, Der Urheberrechtsschutz des Herausgebers historischer Texte (Aarau 1948) sowie die Beiträge zum Stichwort editio princeps in Pinner, World Copyright II S. 562 ff.

Zum Schutz der geistigen Arbeit, die bei der Herstellung des Textes geleistet wird, hat das UrhG die Lücke — ohne Beschränkung auf Sprachwerke — geschlossen: Der Schutz ist zwar seiner Natur nach kein urheberrechtlicher. § 70 UrhG sieht aber für Ausgaben urheberrechtlich nicht geschützter Werke, die das Ergebnis wissenschaftlich sichtender Tätigkeit sind, zugunsten der Verfasser ein verwandtes Schutzrecht vor. In seinem Inhalt entspricht es dem Urheberrecht. Nur die Schutzdauer ist verkürzt. Vgl. darüber unten § 118 I.

Weitergehend ist in § 71 UrhG auch ein verwandtes Schutzrecht für Ausgaben noch nicht erschienener nachgelassener Werke vorgesehen. Geschützt wird hier die Leistung, die in der erstmaligen Herausgabe eines Werkes liegt, das infolge des Ablaufs der Schutzfrist gemeinfrei ist oder im Inland niemals geschützt war, ohne daß es darauf ankommt, ob eine wissenschaftlich sichtende Tätigkeit vorliegt. Der Schutz bleibt aber in seinem Inhalt hinter dem Urheberrechtsschutz zurück. Vgl. unten § 118 II.

3. Werk im urheberrechtlichen Sinn ist das Sprachgebilde nur, wenn es sich durch seine Individualität von der Masse alltäglicher Gebilde abhebt. Maßgebend ist die geistige Leistung, die in Form oder Inhalt des Werkes ihren Niederschlag findet. Ins Gewicht fallen insbesondere die Kunst der Sprachgestaltung, die Eingebungen der Phantasie, die Logik der Gliederung und Gedankenführung, die Sachkunde, aufgrund derer die Darstellung erfolgt, sowie die Leistung bei Sichtung und Auswahl des Stoffs.

An der unteren Grenze stehen Zusammenstellungen von Tatsachen in Katalogen, Prospekten u. dgl. Hier kann die für den Urheberrechtsschutz erforderliche geistige Leistung noch in Sammlung und Auswahl des Stoffs oder in seiner Einteilung und Anordnung liegen. Ist aber die Zusammenstellung die allgemein übliche oder ergibt sie sich aus der Natur der Sache (wie beispielsweise die Zusammenstellung der Sendungen in Rundfunkprogrammen nach Tagen und Stunden), so entfällt der Schutz.

Solche Grenzerscheinungen haben die Rechtsprechung als ,,kleine Münze" des Urheberrechts häufig beschäftigt. Die Gerichte stellen dabei im ganzen nur bescheidene Anforderungen an das Maß der geistigen Leistung. Meist wird auf den Einzelfall abgestellt. So bei *Katalogen*, die zwar regelmäßig nicht geschützt sind, aber durch besondere Anordnung oder belehrende Ausführungen schutzfähig werden können (RGSt 39 S. 100, RG in MuW 1925/26 S. 271 und in GRUR 1926 S. 117). *Formulare, Geschäftsbedingungen, Vertragsvordrucke* u. dgl. sind schutzlos, soweit sie sich ,,im Rahmen mechanischer Zusammenstellung" bewegen; sie sind dagegen geschützt, wenn sich in ihrem Inhalt ,,ein ungewöhnlicher Grad geschäftlicher Erfahrung, Gewandtheit, Wirtschafts- oder Rechtskenntnis" oder in ihrer Form ,,eine eigentümliche, nicht von selbst gegebene Anordnung" zeigt, vgl. RGSt 46 S. 160, RGZ 143 S. 416; BGH in GRUR 1959 S. 251 sowie OLG Nürnberg in GRUR 1971, 435 (betreffend den Schutz standesamtlicher Formulare). Bei Rechentabellen kann die zweckmäßige, dem kaufmännischen Bedürfnis angepaßte Auswahl (RGZ 121, 357), bei Kochrezepten die zweckentsprechende faßliche Darstellung (RGZ 81, 120 und OLG Hamburg in UFITA 23 (1957) 222) den Schutz begründen. Bei den in einem Stadtplan nach bekanntem Schema abgefaßten ,,wissenswerten Angaben" wurde dagegen der Schutz verneint (RGZ 108, 62) sowie bei Rennvoraussagen, die sich auf die Angabe von Pferdenamen beschränken (RGZ 144, 75). Eng verwandt ist die Frage, ob Adreßbücher, Fernsprechbücher, Rezeptsammlungen u. dgl. als Sammelwerke schutzfähig sind; vgl. darüber unten § 29 I 3. — Im Schrifttum ist die Linie der Rechtsprechung, an der der BGH auch nach Erlaß des UrhG grundsätzlich festgehalten hat, wiederholt kritisiert und die Anlegung eines strengeren Maßstabs an die urheberrechtliche Schutzfähigkeit gefordert worden. Vgl. HUBMANN, UR S. 36, und FROMM-NORDEMANN, UrhG, § 2, Anm. 6 e. De lege ferenda wurde vorgeschlagen, für die kleine Münze des Urheberrechts einen besonderen, zeitlich verkürzten Leistungsschutz vorzusehen. Mangels einer solchen Regelung, deren Schwierigkeit in einer sachentsprechenden Abgrenzung läge, ist aber angesichts legitimer Schutzbedürfnisse der Urheberrechtsschutz grundsätzlich nicht zu entbehren. Nur in einzelnen Fällen erscheint eine strengere als die in einem Teil der Rechtsprechung vorgenommene Beurteilung und eine Beschränkung auf den wettbewerbsrechtlichen Schutz als sachgemäß.

4. Für den Umfang, den ein Sprachgebilde aufweisen muß, um schutzfähig zu sein, gelten keine festen Regeln. Entscheidend ist die Individualität des Sprachgebildes, nicht seine Länge. Ein Gedicht kann schutzfähig sein, auch wenn es nur aus wenigen Zeilen besteht.[1] Immerhin muß ein Sprachgefüge vorliegen, das die Wortbildung zum Sprachwerk macht. Daran fehlt es, wo nur einzelne Worte oder nur ein knapper Satz vorliegen.

Daher wird der Werktitel grundsätzlich nicht urheberrechtlich, sondern nur wettbewerbsrechtlich geschützt (vgl. unten § 31 III 2). Auch ein *Werbeslogan* ist, wenn er nur aus einem kurzen Satz besteht, kein Sprachwerk. Vgl. dazu OLG Braunschweig in GRUR 1955 S. 205 (das Werbeschlagwort „Hamburg geht zu E . . .“ ist urheberrechtlicht nicht geschützt) sowie OLG Stuttgart in GRUR 1956 S. 481. Beim Vorliegen besonderer Umstände kann jedoch eine Wettbewerbsverletzung in Frage kommen; dies gilt insbesondere dann, wenn das Werbeschlagwort allgemein bekannt ist und seine Übernahme zur Ausnutzung fremden Rufes führt; vgl. LG München in GRUR 1953 S. 184.

5. Nach allgemeinen Grundsätzen ist auch die Frage des Urheberrechtsschutzes von Briefen zu beurteilen. Der Urheberrechtsschutz setzt eine geistige Leistung voraus, die sich in Form oder Inhalt des Briefes offenbart. Gewöhnliche Briefe, in denen sich der Verfasser über persönliche und geschäftliche Verhältnisse u. dgl. äußert, entbehren der genügenden Individualität. Anders steht es bei Briefen, die sich von ihnen durch die Art der Sprachgestaltung oder der Auseinandersetzung mit wissenschaftlichen, kulturellen, politischen oder sonstigen Fragen abheben. Auch kann die geistige Leistung in der Auswahl und Anordnung des in Briefen zur Unterhaltung oder Unterrichtung des Lesers mitgeteilten Stoffes liegen (Pressebriefe u. dgl.)

Vgl. dazu die Entscheidungen des RG über die Briefe RICHARD WAGNERS und FRIEDRICH NIETZSCHES in RGZ 41, 48 und 69, 401. In dem Urteil über die Nietzsche-Briefe wird betont, daß die literarische Bedeutung eines Briefes auf seinem originalen Gedankeninhalt oder auf der künstlerischen Formgebung beruhen könne. Neben der künstlerischen Formgebung kann aber auch die Logik der Darstellung und Gedankenführung den Schutz begründen. Gut begründet und lehrreich ist die Entscheidung des KG über die Briefe WILHELMS II. an BISMARCK (MuW 1920/21 S. 251).

Vom Urheberrechtsschutz zu unterscheiden ist der Schutz aufgrund des allgemeinen Persönlichkeitsrechts. Die Briefe gehen mit der Übersendung in das Eigentum des Empfängers über. Der Briefschreiber muß aber, auch wenn der Brief kein Sprachwerk ist, gegen Indiskretionen geschützt sein. Eine Veröffentlichung darf grundsätzlich nur mit seiner Zustimmung erfolgen. Ein solcher Schutz war dem Briefschreiber früher von den deutschen Gerichten versagt worden. Seit der Entscheidung des BGH vom 25. 5. 1954 (BGHZ 13, 334) wird er aber von der Recht-

[1] Vgl. dazu BGHZ 28, 234 — „Straßenverkehrslied“: Schon die erste Strophe genügte den Schutzvoraussetzungen des Urheberrechts.

sprechung unter Berufung auf Art. 1 und 2 GG gewährt. Vgl. oben § 6 I 1.

6. Über den Schutz von *Nachrichten* vgl. unten § 71 II und III. In ihrer Eigenschaft als Tatsachenmitteilung ist die Nachricht urheberrechtlich schutzlos. Dagegen kann die Art der Darstellung den Schutz begründen. Auch die *Reportage* kann individuelle Schöpfung sein. Vgl. HEYN, Der Rechtsschutz der Rundfunkreportage und des Rundfunkinterviews, in UFITA 20 (1955) 58 ff.

II. Geschützt sind Darstellungen wissenschaftlicher oder technischer Art, wie Zeichnungen, Pläne, Karten, Skizzen, Tabellen und plastische Darstellungen; § 2 Abs. 1 Nr. 7 UrhG.

1. Als Flächendarstellungen kommen insbesondere geographische, topographische und astronomische Karten, Zeichnungen, Tabellen, Bebauungspläne, Konstruktionszeichnungen, graphische Darstellungen aus dem Bereich der Medizin, der Naturwissenschaften, der Technik und der Mathematik, Modellzeichnungen sowie Wappen und Münzzeichnungen in Betracht. Beispiele plastischer Darstellungen sind Reliefkarten sowie Modelle von Städten und Bauten.

Die Begriffe Wissenschaft und Technik sind dabei in einem weiten Sinn zu verstehen. Schutzfähig sind, genügende Individualität vorausgesetzt, alle Darstellungen, die der Unterrichtung oder Belehrung dienen. Auch Bilder zum Anschauungsunterricht für Kinder, Darstellungen von Körperhaltungen bei Sport und Leibesübungen, Musterzeichnungen für Handarbeiten usw. sind geschützt.

Schutzobjekt ist nur die Darstellung, die der Belehrung oder Unterrichtung über den Gegenstand dient, nicht der Gegenstand selbst. Schon unter der Herrschaft des LUG, das von „Abbildungen wissenschaftlicher oder technischer Art" sprach, hat die Rechtsprechung (RGZ 115, 160 und 172, 34) mit Recht betont, es müsse ein „darstellerischer Gedanke" vorliegen, der in der Abbildung zum Ausdruck kommt. Das kann auch bei Bildern der Fall sein, die der Werbung dienen, beispielsweise bei Bildern in Warenkatalogen. Es genügt freilich nicht, daß es sich um eine bloße Wiedergabe der zum Verkauf gestellten Gegenstände handelt (RGZ 70, 266). Die Darstellung, die den Schutz rechtfertigt, kann aber darin liegen, daß durch die Abbildung der Fortschritt eines bestimmten Zweiges der Technik oder der Art und Weise der Handhabung und Verwendung des Gerätes zum Ausdruck gebracht wird (vgl. RGSt 34, 432; 39, 100 und RGZ 72, 34).

Bei Zeichnungen von Maschinen u. dgl. wurde von Allfeld, LUG, § 1, Anm. 44, unterschieden, ob es sich um Zeichnungen handelt, die der Unterrichtung dienen, oder nur um Pläne für ein einzelnes Gerät. Die Unterscheidung ist aber nicht zwingend: Auch im letzteren Fall ist die Zeichnung schutzfähig, wenn sie nicht nur Linien und Maße für die Konstruktion festlegt, sondern zugleich individuelle Züge der Darstellung aufweist. Vgl. über den Schutz von Konstruktionszeichnungen BGH in GRUR 1956, 284. In der Entscheidung heißt es, eine Konstruktionszeichnung sei schutzfähig, wenn „die Art der Darstellung eigene persönliche Züge aufweist oder wenn es sich um eine Zeichnung handelt, durch die der Konstrukteur einem schöpferischen Konstruktionsgedanken erstmals Form verliehen hat". Zutreffend ist dabei der Hinweis auf die Eigenart der Darstellung. Ob der Konstruktionsgedanke schöpferisch ist, ist dagegen nicht entscheidend: Der Schutz des Konstruktionsgedankens ist nicht Aufgabe des Urheberrechts, sondern der technischen

Schutzrechte. Dem entspricht es, daß der BGH in GRUR 1979, 464 zwischen dem Schutz der Darstellung und dem Schutz der technischen Gestaltung unterscheidet.

2. Die schutzfähige Leistung liegt in der Eigenart der Darstellung. Fotografien von Maschinen u. dgl. sind nur als Lichtbilder geschützt. Gipsabgüsse und sonstige, auf mechanische Weise hergestellte Abbildungen sind nicht schutzfähig. Geschützt sind nur die eigenartigen Züge der Darstellung, die im Rahmen des Spielraums zur Entfaltung kommen, der für die Wiedergabe des dargestellten Gegenstands bleibt.

Vgl. dazu RGZ 105, 160: Fotografien von Kranen, Verlade- oder Transportanlagen sind keine technischen Abbildungen i. S. von § 1 Abs. 1 Nr. 3 LUG. Anders steht es, „wenn vermittels selbständiger schöpferischer Tätigkeit unter Zuhilfenahme einer fotografischen Aufnahme ein darstellerischer Gedanke eine Verkörperung erhält, welcher der Charakter einer willkürlich gestalteten Formgebung zuerkannt werden kann."

3. Je kleiner der Spielraum für die Darstellung ist, desto enger sind die Grenzen, die dem Urheberrechtsschutz gezogen sind. Das zeigt sich bei *Kartenwerken*. Unter den geographischen Karten stehen an erster Stelle die Aufnahmekarten, die unmittelbar auf der Bodenvermessung und ihren Ergebnissen beruhen. Die Erkenntnisse, die sie vermitteln, sind nicht geschützt. Ihre Verwertung zur Herstellung anderer Kartenwerke, wissenschaftlicher Karten, belehrender Karten (Schulatlanten) oder angewandter Karten ist zulässig. Jedenfalls setzt die Schutzfähigkeit voraus, daß bei der Zeichnung der Karten eine individuelle Leistung vorliegt. Das kann bereits bei der Übertragung auf einen kleineren Maßstab der Fall sein, bei der die Generalisierung eine eigene kartographische Leistung erforderlich macht. Die bloße Ersichtlichmachung von Wanderwegen, Skipisten u. dgl. vermag dagegen keinen Urheberrechtsschutz zu begründen (RGZ 108, 62). Im ganzen können freilich angesichts der Tatsache, daß die Grundlinien von Flußläufen, Gebirgszügen usw. festliegen und daß auch die Bezeichnungsmethoden der Kartographie weitgehend Gemeingut sind, an die Eigenart der Darstellung keine zu großen Anforderungen gestellt werden: Es genügt das persönliche geistige Schaffen, das seinen Ausdruck in individuellen Zügen der Karte findet. Ist eine Karte demnach urheberrechtlich geschützt, so liegt eine Urheberrechtsverletzung jedenfalls in der mechanischen Kopie, in der auch diese Züge übernommen werden, sowie in einer Nachzeichnung, in der nur kleinere Änderungen vorgenommen werden. Vgl. darüber KOBEL, in GRUR 1928, 537 mit Gutachten von PENCK und ALLFELD, sowie BGH in GRUR 1965, 45 (betreffend die Nachzeichnung eines Stadtplans). — Lehrreich ist in diesem Zusammenhang auch die Entscheidung der Cour de Paris in Ann. 1956, 222. Dem Zeichner war von einem Arzt der auf Glasplatten gesammelte Schnitt von krebskranken Zellen übergeben worden. Er hatte die Zellen im Mikroskop betrachtet und so genau wie möglich aufgezeichnet. Wie das Gericht mit Recht ausführte, schließt die Genauigkeit die Annahme einer persönlichen Schöpfung und damit den Urheberrechtsschutz nicht aus: Auch hier war noch ein Spielraum für das persönliche Schaffen geblieben.

4. Der Gegenstand der Darstellung braucht nicht neu zu sein. Die Zeichnung einer Maschine ist kraft der Eigenart der Darstellung auch dann geschützt, wenn die Konstruktion bekannt ist. Ist die Konstruktion neu, so mag sie unter Patentschutz stehen. An einem Schutz der Darstellung nimmt sie nicht teil. Das Urheberrecht an der Darstellung schützt daher zwar gegen die Verwertung der Darstellung durch Vervielfältigung, Verbreitung und öffentliche Wiedergabe. Es schützt aber nicht gegen die Realisierung von Gestaltungsplänen und nicht gegen eine selbständige Darstellung des Gegenstands durch andere.

Die Frage nach dem Schutz des Gegenstandes war in BGHZ 18, 319 gestellt: Es handelte sich um die Erschließung und Bebauung eines Siedlungsgeländes, für die ein Plan angefertigt war. Streitig war, ob die Durchführung des Bebauungsplans einen Eingriff in das auf § 1 Abs. 2 Nr. 3 LUG beruhende Urheberrecht bedeutete. Der BGH ließ die grundsätzliche Frage dahingestellt; er lehnte die Annahme einer Urheberrechtsverletzung ab, da der Verfasser des Plans diesen der zuständigen Behörde eingereicht und der Verwertung nicht widersprochen hatte. Zu verneinen war aber bereits die grundsätzliche Frage, ob das Urheberrecht an dem Plan einen Schutz gegen die Realisierung gewährt. Klargestellt wurde diese Abgrenzung des Schutzes vom BGH in GRUR 1979, 464 betreffend Flughafenpläne. Ob die Pläne ihrer zeichnerischen Darstellung nach als persönliche geistige Schöpfungen anzusehen waren, konnte dahingestellt bleiben; entscheidend war jedenfalls, daß aus dem Schutz der Darstellung nicht ein Schutz der technischen Gestaltung und ihrer selbständigen Darstellung durch andere abgeleitet werden kann.

In dieser Begrenzung des Schutzes liegt ein wesentlicher Unterschied zwischen den Darstellungen wissenschaftlicher und technischer Art und den Entwürfen für Werke der bildenden Künste: Bei diesen ist Schutzgegenstand das im Entwurf vorgesehene Werk selbst. Die Ausführung des Entwurfs ist daher eine Vervielfältigung, die nur mit Zustimmung des Urhebers zulässig ist.

Das LUG hatte in § 1 Abs. 2 Nr. 3 den Schutz der Abbildungen wissenschaftlicher und technischer Art auf Darstellungen beschränkt, ,,welche nicht ihrem Hauptzweck nach als Kunstwerke anzusehen sind'' Diese — in ihrer Verweisung auf den Hauptzweck — anfechtbare Bestimmung ist in das UrhG nicht übernommen worden. Der Schutz kann daher gegebenenfalls sowohl aufgrund von § 2 Abs. 1 Nr. 4 wie aufgrund von Nr. 7 UrhG in Anspruch genommen werden. Baupläne sind daher bereits aufgrund der Eigenart der Darstellung gegen ihre Kopie geschützt. Sind sie auch als Entwürfe von Werken der Baukunst urheberrechtlich schutzfähig, so kann darüber hinaus auch der Schutz gegen die Erstellung und den Nachbau des Bauwerkes in Anspruch genommen werden.

III. Die Entwicklung der elektronischen Datenverarbeitung bedingt die Frage, ob die für die Steuerung der Anlagen erforderlichen Programme, die Computerprogramme, urheberrechtlich schutzfähig sind. Es geht dabei sowohl um die kodierten Programme, die die Programmbefehle in detaillierter Form enthalten, wie um ihre Vorstufen, insbesondere den Programmablaufplan, in dem die Folge der Operationen zunächst in graphischer Form veranschaulicht wird.

Die Frage ist, ob die kodierten Programme sinngemäß als Sprachwerke, die graphisch gestalteten Vorstufen als Darstellungen wissenschaftlicher oder technischer Art urheberrechtlich schutzfähig sind. Die Programmbefehle werden dem Computer auf Lochkarten, Lochstreifen, Magnetbändern u. a. eingegeben. Ihre Formulierung wird den Programmierern dadurch erleichert, daß die Praxis Symbolsprachen wie Algol, Fortran, Cobol entwickelt hat, die von der Maschine selbst in die Maschinensprache übersetzt werden. Neben den Programmen, die für spezielle Bedürfnisse des Auftraggebers entwickelt werden, stehen standardisierte Programme, die durch Verkauf oder Vermietung vertrieben werden.

Angesichts der oft hohen Werte, die in die Programme investiert sind, besteht ein legitimes Schutzbedürfnis. Wesentlich ist daher die Frage, ob für die Programme aufgrund des Patentrechts oder des Urheberrechts ein ausschließliches Recht in Anspruch genommen werden kann oder ob sich nur ein wesentlich schwächerer Schutz aus den Regeln des Wettbewerbsrechts und aus vertraglichen Vereinbarungen ableiten läßt.

Vgl. über den Schutz der Programme im allgemeinen insbesondere KOLLE, in GRUR 1973, 611 ff.; 1974, 7 ff. sowie 1977, 58 ff. Die Frage, ob das Programm eine Lehre zum technischen Handeln und als solche patentierbar ist, war zunächst umstritten. Sie wurde vom Bundespatentgericht unter bestimmten Voraussetzungen bejaht, vom BGH dagegen für den Regelfall unter dem Gesichtspunkt verneint, daß die Regel, der „Algorithmus", der die Grundlage des Programms ist, eine „gedanklich-logische Anweisung" ist (BGHZ 67, 22). Das Europäische Patentübereinkommen und ihm folgend die Novelle zum PatG vom 21. 6. 1976 schließen den Patentschutz von Programmen für Datenverarbeitungsanlagen ausdrücklich aus. Über den Urheberrechtsschutz liegen noch keine Entscheidungen vor. Aus dem Schrifttum zum Urheberrechtsschutz vgl. ULMER, Der Urheberrechtsschutz wissenschaftlicher Werke unter besonderer Berücksichtigung der Programme elektronischer Rechenanlagen (Sitzungsberichte der Bayerischen Akademie der Wissenschaften, Philosophisch-Historische Klasse, 1967, Heft 1); KOLLE, in GRUR 1974, 7 ff. und KÖHLER, Der urheberrechtliche Schutz der Rechenprogramme, in Urheberrechtliche Abhandlungen des MPI, Heft 8, 1968.

Der Urheberrechtsschutz ist m. E. grundsätzlich zu bejahen. Ebenso wie eine umfassende, auf persönlichem geistigen Schaffen beruhende Serie von Anweisungen, die sich an das Bedienungspersonal einer Maschine richtet, kann auch die Serie von Befehlen, die für die Maschine bestimmt ist, schutzfähig sein. Für die Beurteilung der Individualität kommt es darauf an, ob die Gestaltung des Programms durch die Aufgabe, die dem Programmierer gestellt wird, weitgehend vorbestimmt ist oder ob ein ausreichender Spielraum für die Entfaltung persönlicher Züge bleibt. Die Praxis zeigt dabei, daß die Möglichkeit der Übereinstimmung von Programmen, die von mehreren Programmierern zur Lösung der gleichen Aufgabe geschaffen werden, zwar bei kleineren Programmen nicht auszuschließen ist. In der Regel besteht aber eine Breite von Lösungsmöglichkeiten, so daß jedenfalls größere Programme als persönliche geistige Schöpfungen zu deuten sind. Urheberrechtlich nicht schützbar ist freilich die zugrundeliegende Regel, der Algorithmus. Der Schutz beschränkt sich vielmehr auf das konkrete Programm. Die Freiheit der Verwertung des Lösungsprinzips bleibt gewahrt.

De lege ferenda stellt sich die Frage, ob anstelle eines echten Urheberrechtsschutzes ein urheberrechtsähnlicher Sonderschutz vorgesehen werden soll. Ein solcher Sonderschutz wird aufgrund von Beratungen in Sachverständigenausschüssen in einem vom Internationalen Büro von WIPO ausgearbeiteten Modellentwurf vorgeschlagen; vgl. DdA 1978, 13 ff. Für den Sonderschutz wird insbesondere geltend gemacht, daß sich für Computerprogramme eine Verkürzung der Schutzfrist empfiehlt. Andererseits hat aber der echte Urheberrechtsschutz u. a. den Vorzug, daß der internationale Schutz durch die Urheberrechtsabkommen (RBÜ und WUA) gewährleistet wird; die Länge der Schutzdauer kann in Kauf genommen werden, da sie bei Programmen, die durch die Entwicklung überholt sind, ohnedies nicht zum Tragen kommt. Echter Urheberrechtsschutz wird daher sowohl in deutschen Fachkreisen (vgl. die eingehende Stellungnahme der Deutschen Vereinigung für gewerblichen Rechtsschutz und Urheberrecht in GRUR 1979, 300 ff.) wie in dem oben (§ 12 IV 1) zitierten britischen Whitford-Report (S. 127 f.) und dem Bericht der in den USA vom Kongreß eingesetzten National Commission on New Technological Uses of Copyrighted Works (CONTU-Schlußbericht in DdA 1978, 348 ff.) befürwortet.

§ 23. Musikwerke. Pantomimische Werke

HOFFMANN-RITTER, Das Recht der Musik, 1936; JONAS, Das Wesen der musikalischen Komposition, 1934; SCHULZE, Urheberrecht in der Musik, 4. Aufl. 1972; MARGOT WEISSTHANNER, Urheberrechtliche Probleme neuer Musik, Urheberrechtliche Abhandlungen des MPI, Heft 14 (1974). — v. LABAN, Tanz, Tanzschrift und Urheberrecht, UFITA 2 (1929) 631 ff.

Unter den Beispielen geschützter Werke nennt das UrhG in § 2 Abs. 1 Nr. 2 und 3 die Werke der Musik und die pantomimischen Werke einschließlich der Werke der Tanzkunst.

I. Die Werke der Musik sind Schöpfungen im Bereich der Tonkunst.

1. Schutzvoraussetzung ist die Individualität des Tongefüges, die auf dem persönlichen geistigen Schaffen des Komponisten beruht. Der Begriff ist umfassend: Sinfonien und Opern, Kompositionen für Orgel, Klavier, Trio, Quartett usw. sind ebenso geschützt wie die Vertonung eines Gedichts, Kirchen- und Konzertmusik ebenso wie Tanz- und Marschmusik.

Auch im Bereich der Tonkunst gibt es kleine Münze. Im Schrifttum wird mit Recht hervorgehoben, daß auch militärische Signale (Zapfenstreich u. dgl.) schutzfähig sein können; vgl. ALLFELD, LUG, § 1, Anm. 34; zur Frage des Schutzes von *Motiv und Thema* vgl. OLG Dresden, in GRUR 1909, 332 ff., und ENGLÄNDER, in UFITA 3 (1930) 36: Die Unbestimmtheit der Begriffe läßt keine allgemeine Antwort zu. Es kommt vielmehr darauf an, ob im Einzelfall ein Tongebilde von genügender Geschlossenheit und Individualität vorliegt. Im übrigen sind in der Praxis Grenzfragen nur bei Bearbeitungen aufgetaucht. Vgl. die Entscheidung des BGH in GRUR 1968, 321 ff. betreffend die Bearbeitung des gemeinfreien Volkslieds „Schwarzbraun ist die Haselnuß": Der BGH betont, daß, ähnlich wie bei der kleinen Münze des literarischen Urheberrechts, kein zu strenger Maßstab angelegt werden dürfe und daß die anderweitige Rhythmisierung und der entsprechende Einsatz von Klangmitteln als Schutzvoraussetzung genüge. Über die Entscheidung des RG zum Horst-Wessel-Lied (RGZ 153, 71 ff.) vgl. unten § 28 II.

2. Der Begriff der Werke der Musik umfaßt, genügende Individualität vorausgesetzt, auch die Schöpfungen der modernen Musik. Unwesentlich ist, ob bestimmte Gesetze der Melodik und Harmonie eingehalten werden. Schutzfähig sind insbesondere auch Werke der Zwölftonmusik und der seriellen Musik. Bei der konkreten und der elektronischen Musik entfällt, anders als bei der Instrumental- und Vokalmusik, die Interpretation durch ausübende Künstler. Die konkrete Musik entnimmt das Ausgangsmaterial Naturgeräuschen und Schallquellen aller Art, die elektronische Musik den Klängen, die durch Generatoren er-

zeugt werden. Die Töne werden von den Komponisten ausgewählt und zu einem Klanggebilde transformiert, das auf Tonband aufgenommen wird. Es sind, um mit Kummer zu sprechen, „neuartige Tonwelten, die von der modernen Musik erschlossen werden".

Vgl. dazu KUMMER, Das urheberrechtlich schützbare Werk, S. 143 ff., und WEISSTHANNER, a.a.O. Bei der seriellen Musik wird die Individualität des Werkes durch den im voraus ausgearbeiteten Plan bestimmt, der nach den Regeln der Reihentechnik realisiert wird; bei der konkreten und elektronischen Musik durch die Auswahl und Kombination des Klangmaterials. Urheberrechtlich schutzfähig ist auch die sogenannte Entwurfsmusik, bei der der Komponist in der Partitur nur die Umrisse des Werkes festlegt, die Vollendung aber dem ausübenden Künstler überläßt (vgl. unten § 28 V 2); sie ist von einer bloßen musikalischen Idee zu unterscheiden, die sich noch nicht zu den Umrissen einer Gestalt verdichtet hat. Über die Computermusik vgl. oben § 20 I 3.

3. Wie bei Sprachwerken, so kommt es auch bei Musikwerken nicht darauf an, ob sie in der Notenschrift oder auf Tonträgern körperlich festgelegt sind oder nicht. Geschützt ist daher auch die musikalische Improvisation.

4. Allgemeinen Grundsätzen entsprechend (vgl. oben § 21 I), ist nur das einzelne musikalische Werk in seiner Individualität geschützt, nicht dagegen die Methode des Schaffens, neue Richtungen in der Musik, Tonskalen, Systeme von Notenzeichen usw. — Musikwissenschaftliche Abhandlungen und Lehrbücher, Klavierschulen u. dgl. sind Sprachwerke, in deren Rahmen — sofern sie Noten enthalten — Werke der Tonkunst vervielfältigt werden.

II. Den Begriff der pantomimischen Werke verwendet das UrhG als Oberbegriff anstelle der früheren Begriffe der choreographischen und pantomimischen Werke: § 2 Abs. 1 Nr. 3 UrhG stellt klar, daß zu den pantomimischen Werken auch die Werke der Tanzkunst gehören. Das gemeinsame Merkmal ist, daß Gedanken, Empfindungen und Erzählungen durch Bewegung und Gebärden zum Ausdruck gebracht werden. Beispiele sind Balletts und Gebärdenspiele. Körperliche Festlegung ist möglich, beispielsweise Aufnahme auf Film oder Festlegung des Tanzkunstwerkes in der besonderen, der Notenschrift verwandten Tanzschrift; sie ist aber, anders als im früheren Recht, nicht Voraussetzung des Urheberrechtsschutzes.

Vgl. dazu im einzelnen v. LABAN, a.a.O., sowie HINSCHIUS, in Jherings Jahrb. 26, 185 ff. Aus der Rechtsprechung über Tanzkunstwerke vgl. LG Essen, in UFITA 18 (1954), 43 und OLG München, in UFITA 74 (1975), 320.

Mit dramatischen und dramatisch-musikalischen Werken haben die pantomimischen Werke gemein, daß sie Bühnenwerke sind. Man bezeichnet sie auch als „stumme Bühnenwerke". Die Bühnenwerke sind aber keine Werkgattung eigener Art. Gemeinsam ist nur der Begriff der öffentlichen bühnenmäßigen Darstellung eines Werkes, die als öffentliche Aufführung der Zustimmung des Urhebers bedarf (§ 19 Abs. 2 UrhG).

Vgl. über Bühnenwerke REINERS, Das Bühnenwerk und sein urheberrechtlicher Schutz, 1927. Kennzeichnend für den Begriff der bühnenmäßigen Aufführung ist, daß es sich um eine Aufführung in einem für das Auge bestimmten beweglichen Spiel handelt; vgl. unten § 51 III 1 sowie BGH in GRUR 1960, 604 und 606. Das kann auch der Fall sein, wenn die Aufführung nicht in einem Theater, einem sonstigen Bühnenraum oder einer Freilichtbühne stattfindet. Auch die Aufführung eines Tanzkunstwerkes auf einer Eisfläche ist i. S. des Gesetzes bühnenmäßige Darstellung eines pantomimischen Werkes. Grundsätzlich ist jedoch zu unterscheiden: Die artistische und sportliche Leistung im Rahmen einer Eisrevue ist, auch wenn sie ein hohes Können aufweist, kein pantomimisches Werk. Erforderlich ist vielmehr, daß es ein Sinngehalt ist, der in individueller Form durch Bewegungen oder Gebärden zum Ausdruck gebracht wird; ähnlich HUBMANN, UR S. 93; vgl. auch OLG München in UFITA 74 (1975) 320. — Rechtlich geschützte Bühnenwerke sind auch die *Puppenspiele*: Sie sind Sprachwerke, bei deren Aufführung Figuren an die Stelle der handelnden Personen treten. *Revuen* sind, soweit sie den gesetzlichen Erfordernissen entsprechen, als Sprachwerke oder als pantomimische Werke schutzfähig.

§ 24. Werke der bildenden Künste. Allgemeines

GERSTENBERG, Die Urheberrechte an Werken der Kunst, der Architektur und der Photographie, 1968; LOCHER, Das Recht der bildenden Kunst, 1970.

I. Zu den geschützten Werken zählt § 2 Abs. 1 Nr. 4 UrhG insbesondere auch die Werke der bildenden Künste einschließlich der Werke der Baukunst und der angewandten Kunst sowie die Entwürfe solcher Werke.

1. Das Schaffen des bildenden Künstlers wirkt in Fläche oder Raum. Die Werke der bildenden Künste sind zweidimensional, wie Gemälde, Zeichnungen, Radierungen und Stiche, oder dreidimensional, wie Werke der Bildhauerei, Werke der Baukunst und Werke der angewandten Kunst.

2. Urheberrechtlich geschützt sind auch die Entwürfe für die Werke der bildenden Künste. Die Vorschrift enthält keine Besonderheit. Sie bestätigt nur die allgemeine Regel, daß Werke schon in frühen Stadien des Schaffens Urheberrechtsschutz genießen. Es genügt, daß sie in ihrer Individualität in Entwürfen, Plänen oder Skizzen in Erscheinung treten.

II. Voraussetzung des Urheberrechtsschutzes ist die Individualität des Werkes, die auf künstlerischem Schaffen beruht.

Schwierigkeiten bereitet insbesondere auch im Hinblick auf die Schöpfungen der modernen Kunst die Definition der Werke der bildenden Künste. Sie ist zwar in Philosophie, Kunst- und Rechtswissenschaft oft versucht worden, ohne daß jedoch überzeugende, dem Gesamtbereich der bildenden Künste gerecht werdende Formulierungen gelungen sind. In der Rechtsprechung des BGH heißt es im Anschluß an die Rechtsprechung des RG, unter einem Kunstwerk sei eine eigenpersönliche geistige Schöpfung zu verstehen, „die mit Darstellungsmitteln der Kunst durch formgebende Tätigkeit hervorgebracht wird und deren ästhetischer Gehalt einen solchen Grad erreicht, daß nach der im Leben herrschenden Auffassung noch von Kunst gesprochen werden kann". Der Begriff des Ästhetischen vermag jedoch denjenigen des Künstlerischen nicht auszuschöpfen. Auch zeigen die Werke der modernen Kunst, daß man nicht auf bestimmte Darstellungsmittel der Kunst abstellen kann.

Aus der Rechtsprechung des BGH vgl. BGHZ 16,6; 22, 214; 24, 64; 27, 356 und BGH in GRUR 1974, 671. MÖHRING-NICOLINI, UrhG, § 2, Anm. 6 a, stimmen im wesentlichen der Definition der Rechtsprechung zu. Kritisch beurteilen sie dagegen GERSTENBERG in GRUR 1963, 245 ff. und Die Urheberrechte an Werken der Kunst, S. 49 ff., sowie SCHRAMM, in UFITA 51 (1968) 55 ff. — Auch im Verfassungsrecht ist der Begriff der Kunst in Auslegung der Regeln des GG über die Freiheit der Kunst umstritten. KLEIN hat im Kommentar von MANGOLDT-KLEIN (Grundgesetz, Art. 5, Anm. X 3) die Definition des Großen Brockhaus übernommen, wo es heißt, Kunst sei die Gestaltung eines seelisch-geistigen Gehalts durch eine eigenwertige Form nach bestimmten Gesetzen; auch Gerichte, insbesondere das BVerwG, sind ihm dabei gefolgt. Die Definition ist aber zu eng: Es kann nicht darauf ankommen, ob die Gestaltung nach bestimmten Gesetzen erfolgt; auch kann zwar auf den Ausdruckswillen des Künstlers, nicht aber, wie beispielsweise die Werke der angewandten Kunst zeigen, auf den seelisch-geistigen Gehalt abgestellt werden. Zur Kritik dieser Definition vgl. die eingehende Untersuchung von WOLFGANG KNIES, Schranken der Kunstfreiheit als verfassungsrechtliches Problem, 1967, S. 118 ff. Über Definitionen in der Kunstwissenschaft vgl. MOSEL, in UFITA 50 (1967) 598 ff.

III. Wir können den Begriff des Kunstwerks nicht definieren. Wir können ihn nur umschreiben: Entscheidend ist, daß der Künstler in individueller Sicht des Sujets oder vermöge bildnerischer Phantasie seinem Ausdruckswillen in Formen oder in Formen und Farben Gestalt verleiht. Dabei gilt auch hier, daß der Jurist zu einem Urteil über Kunstrichtungen nicht berufen ist. Er wird, indem er von den Auffassungen ausgeht, die im Kreise von Künstlern und Kunstsachverständigen vertreten werden, auch der „Expansion" der modernen Kunst Rechnung tragen, u. a. der Einbeziehung des offenen Raums der Landschaft, der Wahl beliebiger Ausdrucksmittel und dem Einsatz technischer Apparate. Eine Grenze des Rechtsschutzes verläuft freilich da, wo es an der vom UrhG geforderten persönlichen geistigen Schöpfung fehlt. Insbesondere sind gefundene Objekte keine schutzfähigen Gegenstände, auch wenn sie als Kunstwerke präsentiert werden.

Persönliche geistige Schöpfung ist beispielsweise das Werk „Der laufende Zaun" von CHRISTO, der sich über weite Gebiete des nördlichen Kalifornien erstreckte und in seiner Gestaltung zum Teil den Konturen der Landschaft folgte, zum Teil sie veränderte (vgl. dazu DIETZ, in Film u. Recht 1978, 91 ff.). An dem Merkmal der Schöpfung fehlt es dagegen bei gefundenen Gegenständen, beispielsweise der von Kummer als Beispiel erwähnten im Wald gefundenen Föhrenwurzel, die die Illusion einer Tänzerin hervorzurufen vermag. Nur die Bearbeitung gefundener Gegenstände könnte das Urheberrecht auf den Plan rufen.

IV. Das Material, dessen sich der Künstler bedient, spielt für den Rechtsschutz keine Rolle. Nicht nur aus Stein, Bronze, Elfenbein, Holz, Porzellan oder Ton, sondern auch aus sonstigem Material, selbst aus Eis und Schnee, können Kunstwerke geformt werden.

Nach herrschender Meinung scheidet freilich die Gestaltung der *lebenden Natur* aus: Erzeugnissen der Gartenbaukunst, der kunstvollen Gestaltung von Blumenbeeten u. dgl. wird der Schutz versagt. Vgl. ALLFELD KUG, § 1, Anm. 25, und OSTERRIETH-MARWITZ KUG, S. 26, sowie RGZ 124, 71 und 135, 387, wo — in der Formulierung ungenau — Gestaltung aus nichtorganischem Stoff verlangt wird. In der Tat wird solchen Gebilden regelmäßig die erforderliche Individualität fehlen. Soweit sie aber vorliegt, können sie m. E. vom Urheberrechtsschutz nicht ausgeschlossen werden. Ebenso HUBMANN, UR S. 96.

V. Kunstschutzfähig sind nicht nur einzelne Gegenstände, sondern auch Gesamtausstattungen, die als solche auf künstlerischer Gestaltung beruhen. So kann die von einem Innenarchitekten geschaffene Einrichtung und Ausgestaltung eines Raums unter Urheberrechtsschutz stehen (RGZ 110, 396). Das gleiche gilt für das Bühnenbild. Es genügt freilich nicht, daß vorhandene Ausstattungsstücke geschmackvoll angeordnet werden. Es ist vielmehr erforderlich, daß das Bühnenbild aufgrund künstlerischer Konzeption als einheitliches Werk erscheint.

Der Schutz des Bühnenbilds war vom RG in einer älteren Entscheidung (LZ 1907, Sp. 503) verneint worden. Sinngemäß ist aber die Entscheidung durch RGZ 110, 396 überholt. Mit Grund wurde daher in neueren Urteilen die Schutzfähigkeit des Bühnenbildes anerkannt. Vgl. die Entscheidungen des Bühnenoberschiedsgericht in UFITA 16 (1943), 148, des LG Köln in GRUR 1949, 303 und des LArbG Berlin in UFITA 24 (1957), 134.

§ 25. Werke der Baukunst und der angewandten Kunst

HENSSLER, Urheberschutz in der angewandten Kunst und Architektur, 1950. — KROMER-CHRISTOFFEL, Das Architektenrecht, 1956; H. G. HESSE, Urheberrecht des Architekten, in Baurecht 1971, S. 209 ff. — NEUENFELD, Architekt und Recht, 1977. — BRIGITTE ENGLERT, Grundzüge des Rechtsschutzes der industriellen Formgebung, Schriftenreihe des MPI zum gewerblichen Rechtsschutz, Bd. 45 (1978).

I. Einem früheren Kunstideal, das unter der Devise „l'art pour l'art" stand, hatte die Idee entsprochen, daß urheberrechtsschutzfähig nur Werke der „reinen Kunst" sind. Demgegenüber hat sich in der neueren Rechtsentwicklung der Gedanke durchgesetzt, daß der Gebrauchszweck den Urheberrechtsschutz nicht ausschließt.

1. In Deutschland sah erstmals das KUG von 1907 vor, daß auch Bauwerke, soweit sie künstlerische Zwecke verfolgen, sowie Erzeugnisse des Kunstgewerbes Urheberrechtsschutz genießen. Das UrhG spricht statt dessen von Werken der Baukunst sowie, im Einklang mit der Terminologie der Kunstschaffenden, von Werken der angewandten Kunst.

Bei den Bauwerken hatte die Formulierung „soweit sie künstlerische Zwecke verfolgen" wiederholt zu Mißverständnissen geführt. So hat das RG noch in RGSt 43, 199 einem Rathaus den Kunstschutz mit der Begründung versagt, es diene nicht künstlerischen Zwecken, sei vielmehr für den Gebrauchszweck der Gemeinde und ihrer Verwaltung bestimmt. Zuweilen wurde auch darauf abgestellt, ob der Gebrauchszweck vor dem künstlerischen Zweck den Vorrang habe. Solche Deutung ist in der Rechtsprechung, die der im Schrifttum herrschenden Meinung folgte, in BGHZ 24, 55 abgelehnt worden. In der Entscheidung, in der es um ein Wohngebäude („Ledigenheim") ging, wurde mit eingehender Begründung ausgeführt, daß bei Bauwerken, ebenso wie bei der angewandten Kunst, der Gebrauchszweck den Kunstzweck nicht ausschließt. Der Begriff der Werke der Baukunst, den das UrhG verwendet, hat daher zwar die Rechtslage nicht geändert, hat sie aber jedenfalls klargestellt.

2. Der Gebrauchszweck schließt den Urheberrechtsschutz nicht aus. Jedenfalls genügt aber nicht die Zweckmäßigkeit der Form. In der Rechtsprechung des RG wurde daher verlangt, es müsse über die zweckgerechte Form hinaus ein „ästhetischer Überschuß" vorliegen. Der Begriff ist aber mißverständlich, weil er zu der Annahme verleitet, das künstlerische Element liege im Ornament, im schmückenden Beiwerk. Auch und gerade ein Werk, das in klarer Linienführung den Zweck offenbart, kann ein Kunstwerk sein. Zu beachten ist freilich, daß die künstlerische Offenbarung des Zwecks mehr ist als bloße Zweckmäßigkeit. Dem Künstler muß die Freiheit der Gestaltung bleiben. Nur da, wo Raum ist für die Entfaltung der bildnerischen Phantasie und wo der Künstler ihrer Eingebung folgt, liegt ein Kunstwerk vor.

Der Begriff des ästhetischen Überschusses, der sich zuerst in RGZ 76, 144 findet, wurde sowohl in Künstlerkreisen wie im neueren Fachschrifttum mit Grund abgelehnt. Vgl. auch die Kritik an der deutschen Rechtsprechung durch Troller, Immaterialgüterrecht, Bd. I, S. 486 ff. Der Begriff begegnet auch heute noch mehrfach in Entscheidungen von Instanzgerichten. Der BGH hat ihn durch den Begriff des „ästhetischen Gehalts" ersetzt (BGHZ 27, 358). Besser wird in einzelnen Entscheidungen betont, daß die schöpferische Leistung nicht bloß in dem schmückenden Beiwerk, sondern auch in der klaren Führung der Linien und der Gestaltung der Form aus dem beherrschenden Raumgefühl heraus liegen könne (RGZ 139, 218 und BGHZ 22, 215). Wünschenswert ist aber jedenfalls eine Bereinigung der traditionellen Formel, in der auch die Gleichstellung von ästhetisch und künstlerisch vermieden wird.

II. Als Werke der Baukunst stehen die Bauten unter Urheberrechtsschutz, die auf künstlerischer Gestaltung beruhen. Der Gebrauchszweck kann ganz fehlen wie bei Triumphbogen und Denkmälern. Aber auch da, wo er vorliegt, steht er dem Urheberrechtsschutz nicht entgegen. So stehen die meisten Kirchen und viele Repräsentativbauten, wie Schlösser, Museen, Paläste, Rathäuser, unter Kunstschutz. Aber auch Wohnhäuser, Hotelbauten, Geschäftshäuser u. a. können auf künstlerischem Schaffen beruhen. Bei technischen Bauten, insbesondere bei Werken der Ingenieurkunst, ist der Schutz meist zu verneinen. In besonderen Fällen, beispielsweise bei Bahnhofsbauten und Brücken, die sich durch die Eigenart der Formgebung in das Stadt- oder Landschaftsbild einfügen, kann jedoch künstlerisches Schaffen am Werk sein.

Vgl. dazu BGHZ 24, 55, wo es noch unter der Herrschaft des KUG heißt: „Auch Wohnhäuser, Gemeinschaftsheime usw. und selbst ausgesprochene technische Zweckbauten wie z. B. Brücken sind in gleicher Weise wie Erzeugnisse des Kunstgewerbes kunstschutzfähig, wenn und soweit sich in ihnen ein künstlerisches Schaffen in der Leistung des Architekten offenbart." Zum urheberrechtlichen Schutz eines Fernsprechwählamts vgl. BGH in GRUR 1973, 663. In neueren Entscheidungen von Instanzgerichten mehren sich die Fälle, in denen der Urheberrechtsschutz für Wohn- und Geschäftshäuser, Schulgebäude u. dgl. bejaht wird. Vgl. die Nachweise bei DIETZ in UFITA 72 (1975) 27 ff.

III. Urheberrechtsschutzfähig sind auch Werke der angewandten Kunst, die Bedarfs- und Gebrauchsgegenstände durch schöpferische Formen adeln.

1. Durch die Einbeziehung der Werke der angewandten Kunst hat der Kunstschutz ein breites Anwendungsfeld gewonnen. Nicht nur die Erzeugnisse der Goldschmiede- und Juwelierkunst, sondern auch Erzeugnisse der Schmiedearbeit, der Porzellanmanufaktur, des graphischen Gewerbes, des Textilgewerbes und der Lederindustrie, sowie Teppiche, Möbel, Bronzewaren, Beleuchtungskörper usf. sind geschützt, wenn sie in ihrer Eigenart auf künstlerischer Gestaltung beruhen.

Auch *Modeschöpfungen* sind unter der Voraussetzung künstlerischer Gestaltungshöhe kunstschutzfähig. Wie in BGHZ 16, 4 klargestellt wird, gilt dies auch für Konfektionsmodelle. Vgl. dazu BEIER, Der Schutz der Modeschöpfungen in Deutschland und Frankreich in GRUR Int. 1955 S. 337 ff.: Auch die neuere französische Rechtsprechung mißt der Unterscheidung zwischen Modellen der „Haute-Couture" und Konfektionsmodellen für die Schutzfähigkeit keine Bedeutung mehr zu. Wir stellen in Deutschland freilich strengere Anforderungen an die künstlerische Gestaltungshöhe. Das schließt aber — entgegen der Auffassung von NICOLINI in NJW 1955 S. 461 — die Möglichkeit des Schutzes von Konfektionsmodellen nicht aus. In der Mehrzahl der Fälle wird es freilich an der künstlerischen Gestaltungshöhe fehlen, so daß nur der Geschmacksmusterschutz in Betracht kommt.

2. Angesichts des Urheberrechtsschutzes der Werke der angewandten Kunst ist das Verhältnis zu dem auf dem GeschmMG beruhenden Schutz der Muster und Modelle (Geschmacksmuster) problematisch geworden.

Grundlage des Geschmacksmusterschutzes ist das Reichsgesetz vom 11. 1. 1876 betreffend das Urheberrecht an Mustern und Modellen. Als gewerbliches Schutzrecht dient es dem Schutz gewerblicher Muster und Modelle, die als neue und eigentümliche Erzeugnisse dazu bestimmt und geeignet sind, auf den Formen- oder Farbensinn oder auf beide zusammen zu wirken. Unter Mustern versteht dabei das Gesetz die Flächenmuster, unter Modellen die plastischen Muster. Doch wird der Begriff des Musters in der Rechtssprache auch als Oberbegriff verwendet, der sowohl die zwei- wie die dreidimensionalen Gebilde umfaßt. Insbesondere ist die Bezeichnung Geschmacksmuster in diesem weiteren Sinn zu verstehen.

Der Schutz der Geschmacksmuster setzt die Anmeldung des Musters zur Eintragung in das von den Amtsgerichten geführte Musterregister sowie die Hinterlegung eines Exemplars oder einer Nachbildung des Musters voraus. Seinem Inhalt nach ist er ein Schutz gegen die Nachbildung und die gewerbsmäßige Verbreitung der Erzeugnisse. Die Schutzdauer läuft vom Tag der Anmeldung ab; sie beträgt je nach dem Antrag, der bei der Anmeldung oder später (als Erneuerungsantrag) gestellt wird, 1—15 Jahre. Die Höhe der zu entrichtenden Gebühr ist von der Länge der in Anspruch genommenen Schutzdauer abhängig.

Die Einführung des Musterschutzes ist nach der Reichsgründung insbesondere von der Textilindustrie gefordert worden, die sich auf den Musterschutz in Frankreich und in den linksrheinischen Gebieten Deutschlands berief. Der Gesetzgeber trug der Forderung gleichzeitig mit dem Erlaß des KUG von 1876 Rechnung, dessen Schutz auf die Werke der sogenannten reinen Kunst beschränkt blieb. Die Anmeldung und die Hinterlegung muß erfolgen, bevor ein nach dem Muster gefertigtes Erzeugnis verbreitet wird. Die Hinterlegung kann offen oder versiegelt, einzeln oder in Paketen erfolgen. Der Anmeldung und Hinterlegung folgt die Eintragung in das Musterregister und die Bekanntmachung im Bundesanzeiger nach. Eine Prüfung der Berechtigung des Anmelders und der Schutzfähigkeit des Musters findet nicht statt; sie bleibt der Beurteilung im Verletzungsprozeß vorbehalten. Aus dem Schrifttum vgl. JOSEF KOHLER, Musterrecht, 1909, sowie die Kommentare zum Geschmacksmustergesetz von PINZGER (1932) und FURLER (3. Aufl. 1966). — Eine Reform des überalterten Gesetzes ist angesichts der Bedeutung, die die industrielle Formgebung gewonnen hat, und der berechtigten Forderungen der ,,Designers" vordringlich; u. a. wird an die Stelle der lokalen eine zentrale Anmeldung und Hinterlegung der Muster beim Patentamt treten müssen. Über die Reformarbeiten vgl. GERSTENBERG, in GRUR 1978, 26 ff., sowie ENGLERT, a.a.O. — Auf internationaler Ebene beruht der Schutz der Muster und Modelle auf der Pariser Verbandsübereinkunft zum Schutz des gewerblichen Eigentums sowie dem Haager Musterabkommen über die internationale Hinterlegung gewerblicher Muster und Modelle vom 6. 11. 1925 (revidiert in London 1934 und in Haag 1960). Vgl. dazu FURLER, Das internationale Musterrecht (1951), sowie über die Haager Revisionskonferenz BODENHAUSEN, in GRUR Int. 1962, 169 ff.

3. Rechtlich stehen die Anforderungen, die an die Neuheit und Eigentümlichkeit der Geschmacksmuster gestellt werden, den Voraussetzungen nahe, von denen der Kunstschutz abhängt: Hier wie dort wird eine schöpferische Leistung verlangt. Der Unterschied kann jedenfalls nicht in dem Verhältnis gesehen werden, in dem Gebrauchszweck und Schmuckzweck zueinander stehen. Auch ist nicht entscheidend, ob die Herstellung eine individuelle oder eine serienmäßige ist: Der Kunstschutz erfaßt auch Werke, die industriell vervielfältigt werden. So bleibt, wie die Rechtsprechung seit RGZ 76, 339 mit Recht betont, nur ein Gradunterschied übrig. Da der Schutz der Werke der angewandten Kunst von dem Geschmacksmusterschutz unterbaut ist, ist es möglich, die kleinere Münze aus dem Bereich des Kunstschutzes auszuschließen und strengere Anforderungen an die Individualität zu stellen. Wo bloße Anpassungen an neue Mode- oder Geschmacksrichtungen vorliegen, die nur Leistungen geringeren Grades erfordern, da kommt der Ge-

schmacksmusterschutz, nicht aber der Kunstschutz in Frage. Für die Praxis ist wichtig, daß sich der Schutz gegenseitig nicht ausschließt. Die Kunstgewerbetreibenden werden daher in Zweifelsfällen die Muster und Modelle zum Musterregister anmelden, um jedenfalls den Geschmacksmusterschutz sicherzustellen. Die Anmeldung schließt nicht aus, daß sie, wenn die Voraussetzungen dafür vorliegen, neben dem Geschmacksmusterschutz auch den in seiner Wirkung weiterreichenden Kunstschutz in Anspruch nehmen.

Im Schrifttum wurde gelegentlich versucht, einen Wesensunterschied zwischen Kunstschutz und Geschmacksmusterschutz aufzuzeigen. So lehrte KOHLER (Musterrecht S. 52 f.), der Kunstschutz gelte dem Bild, der Geschmacksmusterschutz dagegen dem ornamentalen Schmuck, dessen Bedeutung sich in der Form erschöpfe. Es ist aber heute kein Zweifel mehr darüber möglich, daß auch der Kunstschutz keinen Anschauungsinhalt voraussetzt. RUNGE UR S. 289 ff. sieht den Unterschied im Schmuckzweck des Kunstgewerbes gegenüber dem Gebrauchszweck des handwerklichen Erzeugnisses. Damit wird aber der Sinn der Ausdehnung des Kunstschutzes auf die kunstgewerblichen Erzeugnisse verkannt. Auch die Prävalenztheorie, die nach dem Überwiegen des einen oder anderen Zweckes fragt, ist nicht haltbar; vgl. FURLER GeschmMG S. 54. Im älteren Schrifttum wurde zuweilen bezweifelt, ob eine Abgrenzung zwischen Werken der angewandten Kunst und Geschmacksmustern überhaupt möglich ist; vgl. ALLFELD KUG § 2 Anm. 4 und OSTERRIETH-MARWITZ KUG S 40 f. RIEZLER UR S. 459 lehrte, daß alle schutzfähigen Geschmacksmuster auch urheberrechtlich geschützt sind.

4. In ihrer Abstufung und in ihrem Zusammenwirken sichern Kunsturheberrecht und Geschmacksmusterrecht den Schutz der handwerklichen und der industriellen Formgebung. Eine Regelung, die im Bereich der industriellen Verwertung nur den Musterschutz gewährt, erübrigt zwar die Grenzziehung. Ihr Nachteil ist aber, daß auch echte künstlerische Schöpfungen auf den formgebundenen, inhaltlich schwächeren und zeitlich kürzer bemessenen Musterschutz angewiesen bleiben. Die Unterscheidung nach dem Grad der Leistung verdient daher den Vorzug. Die Formel der Rechtsprechung, ein Kunstwerk liege nur vor, wenn der ästhetische Überschuß oder der ästhetische Gehalt einen solchen Grad erreicht habe, daß nach der im Leben herrschenden Auffassung noch von Kunst gesprochen werden könne, bleibt freilich anfechtbar. Wir sprechen besser von der künstlerischen Gestaltungshöhe[1]: Der Musterschutz setzt eine eigentümliche Gestaltung voraus, die auf den Formen-oder den Farbensinn (oder auf beide) wirkt. Erreicht die Gestaltung künstlerische Höhe, so ist auch der weiterreichende Urheberrechtsschutz zu gewähren.

In den Anforderungen an den Grad der schöpferischen Leistung hat die Rechtsprechung geschwankt. Zeitweise (so in RGZ 124, 68 bei Besteckmustern) wurde der Kunst-

[1] Vgl. dazu ULMER in GRUR Int. 1959 S. 2 mit Hinweis auf den Vorschlag von ELSE MEISSNER. Zustimmend GERSTENBERG, Die Urheberrechte an Werken der Kunst, S. 49 ff.

schutz so weit ausgedehnt, daß ein Unterschied zum Geschmacksmusterschutz kaum mehr übrig blieb. Später hat die Rechtsprechung größere Anforderungen an den Kunstschutz gestellt und betont, daß die Grenze nicht zu niedrig abgesteckt werden dürfe. Verneint wurde der Urheberrechtsschutz u. a. in RGZ 135, 385 (künstliche Blumen); 139, 214 (Türdrücker); 142, 346 (Gliedsteine einer Kette); 155, 199 (Möbelstoffe) sowie BGHZ 22, 209 (Titelschriftbild); 27, 351 (Candida-Schrift) und BGH in GRUR 1959, 290 (Rosenthal-Vase). Bejaht wurde dagegen der Urheberrechtsschutz eines hinterbeinlosen Stahlrohrstuhls (RG in GRUR 1932, 892 und BGH in GRUR 1961, 635) eines gläsernen Vasenleuchters (BGH in GRUR 1972, 38); eines Sessels in Tütenform (OLG Düsseldorf, GRUR 1971, 415) und eines auf kubischen Formen aufgebauten Sessels (BGH in GRUR 1974, 740).

§ 26. Lichtbildwerke

Urheberrechtlich geschützt sind insbesondere auch Lichtbildwerke einschließlich der Werke, die ähnlich wie Lichtbildwerke geschaffen werden; § 2 Abs. 1 Nr. 5 UrhG.

I. Vor der Regelung im UrhG waren die Meinungen darüber geteilt, ob die Rechte an Fotografien zu den Urheberrechten oder den verwandten Schutzrechten zu rechnen sind.

Beim Aufkommen der Fotografie im 19. Jahrhundert, in einer Zeit, in der der Begriff der verwandten Schutzrechte noch unbekannt war, hat der Gesetzgeber für Fotografien im Rahmen des Kunsturheberrechts Urheberrechtsschutz vorgesehen, wobei aber die Schutzdauer zunächst auf 10 Jahre seit dem Erscheinen verkürzt wurde. Rechtsprechung und Rechtslehre haben aber an den Schutz der Fotografien nicht die gleichen Anforderungen gestellt wie an den Schutz von Werken der bildenden Künste. Auch Routineaufnahmen von Berufsfotografen und Amateuren, bei denen es an einer schöpferischen Leistung fehlt, wurden in den Schutz einbezogen. Damit wurde insbesondere einem Anliegen des fotografischen Gewerbes Rechnung getragen.

Der Unterschied in den Schutzvoraussetzungen hat in Deutschland, ähnlich wie in Italien und Österreich, seit den zwanziger Jahren dieses Jahrhunderts zu der Forderung geführt, die Rechte an Lichtbildern zu den verwandten Schutzrechten zu rechnen. Unzweifelhaft ist indes, daß es neben einfachen Lichtbildern künstlerische Fotografien gibt, die u. a. durch die besondere Seite, die dem Objekt abgewonnen wird, durch die Wahl des Standorts, durch die Art der Belichtung, der Verteilung von Licht und Schatten ausgezeichnet sind. Aus dem Argument, daß auch bei solchen Fotografien in einem für ihr Werden entscheidenden Zeitpunkt die Mechanik an die Stelle des schaffenden Menschen tritt und damit Züge persönlicher Art verloren gehen, die jeder Zeichnung und jedem Gemälde durch die menschliche Hand gegeben werden, kann in einer Zeit kein Einwand gegen den Urheberrechtsschutz mehr abgeleitet werden, in der auch sonst für schöpferische Leistungen, ungeachtet des Einsatzes von Apparaturen, Urheberrechtsschutz gewährt wird. Im österreichischen Urheberrecht ist daraus in der Novelle von 1953 zum UrhG erstmals die Folge gezogen worden, für Werke der Lichtbildkunst Urheberrechtsschutz (auch hinsichtlich der Schutzdauer), für einfache Lichtbilder dagegen nur ein verwandtes Schutzrecht vorzusehen, das 30 Jahre nach der Aufnahme bzw. — wenn das Lichtbild während dieser Frist veröffentlicht wurde — 30 Jahre nach der Veröffentlichung erlischt. In ähnlicher Weise unterscheidet auch das UrhG der DDR zwischen dem Urheberrecht an Werken der Fotografie und dem Leistungsschutzrecht an sonstigen Lichtbildern.

Das italienische UrhG von 1941 schützt die Fotografien generell durch ein verwandtes Schutzrecht (diritto connesso). Zumeist wird aber generell Urheberrechtsschutz gewährt, wobei zum Teil, wie in Großbritannien, die Schutzfrist verkürzt, zum Teil, wie in Frankreich, die regelmäßige Schutzfrist vorgesehen wird. Man spricht dabei von fotografischen Werken, wobei sich aber die Rechtsprechung zu einer ausdehnenden Auslegung und damit zu einer nicht unbedenklichen Verwässerung des Werkbegriffs veranlaßt sieht; vgl. DESBOIS, S. 129 ff. Auch die RBÜ bezieht in Art. 2 Abs. 1 die fotografischen Werke sowie die Werke, die durch ein der Fotografie ähnliches Verfahren hervorgebracht sind, in die Liste der Beispiele der geschützten Werke ein, sieht aber als Mindestschutzdauer anstelle der regelmäßigen Schutzfrist eine solche von 25 Jahren seit der Herstellung vor (Art. 7 Abs. 4). Da die RBÜ die Verbandsländer nur hinsichtlich des Rechtsschutzes bindet, der zu gewährleisten ist, nicht aber hinsichtlich der Terminologie, schließt sie die Qualifikation des Rechtes als verwandtes Schutzrecht in der nationalen Gesetzgebung nicht aus.

II. Die sogenannte österreichische Lösung ist, dogmatisch gesehen, die überzeugendste. Sie führt freilich bei der Beurteilung der Einzelfälle zu schwierigen Abgrenzungsfragen und damit insbesondere zu einer Ungewißheit über den Zeitpunkt, in dem die Fotografien gemeinfrei werden. Das UrhG der Bundesrepublik Deutschland hat daher einen anderen Weg gewählt: Lichtbildwerke sind urheberrechtlich, sonstige Lichtbilder dagegen durch ein verwandtes Schutzrecht (§ 72 UrhG) geschützt. Auf einfache Lichtbilder sind aber die für Lichtbildwerke geltenden Vorschriften sinngemäß anzuwenden. Insbesondere bleibt der Schutz in jedem Fall auf 25 Jahre seit dem Erscheinen beschränkt, bzw. auf 25 Jahre seit der Herstellung, wenn die Fotografie innerhalb dieser Frist nicht erschienen ist; § 68 in Verbindung mit § 72 UrhG.

Zur Übergangsregelung hinsichtlich der Schutzfrist in § 135 a UrhG vgl. unten §§ 78 II und 123 VII.

Der Regelung des UrhG liegen im Hinblick auf die Schwierigkeit der Grenzziehung pragmatische Erwägungen zugrunde. Dabei liegt der Einwand nahe, daß eine begriffliche Unterscheidung zwischen Lichtbildwerken und sonstigen Lichtbildern nur sinnvoll ist, wenn die Rechtsfolgen verschieden, nicht aber wenn sie die gleichen sind. Immerhin ist zu beachten, daß das UrhG für einfache Lichtbilder nur eine sinngemäße Anwendung der Regeln über Lichtbildwerke vorschreibt. Von der Schutzdauer abgesehen, sind gewisse Abstufungen des Schutzes möglich. Sie können sich, entsprechend allgemeinen urheberrechtlichen Grundsätzen, hinsichtlich des Schutzumfangs und des Schutzes des Urheberpersönlichkeitsrechts ergeben. Vgl. dazu unten § 119 II.

III. Die gesetzliche Erstreckung des Schutzes auf Werke, die ähnlich wie Lichtbildwerke geschaffen werden, stellt klar, daß es auf die Art des Verfahrens nicht ankommt. Entscheidend ist, daß das Bild unter Benutzung strahlender Energie erzeugt wird. Gleichgültig ist nicht nur, in welchem Verfahren die körperliche Festlegung erfolgt, insbesondere ob es sich um eine Aufnahme auf Film oder Magnetband handelt. Geschützt sind vielmehr auch Bilder, bei denen es an einer entsprechenden Festlegung fehlt, insbesondere Bilder einer Fernseh-live-Sendung, die vor ihrer Ausstrahlung nur für den Bruchteil einer Sekunde elektrisch gespeichert werden.

Vgl. dazu BGHZ 37, 5. Jedenfalls ist die Art und Weise, wie die Bilder mit der Fernsehkamera gewonnen werden, grundsätzlich die gleiche wie bei der Aufnahme durch die Filmkamera. Ebenso SCHMIDT di SIMONI, Studien zum Fernseh-Urheberrecht (1956) S. 101, der zutreffend bemerkt, daß das Fernsehen nicht die Wirklichkeit selbst sichtbar werden läßt, sondern Wirklichkeitsbilder übermittelt. — Das Recht der Sendeunternehmen, aufgrund ihrer Rechte an den ausgestrahlten Bildern die öffentliche Wiedergabe von Fernsehsendungen zu untersagen, von dem BGHZ 37, 5 ausgegangen war, hat freilich durch § 87 Abs. 1 Nr. 3 UrhG insofern eine Einschränkung erfahren, als die Sendeunternehmen nur dagegen geschützt sind, daß die Wiedergabe an Stellen erfolgt, die der Öffentlichkeit gegen Zahlung eines Eintrittsgeldes zugänglich sind. Vgl. unten § 127 II 3.

IV. *De lege ferenda* wird angesichts einer parlamentarisch unterstützten Forderung von Fotografen eine Reform des Rechtsschutzes von Fotografien erwogen. Dabei stellt sich die Frage, ob an der Gleichstellung von Lichtbildwerken und sonstigen Lichtbildern festgehalten werden soll. Ist dies der Fall, so käme m. E. eine Verlängerung der Schutzdauer auf 50 Jahre seit dem Erscheinen bzw. der Herstellung der Fotografie in Betracht. Auch sollte, wie es bei den ausübenden Künstlern hinsichtlich des Schutzes gegen Entstellungen bestimmt ist (§ 83 UrhG), vorgesehen werden, daß der Schutz des Urheberpersönlichkeitsrechts, auch wenn die 50jährige Frist abgelaufen ist, nicht vor dem Tod des Fotografen erlischt.

§ 27. Filmwerke

BERTHOLD-v. HARTLIEB, Filmrecht (Handbuch), 1957; IROS, Wesen und Dramaturgie des Films, 1938; ROEBER-JACOBY, Handbuch der filmwirtschaftlichen Medienbereiche, 1973; SPRENKMANN, Zum Filmurheberrecht, 1936.

I. Urheberrechtlich geschützt sind gemäß § 2 Abs. 1 Nr. 6 UrhG insbesondere auch Filmwerke einschließlich der Werke, die ähnlich wie Filmwerke geschaffen werden.

1. Die Filmwerke mußten sich in den letzten Jahrzehnten ihren Platz unter den urheberrechtlich geschützten Werken erst erkämpfen. Die gesetzliche Regelung in Deutschland schloß sich an die Berliner Revision der Berner Übereinkunft an. Durch die Novelle von 1910 wurde dem LUG ein Vorschrift über den Schutz vorbestehender Werke, beispielsweise von Romanen und Dramen, gegen Verfilmung eingefügt. Gleich-

zeitig wurde im KUG bestimmt, daß die Filmwerke gegen bildliche Wiedergabe auch in veränderter Gestalt geschützt sind. Das Filmwerk muß aber nicht nur gegen bildliche Wiedergabe, sondern auch gegen literarische Wiedergabe geschützt werden. Ebenso wie ein Filmwerk durch Bearbeitung eines Sprachwerks geschaffen werden kann, so kann umgekehrt auch ein Sprachwerk unter Zugrundelegung eines Filmwerkes geschaffen werden. In Ergänzung des Schutzes des KUG ging daher die herrschende Lehre von einer entsprechenden Anwendung der Regeln des LUG aus.

Vgl. über die Entwicklung im einzelnen die Darstellung in der Vorauflage, S. 133 f., und BERTHOLD-v. HARTLIEB, Filmrecht S. 1 ff.

2. Ihrem Wesen nach gehören die Filmwerke weder zu den Werken der bildenden Künste noch zu den Sprachwerken. Die Filmwerke sind vielmehr eine Werkgattung eigener Art. Als solche sind sie im UrhG anerkannt. Die persönliche geistige Schöpfung, die für den Urheberrechtsschutz wesentlich ist, liegt bei Stummfilmen in der Gestaltung der Bildfolgen, bei Tonfilmen in der Gestaltung der Bild- und Tonfolgen.

Vgl. dazu IROS, S. 86, der in Analogie zur musikalischen Komposition von der Bilderkomposition spricht. Der Schwerpunkt der schöpferischen Leistung liegt auch beim Tonfilm auf der Gestaltung der Bildfolgen. Die Individualität der Tonfolgen allein, beispielsweise der Begleitmusik zu Naturaufnahmen, macht den Film noch nicht zu einem Filmwerk.

Indem das Gesetz den Filmwerken die Werke gleichstellt, die ähnlich wie Filmwerke geschaffen werden, stellt es klar, daß es nicht auf das Herstellungsverfahren ankommt. Gleichgültig ist, ob die körperliche Festlegung auf Zelluloidfilm, auf Magnetband oder auf einem sonstigen Träger von Bild- und Tonfolgen erfolgt. Auch kann die körperliche Festlegung fehlen. Als Filmwerke geschützt sind u. a. auch Fernsehwerke, die live ausgestrahlt werden.

II. Unter den Arten der Filmwerke unterscheidet das UrhG (§ 88 Abs. 1 Nr. 3 und 4) zwischen Filmwerken, die zur Vorführung, und Filmwerken, die zur Sendung bestimmt sind.

1. Filmwerke, die zur Vorführung bestimmt sind, sind vor allem die Kinofilme, die in Lichtspieltheatern vorgeführt werden, wie Spiel-, Kultur- und Werbefilme. In Betracht zu ziehen sind aber auch die sogenannten Instruktionsfilme, wie Unterrichtsfilme, wissenschaftliche Filme, politische Bildungsfilme, Industriefilme, Agrarfilme u. a., die zur Vorführung in Schulen und Hochschulen, in Jugendgruppen, in Betrieben, Unternehmen usw. bestimmt sind.

Vgl. zu dem Begriff der Instruktionsfilme und ihren Arten ROEBER-JACOBY, S. 625 ff.

2. Filmwerke sind auch die zur Sendung bestimmten Fernsehwerke. Entscheidend ist auch hier die persönliche geistige Schöpfung, die in der

Gestaltung der Bild- und Tonfolgen liegt. In der Praxis sind zwar viele, keineswegs aber alle Fernsehsendungen Sendungen von Fernsehwerken. Beispielsweise ist die Sendung von Theater- oder Opernaufführungen im Rechtssinn nicht Sendung eines Fernsehwerkes, sondern eines dramatischen oder dramatisch-musikalischen Werkes.

3. Der neueren Entwicklung entsprechend, sind zu den Filmwerken auch die vom UrhG noch nicht besonders berücksichtigten audiovisuellen Schöpfungen zu rechnen, deren körperliche Substrate Medien wie Schmalfilme, Videokassetten und Bildplatten sind. Es handelt sich dabei um Medien, die in ihrer Zweckbestimmung mit den Schallplatten insofern verwandt sind, als sie wie diese zur Veräußerung an die Allgemeinheit bestimmt sind und sowohl zur privaten wie zur öffentlichen Wiedergabe verwendet werden können. Die Terminologie ist eine schwankende. In Analogie zu den Phonogrammen (Schallplatten und anderen Tonträgern) werden sie im folgenden als Videogramme bezeichnet.

Vgl. dazu ULMER, Urhebervertragsrecht, S. 49 f. Bedeutung kommt der Unterscheidung der Videogramme von Vorführ- und Fernsehfilmen zwar nicht für den Urheberrechtsschutz zu, der hier wie dort davon abhängt, ob eine Filmschöpfung vorliegt, wohl aber für Fragen des Urhebervertragsrechts. S. dazu unten § 115 II 2.

III. In der Terminologie des Filmrechts geht das UrhG von dem Oberbegriff des Films aus. Es unterscheidet zwischen Filmwerken und sonstigen Filmen. Die sonstigen Filme, bei denen es an einer schöpferischen Gestaltung fehlt, bezeichnet das UrhG nach dem Vorbild des österreichischen UrhG als Laufbilder. Bei ihnen beschränkt sich der Schutz auf ein verwandtes Schutzrecht des Filmherstellers sowie auf den Schutz der einzelnen Lichtbilder. § 95 UrhG.

Als Laufbilder kommen insbesondere Filme über Tagesereignisse in Betracht, die für die Wochenschau von Lichtspieltheatern oder für die Tagesschau des Fernsehens bestimmt sind. Auch bei ihnen kann freilich nach Lage des Falls eine schöpferische Bilderkomposition vorliegen. Werden beispielsweise die sportlichen Leistungen bei einer Olympiade auf einer Reihe von Bildstreifen aufgenommen und wird daraus in schöpferischer Sichtung und Auswahl ein einheitliches Ganzes geschaffen, so liegt im Rechtssinn ein Filmwerk vor.

Über *Naturfilme* vgl. BGHZ 9, 262. In der Entscheidung ging es um einen Film, dessen Ziel es war, die Lebensweise von Tieren in der freien Wildbahn nach einer bestimmten Gestaltungsidee wiederzugeben. Der BGH betonte mit Recht, daß die den Urheberrechtsschutz begründende Eigenart eines solchen Films in der Auswahl der charakteristischen Lebensformen des Wildes wie auch in der Wahl des Hintergrunds sowie des gesamten Bildrahmens und der zeitlichen Folge der einzelnen Bildmotive liegen könne. Dagegen wurde einem Ausschnitt des Films — Bildstreifen mit fliegenden Schwänen — der Werkcharakter abgesprochen, da er nur die Festlegung eines einzelnen Geschehensablaufs enthielt.

An einer filmischen Schöpfung fehlt es, wie bereits bemerkt wurde, auch in Fällen, in denen Theater- und Opernaufführungen aufgrund einer Fernsehaufzeichnung gesendet werden. Die Fernsehfilme sind in solchen Fällen keine Filmwerke. Sie sind i. S. des UrhG Laufbilder, die zu Sendezwecken ausgestrahlt werden.

IV. Wie sonst im Urheberrecht, ist auch bei Filmwerken zwischen dem Werk und dem körperlichen Substrat zu unterscheiden, auf dem es festgelegt wird.

Das köperliche Substrat ist der Filmträger, bei Stummfilmen der Bildträger, bei Tonfilmen die Einheit von Bild- und Tonstreifen. Bezüglich der Berechtigung ist dabei, ähnlich wie bei Schallplatten, zu unterscheiden: Den geistigen Schöpfern steht das Urheberrecht am Filmwerk, dem Filmhersteller ein verwandtes Schutzrecht am Filmträger zu.

Das verwandte Schutzrecht des Filmherstellers am Filmträger ist in § 94 UrhG geregelt. Die Regelung geht auf den Vorschlag zurück, den der Verfasser für die Reform des Filmrechts auf nationaler und internationaler Ebene gemacht hat; vgl. DdA 1953, 107 ff. in GRUR Int. 1953, 182 ff. In seinem Wesen entspricht es dem verwandten Schutzrecht, das dem Filmhersteller gemäß § 95 UrhG bei Laufbildern zusteht.

V. In der Praxis des Filmschaffens gehen der endgültigen Gestaltung der Bild- und Tonfolgen zumeist, insbesondere bei Spielfilmen, bestimmte Vorstufen voraus. In Betracht kommen das Exposé — eine kurze Skizze des Handlungsablaufs —, das Treatment — das Filmmanuskript, das bereits wesentliche Teile der Dialoge und eine Untergliederung des Handlungsablaufs vorsieht —, und insbesondere das Drehbuch, der Gestaltungsplan mit detaillierten Angaben über Bildfolgen und Dialoge. Auch Exposé, Treatment und Drehbuch stehen bereits unter Urheberrechtsschutz.

Vgl. dazu BERTHOLD-v. HARTLIEB, S. 26 ff., sowie zur Bedeutung des Drehbuchs für Aufbau und Struktur des Filmwerkes IROS, S. 40 ff. — Zum urheberrechtlichen Schutz des Exposé vgl. BGH in GRUR 1963, 40. Der Urheberrechtsschutz der Vorstufen kann nicht nur gegen die Verfilmung, sondern auch gegen die sonstige Verwertung der Vorstufen in Anspruch genommen werden, beispielsweise in Fällen, in denen ein Drehbuch in einen Roman oder in ein Drama umgegossen wird.

1. Die Vorstufen, insbesondere das Drehbuch, sind Pläne und Entwürfe für das Filmwerk. Der Verfasser des Drehbuchs bestimmt mit den Angaben über Bildfolgen und Dialoge wesentliche Elemente der Struktur des Filmwerkes. Vollendet wird das Filmwerk freilich erst mit der Realisation, die unter der verantwortlichen Leitung des Regisseurs erfolgt.

Im deutschen Schrifttum werden die Vorstufen, insbesondere das Drehbuch, üblicherweise zu den Sprachwerken gerechnet. Es bleibt aber zu beachten, daß sie zugleich Entwürfe für ein Filmwerk sind. Das innere Auge des Drehbuchverfassers ist, wie WOLFGANG LIEBENEINER, Spielleiter und Dichter in MÜLLERs Dramaturgie des Films (1938) zutreffend ausgeführt hat, „auf eine in seiner Phantasie bestehende Leinwand" gerichtet.

Das hat der Gesetzgeber verkannt, der in der Regelung über die Filmurheberschaft davon ausgeht, daß die filmische Schöpfung erst mit den Dreharbeiten einsetzt und daher Drehbuchverfasser, Filmkomponist u. a. nicht zu den Filmurhebern rechnet, sie vielmehr den Urhebern vorbestehender Werke gleichstellt. Vgl. dazu unten § 36 II.

2. Daß die Schöpfung des Filmwerkes ihre Vollendung erst in der Realisation erfährt, unterscheidet die Filmwerke von anderen Werkgattungen, insbesondere von Bühnenwerken. Beim Schauspiel und bei der Oper folgen die Aufführung und die eventuelle Aufnahme auf Bild- und Tonträgern der Schöpfung des Werkes nach. Anders bei Filmwerken, bei denen als urheberrechtlich relevante Akte insbesondere auch die schöpferischen Leistungen in Betracht kommen, die bei der Realisation erbracht werden. Zum Kreis der Filmurheber ist daher jedenfalls der Regisseur zu rechnen, während bei anderen Filmschaffenden, wie den Darstellern, Kameramännern, Cuttern usw., die Frage der Urheberschaft der Beurteilung des Einzelfalls vorbehalten bleibt. Vgl. dazu unten § 36 II 1.

§ 28. Bearbeitungen und andere Umgestaltungen. Werkvollendungen

I. Literarische und künstlerische Schöpfungen können bereits vorliegende Werke zur Grundlage haben: Auch die Übersetzung eines Sprachwerkes, die Neubearbeitung eines wissenschaftlichen Werkes, die Verfilmung eines Dramas, die Instrumentation eines Liedes, die Umschaffung eines Gemäldes zu einem Holzschnitt usw. sind literarische oder künstlerische Schöpfungen. Es sind Schöpfungen, die dem Werk dienen, indem sie es in eine andere Sprache oder Kunstform übertragen, für andere Ausdrucksmittel einrichten, die neuesten Entwicklungs- und Forschungsergebnisse berücksichtigen oder sonstigen veränderten Verhältnissen anpassen. Wir bezeichnen sie zusammenfassend als Bearbeitungen.

1. Die Bearbeitung hat, urheberrechtlich gesehen, ein doppeltes Gesicht:

Als literarische oder künstlerische Schöpfung ist die Bearbeitung ihrerseits ein Werk, das urheberrechtlich geschützt ist. Dem Bearbeiter stehen daher als Urheber der Bearbeitung die aus dem Urheberrecht fließenden Rechte — Urheberpersönlichkeitsrecht, Verwertungsrechte und Vergütungsansprüche — zu. § 3 UrhG.

Andererseits sind aber die Rechte des Urhebers des Originalwerkes im Spiele, das der Bearbeiter benutzt hat. Solange das Originalwerk geschützt ist, kann dessen Urheber auch die Verwertung seines Werkes in bearbeiteter Form untersagen. Insofern ist das Urheberrecht an der Bearbeitung ein abhängiges Urheberrecht: Vervielfältigung, Verbreitung und öffentliche Wiedergabe des Werkes in bearbeiteter Form ist nur mit Zustimmung des Urhebers des Originalwerkes zulässig. § 23 UrhG.

Das *Verbotsrecht* und die aus seiner Verletzung fließenden Ansprüche kann dagegen der Bearbeiter *selbständig* geltend machen: er kann die Vervielfältigung, die Verbreitung und die öffentliche Wiedergabe seiner Bearbeitung jedermann untersagen, ohne daß er dazu der Zustimmung des Urhebers des Originalwerkes bedarf. Auch der Urheber des Originalwerkes ist zur Verwertung der Bearbeitung nur mit Zustimmung des Bearbeiters befugt.

2. Begrifflich ist das Wort Bearbeitung mehrdeutig: Unter Bearbeitung versteht man einerseits die schöpferische Leistung, die der Bearbeiter erbringt, andererseits das Ergebnis dieser Leistung und damit das Werk in bearbeiteter Form. Die Unterscheidung zwischen den beiden Bedeutungen vermag manche Unklarheiten zu beseitigen, die in der Lehre von der Bearbeitung bestehen: Gegenstand des Urheberrechtes des Bearbeiters ist nur seine eigene schöpferische Leistung, beispielsweise bei der Übersetzung das neue Sprachgewand, das er schafft. Das Werk in bearbeiteter Form beruht dagegen sowohl auf der geistigen Schöpfung des Originalautors wie auf derjenigen des Bearbeiters. Wird es vervielfältigt, verbreitet oder öffentlich wiedergegeben, so sind beide Urheberrechte im Spiel. Die Regel, daß zur Verwertung des bearbeiteten Werkes sowohl die Zustimmung des Originalautors wie diejenige des Bearbeiters erforderlich ist, ist daher nur eine Bestätigung allgemeiner urheberrechtlicher Grundsätze.

Die Verwertung der Bearbeitung ist, da sie nicht ohne die Elemente erfolgen kann, die aus dem Originalwerk übernommen wurden, als Verwertung des Werkes in bearbeiteter Form zu deuten. Dem entspricht die im Leben übliche Ausdrucksweise: Wird ein Werk von Shaw ins Deutsche übersetzt und auf einer deutschen Bühne aufgeführt, so spricht man nicht von einer Aufführung der deutschen Übersetzung eines Werkes von Shaw; aufgeführt wird vielmehr das Werk von Shaw in deutscher Übersetzung.

3. Auch die Bearbeitung eines gemeinfreien Werkes ist urheberrechtlich schutzfähig. Der Bearbeiter kann aber anderen nicht die Übernahme des Originals, sondern nur die Übernahme der schöpferischen Elemente untersagen, die sein Urheberrecht an der Bearbeitung begründen.

Vgl. dazu BGHZ 44, 288 — Apfelmadonna: In der Werkstatt der Klägerin wurde eine gemeinfreie Skulptur nachgebildet. Der Beklagte, ein Kunstbildhauer, hatte von der Reproduktion, die die Klägerin in Verkehr brachte, eine Nachbildung in Holz geschaffen und seinerseits vertrieben. Ziel der Klage war es dabei nicht, dem Beklagten nur die Übernahme der Änderungen und Ergänzungen zu untersagen, die ihre Kopien im Vergleich mit dem Originalwerk aufweisen, sondern jede Nachbildung des Originals. Dieser Klageantrag wurde mit Grund abgewiesen. Vgl. dazu auch unten § 58 I.

4. Die Folgen der Abhängigkeit vom Originalwerk sind bei der Darstellung der Bearbeitungsrechte zu erläutern; s. unten § 56. Im Rahmen der Lehre von den geschützten Werken geht es um die Eigenschaft der Bearbeitung als literarische oder künstlerische Schöpfung.

II. Der Schutz der Bearbeitung setzt voraus, daß diese ihrerseits eine geistige Schöpfung ist. Bei der Umgießung in eine andere Kunstform (Dramatisierung oder Verfilmung eines Romans und umgekehrt) ist dies ohne weiteres deutlich. Aber auch die Übersetzung, die die Anpassung an Geist und Gesetze einer anderen Sprache verlangt, ist eine literarische Schöpfung. In der Musik sind Paraphrasen und Transskriptionen (Herstellung von Klavierauszügen, Einrichtung für andere Instrumente, Instrumentation eines Liedes usw.), in der bildenden Kunst sind Reproduktionen in anderen Verfahren (Herstellung von Radierungen, Kupferstichen oder Holzschnitten nach Gemälden) sowie sonstige Nachbildungen, sofern sie nicht bloß routinemäßig geschaffen sind, als Bearbeitungen schutzfähig.

Über die Anforderungen an die Leistung vgl. die Entscheidung des RG über das Horst-Wessel-Lied in RGZ 153, 71. Die Melodie war aus mehreren älteren Weisen entnommen. Die benutzten Kompositionen waren als solche frei. Das RG nahm aber an, daß trotz der verhältnismäßig unbedeutenden Änderung der alten Weisen angesichts der neuen Wirkung, die vermöge ihrer Zusammenstellung erzielt wurde, doch eine Schöpfung vorliegen könne, und verwies den Rechtsstreit zur Prüfung dieser Frage an das Berufungsgericht zurück. Bejaht wurde von der Rechtsprechung ein Bearbeitungsurheberrecht u. a. bei einem Potpourri, das Studentenlieder zur Grundlage hatte, durch Tonart und Instrumentenwahl aber ein eigenartiges Klangbild aufwies (BGH in UFITA 51 (1968) 315 — Gaudeamus igitur), sowie bei der Einrichtung eines gemeinfreien Volksliedes (Schwarzbraun ist die Haselnuß) für Blasmusik und Männerchor angesichts der eigenartigen Fassung, die durch die Rhythmisierung und den entsprechenden Einsatz der Klangkörper erreicht wurde (BGH in GRUR 1968, 321). Strengere Maßstäbe hat dagegen der BGH bei der Beurteilung der Frage angelegt, ob im Fall der Änderung eines Bühnenwerkes eine Bearbeitung vorliegt (GRUR 1972, 143 — Biographie, ein Spiel); vgl. unten IV 2.

Anders ist die Rechtslage dagegen bei Änderungen, die den Erfordernissen des Urheberrechtsschutzes nicht mehr genügen. Hierher gehören in der Regel bloße Kürzungen zum Schulgebrach, Streichungen in Dramen zur Vereinfachung der Aufführung, Transpositionen eines Liedes in eine andere Stimmlage, Markierungen von Wegen in Wanderkarten u. dgl. Sie werden im Schrifttum gelegentlich in einem weiteren Sinn mit zu den Bearbeitungen gerechnet. Es erscheint aber richtiger, den Begriff der Bearbeitung dem schutzfähigen Werkschaffen vorzubehalten.

III. Der Schutz der Bearbeitungen vorbestehender Werke setzt so wenig wie der Schutz sonstiger Schöpfungen eine Aufzeichnung voraus. Eine Bearbeitung kann daher auch in der unkörperlichen Wiedergabe liegen, in der das Werk in veränderter Gestalt erscheint. So ist es, wenn der Künstler improvisiert, wenn z. B. das Sprach- oder Musikwerk bei der Wiedergabe durch den ausübenden Künstler eine Umgestaltung erfährt. Es liegt dann eine eigene, wenn auch rechtlich abhängige Schöpfung, eine Bearbeitung vor, die ihrerseits reproduziert werden kann.

Hält sich dagegen der ausübende Künstler an das Werk und schöpft er nur die Möglichkeiten aus, das Werk zu deuten und ihm durch sein

Künstlertum Gestalt zu verleihen, so ist seine Leistung Offenbarung eines fremden Werken, aber nicht ein eigenes Werk, das seinerseits der Wiedergabe fähig ist. Hier verläuft die für das Urheberrecht wichtige Grenzlinie zwischen werkgetreuer Wiedergabe und Bearbeitung.

Auch für den Juristen lehrreich ist das Buch von HANS PFITZNER, Werk und Wiedergabe (1929). PFITZNER zieht die Grenzlinie im künstlerischen Bereich. Er verlangt für die Wiedergabe unbedingte Werktreue. ,,An einem Geschaffenen kann nicht noch einmal der Vorgang des Schaffens bewerkstelligt werden. Der schöpferische Interpret ist ein Widerspruch in sich selbst" (S. 20 f.). Über die künstlerische Norm ist hier freilich nicht zu entscheiden. Wo wirklich eine schöpferische Umgestaltung vorliegt, da hat der Jurist eine Bearbeitung anzuerkennen. Aber das Wesen der werktreuen Wiedergabe, die eine geniale Leistung sein kann, aber kein Werkschaffen ist, wird von PFITZNER in treffender, auch für die rechtliche Beurteilung aufschlußreicher Weise gekennzeichnet. — Abw. spricht TROLLER, Immaterialgüterrecht Bd. I S. 500 ff. von den ,,Werken der ausübenden Künstler" und erkennt Dirigenten, Solisten, Regisseuren, Sängern und Schauspielern ein Urheberrecht zu. Er verweist darauf, daß ihnen bei der Interpretation ein Spielraum bleibt. Das ist gewiß richtig. Aber die Leistungen, die innerhalb dieses Spielraums erbracht werden, gehören nicht mehr zur Sphäre des Werkschaffens, sondern zur Sphäre der Interpretation, deren Schutz nicht durch das Urheberrecht, sondern durch ein verwandtes Schutzrecht gewährleistet wird.

IV. Von diesen Regeln ist auch bei der Beurteilung der Frage auszugehen, ob dem Spielleiter (Regisseur) ein Urheberrecht zusteht.

1. Grundsätzlich ist zwar bei Filmwerken anzunehmen, daß der Regisseur zu den Urhebern gehört. Die Schöpfung des Filmwerkes wird, anders als die Schöpfung des Bühnenwerkes, erst durch die Filmherstellung vollendet, auf die der Regisseur entscheidenden Einfluß nimmt. Im Verhältnis zum Drehbuchverfasser, der die Struktur des Filmwerkes in wesentlichen Elementen vorgezeichnet hat, liegt zwar keine Bearbeitung, wohl aber der der Bearbeitung verwandte Fall der Vollendung einer Vorstufe des Werkes vor. S. darüber unten V 2.

2. Anders ist dagegen die Lage in der Regel bei der Bühnenregie: Die Aufführung des Bühnenwerkes ist Wiedergabe eines bereits vollendeten Werkes. Der Spielleiter ist nicht Urheber, er ist vielmehr der erste unter denjenigen, denen die künstlerische Interpretation des Werkes obliegt. In seiner Eigenschaft als Interpret steht ihm das verwandte Schutzrecht zu, das das Gesetz den ausübenden Künstlern einschließlich der Dirigenten und Spielleiter gewährt.

Die Regel, daß dem Bühnenregisseur kein Urheberrecht zusteht, war früher unbestritten. Angesichts berühmter Inszenierungen ist sie jedoch seit den zwanziger Jahren dieses Jahrhunderts auf Widerspruch gestoßen. Im neueren Schrifttum haben sich unter Berücksichtigung der Entwicklung der Regiekunst, der Tendenz zu weitgehender Modernisierung und der dadurch bedingten Distanzierung mancher Regisseure von der Schöpfung des Urhebers die Stimmen derjenigen gemehrt, die für den Regisseur jedenfalls im Fall einer „schöpferischen Inszenierung" Urheberrechtsschutz in Anspruch nehmen.

Vgl. Cl. D. KOCH, Das Urheberrecht des Bühnenregisseurs (1927) sowie aus dem neueren Schrifttum insbesondere v. FOERSTER, Das Urheberrecht des Theaterregisseurs (Heft 43 der Schriftenreihe der UFITA, 1973), und SCHMIEDER, in UFITA 63 (1972) 147 ff. Im ganzen vorherrschend ist jedoch die Meinung geblieben, daß dem Regisseur nur im Fall der Umarbeitung des Bühnenwerkes ein Bearbeitungsurheberrecht zusteht. Vgl. MÖHRING-NICOLINI, UrhG § 7, Anm. 3 a.; NORDEMANN in Film und Recht 1970, 73 ff.; und KRÜGER-NIELAND in UFITA 64 (1972) 129 ff.

Bei der Beurteilung der Frage ist m. E. zwischen der künstlerischen Interpretation und der mit ihr möglicherweise verbundenen Umgestaltung des Werkes zu unterscheiden: Die Interpretation kann eine hohe künstlerische Leistung sein. Sie ist aber nicht Werkschöpfung. In dem Spielraum, der dem Regisseur für die Wiedergabe und die Deutung des Werkes bleibt, ist zwar Platz für das verwandte Schutzrecht des Regisseurs, nicht aber für das Urheberrecht. Das verwandte Schutzrecht sichert den Regisseur insbesondere dagegen, daß die Inszenierung ohne seine Einwilligung auf Bild- oder Tonträgern festgehalten oder durch Rundfunk gesendet wird. Das Urheberrecht würde ihn darüber hinaus berechtigen, anderen Regisseuren die Übernahme wesentlicher Züge seiner Inszenierung zu untersagen; der Regisseur, der sich von einer berühmten Inszenierung inspirieren läßt, würde eine Urheberrechtsverletzung begehen. Demgegenüber weisen führende Regisseure mit Grund darauf hin, daß eine Inszenierung sich von einer anderen, die ihr als Vorbild gedient hat, schon deshalb unterscheidet, weil der ursprüngliche belebende Geist fehlt.[1] Was übrig bliebe, wäre, anders als bei einem Werk, das in wesentlichen Zügen übernommen wird, nur ein „Körper ohne Seele" (KAYSSLER).

Vgl. dazu die eingehende Untersuchung von KRÜGER-NIELAND, a.a.O. Die Verfasserin spricht von dem „schöpferischen Atem", der der Inszenierung ein besonderes Eigenleben einhauchen kann, und stellt die Frage, ob „etwas so Subtiles, von dem persönlichen Stil des Regisseurs Geprägtes" wie die Inszenierung eines Werkes einer Nachahmung zugänglich ist. Jedenfalls würde das Verbot, einzelne Gestaltungselemente oder Regieeinfälle zu übernehmen, durch die Schranken, die damit den Deutungsmöglichkeiten der Regisseure gezogen werden, eher hemmend als fördernd wirken. Fälle des Schmarotzens, bei denen ein berechtigtes Schutzbedürfnis vorliegt, können aufgrund von §§ 826 BGB und 1 UWG bekämpft werden.

Anders steht es, wenn das Buchdrama durch eine schöpferische Leistung eine Umgestaltung erfährt, die als Bearbeitung zu beurteilen ist. Kleine Änderungen, Streichungen, Kürzungen, einzelne Einblendungen u. dgl. sind noch keine urheberrechtlich schutzfähige Leistung. Wohl aber kann in der Umgestaltung des Textes, des Handlungsablaufs und

---

[1] Vgl. dazu die einschlägigen Äußerungen von Regisseuren, die von KOCH und KRÜGER-NIELAND a.a.O. zitiert werden.

der Charakterisierung der Hauptpersonen des Dramas eine schöpferische Umarbeitung liegen. In solchen Fällen wird das Urheberrecht des Autors des Bühnenwerkes von einem Bearbeitungsurheberrecht überlagert, das dem Schöpfer der Bearbeitung, gegebenenfalls dem Regisseur, zusteht.

Vgl. dazu aus der Rechtsprechung BGH in GRUR 1972, 143 (Biographie — ein Spiel). In der Entscheidung ging es darum, daß der Regisseur in Vorbereitung der Aufführung des Bühnenwerkes von Max Frisch Änderungen vorgenommen hatte, die von dem Dichter bei der Buchausgabe des Werkes teilweise übernommen wurden. Der Regisseur vertrat die Auffassung, daß durch die Buchausgabe in sein Bearbeiterurheberrecht eingegriffen werde. Der BGH ging dagegen davon aus, daß Änderungen von Regisseuren, durch die sie das Werk den Erfordernissen der Bühne, dem Geschmack des Publikums und den Fähigkeiten der Schauspieler anpassen, keine schöpferischen Umgestaltungen sind. An die urheberrechtliche Schutzfähigkeit seien im Fall von Änderungen eines Bühnenwerkes strengere Maßstäbe anzulegen als beispielsweise bei der kleinen Münze des Urheberrechts. Trotz einzelner Streichungen, Einschaltungen und Sprachglättungen wurde angesichts der Wahrung des Gesamtcharakters des Werkes das Vorliegen einer Bearbeitung verneint. Im Fall der Neufassung der Operette „Gasparone" wurde dagegen angesichts der individuellen Prägung, wie insbesondere der abweichenden Charakterisierung der handelnden Personen und der Einarbeitung eines Doppelspiels ein Bearbeiterurheberrecht bejaht (BGH in GRUR 1959, 379). Ein extremer Fall weitgehender Umgestaltung lag bei der Aufführung der Operette „Maske in Blau" vor, über die der BGH in GRUR 1971, 35 entschied. Hier wurden wesentliche Züge der Hauptfiguren verändert und bei der Ankündigung von einer „Verhohnepiepelung" der Operette gesprochen. In der Entscheidung ging es dabei nicht um die Frage, ob eine schutzfähige Leistung vorlag, sondern um die Verletzung des Urheberpersönlichkeitsrechts der Autoren des Originalwerkes. Vgl. unten § 41 II 3.

3. Der Regisseur kann ein *Regiebuch* schreiben: Er trägt auf einem durchschossenen Exemplar des Textbuches Änderungen, Regiebemerkungen u. dgl. ein. Eine Bearbeitung des Bühnenwerkes ist aber das Regiebuch nur unter den oben (2) genannten Voraussetzungen. Andernfalls kann es zwar ein Sprachwerk sein, das gegen Vervielfältigung geschützt ist. Aber eine Aufführung des Werkes unter Zugrundelegung des Regiebuchs ist, sofern keine Bearbeitung vorliegt, nicht Wiedergabe des Regiebuchs, sondern allein Wiedergabe des Bühnenwerkes.

V. Mit den Fällen der Bearbeitung eines Werkes verwandt sind die Fälle anderer Umgestaltungen von Werken sowie der Vollendung von Fragmenten oder Vorstufen des Werkes.

1. Das UrhG stellt zwar nicht in § 3, wohl aber bei der Bestimmung des Schutzumfangs des Originalwerkes in § 23 den Bearbeitungen andere Umgestaltungen des Werkes gleich. Unter den anderen Umgestaltungen sind dabei, ebenso wie unter einer Bearbeitung, Schöpfungen zu verstehen, in denen wesentliche Züge des Originalwerkes übernommen werden. Die terminologische Unterscheidung von der Bearbeitung ist dadurch bedingt, daß das UrhG unter dem Begriff der Bearbeitung, dem Sprachsinn entsprechend, abhängige Schöpfungen versteht, die, wie die Übersetzung, die Neubearbeitung von wissenschaftlichen Werken u. dgl., dem Werk dienen. Der Plagiator, der wesentliche Züge eines

vorbestehenden Werkes übernimmt, aber die Abhängigkeit verschleiert, ist nicht Bearbeiter. In den Rechtsfolgen besteht aber kein Unterschied: Wie der Bearbeiter, so erwirbt auch der Urheber einer anderen schöpferischen Umgestaltung ein abhängiges Urheberrecht. Die Verwertung der Umgestaltung ist nur mit Zustimmung des Originalurhebers zulässig.

Überraschenderweise ist der Begriff der anderen Umgestaltung in der Kommentarliteratur mißverstanden worden. FROMM-NORDEMANN, UrhG, § 23, Anm. 1; v. GAMM, UrhG, § 23, Rdz. 8, und MÖHRING-NICOLINI, UrhG, § 23, Anm. 3 a, verstehen unter anderer Umgestaltung nur kleinere Änderungen, die keine schöpferische Leistungen sind; vgl. dagegen HUBMANN, UR, S. 104. Daß der Urheber die Verwertung seines Werkes untersagen kann, wenn nur geringfügige Änderungen vorgenommen werden, brauchte aber im Gesetz nicht ausdrücklich gesagt zu werden. Der Gesetzgeber ist vielmehr, wie sich aus der amtlichen Begründung eindeutig ergibt, im Anschluß an die u. a. von KÜHNEMANN, UFITA 17 (1944) 9 ff. sowie in der Vorauflage dieses Werkes (S. 219 f.) vertretene Meinung davon ausgegangen, daß unter dem Begriff der Bearbeitung nur Umarbeitungen zu verstehen sind, die dem Werk dienen, insbesondere das Werk an veränderte Verhältnisse anpassen. Der Begriff der anderen Umgestaltung macht deutlich, daß es daneben auch andere abhängige Nachschöpfungen gibt, und stellt damit die Weite des Schutzumfangs des Urheberrechts außer Zweifel. Vgl. unten § 57 I.

2. Mit der Bearbeitung verwandt sind auch die Fälle, in denen Fragmente oder Vorstufen des Werkes durch andere vollendet werden.

Wird beispielsweise nach dem Tod des Gelehrten A das von ihm begonnene Werk durch seinen Schüler B vollendet, so kann sich die Vollendung mit einer Bearbeitung des Fragments verbinden. Die Weiterführung des Werkes ist jedoch die eigene Schöpfung des B. Die Verwandtschaft mit der Bearbeitung zeigt sich aber darin, daß zur Verwertung des vollendeten Werkes die Zustimmung sowohl der Erben des A wie von B erforderlich ist.

Eine Vollendung durch andere findet auch bei der sogenannten *Entwurfsmusik* statt, bei der der Komponist seine musikalischen Vorstellungen nur in Umrissen festlegt, die Ausführung der Partitur aber dem ausübenden Künstler überläßt. In solchen Fällen ist zwischen dem Urheberrecht an der noch unfertigen Komposition und dem Urheberrecht des ausübenden Künstlers zu unterscheiden, der die Komposition vollendet. Zur Verwertung des auf diese Weise geschaffenen Klangkörpers ist die Zustimmung beider erforderlich. Vgl. dazu WEISSTHANNER, Urheberrechtliche Probleme der neuen Musik (Urheberrechtliche Abhandlungen des MPI, Heft 14, 1974), S. 85, und FROMM-NORDEMANN, UrhG, § 2 Anm. 11.

Häufig ist eine Vollendung der Vorarbeiten insbesondere beim Filmschaffen: Die Filmschöpfung wird erst bei der Filmherstellung vollendet. Die Vollendung erfolgt aber in der Regel unter Benutzung von Vorarbeiten, darunter insbesondere des Drehbuchs, in dem die Struktur des Filmwerkes in ihren wesentlichen Zügen vorgezeichnet ist. Die Verwertung des Filmwerkes setzt daher die Zustimmung sowohl der Urheber der Vorstufen wie der Urheber voraus, die die Filmschöpfung vollenden.

§ 29. Sammelwerke

A. SELLIER, Die Rechte der Herausgeber, Mitarbeiter und Verleger von Sammelwerken, 1964.

I. Als Sammelwerke sind gemäßt § 4 UrhG Sammlungen von Werken und anderen Beiträgen geschützt, die durch Auslese oder Anordnung eine persönliche geistige Schöpfung sind. Beispiele sind Enzyklopädien, Konversationslexika, Wörterbücher, Entscheidungssammlungen, Zitatensammlungen, Kalender, Jahrbücher, Zeitungen und Zeitschriften sowie Sammlungen von Informationen, die in Datenverarbeitungsanlagen eingespeichert werden. Urheber des Sammelwerkes ist, wer die geistige Leistung der Auslese und/oder Anordnung erbringt. Bei Werken, die veröffentlicht werden, ist es im Regelfall der Herausgeber.

1. Gegenstand der Sammlung können geschützte oder ungeschützte Werke wie sonstige Beiträge sein. Sonstige Beiträge sind beispielsweise Preis- und Kursangaben, Adressen und Informationen aller Art.

LUG und KUG hatten den Begriff des Sammelwerkes auf Sammlungen beschränkt, in denen die Beiträge einer Mehrheit von Urhebern vereinigt wurden; unter Beiträgen waren dabei Werke zu verstehen, die für das Sammelwerk geschaffen wurden. Mit Recht hat demgegenüber das UrhG den Begriff des Sammelwerkes erweitert: Die Zweckbestimmung der Beiträge für das Sammelwerk ist nicht erforderlich, so daß auch Sammlungen bereits veröffentlichter Werke, wie Liedersammlungen oder Sammlungen für den Kirchen-, Schul- und Unterrichtsgebrauch, im Rechtssinn Sammelwerke sind. Auch kommen außer Werken auch sonstige Beiträge in Betracht. Unter urheberrechtlichem Gesichtspunkt kommt es nur darauf an, daß in Auslese und/oder Anordnung eine schöpferische Leistung zu sehen ist. Abweichend vom früheren Recht kann auch die Sammlung von Werken einzelner Urheber ein Sammelwerk sein. Der Begriff berührt sich dabei mit dem verlagsrechtlichen Begriff der Gesamtausgabe, ohne sich mit ihm zu decken. Gesamtausgaben sind Ausgaben der Hauptwerke eines Verfassers oder doch jedenfalls der Hauptwerke einer bestimmten Schaffensrichtung; vgl. unten § 102 II 4. Sammelwerke sind sie nur, wenn in Auslese oder Anordnung eine persönliche geistige Schöpfung liegt.

2. Werke, die im Sammelwerk vereinigt werden, können Sprachwerke, Werke der bildenden Künste, Lichtbildwerke und Musikwerke sein. Auch brauchen die Werke oder die sonstigen Beiträge nicht derselben Gattung anzugehören. Beispielsweise können in Liedersammlungen Gedichte und musikalische Kompositionen miteinander vereinigt werden.

Die Rechtsnatur des Sammelwerkes wird nicht durch die Gattung der in die Sammlung aufgenommenen Werke bestimmt. Sammelausgaben von Kompositionen oder von Werken der bildenden Künste — beispielsweise Sammlungen von Abbildungen in Ausstellungskatalogen — sind keine Musik- oder Kunstwerke. Die Sammelwerke bilden vielmehr eine einheitliche Werkgattung. Sie gehören angesichts der Art des geistigen Schaffens im weiteren Sinn des Wortes zu den Werken der Literatur. Keine Sammelwerke sind daher Sammlungen von Münzen, Briefmarken, Mineralien, Schmetterlingen, Käfern usw. Auch Sammlungen von Kunstwerken, die in Museen, Galerien oder auf Ausstellungen gezeigt werden, sind m. E. keine Sammelwerke (ebenso v. GAMM, UrhG, § 4, Rdz. 7; abweichend SCHMIEDER, in NJW 1966, 1446, und MÖHRING-NICOLINI, UrhG § 4, Anm. 2c). Nur wenn

Abbildungen solcher Gegenstände oder Werke in Sammelbänden, Sammelmappen u. dgl. vereinigt werden, können Sammelwerke vorliegen. Über die Sammlung von Abbildungen von Orientteppichen in Sammelmappen vgl. BGH in GRUR 1960, 444.

3. Die Individualität der Sammelwerke beruht auf der geistigen Arbeit, die durch Auslese und/oder Anordnung der Beiträge geleistet wird. Bloße routinemäßige Zusammenstellung des Materials genügt nicht. Auch fehlt die erforderliche Individualität, wenn der Schwerpunkt auf den einzelnen Werken liegt und die Zusammenstellung nur eine lose ist: Serienausgaben, wie Grundrißreihen, und sonstige Schriftenreihen, Beihefte zu Zeitschriften u. dgl., sind keine Sammelwerke, wohl aber beispielsweise die Sammlung bedeutender Werke der Weltliteratur.

Vgl. dazu BGH in GRUR 1954, 129 betreffend die Sammlung „Besitz der Erde". Unwesentlich ist die Erscheinungsweise. Das Sammelwerk kann, wie beispielsweise eine Enzyklopädie, ein Handwörterbuch u. dgl., auch in mehreren Lieferungen oder Bänden erscheinen.

Die Einheit, die durch die Vereinigung der Beiträge in Sammelwerken gebildet wird, braucht keine in sich geschlossene, einem bestimmten Fragenkreis oder Fachgebiet gewidmete Einheit zu sein. Auch einzelne Hefte und Nummern von Zeitungen und Zeitschriften sind in der Regel aufgrund der geistigen Arbeit, die bei Sichtung und Anordnung der Beiträge in der Redaktion geleistet wird, als Sammelwerke anzusehen.

Grenzfragen tauchen, ähnlich wie bei den Sprachwerken, bei der sogenannten kleinen Münze, wie Sammlungen von Formularen und Zusammenstellungen von Fakten in Adreß- und Fernsprechbüchern, auf. Programme, wie insbesondere Theater- und Rundfunkprogramme, die die geplanten Aufführungen und Sendungen in ihrer Zeitfolge mitteilen, sind nicht schutzfähig. Vgl. RGZ 66, 227 und 140, 132. Auch der Zusammenstellung von Rennvoraussagen in Zeitungen und Zeitschriften wurde der Schutz in RGZ 144, 75 versagt. Umstritten ist der Schutz von Adreßbüchern, Fernsprechbüchern, Kursbüchern u. dgl. In RGZ 116, 292 ging das RG davon aus, daß bei Adreßbüchern die erforderliche geistige Leistung in Gliederung und Anordnung des Stoffs liegen könne; die übliche Dreiteilung in ein Wohn-, Straßen- und Gewerbeverzeichnis reiche dagegen nicht aus, um den Urheberrechtsschutz zu begründen. Ohne solche Einschränkung wurde dagegen der urheberrechtliche Schutz in den (strafrechtlichen) Entscheidungen des RG in DJZ 1908, Sp. 268 und JW 1925, 277 sowie in Entscheidungen von Instanzgerichten bejaht. Der BGH ließ in GRUR 1961, 631 die Frage des Urheberrechtsschutzes von Fernsprechbüchern dahingestellt, sah aber jedenfalls in der Entnahme von etwa 3000 Adressen in ein Verzeichnis der Gewerbetreibenden eines räumlich begrenzten Gebietes keine Urheberrechtsverletzung. M. E. ist davon auszugehen, daß die Zusammenstellung der Fakten, die ohne eine Auslese erfolgt, und ihre routinemäßige Anordnung urheberrechtlich nicht schutzfähig ist; der Schutz kann aber durch individuelle Elemente, wie die Art der Bezeichnungen und ergänzende Angaben (beispielsweise in Kursbüchern durch den Hinweis auf Anschlußzüge) begründet werden. Werden bei einem Nachdruck auch diese Elemente übernommen, so liegt, anders als bei der bloßen Übernahme der Fakten, eine Urheberrechtsverletzung vor. Bei Adreßbüchern kommt im übrigen ergänzend der wettbewerbsrechtliche Schutz in Betracht: Wird unter Benutzung eines bereits erschienenen Adreßbuchs ein neues herausgegeben, bei dem sich der Verfasser die Sammlung des Stoffs durch Erkundungsmittel, wie Hauslisten u. dgl. erspart, so liegt in dem Schmarotzen an der fremden Leistung unlauterer Wettbewerb. Der Sachverhalt ist mit den Fällen der sogenannten unmittelbaren Leistungsübernahme verwandt. Vgl. oben § 7 I 5.

4. Die Sammelwerke können fortlaufend, sei es in regelmäßiger oder in unregelmäßiger Folge erscheinen. Solche in ständiger Folge — nicht bloß in einer begrenzten Zahl von Lieferungen — erscheinenden Werke werden im VerlG als periodische Sammelwerke bezeichnet. Die wichtigsten Gruppen der periodischen Sammelwerke sind Zeitungen und Zeitschriften. Die Unterscheidung zwischen beiden Gruppen ist, so klar sie sich als Typen voneinander abheben, in Grenzfällen nicht einfach. Sie ist aber nicht zu vermeiden, da die gesetzlichen Regeln in Einzelfragen Zeitungen und Zeitschriften verschieden behandeln. Maßgebend für die Abgrenzung ist die Zweckbestimmung: Die Zeitung unterscheidet sich von der Zeitschrift durch die Aufgabe der Berichterstattung über Tagesereignisse. Auf die gewählte Bezeichnung oder die Erscheinungsweise kommt es nicht an. Organe, deren Inhalt nicht an Tagesereignisse gebunden ist, sind auch dann Zeitschriften, wenn sie sich Zeitungen nennen (z. B. Juristenzeitung) oder wenn sie täglich erscheinen.

Mit dem Begriff des periodischen Sammelwerkes verwandt ist der presserechtliche Begriff der *periodischen Druckwerke*. In den Pressegesetzen der Länder, die nach 1945 an die Stelle des Reichsgesetzes über die Presse von 1874 getreten sind, werden mit geringfügigen Abweichungen die periodischen Druckwerke als „Zeitungen und Zeitschriften und andere in ständiger, wenn auch unregelmäßiger Folge und im Abstand von nicht mehr als 6 Monaten erscheinende Druckwerke" definiert. Für sie gelten Sondervorschriften, die die allgemeinen presserechtlichen Regeln ergänzen: U. a. sind im Impressum nicht nur der Drucker und Verleger, sondern auch Name und Anschrift des verantwortlichen Redakteurs anzugeben; sind mehrere Redakteure verantwortlich, so ist kenntlich zu machen, für welchen Teil oder Sachbereich des Druckwerkes jeder einzelne verantwortlich ist. Auch sind verantwortliche Redakteure und Verleger verpflichtet, auf Verlangen eine Gegendarstellung der Personen oder Stellen zum Abdruck zu bringen, die durch eine in dem Druckwerk aufgestellte Tatsachenbehauptung betroffen sind. Vgl. dazu und zum Presserecht im allgemeinen MARTIN LÖFFLER, Presserecht (2. Aufl.), 1968/69.

II. Das Urheberrecht am Sammelwerk schützt die Sammlung, nicht aber die einzelnen, in die Sammlung aufgenommenen Beiträge. Handelt es sich bei den Beiträgen um geschützte Werke, so ist zwischen dem Urheberrecht am Sammelwerk und dem Urheberrecht an den Beiträgen zu unterscheiden. Das Urheberrecht am Sammelwerk wird, wie es in § 4 UrhG heißt, unbeschadet des Urheberrechts an den aufgenommenen Werken geschützt.

1. Die Verwertung der Werke im Rahmen eines Sammelwerkes setzt die Zustimmung der Urheber der Einzelwerke voraus. Nur wenn es sich unter den Bedingungen des § 46 UrhG um die Aufnahme in eine Sammlung handelt, die zum Kirchen-, Schul- oder Unterrichtsgebrauch be-

stimmt ist, tritt an die Stelle der Zustimmung zur Vervielfältigung und Verbreitung ein Anspruch der Urheber der Einzelwerke auf eine angemessene Vergütung; vgl. unten § 67 III.

Die Verträge, in denen die Urheber der Einzelwerke ihre Zustimmung zur Aufnahme in ein Sammelwerk erteilen, werden, wenn es sich um Sammelwerke handelt, die in Verlag gegeben werden, meist mit dem Verleger des Sammelwerkes geschlossen. Möglich ist aber auch der Vertragsschluß mit dem Herausgeber, der dann seinerseits die ihm eingeräumten Nutzungsrechte auf den Verleger überträgt. Bei Sammelwerken, die in Datenverarbeitungsanlagen eingespeichert werden, werden die Verträge in der Regel mit den Inhabern der Datenbanken geschlossen.

2. Im übrigen ist hinsichtlich der Verwertung zu unterscheiden:

a) Geht es allein um die Verwertung von Einzelwerken, so ist nur das Urheberrecht am Einzelwerk zu beachten. Grundsätzlich ist daher die Zustimmung der Urheber der Einzelwerke erforderlich. Möglich ist freilich, daß der Urheber des Einzelwerkes dem Urheber oder dem Verleger des Sammelwerkes ein ausschließliches Recht einräumt. Werden beispielsweise Werke für ein Sammelwerk geschaffen, das in Verlag gegeben wird, so räumt der Urheber des Einzelwerkes dem Herausgeber oder Verleger in der Regel das Verlagsrecht und damit ein ausschließliches Recht ein. Die Herausgeber bzw. Verleger sind dann zwar nicht dazu berechtigt, das Einzelwerk gesondert zu verwerten; im Interesse des Absatzes des Sammelwerkes können sie aber Dritten sowie den Urhebern selbst die Vervielfältigung und Verbreitung des Einzelwerkes untersagen.

Vgl. über diesen Unterschied zwischen dem positiven und dem negativen Kern des Verlagsrechts unten § 103 II. Für periodisch erscheinende Sammlungen gelten die Sonderregeln des § 38 UrhG; s. darüber unten § 111 II 1 a.

b) Geht es um die Verwertung des Sammelwerkes oder von wesentlichen Teilen desselben, so ist sowohl das Urheberrecht am Sammelwerk wie das Urheberrecht an den Einzelwerken, die Gegenstand der Verwertung sind, zu beachten. Gegen den Nachdruck können daher außer dem Urheber des Sammelwerkes auch die Urheber der Einzelwerke vorgehen.

Eine Erleichterung des Rechtsverkehrs sieht § 34 Abs. 2 UrhG für denn Fall vor, daß der Inhaber der Nutzungsrechte, insbesondere der Verleger, der sein Verlagsrecht sowohl von dem Urheber des Sammelwerkes wie von den Urhebern der Einzelwerke ableitet, seine Rechte überträgt: Zu der Übertragung genügt die Zustimmung des Urhebers des Sammelwerkes. Die Regel ist, sofern es sich nicht um Einzelwerke handelt, die ohne Einwilligung des Urhebers in Sammlungen für den Kirchen-, Schul- und Unterrichtsgebrauch aufgenommen werden, nur nachgiebigen Rechts. Eine anderweitige Vereinbarung ist möglich. Auch kann der Inhaber des Nutzungsrechts ungeachtet der Zustimmung des Urhebers des Sammelwerkes die Rechte, die sich auf die Einzelwerke beziehen, nur insoweit übertragen, als sie ihm zustehen. Bindend ist beispielsweise eine etwaige Vereinbarung über die Höhe der Auflage. Unzutreffend ist die vom OLG Frankfurt in GRUR 1967, 151 und von Möhring-Nicolini, UrhG, § 4, Anm. 7, vertretene Meinung, daß die Verfügung über das Sammelwerk ipso iure auch eine Verfügung über die Einzelwerke enthalte, weil das Urheberrecht an den Einzelwerken demjenigen am Sammelwerk „untergeordnet" sei. Sie steht im Widerspruch dazu, daß das Urheberrecht an den Einzelwerken „unbeschadet" bleibt. — Die Schutzfrist für das Sammelwerk läuft vom Tod seines Urhebers ab. Der Schutz der Einzelwerke besteht, wenn deren Urheber länger leben, nach ihrem Ablauf weiter. So zutreffend OLG Dresden in GRUR 1925, 200. Verfehlt ELSTER, Urheberrecht und Erfinderrecht, Warenzeichen- und Wettbewerbsrecht (2. Aufl. 1928) S. 169.

III. Wie jedes Urheberrecht, so setzt auch das Urheberrecht am Sammelwerk voraus, daß das Werk geschaffen ist. Bei periodischen Sammelwerken besteht daher ein Urheberrecht nur an den bereits vorliegenden Folgen. Angesichts des Rufs, den das periodisch erscheinende Sammelwerk genießt, und angesichts der Beziehungen zu Mitarbeitern und Bestellern liegt aber eine auch in die Zukunft weisende Einheit vor. Auch diese Einheit des Unternehmens pflegt man als Sammelwerk zu bezeichnen. Dabei wird aber der Begriff abgewandelt. Das Sammelwerk als Unternehmen ist nicht Gegenstand des Urheberrechts. Es ist aber ein Rechtsgut, über das Verpflichtungsgeschäfte abgeschlossen werden können und das wettbewerbsrechtlich geschützt ist.

Eine Zeitschrift oder eine Zeitung kann beispielsweise von dem Verleger, wenn ihm das Zeitschriften- oder Zeitungsunternehmen gehört, verkauft werden. Während aber das aus dem Urheberrecht abgeleitete Verlagsrecht in den Grenzen, die § 28 VerlG vorsieht, übertragbar ist, kann das Unternehmen nicht als Einheit übertragen werden; möglich ist nur die Übertragung der einzelnen, zu dem Unternehmen gehörenden Gegenstände (RGZ 68, 49). Das Zeitschriften- oder Zeitungsunternehmen kann daher auch nicht Gegenstand einer Verpfändung, einer Sicherungsübertragung oder einer Zwangsvollstreckung sein. Vgl. RGZ 95, 235 und BGH in GRUR 1968, 329.

1. Das Sammelwerk als Unternehmen ist zugleich wirtschaftliches und geistiges Unternehmen. Wenn es einem Verleger gehört, so ist es möglicherweise nur ein Teil seines Verlagsunternehmens, eine kleinere Einheit innerhalb einer größeren. Von den Rechten, die ihm zugehören, ist das aufs engste mit ihm verknüpfte das Recht am Titel. Im Streit darüber, wer zur Fortführung des Sammelwerkes berechtigt ist, geht es praktisch meist um die Frage, wer zur weiteren Verwendung des Titels befugt ist.

2. Die Frage, wem das Sammelwerk als Unternehmen gehört, ist von der Frage, wem das Urheberrecht an den einzelnen Folgen zusteht, zu unterscheiden. Sie ist im Rechtsleben von erheblicher Bedeutung: Wenn das Vertragsverhältnis zwischen Herausgeber und Verleger durch Zeitablauf oder durch Kündigung erlischt, so fragt sich, ob der Herausgeber oder ob der Verleger zur Fortsetzung des Sammelwerkes und damit auch zur Weiterverwendung des Titels befugt ist. Die Frage ist nicht einheitlich zu beantworten. Soweit sich die Antwort nicht aus dem Herausgebervertrag ergibt, muß sie aus den Umständen erschlossen werden. Wenn der Plan und die Vorarbeiten wesentlich vom Verleger ausgehen,

so ist der Verleger Herr des Unternehmens, in dessen Dienst er den Herausgeber gestellt hat. Initiative und Planung können aber auch beim Herausgeber liegen. Es wird dies inbesondere der Fall sein, wenn der Titel des Sammelwerkes den Namen des Herausgebers enthält oder wenn das Sammelwerk das Organ eines Instituts oder einer Akademie oder eines Verbands ist. In solchem Fall ist der Herausgeber bzw. das Institut, die Akademie oder der Verband Herr des Unternehmens. Erlischt das Vertragsverhältnis mit dem Verleger, so können sie ihrerseits über die Weiterführung bestimmen.

Vgl. dazu RGZ 115, 358 über SCHMOLLERS Jahrbücher. Nach SCHMOLLERS Tod hatte der Verlag einen Herausgebervertrag mit zwei angesehenen Gelehrten geschlossen. Das RG hat mit Recht angenommen, daß die Zeitschrift als Unternehmen dem Verlag gehört, so daß der Verlag nach Kündigung des Herausgebervertrags freie Hand in der Bestimmung der neuen Herausgeber hatte. Bei Lebzeiten SCHMOLLERS wäre freilich SCHMOLLER selbst als Herr des Unternehmens anzusehen gewesen.

3. Das Vertragsverhältnis zwischem dem Verleger und dem Herausgeber (bzw. Institut, Akademie oder Verband) kann auch gesellschaftsrechtliche Züge aufweisen. Dabei ist aber zu unterscheiden: Die Gesellschaft braucht kein Gesellschaftsvermögen zu haben. Möglich ist insbesondere, daß das Unternehmen dem Verleger gehört, auf die Rechtsbeziehungen zwischen ihm und dem Herausgeber aber die Regeln des Gesellschaftsrechts, darunter die Kündigungsvorschrift des § 723 BGB, anzuwenden sind (s. RGZ 115, 365). Aus der Vereinbarung kann sich aber auch ergeben, daß das Unternehmen zum Gesellschaftsvermögen gehört. Im Fall der Auflösung der Gesellschaft kann dann, wenn die Frage nicht im Gesellschaftsvertrag geregelt ist, über die Fortführung des Unternehmens nur gemeinsam entschieden werden. Vgl. dazu SELLIER, S. 72.

§ 30. Amtliche Werke

KATZENBERGER, Die Frage des urheberrechtlichen Schutzes amtlicher Werke, in GRUR 1972, 585 ff.

Ausgeschlossen vom Urheberrechtsschutz sind bestimmte amtliche Werke, bei denen das öffentliche Interesse es erfordert, daß sie ungehindert, in möglichst weitgehendem Umfang der Allgemeinheit zur Kenntnis gebracht werden können. § 5 UrhG unterscheidet dabei zwischen zwei Gruppen solcher Werke:

I. Freie Werke sind gemäß § 5 Abs. 1 UrhG Gesetze, Verordnungen, amtliche Erlasse und Bekanntmachungen sowie Entscheidungen und amtlich verfaßte Leitsätze zu Entscheidungen.

Zu den amtlichen Erlassen gehören auch Erlasse von Behörden, der Körperschaften des öffentlichen Rechts, z. B. von Gemeindeverwaltungen, Universitäten und Kirchenbehörden (Hirtenbriefe); sinngemäß gehören auch die Satzungen der Körperschaften, Anstalten und Stiftungen des öffentlichen Rechts zu den urheberrechtlich schutzlosen amtlichen Werken. Ebenso sind neben Entscheidungen staatlicher Gerichte auch Entscheidungen der Disziplinargerichte von Selbstverwaltungskörperschaften, nicht aber Entscheidungen privater Schiedsgerichte zu den freien Werken zu rechnen.

Amtliche Bekanntmachungen sind auch die Bekanntmachungen des Patentamts. Bei Patentbeschreibungen ist zu unterscheiden: Sie sind an sich schutzfähig, verlieren aber den Schutz, wenn sie zum Inhalt amtlicher Bekanntmachungen des Patentamts werden. Solche amtliche Bekanntmachungen sind nicht nur die Patentschriften, sondern bereits die im Auftrag des Patentamts hergestellten Auslegeschriften.

II. Grundsätzlich frei sind ferner gemäß § 5 Abs. 2 UrhG auch andere amtliche Werke, die im amtlichen Interesse zur allgemeinen Kenntnisnahme veröffentlicht werden. Anders als bei Gesetzen, Verordnungen usw., bleibt freilich ein persönlichkeitsrechtlicher Rest des Schutzes gewahrt: Die Bestimmungen der §§ 62 und 63 UrhG über Änderungsverbot und Quellenangabe finden entsprechende Anwendung.

1. Die frühere Regelung in § 16 LUG hatte vorgesehen, daß außer Gesetzen, Verordnungen usw. auch der Abdruck von anderen, zum amtlichen Gebrauch hergestellten amtlichen Schriften zulässig ist. Die Neuregelung weicht in wesentlichen Punkten davon ab: An die Stelle des Begriffs der amtlichen Schriften ist der Begriff der amtlichen Werke getreten, der alle Werkgattungen umfaßt. Auch ist nicht entscheidend, ob das Werk zum amtlichen Gebrauch hergestellt wird; es wird vielmehr auf die Bestimmung zur allgemeinen Kenntnisnahme abgestellt. Werke, die nur zum inneramtlichen Gebrauch bestimmt sind, bleiben daher urheberrechtlich geschützt.

Der amtliche Charakter der Werke setzt die Verantwortung einer Behörde oder eines sonstigen Organs des Bundes, der Länder, der Gemeinden oder anderer öffentlich-rechtlicher Organisationen für das Werk und seine Veröffentlichung voraus. Nicht entscheidend ist dagegen, ob der Urheber eine Amtsperson ist: Auch Gutachten privater Sachverständiger, die im amtlichen Interesse in Auftrag gegeben und zur allgemeinen Kenntnisnahme veröffentlicht werden, fallen unter § 5 Abs. 2 UrhG.

2. Besonderer Deutung bedarf das Merkmal des amtlichen Interesses an der allgemeinen Kenntnisnahme. Eine Kenntnisnahme der Allgemeinheit kann bereits durch eine Veröffentlichung von genügender Reichweite ermöglicht werden. Solche Zweckbestimmung der Veröffentlichung reicht aber für die Anwendung des § 5 Abs. 2 UrhG nicht aus. Erforderlich ist vielmehr ein amtliches Interesse daran, daß angesichts der Art und Bedeutung der Information der Nachdruck oder eine sonstige Verwertung des Werkes, die die Information vermittelt, jedermann freigegeben wird. Demgemäß ist zu unterscheiden:

a) Die Freiheit der Verwertung ist insbesondere bei amtlichen Informationen gerechtfertigt, die im Interesse der Rechtspflege, der obrigkeitlichen Hoheitsverwaltung oder des Bevölkerungs-, des Umwelt- oder des Jugendschutzes veröffentlicht werden. Beispiele sind Gesetzesmaterialien, die zur Information über die Auslegung von Rechtsvorschriften veröffentlicht werden, amtliche Bebauungspläne, Merkblätter über Rechts-, Versicherungs- und Steuerfragen, amtliche Informationen über Gefahrenlagen sowie amtliche Belehrungen über Fragen des Gesundheitswesens.

Ähnlich KATZENBERGER, a.a.O., mit weiteren Beispielen unter eingehender Würdigung der Entstehungsgeschichte der Vorschrift.

b) Anders liegt es dagegen u. a. bei amtlichen Kartenwerken, bei Veröffentlichungen der statistischen Ämter, bei der Herausgabe amtlicher Regeln über die Rechtschreibung, bei Berichten über Forschungsergebnisse, die von Hochschulen, Instituten, öffentlich-rechtlichen Akademien und staatlichen Forschungsanstalten veröffentlicht werden, sowie bei Publikationen im Bereich der öffentlichen Kulturpflege, wie Katalogen staatlicher Bibliotheken und Museen, und Schriften, die von staatlichen oder städtischen Bühnen und von öffentlich-rechtlichen Rundfunkanstalten herausgegeben werden. Durch die Veröffentlichung seitens der Ämter wird die Kenntnisnahme ermöglicht. Darüber hinaus liegt aber kein öffentliches Interesse daran vor, daß der Nachdruck oder die sonstige Verwertung freigegeben wird. Der Urheberrechtsschutz, der u. a. die Sicherung des Absatzes und den Abschluß von Verlagsverträgen ermöglicht, bleibt erhalten.

Für amtliche Kartenwerke heißt es in der Begründung zum UrhG, daß sie in der Regel Urheberrechtsschutz genießen. Ein amtliches Interesse an der allgemeinen Kenntnisnahme liege nur in Ausnahmefällen vor, z. B. wenn eine Behörde eine Karte von der Meeresküste veröffentlicht, in der die für Badende gefährlichen Stellen besonders gekennzeichnet werden. Der BGH hat in GRUR 1965, 45 den Urheberrechtsschutz von Stadtplänen bejaht, die von einem Stadtvermessungsamt herausgegeben wurden, da kein „unmittelbares und dringendes Interesse" an der Unterrichtung der Öffentlichkeit bestehe. In der Entscheidung des BGH in GRUR 1972, 243 — „Im Rhythmus der Jahrhunderte" — ging es um ein Filmwerk der Bundeswehr, das die Geschichte der Militärmusik zum Gegenstand hatte und der Öffentlichkeitsarbeit sowie der Werbung zum Dienst in der Bundeswehr diente. Der BGH verneinte mit Recht den Ausschluß des Filmwerkes vom Urheberrechtsschutz. Die Begründung, daß sich das amtliche Interesse unmittelbar auf die Veröffentlichung des Werkes und nicht bloß auf ihre Wirkung beziehen müsse, ist freilich nicht überzeugend. Das Interesse an der Veröffentlichung und das Interesse an ihrer Wirkung lassen sich nicht trennen. Entscheidend ist vielmehr, daß dem amtlichen Interesse durch die seitens der Bundeswehr gesteuerte Vervielfältigung, Verbreitung und öffentliche Vorführung des Filmwerkes genügt wird. Ein darüber hinausgehendes öffentliches Interesse an der freien Verwertbarkeit durch jedermann liegt nicht vor. Streitig ist, ob amtliche Fernsprechbücher der Bundespost und Kursbücher der Bundesbahn unter § 5 Abs. 2 UrhG fallen. Es geht dabei zunächst um die Vorfrage, ob und inwieweit sie an sich gemäß §§ 2 und 4 UrhG schutzfähig sind. In den engen Grenzen, in denen dieser Schutz zu bejahen ist (vgl. oben § 29 I, 3), wird er m. E. durch § 5 Abs. 2 UrhG nicht ausgeschlossen. Dem amtlichen Interesse an der Kenntnisnahme wird bereits durch die Herausgabe des amtlichen Verzeichnisses genügt. Ebenso KATZENBERGER, a.a.O., S. 694; a. A. v. GAMM, UrhG, § 5, Rdz. 8, und MÖHRING-NICOLINI, UrhG, § 5, Anm. 6 b.

III. Frei sind nach Maßgabe der Regeln des § 5 UrhG die amtlichen Werke in ihrer Originalfassung. Werden sie dagegen übersetzt oder sonst bearbeitet, so ist das Urheberrecht des Bearbeiters zu beachten. Auch Sammlungen freier Werke, beispielsweise Gesetzes- oder Entscheidungssammlungen, sind, sofern sie vermöge ihrer Auslese und/oder Anordnung genügende Individualität aufweisen, urheberrechtlich geschützt.

Die Beschränkung des Urheberrechtsschutzes gilt auch für ausländische amtliche Werke, die den Erfordernissen von § 5 UrhG entsprechen. Übersetzungen in die deutsche Sprache sind aber geschützt, sofern es sich nicht — wie beispielsweise bei den internationalen Konventionen — um amtliche Übersetzungen handelt. Die RBÜ sieht in Art. 2 Abs. 4 vor, daß es der Gesetzgebung der Verbandsländer vorbehalten bleibt, den Schutz amtlicher Texte auf dem Gebiet der Gesetzgebung, Verwaltung und Rechtsprechung sowie der amtlichen Übersetzung dieser Texte zu beschränken. Die Fassung ist enger als diejenige des § 5 UrhG; sie ist aber m. E. sinngemäß in einer weiteren, dem § 5 UrhG entsprechenden Weise auszulegen.

§ 31. Der Werktitel

Bappert, Der Titelschutz, GRUR 1949, 189 ff.; Deutsch, Der urheberrechtliche Titelschutz, GRUR 1958, 330 ff.; v. Hartlieb, Der Schutz der Filmtitel, 1955; Röder, Schutz des Werktitels, 1970.

I. Der Titel ist die Bezeichnung, unter der das Werk der Öffentlichkeit dargeboten wird. Neben dem Buchtitel sowie dem Titel von Zeitschriften, Zeitungen und anderen Sammelwerken steht der Titel von Bühnen- und Filmwerken. Bei Musikwerken und Werken der bildenden Künste sind charakteristische Titel seltener. Sie fehlen aber nicht ganz; wo sie vorkommen, entstehen dieselben Rechtsfragen wie beim Titel von Büchern, Bühnenwerken und Filmen. Wir können daher zusammenfassend vom Werktitel sprechen.

II. Die Wahl des Titels kann für Einführung und Erfolg des Werkes bedeutsam sein. Auch ist es für den Urheber um der Geltung des Werkes willen von Wichtigkeit, daß dieses, wo immer es in der Öffentlichkeit wiedergegeben wird, unter dem gleichen Titel erscheint. Aus der Herrschaft des Urhebers über sein Werk fließt daher auch seine Befugnis, den Titel des Werkes zu bestimmen. Durch seine Bestimmung wird der Titel mit dem Werk verbunden, und der Urheber hat ein Recht auf die Achtung dieser Verbindung. Auch im Fall der Einräumung von Nutzungsrechten ist der Erwerber regelmäßig zu einer Änderung des Titels sowenig wie zu einer Änderung des Werkes befugt; § 39 UrhG.

Das Recht gehört zu den persönlichkeitsrechtlichen Befugnissen des Urhebers (vgl. unten § 41 II). Eine Änderung des Titels ist nur insoweit zulässig, als der Berechtigte seine Einwilligung nach Treu und Glauben nicht versagen kann. Abweichende Vereinbarungen sind zulässig. So kommt es beim Kunstverlag vor, daß der Künstler die Wahl der Bezeichnung dem Verleger oder Kunsthändler anvertraut. Stets bleibt ihm aber ein Rest seiner persönlichkeitsrechtlichen Befugnis: Einer unangemessenen Bezeichnung, die seinen Ruf gefährden würde, kann er entgegentreten.

III. Im Schrifttum pflegt man das Recht des Urhebers auf die Wahrung des Titels bei der Wiedergabe des Werkes als „inneren Titelschutz“ zu bezeichnen und dem äußeren Titelschutz gegenüberzustellen.

Der äußere Titelschutz ist Schutz gegen die unbefugte Verwendung des Titels zur Kennzeichnung eines anderen Werkes. Einschlägige Fälle sind im Rechtsleben häufig. Man versucht, die Zugkraft, die einem bekannten Titel innewohnt, dadurch auszunutzen, daß man einem neuen Werk den gleichen oder einen ähnlichen Titel beilegt. Nur von diesem äußeren Titelschutz ist im folgenden die Rede.

1. Rechtlich ist kein Zweifel darüber, daß bei einem unterscheidungskräftigen Titel die Verwendung für ein anderes Werk, die zu Verwechslungen führen kann, unzulässig ist. Der Schutz beruht auf dem Gesetz gegen den unlauteren Wettbewerb: § 16 UWG verbietet es, im geschäftlichen Verkehr die besondere Bezeichnung einer Druckschrift in einer Weise zu benutzen, die geeignet ist, Verwechslungen mit der besonderen Bezeichnung hervorzurufen, derer sich ein anderer befugterweise bedient. Die deutsche Rechtsprechung hat diese Regel nicht nur bei Titeln von Druckschriften, sondern entsprechend auch bei Titeln anderer Werke angewandt und auf ihr einen wirksamen Schutz des Werktitels aufgebaut.

2. Darüber hinaus ist im Schrifttum und in der Rechtsprechung die Frage aufgeworfen worden, ob der Titel auch urheberrechtlich geschützt ist. Ein solcher Schutz hätte zur Voraussetzung, daß der Titel als solcher ein Sprachwerk ist. Das ist aber im allgemeinen nicht der Fall. Auch der originelle Titel ist regelmäßig kein in sich selbst ruhendes Sprachgebilde: er ist das Symbol, das ein Werk repräsentiert, aber nicht selbst ein schutzfähiges Sprachwerk.

Entgegen der älteren Lehre, daß der Titel nur wettbewerbsrechtlich geschützt ist (Riezler UR S. 223 und Allfeld LUG § 1 Anm. 14), hatte insbesondere Goldbaum UR S. 27 f. Titelschutz kraft Urheberrechts gefordert. In der Rechtsprechung ist ihm das KG gefolgt, das urheberrechtlichen Schutz u. a. für die Titel „Paradies der Damen“ (GRUR 1923 S. 20) und „Wien, du Stadt meiner Träume“ (GRUR 1929 S. 123) angenommen hat. Das RG hat dagegen Zurückhaltung bewahrt. Es bezeichnete die Frage in RGZ 112 S. 117 („Liebesleben in der Natur“) als überaus zweifelhaft. Später hat es die Möglichkeit eines urheberrechtlichen Titelschutzes zwar für den Fall bejaht, daß der Titel selbst ein Sprachwerk ist oder doch einen erheblichen Teil aus dem Gedankengehalt des Werkes in individueller Form wiedergibt. Die Voraussetzungen dafür wurden aber in keinem der vom RG entschiedenen Fälle (RGZ 123 S. 120 betr. „Brücke zum Jenseits“; 135 S. 209 betr. „Brand im Opernhaus“; GRUR 1937 S. 935 betr. „Leichte Kavallerie“) als erfüllt angesehen. Der BGH ließ in BGHZ 26 S. 59 („Sherlock Holmes“) und ebenso in GRUR 1960, 346 („Der Nahe Osten rückt näher“) sowie in BGHZ 68, 132 (Der 7. Sinn) die grundsätzliche Frage dahingestellt, lehnte aber jedenfalls nach Sachlage den Urheberrechtsschutz ab. Im neueren Schrifttum herrscht die Meinung vor, daß ein Urheberrechtsschutz am Titel, wenn überhaupt, nur in seltenen Ausnahmefällen anzuerkennen ist; vgl. BAPPERT, S. 190; HUBMANN, UR, S. 243 f., und FROMM-NORDEMANN, UrhG, § 2, Anm. 10 f. BERTHOLD-v. HARTLIEB, Filmrecht S. 174 ff. treten zwar für den urheberrechtlichen Titelschutz ein, heben aber hervor, daß in der Nachkriegszeit in allen vor die Gerichte gebrachten Titelfällen auf dem Filmgebiet der Urheberrechtsschutz abgelehnt wurde. Das ist kein Zufall. Titel, die nur aus wenigen Worten bestehen, sind keine Sprachwerke. Auch da, wo ganze Sätze als Titel verwendet werden (z. B. „Wir sind noch einmal davongekommen"), entbehren sie regelmäßig der Individualität, die Voraussetzung des Urheberrechtsschutzes ist. Die Lehre, der Titel könne als Werkteil geschützt sein, übersieht, daß auch Werkteile, um schutzfähig zu sein, den urheberrechtlichen Anforderungen entsprechen müssen. Gegen den Urheberrechtsschutz von Titeln DEUTSCH a.a.O.

3. Der Titelschutz ist daher in der Regel nicht Werkschutz, sondern Kennzeichenschutz. Der Werktitel unterscheidet sich aber von sonstigen Kennzeichen, die im geschäftlichen Verkehr benutzt werden, dadurch, daß er Kennzeichen eines Geisteswerkes ist. Der Schutz dient daher nicht nur den materiellen, sondern auch den ideellen Interessen des Berechtigten. Der Urheber kann, auch wenn er infolge der Einräumung von Nutzungsrechten an einen Unternehmer kein wirtschaftliches Interesse mehr hat, im Hinblick auf seine ideellen Interessen neben dem Unternehmer auch seinerseits der Übernahme des Titels durch andere entgegentreten. Die Lösung der Streitfrage über den Titelschutz liegt daher meines Erachtens nicht darin, daß neben dem wettbewerbsrechtlichen ein urheberrechtlicher Titelschutz anerkannt wird. Vielmehr ist der in § 16 UWG verankerte Titelschutz so zu verstehen und auszulegen, wie es dem Erfordernis, das Kennzeichen eines Geisteswerkes zu schützen, entspricht.

In der DDR und in Österreich ist der Titelschutz im UrhG geregelt: Die Gesetze sehen ein verwandtes Schutzrecht am Titel vor, das wettbewerbsrechtlichen Charakter hat, das UrhG der DDR darüber hinaus aber auch einen urheberrechtlichen Schutz von Titeln, die einen individuellen, schöpferischen Charakter haben. Das französische UrhG erkennt Titeln unter der Voraussetzung der Originalität Urheberrechtsschutz zu; der Schwerpunkt liegt aber in der Praxis auf dem wettbewerbsrechtlichen Schutz. DESBOIS, S. 213 ff., weist auf die charakteristische Tatsache hin, daß die französische Rechtsprechung trotz dem Grundsatz, den sie betont, in keinem der entschiedenen Einzelfälle angenommen hat, der Titel sei ein Werk. Im englischen Recht wird der Urheberrechtsschutz von Titeln verneint. Vgl. COPINGER-SKONE JAMES, S. 87.

IV. Voraussetzung des Titelschutzes ist gem. § 16 UWG, daß der Titel befugterweise benutzt wird und daß er eine besondere Bezeichnung darstellt. Die Verletzungshandlung besteht in der Benutzung eines verwechslungsfähigen Titels. Der Zuwiderhandelnde kann auf Unterlassung und im Falle seines Verschuldens auf Schadensersatz in Anspruch genommen werden.

Schutzfähig sind außer dem Haupttitel auch etwaige *Neben- und Untertitel*, wenn sie die erforderliche Unterscheidungskraft besitzen, beispielsweise die Titel von Beilagen oder von besonderen Abteilungen einer Zeitung oder Zeitschrift; vgl. RGZ 133, 189 und BGH in GRUR 1970, 141. Abkürzungen sind nur geschützt, wenn sie sich als solche im Verkehr durchgesetzt haben; BGHZ 4, 167.

1. Der Titelschutz entsteht nicht mit der Wahl, sondern erst mit der Benutzung des Titels. Benutzung liegt jedenfalls vor, wenn das Werk unter dem Titel veröffentlicht wird. Doch ist auch die der Veröffentlichung vorausgehende öffentliche Ankündigung bereits als Benutzung anzusehen.

Als solche Ankündigung kommt bei Büchern und Zeitschriften insbesondere die Anzeige des Erscheinens im *Börsenblatt für den Deutschen Buchhandel* in Betracht (vgl. RGZ 41 S. 152 ff., wo freilich die Frage nicht endgültig beantwortet wird). Voraussetzung bleibt aber, daß die Veröffentlichung der Ankündigung in angemessener Frist nachfolgt. Bei der in den letzten Jahrzehnten üblich gewordenen Ankündigung geplanter Buchtitel im BBl, die noch keine Anzeige des Erscheinens ist, fehlt es häufig an dieser Voraussetzung, so daß die Ankündigung einen Titelschutz gemäß § 16 UWG nicht zu begründen vermag. Unter Umständen kann jedoch unter dem Gesichtspunkt, daß die Übernahme des vorgemerkten Titels guter buchhändlerischer Sitte widerspricht, ein Verstoß gegen § 1 UWG angenommen werden. — Seitens der Filmwirtschaft ist bei der freiwilligen Selbstkontrolle ein *Titelregister* eingerichtet worden, zu dem Filmtitel angemeldet werden können. Die Eintragung, der die öffentliche Bekanntmachung in einem Fachblatt nachfolgt, dient der Unterrichtung der beteiligten Kreise. Einen Rechtsschutz sichert die Eintragung nicht. Auch die öffentliche Bekanntmachung kann den Titelschutz des § 16 UWG nur begründen, wenn ihr die Veröffentlichung des Films in angemessener Frist nachfolgt. Unter Umständen kann aber die Übernahme des vorgemerkten Titels — ähnlich wie die Übernahme des im BBl bekannt gemachten Buchtitels — einen Verstoß gegen § 1 UWG darstellen. Vgl. Berthold- v. Hartlieb S. 262 f., OLG München in UFITA 20 (1955) 208 und OLG Hamburg in GRUR 1956, 475.

Im Verhältnis zu anderen, die den gleichen oder einen verwechslungsfähigen Titel benutzen, entscheidet die Priorität der Benutzung. Die Regelung zeigt den Unterschied zwischen Urheberrechtsschutz und Kennzeichenschutz. Wird zufällig für zwei Werke derselbe Titel gewählt, so hat derjenige den Vorrang, der den Titel zuerst benutzt. Der andere muß zurücktreten, selbst wenn er nachweisen kann, daß er das Werk mit dem Titel bereits früher zu Papier gebracht hat. Die Regelung ist sachlich angemessen: Das Werk braucht der Urheber wegen zufälliger Übereinstimmungen mit bereits erschienenen Werken nicht zu ändern. Bei der Führung des Titels muß er aber die Verwechslung mit anderen Titeln, die in Benutzung stehen, vermeiden.

2. Zur Titelführung befugt ist in erster Linie der Urheber; bei Zeitschriften, Zeitungen und anderen periodischen Sammelwerken der, dem das Sammelwerk als Unternehmen gehört. Daneben können sich aber auch diejenigen auf den Titelschutz berufen, die ihre Befugnis vom Berechtigten ableiten, insbesondere die Verleger sowie die am Vertrieb des Werkes Beteiligten.

3. Geschützt sind nur Titel, die eine besondere Bezeichnung darstellen. Der Titel muß Unterscheidungskraft besitzen. Sie fehlt, wenn der

Titel nur den Gegenstand des Werkes bezeichnet. ,,Julius Cäsar" oder ,,Bismarck" als Titel geschichtlicher Darstellungen sind frei. Auch bloße Gattungsbezeichnungen, wie Illustrierte Zeitung (RGZ 90, 183), Generalanzeiger, Großkommentar usf. sind Freititel.

Vgl. zu dem Titel Großkommentar KG in UFITA 21 (1956) 80: Schutzfähig kann zwar der zusammengesetzte Begriff ,,Großkommentar der Praxis", nicht dagegen das Einzelwort ,,Großkommentar" sein. Zu den Titeln, denen der Schutz zu versagen ist, weil sie nur den Gegenstand des Werkes bezeichnen, rechnete das OLG München (GRUR 1955, S. 588) mit Grund auch die Bezeichnung ,,20. Juli": Der Hersteller des Films ,,Es geschah am 20. Juli" konnte daher den Gebrauch des Titels ,,Der 20. Juli" für einen anderen, den Höhepunkt der Widerstandsbewegung darstellenden Film nicht verbieten. Entscheidend ist hier, ebenso wie bei den Gattungsbezeichnungen, das Bedürfnis nach Freihaltung, das die Monopolisierung ausschließt.

Im ganzen sind freilich die Anforderungen, die in der Rechtsprechung an die Unterscheidungskraft gestellt werden, nur bescheidene. Auch wo die Bestandteile des Titels Gemeingut sind, kann die Besonderheit in der Zusammenstellung liegen. So wurde beispielsweise der Titel ,,Funk-Illustrierte" geschützt (RG in JW 1933 S. 2648). Auch können Titel, ebenso wie sonstige Kennzeichen, die Unterscheidungskraft, die ihnen zunächst fehlt, nachträglich auf Grund der Durchsetzung im Verkehr erlangen. Bei Zeitungs- und Zeitschriftentiteln, die im Kreise der Leser zu einem festen Begriff geworden sind, braucht daher nicht mehr gefragt zu werden, ob sie schon beim ersten Erscheinen genügende Unterscheidungskraft besaßen. So sind in der Rechtsprechung beispielsweise die Titel ,,Bergwerkszeitung" (Rechtspr. d. OLG 41, 7) ,,Deutsche Zeitung" (BGH in GRUR 1963, 378), ,,Berliner Illustrierte Zeitung" (BGH in UFITA 22 (1956) 225) und ,,Deutsche Illustrierte" (BGH in UFITA 26 (1958) 334) geschützt worden.

4. Der Umfang des Schutzes wird durch die Kennzeichnungskraft des Titels bestimmt. Wie bei anderen Kennzeichen, so unterscheidet man auch bei Titeln zwischen starken und schwachen Bezeichnungen. Bei schwachen Titeln können kleinere Änderungen oder Zusätze genügen, um die Verwechslungsgefahr auszuschließen, während starke Titel auch gegenüber abgeänderten, aber im Kern gleichlautenden Bezeichnungen Schutz finden. Die Stärke des Titels beruht zunächst auf dem Grad seiner Originalität. Mit der Durchsetzung im Verkehr können aber auch schwache Titel nachträglich erstarken.

Vgl. aus der Rechtsprechung RGZ 135, 209: Der Titel ,,Brand in der Oper" wurde nur als schwacher Titel angesehen, so daß die Verwechslungsgefahr mit dem Titel ,,Brand im Opernhaus" verneint wurde. Stärker ist der Titel ,,Zum Paradies der Damen"; die Benutzung des Titels ,,Das Frauenparadies" wurde daher wegen Verwechslungsgefahr verboten (KG in GRUR 1923, 20). Starke Titel sind insbesondere Phantasietitel, wie ,,Die Chronik der Sperlingsgasse", ,,Der seidene Schuh" u. a. Über den Titel ,,Trotzkopf" vgl. RGZ 104, 88. Die Verwechslungsgefahr zwischen ,,Trotzkopfs Brautzeit" und ,,Trotzkopfs Erlebnisse im Weltkrieg" wurde verneint, weil die Bezeichnung Trotzkopf zum Gemeingut geworden war. Ohne diese Entwicklung hätte sie als starker Bestandteil des Titels die Abwehrklage gerechtfertigt. Im Bereiche des Filmwesens wurde zwischen den Titeln ,,Roman einer Siebzehnjährigen" und ,,Bericht einer Siebzehnjährigen" Verwechslungsfähigkeit angenommen (OLG Hamburg in GRUR 1956, 475), zwischen den Titeln ,,Du bist die Rose vom Wörthersee" und ,,Wirtin vom Wörthersee" dagegen verneint (LG München I in UFITA 20 (1955) 226). Zur Erstarkung der Kennzeichnungskraft auf Grund der Verkehrsgeltung vgl. BGHZ 21, 85 (betr. ,,Der Spiegel"): Tritt sie erst ein, nachdem der Bekl. den bekämpften Titel in Gebrauch genommen hat, so kann sie ihm nicht entgegengehalten werden. Im einzelnen unterscheidet der BGH dabei zwischen Titeln von normaler und solchen von minderer, stärkerer und überragender Kennzeichnungskraft.

Verwechslungsfähigkeit kann auch zwischen Buchtiteln und Filmtiteln bestehen. Die Verwendung des gleichen Titels kann zu der irrigen Meinung führen, daß der Film eine Bearbeitung des Sprachwerkes darstellt (RGZ 112, 117 und BGHZ 26, 62). Aus dem gleichen Grund kann eine Verwechslungsgefahr zwischen dem Titel eines Romans und dem Titel eines Bühnenwerkes oder eines Fernsehwerkes bestehen.

Vgl. auch die Entscheidung in BGHZ 68, 137: Es ging um den Schutz des Titels ,,Der 7. Sinn" für eine Fernsehfilmserie, die sich mit Fragen des Verhaltens im Straßenverkehr befaßt, gegen die identische Kennzeichnung eines Verkehrswürfelspiels, das den Kindern Kenntnisse von Verkehrssituationen vermittelte. Der BGH ging davon aus, daß nicht bloß der Titel eines Werkes, sondern auch der Titel einer Serie von Werken schutzfähig ist. Auch bejahte er im Hinblick auf den hohen Bekanntheitsgrad des Titels der Fernsehserie und angesichts der sachlichen Berührungspunkte das Vorliegen einer Verwechslungsgefahr.

5. Der Titelschutz besteht jedenfalls fort, solange der Titel im Verkehr zur Kennzeichnung des Werkes benutzt wird. Vorübergehende Nichtbenutzung ist unschädlich. Daß ein Verlagswerk zeitweise vergriffen ist, steht der Fortgeltung des Titelschutzes nicht im Wege. Auch bei Zeitungen, Zeitschriften und anderen periodischen Sammelwerken führt die lediglich vorübergehende Einstellung des Erscheinens noch nicht zum Verlust des Rechtes am Titel. Dagegen wird der Titel frei, wenn die Benutzung endgültig eingestellt wird oder wenn eine längere Nichtbenutzung vorliegt, angesichts derer im Verkehr nicht mehr mit dem Erscheinen gerechnet wird.

In der Praxis geht es meist um die Frage, wann der Titel von Zeitungen und Zeitschriften frei wird. Die außergewöhnlichen Verhältnisse der Kriegs- und Nachkriegszeit forderten dabei besondere Berücksichtigung: Da auch der Verkehr mit diesen Hindernissen rechnete, brauchte aus der durch sie bedingten, unter Umständen langfristigen Nichtbenutzung noch nicht der Schluß auf die Einstellung des Erscheinens gezogen zu werden. Vgl. dazu u. a. BGH in UFITA 22 (1956) 225 (,,Berliner Illustrierte Zeitung"). Seit der Normalisierung der Verhältnisse, die mit der Währungsreform einsetzte, sind aber diese besonderen Umstände entfallen. — Bei anderen als periodischen Sammelwerken sind an die Voraussetzungen, unter denen der Titel frei wird, strengere Maßstäbe anzulegen. Vgl. dazu BGH in GRUR 1960, 346 (,,Der Nahe Osten rückt näher"). Hier ist, auch wenn das Werk längere Zeit hindurch vergriffen ist — im Streitfall waren es 12 Jahre —, möglicherweise noch mit einer Neuauflage zu rechnen. Entscheidend kommt es dabei auf die Lage des Einzelfalls an. Insbesondere fällt es ins Gewicht, ob trotz dem Zeitablauf noch ein Interesse an dem Werk besteht. — Unter besonderen Umständen sind neben dem Kennzeichenschutz und selbst nach seinem Erlöschen noch andere wettbewerbsrechtliche Gesichtspunkte zu beachten: Bei bekannten Titeln, beispielsweise beim Titel einer führenden wissenschaftlichen Fachzeitschrift, kann es so liegen, daß selbst nach endgültiger Einstellung des Erscheinens die Annahme des Titels für ein neues Organ in beteiligten Verkehrskreisen den Eindruck erweckt, als sei die Zeitschrift die Fortsetzung der alten, so daß eine irreführende Angabe vorliegt. In solchem Falle liegt kein Verstoß gegen § 16 UWG, wohl aber gegen §§ 1 und 3 UWG vor. In der Praxis ging es um diese Frage bei der Entscheidung des AG Hamburg über die ,,Juristische Wochenschrift" (NJW 1947/48, 145).

6. Von dem Freiwerden des Titels zu unterscheiden ist die Lage nach Ablauf der Schutzfrist. Wird das Werk gemeinfrei, so ist jedermann zur Benutzung des Werkes und damit auch seines Titels befugt. Der Titel ist die Bezeichnung des Werkes, die für die nunmehr frei gewordene Benutzung nicht entbehrt werden kann. Die Rechtsprechung hat daher mit Grund die Versuche, nach Ablauf der Schutzfrist noch ein Ausschlußrecht am Titel geltend zu machen, zurückgewiesen.

Vgl. dazu die Entsch. des OLG Dresden über den ,,Struwwelpeter" in JW 1926, 1243 sowie die Entsch. des RG über ,,Brehms Tierleben" in RGZ 112, 2.

Der Ablauf der Schutzfrist bewirkt, daß jedermann das Werk unter seinem Titel benutzen kann. Er bewirkt aber nicht, daß die Verbindung von Werk und Titel gelöst wird. Wird der Titel für ein anderes Werk benutzt und entstehen dadurch Verwechslungen mit dem gemeinfrei gewordenen Werk, das im Verkehr noch in Geltung steht, so kann jeder, der dieses Werk herausgibt oder verbreitet, den Titelschutz geltend machen. Erloschen ist nur das ausschließliche Recht, nicht der Titelschutz überhaupt.

7. Möglich ist auch *Verwirkung* des Titelschutzes. Sie ist nach den allgemeinen Regeln zu beurteilen, die für die Verwirkung des Kennzeichenschutzes gelten (vgl. BAUMBACH-HEFERMEHL, Wettbewerbsrecht (12. Aufl. 1978) UWG, Einl., Anm. 404 ff. und ULMER ZHR 114 S. 49 ff.): Verwirkung tritt ein, wenn der Berechtigte mit der Rechtsverfolgung so lange zuwartet, daß derjenige, der den verwechslungsfähigen Titel benutzt, nach Treu und Glauben aus dem Verhalten des Berechtigten auf die Duldung der Titelführung schließen darf; vgl. BGHZ 26, 64 (betr. den Titel ,,Sherlock Holmes"). Anders als beim Erlöschen des Titelschutzes, wird durch die Verwirkung der Titel nicht frei. Sie begründet nur den Einwand der unzulässigen Rechtsausübung: Die Klage ist gegenüber dem Benutzer ausgeschlossen, der sich nach Sachlage auf den Einwand zu berufen vermag.

V. Als Warenzeichen kann der Werktitel regelmäßig nicht geschützt werden. Der Titel ist kein Kennzeichen dafür, daß das Werk aus einem bestimmten Geschäftsbetrieb stammt Er ist vielmehr die Bezeichnung, die das Werk ohne Rücksicht darauf führt, in welchem Unternehmen es vervielfältigt oder vertrieben wird.

Eine Ausnahme gilt für die Titel von *Zeitungen und Zeitschriften*, die einem Verlagsunternehmen gehören. Sie können als Warenzeichen zugunsten des Verlags geschützt werden, in dem die Zeitung oder Zeitschrift erscheint. Das RG hatte zwar in RGZ 40, 21 und 44, 49 auch in solchen Fällen den Zeichenschutz versagt, und das PA hat sich zeitweise dieser Rechtsprechung angeschlossen (MuW 1923/24, 172). In einer ausführlich begründeten Entscheidung von 1931 (JW 1931, 1945) hat das PA jedoch seinen Standpunkt revidiert und die Eintragung des Titels ,,Vossische Zeitung" zugelassen. Das PA weist dabei mit Recht darauf hin, daß ein Schutz zugunsten des Verlages nicht in Frage kommt, wenn die Zeitung oder Zeitschrift dem Herausgeber gehört. Ist aber der Verleger Herr des Unternehmens, so entfällt das Bedenken. Der Titel ist dann gleichzeitig Bezeichnung der Zeitschrift und Hinweis auf das Unternehmen, aus dem sie stammt. Mit Grund hat sich daher der vom PA vertretene Standpunkt durchgesetzt: Auch der BGH hat in BGHZ 21, 86 und 28, 320 den zeichenrechtlichen Schutz von Zeitschriftentiteln, die vom Deutschen Patentamt in die Zeichenrolle eingetragen waren, nicht in Zweifel gezogen.

Unter der gleichen Voraussetzung wie bei Zeitungs- und Zeitschriftentiteln ist auch die Eintragung von Sammelbezeichnungen für Schriftenreihen möglich, die in einem Verlag erscheinen. Die weitergehende Annahme von BAPPERT u. a., daß auch Buchtitel zeichenrechtlich schutzfähig sind, ist dagegen nicht haltbar. Ebenso DEUTSCH in GRUR 1958, 66 f. Auch der BGH betont in BGZH 26, 61 zutreffend, daß der Buchtitel Kennzeichen des Werkes, aber kein Hinweis auf einen bestimmten Geschäftsbetrieb ist und daher zwar die Voraussetzungen für den Schutz des § 16 UWG, nicht aber für den Warenzeichenschutz erfüllt.

§ 32. Veröffentlichung und Erscheinen

HOFFMANN, Die Veröffentlichung und das Erscheinen, UFITA 14 (1941) 351 ff.; SCHIEFLER, Veröffentlichung und Erscheinen im neuen Urheberrechtsgesetz, UFITA 46 (1966) 81 ff.; DITTRICH, Veröffentlichung und Erscheinen, ÖJZ 1971, 225 ff.

Veröffentlichung und Erscheinen sind wichtige Stufen im Lebensgang des Werkes und sind als solche auch rechtlich von Bedeutung.

I. Mit der Veröffentlichung verläßt das Werk die private Sphäre des Urhebers. Von nun ab sind die öffentliche Mitteilung des Inhalts, die öffentliche Beschreibung und die öffentliche Ausstellung des Werkes sowie Zitate von Stellen des Werkes in einem selbständigen Sprachwerk (sogenannte Kleinzitate) zulässig; §§ 12 Abs. 2, 18 und 51 Nr. 2 UrhG.

Eine Begriffsbestimmung enthält § 6 Abs. 1 UrhG: Ein Werk ist veröffentlicht, wenn es mit Zustimmung des Berechtigten der Öffentlichkeit zugänglich gemacht worden ist. Daß Werkstücke der Öffentlichkeit angeboten oder in Verkehr gebracht werden, ist nicht erforderlich. Es genügt, daß das Werk in unkörperlicher Form, insbesondere durch Vortrag, Aufführung, Vorführung oder Rundfunksendung, der Öffentlichkeit zugänglich gemacht wird. Auch genügt eine öffentliche Zurschaustellung des Werkes, insbesondere bei Werken der bildenden Künste eine öffentliche Ausstellung.

Das Merkmal der *Öffentlichkeit* ist nicht nur für den Begriff der Veröffentlichung wesentlich. Die Worte „Öffentlichkeit" oder „öffentlich" begegnen vielmehr auch an anderen Stellen des UrhG. Eine nähere Bestimmung erfährt dabei der Begriff der öffentlichen Wiedergabe: Gemäß § 15 Abs. 3 UrhG ist die Wiedergabe eines Werkes öffentlich, wenn sie für eine Mehrzahl von Personen bestimmt ist, es sei denn, daß der Kreis dieser Personen bestimmt abgegrenzt ist und sie durch gegenseitige Beziehungen oder durch Beziehungen zum Veranstalter persönlich miteinander verbunden sind (vgl. darüber im einzelnen unten § 50 II). Die im Schrifttum vorherrschende Meinung geht davon aus, daß diese Definition sinngemäß auch für den Begriff der Veröffentlichung in § 6 Abs. 1 UrhG maßgebend ist; vgl. v. GAMM, UrhG, § 6, Rdz. 7; MÖHRING-NICOLINI, UrhG, § 6, Anm. 2 b aa, und FROMM-NORDEMANN, UrhG, § 6, Anm. 1. Dagegen stellen SCHIEFLER für das deutsche Urheberrecht und entsprechend auch DITTRICH für das österreichische Urheberrecht bei der Veröffentlichung strengere Anforderungen an den Begriff der Öffentlichkeit als bei der öffentlichen Wiedergabe. Auch m. E. ist eine Unterscheidung geboten. Bei dem

Begriff der öffentlichen Wiedergabe geht es um die Rechte, die der Urheber in Anspruch nehmen kann; bei dem Begriff der Veröffentlichung dagegen um eine Beschränkung seiner Rechte. Gemeinsam ist zwar die Regel, daß jedenfalls die Veranstaltung, die für jedermann, sei es mit oder ohne Lösung einer Eintrittskarte, zugänglich ist, eine öffentliche ist. Bei einem durch bestimmte Merkmale abgegrenzten Personenkreis entfällt dagegen die Annahme einer Veröffentlichung nicht nur in Fällen, in denen keine persönliche Verbundenheit i. S. des § 15 Abs. 3 UrhG vorliegt; vielmehr liegt auch in anderen Fällen keine Veröffentlichung vor, wenn angesichts der Art der Begrenzung des Personenkreises der Urheber nicht auf eine Veröffentlichungsreife bedacht zu sein braucht, die es rechtfertigt, daß von nun ab das Werk öffentlich beschrieben und kritisiert und daß aus ihm zitiert werden kann. Beispielsweise ist bei einem Vortrag, der vor einem Ärztekongreß oder einem Juristentag gehalten wird, eine Veröffentlichung anzunehmen, nicht dagegen bei einem Referat, das vor einem ausgewählten Kreis von Experten als Diskussionsgrundlage erstattet wird, auch wenn keine persönliche Verbundenheit vorliegt. Bei einer akademischen Vorlesung kann angesichts der Größe und der Fluktuation des Hörerkreises die persönliche Verbundenheit der Studenten mit dem Dozenten fehlen. Dennoch darf sie nicht in gleicher Weise wie ein Kongreßvortrag oder eine im Druck erscheinende Abhandlung zum Gegenstand einer öffentlichen Inhaltsangabe gemacht werden. Bei einer Theateraufführung steht es zwar der Deutung als Veröffentlichung des Bühnenwerkes nicht entgegen, daß es sich um eine „geschlossene Vorstellung" handelt, die nur den Abonnenten zugänglich ist. Anders liegt es dagegen, wenn beispielsweise bei einer Betriebsfeier ein von einem Betriebsangehörigen verfaßtes kleines Bühnenspiel aufgeführt wird: Auch wenn angesichts der Zahl der Betriebsangehörigen keine persönliche Verbundenheit anzunehmen ist (vgl. BGHZ 17, 376), muß es der Urheber untersagen können, daß sein Werk in der Presse beschrieben oder kritisiert wird. — Im Fall der Drucklegung kann der Verfasser durch den Vermerk „als Manuskript gedruckt" zu erkennen geben, daß er die Veröffentlichung vermeiden will. Der Vermerk ist aber wirkungslos, wenn die Exemplare dennoch mit seiner Zustimmung einem größeren Personenkreis zugänglich gemacht, beispielsweise in einer Bibliothek ausgelegt werden (vgl. RGSt 48, 433). Die Versendung von Exemplaren an einen kleineren Kreis von Experten, bei denen der Verfasser mit einem sachlichen Interesse rechnet, ohne daß jedoch eine persönliche Verbundenheit vorliegt, ist dagegen keine Veröffentlichung. Eine Unterscheidung von der öffentlichen Wiedergabe ist daher geboten.

Die Frage ist angesichts der mehrfachen Verwendung der Begriffe öffentlich und Öffentlichkeit im UrhG von *grundsätzlicher Bedeutung*. Die Meinung, es sei eine einheitliche Auslegung der Begriffe geboten, verkennt die aus der allgemeinen Rechtslehre bekannte Erscheinung der *Relativität der Rechtsbegriffe*: Der gleiche Begriff kann nicht nur, wenn er in verschiedenen Gesetzen, sondern auch, wenn er an verschiedenen Stellen desselben Gesetzes verwendet wird, dem Sinn der Regelung entsprechend, eine verschiedene Auslegung erfordern. Abweichend von dem Begriff öffentlich in § 15 Abs. 3 UrhG ist auch der Begriff der Öffentlichkeit in § 6 Abs. 2 UrhG sowie der Begriff öffentlich in § 48 UrhG zu bestimmen. Und insbesondere ist beim Senderecht dem Merkmal, daß die Werke durch Funk der Öffentlichkeit zugänglich gemacht werden, nicht schon dann genügt, wenn die Ausstrahlung der Wellen für einen nicht durch gegenseitige Beziehungen verbundenen Personenkreis, beispielsweise die Bewohner eines größeren Mietshauses, sondern erst dann, wenn sie für ein Netz von Empfangsanlagen bestimmt ist; vgl. darüber unten § 53 III.

II. Der Begriff des Erscheinens ist enger als der der Veröffentlichung. Er stammt aus dem Verlagsbuchhandel, wo er sich auf die Herausgabe des Werkes in gedruckten Exemplaren bezieht. Der Vervielfältigung im Druck stehen aber andere Vervielfältigungsarten gleich. Auch treten neben die Bücher andere Werkstücke, wie beispielsweise Radierungen, Kunstdrucke, Schallplatten, Filmkopien, Abzüge von Fotografien usw. Demgemäß heißt es in § 6 Abs. 2 UrhG: Ein Werk ist erschienen, wenn mit Zustimmung des Berechtigten Vervielfältigungsstücke des Werkes nach ihrer Herstellung in genügender Anzahl der Öffentlichkeit angeboten oder in Verkehr gebracht worden sind.

Indem das Werk im Fall des Erscheinens der Öffentlichkeit in verkörperter Form zugänglich gemacht wird, löst es sich noch stärker als bei sonstiger Veröffentlichung vom Urheber ab. Daher ist auch die Rechtswirkung des Erscheinens weiterreichend. Die Schranken der Verwertungsrechte mehren sich: U. a. ist unter den Voraussetzungen des § 46 UrhG nach dem Erscheinen die Aufnahme in Sammlungen zulässig, die für den Kirchen-, Schul- oder Unterrichtsgebrauch bestimmt sind; gemäß § 51 Nr. 1 und 3 UrhG sind Zitate einzelner Werke in selbständigen wissenschaftlichen Werken (sogenannte Großzitate) sowie Zitate einzelner Stellen von Musikwerken in einem selbständigen Werk der Musik zulässig.

Einschlägig sind auch die Regeln der §§ 68, 115 und 116 Abs. 2 UrhG über den Beginn der Schutzfrist bei Lichtbildwerken und über die Zwangsvollstreckung gegen den Rechtsnachfolger des Urhebers. Vgl. darüber unten §§ 77 V 3, 135 II 1 und 136 I.

III. Im einzelnen ist bezüglich der Merkmale des Erscheinens folgendes hervorzuheben:

1. Gleichgültig ist, in welcher Weise die Vervielfältigungsstücke der Öffentlichkeit zugänglich gemacht werden. Neben der Veräußerung kommt auch ein „Verleih" in Betracht. Im Rechtssinn handelt es sich im Hinblick auf das Entgelt, das für die Gebrauchsüberlassung bezahlt wird, in der Regel um eine Vermietung. Beispiele sind insbesondere die Vermietung von Notenmaterial durch Musikverleger an Konzertveranstalter, Rundfunkanstalten und Schallplattenhersteller sowie die Vermietung von Filmkopien an Lichtspieltheater.

2. Erforderlich ist, daß die Vervielfältigungsstücke nach ihrer Herstellung in genügender Anzahl der Öffentlichkeit angeboten oder in Verkehr gebracht werden. Das Angebot von Exemplaren, die erst hergestellt werden müssen, reicht nicht aus. Bezüglich der genügenden Anzahl heißt es in der amtlichen Begründung zum UrhG in Übereinstimmung mit der Regel des Art. 3 Abs. 3 RBÜ, daß darunter die Anzahl von Exemplaren zu verstehen ist, die zur Deckung des normalen Bedarfs der Öffentlichkeit genügt. Dabei sind je nach der Natur des Werkes und der Art der Verbreitung der Vervielfältigungsstücke verschiedene Maßstäbe anzulegen.

Der normale Bedarf ist der Bedarf des Interessentenkreises, bei Büchern insbesondere des Leserkreises. Entscheidend ist aber nicht der Bedarf, mit dem auf längere Sicht zu rechnen ist, sondern der Bedarf und die Nachfrage, die nach vorsichtiger Schätzung der Marktlage unmittelbar nach dem Angebot oder dem Inverkehrbringen der Exemplare zu erwarten sind. Ähnlich spricht v. GAMM, UrhG, § 6, Rdz. 8, von dem „engsten Interessentenkreis". Zu schematisch ist dagegen m. E. die Meinung von FROMM-NORDEMANN, UrhG, § 6, Anm. 2, daß bei Büchern eine genügende Anzahl von Exemplaren schon dann vorliegt, wenn sie ausreicht, um sie dem Leihverkehr der öffentlichen Bibliotheken verfügbar zu machen. Es macht vielmehr bei Büchern einen wesentlichen Unterschied, ob es sich um wissenschaftliche Monographien, um Schulbücher, Lehrbücher, Sachbücher oder belletristische Werke handelt. Bei einer wissenschaftlichen Monographie ist zwar der Bezug durch wissenschaftliche Bibliotheken und Institute, der erwartet werden kann, ein wichtiger Anhaltspunkt. Bei anderen Werken ist aber auch die sonstige Nachfrage in Rechnung zu stellen. Sind die Exemplare, anders als es bei Büchern und Schallplatten die Regel ist, nicht zur Veräußerung bestimmt, werden sie vielmehr vermietet, so genügt typischerweise eine kleinere Anzahl von Exemplaren. Beispielsweise ist bei der Vermietung der Kopien von Spielfilmen in der Regel von dem Ersteinsatz in den führenden Lichtspieltheatern der Großstädte auszugehen, mit dem nach Sachlage gerechnet werden kann; vgl. über diesen Einsatz BERTHOLD-v. HARTLIEB, Filmrecht, S. 351 ff.

3. Eine Sonderregelung sieht § 6 Abs. 2 Satz 2 UrhG für Werke der bildenden Künste vor: Sie gelten auch dann als erschienen, wenn das Original oder ein Vervielfältigungsstück des Werkes mit Zustimmung des Berechtigten bleibend der Öffentlichkeit zugänglich ist. Das ist nicht nur der Fall, wenn sie bleibend in öffentlichen Museen oder Galerien ausgestellt werden. In Betracht kommen vielmehr u. a. auch Denkmäler und andere Werke der bildenden Künste, die sich bleibend an öffentlichen Plätzen befinden. Bei Werken der Baukunst, die an öffentlichen Straßen errichtet sind, sind jedenfalls die Werkteile als erschienen anzusehen, die von der Straße aus sichtbar sind.

Auf Vorschlag des Rechtsausschusses des Bundestags ist die im Regierungsentwurf vorgesehene Bestimmung, die von der öffentlichen Ausstellung ausging, insofern erweitert worden, als darauf abgestellt wurde, ob das Original oder das Vervielfältigungsstück der Öffentlichkeit bleibend zugänglich ist. Insbesondere sollte dadurch klargestellt werden, daß beispielsweise ein Gemälde nicht nur als erschienen anzusehen ist, wenn es bleibend im Ausstellungsraum eines Museums zur Schau gestellt wird, sondern daß schon die Aufnahme in das Magazin des Museums genügt, wenn der Urheber die öffentliche Ausstellung zugelassen und damit den jederzeitigen Zugang der Öffentlichkeit ermöglicht hat.

IV. Im Recht der internationalen Konventionen entspricht der Begriff der Veröffentlichung grundsätzlich dem deutschen Rechtsbegriff des Erscheinens.

Übereinstimmung besteht insbesondere — abgesehen von der Einbeziehung der Werke der bildenden Künste, von denen das Original oder ein Vervielfältigungsstück bleibend der Öffentlichkeit zugänglich ist — zwischen dem deutschen Rechtsbegriff des Erscheinens und dem Veröffentlichungsbegriff der RBÜ; vgl. oben § 14 III. Für das WUA ist die Einschränkung zu beachten, daß es sich bei den Vervielfältigungsstücken, die der Öffentlichkeit zugänglich gemacht werden, um Exemplare handeln muß, die es gestatten, das Werk zu lesen oder sonst mit dem Auge wahrzunehmen; vgl. oben § 15 III.

Wesentlich für das Konventionsrecht ist dabei die Frage, in welchem Land Vervielfältigungsstücke des Werkes erstmals oder gleichzeitig der Öffentlichkeit zugänglich gemacht wurden. Sie stellt sich in gleicher

Weise auch für die Bestimmung des § 121 UrhG, daß ausländische Staatsangehörige, auch wenn sie nicht durch die Konvention geschützt sind, den Schutz des Urheberrechtsgesetzes für Werke genießen, die erstmals oder binnen 30 Tagen nach ihrem Erscheinen im Ausland in der Bundesrepublik erschienen sind.

Im Konventionsrecht gilt als gleichzeitiges Erscheinen auch das Erscheinen binnen 30 Tagen nur in der RBÜ, nicht im WUA. Vgl. oben §§ 14 III 2 und 15 IV 1.

Dabei ist von dem Grundsatz auszugehen, daß es nicht auf das Land der Herstellung, sondern auf das Land des Vertriebs ankommt: Veröffentlicht bzw. erschienen ist das Werk da, wo ein geschäftlicher Mittelpunkt für die Verbreitung besteht. Bei Büchern genügt dabei außer der Verbreitung durch den Verlag auch die Verbreitung durch einen Kommissionär. Dagegen reicht der Vertrieb durch Sortimentsbuchhändler, die die Exemplare von einem ausländischen Verlag beziehen, nicht aus.

Vgl. dazu OLG Hamburg in Rechtsprechung d. OLG 13, 19 und RGZ 130, 19 sowie HOFFMANN, RBÜ, S. 78. Abweichend hat freilich der BGH in GRUR 1973, 49 (betreffend das Filmwerk „Goldrausch") angenommen, daß die planmäßige Versorgung, die von den benachbarten USA für Lichtspieltheater in Kanada vorgenommen wurde, i. S. der RBÜ als Veröfffentlichung in Kanada anzusehen ist. Für den Buchhandel wird aber jedenfalls an der bisherigen Rechtsauffassung festzuhalten sein.

II. Der Urheber

§ 33. Urheber und Urheberbezeichnung

I. Urheber ist der Schöpfer des Werkes; § 7 UrhG. In seiner Person entsteht das Urheberrecht.

Der Grundsatz, daß das Urheberrecht dem Schöpfer des Werkes zusteht, entspricht naturrechtlichem Denken. Auch rechtsvergleichend gesehen, erscheint er als Ausgangspunkt der Regelung. Es gibt freilich Ausnahmen: Die früheren deutschen Urheberrechtsgesetze hatten vorgesehen, daß juristische Personen des öffentlichen Rechts, beispielsweise Akademien der Wissenschaft, die ein Werk herausgeben, ohne daß der Name des Urhebers angegeben wird, mangels anderer Vereinbarungen als Urheber anzusehen sind. Größere und kleinere Ausnahmen von der Regel finden sich auch noch in einer Reihe von ausländischen Gesetzen. Das UrhG der Bundesrepublik geht dagegen ohne Einschränkung von dem Grundsatz aus, daß das Urheberrecht dem Schöpfer des Werkes zusteht. Der Natur der Sache nach können es dabei nur natürliche, nicht juristische Personen sein, die als Schöpfer des Werkes in Betracht kommen.

Von ausländischen Rechtsordnungen sehen das britische Recht und die seinem Beispiel folgenden Rechtsordnungen bei Filmwerken die Ausnahme vor, daß das Film-Copyright dem Produzenten zusteht. Vgl. unten § 36 I 1. Auch wird in einem Teil der ausländischen Rechtsordnungen angenommen, daß bei Werken, die im Rahmen eines Arbeitsverhältnisses geschaffen werden, das Urheberrecht dem Arbeitgeber zusteht, vgl. unten II. Das Urheberrecht kann daher gegebenenfalls originär auch von einer juristischen Person erworben werden. Das französische UrhG sieht bei Sammelwerken wie Wörterbüchern und Enzyklopädien vor, daß das Urheberrecht der natürlichen oder juristischen Person zusteht, aufgrund deren Initiative das Sammelwerk herausgegeben, veröffentlicht und verwertet wird. — Von der Rechtslage im Urheberrecht zu unterscheiden ist diejenige bei verwandten Schutzrechten. Hier sieht das UrhG zwar nicht bei den Rechten der ausübenden Künstler, wohl aber bei den Rechten an Bild- und Tonträgern sowie an Rundfunksendungen vor, daß das Schutzrecht dem Hersteller bzw. dem Sendeunternehmen zusteht.

II. Aus dem Grundsatz, daß Inhaber des Urheberrechts der Schöpfer des Werkes ist, folgt, daß auch bei Werken, die im Rahmen eines Arbeitsverhältnisses geschaffen werden, das Urheberrecht nicht dem Arbeitgeber, sondern dem Arbeitnehmer zusteht, der das Werk geschaffen hat. Möglich ist nur, daß der Arbeitnehmer vertraglich dem Arbeitgeber Nutzungsrechte einräumt. Eine solche Vereinbarung kann schon vor der Entstehung des Urheberrechts im Arbeitsvertrag getroffen werden; sie kann auch zu den Inhaltsnormen eines Tarifvertrags gehören. Wird die Vereinbarung nicht ausdrücklich getroffen, so ist in der Regel bei Werken, die der Arbeitnehmer in Erfüllung seiner Arbeitspflicht schafft, eine stillschweigende Vereinbarung darüber anzunehmen, daß er dem Arbeitgeber diejenigen Nutzungsrechte einräumt, an deren Erwerb der Arbeitgeber im Hinblick auf die Zwecke seines Unternehmens ein berechtigtes Interesse hat. Daß das Urheberrecht dem Arbeitnehmer zusteht, behält aber jedenfalls für die ihm verbleibenden Befugnisse, darunter insbesondere auch für das Urheberpersönlichkeitsrecht, und die Berechnung der Schutzdauer Bedeutung.

Vgl. über den Umfang der Einräumung von Nutzungsrechten sowie über die verwandte Frage der Rechtslage bei öffentlich-rechtlichen Dienstverhältnissen und bei der Einordnung eines Ordensmitglieds in eine klösterliche Lebensgemeinschaft unten § 95 II. Im Schrifttum pflegt man hervorzuheben, daß in der Frage, in wessen Person das Urheberrecht bei Werken von Arbeitnehmern entsteht, ein „Spannungsverhältnis" zwischen Arbeitsrecht und Urheberrecht vorliegt. Aus urheberrechtlicher Sicht gebührt das Urheberrecht demjenigen, der das Werk geschaffen hat. Aus arbeitsrechtlicher Sicht scheint dagegen der Gedanke nahezuliegen, daß wie sonstige Arbeitsergebnisse auch das Urheberrecht an Werken, die im Rahmen des Arbeitsverhältnisses geschaffen werden, dem Arbeitgeber zusteht (so insbesondere REHBINDER, in UFITA 66 (1973) 125 ff., der sich, abweichend von der herrschenden Meinung, jedenfalls de lege ferenda für ein originäres Urheberrecht des Arbeitgebers einsetzt). Mit Grund geht aber die Rechtsauffassung nicht nur in Deutschland (auch in der DDR), sondern in der Mehrzahl der Staaten, insbesondere auch in Frankreich, Italien und Österreich, von dem Vorrang des Urheberrechts aus; vgl. für die Rechtsprechung in Deutschland RGZ 110, 393. Anders als beispielsweise bei der Verarbeitung (§ 950 BGB), ist es die Achtung vor der Person des geistig Schaffenden, die für die Zuerkennung des Urheberrechts an den Arbeitnehmer spricht. Abweichend wird dagegen die Rechtslage vor allem im anglo-amerikanischen Recht beurteilt: In den USA hält auch der neue Copyright Act von 1976 an der Regel fest, daß bei „works made for hire" der Arbeitgeber als Urheber anzusehen ist; der britische Copyright Act sieht vor, daß bei Werken, die vom Urheber aufgrund eines Arbeits- oder Lehrverhältnisses im Rahmen ihrer Beschäftigung geschaffen werden, das Copyright dem Arbeitgeber zusteht. Abweichende Vereinbarungen sind freilich zulässig. Vgl. dazu und zur Beurteilung der Rechtslage im internationalen Privatrecht ULMER, Die Immaterialgüterrechte im internationalen Privatrecht, S. 41 ff., sowie in RabelsZ 1977, 503 ff.

III. Das Urheberrecht entsteht aufgrund der Schöpfung des Werkes. Ein auf den Erwerb des Urheberrechts gerichteter Wille des Urhebers ist nicht erforderlich. Der Schöpfungsakt ist nicht Rechtsgeschäft. Er ist vielmehr in der Lehre von den juristischen Tatbeständen zu der Gruppe rechtlich bedeutsamer Handlungen zu rechnen, die man als Tathandlungen oder Realakte bezeichnet.

Vgl. darüber v. TUHR, Allg. Teil II, S. 110 ff., und ENNECCERUS-NIPPERDEY, Allg. Teil, 15. Aufl., 2. Halbb., S. 868. Verwandte Tatbestände sind die Erfindung, die Bearbeitung (§ 950 BGB), die Entdeckung eines Schatzes (§ 984 BGB) u. a.

Die Regeln über die Rechtsgeschäfte finden daher auf die Schöpfung des Werkes keine Anwendung.

1. Nach der Geschäftsfähigkeit des Urhebers braucht nicht gefragt zu werden. Minderjährige und Entmündigte können Urheberrechte erwerben, ohne daß es auf den Willen des gesetzlichen Vertreters ankommt. Auch an Werken, die in beginnender geistiger Umnachtung geschaffen werden, steht dem Schöpfer das Urheberrecht zu.

Aus der Praxis vgl. die Entscheidung der Londoner Chancery Division in CUMMINS v. BOND (1927) 1 Ch. 167 (auszugsweise wiedergegeben in RabelsZ 1928, 251): Ein spiritistisches Medium hatte im Trancezustand ein Werk niedergeschrieben; das Gericht hat mit Recht Urheberrecht des Mediums angenommen.

2. Stellvertretung findet beim Erwerb des Urheberrechts nicht statt. Die Schöpfung kann nur dem Schaffenden selbst, nicht einem anderen zugerechnet werden, in dessen Auftrag er handelt und unter dessen Namen er das Werk veröffentlicht. Das ist insbesondere für den sogenannten „ghostwriter" von Bedeutung, beispielsweise für den Schriftsteller, der für eine der Zeitgeschichte angehörige Persönlichkeit deren Memoiren schreibt. Der Auftraggeber kann in solchem Fall einen Einfluß auf die Fassung des Werkes nehmen. In Fällen, in denen die Zusammenarbeit für die Individualität des Werkes bestimmend ist, kann Miturheberschaft vorliegen; andernfalls ist der Ghostwriter Alleinurheber des Werkes. Er kann aber vertraglich dem Auftraggeber Nutzungsrechte einräumen und gestatten, daß das Werk unter dem Namen des Auftraggebers veröffentlicht wird. Über die Grenzen, die solchen Vereinbarungen insbesondere mit Rücksicht auf das Urheberpersönlichkeitsrecht gezogen sind, s. unten § 40 V 1.

IV. Schöpferische Leistung im urheberrechtlichen Sinn ist diejenige Leistung, auf der das Werk in seiner Individualität beruht. Danach ist die Rechtslage zu beurteilen, wenn mehrere bei der Entstehung des Werkes mitgewirkt haben. Gemeinschaftliche Schöpfung begründet Miturheberrecht. Der Beitrag des Miturhebers muß aber ein Beitrag sein, auf dem individuelle Züge des Werkes beruhen. Dadurch grenzt er sich von sonstigen Akten der Mitwirkung ab, die keinen Anteil am Urheberrecht begründen.

1. Kein Urheberrecht steht demjenigen zu, der nur Anregungen zu dem Werk gegeben hat. Wer den Dichter oder den Maler auf ein Motiv oder auf ein Sujet hinweist, ist am Urheberrecht nicht beteiligt. Die Anregung ändert nichts daran, daß das Werk in seiner Individualität auf dem Schaffen des Dichters oder des Malers beruht.

Vgl. darüber ELSTER UFITA 2 (1929), 595 ff. Von der urheberrechtlich belanglosen unterscheidet ELSTER die ,,mittätige Anregung''. Der Ausdruck ist nicht glücklich gewählt. Richtig ist nur, daß die Anregung von schöpferischer Mitarbeit zu unterscheiden ist. Wenn es nicht nur ein Motiv ist, das dem Dichter mitgeteilt wird, sondern wenn darüber hinaus in der gemeinsamen Besprechung ein individuelles Gebilde — beispielsweise eine Fabel mit charakteristischen Zügen — entwickelt wird, so liegt ein gemeinschaftliches Werkschaffen vor, das Miturheberrecht begründet. — Für das Kunsturheberrecht lehrreich ist RG in MuW 1927/28, 144: Der Direktor einer Kunstanstalt hatte einem Maler eingehende Ratschläge für Gedanken, Anordnung und Ausführung von Bildern gegeben. Das RG betont, daß die bloße Beschreibung den, der sie gibt, noch nicht zum Miturheber macht. ,,Nur wenn er Skizzen entworfen hätte, in denen Gestalt und Eigenart der geplanten Schöpfung schon ersichtlich gewesen wären, käme eine andere Beurteilung in Frage.'' Vgl. zu der Frage auch OLG Köln in GRUR 1953, 499 und OLG München in GRUR 1956, 432.

2. Kein Urheberrecht steht dem Auftraggeber zu. Der Besteller des Bildnisses oder der Bauherr, der den Architekten mit der Errichtung des Bauwerkes beauftragt, ist am Urheberrecht nicht beteiligt. Auch bei einer Bearbeitung, die im Auftrag des Urhebers oder eines Dritten vorgenommen wird, entsteht das Urheberrecht in der Person des Bearbeiters (BGHZ 15, 346). Möglich ist nur eine Einräumung von Nutzungsrechten an den Auftraggeber. Ob sie vorliegt, ist auf Grund des Vertrags und seiner sinngemäßen Auslegung zu beurteilen. Sie ist nicht selbstverständlich: Die Verträge, die sich auf einzelne Werkstücke beziehen, wie beispielsweise die Bestellung des Bildnisses, pflegen keine Übertragung urheberrechtlicher Befugnisse zu enthalten; vgl. unten § 117 III 1.

Der Auftrag verbindet sich häufig mit Anregungen, Wünschen oder Weisungen des Auftraggebers. Auch in solchem Fall erlangt aber der Auftraggeber einen Anteil am Urheberrecht nur, wenn sich seine Mitwirkung zu schöpferischer Mitarbeit verdichtet. Das ist in der Regel nicht der Fall. Auch beim Bestellvertrag des § 47 VerlG, bei dem der Verleger dem Verfasser genaue Vorschriften über den Inhalt des Werkes und über die Art und Weise der Behandlung macht, ist in der Regel keine schöpferische Mitarbeit des Verlegers anzunehmen, das Werk in seiner Individualität vielmehr dem Verfasser zuzurechnen. Verlagsrechtlich gilt aber die Besonderheit, daß der Verleger in solchem Fall zur Vervielfältigung und Verbreitung zwar berechtigt, nicht aber verpflichtet ist. Vgl. unten § 101 III 3.

3. Kein Urheberrecht erwirbt der Gehilfe des Urhebers. Er geht dem Urheber bei der Schöpfung des Werkes zur Hand, ohne bestimmend auf dessen Individualität einzuwirken. Wer den Schriftsteller nur bei der Sammlung des Materials oder der Ausarbeitung einzelner Stellen unterstützt, wird am Urheberrecht nicht beteiligt. Auch Komponisten, Maler, Bildhauer, Architekten usf. können sich, unbeschadet ihrer Alleinurheberschaft am Werk, der Unterstützung von Gehilfen bedienen.

Vgl. aus der Rechtsprechung RGZ 108, 62: Die Eintragung der Wanderwege in eine Landkarte wurde mit Recht als bloße Gehilfentätigkeit beurteilt; nicht unbedenklich ist dagegen die Entscheidung in RGZ 82, 333, in der auch die Anfertigung von Planskizzen durch einen Architekten, die aufgrund der Weisungen eines anderen Architekten erfolgte, als bloße Gehilfentätigkeit gedeutet wurde. Im Fall der Mitarbeit eines Assistenten bei der Ausarbeitung des Werkes eines Dozenten ist zu unterscheiden: Leistet der Assistent Beiträge, die für die Werkschöpfung wesentlich sind, so ist er Miturheber. Auch wenn er vertraglich auf die Verwertungsrechte zugunsten des Dozenten verzichtet, bleibt ihm jedenfalls das Urheberpersönlichkeitsrecht, aufgrund dessen er verlangen kann, daß er, seiner Mitarbeit entsprechend, auf der Titelseite des Werkes genannt wird. Dagegen nimmt er an dem Urheberrecht des Dozenten nicht teil, wenn er nur untergeordnete Leistungen, wie die Anfertigung des Sachregisters oder des Literaturverzeichnisses, erbringt. Eine Sonderbestimmung sieht § 24 des Hochschulrahmengesetzes vom 26. 1. 1976 vor: Bei der Veröffentlichung der Forschungsergebnisse sind Mitarbeiter, die einen eigenen wissenschaftlichen oder wesentlichen sonstigen Beitrag geleistet haben, als Mitautoren zu nennen; soweit möglich ist ihr Beitrag zu kennzeichnen. Als Mitautoren können sie freilich nur genannt werden, wenn sie Beiträge zu dem Bericht über die Forschungsergebnisse geleistet haben. An den Forschungsergebnissen als solchen besteht kein Urheberrecht. Insoweit kann nur aus persönlichkeitsrechtlichen Gründen ein Anspruch darauf abgeleitet werden, daß ihre Mitwirkung an der Forschung und ihren Ergebnissen namhaft gemacht wird. Ebenso HUBMANN, UR S. 114 ff.

V. Als Hinweis auf die Urheberschaft dient die Urheberbezeichnung.

1. Die Urheberbezeichnung wird vom Urheber bestimmt. Er entscheidet insbesondere darüber, ob das Werk unter seinem Namen oder ob es unter einem Decknamen (pseudonym) oder ohne Namen (anonym) veröffentlicht wird. Die Befugnis zur Bestimmung der Urheberbezeichnung gehört, ebenso wie die Befugnis zur Bestimmung des Werktitels, zu den persönlichkeitsrechtlichen Befugnissen, die aus dem Urheberrecht fließen. Vgl. darüber unten § 40 II.

2. Der Rechtsschutz des Urhebers besteht ohne Rücksicht darauf, ob er sich bei der Veröffentlichung durch die Urheberbezeichnung zu seinem Werk bekennt oder nicht. Der Urheber bleibt auch bei anonymen und pseudonymen Veröffentlichungen geschützt. Doch sind an die Urheberbezeichnung gemäß § 10 Abs. 1 UrhG Vermutungswirkungen geknüpft: Wer auf den Vervielfältigungsstücken eines erschienenen Werkes oder auf dem Original eines Werkes der bildenden Künste in der üblichen Weise als Urheber bezeichnet wird, wird bis zum Beweis des Gegenteils als Urheber angesehen. Dies gilt nicht nur bei der Angabe des

bürgerlichen Namens, sondern auch bei derjenigen einer Bezeichnung, die als Deckname oder als Künstlerzeichen (Künstlersignatur) bekannt ist.

Das Erfordernis, daß der Deckname bekannt ist, bedeutet nicht, daß die Öffentlichkeit den bürgerlichen Namen des Urhebers kennen muß. Oft sind gerade führende Schriftsteller und Künstler (wie HANS FALLADA, FERDINAND BRUCKNER und WERNER EGK) nur unter ihrem Künstlernamen bekannt, Es genügt, daß die Öffentlichkeit mit der Bezeichnung die Vorstellung von einer bestimmten Persönlichkeit verbindet. Sammelpseudonyme, die Verlage für Werke verschiedener Autoren (insbesondere für Romane einer bestimmten Gattung wie Frauenromane) benutzen, sind keine Verfasserpseudonyme (vgl. dazu OLG Hamm in GRUR 1967, 260); es fehlt daher an einer Bezeichnung i. S. des § 10 Abs. 1, so daß die Vermutung des § 10 Abs. 2 UrhG eingreift. Was die Stelle der Bezeichnung betrifft, so genügt die Anbringung in der üblichen Weise (u. a. bei Büchern auf dem Titelblatt, der Rückseite oder dem Buchrücken, bei Schallplatten auf dem Etikett oder der Umhüllung). Die Bezeichnung bei der Ankündigung einer öffentlichen Wiedergabe, bei Vortrag, Aufführung und Rundfunksendung, begründet — anders als es das frühere Recht vorgesehen hatte — keine gesetzliche, wohl aber möglicherweise eine tatsächliche Vermutung.

3. Fehlt eine solche Urheberbezeichnung, so besteht ein Bedürfnis dafür, daß Rechtsverletzungen verfolgt werden können, ohne daß der Urheber als solcher hervorzutreten braucht. Gemäß § 10 Abs. 2 UrhG wird daher vermutet, daß der auf dem Vervielfältigungsstück angegebene Herausgeber des Werkes oder — mangels einer solchen Angabe — der Verleger zur Geltendmachung der Rechte des Urhebers ermächtigt ist.

Die Ermächtigung begründet, anders als es zum Teil früher angenommen worden war, keine Vertretungsmacht. Der Herausgeber bzw. der Verleger handelt nicht im Namen des Urhebers; er müßte sonst im Prozeß den Urheber benennen. Es handelt sich vielmehr um eine Ermächtigung zur Geltendmachung der Rechte im eigenen Namen. Die Stellung des Herausgebers bzw. Verlegers im Prozeß ist Prozeßstandschaft; vgl. v. GAMM, UrhG, § 10, Rdz. 11 ff.

§ 34. Miturheber

Erlanger, Miturheberrecht an Schrift-, Ton- und Bildwerken, 1927; Sontag, Das Miturheberrecht, 1972.

I. Haben mehrere ein Werk gemeinsam geschaffen, ohne daß sich ihre Beiträge gesondert verwerten lassen, so sind sie Miturheber. Solche Zusammenarbeit hat in Literatur und Kunst von jeher eine bedeutsame Rolle gespielt. Die Kunst des Mittelalters zeigt viele Beispiele gemeinsamer Schöpfung. Unter anderem verdankt der Genter Flügelaltar seine Entstehung der Zusammenarbeit der beiden Brüder Hubert und Jan van Eyck. In der Neuzeit ist die Bedeutung der Miturheberschaft auf dem Gebiet der hohen Kunst zurückgegangen. Sie spielt aber eine erhebliche Rolle bei der leichteren Kunst. Lustspiele, Schwänke und Revuen werden vielfach von mehreren Verfassern gemeinsamen geschaffen. Auch

Operetten- und Tanzmusik wird häufig von einer Mehrheit von Komponisten verfaßt. Im wissenschaftlichen Bereich ist es die Spezialisierung, die vielfach zur Zusammenarbeit führt. Wir finden nicht nur Werkverbindungen, bei denen sich die Beiträge sondern lassen, sondern auch die Zusammenarbeit mehrerer Fachgelehrter bei der Schöpfung einheitlicher Werke.

II. Begrifflich erfordert die Miturheberschaft die gemeinschaftliche Schöpfung eines einheitlichen Werkes. Daraus ergeben sich zugleich die Grenzen:

1. Miturheber ist nur, wer schöpferisch bei der Entstehung des Werkes mitgewirkt hat. Es scheiden daher alle diejenigen aus, die nur Anregungen gegeben, Aufträge erteilt haben oder als Gehilfen tätig geworden sind.

Zur Abgrenzung der Miturheberschaft von der Gehilfenschaft vgl. OLG Hamburg in UFITA 23 (1957), 222 ff. (betr. Miturheberrecht an einer Rezeptsammlung).

2. Durch die Einheitlichkeit der Schöpfung unterscheidet sich das von Miturhebern geschaffene Werk von der bloßen Werkverbindung. LUG und KUG hatten als Voraussetzung für die Miturheberschaft gefordert, daß die Arbeiten sich nicht trennen lassen. Der Begriff der Untrennbarkeit wurde aber von Rechtslehre und Rechtsprechung i. S. der Unmöglichkeit der gesonderten Verwertung der Beiträge gedeutet.[1] § 8 Abs.1 UrhG folgt dieser Deutung, spricht aber ungenau davon, daß Miturheberschaft vorliegt, wenn mehrere ein Werk gemeinsam geschaffen haben, ohne daß sich ihre „Anteile" gesondert verwerten lassen; unter den Anteilen sind sinngemäß die Beiträge zu verstehen. Miturheberschaft liegt daher nicht nur vor, wenn sich infolge der Art der Zusammenarbeit nicht feststellen läßt, welche Teile der Werke von A oder B geschaffen wurden, sondern auch in Fällen, in denen eine solche Unterscheidung zwar möglich ist, die Beiträge sich aber nicht gesondert verwerten lassen. So stehen zwar bei der Oper Text und Musik als Schöpfungen, die auch allein verwertet werden können, gesondert im Urheberrecht des Textdichters und des Komponisten. Anders liegt es dagegen beispielsweise bei einem Lustspiel, dessen Verfasser die Abfassung der einzelnen Akte unter sich aufgeteilt haben.

Gesonderte Verwertung ist insbesondere möglich, wenn die Schöpfungen verschiedenen Werkgattungen angehören. Im Rechtssinn liegt dann eine Werkverbindung vor. Vgl. darüber im einzelnen sowie über den abweichenden Begriff der Miturheberschaft im französischen Recht und anderen romanischen Rechtsordnungen unten § 35 I.

---

[1] Vgl. dazu ALLFELD, LUG, § 6, Anm. 1, sowie die Entscheidung des BGH in GRUR 1959, 336. Ähnlich war Erlanger davon ausgegangen, daß keine selbständige geistige Existenzmöglichkeit vorliegen darf.

3. Die Gemeinschaftlichkeit der Schöpfung setzt eine Zusammenarbeit unter den Miturhebern voraus. Der Miturheber unterscheidet sich darin von dem Urheber einer Nachschöpfung. Wird beispielsweise das wissenschaftliche Werk des A nach dessen Tod von B überarbeitet, so sind A und B nicht Miturheber; ihr Verhältnis untereinander ist vielmehr dasjenige zwischen Autor und Bearbeiter. Auch wenn das Werk des A für eine Neuauflage gemeinsam von A und B bearbeitet wird, so entsteht zwar Miturheberrecht an der Bearbeitung, nicht aber am Originalwerk. An dem bereits früher bestehenden Urheberrecht des A hat B keinen Anteil.

Die Zusammenarbeit zwischen den Miturhebern muß eine *gewollte* Zusammenarbeit sein. Ebenso v. GAMM, UrhG, § 8, Rdz. 10. Erforderlich ist zwar kein rechtsgeschäftlicher Wille, wohl aber der Wille zur gemeinschaftlichen Tätigkeit. Ohne einen solchen kann sich die für die Miturheberschaft wesentliche gegenseitige Ergänzung nicht vollziehen. Wenn das von A begonnene Werk nach dessen Tod von B vollendet wird, so liegt auch dann keine Miturheberschaft vor, wenn B mit Zustimmung der Erben des A gehandelt hat, sondern der der Bearbeitung verwandte Fall der Werkvollendung (vgl. oben § 28 V, 2). Lehrreich für die Deutung einschlägiger Fälle ist der Streit um die Cavalleria rusticana, über den KOHLER in ArchcivPr 85, 356 ff. berichtet. Das Drama VERGAS wurde von zwei Librettisten zum Textbuch umgearbeitet und von MASCAGNI komponiert. Die Annahme KOHLERS, daß Miturheberschaft zwischen den vier Beteiligten vorliege, ist unzutreffend. Das Urheberrecht an der Musik ist vom Urheberrecht am Textbuch zu trennen. Hinsichtlich des Textes ist VERGA Urheber des Originalwerkes; die beiden Librettisten sind Urheber der Bearbeitung. Miturheberschaft besteht nur zwischen den Librettisten.

4. Angesichts der Bedeutung, die heute der „Team“-Arbeit bei wissenschaftlichen Werken, bei der Abfassung von Schulbüchern, bei kartographischen Werken u. a. zukommt, war für die Reform des Urheberrechts vorgeschlagen worden, neben dem Miturheberrecht ein besonderes Urheberrecht am „Gruppenwerk“ vorzusehen. Vgl. RUNGE, in GRUR 1956, 407 ff. sowie REICHEL, GRUR 1959, 172 ff. und 1960 582 ff. Bei einem Werk, beispielsweise einem Schulbuch, das unter einheitlicher Leitung von einer größeren Anzahl von Mitarbeitern geschaffen wird, ohne daß ihre Beiträge nach Umfang, Bedeutung oder in sonstiger Weise unterscheidbar sind, sollte dem Organisator der Gruppe ein Schutzrecht zustehen, hinter dem die Urheberrechte der Mitarbeiter mehr oder weniger weitgehend zurücktreten. Rechtspolitisch wurde damit das Ziel verfolgt, dem Schulbuchverleger oder sonstigen Verwerter, auch wenn er eine juristische Person ist, eine Rechtsstellung zu verschaffen, die den Vorrang vor den Urheberrechten der Mitarbeiter hat. Mit Recht hat aber der Gesetzgeber den Vorschlag nicht aufgegriffen. An dem „Gruppenwerk“, bei dem die Beiträge der Mitarbeiter nicht gesondert verwertet werden können, steht den geistigen Schöpfern ein Miturheberrecht zu. Der Organisator der Gruppe kann sich die für die Verwertung erforderlichen Nutzungsrechte vertraglich einräumen lassen.

III. Die Miturheberschaft begründet eine Rechtsgemeinschaft zwischen den mehreren Urhebern des Werkes: Sie begründet das Miturheberrecht.

Im LUG und KUG wurde die Gemeinschaft der Miturheber als Gemeinschaft nach Bruchteilen i. S. des BGB gedeutet. Die Deutung wurde aber der Lage im Urheberrecht nicht gerecht. Das persönlichkeitsrechtliche Element, das das Urheberrecht durchdringt, erfordert eine stärkere

Bindung der Miturheber an die Gemeinschaft, als sie bei der Bruchteilsgemeinschaft des bürgerlichen Rechts besteht, bei der jeder Teilhaber über seinen Anteil verfügen und jederzeit die Aufhebung der Gemeinschaft verlangen kann. Mit Recht sieht daher § 8 UrhG eine Sonderregelung vor.

Für die Neuregelung wurde im Anschluß an die Lehre GIERKES (Deutsches Privatrecht I, S. 782) vorgeschlagen, das Gemeinschaftsverhältnis dadurch zu festigen, daß es als *Gesamthandsgemeinschaft* gedeutet wird. Im UrhG wurde dieser Vorschlag insoweit aufgegriffen, als § 8 Abs. 2 Satz 1 davon spricht, daß das Recht zur Veröffentlichung und Verwertung des Werkes den Miturhebern zur gesamten Hand zusteht. Im Schrifttum fragt man sich dabei, ob das Urheberrecht im ganzen — einschließlich des Urheberpersönlichkeitsrechts — Gesamthandsgut der Miturheber ist; vgl. SONTAG, S. 29 ff., sowie v. GAMM, Urheberrechtsgesetz, § 8, Rdz. 12, 15. Kritische Prüfung zeigt indes, daß die Deutung als Gesamthandsgemeinschaft der Gemeinschaft der Miturheber sowenig wie diejenige als Bruchteilsgemeinschaft gerecht wird. Beide Begriffe kennzeichnen vermögensrechtliche Gemeinschaften. Sie unterscheiden sich dadurch, daß Gegenstand der Bruchteilsgemeinschaft ein einzelnes Recht, Gegenstand der Gesamthandsgemeinschaft dagegen ein Sondervermögen ist. Die strengere Bindung ist, wie sich bei der Erbengemeinschaft zeigt, bei der jeder Miturheber über seinen Anteil am Nachlaß verfügen kann, kein wesentliches Merkmal der Gesamthandsgemeinschaft. Auch da, wo sie besteht, wie beim Gesellschaftsvermögen und beim Gesamtgut der Gütergemeinschaft, hat sie andere Gründe und weist dementsprechend eine andere Prägung auf als die Regelung, die angesichts des persönlichkeitsrechtlichen Elements für die Gemeinschaft der Miturheber gelten muß. Die Formulierung des Gesetzes, daß das Recht zur Veröffentlichung und Verwertung den Miturhebern zur gesamten Hand zusteht, besagt in ihrem juristischen Gehalt nur, daß zur Veröffentlichung und Verwertung die Zustimmung aller Miturheber erforderlich ist.

Die Gemeinschaft der Miturheber entspricht ihrer Natur nach weder der Bruchteilsgemeinschaft noch der Gesamthandsgemeinschaft des bürgerlichen Rechts. Sie ist vielmehr eine Gemeinschaft besonderer Art, deren charakteristische Züge durch urheberrechtliche Grundsätze bestimmt werden. Im einzelnen gilt dabei:

1. Der Anteil, der jedem Miturheber zusteht, ist grundsätzlich nicht übertragbar. Es folgt dies nicht aus einer „gesamthänderischen Bindung", sondern aus dem Rechtsgedanken, der den §§ 28 f. UrhG zugrunde liegt: Ebenso wie das Urheberrecht ist der Anteil der Miturheber zwar vererblich, aber grundsätzlich nicht übertragbar. Doch muß hier auch die Ausnahme des § 29 S. 1 UrhG gelten: Eine Übertragung im Zuge des Erbgangs ist zulässig. Der Anteil am Miturheberrecht kann in Erfüllung einer Verfügung von Todes wegen oder an einen Miterben im Wege der Erbauseinandersetzung übertragen werden.

Was den Verzicht betrifft, so sieht § 8 Abs. 4 UrhG vor, daß der Miturheber auf seinen Anteil an den Verwertungsrechten durch Erklärung an die anderen Miturheber mit der Wirkung verzichten kann, daß der Anteil den anderen Miturhebern zuwächst. Nicht möglich ist dagegen ein Verzicht, der auch einen Verzicht auf das Urheberpersönlichkeitsrecht einschließen würde.

Die Regel, daß ein Verzicht auf den Anteil an den Verwertungsrechten zulässig ist, erklärt sich daraus, daß der Wert der Beteiligung einzelner Miturheber möglicherweise nur gering ist. Es kann dann zweckmäßig sein, daß der Miturheber im Rahmen einer Abfindungsvereinbarung auf seinen Anteil an den Verwertungsrechten verzichtet. Sinngemäß muß diese Regel auch für den Anteil an den Vergütungsansprüchen gelten, die den Miturhebern u. a. aufgrund des Folgerechts oder im Fall des Vermietens oder Verleihens von Vervielfältigungsstücken zusteht.

Die Gemeinschaft endet mit dem Ablauf der Schutzfrist. Vorherige Aufhebung ist ausgeschlossen; sie könnte nur durch eine Übertragung des Urheberrechts realisiert werden, die rechtlich unzulässig ist. Möglich ist nur, daß die Miturheber zugunsten eines von ihnen auf ihren Anteil an den Verwertungsrechten verzichten, oder daß sie gemeinsam die Rechte an den zur Zeit des Vertragsschlusses bekannten Nutzungsarten einem Dritten einräumen.

Im Ergebnis ebenso HUBMANN, UR, S. 18, der freilich von der Möglichkeit der Aufhebung der Gemeinschaft ausgeht.

2. Veröffentlichung und Verwertung des Werkes ist nur mit Zustimmung aller Miturheber zulässig. Sie können das Werk in eigener Regie veröffentlichen und verwerten. Zumeist werden sie aber, ebenso wie ein Alleinurheber, über die Verwertungsrechte dadurch verfügen, daß sie einem Verleger, einem Konzert- oder Theaterunternehmen, einem Sendeunternehmen oder einer Verwertungsgesellschaft ein Nutzungsrecht einräumen; ist das Werk noch nicht veröffentlicht, so schließt die Einräumung des Nutzungsrechts auch die Zustimmung zur Veröffentlichung ein. Die Verträge können dabei von allen Miturhebern oder ihren Vertretern oder von einzelnen Miturhebern mit Zustimmung der anderen geschlossen werden.

Im Innenverhältnis gilt die Regel, daß ein Miturheber seine Einwilligung zur Veröffentlichung und Verwertung nicht wider Treu und Glauben verweigern darf; § 8 Abs. 2 Satz 2 UrhG. Aus dem Gemeinschaftsrecht erwächst für die Miturheber die Verpflichtung, die zur Veröffentlichung und Verwertung erforderliche Zustimmung nicht willkürlich zu versagen. Bei der Auslegung der Regel wird man u. a. Absichten und Pläne, die die Miturheber beim gemeinsamen Werkschaffen verfolgt haben, berücksichtigen. Notfalls muß die Verpflichtung eingeklagt werden; die Rechtskraft des Urteils ersetzt dann die Zustimmung; § 894 Abs. 1 ZPO.

Erleichtert wird im übrigen die Rechtsverfolgung: Jeder Miturheber ist berechtigt, Ansprüche aus Verletzungen des Urheberrechts selbständig geltend zu machen; bei Leistungsansprüchen, insbesondere bei Schadensersatzansprüchen, kann er jedoch nur Leistung an alle Miturheber verlangen; § 8 Abs. 2 Satz 3 UrhG.

3. Beim Urheberpersönlichkeitsrecht ist zu unterscheiden: Für die Veröffentlichung gilt ebenso wie für die Verwertung des Werkes die Regel des § 8 Abs. 2 Satz 1 UrhG, daß sie die Zustimmung aller Miturheber voraussetzt; Ansprüche wegen Rechtsverletzung können aber von einzelnen Miturhebern geltend gemacht werden.

Im übrigen schweigt das Gesetz. Der Natur des Urheberpersönlichkeitsrechts nach ist anzunehmen, daß jeder Miturheber selbständig zur Wahrung seiner berechtigten ideellen Interessen befugt ist: Er kann die Anerkennung seiner Miturheberschaft verlangen sowie Beeinträchtigungen untersagen, die geeignet sind, seine berechtigten geistigen oder persönlichen Interessen am Werk zu gefährden. Auch kann er unter den Voraussetzungen des § 25 UrhG Zugang zu Werkstücken verlangen.

Darüber hinaus ist in Anwendung des § 8 Abs. 2 Satz 3 UrhG anzunehmen, daß ein Miturheber auch zur Verteidigung der gemeinsamen ideellen Interessen der Miturheber berechtigt ist: Er kann, wenn die Namensnennung unterbleibt, auch die Angabe der Namen der anderen Miturheber verlangen und der Entstellung oder sonstigen Beeinträchtigung des Werkes auch im Interesse der anderen Miturheber entgegentreten. Die Berufung auf die ideellen Interessen anderer Miturheber muß jedoch unterbleiben, sofern sie ihrer Geltendmachung widersprechen.

4. Für die Beziehungen der Miturheber untereinander enthält das Gesetz einzelne Regeln: Der Miturheber darf nicht nur seine Einwilligung zur Veröffentlichung und Verwertung, sondern auch seine Einwilligung zur Änderung des Werkes nicht wider Treu und Glauben verweigern; § 8 Abs. 2 Satz 2 UrhG. Beispielsweise darf er einer Änderung nicht widersprechen, die sich bei einer Neuauflage des Werkes oder bei einer Bearbeitung für eine Bühnenaufführung oder Sendung als sachentsprechend erweist. Eine Grenze liegt aber jedenfalls darin, daß nicht in sein Urheberpersönlichkeitsrecht eingegriffen werden darf, das nicht nur von Dritten, sondern auch von den Miturhebern zu achten ist. Für die Verteilung der Erträgnisse aus der Verwertung des Werkes bestimmt § 8 Abs. 3 UrhG, daß sie mangels anderer Vereinbarung nach dem Umfang der Mitwirkung an der Schöpfung des Werkes zu erfolgen hat.

Im übrigen bleibt Raum für die Regelung des Innenverhältnisses durch Vereinbarungen der Miturheber. Es kann sich um Vereinbarungen handeln, durch die die Verteilung der Erträgnisse geregelt wird. Zweckmäßig sind insbesondere auch Vereinbarungen über die Art der Verwertung des Werkes, die es erübrigen, daß die Entscheidung von Fall zu Fall getroffen werden muß. Solche Vereinbarungen sind, da sie der Verfolgung eines gemeinsamen Zwecks dienen, ihrem Wesen nach gesellschaftsrechtliche Vereinbarungen, auf die, soweit sich nicht aus urheberrechtlichen Gründen ein anderes ergibt, die Regeln der §§ 705 ff. BGB Anwendung finden. Möglich ist insbesondere auch, daß die Miturheber vereinbaren, daß Beschlüsse über die Verwertung mit Mehrheit gefaßt werden können. Im Einzelfall können sich dabei freilich aus dem Urheberpersönlichkeitsrecht Grenzen für die Majorisierung ergeben. Wird das Gesellschaftsverhältnis rechtswirksam gekündigt, so hat es für die Zukunft bei den Regeln des § 8 UrhG sein Bewenden.

Die Gesellschaft kann eine Gesellschaft mit oder ohne Gesellschaftsvermögen sein. Jedenfalls kann aber das Urheberrecht, da es nicht übertragbar ist, nicht Teil des Gesellschaftsvermögens werden; vgl. SONTAG, S. 73. Möglich ist nur, daß der Gesellschaft Nutzungsrechte eingeräumt werden. Wird die Gesellschaft aufgelöst, so erlöschen die Nutzungsrechte, deren Einräumung, ihrem Zweck entsprechend, an den Bestand der Gesellschaft gebunden ist, mit der Folge, daß für die Verwertung des Werkes wieder die Regeln des § 8 Abs. 2 UrhG gelten. Eine Auseinandersetzung und Verteilung des Gesellschaftsvermögens kommt nur für sonstige Gegenstände, wie die Erträgnisse aus der Verwertung des Werkes, in Betracht.

IV. Soweit im Urheberrecht der Schutz von der Person des Urhebers, seiner Lebenszeit oder seiner Staatsangehörigkeit abhängt, entscheidet bei Miturheberschaft die Person desjenigen Miturhebers, der die Voraussetzungen für den Schutz und seinen Fortbestand erfüllt. Sein Anteil erweist sich in solchen Fällen als dominant. Für die Schutzfrist ist dies sowohl in § 65 UrhG wie in Art. 7bis RBÜ ausdrücklich bestimmt. Der Längstlebende „hält das Urheberrecht über Wasser". Das gleiche gilt für den internationalen Urheberrechtsschutz: Soweit es darauf ankommt, ob der Urheber deutscher Staatsangehöriger ist, genügt es im Fall der Miturheberschaft, daß ein Miturheber die deutsche Staatsangehörigkeit besitzt; § 120 Abs. 1 UrhG. Ebenso ist, obwohl die Abkommen darüber schweigen, anzunehmen, daß die Staatsangehörigkeit eines Miturhebers in einem Verbandsland der Berner Union oder einem Vertragsstaat des WUA den Konventionsschutz begründet.

Ebenso für die RBÜ HOFFMANN, RBÜ, S. 83, und für beide Abkommen BAPPERT-WAGNER, RBÜ, Art. 4, Anm. 12, und WUA, Art. I, Anm. 19.

§ 35. Urheber verbundener Werke

Von der Miturheberschaft zu unterscheiden ist die Werkverbindung. Anders als bei gemeinschaftlich geschaffenen Werken, handelt es sich um Einzelwerke, die von den Urhebern zu gemeinsamer Verwertung miteinander verbunden werden.

I. Auch durch eine Werkverbindung kann eine Einheit entstehen, die mehr ist als die Summe der verbundenen Werke. So verschmelzen bei der Aufführung einer Oper Text und Musik zu einheitlicher künstlerischer Wirkung. Anders als bei gemeinschaftlich geschaffenen Werken, lassen sich aber Text und Musik auch gesondert verwerten. Sie verbleiben daher im Urheberrecht derer, die sie geschaffen haben.

1. Gesonderte Verwertung ist insbesondere bei Schöpfungen möglich, die verschiedenen Werkgattungen angehören. So verbinden sich bei

Opern, Operetten, Oratorien, Liedern und Schlagern Sprachwerke mit Werken der Musik. Bei Kunstbüchern können sich Sprachwerke mit Werken der bildenden Künste verbinden. Medizinische, naturwissenschaftliche und technische Werke können mit Darstellungen wissenschaftlicher oder technischer Art verbunden werden. Beim Ballett verbindet sich das Tanzkunstwerk mit einem Werk der Musik.

Auch bei Schöpfungen, die der gleichen Werkgattung angehören, ist eine Werkverbindung möglich. Beispielsweise ist bei Kommentaren, die von mehreren Verfassern geschaffen werden, zu unterscheiden: Handelt es sich um einen Kommentar zu einem Gesetzbuch, bei dem die einzelnen Bücher von verschiedenen Verfassern kommentiert werden, so kann angesichts der gesonderten Verwertungsmöglichkeit Werkverbindung vorliegen. Bei der Kommentierung zusammenhängender Gesetzesteile durch mehrere Verfasser ist dagegen Miturheberschaft anzunehmen.

Aus der Rechtsprechung vgl. u. a. die Entscheidungen über die Opern „Die Afrikanerin" und „Carmen" in RGZ 67, 84, und 71, 92 sowie die Entscheidungen des BGH über Lieder und Schlager in GRUR 1957, 611 und 1964, 330. Sie gehen davon aus, daß keine Miturheberschaft, sondern Werkverbindung vorliegt. Mißverständlich ist freilich der Hinweis des BGH in GRUR 1964, 330 darauf, daß in Sonderfällen Text und Musik infolge großer Bekanntheit vom Publikum als untrennbare Einheit empfunden werden können, so daß der Text zugleich die Erinnerung an die Melodie auslöst und umgekehrt. Gemeint ist wohl nicht, daß in solchen Fällen Miturheberschaft vorliegt, sondern nur, daß den Urhebern der verbundenen Werke aus Treu und Glauben besondere Verpflichtungen erwachsen, daß es ihnen insbesondere verwehrt ist, neue Werkverbindungen einzugehen. Vgl. unten II 3.

2. Die Regel, daß bei gesonderter Verwertungsmöglichkeit kein Miturheberrecht entsteht, ist freilich im Schrifttum, insbesondere in bezug auf Opern und Operetten, wiederholt bekämpft worden. Der Einheit der künstlerischen Wirkung müsse, so wird gesagt, auch rechtlich die Annahme entsprechen, daß ein gemeinschaftlich geschaffenes Werk vorliege und daß Komponist und Librettist nicht Urheber verbundener Werke, sondern Miturheber seien. Dabei wird auf die in Frankreich und anderen romanischen Ländern anerkannte Rechtsauffassung hingewiesen, daß Opern und Operetten „œuvres de collaboration" sind.

Für Miturheberrecht an Oper und Operette haben sich im Schrifttum insbesondere GOLDBAUM UR S. 56 ff. und GEBHARDT, Das Rechtsverhältnis zwischen Komponist und Librettist (1954) eingesetzt. Ihr rechtspolitisches Ziel ist es, zu erreichen, daß die Schutzfrist einheitlich nach dem Tode des Längstlebenden berechnet wird. In *Frankreich* hat sich die Rechtsprechung vor allem in den Donizetti-Prozessen auf den Standpunkt gestellt, daß das Urheberrecht an der Oper ein einheitliches Recht sei (vgl. Entscheidung des Kass. Hofs vom 7. 4. 1925, über die VANOIS in DdA 1925, 104 berichtet). Diese Rechtsauffassung liegt auch der Regelung in Art. 9 und 10 des französischen UrhG zugrunde.

Die nähere Prüfung der Frage zeigt indes Folgendes: Auch bei der Oper und Operette lassen sich die Bestandteile gesondert verwerten. Das Textbuch kann ohne die Noten vervielfältigt, die Musik kann ohne den

Text aufgeführt, zum Gegenstand von Klavierauszügen oder sonstigen Bearbeitungen gemacht werden. Es ist daher angemessen, daß über die gesonderte Benutzung nur der Urheber des Textes bzw. der Musik entscheidet, was rechtlich bei der Annahme der Miturheberschaft ausgeschlossen wäre.

Dieser Sachlage trägt auch die französische Rechtsauffassung Rechnung. Die Annahme der Miturheberschaft bei der Oper führt zwar dazu, daß die Schutzfrist einheitlich nach dem Tode des Längstlebenden bemessen wird. Dagegen wird in Art. 10 Abs. 4 des französischen UrhG ausdrücklich gesagt, daß, wenn die Beiträge verschiedenen Werkgattungen angehören, jeder Miturheber berechtigt bleibt, seinen Beitrag gesondert zu verwerten. Der Sache nach unterscheidet demnach das französische Recht bei den oeuvres de collaboration zwischen Werken, bei denen nur eine gemeinschaftliche Verwertung möglich ist, und Werken, bei denen die Urheber zur selbständigen Verwertung ihrer Beiträge befugt bleiben. Im deutschen Recht entspricht dieser Unterscheidung diejenige zwischen gemeinschaftlich geschaffenen Werken und Werkverbindungen.

Auch wenn eine enge Zusammenarbeit zwischen Textdichter und Komponist vorliegt, ist die Frage grundsätzlich nicht anders zu beurteilen: Ist der Komponist maßgebend an der Schöpfung des Textes oder der Librettist an der Schöpfung der Komposition beteiligt, so kann zwar Miturheberrecht an Text oder Komposition vorliegen. Auch dann sind aber die beiden Urheberrechte zu unterscheiden: es kann gegebenenfalls Miturheberrecht am Text und Alleinurheberrecht an der Kompositon oder umgekehrt bestehen.

II. Das Rechtsverhältnis der Werkverbindung setzt gemäß § 9 UrhG voraus, daß die mehreren Urheber ihre Werke zu gemeinsamer Verwertung miteinander verbinden. Es unterscheidet sich damit von Fällen, in denen die Verwertung in der Hand eines der Urheber liegt, beispielsweise von dem Fall, daß sich der Verfasser eines Sprachwerkes an den Illustrationen, die er im Rahmen seines Werkes veröffentlicht, von den Urhebern die zur Verwertung erforderlichen Nutzungsrechte einräumen läßt.

Auch bei Filmwerken verbinden sich die Urheber nicht zu gemeinsamer Verwertung der für den Film benutzten Werke. Die Verwertung liegt vielmehr in der Hand des Filmherstellers, dem die Urheber die Nutzungsrechte einräumen. Was insbesondere das Verhältnis des Filmkomponisten zu den Urhebern anderer für den Film geschaffener Beiträge betrifft, so liegt weder Miturheberschaft noch Werkverbindung vor. Die Annahme der Miturheberschaft scheidet aus, weil sich die Filmmusik auch gesondert, möglicherweise in Form einer Bearbeitung, verwerten läßt; als Urheber eines Einzelwerkes ist daher der Filmkomponist in der Lage, sein Recht zur öffentlichen Vorführung der Filmmusik, insbesondere zur Vorführung in Lichtspieltheatern, wie es im Rechtsleben die Regel ist, an die GEMA zur Wahrnehmung zu übertragen. Eine Werkverbindung liegt nicht vor, da vertragliche Beziehungen nicht im Verhältnis der Urheber zueinander, sondern im Verhältnis zwischen dem Urheber und dem Filmhersteller bestehen. Vgl. im übrigen allgemein zu dem Verhältnis zwischen den Urhebern, die dem Filmhersteller Nutzungsrechte einräumen, unten § 36 II 3.

1. Die Verbindung zu gemeinsamer Verwertung beruht auf dem Willen der Urheber. Rechtlich gesehen handelt es sich dabei um einen Vertrag, in dem sich die Urheber zur Verfolgung eines gemeinsamen Zwecks verbinden, der seiner Natur nach Gesellschaftsvertrag ist.

Ebenso die herrschende Meinung. Vgl. FROMM-NORDEMANN, UrhG, § 9, Anm. 4, und v. GAMM, UrhG, § 9, Rdz. 8. Man könnte freilich erwägen, ob auch eine Willensübereinstimmung, der es beispielsweise wegen der Minderjährigkeit eines der Beteiligten an der rechtsgeschäftlichen Verbindlichkeit fehlt, genügt, um die Folgen des § 9 UrhG auszulösen. Da es aber, anders als bei der Miturheberschaft, nicht um ein gemeinschaftliches Schaffen, sondern um die gemeinschaftliche Verwertung der geschaffenen Werke geht, wird man, wie bei der Einräumung von Nutzungsrechten, einen rechtsgültigen Vertrag, gegebenenfalls also die Zustimmung des gesetzlichen Vertreters, fordern müssen. — Fehlt es an einer Willensübereinstimmung, vertont beispielsweise ein Komponist ein Gedicht, ohne sich mit dem Dichter in Verbindung zu setzen, so kann er von ihm nicht die Einwilligung zur gemeinsamen Verwertung von Text und Musik verlangen. Die sogenannte Vertonungsfreiheit des Liedes, von der noch das LUG ausgegangen war, ist mit Recht in das UrhG nicht übernommen worden.

2. Für das Vertragsverhältnis zwischen den Urhebern gilt die Regel des § 9 UrhG, daß jeder Urheber vom anderen die Einwilligung zur Veröffentlichung, Verwertung und Änderung der verbundenen Werke verlangen kann, wenn die Einwilligung dem anderen nach Treu und Glauben zuzumuten ist.

Die Regel ist nachgiebigen Rechts. Abweichende, insbesondere ergänzende Regelungen können vereinbart werden. U. a. kann vertraglich die Bildung eines Gesellschaftsvermögens vorgesehen werden, in das jeder Urheber das Recht einbringt, sein Werk gemeinschaftlich mit dem Werk oder den Werken zu nutzen, die mit ihm verbunden sind. Geschäftsführung und Vertretung der Gesellschaft stehen dann im Zweifel den Urhebern gemeinschaftlich zu; § 709 BGB.

FROMM-NORDEMANN, UrhG, § 9, Anm. 4, und v. GAMM, UrhG, § 9, Rdz. 10, gehen davon aus, daß im Zweifel die Bildung eines Gesellschaftsvermögens anzunehmen ist. M. E. folgt aber aus § 9 UrhG für den Regelfall nur, daß zwischen den Urhebern schuldrechtliche Verpflichtungen entstehen. Eine abweichende Vereinbarung kann aber auch aus den Umständen erschlossen werden. Vgl. dazu BGH in GRUR 1973, 328: Bei einem Gesellschaftsvertrag zwischen einem Komponisten und den Textdichtern von Schlagerliedern wurde angenommen, daß gemäß § 709 Abs. 1 BGB gemeinschaftliche Geschäftsführungsbefugnis besteht und daher der Komponist nur mit Zustimmung der Textdichter zur Geltendmachung des Rückrufsrechts wegen Nichtausübung berechtigt ist.

3. Die selbständige Verwertung der Einzelwerke bleibt grundsätzlich den Urhebern vorbehalten. Aus der vertraglichen Vereinbarung kann sich jedoch die Verpflichtung ergeben, keine Handlungen vorzunehmen, die die Verwertung der verbundenen Werke beeinträchtigen. Insbesondere kommt dabei die Beschränkung in Betracht, daß der Urheber des Einzelwerkes keine gleichartige Werkverbindung mit anderen Urhebern eingehen darf, daß beispielsweise bei einem Schlager der Verfasser

des Textes sich nicht mit einem anderen Komponisten verbinden darf, der den Text neu vertont.

Um eine verwandte Frage ging es in der Entscheidung des LG Berlin vom 27. 7. 1953 („Ich küsse Ihre Hand, Madame" — SCHULZE, LGZ 91, 1) in einem Fall, in dem Textdichter und Komponist eines Schlagers einem Musikverleger vertraglich Nutzungsrechte eingeräumt hatten, das Vertragsverhältnis aber vom Textdichter wegen wichtigen Grundes rechtswirksam gekündigt worden war. Nach Sachlage war daher auch der Komponist zur Kündigung berechtigt, da ihm die Verbindung seiner Musik mit einem neuen Text nicht zugemutet werden konnte. Das LG Berlin begründete die Entscheidung mit der „Weltgeltung" des Schlagers. Die Frage, ob die Kündigung des Komponisten auch ohne solche Weltgeltung berechtigt gewesen wäre, blieb dahingestellt, ist aber m. E. zu bejahen.

4. Die Zeitdauer der Werkverbindung richtet sich, sofern keine ausdrückliche Vereinbarung getroffen wurde, nach dem Zweck, zu dem die Verbindung erfolgt. In der Regel ist anzunehmen, daß die Verbindung auf Dauer angelegt ist. Sie besteht dann fort, bis eines der verbundenen Werke gemeinfrei wird.[1] Eine Kündigung, die zu einer vorzeitigen Beendigung führt, kann gemäß § 723 Abs. 1 Satz 2 BGB nur wegen wichtigen Grundes erfolgen.

Ebenso FROMM-NORDEMANN, UrhG, § 9, Anm. 4d, die mit Recht darauf hinweisen, daß die Kündigung wegen wichtigen Grundes angesichts ihrer schwerwiegenden Folgen nur die ultima ratio sein kann und ihr gegebenenfalls Versuche zu einer Änderung der Vertragsbedingungen vorausgehen müssen. Abweichend geht V. GAMM, UrhG, § 9, Rdz. 12, davon aus, daß im Regelfall die Werkverbindung nicht bis zum Ablauf der Schutzfrist fortbesteht, ihre Dauer vielmehr unbestimmt ist, und hält daher gemäß § 723 Abs. 1 Satz 1 BGB jederzeitige Kündigung für zulässig. Die Meinung würde aber zu dem unbefriedigenden Ergebnis führen, daß beispielsweise der Komponist, der sich mit einem Librettisten zur gemeinsamen Verwertung verbunden hat, von dem Librettisten, der ohne wichtigen Grund kündigt, nicht mehr die Einwilligung zur Aufführung der Oper verlangen könnte.

§ 36. Filmurheber und Filmhersteller

Schrifttum: Vgl. oben § 27.

I. Die Eigenart der Filmwerke erschwert die Beantwortung der Frage, wer ihr Urheber ist. Insbesondere streitet man darüber, ob das Urheberrecht dem Hersteller oder ob es den geistigen Schöpfern zusteht. Entscheidet man sich, urheberrechtlichen Grundsätzen entsprechend, für das Urheberrecht der geistigen Schöpfer, so bleibt die Aufgabe, angesichts der Vielzahl der Filmschaffenden den Kreis der Urheber näher zu bestimmen.

1. Die Rechtsvergleichung zeigt die Verschiedenheit der Lösungen. Einig ist man sich zwar darüber, daß der Filmhersteller die Rechte an

---

[1] Sind mehr als zwei Werke miteinander verbunden, so kann das Gesellschaftsverhältnis, auch wenn eines von ihnen gemeinfrei wird, unter den Urhebern der anderen Werke fortbestehen. Es endet aber jedenfalls, wenn nur noch ein Werk urheberrechtlich geschützt ist.

vorbestehenden Werken, wie Romanen und Dramen, die nicht für Filmzwecke geschaffen wurden, vertraglich erwerben muß. Verschieden wird dagegen die Frage nach der Urheberschaft am Filmwerk beantwortet. Der Copyright Act Großbritanniens spricht das Film-Copyright dem Hersteller zu; eine Reihe anderer Rechtsordnungen, insbesondere die Rechtsordnungen der Staaten des britischen Commonwealth, sind dem britischen Beispiel gefolgt. Auch die Gesetze der Sowjetunion sowie der Mehrzahl der sozialistischen Staaten gehen von dem Urheberrecht des Produzenten aus. Das UrhG der DDR sieht in dem Filmwerk ein eigenständiges Werk, das das Ergebnis einer kollektiven Leistung ist; das Recht und die Pflicht, die Rechte des Kollektivs der Urheber im eigenen Namen wahrzunehmen, steht dem Betrieb zu, in dem das Filmwerk hergestellt wird.

Für den britischen Copyright Act und die seiner Konstruktion folgenden Rechtsordnungen bleibt freilich zu beachten, daß das film-copyright nicht als „copyright in original works" angesehen wird, sondern — ebenso wie das copyright an Tonträgern und Rundfunksendungen — zu den sogenannten ancillary rights gerechnet wird. Infolgedessen steht es dem verwandten Schutzrecht am Filmträger nahe, das das UrhG vorsieht, ist aber umfassender als dieses, weil es dem Produzenten auch das Recht an den schöpferischen Leistungen zuerkennt, die bei der Realisation des Films erbracht werden.

Andere Rechtsordnungen gehen dagegen vom Urheberrecht der geistigen Schöpfer aus. Dies gilt insbesondere für die Rechtsordnungen der nichtsozialistischen Staaten des kontinentalen Europa und der lateinamerikanischen Staaten. Beispielsweise sieht das französische UrhG vor, daß Urheber des Filmwerkes die natürlichen Personen sind, aus deren geistigen Schöpfungen das Filmwerk erwächst. Der Kreis der Urheber wird nicht abschließend aufgezählt. Im Zweifel sollen aber nach der gesetzlichen Regel der Verfasser des Drehbuchs und seiner Bearbeitung, der Urheber der gesprochenen Worte, der Filmkomponist und der Regisseur als Miturheber des Werkes angesehen werden. Ob noch andere natürliche Personen wie Darsteller, Kameramänner usw., zu den Urhebern zu rechnen sind, bleibt der Beurteilung im Einzelfall überlassen.

Eine Mittelstellung nehmen das italienische und das österreichische UrhG ein. Sie gehen zwar vom Urheberrecht der geistigen Schöpfer aus; das ausschließliche Recht zur Verwertung des Filmwerkes wird aber kraft einer cessio legis dem Filmhersteller zuerkannt.

2. Die Rechtsvergleichung bleibt freilich an der Oberfläche, wenn sie die geltenden Systeme nur unter dem Gesichtspunkt einander gegenüberstellt, wem das Filmurheberrecht zuerkannt wird. Der Sinn der Regelung erschließt sich erst bei näherer Prüfung. Dabei zeigt sich, daß die Verschiedenheit bereits bei der Frage einsetzt, welche Leistungen durch das Filmurheberrecht geschützt werden. Im britischen Recht schützt das film-copyright des Produzenten nur die Leistungen, die bei der Filmherstellung erbracht werden. Die Urheberrechte an Drehbuch, Dialog und der für den Film geschaffenen Musik bleiben unberührt; der Filmhersteller muß die Rechte zu ihrer Verwertung vertraglich von den Urhebern erwerben. Im französischen Recht schützt dagegen das Urheberrecht am Filmwerk insbesondere auch die Elemente, die aus Drehbuch, Dialogen und Filmmusik in das

Filmwerk eingehen; die Schöpfer dieser Beiträge werden daher, wenn man von der dogmatischen Konstruktion absieht, hier wie dort urheberrechtlich geschützt. Der Unterschied beschränkt sich, praktisch gesehen, im wesentlichen auf die Frage, wem die bei der Realisation erbrachten schöpferischen Leistungen, insbesondere die Leistungen des Regisseurs, zuerkannt werden.

3. In der RBÜ wurde das Urheberrecht am Film erstmals in der Berliner Fassung (1908) anerkannt. Die Regelung schweigt aber über die Frage, wer Urheber des Filmwerkes ist. Dagegen wurde auf der Stockholmer Revisionskonferenz (1967) ein Brückenschlag zwischen den verschiedenen Systemen versucht, dessen Ziel nicht eine Vereinheitlichung, wohl aber eine Annäherung in praktisch wesentlichen Fragen ist: Gemäß Art. 14bis RBÜ, Stockholmer und Pariser Fassung, bleibt es, dem Grundsatz der Inländerbehandlung entsprechend, den Verbandsländern, für deren Gebiet der Schutz in Anspruch genommen wird, vorbehalten, die Inhaber des Urheberrechts am Filmwerk zu bestimmen. Soweit die Verbandsländer als solche Inhaber auch Urheber anerkennen, die Beiträge zur Herstellung des Filmwerks geleistet haben, können sich diese jedoch mangels anderweitiger Vereinbarungen der Verwertung des Filmwerks durch den Hersteller nicht widersetzen. Die Vermutung findet zwar, sofern die Rechtsvorschriften des Schutzlandes nichts anderes vorsehen, auf die Urheber der Drehbücher, der Dialoge und der musikalischen Werke sowie auf den Hauptregisseur keine Anwendung, gilt aber jedenfalls für sonstige Personen, die als Urheber angesehen werden, wie Darsteller, Kameramänner usw. Gegenüber dem britischen Recht, das die Leistungen dieses Personenkreises dem Produzenten zurechnet, bleibt zwar der Unterschied, daß es sich in den Ländern, die vom Urheberrecht der geistigen Schöpfer ausgehen, nur um eine Vermutung für die Legitimation des Filmherstellers zur Geltendmachung der Nutzungsrechte handelt. Praktisch bedeutet aber die Regelung eine Annäherung der beiden Systeme, zumal die Verträge, die zwischen den in Betracht kommenden Personen und dem Filmproduzenten geschlossen werden, keine gegenteiligen Vereinbarungen vorzusehen pflegen.

II. In der Bundesrepublik Deutschland waren bei den Arbeiten an der Urheberrechtsreform, entsprechend dem bisherigen Meinungsstand im Schrifttum, die Auffassungen darüber geteilt, ob das Urheberrecht am Filmwerk dem Hersteller oder den geistigen Schöpfern zuerkannt werden soll.

Über den Meinungsstand im Schrifttum vgl. die Angaben in der Vorauflage, S. 125. Entgegen der vorherrschenden Meinung waren insbesondere Goldbaum, UR, S. 8 ff., und Roeber, in UFITA (22) 1956, 9 ff. für das Urheberrecht des Produzenten eingetreten. In dem 1954 vom Bundesjustizministerium veröffentlichen Referententwurf eines UrhG war vorgesehen, daß der Filmhersteller als Urheber des Filmwerkes gilt. Der Vorschlag hielt aber der literarischen Kritik nicht stand: Unter urheberrechtlichem Schutz steht auch beim Filmwerk nicht das gewerbliche Erzeugnis, sondern die geistige Schöpfung. Die Leistungen, die im Unternehmen des Herstellers erbracht werden, rechtfertigen es zwar, dem Filmhersteller ein verwandtes Schutzrecht am Filmträger zuzuerkennen. Sie vermögen aber kein Urheberrecht am Filmwerk zu begründen. Zur Kritik des Referentenentwurfs vgl. Ulmer, in GRUR 1954, 493 ff.

1. Die Regelung im UrhG von 1965 geht von dem Urheberrecht der geistigen Schöpfer aus. Sie wird dabei aber von dem Gedanken bestimmt, daß Filmurheber nur diejenigen sind, die bei der Realisation des Filmwerkes schöpferisch mitwirken. Drehbuch, Filmmusik und andere für den Film geschaffene Werke werden, ebenso wie Romane, Dramen

und sonstige vorbestehende Werke, zu den Werken gerechnet, die für die Herstellung des Filmwerkes benutzt werden. Als Filmschöpfung erscheint nur die Realisation, die im Zug der Dreharbeiten erfolgt.

Zu den Filmurhebern i. S. des UrhG gehört daher in erster Linie der Regisseur, der entscheidenden Einfluß auf die Realisation nimmt. Außer dem Regisseur kommen andere Personen, die bei den Dreharbeiten schöpferisch mitwirken, als Filmurheber in Betracht. Im Schrifttum werden dabei insbesondere Kameramänner, Cutter und führende Darsteller genannt; die Frage, ob sie eine schöpferische Leistung erbringen, wird aber der Beurteilung im Einzelfall vorbehalten. Dabei dürfen freilich keine zu niedrigen Anforderungen gestellt werden. Bei dem künstlerisch-technischen Personal des Filmherstellers ist zwischen routinemäßigen Leistungen und schöpferischer Mitwirkung zu unterscheiden. Den Darstellern steht jedenfalls das verwandte Schutzrecht zu, das das UrhG den ausübenden Künstlern zuerkennt. Zu den Filmurhebern sind sie nur zu rechnen, wenn sie auch die Gestaltung des Filmwerkes, insbesondere die Bildfolgen, mitbestimmen. Die Schwierigkeit der im Einzelfall erforderlichen Abgrenzung kann dabei deshalb in Kauf genommen werden, weil nach der gesetzlichen Regel die Filmurheber dem Hersteller aufgrund der Verträge, die sie mit ihm schließen, im Zweifel umfassende Nutzungsrechte einräumen.

2. Die Realisation ist Vollendung der Filmschöpfung. Wichtige Vorarbeiten sind aber in der Regel vorausgegangen; die Filmmusik ist, sofern sie nicht vorbestehende Musik ist, das Werk des Filmkomponisten. Es wäre daher m. E. richtiger, auch die Urheber der für den Film geschaffenen Werke zu den Filmurhebern zu rechnen. In Auslegung des UrhG haben wir aber von den gesetzlichen Begriffen der Filmurheber und der Urheber der benutzten Werke auszugehen.

Die Prüfung der Rechtsfolgen zeigt dabei, daß der Unterschied zwischen Filmurhebern und Urhebern der benutzten Werke nur von begrenzter Bedeutung ist: Bei Filmurhebern ist die Vermutung, daß sie dem Filmhersteller in den Verträgen, die sie mit ihm schließen, Nutzungsrechte einräumen, umfassender als bei den Urhebern der benutzten Werke; vgl. §§ 88 und 89 UrhG. Auch sind die Rechte der Filmurheber in Einzelfragen enger beschränkt als die Rechte der Urheber der benutzten Werke; § 90 UrhG.

Im übrigen ist entscheidend, daß der Filmhersteller darauf angewiesen ist, die filmischen Nutzungsrechte sowohl von den Filmurhebern wie von den Urhebern der benutzten Werke vertraglich zu erwerben. Es gilt dies auch für die Urheber der vorbestehenden Werke, die nicht für den Film geschaffen wurden. Bei ihnen ist zwar zumeist eine filmische Bearbeitung zwischengeschaltet. Insbesondere ist es bei Romanen und Dramen in der Regel der Drehbuchverfasser, der die für das Filmwerk erforderliche Umgestaltung vornimmt. Der Filmhersteller bedarf aber für die Verwertung des Filmwerkes auch der Zustimmung der Urheber, deren Werke Gegenstand der Bearbeitung sind. Die Fäden laufen in der Hand des Filmherstellers zusammen. Generell gesehen, liegt es daher so, daß die Verwertung des Filmwerkes die Zustimmung aller Urheber voraussetzt, auf deren geistigen Schöpfungen mittelbar oder unmittelbar das Filmwerk beruht, das auf dem Filmträger festgelegt oder in einer Fernseh-Live-Sendung ausgestrahlt wird.

Trotz der Verschiedenheit der Konzeptionen entspricht daher die Regelung im UrhG im wesentlichen dem Ergebnis der Regeln des französischen UrhG. Urheber des Filmwerkes sind, wie bereits erwähnt wurde, die geistigen Schöpfer des Filmwerkes, insbesondere die Verfasser des Drehbuchs und der Dialoge, der Filmkomponist und der Regisseur. In Art. 14 Abs. 3 werden ihnen aber im Hinblick auf die Rechtsfolgen die Urheber vorbestehender Werke gleichgestellt. Zur Verwertung des Filmwerkes ist daher auch nach französischem Recht die Zustimmung aller Urheber erforderlich, auf deren Schöpfungen das Filmwerk mittelbar oder unmittelbar beruht.

3. Das Verhältnis der Urheber untereinander wird im französischen UrhG, entsprechend dem weiteren Begriff der Miturheberschaft, von dem das französische Recht ausgeht, als Beziehung zwischen Miturhebern gedeutet. Im deutschen Recht liegt dagegen Miturheberschaft nur zwischen Urhebern vor, die ein Werk gemeinschaftlich schaffen, ohne daß sich ihre Beiträge gesondert verwerten lassen. Ein solches Verhältnis besteht in der Regel zwischen Filmurhebern, die bei der Realisation des Filmwerkes schöpferisch mitwirken. Am Drehbuch und der Filmmusik besteht dagegen Alleinurheberschaft oder Miturheberschaft zwischen den Verfassern bzw. den Komponisten, die zusammenarbeiten. Im Verhältnis zwischen Drehbuchverfasser und Romanautor liegt in der Regel Werkbearbeitung; im Verhältnis zwischen den Filmurhebern und dem Drehbuchverfasser Werkvollendung vor. Entscheidend bleiben aber im Filmrecht jedenfalls die vertraglichen Beziehungen zwischen den Urhebern und dem Filmhersteller. Die Filmurheber räumen dabei kraft eigenen Rechts dem Filmhersteller nur die Nutzungsrechte an den schöpferischen Leistungen ein, die sie bei der Realisation des Filmwerkes erbringen, nicht aber die Nutzungsrechte an den Beiträgen, die aus den benutzten Werken in das Filmwerk eingehen.

4. Der gesetzliche *Begriff des Filmwerkes* erweist sich im Hinblick auf die Einbeziehung der Beiträge der Urheber als *mehrdeutig*. Das Urheberrecht der Filmurheber am Filmwerk (§ 89 UrhG) hat nur die schöpferischen Leistungen zum Gegenstand, die bei der Realisation des Films erbracht werden, schließt beispielsweise nicht die Filmmusik ein. § 88 UrhG geht dagegen von einem weiteren Begriff des Filmwerkes aus: Die Bestimmung enthält Regeln über die Verwertung, insbesondere die Vervielfältigung, die Verbreitung und die öffentliche Wiedergabe des Filmwerkes. Gegenstand der Verwertung ist aber das Filmwerk als die höhere Einheit, die auch die Beiträge umfaßt, die aus den benutzten Werken in das Filmwerk eingegangen sind. Es ist ein Unterschied, der mutatis mutandis dem

Unterschied entspricht, der zwischen der Bearbeitung eines Werkes und dem Werk in bearbeiteter Form besteht; vgl. darüber oben § 28 I 2.

III. Der Filmhersteller leitet die filmischen Nutzungsrechte von den Filmurhebern und den Urhebern der benutzten Werke ab. Dem Interesse des Filmherstellers an ungestörter Verwertung des Filmwerkes trägt aber das UrhG durch Sonderbestimmungen Rechnung.

1. In §§ 88 und 89 sieht das UrhG ein umfassendes System von Vermutungen dafür vor, daß die Urheber dem Filmhersteller in den Verträgen, die sie mit ihm schließen, Nutzungsrechte einräumen.

a) Im Verhältnis zu den Urhebern der benutzten Werke gilt die Regel des § 88 Abs. 1 UrhG: Die Urheber räumen in den Verfilmungsverträgen dem Filmhersteller im Zweifel das ausschließliche Nutzungsrecht zur Herstellung, Vervielfältigung und Verbreitung des Filmwerkes einschließlich der Rechte zu Bearbeitungen und Umgestaltungen ein. Bei Filmwerken, die zur Vorführung bestimmt sind, wird die Einräumung des ausschließlichen Rechts zur öffentlichen Vorführung, bei Filmwerken, die zur Sendung bestimmt sind, die Einräumung des ausschließlichen Rechts zur Rundfunksendung vermutet.

b) Noch umfassender sind die Vermutungen, die § 89 UrhG für die Verträge mit den Filmurhebern vorsieht. Im Zweifel räumen sie den Filmherstellern das ausschließliche Recht ein, das Filmwerk sowie Übersetzungen und andere filmische Bearbeitungen oder Umgestaltungen des Filmwerkes auf alle bekannten Nutzungsarten zu nutzen. U. a. wird der Filmhersteller seitens der Filmurheber im Zweifel auch dazu berechtigt, Vorführfilme für Sendezwecke und Sendefilme für Vorführungszwecke zu benutzen.

Systematisch gesehen, sind die Regeln der §§ 88 und 89 UrhG Regeln des Urhebervertragsrechts. Sie sind daher im einzelnen bei der Darstellung des Rechts der Verfilmungsverträge zu erläutern. Vgl. unten § 115 II.

2. Einzelne Rechte der Urheber erfahren eine Einschränkung durch die Regeln des § 90 UrhG: Ansprüche auf Änderung der Honorarvereinbarungen in Fällen, in denen die vereinbarten Bedingungen in einem groben Mißverhältnis zu den Erträgen des Werkes stehen (§ 36 UrhG), können nur von den Urhebern der benutzten Werke, nicht von den Filmurhebern geltend gemacht werden. Zur Verfügung über die Nutzungsrechte bedarf der Filmhersteller nicht der Zustimmung der Filmurheber; auch die Zustimmung der Urheber der benutzten Werke ist nur zur Verfügung über das Recht zur Herstellung, nicht über die Rechte zur Verwertung des Filmwerkes erforderlich. Entsprechend kann auch der Rückruf wegen Nichtausübung und wegen gewandelter Überzeugung nur von den Urhebern der benutzten Werke und nur hinsichtlich des Rechts zur Herstellung des Filmwerkes geltend gemacht werden.

Zur Kritik dieser Regelung vgl. FROMM-NORDEMANN, UrhG, § 90. Anm. 2. Unbefriedigend ist insbesondere, daß dem Regisseur der Anspruch aus § 36 UrhG versagt wird, obwohl der besondere Erfolg eines Filmwerkes entscheidend auf seiner Leistung beruhen kann.

Auch der aus dem Urheberpersönlichkeitsrecht fließende Schutz gegen Entstellungen und sonstige Beeinträchtigungen wird begrenzt. Es gilt dies gleichermaßen für die Filmurheber, die Urheber der benutzten Werke und die ausübenden Künstler, deren Darbietungen aufgenommen werden. Sie können nur gröbliche Entstellungen oder andere gröbliche Beeinträchtigungen ihrer Werke oder Leistungen verbieten. Dabei haben sie aufeinander und auf den Filmhersteller angemessene Rücksicht zu nehmen; § 93 UrhG.

Die Bestimmung soll dem Umstand Rechnung tragen, daß die Verfilmung oft wesentliche Umgestaltungen erforderlich macht. Insbesondere gilt dies für vorbestehende Werke, wie Romane, die zu Filmwerken umgegossen werden. Der Wortlaut der Bestimmung ist aber nicht unbedenklich. Man fragt sich, ob eine Beschränkung des Urheberpersönlichkeitsrechts auf die Abwehr „gröblicher" Verletzungen von Ehre oder Ruf der Urheber und ausübenden Künstler mit dem verfassungsrechtlichen Schutz zu vereinbaren ist, unter dem das Persönlichkeitsrecht gemäß Art. 1 und 2 GG steht; vgl. FROMM-NORDEMANN, UrhG, § 3, Anm. 2. Zu beachten ist zwar, daß in den Entscheidungen über die Tragweite des Persönlichkeitsrechts, wie die Rechtsprechung insbesondere auch des BVerfG zeigt, gegebenenfalls unter Beachtung von Gegeninteressen eine Interessenabwägung geboten ist. Im Hinblick darauf erweist sich das Urheberpersönlichkeitsrecht auch sonst als elastisch; nur in seinem Kern ist es unverzichtbar. Daher ist beispielsweise auch bei der Dramatisierung eines Romans das Erfordernis der durch diese Umgießung bedingten Umgestaltung zu berücksichtigen, ohne daß das Gesetz in solchen Fällen von einer Beschränkung des Schutzes auf gröbliche Beeinträchtigungen spricht. Auch im Filmrecht wäre daher m. E. diese Formulierung besser vermieden worden. Der entscheidende Gesichtspunkt ist, daß gegebenenfalls eine der Sachlage gerecht werdende Interessenabwägung geboten ist.

IV. Originäre Rechte stehen dem Filmhersteller an den Lichtbildern sowie dem Filmträger zu.

1. An den bei der Herstellung eines Filmwerkes entstehenden Lichtbildern stehen die Rechte zur filmischen Verwertung dem Hersteller zu. Die sonstigen Rechte, beispielsweise das Recht, die Bilder zur Illustration eines Romans zu verwerten, dessen Handlung dem Filmwerk entnommen wird, bleiben aber dem Lichtbildner vorbehalten. § 91 UrhG.

Die Regel des § 91 UrhG gilt nur für Lichtbilder, nicht für Lichtbildwerke. Daß das eine oder andere von ihm aufgenommene Bild ein Lichtbildwerk ist, macht den Kameramann zwar noch nicht ohne weiteres zu einem der Filmurheber. Jedenfalls ist aber im Zweifel anzunehmen, daß der Kameramann die Rechte zur filmischen Verwertung dem Filmhersteller vertraglich einräumt.

2. Als originäres Recht steht dem Filmhersteller ferner das verwandte Schutzrecht am Filmträger (Bildträger bzw. Bild- und Tonträger) zu, auf dem das Filmwerk aufgenommen ist. Es umfaßt gemäß § 94 UrhG neben dem ausschließlichen Recht, den Filmträger zu vervielfälti-

gen, zu verbreiten und zur öffentlichen Vorführung oder Funksendung zu benutzen, auch das Recht, jede Entstellung oder Kürzung des Filmträgers zu verbieten, die geeignet ist, die berechtigten Interessen des Filmherstellers zu gefährden.

Der Schutz des Filmherstellers gegen Entstellungen und Kürzungen beruht allein auf § 94 UrhG. Dagegen ist der Filmhersteller gegen die Verwertung des Filmträgers in der Regel bereits durch die ausschließlichen Rechte geschützt, die ihm seitens der Urheber eingeräumt wurden. Dem verwandten Schutzrecht kommt aber eine ergänzende Bedeutung zu. Dies gilt nicht nur, wenn dem Filmhersteller seitens der Urheber nur einfache Rechte eingeräumt wurden. Vielmehr ist auch an Fälle zu denken, in denen die Urheber dem Filmhersteller nur das Senderecht, nicht aber das Recht zur öffentlichen Vorführung einräumen. Der Hersteller kann dann zwar den Film nur mit ihrer Zustimmung zur öffentlichen Vorführung benutzen. Auch ohne solche Zustimmung kann er aber anderen die Benutzung des Filmträgers zur öffentlichen Vorführung untersagen. Vgl. dazu unten § 126 II.

3. Kapitel

Die Rechte der Urheber

§ 37. Die Arten der Rechte

I. Der Inhalt des Urheberrechts wird in § 11 UrhG durch den Grundsatz bestimmt, daß das Urheberrecht den Urheber in seinen geistigen und persönlichen Beziehungen zum Werk und in der Nutzung des Werkes schützt. Im einzelnen gliedert dabei das Gesetz die Rechte der Urheber in das Urheberpersönlichkeitsrecht, die Verwertungsrechte und die sonstigen Rechte.

Unter dem farblosen Begriff der sonstigen Rechte faßt das Gesetz Rechte zusammen, die im UrhG erstmalig anerkannt wurden: Es geht um das Recht auf Zugang zu Werkstücken (§ 25 UrhG), das Folgerecht (§ 26 UrhG) und die Vergütungsansprüche beim Vermieten und Verleihen von Vervielfältigungsstücken (§ 27 UrhG). Für eine systematische Einordnung erscheint aber eine Klärung der Eigenart dieser Rechte und des Verhältnisses erforderlich, in dem sie zum Urheberpersönlichkeitsrecht und zu den Verwertungsrechten stehen. Dabei zeigt sich folgendes: Das Recht auf Zugang zu Werkstücken gehört, seinem Wesen entsprechend, zum Urheberpersönlichkeitsrecht. Für das Folgerecht ist kennzeichnend, daß es die Quelle von Vergütungsansprüchen ist. Und entsprechend sind es Vergütungsansprüche, die dem Urheber im Fall des Vermietens und Verleihens von Werkstücken zustehen.

Die Vergütungsansprüche sind, anders als die Verwertungsrechte, reine Vermögensrechte: Dem Urheber stehen keine ausschließlichen Rechte zu, aufgrund deren er die Verwertung seines Werkes steuern kann. Systematisch gesehen, erweisen sie sich vielmehr neben dem Urheberpersönlichkeitsrecht und den Verwertungsrechten als eine besondere Kategorie von Rechten, die aus dem Urheberrecht fließen.

Im übrigen bedarf die gesetzliche Gliederung insofern einer Berichtigung, als das Ausstellungsrecht, angesichts seiner gesetzlichen Ausgestaltung, nicht zu den Verwertungsrechten, sondern zum Veröffentlichungsrecht und damit zum Urheberpersönlichkeitsrecht zu rechnen ist. Vgl. unten § 48 II.

II. Unter den Rechten der Urheber unterscheiden wir daher zwischen dem Urheberpersönlichkeitsrecht, den Verwertungsrechten und den Vergütungsansprüchen.

1. Das Urheberpersönlichkeitsrecht ist dadurch gekennzeichnet, daß es vorwiegend dem Schutz ideeller Interessen dient. Seine wichtigsten Ausstrahlungen sind das Veröffentlichungsrecht, das Recht auf Anerkennung der Urheberschaft, das Recht, Entstellungen und sonstige Beeinträchtigungen des Werkes zu untersagen, sowie das Recht auf Zugang zu Werkstücken. In seinem Kern ist das Urheberpersönlichkeitsrecht nicht übertragbar und unverzichtbar; nur einzelne Dispositionen sind möglich.

Daß die urheberrechtlichen Befugnisse vorwiegend dem Schutz ideeller Interessen dienen, schließt nicht aus, daß gegebenenfalls bei ihrer Verletzung auch ein Ersatz des erlittenen Vermögensschadens, beispielsweise des Schadens, der durch falsche Urheberbezeichnung entstanden ist, geltend gemacht werden kann.

2. Zu den Verwertungsrechten rechnet das UrhG die ausschließlichen Rechte des Urhebers zur Verwertung des Werkes in körperlicher Form sowie die ausschließlichen Rechte zur öffentlichen Wiedergabe des Werkes einschließlich der Bearbeitungsrechte. Sie sichern den Urheber nicht nur in der wirtschaftlichen Nutzung des Werkes. Sie ermöglichen ihm vielmehr auch die Entscheidung über die Art der Werknutzung sowie über die Personen und Unternehmen, denen er die Nutzung anvertraut, und schützen daher auch ideelle Interessen der Urheber. Eine Verfügung über die Verwertungsrechte ist nur durch die Bestellung abgeleiteter Rechte, in der gesetzliche Terminiologie durch die Einräumung von Nutzungsrechten, möglich.

3. Vergütungsansprüche sind die Rechte, die den Urhebern aufgrund des Folgerechts sowie in Fällen des Vermietens und Verleihens von Vervielfältigungsstücken zustehen.

Auch werden in Sonderfällen die Verwertungsrechte der Urheber zu bloßen Vergütungsansprüchen abgeschwächt. Das gilt u. a. in den Fällen der Herstellung einzelner Vervielfältigungsstücke zum eigenen Gebrauch, die zu gewerblichen Zwecken erfolgt (§ 54 Abs. 2 UrhG), sowie in Fällen, in denen gemäß § 46 UrhG die Aufnahme von Werken oder Werkteilen ohne Zustimmung des Urhebers in eine Sammlung zulässig ist, die für den Kirchen-, Schul- oder Unterrichtsgebrauch bestimmt ist.

I. Das Urheberpersönlichkeitsrecht

§ 38. Allgemeines

DIETZ, Das droit moral des Urhebers im neuen französischen und deutschen Urheberrecht, Heft 7 der Urheberrechtlichen Abhandlungen des MPI (1968); STRÖMHOLM, Le droit moral de l'auteur, Bd. I und II (Stockholm, 1966—73); MICHAÉLIDES-NOUAROS, Le droit moral de l'auteur (Paris, 1935).

I. Der Begriff des Urheberpersönlichkeitsrechts kennzeichnet die Gruppe urheberrechtlicher Befugnisse, die vorwiegend dem Schutz der ideellen Interessen des Urhebers dienen.

1. Ansätze zu einem persönlichkeitsrechtlichen Schutz finden sich neben moralischer Mißbilligung, für die sich Spuren schon im Altertum finden, bereits in der Frühzeit der Urheberrechtsentwicklung.[1] Der systematische Ausbau des Schutzes und die Prägung des Begriffs des Urheberpersönlichkeitsrechts — international gesprochen, des droit moral — vollzieht sich aber erst im Zug einer Rechtsentwicklung, die im 19. Jahrhundert einsetzt und für die wichtige Impulse insbesondere von der französischen Rechtsprechung und der deutschen Urheberrechtstheorie ausgegangen sind.

Vgl. dazu die eingehende Untersuchung von STRÖMHOLM, Bd. I, S 25 ff., über die Vorgeschichte und die Geschichte des droit moral sowie die zusammenfassende Darstellung von DIETZ, S. 13 ff.

2. Ein wichtiger Fortschritt auf internationaler Ebene war die Anerkennung des droit moral im Recht der Berner Union. Sie erfolgte 1928 auf der Rom-Konferenz. In dem neu eingefügten Art. 6bis RBÜ wurden zwei wichtige persönlichkeitsrechtliche Befugnisse des Urhebers durch die Bestimmung gewährleistet, daß dem Urheber unabhängig von seinen vermögensrechtlichen Befugnissen und selbst nach deren Übertragung das Recht verbleibt, die Urheberschaft am Werk für sich in Anspruch zu nehmen, sowie das Recht, sich jeder Entstellung, Verstümmelung oder sonstigen Änderung des Werkes zu widersetzen, die seiner Ehre oder seinem Ruf abträglich sein würde.

Eine Ergänzung erfuhr die Fassung bei der Brüsseler Revision (1948), durch die der Entstellung, Verstümmelung oder sonstigen Änderung des Werkes jede andere Beeinträchtigung gleichgestellt wurde, die der Ehre oder dem Ruf des Urhebers abträglich sein könnte. In der Stockholmer und Pariser Fassung der RBÜ wurde vorgesehen, daß die in Art. 6bis vorgesehenen Rechte des Urhebers jedenfalls bis zum Erlöschen der vermögensrechtlichen Befugnisse in Kraft bleiben. Im übrigen verblieb es bei der Regel, daß die zur Wahrung der Rechte erforderlichen Rechtsbehelfe sich nach den Vorschriften des Landes richten, in dem der Schutz beansprucht wird.

3. *Rechtsvergleichend* gesehen, wird das droit moral in der großen Mehrzahl der Staaten, darunter in den kontinentaleuropäischen Staaten einschließlich der sozialistischen Oststaaten, in den lateinamerikanischen Staaten und in Japan, sowie in der Mehrzahl der Entwicklungsländer durch die Urheberrechtsgesetzgebung gewährleistet. In den Rechtsordnungen anglo-amerikanischer Prägung gehört dagegen das droit moral nicht zu den urheberrechtlichen Befugnissen. Die ideellen Interessen der Urheber werden nur unter anderen rechtlichen Gesichtspunkten, insbesondere aufgrund deliktischer Ansprüche, geschützt. Vgl. für Großbritannien und die USA oben § 12 IV 1 und V 1.

II. In Deutschland waren unter der Herrschaft des LUG und KUG nur einzelne persönlichkeitsrechtliche Befugnisse der Urheber gesetzlich

---

[1] Vgl. dazu oben § 9 II, 4.

geregelt. Eine fortschrittliche Rechtsprechung hat jedoch zu einer weiteren Entfaltung der darin enthaltenen Ansätze geführt. Systematisch war aber eine Neuregelung geboten, die im UrhG erfolgt ist.

Auch in der DDR wurde das Urheberpersönlichkeitsrecht durch Regeln über die Anerkennung der Urheberschaft und die Namensangabe, über die Erstveröffentlichung, über die Unverletzlichkeit des Werkes und den Schutz des Ansehens des Urhebers ausgebaut. §§ 14—17 UrhG der DDR.

1. Das UrhG umschreibt zunächst die geschützten Interessen der Urheber durch die allgemeine Bestimmung des § 11, daß das Urheberrecht den Urheber in seinen geistigen und persönlichen Beziehungen zum Werk und in der Nutzung des Werkes schützt.

Indem das UrhG sowohl von den persönlichen wie von den geistigen Beziehungen des Urhebers zu seinem Werk spricht, berücksichtigt es die doppelte Richtung der ideellen Interessen des Urhebers, auf die im Schrifttum mehrfach hingewiesen worden war.[1] Dem Urheber kann es um sein Ansehen und seine Ehre und damit um persönliche Interessen gehen, die durch die Veröffentlichung seines Werkes und die Art der Nutzung oder Darbietung aufs Spiel gesetzt werden. Sein Interesse kann aber auch eine objektive Richtung annehmen. Es mag sein, daß er nicht an sich selbst, sondern an sein geistiges Kind denkt. So kann der Schriftsteller, der Komponist oder der bildende Künstler die Entstellung seines Werkes verbieten, nicht weil er um sein Ansehen fürchtet, sondern weil es ihm auf Bestand und Wirkung seines Werkes ankommt. Es sind geistige Interessen, die den persönlichen zur Seite treten. Beide Interessenrichtungen fließen aber eng ineinander über. Zusammenfassend sprechen wir von den ideellen Interessen des Urhebers.

2. Im einzelnen sind die urheberrechtlichen Befugnisse, die vorwiegend dem Schutz der ideellen Interessen des Urhebers dienen, in §§ 12—14 UrhG geregelt. Es geht um das Veröffentlichungsrecht, das Recht auf Anerkennung der Urheberschaft und um den Schutz gegen Entstellungen oder sonstige Beeinträchtigungen des Werkes. Darüber hinaus sind aber auch die Regeln über den Zugang zu Werkstücken (§ 25 UrhG), über das Verbot von Änderungen im Fall der Einräumung von Nutzungsrechten (§ 39 UrhG) und über die Rückrufsrechte wegen Nichtausübung und wegen gewandelter Überzeugung (§§ 41 und 42 UrhG) zu den persönlichkeitsrechtlichen Regeln zu rechnen.

3. Die im UrhG geregelten Einzeltatbestände berücksichtigen die Sachverhalte, in denen sich im Urheberrecht der Schutz des Urheberpersönlichkeitsrechts als erforderlich erwiesen hat. Sofern sich Lücken zeigen, kann aber auf die Bestimmung zurückgegriffen werden, daß das

[1] Zuerst von LUDWIG MITTEIS, Zur Kenntnis des literarischen und artistischen Urheberrechts, in Festschrift für UNGER, 1898.

Urheberrecht den Urheber in seinen geistigen und persönlichen Beziehungen zum Werk schützt. Aus den einzelnen Regeln lassen sich dabei Maßstäbe für die Auslegung ableiten. Auf bloße Empfindlichkeiten des Urhebers kann die Rechtsordnung freilich keine Rücksicht nehmen. Es muß sich vielmehr um schutzwürdige ideelle Interessen handeln. Dabei sind auch die Realitäten des Lebens und die Gewohnheiten des Verkehrs zu beachten.

Richtungsweisend ist beispielweise die Bestimmung des § 14 UrhG, daß der Urheber Entstellungen und andere Beeinträchtigungen seines Werkes verbieten kann, die geeignet sind, seine *berechtigten* geistigen und persönlichen Beziehungen zum Werk zu gefährden, sowie die Regel des § 39 Abs. 2 UrhG, daß Änderungen des Werkes durch Nutzungsberechtigte zulässig sind, zu denen der Urheber *nach Treu und Glauben* seine Einwilligung nicht versagen kann.

§ 39. Das Veröffentlichungsrecht

STRÖMHOLM, Das Veröffentlichungsrecht des Urhebers, Stockholm 1964.

I. Das Veröffentlichungsrecht ist das Recht des Urhebers zur Erstveröffentlichung seines Werkes. Der Urheber hat das Recht zu bestimmen, ob und wie sein Werk zu veröffentlichen ist. § 12 Abs. 1 UrhG.

1. Die Veröffentlichung des Werkes steht im Brennpunkt der Interessen des Urhebers: Die wirtschaftliche Verwertung erfolgt durch Akte, in denen das Werk der Öffentlichkeit zugänglich gemacht wird. Neben materiellen werden aber durch die Veröffentlichung auch die ideellen Interessen des Urhebers entscheidend berührt.

Im Hinblick auf die Veröffentlichung stehen daher persönlichkeitsrechtliche Befugnisse und Verwertungsrechte des Urhebers in enger Beziehung zueinander. Dogmatisch gesehen, könnte man davon ausgehen, daß das Recht der Erstveröffentlichung grundsätzlich in den Verwertungsrechten des Urhebers enthalten ist: Die Rechte zur Verbreitung von Werkstücken und zur öffentlichen Wiedergabe des Werkes sichern dem Urheber die Entscheidung über die wichtigsten Arten der Veröffentlichung des Werkes. Auf das Urheberpersönlichkeitsrecht müßte nur zurückgegriffen werden, um etwaige Lücken bei Tatbeständen zu schließen, die nicht von der gesetzlichen Regelung der Verwertungsrechte erfaßt werden.

Von solcher Deutung war unter der Herrschaft des LUG und KUG auszugehen, die kein allgemeines Veröffentlichungsrecht vorgesehen hatten. Vgl. dazu die Vorauflage dieses Werkes, S. 261 f., sowie DE BOOR, Vom Wesen des Urheberrechts, S. 48 ff.; BGHZ 15, 285 und STRÖMHOLM, a.a.O.

2. Das UrhG von 1965 erkennt dem Urheber als Ausstrahlung des Urheberpersönlichkeitsrechts generell das Recht zu, darüber zu bestimmen, ob und wie sein Werk zu veröffentlichen ist. In der Mehrzahl der Fälle führt diese Regelung zu einer Häufung der Befugnisse: Erfolgt die Erstveröffentlichung wider den Willen des Urhebers durch die Verbrei-

tung von Werkstücken oder durch die öffentliche Wiedergabe des Werkes, so liegt sowohl eine Verletzung des Veröffentlichungsrechts wie der einschlägigen Verwertungsrechte des Urhebers vor.

Eine ähnliche Regelung enthält das französische UrhG, in dem dem Urheber als Recht der Erstveröffentlichung das droit de divulgation zuerkannt wird, das Bestandteil des droit moral ist.

Die gesetzliche Regelung erklärt sich aus der besonderen Bedeutung, die der Erstveröffentlichung im Hinblick auf die ideellen Interessen des Urhebers zukommt: Der Urheber entscheidet über die Veröffentlichungsreife des Werkes; verneint er sie, so bleibt er in seinem Interesse an der Geheimhaltung geschützt. Auch bei einer späteren Wiedergabe eines bereits veröffentlichten Werkes, die ohne Zustimmung des Urhebers erfolgt, werden zwar meist nicht nur seine materiellen, sondern auch seine ideellen Interessen betroffen, über die Art der Werknutzung zu entscheiden. Hier bleibt aber, anders als bei der Erstveröffentlichung, der Schutz des Urhebers den Verwertungsrechten vorbehalten.

Praktisch liegt die Bedeutung der Regelung zunächst darin, daß der Urheber gegen eine Erstveröffentlichung ohne Rücksicht darauf geschützt wird, ob er sie kraft der Verwertungsrechte untersagen kann. Hat er beispielsweise das Manuskript seines Werkes bei einer Bibliothek hinterlegt, so steht ihm die Entscheidung darüber zu, ob die Bibliothek aus besonderem Anlaß das Manuskript öffentlich zur Schau stellen darf. Darüber hinaus ist zu beachten, daß ausländische Staatsangehörige, die aufgrund der Regeln des internationalen Urheberrechts im Inland keinen Urheberrechtsschutz genießen, doch jedenfalls den Schutz der §§ 12—14 UrhG, insbesondere auch den Schutz des Veröffentlichungsrechts, in Anspruch nehmen können (§ 121 Abs. 6 UrhG). Sie werden zwar nicht dagegen geschützt, daß ihre bereits veröffentlichten Werke im Inland nachgedruckt oder sonst verwertet werden. Den schwerwiegenden Eingriff, der in der Erstveröffentlichung liegt, können sie aber untersagen.

Abweichend nimmt v. GAMM, UrhG, § 12, Rdz. 7, an, daß sich das Veröffentlichungsrecht nicht auf die erste Veröffentlichung beschränkt, sondern auch jede erneute Veröffentlichung umfaßt; ähnlich, aber mit Einschränkungen, FROMM-NORDEMANN, UrhG, § 12, Anm. 2. Dieser Deutung ist m. E. nicht zuzustimmen; sonst könnten beispielsweise Ausländer, die im Inland keinen Urheberrechtsschutz genießen, unter Berufung auf § 12 UrhG einen umfassenden Schutz ihrer in einem Nichtkonventionsstaat veröffentlichten Werke gegen inländische Publikationen in Anspruch nehmen.

II. Als persönlichkeitsrechtliche Befugnis ist das Veröffentlichungsrecht in seinem Kern nicht übertragbar.

1. Der Urheber kann jedoch anderen die Veröffentlichung seines Werkes gestatten. Insbesondere ist anzunehmen, daß eine solche Erlaubnis in den Verlagsverträgen, Aufführungsverträgen, Sendeverträgen und anderen Nutzungsverträgen enthalten ist, die er über noch un-

veröffentlichte Werke abschließt. Er kann auch seinem Vertragspartner, beispielsweise seinem Verleger, gestatten, seinerseits anderen die Veröffentlichung, beispielsweise den Vorabdruck des Werkes oder von Teilen des Werkes, zu erlauben. Die Rechtslage ist dabei nicht die, daß er durch solche Erlaubnis das Veröffentlichungsrecht ausübt. Bis zur Veröffentlichung, die aufgrund seiner Erlaubnis erfolgt, besteht vielmehr das Veröffentlichungsrecht fort und kann einem Dritten gegenüber geltend gemacht werden. Die Ausübung des Veröffentlichungsrechts erfolgt durch die mit seiner Zustimmung erfolgende Veröffentlichung.

Abweichend FROMM-NORDEMANN, UrhG, § 12, Anm. 2, die davon ausgehen, daß der Urheber durch den Abschluß von Urheberrechtsverträgen am bereits fertiggestellten Werk sein Veröffentlichungsrecht ausübt. V. GAMM, UrhG, § 11, Rdz. 7 und § 12, Rdz. 6, hält eine Übertragung des Veröffentlichungsrechts für möglich, beispielsweise eine Übertragung an den Verleger, dem der Urheber das Verlagsrecht einräumt. Gegen einen unbefugten Vorabdruck durch Dritte kann aber der Verleger in solchem Fall zwar kraft seines Verlagsrechts vorgehen. Die Geltendmachung des Veröffentlichungsrechts steht aber dem Urheber zu. Von praktischer Bedeutung ist u. a. die Frage, wie einem Theater das Recht zur Uraufführung des Bühnenwerkes gesichert werden kann. M. E. kann der Urheber dem Theater nicht das Veröffentlichungsrecht übertragen; wohl aber kann er ihm für eine bestimmte Frist ein ausschließliches Aufführungsrecht einräumen oder sich vertraglich verpflichten, anderen Theatern die Aufführung erst nach der Uraufführung zu gestatten. Schließt der Urheber Wahrnehmungsverträge ab, räumt er beispielsweise einem Bühnenverlag das Aufführungsrecht zur Wahrnehmung ein, so ist der Bühnenverlag berechtigt, seinerseits beim Abschluß von Aufführungsverträgen anstelle des Urhebers die Veröffentlichung zu gestatten.

2. Möglich ist ferner, daß der Urheber einem anderen die Entscheidung darüber anvertraut, ob und wann sein Werk nach seinem Tod veröffentlicht werden soll. Die Frage ist angesichts der Bestimmung von COSIMA WAGNER über die Veröffentlichung ihrer Tagebücher aktuell geworden und hat zu der Entscheidung in BGHZ 15, 249 geführt. Vgl. darüber unten § 89 II 2.

III. Ergänzt wird das Veröffentlichungsrecht des Urhebers durch das Recht, die Öffentlichkeit über das Werk zu unterrichten. § 12 Abs. 2 UrhG behält dem Urheber das Recht vor, den Inhalt seines Werkes öffentlich mitzuteilen oder das Werk zu beschreiben, solange weder das Werk noch der wesentliche Inhalt oder eine Beschreibung des Werkes mit seiner Zustimmung veröffentlicht ist. Die öffentliche Mitteilung des Inhalts ist insbesondere bei Sprachwerken und Filmwerken, die öffentliche Beschreibung bei Musikwerken und Werken der bildenden Künste die geeignete Form der Unterrichtung der Öffentlichkeit.

1. Das Recht zur Unterrichtung der Öffentlichkeit ist ebenso wie das Veröffentlichungsrecht in seinem Kern nicht übertragbar. Der Urheber kann aber anderen die öffentliche Mitteilung oder Beschreibung gestatten. Er kann beispielsweise dem Verleger, dem er das Verlagsrecht einräumt, oder dem Filmhersteller, dem er das Verfilmungsrecht bewilligt, gestatten, schon vor der Veröffentlichung zu Werbezwecken die Öffentlichkeit über das Werk zu unterrichten.

2. Das Recht zur Unterrichtung der Öffentlichkeit erlischt, wenn der Urheber oder ein anderer mit seiner Zustimmung das Werk veröffentlicht, öffentlich beschreibt oder seinen Inhalt öffentlich mitteilt. Eine Unterrichtung der Öffentlichkeit über das Werk kann der Urheber in solchen Fällen auch nicht kraft eines Verwertungsrechts untersagen. Die Beschreibung des Musikwerkes oder eines Werkes der bildenden Künste ist ohnedies keine urheberrechtlich relevante Verwertungshandlung. Auch bei Sprachwerken ist die Mitteilung der in ihm vertretenen Lehren und Ideen kein Eingriff in Verwertungsrechte der Urheber. Der auf der Phantasie beruhende Inhalt des Werkes ist dagegen grundsätzlich geschützt. Hier ist daher zu unterscheiden: Die Mitteilung über den Inhalt des Werkes, die nach der Veröffentlichung im Rahmen einer Besprechung oder Kritik zur Unterrichtung der Öffentlichkeit erfolgt, ist frei. Die Mitteilung darf aber nicht dazu führen, die Lektüre des Werkes zu ersetzen. Daher ist beispielsweise die Mitteilung des wesentlichen Inhalts der geschützten Texte von Opern oder Opernführern eine Verwertung des Werkes, die nur mit Zustimmung der Verfasser zulässig ist; vgl. RGZ 129, 252.

§ 40. Anerkennung der Urheberschaft. Urheberbezeichnung

v. Gamm, Die Urheberbenennung in Rechtsprechung und Praxis, in NJW 1959, 338 ff.; Stolz, Der Ghostwriter im deutschen Recht, Heft 11 der Urheberrechtlichen Abhandlungen des MPI, 1971.

Als Schöpfer des Werkes hat der Urheber das Recht auf Anerkennung seiner Urheberschaft und auf Bestimmung der Urheberbezeichnung.

I. Die Zuerkennung des Rechts auf Anerkennung der Urheberschaft (§ 13 Satz 1 UrhG) steht im Einklang mit der Regel des Art. 6bis Abs. 1 RBÜ, daß der Urheber das Recht hat, die Urheberschaft am Werk für sich in Anspruch zu nehmen.

Der Urheber kann daher jedem entgegentreten, der seine Urheberschaft bestreitet oder der sich selbst die Urheberschaft anmaßt. Insbesondere kann er gegen den Plagiator vorgehen, der das Werk als das seinige ausgibt. Das Recht besteht nicht nur, wenn das Werk unter fremdem Namen der Öffentlichkeit dargeboten, wenn beispielsweise bei der Aufführung des Bühnenwerkes oder eines Musikwerkes oder bei der Ausstellung eines Werkes der bildenden Künste ein falscher Urhebername angegeben wird. Das Recht des Urhebers ist vielmehr auch dann verletzt, wenn seine Urheberschaft ohne eine solche Darbietung bestritten wird, wenn beispielsweise in der Presse bei einer Erörterung über das Werk die Urheberschaft einem anderen zugeschrieben wird.

II. Der Urheber kann bestimmen, ob das Werk mit einer Urheberbezeichnung zu versehen und welche Bezeichnung zu verwenden ist; § 13 Satz 2 UrhG. Insbesondere bestimmt er darüber ob das Werk unter seinem Namen, einem Künstler- oder Decknamen oder ob es namenlos veröffentlicht werden soll. Hat er einem anderen, beispielsweise einem Verleger, einem Theater- oder Sendeunternehmen, ein Nutzungsrecht eingeräumt, so darf der Inhaber des Nutzungsrechts die Urheberbezeichnung, soweit nichts anderes vereinbart ist, nicht ändern; § 39 Abs. 1 UrhG.

Eine besondere Rolle spielt die Urheberbezeichnung bei Werken der bildenden Künste. Bei ihnen geht es nicht nur darum, unter welcher Bezeichnung das Werk der Öffentlichkeit zugänglich gemacht wird. Vielmehr wird auch die besondere Bedeutung berücksichtigt, die dem Original des Kunstwerkes zukommt: Zumeist pflegt der Künstler auf dem Original des Werkes seinen Namen oder Namenszug (Künstlerzeichen, Künstlersignatur) anzubringen. Diese Bezeichnung bleibt aber seinem persönlichen Entschluß vorbehalten. Ein anderer darf den Namen oder Namenszug des Künstlers nicht ohne dessen Einwilligung auf dem Original anbringen oder ein damit bezeichnetes Original verbreiten. § 107 Nr. 1 UrhG.

Der Tatbestand ist im Rahmen der strafrechtlichen Vorschriften des UrhG geregelt. Die Zuwiderhandlung ist strafbar. Als Eingriff in das Urheberpersönlichkeitsrecht löst sie aber auch die zivilrechtlichen Folgen einer Urheberrechtsverletzung aus, die in § 97 UrhG geregelt sind. Insbesondere kann der Urheber den Beseitigungs- sowie den Schadensersatzanspruch geltend machen. Straftatbestand ist im übrigen gemäß § 107 Nr. 2 UrhG auch die Anbringung einer Urheberbezeichnung auf einem Vervielfältigungsstück, einer Bearbeitung oder sonstigen Umgestaltung eines Werkes der bildenden Künste, die dem betreffenden Exemplar den Anschein eines Originals gibt, sowie die Verbreitung derartig bezeichneter Exemplare; vgl. darüber unten § 133 II 2 b. Auch in diesem Falle liegt eine Verletzung des Urheberpersönlichkeitsrechts vor, aufgrund derer der Urheber auch zivilrechtliche Ansprüche geltend machen kann.

III. Aus dem Recht des Urhebers auf Anerkennung der Urheberschaft in Verbindung mit dem Recht auf die Bestimmung der Urheberbezeichnung folgt grundsätzlich das Recht des Urhebers darauf, daß sein Name oder der von ihm gewählte Künstler- oder Deckname genannt wird, wann immer das Werk der Öffentlichkeit zugänglich gemacht oder eine Darbietung des Werkes angekündigt wird. Hat der Urheber bestimmt, daß das Werk anonym veröffentlicht werden soll, so hat die Angabe einer Urheberbezeichnung zu unterbleiben.

Nur in besonderen Fällen kann sich aus den Umständen und den im Rechtsverkehr herrschenden Gewohnheiten ergeben, daß das Recht auf Namensnennung entfällt. So gibt es Zweige des Kunstgewerbes, bei denen die Angabe des Künstlernamens nicht üblich ist und nicht verlangt werden kann, insbesondere bei serienmäßig hergestellten Gebrauchsgegenständen, bei denen auch, wie bei Besteckmustern, Sesseln, Tapeten o. dgl., praktische oder ästhetische Gründe gegen die Anbringung des Urhebernamens sprechen können.

Im ganzen werden freilich von der Rechtsprechung strenge Maßstäbe angelegt. So hat das RG bereits in RGZ 110, 393 (unter Rückverweisung an die Vorinstanz) das Recht eines angestellten Architekten in Erwägung gezogen, auf der von ihm geschaffenen künstlerischen Inneneinrichtung von Restaurants seinen Namen anzubringen. Das Recht darf freilich nicht durch die Angabe der Adresse des angestellten Künstlers u. dgl. zu Werbezwecken mißbraucht werden. U. U. kann zwar nicht ein Namenshinweis auf den Werkstücken, wohl aber in Prospekten, Werbeschriften u. dgl. verlangt werden. Bei der Gebrauchsgraphik hat das OLG München in GRUR 1969, 146 dem Schöpfer des künstlerischen Werbeplakats das Recht zuerkannt, die Wiedergabe seines Signums auf den Vervielfältigungsstücken zu verlangen. Der Werbetexter hat dagegen in der Regel keinen Anspruch auf Namensnennung. Bei Filmwerken sind es die Filmurheber, in erster Linie der Regisseur und in der Regel auch die Urheber der benutzten Werke, die die Angabe ihres Namens im Vorspann des Films verlangen können; u. a. wurde auch der Anspruch des Urhebers eines Filmexposés auf Namensnennung von BGH in GRUR 1963, 40 anerkannt. Über die Ansprüche der ausübenden Künstler auf Namensnennung s. unten § 123 V. Zur Beurteilung der Rechtslage im einzelnen vgl. insbesondere auch v. GAMM, a.a.O., sowie in UrhG, § 13, Rdz. 14.

IV. Bei der Frage, ob der Urheber auf die Nennung seines Namens verzichten kann, ist zu unterscheiden:

1. Der Urheber kann aus eigener Initiative bestimmen, daß das Werk mit keiner Urheberbezeichnung zu versehen ist, die Veröffentlichung vielmehr anonym erfolgen soll. Er kann in diesem Fall sowohl die Nennung seines Namens wie eines fremden Namens untersagen. Möglich bleibt aber, daß er in einem späteren Zeitpunkt die Nennung seines Namens verlangt. Insbesondere kann ein Autor, der sein Werk in erster Auflage anonym erscheinen läßt, bestimmen, daß bei der Veranstaltung einer Neuauflage sein Name genannt wird.

Entsprechend ist die Rechtslage, wenn der Urheber bestimmt, daß das Werk mit einem Decknamen zu versehen ist. Auch diese Bestimmung ist auf die Dauer nicht bindend. Er kann sich vielmehr später für den Ersatz des Decknamens durch den bürgerlichen Namen oder seinen Künstlernamen entscheiden.

2. Eine andere Frage ist es, ob der Urheber in dem Vertrag, den er mit einem Nutzungsberechtigten schließt, bindend auf die Nennung seines Namens verzichten kann. Ein solcher Verzicht ist m. E. nur in Fällen möglich, die denjenigen nahestehen, in denen im Hinblick auf die Natur des Werkes und die Verkehrsgewohnheiten kein Anspruch auf Namensnennung besteht. Hier bleibt ein Spielraum für die Beurteilung, innerhalb dessen eine Vereinbarung darüber zweckmäßig ist, ob der Name genannt werden soll oder nicht. Die Grenze ist aber überschnitten, wenn nach der Art des Werkes ein berechtigtes Interesse des Urhebers daran besteht, in der Öffentlichkeit als Schöpfer des Werkes genannt zu wer-

den. Insoweit geht es um den unverzichtbaren Kern des Urheberpersönlichkeitsrechts.

Abweichend hält v.GAMM, UrhG, § 13, Rdz. 3, einen bindenden Verzicht des Urhebers auf Namensnennung gegenüber dem Nutzungsberechtigten für möglich. Vgl. dagegen MÖHRING-NICOLINI, UrhG, § 13, Anm. 3 b.

V. Verwandt ist die Frage, ob der Urheber mit demjenigen, in dessen Auftrag er das Werk schafft, vereinbaren kann, daß anstelle seines Namens der Name des Auftraggebers genannt wird. Sie ist in der Regel zu verneinen. Hat beispielsweise ein Assistent ein wissenschaftliches Werk verfaßt, so kann er nicht zugunsten des Institutsleiters auf die Nennung seines Namens verzichten. Es gibt jedoch Ausnahmen.

1. Der wichtigste Sonderfall ist derjenige des Ghostwriters. Angesichts der besonderen Beziehung, in der er zu seinem Auftraggeber steht, in dessen Geist er schreibt, erscheint es als zulässig, daß er dem Auftraggeber nicht nur Nutzungsrechte einräumt, sondern auch das Recht bewilligt, das Werk unter eigenem Namen zu veröffentlichen. U. U. wird freilich die Nennung des Namens des Ghostwriter unvermeidlich. Insbesondere können, wenn der Ghostwriter, wie es zumeist der Fall ist, Alleinurheber ist und ein Dritter sich die Urheberschaft anmaßt, Ansprüche gegen einen Dritten nur unter Berufung auf das Recht des Ghostwriter geltend gemacht werden.

Vgl. über die Grenzen der Überlassung der Befugnisse des Ghostwriter an den Auftraggeber STOLZ, S. 55 ff.

2. Ein weiterer Sonderfall ist die Bezeichnung mit einem *Verlagspseudonym*. Es geht dabei um Fälle, in denen das Werk im Rahmen einer vom Verlag herausgegebenen Serie, beispielsweise in einer Reihe von Kriminalromanen oder sonstiger leichter Literatur, erscheint, bei denen statt des Verfassernamens das vom Verlag gewählte Pseudonym angegeben wird. Vgl. dazu OLG Hamm, in GRUR 1967, 240.

§ 41. Änderungsverbot und Werkschutz

I. Der Urheber hat ein Recht auf Bestand und Unversehrtheit seines Werkes. Gemäß § 14 UrhG ist er berechtigt, eine Entstellung oder andere Beeinträchtigung des Werkes zu verbieten, die geeignet ist, seine berechtigten geistigen oder persönlichen Interessen am Werk zu gefährden.

Mit der Regel wird der Bestimmung des Art. 6bis Abs. 1 RBÜ über den Werkschutz entsprochen. Sie geht aber insofern weiter, als sie nicht nur auf die Gefährdung von Ehre oder Ruf des Urhebers und damit auf seine persönlichen Interessen abstellt, sondern auch seine geistigen Interessen an Bestand und Wirkung des Werkes berücksichtigt.

II. Von Bedeutung ist die Regel zunächst in Fällen, in denen der Urheber einem anderen Nutzungsrechte, beispielsweise dem Verleger das Verlagsrecht, dem Theater- oder Konzertunternehmen das Aufführrungsrecht oder dem Sendeunternehmen das Senderecht, einräumt. Sie wird in diesen Fällen noch durch die Bestimmung des § 39 UrhG ergänzt, daß der Inhaber eines Nutzungsrechts das Werk, dessen Titel oder Urheberbezeichnung, wenn nichts anderes vereinbart ist, nicht ändern darf. Mangels einer solchen Vereinbarung sind nur Änderungen des Werkes und seines Titels zulässig, zu denen der Urheber seine Einwilligung nach Treu und Glauben nicht versagen kann.

1. Abweichende Vereinbarungen sind möglich. So kann der Urheber eines Bühnenwerkes dem Theater, dem er das Aufführungsrecht einräumt, die Änderungen einzelner Szenen gestatten. Auch der bildende Künstler kann erlauben, daß bei der Reproduktion seines Werkes Änderungen vorgenommen werden. Der Gültigkeit solcher Vereinbarungen sind jedoch Grenzen gezogen. Dem Urheber verbleibt jedenfalls der Kern des durch § 14 UrhG gewährleisteten Rechts: Er kann grundsätzlich verlangen, daß die geistige und künstlerische Eigenart seines Werkes gewahrt bleibt, und jedenfalls sinnentstellende Änderungen untersagen.

Bei der Beurteilung macht es einen Unterschied, ob es nur einzelne Änderungen sind, die zwischen dem Urheber und dem Inhaber des Nutzungsrechts vereinbart werden, oder ob dem Nutzungsberechtigten vertraglich das Recht zu nicht näher bezeichneten Änderungen bewilligt wird. Für den letzteren Fall heißt es im österreichischen UrhG in § 21 Abs. 3: „Die Erteilung der Einwilligung zu nicht näher bezeichneten Änderungen hindert den Urheber nicht, sich Entstellungen, Verstümmelungen und anderen Änderungen des Werkes zu widersetzen, die seine geistigen Interessen am Werk schwer beeinträchtigen."

Eine Einwilligung zu Änderungen liegt sinngemäß auch vor, wenn der Urheber Verfilmungen und sonstige Umgießungen in andere Kunstformen, beispielsweise die Dramatisierung eines Romans, oder andere Bearbeitungen seines Werkes, gestattet. Die Bearbeitungsrechte gehören zwar zu den Verwertungsrechten des Urhebers; er kann über sie durch Einräumung von Nutzungsrechten verfügen. Das Urheberpersönlichkeitsrecht bleibt aber in seinem Kern unberührt. Sinngemäß muß jedoch der Urheber Änderungen in Kauf nehmen, die durch die Bearbeitung bedingt sind.

Für die Verfilmung wird diesem Rechtsgedanken durch die Sonderregel des § 93 UrhG Rechnung getragen. Anstelle der Formulierung, daß der Urheber nur gröbliche Entstellungen und Beeinträchtigungen verbieten kann, wäre es aber auch im Hinblick auf verwandte Fälle, wie die Dramatisierung eines Romans, richtiger gewesen, von einer Sondervorschrift abzusehen und die in solchen Fällen erforderliche Interessenabwägung der Beurteilung durch die Rechtsprechung zu überlassen; vgl. oben § 36 III 2.

Über die Rechtslage bei Sendeverträgen, bei denen der Urheber „rundfunkbedingte" Änderungen in Kauf nehmen muß, vgl. Ulmer, Urhebervertragsrecht, S. 118 ff. — Nur einen geringeren Spielraum für Änderungen als der Bearbeiter, der eine Verfilmung, eine Dramatisierung oder eine Umgießung zu Sendezwecken mit Zustimmung des Urhebers vornimmt, kann der Übersetzer in Anspruch nehmen. Vgl. dazu RGZ 102, 141: Eine Abschweifung von der Darstellung, die zwar für den Charakter des Werkes ohne Bedeutung ist, aber immerhin die Kennzeichnung einer Hauptperson des Originals verändert, ist unzulässig.

2. Auch ohne besondere Vereinbarung sind Änderungen des Werkes und seines Titels — nicht aber der Urheberbezeichnung — zulässig, zu denen der Urheber nach Treu und Glauben seine Einwilligung nicht versagen kann. Oft wird es sich dabei um Fälle handeln, bei denen eine stillschweigende Vereinbarung anzunehmen ist. So gestattet beispielsweise der Künstler, der die Vervielfältigung seines Werkes in Form einer Lithographie oder eines Kunstdrucks genehmigt, sinngemäß die Änderungen, die mit dem Reproduktionsverfahren verbunden sind. Auch unabhängig vom Parteiwillen bestätigt aber die gesetzliche Regel den Grundsatz, daß der Urheber auf die Realitäten des Lebens Rücksicht nehmen muß. Die Gewohnheiten des Verkehrs und die Besonderheiten des Einzelfalls sind dabei zu berücksichtigen. Auch kommt es auf Art und Rang des Werkes an. So mag beispielsweise der Schriftleiter einer Zeitung aufgrund von Treu und Glauben auch ohne besondere Vereinbarung zu kleineren Kürzungen oder Änderungen befugt sein, durch die der Sinn des Beitrags nicht entstellt wird. Ausgeschlossen ist aber diese Befugnis grundsätzlich dann, wenn es sich um Beiträge von wissenschaftlichem oder künstlerischem Rang handelt.

Stets zulässig sind natürlich Berichtigungen von Schreibfehlern, stilistischen Entgleisungen u. dgl., die der Natur der Sache nach keine Änderungen sind. Zur Beurteilung von Änderungen, die der Verleger vornimmt, in der Rechtsprechung vgl. unten § 105 II 2.

3. Bei der Aufführung von Bühnenwerken stellt sich angesichts der Entwicklung der Regiekunst die Frage, ob und inwieweit der Regisseur über unwesentliche Kürzungen und Streichungen hinaus einen „Modernisierungsspielraum" in Anspruch nehmen kann. Zu beachten ist dabei grundsätzlich, daß der Regisseur nicht bloß „Gehilfe" des Urhebers ist, sondern selbst künstlerisch tätig wird. Insofern ist eine Interessenabwägung geboten. Dem Regisseur muß für die Inszenierung ein ausreichender Spielraum bleiben, wobei die Maßstäbe je nach der Art der Werke verschieden sind und insbesondere bei älteren Werken auch der Wandel des Zeitgeschmacks zu berücksichtigen ist. Dem Regisseur muß es gestattet sein, das Stück „mit neuen Augen, mit den Augen von heute" zu sehen.[1] Eine Grenze der Änderungsbefugnis ergibt sich aber jedenfalls daraus, daß der Gesamtcharakter des Werkes nicht geändert werden darf; anders steht es nur, wenn die Änderungen in Kenntnis ihrer Tragweite vom Urheber gebilligt worden sind.

Vgl. dazu die Entscheidung des BGH in BGHZ 55, 1 betreffend die Aufführung der Operette „Maske in Blau". Der BGH sah in der Inszenierung des Werkes trotz Zubilligung eines Modernisierungsspielraums eine Verletzung des Urheberpersönlichkeitsrechts,

---

[1] Das Zitat ist der Entscheidung des Tribunal civil de Bruxelles vom 4. 6. 1964 entnommen, in der es um die Aufführung der Operette „Die lustige Witwe" durch eine Brüsseler Bühne ging; Journal des Tribunaux 1964, 395.

wobei neben der Änderung der Charaktere der Hauptpersonen des Stücks die abschätzige Beurteilung des Werkes ins Gewicht fiel, die u. a. in dem anläßlich der Premiere durchgegebenen Slogan „Gekonnte Verhohnepipelung der Maske in Blau" zum Ausdruck kam. Vgl. dazu auch meine Anmerkung in GRUR 1971, 40 ff., mit Hinweisen auf die französische und belgische Rechtsprechung.

III. Auch wenn keine Einräumung von Nutzungsrechten vorliegt, sich aber Werkstücke in fremder Hand befinden, kann es das Interesse eines Urhebers gebieten, daß er die Entstellung und Beeinträchtigung seines Werkes untersagen kann.

Dieser Rechtsgedanke ist in der deutschen Rechtsprechung erstmals in der Entscheidung des RG über das „Felseneiland mit Sirenen" anerkannt worden. Es handelte sich um ein Freskogemälde im Treppenflur eines Privathauses, das der Hausbesitzer später zur Bekleidung der ursprünglich nackten Sirenen übermalen ließ. Das RG hat in RGZ 79, 397 der Klage auf Beseitigung der Übermalung stattgegeben.

Bei der Beurteilung der Rechtslage ist aber jedenfalls in Fällen, in denen die Werke, wie Werke der Baukunst, praktischen Zwecken dienen, eine Interessenabwägung geboten. Demgemäß ist zu unterscheiden:

1. Bei Werken der „reinen Kunst" wie Gemälden, Zeichnungen und Werken der Bildhauerei kommt dem Interesse des Urhebers, Änderungen zu untersagen, die entscheidende Bedeutung zu. Auch wenn keine Entstellung vorliegt, ist eine Änderung, die ohne seine Zustimmung erfolgt, ein Eingriff in seine geistigen Interessen an der Unversehrtheit seines Werkes. Nur bei Restaurationsarbeiten u. dgl. müssen gegebenenfalls Änderungen in Kauf genommen werden, die nicht zu vermeiden sind.

Bedeutung kommt im übrigen der Frage zu, ob es sich um eine Änderung des Originals oder einer Kopie des Werkes handelt. Bei Kopien, die Änderungen aufweisen, ist im Regelfall ein Eingriff in das Urheberpersönlichkeitsrecht nur anzunehmen, wenn sie der Öffentlichkeit zugänglich gemacht werden. Angesichts der besonderen Bedeutung, die dem Original zukommt, kann aber ein schutzwürdiges Interesse auch daran vorliegen, Änderungen des Originals zu untersagen, das sich bleibend in Privaträumen befindet.

In RGZ 79, 397 hat das RG freilich noch einen Bezug zur Öffentlichkeit verlangt. Es ließ es aber bei dem für ein Privathaus geschaffenen Freskogemälde genügen, daß im Hinblick auf Besucher und auf die Möglichkeit des Hausverkaufs mit einer beschränkten Öffentlichkeit gerechnet werden mußte. Entsprechend hält auch die herrschende Meinung noch an dem Erfordernis eines Bezugs zur Öffentlichkeit fest; vgl. v. GAMM, UrhG, § 14, Rdz. 13, und HUBMANN, UR, S. 152, der davon ausgeht, daß der Urheber eine Veränderung im privaten Kreis nicht untersagen kann. In Wahrheit kommt aber bereits die Entscheidung des RG mit ihrem Hinweis auf Besucher und Verkaufsmöglichkeiten einem Verzicht auf die Forderung nach einer öffentlichen Präsentation des Werkes sehr nahe. Entscheidend ist m. E. die Schutzwürdigkeit des geistigen Interesses des Künstlers an der Unversehrtheit des Originals.

Von dem Verbot der Änderung des Originals ist es ein naher Schritt zu der Frage, ob der Urheber gegebenenfalls auch die Vernichtung des Originals verbieten kann. Das RG hatte in der Entscheidung über des Felseneiland mit Sirenen noch ausgeführt, daß der Künstler im Regelfall dem Eigentümer die Vernichtung des Originals nicht untersagen könne. Das ist herrschende Meinung geblieben. Legt man aber den Akzent auf das geistige Interesse des Urhebers an Bestand und Unversehrtheit des Werkes, so liegt die Annahme nahe, daß er unter bestimmten Voraussetzungen auch die Vernichtung des Originals untersagen kann.

Der Rechtsgedanke, daß der Urheber auch gegen Zerstörungen zu schützen ist, wird erstmals in den Schweizer Entwürfen zur Urheberrechtsreform berücksichtigt. Das Verbot der Zerstörung setzt nach den Reformvorschlägen voraus, daß der Eigentümer des einzigen vorhandenen Werkexemplares das Interesse an der Erhaltung des Werkes kennt. Dann darf er das Exemplar nicht absichtlich zerstören, ohne dem Urheber vorher die Übernahme höchstens zum Materialwert anzubieten. Sinngemäß müßte freilich dem einzigen noch vorhandenen Exemplar das Original des Werkes gleichgestellt werden: Für den Urheber wäre es im Fall der Zerstörung des Originals ein schwacher Trost, daß noch Reproduktionen vorliegen, beispielsweise eine Schwarz-weiß-Reproduktion eines Gemäldes oder eine Fotografie eines Werkes der Bildhauerei. Vgl. für die Bezugnahme auf das Original auch TROLLER, Brennpunkte der Schweizer Urheberrechtsrevision, Referate und Mitteilungen des Schweizer Juristenvereins (97. Jahrgang 1963, Heft 1) S. 60. Bei solcher Bezugnahme erscheint die in den Schweizer Entwürfen vorgesehene Bestimmung als eine sachgemäße Regelung des Problems, die m. E. auch in der Bundesrepublik in Auslegung der Regel des UrhG über den Schutz der geistigen Interessen des Urhebers von einer fortschrittlichen Rechtsprechung zur Anwendung gebracht werden könnte. — FROMM-NORDEMANN, UrhG, § 14 Anm. 2 versuchen zu einem ähnlichen Ergebnis auf dem Umweg über das Recht auf Zugang zu Werkstücken zu kommen, mit dem aber m. E. das erwünschte Ziel nicht zu erreichen ist.

2. Auch bei Werken der Baukunst ist das Urheberpersönlichkeitsrecht des Architekten zu achten. Im Hinblick auf die praktischen Bedürfnisse des Eigentümers ist hier aber eine Interessenabwägung geboten. Je nach Lage des Falls kann ein berechtigtes Interesse des Eigentümers vorliegen, nicht nur kleine Änderungen, wie neue Fensteranordnungen, sondern auch Erweiterungsbauten oder Anbauten vornehmen zu können. Jedenfalls ist aber nach Möglichkeit der künstlerische Gesamtcharakter des Werkes zu wahren.

In der deutschen Praxis war die erste einschlägige Entscheidung diejenige des LG Berlin [UFITA 4 (1931) 258] über den Umbau des Eden-Hotels. Das Gericht sah dabei in der geplanten Aufstockung eine wesentliche Beeinträchtigung des Gesamtcharakters des Bauwerkes, durch die das Urheberpersönlichkeitsrecht des Architekten verletzt wird. Von besonderer Bedeutung wurde im übrigen die Frage nach dem Zweiten Weltkrieg beim Wiederaufbau von Bauwerken, die im Krieg teilweise zerstört worden waren.

S. dazu NIPPERDEY, in DRZ 1946, 133 ff., und HENSSLER, in UFITA 18 (1954) 188 ff. Zur Rechtsprechung vgl. die Entscheidung des LG Berlin (1955) über den Wiederaufbau des Friedenauer Rathauses (SCHULZE LGZ 65, 6) sowie des OLG Nürnberg über die Wiedererrichtung von Turmhelmen einer teilweise zerstörten Kirche (UFITA 25 [1958], 361). In beiden Entscheidungen wurde den besonderen Verhältnissen der Nachkriegszeit, in der Nürnberger Entscheidung insbesondere auch dem Umstand Rechnung getragen, daß die städtische Baubehörde im Hinblick auf das seit dem Bau der Kirche veränderte Stadtbild die Wiedererrichtung nur in veränderter Form genehmigte. Nicht berührt wird das Urheberrecht des Architekten, wenn anstelle des zerstörten Werkes ein anderes neues Bauwerk errichtet wird. — In den Schweizer Entwürfen heißt es zu der Frage in guter Formulierung: „Ein Werk der Baukunst kann vom Eigentümer geändert werden, sofern dieser dabei im Rahmen des Zumutbaren für die Erhaltung der individuellen Prägung des Werkes sorgt."

IV. Außer Entstellungen kann der Urheber auch sonstige Beeinträchtigungen seines Werkes verbieten, die geeignet sind, seine berechtigten geistigen oder persönlichen Interessen am Werk zu gefährden. So kann er gegebenenfalls die dem Charakter des Werkes zuwiderlaufende Zurschaustellung des Werkes im Schaufenster eines Pornogeschäfts oder die Aufführung religiöser Musik auf Jahrmärkten, in Bars oder dgl. untersagen.

Vgl. dazu mit weiteren Beispielen FROMM-NORDEMANN, UrhG, § 14, Anm. 2.

§ 42. Zugang zu Werkstücken

I. Das Recht auf Zugang zu Werkstücken ist in § 25 Abs. 1 UrhG geregelt: Der Urheber kann vom Besitzer des Originals oder eines Verfältigungsstücks seines Werkes verlangen, daß er ihm das Werkstück zugänglich macht, soweit dies zur Herstellung von Vervielfältigungsstücken oder Bearbeitungen des Werkes erforderlich ist und nicht berechtigte Interessen des Besitzers entgegenstehen.

Praktisch ist das Recht auf Zugang zu Werkstücken insbesondere bei Werken der bildenden Künste von Bedeutung. So kann beispielsweise der Architekt verlangen, daß ihm Zutritt zum Bauwerk zwecks fotografischer Aufnahmen oder der Herstellung von Skizzen gestattet wird. Oft wird dieses Recht im Architektenvertrag ausdrücklich vereinbart. Das aus dem Urheberpersönlichkeitsrecht fließende Recht hat aber vor dem vertraglich vereinbarten Recht den Vorzug, daß es auch gegen einen späteren Erwerber des Bauwerkes geltend gemacht werden kann.

Das Recht auf Zugang zu Werkstücken ist aber auch bei anderen Werkgattungen von Bedeutung. Ist das Werk nur in einer Handschrift vorhanden oder in einer Partitur niedergelegt, die sich in fremder Hand befindet, so ist die fernere Benutzung des Werkes durch den Urheber davon abhängig, daß ihm der Zugang zu der Handschrift bzw. der Partitur bewilligt wird.

Möglich ist auch, daß durch Kriegseinwirkungen, Brand oder dgl. sämtliche Exemplare des Werkes, bis auf einige wenige in fremdem Besitz befindliche, vernichtet wurden. Der Urheber kann dann nach seiner Wahl von einem der Besitzer verlangen, daß er ihm das in seinem Besitz befindliche Exemplar zugänglich macht.

Befindet sich freilich eines der Exemplare in einer Bibliothek oder einem Archiv, wo es der Urheber einsehen kann, so ist es i. S. des Gesetzes nicht erforderlich, daß ihm das im Privatbesitz eines Dritten befindliche Exemplar zugänglich gemacht wird.

II. Seinem Wesen nach ist das Recht auf Zugang zu Werkstücken Ausstrahlung des Urheberpersönlichkeitsrechts. Seine Geltendmachung kann zwar dem Urheber die Verwertung des Werkes ermöglichen. Er kann aber den Zugang nicht nur verlangen, um das Werk drucken zu lassen oder sonst zu verwerten. Es kann ihm vielmehr auch auf eine Vervollständigung seiner privaten Unterlagen ankommen. Dem Architekten kann beispielsweise an einer Aufnahme gelegen sein, um künftigen Auftraggebern Beispiele seines Werkschaffens zu zeigen. Der Wissenschaftler muß in der Lage sein, seine Aufzeichnungen, die sich in fremder Hand befinden, einsehen zu können, um sie für weitere Arbeiten zu benutzen. Entscheidend für die Zuerkennung des Rechts ist das geistige Band, das zwischen dem Urheber und dem Werk besteht.

Als persönlichkeitsrechtliche Befugnis ist das Recht auf Zugang zu Werkstücken schon vor der ausdrücklichen Regelung, die in § 25 UrhG erfolgt ist, in Rechtsprechung und Schrifttum anerkannt worden. Vgl. darüber die Vorauflage, S. 273 f., sowie die Entscheidung des BGH in GRUR 1952, 257 betreffend die Einsicht eines Arztes in Karteikarten eines Krankenhauses, in denen er Aufzeichnungen über Krankengeschichten, den Verlauf von Operationen und deren Ergebnisse gemacht hatte, sowie die Entscheidung des BArbG in GRUR 1961, 491. Auch im Schrifttum zum UrhG ist es übereinstimmende Meinung, daß die Befugnis zum Urheberpersönlichkeitsrecht zu rechnen ist. Vgl. u. a. HUBMANN, UR, S. 155, und v. GAMM, UrhG, § 25, Rdz. 24. Anders als bei Verwertungsrechten, kann der Urheber über das Recht nicht durch Einräumung von Nutzungsrechten verfügen. Möglich ist nur, daß er den Besitzer, sofern es mit dessen Interessen vereinbar ist, darum ersucht, einer von ihm beauftragten Person, beispielsweise einem Fotografen oder einem Assistenten, das Werk zugänglich zu machen.

III. Zu der Herausgabe des Werkstücks ist der Besitzer, wie es in § 25 Abs. 2 UrhG heißt, nicht verpflichtet. Der Urheber kann nur verlangen, daß ihm das Werk in geeigneter Weise zugänglich gemacht wird, bei beweglichen Werkstücken in einem Raum, den der Besitzer dafür bestimmt, eventuell in einer Kopieranstalt, in der die Herstellung eines Vervielfältigungsstücks möglich ist. Etwa entstehende Kosten sind vom Urheber zu tragen.

Vgl. dazu FROMM-NORDEMANN, UrhG, § 25, Anm. 2, die mit Recht auch hinsichtlich der Gefahrtragung auf die Möglichkeit einer entsprechenden Anwendung des § 811 Abs. 2 BGB hinweisen.

IV. Auf die Interessen des Besitzers hat der Urheber angemessen Rücksicht zu nehmen, beispielsweise bei einem Hausbesuch einen dem Besitzer passenden Zeitpunkt zu wählen. Den Zugang verbieten kann der Besitzer nur in Sonderfällen, in denen seine berechtigten Interessen dem Verlangen des Urhebers entgegenstehen.

Solche Sonderfälle sind selten. In der amtlichen Begründung wird auf Fälle hingewiesen, in denen es sich um eine nur für den Besitzer persönlich angefertigte Arbeit handelt (Familienbildnis u. dgl.). Auch in solchen Fällen kann freilich dem Urheber gegebenenfalls nicht das Recht versagt werden, den Zugang zur Herstellung einer Kopie zu verlangen, die ausschließlich für seine private Sammlung bestimmt ist. Entscheidend ist letzten Endes die sinngemäße Auslegung des Vertrags, der zwischen dem Urheber und dem Auftraggeber geschlossen wurde. Möglicherweise ist es dem Urheber zwar — entsprechend der Regelung, die für das Recht am eigenen Bild gilt — versagt, Kopien des Werkes zu verbreiten oder öffentlich zur Schau zu stellen, nicht aber, eine Kopie für seinen privaten Besitz herzustellen; vgl. dazu auch Möhring-Nicolini, UrhG, § 25, Anm. 5 b. U. U. kommen als berechtigte Interessen auch materielle Interessen des Besitzers in Betracht: Hat der Urheber einem Verleger das Verlagsrecht eingeräumt und das Manuskript übergeben, so kann er in einem Fall, in dem er treuwidrig Vertragsverhandlungen mit einem anderen Verleger führt, nicht verlangen, daß ihm das Manuskript zur Herstellung einer Vervielfältigung zugänglich gemacht wird. Anders steht es aber, wenn es noch an einem bindenden Verlagsvertrag fehlt, der Autor aber das Manuskript bereits einem Verleger übergeben und einen, eventuell rückzahlbaren, Vorschuß erhalten hat. Vgl. dazu die Entscheidung des OLG Düsseldorf in GRUR 1969, 550, in der nach Lage der Sache dem Verleger nicht das Recht zuerkannt wurde, gegenüber dem Anspruch auf Zugänglichmachung des Manuskripts ein Zurückbehaltungsrecht wegen seiner Forderung auf Rückzahlung des Vorschusses geltend zu machen.

II. Die Verwertungsrechte

§ 43. Allgemeines. Leitgedanken der Regelung

I. Die Verwertungsrechte stehen im Mittelpunkt der urheberrechtlichen Regelung. Im Verlauf der geschichtlichen Entwicklung ist der Kreis der Verwertungsrechte sowohl in den nationalen Gesetzen wie im Recht der Berner Union ausgebaut worden; insbesondere sind auch neuartige, durch die technische Entwicklung ermöglichte Verwertungsarten in die Regelung einbezogen worden.

Die Methode der Regelung ist freilich eine verschiedene. Die RBÜ zählt die Verwertungsrechte im einzelnen auf, die den Urhebern verbandseigener Werke als Mindestrechte gewährleistet werden. Auch in einer Reihe nationaler Urheberrechtsgesetze, beispielsweise den Gesetzen anglo-amerikanischer Prägung, findet sich eine Einzelaufzählung der Rechte. Andere Rechtsordnungen gehen dagegen von allgemeineren Begriffen aus. Beispielsweise ist dies im französischen Recht der Fall, das die Verwertungsrechte der Urheber in die beiden Gruppen der Rechte zur Vervielfältigung (droits de reproduction) und der Rechte zur Darbietung des Werkes (droits de représentation) gliedert.

Die älteren deutschen Gesetze hatten die Verwertungsrechte einzeln bezeichnet. Neben dem Vervielfältigungs- und Verbreitungsrecht hatten LUG und KUG den Urhebern das Recht zum öffentlichen Vortrag von Sprachwerken, zur öffentlichen Aufführung von Musik- und Bühnenwerken und das Recht zuerkannt, Werke der bildenden Künste und Lichtbildwerke gewerbsmäßig sowie Filmwerke öffentlich vorzuführen. Als Nachteil hat sich dabei erwiesen, daß mit den Begriffen Vortrag, Aufführung und Vorführung nur Einzeltatbestände der öffentlichen Wiedergabe erfaßt wurden. Die Einordnung des Senderechts in die Befugnisse des Urheberrechts ist deshalb auf Schwierigkeiten gestoßen.

In der Rechtsprechung wurde das Senderecht zunächst unter den Begriff des Verbreitungsrechts subsumiert (RGZ 113, 413). Dabei wurde verkannt, daß Verbreitung i. S. des Urheberrechts nur die Verbreitung von Werkstücken ist. Später wurde angesichts der Kritik im Schrifttum (vgl. die Vorauflage, S. 203 f.) angenommen, daß eine Gesetzeslücke vorliegt, die durch Rechtsanalogie zu schließen ist (BGHZ 33, 38).

II. Bei der Neuregelung im UrhG hat der Gesetzgeber das Ziel verfolgt, den Urhebern die Verwertung ihrer Werke in umfassender Weise zu sichern. Die Unschärfe des Begriffs der Verwertung mahnte jedoch zur Vorsicht. Der Gesetzgeber ist daher, entgegen ursprünglichen Plänen, nicht von einem allgemeinen Verwertungsrecht des Urhebers ausgegangen. Das UrhG unterscheidet vielmehr zwischen dem Recht des Urhebers, das Werk in körperlicher Form zu verwerten, und dem Recht, das Werk in unkörperlicher Form öffentlich wiederzugeben (Recht der öffentlichen Wiedergabe); beide Arten der Verwertung werden durch die Aufzählung von Beispielen erläutert. § 15 UrhG.

Ein allgemeines Verwertungsrecht war im Referentenentwurf zum UrhG vorgesehen. Davon sind noch Teile der amtlichen Begründung beeinflußt. Im Schrifttum gehen u. a. HUBMANN, UR, S. 129, und MÖHRING-NICOLINI, UrhG, § 19, Anm. 3, in ihrer Darstellung von einem allgemeinen Verwertungsrecht des Urhebers aus.

1. Vom Verwertungsbegriff geht das UrhG unmittelbar bei dem Recht zur Verwertung des Werkes in körperlicher Form aus; als Beispiele werden das Vervielfältigungsrecht, das Verbreitungsrecht und das Ausstellungsrecht genannt.

Der Begriff der Verwertung ist dabei freilich nicht in dem weiten Sinn zu deuten, in dem er nach dem allgemeinen Sprachgebrauch verstanden werden könnte. Der Verfasser eines Handbuchs der Maschinenkunde kann nicht die Verwertung zum Bau und zur Bedienung von Maschinen untersagen. Der Begriff der Verwertung in körperlicher Form ist vielmehr aus urheberrechtlicher Sicht auszulegen. Nähere Prüfung zeigt dabei, daß der Schwerpunkt auf der Vervielfältigung des Werkes und der Verbreitung der Werkstücke liegt. Das Ausstellungsrecht ist angesichts seiner Begrenzung auf die Ausstellung unveröffentlichter Werke nicht zu einem echten Verwertungsrecht ausgereift. Vgl. dazu unten § 48 II.

2. Bei der Verwertung des Werkes in unkörperlicher Form hat der Gesetzgeber selbst eine nähere Bestimmung und Begrenzung durch die Beschränkung auf das Recht zur öffentlichen Wiedergabe vorgenommen.

Bei der Gesetzesformulierung wurde u. a. erwogen, daß beispielsweise die Verwertung von Musikwerken durch eine Klavierlehrerin, die Privatunterricht erteilt, kein Eingriff in das Urheberrecht ist.

Zur öffentlichen Wiedergabe gehört außer dem Vortrag, der Aufführung und der Vorführung insbesondere auch die Rundfunksendung. Hier wurde daher eine Lücke der bisherigen Regelung geschlossen und insofern durch die Neuregelung für die Systematik des Urheberrechts ein Fortschritt erzielt.

III. Gegenstand der Verwertungsrechte ist das Werk. Aufgrund der ihm zustehenden Verwertungsrechte ist der Urheber gegen jede Verwertung geschützt, bei der das Werk in wesentlichen Zügen wiederkehrt. Der Umfang des Schutzes erfährt daher vom Gegenstand her seine nähere Bestimmung: Die Rechte der Urheber zur Vervielfältigung, Verbreitung und öffentlichen Wiedergabe beziehen sich auch auf die Verwertung in Form einer Bearbeitung sowie einer sonstigen abhängigen Nachschöpfung. Ungeachtet der Rechte, die dem Bearbeiter oder dem Urheber einer Nachschöpfung zustehen, setzt daher auch die Verwertung des Werkes in bearbeiteter oder umgestalteter Form, solange das Originalwerk geschützt ist, die Zustimmung des Urhebers des Originalwerkes oder seines Rechtsnachfolgers voraus.

1. Die Typen der Verwertungsrechte ergeben sich daher nicht nur aus der Art der Verwertung, sondern auch aus der Gestalt, in der die Verwertung erfolgt. Typische Verwertungsrechte, die sich auf die Verwertung des Werkes in geänderter Gestalt beziehen, sind die Bearbeitungsrechte, wie beispielsweise das Übersetzungsrecht und das Verfilmungsrecht. Die Bedeutung der Typisierung zeigt sich bei der Verfügung über die Verwertungsrechte. Nicht nur über die Rechte zur Vervielfältigung, Verbreitung und öffentlichen Wiedergabe, sondern auch über die Bearbeitungsrechte kann der Urheber gesondert durch Einräumung ausschließlicher oder einfacher Nutzungsrechte verfügen.

2. Zustimmungspflichtig ist jede Verwertung, bei der das Werk in wesentlichen Zügen wiederkehrt. Die Regeln über die Verwertungsrechte beziehen sich daher auch auf den Umfang des Schutzes. Die Bestimmung des Schutzumfangs führt dabei zu der Abgrenzung zwischen den individuellen Zügen des Werkes und dem literarischen und künstle-

rischen Gemeingut sowie zu der Unterscheidung zwischen abhängiger Nachschöpfung und freier Benutzung. Vgl. darüber unten § 57.

IV. Der Rechtsgedanke, der der Regelung der Verwertungsrechte zugrunde liegt, ist in Rechtsprechung und Schrifttum oft dahin bestimmt worden, daß der Urheber tunlichst überall an den wirtschaftlichen Früchten zu beteiligen ist, die aus seinem Werk gezogen werden.

Vgl. aus der Rechtsprechung RGZ 128, 113; 134, 201 und 153, 22 sowie BGHZ 11, 143 und 13, 118.

Als Leitidee hat dieser Rechtsgedanke zu einer fortschrittlichen Auslegung der Gesetzesvorschriften über die Verwertungsrechte beigetragen. Er stellt indes, wie in der neueren Rechtsprechung (vgl. BGHZ 17, 282) mit Grund hervorgehoben wird, im Hinblick auf den Schutz der Verwertungsinteressen des Urhebers nur eine Mindestforderung dar. Vervielfältigung, Verbreitung und öffentliche Wiedergabe des Werkes bedürfen grundsätzlich der Zustimmung des Urhebers ohne Rücksicht darauf, ob sie wirtschaftlichen Nutzen bringen. Beispielsweise ist die öffentliche Aufführung von Bühnenwerken auch dann ein Eingriff in das Verwertungsrecht des Urhebers, wenn sie keinen Gewinn abwirft, sondern subventioniert werden muß. Und ähnlich steht es bei der Vervielfältigung und Verbreitung, beispielsweise bei der Herausgabe von wissenschaftlichen Werken, zu deren Finanzierung ein Druckkostenzuschuß erforderlich ist.

Grundsätzlich ohne Bedeutung ist auch die Frage, ob die Verwertungshandlung einem *gewerblichen Zweck* dient. Anders als in den früheren Gesetzen, kommt es auch bei der Verbreitung nicht mehr auf die Gewerbsmäßigkeit, sondern nur darauf an, ob Werkstücke der Öffentlichkeit angeboten oder in Verkehr gebracht werden. Nur bei einzelnen Schranken, die dem Urheberrecht gezogen werden, spielt die Frage nach dem gewerblichen Zweck noch eine Rolle. Insbesondere besteht in den Fällen, in denen gemäß § 54 Abs. 1 UrhG die Herstellung einzelner Vervielfältigungsstücke zum eigenen Gebrauch zulässig ist, eine Pflicht zur Zahlung einer Vergütung nur, wenn die Vervielfältigung gewerblichen Zwecken dient; § 54 Abs. 2 UrhG.

Anders als bei der Ausgestaltung der Verwertungsrechte, bleibt die Frage nach den Erträgnissen aus der Nutzung des Werkes sowohl für die Bemessung der Höhe von Schadensersatzansprüchen und Bereicherungsansprüchen in Fällen von Eingriffen in die Verwertungsrechte wie insbesondere auch im Urhebervertragsrecht von Bedeutung. In den Urheberrechtsverträgen geht es dabei um die Honorare, Tantiemen und sonstigen Vergütungen, die dem Urheber für die Verwertung des Werkes durch Verleger, Film- und Schallplattenhersteller usw. zu zahlen sind. Grundsätzlich herrscht zwar Vertragsfreiheit. Es bleibt den Vertragspartnern überlassen, eine Regelung zu treffen, die die Urhebervergütung in angemessener Weise festlegt. Eine Grenze wird aber der Vertragsfreiheit durch die Regel des § 36 UrhG gezogen, die dem Urheber in

Fällen, in denen die vereinbarte Gegenleistung in einem groben Mißverhältnis zu den Erträgnissen aus dem Werk steht, das Recht zuerkennt, eine Änderung der Vertragsbedingungen zu verlangen.

V. Im neueren Schrifttum deutet HUBMANN[1] das System der Verwertungsrechte als ein Stufensystem zur mittelbaren Erfassung der Endverbraucher. Dem Urheber gebühre an sich von jedem, der sein Werk „genießt", eine Vergütung. Aus praktischen Gründen setze aber die Berechtigung des Urhebers nicht erst beim rezeptiven Werkgenuß, sondern bereits bei der Werkvermittlung durch Verleger, Bühnenunternehmen, Konzertveranstalter, Sendeunternehmen und sonstige Verwerter ein, die ihrerseits die gezahlten Entgelte auf die Verbraucher umlegen. Mittelbar seien es daher die Verbraucher, die die Urhebervergütung zu entrichten haben.

1. Richtig an der Lehre ist, daß es, wirtschaftlich gesehen, in der Mehrzahl der Fälle die Endverbraucher sind, die die Urhebervergütung zu tragen haben. Diese ökonomische Sicht vermag insbesondere zu verdeutlichen, daß in Fällen, in denen die Herstellung der Exemplare nicht durch die Verwerter, wie Verleger und Schallplattenhersteller, sondern durch die Verbraucher selbst mit neueren technischen Mitteln erfolgt, eine unmittelbare Vergütungspflicht der Verbraucher gegenüber den Urhebern in Betracht zu ziehen ist.[2] Anders als bei der Vervielfältigung zum persönlichen Gebrauch, die durch Abschriften mit der Hand oder mit der Schreibmaschine erfolgt, geht es um Exemplare, die den gewerblich hergestellten gleichstehen oder nahekommen. Es liegt daher ein Eingriff in die Verwertungsinteressen der Urheber vor, der ernstlich ins Gewicht fällt. Das UrhG hat diesem Rechtsgedanken bereits in § 53 Abs. 5 in Fällen Rechnung getragen, in denen zum persönlichen Gebrauch mittels Tonbandgeräten oder Videorekordern durch Aufnahmen von Rundfunksendungen oder durch Überspielung von Schallplatten oder Videogrammen Ton- oder Bildträger hergestellt werden. Verwandt ist die Interessenlage bei der fotomechanischen Vervielfältigung, für die de lege ferenda eine Neuregelung erforderlich ist. Vgl. darüber unten § 66 II.

2. Die Deutung HUBMANNs ist jedoch keine erschöpfende Deutung des Systems der Verwertungsrechte. Das gilt schon in wirtschaftlicher Sicht. Zu denken ist beispielsweise an die Industriemusik, die in den Werkhallen einer Fabrik im Interesse der Förderung der Arbeitsleistung aufgeführt wird. Für die Vergütung hat der Arbeitgeber aufzukommen,

---

[1] UR, S. 53 und 128 ff.

[2] Vgl. dazu auch die Erwägungen in BGHZ 17, 278, sowie TROLLER, Ansprüche des Urhebers auf Entgelt für den privaten Werkgenuß, in Schweizer Mitteilungen zum gewerblichen Rechtsschutz und Urheberrecht 1951, 531.

ohne daß er sie auf die Arbeitnehmer umzulegen vermag. Und ähnlich steht es, wenn Werke zum Zweck der Werbung verwertet werden. Insbesondere kommen die Fälle in Betracht, in denen Rundfunksendungen nicht durch die Gebühren, die die Rundfunkteilnehmer zahlen, sondern durch werbetreibende Unternehmen finanziert werden.

Auch vermag die ökonomische Deutung das System der Verwertungsrechte im ganzen nicht zu erklären: Wesentlich für die Verwertungsrechte ist nicht nur, daß sie den Urhebern eine Vergütung sichern. Ihre Ausgestaltung als ausschließliche Rechte ermöglicht den Urhebern vielmehr auch die Steuerung der Verwertung ihrer Werke. Auch ist sie Voraussetzung dafür, daß der Urheber in der Lage ist, anderen ausschließliche Nutzungsrechte, beispielsweise dem Verleger das Verlagsrecht, einzuräumen und damit die für den Verlag des Werkes erforderliche Rechtsposition zu sichern.

3. System und Gestaltung der Verwertungsrechte sind daher unter umfassender Berücksichtigung der Interessen der Urheber zu erklären, die sich auf die Verwertung ihrer Werke beziehen. Für die Rechtsordnung entscheidend bleibt dabei die Anknüpfung an die Tatbestände der Vervielfältigung, der Verbreitung und der öffentlichen Wiedergabe des Werkes.

1. Die Verwertung in körperlicher Form

§ 44. Übersicht

Der Urheber hat — so heißt es in § 15 Abs. 1 UrhG — das ausschließliche Recht, sein Werk in körperlicher Form zu verwerten; das Recht umfaßt insbesondere das Vervielfältigungsrecht, das Verbreitungsrecht und das Ausstellungsrecht.

Der Begriff der Verwertung des Werkes in körperlicher Form ist, wie bereits hervorgehoben wurde, aus urheberrechtlicher Sicht näher zu bestimmen. Es geht dabei um die körperliche Festlegung des Werkes sowie um die Akte, durch die das Werk in Form von Werkstücken der Öffentlichkeit zugänglich gemacht wird.

1. Urheberrechtlich relevante Verwertungshandlung ist die Vervielfältigung des Werkes. Dabei ist wesentlich, daß der urheberrechtliche Begriff der Vervielfältigung — darin dem Begriff der öffentlichen Wiedergabe vergleichbar — die erforderliche Breite aufweist. Vervielfältigung ist jede körperliche Festlegung des Werkes, auch die Festlegung mittels neuer technischer Verfahren, wie beispielsweise der Einspeicherung von Werken in Datenverarbeitungsanlagen.

2. Urheberrechtlich relevante Verwertungshandlung ist ferner die Verbreitung von Werkstücken. Der Begriff der Verbreitung umfaßt alle Akte, durch die Werkstücke der Öffentlichkeit angeboten oder in den Verkehr gebracht werden. Entsprechend dem Begriff der Vervielfälti-

gung, weist dabei auch der Begriff der Werkstücke, die Gegenstand der Verbreitung sind, die erforderliche Breite auf, indem er neben dem Original des Werkes Vervielfältigungen aller Arten umfaßt, auch Vervielfältigungsstücke neuerer technischer Provenienz, wie Foto-, Xero- und Mikrokopien, Bild- und Tonträger, Lochkarten und Lochstreifen, Magnetbänder u. a.

3. Übrig bleibt die Beurteilung der Fälle, in denen die Werkstücke nicht anderen angeboten oder überlassen, sondern öffentlich zur Schau gestellt, insbesondere Exemplare von Werken der bildenden Künste öffentlich ausgestellt werden. Theoretisch wäre eine Regelung denkbar, die, ähnlich wie die Verbreitung, auch die Ausstellung der Werkstücke von der Zustimmung des Urhebers abhängig macht. Das UrhG beschränkt aber in § 18 das Ausstellungsrecht auf das Recht der Ausstellung von Exemplaren unveröffentlichter Werke. Anders als die Rechte zur Vervielfältigung, zur Verbreitung und zur öffentlichen Wiedergabe des Werkes, erlischt es mit der Veröffentlichung. Es ist daher kein echtes Verwertungsrecht, schützt vielmehr vorwiegend ideelle Interessen des Urhebers. In seinem Inhalt reicht es nicht weiter als das Veröffentlichungsrecht, das dem Urheber gemäß § 12 Abs. 1 UrhG als Ausstrahlung des Urheberpersönlichkeitsrechts zusteht. Dementsprechend ist auch die Regel, daß der Urheber über die Verwertungsrechte durch Einräumung von Nutzungsrechten, insbesondere auch ausschließlichen Nutzungsrechten, verfügen kann, auf das Ausstellungsrecht nicht anwendbar. Vgl. darüber unten § 48 I und II.

4. Keine Verwertung des Werkes in körperlicher Form ist die Benutzung von Werkstücken zur öffentlichen Wiedergabe. Selbstverständlich ist, daß bei einer öffentlichen Musikaufführung, die unter Benutzung des Notenmaterials erfolgt, das der im Inland berechtigte Musikverleger verkauft oder vermietet hat, zwar Ansprüche wegen der öffentlichen Wiedergabe, nicht aber Ansprüche wegen der Verwertung des Werkes in körperlicher Form geltend gemacht werden können. Dies gilt aber auch dann, wenn die Werkstücke rechtmäßig im Ausland hergestellt wurden. Vgl. dazu die Entscheidung des BGH in GRUR 1972, 141: Das Symphonieorchester der UdSSR hatte auf einer Gastspielreise in der Bundesrepublik zur Aufführung urheberrechtlich geschützter Werke Noten benutzt, die es aus der Sowjetunion mitgebracht hatte. Der Musikverleger, dem die Nutzungsrechte für die Bundesrepublik zustanden, hatte zwar über die GEMA die Aufführung gestattet, sah aber in der Benutzung der Noten eine Verletzung seiner Rechte zur körperlichen Verwertung des Werkes. Die Noten waren, wie im Hinblick auf die zu beurteilende Frage unterstellt wurde, in der UdSSR rechtmäßig vervielfältigt worden. Unter diesen Umständen wäre zwar eine Verbreitung in der Bundesrepublik ein Eingriff in das Urheberrecht gewesen, nicht aber die Benutzung der Noten zur öffentlichen Wiedergabe. Nur Vervielfältigungsstücke, die ohne Zustimmung des Urhebers zum persönlichen Gebrauch hergestellt wurden, sowie rechtswidrig hergestellte Exemplare dürfen aufgrund der Sondervorschriften der §§ 53 Abs. 3 und 96 Abs. 1 UrhG nicht zur öffentlichen Wiedergabe benutzt werden.

II. Mit technischer Fortentwicklung bleibt zu rechnen. Neuartige Sachverhalte der Verwertung von Werken in körperlicher Form sind möglich.

Im Hinblick darauf hat der Gesetzgeber vorsorglich eine abschließende Regelung der Tatbestände der Verwertung des Werkes in körperlicher Form vermieden. Er hatte als Beispiel vor Augen, daß sich im Bereich der unkörperlichen Verwertung die Begriffe des Vortrags, der Aufführung und der Vorführung als zu eng erwiesen hatten. Die Lage ist jedoch insofern eine andere, als die Begriffe der Vervielfältigung und Verbreitung bereits die erforderliche Weite aufweisen. Daß unter diese Begriffe auch neuartige Sachverhalte fallen, hat die Erfahrung, beispielsweise bei der Herstellung und Überspielung von Ton- und Bildträgern, bei der Einspeicherung von Werken in Computer und bei der Festlegung auf Magnetbändern, gelehrt. Grundsätzlich ist daher m. E. aus urheberrechtlicher Sicht davon auszugehen, daß als Verwertung in körperlicher Form nur Akte in Betracht kommen, durch die Werke körperlich festgelegt oder in verkörperter Form anderen zugänglich gemacht werden. Sieht man von dem Ausstellungsrecht ab, das kein echtes Verwertungsrecht ist, so bleiben die Rechte zur Verwertung des Werkes in körperlicher Form auf das Vervielfältigungs- und Verbreitungsrecht beschränkt.

§ 45. Das Vervielfältigungsrecht

Das Vervielfältigungsrecht ist das Recht des Urhebers, Vervielfältigungsstücke herzustellen, gleichviel in welchem Verfahren und in welcher Zahl; § 16 Abs. 1 UrhG.

I. Der urheberrechtliche Begriff der Vervielfältigung ist umfassend: Vervielfältigung ist jede körperliche Festlegung, die dazu geeignet ist, das Werk unmittelbar oder mittelbar den menschlichen Sinnen wahrnehmbar zu machen.

1. Gleichgültig sind Verfahren und Art der körperlichen Festlegung.

Die Vervielfältigung kann durch ein mechanisches Verfahren (Druck, Hektographie, Fotokopie, Xerokopie usw.) oder eigenhändig erfolgen. Die Zeichen, die für die Festlegung verwendet werden, sind ohne Belang. Es kommt nicht darauf an, ob man sich bei einem Sprachwerk der gewöhnlichen Schriftzeichen, der Stenographie oder einer Geheimschrift, bei einem Musikwerk der herkömmlichen oder besonders gewählter Notenzeichen bedient. Gleichgültig ist auch, ob die Vervielfältigung zur Wahrnehmung durch das Auge, das Ohr oder durch den Tastsinn bestimmt ist. U. a. ist auch die Festlegung der Werke in Blindenschrift Vervielfältigung im Rechtssinn.

Bei Werken der bildenden Künste ist Vervielfältigung nicht nur die Abbildung, die Nachbildung oder das Nachbauen, sondern auch die Herstellung von Formen, Platten, Steinen, Fotografien, Negativen und der Abzüge, die von ihnen gemacht werden, sowie die Ausführung von

Entwürfen, wie die Errichtung von Bauwerken, die aufgrund von Bauplänen erfolgt.

2. Auch auf die Anzahl der Exemplare, die hergestellt werden, kommt es nicht an. Schon die Herstellung eines einzelnen Exemplars ist Vervielfältigung im Rechtssinn. Läßt beispielsweise ein Theaterunternehmen das Werk abschreiben, um eine öffentliche Aufführung vorzubereiten, so liegt, wenn die Zustimmung des Urhebers fehlt, in der Abschrift eine Urheberrechtsverletzung.

3. Grenzen sind dem Vervielfältigungsrecht nur durch die Regeln der §§ 45 ff. UrhG über die Schranken des Urheberrechts gezogen, insbesondere durch die Bestimmungen der §§ 53 und 54 über die Herstellung einzelner Vervielfältigungsstücke zum persönlichen und sonstigen eigenen Gebrauch; vgl. darüber unten §§ 64 und 65.

II. Die umfassende Bedeutung des Vervielfältigungsbegriffs zeigt sich insbesondere auch bei folgenden Sachverhalten: Vervielfältigung im Rechtssinn ist die Aufnahme des Werkes auf Bild- und Tonträgern sowie die Übertragung des Werkes von einem Bild- oder Tonträger auf einen anderen; § 16 Abs. 2 UrhG.

Die Definition der Bild- und Tonträger als ,,Vorrichtungen zur wiederholbaren Wiedergabe von Bild- oder Tonfolgen" ist in § 16 Abs. 2 UrhG enthalten. Über die Bedeutung der Begriffe Bild- und Tonträger im *Filmrecht* vgl. unten § 126. Im *Rundfunkrecht* pflegt man die Tonträger bzw. die Bild- und Tonträger, die der Sendung dienen, als Wiedergabevorrichtungen zu bezeichnen.

Neben den Rechten der Urheber sind bei Bild- und Tonträgern auch die Rechte der Hersteller sowie die Rechte der ausübenden Künstler zu beachten, deren Darbietungen Gegenstand der Festlegung sind. Sie sind verwandte Schutzrechte. Vom Urheberrecht aus gesehen, besteht aber kein Unterschied zu sonstigen körperlichen Festlegungen: Die Aufnahme sowohl wie die Reproduktion ist eine Vervielfältigung, die nur mit Zustimmung der Urheber zulässig ist.

III. Bei der Herstellung von Exemplaren, die zur Verbreitung bestimmt sind, ist bereits die ihrer Herstellung vorausgehende körperliche Festlegung im Rechtssinn Vervielfältigung. Es geht dabei u. a. um Fälle, in denen mit der Drucklegung des Werkes, das binnen kurzem gemeinfrei wird, schon vor Ablauf der Schutzfrist begonnen wird. Das RG war zwar in RGZ 107, 277 (Vervielfältigung der Werke von GOTTFRIED KELLER) davon ausgegangen, daß die Herstellung des Satzes und der Korrekturabzüge noch keine Vervielfältigung ist, sondern erst der Druck der zur Verbreitung bestimmten Exemplare. Diese Deutung des Vervielfältigungsbegriffs war aber m. E. schon unter der Herrschaft des LUG nicht haltbar. Jedenfalls ist sie mit der Neuregelung im UrhG nicht vereinbar: Die Frage kann nicht anders beurteilt werden als bei Bild- und Tonträgern, bei denen es angesichts der Regel des § 16 Abs. 2 UrhG außer Frage steht, daß bereits die Aufnahme und nicht erst die Herstellung der zur Verbreitung bestimmten Exemplare der Zustimmung der Urheber bedarf.

Ebenso FROMM-NORDEMANN, UrhG, § 16, Anm. 2; v. GAMM, UrhG, § 14, Rdz. 10, und HUBMANN, UR, S. 134. Abweichend dagegen MÖHRING-NICOLINI, UrhG, § 16, Anm. 2.

IV. Die Regeln über die Vervielfältigung sind auch für die Beurteilung der Fragen von Bedeutung, die sich bei der Einspeicherung von Informationen in automatischen Systemen, insbesondere in elektronischen Datenverarbeitungsanlagen und ihrer Rückgewinnung stellen. In einem großen Teil der Fälle, beispielsweise bei der Einspeicherung bibliographischer Angaben, bloßer Stichwörter, von Gesetzen, Verordnungen und gerichtlichen Entscheidungen, handelt es sich um die Einspeicherung gemeinfreien Materials. In Betracht kommt aber auch die Einspeicherung geschützter Werke oder Werkteile, u. a. von rechts- und wirtschaftswissenschaftlichem, naturwissenschaftlichem und technischem Schrifttum oder von Informationssammlungen, die im Rechtssinn Sammelwerke sind. Für die Zukunft ist mit einer wachsenden Anzahl solcher Einspeicherungen zu rechnen. Dabei ist grundsätzlich davon auszugehen, daß der Urheberrechtsschutz bereits bei der Eingabe der Informationen einsetzt. Es gilt dies sowohl für die Festlegung der Werke auf den zur Eingabe verwendeten Informationsträgern, wie Lochkarten, Lochstreifen, Magnetbändern und -karten, wie für die Einspeicherung im Computer selbst oder in Mikrofilmanlagen, die mit dem Computer verbunden sind.

Zur Bedeutung und zum Ausbau der automatischen Informations- und Dokumentationssysteme vgl. das Programm der Bundesregierung zur Förderung der Information und Dokumentation (das sogenannte IuD-Programm) in Nachrichten für Dokumentation 1975, 41 ff. Zur Rechtslage vgl. ULMER, in Elektronische Datenbanken und Urheberrecht (Heft 12 der Urheberrechtlichen Abhandlungen des MPI, 1971) und in GRUR 1971, 297 ff., sowie KOLLE-ULMER, in GRUR 1976, 108 ff. Im einzelnen ist im Hinblick auf Auswahl und Umfang der eingespeicherten Informationen zwischen der Index-, der Abstracts- und der Full-Text-Methode zu unterscheiden. Urheberrechtlich gesehen ist vor allem die Full-Text-Methode von Bedeutung, bei der vollständige Texte oder zusammenhängende Textteile eingespeichert und auf Abruf den Benutzern ganz oder teilweise zur Verfügung gestellt werden. Aber auch die Speicherung von Abstracts (komprimierten Zusammenfassungen) kann eine Urheberrechtsverletzung sein, insbesondere wenn die Zusammenfassung dazu geeignet ist, die Lektüre des Werkes zu ersetzen. Rechtspolitisch war es vor allem in den USA umstritten, ob Ansatzpunkte der urheberrechtlichen Kontrolle bereits der Input oder erst der Output sein soll. Die zur Prüfung des Fragenkreises vom Kongreß eingesetzte National Commission on New Technological Uses of Copyrighted Works hat dabei nach eingehender Prüfung der Rechts- und Interessenlage befürwortet, daß die Rechte der Urheber beim Input geltend gemacht werden können; vgl. den Schlußbericht der Kommission in DdA 1978, 348 ff. Die Stellungnahme steht im Einklang mit der Beurteilung nach deutschem Recht und dem Recht der Berner Union. Zu erwägen bleibt nur eine Ausnahme für Fälle, in denen nur eine vorübergehende Festlegung in einer

Datenverarbeitungsanlage stattfindet, beispielsweise literarische Werke nur zum Zweck linguistischer, syntaktischer oder semantischer Analyse eingespeichert werden.

V. Die RBÜ enthielt in ihren früheren Fassungen nur Regeln über bestimmte Vervielfältigungsarten, wie die mechanische Vervielfältigung (Vervielfältigung auf Tonträgern), die kinematograpische Vervielfältigung und die Vervielfältigung im Betrieb des Rundfunks. Die Regelung des allgemeinen Vervielfältigungsrechts war angesichts der Schwierigkeiten, die zulässigen Ausnahmen zu bestimmen, den nationalen Gesetzen vorbehalten geblieben. Erst auf der Stockholmer Konferenz konnte die Lücke geschlossen werden. Gemäß Art. 9 Abs. 1 der Stockholmer und Pariser Fassung genießen die Urheber das ausschließliche Recht, die Vervielfältigung ihrer Werke zu erlauben, gleichviel auf welche Art und in welcher Form sie vorgenommen wird. Bezüglich der Ausnahmen heißt es in Art. 9 Abs. 2, daß es der Gesetzgebung der Verbandsländer vorbehalten bleibt, die Vervielfältigung in gewissen Sonderfällen unter der Voraussetzung zu gestatten, daß eine solche Vervielfältigung weder die normale Auswertung des Werkes beeinträchtigt noch die berechtigten Interessen des Urhebers unzumutbar verletzt. — Auch das Rev.WUA sichert den Urhebern in Art. IVbis Abs. 1 das Vervielfältigungsrecht. Die Möglichkeit, Ausnahmen vorzusehen, ist aber weiter gefaßt: Ausnahmen, die dem Geist und den Bestimmungen des WUA nicht widersprechen, sind unter der Voraussetzung zulässig, daß ein angemessenes Maß an wirksamem Schutz gewährt wird.

§ 46. Das Verbreitungsrecht

Das Verbreitungsrecht ist gemäß § 17 Abs. 1 UrhG das Recht, das Original oder Vervielfältigungsstücke des Werkes der Öffentlichkeit anzubieten oder in Verkehr zu bringen.

I. Verbreitung i. S. des UrhG ist die Verbreitung von Werkstücken. Eine weitere Auslegung des Begriffs der Verbreitung, die auch Fälle der unkörperlichen Wiedergabe, insbesondere die Rundfunksendung, umfaßt, wäre zwar nach dem allgemeinen Sprachgebrauch möglich. Der Unterscheidung zwischen der Verwertung in körperlicher und unkörperlicher Form entsprechend, begrenzt aber das UrhG den Verwertungsbegriff auf die Verbreitung von Werkstücken.

Von dieser Begrenzung des Verbreitungsbegriffs war schon bei der Auslegung der einschlägigen Regeln des LUG und KUG auszugehen. Abweichend hatte freilich das RG beim Aufkommen des Rundfunks, um die gesetzliche Lücke hinsichtlich des Senderechts zu schließen, die Rundfunksendung als Verbreitung gedeutet. Die Deutung hat u. a. zu dem Fehlschluß geführt, daß sich das Verwertungsrecht des Urhebers durch die Ausstrahlung der Wellen, ähnlich wie im Fall der Verbreitung von Exemplaren, erschöpft und daß daher die öffentliche Wiedergabe der Sendung genehmigungsfrei ist (RGZ 136, 372). Sie ist im Anschluß an die literarische Kritik in BGHZ 11, 144 aufgegeben worden; vgl. oben § 43 I.

II. Verbreitet werden die Werkstücke, wenn sie der Öffentlichkeit angeboten oder in Verkehr gebracht werden.

1. Angebot an die Öffentlichkeit ist nicht nur das Angebot zum Verkauf, sondern auch das Angebot zur sonstigen Besitzüberlassung, insbesondere zum Verleih oder zum Vermieten, beispielsweise zur Vermietung von Notenmaterial oder Filmkopien. Das Angebot kann durch Zurschaustellung auf Messen oder in Ladengeschäften, durch Inserate,

Prospekte, Kataloge und andere Werbeschriften, bei Werken der bildenden Künste auch auf einer Verkaufsausstellung, erfolgen. Voraussetzung bleibt dabei, daß die Werkstücke auf Bestellung lieferbar sind.

Der Begriff der Öffentlichkeit in § 17 Abs. 1 UrhG ist sinngemäß entsprechend der für die öffentliche Wiedergabe in § 15 Abs. 3 UrhG getroffenen Regelung zu bestimmen: Es genügt, daß ein Angebot an eine Mehrheit von Personen vorliegt, deren Kreis weder bestimmt abgegrenzt noch durch gegenseitige Beziehungen oder durch Beziehungen zum Anbietenden miteinander verbunden ist.

2. Auch das Inverkehrbringen kann nicht nur durch Veräußerung, sondern auch durch sonstige Besitzüberlassung, insbesondere durch Verleih oder Vermieten, erfolgen. Voraussetzung ist dabei, daß es sich um eine Überlassung an andere handelt, mit denen keine persönliche Verbundenheit besteht. Beispielsweise liegt kein Inverkehrbringen vor, wenn das Kollegheft befreundeten Studenten oder wenn Kopien, die zum persönlichen Gebrauch hergestellt wurden, Familienangehörigen oder nahen Verwandten überlassen werden. Fehlt es an einer solchen Verbundenheit, so ist bereits die Überlassung einzelner Exemplare, beispielsweise die Versendung einzelner Besprechungsexemplare durch den Verleger, im Rechtssinn eine Verbreitungshandlung.

Ebenso HUBMANN, UR, S. 135. MÖHRING-NICOLINI, UrhG, § 17 Anm. 2, nehmen dagegen an, daß auch die Überlassung an Freunde oder Schulkameraden in der Regel ein Akt des Inverkehrbringens ist. Richtig ist aber m. E. nur, daß solche Überlassung als Verbreitung anzusehen ist, wenn nach Lage des Falls mit der Weitergabe an Personen zu rechnen ist, die nicht dem Bekannten- oder Freundeskreis angehören.

III. Das Verbreitungsrecht steht dem Urheber unabhängig vom Vervielfältigungsrecht zu.

Werden daher Exemplare ohne Zustimmung des Urhebers gedruckt und in den Handel gebracht, so liegt eine Urheberrechtsverletzung sowohl in der Vervielfältigung wie in der Verbreitung. Die Verbreitung kann aber auch trotz rechtmäßiger Vervielfältigung widerrechtlich sein. Hat beispielsweise der Urheber das Werk nur in einer kleinen Anzahl von Exemplaren vervielfältigen lassen, die er einem engeren Kreis von Bekannten zugänglich macht, so liegt eine Rechtsverletzung vor, wenn die Exemplare in den Handel gebracht werden. Ähnlich steht es bei der Vervielfältigung zum persönlichen und eigenen Gebrauch. Unter den Voraussetzungen der §§ 53 und 54 UrhG ist sie ohne Zustimmung des Urhebers zulässig. Die Verbreitung der Exemplare, beispielsweise der Handel mit Kollegnachschriften, ist aber Urheberrechtsverletzung.

Die Selbständigkeit des Verbreitungsrechts ist insbesondere auch von Bedeutung, wenn die Werkstücke im Ausland hergestellt worden sind: Ist die Vervielfältigung in einem Land erfolgt, in dem der Urheber keinen Schutz genießt oder wo die Schutzfrist, anders als im Inland, bereits abgelaufen ist, so ist die Verbreitung der Exemplare im Inland unzulässig.

Die Selbständigkeit des Verbreitungsrechts ist im Schrifttum erstmals von KOHLER, in Arch.civ.Pr. 85, 435 ff., nachgewiesen worden. Im deutschen Recht stand sie schon angesichts der Regelung in LUG und KUG außer Zweifel. In einer Anzahl von Auslandsstaaten, insbesondere in Frankreich und Belgien, wird dagegen den Urhebern nur das Vervielfältigungsrecht zuerkannt. Der Begriff des Vervielfältigungsrechts wird dabei aber in besonderer Weise ausgelegt: Das Vervielfältigungsrecht kann nach verbreiteter, aber im einzelnen umstrittener Lehre mit Bedingungen und Einschränkungen übertragen werden, die durch entsprechenden Vermerk auf den Vervielfältigungsstücken auch Dritten entgegengehalten werden können. Auch ist der Absatz der im Ausland im Widerspruch mit den Regeln des inländischen Rechts hergestellten Exemplare als Urheberrechtsverletzung (contrefaçon) untersagt und strafbar. Vgl. dazu STRÖMHOLM, Le droit de mise en circulation, in DdA 1967, 279 ff.; DIETZ, Das Urheberrecht in der Europäischen Gemeinschaft, S. 135, und GOTZEN, Het bestemmingsrecht van de auteur (Brüssel 1973).

§ 47. Erschöpfung des Verbreitungsrechts

BLACHIAN, Die Lehre von der Erschöpfung des Verbreitungsrechts im Urheberrecht (Münchner Diss. 1964); DIETRICH REIMER, der Erschöpfungsgrundsatz im Urheberrecht und gewerblichen Rechtsschutz mit Berücksichtigung der Rechtsprechung des Europäischen Gerichtshofs, in GRUR Int. 1972, 221 ff.

I. Verbreitungshandlung ist nicht nur das Inverkehrbringen der Werkstücke, sondern auch ihre Weiterverbreitung. So sind im Buchhandel nicht nur der Verleger, sondern auch die Kommissionäre, die Ladenbuchhändler und die Antiquare an der Verbreitung beteiligt. Sind die Werkstücke ohne Zustimmung des Urhebers in den Verkehr gelangt, so ist auch die Verbreitung durch die Händler rechtswidrig.

1. Der Grundsatz bedeutet freilich nicht, daß der Urheber oder der Verleger, wenn sie ihrerseits Werkstücke veräußert oder die Zustimmung zur Veräußerung erteilt haben, noch in den weiteren Vertrieb dieser Werkstücke eingreifen, ihn untersagen oder von Bedingungen abhängig machen können. Die Lage ist eine ähnliche wie im Patentrecht, wo sich das ausschließliche Recht des Patentinhabers nicht mehr auf Gegenstände erstreckt, die er seinerseits in den Verkehr gebracht hat. In entsprechender Anwendung dieser Regel hat sich sowohl in der Rechtsprechung wie in der im Schrifttum vorherrschenden Meinung die von JOSEF KOHLER begründete Lehre von der Erschöpfung des Verbreitungsrechts durchgesetzt.[1] Im UrhG hat sie ihre Anerkennung in der Regel des § 17 Abs. 2 erfahren: Sind das Original oder Vervielfältigungsstücke des Werkes mit Zustimmung des zur Verbreitung im Geltungsbereich

[1] Vgl. KOHLER, UR an Schriftwerken, S. 181 ff.

des UrhG Berechtigten im Wege der Veräußerung in Verkehr gebracht worden, so ist ihre Weiterverbreitung zulässig.

Das RG hat die Lehre erstmals in der Entscheidung vom 16. 6. 1906 (RGZ 63, 394 betreffend KOENIGS Kursbuch) aufgegriffen: Es hat die auf das Verbreitungsrecht gestützte Klage des Verlegers gegen einen Wiederverkäufer, der die Exemplare unter dem von ihm festgesetzten Ladenpreis veräußerte, mit der Begründung abgewiesen, daß das Verbreitungsrecht an Exemplaren erlischt, wenn sie von dem Berechtigten in Ausübung seines Rechts in den Verkehr gebracht werden. Der Grundsatz ist in der späteren Rechtsprechung mit der Maßgabe bestätigt worden, daß das Verbreitungsrecht an Exemplaren erlischt, die der Berechtigte im Wege der Veräußerung in den Verkehr bringt (BGHZ 5, 120).

2. Voraussetzung der Erschöpfung ist, daß die Werkstücke mit Zustimmung des im Inland Berechtigten *im Wege der Veräußerung* in den Verkehr gebracht worden sind.

Der Verleih oder die Vermietung von Exemplaren begründet keine Erschöpfung des Verbreitungsrechts. Wenn daher beispielsweise der Musikverleger das Aufführungsmaterial an Konzertveranstalter oder Sendeunternehmen vermietet oder wenn Filmkopien zur Vorführung an Lichtspieltheater vermietet werden, so tritt keine Erschöpfung des Verbreitungsrechts ein; der Berechtigte kann vielmehr die Weiterverbreitung der Exemplare untersagen.

Veräußerung i. S. des § 17 Abs. 2 UrhG liegt in der Regel im Fall der Übereignung vor. Die Begriffe decken sich aber nicht vollständig. Für die Veräußerung i. S. des § 17 Abs. 2 ist entscheidend, daß der Berechtigte sich der Verfügungsmöglichkeit über die Werkstücke begibt. Eine Sicherungsübereignung genügte daher nicht; eine Erschöpfung des Verbreitungsrechts tritt vielmehr erst ein, wenn der Sicherungsnehmer sein Recht durch Veräußerung der Werkstücke verwertet. Andererseits ist eine Erschöpfung anzunehmen, wenn beispielsweise der Verleger Exemplare an Ladenbuchhändler unter Eigentumsvorbehalt mit der Berechtigung zur Weiterveräußerung abgibt. Das Verbreitungsrecht an den Exemplaren lebt aber wieder auf, wenn die Werkstücke an den Verleger zurückkehren. Vgl. OLG Karlsruhe, in GRUR 1979, 771. Ebenso BLACHIAN, a.a.O., S. 67, sowie HUBMANN UR, S. 137. Abweichend dagegen MÖHRING-NICOLINI, UrhG, § 17, Anm. 5 b.

II. Die Regel des § 17 Abs. 2 UrhG betrifft die Erschöpfung des inländischen Verbreitungsrechts.

1. Sinngemäß bedeutet die Regel eine Einschränkung der Vorschrift des § 32 UrhG, daß das Verbreitungsrecht, ebenso wie sonstige Nutzungsrechte, auch mit Wirkung gegen Dritte räumlich beschränkt eingeräumt werden kann: Das Verbreitungsrecht kann nicht mit der Wirkung territorial beschränkt werden, daß die Weiterverbreitung der veräußerten Exemplare nur in einem Teilgebiet, einem Bundesland, einer Stadt oder einer Gemeinde zulässig ist. Die Bundesrepublik und Westberlin sind ein einheitliches Wirtschaftsgebiet, in dem es die Interessen des Verkehrs verbieten, die Weiterverbreitung rechtmäßig veräußerter Exemplare zu untersagen.

2. Voraussetzung der Erschöpfung des inländischen Verbreitungsrechts ist nach dem Wortlaut des § 17 Abs. 2 UrhG, daß die Werkstücke *mit Zustimmung des zur Verbreitung im Geltungsbereich des UrhG Berechtigten* im Wege der Veräußerung in Verkehr gesetzt werden: Liegt die Zustimmung des Berechtigten vor, so kommt es, entgegen einer mehrfach in Rechtsprechung und Schrifttum vertretenen Meinung, nicht darauf an, ob die Veräußerung im Inland oder im Ausland erfolgt ist. Wird beispielsweise einem österreichischen oder einem schweizerischen Verleger das Verlagsrecht, wie es die Regel ist, als Weltrecht und damit auch für die Bundesrepublik eingeräumt, so kann er die Weiterverbreitung der von ihm in Österreich oder der Schweiz abgesetzten Exemplare in der Bundesrepublik nicht verbieten. Es handelt sich dabei um eine vom Gesetzgeber bewußt getroffene Regelung, für die auch kulturpolitische Gründe gesprochen haben. Der Gesetzeswortlaut bedarf freilich, dem Sinn der Vorschrift entsprechend, einer Ergänzung. Entscheidend ist, daß eine Zustimmung des Berechtigten zur Verbreitung im Inland vorliegt. Hat beispielsweise der deutsche Verleger einem amerikanischen Verlagsunternehmen eine Linzenz unter räumlicher Beschränkung auf die USA bewilligt, so liegt zwar eine Zustimmung zur Verbreitung in den USA, nicht aber zur Verbreitung in der Bundesrepublik vor. Es kommt, mit anderen Worten, darauf an, ob derjenige, der die Werkstücke im Wege der Veräußerung in Verkehr bringt, im Inland zur Verbreitung befugt ist.

Vgl. zu dieser Auslegung REIMER sowie BLACHIAN, a. a. O., abweichend nimmt v.GAMM, UrhG, § 17 Rdz. 11, unter Berufung auf das Territorialitätsprinzip an, daß das inländische Verbreitungsrecht durch ein ausländisches Inverkehrbringen nicht erschöpft wird. In Wahrheit besagt aber das Territorialitätsprinzip nur, daß die Rechtslage im Inland nach inländischem Recht zu beurteilen ist, nicht dagegen, daß ausländische Sachverhalte für die inländische Rechtslage ohne Bedeutung sind; vgl. dazu grundsätzlich BEIER, in GRUR Int. 1968, 8 ff. Auch das OLG Hamburg ging in GRUR Int. 1970, 377, im Hinblick auf das verwandte Schutzrecht des Schallplattenherstellers davon aus, daß das inländische Verbreitungsrecht durch eine Inverkehrsetzung im Ausland nicht erschöpft wird. Es handelte sich um Schallplatten der Marke ,,Polydor", die von der Herstellerin, der Deutschen Grammophon GmbH, ihrer französischen Tochtergesellschaft geliefert und von dieser in Frankreich veräußert wurden. Ein Teil der in Frankreich abgesetzten Exemplare wurde in die Bundesrepublik exportiert und weitervertrieben. Sieht man, wie es m. E. geboten ist, in Mutter- und Tochergesellschaft eine Einheit, so ist anzunehmen, daß durch die Veräußerung in Frankreich das Verbreitungsrecht in der Bundesrepublik erschöpft wurde. Das OLG Hamburg hielt es dagegen von seinem Standpunkt aus für geboten, die Frage dem EuGH vorzulegen. Die Vorlage hat zu der bereits oben (§ 7 III 3) erwähnten Polydor-Entscheidung des EuGH geführt, in der angesichts des Grundsatzes des freien Warenverkehrs im Gemeinsamen Markt die Weiterverbreitung in der Bundesrepublik für zulässig erklärt wurde. Auch in einer neueren Entscheidung (GRUR Int. 1978, 140), die das Verbreitungsrecht des Urhebers betrifft, hat das OLG Hamburg darauf abgestellt, ob die Erstveräußerung im Inland erfolgt ist. Zutreffend wird die Rechtslage dagegen vom österreichischen OGH in der Entscheidung vom 10. 7. 1979 (GRUR Int. 1980,

185) beurteilt: Mit Recht wird ausgeführt, daß es für die Erschöpfung des Verbreitungsrechts darauf ankommt, ob der Inhaber des inländischen Verbreitungsrechts der Verbreitung im Inland zugestimmt hat, nicht aber darauf, ob die Erstveräußerung im Inland oder im Ausland erfolgt ist.

III. Keine Erschöpfung des inländischen Verbreitungsrechts tritt — von der Rechtslage in der EWG abgesehen — in Fällen ein, in denen dem Verwerter des Werkes nur das Recht zur Verbreitung der Exemplare in ausländischen Staaten bewilligt wird und daher keine Verfügung über das inländische Verbreitungsrecht vorliegt.

1. In der Praxis geht es dabei insbesondere um Fälle des sogenannten geteilten Verlagsrechts. Ein vielzitiertes Beispiel für die Teilung des Verlagsrechts war die frühere sogenannte Tauchnitz-Edition: Die Herausgabe von Werken in englischer Sprache erfolgte durch einen deutschen Verleger, dem von englischen und amerikanischen Verlegern das Verbreitungsrecht unter Beschränkung auf den europäischen Kontinent eingeräumt wurde. Die englischen bzw. amerikanischen Verleger blieben berechtigt, die Verbreitung der Ausgaben in anderen Teilen der Welt nach Maßgabe der dort geltenden Urheberrechtsgesetze zu verbieten. Umgekehrt ist möglich, daß ein deutscher Verleger einem ausländischen Verleger eine Lizenz unter Beschränkung auf ein oder mehrere ausländische Hoheitsgebiete mit der Folge bewilligt, daß aufgrund des deutschen Urheberrechts die Verbreitung der Lizenzausgabe im Inland verboten werden kann. Außer dem Verlagsrecht kann insbesondere auch das Recht zum Vertrieb von Schallplatten unter Beschränkung auf bestimmte Hoheitsgebiete bewilligt werden.

Infolge der Teilung Deutschland nach dem Zweiten Weltkrieg kam es auch zur Aufspaltung des Verlagsrechts zwischen der Bundesrepublik und der DDR. Sie trat von Rechts wegen in Fällen ein, in denen das Verlagsrecht in der DDR im Zuge der Überführung eines Verlagsunternehmens in einen volkseigenen Betrieb enteignet wurde, in der Bundesrepublik aber dem bisherigen Verleger verblieben ist; vgl. OLG Düsseldorf in GRUR 1951, 423. Möglich ist auch, daß ein Verleger mit Sitz in der Bundesrepublik einem Verleger in der DDR eine Lizenz unter räumlicher Beschränkung auf die DDR bewilligt und umgekehrt. Eine Übersetzungslizenz wird einem ausländischen Verleger meist ohne räumliche Beschränkung bewilligt, da der Unterschied der Sprachen ein genügendes Merkmal für die Abgrenzung der beiden Ausgaben ist. Möglich ist aber auch die Vereinbarung, daß die Lizenz nur für die Verbreitung in einem bestimmten Territorium bewilligt wird.

2. Besonderer Beurteilung bedarf die Rechtslage in der Europäischen Wirtschaftsgemeinschaft. Hier sind die Regeln des EWG-Vertrags über den freien Warenverkehr im Gemeinsamen Markt zu beachten. Angesichts der Einheitlichkeit des Wirtschaftsgebiets, die das Ziel des EWG-Vertrags ist, liegt der Rechtsgedanke nahe, daß Werkstücke, die sich in einem Mitgliedstaat rechtmäßig im Handel befinden, in andere Mitgliedstaaten exportiert und dort vertrieben werden können. Eine Entscheidung des EuGH, die diesem Rechtsgedanken entspricht, liegt

bisher nur in dem bereits mehrfach erwähnten Polydor-Urteil (GRUR Int. 1971, 450) bezüglich des verwandten Schutzrechts der Hersteller von Tonträgern vor. Der Fall wies zwar die Besonderheit auf, daß es die Tochtergesellschaft des deutschen Herstellers war, die die Exemplare mit Zustimmung des Herstellers in Frankreich im Wege der Veräußerung in Verkehr gesetzt hat. In der Begründung der Entscheidung stellte aber der EuGH nicht auf diese Besonderheit ab, ging vielmehr von der allgemeinen Regel aus, daß der Hersteller, von dem oder mit dessen Zustimmung die Platten in einem Mitgliedstaat der EWG veräußert werden, die Weiterverbreitung in anderen Mitgliedstaaten nicht verbieten kann.

Zu der entsprechenden Frage, wie die Rechtslage bezüglich des Verbreitungsrechts des Urhebers zu beurteilen ist, liegt noch keine Entscheidung des EuGH vor. Grundsätzlich wird sie m. E. ebenso zu beurteilen sein. Bei der Durchführung des Grundsatzes sollten aber Härten vermieden werden. M. E. empfiehlt sich daher eine ausdrückliche Regelung, die Übergangsvorschriften enthält.

Vgl. zu der Frage im besonderen Dietz, UR in der Europäischen Gemeinschaft, S. 137 ff. Besondere Bedeutung kommt der Frage u. a. für das Verhältnis zwischen britischen und amerikanischen Verlegern zu. Das Verhältnis wird zumeist dahin geregelt, daß die britischen Verlage das ausschließliche Recht für das Vereinigte Königreich und das Commonwealth (außer Kanada), die Verlage der USA dagegen die Rechte für Amerika erwerben. Die Märkte der anderen Gebiete, insbesondere der kontinental-europäischen Länder, gelten dagegen als „offene Märkte“, in denen sowohl die britische wie die amerikanische Ausgabe verbreitet werden kann. Ein Export der in den kontinental-europäischen Ländern in Verkehr gelangten amerikanischen Ausgaben in das Vereinigte Königreich konnte daher bisher untersagt werden. Zum Schutz legitimer Interessen der Vertragspartner ist daher m. E. für besondere Sachverhalte, darunter auch für den Export von Schallplatten, eine Übergangsregelung geboten. Über die Schranke, die sich für den freien Warenverkehr im Gemeinsamen Markt aus der verschiedenen Länge der Schutzfristen ergeben kann, vgl. oben § 7 III 4.

3. Die Besonderheit bleibt auf das Verhältnis der Mitgliedstaaten der EWG untereinander beschränkt. Im neueren Schrifttum wird dagegen vereinzelt die Meinung vertreten, daß trotz der territorialen Beschränkung des Verbreitungsrechts, insbesondere trotz der Beschränkung einer Lizenz auf bestimmte ausländische Territorien, die Inverkehrsetzung durch den Lizenznehmer eine Erschöpfung des Verbreitungsrechts auch in anderen Gebieten zur Folge haben müsse. So insbesondere Koppensteiner in AWD 1971, 357 ff. und GRUR Int. 1972, 413 f. K. geht dabei von der sogenannten Belohnungstheorie aus: Zweck des Urheberrechts sei es, dem Urheber die Chance zu verschaffen, für seine Schöpfung ein Entgelt zu realisieren. Sei dieses Ziel durch den Abschluß eines Lizenzvertrags und die darin getroffene Vereinbarung über die Vergütung erreicht, so liege kein schutzwürdiges Interesse des Urhebers an der Beschränkung der Verbreitung der Exemplare mehr vor. Er setzt sich dabei aber nicht nur vom Standpunkt des deutschen Rechts aus mit der Regel des § 17 Abs. 2 UrhG in Widerspruch, übersieht vielmehr auch die berechtigten Interessen, die Urheber und Originalverleger an der Beschränkung des Absatzes der Lizenzausgabe haben können. Beispielsweise kann ein Verleger mit Zustimmung des Urhebers dem Verleger in einem Entwicklungsland eine Lizenz unter Bedingungen erteilen, die es ermöglichen, daß die im Wege einer fotomechanischen Vervielfältigung hergestellte

Lizenzausgabe zu einem wesentlich billigeren Preis verkauft wird als die Originalausgabe. Er muß daher zum Schutz des Absatzes der Originalausgabe rechtswirksam eine räumliche Beschränkung der Lizenz vereinbaren können. Für die Zwangslizenzen, die nach den Regeln der Pariser Fassungen der RBÜ und des WUA in den Entwicklungsländern bewilligt werden können, ist die territoriale Beschränkung der Lizenz in den Abkommen ausdrücklich vorgesehen. Vgl. gegen KOPPENSTEINER REIMER, a.a.O., S. 225, sowie ULMER, in GRUR Int. 1972, 415 f.

IV. Von der räumlichen Beschränkung zu unterscheiden ist die zeitliche und die inhaltliche Beschränkung des Verbreitungsrechts.

1. Das inländische Verbreitungsrecht kann gemäß § 32 UrhG zeitlich beschränkt, beispielsweise das Verlagsrecht nur befristet eingeräumt werden. Nach dem Ablauf der Frist ist der Verleger zur Verbreitung nicht mehr berechtigt; auch die Weiterverbreitung der von ihm nach Fristablauf veräußerten Exemplare ist unzulässig. Bezüglich der vor dem Ablauf der Frist abgesetzten Exemplare gebietet es aber das Verkehrsinteresse, daß sie durch ihren Erwerber weiterverbreitet werden können.

Eine Ausnahme muß jedoch m. E. in Fällen gelten, in denen der Verleger noch vor Ablauf der Frist die gesamte noch vorhandene Auflage an einen Restbuchhändler oder ein anderes Unternehmen veräußert. Der Erwerber übernimmt in solchen Fällen für die Restauflage die Funktion des Verlegers und muß sich daher nach dem Ablauf der Frist die zeitliche Beschränkung des Verbreitungsrechts entgegenhalten lassen. Ebenso schon ALLFELD, VerlG, § 29, Anm. 4. Abweichend dagegen FROMM-NORDEMANN, UrhG, § 17, Anm. 7.

2. Inhaltlich kann das inländische Verbreitungsrecht in der Regel nicht dadurch beschränkt werden, daß Vereinbarungen über die Art und Weise der Verbreitung getroffen werden. Insbesondere kann eine Vereinbarung, daß die Exemplare nur an einen bestimmten Personenkreis verbreitet werden, nur mit schuldrechtlicher Wirkung getroffen werden. Eine Ausnahme von der Regel wurde jedoch vom BGH (in GRUR 1951, 200 — „Heiligenhof") im Hinblick auf den Vertrieb durch Buchgemeinschaften gemacht. Für die Entscheidung war maßgebend, daß der Vertrieb durch Buchgemeinschaften sich seit längerer Zeit von dem hergebrachten System des Büchervertriebs durch Verleger und Sortimenter im Typus klar unterscheidet. Es wurde daher als zulässig angesehen, daß das Verbreitungsrecht des Verlegers mit Wirkung gegen Dritte durch Ausschluß des Vertriebs über Buchgemeinschaften beschränkt wird.

Vgl. darüber unten § 103 II 3. Die Beurteilung durch den BGH hat zur Folge, daß keine Erschöpfung des Verbreitungsrechts vorliegt, wenn ein Verleger, dessen Verlagsrecht auf den herkömmlichen Vertrieb beschränkt wurde, Exemplare an eine Buchgemeinschaft abgibt oder wenn die Buchgemeinschaftsausgabe bestimmungswidrig veräußert wird. Jedenfalls ist aber anzunehmen, daß die Mitglieder der Buchgemeinschaft zu einer späteren Weiterveräußerung an einen Antiquar berechtigt sind, der seinerseits die Exemplare weiterverbreiten kann.

Exkurs: Ausstellung, Zurschaustellung

§ 48. Ausstellung von Werken der bildenden Künste und Lichtbildwerken

I. Das Ausstellungsrecht ist gemäß § 18 UrhG das Recht des Urhebers, das Original oder Vervielfältigungsstücke eines unveröffentlichten Werkes der bildenden Künste oder eines unveröffentlichten Lichtbildwerkes öffentlich zur Schau zu stellen.

Das UrhG zählt das Ausstellungsrecht zur Gruppe der Rechte zur Verwertung des Werkes in körperlicher Form. In seiner rechtlichen Ausgestaltung bleibt aber das Ausstellungsrecht hinter den charakteristischen Zügen der Verwertungsrechte entscheidend zurück: Es erlischt, wenn das Werk mit Zustimmung des Urhebers veröffentlicht wird, gleichgültig ob die Veröffentlichung durch Ausstellung oder durch sonstige Publikation erfolgt.

Eine kräftigere Ausgestaltung des Ausstellungsrechts, das dem Urheber Befugnisse auch nach der Veröffentlichung des Werkes sichert, hat der Gesetzgeber mit Rücksicht insbesondere auf die Interessen des Kunsthandels vermieden. Der Kunsthandel würde, so heißt es in der amtlichen Begründung, erheblich behindert werden, wenn die Zustimmung des Urhebers zur Ausstellung auch veröffentlichter Werke in Schaufenstern oder Ausstellungsräumen eingeholt werden müßte.

Auch in ausländischen Rechtsordnungen wird dem Urheber kein Ausstellungsrecht an veröffentlichten Werken zuerkannt. Die Berücksichtigung der Interessenlage schlösse es freilich nicht aus, den Urhebern von Werken der bildenden Künste und von Lichtbildwerken im Fall der vorausgegangenen Veröffentlichung dadurch eine weitere Einnahmequelle zu erschließen, daß ihnen bei bestimmten öffentlichen Ausstellungen Ansprüche auf eine angemessene Vergütung gegen den Veranstalter zuerkannt würden. Einschlägige Erwägungen sind in Schweden angestellt worden, ohne daß sie freilich bisher zu einer gesetzlichen Regelung geführt haben; immerhin wurde aber zwischen den dazu berufenen Institutionen vertraglich ein Vergütungsanspruch für den Fall vereinbart, daß die Künstler ihre Werke für Reichsausstellungen zur Verfügung stellen. Vgl. darüber Konstnärerna i samhället, S. 202 ff., in Statens Offentliga Utredningar 14 (Stockholm 1975).

II. Dogmatisch gesehen bleibt daher das Ausstellungsrecht auf den persönlichkeitsrechtlichen Kern des Urheberrechts beschränkt: Es reicht nicht weiter als das Veröffentlichungsrecht, das dem Urheber aufgrund von § 12 Abs. 1 UrhG zusteht.

Ginge man von dem Gedanken aus, daß dem Künstler für die Ausstellung seines Werkes, durch die einer Vielheit von Personen der ,,Werkgenuß" ermöglicht wird, eine Vergütung gebührt, so könnte es nicht darauf ankommen, ob es sich um die Ausstellung veröffentlichter oder unveröffentlichter Werke handelt. Die Begrenzung auf die Ausstellung unveröffentlichter Werke zeigt, daß der entscheidende Grund für die Regelung der Schutz der ideellen Interessen des Urhebers daran ist, über die Veröffentlichung seines Werkes zu entscheiden. Daß es ihm dieser Schutz gegebenenfalls auch ermöglicht, seine Zustimmung zur Erstveröffentlichung im Wege der Ausstellung von einer Vergütung abhängig zu machen, entspricht der Regel, daß es zwar vorwiegend ideelle Interessen des Urhebers sind, die das Urheberpersönlichkeitsrecht schützt, eine wirtschaftliche Nebenwirkung aber nicht ausgeschlossen ist. Wie schwach diesbezüglich die Rechtsposition des Urhebers ist, zeigt sich u. a. darin, daß das Ausstellungsrecht des Urhebers bereits mit der ersten Ausstellung erlischt: Wird die gleiche Ausstellung kurz darauf in einer anderen Stadt gezeigt, so kann der Künstler das Ausstellungsrecht nicht mehr geltend machen. Eine stärkere Rechtsposition steht ihm nur zu, wenn er sich auf sein Eigentum, insbesondere das Eigentum am Originalwerk, berufen kann. Solange er noch Eigentümer des Originals ist, kann er anderen die Herausgabe zum Zweck der Ausstellung verweigern, auch wenn das Werk bereits auf einer oder mehreren Ausstellungen gezeigt oder sonst veröffentlicht worden ist.

Abweichend sieht dagegen v. GAMM, UrhG, § 18, Rdz. 2, in dem Ausstellungsrecht ein den sonstigen Verwertungsrechten entsprechendes Recht, auf das u. a. auch die Regeln über die Einräumung von Nutzungsrechten anzuwenden seien. Dagegen weisen FROMM-NORDEMANN, UrhG, § 18 Anm. 1, mit Grund darauf hin, daß die Ausstellung im Rechtssinn nur eine besondere Art der Veröffentlichung des Werkes ist.

Der Unterschied von den Verwertungsrechten zeigt sich auch in den Rechtsfolgen: Über die Verwertungsrechte kann der Urheber durch Einräumung von einfachen oder ausschließlichen Nutzungsrechten verfügen. Die Ausstellung noch unveröffentlichter Werke kann er, ebenso wie eine sonstige Veröffentlichung, zwar anderen gestatten; er kann ihnen aber kein ausschließliches Nutzungsrecht einräumen. Ein solches Recht könnte schon deshalb keinen Bestand haben, weil der Urheber es jederzeit zu Fall bringen könnte, indem er das Werk in anderer Weise, beispielsweise durch Publikation in einer Kunstzeitschrift, veröffentlicht. Darüber hinaus verlangen es auch persönlichkeitsrechtliche Gründe, daß er sich seines Rechts, Beispiele seines Werkschaffens in öffentlicher Ausstellung zu zeigen, nicht begeben kann.

Besonderheiten gelten für die *Verkaufsausstellung*. Sie ist im Rechtssinn nicht nur Ausstellung, sondern zugleich ein Akt der Verbreitung des Werkes (§ 17 Abs. 1 UrhG). Hat daher der Künstler einem Kunsthändler das ausschließliche Verbreitungsrecht eingeräumt, so steht dem Händler, solange das Verbreitungsrecht noch nicht erschöpft ist, das ausschließliche Recht zur Veranstaltung einer Verkaufsausstellung zu. Zur sonstigen Ausstellung des Werkes bleibt aber der Urheber befugt. Möglich ist nur, daß er in dem Vertrag, den er mit dem Kunsthändler schließt, sich schuldrechtlich verpflichtet, ihm für eine bestimmte Zeitspanne den Vorrang zu belassen; eine zu weitgehende Bindung wird aber durch persönlichkeitsrechtliche Gründe ausgeschlossen.

III. Hat der Urheber das Original seines Werkes veräußert, so entspricht es überkommener Rechtsauffassung, daß er dem Erwerber oder seinem Rechtsnachfolger die Ausstellung auch seines noch unveröffentlichten Werkes nicht verbieten kann. Der Eigentümer soll die Möglichkeit haben, seinerseits das Werk durch öffentliche Ausstellung bekanntzumachen. Nach früherem Recht konnte der Urheber dem Erwerber die Ausstellung nur durch schuldrechtliche Vereinbarung untersagen; Dritte, die das Original aufgrund einer Weiterveräußerung erworben haben, waren durch die Vereinbarung nicht gebunden.

Das UrhG ist in dieser Frage zugusten des Urhebers einen Schritt weitergegangen: Gemäß § 44 Abs. 2 UrhG ist der Eigentümer des Originals eines Werkes der bildenden Künste oder eines Lichtbildwerkes zwar im Zweifel zur Ausstellung auch eines unveröffentlichten Werkes berechtigt. Das Recht kann aber bei der Veräußerung des Originals durch ausdrückliche Vereinbarung ausgeschlossen werden; einem solchen Ausschluß kommt daher, anders als früher, eine Drittwirkung zu. Rechtlich ist die Vorschrift als Vermutung zu deuten: Mangels anderer ausdrücklicher Vereinbarung wird vermutet, daß in der Veräußerung des Originals eine Zustimmung des Künstlers zur Ausstellung durch den Erwerber oder seinen Rechtsnachfolger zu sehen ist.

§ 44 Abs. 2 UrhG spricht vom Eigentümer des Originals, geht aber offenbar davon aus, daß ein Akt der Veräußerung durch den Urheber vorliegen muß. Möglich ist indes, daß der Urheber einem anderen das Original miet- oder leihweise überlassen hat, dieser aber treuwidrig darüber verfügt und ein Dritter kraft guten Glaubens das Eigentum erwirbt. Der Urheber verliert dann zwar das Eigentum am Original. Er kann aber, da die Veräußerung ohne seinen Willen erfolgt ist, die Ausstellung untersagen. Ebenso HUBMANN, UR, S. 139.

IV. Das Ausstellungsrecht des § 18 UrhG ist Verbotsrecht: Der Urheber kann anderen die Ausstellung seines noch unveröffentlichten Werkes untersagen. Er kann aber, gleichgültig ob es sich um ein bereits veröffentlichtes oder noch unveröffentlichtes Werk handelt, nicht verlangen, daß ihm ein Werkstück, insbesondere das Original seines Werkes, zum Zweck der Ausstellung überlassen wird. Dem Interesse am ungestörten Besitz wird hier wie früher der Vorrang vor dem Interesse des Urhebers gegeben, auf einer Ausstellung ein geschlossenes Bild seines Werkschaffens zu zeigen. Das entspricht auch der Lage im ausländischen Recht. Eine interessante Neuregelung wird aber im Zuge der schweizerischen Urheberrechtsreform in Aussicht genommen: Die Entwürfe billigen dem Urheber das Recht zu, die Herausgabe des Werkes zum Zweck der Ausstellung zu verlangen, wenn er berechtigte Interessen daran nachweist und die Herausgabe vom Eigentümer vernünftigerweise nicht verweigert werden kann. Der Eigentümer kann dabei die Herausgabe von einer Sicherheitsleistung abhängig machen und im Fall der Beschädigung oder Zerstörung Urheber und Täter solidarisch für den Schaden haftbar machen.

§ 49. Zurschaustellung sonstiger Werke

I. Hauptfall der Zurschaustellung von Werken ist die Ausstellung von Werken der bildenden Künste und von Lichtbildwerken. Möglich ist indes, daß auch andere urheberrechtlich geschützte Werke öffentlich zur Schau gestellt werden. Beispielsweise können Darstellungen wissenschaftlicher oder technischer Art, geographische Karten, Zeichnungen von Maschinen und technischen Geräten, Wappenzeichnungen u. a. , in den Schaufenstern von Ladengeschäften, in Reisebüros, technischen Museen u. dgl. zur Schau gestellt werden. Auch können in literarischen Museen oder bei der Veranstaltung von Gedenkfeiern für berühmte Dichter, Schriftsteller oder Komponisten neben sonstigen Erinnerungsstücken urheberrechtlich schutzfähige Briefe, Gedichte, sonstige Aufzeichnungen, kleine Kompositionen u. dgl. zur Schau gestellt werden, darunter auch Werke, die der Urheber, ohne sie zu veröffentlichen, einzelnen Freunden oder Bekannten übersandt oder gewidmet hat und deren Originale der Besitzer zum Zweck der Zurschaustellung zur Verfügung stellt.

II. Eine gesetzliche Sonderregelung solcher Zurschaustellung fehlt. Aufgrund von § 12 Abs. 1 UrhG und in sinngemäßer Anwendung des § 18 UrhG ist aber davon auszugehen, daß die Zustimmung der Urheber oder ihrer Erben erforderlich ist, sofern es sich um unveröffentlichte Werke handelt. Die Zurschaustellung bereits veröffentlichter Werke ist dagegen frei. Dies gilt insbesondere auch dann, wenn die Besonderheit der gezeigten Werkstücke darin liegt, daß es sich um die Originale von Werken, insbesondere um Originalhandschriften von Schriftstellern und Komponisten, handelt.

III. Nicht allgemein anwendbar ist dagegen m. E. der Rechtsgedanke, der der Regel des § 44 Abs. 2 UrhG zugrunde liegt, daß der Eigentümer des Originals im Zweifel zur Zurschaustellung berechtigt ist. So geht zwar bei Briefen und sonstigen Aufzeichnungen das Eigentum am Original mit der Übersendung in der Regel auf den Empfänger über. Es kann aber, anders als bei der Veräußerung von Werken der bildenden Künste und von Lichtbildwerken, im Regelfall nicht angenommen werden, daß der Urheber eine spätere Veröffentlichung im Weg der Ausstellung in Rechnung stellt oder doch jedenfalls mangels anderer Vereinbarungen in Kauf nehmen muß. Bei Briefen und anderen persönlichen Aufzeichnungen kann der Verfasser in der Regel zwar schon aufgrund des allgemeinen Persönlichkeitsrechts die Ausstellung untersagen. Aber auch das Urheberrecht und das aus ihm fließende Veröffentlichungsrecht sichern den Urheber dagegen, daß Werke, die er anderen zur privaten Kenntnisnahme gesandt oder gewidmet hat, ohne seine Zustimmung im Weg der Ausstellung veröffentlicht werden. Anders ist die

Rechtslage nur in Fällen zu beurteilen, in denen, wie insbesondere beim Verkauf der Originale durch den Urheber oder seine Erben, aus den Umständen auf ihre Zustimmung zur öffentlichen Zurschaustellung geschlossen werden kann.

2. Die öffentliche Wiedergabe

§ 50. Allgemeines

I. Die Verwertung des Werkes in unkörperlicher Form ist dem Urheber vorbehalten, sofern sie öffentliche Wiedergabe ist. Rechte zur öffentlichen Wiedergabe sind insbesondere das Vortrags-, Aufführungs- und Vorführungsrecht, das Senderecht, das Recht der Wiedergabe durch Ton- oder Bildträger und das Recht der Wiedergabe von Funksendungen; § 15 Abs. 2 UrhG.

Die Aufzählung ist nicht erschöpfend. Beispielsweise definiert das UrhG das Vorführungsrecht in § 19 Abs. 4 als das Recht, ein Werk der bildenden Künste, ein Lichtbildwerk, ein Filmwerk oder Darstellungen wissenschaftlicher oder technischer Art durch technische Einrichtungen öffentlich wahrnehmbar zu machen. Es kann aber u. a. auch ein urheberrechtlich geschütztes Sprachwerk, das in einer Datenverarbeitungsanlage eingespeichert ist, durch Projektion auf Leinwand, Schirm oder Röhre öffentlich wahrnehmbar gemacht werden. Es liegt dann ein urheberrechtlich relevanter Akt vor, der unter den Oberbegriff der öffentlichen Wiedergabe fällt; vgl. ULMER, in GRUR 1971, 301.

Die Anführung der Beispiele zeigt, daß ein zustimmungspflichtiger Akt der öffentlichen Wiedergabe auch dann vorliegt, wenn eine andere Wiedergabe übernommen wird. So kann u. a. eine Theateraufführung durch Rundfunk gesendet und die Sendung in einem öffentlichen Lokal wahrnehmbar gemacht werden. Im Rechtssinn liegen dann drei Akte der öffentlichen Wiedergabe vor, die der Zustimmung des Urhebers bedürfen. Eine Erschöpfung des Rechts zur öffentlichen Wiedergabe, die mit der Erschöpfung des Verbreitungsrechts vergleichbar wäre, findet nicht statt.

II. Der Begriff der Öffentlichkeit der Wiedergabe wird in § 15 Abs. 3 UrhG dahin definiert, daß eine Wiedergabe öffentlich ist, wenn sie für eine Mehrzahl von Personen bestimmt ist, es sei denn, daß der Kreis dieser Personen bestimmt abgegrenzt ist und sie durch gegenseitige Beziehungen oder durch Beziehung zum Veranstalter persönlich untereinander verbunden sind. Das UrhG folgt damit der früheren Rechtsprechung zu den Begriffen des öffentlichen Vortrags und der öffentlichen Aufführung, die im Interesse eines wirksamen Urheberschutzes den Begriff der Öffentlichkeit in einem weiteren Sinn ausgelegt hat als beispielsweise bei strafrechtlichen Tatbeständen, wie der öffentlichen Beleidigung. Privat ist die Wiedergabe nur, wenn die Teilnehmer individuell bestimmt und persönlich untereinander verbunden sind. Hauptbeispiele sind die Gemeinschaften zwischen Lehrer und Schülern, zwischen Freunden und Familienangehörigen. Werden Gäste eingeladen, so bleibt der private Charakter gewahrt, wenn es sich um einzelne nähere Bekannte handelt. Bei Vorträgen und Aufführungen in Vereinen kommt es auf die Zahl der Vereinsmitglieder und die Beziehungen zwischen ihnen an. So kann zwar die Aufführung in einem Musikverein, dessen Mitglieder durch gemeinsames Spiel miteinander verbunden sind, eine private Aufführung sein. Erfährt aber der Kreis durch die Aufnahme von passiven Mitgliedern oder durch die Zulassung von Gästen eine Erweiterung, so wird die Veranstaltung zur öffentlichen. Auch zwischen den Belegschaftsmitgliedern die im gleichen Betrieb arbeiten, kann eine persönliche Verbundenheit nur angenommen werden, wenn es sich um einen kleineren Betrieb handelt.

Über Veranstaltungen für die Belegschaftsmitglieder eines Gewerbebetriebs vgl. BGHZ 17, 376. In der Entscheidung ging es um Musikdarbietungen bei Betriebsfeiern. An den Veranstaltungen hatten jeweils 100 — 800 Personen teilgenommen. Der BGH bejahte mit Recht die Öffentlichkeit der Aufführungen, da nach der Lebenserfahrung jedenfalls bei einem Kreis von über 100 Betriebsangehörigen ein engerer persönlicher Kontakt nicht mehr angenommen werden kann. Entsprechend ist auch die Musikaufführung bei der Arbeit selbst, die sogenannte Betriebsmusik, in größeren Betrieben als öffentliche Veranstaltung anzusehen. Über Tanzstundenkurse vgl.BGH in GRUR 1956, 515 und 1960, 338: Der BGH verneinte die Öffentlichkeit im Fall der Beschränkung auf einen individuell ausgewählten festen Schülerkreis, bejahte sie dagegen bei Abschlußbällen, an denen ein größerer Personenkreis teilnimmt. Öffentlichkeit der Wiedergabe wurde vom BGH in GRUR 1961, 98 ff. auch bei der Wiedergabe der Musik in einem von einem Verein bewirtschafteten Sportheim angenommen, das nicht nur von Vereinsmitgliedern, sondern auch von anderen Personen besucht wurde, sowie in BGHZ 58, 267 bei der Wiedergabe in den Aufenthalts- und Gemeinschaftsräumen von Sanatorien, Kurheimen und Heilstätten, weil es an der persönlichen Verbundenheit der Patienten angesichts der Verschiedenheit ihrer Herkunft und ihrer Interessenkreise sowie der ständigen Fluktuation fehlt.

III. Der Begriff der Öffentlichkeit der Wiedergabe ist vom Gesetzgeber, wie bereits erwähnt wurde, entsprechend der früheren Rechtsprechung zu den Begriffen des öffentlichen Vortrags und der öffentlichen Aufführung definiert worden. Die Definition gilt nach der gesetzlichen Regel auch für die sonstigen Arten der öffentlichen Wiedergabe.

Der Gesetzgeber hat dabei jedoch nicht bedacht, daß unter den Arten der öffentlichen Wiedergabe die Sendung eine Sonderstellung einnimmt: Für die Sendung ist, anders als bei sonstiger öffentlicher Wiedergabe, wesentlich, daß eine Ausstrahlung der Werke durch elektromagnetische Wellen vorliegt, die für ein Netz von Empfangsanlagen bestimmt ist. Vgl. darüber unten § 53 III.

§ 51. Das Vortrags- und Aufführungsrecht

I. Das Vortragsrecht ist gemäß § 19 Abs. 1 UrhG das Recht, ein Sprachwerk durch persönliche Darbietung öffentlich zu Gehör zu bringen.

Im LUG wurde das Vortragsrecht den Urhebern nur bis zum Erscheinen des Werkes zuerkannt. Diese Beschränkung, die in der Erwägung vorgenommen worden war, daß der Vortrag als Akt der Wiedergabe in seiner Bedeutung hinter der Aufführung von Musik- und Bühnenwerken zurückstehe, war sachlich nicht gerechtfertigt. Auch stand sie im Widerspruch mit der auf der Brüsseler Revisionskonferenz (1948) in Art. 11 ter RBÜ getroffenen Regelung. In das UrhG wurde sie daher nicht übernommen.

Der Begriff des Vortrags bleibt im UrhG auf die persönliche Darbietung desjenigen beschränkt, der das Werk zu Gehör bringt. Das Vortragsrecht umfaßt zwar auch das Recht, die Darbietung außerhalb des Raums, in dem sie stattfindet, durch Lautsprecher öffentlich wahrnehmbar zu machen (vgl. unten IV), nicht aber die mechanische Wiedergabe durch Tonträger oder die Wiedergabe durch Rundfunksendungen. Diese sogenannte Zweitverwertungsarten sind vielmehr i. S. des UrhG Gegenstand besonderer Rechte.

Vortrag im Rechtssinn ist im übrigen nicht nur das Vorlesen eines Sprachwerkes, der Vortrag eines Gedichts o. dgl., sondern auch die mit einer musikalischen Darbietung verbundene Wiedergabe: Bei Liedern, Schlagern, Oratorien u. dgl. ist die Darbietung des Textes im Rechtssinn Vortrag, diejenige der Musik Aufführung. Die *bühnenmäßige Darstellung* ist dagegen i. S. des § 19 Abs. 2 UrhG Aufführung des Sprachwerkes. Praktische Bedeutung kommt dem Unterschied insofern zu, als die in § 52 UrhG vorgesehene Ausnahme vom Recht zur öffentlichen Wiedergabe erschienener Werke zwar das Vortragsrecht, nicht aber das Recht zur bühnenmäßigen Aufführung beschränkt; vgl. darüber unten § 68 II 3.

II. Das Aufführungsrecht des Urhebers gliedert sich in die beiden Rechte der musikalischen und der bühnenmäßigen Aufführung. Der Begriff der bühnenmäßigen Aufführung schließt dabei auch die Aufführung von Musik, beispielsweise die bühnenmäßige Aufführung von Opern, Operetten und anderen musikdramatischen Werken, ein. Der Begriff der musikalischen Aufführung bleibt auf die nicht bühnenmäßige, insbesondere die konzertmäßige Aufführung beschränkt.

Im Rahmen des UrhG hat die Unterscheidung, ebenso wie diejenige zwischen Vortrag und bühnenmäßiger Aufführung von Sprachwerken, im Hinblick auf die Ausnahmebestimmung des § 52 UrhG Bedeutung, die nur für die nichtbühnenmäßige Aufführung gilt. Von besonderer Bedeutung ist der Unterschied im übrigen bezüglich der Wahrnehmung der Rechte: Die GEMA läßt sich in den Wahrnehmungsverträgen, die sie mit den Urhebern und Musikverlegern abschließt, die sogenannten kleinen Rechte, d. h. die Aufführungsrechte an Musikwerken mit oder ohne Text unter Ausschluß der Rechte zur bühnenmäßigen Aufführung dramatisch-musikalischer Werke übertragen. Der Ausschluß bezieht sich aber nur auf die bühnenmäßige Aufführung, die vollständig, als Querschnitt oder in größeren Teilen erfolgt. Auch schließt der Wahrnehmungsvertrag der GEMA die Übertragung zur bühnenmäßigen Aufführung der Werke ein, die, wie beispielsweise Kabarettaufführungen, nicht Aufführungen von musikdramatischen Werken sind.

Das Recht des Urhebers zur musikalischen Aufführung ist — unter Ausschluß des Rechts zur bühnenmäßigen Aufführung — das Recht, ein Werk der Musik durch persönliche Darbietung öffentlich zu Gehör zu bringen. Das Recht zur bühnenmäßigen Aufführung ist das Recht, ein Werk öffentlich bühnenmäßig darzustellen. § 19 Abs. 2 UrhG.

Bei beiden Rechten kommt es darauf an, daß, entsprechend der Rechtslage beim Vortrag, eine persönliche Darbietung stattfindet, zu der bei der bühnenmäßigen Aufführung auch die auf der persönlichen Leistung der Spieler beruhende Aufführung in Puppen- oder Marionettentheatern zu rechnen ist. Das Aufführungsrecht umfaßt zwar, ebenso wie das Vortragsrecht, auch das Recht, die Aufführung außerhalb des Raums, in dem sie stattfindet, durch eine technische Einrichtung öffentlich wahrnehmbar zu machen. Die Rechte zur Zweitverwertung durch öffentliche Wiedergabe mittels Bild- oder Tonträgern sowie durch öffentliche Wiedergabe von Rundfunksendungen sind dagegen als besondere Rechte ausgestaltet.

III. Für den Begriff der bühnenmäßigen Aufführung gelten im besonderen folgende Regeln:

1. Bühnenmäßige Aufführung ist das für das Auge oder für Auge und Ohr bestimmte bewegliche Spiel. Bühnendekoration und Kostümierung sind nicht erforderlich. Auch die Verteilung der Rollen ist kein sicherer Anhaltspunkt: Wird ein Drama ohne Spielhandlung von mehreren Personen unter Rollenverteilung vorgelesen, so handelt es sich im Rechtssinn um einen Vortrag; andererseits kann auch, wenn, wie in einem Monodrama, nur ein Darsteller auftritt, eine bühnenmäßige Aufführung vorliegen.

Zu Unrecht wird bei ALLFELD, LUG, Anm. 16, „szenische Wiedergabe mit verteilten Rollen" verlangt. Heute entspricht die bereits in der Vorauflage vertretene Ansicht, daß ein bewegliches, jedenfalls auch für das Auge bestimmtes, Spiel vorliegen muß, der herrschenden Meinung. Vgl. u. a. FROMM-NORDEMANN, UrhG, § 19, Anm. 3, und MÖHRING-NICOLINI, UrhG, § 19, Anm. 7.

2. Der gesetzliche Begriff der bühnenmäßigen Aufführung umfaßt die Aufführung von Werken verschiedener Gattung. In Betracht kommen Sprachwerke, Musikwerke und Pantomimen. Nicht entscheidend ist dabei, ob das Werk seiner Natur nach ein dramatisches, musikdramatisches oder sonstiges Bühnenwerk ist. Ebenso wie das Vorlesen eines Dramas oder die konzertmäßige Aufführung der Opernmusik keine bühnenmäßige Aufführung ist, können umgekehrt auch Werke, die nicht als Bühnenwerke geschaffen wurden, Gegenstand bühnenmäßiger Aufführung sein. Beispielsweise kann eine epische Dichtung zur Grundlage einer bühnenmäßigen Aufführung werden. In der Regel liegt in solchen Fällen eine Bearbeitung vor, die die Darstellung im beweglichen Spiel ermöglicht. Zur bühnenmäßigen Aufführung ist dann sowohl die Zustimmung des Originalurhebers wie des Bearbeiters erforderlich; auch das Recht des Originalautors ist in solchen Fällen, ebenso wie das Recht des Bearbeiters, Recht zur bühnenmäßigen Aufführung.

Ebenso FROMM-NORDEMANN, UrhG, § 19, Anm. 3, die darauf hinweisen, daß auch ein Versepos wie GOETHES „Hermann und Dorothea" oder ein Briefwechsel wie SHAWS

Korrespondenz mit der Schauspielerin CAMPBELL als „Geliebter Lügner" Gegenstand einer bühnenmäßigen Aufführung werden kann, wenn sie als bewegliches Spiel dargeboten werden. — Bühnenmäßige Aufführung kann auch die Darbietung eines Werkes, beispielsweise einer Operette auf einer Eisrevue sein. Dabei kommt es jedoch darauf an, ob die Musik und die Schlager der Operette nur zur Begleitung der Eislaufdarbietungen wiedergegeben oder ob auch die Spielhandlung in wesentlichen Zügen übernommen wird. Vgl. BGH in GRUR 1960, 604 (Eisrevue I) und in GRUR 1960, 606 (Eisrevue II). Eine artistische Darbietung ist nicht Aufführung eines Werkes; wohl aber kann ein Eistanz bühnenmäßige Aufführung eines Tanzkunstwerkes sein. — Die bloße musikalische Untermalung, die bei der Aufführung eines Dramas stattfindet, ist, ebenso wie das Einblenden einzelner Musikstücke oder Schlager, im Rechtssinn keine bühnenmäßige Aufführung der Musik. Vgl. dazu die Entscheidung des KG vom 24. 11. 1953 in SCHULZE KGZ 17.

IV. Gemeinsam für die Vortrags- und Aufführungsrechte gilt die Regel des § 19 Abs. 3 UrhG, daß sie auch die Rechte umfassen, den Vortrag oder die Aufführung außerhalb des Raums, in dem die persönliche Darstellung stattfindet, durch Bildschirm, Lautsprecher oder ähnliche technische Einrichtungen öffentlich wahrnehmbar zu machen.

In Frage steht dabei nur die Wiedergabe in anderen Räumen als demjenigen, in dem die persönliche Darbietung stattfindet. Daß das Vortrags- und Aufführungsrecht auch das Recht einschließt, Lautsprecher zur Verstärkung der Wiedergabe im Vortrags- oder Konzertsaal einzusetzen, bedurfte keiner besonderen Hervorhebung.

Die Regel bedeutet, daß der Urheber aufgrund seines Vortrags- oder Aufführungsrechts darüber entscheidet, ob auch die Übertragung in andere Räume zulässig ist. Für die Verträge, in denen der Urheber einem anderen das Vortrags- oder Aufführungsrecht einräumt, gilt dabei die Auslegungsregel des § 37 Abs. 3 UrhG: Der Erwerber des Rechts zur öffentlichen Wiedergabe ist im Zweifel nicht dazu berechtigt, die Wiedergabe außerhalb der Veranstaltung, für die sie bestimmt ist, öffentlich wahrnehmbar zu machen. Eine Zuwiderhandlung ist sowohl Vertrags- wie Urheberrechtsverletzung.

Abweichend von § 19 Abs. 3 stellt § 37 Abs. 3 UrhG nicht auf die Wiedergabe außerhalb des Raums, in dem die Darbietung stattfindet, sondern auf die Wiedergabe außerhalb der Veranstaltung ab, für die sie bestimmt ist. In der amtlichen Begründung heißt es dazu, daß bei der Vertragsauslegung nicht auf objektive Merkmale, sondern auf den subjektiven Willen der Parteien abzustellen ist. Es kommt mit anderen Worten darauf an, ob die Wiedergabe, auch wenn sie in andere Räume übertragen wird, noch im Rahmen der Veranstaltung liegt, für die der Urheber das Vortrags- oder Aufführungsrecht bewilligt hat.

§ 52. Das Vorführungsrecht

Das Vorführungsrecht ist das Recht des Urhebers, ein Werk der bildenden Künste, ein Lichtbildwerk, ein Filmwerk oder Darstellungen wissenschaftlicher oder technischer Art durch technische Einrichtungen öffentlich wahrnehmbar zu machen; § 19 Abs. 4 UrhG. Anders als bei Vortrag und Aufführung, handelt es sich der Natur der Sache nach nicht um eine persönliche Darbietung.

I. Vorführung im Rechtssinn liegt stets vor, wenn das Werk in unkörperlicher Form durch Übertragung auf eine andere Fläche öffentlich wahrnehmbar gemacht wird, wie es insbesondere bei der Projektion von Bildern oder Bilderfolgen durch Diapositive oder Filmstreifen der Fall ist. Wahrnehmbarmachung ist dabei Wahrnehmbarmachung für das Auge, die bei Tonfilmen mit der Wiedergabe der Töne verbunden ist. Technische Einrichtungen i. S. des Gesetzes sind aber auch solche, durch die dem Beschauer Bilder ohne Übertragung auf eine andere Fläche in vergrößerter oder geänderter Gestalt gezeigt werden, beispielsweise das Stereoskop, durch das Flächenbilder als plastische Bilder erscheinen. Die bloße Ausstellung oder Zurschaustellung fällt dagegen nicht unter den Begriff der Vorführung.

Auch die Wiedergabe der Filmmusik, die bei der Filmvorführung stattfindet, ist i. S. des UrhG Vorführung. Ebenso FROMM-NORDEMANN, UrhG, § 19, Anm. 5, und HUBMANN, UR, S. 139. Abweichend sehen dagegen MÖHRING-NICOLINI, UrhG, § 19, Anm. 15, in der Wiedergabe der Filmmusik eine Wiedergabe durch Tonträger i. S. des § 21 UrhG. Die Frage ist nur von terminologischer Bedeutung; in der Sache besteht kein Unterschied.

II. Anders als beim Vortrags- und Aufführungsrecht, berücksichtigt das UrhG beim Vorführungsrecht nicht den Fall, daß die Vorführung von dem Raum, in dem sie erfolgt, durch technische Mittel in andere Räume übertragen wird. Der Gesetzgeber geht davon aus, daß beispielsweise beim Filmwerk die Vorführung in anderen Räumen nicht mittels einer Übertragung, sondern auch ihrerseits unter Benutzung einer Filmkopie erfolgt.

Vgl. dazu die amtliche Begründung zu § 19 Abs. 3 UrhG.

Diese Annahme entspricht der Regel der Fälle. Nicht auszuschließen ist freilich, daß beispielsweise bei Lichtbildvorträgen nicht nur der Vortrag, sondern auch die Lichtbilder durch technische Mittel in andere Räume übertragen werden. Auf solche Fälle ist m. E. § 19 Abs. 3 UrhG sinngemäß anzuwenden. Die Regel des § 37 Abs. 3 UrhG, daß der Erwerber des Rechts zur öffentlichen Wiedergabe im Zweifel nicht berechtigt ist, die Wiedergabe außerhalb der Veranstaltung, für die sie bestimmt ist, öffentlich wahrnehmbar zu machen, ist, ihrem Wortlaut entsprechend, unmittelbar anzuwenden.

§ 53. Das Senderecht

SCHMIDT die SIMONI, Studien zum Fernseh-Urheberrecht, 1956: v. UNGERN-STERNBERG, Die Rechte der Urheber an Rundfunk- und Drahtfunksendungen, Heft 13 der Urheberrechtlichen Abhandlungen des MPI (1973).

I. Der Rundfunk ist aufgrund der technischen Entwicklung als Hörfunk seit 1923, als Fernsehfunk seit 1956 zu seiner gegenwärtigen Bedeutung gelangt. Da der größte Teil der Sendungen Werke der Literatur und Kunst zum Gegenstand hat, stehen die Sendeunternehmen heute in der ersten Reihe derjenigen, die urheberrechtlich geschützte Werke verwerten.

Hinsichtlich der öffentlich-rechtlichen Regelung des Rundfunkwesens ist zwischen dem technischen Bereich — der Einrichtung und dem Betrieb der Sendeanlagen — und dem sonstigen, insbesondere dem kulturellen, Bereich zu unterscheiden.

Vgl. über diese Unterscheidung die grundlegende Entscheidung des BVerfG vom 28. 2. 1961 (BVerfGE 12, 205).

1. Für den technischen Bereich (mit Ausnahme der Studiotechnik) ist wesentlich, daß gemäß Art. 73 Nr. 7 GG dem Bund die ausschließliche Gesetzgebung über das Post- und Fernmeldewesen zusteht. Fernmeldeanlagen sind im Rechtssinn außer den Telegraphen- und Fernsprechanlagen auch die Funkanlagen, zu denen sowohl die Sendeanlagen wie die Empfangsanlagen gehören. Maßgebend ist die Regelung in dem Fernmeldeanlagengesetz (in der Fassung vom 17. März 1977).

2. Im übrigen steht die Kompetenz zur öffentlich-rechtlichen Regelung des Rundfunkwesens grundsätzlich den Ländern zu. Die Regeln sind in den Landesrundfunkgesetzen sowie in den zwischen Ländern abgeschlossenen Staatsverträgen — darunter in dem Staatsvertrag über das Zweite Deutsche Fernsehen — enthalten. Bisher ist es dabei die Regel, daß die Sendeunternehmen Anstalten des öffentlichen Rechts mit dem Recht der Selbstverwaltung sind. Die in Art. 5 Abs. 1 Satz 2 GG vorgesehene Freiheit der Berichterstattung durch Rundfunk wird dabei u. a. dadurch gewährleistet, daß die gesellschaftlich relevanten Kräfte zur Mitwirkung und Kontrolle berufen sind.

Die Zuständigkeit des Bundes im nichttechnischen Bereich bleibt auf spezielle Aufgaben beschränkt, die die auswärtigen Angelegenheiten und die gesamtdeutschen Aufgaben betreffen: Durch Bundesgesetz wurden mit besonderer Aufgabenstellung die Rundfunkanstalten Deutsche Welle und Deutschlandsender errichtet. — Angesichts der gegenwärtigen Ausgestaltung steht den öffentlich-rechtlichen Rundfunkanstalten ein *Monopol* zu. In seiner Entscheidung vom 28. 2. 1961 ging das BVerfG davon aus, daß insbesondere angesichts der technischen Gegebenheiten (der Knappheit der Frequenzen) die Monopolstellung nicht im Widerspruch zu Art. 5 GG steht, aus Art. 5 GG aber nicht die Notwendigkeit der Begründung von Monopolstellungen abgeleitet werden kann. Die Möglichkeit der Sendung durch Kabelunternehmen hatte das BVerfG bei der Beurteilung der technischen Gegebenheiten noch nicht in Rechnung gestellt.

3. Das Rechtsverhältnis zwischen den öffentlich-rechtlichen Rundfunkanstalten und den Rundfunkteilnehmern ist kein Vertragsverhältnis. Die Zahlung der Rundfunkteilnehmer ist nicht privatrechtlich geschuldete Gegenleistung, sondern Entrichtung einer öffentlich-rechtlichen Gebühr für die Anstaltsnutzung.

Die frühere Streitfrage, ob die Gebühr Konzessionsgebühr für die Verleihung des Rechts zum Betrieb der Empfangsanlage oder Anstaltsnutzungsgebühr ist, wurde durch die Entscheidung des BVerfG vom 15. 3. 1968 (NJW 1968, 1393) im letzteren Sinn geklärt. Das Recht auf die Gebühr steht daher den Rundfunkanstalten zu. Die Regelung im einzelnen wurde durch die Länder in dem Gebührenstaatsvertrag vom 8. 12. 1974 getroffen.

II. Die urheberrechtliche Regelung geht von dem Senderecht des Urhebers aus: Senderecht ist gemäß § 20 UrhG das Recht des Urhebers, das Werk durch Funk, wie Ton- und Fernsehrundfunk, Drahtfunk oder ähnliche technische Einrichtungen, der Öffentlichkeit zugänglich zu machen.

Die Sendung hat zur Voraussetzung, daß von einer Zentrale aus Töne, Zeichen, Bilder oder Texte durch elektromagnetische Wellen ausgestrahlt werden; gleichgültig ist, ob die Ausstrahlung drahtlos oder drahtgebunden erfolgt.

Der Begriff der Sendung im UrhG ist weiter als der auf die drahtlose Verbreitung von Zeichen, Tönen und Bildern beschränkte Begriff der Rundfunksendung in Art. 11 bis Abs. 1 Nr. 1 RBÜ. Nur das Recht, die Weitersendung durch ein anderes Sendeunternehmen zu bewilligen, umfaßt gemäß Art. 11bis Abs. 1 Nr. 2 RBÜ auch die drahtgebundene Übertragung. Die Lücke, die hier vorliegt, wird aber im wesentlichen dadurch geschlossen, daß Art. 11 Abs. 1 Nr. 2 und Art. 11ter Abs. 1 Nr. 2 RBÜ den Urhebern von dramatischen, dramatisch-musikalischen und musikalischen Werken sowie den Urhebern von Werken der Literatur das Recht gewährleisten, die öffentliche Übertragung der Aufführungen oder des Vortrags ihrer Werke durch irgendein Mittel zu erlauben. Im übrigen gestattet es Art. 11 bis Abs. 2 RBÜ den Verbandsländern, das Senderecht durch eine gesetzliche Lizenz zu beschränken. Von dieser Möglichkeit hat zwar (in beschränktem Umfang) Italien, nicht aber die Bundesrepublik Deutschland und die Mehrheit der europäischen Staaten Gebrauch gemacht.

Die Sendung ist ihrer Natur nach Ausstrahlung des Sendeprogramms. Der Empfang der Sendung urheberrechtlich geschützter Werke ist frei. Nur die öffentliche Wahrnehmbarmachung der Sendung durch Bildschirm, Lautsprecher oder ähnliche technische Einrichtungen bedarf der Zustimmung der Urheber; § 22 UrhG. Wird beispielsweise die gesendete Musik in einem öffentlichen Lokal durch Lautsprecher zu Gehör gebracht, so liegt im Rechtssinn ein weiterer Akt der öffentlichen Wiedergabe vor, für den, ebenso wie für die Sendung selbst, die Zustimmung des Urhebers erforderlich ist. Vgl. darüber unten § 55, II.

III. Die Sendung ist i. S. des UrhG öffentliche Wiedergabe: Die Werke werden durch die Sendung der Öffentlichkeit zugänglich gemacht. Der Begriff der Öffentlichkeit bedarf dabei aber einer besonderen Bestimmung, die dem Unterschied zwischen der Sendung und den sonstigen Akten der öffentlichen Wiedergabe Rechnung trägt.

Die besondere Auslegung des Begriffs der Öffentlichkeit in § 20 UrhG ist durch den Sinn der Regelung geboten. Sie entspricht, wie bereits oben (§ 32 I) gezeigt wurde, der aus der allgemeinen Rechtslehre bekannten Erscheinung der *Relativität der Rechtsbegriffe*. Die Definition der öffentlichen Wiedergabe in § 15 Abs. 3 UrhG bedarf daher einer einschränkenden Auslegung.

1. Der Unterschied von sonstigen Akten der öffentlichen Wiedergabe liegt zunächst darin, daß für den Begriff der Sendung nur die Ausstrahlung wesentlich ist, nicht der Empfang. Werden nach Mitternacht Programme durch den Rundfunk ausgestrahlt, so liegt eine zustimmungspflichtige Sendung auch dann vor, wenn alle Empfangsgeräte abgeschaltet sind.

Bei sonstigen Tatbeständen der öffentlichen Wiedergabe ist dagegen die Rezeption wesentlich: Lädt ein Künstler eine Vielheit von Personen zu einem Konzert ein, erscheinen aber nur einige wenige Familienangehörige, so liegt keine öffentliche Aufführung vor. Bei der Sendung genügt es dagegen, daß, wie es in § 20 UrhG heißt, das Werk der Öffentlichkeit ,,zugänglich" gemacht wird.

Auszugehen ist daher nicht von dem Kreis der Personen, sondern von dem Kreis der Empfangsanlagen, für die die Ausstrahlung bestimmt ist. Dabei muß eine genügende Reichweite der Ausstrahlung vorliegen: § 20 UrhG stellt der Sendung durch Ton- und Fernsehrundfunk die Sendung durch Drahtfunk oder ähnliche technische Einrichtungen gleich. Unter dem Begriff der Sendung durch Rundfunk versteht das UrhG die drahtlose Ausstrahlung durch Hertzsche Wellen, insbesondere die Ausstrahlung durch die öffentlich-rechtlichen Rundfunkanstalten, die ihrem Wesen nach Ausstrahlung an die Allgemeinheit ist. In ähnlicher Weise muß auch die Ausstrahlung durch Drahtfunk und andere technische Einrichtungen, wenn nicht für die Allgemeinheit, so doch jedenfalls für eine breitere Öfffentlichkeit bestimmt sein. Eine Ausstrahlung, die nur für den Empfang in einzelnen Räumen, Häusern, Häuserblocks oder benachbarten Häusern bestimmt ist, ist keine Sendung. Erforderlich ist vielmehr, daß die Ausstrahlung darüber hinaus für ein Netz von Empfangsanlagen bestimmt ist.

Vgl. dazu die amtliche Begründung zu § 20 UrhG, in der es heißt: ,,Unter Drahtfunk ist der Vorgang zu verstehen, daß das Werk von einer Sendestelle aus einer Mehrheit von Empfangsanlagen über Drahtleitungen, z. B. das Telefonnetz, zugeleitet wird. Das Werk wird hier der Allgemeinheit in ähnlicher Weise zugänglich gemacht, wie beim Rundfunk." v. GAMM, UrhG, § 29, Rdz. 6, übernimmt in seinem Kommentar den Wortlaut der amtlichen Begründung. FROMM-NORDEMANN, UrhG, § 20, Anm. 2, schreiben in vorsichtigerer Formulierung, daß beim Drahtfunk als Sendestellen nur solche Einrichtungen anzusehen sind, ,,die von einem festen Standort aus eine dauernde Sendetätigkeit für einen größeren Bereich, nicht nur für ein Gebäude oder dessen unmittelbare Umgebung, entfalten".

2. Eine Bestätigung erfährt diese Auslegung des Sendebegriffs u. a. auch durch die Regel des § 39 Abs. 3 UrhG: Werden Vorträge oder Aufführungen von dem Raum, in dem sie stattfinden, durch Draht oder andere technische Einrichtungen in einen oder mehrere andere Räume übertragen, in denen die Wiedergabe einer Mehrheit von nicht durch gegenseitige Beziehungen miteinander verbundenen Personen zu Gehör gebracht wird, so liegt im Rechtssinn keine Sendung vor, an die sich ein oder mehrere Akte der öffentlichen Wiedergabe mit der Folge anschlie-

ßen, daß sowohl die Übertragung wie die öffentliche Wiedergabe in andere Räume der Zustimmung der Urheber bedürfen. Der gesamte Vorgang wird vielmehr vom UrhG als öffentlicher Vortrag oder öffentliche Aufführung gedeutet. Vgl. oben § 51 IV.

Der Tatbestand zeigt Sinn und Notwendigkeit der Grenzziehung: Das Erfordernis der Zustimmung der Urheber sowohl zur Ausstrahlung wie zu ihrer öffentlichen Wahrnehmbarmachung ist nur dann gerechtfertigt, wenn es sich um eine Ausstrahlung handelt, die für ein Netz von Empfangsanlagen bestimmt ist. Ist dies nicht der Fall, ist vielmehr die Ausstrahlung nur für einen beschränkten Kreis von Empfangsanlagen bestimmt, so liegt keine Sendung, sondern nur öffentliche Wiedergabe vom Typus des Vortrags, der Aufführung, der Vorführung oder der Wiedergabe mittels Ton- oder Bildträgern vor. Werden beispielsweise in einem Hotel in einer Zentrale Schallplatten abgespielt und die Musik durch Draht in Gastzimmer oder Gemeinschaftsräume übertragen, so liegt öffentliche Wiedergabe durch Tonträger im Hotel vor, die der Zustimmung der Urheber bedarf; zur öffentlichen Wahrnehmbarmachung in den Gemeinschaftsräumen ist aber keine weitere Zustimmung mehr erforderlich.

Vgl. dazu Ulmer in GRUR 1980, 585 ff. Praktisch von Bedeutung ist die nähere Bestimmung des Sendebegriffs insbesondere auch für die Entscheidung darüber, ob die Weiterübertragung einer Rundfunksendung durch Draht oder Kabel nur eine Hilfe für den Empfang oder eine Weitersendung ist, die der Zustimmung der Urheber bedarf. Vgl. darüber unten § 54 II.

IV. Nach traditioneller und nach wie vor herrschender Lehre ist das Erfordernis, daß das Werk durch Funk der Öffentlichkeit zugänglich gemacht wird, dahin zu deuten, daß die von den Sendeunternehmen ausgestrahlten programmtragenden Signale unmittelbar für den Empfang der Öffentlichkeit bestimmt sind. Beispielsweise ist die Zuleitung des Sendeprogramms an ein anderes Sendeunternehmen durch Richtstrahler oder Kabel nur Vorbereitung der Sendung, die durch das Unternehmen erfolgt, das die Programme unmittelbar an die Öffentlichkeit ausstrahlt. Besondere Bedeutung kommt der Frage heute im Hinblick auf die Zuleitung von Sendeprogrammen zu, die über Satelliten übertragen werden. Vgl. dazu unten § 54 III.

Von dem Grundatz, daß Sendung im Rechtssinn nur im Fall unmittelbarer Ausstrahlung an die Öffentlichkeit vorliegt, ist sowohl für den Sendebegriff des UrhG wie für denjenigen der RBÜ auszugehen. Vgl. dazu v. Ungern-Sternberg, S. 28 ff. und 73 ff. mit weiteren Literaturhinweisen. Über die abweichende Meinung, die im Schrifttum von einzelnen Autoren im Hinblick auf die Übertragung durch Satelliten vertreten wird, vgl. unten § 54 III 2.

V. Die Funksendung kann live-Sendung oder Sendung aufgrund von Ton- oder Bildträgern sein, die das Sendeunternehmen von anderen erworben hat. In der Mehrzahl der Fälle nimmt aber das Sendeunternehmen selbst für die Zwecke der Sendung eine Aufnahme auf Ton- oder Bildträgern, wie Tonbändern, Videobändern oder Filmen, vor. Die Aufnahme von Vorträgen und Aufführungen erleichtert die Einreihung in die Programmfolge und ermöglicht die Wiederholung der Sendungen sowie einen Bandaustausch mit anderen Sendeunternehmen. Auch kann bei der live-Sendung im Zeitpunkt der Ausstrahlung eine körperliche Festlegung, insbesondere eine Fernsehaufzeichnung erfolgen, die die Wiederholung der Sendung und die Überlassung der Bänder an andere Sendeunternehmen ermöglicht. Im Bereich des Rundfunks pflegt man dabei die Ton- und Bildträger als Wiedergabevorrichtungen zu bezeichnen.

Solche körperliche Festlegungen sind im Rechtssinn Vervielfältigungen. Die Sendeunternehmen sind daher, wenn die Aufnahme auf Wiedergabevorrichtungen stattfinden soll, grundsätzlich darauf angewiesen, sich außer dem Senderecht auch das Vervielfältigungsrecht einräumen zu lassen. Im Hinblick darauf, daß in der Sendetechnik die Herstellung der Wiedergabevorrichtungen als sachentsprechendes Hilfsmittel für die Sendung erscheint, sieht aber das Gesetz unter bestimmten Voraussetzungen eine Ausnahme für die sogenannte ephemere Aufnahme vor: Ist das Sendeunternehmen zur Funksendung berechtigt, so darf es gemäß § 55 UrhG das Werk mit eigenen Mitteln auf Bild- oder Tonträger übertragen, um diese zur Ausstrahlung über jeden seiner Sender oder Richtstrahler je einmal zu benutzen. Die Bild- oder Tonträger sind jedoch spätestens einen Monat nach der ersten Funksendung des Werkes zu löschen, es sei denn, daß sie im Hinblick auf ihren außergewöhnlichen dokumentarischen Wert in ein amtliches Archiv aufgenommen werden; von solcher Aufnahme ist der Urheber unverzüglich zu benachrichtigen.

Die Regelung schließt sich an den Kompromiß an, auf den sich die Verbandsländer der Berner Union auf der Brüsseler Revisionskonferenz (1948) geeinigt haben: Art. 11bis Abs. 3 RBÜ sieht — auch in der Stockholmer und Pariser Fassung — vor, daß die Bewilligung zur Sendung nicht die Erlaubnis einschließt, das Werk auf Bild- oder Tonträgern aufzunehmen. Der gesetzlichen Regelung der Verbandsländer bleibt jedoch vorbehalten, Bestimmungen über die von einem Sendeunternehmen mit seinen eigenen Mitteln und für seine eigenen Sendungen vorgenommenen ephemeren Aufnahmen auf Bild- oder Tonträger zu erlassen. Im UrhG wurde von diesem Vorbehalt Gebrauch gemacht und dabei der unscharfe Begriff der ephemeren Aufnahme näher präzisiert.

In der Praxis legen jedoch die Sendeunternehmen Wert darauf, die Wiedergabevorrichtungen in weitergehendem Umfang, insbesondere auch zu Wiederholungssendungen und zur Überlassung an andere Sendeunternehmen, benutzen zu können. Sie lassen sich daher in der Regel in den Verträgen, die sie mit den Urhebern bzw. den Verwertungsgesellschaften oder anderen Inhabern von Nutzungsrechten schließen, das Recht zur Herstellung der Wiedergabevorrichtungen und ihrer Verwertung ausdrücklich bewilligen.

Werden die Rechte der Urheber durch Verwertungsgesellschaften wahrgenommen, so ist es möglich, daß das Senderecht und das Vervielfältigungsrecht in der Hand verschiedener Verwertungsgesellschaften liegen. In den meisten Auslandsstaaten ist dies bei den sogenannten kleinen Rechten an Musikwerken der Fall, so daß die Sendunternehmen auf den Vertragsschluß sowohl mit den Gesellschaften, die das Senderecht, wie mit denjenigen, die das Vervielfältigungsrecht wahrnehmen, angewiesen sind. In der Bundesrepublik ist die Lage dadurch vereinfacht, daß die GEMA sowohl das Senderecht wie das mechanische Vervielfältigungsrecht wahrnimmt. Sie kann daher in den Pauschalverträgen, die sie mit den Sendeunternehmen schließt, beide Rechte vergeben. Für ihre Verhandlungsposition fällt es aber bezüglich der Berechnung des Entgelts ins Gewicht, daß die Sendeunternehmen auf den Erwerb beider Rechte angewiesen sind.

§ 54. Wiederholungs- und Weitersendungen. Weiterübertragung durch Draht oder Kabel. Übertragung über Satelliten

Literatur wie oben, § 53. Ferner: Dittrich, Gemeinschaftsantennen, Wirtschaftspraxis und Rechtswissenschaft, Wien 1972; D. Reimer, Das Recht der öffentlichen Wiedergabe unter Berücksichtigung der technischen Entwicklung, in GRUR Int. 1979, 86 ff.; Ulmer, Die Übertragung von Rundfunksendungen durch Kabel und der deutsche Rechtsbegriff der Sendung, im GRUR 1980, 582 ff.; Michel Walter, Gemeinschaftsantennen und Rundfunkvermittlungsanlagen, in UFITA 69 (1973) 59 ff. — Elisabeth Steup, Der Schutz des Urhebers bei Satellitensendungen, in GRUR Int. 1973, 342 ff.; Masouyé, Quid du droit d'auteur dans l'utilisation des satellites spatiaux?, RIDA LXXII (1972) 11 ff.

I. Sendung im Rechtssinn ist auch die Wiederholungssendung und die Weitersendung.

1. Über die Berechtigung des Sendeunternehmens zur Wiederholungssendung entscheidet der Sendevertrag. In den Verträgen mit angestellten Urhebern ist es die Regel, daß den Sendeunternehmen das Recht zur Wiederholungssendung eingeräumt wird. Auch in den Verträgen mit rechtlich selbständigen Urhebern, die unter Zugrundelegung der allgemeinen Honorarbedingungen der Rundfunkanstalten geschlossen werden, pflegen sich die Sendeunternehmen unter Regelung der Honorarfrage das Recht zu Wiederholungssendungen einräumen zu lassen.

Einschränkende Bestimmungen finden sich u. a. in den Verträgen mit Bühnenverlagen: Das Sendeunternehmen wird grundsätzlich nur zur einmaligen Ausstrahlung des Werkes berechtigt, kann aber innerhalb einer bestimmten Frist nach der Erstsendung sein Interesse an einer Wiederholungssendung erklären. Für jede Wiederholungssendung ist das volle Entgelt zu entrichten.

2. Weitersendung ist jedenfalls die drahtlose Weiterleitung der Sendung durch andere Sendeunternehmen. Sie kann unmittelbare Anschlußsendung sein, die aufgrund der Umwandlung der aufgefangenen Signale in andere Trägerwellen erfolgt. Sie kann aber auch eine zeitlich

aufgeschobene Sendung sein, die aufgrund eines Mitschnitts (Aufnahme der Signale auf Bild- oder Tonträgern) oder aufgrund einer Überlassung der Wiedergabevorrichtungen erfolgt. Auch kommen Weitersendungen in Betracht, die durch die Zuleitung der Sendeprogramme mittels Kabel, Richtstrahler oder über Satelliten ermöglicht werden.

In einem *engeren Sinn* wird der Begriff der Weitersendung in den Regeln über die verwandten Schutzrechte des Sendeunternehmens verstanden: Weitersendung i. S. des § 87 Abs. 1 Nr. 1 UrhG, die der Zustimmung des Ursprungsunternehmens bedarf, ist nur die unmittelbare Anschlußsendung. Zu einem Mitschnitt der Sendung ist die Zustimmung des Ursprungsunternehmens aufgrund der Regel des § 87 Abs. 1 Nr. 2 UrhG erforderlich, die den Sendeunternehmen das ausschließliche Recht gewährleistet, ihre Sendungen auf Bild- oder Tonträgern aufzunehmen.

Der Urheber kann seine Zustimmung zur Weitersendung unmittelbar dem weitersendenden Unternehmen erteilen. Er kann sie aber auch mittelbar dadurch erteilen, daß er dem Sendeunternehmen, mit dem er den Sendevertrag abschließt, das Recht zur Bewilligung der Weitersendung einräumt.

Wesentlich ist im letzteren Fall, ebenso wie bei der Wiederholungssendung, falls keine Pauschalabfindung stattfindet, die Vereinbarung über die Vergütung, die dem Urheber im Fall der Weitersendung zu bezahlen ist. Oft wird vereinbart, daß der Urheber die im Sendevertrag vorgesehene Vergütung von dem weitersendenden Unternehmen erhält. Sie ist sinngemäß dahin auszulegen, daß das Ursprungsunternehmen das übernehmende Unternehmen zur Zahlung der Vergütung verpflichten muß. Vgl. darüber und über die Frage der Gewährleistung des Ursprungsunternehmens für die Zahlung durch das weitersendende Unternehmen ULMER, Urhebervertragsrecht, S. 130.

II. Besonderer Beurteilung bedarf die Weiterübertragung von Sendungen durch Draht oder Kabel.

1. Im Hinblick auf die Reichweite der Übertragung unterscheidet man zwischen einfachen Gemeinschaftsantennenanlagen, die für ein Haus oder einen Häuserblock errichtet werden, zwischen erweiterten Gemeinschaftsantennenanlagen, an die mehrere benachbarte Gebäude angeschlossen sind, und zwischen Zentralantennenanlagen, die ganze Stadtgebiete, Städte oder Regionen versorgen. Technisch gesehen findet eine Drahtweiterleitung der Rundfunksendung in allen Fällen statt, in denen die Antennenanlage von den Empfangsgeräten getrennt ist. Schon bei der einfachen Gemeinschaftsantennenanlage liegt daher ein Drahtübertragungssystem in kleinstem Maßstab vor. Je weiterreichend die Anlage ist, desto komplizierter sind naturgemäß die technischen Geräte. Klare Abgrenzungen lassen sich aber nicht machen.[1] Andererseits fällt aber für die rechtliche Beurteilung die Reichweite der Weiterübertragung ins Gewicht.

---

[1] Vgl. dazu eingehend v. UNGERN-STERNBERG, S. 9 ff.

Die Vorzüge der Draht- und Kabelübertragung sind oft dargestellt worden. Ästhetische Gründe sprechen insbesondere bei historischen Stadtbildern für den Ersatz des „Antennenwaldes" durch Zentralantennen. Für Abschattungsgebiete, in denen die Hertz'schen Wellen nicht empfangen werden können, wie Gebirgstäler und Wohngegenden, die hinter städtischen Hochhäusern liegen, kann durch Errichtung von Gemeinschaftsantennen an geeigneter Stelle der Rundfunkempfang ermöglicht werden. In weitergehender Weise als mit normalen Antennen können durch zentrale Hochleistungsantennen Programme entfernt liegender inländischer und ausländischer Sendeunternehmen empfangen werden.

Am weitesten fortgeschritten ist das System der Gemeinschaftsantennenanlagen in den USA, wo die CATV- (Community Antenna Television) -Systeme Millionen von Abonnenten mit Sendeprogrammen versehen; für 1980 rechnet man mit 7.500 CATV-Systemen mit dreißig Millionen Anschlüssen. In den europäischen Ländern ist die Errichtung der Anlagen angesichts der Gebirgslage in Österreich und der Schweiz von besonderer Bedeutung. In der Bundesrepublik ist die Entwicklung noch nicht in gleicher Weise fortgeschritten. Jedenfalls sind aber bereits für einzelne Städte Zentralantennen errichtet oder geplant. U. a. wurden in Hamburg und Nürnberg von der Bundespost Zentralantennen mit Kabelübertragung zur Versorgung bestimmter Stadtgebiete errichtet.

2. Rechtlich ist die Frage, ob und unter welchen Voraussetzungen die Weiterübertragung durch Draht oder Kabel durch andere als das Ursprungsunternehmen in das Urheberrecht eingreift, umstritten. Weitgehend einig ist man sich zwar darüber, daß bei den einfachen Gemeinschaftsantennenanlagen und auch bei den sogenannten erweiterten Gemeinschaftsantennenanlagen, an die mehrere benachbarte Häuser angeschlossen sind, das Erfordernis der Zustimmung der Urheber entfällt. Streitig ist aber die Rechtslage bei den Zentralantennenanlagen, die ganze Stadtgebiete, Städte oder Regionen versorgen:

a) Im Schrifttum wird zum Teil angenommen, daß unter bestimmten Voraussetzungen auch die Weiterübertragung der Sendungen durch Zentralantennenanlagen — im Gegensatz zu der Sendung eigener Programme über solche Anlagen — nur Hilfsmittel für den Empfang ist. Dabei hat es nicht an Versuchen gefehlt, nach bestimmten Kriterien zu unterscheiden. Unter anderem versuchte man, darauf abzustellen, ob die Sendungen auch durch Normalantennen mit annehmbarer Qualität empfangen werden können.

Vgl. zu solchen Versuchen kritisch v. UNGERN-STERNBERG, S. 84; DITTRICH, a. a. O. und REIMER, in GRUR Int. 1978, 89, sowie die amtliche Begründung zu § 20 UrhG. Eine zuverlässige und sachgerechte Abgrenzung läßt sich, wie nähere Prüfung gezeigt hat, nicht durchführen. Auch der Vorschlag von *Dittrich,* die Drahtübertragung wenigstens dann von einer Zustimmungspflicht freizustellen, wenn sie innerhalb des Versorgungsbereichs des Ursprungsunternehmens erfolgt, ist nicht überzeugend. In der Bundesrepublik kann es beispielsweise keinen Unterschied machen, ob die Empfänger in Ulm oder Kempten durch Drahtübertragung mit Sendungen des Bayerischen oder des Süddeutschen Rundfunks versorgt werden.

b) In der Rechtsprechung hat der österreichische OGH zu der Frage in einer Entscheidung vom 26. Juni 1974 Stellung genommen.[1] Der Inhaber eines Radio- und Elektrounternehmens in Feldkirch betrieb dort ein Kabelfernsehunternehmen, mit dessen Hilfe östereichische, deutsche und schweizerische Fernsehprogramme empfangen werden konnten. Der OGH sah die Zustimmung der Urheber als erforderlich an, auch soweit es sich um die Weiterübertragung der Sendungen österreichischer Rundfunkanstalten handelte, innerhalb deren Versorgungsbereich sie erfolgte. In der Bundesrepublik Deutschland liegt noch keine höchstrichterliche Entscheidung vor.

Eine Klage ist seitens der GEMA wegen der Übertragung von Rundfunksendungen über das Kabelnetz in Hamburg und Nürnberg gegen die Bundespost erhoben worden. LG und OLG Hamburg haben die Klage mit Entscheidungen vom 16. Januar und 14. Februar 1978 abgewiesen. Über die von der GEMA eingelegte Revision ist noch nicht entschieden. — In der belgischen Rechtsprechung wurde die Weiterübertragung eines durch die ARD ausgestrahlten Filmwerkes durch ein belgisches Kabelunternehmen als Eingriff in das in Belgien einem Filmverleiher zustehende Nutzungsrecht angesehen. Vgl. dazu ULMER, in GRUR 1980, 584.

c) Auf internationaler Ebene haben die Generaldirektoren von UNESCO und WIPO zur Prüfung der Rechtslage 1980 eine Gruppe unabhängiger Sachverständiger einberufen. Die Experten kamen übereinstimmend zu dem Ergebnis, daß die Weiterübertragung von Rundfunksendungen durch Kabelunternehmen ein Eingriff in die Rechte der Urheber ist; vgl. den Bericht über die Tagung in GRUR Int. 1980, 252. Von besonderer Bedeutung ist dabei für die Verbandsländer der Berner Union, daß die Stellungnahme der Sachverständigen mit Wortlaut und Sinn der Vorschrift des Art. 11bis RBÜ übereinstimmt: die Mitteilung der Rundfunksendungen an die Öffentlichkeit (communication publique) bedarf gemäß Art. 11bis Abs. 1 Nr. 2 RBÜ der Zustimmung der Urheber, wenn sie durch eine andere Organisation als das Ursprungsunternehmen erfolgt.

3. Von Standpunkt des deutschen Rechts aus ist m. E. bei der Beurteilung der Frage von der richtig verstandenen Deutung des Begriffs der Sendung auszugehen: Die Weiterleitung der Sendung durch einfache oder erweiterte Gemeinschaftsantennenanlagen ist keine Sendung, sondern nur Hilfsmittel für den Empfang. Die Weiterübertragung durch Zentralantennenanlagen, insbesondere eine Weiterübertragung, die ganze Stadtgebiete, Städte oder Regionen versorgt, ist dagegen eine Weitersendung, die der Zustimmung der Urheber bedarf. Dabei ist, ebenso wie bei der drahtlosen Weitersendung, möglich, daß sich das Ursprungsunternehmen von den Urhebern vertraglich das Recht bewilligen läßt, die Weitersendung zu gestatten, wobei freilich diese Bewilligung für die Berechnung der Vergütungen der Urheber ins Gewicht fallen kann.

---

[1] GRUR Int. 1975, S. 68 mit Anm. von WALTER.

Vgl. dazu im einzelnen ULMER, a.a.O. Eine ausdrückliche gesetzliche Regelung bleibt vorbehalten. Möglich ist insbesondere, daß der Gesetzgeber zur Erleichterung der Weiterübertragung durch Zentralantennenanlagen gesetzliche Lizenzen vorsieht, durch die die Urheber auf Vergütungsansprüche beschränkt werden. Eine solche Beschränkung wird in der österreichischen Urheberrechtsnovelle 1980 vorgesehen. Die Expertengruppe von UNESCO und WIPO befürwortet dagegen gesetzliche Lizenzen nur in Sonderfällen, in denen in der Praxis keine kollektive Verwertung der Rechte der Urheber in Betracht kommt.

4. Ein Sonderfall sind die *Rundfunkvermittlungsanlagen*, wie sie insbesondere in Hotels eingerichtet werden. Die Hotelgäste können von ihren Zimmern aus mit Hilfe von Wähltasten oder anderen Einrichtungen Sendeprogramme von einer Zentrale abrufen, die mit Rundfunkgeräten ausgestattet ist. Die Nebenstellen in den Hotelzimmern sind ihrem Wesen nach Empfangsanlagen. Der Vorgang ist m. E. nicht anders zu beurteilen als bei der Versorgung der Hotelzimmer mit normalen Empfangsgeräten, die an die Gemeinschaftsantenne des Hotelgebäudes angeschlossen sind: Der Empfang im Hotelzimmer ist grundsätzlich frei, da es sich um einen privaten Empfang handelt. Die Zuleitung in die Hotelzimmer ist, gleichgültig ob sie unmittelbar von der Gemeinschaftsantenne aus oder auf dem Weg über die Zentralstelle erfolgt, keine Weitersendung. Das österreichische UrhG sieht ausdrücklich vor, daß die Übermittlung von Sendungen durch Rundfunkvermittlungsanlagen nicht als Sendung anzusehen ist. Auch die französische Rechtsprechung stellt den Empfang im Hotelzimmer, der durch Rundfunkvermittlungsanlagen ermöglicht wird, dem Empfang durch normale Rundfunkgeräte gleich; vgl. die Entscheidung des Kass. Hofs in RIDA LXXIII (1972) 212. In der Bundesrepublik sind noch unter der Herrschaft des LUG zwei Entscheidungen über den Hotelzimmerempfang ergangen (BGHZ 36, 171 und BGH in UFITA 53 (1965) 277). Der BGH geht dabei mit Recht davon aus, daß der Empfang im Hotelzimmer grundsätzlich innerhalb der privaten Sphäre des Hotelgastes stattfindet und daher keine öffentliche Wiedergabe ist. Zu der Frage, ob die Übertragung durch die Vermittlungsanlage eine Sendung ist, die der Zustimmung des Urhebers bedarf, heißt es, sie sei zu verneinen, wenn die Nebenstellen von den Rundfunkanstalten bei der Berechnung der Urheberlizenzgebühren für die Erteilung der Sendeerlaubnis in gleicher Weise wie die unmittelbaren Rundfunkempfangsstellen berücksichtigt werden. Vgl. zur Kritik dieser Unterscheidung v. UNGERN-STERNBERG, S. 91 ff.

III. Zu den technischen Neuerungen im Bereich des Sendewesens gehört insbesondere auch die Übertragung von Sendeprogrammen durch Satelliten. Grundsätzlich unterscheidet man nach der Art der Übertragung zwischen den Punkt-zu-Punkt-Satelliten, den Verteilersatelliten und den direkt abstrahlenden Satelliten. Bei den Punkt-zu-Punkt- und den Verteilersatelliten werden die programmtragenden Signale über den Satelliten Erdstationen zugeleitet, die ihrerseits die von ihnen empfangenen Signale terrestrisch ausstrahlen. Der Unterschied besteht darin, daß bei Punkt-zu-Punkt-Satelliten die Signale an eine einzelne Sendestation zugeleitet werden, während bei den Verteilersatelliten die Signale für eine Reihe von Erdstationen bestimmt ist. Die letzte Entwicklungsstufe ist mit den direkt abstrahlenden Satelliten erreicht, für die charakteristisch ist, daß die über den Satelliten geleiteten Signale von der Allgemeinheit unmittelbar mit normalen Empfangsgeräten aufgefangen werden können.

Vgl. dazu insbesonder STEUP und MASOUYÉ, a.a.O., sowie v. UNGERN-STERNBERG, S. 129 ff. und STRASCHNOV, in Rev. de l'UER 1973, Nr. 6, S. 73 ff. Im ganzen überwiegen zur Zeit noch die Verteilersatelliten. Aber auch direkt abstrahlende Satelliten sind bereits im Einsatz.

1. Auf internationaler Ebene ist am 21. Mai 1974 in Brüssel ein Übereinkommen über die Verbreitung der durch Satelliten übertragenen programmtragenden Signale geschlossen worden.[1] Das Übereinkommen bezieht sich nicht auf Sendungen über direkt abstrahlende Satelliten. Ziel des Übereinkommens ist vielmehr der Schutz der Ursprungsunternehmen gegen Akte der Piraterie, insbesondere dagegen, daß die über Verteilersatelliten geleiteten Signale von Erdstationen, für die sie nicht bestimmt sind, aufgefangen und terrestrisch ausgestrahlt werden. Die Vertragsstaaten verpflichten sich, angemessene Maßnahmen zu treffen, um die Verbreitung von programmtragenden Signalen in ihrem Hoheitsgebiet oder von ihrem Hoheitsgebiet aus durch einen Verbreiter zu verhindern, für den die an den Satelliten ausgestrahlten oder über ihn geleiteten Signale nicht bestimmt sind.

Vgl. zu dem Übereinkommen STEUP-BUNGEROTH, in GRUR Int. 1975, 124 ff. Ursprungsunternehmen i. S. des Übereinkommens ist die natürliche oder juristische Person, die darüber entscheidet, welches Programm die ausgestrahlten Signale tragen, Verbreiter die natürliche oder juristische Person, die über die Übertragung der abgeleiteten Signale an die Allgemeinheit oder einen Teil der Allgemeinheit entscheidet. Das Übereinkommen wurde von der Bundesrepublik ratifiziert, vgl. unten § 121 II 2.

2. Ein besonderer Schutz der Urheber ist in dem Übereinkommen nicht vorgesehen. Die Regelung kommt ihnen nur insofern zustatten, als in Fällen, in denen die Signale ohne Zustimmung des Ursprungsunternehmens zur terrestrischen Ausstrahlung benutzt werden, die Unterbindung der Piraterie mittelbar auch ihre Interessen schützt.

Für den unmittelbaren Schutz der Urheber sind die Regelungen der nationalen Urheberrechtsgesetze sowie der internationalen Urheberrechtsabkommen, insbesondere der RBÜ und des Rev.WUA entscheidend. Dabei ist wesentlich, daß nach herrschender Meinung, die sich auf die Entstehungsgeschichte der Regeln, insbesondere der Regeln der RBÜ, berufen kann, der Begriff der Sendung voraussetzt, daß die Signale unmittelbar von der Öffentlichkeit empfangen werden können.

Ein solcher unmittelbarer Empfang durch die Öffentlichkeit findet bei der Übertragung über direkt abstrahlende Satelliten statt. Hier braucht keine Erdstation eingeschaltet zu werden, die ihrerseits das Programm an die Öffentlichkeit ausstrahlt. Der Satellit ist nur das Relais, das technische Mittel, dessen sich das Ursprungsunternehmen bedient, um die Signale an die Öffentlichkeit auszustrahlen. Das Ursprungsun-

[1] Text in GRUR Int. 1976, S. 440 ff.

ternehmen muß daher das Senderecht vertraglich von den Urhebern, ihren Rechtsnachfolgern oder den Inhabern abgeleiteter Rechte, darunter den Verwertungsgesellschaften, erwerben, die die Rechte der Urheber wahrnehmen.

Ebenso die heute ganz überwiegende Meinung. Vgl. MASOUYÉ und STEUP, a.a.O., sowie STRASCHNOV, in Tendances actuelles dans le domaine de la propriété intellectuelle (1971) 257 ff., sowie die klarstellende Bemerkung von BARBARA RINGER in ihrem Generalbericht über die Brüsseler Konferenz (DdA 1974, 129). Abweichend v. UNGERN-STERNBERG, S. 192 ff., der unter technischen Gesichtspunkten zwischen der Ausstrahlung zum Satelliten und der Abstrahlung vom Satelliten unterscheidet.

3. Bei den Punkt-zu-Punkt-Satelliten und den Verteilersatelliten können dagegen die Urheber, da nur die Austrahlung durch die Erdstationen unmittelbar für den Empfang durch die Öffentlichkeit bestimmt ist, nach herrschender Meinung das Senderecht nur gegen die terrestrisch ausstrahlenden Unternehmen geltend machen. Damit sind Gefahren insbesondere in den Fällen verbunden, in denen die Signale der Ursprungsunternehmen in Ländern aufgefangen und ausgestrahlt werden, in denen kein hinreichender Urheberrechtsschutz besteht. Im neueren Schrifttum ist daher von einzelnen Autoren die Meinung vertreten worden, daß das Senderecht auch das Recht der Ausstrahlung zum Satelliten einschließt. Eine solche Deutung würde aber zu einer ungerechtfertigten Kumulierung der Ansprüche führen: Die Urheber könnten das Senderecht sowohl gegen das Ursprungsunternehmen wie gegen das terrestrisch ausstrahlende Unternehmen geltend machen und daher gegebenenfalls eine doppelte Vergütung verlangen.

Die Meinung, daß bereits die Ausstrahlung zum Satelliten ein Akt der Sendung ist, wurde insbesondere von ROBERT PLAISANT, in RIDA LXX (1971) 79 ff., vertreten, der von einem „droit d'injection dans le circuit spatial" spricht. Vgl. dagegen v. UNGERN-STERNBERG, S. 153, sowie STEUP und MASOUYÉ, a.a.O.

Die Frage kann daher nur sein, ob und welche Ansprüche die Urheber unter anderen rechtlichen Gesichtspunkten gegen das Ursprungsunternehmen geltend machen können. Dabei ist zu unterscheiden: Handelt es sich um eine Weiterübertragung der vom Ursprungsunternehmen terrestrisch ausgestrahlten Sendungen, so ist der Urheber mit dem Ursprungsunternehmen durch den Sendevertrag verbunden, der darüber entscheidet, ob das Ursprungsunternehmen berechtigt ist, die Weitersendung zu gestatten und die dazu erforderliche Zuleitung des Programms vorzunehmen. Anders steht es, wenn das Programm nur für die Ausstrahlung über Satelliten bestimmt ist. Auch in diesen Fällen ist zwar das Ursprungsunternehmen auf den Vertragsschluß mit den Urhebern angewiesen, wenn das Programm auf Bild- oder Tonträgern aufgenommen wird. Es bleiben aber Lücken. Sie sind m. E. unter dem Gesichtspunkt zu schließen, daß das Ursprungsunternehmen haftbar gemacht werden kann, wenn die Zuleitung des Sendeprogramms an ein anderes Unternehmen die berechtigten Interessen der Urheber gefährdet.

Eine Gefährdung der Interessen des Urhebers liegt vor, wenn das Ursprungsunternehmen ohne Zustimmung des Urhebers das Sendeprogramm einem anderen Sendeunternehmen zuleitet, ohne sich Rechenschaft darüber zu geben, ob das betreffende Unternehmen vom Urheber oder der Verwertungsgesellschaft, die seine Rechte wahrnimmt, die Sendeerlaubnis erhalten hat bzw. — bei der Übertragung in Länder, in denen das Senderecht durch eine gesetzliche Lizenz beschränkt wird — ob die Zahlung einer angemessenen Vergütung effektiv gewährleistet ist. Für Fälle der Piraterie kann freilich das Ursprungsunternehmen nicht verantwortlich gemacht werden; es ist aber dem Urheber gegenüber verpflichtet, die ihm zustehenden Befugnisse zur Unterbindung der Piraterie geltend zu machen. — Der Rechtsgedanke einer Haftung für die Gefährdung der Urheberinteressen ist urheberrechtlich gesehen nicht neu. Beispielsweise beginnt die Verantwortlichkeit des Verlegers nicht erst mit der Verbreitung der Exemplare, sondern mit der ihr vorausgegangenen Drucklegung des Werkes. Es ist schon die Interessengefährdung, gegen die der Urheber gesichert ist. Vgl. insbesondere auch die Entscheidung in BGHZ 42, 118, in der der BGH im Hinblick auf die private Tonbandaufnahme durch Magnettongeräte davon ausging, daß der Urheber nicht nur gegen den Besitzer der Geräte, sondern auch gegen den Hersteller Ansprüche geltend machen kann, der nach Sachlage mit einer Rechtsverletzung durch die Besitzer der Geräte rechnen muß.

§ 55. Wiedergabe durch Bild- und Tonträger. Wiedergabe von Funksendungen

I. Dem Urheber steht gemäß § 21 UrhG das ausschließliche Recht zu, Vorträge oder Aufführungen seines Werkes mittels Bild- oder Tonträger öffentlich wahrnehmbar zu machen.

1. In der Rechtsentwicklung ging es zunächst um die öffentliche Wiedergabe von Musikwerken mittels Tonträgern, insbesondere die Wiedergabe mittels Schallplatten, die in öffentlichen Lokalen erfolgt. Das LUG hatte in der Fassung der Novelle von 1910 gestattet, Tonträger, die mit Zustimmung des Urhebers hergestellt sind, ohne weitere Erlaubnis zur öffentlichen Wiedergabe zu benutzen. Der BGH hat aber diese Regel, bei der seinerzeit noch an die Wiedergabe durch Trichtergrammophone gedacht war, in einer fortschrittlichen Rechtsprechung bereits entscheidend dahin eingeschränkt, daß die öffentliche Wiedergabe durch Plattenspieler mit Lautsprecher der Zustimmung des Urhebers bedarf (BGHZ 11, 135). Das UrhG sieht im Einklang mit der Regelung in Art. 11 Abs. 1 Nr. 1 und Art. 11ter Abs. 1 Nr. 1 RBÜ nunmehr generell vor, daß dem Urheber das Recht zusteht, Vorträge oder Aufführungen seines Werkes mittels Tonträger öffentlich wahrnehmbar zu machen.

Daß dem Urheber das ausschließliche Recht zusteht, die Sendung des Werkes mittels Tonträger (sowie Bildträger) zu bewilligen, folgt bereits aus § 20 UrhG. Der gesetzliche Begriff der öffentlichen Wahrnehmbarmachung umfaßt, anders als der Begriff der öffentlichen Wiedergabe, nicht die Rundfunksendung; vgl. dazu auch die Unterscheidung in §§ 76 Abs. 2 und 77 UrhG.

2. Entsprechend der Rechtslage bei Tonträgern, sieht das UrhG vor, daß dem Urheber auch das Recht zusteht, Vorträge oder Aufführungen des Werkes mittels Bildträger und damit sinngemäß auch mittels kombinierter Bild- und Tonträger öffentlich wahrnehmbar zu machen.

Der Sache nach ist hinsichtlich der Möglichkeit der Wiedergabe der Vorträge und Aufführungen von Werken durch Ton- bzw. Bildträger je nach der Art der Werke zu unterscheiden: die Musikaufführung in einem Konzert und der Vortrag eines Gedichts bei einer öffentlichen Feier können zwar sowohl akustisch wie visuell aufgenommen werden. Wiedergabe von Musikwerken oder von Gedichten ist aber nur die Wiedergabe durch Tonträger, nicht die Wiedergabe durch Bildträger, durch die die Künstler in ihren Bewegungen und Gesten sichtbar gemacht werden. Anders steht es bei Bühnenwerken. Die vollkommene Form der Wiedergabe ihrer Aufführungen ist die Wiedergabe mittels Bild- und Tonträger. Aber auch die Wiedergabe, die nur mittels Tonträger oder nur mittels Bildträger erfolgt, kann gegebenenfalls eine Wiedergabe der charakteristischen Züge des Werkes sein. Die Wiedergabe der Aufführung eines pantomimischen Werkes ist ihrer Natur nach eine Wiedergabe durch Bildträger.

Vgl. dazu FROMM-NORDEMANN, UrhG, § 21, Anm. 2 und die dort angeführten Beispiele. — Die gesetzliche Unterscheidung zwischen den Tatbeständen der §§ 19 Abs. 4 und 21 UrhG ist nur von terminologischer Bedeutung: Die öffentliche Wahrnehmbarmachung von Filmwerken und damit auch der Aufführungen und Vorträge der verfilmten Werke, die auf den Filmkopien festgelegt sind, bedarf gemäß § 19 Abs. 4 UrhG als öffentliche Vorführung der Zustimmung der Urheber. Anders ist die Terminologie bei Laufbildern: Wird eine Bühnenaufführung auf Ton- und Bildträger festgehalten, ohne daß ein Filmwerk geschaffen wird, so ist die öffentliche Wahrnehmbarmachung des Werkes mittels der Ton- und Bildträger öffentliche Wiedergabe, die gemäß § 21 UrhG der Zustimmung des Urhebers bedarf.

II. Dem Urheber steht gemäß § 22 UrhG das ausschließliche Recht zu, Funksendungen seines Werkes durch Bildschirm, Lautsprecher oder ähnliche technische Einrichtungen öffentlich wahrnehmbar zu machen. Der Empfang der Funksendung ist frei. Nur die Zweitverwertung, die durch öffentliche Wiedergabe der Sendung erfolgt, bedarf der Zustimmung des Urhebers. Hauptbeispiel ist die Wiedergabe der Funksendung in Gastwirtschaften und anderen öffentlichen Lokalen.

Die abweichende, vom RG in der Lautsprecher-Entscheidung (RGZ 136, 377) vertretene Meinung, daß die öffentliche Wiedergabe der Sendung nur ihre weitere Auswirkung sei, hatte verkannt, daß es beispielsweise im Verhältnis des Gastwirtes zum Komponisten keinen Unterschied machen kann, ob die Musik in der Gastwirtschaft durch eine Kapelle oder durch einen Lautsprecher wiedergegeben wird. Sie ist im Anschluß an die literarische Kritik bereits in BGHZ 22, 38 aufgegeben worden. Dem entspricht die Neuregelung, die im Einklang mit der Regel des Art. 11 bis Abs. 1 Nr. 3 RBÜ steht. Die in BGHZ 37, 1 vertretene Meinung, daß bei Fernsehsendungen nicht nur die Urheber der gesendeten Werke gegen die öffentliche Wiedergabe der Sendung geschützt sind, sondern daß auch das Sendeunternehmen selbst aufgrund seines Rechts an den Lichtbildern die öffentliche Wiedergabe der Sendung untersagen kann, hat durch die Regel des § 87 Abs. 1 Nr. 3 UrhG eine Einschränkung erfahren: Das Sendeunternehmen ist gegen eine öffentliche Wiedergabe seiner Sendungen nur geschützt, wenn sie an Stellen — beispielsweise in Lichtspieltheatern — erfolgt, die der Öffentlichkeit gegen Zahlung eines Eintrittsgeldes zugänglich sind. Vgl. unten § 127 II 3.

III. Übereinstimmend sehen §§ 21 Satz 2 und 22 Satz 2 UrhG die entsprechende Anwendung der Regel des § 19 Abs. 3 UrhG vor: Das Recht des Urhebers zur öffentlichen Wahrnehmbarmachung der Vorträge und Aufführungen seiner Werke mittels Bild- und Tonträger sowie zur öffentlichen Wiedergabe der Funksendung umfaßt auch das Recht, die Werke außerhalb des Raums, in dem die Wiedergabe stattfindet, durch Bildschirm, Lautsprecher oder ähnliche technische Einrichtungen, öffentlich wahrnehmbar zu machen. Bei der Auslegung der Verträge, die die Urheber bzw. die Verwertungsgesellschaften, die ihre Rechte wahrnehmen, mit dem Veranstalter schließen, ist nach der Regel des § 37 Abs. 3 UrhG im Zweifel nicht anzunehmen, daß die Wiedergabe außerhalb der Veranstaltung zulässig ist, für die sie bestimmt ist.

3. Der Schutzumfang

§ 56. Die Bearbeitungsrechte

Der Umfang, in dem die Verwertung des Werkes dem Urheber vorbehalten ist, erfährt vom Gegenstand her seine nähere Bestimmung: Die Zustimmung des Urhebers ist auch dann erforderlich, wenn Gegenstand der Verwertung das Werk in umgestalteter, insbesondere in bearbeiteter Form ist.

I. Das UrhG sieht in § 23 Satz 1 vor, daß Bearbeitungen oder andere Umgestaltungen des Werkes nur mit Einwilligung des Urhebers des bearbeiteten oder umgestalteten Werkes veröffentlicht oder verwertet werden dürfen.

1. Der Oberbegriff, von dem das Gesetz ausgeht, ist derjenige der Umgestaltung. Sie ist abhängige Nachschöpfung, d. h. eine Schöpfung, bei der wesentliche Züge des Originalwerkes übernommen werden. Die Bearbeitung ist der häufigste Fall der abhängigen Nachschöpfung. Man tut aber dem Sprachgebrauch Gewalt an, wenn man, wie dies früher üblich war und zum Teil heute noch im Schrifttum geschieht, den Begriff der Bearbeitung auf alle Fälle der abhängigen Nachschöpfung erstreckt: Für die Bearbeitung ist wesentlich, daß die Umgestaltung dem Werk

dient, wie beispielsweise eine Übersetzung, die das Werk einem weiteren Leserkreis zugänglich macht, oder eine Dramatisierung oder Verfilmung eines Romans, durch die eine Umgießung in eine andere Kunstform erfolgt, nicht aber da, wo wesensfremde Elemente hinzukommen, die nicht durch die Anpassung an veränderte Zwecke bedingt sind.

Ebenso HUBMANN, UR, S. 106. Gegen die abweichende Meinung, die in den Kommentaren zum UrhG vertreten wird, unter Umgestaltungen seien nur Änderungen zu verstehen, die, anders als Bearbeitungen, keine schöpferischen Leistungen sind, vgl. oben § 28 V 1. Sie verkennt die Bedeutung, die dem Begriff der Umgestaltung für die Bestimmung des Schutzumfangs zukommt.

Bei der Darstellung der Rechtslage beschränken wir uns zunächst auf die Fälle der Bearbeitung. Die entsprechende Rechtslage bei anderen abhängigen Nachschöpfungen wird anschließend (§ 57 I und II) erläutert.

2. Die Fassung des § 23 Satz 1 UrhG, daß eine Bearbeitung nur mit Einwilligung des Urhebers des bearbeiteten Werkes veröffentlicht oder verwertet werden darf, ist nicht frei von Bedenken. Sie gibt, indem sie nicht von der Veröffentlichung oder Verwertung des Originalwerkes, sondern von derjenigen der Bearbeitung ausgeht, den Rechtsgedanken, daß ein Eingriff in das Urheberrecht am Originalwerk auch dann vorliegt, wenn das Werk in wesentlichen Zügen ohne die Einwilligung des Originalautors veröffentlicht oder verwertet wird, nur unvollkommen wieder. Die aus dem Wortlaut des Gesetzes abgeleitete Regel, daß die Einwilligung des Originalautors nur zur Verwertung, nicht aber zur Herstellung, insbesondere zur ersten körperlichen Festlegung der Bearbeitung, notwendig ist, ist, wie unten (IV) zu zeigen sein wird, von Ausnahmefällen abgesehen, nicht haltbar.

Bei der Veröffentlichung ist entscheidend, daß durch die Veröffentlichung einer Bearbeitung auch wesentliche Züge des Originalwerkes veröffentlicht werden. Ist aber das Originalwerk bereits veröffentlicht, so kann sein Urheber die Veröffentlichung der Bearbeitung, sofern nicht zugleich ein Akt der Verwertung vorliegt, nicht untersagen. Das Recht zur Veröffentlichung der Bearbeitung steht vielmehr in solchen Fällen, ungeachtet des Wortlauts des Gesetzes, allein dem Bearbeiter zu.

Ebenso bezüglich der Veröffentlichung HUBMANN, UR S. 143.

3. Aufgrund des ihm zustehenden Bearbeitungsrechts ist die Einwilligung des Urhebers auch zu Verwertungsarten erforderlich, die für das Werk in seiner ursprünglichen Gestalt nicht in Betracht kommen. Wird beispielsweise ein Roman dramatisiert oder verfilmt, so ist auch zur öffentlichen Aufführung des Dramas oder zur öffentlichen Vorführung des Films die Einwilligung des Romandichters erforderlich.

II. Der umfassende Schutz gegen Bearbeitungen ist in der Geschichte des Urheberrechts allmählich erkämpft worden. Der Kampf wurde vor allem um das Übersetzungsrecht geführt. Die Übersetzungsfreiheit galt lange Zeit als selbstverständlich. Auch als die Rechtsidee sich durchzusetzen begann, daß das Werk ohne Rücksicht auf die Sprache, in der es wiedergegeben wird, geistiges Eigentum des Verfassers ist, blieb der Übersetzungsschutz zunächst noch hinter dem vollen Urheberrechtsschutz zurück. Er wurde von Vorbehalten und anderen Voraussetzungen abhängig gemacht und zeitlich gegenüber dem Urheberrechtsschutz verkürzt.

1. Auf internationaler Ebene wurde und wird zum Teil noch heute der Forderung nach einem vollen Übersetzungsschutz in einer Reihe von Ländern das nationale Interesse an einer Übersetzung in die Landessprache entgegengehalten.

a) In der RBÜ ist zwar seit der Berliner Revision (1908) grundsätzlich das volle Übersetzungsrecht anerkannt: Die Urheber verbandseigener Werke genießen Übersetzungsschutz während der ganzen Dauer ihrer Rechte am Originalwerk; Art. 8 RBÜ. Eine Ausnahme sieht jedoch Art. 30 Abs. 2 RBÜ für Verbandsländer vor, die beim Beitritt zur Berliner Fassung Vorbehalte erklärt und sie auch beim Beitritt zu neueren Fassungen beibehalten haben, sowie für neu beitretende Länder.

Früher erklärte Vorbehalte sind von Island, Jugoslawien und Thailand aufrechterhalten worden. Für Thailand gilt infolgedessen die ursprüngliche Regelung von 1886 (Beschränkung des Übersetzungsschutzes auf zehn Jahre); für Island und Jugoslawien die Regelung in der Pariser Zusatzakte von 1896 (Erlöschen des ausschließlichen Übersetzungsrechts, sofern der Urheber nicht binnen zehn Jahren von ihm Gebrauch macht). Denselben Vorbehalt können neu beitretende Länder bezüglich der Übersetzung in eine in ihrem Land allgemein gebräuchliche Sprache machen, wovon die Türkei bei ihrem Beitritt im Jahr 1952 Gebrauch gemacht hat. Japan hat auf den früher erklärten Vorbehalt mit Wirkung ab 1. 1. 1981 verzichtet. Zu der Rechtslage im einzelnen vgl. RGZ 102, 134; 111, 14; und 130, 11.

Auch das WUA gewährleistet grundsätzlich dem Urheber das Übersetzungsrecht während der ganzen Dauer des Urheberrechts, gestattet aber den Vertragsstaaten, eine Zwangslizenz für den Fall vorzusehen, daß bis zum Ablauf von sieben Jahren nach der Erstveröffentlichung keine Übersetzung in eine in ihrem Staat allgemein gebräuchliche Sprache veröffentlicht worden ist; vgl. oben, § 15 V 3.

b) Weitergehende Ausnahmen wurden zugunsten der Entwicklungsländer aufgrund der Beschlüsse der Pariser Revisionskonferenzen (1971) sowohl im Anhang zur RBÜ wie im Rev.WUA vorgesehen. Den Entwicklungsländern bleibt es vorbehalten, das Übersetzungsrecht für Unterrichts-, Studien- und Forschungszwecke nach dem Ablauf bestimmter Fristen seit der Erstveröffentlichung und nach vorausgegangener vergeblicher Befragung der Rechtsinhaber durch die Erteilung einer Zwangslizenz zu beschränken; vgl. darüber oben §§ 14 VI und 15 VI.

2. Im deutschen Urheberrecht besteht voller Übersetzungsschutz seit dem LUG von 1901. Die damals getroffene Regelung wurde sowohl in der Bundesrepublik wie in der DDR durch die Urhebergesetze von 1965 bestätigt.

Das LUG von 1901 hatte vorgesehen, daß sich das Übersetzungsrecht auch auf die Übersetzung in eine andere Mundart derselben Sprache sowie auf die Rückübersetzung in die Sprache des Originalwerkes erstreckt. In dem Urheberrechtsgesetz von 1965 wurde auf eine ausdrückliche Bestimmung darüber verzichtet, da die Regel als selbstverständlich erscheint.

Seit der Anerkennung des vollen Übersetzungsschutzes ist, dogmatisch gesehen, das Übersetzungsrecht nicht mehr als besondere Befugnis des Urhebers mit abgekürzter Schutzfrist zu deuten. Der Schutz ist vielmehr unmittelbar aus den Verwertungsrechten des Urhebers abzuleiten: Das Recht zur Verwertung des Werkes umfaßt auch das Recht, seine Verwertung in Form einer Übersetzung zu bewilligen oder zu untersagen. Solange der Urheber des Originalwerkes geschützt ist, ist daher seine Einwilligung auch zur Verwertung des Werkes in einer fremden Sprache erforderlich.

III. In gleicher Weise wie Übersetzungen sind sonstige Bearbeitungen eines Werkes, beipielsweise Dramatisierungen eines Romans, Verfilmungen eines Dramas, das musikalische Arrangement u. a. zu beurteilen. Ähnlich wie bei Übersetzungen, hat sich auch hier der Rechtsgedanke, daß die Einwilligung des Urhebers des Originalwerkes auch zur Verwertung des Werkes in bearbeiteter Form erforderlich ist, nur langsam durchgesetzt. Man hielt sich noch bis Ende des 19. Jahrhunderts eng an die Originalfassung und bezog nur die wörtliche oder eine der wörtlichen gleichkommende Wiedergabe in den Schutz ein. Wesentlich weiter ging dagegen das LUG von 1901, das den Begriff der Bearbeitung durch Beispiele erläuterte und insbesondere klarstellte, daß auch die Wiedergabe einer Erzählung in dramatischer Form oder eines Bühnenwerkes in der Form einer Erzählung eine Bearbeitung ist; in der Novelle von 1910 wurde als weiteres Beispiel einer Bearbeitung auch die Benutzung eines Schriftwerkes zur Herstellung eines Filmwerkes genannt.

Die in Deutschland vorherrschende Meinung neigte bis zur Jahrhundertwende zur Verneinung des Schutzes gegen Dramatisierung. Das RG hat in RGSt 8, 428 einen Schutz wenigstens dann gewährt, wenn die Dialoge weitgehend wörtlich aus der Erzählung übernommen wurden. Weiterschauend war KOHLER, der in seinem Autorrecht, S. 215 ff., einen umfassenden Schutz gegen „Adaptationen" verlangte. Seine Meinung hat sich durchgesetzt. — Mit der nationalen Entwicklung stimmt auch die internationale überein. Die RBÜ sieht seit der Brüsseler Revision (1948) vor, daß die Urheber von Werken der Literatur und Kunst das ausschließliche Recht genießen, Bearbeitungen, Arrangements und andere Umarbeitungen ihrer Werke zu erlauben. Auf den früheren Zusatz, es müsse sich um

Aneignungen handeln, die lediglich die Wiedergabe des Werkes mit unwesentlichen Änderungen, Zusätzen oder Kürzungen darstellen, wurde verzichtet. Art. 12 RBG.

Die Fälle der Bearbeitung lassen sich nicht erschöpfend aufzählen. Anders als das LUG von 1901, hat das UrhG auch auf die Aufzählung von Beispielen verzichtet. Typische Fälle der Bearbeitung sind aber außer der Übersetzung jedenfalls die folgenden:

1. Bearbeitung ist die Wiedergabe des Werkes in einer anderen Kunstform, wie die bereits erwähnte Dramatisierung eines Romans oder die Verfilmung eines Sprachwerkes. Daß die Dialoge u. dgl. wörtlich übernommen sind, ist nicht erforderlich. Es genügt, daß das Werk noch in wesentlichen Zügen dem geschützten Originalwerk entspricht. Zu den wesentlichen Zügen gehört dabei insbesondere auch die Fabel und ihre inhaltliche Ausgestaltung, soweit sie auf der Phantasie des Erzählers oder Dramatikers beruht.

Vgl. zur Verfilmung von Sprachwerken auch BGHZ 5, 119 und 26, 55. Auch die Verfilmung sonstiger Werke, insbesondere von Musikwerken, ist nur mit Zustimmung des Urhebers zulässig. Ob eine Bearbeitung vorliegt, hängt davon ab, ob die vorbestehende Musik verändert oder unverändert in das Filmwerk übernommen wird. Jedenfalls ist aber in beiden Fällen die Zustimmung des Komponisten erforderlich.

2. Bei Musikwerken liegt eine Bearbeitung u. a. in der Herstellung von Auszügen, beispielsweise eines Klavierauszugs, sowie von Einrichtungen für ein oder mehrere Instrumente oder Stimmen, gleichgültig ob es sich um eine Einschränkung der Anzahl der Klangmittel (Instrumentation einer Symphonie für ein Streichquartett) oder um eine Erweiterung (Einrichtung eines Liedes für einen Chor) handelt.

In den genannten Fällen liegt in der Regel eine Bearbeitung vor, durch die ein abhängiges Urheberrecht entsteht. Es sind aber auch Änderungen, wie beispielsweise die Transposition eines Liedes in eine andere Stimmlage, möglich, die urheberrechtlich nicht mehr geschützt sind. Zur Verwertung ist in solchen Fällen nur die Zustimmung des Urhebers des Originalwerkes erforderlich.

3. Auch bei Werken der bildenden Künste gibt es Nachbildungen in veränderter Gestalt. So kann ein plastisches Bildwerk in einem Gemälde oder in einer Zeichnung nachgebildet werden und umgekehrt. Auch die Reproduktion einer Handzeichnung oder eines Gemäldes durch Holzschnitt, Kupferstich, Radierung oder Lithographie führt zu einer Wiedergabe in veränderter Gestalt. Regelmäßig liegt in diesen Fällen eine Bearbeitung vor, die urheberrechtlich geschützt ist. Jedenfalls aber ist, solange der Urheber des Originalwerkes Schutz genießt, seine Zustimmung auch zur Verwertung des Werkes in veränderter Gestalt erforderlich.

Mit der Bearbeitung verwandt ist auch die fotografische Aufnahme: Wird ein Gemälde fotografiert, so erwirbt der Fotograf das Urheberrecht am Lichtbildwerk bzw. das verwandte Schutzrecht am Lichtbild, das aber als abhängiges Recht im Bann des Urheberrechts am Originalwerk steht. Möglich ist auch der umgekehrte Fall: Eine Fotografie kann durch einen Künstler bearbeitet, beispielsweise koloriert, werden. Dann entsteht ein vom Recht an der Fotografie abhängiges Urheberrecht. Zur Frage der freien Benutzung einer Fotografie vgl. RGZ 169, 109 sowie unten § 119 II 2.

IV. Man spricht vom Übersetzungsrecht, vom Verfilmungsrecht und von sonstigen Bearbeitungsrechten. Diese Begriffe sind nicht zu entbehren. Sie dürfen aber nicht mißverstanden werden. Das Übersetzungsrecht ist nicht das Recht, das Werk zu übersetzen: Die Übersetzung als geistiger Akt, ihre Niederschrift zum persönlichen Gebrauch sowie ihre Wiedergabe im privaten Kreis sind frei. Das Übersetzungsrecht ist vielmehr der Inbegriff der Rechte, die sich auf die Verwertung des Originalwerkes in fremder Sprache beziehen. Entsprechendes gilt für die sonstigen Bearbeitungsrechte.

1. Die Regelung im UrhG geht in ihrem Wortlaut in dem Freiraum, der dem Bearbeiter zukommt, insofern einen Schritt weiter, als sie nicht von dem Grundsatz ausgeht, daß ein Eingriff in das Verwertungsrecht des Originalautors auch bei einer Verwertung in bearbeiteter Form vorliegt. Das UrhG sieht vielmehr in § 33 Satz 1 nur vor, daß zur Verwertung der Bearbeitung die Zustimmung des Urhebers des bearbeiteten Werkes erforderlich ist. Daraus wird die Rechtsfolge abgeleitet, daß die Herstellung der Bearbeitung frei ist. Zur Herstellung wird dabei insbesondere auch die erste körperliche Festlegung der Bearbeitung gerechnet, die ihrem Wesen nach Vervielfältigung des Originalwerkes in bearbeiteter Form ist. Im Hinblick auf wichtige praktische Fälle sah sich aber der Gesetzgeber genötigt, Ausnahmen von der Regel vorzusehen, von der er ausgeht. Bereits im Regierungsentwurf zum UrhG war vorgesehen, daß im Fall der Verfilmung die Einwilligung des Urhebers schon zur Herstellung des Films erforderlich ist. Die Beratungen im Rechtsausschuß des Bundestages führten zur Einfügung weiterer Ausnahmetatbestände: Auch wenn es sich um die Ausführungen von Plänen und Entwürfen eines Werkes der bildenden Künste oder um den Nachbau eines Werkes der Baukunst handelt, bedarf bereits die Herstellung der Bearbeitung der Einwilligung des Originalurhebers. Von einer weitergehenden Änderung wurde im Hinblick auf Fälle wie insbesondere die Anfertigung des Manuskripts einer Übersetzung abgesehen, die in der privaten Sphäre erfolgt.

Vgl. zum Regierungsentwurf und zum Bericht des Rechtsausschusses die amtliche Begründung zu § 23 UrhG.

Nähere Prüfung zeigt indes, daß es sich bei den genannten Ausnahmefällen nicht um eine erschöpfende Aufzählung der Tatbestände handeln kann, in denen bereits die Herstellung der Bearbeitung ein Eingriff in das Urheberrecht am Originalwerk ist. Fertigt ein Maler für einen

Rathaussaal ein Wandgemälde an, so begeht er eine Urheberrechtsverletzung nicht nur, wenn er ein geschütztes Werk unverändert übernimmt, sondern auch, wenn er bei der Nachbildung eine Änderung in der Farbgebung vornimmt, die im Rechtssinn eine Bearbeitung ist. Der ausübende Künstler greift durch die öffentliche Aufführung des geschützten Werkes auch dann in das Urheberrecht des Komponisten ein, wenn er bei der Wiedergabe improvisiert und dadurch eine Bearbeitung herstellt.

Das Schrifttum folgt im ganzen unkritisch der Regelung des Gesetzes. FROMM-NORDEMANN, UrhG, § 23, Anm. 5, weisen darauf hin, daß gegebenenfalls zwar die erste körperliche Festlegung frei ist, die zweite Festlegung aber der Zustimmung des Urhebers des Originalwerkes bedarf. Diese Deutung ist zwar vom Standpunkt der herrschenden Lehre aus folgerichtig. Sie zeigt aber auch ihre Schwächen: Geht man davon aus, daß die Herstellung einer Übersetzung in der privaten Sphäre frei ist, so kann es keinen Unterschied machen, ob sich der Übersetzer auf die Anfertigung des Manuskrips in einem einzelnen Exemplar beschränkt oder ob er sein schwer lesbares Manuskript in eine Stenorette oder eine Schreibmaschine diktiert und damit eine zweite Festlegung vornimmt.

2. Der Wortlaut des Gesetzes kann nicht entscheiden. Wohl aber ist der Wille des Gesetzgebers zu beachten, daß die Herstellung der Bearbeitung in der privaten Sphäre in bestimmten Fällen ohne die Einwilligung des Originalautors zulässig ist. Es geht dabei um die Herstellung von Manuskripten, Plänen und Entwürfen, die in der privaten Sphäre als Vorbereitung für die Herstellung der zur Verwertung bestimmten Exemplare oder wie Manuskripte von Reden als Vorbereitung für einen öffentlichen Vortrag dienen. Der Freiraum ist freilich nur ein beschränkter. Insbesondere ist zu beachten, daß bereits die Überlassung der Vorlage an Dritte, die nicht zu dem privaten Kreis nahestehender Personen gehören, beispielsweise die Überlassung des Manuskripts an einen Verlag oder eine Rundfunkanstalt, im Rechtssinn eine Verbreitung ist, die der Zustimmung des Originalautors bedarf. Auch kann der Originalautor, wenn angesichts der Sachlage, beispielsweise der ihm bekanntgewordenen Herstellung von Entwürfen, deren Ausführung unmittelbar bevorsteht, eine Verletzung seiner Rechte zu befürchten ist, dem drohenden Eingriff mit einer vorbeugenden Unterlassungsklage begegnen.

Überschritten wird m. E. die private Sphäre auch in Fällen, in denen die Herstellung im Auftrag eines Verlags, eines Sendeunternehmens, eines Filmherstellers oder eines sonstigen Unternehmens erfolgt. Die Auslegung des Gesetzes bleibt dann im Einklang mit der Entscheidung des BGH in GRUR 1963, 441, in der die Anfertigung eines Drehbuchs, die im Auftrag eines Filmherstellers unter Bearbeitung eines urheberrechtlich geschützten Treatments erfolgte, als Urheberrechtsverletzung angesehen wurde. Im übrigen bleiben aber auch die Konsequenzen der Regelung zu beachten: Nicht anders als die Herstellung des Manuskripts einer Bearbeitung sind m. E. auch Fälle zu beurteilen, in denen ein Schriftsteller in Vorbereitung der Veröffentlichung einer Sammlung von Gedichten oder Novellen das Manuskript der Sammlung anfertigt. Auch hier ist zu unterscheiden, ob er aufgrund eigener Initiative oder im Auftrag eines Verlegers arbeitet. Es handelt sich daher im Grunde nicht um eine Besonderheit des Bearbeitungsrechts, sondern um eine allgemeinere urheberrechtliche Frage.

§ 57. Sonstige abhängige Nachschöpfungen. Plagiate

I. Bei der Übersetzung von Sprachwerken, bei der Einrichtung von Musikwerken für andere Klangkörper und in anderen typischen Fällen der Bearbeitung ist es offenbar, daß zwar das äußere Gewand wechselt, das Originalwerk aber in seiner Struktur übernommen wird. Eingriffe in das Urheberrecht am Originalwerk liegen aber auch sonst vor, wo wesentliche Züge des Werkes wiederkehren. So ist es beispielsweise eine Urheberrechtsverletzung, wenn in einem Roman oder Drama der Gang der Handlung und die Zeichnung der Charaktere aus einem geschützten Werk entnommen werden. Die Entwicklung hat in dieser Frage zu einer Verfeinerung des Rechtsempfindens geführt. Insbesondere hat sich, wie bereits gezeigt wurde, die Lehre, daß der Inhalt des Werkes frei ist, als eine unzulässige Verallgemeinerung erwiesen.

Vgl. dazu oben § 19 III 1. Daß die Verwertung der auf der Phantasie des Dichters oder Erzählers beruhenden Fabel in einer Fortsetzung, die unter Weiterführung der Handlung die charakteristischen Züge der Personen und ihrer Umwelt übernimmt, eine Urheberrechtsverletzung ist, wurde erstmals vom KG in GRUR 1926, 441 (Alt-Heidelberg — Jung-Heidelberg) angenommen.

Wichtig für den Begriff der abhängigen Nachschöpfung ist die Abgrenzung von der sogenannten freien Benutzung (Vgl. unten § 58 II). Die Abgrenzung der Bearbeitungsfälle von der freien Benutzung macht in der Regel keine Schwierigkeiten. In den Hauptfällen, in denen im Rechtsleben um die Freiheit oder Unfreiheit der Benutzung gestritten wird, pflegt es sich um sonstige abhängige Nachschöpfungen zu handeln. Der Plagiator, der die Abhängigkeit bewußt verschleiert, oder der Autor, der einen Roman unter Übernahme des charakteristischen Milieus fortsetzt, erscheint, wenn man vom Sprachsinn des Wortes ausgeht, nicht mehr als Bearbeiter. Die früher gebräuchliche Fragestellung, ob eine Bearbeitung oder eine freie Benutzung vorliegt, barg daher die Gefahr einer zu engen Begrenzung des Schutzumfangs in sich. Das UrhG stellt deshalb in § 23 der Bearbeitung die sonstige Umgestaltung des Werkes gleich. Die Grenze zwischen Bearbeitung und sonstiger Umgestaltung ist freilich flüssig. Eine genaue Bestimmung der Grenzlinie erübrigt sich, da die Rechtslage die gleiche ist. Wie bei der Bearbeitung ist auch bei sonstigen abhängigen Nachschöpfungen von dem Rechtsgedanken auszugehen, daß ein Eingriff in das Recht des Originalautors auch dann vorliegt, wenn wesentliche Züge des Werkes ohne seine Einwilligung übernommen werden. Auch zur Herstellung der abhängigen

Nachschöpfung ist, sofern es sich nicht bloß um die Anfertigung von Manuskripten oder Entwürfen in der privaten Sphäre handelt, die Einwilligung des Originalautors erforderlich.

Von einer zu engen Begrenzung des Schutzumfangs war angesichts der Fragestellung, ob Bearbeitung oder freie Benutzung vorliegt, das RG u. a. in den Entscheidungen RGZ 63, 158 („Durchlaucht Radieschen") und RGZ 82, 16 („Die lustige Witwe") ausgegangen, in denen zwar die Abhängigkeit verschleiert, jedoch eine Reihe wesentlicher Züge der Lustspiele „La duchesse des Folies Bergère" und „L'attaché d'ambassade" übernommen wurde.

II. Abhängige Nachschöpfung kann auch da vorliegen, wo eine andere Werkgattung gewählt wird. Beispiele sind die Verfilmung eines Romans oder eines Dramas sowie die Umgießung eines Dramas in ein Gebärdenspiel. Aber es gibt Grenzen, die unübersteigbar sind. So liegt es insbesondere zwischen Sprachwerken, Musikwerken und Werken der bildenden Künste. Der Komponist oder der Künstler mag durch ein Sprachwerk zu seinem Schaffen angeregt worden sein. Das kann aber die Selbständigkeit seines Werkes nicht berühren: Im Verhältnis dieser Werkgattungen zueinander gibt es keine abhängige Nachschöpfung.

Die Frage ist im urheberrechtlichen Schrifttum noch wenig untersucht. Ansätze finden sich bei ELSTER, UFITA 2 (1929) 595 ff. Der Grundsatz berührt sich mit der Regel, daß bloße Anregungen, die einem Komponisten oder einem Künstler gegeben werden, kein Recht an dem Werk begründen (RGZ 127, 211): Urheber kann nur derjenige sein, der in den Gesetzen der Musik oder der bildenden Kunst denkt und arbeitet. Vgl. dazu auch FROMM-NORDEMANN, UrhG, § 23, Anm. 6.

III. Mit dem Begriff des Plagiats pflegt man die Vorstellung von einem geistigen Diebstahl zu verbinden, bei dem fremdes Geistesgut als eigenes ausgegeben wird (über die Entstehung des Begriffs vgl. oben § 9 I). Als moralischer Vorwurf ist der Vorwurf des Plagiats sowohl in älterer wie in neuerer Zeit vielfach gegen Dichter, Schriftsteller und Künstler erhoben worden. Zuweilen hat dabei die Kritik das berechtigte Maß überschritten, indem sie verkannt hat, daß auch der Meister die Anregung durch das Werkschaffen anderer nicht entbehren kann. Jedenfalls ist der Begriff so, wie er in der literarischen und künstlerischen Kritik verwendet wird, kein Rechtsbegriff. Das Plagiat aus gemeinfreien Werken ist keine Urheberrechtsverletzung. Und auch da, wo es sich um geschützte Werke handelt, wurde und wird manches als Plagiat bezeichnet, was auch im Sinne unserer heutigen strengeren Auffassung von der unfreien Benutzung keine Urheberrechtsverletzung ist.

Vgl. darüber und über die Plagiatsammlungen des Altertums sowie der neueren Zeit ENGLÄNDER, Gedanken über Begriff und Erscheinungsformen des musikalischen Plagiats, UFITA 3 (1930) 20 ff. Er hebt mit Recht hervor, daß der Plagiatvorwurf vielfach zu übertriebener und unsinniger „Plagiatschnüffelei" gesteigert wurde.

1. Im älteren Schrifttum pflegte man daher den Begriff des Plagiats nur in einem sehr engen Sinn als Rechtsbegriff zu verwenden: man beschränkte ihn auf Zitate und Entlehnungen, bei denen der gesetzlichen Vorschrift zuwider die Quellenangabe unterlassen wird. In neueren Darstellung und in der Rechtsprechung mehren sich dagegen die Versuche, den Begriff des Plagiats in einem dem allgemeinen Sprachgebrauch näherkommenden Sinn der Rechtsanwendung nutzbar zu machen.

So hat beispielsweise das KG in GRUR 1926, 442 ausgesprochen, der Urheber müsse heute gegenüber Plagiaten einen stärkeren Schutz erhalten, als dies in der früheren Rechtsprechung der Fall gewesen sei. Aus dem neueren Schrifttum vgl. insbesondere FROMM-NORDEMANN, UrhG, § 24, Anhang, Anm. 1—6.

Auch in diesem weiteren Sinn bedarf der Begriff aber, wenn er als Rechtsbegriff verwendet werden soll, besonderer Bestimmung: Einerseits ist er auf Fälle zu beschränken, in denen eine Urheberrechtsverletzung vorliegt. Andererseits ist aber nicht jede Urheberrechtsverletzung Plagiat. Wer den Urheber nennt, ist, auch wenn er sich des Nachdrucks oder sonstiger unzulässiger Verwertung schuldig macht, kein Plagiator. Wir können vielmehr, wenn wir als Juristen den Begriff des Plagiats übernehmen, nur diejenige Urheberrechtsverletzung als Plagiat bezeichnen, bei der der Benutzer sich die Urheberschaft anmaßt.

2. Plagiat im Rechtssinn ist demnach die Benutzung eines geschützten Werkes oder von Teilen desselben unter Anmaßung der Urheberschaft. Möglich ist, daß nur das Urheberpersönlichkeitsrecht verletzt wird; so liegt es nicht nur bei Zitaten und anderen zulässigen Entlehnungen, bei denen die Quellenangabe fehlt, sondern auch in Fällen, in denen der Urheber einem anderen ein Nutzungsrecht eingeräumt hat, dieser aber das Werk unter seinem eigenen Namen verwertet. Möglich ist aber auch, daß gleichzeitig in das Verwertungsrecht eingegriffen wird. Neben den krassen Fällen, in denen sich ein anderer trotz unveränderter Wiedergabe die Urheberschaft anmaßt, geht es dabei vor allem um Fälle unfreier Benutzung, bei denen das Werk in veränderter Gestalt wiedergegeben, die Abhängigkeit der Nachschöpfung aber verschleiert wird. Hier kommt der Rechtsbegriff des Plagiats dem im Leben und in der Kunstkritik verwendeten Begriff am nächsten. Die Begriffe decken sich zwar nicht. Aber die rechtliche Beurteilung hat sich im Laufe der Entwicklung der moralischen Bewertung genähert.

Zuweilen spricht man auch vom *Selbstplagiat* des Urhebers und kennzeichnet damit Fälle, in denen er aus eigenen früheren Werken schöpft. Eine Rechtsverletzung kann aber in solchen Fällen nur vorliegen, wenn der Urheber vertraglich gebunden ist: Im Rahmen der Urheberrechtsverträge, die er über einzelne Werke schließt, kann er Verfügungen über seine Rechte treffen oder Verpflichtungen übernehmen, die eine *Enthaltungspflicht* bedingen. Über die aus dem Verlagsvertrag fließende Enthaltungspflicht des Verfassers vgl. unten § 102 II.

§ 58. Gemeingut und freie Benutzung

Unzulässig ist die Benutzung des Werkes in seinen individuellen Zügen. Daraus ergibt sich der Umfang, zugleich aber auch die Grenze des Schutzes: Von den individuellen Zügen des Werkes ist das literarische und künstlerische Gemeingut zu unterscheiden, das jedermann benutzen kann. Auch ist die Individualität der neuen Schöpfung zu berücksichtigen; wo angesichts der Eigenart des neuen Werkes die Züge des geschützten Werkes verblassen, da liegt freie Benutzung vor.

I. Gemeingut ist alles, was dem Schriftsteller oder Künstler durch Natur oder Geschichte vorgegeben ist. So kann die Person, die Landschaft oder das historische Ereignis, das im Bilde dargestellt wird, immer aufs neue Gegenstand des künstlerischen Schaffens werden. Und ebenso bleiben im Schrifttum die geschichtlichen Sachverhalte, die Zeitereignisse, die Naturerscheinungen usf., die literarisch beschrieben oder als Motiv einer Dichtung benutzt werden, für weitere Darstellungen frei.

Vorgegeben und daher schutzlos sind auch die Elemente, die aus freien Werken übernommen sind. Vgl. dazu RGZ 71, 355: Der fliegende Merkur des JOHANN von BOLOGNA konnte mehrfach in neueren Werken nachgebildet werden; der zweite Nachbildner durfte zwar nicht auf die individuellen Züge der ersten Nachbildung, wohl aber auf das Original zurückgreifen. Entsprechend wurde die Rechtslage in BGHZ 44, 288 („Apfelmadonna") beurteilt: Aus der Nachbildung einer gemeinfreien Skulptur kann zwar ein Bearbeiterurheberrecht erwachsen; jedenfalls kann aber der Nachbildner die Herstellung von Kopien des Originals nicht untersagen. Auch gibt es Gemeingut kraft Tradition und Übung. So gibt es in der Dichtung Fabeln (beispielsweise die Faustsage), die immer wiederkehren. Es gibt in der Musik „wandernde Melodien" und es gibt in der bildenden Kunst einen Schatz freier Formen. Vgl. dazu OSTERRIETH-MARWITZ, KUG, S. 28.

Über eine verklungene Volksmelodie und deren Bearbeitung vgl. LG Frankfurt in UFITA 22 (1956) 372 ff.: Der schwedische Komponist ALFVÉN hatte einer Rhapsodie eine Melodie zugrunde gelegt, die er von einem schwedischen Fischerjungen singen gehört hatte. Die Volksliedmelodie war frei, die Bearbeitung durch A. dagegen geschützt. Später hat ein anderer Komponist unter dem Titel „Schwedenmädel" eine neue Bearbeitung geschaffen. Rechtlich kam es auf die Frage an, ob er nur die Volksliedmelodie oder ob er auch die Bearbeitung A.s benutzt hatte. Das Gericht hat daraus, daß die Volksliedmelodie in ihrer ursprünglichen Form verklungen und nur noch in der Bearbeitung A.s festgehalten war, auf eine Verletzung des Bearbeiterurheberrechtes geschlossen. Die Entscheidung ist im Ergebnis zutreffend, weil die Vermutung dafür sprach, daß auch die Umgestaltung durch A. benutzt war. Wäre aber davon auszugehen gewesen, daß die Komposition von A. nur insoweit benutzt wurde, als sie der älteren Melodie entsprach, so hätte die Tatsache allein, daß der spätere Bearbeiter nur über die Schöpfung von A. Zugang zu ihr hatte, die Annahme der Urheberrechtsverletzung nicht gerechtfertigt.

Gemeingut für die literarische Darstellung sind ferner Ideen, Lehren und Theorien. Es geht dabei nicht nur um das überkommene Ideengut, sondern auch um neue Gedanken und Theorien, die in geschützten Werken offenbart werden. Ihre Freiheit ist für Lehre, Forschung und geistige Auseinandersetzung unentbehrlich. Das Werk ist zwar geschützt. Wer im einzelnen die Entwicklung und Begründung der Lehre durch ihren Schöpfer verfolgen will, der bleibt auf seine Darstellung angewiesen. Der Sinngehalt der Gedanken und Lehren aber ist frei. Er kann beschrieben, kritisiert und weiterentwickelt; seine Kenntnis kann durch andere vermittelt werden.

II. Von der unfreien Benutzung zu unterscheiden sind die Anregungen, die aus fremdem Werkschaffen fließen. Sie können nicht entbehrt werden. Die Geschichte der Literatur und Kunst ist reich an Beispielen. DANTE hat aus VERGIL geschöpft. SHAKESPEARE hat italienische Novellen benutzt, GOETHE war sich vieler Anregungen aus älteren Werken bewußt. Auch in der neueren Literatur, in den Werken von STEFAN GEORGE, von GERHART HAUPTMANN u. a. finden wir Beispiele freier Nachdichtung. In der Musik gibt es berühmte Variationen über ältere Themen usf.

Solche Anregungen können nicht nur aus freien Werken und aus freien Elementen, sondern auch aus literarischem und künstlerischem Gute fließen, das an sich geschützt ist. Darauf nimmt das Urheberrecht Rücksicht. Gemäß § 24 Abs. 1 UrhG darf ein selbständiges Werk, das in freier Benutzung des Werkes eines anderen geschaffen wurde, ohne Zustimmung des Urhebers des benutzten Werkes veröffentlicht und verwertet werden.

Entscheidend sind dabei die Merkmale der Selbständigkeit des Werkes und der Freiheit der Benutzung: Frei ist die Benutzung nicht schon dann, wenn das neue Werk auf schöpferischer Leistung beruht. Eine solche muß auch bei der Umgestaltung vorliegen, wenn wenigstens ein abhängiges Urheberrecht entstehen soll. Die Freiheit der Benutzung setzt vielmehr voraus, daß angesichts der Individualität des neuen Werkes die Züge des benutzten Werkes verblassen. Die Handhabung der Regel verlangt vom Richter ein hohes Einfühlungsvermögen. Literarische und künstlerische Werturteile sind nicht zu vermeiden. Keinesfalls darf die Bestimmung zum Freibrief für Plagiate werden.

Der Formulierung in den Vorauflagen dieses Werkes entsprechend, geht der BGH in ständiger Rechtsprechung davon aus, daß eine freie Benutzung nur vorliegt, wenn angesichts der Eigenart des neuen Werkes die entnommenen Züge des geschützten Werkes verblassen. Vgl. BGH in GRUR 1958, 404 („Lili Marleen"); 1958, 502 („Mecki Igel I"); 1959, 381 („Gasparone"); 1960, 253 („Mecki Igel II") und 1965, 47 („Stadtplan").

1. Ein strenger Maßstab ist insbesondere bei den Werken der Dichtung und der Kunst anzulegen. Wird eine Fabel, die auf der Phantasie des Dichters beruht, übernommen, so liegt in der Regel eine unfreie Benutzung vor. Anders steht es nur, wenn sie zu bloßer Anregung für neues, selbständiges Werkschaffen wird. Ins Gewicht fällt dabei einerseits die neue inhaltliche Ausgestaltung, angesichts derer nur noch das Motiv als übernommen erscheint, und andererseits die künstlerische Schau und Formung, der gegenüber einzelne stoffliche Elemente als bloßes rohes Material an Bedeutung verlieren.

Die strengere Auffassung hat sich, wie bereits oben (§ 57 I) gezeigt wurde, in der neueren Rechtsprechung durchgesetzt. Die Entsch. des RG über ,,Durchlaucht Radieschen" (RGZ 63, 158) und über die ,,Lustige Witwe" (RGZ 82, 16) waren mit Grund wegen zu milder Beurteilung heftiger Kritik begegnet; vgl. GOLDBAUM, UR, S. 153 ff. Die neuere Auffassung wurde vom KG in GRUR 1926, 441 ff. und vom RG in RGZ 121, 65 vertreten. Das OLG Karlsruhe in GRUR 1957, 395 unterscheidet zutreffend, ob die Fabel des geschützten Werkes dem zweiten Autor nur als Anregung gedient hat oder ob sie als Kern seines Werkes in Erscheinung tritt. Unter anderem fällt bei der Beurteilung, wie RGZ 169, 114 mit Recht betont, auch die Stärke der Individualität des geschützten Werkes ins Gewicht: ,,Ein Werk stärkerer Eigenart geht schwerer in einem nachgeschaffenen Werk auf, ohne ihm seinen charakteristischen Stempel aufzudrücken, als ein Werk schwächerer Eigenart". Von der Fortsetzung des Werkes, bei der die Handlung weitergeführt und die charakteristischen Züge der Personen übernommen werden, unterschied der BGH in BGHZ 26, 57 (,,Sherlock Holmes") und in GRUR 1968, 404 (,,Lili Marleen") Fälle, in denen freie Benutzung angenommen wurde, weil nur eine Anspielung auf die Namen und äußere Aufmachung der Gestalten des früheren Werkes vorlag, die Darstellung im übrigen aber eigene Wege ging.

Auch bei *Parodien* hängt es von der Eigenart des neuen Werkes und dem Grad seiner Selbständigkeit ab, ob eine freie Benutzung des parodierten Werkes angenommen werden kann. Der Freiraum, der Parodien im Interesse der geistigen Auseinandersetzung auch bei einzelnen Entlehnungen gewährt wird, setzt jedenfalls voraus, daß das Werk in seiner Eigenart durch die antithematische Behandlung geprägt wird. Aus der Rechtsprechung vgl. BGH in GRUR 1971, 588 (,,Disney-Parodie"); aus dem Schrifttum vgl. HEFTI, Die Parodie im Urheberrecht, Schriftenreihe der UFITA, Heft 54 (1977).

Bei den Musikwerken ist die Anlegung eines strengen Maßstabes durch das Gesetz vorgeschrieben: Unzulässig ist eine Benutzung immer schon dann, wenn eine Melodie erkennbar dem Werk entnommen und einem neuen Werk zugrunde gelegt wird; § 24 Abs. 2 UrhG. Es ist der sog. starre Melodienschutz, der zuerst in der französischen Rechtsprechung anerkannt und auf Betreiben der Komponisten und Musikalienhändler in das LUG von 1901 übernommen wurde. Der Grundsatz hat seine Bedeutung und Berechtigung vor allem im Bereich der sog. leichten Musik, der Operetten- und Schlagermusik, die gegen die Übernahme der Melodien in Potpourris u. dgl. geschützt ist. Bei der ernsten Musik erscheint die Regel dagegen nicht als unbedenklich. Variationen und Phantasien können, solange die Melodie erkennbar bleibt, nicht als freie Benutzung gedeutet werden. Berühmte Variationen der deutschen Musik wären daher möglicherweise unterbunden worden, wenn der starre Melodienschutz schon im 19. Jahrhundert gegolten hätte. Die Entwürfe zum UrhG sahen daher in der Erwägung, daß es genüge, wenn grundsätzlich ein strenger Maßstab angelegt wird, von der bisherigen Regel ab. Sie wurde aber aufgrund der Beratungen im Rechtausschuß des Bundestags wieder in die gesetzlichen Bestimmungen aufgenommen.

Die Auslegung der Regel stößt angesichts der Unbestimmtheit des Begriffs der Melodie und seiner Abgrenzung von Moriv und Thema auf Schwierigkeiten. In der Praxis wurde die Frage eingehend anläßlich einer Komposition erörtert, in der zwei Themen aus Richard Strauß' ,,Heldenleben" übernommen waren. Das OLG Dresden nahm in GRUR

1909, 332 an, daß zwar das Heldenthema eine Melodie sei, das Widersacherthema dagegen mangels genügender Geschlossenheit nur ein charakterisches Motiv, dessen freie Benutzung möglich sei. Zu Einzelfragen vgl. die eingehende Darstellung bei MÖHRING-NICOLINI, UrhG, § 24 Anm. 6. Über das musikalische Zitat vgl. unten § 67 II 3.

2. Beim sonstigen literarischen Schaffen, insbesondere beim wissenschaftlichen Schrifttum, ist der Spielraum für die freie Benutzung ein größerer. Die Ideen und Theorien sind ohnedies, urheberrechtlich gesehen, Gemeingut. Bei ihrer Darstellung muß aber auch eine Anlehnung an die Ausführungen ihres Schöpfers, die zu ihrer Begründung und Entwicklung gemacht werden, möglich sein. Das erfordert die Freiheit der Lehre und der geistigen Auseinandersetzung. Auch hier gibt es aber Grenzen: Popularisierende Darstellungen, die das Gewebe der Gedankenführung übernehmen und ohne wesentlichen eigenen Beitrag sich am Erfolg des Werkes zu beteiligen versuchen, können Urheberrechtsverletzungen sein.

Gegenüber der älteren Auffassung, daß nur die Form, nicht der Inhalt geschützt sei (vgl. u. a. ALLFELD, LUG § 12 Anm. 7), erscheint daher auch hier die Anlegung eines strengeren Maßstabes erforderlich. Zur Frage der popularisierenden Darstellung vgl. auch LG München in UFITA 24 (1958) 265 ff.: Der Autor einer fachwissenschaftlichen medizinischen Abhandlung wurde dagegen geschützt, daß die Gedankenfolge und der Aufbau seiner Darstellung in einem in einer illustrierten Zeitung erschienenen Artikel übernommen wurden. Da keine selbständige literarische Verarbeitung vorlag, wurde der Einwand der freien Benutzung mit Recht zurückgewiesen.

III. Die Vergütungsansprüche

§ 59. Allgemeines. Verhältnis zu den Verwertungsrechten

I. Eine weitere Gruppe von Rechten, die aus dem Urheberrecht fließen, sind die Vergütungsansprüche. Wie bereits in der Übersicht über die Arten der Rechte der Urheber gezeigt wurde, handelt es sich dabei einerseits um Fälle, in denen das UrhG Rechte, die grundsätzlich Verwertungsrechte sind, bei besonderen Tatbeständen zu bloßen Vergütungsansprüchen abschwächt. Andererseits kommen aber auch Sachverhalte in Betracht, bei denen das Gesetz zugunsten der Urheber generell nur Vergütungsansprüche vorsieht. Rechte solcher Art sind in der Bundesrepublik Deutschland erstmals im UrhG von 1965 vorgesehen und durch die Novelle von 1972 weiter ausgebaut worden. Es sind die Vergütungsansprüche, die die Urheber von Werken der bildenden Künste aufgrund des dem Urheberrecht immanenten Folgerechts im Fall der Weiterveräußerung der Originale ihrer Werke geltend machen können, sowie die Vergütungsansprüche, die den Urhebern im Fall der Vermietung und des Verleihs von Vervielfältigungsstücken zustehen. Sie sind in den folgenden beiden Paragraphen näher zu erläutern.

II. Die in besonderen Fällen vorgesehene Abschwächung von Verwertungsrechten zu bloßen Vergütungsansprüchen hat ihre gesetzliche Grundlage in den Regeln der §§ 45 ff. UrhG über die Schranken der Urheberrechte. Es handelt sich um die sogenannten gesetzlichen Lizenzen, d. h. um Fälle, in denen die Verwertung der Werke zwar genehmigungsfrei, aber vergütungspflichtig ist. In Betracht kommen dabei insbesondere die Schranken, die den Verwertungsrechten zugunsten von kulturellen und Informationszwecken gezogen werden. Beispielsweise ist die Vervielfältigung und Verbreitung von Werken oder Werkteilen nach Maßgabe des § 46 UrhG im Rahmen von Sammlungen gestattet, die für den Kirchen-, Schul- oder Unterrichtsgebrauch bestimmt sind; Zeitungsartikel und Rundfunkkommentare, die politische, wirtschaftliche oder religiöse Tagesfragen betreffen, dürfen nach Maßgabe des § 49 UrhG in anderen Zeitungen und Informationsblättern vervielfältigt, verbreitet sowie öffentlich wiedergegeben werden. In beiden Fällen ist aber dem Urheber eine angemessene Vergütung zu bezahlen. Im einzelnen ist über die einschlägigen Tatbestände in dem Kapitel über die Schranken des Urheberrechts zu berichten.

Rechtspolitisch gesehen ist die Frage, in welchen Fällen eine solche Abschwächung der Verwertungsrechte zu Vergütungsansprüchen vorgesehen werden soll, von grundsätzlicher Bedeutung; eine Einschränkung der Verwertungsrechte durch gesetzliche Lizenzen, die nicht auf Ausnahmefälle beschränkt bleibt, sondern für wichtige Bereiche der Werknutzung, darunter die Sendung durch Rundfunk, vorgesehen wird, ist wiederholt gefordert und erwogen worden. Im urheberrechtlichen Schrifttum hat sich insbesondere Willy Hoffmann für eine weitgehende Einführung des von ihm sogenannten Tantiemesystems eingesetzt, bei dem dem Urheber keine ausschließlichen Verwertungsrechte, sondern nur Vergütungsansprüche zustehen.[1] Mit Grund hält aber unsere Rechtsordnung im Interesse eines wirksamen Urheberrechtsschutzes in der Regel an dem System der ausschließlichen Verwertungsrechte fest: Die Verwertungsrechte sichern den Urhebern die Rechtsposition, aufgrund deren sie Verträge über die Einräumung von Nutzungsrechten schließen und auch nach der Erstveröffentlichung die Verwertung ihrer Werke steuern können. U. a. entscheiden die Urheber darüber, ob das Werk im Verlag erscheinen, von Bühnen aufgeführt, gesendet, übersetzt oder verfilmt werden soll und welchen Unternehmen die Verwertung anvertraut wird. Eine Abschwächung der Verwertungsrechte zu bloßen Vergütungsansprüchen ist daher nur in den Sonderfällen gerechtfertigt, in

---

[1] Archiv für Funkrecht 1929, 247 f., und Rechtsvergleichendes Handwörterbuch VII (1939) 69 ff. Vgl. im übrigen zur Forderung nach einer gesetzlichen Lizenz für den Rundfunk unten § 62 III 1.

denen überwiegende Interessen die Freigabe der Verwertung erforderlich machen, dem Urheber aber ein Vergütungsanspruch vorbehalten bleiben muß.

Anders ist die rechtspolitische Beurteilung in der *Sowjetunion*. In ihrer Gesetzgebung wird zwar die Erstveröffentlichung des Werkes von der Zustimmung des Urhebers abhängig gemacht. Ist sie erfolgt, so ist die Verwertung weitgehend freigegeben. Bei den Massenmedien, Rundfunk, Presse und Film, ist sie genehmigungs- und vergütungsfrei. Für öffentliche Aufführungen, auch die Aufführung von Bühnenwerken, ist das Tantiemesystem vorgesehen: Sie ist ohne Bewilligung des Urhebers zulässig, verpflichtet aber zur Zahlung einer Vergütung.

III. Das Argument, daß den Urhebern die freie Entscheidung über die Vergabe ihrer Rechte vorbehalten bleiben muß, verliert freilich seine Bedeutung bei Rechten, die die Urheber individuell nicht wirksam geltend machen können, bei denen sie vielmehr auf die Wahrnehmung durch Verwertungsgesellschaften angewiesen sind. In Betracht kommen insbesondere die Rechte zur nichtbühnenmäßigen Aufführung von Musikwerken, zur öffentlichen Wiedergabe mittels Bild- und Tonträgern sowie zur Wiedergabe der Funksendung, die in öffentlichen Lokalen erfolgt. Die Verwertungsgesellschaften sind aufgrund des Abschlußzwangs, den das WahrnG vorschreibt, dazu verpflichtet, aufgrund der von ihnen wahrgenommenen Rechte jedermann auf Verlangen Nutzungsrechte einzuräumen. Die Urheber bleiben auf den Bezug der Vergütungen beschränkt, die die Verwertungsgesellschaften aufgrund ihres Verteilungsplans ausschütten. Praktisch liegt darin eine Annäherung an das Tantiemesystem. Jedenfalls sind aber, sofern den Verwertungsgesellschaften ausschließliche Rechte eingeräumt werden, anders als bei der Übertragung von Vergütungsansprüchen, die Verwerter vor der Werknutzung auf den Abschluß von Verträgen mit den Verwertungsgesellschaften angewiesen, in denen die Höhe der Vergütung festgelegt wird. Vgl. zur Bedeutung dieses Unterschieds zwischen bloßen Vergütungsansprüchen und Nutzungsrechten, die durch Verwertungsgesellschaften wahrgenommen werden, NORDEMANN, in GRUR 1979, 280 ff.

§ 60. Die Ansprüche aus dem Folgerecht

DUCHEMIN, Le droit de suite des artistes (Paris 1948); KATZENBERGER, Das Folgerecht im deutschen und ausländischen Urheberrecht, Heft 10 der Urheberrechtlichen Abhandlungen des MPI (1970).

I. Das Folgerecht (droit de suite) ist das Recht der Urheber von Werken der bildenden Künste auf eine Beteiligung an dem Erlös, der bei der Weiterveräußerung der Originale ihrer Werke erzielt wird.

1. Ihren Ausgangspunkt nahm die Forderung nach Einführung des Folgerechts von dem Gedanken, daß es der Billigkeit entspricht, den Künstler an dem Mehrerlös zu beteiligen, der bei der Weiterveräußerung des Originals erzielt wird. In dem Mehrerlös kommt die Wertsteigerung zum Ausdruck, die dem Ruf zu danken ist, den der Künstler in der Länge der Zeit erworben hat. Hat beispielsweise der Meister die Originale seiner Jugendwerke billig veräußert, so erscheint es als gerecht, ihn an dem höheren Verkaufserlös späterer Jahre zu beteiligen.

Vgl. über einschlägige Fälle DUCHEMIN, S. 17 ff.: Renoir erlebte es, daß ein Porträt, für das ihm 1 000 Fr. bezahlt worden waren, für 100 000 Fr. weiterveräußert wurde. Der Maler Bollin hatte in wirtschaftlicher Not einen Karton mit 160 Aquarellen für 12 Fr. verkauft und kurz darauf Selbstmord begangen. Einige Jahre später wurden die Aquarelle zum Preis von 1 500 bis 2 000 Fr. je Stück weiterverkauft. Über weitere Beispiele besonders hoher Wertsteigerung vgl. KATZENBERGER, S. 18 f.

2. Bei der gesetzlichen Ausgestaltung haben einige Staaten, die das Folgerecht vorsehen, wie insbesondere Italien und Portugal, dem Gedanken Rechnung getragen, daß der Urheber an dem bei der Weiterveräußerung erzielten Mehrerlös zu beteiligen ist.

Andere Staaten, wie insbesondere Frankreich und Belgien, haben dagegen in ihrer Gesetzgebung von der Frage nach der Erzielung eines Mehrerlöses abgesehen. Die Künstler erhalten einen Anteil an dem Veräußerungserlös auch in Fällen, in denen er geringer als der Anschaffungspreis ist. Von diesem Grundsatz geht auch die Regelung aus, die in der Bundesrepublik im UrhG von 1965 erfolgt ist und in der Novelle von 1972 weiter ausgebaut wurde.

Der Billigkeitsgedanke, der den Anlaß zur Forderung nach Einführung des Folgerechts gab, hat damit eine Abwandlung erfahren. Entscheidend wurde ein Rechtsgedanke, der der besonderen Lage im Bereich der bildenden Künste Rechnung trägt: Der Künstler wird an den Akten der Weiterveräußerung, durch die das Original einem anderen Personenkreis zugänglich gemacht wird, ähnlich wie der Komponist oder der Schriftsteller an den Akten der öffentlichen Wiedergabe des Werkes, beteiligt. Es wird dadurch ein Ausgleich dafür geschaffen, daß der Nutzen aus der Vervielfältigung, der Verbreitung und der öffentlichen Wiedergabe von Werken der bildenden Künste im Vergleich mit anderen Werkgattungen an Bedeutung zurücktritt, und zugleich der besondere Wert berücksichtigt, der bei der bildenden Kunst dem Original zukommt.

3. In der Berner Union ist eine Regelung des Folgerechts erstmals in Art. 14bis der Brüsseler Fassung erfolgt, der als Art. 14ter RBÜ in die Stockholmer und Pariser Fassung übernommen wurde. In der RBÜ heißt es dabei, daß der Urheber hinsichtlich der Originale von Werken der bildenden Künste und der Originalhandschriften der Schriftsteller und Komponisten ein unveräußerliches Recht auf Beteiligung am Erlös aus Verkäufen des Originals nach der ersten Veräußerung durch den Urheber genießt. Die Regel begründet aber kein Mindestrecht, das die Urheber verbandseigener Werke in allen Verbandsländern in Anspruch nehmen können. Es mußte vielmehr Rücksicht darauf genommen werden, daß in einer größeren Anzahl von Verbandsländern, darunter in Großbritannien, den Ländern des Britischen Commonwealth, den Niederlanden, der Schweiz u. a., keine Bereitschaft zur Einführung des Folgerechts bestand. Art. 14ter Abs. 2 RBÜ sieht daher vor, daß der Schutz des Folgerechts in jedem Verbandsland nur beansprucht werden kann, sofern die Heimatgesetzgebung des Urhebers diesen Schutz vorsieht und soweit es die Gesetzgebung des Landes zuläßt, wo dieser Schutz in Anspruch genommen wird. Vgl. zur Auslegung dieser Bestimmung ULMER, in GRUR 1974, 593 ff. — Auch in den Verbandsländern, die den Urhebern das Folgerecht gesetzlich zuerkennen, sind gegenüber der Regel des Art. 14ter RBÜ wesentliche Abstriche erfolgt: In der Regel bleibt das Folgerecht auf die Fälle der Weiterveräußerung der Originale von Werken der bildenden Künste beschränkt; nur ausnahmsweise, wie beispielsweise in Portugal, wird die Veräußerung von Originalhandschriften mit einbezogen. Auch wird zumeist vorgesehen, daß das Folgerecht nicht bei pri-

vaten Veräußerungen, sondern nur bei Veräußerungen im Weg der öffentlichen Versteigerung oder bei Verkäufen, an denen Kunsthändler beteiligt sind, in Anspruch genommen werden kann.

II. Die Regelung in § 26 UrhG von 1965, die nur eine Beteiligung an dem Verkaufserlös in Höhe von 1 % vorsah, hat in der Novelle von 1972 durch die Anhebung der Beteiligung auf 5 % und durch Regeln über Auskunftsansprüche der Urheber eine erhebliche Verbesserung erfahren.

Als Verwertungsgesellschaft, die die Vergütungsansprüche wahrnimmt, kommt der 1968 gegründete Verein Bild-Kunst in Betracht. Anders als die Auskunftsansprüche (vgl. darüber unten VI), können aber die Vergütungsansprüche auch vom Urheber selbst geltend gemacht werden.

In der Praxis stößt freilich die Durchsetzung der Ansprüche der bildenden Künstler infolge des vom Kunsthandel geleisteten Widerstands noch auf Schwierigkeiten: Die Künstler, die das Folgerecht selbst oder durch eine Verwertungsgesellschaft geltend machen, laufen Gefahr, daß sich die Kunsthändler für den Absatz ihrer Werke nicht mehr einsetzen. Immerhin sind in der Praxis der letzten Jahre Fortschritte erzielt worden. Auch wird im Zusammenhang mit Plänen zu einer sozialen Sicherung der Künstler über ein Pauschalabkommen verhandelt.

III. Die systematische Stellung und die Rechtsnatur des Folgerechts waren früher umstritten. Der Einordnung in das Urheberrecht schien entgegenzustehen, daß es sich seiner Natur nach weder um ein ausschließliches Verwertungsrecht noch um eine Ausstrahlung des Urheberpersönlichkeitsrechts handelt. Heute steht es außer Zweifel, daß das Folgerecht zum Inhalt des Urheberrechts gehört. Begrifflich ist es dabei von den einzelnen Vergütungsansprüchen zu unterscheiden, die die Urheber im Fall der Weiterveräußerung der Originale ihrer Werke geltend machen können: Als Quelle dieser Ansprüche ist es ein untrennbarer Bestandteil des Urheberrechts. Als solches geht es auf die Erben des Urhebers oder ihre Rechtsnachfolger über, auf die das Urheberrecht im Zug des Erbgangs übertragen wird, und erlischt mit Ablauf der Schutzfrist.

Vgl. zur Rechtsnatur und systematischen Stellung des Folgerechts die eingehende Darstellung bei KATZENBERGER, S. 64 ff. Im deutschen Schrifttum hatte noch DE BOOR, Vom Wesen des Urheberrechts, 1933, das Folgerecht nicht zum Inhalt des Urheberrechts gerechnet, da es weder Verwertungsrecht noch Urheberpersönlichkeitsrecht sei. Die im französischen und deutschen Schrifttum zeitweilig vertretene Ansicht, daß das Folgerecht aus dem Urheberpersönlichkeitsrecht fließt oder doch jedenfalls eine persönlichkeitsrechtliche Grundlage habe, verkennt, daß es als Quelle von Vergütungsansprüchen ausschließlich vermögensrechtliche Interessen schützt. Daß es unübertragbar und unverzichtbar ist, erklärt sich nicht aus der Rücksicht auf ideelle Interessen des Urhebers, sondern aus dem Ziel, den Urheber vor voreiligen Verfügungen zu schützen, insbesondere auch vor Verfügungen, die er unter dem Druck des Kunsthandels vornehmen würde. PETER, Österreichisches Urheberrecht, 1954, S. 403, und TROLLER, Immaterialgüterrecht II, S. 791, versuchen, das Folgerecht aus dem Verbreitungsrecht des Urhebers abzuleiten: Das Verbreitungsrecht, das sich nach allgemeiner Regel an den Werkstücken erschöpft, die im Weg der Veräußerung in den Verkehr gebracht werden, bestehe bei Werken der bildenden Künste hinsichtlich des Originals fort, werde aber durch eine gesetzliche Lizenz zu einem Vergütungsanspruch abgeschwächt. In Wahrheit unterscheidet sich aber das Folgerecht von dem Verbreitungsrecht nicht nur durch die Beschränkung auf die Veräußerung von Originalen und durch die Abschwächung zu einem Vergütungsanspruch. Es weist vielmehr auch sonst besondere Züge auf; insbesondere ist, anders als beim Verbreitungsrecht, jede Verfügung über das Folgerecht ausgeschlossen.

IV. Der Vergütungsanspruch setzt voraus, daß das Original eines Werkes der bildenden Künste weiterveräußert und an der Weiterveräußerung ein Kunsthändler oder Versteigerer als Erwerber, Veräußerer oder Vermittler beteiligt ist. Ausgeschlossen ist er bei der Weiterveräußerung von Werken der Baukunst und der angewandten Kunst. § 26 Abs. 1 und 8 UrhG.

1. Original eines Werkes der bildenden Künste ist grundsätzlich das vom Künstler unmittelbar geschaffene Werkstück. Bei Werken der Bildhauerei, deren Urform aus Wachs, Gips, Ton oder anderem Material gebildet wird, von der auf dem Weg über eine Negativform Abgüsse hergestellt werden, sowie bei Werken der Druckgraphik sind, der Verkehrsauffassung entsprechend, die Abgüsse oder Abdrucke als Originale anzusehen, die vom Künstler selbst oder unter seiner Kontrolle durch Dritte hergestellt werden.

Vgl. dazu FROMM-NORDEMANN, UrhG, § 26, Anm. 2, und KATZENBERGER, S. 90 ff. Abweichend v. GAMM, UrhG, § 26, Rdz. 5.

2. Der Begriff der Weiterveräußerung setzt eine erstmalige Veräußerung durch den Urheber oder seine Erben voraus. Die erstmalige Veräußerung kann auch eine Schenkung sein.

3. An der Weiterveräußerung muß ein Kunsthändler oder ein Versteigerer als Erwerber, Veräußerer oder Vermittler beteiligt sein. Von der Einbeziehung der privaten Veräußerung, die ohne solche Vermittlung erfolgt, hat der Gesetzgeber im Hinblick auf die Schwierigkeit der Kontrolle abgesehen.

Der Begriff der Vermittlung ist in einem weiten Sinn zu deuten: Es genügt, daß die Veräußerung darauf zurückzuführen ist, daß ein Kunsthändler oder ein Versteigerer den Eigentümer des Originals auf bestimmte Interessenten hingewiesen hat oder daß von ihm das Werk in einen Katalog aufgenommen oder auf Ausstellungen und Messen zur Schau gestellt wurde.

V. Der Anspruch des Urhebers ist ein Anspruch gegen den Veräußerer auf einen Anteil in Höhe von 5 % des Veräußerungserlöses. Er entfällt, wenn der Veräußerungserlös weniger als 100 DM beträgt.

1. Veräußerer ist der Eigentümer des Originals, wenn das Veräußerungsgeschäft von ihm selbst oder von einem Stellvertreter auf seinen Namen abgeschlossen wurde. Erfolgt dagegen die Veräußerung, wie es im Kunsthandel häufig ist, durch einen Kommissionär, so ist Veräuße-

rer der Kommissionär, der das Geschäft zwar für fremde Rechnung, aber im eigenen Namen abschließt.

Im Schrifttum ist die Passivlegitimation bei Kommissionsgeschäften umstritten. MÖHRING-NICOLINI, UrhG, § 26, Anm. 4a, sehen den Kommittenten, für dessen Rechnung der Verkauf erfolgt, als Veräußerer an; v. GAMM, UrhG, § 26 Rdz. 6, KATZENBERGER S. 105 und OLG München in GRUR 1979, 441, nehmen eine gesamtschuldnerische Haftung von Kommittent und Kommissionär an. M. E. ist es für die rechtliche Beurteilung entscheidend, daß gemäß § 383 HGB der Kommissionär derjenige ist, der das Veräußerungsgeschäft (Verpflichtungs- und Verfügungsgeschäft) im eigenen Namen abschließt; daß der Kommissionär die Verfügung mit Zustimmung des Kommittenten vornimmt, ändert nichts daran, daß er Vertragspartner des Verfügungsgeschäfts ist. Auch BGHZ 56, 256 stellt mit Grund darauf ab, ob der Abschluß des Veräußerungsgeschäfts im eigenen oder fremden Namen erfolgt.

2. Veräußerungserlös ist in der Regel der Kaufpreis, bei Tauschgeschäften der Verkehrswert des Tauschgegenstands.

Streitig ist die Rechtslage in Fällen, in denen der vereinbarte Kaufpreis seitens des Erwerbers nicht bezahlt wird. FROMM-NORDEMANN, UrhG § 26, Anm. 3, nehmen an, daß der Urheber nur an dem Betrag zu beteiligen ist, den der Veräußerer tatsächlich erhält; dagegen lassen v. GAMM, UrhG, § 26 Rdz. 8, und KATZENBERGER S. 108 f., die Entstehung der Kaufpreisforderung genügen. M. E. kann der Urheber, solange der Kaufpreis noch nicht bezahlt ist, jedenfalls Abtretung von 5 % der Kaufpreisforderung verlangen; im Fall einer Teilzahlung kann er 5 % des Teilbetrags und Abtretung von 5 % der restlichen Kaufpreisforderung begehren. Zahlungsunfähigkeit des Veräußerers geht dann freilich auch zu seinen Lasten. Jedenfalls kann er aber den abgetretenen Teil der Forderung eventuell auch als Konkursgläubiger selbständig gegen den Veräußerer geltend machen. Auch ist der Veräußerer, wenn er die Kaufpreisforderung dem Erwerber erläßt, dem Urheber für die schuldhafte Vereitelung seines Anspruchs auf Beteiligung an dem Erlös verantwortlich.

3. Der Verzicht des Urhebers auf seinen Anteil, eine Verfügung über den Anteil oder eine Zwangsvollstreckung in den Anteil ist erst nach Entstehung des Anspruchs möglich. § 26 Abs. 2 UrhG.

4. Der einzelne Vergütungsanspruch verjährt nach Ablauf einer Frist von zehn Jahren; § 26 Abs. 7 UrhG. Das Folgerecht als Quelle der Ansprüche unterliegt nicht der Verjährung, erlischt aber als Bestandteil des Urheberrechts mit dem Ablauf der Schutzfrist, in der Regel 70 Jahre post mortem auctoris.

VI. Für die Durchsetzung der Vergütungsansprüche ist es wesentlich, daß der Urheber Auskunft über Fälle der Veräußerung seiner Werke verlangen kann.

Das UrhG von 1965 hatte keine Auskunftsansprüche vorgesehen. In der Rechtsprechung hat der BGH in BGHZ 56, 257 aus allgemeinen Rechtsgrundsätzen einen Auskunftsanspruch gegen den Kunsthändler oder Versteigerer abgeleitet, der an dem Veräußerungsgeschäft beteiligt ist, den Anspruch aber auf die Fälle beschränkt, in denen der Urheber den Abschluß des Veräußerungsgeschäfts nachweisen konnte. In der Neuregelung durch die Novelle von 1972 wurde in § 26 Abs. 3—5 den

Urhebern das Auskunftsrecht in einem weitergehenden Umfang zuerkannt, zugleich aber vorgesehen, daß Auskunftsrechte nur durch eine Verwertungsgesellschaft geltend gemacht werden können, die die Rechte der Urheber wahrnimmt.

1. Die Urheber können von dem Kunsthändler oder Versteigerer Auskunft darüber verlangen, welche Originale ihrer Werke innerhalb des letzten, vor dem Auskunftsersuchen abgelaufenen Kalenderjahres unter seiner Beteiligung weiterveräußert wurden. Die Verwertungsgesellschaft, die zur Geltendmachung dieses Rechts befugt ist, kann daher von den Kunsthändlern oder Versteigerern die Angabe aller Veräußerungsgeschäfte verlangen, die im abgelaufenen Jahr unter ihrer Beteiligung über Originale der Werke der Urheber geschlossen wurden, deren Rechte sie wahrnimmt.

2. Die Verwertungsgesellschaft kann ferner in Wahrnehmung der Rechte der Urheber, soweit dies zur Durchsetzung der Ansprüche gegen den Veräußerer erforderlich ist, von dem Kunsthändler oder Versteigerer Auskunft über Namen und Anschrift des Veräußerers sowie über die Höhe des Veräußerungserlöses verlangen. Dem Anliegen der Kunsthändler oder Versteigerer, gegebenenfalls die Anonymität zu wahren, wurde aber dadurch Rechnung getragen, daß sie die Auskunft über den Veräußerer verweigern dürfen, wenn sie ihrerseits den Urhebern den Anteil entrichten.

Bestehen begründete Zweifel an der Richtigkeit oder Vollständigkeit der erteilten Auskunft, so kann die Verwertungsgesellschaft verlangen, daß nach Wahl des Auskunftspflichtigen ihr, einem Wirtschaftsprüfer oder vereidigten Buchprüfer Einsicht in die Geschäftsbücher oder sonstigen Urkunden soweit gewährt wird, wie dies zur Feststellung der Richtigkeit oder Vollständigkeit der Angaben erforderlich ist. Die Auswahl des Wirtschaftsprüfers oder Buchprüfers bleibt freilich dem Auskunftspflichtigen überlassen. Erweist sich die Auskunft als unrichtig oder unvollständig, so hat der Auskunftspflichtige die Kosten der Prüfung zu erstatten. § 26 Abs. 6 UrhG.

VII. Ausländischen Staatsangehörigen steht gemäß § 121 Abs. 5 UrhG das Folgerecht zu, wenn der Staat, dem sie angehören, nach einer Bekanntmachung des Bundesministers der Justiz deutschen Staatsangehörigen ein entsprechendes Recht gewährt. Solche Bekanntmachungen sind bisher im Verhältnis zu Frankreich am 4. 11. 1975 und im Verhältnis zu Belgien am 21. 9. 1977 erfolgt; aufgrund des vorausgegangenen Notenwechsels sind in beiden Staaten entsprechende Dekrete erlassen worden.

Sofern die Urheber Angehörige eines Berner Verbandslands sind, in dem das Folgerecht gesetzlich anerkannt ist, stellt sich die Frage, ob sie die Vergütungsansprüche unmittelbar aus Art. 14ter RBÜ ableiten können, so daß der Bekanntmachung nur deklaratorische Bedeutung zukommt. Der BGH hat in GRUR Int. 1978, 470, die Frage grundsätzlich bejaht. In der Entscheidung ging es um die Veräußerung des Bildes eines französischen Malers, die im Inland vor Erlaß der Bekanntmachung von 1975 erfolgt war. Die vom BGH verlangte Nachprüfung, ob schon vor der Veröffentlichung der Bekanntmachung materielle Gegenseitigkeit mit Frankreich bestand, ist freilich angesichts des Grundsatzes, von dem er ausging, nicht folgerichtig: Besteht die Verpflichtung aufgrund von Art. 14ter RBÜ, so ist sie sowohl für Frankreich wie für die Bundesrepublik unabhängig davon bindend, ob sie in dem anderen Staat in der Praxis bereits anerkannt ist. Endgültig entschieden wurde der erwähnte Rechtsstreit zugunsten des französischen Malers durch rechtskräftiges Urteil des KG in GRUR Int. 1979, 572. Das KG hat dabei mit Recht nicht die Frage, ob die Gegenseitigkeit in der Praxis verbürgt ist, sondern nur die Rechtslage geprüft, für die festzustellen war, daß das Folgerecht sowohl in Frankreich wie in der Bundesrepublik anerkannt ist und daher in beiden Ländern die Verpflichtung aus Art. 14ter RBÜ besteht. — Das WUA schweigt über das Folgerecht. Die Frage, ob Angehörige von Staaten, die nur Vertragsstaaten des WUA sind, das Folgerecht in der Bundesrepublik aufgrund der Regeln über die Inländerbehandlung in Anspruch nehmen können, ist m. E. zu verneinen: Angesichts der Entstehungsgeschichte des WUA ist nicht anzunehmen, daß zu den Rechten, für die Inländerbehandlung zu gewähren ist, das Folgerecht gehört. Vgl. dazu ULMER, in GRUR 1974, 598 ff. Einer eventuellen Bekanntmachung des Bundesministers der Justiz über die Gewährung eines entsprechenden Rechts an deutsche Staatsangehörige kommt daher in solchen Fällen konstitutive Bedeutung zu.

§ 61. Die Vermietungs- und Ausleihtantieme

DIETZ, Gesetzliche Regelung und praktische Verwirklichung der Büchereitantieme, in GRUR 1976, 289 ff.

I. Vermietung und Verleih von Vervielfältigungsstücken geschützter Werke ist im Rechtssinn Verbreitung. Das Verbreitungsrecht erlischt jedoch gemäß § 17 Abs. 2 UrhG bezüglich der Werkstücke, die mit Zustimmung des zur Verbreitung im Inland Berechtigten im Weg der Veräußerung in Verkehr gebracht werden.

1. Wie die Weiterverbreitung durch Veräußerung, ist daher nach dem Erlöschen des Verbreitungsrechts auch die Weiterverbreitung der in Verkehr gebrachten Werkstücke durch Vermietung und Verleih zulässig. Anders als die frühere Regelung im LUG und KUG, sieht aber § 27 UrhG in bestimmten Fällen für die Gebrauchsüberlassung Vergütungsansprüche zugunsten der Urheber vor.

Die Forderung nach einer Vergütung wurde seitens der Urheber insbesondere damit begründet, daß bei einem Verkauf der Bücher, Zeitschriften, Schallplatten usw. Einnahmen erzielt werden, an denen die Urheber zumeist aufgrund der Verträge, die sie mit Verlegern, Schallplattenherstellern und anderen Werknutzern schließen, beteiligt werden. Vermietung und Verleih können daher zu einer Schmälerung des Absatzes und damit der Einnahmen führen, weil sie den Benutzern den Ankauf der Exemplare ersparen. Eine erste Berücksichtigung hat diese Forderung der Urheber in den skandinavischen Staaten erfahren, in denen Beiträge zu einem Schriftstellerfonds entrichtet werden. Doch beruhen diese Zahlungen nicht auf gesetzlichen Ansprüchen gegen die Vermieter und Verleiher. Vielmehr ist es in Norwegen und Schweden der Staat, der zum Ausgleich für den Verleih von Werkstücken in staatlich unterstützten Bibliotheken (Volks- und Schulbüchereien) Beträge an den Schriftstellerfonds entrichtet. In Dänemark erheben die Buchhändler, die eine Leihbücherei betreiben, aufgrund einer Vereinbarung mit dem dänischen Autorenverband von ihren Kunden zusätzliche Beträge, die sie an den Schriftstellerfonds entrichten; auch werden staatliche Zuschüsse an den Fonds geleistet. S. dazu FISCHLER, in GRUR Int. 1956, 6 ff. — In Großbritannien wurde 1979 ein Public Lending Right Act erlassen. Er sieht als Ausgleich für das Verleihen von Büchern Zahlungen an die Verfasser aus einem zentralen Fonds vor, der durch staatliche Mittel gespeist wird.

2. Die Vergütungsansprüche zugunsten der Urheber, die in der ursprünglichen Fassung des § 27 UrhG vorgesehen waren, blieben auf die Fälle der Vermietung, d. h. der entgeltlichen Gebrauchsüberlassung, beschränkt, die den Erwerbszwecken des Vermieters dienen. Damit wurden zwar die Fälle der Vermietung durch gewerbsmäßige Leihbüchereien, Lesezirkel und Diskotheken erfaßt. Ausgeschlossen blieb aber insbesondere die praktisch ungleich bedeutsamere Ausleihe durch öffentliche Bibliotheken.

Diese Lücke ist durch die Neufassung, die § 27 UrhG in der Novelle von 1972 erfahren hat, geschlossen worden. Vorgesehen sind Ansprüche der Urheber auf Zahlung einer angemessenen Vergütung sowohl im Fall des Vermietens wie des Verleihens von Vervielfältigungsstücken, wenn die Gebrauchsüberlassung Erwerbszwecken des Vermieters oder Verleihers dient oder durch eine der Öffentlichkeit zugängliche Einrichtung erfolgt. Der Gesetzgeber trug damit der Forderung der Urheberverbände, insbesondere des Verbands deutscher Schriftsteller, nach einem Ausbau der Ausleihtantieme, insbesondere der Büchereitantieme (des sogenannten Bibliotheksgroschens), Rechnung. Zugleich wurde vorgesehen, daß die Ansprüche nur durch eine Verwertungsgesellschaft geltend gemacht werden können. Der Bundestag ging dabei, dem Anliegen der Urheberverbände entsprechend, ohne daß freilich eine ausdrückliche Bestimmung darüber erfolgte, von der Erwartung aus, daß die Verwertungsgesellschaften nicht nur Ausschüttungen an die einzelnen anspruchsberechtigten Urheber vornehmen, sondern einen erheblichen Teil des Aufkommens auch für soziale Zwecke, insbesondere den Aufbau einer Altersversorgung verwenden werden. Der Ausschluß der individuellen Geltendmachung der Ansprüche sollte im übrigen auch den Vergütungspflichtigen, insbesondere den Bibliotheken, die Entrichtung der Vergütung erleichtern.

3. Dogmatisch gesehen stellt sich, ähnlich wie im Folgerecht, die Frage, ob die Regel dahin zu deuten ist, daß das Verbreitungsrecht der Urheber, abweichend von der allgemeinen Regel über seine Erschöpfung, in bestimmten Fällen fortbesteht, aber zu einem Vergütungsanspruch abgeschwächt wird. Angesichts der besonderen Ausgestaltung der Ansprüche ist aber die Deutung vorzuziehen, daß es sich nicht um eine Nachwirkung des Verbreitungsrechts, sondern um besondere, aus dem Urheberrecht fließende Ansprüche handelt.

II. Die Voraussetzungen für die Entstehung der Vergütungsansprüche sind in § 27 Abs. 1 Satz 1 UrhG geregelt.

1. Voraussetzung ist zunächst, daß Vervielfältigungsstücke vermietet oder verliehen werden, deren Weiterverbreitung nach § 17 Abs. 2 UrhG zulässig ist. Vermietung und Verleihen des Originals von geschützten Werken lösen keine Vergütungspflicht aus. Als Vervielfälti-

gungsstücke kommen insbesondere Bücher, Zeitschriften und Zeitungen, Noten, Ton- und Bildträger, wie Schallplatten und Videogramme, sowie Kopien von Kunstwerken in Betracht.

Mietverträge und Leihverträge sind i. S. des bürgerlichen Rechts (§§ 535 und 598 BGB) Verträge, die zur entgeltlichen bzw. unentgeltlichen Gebrauchsüberlassung verpflichten. Die Verpflichtung zur Gebrauchsüberlassung ist dabei in der Regel eine Verpflichtung zur Überlassung des Besitzes, kann sich aber gegebenenfalls auf die Pflicht beschränken, dem Mieter oder Entleiher nur die gelegentliche Benutzung der im Besitz des Vermieters oder Verleihers verbleibenden Sache (beispielsweise die stundenweise Benutzung eines Klaviers) zu gestatten; vgl. BGHZ 65, 137, 140. Die Begriffe des bürgerlichen Rechts sind für die Deutung der Begriffe des § 27 UrhG an sich nicht bindend, zumal auch die Gebrauchsüberlassung aufgrund öffentlich-rechtlicher Anstaltsnutzung zu berücksichtigen ist. Doch liegen Parallelen nahe. Gebrauchsüberlassung ohne Besitzüberlassung findet insbesondere in Präsenzbibliotheken statt, bei denen trotz Überlassung der Bücher an die Besucher der unmittelbare Besitz der Bibliothek verbleibt. Dem Sinn der Regel entsprechend, ist aber davon auszugehen, daß § 27 UrhG auch auf die Gebrauchsüberlassung durch Präsenzbibliotheken anzuwenden ist. Von hier aus gesehen, liegt die Annahme nahe, daß eine Vergütungspflicht auch in Fällen besteht, in denen in Wartezimmern von Ärzten und Anwälten, in Friseurgeschäften u. a. Zeitschriften und Zeitungen ausgelegt werden. Bejaht wurde die Vergütungspflicht in einem einschlägigen Fall (Friseurgeschäft) von OLG München in GRUR 1979, 546 sowie im Schrifttum generell von GIRTH, in GRUR 1975, 58 ff., FROMM-NORDEMANN, UrhG, § 27, Anm. 2 und SACK in GRUR 1979, 522 ff.

2. Voraussetzung ist ferner, daß die Gebrauchsüberlassung Erwerbszwecken des Vermieters oder Verleihers dient oder durch eine der Öffentlichkeit zugängliche Einrichtung erfolgt.

a) Der Begriff des Erwerbszwecks, dem das Vermieten oder Verleihen dient, ist in einem weiteren Sinn zu verstehen: Mittelbare Förderung des Erwerbszwecks genügt. U. a. ist daher auch die Ausleihe von Büchern durch eine Werkbücherei an Betriebsangehörige, die ohne Entgelt erfolgt, vergütungspflichtig, da die Ausleihe, ähnlich wie eine Betriebsfeier, die Verbundenheit der Belegschaft mit dem Unternehmen zu fördern geeignet ist.

Zur Ausleihe durch eine Werkbücherei vgl. BGHZ 58, 270. Der Entscheidung lag die ursprüngliche Fassung des § 27 UrhG zugrunde. Der BGH ging dabei zwar davon aus, daß die Gebrauchsüberlassung dem Erwerbszweck des Unternehmens dient, wies aber die Klage ab, weil keine Vermietung vorlag. Seit der Gleichstellung von Verleihen und Vermieten, die durch die Novelle von 1972 erfolgt ist, ist folgerichtigerweise die Vergütungspflicht zu bejahen. Eine Ausnahme gilt freilich für die Ausleihe aus der Bibliothek eines Unternehmens, die ausschließlich dem Dienstgebrauch dient; vgl. unten III 2.

b) Vergütungspflichtig ist auch die Gebrauchsüberlassung durch eine Einrichtung, wie eine Bücherei, eine Schallplattensammlung oder eine Sammlung anderer Vervielfältigungsstücke, die der Öffentlichkeit zugänglich ist. Insbesondere kommt daher auch die Ausleihe durch Staatsbibliotheken, städtische und Gemeindebibliotheken, Universitätsbibliotheken, kirchliche Bibliotheken und Volksbibliotheken in Betracht, die keine Erwerbszwecke verfolgen.

Der Begriff der Öffentlichkeit ist, ähnlich wie bei der öffentlichen Wiedergabe, in einem weiteren Sinn zu verstehen. Zwar muß es sich um eine Einrichtung handeln, die nicht nur vorübergehenden Zwecken dient. Ausgeschlossen ist aber bei einer solchen Einrichtung das Merkmal der Öffentlichkeit nur, wenn der Kreis ihrer Benutzer bestimmt abgegrenzt ist und sie durch gegenseitige Beziehungen oder durch Beziehungen zum Vermieter oder Verleiher persönlich miteinander verbunden sind. Beim Fehlen solcher Beziehungen sind daher auch kleinere Bibliotheken, wie Instituts- und Seminarbibliotheken, vergütungspflichtig. Bei Werksbibliotheken besteht, wie oben (a) ausgeführt wurde, eine Vergütungspflicht selbst dann, wenn angesichts der geringen Anzahl der Betriebsangehörigen die persönliche Verbundenheit zu bejahen ist.

III. Ausnahmen von der Vergütungspflicht sieht § 27 Abs. 2 UrhG in zwei Fällen vor.

1. Die Vergütungspflicht ist ausgeschlossen, wenn das Werk ausschließlich zum Zweck des Vermietens oder Verleihens erschienen ist. In Betracht kommen insbesondere die sogenannten Leihromane, die an Leihbüchereien veräußert werden, aber nur zur Weiterverbreitung durch Vermieten bestimmt sind.

In der Praxis sind freilich solche Fälle angesichts des Rückgangs der Zahl der Leihbüchereien selten geworden: Vgl. FROMM-NORDEMANN, UrhG, § 27, Anm. 1. Als weiteres Beispiel wird im Schrifttum das Notenmaterial von Musikverlagen genannt, das zur Vermietung an die Musikveranstalter bestimmt ist, die zur Zahlung der sogenannten Materialleihgebühr verpflichtet werden. Werden aber die Exemplare nur durch Vermietung in Verkehr gebracht, so ist die Anwendung des § 27 UrhG ausgeschlossen, weil das Verbreitungsrecht durch das Vermieten nicht erschöpft wird. Dies gilt insbesondere auch für die Filmkopien, die von Filmherstellern oder Filmverleihern an Lichtspieltheater vermietet werden. Auch bei Schmalfilmen oder anderen Videogrammen, die von Herstellern zum Zweck der öffentlichen oder privaten Vorführung vermietet werden, entfällt aus diesem Grund der Anspruch aus § 27 UrhG; anders liegt es dagegen, wenn die Videogramme im Handel vertrieben und durch Fachgeschäfte, die sie käuflich erworben haben, vermietet werden. Vgl. dazu BGHZ 67, 56. In der Entscheidung ging es um Filmmusik, die auf Schmalfilme aufgenommen war. Der Hersteller vermietete die Schmalfilme u. a. an Lichtspieltheater, Vereine und andere Organisationen zum Zweck der öffentlichen Vorführung. Der Anspruch, den die GEMA in Wahrnehmung der Rechte der Komponisten auf Zahlung der Vermietungstantieme geltend machte, wurde vom BGH im Ergebnis mit Recht abgelehnt, da das Verbreitungsrecht an den Kopien noch nicht erschöpft war. Verfehlt ist aber die Begründung der Entscheidung, in der es heißt, der Sinn der Regel des § 27 UrhG sei es, den Urhebern nur in Fällen einen Vergütungsanspruch zu gewähren, in denen sie an der weiteren gewinnbringenden Verwertung ihrer Werke nicht mehr beteiligt sind; eine weitere Beteiligung der Komponisten an der Auswertung der Spielfilme läge aber deshalb vor, weil sie eine Vergütung für die öffentliche Vorführung erhielten. In Wahrheit handelt es sich bei dem Anspruch auf die Vermietungstantieme und dem Recht zur öffentlichen Wiedergabe um zwei verschiedene Rechte, die unabhängig voneinander geltend gemacht werden können. Wären die Schmalfilme durch einen Händler, der sie angekauft hatte, zum Zweck der öffentlichen Vorführung vermietet worden, so hätten die Komponisten eine Vergütung sowohl für die Vermietung wie für die öffentliche Vorführung verlangen können. Der Fall liegt nicht anders, als wenn Schallplatten durch Diskotheken oder wenn Textbücher von Bühnenwerken durch Leihbibliotheken zum Zweck der öffentlichen Aufführung vermietet werden. Es steht außer Zweifel, daß die Urheber in solchen Fällen sowohl die Vermietungstantieme wie das Recht zur öffentlichen Aufführung geltend machen können. Vgl. zur Kritik der Entscheidung auch D. REIMER, in GRUR 1977, 46 f.

2. Ausgeschlossen ist der Vergütungsanspruch ferner, wenn die Vervielfältigungsstücke im Rahmen eines Arbeits- oder Dienstverhältnisses ausschließlich zu dem Zweck verliehen werden, sie bei der Erfüllung ihrer Verpflichtung aus dem Arbeits- oder Dienstverhältnis zu benutzen. Die Gebrauchsüberlassung zum Dienst- oder Arbeitsgebrauch wird damit von dem Verleih durch eine Werkbücherei unterschieden, die zum privaten Gebrauch der Betriebsangehörigen erfolgt.

Im Regierungsentwurf zum UrhG war darüber hinaus vorgesehen, daß der Vergütungsanspruch auch im Fall des Vermietens von Bauwerken und Werken der angewandten Kunst entfällt. Auf Vorschlag des Rechtsausschusses des Bundestags wurde die Bestimmung mit der Begründung gestrichen, daß die Vermietung solcher Vervielfältigungsstücke kaum in Betracht kommen dürfte. Richtig ist, daß es sich bei der Vermietung von Bauwerken meist um die Vermietung des Originals handelt. U. U. kann aber auch ein Bauwerk, das serienmäßig hergestellt wird, unter Urheberrechtsschutz stehen und daher im Rechtssinn ein Vervielfältigungsstück sein, das im Weg der Veräußerung in Verkehr gebracht wird. Sinngemäß wird aber in solchen Fällen angesichts des Rechtsgedankens, der auch der Regel über den Ausschluß des Folgerechts bei einer Weiterveräußerung von Bauwerken und Werken der angewandten Kunst zugrunde liegt, anzunehmen sein, daß der Vergütungsanspruch des § 27 UrhG entfällt, weil die Vermietung in erster Linie zu Gebrauchszwecken erfolgt.

IV. Die Geltendmachung der Vergütungsansprüche kann nur durch eine Verwertungsgesellschaft erfolgen. § 27 Abs. 1 Satz 2 UrhG.

Für die Vervielfältigungsstücke von Sprachwerken, wie Bücher, Zeitschriften- und Zeitungsartikel, kommt dabei die Verwertungsgesellschaft Wort in Betracht, für die Vervielfältigungsstücke von Musikwerken, wie Noten und Schallplatten, die GEMA, für die Vervielfältigungsstücke von Werken der bildenden Künste, wie Abbildungen in Kunst- und Bilderbüchern, in Kunstzeitschriften und illustrierten Zeitschriften, der Verein Bild-Kunst.

Für die Rechtspraxis ist der Gesamtvertrag über eine pauschale Abgeltung der Vergütungsansprüche von besonderer Bedeutung, den der Bund und die Länder im Jahr 1974 mit den genannten Verwertungsgesellschaften abgeschlossen haben. Der Vertrag bezieht sich auf alle Fälle des Vermietens oder Verleihens der Vervielfältigungsstücke durch der Öffentlichkeit zugängliche Einrichtungen, deren Träger der Bund, die Länder, die Gemeinden oder andere Gebietskörperschaften sind, sowie durch Einrichtungen, die von ihnen mittelbar getragen oder überwiegend finanziert werden. Zur Abgeltung der Ansprüche wird eine Pauschalsumme von z. Z. jährlich 13 Millionen DM auf ein gemeinsames Konto der Verwertungsgesellschaften überwiesen. Der Betrag wird vom Bund und den Ländern aufgebracht und zwischen den Verwertungsgesellschaften nach einem von ihnen vereinbarten Schlüssel verteilt. Wesentlich ist dabei insbesondere auch, daß es gelungen ist, eine Belastung der einzelnen Bibliotheken zu vermeiden, die zu einer kulturpolitisch unerwünschten Schmälerung ihrer Anschaffungsetats geführt hätte.

Zu den Vertragspartnern des Gesamtvertrags hat auch die Verwertungsgesellschaft Wissenschaft gehört; seit ihrer Eingliederung in die Verwertungsgesellschaft Wort (1978) sind aber als Verwertungsgesellschaften nur noch die drei genannten Gesellschaften beteiligt. In ihren Verteilungsplänen sehen sie vor, daß erhebliche Anteile für soziale Zwecke verwendet werden und eine individuelle Ausschüttung nur nach Abzug dieser Anteile erfolgt. Insbesondere führt die Verwertungsgesellschaft Wort 50 % der Nettosumme der Erträgnisse der Autorenversorgungswerk-GmbH zu, die auf Antrag für freiberufliche Schriftsteller die Beiträge zur Rentenversicherung übernimmt, die bei Angestellten der Arbeitgeber leistet. Vgl. dazu die eingehende Darstellung bei DIETZ, a.a.O., S. 97 f., in der auch der Wortlaut des Gesamtvertrags abgedruckt ist.

4. Kapitel

Die Schranken des Urheberrechts

§ 62. Allgemeines. Gesetzliche Lizenzen und Zwangslizenzen

I. Die Schranken des Urheberrechts sind im Interesse eines wirksamen Urheberrechtsschutzes im UrhG enger als in den früheren Gesetzen gezogen worden. Gleichwohl ist es noch eine Reihe von Beschränkungen, die in den §§ 45 ff. UrhG vorgesehen sind. Neben den Fällen der Vervielfältigung zum eigenen Gebrauch geht es insbesondere um die Zitier- und Entlehnungsfreiheit, durch die den Anforderungen des geistigen und kulturellen Lebens Rechnung getragen wird, um die Schranken, die dem Urheberrechtsschutz im Interesse der Information, insbesondere der Berichterstattung durch Presse und Runkfunk, gezogen werden, um Nutzungen für Zwecke der Rechtspflege und der öffentlichen Sicherheit sowie um die Zwangslizenz für die Herstellung von Tonträgern, durch die der Entstehung von Monopolstellungen begegnet werden soll.

Über die Einschränkung des Urheberrechts zugunsten von ephemeren Aufnahmen von Werken zu Sendezwecken (§ 55 UrhG) vgl. oben § 53 V.

Ihrem Schwerpunkt nach sind die Schranken des Urheberrechts, die das Gesetz vorsieht, Schranken der Verwertungsrechte. Die Vergütungsansprüche sind nicht betroffen. Das Urheberpersönlichkeitsrecht bleibt grundsätzlich gewahrt. Im besonderen sind es die Regeln der §§ 62 und 63 UrhG über das Änderungsverbot und die Quellenangabe, durch die in Fällen der Beschränkung der Verwertungsrechte der Schutz der persönlichen und geistigen Interessen der Urheber gewährleistet wird. Einschränkungen des Urheberpersönlichkeitsrechts finden sich nur bei einigen wenigen Tatbeständen, insbesondere bei der Nutzung von Bildnissen für die Zwecke der Rechtspflege und der öffentlichen Sicherheit, die ohne vorausgegangene Veröffentlichung durch den Urheber und ohne Quellenangabe erfolgen kann. Vgl. darüber unten IV.

II. Die Schranken des Urheberrechts sind in ihrer Mehrzahl solche, die eine genehmigungs- und vergütungsfreie Nutzung der Werke gestatten.

1. Eine Einschränkung der Verwertungsrechte ist aber auch in der Weise möglich, daß das Gesetz zwar die Nutzung gestattet, sie aber vergütungspflichtig macht. Die Verwertungsrechte werden, mit anderen Worten, zu Vergütungsansprüchen abgeschwächt. Terminologisch spricht man in solchen Fällen, insbesondere auch im internationalen Urheberrecht, von gesetzlichen Lizenzen: Die Lizenz, d. h. die Nutzungserlaubnis, wird nicht in einem Vertrag erteilt, in dem die Vergütung festgelegt wird. Sie beruht vielmehr auf dem Gesetz, das seinerseits die Vergütungspflicht regelt. Einschlägige Tatbestände sind im UrhG die Fälle der §§ 46 (Aufnahme von Werken oder Werkteilen in Sammlungen, die zum Kirchen-, Schul- oder Unterrichtsgebrauch bestimmt sind), 49 Abs. 1 (Abdruck und öffentliche Wiedergabe von Zeitungsartikeln und Rundfunkkommentaren), 52 Abs. 1 Nr. 2 (öffentliche Wiedergabe von Werken bei Gottesdiensten oder anderen religiösen Veranstaltungen) und 54 Abs. 4 (Vervielfältigung zum eigenen Gebrauch, die gewerblichen Zwecken dient). Die Vergütungspflicht, die das Gesetz dabei vorsieht, ist die Pflicht zur Zahlung einer angemessenen Vergütung.

2. Von der gesetzlichen Lizenz zu unterscheiden ist die Zwangslizenz. Sie berechtigt nicht zu einer genehmigungsfreien Nutzung des Werkes. Das ausschließliche Verwertungsrecht des Urhebers wird vielmehr dadurch beschränkt, daß der Urheber verpflichtet ist, die Nutzung gegen Zahlung einer angemessenen Vergütung zu gestatten. Kommt es zu keiner Einigung, so kann der Anspruch im Klageweg mit der Folge durchgesetzt werden, daß die verweigerte Zustimmung durch das richterliche Urteil ersetzt wird. Im UrhG ist eine solche Zwangslizenz unter einschränkenden Voraussetzungen in § 61 für die Aufnahme von Musikwerken auf Tonträgern sowie die Vervielfältigung und Verbreitung der Tonträger vorgesehen; vgl. unten § 76.

III. Ausländische Rechtsordnungen sehen zum Teil gesetzliche Lizenzen und Zwangslizenzen in weitergehendem Umfang als das deutsche Recht vor.

1. Aus der Sicht des internationalen Urheberrechts ist insbesondere von Bedeutung, daß die RBÜ den Verbandsländern die Beschränkung des Senderechts und des Rechts zur mechanisch-musikalischen Vervielfältigung gestattet: Gemäß Art. 11bis Abs. 2 und Art. 13 Abs. 1 RBÜ bleibt es den Verbandsländern der Berner Union vorbehalten, Bestimmungen über die Ausübung der beiden Rechte zu treffen, ohne daß jedoch das Urheberpersönlichkeitsrecht und der Anspruch des Urhebers auf eine angemessene Vergütung beeinträchtigt werden dürfen. Zulässig ist in Anwendung dieser Regel eine Beschränkung des Senderechts und des mechanisch-musikalischen Vervielfältigungsrechts sowohl durch eine gesetzliche wie durch eine Zwangslizenz. Die Wirkung dieser Rechts-

beschränkung bleibt freilich auf das Hoheitsgebiet des Verbandslandes beschränkt, das sie vorsieht.

Gesetzliche Lizenzen zugunsten der phonographischen Industrie sind insbesondere in den Rechtsordnungen Großbritanniens und der Vereinigten Staaten, gesetzliche Lizenzen zugunsten des Rundfunks sind u. a. in den Gesetzen der DDR, Polens, der Tschechoslowakei und Ungarns sowie einzelner Entwicklungsländer vorgesehen. Das italienische UrhG gestattet die Übertragung von Bühnen- und Konzertaufführungen durch den Rundfunk: Die Übertragung ist genehmigungsfrei, aber tantiemenpflichtig.

Einen weitergehenden Spielraum als die RBÜ läßt das WUA jedenfalls in seiner ursprünglichen Fassung. Die Sowjetunion konnte daher trotz ihrem Beitritt zum WUA die Regel beibehalten, daß die Verwertung von veröffentlichten Werken durch die Massenmedien Rundfunk, Presse und Film genehmigungs- und vergütungsfrei ist. Mit dem Rev. WUA (dem die Sowjetunion nicht beigetreten ist) wäre dagegen die Regel nicht mehr vereinbar: Art. IVbis Rev. WUA verpflichtet die Vertragsstaaten, für die Vervielfältigung, die öffentliche Aufführung und die Sendung der Werke ein angemessenes Maß an wirksamem Schutz vorzusehen. Zulässig bleibt zwar die Beschränkung der Rechte durch eine gesetzliche Lizenz oder eine Zangslizenz, nicht aber eine Freistellung von der Vergütungspflicht.

Für die Bundesrepublik Deutschland waren gesetzliche Lizenzen zugunsten des Rundfunks und der phonographischen Industrie in dem Referentenentwurf zum UrhG vorgeschlagen worden. Angesichts berechtigter Kritik wurden aber die diesbezüglichen Bestimmungen nicht in das UrhG aufgenommen. Eine gesetzliche Lizenz zugunsten des Rundfunks hätte zur Folge, daß das Senderecht, beispielsweise das Recht zur Sendung von Bühnenwerken, nicht mehr unter individuellen Gesichtspunkten vergeben werden könnte und daß auch bei den sogenannten kleinen Rechten an Musikwerken, die von der GEMA wahrgenommen werden, die Vergütung für die Sendung einseitig von den Sendeunternehmen festgelegt werden könnte und nur eine nachträgliche Überprüfung der Angemessenheit im Prozeßweg möglich wäre. Auch von einer gesetzlichen Lizenz zugunsten der phonographischen Industrie wurde mit Grund abgesehen: Das UrhG beließ es bei der bereits im LUG vorgesehenen Zangslizenz, schließt sie aber in Fällen, in denen die Rechte von einer Verwertungsgesellschaft wahrgenommen werden, und damit in der Regel der Fälle aus.

2. Bei den Einschränkungen des Vervielfältigungs- und Übersetzungsrechts, die den Entwicklungsländern in den Pariser Revisionen der RBÜ und des WUA (1971) gestattet wurden, ist es von entscheidender Bedeutung, daß — anders als im Stockholmer Protokoll für die Entwicklungsländer — keine gesetzliche Lizenz, sondern nur Zwangslizenzen besonderer Art vorgesehen wurden. Der Erteilung der Lizenz durch die zuständige Behörde des Entwicklungslandes muß die vorherige Befragung der Rechtsinhaber vorausgehen; es kann daher damit gerechnet werden, daß in der Mehrzahl der Fälle die Vergabe der Lizenz auf vertraglicher Basis erfolgen wird.

IV. Die Beschränkungen, die das UrhG in §§ 45 ff. für die Rechte der Urheber vorsieht, machen grundsätzlich halt vor dem Urheberpersönlichkeitsrecht.

1. Gemäß § 62 Abs. 1 UrhG dürfen, soweit aufgrund der Regeln über die Schranken des Urheberrechts die Benutzung des Werkes zulässig ist, keine Änderungen an dem Werk vorgenommen werden. Ergänzend wird die entsprechende Anwendung des § 39 UrhG vorgesehen: Das Änderungsverbot gilt auch für Änderungen des Werktitels und der Urheberbezeichnung; zulässig sind jedoch Änderungen des Werkes und seines Titels, zu denen der Urheber seine Einwilligung nach Treu und Glauben nicht versagen kann. Im übrigen sind Ausnahmen vom Änderungsverbot in § 62 Abs. 2 und 3 UrhG vorgesehen: Soweit der Benutzungszweck es erfordert, sind Übersetzungen von Sprachwerken und solche Änderungen von Musikwerken gestattet, die nur Auszüge oder Übertragungen in eine andere Tonart oder Stimmlage darstellen. Beispielsweise ist es zulässig, Zitate und Entlehnungen aus Werken in fremder Sprache in deutscher Übersetzung wiederzugeben. Bei Werken der bildenden Künste und Lichtbildwerken sind Übertragungen in eine andere Größe und solche Änderungen zulässig, die das für die Vervielfältigung angewendete Verfahren mit sich bringt.

Über die Einschränkung des Änderungsverbots im Fall der Aufnahme von Werken oder Werkteilen in Sammlungen, die dem Kirchen-, Schul- oder Unterrichtsgebrauch dienen, vgl. unten § 67 IV.

2. Dem Erfordernis der Anerkennung der Urheberschaft wird durch die Vorschrift des § 63 UrhG über die Quellenangabe Rechnung getragen. Es gelten freilich einige Ausnahmen, insbesondere für die Vervielfältigung zum eigenen Gebrauch und für die Vervielfältigung von Bildnissen für die Zwecke der Rechtspflege und der öffentlichen Sicherheit. In der Regel der Fälle gilt aber das Gebot der Quellenangabe, wobei die Art der Angabe in § 63 Abs. 1—3 UrhG näher bestimmt wird.

a) Bei der Vervielfältigung ist die Quelle deutlich anzugeben, sofern es sich um Zitate oder Entlehnungen, die Aufnahme von Schulfunksendungen, die Vervielfältigung öffentlicher Reden, von Werken im Rahmen der Ton- und Bildberichterstattung, von Werken zur Verwendung in einem Verfahren vor einem Gericht oder einer Behörde, von Werken an öffentlichen Plätzen und von Bildern in Katalogen sowie um die Herstellung von Tonträgern handelt, die aufgrund einer Inanspruchnahme der Zwangslizenz erfolgt. Im Fall der Vervielfältigung ganzer Sprachwerke oder ganzer Werke der Musik ist neben den Urhebern auch der Verlag anzugeben, in dem das Werk erschienen ist, und kenntlich zu machen, ob in dem Werk Kürzungen oder andere Änderungen vorgenommen worden sind. Die Verpflichtung zur Quellenangabe entfällt jedoch, wenn die Quelle weder auf den benutzten Exemplaren oder bei der benutzten Wiedergabe des Werkes genannt noch den zur Vervielfältigung Befugten anderweitig bekannt ist. § 63 Abs. 1 UrhG.

b) Bei der öffentlichen Wiedergabe ist die Quelle deutlich anzugeben, wenn und soweit die Verkehrssitte es erfordert. Der Verkehrssitte entspricht es in der Regel, daß bei einer öffentlichen Veranstaltung die Urheber der wiedergegebenen Werke im Programm genannt, eventuell durch mündliche Angabe namhaft gemacht werden. Handelt es sich um Zitate, so ist zu unterscheiden: Werden sie im öffentlichen Vortrag von Sprachwerken wiedergegeben, so ist es Sache des Vortragenden, den Urheber zu benennen. Beim Zitat von Stellen eines Musikwerkes bei einer öffentlichen Musikaufführung ist die Quellenangabe entbehrlich, wenn die zitierte Tonfolge allgemein bekannt ist; es reicht aus, daß die Quelle deutlich auf den Noten angegeben ist. Bei der Wiedergabe von Liedern in der Kirche genügt es, wenn es sich nicht um besondere Darbietungen durch Chöre und dgl. handelt, daß durch Anschlag die Stelle im Gesangbuch angegeben wird, an der das Lied abgedruckt ist und sowohl Komponist wie Textdichter genannt werden.

c) Eine Sonderregel sieht § 63 Abs. 3 UrhG für die Quellenangaben im Fall der Vervielfältigung und Funksendung von Zeitungsartikeln und Rundfunkkommentare vor, die gemäß § 49 Abs. 1 UrhG zulässig ist. Vgl. darüber unten § 71 I.

3. Grundsätzlich bleibt auch das *Veröffentlichungsrecht* des Urhebers gewahrt. Insbesondere sind Zitate, Entlehnungen, die öffentliche Wiedergabe von Werken sowie die Inanspruchnahme der Zwangslizenz für die Herstellung von Tonträgern erst nach der Veröffentlichung oder dem Erscheinen des Werkes zulässig. Bei der Wiedergabe öffentlicher Reden, von Zeitungsartikeln und Rundfunkkommentaren sowie von Werken, die sich dauernd an öffentlichen Plätzen befinden, folgt aus der Natur der Sache, daß eine Veröffentlichung vorausgegangen ist. Ausnahmen gelten nur in Sonderfällen wie bei der Benutzung der Werke für die Zwecke der Rechtspflege und der öffentlichen Sicherheit (§ 45 UrhG) und bei der Wiedergabe von unwesentlichem Beiwerk (§ 57 UrhG).

I. Die Vervielfältigung zum eigenen Gebrauch

§ 63. Die Rechtsentwicklung

Gerda Krüger-Nieland, Das Urheberrecht und die Entwicklung der Technik, insbesondere die private Vervielfältigung mittels Magnettongeräten und Fotokopien, in GRUR 1957, 535 ff.; Katzenberger, Urheberrecht und Dokumentation, in GRUR 1973, 629 ff.; Dietz, Ton- und Bildaufnahmen sowie Fotokopie (reprographische Vervielfältigung) zum eigenen Gebrauch in Recht und Praxis der Bundesrepublik Deutschland, in GRUR 1978, 457 ff.

I. Die Regelung im LUG und KUG ging, ähnlich wie bei der Wiedergabe in unkörperlicher Form, auch bei der Vervielfältigung von dem Gedanken aus, daß das Urheberrecht vor der privaten Sphäre halt macht. Das LUG sah vor, daß eine Vervielfältigung zum persönlichen Gebrauch zulässig ist, wenn sie nicht den Zweck hat, aus dem Werk eine Einnahme zu erzielen; das KUG bestimmte, daß eine Vervielfältigung zum eigenen Gebrauch zulässig ist, wenn sie unentgeltlich bewirkt wird.

Die Einschränkung des Vervielfältigungsrechts galt dabei grundsätzlich sowohl für die eigenhändige wie für die mechanische Vervielfältigung. Da aber die wichtigsten Formen der mechanischen Vervielfältigung wie Druck und Schallplattenherstellung jedenfalls in der Regel zur Herstellung einer Vielzahl von zur Verbreitung bestimmten Exemplaren dienen, waren die Hauptbeispiele der Vervielfältigung zum persönlichen Gebrauch, von denen der Gesetzgeber ausging, Vervielfältigungen mit der Hand, mit der Schreibmaschine, hektographische Vervielfältigungen u. dgl. Die Freigabe solcher nur zum eigenen Gebrauch bestimmter Reproduktionen erschien als unbedenklich, da ein ins Gewicht fallender Eingriff in die Interessen der Urheber nicht zu befürchten war.

In den Gesetzesmaterialien waren als Beispiele Abschriften von Noten eines Musikwerkes und Rollen eines Bühnenwerkes genannt, die von Mitgliedern von Gesang- und Theatervereinen hergestellt werden, um sie für eine private Aufführung zu benutzen. Auch wurde auf den Gelehrten hingewiesen, dem es gestattet sein muß, Abschriften aus literarischen Werken zum persönlichen Gebrauch anzufertigen. Vgl. die Verhandlungen des Reichstags 1900/02, 1. Anlagenband, S. 398 und 2. Anlagenband, S. 1282.

II. Die Interessenlage hat sich verändert, seitdem im Zug der technischen Entwicklung neuartige Geräte geschaffen wurden, die typischerweise dazu geeignet sind, auf mechanischem Weg einzelne Vervielfältigungsstücke anzufertigen, die zum eigenen Gebrauch bestimmt sind. Es geht dabei um die Tonbandgeräte, mittels derer Hörsendungen des Rundfunks aufgenommen und Schallplatten oder sonstige Tonträger auf Tonband überspielt werden können, in der neueren Entwicklung auch um Videorecorder, die die Aufnahme von Fernsehsendungen und die Überspielung von Filmen, insbesondere von Videogrammen ermöglichen. Und es geht vor allem auch um die der Reprographie dienenden Geräte, mittels derer Fotokopien, Xerokopien und Mikrokopien hergestellt werden können.

Die ständig wachsende Bedeutung dieser Vervielfältigungsarten und die mit ihr verbundene Gefährdung der Interessen der Urheber und der Inhaber abgeleiteter Rechte, insbesondere der Verleger, machte eine Überprüfung der bisher geltenden Regeln über die Vervielfältigung zum eigenen Gebrauch erforderlich. Für die Rechtsentwicklung in der Bundesrepublik Deutschland sind dabei zwei grundlegene Entscheidungen des BGH, die noch unter der Herrschaft der alten Gesetze ergangen waren, von richtunggebender Bedeutung geworden.

1. Bei der Aufnahme von Sendungen geschützter Werke auf Tonträger sowie der Überspielung von Tonträgern auf andere ging der BGH in seiner Entscheidung vom 18. Mai 1965 (BGHZ 17, 266) davon aus, daß sie einschneidender in die Interessen der Urheber eingreift als die bisher bekannten Arten der Vervielfältigung zum eigenen Gebrauch. Sie ermöglicht die Herstellung von Exemplaren, die mit den gewerblich hergestellten in ernstlichen Wettbewerb treten. Die Urheber dürfen aber der Vergütung für die geistige Arbeit nicht dadurch verlustig gehen, daß der Übertragungsvorgang von dem gewerblichen auf den privaten Sektor verlagert wird. Der neuartige Interessenkonflikt, der dem Gesetzgeber unbekannt war, wurde daher angesichts der Leitgedanken, unter denen der Schutz des geistigen Eigentums steht, zugunsten der Urheber entschieden, denen ein Verbotsrecht zuerkannt wurde.

In der Praxis zeigte sich freilich die Schwierigkeit der Durchsetzung der Ansprüche gegenüber den privaten Benutzern. Die GEMA war zwar bereit, gegen Zahlung einer Vergütung die Aufnahme geschützter Musikwerke auf Tonbandgeräte zu genehmigen; aber der von ihr verlangte, beim Vertrieb der Geräte erfolgende Hinweis auf die Vergütungspflicht blieb weitgehend wirkungslos. Der BGH hat daher in BGHZ 42, 118 zwar die gegen einen Hersteller von Tonbandgeräten erhobene Klage der GEMA abgewiesen, die Händler dazu zu verpflichten, die Geräte nur gegen Vorlage eines Personalausweises und die Unterzeichnung eines für die GEMA bestimmten Reverses zu verkaufen. Er wies aber grundsätzlich darauf hin, daß angesichts der Sachlage auch die Hersteller der Geräte für die Rechtsverletzung, die von den Benutzern begangen wird, unter dem Gesichtspunkt des störenden Eingriffs in die Rechte der Urheber bzw. der Teilnahme an der Urheberrechtsverletzung verantwortlich gemacht werden können. Unter Beachtung dieses Gesichtspunktes wurde im UrhG die Pflicht des Herstellers zur Zahlung einer Geräteabgabe vorgesehen. Vgl. unten § 64 III.

2. Zur reprographischen Vervielfältigung hat der BGH in seiner Entscheidung vom 24. Juni 1965 (BGHZ 18, 44) in einem Rechtsstreit Stellung genommen, in dem es um Fotokopien von Abhandlungen aus wissenschaftlichen Zeitschriften ging, die in einem industriellen Unternehmen für den Gebrauch der Sachbearbeiter hergestellt wurden. Der BGH ließ dabei zwar die Frage offen, ob und in wieweit die fotomechanische Vervielfältigung in den Anwendungsbereich der Vorschriften des LUG über die Vervielfältigung zum persönlichen Gebrauch fällt. Er gab aber der Klage unter dem Gesichtspunkt statt, daß jedenfalls die Herstellung für die Sachbearbeiter des Unternehmens, die dem Unternehmen dient, keine Vervielfältigung zum persönlichen Gebrauch ist.

Ausdrücklich wies dabei der BGH darauf hin, daß es nicht der Sinn der Entscheidung ist, die Herstellung fotomechanischer Vervielfältigungen für den innerbetrieblichen Gebrauch zu unterbinden; die Urheber und Verleger sollten aber das Recht haben, die Herstellung von der Zahlung einer angemessenen Vergütung abhängig zu machen. In der Praxis wurde der Entscheidung zunächst durch ein Rahmenabkommen Rechnung getragen, das zwischen dem Börsenverein des Deutschen Buchhandels und dem Bundesverband der deutschen Industrie geschlossen wurde (veröffentlicht in GRUR 1959, 20f.). Über die Fortentwicklung vgl. unten § 65 II.

III. Im UrhG von 1965 ist in §§ 53 und 54 eine Neuregelung erfolgt, bei der zwischen der Vervielfältigung zum persönlichen Gebrauch und der Vervielfältigung zum sonstigen eigenen Gebrauch, insbesondere der Vervielfältigung unterschieden wurde, die den internen Zwecken von Unternehmen, Behörden, Schulen, Forschungsanstalten usw. dient.

Systematisch gesehen ist dabei der Begriff der Vervielfältigung zum eigenen Gebrauch der Oberbegriff, der auch die Vervielfältigung zum persönlichen Gebrauch umfaßt. Vgl. dazu die amtliche Begründung zu § 53 UrhG, sowie FROMM-NORDEMANN, UrhG, § 54, Anm. 1, und MÖHRING-NICOLINI, UrhG, § 53, Anm. 2a, aa. Abweichend v. GAMM, UrhG, § 54, Rdz. 1.

Den Grundsätzen der beiden Entscheidungen des BGH wurde vom UrhG bezüglich der Aufnahme von Funksendungen auf Bild- und Tonträger und der Überspielung von Bild- und Tonträgern auf andere durch eine Sonderbestimmung, bezüglich der reprographischen Vervielfältigung durch die allgemeinen Regeln über die Vervielfältigung zum persönlichen und zum sonstigen eigenen Gebrauch Rechnung getragen. Angesichts der Fortentwicklung seit 1965 erscheint aber die Regelung erneut als reformbedürftig. Im Anschluß an die Darstellung des geltenden Rechts ist daher auch auf die Reformfragen hinzuweisen.

§ 64. Vervielfältigung zum persönlichen Gebrauch

I. § 53 Abs. 1 UrhG geht von der Regel aus, daß es zulässig ist, einzelne Vervielfältigungsstücke eines Werkes zum persönlichen Gebrauch herzustellen.

1. Persönlicher Gebrauch ist der Gebrauch für die eigene Person und für diejenigen, die mit ihr persönlich verbunden sind. So mag der Gelehrte Auszüge aus zitierten Werken sowohl für seine eigene Forschung wie für die Verwendung im Kreis seiner Schüler herstellen. Der Musikfreund kann Noten zur Veranstaltung eines Hauskonzerts vervielfältigen. Der Student kann den Vortrag des Dozenten zur eigenen Benutzung und zur Benutzung in dem Freundeskreis, dem er angehört, nachschreiben. Auch kann er für Studienzwecke Kopien von Stellen aus Büchern herstellen, die er ausgeliehen hat. Mitglieder eines Gesangvereins können Abschriften von Noten herstellen, wenn das Werk im engeren Kreis der Sänger oder ihrer nächsten Angehörigen wiedergegeben werden soll.

Die Herstellung von Notenabschriften für Mitglieder eines Gesangvereins ist dagegen unzulässig, wenn eine öffentliche Aufführung geplant ist; daß die Abschriften nur für das Einüben im engeren Kreis verwendet werden sollen, ist unerheblich; vgl. RGSt 48, 128.

Schärfere Konturen als bisher hat der Begriff der Vervielfältigung zum persönlichen Gebrauch durch seine Abgrenzung von der Vervielfältigung zum sonstigen eigenen Gebrauch erfahren. Insbesondere steht außer Zweifel, daß die Vervielfältigung, die den Zwecken von juristischen Personen, Behörden, Schulen usw. dient, so wenig wie Vervielfältigungen, die zu Erwerbszwecken erfolgen, Vervielfältigungen zum persönlichen Gebrauch sind.

Auch die Herstellung von Vervielfältigungsstücken für die *freiberufliche Praxis*, beispielsweise die Anfertigung von Kopien geschützter Werke, die der Anwalt für die Ausarbeitung von Schriftsätzen oder zur Ergänzung der Bibliothek seiner Kanzlei vornimmt, ist keine Vervielfältigung zum persönlichen Gebrauch.

2. Grundsätzlich gleichgültig ist das Herstellungsverfahren. In den Grenzen des § 53 Abs. 1 UrhG ist nicht nur die Vervielfältigung mit der Hand oder mit der Schreibmaschine, sondern auch die mechanische Vervielfältigung gestattet. Dies gilt insbesondere auch für die reprogra-

phische Vervielfältigung. Zum persönlichen Gebrauch können dabei nicht nur einzelne Vervielfältigungsstücke von kleineren Werkteilen oder von Abhandlungen aus Zeitungen und Zeitschriften, sondern auch ganze Bücher genehmigungs- und vergütungsfrei vervielfältigt werden.

In der amtlichen Begründung heißt es dazu, die Regelung sei gerechtfertigt, weil auch durch die reprographische Vervielfältigung im privaten Bereich der Absatz von Druckwerken nicht beeinträchtigt werde. „Erst wenn für den Privatmann erschwingliche Geräte erfunden werden sollten, die es ermöglichen, ganze Bücher in ähnlicher Qualität wie gedruckte Werke und billiger als diese herzustellen, wäre eine Beeinträchtigung der Einkommen der Urheber zu erwarten. In diesem Fall müßte eine Ausdehnung der Vergütungspflicht in Erwägung gezogen werden."

3. Die Freiheit der Vervielfältigung zum persönlichen Gebrauch bleibt auf die Herstellung einzelner Vervielfältigungsstücke beschränkt. Unter einzelnen Vervielfältigungsstücken sind dabei einige wenige zu verstehen. Oft wird für den persönlichen Gebrauch die Herstellung eines einzigen Vervielfältigungsstücks genügen. Zu berücksichtigen sind aber auch die Fälle, in denen die Vervielfältigung für einen Kreis nahestehender Personen, beispielsweise für Musikfreunde, die durch gemeinsames Spiel miteinander verbunden sind, erfolgt. Die Rechtsprechung geht dabei davon aus, daß die Grenze, innerhalb derer noch von einzelnen Vervielfältigungsstücken gesprochen werden kann, jedenfalls überschritten wird, wenn mehr als 7 Exemplare hergestellt werden.

Vgl. dazu die Entscheidung des BGH in GRUR 1978, 474 betreffend die Vervielfältigung von Texten aus Schulbüchern und anderem Schrifttum, die zum Zweck des Unterrichts hergestellt werden. Rechtlich war die Herstellung nicht als eine Vervielfältigung zum persönlichen Gebrauch der Schüler, sondern als eine Vervielfältigung für die von der Schule verfolgten Unterrichtszwecke und damit als Vervielfältigung zum sonstigen eigenen Gebrauch zu beurteilen. Maßgebend war daher die Regel des § 54 Abs. 1 Nr. 4 a UrhG, die die Herstellung einzelner Vervielfältigungsstücke von kleinen Teilen eines erschienenen Werkes zuläßt. Entgegen der Meinung der Schulbehörde, daß die Herstellungsfreiheit auch für ganze Schulklassen in Anspruch genommen werden könne, hat der BGH die Entscheidung des OLG Bremen gebilligt, daß im Einzelfall nicht mehr als 7 Vervielfältigungsstücke angefertigt werden dürfen.

4. Der zur Vervielfältigung Berechtigte darf gemäß § 53 Abs. 2 UrhG die Vervielfältigung auch durch einen anderen herstellen lassen. Der Regel liegt u. a. der Gedanke zugrunde, daß auch Personen, die keine Fotokopiergeräte besitzen, die Möglichkeit haben sollen, zum persönlichen Gebrauch Kopien durch andere, beispielsweise durch Kopieranstalten, herstellen zu lassen. Insbesondere kann die Herstellung auch im Auftrag der Benutzer durch Bibliotheken erfolgen. Der ständig wachsende Umfang, in dem davon Gebrauch gemacht wird, läßt dabei die Regelung, die den Urhebern nicht nur das Bewilligungsrecht, sondern auch den Vergütungsanspruch versagt, als besonders bedenklich erscheinen.

Bei der Herstellung durch Bibliotheken geht es nicht nur darum, daß sie den Benutzern anstelle der gedruckten Exemplare Fotokopien von geschützten Werken oder Werkteilen aushändigen und in Fällen, in denen die Exemplare in ihren Beständen fehlen, die Kopien im sogenannten interbibliothekarischen Leihverkehr von anderen Bibliotheken beziehen. In Betracht kommt vielmehr auch die unmittelbare Anforderung von Kopien bei Zentralbibliotheken und anderen Informationsstellen.

Die Herstellung von Vervielfältigungsstücken durch andere ist auch zulässig, wenn sie gegen Entgelt erfolgt. Eine Ausnahme, die schon im KUG vorgesehen war, gilt aber für die Vervielfältigung von Werken der bildenden Künste. Hier bleibt die Herstellungsfreiheit auf Fälle beschränkt, in denen es sich um Gefälligkeitskopien handelt; sie entfällt, wenn dem Nachbildner oder Fotografen eine Vergütung bezahlt wird. Darüber hinaus sieht § 53 Abs. 2 UrhG auch bei der Übertragung von Werken auf Bild- und Tonträger vor, daß die Herstellung durch andere nur zulässig ist, wenn sie unentgeltlich erfolgt.

5. Die zum persönlichen Gebrauch hergestellten Vervielfältigungsstücke dürfen weder verbreitet noch zur öffentlichen Wiedergabe benutzt werden; § 53 Abs. 3 UrhG. Es geht dabei um ein Verbot, das nicht auf dem Recht zur Verbreitung und zur öffentlichen Wiedergabe beruht. Das Verbotsrecht dient vielmehr der Wahrung des Vervielfältigungsrechts. Der Urheber kann beispielsweise einem Konzertveranstalter, auch wenn ihm seitens der GEMA das Aufführungsrecht eingeräumt wurde, untersagen, für die Zwecke der Aufführung Exemplare zu benutzen, die zum persönlichen Gebrauch hergestellt wurden: Das Vervielfältigungsrecht wird nur für die Zwecke des persönlichen Gebrauchs beschränkt. Den Vervielfältigungsstücken bleibt diese Beschränkung immanent; ihre Verwertung zu anderen Zwecken ist Urheberrechtsverletzung.

II. Ausnahmen von der Herstellungsfreiheit zum persönlichen Gebrauch sieht § 53 Abs. 4 UrhG vor.

1. Die Herstellungsfreiheit gilt nicht für die Aufnahme öffentlicher Vorträge, Aufführungen oder Vorführungen eines Werkes auf Bild- oder Tonträger. Beispielsweise ist dem Besucher eines Konzerts der Mitschnitt der Aufführung mittels eines dazu geeigneten Geräts untersagt. Entscheidend ist dabei die Erwägung des Gesetzgebers, daß in solchen Fällen die Herstellung nicht in der privaten Sphäre, sondern in der Öffentlichkeit erfolgt. Unwesentlich ist dabei, ob das Gerät für die Öffentlichkeit sichtbar ist.

2. Auch die Ausführung von Plänen und Entwürfen zu Werken der bildenden Künste und das Nachbauen eines Bauwerks sind stets nur mit Einwilligung des Urhebers zulässig.

Für den Nachbau eines Bauwerkes war diese Regel, der Natur der Sache entsprechend, bereits im KUG vorgesehen. Im übrigen ist entscheidend, daß es im Bereich der bildenden Künste die Interessenlage gebietet, die Urheber von Gestaltungsplänen auch gegen die Realisierung in Form von einzelnen Exemplaren zu schützen, die dem persönlichen Gebrauch, beispielsweise der Ausstattung von Privaträumen, dienen.

III. Für die Herstellung einzelner Vervielfältigungsstücke zum persönlichen Gebrauch, die durch die Aufnahme von Funksendungen auf Bild- oder Tonträger oder durch Überspielung von einem Bild- oder Tonträger auf einen anderen erfolgt, gilt die Sonderregelung des § 53 Abs. 5 UrhG.

1. Die Herstellung ist, der Regel des § 53 Abs. 1 UrhG entsprechend, genehmigungsfrei. Das Gesetz sieht auch von einem Vergütungsanspruch gegen die Benutzer der Geräte im Hinblick auf die Schwierigkeit der Durchsetzung ab. Stattdessen werden aber die Hersteller und die Importeure, die durch den Vertrieb der Geräte die Anfertigung der Vervielfältigungsstücke ermöglichen, zur Zahlung der sogenannten Geräteabgabe verpflichtet: Ist nach der Art eines Werkes zu erwarten, daß es durch die Aufnahme von Funksendungen auf Bild- oder Tonträger oder durch Übertragung von einem Bild- oder Tonträger auf einen anderen zum persönlichen Gebrauch vervielfältigt wird, so hat der Urheber einen Vergütungsanspruch gegen den Hersteller, der Geräte, die zur Vornahme solcher Vervielfältigung geeignet sind, veräußert. Neben ihm haftet als Gesamtschuldner, wer die Geräte in die Bundesrepublik Deutschland oder Westberlin gewerblich einführt oder wiedereinführt.

2. Ausgeschlossen ist der Anspruch nicht nur bei Geräten, die nicht zur Aufnahme von Funksendungen oder zur Überspielung geeignet sind, wie insbesondere bei Diktiergeräten. Er entfällt vielmehr auch, wenn nach den Umständen mit Wahrscheinlichkeit erwartet werden kann, daß die Geräte im Geltungsbereich des UrhG nicht zur Vornahme der genannten Vervielfältigungen benutzt werden, wie es insbesondere bei Geräten der Fall ist, die zum Export bestimmt sind.

Im Einzelfall bleibt es freilich möglich, daß mit der Vergütungspflicht auch Geräte belastet werden, die von ihrem Benutzer nicht zur Aufnahme von Funksendungen oder zur Überspielung verwendet werden. Zu denken ist beispielsweise an Geräte, die von ausübenden Künstlern nur benutzt werden, um Art und Qualität ihrer Darbietungen zu prüfen, sowie an Geräte, die zur Aufnahme von Naturlauten, wie Vogel- oder Tierstimmen, benutzt werden. Solche Möglichkeiten hat der Gesetzgeber in Kauf genommen. Eine Verfassungsbeschwerde, die u. a. mit dem Hinweis auf die Möglichkeit urheberrechtsneutraler Verwendung der Geräte begründet wurde, hat das BVerfG in seiner Entscheidung in NJW 1971, 2167 zurückgewiesen.

3. Als Vergütung steht jedem Berechtigten ein angemessener Anteil an dem vom Hersteller aus der Veräußerung der Geräte erzielten Erlös zu. Entsprechende Vergütungsansprüche sieht das Gesetz auch für die ausübenden Künstler (§ 84 UrhG), die Hersteller von Tonträgern (§ 85

Abs. 3 UrhG) und die Filmhersteller (§§ 94 Abs. 4, 95 UrhG) vor. Die Summe der Vergütungsansprüche der Berechtigten darf dabei 5 % des Veräußerungserlöses nicht übersteigen. Auch können die Ansprüche nicht individuell, sondern nur durch eine Verwertungsgesellschaft geltend gemacht werden.

Als Verwertungsgesellschaften, die die Vergütungsansprüche wahrnehmen, haben die GEMA, die Verwertungsgesellschaft Wort und die Gesellschaft zur Verwertung von Leistungsschutzrechten die Zentralstelle für private Überspielungsrechte (ZPÜ) errichtet. Die Erträgnisse werden im Verhältnis 40:40:20 an die GEMA, die GVL und die Verwertungsgesellschaft Wort verteilt, die die Ausschüttung an die Bezugsberechtigten vornehmen. Die Verwaltung und die Geschäftsführung der ZPÜ liegt in der Hand der GEMA.

§ 65. Vervielfältigung zum sonstigen eigenen Gebrauch

I. Vervielfältigung zum sonstigen eigenen Gebrauch ist Vervielfältigung, die zwar nicht zum persönlichen, aber doch zum internen Gebrauch bestimmt ist. In Betracht kommt insbesondere die Vervielfältigung, die dem internen Gebrauch von Behörden, Kirchen, Schulen, Hochschulen, Forschungsanstalten, Bibliotheken, Unternehmungen sowie dem Gebrauch in der freien Berufstätigkeit dient. Der Freiheit der Herstellung von Vervielfältigungsstücken sind dabei engere Grenzen als der Vervielfältigung zum persönlichen Gebrauch gezogen: Sie bleibt gemäß § 54 UrhG auf die Vervielfältigung von kleinen Teilen erschienener Werke und von Aufsätzen, die in Zeitungen oder Zeitschriften erschienen sind, auf die Vervielfältigung zu bestimmten privilegierten Zwecken sowie auf die Vervielfältigung vergriffener Werke beschränkt.

In den genannten Fällen ist, ebenso wie bei der Vervielfältigung zum persönlichen Gebrauch, nur die Herstellung einzelner Vervielfältigungsstücke gestattet; jedenfalls darf, wie in der höchstrichterlichen Rechtsprechung klargestellt wurde, auch wenn es sich um den Gebrauch in Schulen handelt, die Anzahl von 7 Exemplaren nicht überschritten werden. Entsprechend anwendbar sind auch die Regeln, daß die Vervielfältigungsstücke weder verbreitet noch zur öffentlichen Wiedergabe benutzt werden dürfen und daß die Aufnahme öffentlicher Vorträge, Aufführungen oder Vorführungen auf Bild- oder Tonträger sowie die Ausführung von Plänen und Entwürfen von Werken der bildenden Künste und der Nachbau eines Werkes der Baukunst nur mit Einwilligung des Berechtigten zulässig ist; § 54 Abs. 3 UrhG.

1. Der zur Vervielfältigung Befugte kann, wie bei der Vervielfältigung zum persönlichen Gebrauch, die Herstellung durch andere vornehmen lassen. Nicht übernommen wurde aber die Einschränkung, daß bei Übertragung der Werke auf Bild- oder Tonträger und bei der Vervielfältigung von Werken der bildenden Künste die Herstellung durch andere nur gestattet ist, wenn sie unentgeltlich erfolgt.

Zur Begründung wird angeführt, daß von der Einschränkung mit Rücksicht auf die andersartigen Gebrauchszwecke und die gegebenenfalls gemäß § 54 Abs. 2 UrhG bestehende Vergütungspflicht abgesehen wurde. Vgl. v. GAMM, UrhG, § 54, Rdz. 5.

2. Die Vervielfältigung zum sonstigen eigenen Gebrauch ist zwar in den vom Gesetz vorgesehenen Grenzen genehmigungsfrei; dient sie aber gewerblichen Zwecken des zur Vervielfältigung Befugten, so hat dieser gemäß § 54 Abs. 2 UrhG dem Urheber eine angemessene Vergütung zu bezahlen. Der Begriff gewerblich ist dabei in dem engeren Sinn des Gebrauchs durch gewerbliche Unternehmen, nicht in dem weiteren Sinn des Gebrauchs für Erwerbszwecke zu verstehen. Daher ist beispielsweise der Gebrauch in der Praxis der freien Berufe zwar kein persönlicher, sondern ein sonstiger eigener Gebrauch; die Vervielfältigung ist aber in den ihr gezogenen Schranken nicht nur genehmigungs-, sondern auch vergütungsfrei.

Diese Auslegung entspricht sowohl der amtlichen Begründung (zu § 54 UrhG) wie der im Schrifttum vorherrschenden Meinung. S. u. a. FROMM-NORDEMANN, UrhG, § 54, Anm. 9, und v. GAMM, UrhG, § 54, Rdz. 7.

II. Die wichtigste Bestimmung, die die Vervielfältigung zum sonstigen eigenen Gebrauch gestattet, ist die Regel des § 54 Abs. 1 Nr. 4a UrhG: Zulässig ist die Vervielfältigung, wenn es sich um kleine Teile eines erschienenen Werkes oder um einzelne Aufsätze handelt die in Zeitungen oder Zeitschriften erschienen sind. Im Rechtsleben sind bisher die häufigsten Fälle reprographischer Vervielfältigung diejenigen, in denen Fotokopien oder Xerokopien von Abhandlungen aus Zeitungen und Zeitschriften, insbesondere wissenschaftlichen und Fachzeitschriften hergestellt werden. Die Herstellung ist, wenn sie auf einzelne Vervielfältigungsstücke beschränkt bleibt, genehmigungsfrei. Sie ist aber, wenn sie zu gewerblichen Zwecken erfolgt, vergütungspflichtig.

Die Regelung knüpft damit an die Rechtsentwicklung an, die mit der oben in § 63 II 2 genannten Entscheidung in BGHZ 18, 44 über das Fotokopieren urheberrechtlich geschützter Abhandlungen in gewerblichen Unternehmen eingeleitet wurde. Dem Sinn der Entscheidung entsprechend, ist an die Stelle des Verbotsrechts des Urhebers, von dem nach dem damals geltenden Recht auszugehen war, der Anspruch auf Zahlung einer angemessenen Vergütung getreten. Die Vergütung für die Vervielfältigung urheberrechtlich geschützter Beiträge, die in wissenschaftlichen oder Fachzeitschriften erschienen sind, wurde zunächst aufgrund der Wahrnehmungsverträge, die sie mit Urhebern und Verlegern abgeschlossen hatte, von der Inkassostelle für urheberrechtliche Vervielfältigungsgebühren, später von der an ihre Stelle getretenen Verwertungsgesellschaft Wissenschaft wahrgenommen. Seit 1978 liegt die Wahrnehmung in der Hand der Verwertungsgesellschaft Wort, der die Verwertungsgesellschaft Wissenschaft eingegliedert wurde und die ohne Beschränkung auf wissenschaftliche oder Fachzeitschriften die Rechte der Urheber geltend macht. Die Wahrnehmung erfolgt nach Maßgabe der Gesamtverträge, die mit dem Bundesverband der deutschen Industrie sowie dem Verband der Banken und Sparkassen und der Versicherungswirtschaft abgeschlossen wurden (vgl. den Text des Gesamtvertrags mit dem Bundesverband der deutschen Industrie bei SCHULZE, Urhebervertragsrecht,

S. 319 ff.). Die Verträge sehen für die Bezahlung der Vergütung verschiedene Wege vor (Aufkleben von Wertmarken auf den Seiten der Vervielfältigungsstücke oder Aufschläge auf das Jahresabonnement für einzelne oder für alle von den Unternehmen bezogenen Zeitschriften); auch können Sondervereinbarungen geschlossen werden. Der Reinerlös wird nach Vornahme von Rückstellungen an Urheber und Verleger je zur Hälfte verteilt. Die Auszahlung des Urheberanteils erfolgte zunächst an Urheberverbände, die sie zur Speisung ihrer Sozialfonds verwendeten; seit 1978 erfolgt grundsätzlich eine individuelle Ausschüttung an die Autoren.

III. Zulässig ist im übrigen die Herstellung einzelner Vervielfältigungsstücke zum sonstigen eigenen Gebrauch, wenn sie für bestimmte privilegierte Zwecke erfolgt oder wenn es sich um die Vervielfältigung vergriffener Werke handelt. Die Grenzen der Vervielfältigungsbefugnis sind dabei in § 54 Abs. 1 UrhG näher bestimmt.

1. Zulässig ist die Vervielfältigung zum eigenen wissenschaftlichen Gebrauch, wenn und soweit die Vervielfältigung zu diesem Zweck geboten ist. § 54 Abs. 1 Nr. 1 UrhG.

Vervielfältigung zum eigenen wissenschaftlichen Gebrauch kann Vervielfältigung zum persönlichen Gebrauch sein. Persönlicher Gebrauch liegt insbesondere vor, wenn einzelne Personen Vervielfältigungen zu Ausbildungs-, Studien- oder Forschungszwecken vornehmen oder vornehmen lassen. Sonstiger eigener Gebrauch ist dagegen der Gebrauch in wissenschaftlichen Instituten und Forschungsanstalten sowie der Gebrauch, der zu Erwerbszwecken erfolgt, einschließlich des Gebrauchs für die freie Berufstätigkeit. Anders als beim persönlichen Gebrauch, ist die Vervielfältigung nur gestattet, wenn und soweit sie zu den verfolgten Zwecken geboten ist. Unzulässig ist daher beispielsweise die Vervielfältigung, wenn ganze Bücher oder Zeitschriftenhefte benutzt werden, die käuflich unschwer zu erhalten sind. Das Kopieren von kleinen Teilen erschienener Werke und von einzelnen Abhandlungen, die in Zeitungen oder Zeitschriften erschienen sind, ist ohnedies gestattet. Im wesentlichen kommen daher nur Sonderfälle in Betracht, wie die Vervielfältigung einzelner Beiträge, die in nichtperiodischen Sammelwerken, beispielsweise in Festschriften oder Enzyklopädien, erschienen sind, die Vervielfältigung größerer Werkteile sowie die Vervielfältigung von Werken, deren Ankauf nicht möglich ist oder nicht zugemutet werden kann. Erfolgt die Vervielfältigung in Forschungabteilungen oder -instituten von gewerblichen Unternehmen, so ist das Unternehmen zur Zahlung einer angemessenen Vergütung verpflichtet.

Zu eng ist m. E. die Meinung von FROMM-NORDEMANN, UrhG, § 54, Anm. 5, daß Wissenschaft nur ist, was an Universitäten und Hochschulen gelehrt wird. In Betracht zu ziehen sind auch andere, insbesondere neue im Hochschulbereich noch nicht berücksichtigte Wissenschaftszweige. Ebenso v. GAMM, UrhG, § 54, Rdz. 9, und BRUHN, in UFITA 52 (1969) 115 ff.

2. Zulässig ist die Vervielfältigung zum Zweck der Aufnahme in ein eigenes Archiv, wenn und soweit die Vervielfältigung zu diesem Zweck geboten ist und als Vorlage für die Vervielfältigung ein eigenes Werkstück benutzt wird; § 54 Abs. 1 Nr. 2 UrhG.

In Betracht kommt neben der Archivierung durch Behörden, Zeitungsverlage und andere Unternehmen auch die Archivierung durch Bibliotheken, die ihre Bestände auf Mikrofilme aufnehmen, um Raum zu sparen oder um die Kopien in einem vor Katastrophen sicheren Ort unterzubringen (so die amtliche Begründung zu § 54 UrhG). Wichtig ist dabei die Einschränkung, daß als Vorlage nur ein eigenes Werkstück benutzt werden darf. Unzulässig ist insbesondere die Benutzung entliehener Exemplare, auch von Exemplaren, die von Bibliotheken im innerbibliothekarischen Leihverkehr bezogen werden.

3. Zulässig ist die Vervielfältigung zur eigenen Unterrichtung über Tagesereignisse, wenn es sich um ein durch Funk gesendetes Werk handelt; § 54 Abs. 1 Nr. 3 UrhG. Zu beachten ist dabei, daß die Vervielfältigung von vermischten Nachrichten tatsächlichen Inhalts und von Tagesneuigkeiten, die durch Funk gesendet werden, ohnedies gemäß § 49 Abs. 2 UrhG zulässig ist. Weitergehend gestattet § 54 Abs. 1 Nr. 3 UrhG auch die Aufnahme anderer Sendungen aktuellen Inhalts, beispielsweise die Sendung von politischen Reden und anderen Vorträgen oder Werken, die über Tagesereignisse unterrichten. Beispielsweise können Behörden oder Unternehmen zur Unterrichtung ihrer Mitarbeiter aktuelle Sendungen aufnehmen und einzelne weitere Vervielfältigungsstücke herstellen.

Die Aufnahme zum persönlichen Gebrauch ist durch § 53 UrhG gestattet. Eine Unstimmigkeit besteht aber insofern, als bei der Aufnahme zum persönlichen Gebrauch die Urheber gemäß § 53 Abs. 5 an dem Erlös aus der Geräteabgabe zu beteiligen sind, während bei der Vervielfältigung zum sonstigen eigenen Gebrauch Vergütungsansprüche nur bestehen, wenn sie für die Zwecke eines gewerblichen Unternehmens erfolgt, in diesem Fall sich aber die Ansprüche unmittelbar gegen das Unternehmen richten. Vorzuziehen wäre eine einheitliche Regelung der Vergütungsfrage auf dem Weg über die Geräteabgabe.

4. Zulässig ist die Vervielfältigung von vergriffenen Werken zum eigenen Gebrauch, wenn der Berechtigte nicht auffindbar ist. Ist er auffindbar und das Werk länger als drei Jahre vergriffen, so darf er seine Einwilligung nur aus wichtigem Grund verweigern. § 54 Abs. 1 Nr. 4 b UrhG.

Unter den genannten Voraussetzungen können u. a. auch Bibliotheken ihre Bestände durch die Vervielfältigung von Werken vervollständigen, von denen sie Exemplare käuflich, auch von Antiquaren, nicht erwerben können. „Auffindbar" ist der Rechtsinhaber insbesondere, wenn der Verlag, in dem das Werk erschienen ist, bekannt oder aus den einschlägigen Verzeichnissen des Buchhandels zu ermitteln ist; ist der Verlag selbst nicht zur Bewilligung der Vervielfältigung berechtigt, so wird er in der Regel den Urheber oder dessen Rechtsnachfolger und ihre Anschrift namhaft machen können.

Die Wartefrist von drei Jahren ist mit Rücksicht auf den Absatz einer innerhalb dieser Frist erscheinenden Neuauflage einzuhalten. Ein wichtiger Grund für eine Verweigerung der Zustimmung nach Ablauf der Wartefrist liegt insbesondere vor, wenn angesichts der bereits getroffenen Maßnahmen mit dem baldigen Erscheinen einer Neuauflage zu rechnen ist.

Wird nur persönlicher Gebrauch bezweckt, so ist die Vervielfältigung auch von vergriffenen Werken ohne die genannten Voraussetzungen möglich. De lege ferenda wäre aber eine einheitliche Lösung vorzuziehen, die auch im Fall des sonstigen eigenen Gebrauchs das Kopieren vergriffener Werke erleichtert, in jedem Fall aber — nicht bloß bei der Vervielfältigung für gewerbliche Zwecke — eine Vergütungspflicht vorsieht.

§ 66. Reformfragen

Thurow, Zur Notwendigkeit einer urheberrechtlichen Abgabe auf Leerkassetten, in Film u. Recht 1978, 590 ff. — Kolle-Katzenberger-Peter, Reprographische Vervielfältigung und Urheberrecht, in GRUR 1975, 468 ff.; Kolle, Reprographie und Urheberrecht, in GRUR Int. 1975, 201; Gerda Krüger-Nieland, Kopierrecht, in UFITA 85 (1979) 99 ff.; Albrecht Krieger, Auf dem Weg zur zweiten Urheberrechtsnovelle, in GRUR 1980, 541 ff.

Die im UrhG getroffene Regelung der Vervielfältigung zum eigenen Gebrauch ist im Zug der Rechtsentwicklung eine wichtige Etappe, aber keine endgültige Lösung. Erneut ist vielmehr eine Reform geboten. Dabei liegt der Schwerpunkt auf den Sachverhalten, die schon seit Jahrzehnten im Mittelpunkt der Erörterung stehen. Es geht um eine Ergänzung der Regeln über die Herstellung von Ton- und Bildträgern, die durch die Aufnahme von Funksendungen oder durch Überspielung erfolgt. Und es geht insbesondere angesichts des Umfangs, den die reprographische Vervielfältigung angenommen hat, und der Bedeutung, die ihr zukommt, um eine grundsätzliche Neuregelung der Schranken, die dem Vervielfältigungsrecht zum persönlichen und zum sonstigen eigenen Gebrauch gezogen sind.

I. Mit der Vergütungspflicht, die das UrhG den Herstellern und Importeuren der Tonbandgeräte und der Videorecorder auferlegt, die zur Aufnahme von Funksendungen und zur Überspielung von Bild- und Tonträgern auf andere geeignet sind, ist ein bedeutsamer Schritt auf dem Weg zur Wahrung der vermögensrechtlichen Interessen der Urheber bei einem Sachverhalt erfolgt, bei dem sich die Durchsetzung von Ansprüchen gegen die privaten Benutzer der Geräte als weitgehend undurchführbar erwiesen hat. An ihre Stelle tritt die mittelbare Belastung der Benutzer durch den Aufschlag auf den Kaufpreis, der die Folge der Geräteabgabe ist.

Auch im Ausland wird die Methode der Regelung im UrhG vielfach als vorbildlich angesehen. Eine gesetzliche Regelung ist aber bisher nur in der österreichischen UrhG-Novelle von 1980 erfolgt. Anders als im deutschen Recht, wird jedoch die Vergütungspflicht nicht den Geräteherstellern und -importeuren, sondern denjenigen auferlegt, die das Trägermaterial (unbespielte Bild- und Tonträger) im Inland gewerbsmäßig in den Verkehr bringen.

Die Regelung ist jedoch insofern unvollkommen, als sie ohne Rücksicht auf das Ausmaß, in dem die Geräte benutzt werden, zu einer gleichmäßigen Belastung der Benutzer führt. Im Ergebnis konnte dies hingenommen werden, solange es sich bei den Geräten um die sogenannten Spultongeräte handelte. An ihre Stelle sind aber im weiteren Verlauf der Entwicklung weitgehend die Kassettengeräte getreten und damit die Leerkassetten, deren Umsatz den früheren Umsatz von Spultonbändern um ein Vielfaches übersteigt. De lege ferenda erklärt sich daraus die Forderung, eine Vergütungspflicht der Hersteller und Importeure auch für den Vertrieb von Ton- und Videobändern und verwandten Vorrichtungen vorzusehen, die zur Aufnahme von Funksendungen und zur Überspielung von Bild- und Tonträgern geeignet sind.

Statistische Erhebungen haben ergeben, daß bereits 1977 über 90 Millionen Leerkassetten abgesetzt wurden. Auch lag, wie geschätzt wird, 1977 die Spieldauer der Musikwerke, die mittels der in diesem Jahr verkauften Leerkassetten wiedergegeben wurden, bereits über der Spieldauer der 1977 abgesetzten Schallplatten und bespielten Musikkassetten. Vgl. darüber THUROW, a.a.O.

II. Was die Reprographie betrifft, so hat in der Praxis die Vervielfältigung urheberrechtlich geschützter Werke mittels der neuen Techniken, insbesondere die Herstellung von Fotokopien und Xerokopien, ein Ausmaß erreicht, das eine Neufassung der Regeln des geltenden Rechts als geboten erscheinen läßt.

Die 1978 veröffentlichte Denkschrift „Kopierrecht" des Börsenvereins des Deutschen Buchhandels, in der Vorschläge zur Änderung der einschlägigen Bestimmungen des UrhG gemacht werden, geht davon aus, daß in der Bundesrepublik Deutschland heute mit mehr als 5 Milliarden kopierten Seiten urheberrechtlich geschützten Materials gerechnet werden muß, darunter 1,78 Milliarden Seiten aus Zeitschriften und 1,6 Milliarden aus wissenschaftlichen Büchern oder Fachbüchern.

1. Bei der Beurteilung der Interessenlage ist zu berücksichtigen, daß die Reprographie ein unentbehrliches Instrument für die Dokumentation und Information ist. Für die Verwertung der durch die modernen Techniken geschaffenen Vervielfältigungsmöglichkeiten muß daher der erforderliche Spielraum bleiben. Soweit demnach eine Einschränkung des ausschließlichen Vervielfältigungsrechts geboten ist, ist aber den berechtigten Interessen der Urheber und Verleger jedenfalls durch die Sicherung einer Vergütung Rechnung zu tragen. Für die Urheber geht es dabei um die Vergütung für die Verwertung ihrer geistigen Arbeit, für die Verleger um den Ausgleich für die Verluste, die sie durch die Schmälerung des Absatzes ihrer Verlagswerke erleiden. Mittelbar ist dieser Ausgleich auch für die Urheber von Bedeutung: Den Urhebern, insbesondere den wissenschaftlichen Autoren mag zwar die Zulassung der reprographischen Vervielfältigung im Hinblick auf die Breitenwirkung der eigenen Veröffentlichungen und die Möglichkeit der Verwertung

fremder Publikationen erwünscht sein. Jedenfalls ist es aber auch für die Urheber wesentlich, daß ihnen die Publikationsorgane, insbesondere die durch die Reprographie besonders betroffenen wissenschaftlichen und Fachzeitschriften, erhalten bleiben.

2. Das Reprographieproblem ist heute weltweit gesehen ein Hauptgegenstand urheberrechtlicher Erörterungen. Eine neue fortschrittliche Regelung ist in den Niederlanden getroffen worden. In anderen Ländern, wie in Großbritannien, den nordischen Staaten, Österreich, der Schweiz, Australien und Japan, werden Reformpläne verfolgt. In den USA ist im Copyright Act von 1976 eine im einzelnen sehr differenzierte Regelung getroffen worden.

Im *internationalen Recht* ergeben sich Anhaltspunkte für die rechtliche Beurteilung aus der Regel des Art. 9 Abs. 2 RBÜ, die es den Verbandsländern vorbehält, die Vervielfältigung in gewissen Sonderfällen unter der Voraussetzung zu gestatten, daß eine solche Vervielfältigung weder die normale Auswertung des Werkes beeinträchtigt noch die berechtigten Interessen des Urhebers unzumutbar verletzt. Für die Auslegung dieser Bestimmung bleibt aber ein erheblicher Spielraum. Noch größer ist der Spielraum, den die Bestimmung des Art. IVbis Abs. 2 Rev. WUA läßt, die es den Vertragsstaaten gestattet, Ausnahmen vom Vervielfältigungsrecht vorzusehen, die dem Geist und den Bestimmungen des Abkommens nicht widersprechen, und eine Einschränkung nur insofern vorsieht, als jedenfalls ein angemessenes Maß an wirksamem Schutz gewährt werden muß. An Versuchen, genauere Regeln zu treffen, hat es nicht gefehlt: In einer von UNESCO und WIPO gemeinsam einberufenen Arbeitsgruppe ist 1973 über die reprographische Vervielfältigung urheberrechtlich geschützter Werke beraten worden; vgl. DdA 1973, 179 ff. In den Empfehlungen der Arbeitsgruppe wird grundsätzlich eine angemessene Entschädigung der Urheber für die Vervielfältigung ihrer Werke vorgeschlagen. Für die Vervielfältigung durch Bibliotheken und andere Dokumentationszentren, in Unterrichtsanstalten, öffentlichen Verwaltungen, Verbänden und gewerblichen Unternehmen wurde auf die Möglichkeit des Abschlusses von Gesamtverträgen (blanket licenses) hingewiesen. Eine weitere Beratung hat 1975 in einem Unterausschuß des Exekutivausschusses der Berner Union und des Regierungsausschusses des WUA in Washington stattgefunden. Dabei wurde zwar auf die Empfehlungen der Arbeitsgruppe hingewiesen, angesichts der Verschiedenheit der Interessenlage, insbesondere der Interessenlage in den sozialistischen Oststaaten und den Entwicklungsländern, wurde jedoch von einem Lösungsvorschlag abgesehen. Auf weltweiter Basis ist daher mit einer Regelung nicht zu rechnen.

In den *Niederlanden* ist durch eine Verordnung vom 20. 6. 1974 eine Regelung getroffen worden, die für die öffentlichen Verwaltungen, die gemeinnützigen Bibliotheken, Schulen und andere Einrichtungen, die öffentliche Aufgaben erfüllen, grundsätzlich Vervielfältigungsfreiheit vorsieht, für jede Kopie aber die Zahlung einer Vergütung in bestimmter Höhe vorschreibt, die von der Stiftung Reprorechte eingezogen und an die Rechtsinhaber ausgeschüttet wird. In Großbritannien schlägt der sogenannte Whitford Report (oben § 12 IV 1) ein blanket licensing system vor, durch das sowohl die Vervielfältigungsfreiheit wie auch die Vergütungspflicht in der Weise sichergestellt werden soll, daß die Verwertungsgesellschaften mit den Benutzerorganisationen, insbesondere auch den Bibliotheken, umfassende Vereinbarungen treffen. Für die nordischen Staaten ist das in einem Gesamtvertrag zwischen dem schwedischen Staat und einer Anzahl von Urheber- und Verlegerverbänden vereinbarte sogenannte *schwedische Schulmodell* vorbildlich geworden, das für Kopien zu Unterrichtszwecken die Bezahlung einer Vergütung durch den Staat vorsieht. Vgl. darüber und über die Reformvorschläge in Österreich und der Schweiz KOLLE, in GRUR Int. 1975, 208 ff.

3. In der Bundesrepublik Deutschland hat sich die Regelung des geltenden Rechts in mehrfacher Hinsicht als unvollkommen erwiesen: Die Erwägung, von der der Gesetzgeber im Jahr 1965 ausging, daß es für den Privatmann immer noch vorteilhafter ist, eine Zeitschrift zu beziehen oder Bücher zu kaufen, als sich vom Inhalt dieser Druckwerke Fotokopien herstellen zu lassen, ist überholt: Ungleich billiger als der Bezug der Zeitschriften ist jedenfalls die Herstellung der Fotokopien der benötigten Abhandlungen; aber auch die Herstellung ganzer Bücher im Weg der Fotokopie kann billiger als der Ankauf sein. De lege ferenda wird daher eine Vergütungspflicht auch für den persönlichen Gebrauch in Aussicht zu nehmen sein. Die Befreiung der Bibliotheken von der Vergütungspflicht für die Herstellung von Vervielfältigungen, die zum persönlichen oder sonstigen eigenen Gebrauch der zur Vervielfältigung Befugten bestimmt sind, steht in offenbarem Widerspruch zu der durch die Novelle von 1972 eingeführten Vergütungspflicht für das Vermieten und Verleihen von Vervielfältigungsstücken, die anders als die Fotokopien dem Benutzer nur auf Zeit überlassen werden.

Die Begrenzung der Vervielfältigungsfreiheit auf die Herstellung einzelner Vervielfältigungsstücke wird in der Praxis weitgehend mißachtet. Im wesentlichen sind es bis heute nur die Beträge, die von der Verwertungsgesellschaft Wort aufgrund der Gesamtverträge mit den Verbänden der gewerblichen Wirtschaft bezogen werden, die den Urhebern und Verlegern zustatten kommen. Sie stehen aber außer Verhältnis zu dem Umfang der durch die reprographische Vervielfältigung erfolgenden Verwertung urheberrechtlich geschützter Werke.

Für die Reform des UrhG ist daher eine Regelung anzustreben, die den Urhebern und Verlegern in den Fällen, in denen die Vervielfältigung zum persönlichen oder sonstigen eigenen Gebrauch gestattet wird, eine angemessene Vergütung sichert. Die Geltendmachung der Rechte sollte auch im Interesse der Benutzer Verwertungsgesellschaften vorbehalten bleiben. Zur Erwägung steht dabei, ob die Vergütungspflicht durch ein System von Gesamtverträgen oder durch eine Geräteabgabe realisiert werden soll. Gesamtverträge könnten von den Verwertungsgesellschaften mit Organisationen der Gerätebesitzer abgeschlossen werden. Angesichts der Vielheit der Besitzer blieben aber nicht unwesentliche Lücken. Auch würde die Schwierigkeit der Durchsetzung der Vergütungsansprüche selbst gegenüber den Mitgliedern der vertragschließenden Organisationen fortbestehen. Im Interesse der Wirksamkeit des Schutzes wird daher insbesondere von Verlegerseite eine Geräteabgabe befürwortet. Durch eine solche Abgabe sollte jedenfalls die Vergütungspflicht der großen Mehrheit der Gerätebesitzer abgegolten werden. Nur für Großkopierer, wie Schulen, Hochschulen, Bibliotheken und Dokumentationszentralen, müßte eine zusätzliche Gebühr in Aussicht genommen werden, über deren Berechnung und Entrichtung zwischen den Verwertungsgesellschaften und den in Betracht kommenden Großkopierern bzw. ihren Verbänden Vereinbarungen zu treffen wären.

Geräteabgabe und Zusatzgebühr werden in der Denkschrift des Börsenvereins des Deutschen Buchhandels vorgeschlagen. A. KRIEGER, a.a.O., wendet gegen die Geräteabgabe ein, daß durch sie auch zahlreiche Geräte belastet würden, die nicht zur Vervielfältigung geschützten Materials verwendet werden. Er weist aber auf die Möglichkeit hin, jedenfalls die Betreiber der Kopiergeräte, die ihre Geräte der Öffentlichkeit zur Verfügung stellen oder sie gewerblich nutzen, vergütungspflichtig zu machen. — Grundsätzlich bekämpft werden die Reformvorschläge in dem von G. ROELLECKE dem Verband der Bibliotheken erstatteten Gutachten über das Kopieren zum eigenen wissenschaftlichen Gebrauch (UFITA 84 (1979) 79 ff.). Die von ihm vertretenen Thesen stehen jedoch, wie KRÜGER-NIELAND in ihrem dem Börsenverein des Deutschen Buchhandels erstatteten Gutachten über Kopierrecht mit eingehender Begründung nachweist, mit fundamentalen, auch vom BVerfG anerkannten urheberrechtlichen Grundsätzen in Widerspruch.

II. Zitate und Entlehnungen. Aufnahme von Schulfunksendungen. Sonderfälle öffentlicher Wiedergabe

§ 67. Zitate und Entlehnungen

I. Die Beschränkung der Verwertungsrechte durch die Zulassung von Zitaten und Entlehnungen dient den Bedürfnissen des kulturellen Lebens.

1. Einschlägige Bestimmungen finden sich in allen Ländern. Die Methode der Regelung ist freilich eine verschiedene. Die Rechtsordnungen Großbritanniens und der Vereinigten Staaten machen einen Vorbehalt zugunsten des redlichen Gebrauchs („fair dealing"; amerikanisch „fair use"). Dem gesetzlichen Stil der kontinental-europäischen Länder entspricht dagegen eine nähere Bestimmung der einzelnen Tatbestände.

Die RBÜ sieht in Art. 10 Abs. 1 die Zulässigkeit von Zitaten aus einem der Öffentlichkeit bereits erlaubterweise zugänglich gemachten Werk vor, sofern sie anständigen Gepflogenheiten entsprechen und in ihrem Umfang durch den Zweck gerechtfertigt sind. Art. 10 Abs. 2 gestattet den Verbandsländern, die Benutzung von geschützten Werken in dem durch den Zweck gerechtfertigten Umfang zur Veranschaulichung des Unterrichts durch Veröffentlichungen, Rundfunksendungen oder Aufnahmen auf Bild- und Tonträgern zu erlauben, sofern eine solche Benutzung anständigen Gepflogenheiten entspricht. Ergänzend kommt auch die Regel des Art. 9 Abs. 2 RBÜ über die Beschränkung des Vervielfältigungsrechts in Betracht.

Das UrhG sieht in § 51 die Zitierfreiheit vor. Die Freiheit von Entlehnungen zu kulturellen Zwecken wurde dagegen im Interesse der Urheber auf Entlehnungen zugunsten von Sammlungen begrenzt, die dem Kirchen-, Schul- und Unterrichtsgebrauch dienen.

Die im LUG vorgesehene Entlehnungsfreiheit für Sammlungen, die einem eigentümlichen literarischen Zweck dienen (Anthologien wie Sammlungen von Gedichten, Novellen o. dgl.), wurde nicht übernommen.

II. Die Zitierfreiheit erlaubt es im Interesse der geistigen Kommunikation den Urhebern, fremde Werke in einem durch den Zweck gebotenen Umfang anzuführen. In den Grenzen, in denen die Zitierfreiheit besteht, ist dabei sowohl die Vervielfältigung und Verbreitung wie die öffentliche Wiedergabe des Zitats zulässig, die im Rahmen des zitierenden Werkes erfolgt.

Die Regelung in § 51 UrhG betrifft Zitate in selbständigen wissenschaftlichen Werken, in selbständigen Sprachwerken und in selbständigen Musikwerken. Dabei wird zwischen Großzitaten und Kleinzitaten unterschieden: In wissenschaftlichen Werken dürfen, soweit erforderlich, einzelne Werke nicht nur in Bruchstücken, sondern auch im ganzen zitiert werden. In nichtwissenschaftlichen Sprachwerken und in Musikwerken sind es dagegen nur Stellen aus geschützten Werken, die zitiert werden dürfen.

Das gemeinsame Erfordernis der Selbständigkeit des Werkes, in dem zitiert wird, betrifft das Verhältnis zwischen Zitat und zitierendem Werk: Der Schwerpunkt muß auf der eigenen geistigen Schöpfung liegen, in die das Zitat eingegliedert ist. Bei wissenschaftlichen Werken darf daher das Zitat nur der Erläuterung des Inhalts, bei Sprachwerken nur als Beleg für die eigene Darstellung dienen. Bei Musikwerken ist das Zitat, in dem der Komponist eine Tonfolge anklingen läßt, von Fällen zu unterscheiden, in denen geschützte Tonfolgen dem eigenen Werk zugrunde gelegt werden.

Im einzelnen gelten folgende Regeln:

1. In ein selbständiges wissenschaftliches Werk dürfen nach seinem Erscheinen einzelne Werke zur Erläuterung des Inhalts aufgenommen werden. § 51 Nr. 1 UrhG.

Beispielsweise können in einer Literaturgeschichte einzelne Gedichte, in einer Kunstgeschichte einzelne Abbildungen von Werken der bildenden Künste, in einem Geschichtswerk einzelne Schriften von dokumentarischem Wert angeführt werden. Es ist die Einordnung in den größeren Zusammenhang einer systematischen Darstellung oder einer methodisch durchgeführten Untersuchung, die das Großzitat rechtfertigt.

a) Zulässig ist die Aufnahme nur zur Erläuterung des Inhalts des wissenschaftlichen Werkes. Insbesondere dürfen Werke der bildenden Künste nur zum besseren Verständnis des Textes abgebildet werden. Das schließt zwar nicht aus, daß die Abbildungen ansprechende Zutaten sind. Der Schmuckzweck darf aber nicht überwiegen. Auch ist es mehr als bloße Erläuterung, wenn die Abbildungen der Vervollständigung des Inhalts dienen.

Vgl. zu diesen Grundsätzen die Entscheidungen über Großzitate von Werken der bildenden Künste in RGZ 130, 196; 139, 339 und 144, 112 sowie in BGHZ 50, 148. In der Entscheidung des BGH ging es um die Wiedergabe von Werken KANDINSKYS in einem unter dem Titel „Der blaue Reiter und die neue Künstlervereinigung München" erschienenen Verlagswerk. Der Klage der Witwe von KANDINSKY wurde u. a. unter dem Gesichtspunkt stattgegeben, daß sich die Wiedergabe auch auf Werke erstreckte, bei denen kein genügender Bezug auf den Inhalt des Verlagswerkes vorlag.

b) Die Anführung bleibt auf die Aufnahme einzelner Werke beschränkt. Dabei fragt sich, ob die Beschränkung nur für die Aufnahme der Werke eines einzelnen Urhebers oder für die Werke aller Urheber gilt, die Gegenstand von Zitaten in wissenschaftlichen Werken sind.

Für das frühere Recht hatte ALLFELD, LUG, § 19, Anm. 16, die erstere Auffassung vertreten. Anders hatte dagegen das RG in RGZ 128, 102, 114 den Begriff einzelner Gedichte ausgelegt, deren Aufnahme nach dem damaligen Recht in einer zur Benutzung bei Gesangsvorträgen bestimmten Sammlung gestattet war. Im Kandinsky-Urteil ging der BGH von der Frage aus, ob die abgebildeten 69 Werke KANDINSKYS noch als einzelne Werke anzusehen sind. Er verneinte die Frage, weil unter Einzelwerken nur einige wenige zu verstehen sind, und verwarf mit Grund die befremdliche Meinung des OLG München, daß angesichts der Gesamtzahl der von KANDINSKY geschaffenen mehr als 1150 Werke 69 Werke noch als einzelne anzusehen sind. Auch wurde ausgeführt, daß in Fällen, in denen sich die Rechte eines Urhebers in verschiedenen Händen befinden, die Werke mit in Rechnung zu stellen sind, für deren Benutzung die Erlaubnis vom Rechtsinhaber erteilt wurde. Nicht unbedenklich ist dagegen, daß der BGH aus RGZ 128, 114 auch das Argument übernommen hat, daß es nicht darauf ankomme, ob es sich um die Aufnahme der Werke eines einzelnen oder mehrerer Urheber handle.

Bei der Beurteilung der Frage ist m. E. zu unterscheiden: Bei der Wiedergabe der Werke einzelner Urheber darf es sich nur um einige wenige handeln. Ein größerer Spielraum muß dagegen für die Aufnahme von Werken verschiedener Urheber bleiben: In einem wissenschaftlichen Werk über moderne Kusnt muß es möglich sein, Werke verschiedener Künstler in größerer Anzahl wiederzugeben. Ebenso erscheint es als sachentsprechend, daß in wissenschaftlichen Werken über neue Literatur zwar nur einige wenige Gedichte einzelner Urheber, von verschiedenen Urhebern dagegen eine größere Zahl von Gedichten aufgenommen. werden kann. Auch der Aufnahme der Werke mehrerer Urheber bleiben freilich Grenzen gesetzt: Das wissenschaftliche Werk darf seiner Anlage nach nicht zugleich eine Sammlung von Gedichten oder von Abbildungen von Werken der bildenden Künste werden; der Schwerpunkt muß vielmehr auf dem gedanklichen Inhalt liegen.

2. In selbständigen Sprachwerken dürfen Stellen eines Werkes nach der Veröffentlichung angeführt werden. § 51 Nr. 2 UrhG.

a) Besondere Bedeutung kommt dabei dem Merkmal der Selbständigkeit zu. Der Grund der Anführung kann ein verschiedener sein. Die zitierte Stelle kann Gegenstand der Besprechung oder der Kritik sein. Sie kann auch als möglicher Ausgangspunkt für die eigene Darstellung oder zur Unterstreichung der eigenen Stellungnahme dienen. Erforderlich bleibt aber, daß die angeführte Stelle nur Beleg für die Darstellung ist. Die Selbständigkeit fehlt, wenn unter dem Schein eines Zitats oder einer Mehrheit von Zitaten fremde Werke ohne wesentliche eigene Leistung wiedergegeben werden.

Vgl. aus der Rechtsprechung RGSt. 37, 294: Die Veröffentlichung eines Auszugs aus einer Abhandlung in einer Zeitung, dem nur eine eigene Schlußbemerkung angefügt war, wurde vom RG mit Recht nicht als Zitat, sondern als unzulässige Benutzung beurteilt.

b) Das Zitat muß sich auf die Anführung von Stellen eines Werkes beschränken. Es sind nur kleine Ausschnitte aus geschützten Werken, die zitiert werden dürfen. Arithmetische Maßstäbe lassen sich dabei nicht anlegen. Beispielsweise ließ es der BGH in BGHZ 28, 234 noch zu, daß in einem Bericht über eine Pressekonferenz, die im Anschluß an eine Verkehrserziehungswoche abgehalten wurde, eine von drei Strophen eines Verkehrslieds zitiert wurde. In Zweifelsfällen kann auch die Frage ins Gewicht fallen, ob nach Art und Umfang des Zitats die wirtschaftliche Verwertung des Werkes, aus dem zitiert wurde, beeinträchtigt wird.

Der grundsätzlichen Unterscheidung zwischen Großzitaten in selbständigen wissenschaftlichen Werken und Kleinzitaten in selbständigen Sprachwerken liegt ein richtiger Gedanke zugrunde. In Einzelfällen erscheint aber die gesetzliche Regelung als zu starr. Ihrem Wortlaut nach schließt sie u. a. auch das Zitat eines kurzen Gedichts in einem selbständigen Sprachwerk aus sowie die Anführung eines Werkes der bildenden Künste, die in aller Regel nicht bloß in Bruchstücken erfolgen kann. Eine Ausnahme von der Regel wurde daher in einer Entscheidung des KG in UFITA 54 (1969) 296 gemacht. Es ging um eine kritische Auseinandersetzung mit Presseartikeln, in deren Rahmen einzelne der in diesem Artikel erschienenen Karikaturen wiedergegeben wurden. Das KG sah in dem Verbot des Zitats von Werken, die sinnvollerweise nur als ganze wiedergegeben werden können, einen Verstoß gegen die verfassungsrechtlichen Garantien der Meinungs- und Pressefreiheit und ließ daher aufgrund einer verfassungskonformen Auslegung auch das „kleine Großzitat" zu. Solche Unstimmigkeiten werden vermieden, wenn das Gesetz von einer zu weitgehenden kasuistischen Regelung absieht und allgemein — entsprechend den Regeln der RBÜ und der nordischen Urheberrechtsgesetze — bestimmt, daß es zulässig ist, aus veröffentlichten Werken in Übereinstimmung mit den guten Gebräuchen und dem durch den Zweck bestimmten Umfang zu zitieren; die Beurteilung im einzelnen bleibt dabei der Rechtsprechung überlassen.

c) Bei wissenschaftlichen Sprachwerken können außer den Regeln über Zitate in wissenschaftlichen Werken auch die Regeln über Zitate in selbständigen Sprachwerken in Anspruch genommen werden. Stellen eines Werkes dürfen daher bereits nach der Veröffentlichung, nicht erst nach dem Erscheinen zitiert werden. Auch bleibt die Zitierfreiheit, wenn nur Stellen von Werken angeführt werden, nicht auf einige wenige Stellen von Werken eines einzelnen Autors beschränkt. Beispielsweise können in einem juristischen Lehr- oder Handbuch mehr als nur einige wenige Stellen aus einem Kommentar zitiert werden und umgekehrt.

3. In selbständigen Sprachwerken und in wissenschaftlichen Werken, beispielsweise in musiktheoretischen Werken, können auch musikalische Kompositionen zitiert werden. Eine andere Frage ist es, ob sie auch in Musikwerken zitiert werden können. Unter der Herrschaft des LUG war die Frage streitig, wurde aber überwiegend aufgrund einer Analogie zum Zitat in literarischen Werken bejaht. Das UrhG enthält in § 51 Nr. 3 eine ausdrückliche Regelung. In einem selbständigen Werk der Musik dürfen einzelne Stellen eines erschienenen Werkes der Musik angeführt werden.

Das Erfordernis der Selbständigkeit schließt dabei Fälle aus, in denen eine geschützte Tonfolge einem neuen Musikwerk zugrunde gelegt wird. Es muß sich vielmehr um eine selbständige Komposition handeln, in der der Komponist eine entlehnte Tonfolge nur anklingen läßt, wie es beispielsweise beim Zitat aus Wagners Walhallmotiv in der Feuersnot von Richard Strauß der Fall ist.

4. Über das Zitat in *Filmwerken* schweigt das Gesetz. Außer Zweifel steht, daß auf wissenschaftliche Filmwerke § 51 Nr. 1 UrhG anzuwenden ist. Im übrigen liegt eine Lücke vor, die sich aus der Entstehungsgeschichte des UrhG erklärt: Im früheren Recht wurden auf Filmwerke neben den Regeln des KUG auch die Regeln des LUG über literarische Werke, jedenfalls entsprechend, angewandt. Daraus war auch auf die Zulässigkeit von Kleinzitaten in nichtwissenschaftlichen Filmwerken zu schließen; vgl. dazu die Entscheidung des LG Leipzig in UFITA 8 (1935) 433. Im UrhG wird dagegen zwischen Sprachwerken und Filmwerken unterschieden. Dies blieb bei den Vorschriften über Zitate unbeachtet, ohne daß jedoch eine Änderung der bisherigen Rechtslage beabsichtigt war. § 51 Nr. 2 UrhG ist daher auf Zitate in Filmwerken entsprechend anzuwenden. Ebenso FROMM-NORDEMANN, UrhG, § 51, Anm. 2. v. GAMM, UrhG, § 51, Rdz. 8, verneint dagegen die Analogie unter Berufung auf den Grundsatz, daß Ausnahmevorschriften eng auszulegen sind. Auch bei Ausnahmevorschriften ist aber Analogie möglich; entscheidend sind Sinn und Tragweite des Rechtsgedankens, der der Vorschrift zugrunde liegt. Es wäre ungereimt, Zitate zwar in Bühnenwerken zuzulassen, nicht aber in Spielfilmen; auch in Fernsehwerken, die Lehr- und Unterrichtszwecken dienen, müssen Zitate zulässig sein. Entsprechendes gilt für Zitate in pantomimischen Werken. Vgl. dazu ULMER, in GRUR 1972, 323 ff.; zustimmend LG Berlin, in GRUR 1978, 109.

III. Entlehnungsfreiheit besteht für Sammlungen, die Werke einer größeren Zahl von Urhebern vereinigen und nach ihrer Beschaffenheit nur für den Kirchen-, Schul- und Unterrichtsgebrauch bestimmt sind. Im einzelnen gelten dabei gemäß § 46 UrhG folgende Regeln:

1. Die Sammlung muß nicht nur ihrer Beschaffenheit nach ausschließlich für den Kirchen-, Schul- und Unterrichtsgebrauch bestimmt sein. Die Bestimmung muß vielmehr auch deutlich auf dem Titelblatt oder an entsprechender Stelle der Sammlung angegeben werden.

Vgl. dazu die Entscheidung des BGH in GRUR 1972, 432, in der es um eine Gedichtsammlung ging. Die Sammlung war zwar für den Schulgebrauch geeignet. Ihrer „inneren Beschaffenheit" nach waren aber die Gedichte nicht speziell unter pädagogischen Gesichtspunkten ausgewählt und auch keine Anmerkungen oder Erklärungen beigefügt, die erkennen ließen, daß die Sammlung ausschließlich für den Schulgebrauch bestimmt ist. Um so deutlicher hätte sich nach der Meinung des BGH die Zweckbestimmung aus der „äußeren Beschaffenheit", insbesondere aus der vom Gesetz geforderten Angabe über die Zweckbestimmung, ergeben müssen. Der am Rande der Titelrückseite angebrachte Vermerk „Sammlung für den Schulgebrauch vom 7. Schuljahr an" wurde daher nach Lage der Sache nicht als ausreichend angesehen.

2. Sammlungen, die für den Kirchengebrauch bestimmt sind, sind insbesondere Gesang- und Gebetbücher, nicht aber Sammlungen von Predigten oder Sammlungen für Kirche und Haus.

Schulgebrauch ist der Gebrauch in öffentlichen Schulen sowie in Privatschulen, nicht aber der Gebrauch in Hochschulen und Fachschulen. Gleichgestellt ist der Gebrauch zum Unterricht, der außerhalb der Schule stattfindet, wie der Gebrauch zum Privatunterricht oder zum Unterricht im kirchlichen Bereich, beispielsweise im Konfirmations- oder Kommunionsunterricht, nicht aber der Gebrauch zu einem Unterricht, der, wie der Unterricht in Volkshochschulen, der Erwachsenenbildung dient.

Eine Besonderheit gilt für den Musikunterricht: Die Aufnahme von Musikwerken ist nur in Sammlungen zulässig, die für den Musikunterricht in Schulen mit Ausnahme von Musikschulen bestimmt sind. Die Ausnahme für Musikschulen erklärt sich aus dem Gedanken, daß von einer Beschränkung des Urheberrechts im Hinblick auf die Bedeutung dieses Absatzgebiets für die Komponisten abzusehen ist.

3. In die demnach privilegierten Sammlungen dürfen Teile von Werken, Sprachwerke und Musikwerke von geringem Umfang sowie einzelne Werke der bildenden Künste oder Lichtbildwerke nach ihrem Erscheinen aufgenommen werden.

Auf den geringen Umfang kommt es sinngemäß sowohl bei der Aufnahme von Werkteilen wie bei der Aufnahme ganzer Sprach- und Musikwerke an. Als ganze Sprach- und Musikwerke kommen insbesondere Gedichte, Lieder sowie kurze Erzählungen und Kompositionen in Betracht. Vgl. dazu RGZ 80, 78 betreffend die Aufnahme von Novellen von geringem Umfang. Daß Werke der bildenden Künste und Lichtbildwerke als ganze aufgenommen werden können, entspricht der Natur der Sache; ihre Aufnahme bleibt aber nach dem Gesetz auf einzelne Werke beschränkt. Die Worte einzelne Werke sind auch hier in einem doppelten Sinn zu verstehen: Von einem einzelnen Urheber dürfen nur einige wenige Werke aufgenommen werden. Werke mehrerer Urheber dürfen zwar in größerer Zahl aufgenommen werden; jedenfalls gilt aber die Beschränkung, daß Sammlungen, die ganz oder überwiegend Bildsammlungen sind, nicht privilegiert sind; der Schwerpunkt muß vielmehr auf den Texten liegen, die durch Bilder illustriert werden. Ähnlich v. GAMM, UrhG, § 46, Rdz. 13. Im übrigen wird auch bei der Aufnahme sonstiger Werke oder Werkteile von einer Beschränkung auszugehen sein, die es ausschließt, daß das Werkschaffen eines einzelnen Urhebers in zu weitgehendem Maß ausgenutzt wird.

4. Rechtlich zulässig ist die Vervielfältigung und Verbreitung der entlehnten Werke oder Werkteile, die im Rahmen der Sammlung erfolgen. Grundsätzlich unzulässig ist dagegen die öffentliche Wiedergabe.

Insbesondere dürfen Liedersammlungen nicht ohne Einwilligung des Urhebers zur öffentlichen Wiedergabe der in ihnen enthaltenen Lieder benutzt werden.

Begonnen werden darf mit der Vervielfältigung erst nach vorausgegangener Benachrichtigung des Urhebers durch eingeschriebenen Brief und nach Ablauf einer Wartefrist von zwei Wochen seit der Absendung des Briefs. Ist der Wohnort oder Aufenthaltsort des Urhebers unbekannt, so ist der Inhaber des ausschließlichen Vervielfältigungs- und Verbreitungsrechts, in der Regel der Verleger, zu benachrichtigen; ist auch dieser nicht zu erreichen, so kann die Mitteilung durch Veröffentlichung im Bundesanzeiger bewirkt werden. § 46 Abs. 3 UrhG.

Die Benachrichtigungspflicht dient der Unterrichtung des Urhebers darüber, was mit seiner Schöpfung geschieht; sie sorgt auch dafür, daß dem Urheber im Hinblick auf die Geltendmachung seines Vergütungsanspruchs die Aufnahme in die Sammlung nicht unbekannt bleibt. Untersagen kann der Urheber die Vervielfältigung und Verbreitung nur, wenn das Werk seiner Überzeugung nicht mehr entspricht, ihm deshalb die Verwertung nicht mehr zugemutet werden kann und er ein etwa bestehendes Nutzungsrecht aus diesem Grund zurückgerufen hat; § 46 Abs. 5 UrhG. Zum Rückrufsrecht vgl. unten § 87 III.

5. Gerechtfertigt ist die Entlehnungsfreiheit zugunsten der privilegierten Sammlungen durch das kulturelle Interesse daran, daß Werke oder Werkteile für den Kirchen-, Schul- oder Unterrichtsgebrauch nutzbar gemacht werden können. Die Möglichkeit ihrer Benutzung soll grundsätzlich nicht an dem Widerspruch der Urheber oder ihrer Erben scheitern. Es besteht aber kein Anlaß, der geistigen Arbeit, die durch die Aufnahme in die Sammlung verwertet wird, ihren Lohn zu entziehen. Bereits in den Entwürfen für die Reform des Urheberrechts wurde deshalb eine Vergütungspflicht zugunsten der Urheber vorgesehen. Die Übernahme dieser Vorschrift in das UrhG scheiterte aber am Widerspruch des Bundesrats, der als Folge der Vergütungspflicht eine Verteuerung der Schulbücher befürchtete. Die Entscheidung des BVerfG vom 7. 7. 1971 (BVerfGE 31, 229), daß der Ausschluß der Vergütungspflicht gegen die Eigentumsgarantie des GG verstößt, trug aber dem den Reformplänen zugrundeliegenden Gedanken Rechnung. Dementsprechend wurde durch die Novelle von 1972 in Abs. 4 des § 46 bestimmt, daß dem Urheber für die Vervielfältigung und Verbreitung eine angemessene Vergütung zu zahlen ist.

Die Gesetzesänderung ist mit rückwirkender Kraft (Wirkung ab 11. 10. 1971) erfolgt. In der Frage nach der Angemessenheit der Vergütung sind für die Praxis Gesamtverträge von Bedeutung, die die Verwertungsgesellschaften mit dem Verband der Schulbuchverleger abschließen. Der Gesamtvertrag mit der Verwertungsgesellschaft Wort geht von dem Grundsatz aus, daß eine Vergütung in Höhe von 5 % des Buchhändlernettopreises angemessen ist, und sieht für den Regelfall einen Pauschbetrag von DM 2,— pro Druckseite des Schulbuchs für je 1000 Exemplare vor.

IV. Sowohl für die Zitate wie für die Entlehnungen gelten die Regeln der §§ 62 und 63 UrhG über die Quellenangabe und das Änderungsverbot. Insbesondere ist zu beachten, daß bei der Vervielfältigung ganzer Sprachwerke oder ganzer Musikwerke neben dem Urheber auch der Verlag, in dem das Werk erschienen ist, anzugeben und kenntlich zu machen ist, ob in dem Werk Kürzungen oder sonstige Änderungen vorgenommen wurden.

In Sammlungen für den Kirchen-, Schul- oder Unterrichtsgebrauch sind außer den in § 62 Abs. 1—3 UrhG vorgesehenen Änderungsmöglichkeiten bei Sprachwerken auch Änderungen gestattet, die für den bestimmungsmäßigen Gebrauch erforderlich, insbesondere Änderungen, die aus pädagogischen Gründen angezeigt sind. Solche Änderungen bedürfen jedoch, solange der Urheber lebt, seiner Einwilligung und nach seinem Tod der Einwilligung seines Rechtsnachfolgers, wenn dieser Angehöriger des Urhebers ist oder das Urheberrecht aufgrund letztwilliger Verfügung des Urhebers erworben hat. Die Einwilligung gilt als erteilt, wenn der Urheber oder sein Rechtsnachfolger nicht innerhalb eines Monats nach Empfang der Mitteilung über die beabsichtigte Änderung widerspricht, obwohl er in der Mitteilung auf diese Rechtsfolge hingewiesen worden war. § 62 Abs. 4 UrhG.

§ 68. Aufnahme von Schulfunksendungen

I. Sendungen geschützter Werke sind auch im Schulfunk nur mit Zustimmung der Urheber zulässig. Die Wiedergabe in der Schule ist dagegen als nichtöffentliche Wiedergabe, die im Kreis von Lehrern und Schülern stattfindet, grundsätzlich frei. Meist ist es aber erforderlich, die Sendungen mitzuschneiden, damit sie im richtigen Zeitpunkt im Unterricht wiedergegeben werden können. § 47 Abs. 1 UrhG gestattet es daher, einzelne Vervielfältigungsstücke von Werken, die innerhalb einer Schulfunksendung gesendet werden, durch Übertragung der Werke auf Bild- oder Tonträger herzustellen. Den Schulen sind dabei, anders als in § 46 Abs. 1 UrhG, Einrichtungen der Lehrerbildung oder Lehrerfortbildung sowie Erziehungsheime der Jugendfürsorge gleichgestellt.

Das BVerfG hat die durch § 47 UrhG dem Vervielfältigungsrecht gezogene Schranke in der Entscheidung vom 7. 7. 1971 (BVerfGE 31, 270) für zulässig erklärt: Der Urheber, der die Sendung bewilligt, müsse damit rechnen, daß die Sendung nicht in allen in Betracht kommenden Schulen zur Sendezeit für den Unterricht verwendet werden kann.

II. Beschränkt wird das Vervielfältigungsrecht auf die Herstellung einzelner Vervielfältigungsstücke und ihre Verwendung für den Unterricht.

1. Der Begriff der einzelnen Vervielfältigungsstücke ist bei der Verwertung von Schulfunksendungen sinngemäß dahin zu deuten, daß nur soviel Vervielfältigungsstücke hergestellt werden dürfen, als für den Unterricht in den in Betracht kommenden Schulklassen oder sonstigen Einrichtungen erforderlich ist.

U. U. kann, auch wenn es sich um eine Verwendung in mehreren Klassen handelt, die zu verschiedenen Zeiten stattfindet, ein einzelnes Exemplar genügen. Ist aber im Stundenplan die gleichzeitige Verwendung in mehreren Klassen vorgesehen, so dürfen auch mehrere (einige wenige) Exemplare hergestellt werden. Ebenso MÖHRING-NICOLINI, UrhG, § 47, Anm. 6.

2. Die Bild- und Tonträger dürfen nur für den Unterricht verwendet werden. Eine Verwendung zu anderen Zwecken ist Urheberrechtsverletzung, auch wenn sie nur zum Zweck einer privaten Wiedergabe erfolgt. § 47 Abs. 2, S. 1 UrhG.

3. Die Bild- und Tonträger sind spätestens am Ende des Schuljahres zu löschen. Die Löschungspflicht entfällt jedoch, wenn die Schule dem Urheber eine angemessene Vergütung bezahlt. § 47 Abs. 2 Satz 2 UrhG.

Ihrem Wortlaut entsprechend, ist die Bestimmung nicht wie bei sonstigen gesetzlichen Lizenzen dahin zu deuten, daß die Schule zur Weiterbenutzung berechtigt und nur zur Zahlung einer angemessenen Vergütung verpflichtet ist. Vielmehr ist es Sache der Schule, sich die Möglichkeit der Weiterbenutzung durch Zahlung einer angemessenen Vergütung zu sichern, wobei für die Angemessenheit insbesondere auch die Zeit ins Gewicht fällt, die für die Möglichkeit der Weiterbenutzung in Anspruch genommen wird. Dem Löschungsanspruch des Urhebers wird freilich die Schule dadurch begegnen können, daß sie die Zahlung noch nachträglich, spätestens aber unverzüglich nach einem Hinweis des Urhebers auf seine Rechte vornimmt.

§ 69. Sonderfälle der öffentlichen Wiedergabe

Das Recht der Urheber zur öffentlichen Wiedergabe geschützter Werke, insbesondere von Musikwerken, hat auch nach seiner grundsätzlichen Anerkennung im deutschen Recht noch Einschränkungen erfahren, die aber im Zug der Rechtsentwicklung mehr und mehr abgebaut worden sind.

I. Im LUG von 1870 wurde das Aufführungsrecht an erschienenen Musikwerken davon abhängig gemacht, daß es sich der Urheber durch einen ausdrücklichen Vermerk vorbehalten hat. In der Mehrzahl der Fälle wurde im Interesse des Absatzes der Noten von einem solchen Vermerk abgesehen. Die Beseitigung dieses Erfordernisses durch das LUG von 1901 bedeutete daher einen wesentlichen Fortschritt. Man befürchtete indes, zu stark in hergebrachte Gewohnheiten einzugreifen, und sah daher Ausnahmen vor, durch die auf populäre Vorstellungen Rücksicht genommen wurde: Das Aufführungsrecht an Musikwerken wurde nicht nur zugunsten nichtgewerbsmäßiger unentgeltlicher Aufführungen, sondern auch zugunsten der Aufführungen bei Volksfesten, Wohltätigkeits- und Vereinsveranstaltungen beschränkt.

Daß dadurch zu weitgehend in die berechtigten Interessen der Urheber eingegriffen wurde, wurde schon bald nach Erlaß des LUG von 1901 erkannt. Viel zitiert wurden die Worte von DERNBURG (Das bürgerliche Recht, Bd. 6, 1910, S. 196): „Wo blieben Apollo und die Musen, als der Reichstag das Gesetz bewilligt hat?" Die Rechtsprechung hat die Regel nach Möglichkeit einschränkend ausgelegt. U. a. wurde die Freiheit der Wiedergabe auf Volksfesten dahin eingeschränkt, daß sie nicht von Gastwirten in Anspruch genommen werden kann, die im Rahmen eines Volksfestes, beispielsweise in den Bierzelten des Münchner Oktoberfests, Musikaufführungen veranstalten; vgl. BGHZ 19, 227.

II. Das UrhG von 1965 schränkte in § 52 die Ausnahmen von dem Recht zur öffentlichen Wiedergabe geschützter Werke ein. Auch diese Regelung wurde aber vom BVerfG in seiner Entscheidung vom 25. 10. 1978 (BVerfGE 49, 382) noch als zu weitgehend angesehen. Eine gesetzliche Neuregelung, die dieser Entscheidung Rechnung trägt, ist noch nicht erfolgt. Auf die Folgen, die aus der Entscheidung zu ziehen sind, ist unten, III, einzugehen. Das Verständnis der Rechtslage setzt aber voraus, daß zunächst die Regeln des § 52 UrhG erläutert werden.

1. Zulässig ist gemäß § 52 Abs. 1 Nr. 1 UrhG die öffentliche Wiedergabe eines erschienenen Werkes, wenn die Wiedergabe keinem Erwerbszweck des Veranstalters dient, die Teilnehmer ohne Entgelt zugelassen werden und im Fall des Vortrags oder der Aufführung von Werken den ausübenden Künstlern keine besondere Vergütung gezahlt wird.

a) Die öffentliche Wiedergabe darf keinem Erwerbszweck des Veranstalters dienen. Der Erwerbszweck fehlt insbesondere bei der musikalischen Umrahmung einer öffentlichen Feier, bei militärischen Standortkonzerten, beim Gesang von Wandergruppen u. a. Aufführungen in einer Gastwirtschaft oder in einem Tanzlokal dienen dagegen, auch wenn kein besonderes Entgelt verlangt wird, dem Erwerbszweck des Unternehmens. Auch Aufführungen bei Betriebsfeiern, die angesichts der Zahl der anwesenden Belegschaftsmitglieder öffentliche Aufführungen sind, dienen jedenfalls mittelbar, indem sie die Betriebsgemeinschaft und die Werkverbundenheit fördern, den Zwecken des Unternehmens.

So für die Betriebsfeiern BGHZ 17, 376. Vgl. auch BGH in GRUR 1961, 98 betreffend ein von einem gemeinnützigen Sportverein betriebenes Sportheim, das angesichts des Verkaufs von Speisen, Getränken usw. auch an Nichtmitglieder als Gewerbebetrieb angesehen wurde, sowie BGHZ 58, 262 betreffend die Aufführung von Musikwerken in Gemeinschaftsräumen von Sanatorien, Kurheimen, Heilstätten u. dgl., deren Träger eine Anstalt des öffentlichen Rechts war, die keine Gewinnabsichten verfolgte: Die Aufführungsfreiheit wurde verneint, weil die Sanatorien usw. nach wirtschaftlichen Gesichtspunkten geführt und daher einem Gewerbebetrieb gleichgestellt wurden. Zu beachten bleibt im übrigen, daß der Begriff des Erwerbszwecks zwar den gewerblichen Zweck umfaßt, aber weiter als dieser ist, u. a. auch den Erwerbszweck der Angehörigen freier Berufe einschließt.

Möglich ist, daß die öffentliche Wiedergabe zwar keinem Erwerbszweck des Veranstalters, wohl aber demjenigen eines anderen dient. So liegt es beispielsweise, wenn ein kleiner Verein Musikaufführungen im Saal einer Gastwirtschaft veranstaltet, wobei der Gastwirt die Lieferung von Speisen und Getränken übernimmt. Entfällt in solchen Fällen die Vergütungspflicht des Veranstalters, so ist der Gastwirt zu einer angemessenen Vergütung verpflichtet.

b) Voraussetzung für die Wiedergabefreiheit ist ferner, daß die Teilnehmer ohne Entgelt zugelassen werden. Auch wenn die Teilnehmer nur für die Unkosten oder einen Teil der Unkosten aufzukommen haben, entfällt die Wiedergabefreiheit.

Vgl. dazu RGSt. 43, 189: Das Entgelt kann auch in einem Abonnement oder in der Erhebung einer Kurtaxe enthalten sein.

c) Handelt es sich um die öffentliche Wiedergabe durch Vortrag oder Aufführung, so ist die Freiheit der Wiedergabe auch davon abhängig, daß den ausübenden Künstlern keine besondere Vergütung bezahlt wird. Bloßer Ersatz der Unkosten, insbesondere der Reisekosten, ist keine Vergütung für die Mitwirkenden. Und insbesondere schließt die feste Vergütung, die die ausübenden Künstler aufgrund eines Arbeitsvertrags oder als Angehörige des öffentlichen Dienstes innerhalb eines bestimmten Zeitraums beziehen, die Freiheit der Wiedergabe nicht aus.

2. Eine Sonderregel gilt gemäß § 52 Abs. 1 Nr. 2 für die öffentliche Wiedergabe eines erschienenen Werkes, die bei einem Gottesdienst, einer kirchlichen Feier oder einer anderen Veranstaltung der Kirchen oder Religionsgemeinschaften des öffentlichen Rechts stattfindet. Liegen, wie meist, die allgemeinen Voraussetzungen für die Wiedergabefreiheit vor, so ist auch die Wiedergabe bei einer kirchlichen Veranstaltung genehmigungs- und vergütungsfrei. Aber auch in anderen Fällen, beispielsweise bei einem Gesangsvortrag, der im Rahmen einer kirchlichen Feier stattfindet und besonders vergütet wird, ist die Wiedergabe genehmigungsfrei. Dem Urheber ist jedoch eine angemessene Vergütung zu bezahlen.

3. Die Einschränkung des Rechts zur öffentlichen Wiedergabe entfällt, wenn es sich um öffentliche bühnenmäßige Aufführungen, um Funksendungen oder öffentliche Vorführungen eines Filmwerkes handelt. In diesen Fällen ist stets die Einwilligung des Berechtigten erforderlich. § 52 Abs. 2 UrhG.

4. In der RBÜ sehen die Regeln der Art. 11 und 11ter seit der Brüsseler Fassung vor, daß die Urheber das Recht zur öffentlichen Aufführung und zum öffentlichen Vortrag genießen, ohne daß dabei den Verbandsländern die Möglichkeit einer Beschränkung ausdrücklich vorbehalten bleibt. In dem Generalbericht, der über die Brüsseler Konferenz erstattet wurde, wird aber, dem Ergebnis der Beratungen entsprechend, gesagt, daß es der innergesetzlichen Regelung der Verbandsländer gestattet ist, gewisse kleine Ausnahmen vorzusehen, insbesondere für kirchliche Feierlichkeiten, für militärische Veranstaltungen und für Zwecke des Unterrichts; entsprechend wurde auch im Bericht über die Beratungen der Hauptkommission der Stockholmer Konferenz bemerkt, daß diese Ausnahmen aufrechterhalten werden können. Den Verbandsländern verbleibt daher ein gewisser, freilich eng zu begrenzender Spielraum. Abweichend, unter Berufung auf den Wortlaut der Bestimmungen, TROLLER, Die internationalen Beziehungen in den Referentenentwürfen (Heft 1 der Schriftenreihe der INTERGU, 1955).

III. Die Entscheidung des BVerfG vom 25. 10. 1978 ist aufgrund einer Verfassungsbeschwerde von Komponisten ergangen. Sie betrifft unmittelbar die Bestimmung des § 52 Abs. 1 Nr. 2 UrhG über Veranstaltungen der Kirchen und Religionsgemeinschaften des öffentlichen Rechts, enthält aber auch Hinweise auf die Grenzen, innerhalb derer die allgemeine Regel des § 52 Abs. 1 Nr. 1 UrhG als verfassungskonform angesehen werden kann.

1. Das BVerfG beanstandet nicht, daß für Veranstaltungen der Kirchen oder Religionsgemeinschaften des öffentlichen Rechts eine gesetzliche Lizenz vorgesehen ist, derzufolge die öffentliche Wiedergabe von geschützten Werken zwar genehmigungsfrei, aber vergütungspflichtig ist. Das Gericht sieht aber einen Verstoß gegen die Eigentumsgarantie des GG darin, daß unter den Voraussetzungen des § 52 Abs. 1 Nr. 1 auch die Vergütungspflicht entfällt. Es weist darauf hin, daß bei kirchlichen Veranstaltungen in aller Regel die Voraussetzungen des § 52 Abs. 1 Nr. 1 vorliegen: Die Wiedergabe dient keinem Erwerbszweck der Kirchen, und die Teilnehmer werden ohne Entgelt zugelassen. Auch den ausübenden Künstlern wird zumeist keine besondere Vergütung bezahlt; es gilt dies nicht nur für die Chöre, die unentgeltlich singen, sondern auch für den Organisten, der eine feste Vergütung erhält. Die Folge ist, daß den Komponisten nicht nur in Ausnahmefällen, sondern in aller Regel bei kirchlichen Veranstaltungen der Anspruch auf eine Vergütung versagt wird. Besonders hart trifft diese Folge, so heißt es in der Entscheidung, die Komponisten liturgischer Musik. Sie würden in Anwendung der gesetzlichen Regel in ihrer Existenzgrundlage getroffen, da Werke der Kirchenmusik praktisch nur bei kirchlichen Veranstaltungen aufgeführt werden. Da die Entscheidung des BVerfG unmittelbare Gesetzeskraft hat, ist § 52 Abs. 1 Nr. 2 UrhG ohne die Schlußworte „es sei denn, daß die in Nr. 1 aufgeführten Voraussetzungen vorliegen" als Regel des geltenden Rechts anzusehen.

2. Hinsichtlich des § 52 Abs. 1 Nr. 1 UrhG weist das BVerfG darauf hin, daß die Frage, ob sich der Ausschluß des Rechts zur öffentlichen Wiedergabe unter verfassungsrechtlichen Gesichtspunkten aus Gründen des Gemeinwohls rechtfertigen läßt, nur nach der Art und der Bedeutung der Veranstaltung beurteilen läßt. Von den Fällen des Singens von Jugendgruppen bei Schülerveranstaltungen seien Fälle der musikalischen Darbietungen bei Staatsakten, offiziellen Empfängen, Ausstellungen, Platzkonzerten von Militär- und anderen Kapellen sowie ähnliche Veranstaltungen zu unterscheiden. Angesichts der Spannweite der einschlägigen Sachverhalte sah aber das BVerfG von einer abschließenden verfassungsrechtlichen Beurteilung ab. Es wies die Beschwerdeführer darauf hin, daß sie zur Klärung der Zweifelsfragen zunächst den Rechtsweg zu den ordentlichen Gerichten erschöpfen müssen. Kommen die Gerichte zu dem Schluß, daß die Anwendung der gesetzlichen Vorschrift bei bestimmten Veranstaltungen zu einem verfassungswidrigen

Ergebnis führt, so bleibt es ihnen überlassen, eine Entscheidung des BVerfG im Normenkontrollverfahren einzuholen. Andernfalls hätten die Betroffenen die Möglichkeit, gegen die gerichtlichen Entscheidungen Verfassungsbeschwerde einzulegen.

Die Entscheidung legt eine Gesetzesänderung nahe, die es erübrigt, daß die Frage von Fall zu Fall entschieden werden muß. Man kann freilich bezweifeln, ob es möglich ist, eine befriedigende Unterscheidung zwischen den verschiedenen in Betracht kommenden Sachverhalten zu treffen. Jedenfalls wäre aber ein Fortschritt i. S. der Entscheidung des BVerfG dadurch zu erreichen, daß die Freiheit der öffentlichen Wiedergabe nicht nur in Fällen ausgeschlossen wird, in denen den ausübenden Künstlern eine besondere Vergütung gezahlt wird, sondern auch in Fällen, in denen sie aufgrund eines Arbeits- oder Dienstverhältnisses tätig werden.

III. Informationsfreiheit. Insbesondere Berichterstattung durch Presse, Rundfunk und Film

§ 70. Öffentliche Reden

Eine Gruppe von Schranken, die den Verwertungsrechten der Urheber gezogen sind, trägt dem Interesse an der Information der Öffentlichkeit Rechnung. Es sind die Regeln der §§ 48—50 UrhG. § 48 UrhG sieht dabei die Begrenzung der Rechte an bestimmten öffentlichen Reden vor.

I. Reden über Tagesfragen, die bei öffentlichen Versammlungen oder im Rundfunk gehalten werden, dürfen in Zeitungen sowie in Zeitschriften oder anderen Informationsblättern, die im wesentlichen den Tagesinteressen Rechnung tragen, vervielfältigt und verbreitet sowie öffentlich wiedergegeben werden. § 48 Abs. 1 Nr. 1 UrhG.

1. Gegenstand der Reden müssen Tagesfragen sein. Es geht dabei um Reden über politische, wirtschaftliche oder kulturelle Fragen, wie sie u. a. bei Parteitagen, in Wahlversammlungen, bei der Eröffnung von Messen und bei Kirchentagen gehalten werden, sowie um sonstige Reden über aktuelle Fragen, wie Fragen der Gesundheitspflege, der Gesetzgebung, der Rechtspflege, des Umweltschutzes, der Vermeidung von Unfällen und Katastrophen u. a.

Um keine Rede über Tagesfragen handelt es sich dagegen beispielsweise bei wissenschaftlichen Referaten und Vorträgen, die auf Kongressen gehalten werden, bei akademischen Vorlesungen und bei der Laudatio für die Träger von Literatur- und Kunstpreisen.

2. Die Reden müssen bei öffentlichen Versammlungen oder im Rundfunk gehalten werden. Der Begriff der Öffentlichkeit ist dabei anders als in § 15 Abs. 3 UrhG zu verstehen: Es genügt nicht, daß es sich um eine Rede vor Personen handelt, die nicht durch gegenseitige Beziehungen oder Beziehungen zu dem Veranstalter persönlich untereinander verbunden sind; es muß sich vielmehr um Veranstaltungen handeln, die

der Allgemeinheit oder jedenfalls einem breiteren, nicht bloß auf Fachkreise beschränkten Personenkreis zugänglich sind. Daß Eintrittskarten ausgegeben oder Eintrittsgelder erhoben werden, schließt unter dieser Voraussetzung die Annahme nicht aus, daß es sich um eine öffentliche Versammlung handelt.

Nicht übernommen wurde die im LUG vorgesehene Voraussetzung, daß die Rede Bestandteil einer öffentlichen Verhandlung sein muß. Unwesentlich ist, mit anderen Worten, ob die Rede Gegenstand einer Aussprache sein soll, ob beispielsweise bei einer Wahlversammlung eine Diskussion zugelassen ist, oder ob es sich um eine bloße „Kundgebung" handelt. Andererseits wurde aber die früher zu weitgehende Einschränkung des Urheberrechts durch die Bestimmung vermieden, daß es sich um Reden über Tagesfragen handeln muß.

3. Zulässig ist die Vervielfältigung und Verbreitung der Reden in Zeitungen sowie in Zeitschriften oder anderen Informationsblättern, die im wesentlichen den Tagesinteressen Rechnung tragen, sowie die öffentliche Wiedergabe der Reden.

Für die Zeitungen ist die Aufgabe der Berichterstattung über Tagesereignisse begriffswesentlich; s. oben § 29 I 4. In § 48 Abs. 1 Nr. 1 sind ihnen Zeitschriften (Publikationsorgane, die über Fachgebiete berichten) sowie Informationsblätter wie Nachrichtendienste und -korrespondenzen gleichgestellt, sofern die Berichterstattung überwiegend Tagesfragen Rechnung trägt. Was die öffentliche Wiedergabe betrifft, so können sich Schranken daraus ergeben, daß der Veranstalter die Aufnahme der Reden zu Sendezwecken in seinen Räumen untersagt, sowie daß der Redner eine Fernsehsendung unter Berufung auf sein Recht am eigenen Bild verbietet.

II. Eine weitergehende Beschränkung der Verwertungsrechte sieht § 48 Abs. 1 Nr. 2 UrhG für Reden vor, die bei öffentlichen Verhandlungen vor staatlichen, kommunalen oder kirchlichen Organen gehalten werden.

Als staatliche, kommunale und kirchliche Organe, vor denen öffentliche Verhandlungen gehalten werden, kommen insbesondere Parlamente, Gemeinderäte, Kreis- und Bezirksvertretungen (einschließlich der Ausschüsse dieser Organe) sowie Gerichte und bestimmte Behörden, wie beispielsweise das Patentamt und die Landesversicherungsanstalten, in Betracht.

Bei den Reden, die bei öffentlichen Verhandlungen der genannten Organe gehalten werden, ist die Vervielfältigung und Verbreitung ohne Beschränkung auf Zeitungen und ihnen gleichgestellte Zeitschriften und Informationsblätter zulässig. Die Parlamentsreden, Plädoyers usw. können daher auch in sonstigen Schriften, wie beispielsweise in Büchern, Broschüren oder in wissenschaftlichen Zeitschriften vervielfältigt und verbreitet werden. Nur das Recht zur Vervielfältigung und Verbreitung im Rahmen einer Sammlung, die überwiegend Reden desselben Urhebers enthält, ist dem Urheber vorbehalten. Die öffentliche Wiedergabe ist, ebenso wie bei Reden über Tagesfragen, gestattet.

Zu beachten bleiben freilich die für die einzelnen Organe geltenden Regeln, die die Aufnahme der Reden untersagen oder von besonderer Erlaubnis abhängig machen. Insbesondere sieht § 169 Satz 2 GVG für gerichtliche Verhandlungen vor, daß Rundfunkaufnahmen sowie Ton- und Filmaufnahmen zum Zweck der öffentlichen Vorführung oder der Veröffentlichung ihres Inhalts unzulässig sind. Zulässig ist aber jedenfalls die Niederschrift, gleichgültig ob sie zu privaten Zwecken oder zum Zweck der Veröffentlichung erfolgt.

III. Bei beiden Gruppen von Reden sind die Verwertungsrechte der Urheber zwar Beschränkungen unterworfen. Aus dem Kreis der geschützten Werke scheiden sie aber nicht aus. Bei den Reden, die bei öffentlichen Verhandlungen vor staatlichen, kommunalen oder kirchlichen Organen gehalten werden, verbleibt dem Urheber von den Verwertungsrechten freilich nur das Recht, die Vervielfältigung und Verbreitung in einer Sammlung zu untersagen, die überwiegend seine eigenen Reden enthält. Jedenfalls bleibt aber das Urheberpersönlichkeitsrecht gewahrt: Gemäß §§ 62 und 63 UrhG gelten die Regeln über das Änderungsverbot und die Quellenangabe.

§ 71. Zeitungsartikel und Rundfunkkommentare

Martin LÖFFLER, Presserecht, 2. Aufl. 1969; LÖFFLER-RICKER, Handbuch des Presserechts, 1978.

Zeitungsartikel und Rundfunkkommentare sind nach allgemeinem urheberrechtlichen Regeln geschützt, sofern sie persönliche geistige Schöpfungen sind. Im Interesse der Informationsfreiheit sind aber dem Urheberrechtsschutz durch § 49 UrhG bestimmte Grenzen gezogen.

I. Eine Beschränkung des Urheberrechtsschutzes sieht § 49 Abs. 1 UrhG für einzelne Zeitungsartikel und Rundfunkkommentare vor, die politische, wirtschaftliche oder religiöse Tagesfragen betreffen. Sie dürfen, wenn sie nicht mit einem Vorbehalt der Rechte versehen sind, in anderen Zeitungen vervielfältigt und verbreitet sowie öffentlich, insbesondere durch Rundfunksendung, wiedergegeben werden. Den Zeitungen gleichgestellt sind Informationsblätter, die lediglich Tagesinteressen Rechnung tragen, nicht aber Zeitschriften.

Die Bestimmung entspricht in ihrer Beschränkung auf Artikel über Tagesfragen politischen, wirtschaftlichen oder religiösen Inhalts der Regel des Art. 10bis Abs. 1 RBÜ. Im LUG war die Art der Regelung insofern eine andere gewesen, als vorgesehen wurde, daß der Abdruck von Ausarbeitungen wissenschaftlichen, technischen oder unterhaltenden Inhalts unzulässig ist. Man sprach von der Ungleichartigkeit des Zeitungsinhalts; von der Freigabe waren insbesondere die Artikel ausgenommen, die im Feuilleton der Zeitungen erschienen. Die Methode der RBÜ und des UrhG verdient aber den Vorzug: Bei der Besprechung von Büchern, der Kritik von Theater- und Konzertaufführungen, bei Artikeln über Fragen der Kunst und Literatur sowie bei der Berichterstattung über Sportereignisse entfällt die Beschränkung des Urheberrechts, ohne daß es darauf ankommt, ob sie wissenschaftlichen, technischen oder unterhaltenden Inhalts sind. Bei den Informationsblättern kommt es, anders als in § 48 Abs. 1 UrhG, nicht darauf an, ob sie „im wesentlichen", sondern ob sie „lediglich" Tagesinteressen Rechnung tragen.

In den vom Gesetz vorgesehenen Grenzen sind zwar die Vervielfältigung, die Verbreitung und die öffentliche Wiedergabe der Zeitungsartikel und Rundfunkkommentare genehmigungsfrei. Das Gesetz berücksichtigt aber die wirtschaftlichen Interessen der Verfasser, insbesondere der Journalisten, durch die Regel, daß dem Urheber für die Vervielfältigung, Verbreitung und öffentliche Wiedergabe eine angemessene Vergütung zu zahlen ist. Eine Ausnahme von der Vergütungspflicht gilt jedoch, wenn es sich um die Vervielfältigung, die Verbreitung oder die öffentliche Wiedergabe kurzer Auszüge aus mehreren Artikeln oder Kommentaren in Form einer Übersicht handelt. In der Praxis der Presse geht es dabei um Auszüge, die unter Titeln wie ,,Pressespiegel", ,,Stimmen der anderen" u. dgl. abgedruckt werden.

Vorbehalten bleibt das Urheberpersönlichkeitsrecht. Insbesondere gelten die Regeln der §§ 62 und 63 UrhG über das Änderungsverbot und die Quellenangabe. Die Bestimmung über die Quellenangabe wird durch die Regel ergänzt, daß beim Abdruck oder der Sendung eines Artikels oder Kommentars außer dem Urheber, der in der benutzten Quelle bezeichnet wird, auch die Zeitung, das Informationsblatt oder das Sendeunternehmen anzugeben ist, aus denen oder aus dessen Sendung der Artikel oder der Kommentar entnommen wurde. § 63 Abs. 3 UrhG.

Praktisch wichtig ist, daß von dem Änderungsverbot gemäß § 62 Abs. 2 UrhG, soweit die Benutzung es erfordert, Übersetzungen ausgenommen werden. Es können daher insbesondere auch ausländische Zeitungsartikel und Rundfunkkommentare in Form einer Übersetzung wiedergegeben werden.

II. Unbeschränkt zulässig sind die Vervielfältigung, Verbreitung und öffentliche Wiedergabe von vermischten Nachrichten tatsächlichen Inhalts und von Tagesneuigkeiten, die durch Presse oder Funk veröffentlicht worden sind; § 49 Abs. 2 UrhG.

In der Regel sind Nachrichten solcher Art ohnedies urheberrechtlich nicht geschützt. Die Sachverhalte aus der Politik und dem Tagesgeschehen, die Sportereignisse, die Vorgänge im Gerichtssaal usw. sind, urheberrechtlich gesehen, Gemeingut. Das UrhG stellt aber vorsorglich die Nachrichten auch dann frei, wenn im Einzelfall aus der individuellen Formulierung auf einen Urheberrechtsschutz geschlossen werden könnte. Jedenfalls bleiben aber individuelle Schilderungen, insbesondere Reportagen, urheberrechtlich geschützt.

Auf Bildberichte ist die Regel des § 49 Abs. 2 UrhG nicht anzuwenden. Für das frühere Recht war dies schon daraus zu erschließen, daß die entsprechende Regel im LUG, nicht aber im KUG enthalten war (vgl. BGHZ 38, 11). Eine Änderung der Rechtslage ist aber nicht eingetreten: Der Bildbericht ist mehr als eine bloße Tatsachenmitteilung. Ebenso die herrschende Meinung; vgl. u. a. v. GAMM, UrhG, § 49, Rdz. 7; HUBMANN, UR, S. 175.

III. Das Interesse an freiem Informationsaustausch steht im übrigen auch der Einführung eines kurzfristigen Nachrichtenschutzes entgegen, die gelegentlich erwogen wurde. Der Schutz der Nachrichtendienste kann nur ein Schutz gegen unlautere Ausnutzung sein. Eine einschlägige Sondervorschrift ist in § 11 des Gesetzes über Fernmeldeanlagen enthalten: Die Inhaber von privaten Funkanlagen sind verpflichtet, über Nachrichten, die von einer öffentlichen Zwecken dienenden Fernmeldeanlage übermittelt werden, aber nicht für ihre Funkanlage bestimmt sind, Verschwiegenheit zu bewahren. Im übrigen kommen die Regeln des Wettbewerbsrechts zur Anwendung: Die sittenwidrige Ausnutzung fremder Nachrichtendienste ist unlauterer Wettbewerb. Besondere, die Sittenwidrigkeit begründende Umstände liegen insbesondere vor, wenn sich die Übernahme nicht auf einzelne Nachrichten beschränkt, sondern die Nachrichten planmäßig aus einer anderen Quelle übernommen werden und ihre Verwertung daher als Schmarotzen erscheint; vgl. oben § 7 I 4.

Vgl. zur Frage des Nachrichtenschutzes NEUMANN-DUESBERG, Presseberichterstattung, Presseurheberrecht und Nachrichtenschutz, 1949. Der Völkerbund hat 1927 eine internationale Pressesachverständigenkonferenz nach Genf einberufen, deren Empfehlungen für einen Nachrichtenschutz in Leitsätzen niedergelegt wurden. Der Gedanke wurde aber in der Nachkriegszeit mit Recht aufgegeben. Der Regierungsausschuß des WUA hat dem Wirtschafts- und Sozialrechtsausschuß der Vereinten Nationen, der die Frage des Nachrichtenschutzes prüfte, empfohlen, von der Einführung eines besonderen Schutzrechts im Bereich des gewerblichen Rechtsschutzes und Urheberrechts abzusehen. Vgl. UN. Cop. Bull. 1958, 175.

§ 72. Bild- und Tonberichterstattung

Bei der Bild- und Tonberichterstattung über Tagesereignisse stellt sich die Frage, ob in die Berichterstattung auch geschützte Werke oder Teile von ihnen einbezogen werden können, die im Rahmen der Vorgänge, die Gegenstand der Wiedergabe sind, hör- oder sichtbar werden. Eine Beschränkung der Verwertungsrechte der Urheber wurde im Hinblick auf solche Fälle gesetzlich zuerst im Interesse der Filmberichterstattung durch das sogenannte Wochenschaugesetz von 1936 vorgenommen. § 50 UrhG sieht darüber hinaus eine Beschränkung der Rechte der Urheber auch zugunsten der Ton- und Bildberichterstattung vor, die durch Rundfunk oder in Zeitungen erfolgt. Bei solchen Berichterstattungen dürfen Werke, die im Verlauf der Vorgänge, über die berichtet wird, wahrnehmbar werden, in einem durch den Zweck gerechtfertigten Umfang vervielfältigt, verbreitet und öffentlich wiedergegeben werden: Den Zeitungen sind dabei Zeitschriften gleichgestellt, die im wesentlichen den Tagesereignissen Rechnung tragen.

1. Die Wiedergabe kann im Rahmen der Bild- und Tonberichterstattung über ein Tagesereignis durch Film und Rundfunk sowie in Zeitungen und ihnen gleichgestellten Zeitschriften erfolgen. Beispielsweise können bei der Wiedergabe einer öffentlichen Feier, die als Tagesereig-

nis anzusehen ist, im Film oder Rundfunk auch Gedichte, die bei der Feier vorgetragen werden, sowie die musikalische Umrahmung der Feier wiedergegeben werden. Ist die Eröffnung einer Kunstausstellung ein Tagesereignis, so können bei ihrer Wiedergabe im Film oder ihrer Sendung im Fernsehen sowie bei den Bildberichten in einer illustrierten Zeitung auch einzelne, bei der Eröffnungsfeier sichtbare Werke der bildenden Künste gezeigt werden.

Erforderlich ist, daß das Werk im Verlauf der Tagesereignisse, die wiedergegeben werden, für Auge oder Ohr wahrnehmbar wird. Berichtet ein Reporter im Hörfunk über ein Sportereignis, so kann er in seinen Bericht nicht die Hymnen einblenden, die bei der Siegerehrung ertönen. Voraussetzung ist vielmehr, daß über die Tagesereignisse nicht bloß berichtet, sondern daß sie ihrerseits Gegenstand der Wiedergabe durch Bild oder Ton sind.

2. Hauptgegenstand der Wiedergabe muß das Tagesereignis sein. Das Werk, dessen Wiedergabe ohne die Ausnahmebestimmung des § 50 UrhG nur mit Zustimmung des Urhebers zulässig wäre, darf nicht im Mittelpunkt der Wiedergabe stehen, sondern nur beiläufig wiedergegeben werden.

Möglich ist zwar, daß die Wiedergabe eines Werkes, beispielsweise die Uraufführung der Oper eines bekannten Komponisten, ein Tagesereignis ist. Dann dürfen zwar, wenn das „Milieu“ wiedergegeben wird, beispielsweise im Film oder Fernsehen dem Publikum die prominenten Gäste oder die Stabführung des Dirigenten gezeigt sowie im Rahmen des Berichtes kleinere Stücke der Oper wiedergegeben werden. Die Wiedergabe der Oper im ganzen oder von wesentlichen Teilen derselben ist aber nur mit Zustimmung des Urhebers zulässig. Vgl. dazu die Entscheidung des österreichischen OGH in GRUR Int. 1971, 411 über die Operettenwoche in Bad Ischl, die als Tagesereignis angesehen wurde. Die Sendung einzelner Lieder aus der Operette wurde nur deshalb als zulässig angesehen, weil sie in die Wiedergabe des Milieus eingebettet war. S. dazu auch WALTER, in GRUR Int. 1971, 384 ff.

3. Das geschützte Werk darf nur in einem für den Zweck gebotenen Umfang vervielfältigt, verbreitet und öffentlich wiedergegeben werden. Werden im Verlauf der Vorgänge, beispielsweise bei einer öffentlichen Feier, Musikwerke oder Sprachwerke wiedergegeben, so ist in der Regel nur die Vervielfältigung, Verbreitung und öffentliche Wiedergabe kleiner Ausschnitte zulässig. Handelt es sich dagegen um ein kleines Werk, beispielsweise ein Gedicht oder ein Lied, so kann gegebenenfalls auch das Werk im ganzen wiedergegeben werden. Bei der Wiedergabe von Werken der bildenden Künste kommt der Natur der Sache nach in der Regel nur eine Wiedergabe im ganzen in Betracht.

Abweichend war in Art. 10bis RBÜ Brüsseler Fassung vorgesehen, daß es den Verbandsländern vorbehalten bleibt, die Voraussetzungen zu bestimmen, unter denen kurze Bruchstücke von Werken der Literatur und Kunst bei Gelegenheit der Berichterstattung über Tagesereignisse auf Bild- oder Tonträgern festgehalten, wiedergegeben oder öffentlich mitgeteilt werden dürfen. Mit Grund wurde stattdessen in der Stockholmer und Pariser Fassung, ebenso wie im UrhG, die elastischere Formulierung gewählt, daß die Wiedergabe nur in dem durch den Zweck gerechtfertigten Umfang erfolgen darf.

IV. Sonstige freie Werknutzungen

§ 73. Nutzungen für Zwecke der Rechtspflege und der öffentlichen Sicherheit

I. Schranken des Urheberrechts im Interesse der Verwendung geschützter Werke in Verfahren vor einem Gericht oder einer Behörde sowie für Zwecke der Rechtspflege und der öffentlichen Sicherheit sieht das UrhG in § 45 vor.

1. Zulässig ist es, einzelne Vervielfältigungsstücke von Werken zur Verwendung in Verfahren vor einem Gericht, einem Schiedsgericht oder einer Behörde herzustellen oder herstellen zu lassen; § 45 Abs. 1 UrhG.

Die Gleichstellung von Behörden mit Gerichten bezieht sich auf Behörden, vor denen Verfahren stattfinden, beispielsweise die Versorgungsämter, die Landesversicherungsanstalten, die Bundesversicherungsanstalt für Angestellte und das Patentamt. Zur Verwendung im Verfahren kommen nicht nur Vervielfältigungen des unmittelbaren Beweismaterials in Betracht, wie beispielsweise die Verwendung der Kopie einer Bearbeitung in einem Verfahren wegen Urheberrechtsverletzung, sondern auch Verfielfältigungsstücke als Vergleichs- und Anschauungsmaterial, beispielsweise im Patenterteilungsverfahren Kopien des wissenschaftlichen Schrifttums zur Klärung der Frage nach der Neuheit der Erfindung. Zur Beurteilung von Rechtsfragen kann einschlägiges Material aus dem juristischen Schrifttum kopiert werden. Die Herstellung der Vervielfältigungsstücke kann nicht nur auf Antrag des Gerichts oder der Behörde erfolgen. Kopien für die Verwendung in einem Verfahren können vielmehr insbesondere auch die Parteien und ihre Anwälte anfertigen oder anfertigen lassen.

2. Gerichte und Behörden dürfen für Zwecke der Rechtspflege und der öffentlichen Sicherheit Bildnisse vervielfältigen oder vervielfältigen lassen; § 45 Abs. 2 UrhG.

Unter Bildnissen sind Personenbildnisse zu verstehen. Es geht dabei nicht nur um die Bildnisse von Verbrechern, die für das Verbrecheralbum, für Steckbriefe, für die Fahndung oder für Plakate benutzt werden, in denen die Öffentlichkeit zur Mitwirkung bei der Fahndung aufgefordert wird. In Betracht kommt vielmehr auch die Vervielfältigung von sonstigen, für die Rechtspflege und die öffentliche Sicherheit erforderlichen Bildnissen, wie beispielsweise die Vervielfältigung von Bildnissen zum Zweck der Beweisführung im Strafprozeß sowie von Bildnissen, die zur Identifizierung von Leichen oder zur Auffindung von Vermißten erforderlich sind.

Über die Arten der Personenbildnisse vgl. unten § 74 I; insbesondere gelten hier wie dort die Regeln über die Beschränkung des Urheberrechts auch für die Beschränkung des verwandten Schutzrechts an Lichtbildern. Eine entsprechende Einschränkung wie diejenige des Urheberrechts sieht die fortgeltende Bestimmung des § 28 KUG auch für das Recht am eigenen Bild vor: Für Zwecke der Rechtspflege und der öffentlichen Sicherheit dürfen von den Behörden Bildnisse auch ohne Einwilligung des Abgebildeten oder seiner Angehörigen verbreitet und öffentlich zur Schau gestellt werden.

II. Bei beiden Fallgruppen ist nach der Regel des § 45 Abs. 3 UrhG im Rahmen der verfolgten Zwecke außer der Vervielfältigung auch die Verbreitung, die öffentliche Ausstellung und die öffentliche Wiedergabe des Werkes oder Lichtbildes zulässig. Insbesondere können für Zwecke der Rechtspflege und der öffentlichen Sicherheit von den Gerichten und Behörden Bildnisse auch öffentlich zur Schau gestellt oder durch Fernsehsendungen bekannt gemacht werden.

Das Urheberpersönlichkeitsrecht erfährt insofern eine Einschränkung, als bei beiden Tatbeständen auch die Veröffentlichung unveröffentlichter Werke und Lichtbilder zulässig ist. Jedenfalls gilt aber das Änderungsverbot des § 62 UrhG, bei Vervielfältigungsstücken, die zur Verwertung in einem Verfahren hergestellt werden, auch die Vorschrift des § 63 UrhG über die Quellenangabe.

§ 74. Personenbildnisse. Katalogbilder. Werke an öffentlichen Plätzen

I. Personenbildnisse sind als Werke der bildenden Künste, als Lichtbildwerke oder als Lichtbilder schutzfähig. Der bildende Künstler oder der Fotograf bleibt trotz Veräußerung des Bildnisses Inhaber des Urheberrechts oder des verwandten Schutzrechts, insbesondere auch der Verwertungsrechte, soweit er über sie nicht durch Einräumung von Nutzungsrechten verfügt hat. Eine Vervielfältigung zum eigenen Gebrauch ist in den vom Gesetz vorgesehenen Grenzen zulässig. Darüber hinaus sieht die Regel des § 60 UrhG eine Beschränkung der Verwertungsrechte an Bildnissen vor, die auf Bestellung geschaffen wurden.

Personenbildnisse sind sowohl Bildnisse, die zu Lebzeiten des Abgebildeten, wie Bildnisse, die nach seinem Tod geschaffen werden. Unwesentlich ist, ob das Bildnis eine Fotografie, eine Zeichnung, ein Gemälde, ein Holz- oder Scherenschnitt, ein Relief oder eine Büste ist. Auch auf den Umfang, in dem die Abbildung erfolgt, kommt es nicht an: Bildnis i. S. des UrhG sind auch das Brustbild und die Totenmaske.

1. Der Besteller eines Bildnisses oder sein Rechtsnachfolger darf es fotographisch vervielfältigen oder vervielfältigen lassen. Handelt es sich bei dem Bildnis um ein Lichtbildwerk oder ein Lichtbild, so ist die Vervielfältigung auch auf andere Weise als durch Fotografie zulässig. Auch dürfen die Vervielfältigungsstücke unentgeltlich verbreitet werden. § 60 Abs. 1 UrhG.

Gemäß § 62 Abs. 3 UrhG ist bei der Vervielfältigung auch eine Übertragung in eine andere Größe sowie eine Änderung zulässig, die das für die Vervielfältigung angewandte

Verfahren mit sich bringt. Wird beispielsweise unter Zugrundelegung einer Fotografie ein Gemälde geschaffen, so bedingt die andere Schaffensweise in der Regel eine Änderung, die sich nicht bloß auf das Format beschränkt. Im Rechtssinn ist eine solche Änderung zumeist eine Bearbeitung. Soweit sie durch die Maltechnik und die Malkunst bedingt ist, muß daher auch eine Vervielfältigung in Form einer Bearbeitung zulässig sein. Eine weitergehende Umgestaltung kann freie Benutzung sein. Ist sie aber noch als Bearbeitung anzusehen, so ist sie nur insoweit zulässig, als nach allgemeiner Regel ein Freiraum für die Bearbeitung besteht; vgl. dazu oben § 56 IV.

2. Die gleichen Rechte stehen bei einem auf Bestellung geschaffenen Bildnis auch dem Abgebildeten, nach seinem Tod seinen Angehörigen, zu. Angehörige i. S. dieser Vorschrift sind der Ehegatte und die Kinder des Abgebildeten oder, wenn weder ein Ehegatte noch Kinder vorhanden sind, seine Eltern. § 60 Abs. 2 und 3 UrhG.

3. Durch § 60 UrhG wird zwar das ausschließliche Vervielfältigungs- und Verbreitungsrecht des Urhebers beschränkt. Urheberrechtlich gesehen bleibt er aber befugt, das Werk seinerseits zu vervielfältigen und zu verbreiten sowie das Werk öffentlich auszustellen. Der Verbreitung und Zurschaustellung kann aber das Persönlichkeitsrecht entgegenstehen, das dem Abgebildeten oder, nach seinem Tod, seinen Angehörigen zusteht. Sie ist, soweit nichts anderes vereinbart ist, nur in den Grenzen zulässig, die dem Recht am eigenen Bild gezogen sind (vgl. oben § 6 II 3). Erlaubt ist insbesondere die Veröffentlichung von Bildnissen aus dem Bereich der Zeitgeschichte; das höhere Interesse der Kunst vermag dagegen die Verbreitung oder Zurschaustellung nicht zu rechtfertigen.

II. § 58 UrhG sieht eine Einschränkung der Urheber von Werken der bildenden Künste zugunsten ihrer Verwertung in Ausstellungs- und Versteigerungskatalogen vor. Öffentlich ausgestellte sowie zur öffentlichen Ausstellung oder zur Versteigerung bestimmte Werke der bildenden Künste dürfen in Verzeichnissen, die zur Durchführung der Ausstellung oder der Versteigerung vom Veranstalter herausgegeben werden, vervielfältigt und verbreitet werden.

In der amtlichen Begründung heißt es zur Erläuterung der Bestimmung, daß die Herausgabe der Kataloge nicht nur den Interessen des Veranstalters und des Publikums dient, sondern auch für die Urheber von Nutzen ist, weil sie dadurch bekannt werden und der Absatz ihrer Werke gefördert wird. Kritisch weist dagegen Katzenberger, in UFITA 68 (1973) 92 f., auf die immer häufiger werdenden Fälle aufwendiger Ausgestaltung der Ausstellungskataloge sowie darauf hin, daß sie zum Teil auch über den Buchhandel vertrieben werden. Wertvolle Reproduktionen werden dadurch in der Hand des Käufers zum Dauerbesitz. De lege ferenda schlägt daher Katzenberger vor, für die Urheber einen Vergütungsanspruch vorzusehen.

III. Werke, die sich bleibend an öffentlichen Wegen, Straßen oder Plätzen befinden, dürfen gemäß § 59 Abs. 1 UrhG mit Mitteln der Malerei oder Graphik, durch Lichtbild oder durch Film vervielfältigt, verbreitet und öffentlich wiedergegeben werden.

1. Die Freiheit der Wiedergabe bezieht sich nach dem Wortlaut des Gesetzes auf Werke aller Art, die sich bleibend an öffentlichen Wegen, Straßen oder Plätzen befinden.

In erster Linie geht es dabei, der Natur der Sache entsprechend, um die Wiedergabe von Werken der bildenden Künste, wie Bauwerke und Denkmäler sowie um Kunstwerke, die dauernd an ihnen angebracht sind, z. B. Plastiken und Fresken, die die Fassade eines Gebäudes schmücken. Bei Bauwerken ist die Freiheit der Wiedergabe auf die äußere Ansicht beschränkt; die Innenräume, insbesondere Säle, Treppenhäuser und Höfe, dürfen nicht wiedergegeben werden. Gleichgültig ist im übrigen, ob das Werk nur als Teil des Stadt- oder Straßenbildes erscheint oder ob es Hauptgegenstand der Wiedergabe ist.

Seltener sind die Fälle, in denen sich Werke anderer Art bleibend an öffentlichen Wegen, Straßen oder Plätzen befinden. Bei einzelnen Werkgattungen, wie bei Filmwerken, kommt eine solche Belegenheit nicht in Betracht. Möglich ist aber beispielsweise, daß auf einer Gedenktafel, die dauernd an einem öffentlichen Gebäude angebracht ist, oder auf einem Denkmal ein Gedicht oder ein kleineres Sprachwerk zu lesen ist. Auch ist denkbar, daß auf dem Grabmal eines Komponisten eine bekannte Stelle aus einem von ihm geschaffenen Musikwerk durch Notenschrift ins Gedächtnis gerufen wird.

Zum Begriff der Öffentlichkeit vgl. RGSt 40, 125: Friedhöfe sind auch dann öffentliche Plätze, wenn sie nur zu bestimmten Zeiten und unter Verkehrsbeschränkungen zugänglich sind. Der Begriff der Öffentlichkeit ist nicht i. S. des Wegerechts zu verstehen. Entscheidend ist vielmehr die öffentliche Zugänglichkeit. Sie kann auch da vorliegen, wo eine Widmung zum öffentlichen Weg fehlt. Keine öffentlichen Plätze sind Räume, die der Öffentlichkeit zugänglich sind, wie Räume von Museen oder die Innenräume von Kirchen, in denen sich Kunstwerke befinden; die Möglichkeit der Wiedergabe ist vielmehr auf Werke beschränkt, die sich unter freiem Himmel befinden.

2. Freigegeben ist die Vervielfältigung mit Mitteln der Malerei, der Graphik, durch Lichtbild oder Film, die Verbreitung der Vervielfältigungsstücke und die öffentliche Wiedergabe des Werkes.

a) Die Vervielfältigungsarten, die das Gesetz zuläßt, haben gemeinsam, daß sie zweidimensionale Vervielfältigungen sind. Vervielfältigungen in dreidimensionaler Form, wie das Nachbauen oder die Anfertigung eines Modells, scheiden aus. Von praktischer Bedeutung ist die Möglichkeit der Vervielfältigung insbesondere auch für Ansichtskarten.

b) Zulässige Verbreitung ist die Verbreitung von Vervielfältigungsstücken, die rechtmäßig hergestellt sind. Auch bei der öffentlichen Wiedergabe kann es sich um die Wiedergabe mittels der rechtmäßig hergestellten Vervielfältigungsstücke, insbesondere der Lichtbilder oder Filme, handeln. Öffentliche Wiedergabe ist aber auch die Wiedergabe, die ohne vorausgegangene körperliche Festlegung erfolgt, was insbesondere für die Wiedergabe durch Fernsehsendungen von Bedeutung ist.

Abweichend nimmt v. GAMM, UrhG, § 59, Rdz. 3, an, daß sich die Freiheit der öffentlichen Wiedergabe auf die Wiedergabe mittels Vervielfältigungsstücken beschränkt. Zu dieser Beschränkung ist aber kein Anlaß: Das Gesetz spricht, worauf auch MÖHRING-NICOLINI, UrhG, § 59, Anm. 7, hinweisen, von der öffentlichen Wiedergabe des Werkes. Sprachwerke und Musikwerke können dabei freilich, dem Sinn der Regelung entsprechend, nur in ihrer visuellen, auf Denkmälern, Gedenktafeln u. dgl. festgehaltenen Form wiedergegeben werden.

§ 75. Nutzung in Geschäftsbetrieben. Unwesentliches Beiwerk

I. In Geschäftsbetrieben kann beim Vertrieb und der Instandsetzung bestimmter Wiedergabevorrichtungen und Geräte die Vervielfältigung und die öffentliche Wiedergabe von Werken erforderlich werden. So können im Ladengeschäft Tonträger, Bildträger oder Plattenspieler, die Kunden angeboten werden, probeweise zur Wiedergabe geschützter Werke benutzt werden, die im Hinblick auf die sonst anwesenden Kunden und Personen eine öffentliche Wiedergabe ist. Ebenso steht es, wenn Rundfunkgeräte im Verlauf des Verkaufsgesprächs eingeschaltet und dabei geschützte Werke hör- oder sichtbar werden. Beim Vertrieb von Tonbandgeräten und Videorecordern kommt die probeweise Aufnahme der Wiedergabe geschützter Werke in Betracht. Auch bei der Reparatur von Geräten kann eine Vervielfältigung oder eine öffentliche Wiedergabe zum Zweck der Kontrolle erforderlich werden.

1. Die Benutzung geschützter Werke ist in solchen Fällen nur Mittel zum Zweck der Erprobung der Wiedergabevorrichtungen und Geräte. Im Hinblick darauf sieht § 56 Abs. 1 UrhG eine Beschränkung des Urheberrechts zugunsten der Inhaber von Geschäftsbetrieben vor, in denen Bild- oder Tonträger, Geräte zu ihrer Herstellung oder Wiedergabe oder zum Empfang von Rundfunksendungen vertrieben oder instand gesetzt werden. In solchen Geschäftsbetrieben dürfen die geschützten Werke auf Bild- oder Tonträger übertragen und mittels Bild- oder Tonträger öffentlich wiedergegeben sowie Sendungen von Werken öffentlich wahrnehmbar gemacht werden, soweit dies notwendig ist, um Kunden die Geräte und Vorrichtungen vorzuführen oder um die Geräte instand zu setzen. Die hergestellten Bild- und Tonträger sind aber unverzüglich nach der Erprobung zu löschen; § 56 Abs. 2 UrhG.

Als einschlägige Geschäftsbetriebe kommen sowohl Hersteller wie Händler und Reparaturwerkstätten in Betracht. Die Freigabe der Verwertung geschützter Werke bleibt auf die Fälle des Vertriebs oder der Instandsetzung der Vorrichtungen und Geräte beschränkt. Vertrieb ist sowohl der Verkauf wie die Vermietung. Die geschützten Werke dürfen, soweit erforderlich, öffentlich wiedergegeben und vervielfältigt werden. Verbreitung der Bild- oder Tonträger ist unzulässig.

2. Die Freiheit der Verwertung geschützter Werke in Geschäftsbetrieben ist durch § 56 UrhG abschließend geregelt. Für die sonstige Verwertung in Geschäftsbetrieben gelten die allgemeinen urheberrechtlichen Regeln. Insbesondere ist eine öffentliche Wiedergabe zustim-

mungspflichtig, wenn sie nicht zu Probezwecken, sondern zu allgemeinen Werbezwecken erfolgt.

Wiedergabe zu allgemeinen Werbezwecken ist beispielsweise die Wiedergabe von Fernsehsendungen mittels Empfangsgeräten, die im Schaufenster von Rundfunkgeschäften ausgestellt sind, sowie die Wiedergabe von Schallplattenmusik durch Geschäftsbetriebe, in denen die Schallplatten verkauft werden, im Ladeneingang, in Passagen oder durch Lautsprecherübertragung ins Freie.

II. Gemäß § 57 UrhG ist die Vervielfältigung, Verbreitung und öffentliche Wiedergabe von Werken zulässig, wenn sie als unwesentliches Beiwerk neben dem eigentlichen Gegenstand der Vervielfältigung, Verbreitung oder öffentlichen Wiedergabe anzusehen sind.

Die Bestimmung kann sich mit der Regel des § 50 UrhG überschneiden, daß zur Bild- und Tonberichterstattung über Tagesereignisse Werke, die im Verlauf der Vorgänge, über die berichtet wird, wahrnehmbar werden, in dem durch den Zweck gebotenen Umfang vervielfältigt, verbreitet und öffentlich wiedergegeben werden dürfen. Der Begriff des unwesentlichen Beiwerks ist aber enger auszulegen als der Begriff der Werke, die bei Vorgängen, über die durch Bild oder Ton berichtet wird, hör- oder sichtbar werden. Beispielsweise kann bei einer öffentlichen Feier, die ein Tagesereignis ist, auch die musikalische Umrahmung ganz oder jedenfalls teilweise wiedergegeben werden. Bei der Sendung von Fernseh- oder Hörspielen ist dagegen anzunehmen, daß die Zwischenmusik oder die unterhaltende Musik mit zum eigentlichen Gegenstand der Sendung gehört: Unwesentliches Beiwerk ist nur, was nebensächlich ist, insbesondere was zufällig mit in Erscheinung tritt. Beispielsweise kann bei der Fernsehsendung über das Alltagsleben in Stadt oder Dorf die Rundfunkmusik wiedergegeben werden, die zufällig auch auf der Straße zu hören ist.

Daß eine enge Auslegung des Begriffs des unwesentlichen Beiwerks geboten ist, entspricht der herrschenden Meinung; vgl. insbesondere FROMM-NORDEMANN, UrhG, § 57, Anm. 2, und MÖHRING-NICOLINI, UrhG, § 67, Anm. 4b, sowie LG Frankfurt, in UFITA 57 (1970) 342. Abweichend hatte dagegen BRACK, in UFITA 50 (1970) 553, angenommen, daß auch die Sendung einer Zwischen- oder Unterhaltungsmusik zulässig ist.

V. Die Zwangslizenz zur Herstellung von Tonträgern

§ 76

I. Geschützte Werke, wie Musik- und Sprachwerke, können auf Tonträger übertragen werden. Instrumente zur wiederholbaren Wiedergabe von Tonfolgen waren schon früher Drehorgeln, Spieldosen u. dgl. gewesen; zeitweise wurden auch Musikinstrumente, wie Piola oder Orchestrion, hergestellt. Die neue und entscheidende Entwicklungsstufe begann mit der Erfindung des Phonographen (durch Edison 1877) und anderer Methoden der Tonaufnahme (Lichttonaufnahme, Magnettonaufnahme), die es ermöglichen, Aufführungen von Musikwerken und Vorträge von Sprachwerken auf Platten oder Bänder aufzunehmen und weitere Vervielfältigungsstücke herzustellen. Die industrielle Verwertung durch Schallplattenhersteller setzte in Deutschland Ende des 19. Jahrhunderts ein. Mit der fortschreitenden Verbesserung des Aufnahme- und Wiedergabeverfahrens gelangten die Schallplatten und anderen Tonträger zu ihrer heutigen Bedeutung, aufgrund derer sie wie Presse, Rundfunk und Film zu den Massenmedien gerechnet werden.

II. Rechtlich gesehen bedarf die Verwertung der geschützten Werke zur Herstellung der Tonträger, zu ihrer Verbreitung und zu ihrer Benutzung zur öffentlichen Wiedergabe nach allgemeinen urheberrechtlichen Grundsätzen der Zustimmung der Urheber.

1. In älteren Regelungen waren freilich noch weitgehende Ausnahmen vom Urheberrechtsschutz vorgesehen. Insbesondere hatte das LUG von 1901 die Herstellung und Verwertung mechanischer Musikinstrumente privilegiert: Herstellung, Vertrieb und Benutzung zur öffentlichen Wiedergabe wurden freigegeben. Diese Begünstigung wurde aber angesichts der Bedeutung, die die Tonträger, insbesondere die Schallplatten, für die Wiedergabe der Musikwerke erlangten, unhaltbar. Nachdem in der Berner Übereinkunft auf der Berliner Revisionskonferenz (1908) das mechanisch-musikalische Vervielfältigungsrecht grundsätzlich anerkannt worden war, erfolgt daher in der Novelle von 1910 eine Neuregelung: Das Vervielfältigungs- und Verbreitungsrecht der Komponisten wurde, der allgemeinen Regel entsprechend, grundsätzlich anerkannt; eine Einschränkung wurde nur durch eine Zwangslizenz zugunsten der mechanischen Musikindustrie vorgesehen. Aufrechterhalten wurde aber noch die Freiheit der Benutzung zur öffentlichen Wiedergabe. Sie erfuhr aber in der Rechtsprechung eine wesentliche Einschränkung dadurch, daß die Sendung von Schallplattenmusik durch Rundfunk sowie die öffentliche Wiedergabe durch Plattenspieler mit Lautsprechern von der Zustimmung der Urheber abhängig gemacht wurde.

Vgl. für die Sendung von Schallplattenmusik RGZ 153, 1 und für die Wiedergabe durch Plattenspieler mit Lautsprecher BGHZ 11, 135 sowie oben § 55 I 1. — Zur Geschichte des Schutzes gegen mechanische Wiedergabe vgl. die eingehende Darstellung in RGZ 134, 205. Die RBÜ hatte in der Berliner Fassung in Art. 13 das mechanische Vervielfältigungsrecht der Komponisten zwar grundsätzlich anerkannt, den Verbandsländern jedoch gestattet, in ihrer Gesetzgebung Vorbehalte und Einschränkungen vorzusehen. Die Vorbehaltsmöglichkeit wurde in späteren Fassungen beschränkt. Die Stockholmer und Pariser Fassungen gestatten den Verbandsländern nur noch eine Einschränkung des Rechts zur Herstellung der Tonträger. Dem Urheber muß aber im Fall einer solchen Beschränkung jedenfalls ein Anspruch auf eine angemessene Vergütung gewährt werden. Mit der Regel vereinbar ist sowohl die gesetzliche Lizenz, die insbesondere in der Rechtsordnung Großbritanniens, wie die Zwangslizenz, die in der Bundesrepublik Deutschland, in Österreich und der Schweiz vorgesehen ist.

2. Die Regelung im UrhG schließt diese Rechtsentwicklung ab. Auch die Benutzung der Tonträger zur öffentlichen Wiedergabe geschützter Werke ist nur mit Zustimmung des Urhebers zulässig. Geblieben ist lediglich die Zwangslizenz für die Vervielfältigung und Verbreitung, die das UrhG in § 61 in Fällen vorsieht, in denen einem Hersteller von Tonträgern das Recht eingeräumt wurde, ein Musikwerk mit oder ohne Text zu gewerblichen Zwecken mechanisch zu vervielfältigen und die Vervielfältigungsstücke zu verbreiten.

Die Zwangslizenz soll, indem sie den Erwerb einer Monopolstellung verhindert, im Interesse der Urheber und der Allgemeinheit die Freiheit des Wettbewerbs zwischen den Herstellern sichern. Ihre Bedeutung darf freilich nicht überschätzt werden. In der Praxis ist es die Regel, daß die Urheber die einschlägigen Rechte der GEMA zur Wahrnehmung übertragen, die ihrerseits den Tonträgerherstellern nur einfache Rechte einräumt und aufgrund des im WahrnG vorgesehenen Abschlußzwangs zur Vergabe der Rechte verpflichtet ist. § 61 Abs. 1 UrhG sieht daher ausdrücklich vor, daß die Zwangslizenz nicht in Anspruch genommen werden kann, wenn das mechanisch-musikalische Vervielfältigungsrecht erlaubterweise durch eine Verwertungsgesellschaft wahrgenommen wird. In der Praxis sind, seitdem die Zwangslizenz durch die Novelle von 1910 eingeführt wurde, keine gerichtlichen Entscheidungen über die Inanspruchnahme der Zwangslizenz im Prozeßweg bekannt geworden.

In der amtlichen Begründung zu § 61 UrhG wird auf die praktische Bedeutung der Zwangslizenz in Fällen hingewiesen, in denen die Rechte ausländischen Urhebern oder Musikverlegern zustehen. Mit Recht bemerken aber Fromm-Nordemann, UrhG, § 61, Anm. 2, daß praktisch in allen Staaten, deren Angehörige in Deutschland Urheberrechtsschutz genießen, Verwertungsgesellschaften bestehen, deren Repertoire in der Bundesrepublik von der GEMA wahrgenommen wird.

III. Die Inanspruchnahme der Zwangslizenz, ihre Voraussetzungen und Grenzen sind in § 61 UrhG geregelt.

1. Voraussetzung für die Inanspruchnahme der Zwangslizenz ist zunächst, daß einem Hersteller von Tonträgern das Recht eingeräumt wurde, ein Werk der Musik zu gewerblichen Zwecken auf Tonträger zu übertragen sowie die Tonträger zu vervielfältigen und zu verbreiten. Entsprechend gilt die Regel auch für Sprachwerke, die mit einem Werk der Musik als Texte verbunden sind, wenn den Herstellern der Tonträger das Recht eingeräumt wurde, die Texte in Verbindung mit dem Musikwerk mechanisch zu vervielfältigen und die Vervielfältigungsstücke zu verbreiten. § 61 Abs. 1 und 5 UrhG.

Der Schwerpunkt liegt auf dem Musikwerk: Bei Bühnenwerken mit Musikeinlagen kann die Zwangslizenz nicht für das Bühnenwerk, sondern nur unter Beschränkung auf die Musikeinlagen und ihre Texte in Anspruch genommen werden. Vgl. dazu FROMM-NORDEMANN, UrhG, § 61, Anm. 3.

2. Voraussetzung ist ferner, daß das Werk, für das die Zwangslizenz in Anspruch genommen wird, erschienen ist; § 61 Abs. 1 UrhG. Ein Erscheinen liegt nicht schon dann vor, wenn einem Hersteller von Tonträgern das Vervielfältigungsrecht eingeräumt wird. Sind die Werke nicht anderweitig, wie insbesondere durch den Vertrieb der Noten, erschienen, so kann die Zwangslizenz erst geltend gemacht werden, nachdem die Tonträger in genügender Anzahl der Öffentlichkeit angeboten oder in Verkehr gebracht worden sind.

3. Verpflichtet zur Einräumung des Nutzungsrechts ist der Urheber oder der Rechtsnachfolger, der das Urheberrecht nach seinem Tod erworben hat. Hat der Urheber oder dessen Rechtsnachfolger einem anderen ein ausschließliches Recht zur mechanischen Vervielfältigung und Verbreitung der Vervielfältigungsstücke eingeräumt, so trifft die Verpflichtung den Erwerber. In Betracht kommen außer den Sonderfällen, in denen einem Tonträgerhersteller ein ausschließliches Recht eingeräumt wird, insbesondere die Verleger, denen das ausschließliche Recht im Verlagsvertrag bewillig wird. § 61 Abs. 4 UrhG.

4. Berechtigt zur Inanspruchnahme der Zwangslizenz ist nur ein Hersteller von Tonträgern, der seine Hauptniederlassung oder seinen Wohnsitz im Inland oder in einem Staat hat, mit dem nach einer Bekanntmachung durch den Bundesminister der Justiz die Gegenseitigkeit verbürgt ist; § 61 Abs. 2 UrhG. Dem Berechtigten ist auf sein Verlangen zu angemessenen Bedingungen ein Nutzungsrecht einzuräumen, das seinem Inhalt nach der vorausgegangenen Einräumung an einen Tonträgerhersteller entspricht. Räumlich ist das Nutzungsrecht, dessen Einräumung verlangt werden kann, auf die Bundesrepublik Deutschland und Westberlin beschränkt. Dies gilt jedenfalls für die Herstellung und Vervielfältigung der Tonträger. Für das Verbreitungsrecht gilt die Beschränkung mit der Ausnahme, daß die Ausfuhr in Staaten zulässig ist, in denen das Werk beispielsweise wegen Ablaufs der Schutzfrist keinen Schutz gegen die Übertragung auf Tonträger genießt. § 61 Abs. 3 UrhG.

5. Kommt es zu keiner Einigung zwischen dem Inhaber des ausschließlichen Rechts und dem Tonträgerhersteller, der sich auf die Zwangslizenz beruft, so bleibt der Hersteller auf die Geltendmachung seines Anspruchs im Prozeßweg angewiesen. Das Gericht hat in seiner Entscheidung von dem Inhalt der vorausgegangenen Rechtseinräumung auszugehen und die sonstigen Vertragsbedingungen, insbesondere die Vergütung in angemessener Weise zu bestimmen. Als Richtlinie für die Vergütung kommt dabei das in vergleichbaren Fällen zwischen Rechts-

inhabern und Tonträgerherstellern vereinbarte Entgelt in Betracht. Mit der Rechtskraft des Urteils gilt die Erklärung des Verpflichteten als abgegeben. § 894 Abs. 1 ZPO.

Prozeßrechtliche Sonderbestimmungen sind in § 61 Abs. 6 UrhG vorgesehen: Hat der Verpflichtete im Inland keinen allgemeinen Gerichtsstand, so sind die Gerichte zuständig, in deren Bezirk das Patentamt seinen Sitz hat. Einstweilige Verfügungen können erlassen werden, auch wenn die Voraussetzungen der §§ 935 und 940 ZPO nicht vorliegen. Der Antragsteller muß zwar seinen Anspruch, nicht aber den Verfügungsgrund glaubhaft machen: Die Dringlichkeit der einstweiligen Verfügung ist vom Gericht nach eigenem Ermessen zu beurteilen. In Betracht kommt aber jedenfalls nur eine vorläufige Regelung: Es kann angeordnet werden, daß der Tonträgerhersteller unter bestimmten Voraussetzungen, beispielsweise der Zahlung oder Hinterlegung eines bestimmten Betrags, die Vervielfältigung und Verbreitung aufnehmen kann. Die endgültige Regelung der Bedingungen, insbesondere der Höhe der Vergütung, bleibt aber der Entscheidung vorbehalten, die im Hauptverfahren ergeht.

6. Ausgeschlossen ist der Anspruch auf Einräumung des Nutzungsrechts außer dem bereits erwähnten Hauptfall, in dem die Rechte der Urheber von einer Verwertungsgesellschaft wahrgenommen werden, wenn der Urheber zum Rückruf wegen gewandelter Überzeugung berechtigt ist und von diesem Recht Gebrauch gemacht hat; § 61 Abs. 1 UrhG.

7. Zur Herstellung der Tonstreifen von Filmen kann die Zwangslizenz nicht in Anspruch genommen werden; § 61 Abs. 1 Satz 2 UrhG. Die Vergabe des Verfilmungsrechts bleibt vielmehr dem freien Ermessen des Urhebers oder seines Rechtsnachfolgers vorbehalten. Entsprechend finden auch in Fällen, in denen dem Hersteller eines Tonfilms das Vervielfältigungsrecht eingeräumt wurde, die Vorschriften über die Zwangslizenz keine Anwendung; § 61 Abs. 7 Urhg: Im Sinne des § 61 UrhG ist der Filmhersteller kein Hersteller von Tonträgern.

5. Kapitel

Die Schutzdauer

§ 77. Die zeitliche Begrenzung des Urheberrechts

ERNST HEYMANN, Die zeitliche Begrenzung des Urheberrechts, 1927.

I. Die zeitliche Begrenzung des Urheberrechts ist nicht Willkür. Die Forderung nach einem ewigen Urheberrecht, die aus der Idee vom geistigen Eigentum erwachsen ist, verkennt, daß dem Sinn unserer Sozialordnung entsprechend die Werke der Literatur, der Wissenschaft und der Kunst die Bestimmung in sich tragen, auf die Dauer gemeinfrei zu werden (oben § 1 III). Nur die Werkstücke bleiben wie sonstige Sachgüter in privater Hand und können sich von Generation zu Generation vererben. Das Urheberrecht steht dagegen den Erben des Urhebers nur so lange zu, als die Nähe der Beziehungen, in denen sie zum Urheber stehen, es rechtfertigt, ihnen die Obhut über das Werk und den Nutzen aus seiner Verwertung zuzuweisen, wobei die Frist nach einem allgemeinen Maßstab bestimmt wird.

Die zeitliche Begrenzung des Urheberrechts ist als Grundsatz weltweit anerkannt. Ein ewiger Urheberrechtsschutz war zwar im portugiesischen UrhG von 1927 vorgesehen; durch Gesetz vom 2. 5. 1966 ist aber der Schutz auf 50 Jahre post mortem auctoris beschränkt worden. In Deutschland ist die Forderung nach einem ewigen Urheberrechtsschutz insbesondere von OSTERRIETH in seiner Schrift Altes und Neues zur Lehre vom Urheberrecht (1892) und in HOLTZENDORF-KOHLERS Enzyklopädie II (1914), erhoben worden. Mit eingehender Begründung ist ihr ERNST HEYMANN, a.a.O., entgegengetreten. Die Beseitigung der zeitlichen Schranke des Urheberrechtsschutzes ist in der Bundesrepublik in den fünfziger Jahren dieses Jahrhunderts noch einmal in den Kampfschriften zur Urheberrechtsreform verlangt worden (vgl. oben § 16 IV 2); die Forderung ist aber ohne Nachwirkungen geblieben.

Im einzelnen wird bei der Regelung der Schutzdauer sowohl in den nationalen Urheberrechtsgesetzen wie in internationalen Konventionen zwischen der regelmäßigen Schutzdauer und der Schutzdauer unterschieden, die für besondere Arten von Werken vorgesehen wird.

II. In den Verbandsländern der Berner Union umfaßt die regelmäßige Schutzdauer die Lebenszeit des Urhebers und eine weitere Frist, die von seinem Tod ab berechnet wird. Dabei hat sich die fünfzigjährige Schutzfrist post mortem auctoris (p.m.a.), die in Frankreich bereits 1866 eingeführt wurde, weitgehend durchgesetzt. Die RBÜ schreibt sie seit der Brüsseler Revisionskonferenz (1948) als Mindestfrist vor.

Abweichend war insbesondere in den Vereinigten Staaten als Schutzdauer im Copyright Act von 1909 eine Frist von 28 Jahren seit der Veröffentlichung des Werkes vorgesehen, die aufgrund eines Antrags, der während des letzten Jahres der Frist beim Copyright Office zu stellen war, um weitere 28 Jahre verlängert wurde. Die Neuregelung im Copyright Act von 1976 nahm dagegen die Regelung in der Berner Union zum Vorbild: Die seit dem 1. 1. 1978 geschaffenen Werke genießen in den USA eine Schutzdauer von 50 Jahren p.m.a.

Das WUA sieht als Mindestschutzdauer grundsätzlich eine Frist von 25 Jahren p.m.a. vor. Die Ausnahme für Staaten, die beim Inkrafttreten des WUA die Frist von der ersten Veröffentlichung ab berechneten, hat seit der Neuregelung der Schutzdauer in den USA im Hinblick auf die Zukunft ihre praktische Bedeutung eingebüßt. Auch ist in den Vertragsstaaten des WUA, die nicht zugleich dem Berner Verband angehören, meist eine längere als die 25jährige Frist p.m.a. vorgesehen. Von besonderer Bedeutung wurde aber die Mindestfrist für die Sowjetunion, in der die Schutzfrist, die in der Mehrheit der ihr angehörigen Republiken auf 15 Jahre p.m.a. beschränkt war, aus Anlaß des Beitritts zum WUA (1973) auf 25 Jahre p.m.a. verlängert wurde.

III. Deutschland hatte an der dreißigjährigen Schutzfrist p.m.a., für die das preußische Gesetz von 1837 bestimmend war, fast ein Jahrhundert lang festgehalten. Die Bestrebungen zu einer Verlängerung stießen längere Zeit hindurch auf Widerstand. Der Streit um die Schutzfrist, an dem sich weite Kreise der Öffentlichkeit beteiligten, zeigte die Bedeutung der Frage für das geistige Leben der Nation. Deutschland konnte aber auf die Dauer hinter der internationalen Entwicklung nicht zurückbleiben. Nachdem Österreich vorausgegangen war, wurde auch in Deutschland durch Gesetz vom 13. 12. 1934 die Schutzfrist auf 50 Jahre p.m.a. verlängert.

Vgl. zum Streit über die Schutzfrist die zusammenfassende Untersuchung von E. Heymann, a.a.O., der seinerseits für die Beibehaltung der 30jährigen Schutzfrist eingetreten war. Die Diskussion, die in den ersten Jahrzehnten dieses Jahrhunderts im Reichstag über die Länge der Schutzfrist geführt wurde, stand auf hohem Niveau. Überraschend war es daher, zu sehen, daß bei der Beschlußfassung über die Verlängerung auf 70 Jahre den Wünschen der Interessenten im Plenum des Bundestags ohne jede grundsätzliche Erörterung stattgegeben wurde.

1. Eine über die 50 Jahre hinausgehende Verlängerung der Schutzfrist war in den Plänen für die deutsche Urheberrechtsreform nicht vorgesehen. Sie wurde erst in den Beratungen des Rechtsausschusses des Bundestags aufgrund von Vorschlägen, insbesondere der Komponisten und Musikverleger, in Erwägung gezogen und u. a. damit begründet, daß sich angesichts der gestiegenen durchschnittlichen Lebenserwartung

die Fälle mehren, in denen bei Ablauf der 50 Jahre nach dem Tod des Urhebers noch nähere Angehörige vorhanden sind, denen die Einkünfte aus der Nutzung seines Werkes billigerweise nicht entzogen werden sollten. Als regelmäßige Schutzfrist wurde daher in § 64 Abs. 1 UrhG die Frist von 70 Jahren p.m.a. vorgesehen.

2. Eine Verlängerung der Schutzfrist auf 70 Jahre ist auch in Österreich durch Gesetz vom 16. 12. 1972 erfolgt. Dagegen ist es in der DDR und in der Schweiz bei der 50jährigen Schutzfrist verblieben. Auch in der großen Mehrzahl der Berner Verbandsländer bleibt der Schutz auf die in der RBÜ vorgesehene Mindestfrist von 50 Jahren p.m.a. beschränkt. Eine Ausnahme machen außer der Bundesrepublik und Österreich insbesondere Spanien und Kolumbien mit einer Frist von 80 Jahren, Israel mit einer Frist von 70 Jahren und Brasilien mit einer solchen von 60 Jahren p.m.a. Im übrigen ist in einzelnen Staaten aus Anlaß der Weltkriege eine Verlängerung der Schutzfrist im Hinblick auf die durch den Kriegszustand bedingte Behinderung an der Verwertung der Werke vorgesehen worden. Insbesondere hat Frankreich nach beiden Weltkriegen die Schutzdauer durch Gesetze vom 3. 3. 1919 und 21. 9. 1951 verlängert. Die beiden Verlängerungen können gegebenenfalls mit der Wirkung zusammentreffen, daß sie insgesamt 14 Jahre und 272 Tage betragen. Für die deutsch-französischen Urheberrechtsbeziehungen ist dabei im Hinblick auf die Regeln der RBÜ über den Vergleich der Schutzfristen im Jahr 1974 durch einen Notenwechsel zwischen den Regierungen klargestellt worden, daß für Werke deutschen Ursprungs die durch die beiden Gesetze erfolgte Verlängerung in Anspruch genommen werden kann und daß umgekehrt auch die Werke französischen Ursprungs in der Bundesrepublik Deutschland die entsprechende Schutzdauer genießen.

IV. Beit Miturhebern wird die regelmäßige Schutzfrist vom Tod des längstlebenden Urhebers ab berechnet. § 65 UrhG.

Die Regel entspricht der Bestimmung des Art. 7bis RBÜ. Vgl. dazu oben § 34 IV.

Bei den Filmurhebern ist zu unterscheiden: Miturheber sind in der Regel die Filmurheber, die bei der Realisation des Filmwerkes schöpferisch mitwirken; in besonderen Fällen können sie aber auch Alleinurheber ihrer Beiträge sein. Die Urheber der benutzten Werke sind, sofern sie nicht das einzelne Werk, beispielsweise das Drehbuch, gemeinsam geschaffen haben, Alleinurheber ihrer Werke (vgl. oben § 36 II 3). Für die Urhebergemeinschaften sowie für die Alleinurheber ist daher die Schutzdauer besonders zu berechnen. Frei verwertbar ist das Filmwerk erst, wenn seit dem Tod aller Urheber, auf deren geistigen Schöpfungen das Filmwerk unmittelbar oder mittelbar beruht, 70 Jahre verstrichen sind. Es genügt aber, daß zur Verwertung die Zustimmung derjenigen Urheber oder ihrer Rechtsnachfolger eingeholt wird, die als Miturheber oder Alleinurheber noch geschützt sind. Haben sie anderen als dem Filmhersteller ausschließliche Rechte zur filmischen Nutzung eingeräumt, so ist, solange der Urheberrechtsschutz besteht, zur Verwertung des Filmwerks deren Zustimmung erforderlich. War die Einräumung befristet, so treten nach dem Fristablauf die Urheber wieder in ihre Rechte ein.

Art. 7 Abs. 2 RBÜ gestattet es den Verbandsländern, für Filmwerke eine Schutzdauer von mindestens 50 Jahren seit dem Zeitpunkt vorzusehen, in dem das Werk der Öffentlichkeit zugänglich gemacht wurde, eventuell seit der Herstellung des Filmwerkes. Von dieser Möglichkeit haben u. a. Großbritannien, Irland und Italien Gebrauch gemacht. Großbritannien und Irland sehen dabei vor, daß nach Ablauf der Schutzfrist von 50 Jahren ab Veröffentlichung bzw. Herstellung das Filmwerk frei verwertet werden kann und den Urhebern der benutzten Werke nur das Recht zur sonstigen Verwertung ihrer Werke bis zum Ablauf der regelmäßigen Schutzfrist bleibt. Anders ist die Regelung im italienischen UrhG, das für das Filmwerk eine Schutzfrist von 50 Jahren ab Veröffentlichung bzw. Herstellung vorsieht, die Rechte der Urheber der benutzten Werke aber unberührt läßt. Vgl. dazu DIETZ, UR in der Europäischen Gemeinschaft, Nr. 146, 147 und 471.

V. Sonderregeln für die Schutzdauer sind im UrhG für anonyme und pseudonyme Werke, für nachgelassene Werke und für Lichtbildwerke vorgesehen. Sie stehen in Einklang mit den Regeln der Konventionen, insbesondere den Bestimmungen von Art. 7 Abs. 3 und 4 RBÜ.

1. Die Sonderregel für anonyme und pseudonyme Werke gilt für alle Werkgattungen mit Ausnahme der Werke der bildenden Künste: Ist der wahre Name des Urhebers oder der bekannte Deckname des Urhebers weder auf den Vervielfältigungsstücken eines erschienenen Werkes noch bei einer öffentlichen Wiedergabe des Werkes angegeben worden, so erlischt das Urheberrecht 70 Jahre nach der Veröffentlichung des Werkes. § 66 Abs. 1 UrhG.

In bestimmten Fällen verbleibt es jedoch gemäß § 66 Abs. 2 UrhG bei der Berechnung der 70jährigen Schutzfrist vom Tod des Urhebers ab:

a) Wenn der wahre Name oder der bekannte Deckname des Urhebers innerhalb der Frist von 70 Jahren seit der Veröffentlichung auf den Vervielfältigungsstücken eines erschienenen Werkes angegeben oder der Urheber auf andere Weise als Schöpfer des Werkes bekannt wird.

Die Bestimmung ermöglicht insbesondere eine rechtswirksame Nachholung beim Erscheinen einer Neuauflage. Das LUG von 1870 hatte diese Möglichkeit nicht ausdrücklich vorgesehen. Das hat zu Mißbräuchen geführt. Werke von WILHELM BUSCH, von RAABE u. a., die zuerst kryptonym, später aber unter dem Namen des Verfassers erschienen waren, wurden 30 Jahre nach der ersten Veröffentlichung nachgedruckt. Man hat solche Ausgaben, die trotz orthonymer Veröffentlichungen des Verfassers im Handel erschienen, als „Nebenluftausgaben" bezeichnet. Das LUG von 1901 hat diesen Mißbrauch beseitigt. Auch für die älteren Werke, für die die Frage von Bedeutung blieb, hat die Rechtsprechung seit der Entscheidung über die Werke WILHELM RAABES (RGZ 86, 244) in freier Auslegung des Gesetzes von 1870 angenommen, daß die Werke durch die spätere Namensangabe den Charakter der Anonymität oder Pseudonymität verlieren. Vgl. dazu auch RGZ 139, 327 („Wilhelm-Busch-Album").

b) Wenn innerhalb von 70 Jahren seit der Veröffentlichung der wahre Name des Urhebers zur Eintragung in die Urheberrolle angemeldet wird. Die Urheberrolle, die unter der Herrschaft des LUG unter dem Namen der Eintragsrolle vom Stadtrat zu Leipzig geführt wurde, wird heute gemäß § 138 Abs. 1 UrhG vom Deutschen Patentamt in München geführt. Die Eintragung wird ohne Nachprüfung der Berechtigung des Antragstellers und der Richtigkeit der angegebenen Tatsachen vorgenommen und im Bundesanzeiger öffentlich bekannt gemacht. Die Eintragung hat nur deklaratorische Bedeutung. Rechtlich entscheidend ist die Anmeldung, die für den Berechtigten ein besonderer Weg zur Nachholung der Urheberbezeichnung ist.

Zur Anmeldung berechtigt ist gemäß § 66 UrhG der Urheber, nach seinem Tode der Rechtsnachfolger, auf den das Urheberrecht übergegangen ist, oder der Testamentsvollstrecker, dem durch letztwillige Verfügung die Ausübung des Urheberrechts übertragen wurde. Einzelheiten des Verfahrens sind in § 138 Abs. 2—4 UrhG sowie in der Rechtsverordnung des Bundesministers der Justiz vom 18. 12. 1965 (geändert durch Verordnung vom 26. 6. 1970) geregelt.

c) Wenn das Werk nach dem Tod des Urhebers veröffentlicht wird.

Durch die Bestimmung wird vermieden, daß die Anonymität oder Pseudonymität des Werkes zu einer Verlängerung der Schutzfrist führt. Sie hat eine Parallele in der auch hinsichtlich der Beweislage interessanten Bestimmung des Art. 7 Abs. 3 Satz 2 RBÜ, in der es heißt, daß die Verbandsländer nicht gehalten sind, anonyme und pseudonyme Werke zu schützen, bei denen aller Grund zu der Annahme besteht, daß ihr Urheber seit 50 Jahren verstorben ist.

2. Für nachgelassene Werke der Literatur und Tonkunst hatte das LUG eine Ergänzung der 50jährigen Schutzfrist durch die Regel vorgesehen, daß der Schutz nicht früher als 10 Jahre nach der Veröffentlichung erlischt.

Zweck der Regel war der Schutz der Ausgabe nachgelassener Werke. Wurden Schriften oder Kompositionen später als 40 Jahre nach dem Tod des Urhebers veröffentlicht, so sollte aufgrund der Verlängerung des Urheberrechtsschutzes die Ausgabe jedenfalls einen Schutz von 10 Jahren genießen. In ihrer Wirkung ging aber die Regelung über den verfolgten Zweck hinaus: Sie bedeutete einen ewigen Schutz unveröffentlichter Werke, der im Hinblick auf das Interesse der Allgemeinheit, insbesondere auch das wissenschaftliche Interesse, an der Veröffentlichung nachgelassener Werke bedenklich war.

Noch weitergehend sehen die Urheberrechtsgesetze Frankreichs und Großbritanniens vor, daß bei nachgelassenen Werken die 50jährige Schutzfrist erst vom Zeitpunkt der Veröffentlichung an berechnet wird.

Im UrhG wurde daher eine Neuregelung getroffen, die für Werke aller Art gilt und zwischen dem Schutz der Urhebererben und dem Schutz des Herausgebers unterscheidet.

a) Wird ein nachgelassenes Werk nach Ablauf von 60, aber vor Ablauf von 70 Jahren nach dem Tod des Urhebers veröffentlicht, so erlischt das Urheberrecht erst 10 Jahre nach der Veröffentlichung; § 64 Abs. 2 UrhG. In Betracht kommt daher eine Verlängerung von höchstens 10 Jahren, die den Erben des Urhebers zustatten kommt.

b) Mit Ablauf der regelmäßigen oder der um höchstens 10 Jahre verlängerten Schutzfrist wird das Werk gemeinfrei. Das Urheberrecht der Erben ist erloschen. Ein besonderer Schutz steht aber dem Herausgeber zu, der ein bisher noch nicht erschienenes Werk nach dem Erlöschen des Urheberrechts in der Bundesrepublik erscheinen läßt: § 71 UrhG sieht zu seinen Gunsten ein verwandtes Schutzrecht vor, aufgrund dessen ihm für eine Frist von 10 Jahren das ausschließliche Recht zusteht, das Werk zu vervielfältigen und zu verbreiten sowie die Vervielfältigungsstücke des Werkes zur öffentlichen Wiedergabe zu benutzen. Vgl. darüber unten § 118 II.

3. Für Lichtbildwerke ist in § 68 UrhG eine Schutzfrist von 25 Jahren vorgesehen, die vom Erscheinen des Werkes ab berechnet wird. Ist das Werk innerhalb dieser Frist nicht erschienen, so erlischt das Urheberrecht bereits 25 Jahre nach der Herstellung.

Gemäß § 72 UrhG gilt die 25jährige Schutzfrist auch für das verwandte Schutzrecht an Lichtbildern, die keine Lichtbildwerke sind. Die Regelung hat den Vorzug, daß sich im Einzelfall eine Grenzziehung erübrigt. Andererseits erscheint aber für Lichtbildwerke die 25jährige Frist als zu kurz bemessen. Dem Bundestag liegt ein Gesetzesentwurf vor, in dem für Fotografien die regelmäßige Schutzfrist von 70 Jahren p.m.a. vorgesehen wird. Vgl. dazu oben § 26 V.

§ 78. Berechnung der Schutzfristen. Übergangsregeln

I. Die Berechnung der Schutzfristen ist eine Berechnung in Kalenderjahren: Die Fristen beginnen mit dem Ablauf des Kalenderjahres, in dem das für den Beginn der Frist maßgebende Ereignis eingetreten ist. § 69 UrhG.

1. Der Lauf der regelmäßigen Schutzfrist von 70 Jahren p.m.a. beginnt demgemäß mit dem Ablauf des Jahres, in dem der Urheber oder der längstlebende Miturheber verstorben ist. Ist er beispielsweise im Lauf des Jahres 1970 verstorben, besteht der Schutz bis 31. 12. 2040 fort.

2. Entsprechend beginnt bei anonymen und pseudonymen Werken, bei nachgelassenen Werken, die nach Ablauf von 60, aber vor Ablauf von 70 Jahren p.m.a. veröffentlicht werden, sowie bei Lichtbildwerken, bei denen für die Berechnung der Schutzfrist von der Veröffentlichung bzw. der Herstellung auszugehen ist, der Lauf der Frist mit dem Ende des Kalenderjahres, in dem die Veröffentlichung bzw. die Herstellung erfolgt ist.

Die Berechnung nach Kalenderjahren gilt auch für die Schutzfristen, die für die verwandten Schutzrechte vorgesehen sind, darunter für die Rechte der Herausgeber nachgelassener Werke und für die Rechte an Lichtbildern. §§ 71 Abs. 3 und 72 Abs. 1 UrhG.

Erfolgt die Veröffentlichung durch die Herausgabe des Werkes, so ist nicht das Jahr, das auf dem Titelblatt angegeben wird, sondern das

Jahr entscheidend, in dem die Veröffentlichung tatsächlich vorgenommen wurde. Erscheint das Werk in Lieferungen, so ist das Jahr der Veröffentlichung der letzten Lieferung maßgebend; § 67 UrhG.

Unter Veröffentlichung in Lieferungen versteht das Gesetz die Veröffentlichung inhaltlich nicht abgeschlossener Teile des Werkes. Es grenzt sie dadurch von der Veröffentlichung in sich abgeschlossener Teile ab, die in mehreren Bänden oder Heften erfolgt. Die Grenzlinie ist nicht immer leicht zu ziehen. Jedenfalls ist aber z. B. eine wissenschaftliche Abhandlung, die in mehreren aufeinanderfolgenden Heften einer Zeitschrift erscheint, oder ein Zeitungsroman, der in Fortsetzungen veröffentlicht wird, eine Einheit, bei der die Schutzfrist von der letzten Lieferung an zu berechnen ist. Anders liegt es u.a. bei einem mehrbändigen Geschichtswerk, bei dem jeder Band einer bestimmten Epoche gewidmet ist, oder bei dem Band eines Gesetzeskommentars, in dem ein geschlossener Abschnitt des Gesetzes, beispielsweise ein Buch des BGB, erläutert wird. Auch bei fortlaufenden Berichten, die in Zeitschriften veröffentlicht werden, kann jeder einzelne Bericht eine in sich geschlossene Einheit sein, für die die Schutzdauer gesondert zu berechnen ist.

II. Die Neuregelung der Schutzdauer ist mit Ausnahme der Vorschrift über die Schutzdauer von Lichtbildwerken nicht erst am 1. 1. 1966, sondern gemäß § 143 Abs. 1 UrhG bereits am Tag nach der Verkündung des UrhG, d. h. am 17. 9. 1965 in Kraft getreten. Die Verlängerung der Schutzfrist kommt daher auch Werken zustatten, die noch im Jahr 1965 geschützt waren. Werke, deren Schutzfrist bereits Ende 1964 abgelaufen war, blieben dagegen gemeinfrei; arg. § 129 Abs. 1 UrhG.

Eine Ausnahme von dem Grundsatz, daß auf Werke, die zur Zeit des Inkrafttretens der Verlängerung geschützt waren, die Neuregelung Anwendung findet, ist in § 129 Abs. 2 UrhG vorgesehen: Ist ein nachgelassenes Werk nach Ablauf von 50 Jahren seit dem Tod des Urhebers, aber vor dem Inkrafttreten der Neuregelung veröffentlicht worden, so richtet sich die Schutzdauer nach den bisherigen Vorschriften. War beispielsweise der Urheber 1910 verstorben, sein Werk aber erst 1963 veröffentlicht worden, so blieb es zugunsten der Erben bis 1973 geschützt. — Für Lichtbildwerke ist die Neuregelung der Schutzdauer am 1. 1. 1966 in Kraft getreten. Dabei ist zu berücksichtigen, daß schon im früheren Recht (§ 26 KUG) für sie eine Schutzfrist von 25 Jahren seit dem Erscheinen vorgesehen war. Die frühere Regelung war aber für die Fotografen insofern günstiger, als bei Lichtbildwerken, die beim Tod des Fotografen noch nicht erschienen waren, die Frist von seinem Tod ab zu berechnen war. Die Neuregelung sieht dagegen vor, daß bei Fotografien, die innerhalb von 25 Jahren seit der Herstellung nicht erschienen waren, die Frist von der Herstellung ab zu berechnen ist. Die Anwendung der Neuregelung konnte daher zu einer Verkürzung der Schutzfrist führen. Für die in dieser Verkürzung liegende Härte wurde durch die Vorschrift des § 135a UrhG, die in der Novelle 1972 getroffen wurde, ein Ausgleich geschaffen. Vgl. drüber unten § 123 VII.

III. Die Verlängerung der Schutzfrist bedingt die Frage nach der Rechtslage in Fällen, in denen vor dem Inkrafttreten der Verlängerung das Urheberrecht ganz oder teilweise einem anderem übertragen wurde.

Grundsätzlich ist gemäß § 137 Abs. 1 UrhG die Übertragung des Urheberrechts, die zur Zeit der Geltung des früheren Rechts erfolgt war, als Einräumung der entsprechenden Nutzungsrechte zu deuten (vgl. oben § 10 III 3). Die Frage, ob sich bei Verträgen, durch die das Urheberrecht ausdrücklich oder stillschweigend bis zum Ablauf der Schutzfrist übertragen wurde, die Einräumung auch auf die Zeitdauer erstreckt, um die der Urheberrechtsschutz verlängert wurde, bedurfte aber einer zusätzlichen Regelung.

1. Für solche Verträge gelten die Bestimmungen des § 137 Abs. 2—4 UrhG: Die Übertragung bzw. die Einräumung von Nutzungsrechten, in die sie umzudeuten ist, erstreckt sich im Zweifel auch auf den Zeitraum, um den die Dauer des Urheberrechtsschutzes verlängert worden ist; dies gilt auch, wenn einem anderen die Ausübung einer dem Urheber vorbehaltenen Befugnis erlaubt worden ist. Der Erwerber oder Erlaubnisnehmer hat aber dem Veräußerer oder Erlaubnisgeber eine angemessene Vergütung zu bezahlen, wenn anzunehmen ist, daß dieser für die Übertragung oder die Erlaubnis eine höhere Gegenleistung erzielt hätte, wenn damals bereits die verlängerte Schutzdauer bestimmt gewesen wäre.

Praktisch ist dieser Vergütungsanspruch insbesondere in Fällen von Bedeutung, in denen der Urheber mit einem Pauschalhonorar abgefunden wurde. War dagegen beispielsweise in einem Verlagsvertrag vereinbart, daß das Honorar nach dem Absatz der Exemplare berechnet wird, so ist im Zweifel nicht anzunehmen, daß bei Inrechnungstellung der Schutzfristverlängerung eine anderweitige, für den Verfasser günstigere Vereinbarung über die Vergütung getroffen worden wäre.

Gemäß § 137 Abs. 4 UrhG entfällt der Vergütungsanspruch, wenn alsbald nach seiner Geltendmachung der Erwerber dem Veräußerer das Recht für die Zeit nach Ablauf der bisher bestimmten Schutzdauer zur Verfügung stellt oder der Erlaubnisnehmer für diese Zeit auf die Erlaubnis verzichtet. Für den Fall der Weiterveräußerung vor Inkrafttreten der Verlängerung sieht das Gesetz eine der Billigkeit entsprechende Regelung vor: Die Vergütung ist insoweit nicht zu bezahlen, als sie den Erwerber mit Rücksicht auf die Umstände der Weiterveräußerung unbillig belasten würde.

2. Im Wortlaut abweichend hatte das Gesetz vom 13. 12. 1934 hinsichtlich der Verlängerung der Schutzfrist von 30 auf 50 Jahre vorgesehen, daß sich die Verfügung im Zweifel nicht auf die Dauer der Verlängerung erstreckt, daß aber der Erwerber weiterhin gegen eine angemessene Vergütung zur Nutzung des Werkes berechtigt ist. Die Streitfrage, ob im Fall der Übertragung des ausschließlichen Rechts dem Erwerber nach der Verlängerung der Schutzdauer nur noch ein einfaches Recht zusteht oder ob ihm gegen Zahlung der Vergütung das ausschließliche Recht verbleibt, hat der BGH in GRUR 1975, 495 („Lustige Witwe") im letzteren Sinn entschieden. Im Ergebnis besteht daher zwischen den beiden Regelungen kein wesentlicher Unterschied. Insbesondere kann gegebenenfalls die Verlängerung des erworbenen Rechts auf 70 Jahre auch bei Verträgen in Anspruch genommen werden, die zur Zeit der Geltung der 30jährigen Schutzfrist abgeschlossen worden sind.

§ 79. Die gemeinfreien Werke. Schranken der Gemeinfreiheit?

Ernst Heymann, Der ewige Schutz der Geisteswerke gegen Entstellungen, DJZ 1928, 278 ff.; ders., Die Kulturabgabe, Schmollers Jahrb. 45, 3, 103 ff.; Ruzicka, Die Problematik eines „ewigen Urheberpersönlichkeitsrechtsschutzes" unter besonderer Berücksichtigung musikalischer Werke (Berliner Diss. 1972). — Vilbois, Du domaine public en matière de droit d'auteur, 1929; DELP, Die Kulturabgabe, 1950; JANNSEN, Soll für die Verwertung gemeinfreier Werke eine Vergütung gezahlt werden? UFITA 22 (1956) 324 ff.; HUBMANN, Kulturabgabe GRUR 1958, 527 ff.; SCHULZE, Kulturabgabe und Kulturfonds, 1959.

I. Mit dem Ablauf der Schutzfrist endet das Urheberrecht. Auch die abgeleiteten Rechte, insbesondere das Verlagsrecht und die sonstigen Rechte nutzungsberechtigter Unternehmer erlöschen. Sie sind als Tochterrechte der zeitlichen Begrenzung unterworfen, die für das Mutterrecht gilt.

1. Die Werke sind von nun ab gemeinfrei. Ihre Wiedergabe ist jedermann gestattet. Vorbereitungen für eine solche Wiedergabe vor Ablauf der Schutzfrist sind nur insoweit zulässig, als sie nicht ihrerseits Eingriffe in das Urheberrecht darstellen: Mit der Drucklegung, die bereits Vervielfältigung im Rechtssinn ist, darf erst nach Ablauf der Schutzfrist begonnen werden (abw. RGZ 107, 277, vgl. oben § 45 II 2).

2. Das volle Erlöschen des urheberrechtlichen Schutzes, das das UrhG als Folge des Ablaufs der Schutzfrist vorsieht, ist nicht selbstverständlich: Die Rechtsvergleichung zeigt, daß in einer Anzahl ausländischer Rechtsordnungen bestimmte Nachwirkungen urheberrechtlicher Befugnisse vorgesehen sind. Auch in Deutschland ist die Einführung von Sonderregeln mehrfach gefordert und im Zug der Beratungen über die Urheberrechtsreform erwogen worden. Es geht dabei einerseits um den Schutz ideeller und kultureller Interessen, andererseits um den Rechtsgedanken, die Verwertung gemeinfreier Werke mit einer Abgabe oder einer Vergütungspflicht zu belasten, um Mittel für die Förderung zeitgenössischer Urheber und ihrer Angehörigen bereitzustellen.

II. Die Forderung nach einer Fortführung des Urheberpersönlichkeitsrechts hat insbesondere den Schutz gemeinfreier Werke gegen Entstellungen zum Ziel. In Deutschland hat u. a. die Wiedergabe Schubertscher Melodien im Dreimäderlhaus zu lebhaften Protesten geführt. In der Tschechoslowakei wurde die Absicht eines Filmherstellers, „Die verkaufte Braut" von SMETANA zu verfilmen, Anlaß zum Eingreifen des Gesetzgebers.

1. In Frankreich und Italien sowie in einer Anzahl anderer Staaten ist vorgesehen, daß beim Ablauf der Schutzfrist nur die Verwertungsrechte erlöschen, das droit moral dagegen ohne zeitliche Begrenzung fortbesteht. Zur Geltendmachung des ewigen droit moral werden dabei, soweit der Urheber nicht einen Testamentsvollstrecker zum Hüter seiner geistigen Interessen ernannt hat, zum Teil die Angehörigen, zum Teil die Erben des Urhebers berufen. Auch finden sich Vorschriften über die Befugnisse von staatlichen Organen oder von Berufsverbänden der Urheber, das droit moral neben oder anstelle von Angehörigen oder Erben geltend zu machen.

Das italienische UrhG sieht vor, daß das droit moral nach dem Tod des Urhebers ohne zeitliche Beschränkung von seinem Ehegatten, seinen Abkömmlingen oder bestimmten anderen, ihm nahestehenden Personen geltend gemacht werden kann. Wenn der öffentliche Zweck es erfordert, kann die Klage auch vom Präsidenten des Ministerrats nach Anhörung der zuständigen Berufsorganisation erhoben werden. Im französischen UrhG wird für das droit moral in Art. 6 vorgesehen, daß es beim Tod des Urhebers auf die Erben übergeht; für das Veröffentlichungsrecht (droit de divulgaton) bestimmt aber Art. 19, daß es, wenn kein Testamentsvollstrecker zu seiner Wahrnehmung berufen ist, in erster Linie von den Abkömmlingen, eventuell von den überlebenden Angehörigen und subeventuell von den Erben des Urhebers ausgeübt wird. Auch können die Zivilgerichte im Fall des Mißbrauchs oder der Nichtausübung des Veröffentlichungsrechts geeignete Maßnahmen treffen; sie können dabei insbesondere von dem für Kunst und Literatur zuständigen Minister angerufen werden. Die Frage, ob auch Berufsverbände der Urheber, wie die Société des Gens de Lettres und der Centre National des Lettres, zur Klageerhebung berufen sind, ist von den Gerichten bisher verneint worden, wird aber im Schrifttum insbesondere von Desbois, S. 588 ff., bejaht; auch vertritt Desbois die Meinung, daß die Sonderregeln über die Geltendmachung des droit de divulgation für das droit moral im ganzen anzuwenden sind. — In der RBÜ ist seit der Stockholmer und Pariser Fassung in Art. 6bis Abs. 2 vorgesehen, daß das Urheberpersönlichkeitsrecht nach dem Tod des Urhebers wenigstens bis zum Erlöschen der vermögensrechtlichen Befugnisse in Kraft bleibt und von den Personen oder Institutionen ausgeübt wird, die nach der Rechtsordnung des Schutzlands hierzu berufen sind.

2. Der Gedanke, den Schutz persönlichkeitsrechtlicher Interessen des Urhebers, insbesondere den Schutz der Integrität des Werkes durch ein ewiges Urheberpersönlichkeitsrecht zu sichern, erscheint als bestechend. Kritisch gesehen begegnet er aber dem Einwand, daß es, wenn mehr als 70 Jahre nach dem Tod des Urhebers verstrichen sind, typischerweise nicht mehr um die Geltendmachung eines Individualrechts des Urhebers durch ihm nahestehende Personen geht, sondern um den Schutz allgemeiner kultureller Interessen. Ihre Sicherung müßte besonderen Organen anvertraut werden; auch kämen nur Werke von allgemeiner literarischer oder kultureller Bedeutung in Betracht.

Seinem Wesen nach käme daher ein solcher Schutz einem *Denkmalschutz* nahe, wie er insbesondere für den Schutz von Baudenkmälern landesrechtlich durch Regeln des öffentlichen Rechts vorgesehen ist. Es zeigt sich denn auch, daß in den Rechtsordnungen der Staaten, die den Schutz ideeller Interessen über den Ablauf der Schutzfrist hinaus vorsehen und dabei zum Teil auch klassische Werke der Antike oder des Mittelalters in den Schutz einbeziehen, trotz der zivilrechtlichen Gestaltung der Ansprüche urheberrechtsfremde Elemente in Erscheinung treten. Eine deutliche Distanzierung vom Urheberrecht findet sich u. a. in den Gesetzen der skandinavischen Staaten, die den Schutz ,,nach Ablauf des Urheberrechts" davon abhängig machen, daß kulturelle Interessen verletzt werden. In den sozialistischen Oststaaten, die, wie Polen, die Tschechoslowakei und Ungarn, einen ewigen Schutz des Urheberpersönlichkeitsrechts vorsehen, verbindet sich die Idee der Erhaltung der Integrität des Werkes mit dem Gedanken, daß staatliche Organe oder staatlich gelenkte Institutionen bei Geltendmachung des Urheberpersönlichkeitsrechts die Wahrung der allgemeinen Interessen der sozialistischen Gesellschaft sicherstellen sollen. Stärker noch kommt die Absicht einer politisch bestimmten Kulturlenkung in der Gesetzgebung der Sowjetunion und insbesondere auch der DDR zum Ausdruck.

Vgl. dazu im einzelnen die eingehende Untersuchung von RUZICKA, a.a.O. In der DDR heißt es in § 34 UrhG, daß die sozialistische Gesellschaft nach dem Ablauf der Schutzfrist den Schutz der geistigen Güter der Nation gewährleistet und daß für den Schutz der Unverletzlichkeit des Werkes und für die Wahrung des Ansehens seines Autors die zuständigen staatlichen Organe oder Institutionen sorgen. Noch weitergehend wird in § 35 bestimmt, der Schutz des Nachlasses bedeutender Schriftsteller, Künstler oder Wissenschaftler könne durch Beschluß des Ministerrats zur Aufgabe der Nation erklärt werden. Durch den Beschluß kann die Wahrnehmung des Urheberrechts einem staatlichen Organ oder einer anderen Institution übertragen werden. Für die Erben des Urhebers bleiben gegebenenfalls nur während der Dauer der Schutzfrist vermögensrechtliche Ansprüche gewahrt. Vgl. dazu PÜSCHEL, Urheberrecht, S. 106 ff.

3. Im Deutschen Reich und in der Bundesrepublik Deutschland ist die Einführung eines ewigen Urheberpersönlichkeitsrechts nur vereinzelt befürwortet worden. Überwiegend geht man davon aus, daß nicht eine generelle Fortdauer des Urheberpersönlichkeitsrechts, sondern, wenn überhaupt, nur ein Sonderschutz für Werke von allgemeiner kultureller Bedeutung in Betracht käme. Eine solche Regelung war in dem Entwurf des Reichsjustizministeriums von 1933 und dem Entwurf der Akademie für deutsches Recht von 1939 vorgesehen.[1] Der Gedanke wurde aber in der Nachkriegszeit nicht weiter verfolgt. Der Denkmalschutz bleibt den öffentlichrechtlichen Bestimmungen der Landesgesetze vorbehalten. Über den Schutz von Baudenkmälern hinaus wird dabei auch ein Schutz von kulturell besonders wertvollen beweglichen Sachen, wie Gemälden und Originalmanuskripten, in Betracht gezogen.[2] Insoweit handelt es sich um den Schutz körperlicher Objekte gegen irreparable Schäden und Maßnahmen. Anders liegt es dagegen im Fall der Reproduktion oder öffentlichen Wiedergabe von Werken. Hier ginge es gegebenenfalls um die Frage, ob Änderungen, die bei der Wiedergabe vorgenommen werden, als moderne künstlerische Deutung oder als Entstellungen anzusehen sind. Entscheidungen darüber dürften jedenfalls nicht Behörden anvertraut werden und sollten möglichst auch den Richtern erspart bleiben. Grundsätzlich ist vielmehr, solange nicht gravierende Mißstände auftreten, die freie Überwachung durch die öffentliche Kritik vorzuziehen.

---

[1] Systematisch wurde dabei die Bestimmung nicht in die Regeln über das Urheberrecht, sondern in die an das Urheberrecht angrenzenden Rechte eingeordnet. Vgl. den Wortlaut des Entwurfs der Akademie für deutsches Recht, in GRUR 1939, 256 ff.

[2] Vgl. dazu beispielsweise das Bayerische Gesetz zum Schutz und zur Pflege der Denkmäler vom 25. 6. 1973. Denkmäler i. S. des Gesetzes sind die von Menschen geschaffenen Sachen oder Teile davon aus vergangener Zeit, deren Erhaltung wegen ihrer geschichtlichen, künstlerischen, städtebaulichen, wissenschaftlichen oder volkskunstlichen Bedeutung im Interesse der Allgemeinheit liegt. Das Gesetz sieht in erster Linie den Schutz von Bau- und Bodendenkmälern vor. Auf Antrag des Berechtigten oder in besonders wichtigen Fällen können aber auch bewegliche Sachen in die Denkmalsliste eingetragen und gegen Beseitigung, Zerstörung oder Ortsveränderung geschützt werden.

Für den ewigen Schutz des Urheberpersönlichkeitsrechts setzt sich HUBMANN, UR, S. 56, ein. Überwiegend wird dagegen im Schrifttum die Forderung nach einem ewigen Schutz des Urheberpersönlichkeitsrechts abgelehnt. So schon HEYMANN, DJZ 1926, Sp. 278 ff., und HEINRICH MITTEIS, Österreichisches UR, S. 128; neuerdings mit eingehender Begründung RUZICKA, a.a.O. Mit der Beurteilung in der Bundesrepublik Deutschland stimmt diejenige in Österreich und der Schweiz überein. Auch die Entwürfe für ein neues schweizerisches UrhG gehen davon aus, daß das Urheberrecht als Ganzes mit dem Ablauf der Schutzfrist erlischt. Noch ferner liegt die Idee eines ewigen Schutzes der Integrität des Werkes in Staaten des anglo-amerikanischen Rechtskreises, die die persönlichen und geistigen Interessen der Urheber nicht unter urheberrechtlichen Gesichtspunkten schützen.

III. Wirtschaftlich ist die Folge der Gemeinfreiheit, daß die Wiedergabe der Werke nicht nur genehmigungs-, sondern auch vergütungsfrei ist. Die Honorare und Tantiemen, die bisher von Verlegern, Bühnen, Konzertveranstaltern, Sendeunternehmen, Schallplattenherstellern, Filmproduzenten u. a. an die Urhebererben zu bezahlen waren, entfallen.

Demgegenüber wird unter sozialen Gesichtspunkten die Forderung erhoben, die Wiedergabe gemeinfreier Werke — unbeschadet der Genehmigungsfreiheit — mit einer Vergütungspflicht zu belasten, um Mittel für die Förderung und Unterstützung zeitgenössischer Urheber und ihrer Angehörigen bereitzustellen.

1. Der Gedanke, die lebende Urhebergeneration an dem Nutzen zu beteiligen, der aus der Verwertung gemeinfreier Werke zu erzielen ist, wurde erstmals in Frankreich während der Revolutionszeit vertreten. Er stieß auf Widerspruch, insbesondere auf den Widerstand der Verwerter, ist aber lebendig geblieben und vielfach mit Nachdruck befürwortet worden.

Gegen die Forderung nach der Belastung gemeinfreier Werke mit einer Vergütungspflicht wird geltend gemacht, daß sie zu einer Verteuerung der Wiedergabe, insbesondere zu einer Verteuerung der Buchausgaben gemeinfreier Werke führen müsse. Die Befürworter der Abgabe halten dem entgegen, daß durch den Wegfall der Genehmigungspflicht jedenfalls der freie Wettbewerb unter den Verwertern gesichert bleibe, der überhöhte Preise verhindere. Vgl. zu der Frage eingehend VILBOIS S. 283 ff.

Eine Reihe von Plänen, die im einzelnen verschiedene Wege weisen, wurde ausgearbeitet. Von der Idee ausgehend, das Recht müsse dem Staate zustehen, der seinerseits die Erlöse für kulturelle Zwecke zu verwenden habe, sprach man von einem domaine d'Etat. Vorherrschend wurde aber der Begriff des domaine public payant: Der Gemeingebrauch, das domaine public, in das die Werke nach Ablauf der Schutzfrist fallen, soll zu einem mit einer Vergütungspflicht belasteten Gemeingebrauch, einem domaine public payant werden. In Deutschland spricht man von der „Kulturabgabe" oder der „Urhebernachfolgevergütung". Der Begriff der Kulturabgabe legt die Annahme nahe, daß es sich im Rechtssinne um eine öffentlich-rechtliche Abgabe handle. Demgegenüber soll die Bezeichnung Urhebernachfolgevergütung zum Ausdruck bringen, daß der Vergütungsanspruch Nachwirkung des Urheberrechtes ist. Träger des Anspruchs sollen freilich nicht die Erben des Urhebers, sondern ein oder mehrere mit Rechtspersönlichkeit ausgestattete Kulturfonds sein, die die eingehenden Mittel der gesetzlichen Zweckbestimmung entsprechend zu verteilen haben.

Vgl. über die Geschichte der Vorschläge und Pläne VILBOIS S. 53 ff. und DELP S. 6 ff. VILBOIS stellt den Gedanken in den Mittelpunkt, daß mit dem Ablauf der Schutzfrist zwar das Monopolrecht erlischt, der Gemeingebrauch aber mit einer Vergütungspflicht belastet wird. Bezüglich der Verteilung der eingehenden Beträge schlägt er vor, in einer ersten Periode von mindestens 50 Jahren nach Ablauf der Schutzfrist die Urhebererben noch zur Hälfte zu beteiligen und erst nach Ablauf dieser Frist die Erträgnisse ganz den Urheberorganisationen und der Caisse Nationale des Lettres, Arts et Siences zuzuweisen. In Deutschland fordert SCHULZE (a.a.O. S. 21 f.) die Einführung des ewigen Urheberrechts; die Kulturabgabe soll nur für Werke in Betracht gezogen werden, die bereits gemeinfrei sind. Überwiegend wird aber im deutschen Reformschrifttum nicht eine Verlängerung der Berechtigung der Erben, sondern eine Vergütungspflicht zugunsten eines Kulturfonds vorgeschlagen. Vgl. HUBMANN und JANNSEN a.a.O.

2. Gesetzlich wurde das domaine public payant erstmalig im Jahre 1865 in Italien eingeführt. Die heutige italienische Regelung sieht vor, daß für die Aufführung und Sendung gemeinfreier Werke durch die Verwertungsgesellschaft Tantiemen zugunsten des Staates eingezogen werden, der seinerseits einen gesetzlich festgelegten Betrag an eine Hilfskasse der Urheber bezahlt; für den Verlag gemeinfreier Werke sind seitens der Verleger Zahlungen in Höhe von 3 Prozent des Ladenpreises unmittelbar an eine besondere Unterstützungskasse zu leisten.

In Frankreich wurde, nachdem eine Reihe früherer Pläne gescheitert war, durch Gesetz vom 25. 2. 1956 eine Regelung getroffen, die von der ursprünglichen Zielsetzung wesentlich abweicht. Zugunsten der 1946 geschaffenen Caisse Nationale des Lettres (die seit 1973 als Centre National des Lettres fortbesteht) wurde das Urheberrecht an literarischen Werken um 15 Jahre verlängert. Die Urheberrechtsverträge, insbesondere die Verlagsverträge, die über die Werke abgeschlossen worden waren, blieben während dieser Frist in Kraft. Die Honorare waren aber nicht mehr an die Erben des Urhebers, sondern an den Centre National zu entrichten, zu dessen Aufgaben die Förderung der Ausgabe literarischer Werke sowie die Unterstützung von Schriftstellern und ihren Angehörigen gehören. Die Regelung, die Anlaß zu zahlreichen Streitfragen gegeben hatte, wurde jedoch 1976 gesetzlich aufgehoben. An ihrer Stelle wurde zum Zweck der Finanzierung des Centre National neben einer *Abgabe* auf Fotokopiergeräte eine allgemeine Abgabe auf den im Buchhandel erzielten Umsatz (in Höhe von 0,2 ‰) vorgesehen. Der Gedanke, speziell die Verwertung von gemeinfreien Werken mit einer Abgabe zu belasten, wurde damit aufgegeben.

3. Auch in Deutschland ist seit dem ausgehenden 19. Jahrhundert mehrfach die Forderung nach Einführung einer Kulturabgabe erhoben worden. Sie stieß aber auf erheblichen Widerspruch. Insbesondere wurde geltend gemacht, daß die Wiedergabe gemeinfreier Werke ange-

sichts ihrer Bedeutung für das kulturelle Leben von jeder Belastung frei bleiben sollte.

Vgl. dazu DELP S. 13 ff. Die erste Anregung ging im Jahr 1898 von den Verwaltungen der Shakespeare-, Goethe- und Schiller-Stiftungen aus. Einschlägige Anträge wurden jedoch vom Reichstag bei der Beratung des LUG abgelehnt. Nach dem 1. Weltkrieg wurde die Forderung von den Urheberverbänden wieder aufgegriffen. Beratungen über die Frage im Reichswirtschaftsrat blieben jedoch ohne Ergebnis. Über die Gründe der Ablehnung vgl. ERNST HEYMANN in Schmollers Jahrb. 45, 3 S. 103 ff. und Zeitliche Begrenzung S. 117.

Nach dem Zweiten Weltkrieg wurde in der Bundesrepublik Deutschland im Zeichen der sozialen Bestrebungen zur Sicherung des Lebensstandards der geistig frei Schaffenden der Gedanke aufgegriffen, die Verwertung gemeinfreier Werke mit einer Vergütungspflicht zu belasten. Im Regierungsentwurf zum UrhG (von 1962) wurde daher eine Urhebernachfolgevergütung vorgeschlagen: Es sollte ein Urheberfonds als Stiftung des öffentlichen Rechts geschaffen werden, in den Vergütungen für die Verwertung gemeinfreier Werke entrichtet und dessen Reineinnahmen zur Gewährung von Ehrensolden an Urheber, von Unterstützungen an bedürftige Hinterbliebene von Urhebern und von Förderungsbeihilfen an begabte Urheber verwendet werden sollen.

Der Vorschlag ist nicht Gesetz geworden. Bedenken wurden u. a. hinsichtlich der im Entwurf vorgesehenen unbegrenzten Rückwirkung auf Werke selbst der Antike und des Mittelalters sowie der Gefahr geltend gemacht, daß die Verteilung der Einnahmen zu einem Kulturdirigismus führen könnte. Anstelle der vorgesehenen Regelung entschloß sich der Bundestag dazu, die urheberrechtliche Schutzfrist von 50 auf 70 Jahre zu verlängern. Der Sache nach ist diese Verlängerung freilich kein Ersatz für die aus sozialen Gründen vorgesehene Urhebernachfolgevergütung, deren Einführung nach wie vor zu den rechtspolitischen Forderungen der Urheber, insbesondere des Verbandes deutscher Schriftsteller, gehört.

Im neueren Schrifttum setzt sich insbesondere DIETZ, Das UR in der Europäischen Gemeinschaft, S. 225 ff., für die Einführung des domaine public payant ein. Die Schwierigkeit einer Vereinheitlichung der Regeln über die Schutzdauer könnte seiner Meinung nach dadurch überwunden werden, daß die regelmäßige Schutzdauer auf 50 Jahre begrenzt, für weitere 20 Jahre aber die Urheberhonorare einem Sozialfonds zugunsten lebender Urheber überwiesen werden.

4. In der DDR wurde durch Anordnung vom 2. 9. 1949 ein Kulturfonds als zentrale Einrichtung geschaffen, die dem Ministerium für Kultur untersteht; sie wurde durch Statut vom 18. 4. 1974 weiter ausgebaut. Finanziert wird der Fonds durch Abgaben, insbesondere solche, die beim Besuch kultureller Veranstaltungen erhoben werden, sowie durch staatliche Mittel. Zu seinen Aufgaben gehört neben der Unterstützung freischaffender Schriftsteller und Künstler die Förderung der Aufträge, die von staatlichen Stellen oder staatlich gelenkten Institutionen für die Schaffung von Werken erteilt werden, die den Erfordernissen der sozialistischen Gesellschaft entsprechen.

6. Kapitel

Rechtsnachfolge. Rechtsverkehr im Urheberrecht

§ 80. Einleitung

I. Für die Rechtsnachfolge in das Urheberrecht gelten die Regeln der §§ 28—30 UrhG: Das Urheberrecht ist vererblich. Auch ist im Zug des Erbgangs eine Übertragung möglich: Das Urheberrecht kann in Erfüllung einer Verfügung von Todes wegen oder an Miterben im Weg der Erbauseinandersetzung übertragen werden.

Im übrigen ist das Urheberrecht nicht übertragbar. Möglich sind nur Verfügungen über urheberrechtliche Befugnisse: Über die Verwertungsrechte kann der Urheber durch Einräumung von Nutzungsrechten, über die Vergütungsansprüche in den gesetzlich vorgesehenen Grenzen durch Abtretung verfügen. Über das Urheberpersönlichkeitsrecht sind nur einzelne Dispositionen möglich; in seinem Kern bleibt es beim Urheber zurück.

II. Die Konzeption, von der das UrhG in Übereinstimmung mit dem österreichischen UrhG ausgeht, weicht von der Regelung ab, die in der Mehrzahl der ausländischen Rechtsordnungen gilt und auch in den älteren deutschen Urheberrechtsgesetzen vorgesehen war.

1. Insbesondere kann in den Staaten des anglo-amerikanischen Rechtskreises, in denen das Urheberpersönlichkeitsrecht nicht zum Urheberrecht gerechnet wird, das Copyright teilweise oder ganz übertragen werden. Aber auch die Rechtsordnungen der Staaten, in denen das droit moral Bestandteil des Urheberrechts ist, gehen zumeist, wie beispielsweise die Gesetze Frankreichs und Italiens, davon aus, daß zwar nicht das droit moral, wohl aber die Verwertungsrechte übertragen werden können.

2. Auch die frühere deutsche Gesetzgebung sah die Übertragbarkeit des Urheberrechts vor. Sowohl im LUG von 1901 wie im KUG von 1907 war bestimmt, daß das Urheberrecht beschränkt oder unbeschränkt auf andere übertragen werden kann.

Noch unter der Herrschaft der alten Gesetze zeichnete sich aber in Rechtsprechung und Schrifttum eine Rechtsentwicklung ab, die zum

Keim der Neuordnung im UrhG von 1965 geworden ist: Mit dem Ausbau des Urheberpersönlichkeitsrechts setzte sich der Gedanke durch, daß es jedenfalls in seinem Kern unübertragbar ist. Darüber hinaus wurde auch bei den Verwertungsrechten dem Unterschied Rechnung getragen, der zwischen der Übereignung von Waren und Grundstücken und der Übertragung von Rechten an urheberrechtlich geschützten Werken besteht. Für die Auslegung der Verträge, in denen über Verwertungsrechte verfügt wird, wurde die sogenannte Zweckübertragungstheorie herrschend: Der Umfang der Verfügung wird durch den Zweck begrenzt, der von den Vertragspartnern verfolgt wird; im übrigen bleiben die Verwertungsrechte beim Urheber zurück. Auch erstarkt das Urheberrecht, wenn die aus dem Verwertungsrecht abgeleiteten Rechte erlöschen, wieder zum Vollrecht.

Man sprach davon, daß das Urheberrecht gleichsam die Tendenz habe, soweit wie möglich beim Urheber zurückzubleiben. Vgl. dazu die Vorauflage dieses Werkes, S. 217 und 292.

3. Das UrhG der DDR sieht vor, daß zwar nicht das Urheberrecht, wohl aber die Nutzungsbefugnisse durch Vertrag übertragen werden können. Ähnlich heißt es im UrhG der Tschechoslowakei, daß der Urheber lediglich sein Werknutzungsrecht übertragen kann. Im ganzen liegt aber in den sozialistischen Oststaaten nach dem Muster der Gesetzgebung der Sowjetunion der Schwerpunkt nicht auf der dogmatischen Frage nach der Natur der Verfügung über urheberrechtliche Befugnisse, sondern auf dem rechtspolitisch bedingten Grundsatz, daß Nutzungsverträge nur mit sozialistischen Organisationen geschlossen werden können und daß die Vergabe von Rechten ins Ausland nur durch Vermittlung einer staatlich gelenkten Organisation — in der DDR des Büros für Urheberrechte, in der Sowjetunion der Allunionsagentur für Urheberrechte — erfolgen kann.

III. Die Regelung im UrhG ist im ganzen der folgerichtige Abschluß der vorausgegangenen Rechtsentwicklung. Im einzelnen bedarf sie näherer Erläuterung. Im folgenden untersuchen wir dabei zunächst die Rechtsnachfolge, die im Zug des Erbgangs stattfindet. Sodann erläutern wir die Verfügungen über die Verwertungsrechte und die Vergütungsansprüche und untersuchen abschließend, ob und inwieweit Dispositionen über das Urheberpersönlichkeitsrecht möglich sind.

I. Die Rechtsnachfolge in das Urheberrecht

§ 81. Das Urheberrecht im Erbgang

I. Für die Rechtsnachfolge gelten grundsätzlich die allgemeinen Regeln des Erbrechts: Mit dem sonstigen Nachlaß geht auch das Urheberrecht auf die durch Testament oder Erbvertrag berufenen Erben, mangels einer solchen Berufung auf die gesetzlichen Erben über. § 28 UrhG.

Im LUG und KUG war für den Fall, daß gemäß § 1936 BGB der Fiskus gesetzlicher Erbe wird, vorgesehen, daß das Urheberrecht, soweit es dem Erblasser zusteht, mit dessen

Tod erlischt. Der Vorschrift lag der Gedanke zugrunde, daß bei „erblosem Tod" die Gemeinfreiheit des Werkes dem Übergang des Urheberrechts auf den Staat vorzuziehen ist. Bedenklich an der Regel war aber u. a., daß sie sich in Fällen, in denen der sonstige Nachlaß zur Befriedigung der Gläubiger des Urhebers nicht ausreichte, zu deren Nachteil auswirkt.

II. Durch Verfügung von Todes wegen kann der Urheber nicht nur anstelle der gesetzlichen Erben andere Personen zu Erben berufen sowie Nacherben einsetzen. Er kann vielmehr durch die Anordnung eines Vermächtnisses, durch eine Teilungsanordnung, durch Ernennung eines oder mehrerer Testamentsvollstrecker oder durch Auflagen auch besondere Bestimmungen treffen, darunter solche, die sich speziell auf seine Urheberrechte beziehen.

1. Der Erblasser kann durch Testament oder Erbvertrag Vermächtnisnehmer mit Urheberrechten an seinen Werken oder einzelnen von ihnen bedenken. Das Urheberrecht geht auch in diesen Fällen auf die Erben über. Die Erben sind aber zur Übertragung auf den Vermächtnisnehmer verpflichtet.

Das Vermächtnis des Urhebers kann auch ein Vorausvermächtnis zugunsten eines Miterben sein. Auch kann der Urheber im Testament eine Teilungsanordnung treffen. Insbesondere kann er bestimmen, daß ein Miterbe berechtigt sein soll, Urheberrechte in Anrechnung auf seinen Erbteil zu übernehmen.

2. Der Erblasser kann durch Testament einen oder mehrere Testamentsvollstrecker nicht nur zur Verwaltung seines Nachlasses im ganzen, sondern auch zur Verwaltung einzelner Nachlaßgegenstände berufen; § 2208 BGB. Der Aufgabenkreis des Testamentsvollstreckers kann daher auch auf die Verwaltung von Urheberrechten beschränkt werden. Der Erblasser kann auf diese Weise, ohne seinen Erben die Erträgnisse aus der Verwertung seiner Werke zu entziehen, einen besonderen Hüter seines geistigen Nachlasses berufen. In der Umgrenzung der Aufgaben des Testamentsvollstreckers hat der Erblasser freie Hand. Er kann sie auf die Ausübung einzelner Rechte beschränken, beispielsweise anordnen, daß die Veröffentlichung seiner nachgelassenen Werke nur mit Zustimmung des Testamentsvollstreckers zulässig ist. Meist wird er aber die Ausübung des Urheberrechts im ganzen, insbesondere auch die Befugnis zur Einräumung von Nutzungsrechten, in die Hand des Testamentsvollstreckers legen. Die Erben, denen die Urheberrechte ihrer Substanz nach zustehen, bleiben dann auf den Bezug der Einnahmen beschränkt, die durch die Verwertung des Werkes erzielt werden. Erfüllt der Testamentsvollstrecker die in ihn gesetzten Erwartungen nicht, so bleibt die Möglichkeit, daß das Nachlaßgericht ihn auf Antrag eines Beteiligten wegen wichtigen Grundes entläßt; § 2227 BGB. Auch kann der Erblasser Ersatz- und Nachtestamentsvollstrecker berufen.

Im UrhG wird die Möglichkeit, daß der Urheber durch letztwillige Verfügung die Ausübung des Urheberrechts einem Testamentsvollstrecker überträgt, durch § 28 Abs. 2 bestätigt. Angesichts der Bedeutung, die dieser Möglichkeit für die Verwaltung des geistigen Nachlasses zukommt, wird dabei vorgesehen, daß die Regel des § 2210 BGB, die das Verwaltungsrecht des Testamentsvollstreckers zeitlich, in der Regel auf 30 Jahre, beschränkt, nicht anzuwenden ist. Die Ausübung des Urheberrechts kann vielmehr bis zum Ablauf der Schutzfrist in die Hand eines oder mehrerer Testamentsvollstrecker gelegt werden.

§ 82. Begriff und Wesen der Rechtsnachfolge in das Urheberrecht

I. Der gesetzliche Begriff der Rechtsnachfolge in das Urheberrecht umfaßt sowohl den Übergang des Urheberrechts auf Erben und Nacherben wie die Übertragung des Urheberrechts, die in Erfüllung einer Verfügung von Todes wegen oder an Miterben im Weg der Erbauseinandersetzung erfolgt. §§ 28 und 29 UrhG.

Sinngemäß gelten die Regeln auch für die Rechtslage nach dem Tod des Rechtsnachfolgers: Das Urheberrecht geht auf seine Erben über; auch kann es in Erfüllung einer Verfügung von Todes wegen oder an Miterben im Weg der Erbauseinandersetzung übertragen werden.

II. Der Rechtsnachfolger des Urhebers hat gemäß § 30 UrhG, soweit nichts anderes bestimmt ist, die dem Urheber zustehenden Rechte: Sowohl das Urheberpersönlichkeitsrecht wie die Verwertungsrechte und die Vergütungsansprüche gehen auf den Rechtsnachfolger über.

Abweichend von der Rechtsstellung des Urhebers ist diejenige des Rechtsnachfolgers nur in den Vorschriften der §§ 42 (betreffend das Rückrufsrecht wegen gewandelter Überzeugung), 62 Abs. 4 (betreffend die Zustimmung zur Änderung von Werken, die in Sammlungen für den Kirchen-, Schul- oder Unterrichtsgebrauch aufgenommen werden) sowie 115 und 116 UrhG (betreffend die Zwangsvollstreckung in Verwertungsrechte und Originale des Werkes) bestimmt.

III. Ihrem Wesen nach ist die Rechtsnachfolge in das Urheberrecht durch eine doppelte Funktion gekennzeichnet: Der Rechtsnachfolger ist, wenn der Urheber nichts anderes bestimmt, zur Verwaltung des geistigen Nachlasses berufen. Zugleich ist er derjenige, dem die Erträgnisse aus der Verwertung des Werkes gebühren.

1. Es scheint nahezuliegen, die beiden Funktionen mit der Unterscheidung zwischem dem Urheberpersönlichkeitsrecht und den Verwertungsrechten des Urhebers in Verbindung zu bringen. In der Tat liegt ein solcher Gedanke einzelnen ausländischen Rechtsordnungen zugrunde, die vorsehen, daß beim Tod des Urhebers zwar die Verwertungsrechte auf die Erben übergehen, das Urheberpersönlichkeitsrecht dagegen durch seine Angehörigen ausgeübt wird. Solcher Trennung steht aber der bereits mehrfach erwähnte Gesichtspunkt entgegen, daß die Verwer-

tungsrechte nicht bloß der Sicherung der wirtschaftlichen Nutzung, sondern auch den ideellen Interessen an der Art und Weise der Verwertung des Werkes dienen: Nicht anders als die Bestimmung über die Erstveröffentlichung des Werkes, die kraft des Urheberpersönlichkeitsrechts getroffen wird, ist u. a. auch die Bestimmung darüber, ob das Werk neu bearbeitet, ob es übersetzt oder verfilmt werden soll, dem Urheber auch im Hinblick auf seine ideellen Interessen vorbehalten. Die besseren Gründe sprechen daher dafür, eine Trennung zu vermeiden und die Wahrung der Rechte des Urhebers einheitlich den Rechtsnachfolgern anzuvertrauen.

Die Regelung in der Bundesrepublik Deutschland entspricht der im deutschen Rechtskreis herrschenden monistischen Deutung des Urheberrechts; auch in der DDR, in Österreich und der Schweiz wird im Fall des Todes des Urhebers die Trennung der Befugnisse vermieden. Vom Standpunkt der dualistischen Theorie aus wird dagegen im italienischen UrhG unterschieden: Die Rechte zur wirtschaftlichen Verwertung gehen auf die Erben über; das Urheberpersönlichkeitsrecht wird dagegen durch die Angehörigen des Urhebers ausgeübt. Das französische UrhG sieht in Art. 6 vor, daß das droit moral beim Tod des Urhebers auf die Erben übergeht. Für das Veröffentlichungsrecht (droit de divulgation) wird dagegen in Art. 19 bestimmt, daß es, wenn der Urheber keinen Testamentsvollstrecker berufen hat, durch die Angehörigen mit Vorrang vor den Erben ausgeübt wird. Im Schrifttum nimmt freilich Desbois, S. 571 ff., an, daß die Regel des Art. 19 sinngemäß auf das droit moral im ganzen zu beziehen ist.

2. Der Urheber kann zwar dem Rechtsnachfolger die Ausübung des Urheberrechts dadurch entziehen, daß er einen oder mehrere Testamentsvollstrecker ernennt; auch kann er durch Verfügung von Todes wegen Auflagen bezüglich der Ausübung des Urheberrechts anordnen. Macht er aber davon keinen Gebrauch, so vertraut er seinem Rechtsnachfolger auch die Wahrung seiner ideellen Interessen an. Es liegt dabei nahe, von dem Gedanken auszugehen, daß es dem Rechtsnachfolger obliegt, das Urheberrecht im wohlverstandenen Sinn des Urhebers auszuüben. Im Regelfall handelt es sich dabei freilich, da eine Instanz fehlt, die zur Überwachung des Rechtsnachfolgers berufen ist, nur um einen unvollkommenen Rechtsgedanken, nicht um eine durchsetzbare Norm. Aber es gibt Einbruchstellen, in denen sich der Rechtsgedanke durchzusetzen vermag. Ein Fall, bei dem das Gesetz berücksichtigt, daß die Intentionen des Urhebers, nicht diejenigen seines Rechtsnachfolgers, entscheidend sind, ist das Recht des Rückrufs gewandelter Überzeugung: Der Rechtsnachfolger des Urhebers kann den Rückruf nur erklären, wenn er nachweist, daß der Urheber vor seinem Tod zum Rückruf berechtigt gewesen wäre und an der Erklärung des Rückrufs gehindert war oder diese letztwillig verfügt hat; § 42 Abs. 1 Satz 2 UrhG. Auch kommen weitere Fälle in Betracht. Beispielsweise kann ein Bühnenunternehmen einem Rechtsnachfolger des Urhebers, der die in der Aufführung vorgenommenen Änderungen als Entstellung des Werkes beanstandet,

unter Berufung auf Äußerungen des Urhebers oder auf sein Verhalten in anderen Fällen entgegenhalten, daß die Änderungen mit den Intentionen des Urhebers in Einklang stehen.

II. Verfügungen über Verwertungsrechte

§ 83. Einleitung. Die Einräumung von Nutzungsrechten

Über die Verwertungsrechte kann der Urheber durch Einräumung von Nutzungsrechten verfügen: § 31 Abs. 1 UrhG sieht vor, daß der Urheber einem anderen das Recht einräumen kann, das Werk auf einzelne oder alle Nutzungsarten zu nutzen; das Nutzungsrecht kann als einfaches oder ausschließliches Recht eingeräumt werden. Ausgeschlossen sind nur Verfügungen über noch nicht bekannte Nutzungsarten; § 31 Abs. 4 UrhG.

I. Im Rechtsleben sind zwei typische Arten der Einräumung von Nutzungsrechten zu unterscheiden.

1. Der Urheber kann anderen einfache oder ausschließliche Rechte zur Benutzung des Werkes einräumen. Die Einräumung erfolgt u. a. im Rahmen von Verlagsverträgen, Aufführungsverträgen, Sendeverträgen sowie Verträgen mit Filmherstellern und Herstellern von Tonträgern. Sie kann die Berechtigung in sich schließen, die Rechte an andere zu übertragen oder ihnen beschränkte Rechte zu bewilligen. Beispielsweise ist der Verleger im Zweifel dazu berechtigt, bei einer Veräußerung seines Unternehmens auch das Verlagsrecht zu übertragen.

2. Der Urheber kann andere mit der Wahrnehmung seiner Verwertungsrechte beauftragen. Im Rechtsleben handelt es sich dabei um die Wahrnehmung von Rechten durch Bühnenverlage und Bühnenvertriebe sowie durch Verwertungsgesellschaften. Die Urheber können den mit der Verwertung beauftragten Unternehmen oder Gesellschaften Vollmachten zur Einräumung von Rechten zur Benutzung des Werkes erteilen. Zumeist werden aber ausschließliche Rechte zum Zweck der Wahrnehmung eingeräumt. Auch diese Rechte werden vom UrhG als Nutzungsrechte bezeichnet.

3. Die gesetzlichen Regeln über die Einräumung von Nutzungsrechten gelten gemeinsam für beide Arten der Rechtseinräumung; nur in § 35 Abs. 1 Satz 2 sieht das UrhG eine Sonderregelung für die Einräumung von Wahrnehmungsrechten vor. Bei der Darstellung folgen wir der Terminologie des Gesetzes. Soweit aber eine Unterscheidung erforderlich ist, sprechen wir einerseits von der Einräumung von Rechten zur Benutzung des Werkes, andererseits von der Einräumung von Wahrnehmungsrechten.

II. Der Prägung des Begriffs der Einräumung von Nutzungsrechten, die auf LISSBAUER, den verdienstvollen Verfasser des österreichischen

UrhG von 1936, zurückgeht, liegt der Gedanke zugrunde, daß die Verfügung über die Verwertungsrechte auch im Fall der Vergabe ausschließlicher Rechte keine der Übereignung von Sachgütern oder der Übertragung sonstiger Rechte vergleichbare Veräußerung ist. Sie ist keine translative, sondern eine konstitutive Rechtsübertragung. Die aus den Verwertungsrechten abgeleiteten Rechte sind zweckgebundene Tochterrechte. Dem Urheber verbleibt das Mutterrecht, in dessen Bann die abgeleiteten Rechte stehen und das mit ihrem Erlöschen wieder zum Vollrecht erstarkt.

Zur Unterscheidung zwischen translativer und konstitutiver Rechtsübertragung vgl. die noch immer grundlegenden Ausführungen von ANDREAS v. TUHR im Allgemeinen Teil des Deutschen bürgerlichen Rechts, Bd. II, 1. Hälfte (1914) S. 59 ff. Im Sachenrecht ist konstitutive Übertragung die Bestellung beschränkter dinglicher Rechte, insbesondere von Nießbrauch und Pfandrecht. Auch hier erstarkt das Eigentum mit dem Erlöschen wieder zum Vollrecht. Aber der Vergleich mit sachenrechtlichen Belastungen hat Grenzen. Es fehlt nicht nur der Typenzwang. Urheberrechtliche Besonderheiten bestehen vielmehr auch in der Art der Bindung an das Mutterrecht. Der Weiterübertragung der abgeleiteten Rechte sind Schranken gezogen, die sich aus dem Zweck der Verfügung ergeben. Auch kann der Urheber aus persönlichkeitsrechtlichen Gründen die abgeleiteten Rechte unter den Voraussetzungen der §§ 41 und 42 UrhG zurückrufen.

Die gesetzliche Terminologie steht mit dem allgemeinen Sprachgebrauch insoweit in Einklang, als es sich um die Einräumung von Rechten zur Benutzung des Werkes handelt. Man spricht auch im Rechtsleben von der Einräumung des Verlagsrechts an den Verleger, von der Einräumung des Aufführungsrechts an den Theaterunternehmer usw. Dagegen liegt es sprachlich näher, die Vergabe von Wahrnehmungsrechten im Hinblick auf ihren fiduziarischen Charakter als treuhänderische Übertragung zu bezeichnen. Der Komponist, der den Berechtigungsvertrag mit der GEMA abschließt, räumt ihr nicht das Recht zur Benutzung des Werkes ein. Er nimmt vielmehr, indem er die GEMA zur Vergabe seiner Rechte berechtigt, eine treuhänderische Übertragung vor. Der Ausdruck ist unbedenklich, wenn man sich klarmacht, daß auch diese treuhänderische Übertragung nur eine konstitutive Übertragung ist: Auch das Wahrnehmungsrecht der Verwertungsgesellschaft ist ein zweckgebundenes Tochterrecht, bei dessen Erlöschen das Urheberrecht wieder zum Vollrecht erstarkt, ohne daß es einer Rückübertragung bedarf.

Auch den von der Terminologie des UrhG abweichenden Wortlaut von Verträgen, die im Ausland abgeschlossen werden, haben wir gegebenenfalls i. S. des deutschen Rechts zu deuten. Wird in Großbritannien oder in den USA die weltweite Übertragung des Copyright oder wird in Frankreich und Italien die weltweite Übertragung der Verwertungsrechte vereinbart, so hat die Vereinbarung in der Bundesrepublik Deutschland die Wirkung der Einräumung ausschließlicher Nutzungsrechte. Vgl. dazu ULMER, Das Immaterialgüterrecht im internationalen Privatrecht, S. 50 ff.

III. Soweit im UrhG nichts anderes bestimmt ist, sind auf die Einräumung von Nutzungsrechten die Vorschriften der §§ 399 ff. BGB über die Übertragung von Forderungen entsprechend anzuwenden; arg. § 413 BGB.

1. Die Einräumung von Nutzungsrechten erfolgt durch Vertrag. Der Vertrag ist formfrei. Im Rechtsleben ist zwar bei wichtigen Verträgen schriftlicher Abschluß üblich. Mündliche Vereinbarungen sind aber zulässig. Auch stillschweigende Abreden sind möglich, beispielsweise stillschweigende Vereinbarungen zwischem dem Arbeitgeber und dem von ihm angestellten Urheber über die Einräumung der für die Unternehmenszwecke erforderlichen Nutzungsrechte an Werken, die in Erfüllung der Pflichten aus dem Arbeitsverhältnis geschaffen werden.

Eine Einschränkung der Formfreiheit sieht § 40 UrhG bei Verträgen über künftige Werke vor. Wie eine Vorausübertragung von Forderungen, so ist grundsätzlich auch im Urheberrecht eine Verfügung über die Verwertungsrechte an künftigen Werken möglich. Verträge, in denen sich der Urheber zur Einräumung von Nutzungsrechten an künftigen Werken verpflichtet, die überhaupt nicht näher oder nur der Gattung nach bestimmt sind, bedürfen aber der Schriftform. Mittelbar wirkt sich die Formvorschrift unter bestimmten Voraussetzungen auch auf die Verfügung aus, die in Erfüllung des Vertrags durch die Einräumung künftiger Nutzungsrechte getroffen wird. Vgl. darüber unten § 94 III.

2. Ein Erwerb von Nichtberechtigten kraft guten Glaubens ist so wenig wie bei Forderungen möglich. Soweit der Urheber über die Verwertungsrechte verfügt hat, sind weitere Verfügungen, die er vornimmt, unwirksam. Ein Schutz des gutgläubigen Erwerbers, wie er im Sachenrecht stattfindet, kommt im Urheberrecht schon deshalb nicht in Frage, weil es an einem dem Besitz oder dem Grundbucheintrag entsprechenden Legitimationsmittel fehlt. Es ist zwar gelegentlich die Einführung eines Registers zur Beurkundung urheberrechtlicher Verfügungen vorgeschlagen worden. Der Vorschlag wurde aber mit Recht nicht aufgegriffen: er würde den Rechtsverkehr im Urheberrecht lästigen Formalitäten unterwerfen.

Zum Ausschluß des gutgläubigen Erwerbs vgl. BGHZ 5, 119. In besonderen Fällen kann sich freilich ein Schutz redlicher Dritter aus dem Verbot des venire contra factum proprium oder aus entsprechender Anwendung der §§ 407 ff. BGB ergeben. Hat beispielsweise der Urheber eines Bühnenwerkes einem Bühnenverlag in schriftlicher Erklärung die Übertragung des Aufführungsrechtes bestätigt, so ist der Verlag, auch wenn die Übertragung nicht erfolgt oder unwirksam geworden ist, aufgrund der Urkunde, die einer Abtretungsurkunde im Sinne des § 409 BGB entspricht, den Veranstaltern gegenüber ausgewiesen, so daß sie ihm die Tantieme mit befreiender Wirkung bezahlen können.

IV. Unter der Herrschaft der Urheberrechtsgesetze von 1901 und 1907 war anerkannt, daß ebenso wie die Übertragung des Urheberrechts, auch die *Verpfändung* und die *Nießbrauchsbestellung* zulässig ist. Die Neuregelung im UrhG, die die Übertragung grundsätzlich ausschließt, bedingt dagegen auch den Ausschluß der Bestellung von Pfandrechten und Nießbrauch am Urheberrecht (abweichend HUBMANN, UR, S. 190). Fraglich kann nur sein, ob und mit welchen Folgen eine Verpfändung oder Nießbrauchsbestellung als Einräumung von Nutzungsrechten gedeutet werden kann.

Was die *Verpfändung* betrifft, so entspricht die Bewilligung eines der Sicherung einer Forderung dienenden Pfandrechts an sich nicht den Leitgedanken, unter denen die Regeln über die Einräumung von Nutzungsrechten stehen. Da aber das UrhG in § 113 die Zwangsvollstreckung in die Verwertungsrechte des Urhebers mit seiner Einwilligung insoweit zuläßt, als er Nutzungsrechte einräumen kann, und mit der Pfändung auch die Begründung eines Pfändungspfandrechts verbunden ist, ist sinngemäß auch die Zulässigkeit einer Verpfändung anzunehmen. Sie bleibt jedoch auf die Rechte an den zur Zeit der Verpfändung bekannten Nutzungsarten beschränkt; auch bleiben zuvor getroffene Verfügungen des Urhebers unberührt. Die Verwertung erfolgt gemäß § 1277 BGB aufgrund eines vollstreckbaren Titels nach den für die Zwangsvollstreckung geltenden Regeln; vgl. unten § 135 II 4. Die Art der Verwertung bestimmt das Vollstreckungsgericht nach pflichtgemäßem Ermessen. Wesentlich ist dabei, daß das Vollstreckungsgericht, bevor es Beschlüsse trifft, den Urheber zu hören hat; § 857 in Verbindung mit § 844 ZPO. Ein nobile officium des Gerichts ist dabei auch die Berücksichtigung der ideellen Interessen des Urhebers. Im Rechtsleben ist angesichts der Schwerfälligkeit des Verfahrens die Verpfändung nicht üblich. Sollen die Verwertungsrechte zur Kreditsicherung verwendet werden, so empfiehlt es sich, mit dem Gläubiger Vereinbarungen über eine sachentsprechende Verwertung zu treffen und ihm zur Sicherung seiner Forderung die Vergütungsansprüche abzutreten, die aus Nutzungs- oder Wahrnehmungsverträgen erwachsen.

Die Frage nach der Bestellung eines *Nießbrauchs* stellt sich im Rechtsleben in Fällen, in denen der Urheber durch Verfügung von Todes wegen die Bestellung eines Nießbrauchs am Nachlaß anordnet, beispielsweise seine Kinder zu Erben beruft, seiner Ehefrau aber den Nießbrauch vermacht. In solchen Fällen ist der Nießbrauch an den einzelnen Nachlaßgegenständen zu verschaffen; § 1089 in Verbindung mit § 1085 BGB. Sofern der Erblasser bereits Nutzungs- oder Wahrnehmungsverträge geschlossen hat, aus denen Einnahmen erzielt werden, haben die Erben dem Vermächtnisnehmer die Ansprüche abzutreten, die während der Dauer des Nießbrauchs fällig werden. Liegen keine vertraglichen Bindungen vor oder erlöschen sie während der Dauer des Nießbrauchs, so kann die Verfügung von Todes wegen dahin gedeutet werden, daß die Erben dem Vermächtnisnehmer die Nutzungsrechte einzuräumen haben, aufgrund deren er zur Verwertung des Werkes befugt ist, insbesondere seinerseits Verlagsverträge oder andere Urheberrechtsverträge abschließen kann. In solchen Fällen erlöschen freilich die abgeleiteten Rechte, wenn mit dem Ablauf des Nießbrauchs am Nachlaß das Nutzungsrecht des Vermächtnisnehmers endet. Das beschränkt praktisch die Möglichkeit des Abschlusses langfristiger Verträge. Auch ist zu bedenken, daß den Erben das Urheberpersönlichkeitsrecht verbleibt und daß sie gegebenenfalls einer Verwertung, beispielsweise einer Verfilmung des Werkes in geänderter Form, widersprechen können. Im Zweifel ist daher m. E. anzunehmen, daß die Erben dem Vermächtnisnehmer nur die Vergütungsansprüche aus den von ihnen abzuschließenden Urheberrechtsverträgen zu übertragen haben. Anders wird die Rechtslage nur zu beurteilen sein, wenn sich aus den Umständen der Wille des Erblassers erschließen läßt, daß dem Nießbraucher auch die Verfügungsbefugnis zustehen soll.

§ 84. Umfang und Grenzen der Verfügung

I. Die Nutzungsrechte, die der Urheber anderen einräumt, können nach der Regel des § 32 UrhG räumlich, zeitlich oder inhaltlich beschränkt werden.

1. Räumliche und zeitliche Schranken sind u. a. bei der Vergabe von Rechten zur öffentlichen Wiedergabe häufig. So wird das Aufführungsrecht, das einem Theaterunternehmen eingeräumt wird, oft auf bestimmte Orte beschränkt. Das Senderecht kann einem Sendeunternehmen unter Beschränkung auf bestimmte Gebiete eingeräumt werden. Auch kann das Recht zur öffentlichen Wiedergabe auf einen bestimmten Zeitraum beschränkt werden.

Entsprechendes gilt bei der Einräumung sonstiger Nutzungsrechte. Beispielsweise kann das Verfilmungsrecht, das dem Filmhersteller eingeräumt wird, räumlich und zeitlich beschränkt werden. Unter der räumlichen Beschränkung ist dabei insbesondere auch die Beschränkung auf das Inland zu verstehen; bei räumlich unbeschränkter Einräumung spricht man von der Übertragung des „Weltverfilmungsrechts".

Häufig sind auch zeitliche Schranken. Vgl. dazu BGHZ 5, 116: Die Vereinbarung der Begrenzung des Verfilmungsrechts auf 6 Jahre wurde nach Lage der Sache dahin gedeutet, daß mit dem Ablauf der Frist nicht nur das Recht zur Herstellung, sondern auch das Recht zur Verwertung des Filmwerkes erlischt. Über das Verlagsrecht vgl. unten § 110 I.

2. Von besonderer Bedeutung sind die inhaltlichen Schranken: Die Rechte zur Vervielfältigung und Verbreitung, das Vortrags-, Aufführungs- und Senderecht, können gesondert vergeben werden. Auch sind weitere Aufspaltungen möglich. U. a. kann dem Verleger das graphische, dem Schallplattenhersteller das mechanische Vervielfältigungsrecht eingeräumt werden; das Senderecht kann getrennt für Hörfunk und Fernsehen vergeben werden. Auch die Rechte zur Bearbeitung des Werkes und ihrer Verwertung können gesondert eingeräumt werden.

Was das Übersetzungsrecht betrifft, so kann der Urheber das Recht zur Veranstaltung einer deutschen, englischen, französischen, spanischen Ausgabe usw. gesondert vergeben. Inhaltliche und räumliche Schranken sind dabei zu unterscheiden: Der Urheber kann einem amerikanischen Verleger das Recht zur Ausgabe einer englischen Übersetzung ohne räumliche Beschränkung einräumen. Er kann aber auch das Verlagsrecht auf die USA beschränken, so daß die Ausgabe im Inland sowie in anderen Staaten nach Maßgabe der dort geltenden Regeln nicht verwertet werden kann.

3. In dieser Möglichkeit der Aufspaltung der Rechte am Werk liegt ein wesentlicher Unterschied zwischen den Verfügungen über Sachenrechte und den Verfügungen über urheberrechtliche Verwertungsrechte. Der Typenzwang der Sachenrechte fehlt. Gewisse Grenzen sind freilich auch der Aufspaltung im Urheberrecht gezogen: Unzulässig ist jedenfalls eine Aufspaltung, die dem Verkehrsinteresse zuwiderläuft. U. a. kann, wie oben (§ 47 II) gezeigt wurde, das Verbreitungsrecht nicht räumlich mit der Wirkung aufgespalten werden, daß die Weiterverbreitung der Werkstücke, die von dem zur Verbreitung im Inland Berechtig-

ten durch Veräußerung in den Verkehr gebracht wurden, nur in einem Teilgebiet des Inlands zulässig ist. Was im besonderen die inhaltliche Beschränkung betrifft, so ist die Vergabe begrenzter Rechte von bloßen schuldrechtlichen Vereinbarungen zu unterscheiden, die über die Ausübung des Nutzungsrechts getroffen werden.

Besonders deutlich zeigt sich die Unterscheidung beim Verlagsvertrag: Dem aus dem Urheberrecht abgeleiteten Verlagsrecht können Schranken durch die Vereinbarung über Zahl und Höhe der Auflage und über die Art der Ausgabe (Veröffentlichung als Einzelwerk oder im Rahmen eines Sammelwerkes) gezogen werden. Sie sind von den Vereinbarungen zu unterscheiden, die sich, wie solche über die Ausstattung der Exemplare oder die Höhe des Ladenpreises, nur auf die Ausübung des Verlagsrechts beziehen: Ihre Verletzung ist Vertragsverletzung, nicht Urheberrechtsverletzung. Vgl. im übrigen zur Unterscheidung bei Verlagsverträgen, darunter der Möglichkeit der Aufspaltung des Verbreitungsrechts durch die Unterscheidung zwischen dem regelmäßigen Büchervertrieb und dem Vertrieb durch Buchgemeinschaften, unten § 103 II 3. Zur allgemeinen Frage über die Möglichkeit und die Grenzen einer Aufspaltung bei der Vergabe von Rechten am Werk vgl. die wertvolle, für die Beurteilung von Einzelfragen noch heute lehrreiche Schrift von Büchler über die Übertragung des Urheberrechts (1923).

Wandlungen der Verkehrsauffassung sind möglich. Ein Beispiel dafür sind die neuartigen audiovisuellen Medien. Sie unterscheiden sich mit hinreichender Bestimmtheit von den beiden Typen der Vorführfilme, insbesondere der Kinofilme und der Sendefilme, von denen das UrhG in §§ 88 ausgeht. Demgemäß ist eine Unterscheidung zwischen Verfügungen möglich, die über die Herstellung und Verwertung von Vorführfilmen, Fernsehfilmen und Videogrammen getroffen werden.

II. Der Umfang, in dem der Urheber durch die Einräumung von Nutzungsrechten über die Verwertungsrechte verfügt, hängt vom Vertrag und seiner Auslegung ab. Die Regel des § 31 Abs. 1 UrhG, daß der Urheber einem anderen das Recht einräumen kann, das Werk auf einzelne oder alle Nutzungsarten zu nutzen, läßt einen weiten Spielraum. Eine Begrenzung erfährt der Grundsatz jedoch durch die Bestimmung des § 31 Abs. 4 UrhG: Die Einräumung von Nutzungsrechten für noch nicht bekannte Nutzungsarten sowie Verpflichtungen hierzu sind unwirksam.

Die gesetzliche Regelung knüpft an die frühere Rechtsprechung über die Fälle an, in denen es um neue, durch die Technik geschaffene Verwertungsmöglichkeiten ging. In RGZ 118, 282 handelte es sich dabei um die Verfilmung einer Operette, in RGZ 123, 312 um die Sendung von Werken von Wilhelm Busch durch Rundfunk. In beiden Fällen entschied das RG dahin, daß die Verwertungsmöglichkeiten, an die die Parteien beim Vertragsschluß nicht gedacht haben, auch bei Übertragungen, denen vertraglich keine Schranken gezogen sind, im Zweifel beim Urheber verbleiben. Weitergehend sieht heute das UrhG kraft zwingenden Rechts vor, daß die Einräumung von Rechten für

Nutzungsarten, die zur Zeit des Vertragsschlusses noch nicht bekannt waren, unwirksam ist.

Die frühere Rechtsprechung zeigt dabei die Varianten der Sachverhalte. Bei Abschluß des Vertrags über die Werke von Wilhelm Busch im Jahr 1896 lag es eindeutig so, daß zur Zeit des Vertragsschlusses die Sendung durch Rundfunk noch unbekannt war. Dagegen war der Vertrag über die Operette „Das Musikantenmädel", über den in RGZ 118, 282 entschieden wurde, im Jahr 1910 geschlossen worden, zu einer Zeit, in der bereits Verfilmungen erfolgt waren. Hier war für die Entscheidung maßgebend, daß beim Vertragsschluß zwischen Urheber und Verwerter die Verfilmung nicht in Rechnung gestellt worden war. Vgl. in diesem Zusammenhang auch RGZ 134, 195 betreffend die Übertragung des mechanischen Vervielfältigungsrechts an Musikwerken durch Verträge über die Übertragung des Urheberrechts, die teilweise zu einer Zeit geschlossen worden waren, in der das mechanische Vervielfältigungsrecht im Rechtsleben noch nicht seine spätere Bedeutung gewonnen hatte. Im geltenden Recht ist die Auslegung des Begriffs der noch nicht bekannten Nutzungsarten streitig. FROMM-NORDEMANN, UrhG, § 32, Anm. 3, und MÖHRING-NICOLINI, UrhG, § 31, Anm. 10, sind der Meinung, eine Nutzungsart sei erst bekannt, wenn die Entwicklung soweit fortgeschritten ist, daß der Urheber den wirtschaftlichen Wert der neuen Nutzungsart beurteilen kann. v. GAMM, UrhG, § 31, Rdz, 15, stellt dagegen darauf ab, ob die Nutzungsart zur Zeit des Vertragsschlusses objektiv unbekannt ist. M. E. ist in Rechnung zu stellen, daß die Vorschrift des § 31 Abs. 4 durch die Regel des § 31 Abs. 5 UrhG über die Zweckübertragung ergänzt wird: Ist die Nutzungsart objektiv unbekannt, so ist die Verfügung gemäß § 31 Abs. 4 unwirksam. Andernfalls kommt es auf den Parteiwillen an. Liegt die Nutzungsart außerhalb des Gesichtskreises der Parteien oder doch außerhalb des Zwecks, der mit der Einräumung des Nutzungsrechts verfolgt wurde, so scheitert die Verfügung an § 35 Abs. 5 UrhG. Entspricht dagegen die Vergabe bezüglich der einschlägigen Nutzungsart dem Vertragszweck oder ist sie ausdrücklich vereinbart, so ist sie wirksam, auch wenn es noch an genügenden Erfahrungen über ihre wirtschaftliche Bedeutung fehlt: Es muß möglich sein, Verträge zu schließen, aufgrund derer mit dem Einsatz der neuen Techniken begonnen werden kann. Erweist sich später, daß die vereinbarte Vergütung in einem groben Mißverhältnis zu den Erträgnissen aus der Nutzung des Werkes steht, so kann gemäß § 36 UrhG eine Änderung des Vertrags verlangt werden, die eine angemessene Beteiligung des Urhebers gewährleistet.

III. Für die Auslegung der Verträge hat sich schon unter der Herrschaft der früheren Urheberrechtsgesetze in Schrifttum und Rechtsprechung die Lehre von der Zweckübertragung durchgesetzt: Sie geht von dem Grundsatz aus, daß der Urheber im Zweifel keine weitergehenden Rechte überträgt, als es der Zweck der Verfügung erfordert.

Im Schrifttum ist die Lehre von der Zweckübertragung insbesondere von GOLDBAUM, UR, S. 75 ff., entwickelt worden. Sie wurde in der Rechtsprechung zunächst in RGZ 118, 282 aufgegriffen und vom BGH (erstmals in BGHZ 9, 265) übernommen und ist zu einem festen Auslegungsgrundsatz geworden.

Im UrhG hat die Zweckübertragungslehre in der Regel des § 31 Abs. 5 ihre Bestätigung erfahren: Sind bei der Einräumung des Nutzungsrechts die Nutzungsarten, auf die sich das Recht erstrecken soll, nicht einzeln bezeichnet, so bestimmt sich der Umfang des Nutzungsrechts nach dem mit seiner Einräumung verfolgten Zweck. Die Bestimmung schließt die Möglichkeit aus, daß sich der Vertragspartner des Urhebers durch generalisierende Klauseln weitergehende Rechte einräumen läßt, als es der Vertragszweck erfordert. Wird beispielsweise in einem Verlagsvertrag vereinbart, daß der Urheber alle bekannten Verwertungsrechte auf den Verleger überträgt, so bleibt die Verfügung, dem typischen Zweck des Verlagsvertrags entsprechend, auf die Einräumung des Rechts zur graphischen Vervielfältigung und zur Verbreitung der Vervielfältigungsstücke beschränkt. Das schließt nicht aus, daß sich der Verleger auch die sogenannten Nebenrechte, wie das Senderecht, das Übersetzungsrecht oder das Verfilmungsrecht, einräumen läßt. Die einzelnen Rechte müssen dabei aber im Vertrag ausdrücklich namhaft gemacht werden. Ohne daß die Vertragsfreiheit in ihrem Kern beschränkt wird, wird damit Sorge dafür getragen, daß sich der Urheber der Tragweite der von ihm getroffenen Verfügungen bewußt wird.

Aus der Rechtsprechung vgl. BGHZ 9, 265 („Fliegende Schwäne“). Der Hersteller eines Filmwerkes hatte einem Filmverleiher das ausschließliche Verwertungsrecht eingeräumt. Streitig war, ob der Verleiher aufgrund des Vertrags auch das Recht zur selbständigen Verwertung einzelner Filmbilder in Anspruch nehmen konnte. Der BGH hat die Frage verneint, da der Verwertungsvertrag seinem Zweck nach auf die Auswertung des Filmwerkes gerichtet war und daher dem Erwerber nur das Recht eingeräumt wurde, die einzelnen Lichtbilder im Rahmen der Auswertung des Filmwerkes zu benutzen. In der neueren Rechtsprechung ist die Zweckübertragungslehre insbesondere auch im Hinblick auf verschiedene Arten der Nutzung von Filmwerken von Bedeutung geworden. Vgl. insbesondere BGH in GRUR 1974, 786 („Anneliese Rothenberger“): Bei einem Vertrag, der seinem Zweck nach auf die Herstellung eines Fernsehfilms gerichtet ist, kann aus der generellen Formulierung in den allgemeinen Vertragsbedingungen, daß dem Hersteller das Recht zur Verwertung für „alle Rundfunk- und Filmzwecke“ eingeräumt wird, nicht geschlossen werden, daß der Hersteller auch zur Verwertung in Form von Videogrammen berechtigt wird. S. auch BGH in GRUR 1963, 143 (betreffend das Verhältnis Kinofilm — Fernsehfilm) und BGH in GRUR 1976, 383 (betreffend die Wiederverfilmung eines Kinofilms, die ausschließlich für Zwecke der Sendung erfolgen sollte).

IV. Eine weitere Bestätigung erfährt der Gedanke, daß das Urheberrecht gleichsam die Tendenz hat, soweit wie möglich beim Urheber zurückzubleiben, durch besondere gesetzliche Auslegungsregeln. Neben einschlägigen Regeln des VerlG geht es dabei um die Bestimmungen der §§ 37 und 44 UrhG.

1. Gemäß § 37 Abs. 1 UrhG verbleibt dem Urheber im Fall der Einräumung des Nutzungsrechts im Zweifel das Recht der Einwilligung zur Veröffentlichung oder Verwertung einer Bearbeitung des Werkes. Die Vergabe von Nutzungsrechten ist, mit anderen Worten, im Zweifel nur die Vergabe zur Nutzung des Werkes in seiner Originalform.

Weitere Auslegungsregeln sind in § 37 Abs. 2 und 3 vorgesehen: Im Fall der Einräumung des Vervielfältigungsrechts verbleibt dem Urheber im Zweifel das Recht, das Werk auf Bild- oder Tonträger zu übertragen. Die Einräumung des Rechts zur öffentlichen Wiedergabe berechtigt im Zweifel nicht dazu, die Wiedergabe außerhalb der Veranstaltung, für die sie bestimmt ist, durch Bildschirm, Lautsprecher oder ähnliche technische Einrichtungen wahrnehmbar zu machen; vgl. oben § 51 IV.

2. Von besonderer Bedeutung ist die Regel des § 44 Abs. 1 UrhG: Veräußert der Urheber das Original des Werkes, so räumt er damit im Zweifel dem Urheber kein Nutzungsrecht ein.

Die Regel gilt für Werkgattungen aller Art. Die Veräußerung des Manuskripts eines Sprachwerkes oder der Partitur eines Musikwerkes berechtigt den Erwerber im Zweifel nicht zur Vervielfältigung, Verbreitung oder öffentlichen Wiedergabe. Praktisch wichtig ist die Regel aber vor allem im Bereich der bildenden Künste: Der Künstler, der ein Gemälde oder eine Zeichnung verkauft oder verschenkt, räumt im Zweifel dem Erwerber kein Reproduktionsrecht ein. Der Übereignung gleich steht die Errichtung eines Bauwerkes auf fremdem Grund und Boden: Dem Architekten verbleiben neben dem Urheberpersönlichkeitsrecht im Zweifel auch die Verwertungsrechte, darunter das Vervielfältigungsrecht, aufgrund dessen er einen Nachbau untersagen kann.

Vgl. dazu das Kandinsky-Urteil des BGH in GRUR 1968, 607: Kandinsky hatte 1914 bei seiner Ausreise aus Deutschland einige der von ihm geschaffenen Kunstwerke bei Gabriele Münter zurückgelassen, und später in besonderer Urkunde anerkannt, daß Frau Münter „volles bedingungsloses Eigentum" an diesen Arbeiten hat. Trotz der Beifügung der Attribute „voll" und „bedingungslos" war mangels anderer Anhaltspunkte nicht darauf zu schließen, daß auch die Reproduktionsrechte Gegenstand der Übertragung waren. Über die Rechte von Architekten vgl. unten § 117 III 2. — Zur Regel des § 44 Abs. 2 UrhG betreffend das Ausstellungsrecht des Eigentümers eines Werkes der bildenden Künste s. oben § 48 III.

3. Besonderheiten gelten im Filmrecht. Abweichend von der Regel sehen die Bestimmungen der §§ 88 f. UrhG nicht Vermutungen zugunsten der Urheber, sondern Vermutungen zugunsten des Filmherstellers vor. Vgl. darüber unten § 115 II.

V. Ein Verzicht auf die Verwertungsrechte zugunsten der Allgemeinheit ist nur begrenzt möglich. Ausgeschlossen ist nicht nur ein Verzicht auf noch unbekannte, sondern auch ein Generalverzicht auf bekannte Rechte. In sinngemäßer Anwendung der Regel des § 31 Abs. 5 UrhG ist aber m. E. ein Verzicht auf einzelne bestimmte Nutzungsarten möglich, der der Öffentlichkeit gegenüber erklärt wird. Insbesondere kann der Urheber, der Exemplare eines Schriftwerkes in den Verkehr bringt, durch den Vermerk „Nachdruck gestattet" auf das Recht der Vervielfältigung durch Schrift oder Druck und der Verbreitung verzichten. Jedenfalls verbleibt aber dem Urheber neben den sonstigen Rechten das Urheberpersönlichkeitsrecht, aufgrund dessen er Entstellungen des Werkes sowie falschen Angaben über die Urheberschaft entgegentreten kann.

Abweichend v. GAMM, UrhG, § 29, Rdz. 6, der auch einen Verzicht auf einzelne Verwertungsrechte für unwirksam hält. Über die Verwirkung einzelner Ansprüche vgl. unten § 128 V.

§ 85. Ausschließliche und einfache Berechtigungen

I. Nutzungsrechte kann der Urheber gem. § 31 Abs. 1 S. 2 UrhG anderen als einfache oder ausschließliche Rechte einräumen.

1. Rechte zur Benutzung des Werkes werden im Rechtsleben teils als ausschließliche teils als einfache Rechte eingeräumt.

Ausschließliches Recht ist insbesondere das Verlagsrecht, kraft dessen der Verleger im Interesse des ungestörten Absatzes der Exemplare jedem anderen die Vervielfältigung und Verbreitung des Werkes untersagen kann. Entsprechend wird den Filmherstellern in der Regel das ausschließliche Verfilmungsrecht eingeräumt. Auch bei Bühnenwerken wird dem Theaterunternehmer vielfach unter räumlicher Beschränkung auf eine bestimmte Stadt oder ein bestimmtes Gebiet das ausschließliche Aufführungsrecht bewilligt.

Auch die Sendeunternehmer lassen sich in den Verträgen, die sie mit den Urhebern unter Zugrundelegung ihrer allgemeinen Honorarbedingungen abschließen, das Senderecht zumeist als ausschließliches Recht einräumen. Vgl. darüber unten § 114 III 1.

Die Einräumung einfacher Rechte zur Benutzung des Werkes ist insbesondere bei der Vergabe von Rechten, die durch Verwertungsgesellschaften wahrgenommen werden, darunter des musikalischen Aufführungsrechts und der Rechte zur Herstellung von Tonträgern die Regel. Auch die Rechte zur Vorführung von Filmwerken werden meist nur als einfache Rechte vergeben. Im Verlagswesen kommt die Bewilligung einfacher Rechte in Sonderfällen, beispielsweise in Verträgen mit Zeitungsverlegern in Betracht. Auch kann vereinbart werden, daß das Recht, das zunächst als ausschließliches eingeräumt wird, von einem bestimmten Ereignis oder Zeitpunkt ab nur als einfaches Recht fortbesteht.

So sieht § 38 Abs. 1 UrhG als Auslegungsregel vor, daß bei Verträgen, die über die Aufnahme eines Werkes in eine periodisch erscheinende Sammlung geschlossen werden, sofern es sich nicht um Zeitungen handelt, im Zweifel ein ausschließliches Nutzungsrecht zur Vervielfältigung und Verbreitung eingeräumt wird; der Urheber darf jedoch, wenn nichts anderes vereinbart wird, das Werk nach Ablauf eines Jahres seit Erscheinen anderweitig vervielfältigen und verbreiten: Das ausschließliche Nutzungsrecht verwandelt sich mit anderen Worten in dem genannten Zeitpunkt in ein einfaches Recht; vgl. darüber unter § 111 II 1b.

2. Die Wahrnehmungsrechte werden im Rechtsleben in der Regel als ausschließliche Rechte vergeben. Bühnenverlage sowie Verwertungsgesellschaften sind nicht nur befugt, den Verwertern Rechte zur Benutzung der Werke zu bewilligen. Sie werden vielmehr auch dazu berechtigt, gegen jede nicht genehmigte Benutzung des Werkes vorzugehen, insbesondere Unterlassungs- und Schadensersatzansprüche geltend zu machen.

II. Bei den ausschließlichen Nutzungsrechten ist zwischen dem positiven und dem negativen Kern der Berechtigung zu unterscheiden.

Positiver Kern ist das Recht zur Benutzung des Werkes bzw. im Falle der Einräumung von Wahrnehmungsrechten das Recht, anderen die Benutzung zu gestatten. Negativer Kern ist das Verbotsrecht, das der Inhaber des Nutzungsrechtes anderen, auch dem Urheber selbst gegenüber geltend machen kann. Dabei ist möglich, daß das Verbotsrecht umfassender ist als das Recht zur Benutzung des Werkes. So ist beispielsweise der Verleger kraft des Verlagsvertrages, das sich auf die Ausgabe des Werkes als Einzelwerk bezieht, nicht zur Aufnahme in ein Sammelwerk berechtigt. Zum Schutze seines Absatzes kann er aber anderen, darunter auch dem Urheber selbst, eine solche Aufnahme untersagen. Ähnlich kann bei einem Aufführungsvertrag dem Theaterunternehmer das positive Recht zur Aufführung nur für eine bestimmte Stadt, das Verbotsrecht aber für ein größeres Gebiet bewilligt werden.

Auch beim Verfilmungsvertrag ist zwischen dem Benutzungs- und dem Verbotsrecht zu unterscheiden: Der Filmhersteller, dem von den Urhebern der benutzten Werke das ausschließliche Verfilmungsrecht eingeräumt wird, ist im Zweifel nur zur einmaligen Verfilmung, nicht zur Wiederverfilmung berechtigt; im Interesse der Auswertung des Filmwerkes kann er aber anderen die Wiederverfilmung untersagen; vgl. dazu ULMER in UFITA 26 (1958) S. 263. Von Bedeutung ist die Unterscheidung auch angesichts der verschiedenen Arten der Nutzung von Filmwerken. Beispielsweise kann der Urheber dem Hersteller eines Kinofilms außer dem ausschließlichen Vorführungsrecht auch das ausschließliche Senderecht einräumen. Er kann sich aber auch das Recht der Auswertung seines Werkes im Fernsehen vorbehalten. Im Interesse des Filmherstellers liegt es in einem solchen Fall, daß ihm für einen bestimmten Zeitraum das Vorabspiel in Lichtspieltheatern gesichert bleibt. Aus Treu und Glauben kann sich daraus eine auf eine bestimmte Zeitdauer beschränkte Enthaltungspflicht des Urhebers ergeben (vgl. BGH in GRUR 1969, 364). Zweckmäßig ist aber eine ausdrückliche Vereinbarung. Sie kann dahin lauten, daß dem Filmhersteller das positive Nutzungsrecht nur zur Vorführung, daß ihm aber darüber hinaus das Verbotsrecht für eine bestimmte Frist auch hinsichtlich der Verwertung im Fernsehen eingeräumt wird.

III. Die juristische Deutung der einfachen Berechtigung ist streitig. Geht man von der bürgerlichrechtlichen Dogmatik aus, so scheint die Annahme nahe zu liegen, daß der Vertrag, in dem ein einfaches Nutzungsrecht bewilligt wird, bloßer schuldrechtlicher Vertrag ist: Der Urheber, so wird gelehrt, sei zur Duldung der Benutzung verpflichtet; seinem Verbotsrecht stehe der schuldrechtliche Anspruch des Berechtigten entgegen. Aus urheberrechtlicher Sicht verdient aber die Meinung den Vorzug, daß auch die Einräumung eines einfachen Rechtes eine Verfügung über das in Betracht kommende Verwertungsrecht ist.

FROMM-NORDEMANN UrhG § 32 Anm. 1a und MÖHRING-NICOLINI UrhG § 31 Anm. 9 gehen von der schuldrechtlichen Natur der Einräumung eines einfachen Rechtes aus. Abweichend hatte dagegen schon JOSEF KOHLER gelehrt, daß durch eine Nutzungsbewilligung ein gegenständliches Recht begründet wird (UR an Schriftwerken S. 282). Ebenso ALLFELD LUG § 8 Anm. 22 und für das geltende Recht v. GAMM UrhG § 32 Rdz. 14, HUBMANN UR S. 189 und KRASSER GRUR Int. 1973, 230, 233 ff.

Praktisch ist insbesondere die Frage von Bedeutung, wie es steht, wenn der Urheber zunächst dem A ein einfaches, später aber dem B ein ausschließliches Nutzungsrecht einräumt. § 33 UrhG entscheidet sie im Sinne der Weitergeltung des einfachen Nutzungsrechtes: Das Recht bleibt, wenn nichts anderes zwischen dem Urheber und dem Inhaber des einfachen Nutzungsrechtes vereinbart wird, gegenüber dem späteren Erwerber des ausschließlichen Rechtes wirksam. Die Vertreter der Lehre, daß die Einräumung eines einfachen Rechtes nur schuldrechtliche Wirkung habe, sehen in dieser Bestimmung, ähnlich wie in der Vorschrift des § 571 BGB, eine Ausnahme von der Regel. Diese Deutung ist aber vermeidbar, wenn man sich klar macht, daß auch durch die Einräumung eines einfachen Rechtes über ein Stück des Urheberrechtes verfügt wird: Auch die einfache Berechtigung ist ein Recht am Werk, das seiner Natur nach dem positiven Kern des ausschließlichen Nutzungsrechtes entspricht. Verwandelt sich, vertraglicher Vereinbarung gemäß das ausschließliche Recht, beispielsweise das ausschließliche Senderecht später in ein einfaches Recht, so entfällt zwar das Verbotsrecht; das positive Recht zur Benutzung des Werkes erfährt aber in seiner Rechtsnatur keine Änderung.

Anders als im Sachenrecht, in dem durch das Verfügungsgeschäft eine Herrschaft über körperliche Güter begründet wird, das zum Ausschluß anderer führt, geht es im Urheberrecht um die Nutzung von Werken, die mehreren Personen unabhängig voneinander bewilligt werden kann. Der Urheber kann, wenn er dem A das einfache Aufführungsrecht einräumt, dasselbe Recht auch einer Reihe von anderen Personen bewilligen. Einen Teil seiner Verfügungsmacht hat er aber durch die Vergabe an A verbraucht. Eine „dingliche" Wirkung i. S. einer Wirkung, die zu einem Verbotsrecht berechtigt, tritt freilich nicht ein: Der Inhaber eines einfachen Nutzungsrechts kann gegen andere, die das Werk unbefugt benutzen, nicht aus eigenem Recht vorgehen. Er kann sich nur vom Urheber zur Klage in Prozeßstandschaft ermächtigen lassen. Vgl. FROMM-NORDEMANN, UrhG, § 32, Anm. 1, und KRASSER, GRUR Int. 1973, 234.

§ 86. Verfügungen über Nutzungsrechte

I. Die Inhaber von Nutzungsrechten können unter bestimmten Voraussetzungen anderen ihre Rechte übertragen. Anders als bei den Verwertungsrechten, die den Urhebern zustehen, ist bei den Nutzungsrechten eine Veräußerung möglich.

1. Eine gesetzliche Regelung hat die Übertragung von Nutzungsrechten erstmals im VerlG erfahren. Der Zweckbindung der Rechte der Verleger hat dabei der Gesetzgeber durch die Vorschrift des § 28 VerlG Rechnung getragen. Grundgedanke der Regelung ist, daß der Verleger seine Rechte übertragen kann, wenn er das Verlagsunternehmen im ganzen oder die Abteilung des Unternehmens veräußert, zu der das Verlagswerk gehört. Durch den Vertrag, der nur über einzelne Werke geschlossen wird, kann er dagegen seine Rechte, wenn nichts anderes vereinbart ist, nur mit Zustimmung des Verfassers übertragen. Die

dem Verleger obliegende Verpflichtung zur Vervielfältigung und Verbreitung bleibt bestehen; die Vervielfältigung und Verbreitung kann aber durch den Rechtsnachfolger erfolgen.

In Anknüpfung an diesen Grundgedanken ist in § 34 UrhG eine allgemeine Regelung über die Übertragung von Nutzungsrechten getroffen worden.

Angesichts einzelner Abweichungen der allgemeinen von der verlagsrechtlichen Regelung stellt sich die Frage, ob die Sonderregelung in § 28 VerlG weiter gilt. Vgl. darüber unten § 108 I.

2. Als Regel gilt, daß ein Nutzungsrecht nur mit Zustimmung des Urhebers übertragen werden kann. Der Urheber darf aber die Zustimmung nicht wider Treu und Glauben verweigern. § 34 Abs. 1 UrhG.

Ein Verstoß wider Treu und Glauben liegt nur vor, wenn der Urheber seine Zustimmung willkürlich, ohne legitimen Grund verweigert. Jedenfalls kann die Zustimmung verweigert werden, wenn der Erwerber nicht den Anforderungen entspricht, die der Urheber billigerweise an die Person oder das Unternehmen stellen kann, in deren Hand die Nutzung seines Werkes gelegt werden soll. Auch kann er seine Zustimmung davon abhängig machen, daß der Erwerber die Verpflichtungen des Veräußerers übernimmt.

3. In Sonderfällen entfällt das Erfordernis der Zustimmung des Urhebers.

a) Die Zustimmung ist entbehrlich, wenn die Übertragung im Rahmen der Gesamtveräußerung eines Unternehmens oder der Veräußerung von Teilen eines Unternehmens geschieht; § 34 Abs. 3 UrhG. Diese zunächst für Verlagsunternehmen getroffene Regelung gilt auch für die Veräußerung eines anderen Unternehmens. Die Veräußerung eines Unternehmensteils genügt, wenn eine fachliche Abgrenzung möglich ist, beispielsweise im Unternehmen eines Schallplattenherstellers zwischen einer Abteilung für ernste Musik und einer Abteilung für Unterhaltungsmusik unterschieden werden kann und das betreffende Werk der Abteilung zuzurechnen ist, die Gegenstand der Veräußerung ist.

Die Regel gilt auch für die Rechte, die zur Wahrnehmung eingeräumt sind. Beispielsweise kann eine Übertragung bei einer Fusion von Verwertungsgesellschaften erfolgen.

b) Bei einem *Sammelwerk* genügt auch für die Übertragung der Nutzungsrechte an den in die Sammlung aufgenommenen Werken die Zustimmung des Urhebers des Sammelwerks; § 34 Abs. 2 UrhG. Der Urheber des Sammelwerkes hat aber hinsichtlich der Erteilung der Zustimmung die Verpflichtungen zu beachten, die ihm gegenüber den Urhebern der Einzelwerke obliegen.

c) Besonderheiten gelten im *Filmrecht*: Nach der Regel des § 90 UrhG bedarf der Filmhersteller, falls er nicht sein Unternehmen oder einen Teil desselben veräußert, der Zustimmung der Urheber der benutzten Werke zwar zur Übertragung des Rechtes zur Herstellung, nicht aber zur Übertragung der Rechte zur Verwertung des Filmwerkes. Die Zustimmung der sog. Filmurheber (§ 89 UrhG) ist in keinem Fall erforderlich.

4. Abweichende Vereinbarungen sind zulässig. So kann zwischen dem Urheber und dem Inhaber des Nutzungsrechtes vereinbart werden, daß die Übertragung stets der Zustimmung des Urhebers bedarf oder daß das Erfordernis der Zustimmung auch in anderen als den vom Gesetz vorgesehenen Fällen entfällt. § 34 Abs. 4 UrhG.

5. Ist die Übertragung des Nutzungsrechtes nach Vertrag oder aufgrund Gesetzes ohne Zustimmung des Urhebers zulässig, so haftet der Erwerber gesamtschuldnerisch mit dem Veräußerer für die Erfüllung der Verpflichtungen, die dem Veräußerer aufgrund des mit dem Urheber abgeschlossenen Vertrages obliegen; § 34 Abs. 5 UrhG.

Ist die Zustimmung des Urhebers zur Übertragung erforderlich, so tritt eine gesamtschuldnerische Haftung nicht kraft Gesetzes ein. Der Urheber kann aber die Erteilung seiner Zustimmung davon abhängig machen, daß die Erfüllung der Verpflichtungen durch Schuldbeitritt des Erwerbers oder sonst in geeigneter Weise sichergestellt wird.

II. Von der Veräußerung von Nutzungsrechten ist die konstitutive Übertragung zu unterscheiden, durch die Inhaber von Nutzungsrechten anderen Rechte einräumen, bei der ihnen aber das Stammrecht verbleibt.

Das UrhG enthält eine einschlägige Regel in § 35: Der Inhaber eines ausschließlichen Nutzungsrechtes kann anderen einfache Nutzungsrechte mit Zustimmung des Urhebers einräumen. Der Zustimmung bedarf es nicht, wenn das ausschließliche Nutzungsrecht nur zur Wahrnehmung der Rechte des Urhebers eingeräumt wurde. § 35 Abs. 1 UrhG.

Die gesetzliche Regelung ist angesichts ihrer Beschränkung auf die Bewilligung einfacher Rechte durch die Inhaber ausschließlicher Rechte nicht erschöpfend. In Betracht kommt vielmehr auch die Einräumung ausschließlicher Rechte im Wege konstitutiver Rechtsübertragung. Im einzelnen ist zu unterscheiden:

1. Daß die Inhaber von Wahrnehmungsrechten anderen Rechte zur Benutzung des Werkes einräumen können, liegt in der Natur der Sache. Dabei können zwar die Verwertungsgesellschaften angesichts des Abschlußzwanges, den § 11 Abs. 1 WahrnG vorsieht, nur einfache Rechte einräumen. Bühnenverlage und Bühnenvertriebe können dagegen nach Maßgabe der mit ihnen abgeschlossenen Wahrnehmungsverträge dem Theaterunternehmer unter zeitlicher und räumlicher Beschränkung auch ausschließliche Rechte einräumen, beispielsweise das ausschließliche Recht, das Werk im Bereich einer Stadt während einer bestimmten Zeit aufzuführen.

2. Die Inhaber von ausschließlichen Rechten zur Benutzung des Werkes können anderen Rechte zur Benutzung nur mit Zustimmung des Urhebers einräumen. Neben der Bewilligung einfacher Rechte kommt dabei auch die Einräumung ausschließlicher Rechte in Betracht. Beispielsweise kann der Verleger, dem das ausschließliche Übersetzungsrecht eingeräumt wurde, einem anderen Verleger mit Zustimmung des Verfassers das ausschließliche Recht zur Veranstaltung einer fremdsprachlichen Ausgabe einräumen.

Die Zustimmung des Urhebers kann bei der Einräumung des Nutzungsrechtes oder in einem späteren Zeitpunkt erteilt werden. In entsprechender Anwendung der für die Übertragung des Nutzungsrechtes geltenden Regeln genügt bei Sammelwerken die Zustimmung des Urhebers des Sammelwerkes; auch darf der Urheber seine Zustimmung nicht wider Treu und Glauben verweigern, arg. § 35 Abs. 2 UrhG. Bei Filmwerken entfällt das Erfordernis der Zustimmung der Urheber zu einer konstitutiven Rechtsübertragung, auch bei der Einräumung von ausschließlichen Rechten, im gleichen Umfang wie bei der Veräußerung der Rechte. Arg. § 90 UrhG.

3. Möglich ist ferner, daß die Inhaber ausschließlicher Rechte zur Benutzung des Werkes anderen Wahrnehmungsrechte einräumen: Aus Wortlaut oder Sinn der mit den Urhebern getroffenen Vereinbarungen kann sich ergeben, daß der nutzungsberechtigte Verwerter dazu berechtigt und in der Regel im Hinblick auf die Beteiligung des Urhebers an den Erträgnissen auch dazu verpflichtet ist, aus dem Kreis der Rechte, die ihm eingeräumt sind, an denjenigen, bei denen dies der Übung im Urheberrechtsverkehr entspricht, anderen Wahrnehmungsrechte einzuräumen. Insbesondere kann der Verleger dazu berechtigt und verpflichtet werden, Aufführungs- und Senderechte, Rechte zur Herstellung und Verbreitung von Tonträgern sowie Rechte zur reprographischen Vervielfältigung, die ihm eingeräumt wurden, in Verwertungsgesellschaften einzubringen, die die Erträgnisse nach Maßgabe ihres Verteilungsplanes an Urheber und Verleger ausschütten.

Das musikalische Aufführungsrecht und das mechanische Vervielfältigungsrecht wird zwar in der Regel unmittelbar seitens der Komponisten der GEMA zur Wahrnehmung eingeräumt; möglich ist aber auch, daß die Rechte vertraglich einem Musikverleger eingeräumt werden, der sie seinerseits der GEMA zur Wahrnehmung vergibt. Entscheidend bleibt, daß der Verteilungsschlüssel der Verwertungsgesellschaften grundsätzlich ohne Rücksicht darauf Anwendung findet, ob die Rechte vom Urheber oder Verleger eingebracht werden.

§ 87. Rückrufsrechte

I. Rechtswirkungen für die Ausübung und den Bestand der Nutzungsrechte gehen auch vom Urheberpersönlichkeitsrecht aus. Es gilt dies nicht nur für die Regel des § 39 UrhG, daß der Inhaber des Nutzungsrechtes mangels anderer Vereinbarung grundsätzlich nicht zu Änderungen des Werkes befugt ist (vgl. oben § 41 II). Aus dem Urheberpersönlichkeitsrecht fließen vielmehr auch Rückrufsrechte wegen Nichtausübung und wegen gewandelter Überzeugung, die das UrhG in §§ 41 und 42 vorsieht.

Der Ausdruck „Rückrufsrecht" wurde von DE BOOR, vom Wesen des Urheberrechts S. 58 geprägt. Im Schrifttum wurde die Möglichkeit eines Rückrufs wegen Nichtausübung oder gewandelter Überzeugung schon unter der Herrschaft der früheren Urheberrechtsgesetze aus dem Urheberpersönlichkeitsrecht abgeleitet; vgl. die Vorauflage S. 262 ff. In der Rechtsprechung wurde das Rückrufsrecht wegen Nichtausübung in BGHZ 15, 258 anerkannt.

II. Im Falle der Einräumung ausschließlicher Nutzungsrechte besteht die Gefahr, daß die Interessen des Urhebers durch die Nichtausübung der Rechte seitens des Erwerbers oder seines Rechtsnachfolgers verletzt werden. Die Einräumung erfolgt in der Regel mit dem Ziel, daß das Werk in der vereinbarten Nutzungsart der Öffentlichkeit dargeboten wird. Unterbleibt die Ausübung, so muß der Urheber, wenn dadurch seine berechtigten Interessen verletzt werden, nach Ablauf einer bestimmten Zeit die Möglichkeit haben, das Nutzungsrecht zurückzuerlangen.

1. Aus dem Urheberrechtsvertrag, aufgrund dessen die Einräumung eines ausschließlichen Nutzungsrechtes erfolgt, kann sich ergeben, daß der Erwerber zur Ausübung des Rechtes verpflichet ist. Das ist insbesondere beim Verlagsvertrag der Fall. Verletzt der Verleger seine Pflicht zur Vervielfältigung und Verbreitung, so kann der Verf. gem. § 32 VerlG dem Verleger eine angemessene Frist zur Erfüllung seiner Pflichten mit der Androhung setzen, daß er nach vergeblichem Fristablauf von dem Verlagsvertrag zurücktreten wird. Bei anderen Urheberrechtsverträgen, in denen der Erwerber zur Ausübung verpflichtet wird, kommt bei Nichterfüllung der Verpflichtung ein Rücktrittsrecht aufgrund der Regel des § 326 BGB oder die Möglichkeit einer Kündigung des Vertrages wegen wichtigen Grundes in Betracht.

Die Verpflichtung zur Ausübung kann aber fehlen. Das ist beispielsweise bei Sendeverträgen die Regel. In solchen Fällen ist das Rückrufsrecht wegen Nichtausübung von besonderer Bedeutung. Unter den Voraussetzungen des § 41 UrhG trifft den Inhaber des ausschließlichen Rechtes, auch wenn keine Ausübungsverpflichtung besteht, jedenfalls eine „Ausübungslast": Er muß gewärtigen, daß er infolge eines Rückrufs wegen Nichtausübung, sein Nutzungsrecht einbüßt.

Das UrhG beschränkt aber das Rückrufsrecht nicht auf die Fälle, in denen die Ausübungspflicht fehlt. Der Urheber kann vielmehr gegebenenfalls sowohl das Rückrufsrecht wie die Rechte geltend machen, die ihm wegen der Vertragsverletzung zustehen; § 41 Abs. 7 UrhG.

Dabei ist der Unterschied zu beachten, daß das Rückrufsrecht anders als die Rechte wegen Vertragsverletzung nicht nur gegen den Vertragspartner, sondern auch gegen Dritte geltend gemacht werden kann. Von praktischer Bedeutung ist dies in Fällen, in denen der Inhaber des Nutzungsrechtes unter den Voraussetzungen des § 34 UrhG sein Recht auf andere übertragen hat. War freilich die Übertragung nach Vertrag oder kraft Gesetzes ohne Zustimmung des Urhebers zulässig, so haftet der Erwerber gesamtschuldnerisch für die Erfüllung der Pflichten aus dem Urheberrechtsvertrag, so daß ihm gegenüber auch die Rechte wegen Verletzung der Vertragspflichten geltend gemacht werden können; anders steht es dagegen, wenn die erforderliche Zustimmung nicht im Urheberrechtsvertrag sondern erst aus Anlaß der beabsichtigten Übertragung erteilt wurde. — Abweichend von der hier vertretenen Auffassung nahm das OLG München in UFITA 70 (1974) 302 an, daß in Fällen, in denen den Verleger eine Verbreitungspflicht trifft, § 32 VerlG allein zur Anwendung kommt. Vgl. dagegen FROMM-NORDEMANN UrhG § 41 Anm. 13.

2. Voraussetzung und Wirkung des Rückrufs sind im einzelnen in § 41 Abs. 1 bis 6 UrhG geregelt.

a) Voraussetzung ist zunächst, daß der Inhaber des ausschließlichen Nutzungsrechtes das Recht nicht oder nur unzureichend ausübt und dadurch berechtigte Interessen des Urhebers erheblich verletzt werden.

Unzureichende Ausübung liegt beispielsweise vor, wenn der Verleger nicht die erforderliche Anzahl von Exemplaren herstellt oder wenn er nicht genügend für den Absatz des Werkes wirbt oder wenn der Bühnenvertrieb sich nicht hinreichend für die Aufführung des Werkes einsetzt. Auch die Unterlassung der Verfolgung von Urheberrechtsverletzungen kann unzureichende Ausübung sein.

Über den Einsatz des Musikverlegers für die Nutzung des Werkes durch Aufführung, Sendung und mechanische Vervielfältigung vgl. BGH in GRUR 1970, 40 sowie FROMM-NORDEMANN UrhG § 41 Anm. 3 b. Angesichts der Bedeutung, die der Erzielung von Einnahmen aus diesen Rechten zukommt, ist es wichtige Aufgabe des Musikverlegers für ihre Verwertung zu sorgen; das Rückrufsrecht kann dabei auch noch in Betracht kommen, wenn keine Ausübungspflicht mehr anzunehmen ist.

Ausgeschlossen ist das Rückrufsrecht, wenn die Nichtausübung oder die unzureichende Ausübung überwiegend auf Umständen beruht, deren Behebung dem Urheber zuzumuten ist. In der Gesetzesbegründung wird dabei auf Fälle hingewiesen, in denen das Werk wegen veränderter Umstände nicht verbreitet oder öffentlich wiedergegeben werden kann, in denen es aber dem Urheber leicht ist, das Werk an die veränderten Umstände anzupassen. U. a. können politische Umstände in Betracht kommen. Lehnt freilich der Urheber aus Gründen seiner Überzeugung die Änderung ab, so kann ihm das Rückrufsrecht nicht versagt werden.

Einer zu weitgehenden Geltendmachung des Rückrufsrechts wird im übrigen durch die Bestimmung begegnet, daß eine *erhebliche Verletzung* der berechtigten Interessen des Urhebers vorliegen muß. Daran kann es beispielsweise fehlen, wenn es sich um Werke der „kleinen Münze" des Urheberrechts wie Werbeprospekte, Kataloge, Vertragsentwürfe oder dgl. handelt, die für ein bestimmtes Unternehmen geschaffen werden und bei denen in der Regel kein besonderes Interesse des Urhebers an der Veröffentlichung vorliegt.

b) Das Rückrufsrecht setzt ferner voraus, daß seit der Einräumung oder Übertragung des Nutzungsrechtes oder, wenn das Werk später abgeliefert wird, seit der Ablieferung des Werkes eine bestimmte Frist verstrichen ist. Sie beträgt in der Regel zwei Jahre; bei einem Beitrag zu einer Zeitung drei Monate, bei einem Beitrag zu einer Zeitschrift, die monatlich oder in kürzeren Abständen erscheint, sechs Monate, bei Beiträgen zu sonstigen Zeitschriften ein Jahr. § 41 Abs. 2 UrhG.

Ergänzt wird die Wartefrist noch durch eine Frist für die Ausübung des Rückrufsrechts: Der Rückruf kann erst erklärt werden, nachdem der Inhaber des Nutzungsrechtes unter Androhung des Rückrufs eine angemessene Nachfrist zur zureichenden Ausübung des Nutzungsrechts bestimmt hat. § 41 Abs. 3 UrhG.

Die Bestimmung der Nachfrist kann erst nach Ablauf der Hauptfrist erfolgen. Von der Bestimmung kann abgesehen werden, wenn die Ausübung des Nutzungsrechtes seinem Inhaber unmöglich ist oder von ihm verweigert wird oder wenn durch die Gewährung einer Nachrist überwiegende Interessen des Urhebers gefährdet würden.

3. Der Natur des Rückrufsrechtes als eines aus dem Urheberpersönlichkeitsrecht fließenden Rechtes entsprechend, sind die gesetzlichen Regeln in bestimmten Grenzen zwingenden Rechtes: Der Urheber kann auf das Rückrufsrecht im voraus nicht verzichten; die Wartefrist kann im voraus auf höchstens fünf Jahre verlängert werden. § 41 Abs. 4 UrhG.

Nach der Entstehung des Rückrufsrechts, d. h. nach Ablauf der Wartefrist, ist ein Verzicht möglich. Spätere Ausübung des Rückrufsrechts wird dadurch nicht ausgeschlossen. Vielmehr ist anzunehmen, daß von dem Verzicht ab die Frist neu zu laufen beginnt. Vgl. dazu FROMM-NORDEMANN UrhG § 41 Anm. 14.

4. Mit dem Wirksamwerden des Rückrufs erlischt das Nutzungsrecht, ohne daß es einer Rückübertragung bedarf. § 41 Abs. 5 UrhG.

5. Angesichts der Vergütung, die der Inhaber des Nutzungsrechtes für dessen Einräumung oder Übertragung gezahlt hat, sowie etwaiger weiterer Aufwendungen, die er gemacht hat, stellt sich die Frage nach seiner Entschädigung im Falle der Ausübung des Rückrufsrechtes. § 41 Abs. 6 UrhG bestimmt darüber, daß der Urheber eine Entschädigung zu leisten hat, wenn und soweit es der Billigkeit entspricht.

Bei der Billigkeitserwägung ist in Rechnung zu stellen, daß dem Urheber angesichts der Einräumung des ausschließlichen Nutzungsrechtes mindestens zwei Jahre lang keine anderweitige Verwertung des Rechtes in der betreffenden Nutzungsart möglich war. Volle Rückzahlung des Entgelts und der sonstigen Aufwendungen kann jedenfalls nicht verlangt werden. Im übrigen bleibt auch zu berücksichtigen, ob der Urheber noch begründete Aussicht auf eine zukünftige gewinnbringende Verwertung hat. Ist dies nicht der Fall, so kann der Anspruch auf Rückerstattung der Vergütung, von der der Urheber gelebt hat, und auf Ersatz sonstiger Aufwendungen ganz entfallen.

III. Aus dem Urheberpersönlichkeitsrecht fließt ferner das Recht des Rückrufs wegen gewandelter Überzeugung.

1. Der Urheber kann gemäß § 42 Abs. 1 UrhG ein Nutzungsrecht durch Erklärung gegenüber seinem Inhaber zurückrufen, wenn das

Werk nicht mehr seiner Überzeugung entspricht und ihm deshalb die Verwertung nicht mehr zugemutet werden kann. Beispiele sind Änderungen der religiösen oder politischen Überzeugung, bei wissenschaftlichen Werken auch die Erkenntnis, daß die Darstellung durch neuere Forschungen überholt ist.

Im Rechtsstreit ist es grundsätzlich Sache des Urhebers, die Voraussetzungen darzulegen und zu beweisen, die ihn zum Rückruf berechtigen. Ein Beweis des Überzeugungswandels ist freilich nur mittelbar durch Darlegung der Gründe, die zu ihm geführt haben bzw. der Tatsachen möglich, aus denen ein Rückschluß auf den Überzeugungswandel gezogen werden kann. Weitergehend sieht das franz. UrhG vor, daß der Urheber, der Verwertungsrechte übertragen hat, ein Rückrufsrecht (droit de repentir ou de retrait) geltend machen kann, ohne seine Gründe darlegen zu müssen. Er kann dieses Recht jedoch nur nach vorheriger voller Entschädigung des Verwerters ausüben.

2. Da die Gründe für den Rückruf in der Sphäre des Urhebers liegen, sieht das Gesetz anders als beim Rückruf wegen Nichtausübung nicht bloß eine Pflicht zu einer der Billigkeit entsprechenden Entschädigung sondern zu angemessener Entschädigung vor. Mindestens muß der Urheber dem Inhaber des Nutzungsrechtes die Aufwendungen ersetzen, die er bis zur Erklärung des Rückrufs gemacht hat, wobei nur von den Aufwendungen abzusehen ist, die auf bereits gezogene Nutzungen entfallen. § 42 Abs. 3 Satz 1 und 2 UrhG.

3. Wirksam wird der Rückruf erst, wenn der Urheber dem Inhaber des Nutzungsrechtes die Aufwendungen ersetzt oder dafür Sicherheit geleistet hat. § 42 Abs. 3 Satz 3 UrhG.

Dem Inhaber des Nutzungsrechtes obliegt es dabei, dem Urheber binnen drei Monaten nach Erklärung des Rücktritts seine Aufwendungen mitzuteilen; versäumt er die Einhaltung dieser Frist, so wird der Rücktritt mit deren Ablauf wirksam.

Wird der Rückruf wirksam, so erlischt das Nutzungsrecht. Ein Rest der früheren Bindung bleibt aber bestehen: Entschließt sich der Urheber zu einer Wiederverwertung, so ist er verpflichtet, zunächst dem früheren Inhaber ein entsprechendes Nutzungsrecht zu angemessenen Bedingungen anzubieten. § 42 Abs. 4 UrhG.

4. Der persönlichkeitsrechtlichen Natur des Rückrufsrechts entspricht es, daß die Regelung insoweit zwingenden Rechtes ist, als auf das Rückrufsrecht im voraus nicht verzichtet und seine Ausübung nicht ausgeschlossen werden kann; § 42 Abs. 2 UrhG.

Auch hat beim Rückrufsrecht wegen gewandelter Überzeugung der Gedanke, daß der Rechtsnachfolger, der nach dem Tode das Urheberpersönlichkeitsrecht geltend machen kann, dazu berufen ist, die ideellen Interessen des Urhebers wahrzunehmen, rechtlich eine besondere Berücksichtigung erfahren: Er kann gemäß § 42 Abs. 1 S. 2 UrhG den

Rückruf nur erklären, wenn er nachweist, daß der Urheber vor seinem Tode zum Rückruf berechtigt gewesen wäre und an der Erklärung des Rückrufs gehindert war oder diese letztwillig verfügt hat.

IV. Eine Einschränkung erfahren die beiden Rückrufsrechte im Filmrecht durch die Regel des § 90 UrhG: Die Filmurheber sind zum Rückruf nicht berechtigt. Auch den Urhebern der benutzten Werke stehen die beiden Rückrufsrechte nur hinsichtlich des Rechtes zur Herstellung des Filmwerkes, nicht hinsichtlich der sonstigen Verwertungsrechte (der Rechte zur Vervielfältigung, Verbreitung und öffentlichen Wiedergabe des Filmwerkes) zu. In der amtlichen Begründung wird diese Einschränkung mit den hohen Kosten der Filmherstellung erklärt. Die Privilegierung der Rechtsstellung des Filmherstellers, die sich hier wie auch in anderen gesetzlichen Bestimmungen zeigt, ist nicht frei von Bedenken. Hohe Kosten können beispielsweise auch bei der Herstellung aufwendiger Verlagswerke entstehen. Sie können im übrigen bei Filmwerken auch schon erwachsen sein, wenn die Herstellung in Angriff genommen, aber noch nicht vollendet ist. Ist das Filmwerk hergestellt, so verbliebe dem Filmhersteller die Möglichkeit, die öffentliche Wiedergabe noch innerhalb der Nachfrist, die ihm gesetzt wird, nachzuholen. Im Falle des Rückrufs wegen gewandelter Überzeugung wäre der Filmhersteller bezüglich der Kosten, die er aufgewandt hat, dadurch geschützt, daß der Urheber die Aufwendungen ersetzen oder Sicherheit dafür leisten muß. Vgl. zur Kritik der gesetzlichen Regelung auch FROMM-NORDEMANN UrhG § 90 Anm. 2.

III. Verfügungen über Vergütungsansprüche

§ 88

I. Die Vergütungsansprüche, die aus dem Urheberrecht fließen, sind gleichgültig, ob es sich um Ansprüche handelt, die die Folge der Abschwächung von Verwertungsrechten sind, oder um Rechte, die primär als Vergütungsansprüche ausgestaltet sind, schuldrechtliche Geldforderungen. Ebenso wie auf die Forderungen der Urheber, die aus Nutzungs- oder Wahrnehmungsverträgen erwachsen, finden auf sie, soweit nichts anderes bestimmt ist, die Regeln des BGB betreffend die Verfügung über Forderungen insbesondere die Regeln der §§ 398 ff. BGB über die Abtretung Anwendung.

Gegenstand der Abtretung können dabei die Forderungen grundsätzlich sowohl vor wie nach ihrer Fälligkeit sein. Auch ist die Abtretung künftiger Forderungen unter der Voraussetzung möglich, daß sie hinreichend bestimmt oder bestimmbar sind. Beispielsweise können die Urheber die Vergütungsansprüche, die ihnen gem. § 27 UrhG im Falle des Vermietens oder des Verleihens von Vervielfältigungsstücken zustehen, an Verwertungsgesellschaften auch mit Wirkung für Werke abtreten, die sie erst in Zukunft schaffen werden.

Die Abtretung künftiger Forderungen wird seit RGZ 136, 103 in ständiger Rechtsprechung als wirksam angesehen, wenn sie nach der Art ihrer Bezeichnung im Zeitpunkt ihrer

Entstehung zweifelsfrei bestimmt werden können. Vgl. dazu LARENZ, Lehrbuch des Schuldrechts Bd. I (12. Aufl. 1979) S. 472.

II. Eine Beschränkung der Verfügung über Vergütungsansprüche ist in § 26 Abs. 2 UrhG für die Ansprüche vorgesehen, die aufgrund des Folgerechtes geltend gemacht werden können. Das Folgerecht als solches ist untrennbarer Bestandteil des Urheberrechts, das nur im Zuge des Erbgangs übertragen werden kann. In Betracht kommt daher nur eine Verfügung über die Forderungen, die aus dem Folgerecht erwachsen. § 26 Abs. 2 UrhG bestimmt dabei, daß der Urheber auf seinen Anteil nicht verzichten und daß eine Verfügung über die „Anwartschaft" ausgeschlossen ist. Die Regel ist dahin zu verstehen, daß nur Verfügungen über die aufgrund einer Weiterveräußerung bereits entstandenen, nicht aber über künftige Ansprüche möglich sind.

Der Ausschluß der Verfügung über künftige Ansprüche hindert nicht, daß der Urheber, wie es im Berechtigungsvertrag der Verwertungsgesellschaft Bild-Kunst vorgesehen ist, eine Verwertungsgesellschaft zur Wahrnehmung auch seiner künftigen Ansprüche berechtigt. Möglich ist jedenfalls, daß Verwertungsgesellschaften zur Geltendmachung der Ansprüche unter eigenem Namen ermächtigt werden; darüber hinaus ist aber m. E. sinngemäß anzunehmen, daß auch eine treuhänderische Übertragung der künftigen Forderungen an eine Verwertungsgesellschaft erfolgen kann.

III. Eine Verfügung über die Vergütungsansprüche ist nicht mehr möglich, wenn eine gültige Vorwegübertragung stattgefunden hat. Praktisch handelt es sich dabei insbesondere um Vorwegübertragungen an Verwertungsgesellschaften, die im Rechtsleben üblich sind, insbesondere auch in den Fällen, in denen die Vergütungsansprüche nur durch Verwertungsgesellschaften geltend gemacht werden können. Möglich ist in solchen Fällen nur die Abtretung der Ansprüche gegen die Verwertungsgesellschaften auf die Auszahlung der Vergütungen, die an die Urheber nach Maßgabe der Verteilungspläne zu erfolgen hat. Wie bei sonstigen Forderungen, die dem Urheber kraft Vertrags zustehen, kann aber die Abtretung der Vergütungsansprüche gem. § 399 BGB vertraglich ausgeschlossen werden. Auch kann, wie es im Berechtigungsvertrag der GEMA vorgesehen ist, vereinbart werden, daß eine Abtretung nur mit Zustimmung der Verwertungsgesellschaft zulässig ist.

IV. Ausgeschlossen ist gem. § 400 BGB die Abtretung von Vergütungsansprüchen, soweit sie der Pfändung nicht unterworfen sind. Es geht dabei um die Regeln der §§ 850 ff. ZPO, die aus sozialen Gründen die Pfändung des Arbeitseinkommens beschränken.

Zu dem Arbeitseinkommen sind auch die Einnahmen aus freiberuflichem Werkschaffen zu rechnen, sofern die geleistete Arbeit die Erwerbstätigkeit des Urhebers vollständig oder zu einem wesentlichen Teil in Anspruch nimmt. Vgl. darüber und über die sonstigen Regeln, die für die Pfändungsschranke gelten unten § 136 II.

IV. Ausübung und Beschränkung des Urheberpersönlichkeitsrechts

§ 89

DE BOOR, Übertragbarkeit des droit moral des Urhebers an Werken der Literatur, Tonkunst oder bildenden Künste (Deutsche Landesreferate zum III. Internationalen Kongreß für Rechtsvergleichung, RabelsZ Sonderheft 1950 S. 692 ff.).

I. Der Rechtsgedanke, daß das Urheberpersönlichkeitsrecht unübertragbar ist, wird mit besonderer Strenge insbesondere im französischen Urheberrecht betont. Richtungweisend ist die Bestimmung in Art. 3 des franz. UrhG, in der es über das droit moral heißt: „Il est perpétuel, inaliénable et imprescriptible".

Auch im deutschen Recht ist man sich einig darüber, daß das Urheberpersönlichkeitsrecht jedenfalls in seinem Kern unverzichtbar ist. Wir geben uns aber Rechenschaft davon, daß der Urheber nicht nur andere zur Geltendmachung des Urheberpersönlichkeitsrechts ermächtigen kann. Er kann vielmehr im Rahmen der Vereinbarungen, die er trifft, in bestimmten Grenzen auch das Urheberpersönlichkeitsrecht beschränken, beispielsweise eine Änderung seines Werkes gestatten. Solche Beschränkungen sind mit Verfügungen, die der Urheber über die Verwertungsrechte und die Vergütungsansprüche treffen kann, nicht vergleichbar. Sie erklären sich vielmehr daraus, daß das Urheberpersönlichkeitsrecht keine starre Größe ist, daß vielmehr bei der Bestimmung seines Umfangs auch der Wille des Urhebers, um dessen geistige und persönliche Interessen es geht, zu berücksichtigen ist. Im wohlverstandenen Interesse der Urheber ist aber der Spielraum für eine Beschränkung nur ein begrenzter, jedenfalls verbleibt dem Urheber der Kern des Urheberpersönlichkeitsrechts.

HUBMANN UR S. 197 spricht im Anschluß an FORKEL, Gebundene Rechtsübertragung (1973) S. 178 ff. von einer gebundenen Rechtsübertragung. Anders als bei den Verwertungsrechten geht es aber nicht um die Begründung von Tochterrechten, die insofern gebunden sind, als sie noch im Banne des Mutterrechtes stehen. Die Ermächtigung zur Geltendmachung des Urheberpersönlichkeitsrechts und die Möglichkeit der Beschränkung, insbesondere die Zustimmung zu Änderungen, ist weder translative noch konstitutive Rechtsübertragung.

II. Der Urheber kann unbeschadet des Rechtes, seinerseits die Verletzung seiner ideellen Interessen zu verfolgen, anderen die Wahrnehmung des Urheberpersönlichkeitsrechts anvertrauen. Im Schrifttum sprechen manche[1] von einer individualrechtlichen Vertretung. Der Be-

---

[1] So insbesondere BÜCHLER, die Übertragung des Urheberrechts S. 39.

griff ist aber zu eng: Der Urheber kann nicht nur eine Vollmacht zur Geltendmachung des Urheberpersönlichkeitsrechts erteilen; zum Schutz berechtigter Interessen kann er vielmehr auch andere ermächtigen, seine persönlichkeitsrechtlichen Befugnisse im eigenen Namen geltend zu machen.

1. Eine solche Ermächtigung kann der Urheber insbesondere in Verbindung mit der Einräumung eines Nutzungsrechtes erteilen. Beispielsweise kann er den Bühnenverlag, dem er das Aufführungsrecht zur Wahrnehmung einräumt, dazu berechtigen und verpflichten, dafür Sorge zu tragen, daß bei der Aufführung durch Bühnenunternehmen keine weiteren als die nach Treu und Glauben zulässigen Änderungen vorgenommen werden. Der Bühnenverlag ist dann ebenso wie der Urheber zur Geltendmachung des Urheberpersönlichkeitsrechts befugt. Bei einem Widerstreit der Meinungen hat aber diejenige des Urhebers den Vorrang, der ebenso wie sein Rechtsnachfolger die Ermächtigung jederzeit widerrufen kann.

Vgl. dazu die Entscheidung des BGH in GRUR 1971, 35 („Maske in Blau"), in der der Klage eines Bühnenverlags wegen entstellender Aufführung einer Operette stattgegeben wurde. Der BGH hat freilich zu Unrecht die Aktivlegitimation des Bühnenverlags statt aus der Ermächtigung zur Geltendmachung des Urheberpersönlichkeitsrechts aus dem dem Verlag eingeräumten Nutzungsrecht abgeleitet; er ließ nur die Frage dahingestellt, ob der Nutzungsberechtigte auch Ersatz des immateriellen Schadens verlangen kann. Vgl. dazu die Kritik des Verf. in GRUR 1971, 41 f. Bei der Veröffentlichung in der amtlichen Sammlung (BGHZ 55,2) hat der BGH von der Wiedergabe der betreffenden Stelle der Urteilsbegründung abgesehen.

2. Eine andere Frage ist es, ob der Urheber für die Zeit nach seinem Tode Bestimmungen über die Ausübung des Urheberpersönlichkeitsrechts treffen kann, durch die er anstelle seiner Erben anderen ihm nahestehenden Personen die Obhut über seine Werke oder über einzelne von ihnen anvertraut. Eine solche Bestimmung kann jedenfalls in letztwilligen Verfügungen durch Ernennung eines Testamentsvollstreckers getroffen werden. In der Rechtsprechung wurde aber darüber hinaus anerkannt, daß der Urheber auch durch Rechtsgeschäft unter Lebenden die Wahrnehmung seiner persönlichkeitsrechtlichen Interessen bestimmten Personen anvertrauen kann. Bloße Wünsche, die der Urheber gelegentlich äußert, können freilich nicht als verbindlich angesehen werden. Es muß vielmehr außer Zweifel stehen, daß es sich um eine rechtlich verbindliche Willensäußerung handelt. Dies kann insbesondere in Fällen angenommen werden, in denen der Urheber die Bestimmung im Rahmen einer Verfügung über Verwertungsrechte trifft oder in denen er seinen Willen dadurch bekundet, daß er andere unter Übergabe des Manuskripts seines Werkes mit der Wahrnehmung des Urheberpersönlichkeitsrechts beauftragt.

Vgl. dazu BGHZ 15, 249 betreffend die Veröffentlichung der Tagebücher von Cosima Wagner. Der BGH erkannte an, daß der Entscheidung Eva Chamberlains, der Cosima Wagner unter Übergabe des Manuskripts die Obhut über die Tagebücher anvertraut hatte, der Vorrang vor der Entscheidung der Erben gebührte. Handelt freilich ein in solcher Weise berufener Hüter der geistigen und persönlichen Interessen dem Willen des Urhebers erkennbar zuwider oder mißbraucht er in sonstiger Weise seine Entscheidungsbefugnis, so müssen die Erben in der Lage sein, ihm die Obhut über das Werk zu entziehen. Insofern ist ihnen ein Rest des Urheberpersönlichkeitsrechts verblieben.

III. Hinsichtlich der Beschränkung des Urheberpersönlichkeitsrechts ist zu unterscheiden:

1. Eine Sonderstellung nimmt das Veröffentlichungsrecht ein. Es umfaßt seinem Inhalt nach sowohl das Recht des Urhebers, selbst sein Werk zu veröffentlichen wie das Recht, anderen die Veröffentlichung zu gestatten. Insbesondere liegt in dem Abschluß von Verlagsverträgen, Aufführungsverträgen, Sendeverträgen usw. über unveröffentlichte Werke zugleich die Erlaubnis in Ausübung des eingeräumten Nutzungsrechtes das Werk zu veröffentlichen. Die Erlaubnis zur Veröffentlichung bedeutet daher keine Beschränkung des Urheberpersönlichkeitsrechts; sie ist vielmehr das dem Veröffentlichungsrecht immanente Recht, die Zustimmung zur Veröffentlichung zu erteilen.

2. Anders steht es bei den gesetzlichen Bestimmungen über das Änderungsverbot und den Werkschutz.

Einschlägig sind hier die Regeln der §§ 39 und 14 UrhG: Gem. § 39 UrhG darf der Inhaber eines Nutzungsrechtes das Werk, dessen Titel oder Urheberbezeichnung nicht ändern, wenn nichts anderes vereinbart ist; mangels anderweitiger Vereinbarung sind Änderungen des Werkes oder seines Titels nur zulässig, wenn der Urheber seine Einwilligung nach Treu und Glauben nicht versagen kann. Hier zeigt der Gesetzeswortlaut, daß ein Spielraum für Änderungen bleibt, die der Urheber hinnehmen muß oder gestatten kann. Die Regel des § 14 UrhG, die dem Urheber das Recht gewährleistet, eine Entstellung oder eine andere Beeinträchtigung seines Werkes zu verbieten, die geeignet ist, seine berechtigten geistigen oder persönlichen Interessen am Werk zu gefährden, enthält dagegen keinen Hinweis auf die Möglichkeit abweichender Vereinbarung. Insoweit geht es daher grundsätzlich um den unverzichtbaren Kern des Urheberpersönlichkeitsrechts.

Vgl. dazu oben § 41, II. Änderungen, die der Werknutzer vornimmt, sind unbedenklich, wenn sie dem Urheber bekannt und von ihm gutgeheißen sind oder wenn eine Verständigung über die Art der Änderung vorliegt. Der Gültigkeit einer Vereinbarung, die dem Werknutzer beliebige Änderungen gestattet, sind aber jedenfalls Grenzen gezogen.

3. Was das Recht des Urhebers auf Anerkennung seiner Urheberschaft durch Nennung seines Namens betrifft, so folgt aus der Regel, daß der Urheber die Urheberbezeichnung bestimmen kann, die Möglichkeit, daß er sich für eine anonyme oder pseudonyme Veröffentli-

chung und Verwertung seines Werkes entscheidet. Eine solche Bestimmung ist keine Beschränkung, sondern Ausübung des Urheberpersönlichkeitsrechts.

Eine Beschränkung des Urheberpersönlichkeitsrechts liegt dagegen vor, wenn der Urheber im Interesse eines anderen, insbesondere des Werknutzers, auf die Nennung seines Namens verzichtet. Eine bindende Vereinbarung darüber ist zwar in Fällen möglich, in denen dem Urheber angesichts der Natur des Werkes und der Verkehrsgewohnheiten der Verzicht auf Namensnennung zumutbar ist. Die Grenze wird aber überschritten, wenn nach der Art des Werkes ein berechtigtes Interesse des Urhebers daran besteht, in der Öffentlichkeit als Schöpfer des Werkes bekannt zu werden, vgl. darüber oben § 40 IV, 2.

Sonderfälle sind die oben § 40 V genannten Fälle des *Verlagspseudonyms* und insbesondere des *Ghostwriter:* Für den ghostwriter ist es, da er im Geiste des Auftraggebers schreibt, zumutbar, daß er dem Auftraggeber gestattet, das Werk unter eigenem Namen zu veröffentlichen und seinerseits auf die Namensnennung verzichtet; je nach Lage des Einzelfalls kommen aber auch hier Grenzen des Verzichts in Betracht.

4. Die Regeln über die Rückrufsrechte sind insofern zwingend, als der Urheber auf den Rückruf im voraus nicht verzichten kann. Beim Rückrufsrecht wegen Nichtausübung kann jedoch die Wartefrist vertraglich auf höchstens fünf Jahre verlängert werden. — Das Recht auf Zugang zu Werkstücken kann vertraglich nicht ausgeschlossen werden. Möglich ist nur eine Vereinbarung über die Art der Ausübung, darunter über die Termine, zu denen dem Urheber das Werk auf Verlangen zugänglich zu machen ist.

7. Kapitel

Urhebervertragsrecht

I. Allgemeines

§ 90. Einleitung

I. Unter Urheberrechtsverträgen verstehen wir die Verträge, die über die Einräumung von Nutzungsrechten an urheberrechtlich geschützten Werken geschlossen werden. Dem Zweck der Einräumung entsprechend, gliedern sie sich in die beiden Gruppen der Wahrnehmungsverträge und der Nutzungsverträge.

Bei der Begriffsbestimmung gehen wir von den Verträgen aus, die von den Urhebern selbst über die Einräumung von Wahrnehmungsrechten oder von Rechten zur Benutzung ihrer Werke geschlossen werden. Entsprechende Verträge können aber auch von Inhabern der Nutzungsrechte, gegebenenfalls mit Zustimmung der Urheber, geschlossen werden. Vgl. darüber unten § 92 I 4a.

Hinsichtlich der Art der Vertragsgestaltung ist zu unterscheiden:

1. In der Regel der Fälle erfolgt die Einigung über die Rechtseinräumung im Rahmen der Verträge, in denen die Pflichten der Parteien festgelegt werden: Das Verfügungsgeschäft ist in das Verpflichtungsgeschäft eingebettet. Es gilt dies sowohl für Nutzungsverträge wie insbesondere auch für Wahrnehmungsverträge.

2. Seltener sind Urheberrechtsverträge, die zu späterer Einräumung von Nutzungsrechten verpflichten. In Betracht kommen insbesondere Verträge, die über künftige Werke abgeschlossen werden. Möglich und häufig ist indessen, daß auch die Einräumung der Nutzungsrechte an künftigen Werken bereits im Urheberrechtsvertrag vereinbart wird. Insbesondere ist eine solche Vorausverfügung die Regel bei den Wahrnehmungsverträgen, die mit Verwertungsgesellschaften abgeschlossen werden.

3. Möglich sind auch Vorverträge, insbesondere Optionsverträge. In ihnen verpflichten sich die Urheber, den Vertragspartnern künftige Werke zum Abschluß eines Nutzungsvertrags anzubieten. Im Rechtsle-

ben begegnen sie insbesondere im Verlagswesen. Ist der Verleger zum Abschluß eines Vertrags über das angebotene Werk bereit, so kommt es zu Vertragsverhandlungen und gegebenenfalls zum Abschluß eines Verlagsvertrags, in dessen Rahmen die Vereinbarung über die Einräumung des Verlagsrechts getroffen wird. Vgl. darüber unten § 94 I 2.

II. Gesetzlich sind bisher nur Teile des Urhebervertragsrechts geregelt.

1. Von den einzelnen Typen der Nutzungsverträge hat nur der Verlagsvertrag eine Sonderregelung im VerlG von 1901 erfahren; mit Ausnahme der Bestimmung über den Konkurs des Verlegers handelt es sich dabei um Regeln nachgiebigen Rechts. Für die sonstigen typischen Nutzungsverträge, wie Aufführungsverträge, Sendeverträge, Verträge mit Schallplatten- und Filmherstellern u. a., ist dagegen auf die allgemeinen vertragsrechtlichen Regeln des bürgerlichen Rechts zurückzugreifen. Insbesondere können sie Dienst- oder Werkverträge sein. Bei zeitlich beschränkter Einräumung des Nutzungsrechts kann der Vertrag auch einem Pachtvertrag nahekommen. Stets aber erhält der Vertrag dadurch, daß er sich auf Rechte an einem Werk der Literatur, der Wissenschaft oder der Kunst bezieht, besondere Züge. Das Urheberpersönlichkeitsrecht drückt nicht nur dem Urheberrecht, sondern auch dem Urhebervertragsrecht seinen Stempel auf.

Wahrnehmungsverträge sind, bürgerlich-rechtlich gesehen, Aufträge oder, sofern, wie bei den Verträgen mit Bühnenverlagen, ein Entgelt vereinbart wird, Dienstverträge, die eine Geschäftsbesorgung zum Gegenstand haben. Eine urheberrechtliche Sonderregelung enthält nur das Gesetz über die Wahrnehmung von Urheberrechten und verwandten Schutzrechten, das u. a. in § 6 für die Verwertungsgesellschaften den sogenannten Wahrnehmungszwang vorsieht, d. h. die Verpflichtung, die zu ihrem Tätigkeitsbereich gehörigen Rechte auf Verlangen der Berechtigten zu angemessenen Bedingungen wahrzunehmen.

2. Von allgemeiner Bedeutung für Urheberrechtsverträge sind einzelne Bestimmungen, die das UrhG in den Vorschriften über die Einräumung von Nutzungsrechten vorsieht. Sie betreffen nicht nur die bereits erörterten Regeln über den Umfang, in dem die Urheber Nutzungsrechte einräumen können, über Vertragsauslegung und über die Rückrufsrechte. Darüber hinaus kommen vielmehr als allgemeine Regeln des Urhebervertragsrechts auch die Bestimmungen über die Beteiligung der Urheber an den Erträgnissen aus der Nutzung des Werkes (§ 36 UrhG), über Verträge über künftige Werke (§ 40 UrhG) und über Werke, die in Arbeits- oder Dienstverhältnissen geschaffen werden (§ 43 UrhG) in Betracht, die im folgenden zu erläutern sind.

3. Von allgemeinen gesetzlichen Regeln sind im übrigen auf die Urheberrechtsverträge angesichts dessen, daß in einer großen Zahl von Fällen den Verträgen Bedingungen zugrunde gelegt werden, die von den Vertragspartnern der Urheber vorformuliert sind, auch die Vorschriften des Gesetzes zur Regelung des Rechts der allgemeinen Geschäftsbedingungen vom 9. 12. 1976 anwendbar. Das gilt u. a. für die Regeln über die Einbeziehung der Bedingungen in die Verträge, über überraschende Klauseln, über den Vorrang von Individualabreden sowie für die Generalklausel, daß Bestimmungen der allgemeinen Geschäftsbedingungen unwirksam sind, wenn sie den Vertragspartner des Verwenders entgegen den Regeln von Treu und Glauben unangemessen benachteiligen.

Von den Sonderbestimmungen über unwirksame Klauseln sind einzelne, wie beispielsweise die Regeln über Leistungsverweigerungsrechte, über Mahnungen und Fristsetzungen sowie über Vertragsstrafen, auch für Urheberrechtsverträge von Bedeutung. Andere, wie die Regeln über die Gewährleistung, sind dagegen auf Kauf- und Werklieferungsverträge zugeschnitten.

III. *Rechtsvergleichend* gesehen finden sich eingehende Regeln über Urheberrechtsverträge insbesondere in den sozialistischen Oststaaten. Die Urheberrechtsgesetze enthalten zum Teil, wie diejenigen der DDR und der Tschechoslowakei, Regeln nicht nur über den Verlagsvertrag, sondern auch über andere typische Nutzungsverträge. Auch werden nach dem Vorbild der Sowjetunion Musterverträge vorgeschrieben, die von Behörden im Verein mit Organisationen der Urheber ausgearbeitet werden, sowie staatliche Honorarordnungen, die nur einen begrenzten Spielraum für Individualvereinbarungen lassen. In den nichtsozialistischen Staaten schließen die Unterschiede in der politischen und wirtschaftlichen Struktur, von Einzelfragen abgesehen, entsprechende Regelungen aus. Angesichts der Bedeutung, die nicht nur dem Urheberrecht, sondern auch dem Urhebervertragsrecht für die Wahrung der Interessen der Urheber zukommt, zeigen sich aber jedenfalls in den kontinental-europäischen Staaten Ansätze zu einer gesetzlichen Regelung, die Bestimmungen über Urheberrechtsverträge enthält. Dies gilt insbesondere für das französische UrhG. Entsprechend der Gliederung der Verwertungsrechte in das droit de représentation und das droit de reproduction (vgl. oben § 12 II 1), werden in Art. 43 ff. die beiden Typen des contrat de représentation und des contrat d'édition geregelt. Contrats de représentation sind die Verträge, die über die Darbietung, insbesondere die öffentliche Wiedergabe des Werkes, geschlossen werden; contrats d'édition sind Verträge über die Vervielfältigung des Werkes. Der Begriff schließt, anders als der deutsche Begriff des Verlagsvertrags, nicht nur die Verträge über den Verlag von Werken der Literatur und der Tonkunst, sondern auch die Verträge im Kunstverlag sowie die Verträge mit den Herstellern von Tonträgern und Filmen ein. Die Methode der Regelung bedingt freilich die Beschränkung auf eine Anzahl allgemeiner Rechtssätze, die für alle Arten der beiden Vertragstypen gelten. U. a. wird bestimmt, daß die Verträge schriftlich festzulegen sind. Beim contrat d'édition ist der Verwerter zur Ausübung der ihm übertragenen Rechte sowie zur Auskunft über den Absatz der Exemplare und zur Rechnungslegung verpflichtet. Auch gelten eingehende Regeln für den Fall des Konkurses des Verwerters sowie des Verkaufs des Unternehmens. Einzelne Regeln für typische Arten des contrat d'édition (édition de librairie, édition cinématographique, édition mécanique, édition en matière d'arts plastiques et appliquées) waren zwar ursprünglich geplant, sind aber nicht soweit ausgereift, daß sie in das Gesetz aufgenommen werden konnten. Vgl. Escarra, RIDA V (1953/54) 27. — Wichtige Ansätze zur Regelung des Urhebervertragsrechts finden sich auch in den skandinavischen Urheberrechtsgesetzen. In den Niederlanden ist eine gesetzliche Regelung geplant.

§ 91. Die Vertragsfreiheit und ihre Grenzen. Kollektive Interessenwahrung. Reformfragen

DIETRICH REIMER, Vertragsfreiheit im Urheberrecht, GRUR-Abhandlungen, Heft 9 (1977); ULMER, Urhebervertragsrecht, 1977.

I. Eine zentrale Frage des Urhebervertragsrechts ist die Frage nach der Vertragsfreiheit.

1. Unabdingbar ist in unserem Rechtssystem jedenfalls die Freiheit des Abschlusses von Verträgen, die zugleich die Freiheit der Veröffentlichung der Werke sichert.

Anders ist die Rechtslage in den sozialistischen Oststaaten: Urheberrechtsverträge können nur mit den sozialistischen Organisationen abgeschlossen werden, die an staatliche Richtlinien gebunden sind. Die Vergabe der Rechte in das Ausland darf nur durch Vermittlung einer staatlich gelenkten Organisation erfolgen.

2. Was die inhaltliche Ausgestaltung der Verträge betrifft, so hat die Vertragsfreiheit den Vorzug, daß sie Raum für die selbstverantwortliche Gestaltung der Rechtsbeziehungen durch die Vertragsparteien läßt. Wo freilich angesichts der Machtstellung des einen Vertragspartners das Gleichgewicht der Kräfte fehlt, kann die unbegrenzte Vertragsfreiheit zu Ergebnissen führen, die mit der Billigkeit in Widerspruch stehen.

Im Urhebervertragsrecht liegt es dabei so, daß jedenfalls typischerweise die Urheber die schwächeren, die Verwerter die stärkeren Vertragspartner sind. Ein geschichtlicher Rückblick zeigt krasse Fälle von Härten, die daraus erwachsen sind. Noch in der ersten Hälfte des 20. Jahrhunderts haben sich beispielsweise Musikverlage gegen ein bescheidenes Pauschalhonorar die Rechte an dramatisch-musikalischen Werken übertragen lassen, die zu einem Welterfolg wurden. Unbilligkeiten zeigen sich insbesondere auch in Fällen, in denen die Formulare und Vertragsbedingungen, die dem Vertragsschluß zugrunde gelegt werden, einseitig von den Verwertern ausgearbeitet werden, ohne daß dabei den Interessen der Urheber ausreichend Rechnung getragen wird.

Über ältere Verträge mit Bühnen- und Musikverlegern vgl. die Beispiele, auf die FROMM-NORDEMANN, UrhG, § 36, Anm. 1, hinweisen, darunter den Tatbestand, der der Entscheidung des BGH in GRUR 1962, 236 zugrunde lag: Der Komponist RUDOLF STOLZ, der mit seinen Schlagern wesentlich zu dem Welterfolg der Operette „Im weißen Rössl" beigetragen hatte, war mit einem Pauschalhonorar von RM 500,— abgefunden worden. In neuerer Zeit sind insbesondere die allgemeinen Honorarbedingungen der Rundfunkanstalten, die den Sendeverträgen mit den freien Mitarbeitern zugrunde gelegt werden, Anlaß zur Kritik geworden. In einem kartellrechtlichen Mißbrauchsverfahren, das in den Jahren 1971—1974 gegen das Zweite Deutsche Fernsehen geschwebt hat, haben einzelne Klauseln zur Beanstandung durch das BKartA geführt. Vgl. dazu ULMER, Urhebervertragsrecht, S. 57 ff.

3. Ein Ausgleich für die gestörte Gleichgewichtslage läßt sich, wie die Erfahrung lehrt, insbesondere durch kollektive Zusammenschlüsse der Urheber erzielen. Von Bedeutung ist ferner die Beanstandung unbil-

liger Klauseln durch die Rechtsprechung, die unter dem Gesichtspunkt des Verstoßes gegen die guten Sitten und heute insbesondere auch aufgrund des Gesetzes zur Regelung des Rechts der allgemeinen Geschäftsbedingungen möglich ist. Fortschritte sind auch durch die allgemeinen Bestimmungen erzielt worden, die im UrhG u. a. in der Regel über die Beteiligung der Urheber an den Erträgnissen aus der Verwertung des Werkes getroffen wurden. Darüber hinaus stellt sich de lege ferenda die Frage nach einem Ausbau der Regeln über das Urhebervertragsrecht, bei der neben dispositiven in bestimmten Fällen auch zwingende Vorschriften in Betracht zu ziehen sind.

II. Was die kollektive Interessenwahrnehmung betrifft, so ist die wirksamste Form die gemeinsame Wahrnehmung der Rechte der Urheber durch Verwertungsgesellschaften. Angesichts der faktischen Monopolstellung, die die Verwertungsgesellschaften, darunter insbesondere die GEMA, einnehmen, können sie sich beim Abschluß der Verträge wirksam für die Interessen der Urheber einsetzen.

Im übrigen kommen Tarifverträge und sonstige kollektive Vereinbarungen in Betracht.

1. In Tarifverträgen können zwischen den Gewerkschaften und den Arbeitgebern oder ihren Verbänden Rechtsnormen über den Inhalt, den Abschluß und die Beendigung der Arbeitsverhältnisse vereinbart werden. Zu den Inhaltsnormen gehören dabei, sofern die Tarifverträge mit Wirkung für Urheber abgeschlossen werden, die Werke in Erfüllung ihrer Verpflichtungen aus dem Arbeitsverhältnis schaffen, auch die sogenannten Urheberrechtsklauseln: Es können Vereinbarungen über die Einräumung von Nutzungsrechten und ihre Grenzen, über Bearbeitungen, Sondervergütungen usw. getroffen werden.

Tarifverträge mit Urheberrechtsklauseln sind u. a. im Pressewesen mit Wirkung für angestellte Journalisten und Redakteure und im Filmwesen mit Wirkung für die „Filmschaffenden" vereinbart worden; mit Rundfunkanstalten sind in neuerer Zeit auch Tarifverträge abgeschlossen worden, die sich speziell auf die Regelung der Urheberrechte und verwandten Schutzrechte in Arbeitsverhältnissen beziehen. Im Buchhandel ist zwar der Börsenverein des Deutschen Buchhandels nicht tariffähig. Einzelne Landesverbände der Verleger haben aber Tarifverträge mit Gewerkschaften für die in den Verlagen beschäftigten Arbeitnehmer, insbesondere auch für Urheber wie Redakteure und Lektoren abgeschlossen.

Von Bedeutung ist im übrigen, daß seit der Änderung, die das Tarifvertragsgesetz durch die Novelle zum Heimarbeitsgesetz vom 29. 10. 1974 erfahren hat, Tarifverträge auch mit Wirkung für arbeitnehmerähnliche Personen abgeschlossen werden können, auf die die Kriterien des neugeschaffenen § 12 a TVG zutreffen.

Die Möglichkeit, in Tarifverträgen Vereinbarungen über den Inhalt von Urheberrechtsverträgen zu treffen, hat dabei besondere Berücksichtigung erfahren: Hinsichtlich des Entgeltkriteriums genügt es bei Personen, die künstlerische, schriftstellerische oder journalistische Leistungen erbringen, daß sie von einer Person (oder von miteinander verbundenen Unternehmen) durchschnittlich mindestens ein Drittel des Entgelts beziehen, das ihnen aufgrund ihrer Erwerbstätigkeit insgesamt zukommt. Von Bedeutung ist die neue Regelung u. a. für den Kreis der freien Mitarbeiter der Rundfunkanstalten, die zwar rechtlich selbständig, aber wirtschaftlich abhängig sind.

2. Neben Tarifverträgen haben vor Inkrafttreten des GWB (am 1. 1. 1958) für die inhaltliche Ausgestaltung von Nutzungsverträgen auch sonstige kollektive Vereinbarungen, die von Verbänden der Urheber mit den Verwertern oder ihren Verbänden über Vertragsnormen, Vertragsmuster und -richtlinien geschlossen wurden, eine wichtige Rolle gespielt. In ihrer Wirkung blieben sie hinter den Tarifverträgen zurück: Anders als diesen, kommt ihnen weder eine unabdingbare noch eine unmittelbare Wirkung zu. Sie begründen nur Verpflichtungen zwischen den Vertragspartnern, soweit es sich um Verbände handelt, die Verpflichtung, auf ihre Mitglieder dahin einzuwirken, daß die Normen bzw. Richtlinien eingehalten werden. Jedenfalls haben aber diese Vereinbarungen in wertvoller Weise zur Klärung der Rechtslage und zur Vermeidung einseitig formulierter Vertragsbedingungen beigetragen und sind, auch nachdem sie nicht mehr in Geltung waren, in gerichtlichen Entscheidungen noch unter dem Gesichtspunkt berücksichtigt worden, daß aus ihnen Rückschlüsse auf die Verkehrssitte, die Usancen des Verlagswesens, den Bühnenbrauch usw. gezogen werden können; vgl. BGHZ 13, 121 und 22, 356.

Einschlägige Vereinbarungen sind u. a. im Bereich des Buch-Verlagswesens über Vertragsnormen bei wissenschaftlichen Verlagswerken und über Richtlinien für den Geschäftsverkehr zwischen erzählenden Schriftstellern und Verlegern, im Bereich des Kunstverlags über Richtlinien für Abschluß und Auslegung der Verträge zwischen bildenden Künstlern und Verlegern getroffen worden. Für Bühnenaufführungsverträge wurde 1930 ein ,,Tarifvertrag" zwischen dem Bühnenverein einerseits, dem Verband deutscher Schriftsteller und der Vereinigung von Bühnenverlegern andererseits abgeschlossen.

Diese Entwicklung ist durch das GWB unterbrochen worden. Das BKartA, das auch die freien Berufe, darunter die freischaffenden Urheber, zu den Unternehmern rechnet, hat kollektive Vereinbarungen der genannen Art, insbesondere wenn sie Honorare betreffen, in einer Reihe von Fällen beanstandet.

Beanstandet wurden u. a. die Richtlinien für Vertragsbedingungen und Mindesthonorare der freiberuflich tätigen Journalisten an Tageszeitungen, über die im Jahr 1969 Übereinstimmung zwischen dem Bundesverband der Zeitungsverleger und dem Verband der Journalisten erzielt worden war, sowie das Vertragswerk des Deutschen Bühnenvereins mit den Verbänden von Autoren und Verlegern, das im Jahr 1965 anstelle des früheren ,,Tarifvertrags" abgeschlossen wurde. Auch die Neufassung der Vertragsnormen bei wissenschaftlichen Verlagswerken, über die sich der Hochschulverband 1951 mit dem Börsenverein des Deutschen Buchhandels geeinigt hat, wurde zunächst beanstandet; der Beanstandung wurde freilich angesichts von Gegenvorstellungen keine weitere Folge gegeben.

Gründsätzlich gesehen wird eine solche Unterbindung der Möglichkeit des Abschlusses kollektiver Vereinbarungen, die sich im wesentlichen zum Nachteil der Urheber auswirkt, der speziellen Problematik des Urhebervertragsrechts nicht gerecht. Der Bundestag hat daher bei Verabschiedung der Novelle zum Heimarbeitsgesetz von 1974 einstimmig beschlossen, die Bundesregierung zu ersuchen, für diejenigen selbständigen Publizisten und Journalisten, die nicht unter § 12 a TVG fallen, eine Regelung vorzuschlagen, die es dieser Gruppe ermöglicht, mit ihren Auftraggebern oder deren Verbänden Richtlinien u. a. über Honorare und Sozialleistungen zu vereinbaren. Dem Ersuchen ist noch keine Folge gegeben worden. In der Spruchtätigkeit des BKartA scheint sich aber eine liberalere Haltung anzubahnen.

Keine Beanstandungen haben jedenfalls die Regelsammlungen erfahren, über die sich 1970 und 1971 Bühnenverlage und Musikverlage mit den Rundfunkanstalten verständigt haben (Text bei SCHULZE, Urhebervertragsrecht, S. 438 ff.) und nach deren Beispiel auch eine Regelsammlung Verlage (Vertriebe)/Bühnen aufgestellt wurde. Die Sammlungen enthalten eine Zusammenstellung der Bedingungen, die im Geschäftsverkehr üblich sind, darunter auch Richtsätze für die Entgelte. Unbeanstandet blieb auch der Normvertrag, der 1978 zwischem dem Verband deutscher Schriftsteller und dem Börsenverein des Deutschen Buchhandels als Muster von Verlagsverträgen über belletristische und vergleichbare Werke im Sachbuchbereich geschlossen wurde. — De lege ferenda empfiehlt sich m. E. eine gesetzliche Klarstellung. Als geeigneter Ansatzpunkt erscheint dabei eine Anknüpfung an die Regel des § 102 a GWB, die in bestimmten Grenzen eine Freistellung der Verwertungsgesellschaften vom Kartellverbot vorsieht. Vgl. dazu die Vorschläge des Verf. in Urhebervertragsrecht, S. 32 ff.

III. Bei dem Erlaß des UrhG von 1965 wurde in Aussicht genommen, die Neuregelung des Urheberrechts durch ein umfassendes Gesetz über das Urhebervertragsrecht zu ergänzen. Die Schwierigkeit und Vielschichtigkeit der Materie stand aber einer raschen Verwirklichung dieses Plans entgegen. Eine Gesamtregelung, die allgemeine Bestimmungen über die Urheberrechtsverträge vorsieht und durch Sonderregeln für die typischen Urheberrechtsverträge ergänzt, läßt sich jedenfalls nicht in einem Zug verwirklichen. Der Schwerpunkt müßte vielmehr auf der Regelung der einzelnen Vertragsstypen liegen, die eine umfassende Vorarbeit voraussetzt. Auch sind die Typen nicht in gleicher Weise regelungsbedürftig. In Betracht zu ziehen ist vielmehr in erster Linie eine Regelung der Verträge, die von den Urhebern individuell mit den Werknutzern abgeschlossen werden. Außer dem Verlagsrecht, für das eine Neuregelung nicht vordringlich ist, kommt dabei angesichts der Bedeutung, die aus heutiger Sicht für die freischaffenden Urheber den Verträgen zukommt, die mit Rundfunkanstalten geschlossen werden, insbesondere das Recht der Sendeverträge in Betracht.

Das Bundesjustizministerium, das an der Absicht einer Regelung des Urhebervertragsrechts festhält, verfolgt daher den Plan, mit der Regelung des Rechts der Sendeverträge zu beginnen. In seinem Auftrag hat der Verfasser das Gutachten zum Urhebervertragsrecht, insbesondere zum Recht der Sendeverträge erstattet, das 1977 als Diskussionsgrundlage veröffentlicht wurde.

§ 92. Verpflichtung und Verfügung. Die Rechtsverschaffungspflicht des Urhebers

RUDOLF KRASSER, Verpflichtung und Verfügung im Immaterialgüterrecht, GRUR Int. 1973, 230 ff.

I. Verpflichtung und Verfügung sind auch bei den Urheberrechtsverträgen als rechtliche Kategorien voneinander zu unterscheiden. Angesichts der Zweckbindung der Verfügung ist aber ihr Verhältnis zum Verpflichtungsgeschäft anders als im bürgerlichen Recht zu bestimmen: Das Verfügungsgeschäft — die Einigung über die Einräumung von Nutzungsrechten — ist in der Regel der Fälle mit dem Verpflichtungsgeschäft im selben Vertrag verbunden. Aber auch da, wo die Verfügung nachfolgt, bleibt sie grundsätzlich in ihrer Gültigkeit und ihrem Bestand an das Verpflichtungsgeschäft gebunden.

In dieser Abweichung liegt keine Systemwidrigkeit. Die abstrakte Ausgestaltung der Verfügungsgeschäfte ist, wie auch die Rechtsvergleichung zeigt, kein Prinzip, das allgemeine Anwendung erfordert. Lehrreich für die urheberrechtliche Untersuchung sind auch die Bedenken, die in der Lehre des bürgerlichen Rechts gegen den im BGB anerkannten Grundsatz der Abstraktion der Verfügungsgeschäfte geltend gemacht werden. Vgl. ENNECCERUS-NIPPERDEY, Allgemeiner Teil des bürgerlichen Rechts, 1. Bd., 15. Aufl., S. 916 ff., und das dort angeführte Schrifttum.

1. Beim Verlagsrecht braucht angesichts seiner Sonderregelung im VerlG nicht auf die Grundsätze des BGB zurückgegriffen zu werden. Hier hat sich daher zuerst die Erkenntnis durchgesetzt, daß die Verfügung an das schuldrechtliche Vertragsverhältnis gebunden ist: Das Verlagsrecht ist in seiner Gültigkeit und in seinem Bestand von dem schuldrechtlichen Vertragsverhältnis nicht zu trennen. Es entsteht nur, wenn ein gültiger Verlagsvertrag vorliegt, und es erlischt, wenn das Verlagsverhältnis endet. § 9 VerlG.

2. Streitig ist, ob der Rechtsgedanke, der dem § 9 VerlG zugrunde liegt, entsprechend auch auf andere Urheberrechtsverträge anzuwenden ist.

v. GAMM, UrhG., Einf. Rdz. 70, geht von der abstrakten Natur der Verfügungsgeschäfte aus. Auch DE BOOR, Vom Wesen S. 60 f. trug noch Bedenken, die Grundsätze des Verlagsrechts auf andere Urheberrechtsverträge zu übertragen. BÜCHLER S. 72 f. und H. MITTEIS, Östr. URG S.. 80 sowie KRASSER bestreiten dagegen die abstrakte Natur der urheberrechtlichen Verfügung. Aus der Rechtsprechung vgl. BGHZ 27 S. 90 ff. In der Entscheidung ging es um einen Vertrag zwischen Filmherstellern, der die Weiterübertragung des Verfilmungsrechtes zum Gegenstand hatte. Der Veräußerer war, weil der Erwerber seinen Verpflichtungen nicht nachkam, vom Vertrag zurückgetreten. Der BGH prüfte, ob der Rücktritt den unmittelbaren Rückfall des Verfilmungsrechtes zur Folge hatte, verneinte aber die Frage. Wie unten (4 b) zu zeigen ist, ist die Entscheidung im Ergebnis gerechtfertigt, weil es sich um die Weiterveräußerung eines abgeleiteten Rechtes handelte. Die Begründung der Entscheidung, in der auf die Verschiedenheit zwischen Verlagsvertrag und Verfilmungsvertrag abgestellt wird, vermag freilich nicht zu überzeugen.

HUBMANN UR S. 200 geht zwar vom Abstraktionsprinzip des bürgerlichen Rechts aus, schwächt aber den Grundsatz ab: Der Lehre von der Zweckübertragung entsprechend sei in der Regel anzunehmen, daß die Einräumung von Nutzungsrechten unter der stillschweigenden Bedingung der Gültigkeit des Verpflichtungsgeschäfts erfolge.

Bei der Beurteilung der Frage ist meines Erachtens von der Erwägung auszugehen, daß die Regel des § 9 VerlG der Zweckbindung Rechnung trägt, unter der die Verfügung steht. Entstehung und Fortbestand des Verlagsrechtes sind nur da gerechtfertigt, wo eine gültige Kausalvereinbarung vorliegt. Fehlt sie oder entfällt sie, so ist der Urheber nicht auf den schuldrechtlichen Rückforderungsanspruch angewiesen, dessen Durchsetzung insbesondere bei Zahlungsfähigkeit und Konkurs des Erwerbers gefährdet wäre. Vielmehr ist das Recht bei ihm verblieben bzw. — bei Wegfall der Kausalvereinbarung — an ihn zurückgefallen.

Vgl. dazu eingehend KRASSER, a.a.O., S. 235 ff. Mit Grund weist er u. a. darauf hin, daß für die kausale Natur der Verfügung über Nutzungsrechte auch das Fehlen des im Sachenrecht geltenden numerus clausus spricht: Die abgeleiteten Rechte, die der Urheber durch Verfügung über die Verwertungsrechte begründet, sind keine vorgeformten Typen, deren Inhalt isoliert vom Kausalgeschäft bestimmt werden kann. Vielmehr erfahren angesichts der Vielheit der Gestaltungsmöglichkeiten Art und Weise des Rechts, das eingeräumt wird, durch das Kausalverhältnis und die aus ihm zu erschließende Zweckbestimmung ihre nähere Ausformung. Dem Kausalverhältnis erwächst damit, wie KRASSER zutreffend betont, eine besondere Funktion zu, die es im bürgerlichen Recht nicht zu erfüllen braucht.

3. Sinngemäß ist daher der verlagsrechtliche Grundsatz auch auf andere Urheberrechtsverträge anzuwenden, die über die Einräumung von Nutzungsrechten geschlossen werden.

Wie bei Verlagsverträgen, so ist auch bei sonstigen Nutzungsverträgen, wie Aufführungsverträgen, Sendeverträgen, Verfilmungsverträgen usw., sowie bei den Wahrnehmungsverträgen die Gültigkeit des Verfügungsgeschäfts von derjenigen des Verpflichtungsgeschäfts abhängig.

Auch der Fortbestand des Nutzungsrechts ist grundsätzlich an den Fortbestand des Nutzungs- oder Wahrnehmungsvertrags gebunden: Wenn der Aufführungsvertrag, der Verfilmungsvertrag, der Sendevertrag oder der Wahrnehmungsvertrag durch Zeitablauf oder Kündigung erlischt, so erlöschen auch die Nutzungsrechte, ohne daß es einer Rückübertragung bedarf.

Anders steht es nur bei Nutzungsverträgen, bei denen es dem Sinn des Vertrags entspricht, daß die während der Vertragsdauer erworbenen Nutzungsrechte auch nach dem Erlöschen des Vertrags weiterbestehen sollen. Es geht dabei insbesondere um Rechte an Werken angestellter Urheber: Nutzungsrechte an Werken, die während der Dauer des Arbeitsverhältnisses geschaffen wurden, verbleiben dem Arbeitgeber im Zweifel auch, wenn das Arbeitsverhältnis durch Zeitablauf oder Kündigung erlischt. — Im Fall des Rücktritts, wie er beispielsweise bei Pflichtverletzungen unter den Voraussetzungen des § 326 BGB erklärt werden kann, sind nach der Vorschrift des § 346 BGB die Parteien zur Rückgewähr der empfangenen Leistungen verpflichtet; Leistungspflichten, die noch nicht erfüllt sind, erlöschen. Für Urheberrechtsverträge ist sinngemäß anzunehmen, daß die Verfügungen über Nutzungsrechte an Werken, die noch nicht abgeliefert sind, unwirksam werden. Was die Nutzungsrechte an Werken betrifft, die bereits ganz oder teilweise abgeliefert wurden, so ist m. E. § 38 VerlG entsprechend anzuwenden: Es hängt von den Umständen ab, ob angesichts der vom Erwerber bereits getroffenen Maßnahmen der Vertrag und mit ihm das Nutzungsrecht teilweise aufrechterhalten bleibt. Ist beispielsweise das vom Autor dem Sendeunternehmen abgelieferte Werk bereits gesendet worden, so kommt weder eine Rückzahlung des Entgelts für diese Sendung noch eine Rückübertragung des bereits ausgeübten Senderechts in Betracht; dagegen erlöschen das Recht zu Wiederholungssendungen und die Verpflichtung zu ihrer Vergütung.

4. Bei den Verfügungen, die die Inhaber von Nutzungsrechten treffen, ist zu unterscheiden:

a) Soweit es sich um konstitutive Übertragungen handelt, durch die abgeleitete Rechte begründet werden, wie beispielsweise Übersetzungslizenzen, die ein Verleger mit Zustimmung des Urhebers bewilligt, oder Rechte zur Benutzung von Werken, die von Bühnenverlagen oder Verwertungsgesellschaften eingeräumt werden, liegt, wie bei Verträgen, die der Urheber selbst schließt, eine Zweckbindung an das Stammrecht vor, das dem Inhaber des Nutzungsrechts verbleibt. Gültigkeit und Bestand der Verfügung sind daher grundsätzlich von Gültigkeit und Bestand des Nutzungsvertrags abhängig.

b) Anders steht es bei Veräußerungen, bei denen eine solche Bindung fehlt. Verkauft und veräußert der Verleger sein Unternehmen, so kann er in die Veräußerung auch das Verlagsrecht einbeziehen. Das Recht bleibt dann zwar von dem mit dem Verfasser geschlossenen Verlagsvertrag abhängig. Für die Weiterübertragung gilt aber § 9 VerlG nicht. Tritt der Verleger, weil der Kaufpreis trotz Mahnung und Fristsetzung nicht bezahlt wird, gemäß § 326 BGB vom Verkauf zurück, so findet kein Heimfall des Verlagsrechts statt. Er kann vielmehr nur einen schuldrechtlichen Anspruch auf Rückübertragung geltend machen. Ebenso sind sonstige Verträge zu beurteilen, in denen die Nutzungsrechte weiterveräußert werden, beispielsweise die Verträge, durch die der Filmhersteller das von ihm vertraglich erworbene Verfilmungsrecht auf andere überträgt.

Um solche Veräußerungen handelt es sich bei den Entscheidungen des BGH vom 16. 5. 1956 (SCHULZE, BGHZ 32) und vom 15. 4. 1958 (BGHZ 27, 90). In beiden Fällen ging es darum, daß der Verkäufer, der sein Unternehmen und die ihm zustehenden Nutzungsrechte an geschützten Werken veräußert hatte, seinen Rücktritt vom Kaufvertrag erklärte; die Folge war, daß der Käufer ebenso wie die sonstigen an ihn veräußerten Gegenstände auch die Nutzungsrechte zurückzuübertragen hatte.

II. Die Urheberrechtsverträge schließen die Verpflichtung des Urhebers zur Rechtsverschaffung ein. Meist erfolgt zwar die Einräumung des Nutzungsrechts bereits im Rahmen der Vereinbarungen, die über die Pflichten der Parteien getroffen werden. Möglich ist aber, daß Rechtsmängel vorliegen: Die Verschaffung des Nutzungsrechts kann daran scheitern, daß der Urheber bereits anderweitig darüber verfügt hat. Auch kann die Verwertung des Nutzungsrechts dadurch auf Hindernisse stoßen, daß der Urheber in fremde Urheberrechte oder in sonstige Rechte Dritter, insbesondere in Persönlichkeitsrechte, eingegriffen hat.

Bei der Darstellung gehen wir von der Rechtsverschaffungspflicht des Urhebers aus. Entsprechendes gilt für die Rechtsverschaffungspflicht bei Verträgen, die von Inhabern von Nutzungsrechten geschlossen werden.

Für die Freiheit von Rechtsmängeln hat der Urheber grundsätzlich seinem Vertragspartner einzustehen. Aus der Rechtsverschaffungspflicht kann sich die Pflicht des Urhebers ergeben, nach Möglichkeit den Mangel zu beseitigen, beispielsweise eine Änderung des Werkes vorzunehmen, durch die die Verletzung von Persönlichkeitsrechten oder die Entnahme aus fremden Werken vermieden wird. Wird diese Verpflichtung nicht erfüllt oder ist dem Vertragspartner schon vor ihrer Erfüllung ein Schaden erwachsen, so haftet der Urheber grundsätzlich, ebenso wie bei Rechtsmängeln, die sich nicht beheben lassen, ohne Rücksicht auf Verschulden auf Schadensersatz.

Über die Gewährleistung für Rechtsmängel bei Urheberrechtsverträgen vgl. BGHZ 2, 333 und das dort angeführte Schrifttum. Im bürgerlichen Recht wird die Haftung für Rechtsmängel bei gegenseitigen Verträgen, beispielsweise die Haftung des Verkäufers für die Verschaffung des Sacheigentums, überwiegend aus dem Gesichtspunkt abgeleitet, daß es sich zumeist um Fälle des anfänglichen Unvermögens handelt, für die der Schuldner ohne Rücksicht auf Verschulden einzustehen hat; vgl. LARENZ, Lehrbuch des Schuldrechts, Bd. I (12. Aufl.) S. 87 f., mit näheren Nachweisen. Für das Urhebervertragsrecht ist der Rechtsgedanke entscheidend, daß die Rechtsverschaffung grundsätzlich zum Verantwortungsbereich des Urhebers gehört. In Sonderfällen kann aber die Verantwortung des Urhebers entfallen. Insbesondere kann die Vertragsauslegung zu einem anderen Ergebnis führen. Wird beispielsweise der Autor von einem Verleger mit der Übersetzung eines Werkes oder von einem Sendeunternehmen mit der Bearbeitung eines Werkes für Sendezwecke beauftragt, so ist es in der Regel Sache des Verlegers bzw. des Sendeunternehmens, die Zustimmung des Originalautors einzuholen. Auch kann der Urheber sich von seiner Haftung dadurch befreien, daß er den Vertragspartner auf den Sachverhalt hinweist, aus dem möglicherweise auf eine Rechtsverletzung geschlossen werden kann. Bei Sendeverträgen wird in der Regel ausdrücklich vereinbart, daß der Urheber das Sendeunternehmen auf Anspielungen und Bezugnahmen auf andere Personen hinzuweisen hat, die möglicherweise zu einer Beanstandung führen können. Es ist dann Sache des Sendeunternehmens, die Rechtslage zu prüfen und darüber zu entscheiden, ob gegen die Verwertung Bedenken bestehen; eventuell kann das Sendeunternehmen vom Urheber eine Änderung des Werkes verlangen, durch die die Bedenken ausgeräumt werden.

§ 93. Ausübungs- und Vergütungspflicht des Nutzungsberechtigten

I. Der Urheberrechtsvertrag kann die Verpflichtung zur Ausübung des Nutzungsrechts enthalten. So steht es insbesondere beim Verlagsvertrag. Der Überlassung des Werkes an den Verleger steht die Verpflichtung des Verlegers zur Vervielfältigung und Verbreitung gegenüber. Ähnlich wie der Verleger, übernimmt auch der Theaterunternehmer im Bühnenaufführungsvertrag regelmäßig die Verpflichtung zur Aufführung des Werkes. Die Wahrnehmungsverträge, die von Urhebern mit Verwertungsgesellschaften und Bühnenverlagen abgeschlossen werden, sind Geschäftsbesorgungsverträge, die die Verpflichtung zur Wahrnehmung des eingeräumten Rechts begründen.

Die Verpflichtung zur Ausübung kann aber fehlen. Die früher vereinzelt vertretene Meinung, daß sie allen Urheberrechtsverträgen wesentlich sei, hat sich nicht durchgesetzt. Auch die Einräumung ausschließlicher Rechte ist nicht notwendigerweise mit der Verpflichtung zur Ausübung verbunden. Beispielsweise lassen sich die Filmhersteller von den Urhebern in der Regel das ausschließliche Recht zur Verfilmung einräumen, ohne eine Pflicht zur Herstellung des Films zu übernehmen. Auch die Rundfunkanstalten pflegen in den Sendeverträgen, in denen die Einräumung des ausschließlichen Senderechts vereinbart wird, die Sendepflicht auszuschließen. Das Interesse des Urhebers an der Veröffentlichung seines Werkes in der vereinbarten Nutzungsart wird in solchen Fällen dadurch berücksichtigt, daß der Urheber bei längerer Nichtausübung das ausschließliche Recht zurückrufen kann; vgl. oben § 87 II.

Abweichend wird in der französischen Rechtslehre angenommen, daß jedenfalls der Erwerber eines ausschließlichen Verwertungsrechts in der Regel zur Ausübung des Rechts verpflichtet ist, vgl. DESBOIS, S. 606 ff. In Deutschland ist die Meinung, daß die Urheberrechtsverträge grundsätzlich eine Ausübungspflicht begründen, von GOLDBAUM, Urheber- und Urhebervertragsrecht, S. 75 f., vertreten worden. Die herrschende Meinung und die Rechtsprechung haben sie abgelehnt. Vgl. insbesondere RGZ 107, 62 (betreffend den Verfilmungsvertrag).

II. Im Rahmen der Nutzungsverträge, die mit den Verwertern der Werke geschlossen werden, wird die Vergütung vereinbart, die dem Urheber oder seinem Rechtsnachfolger zu entrichten ist.

Die Berechnungsweise ist eine verschiedene. Oft wird eine Beteiligung an den Erträgnissen vereinbart, die aus der Verwertung des Werkes gezogen werden. Möglich ist aber auch eine Abfindung mit einem bestimmten Betrag.

Im Verlagswesen sind beide Berechnungsmethoden üblich (vgl. unten § 106 I). In Bühnenaufführungsverträgen wird in der Regel vereinbart, daß der Urheber oder sein Rechtsnachfolger einen prozentualen Anteil an den Einnahmen aus dem Kartenverkauf erhält. Schallplattenhersteller pflegen nach Maßgabe des BIEM-Vertrags eine Lizenzgebühr zu bezahlen, die prozentual nach den Verkaufspreisen der Platten berechnet wird. Sendeverträge werden teilweise mit der Maßgabe abgeschlossen, daß der Urheber mit einem Pauschalbetrag abgefunden wird; zum Teil wird aber eine zusätzliche Vergütung für Wiederholungs- und Weitersendungen vorgesehen. Über die Tarife der Verwertungsgesellschaften vgl. unten § 98 V.

Die Vertragsfreiheit, von der grundsätzlich auszugehen ist, kann zu Unbilligkeiten führen, insbesondere schließt die Pauschalabfindung die Gefahr in sich, daß die Urheber nicht hinreichend an dem Nutzen beteiligt werden, der aus der Verwertung des Werkes gezogen wird, zumal in Fällen, in denen der Erfolg des Werkes die Erwartungen wesentlich übertrifft. Es fragt sich daher, in welcher Weise solchen Unbilligkeiten begegnet werden kann.

1. Eine bemerkenswerte Regelung sieht das französische UrhG vor: Für den Regelfall ist zwingend vorgeschrieben, daß dem Urheber eine verhältnismäßige Beteiligung an den Erträgnissen zu gewähren ist, die durch den Verkauf von Exemplaren oder durch die sonstige Verwertung des Werkes erzielt werden. Dabei hat sich freilich die Zulassung einer Reihe von Ausnahmen als notwendig erwiesen.

Generelle Ausnahmen sind insbesondere für Fälle vorgesehen, in denen sich die verhältnismäßige Beteiligung aus praktischen Gründen nicht durchführen läßt oder der Beitrag des Urhebers nicht zu den wesentlichen Elementen der geistigen Schöpfung gehört. Auch sind besondere Ausnahmen für den Verlag wissenschaftlicher und technischer Werke, für Anthologien und Enzyklopädien, für Illustrationen, Übersetzungen und populäre Ausgaben vorgesehen. Die Regelung führt daher zu Abgenzungsschwierigkeiten, die nicht unbedenklich sind.

2. Im Zug der deutschen Urheberrechtsreform ist zur Vermeidung von groben Unbilligkeiten ein anderer Weg gewählt worden: § 36 UrhG sieht zugunsten des Urhebers einen Anspruch auf Vertragsänderung vor, wenn er einem anderen ein Nutzungsrecht zu Bedingungen eingeräumt hat, die dazu führen, daß die vereinbarte Gegenleistung unter Berücksichtigung der gesamten Beziehungen des Urhebers zu dem anderen in einem groben Mißverhältnis zu den Erträgnissen aus der Nutzung des Werkes steht. Der Urheber kann in solchen Fällen verlangen, daß der Vertragspartner in eine Änderung des Vertrags einwilligt, durch die ihm eine den Umständen nach angemessene Beteiligung an den Erträgnissen gewährt wird.

In der Praxis spricht man vom „Bestsellerparagraphen". Angesichts der Bedenken, die insbesondere von Verlegerseite gegen den Gesetzesvorschlag geltend gemacht worden sind, sind die Voraussetzungen streng gefaßt worden. Durch die Bestimmung, daß bei Prüfung der Frage, ob ein grobes Mißverhältnis vorliegt, die gesamten Beziehungen des Urhebers zu seinem Vertragspartner zu berücksichtigen sind, soll Fällen Rechnung getragen werden, in denen der erfolgreichen Verwertung einzelner Werke eine weniger erfolgreiche, möglicherweise mit Verlusten verbundene Verwertung anderer Werke desselben Autors gegenübersteht. Weiter als § 36 UrhG geht die Regelung im schwedischen UrhG von 1960, in der es heißt, daß eine in einem Urheberrechtsvertrag enthaltene Bedingung, die offenkundig mit den guten Gepflogenheiten im Bereich des Urheberrechts in Widerspruch steht oder sonst unangemessen ist, abzuändern oder als nichtig anzusehen ist.

3. Lehnt der Vertragspartner die Änderung des Vertrags ab, so kann der Urheber seinen Anspruch im Klageweg durchsetzen; auch kann er zur Klärung der Frage, ob und in welcher Höhe ihm der Anspruch zusteht, Auskunft und Rechenschaftslegung über den erzielten Nutzen verlangen. Der Verwerter bleibt aber jedenfalls gegen eine verspätete Geltendmachung des Anspruchs geschützt: Der Anspruch verjährt in zwei Jahren von dem Zeitpunkt ab, in dem der Urheber von den Umständen Kenntnis erlangt hat, aus denen sich der Anspruch ergibt, ohne Rücksicht auf diese Kenntnis in zehn Jahren. § 36 Abs. 2 UrhG.

Ein Verzicht, eine Verfügung oder eine Zwangsvollstreckung in den Anspruch ist erst nach seiner Entstehung zulässig; § 36 Abs. 3 UrhG. Bei Filmwerken kann der Anspruch zwar von den Urhebern der benutzten Werke, nicht aber von den sogenannten Filmurhebern geltend gemacht werden; § 90 UrhG. Unbillig ist dabei jedenfalls, daß auch dem Regisseur des Filmwerkes, der zu dessen wirtschaftlichem Erfolg entscheidend beigetragen haben mag, der Anspruch versagt bleibt.

4. Mit der Regelung ist ein nicht unerheblicher Fortschritt erzielt worden. Aus der Praxis sind bisher zwar nur wenige Fälle bekannt geworden, in denen das Änderungsrecht geltend gemacht wurde; sie haben, ohne daß es zu einer höchstrichterlichen Entscheidung kam, ihre Erledigung durch Vergleiche gefunden, in denen eine Erhöhung des Honorars vereinbart wurde. Vgl. dazu GERSTENBERG, in GRUR 1975, 591 ff. Anzunehmen ist aber, daß bereits die Existenz der Bestimmung die Verwerter zur Vorsicht beim Vertragsschluß mahnt.

§ 94. Verträge über künftige Werke

BRANDI-DOHRN, Der urheberrechtliche Optionsvertrag, Urheberrechtliche Abhandlung des MPI, Heft 6 (1967)

I. Verträge, die die Urheber über künftige Werke schließen, können Urheberrechtsverträge oder Vorverträge, insbesondere Optionsverträge sein.

1. In Urheberrechtsverträgen über künftige Werke können die Urheber nicht nur die Verpflichtung zur späteren Einräumung von Nutzungsrechten übernehmen. Vielmehr können sie auch bereits im Urheberrechtsvertrag Nutzungsrechte an künftigen Werken unter der Voraussetzung einräumen, daß die Werke hinreichend bestimmt oder bestimmbar sind. In Verlagsverträgen, Sendeverträgen und anderen Nutzungsverträgen werden dabei meist Vereinbarungen über künftige Werke getroffen, die ihrem Gegenstand nach im Vertrag näher bezeichnet sind. Die Verträge können aber auch über Werke geschlossen werden, die nicht näher oder nur der Gattung nach bestimmt, jedenfalls aber durch die Person des Autors hinreichend gekennzeichnet sind. Beispielsweise kann ein Verleger, der den Roman eines Autors veröffentlicht, mit ihm einen Verlagsvertrag über den nächsten oder weitere Romane

schließen, die er schaffen wird. Bei Wahrnehmungsverträgen mit Verwertungsgesellschaften pflegt vereinbart zu werden, daß der Urheber der Gesellschaft zu treuen Händen alle zu ihrem Tätigkeitsbereich gehörenden Rechte einräumt, die ihm gegenwärtig zustehen oder während der Vertragsdauer erwachsen werden.

Vgl. über die Zulässigkeit der Verfügung über Rechte an künftigen Werken insbesondere RGZ 140, 231, 251 mit eingehender Begründung sowie die Bestimmung in § 11 Abs. 2 VerlG, daß Verlagsverträge auch über Werke geschlossen werden können, die erst nach Abschluß des Verlagsvertrags hergestellt werden sollen.

2. Vorverträge sind insbesondere Optionsverträge, in denen sich der Urheber verpflichtet, dem Vertragspartner künftige Werke zum Abschluß von Nutzungsverträgen anzubieten. Sie begegnen vor allem im Verlagswesen. Der Verfasser kann dabei die Verpflichtung in besonderer Vereinbarung übernehmen; möglich ist aber insbesondere auch, daß er in dem Verlagsvertrag, der über ein bestimmtes Werk abgeschlossen wird, dem Verleger ein Optionsrecht für künftige Werke einräumt.

Zur Auslegung von Optionsverträgen mit Verlegern vgl. RGZ 79, 156 und BGHZ 22, 347: Soweit nichts anderes vereinbart ist, ist der Verfasser zwar verpflichtet, wegen des Abschlusses des Verlagsvertrags in erster Linie an den bevorrechtigten Verleger heranzutreten. Er braucht aber die Bedingungen, unter denen der Verleger zur Übernahme des Verlags bereit ist, nicht anzunehmen. Doch darf er mit einem anderen Verleger nur abschließen, wenn dieser ihm günstigere Bedingungen gewährt. Über Fälle stärkerer Bindung des Autors vgl. Brandi-Dohrn, S. 65 f. Ist der Optionsvertrag über das „nächste Werk des Verfassers" geschlossen, so ist Gegenstand des Vertrags das Werk, das der Verfasser als erstes nach Abschluß des Optionsvertrags in einer zur Veröffentlichung bestimmten Form fertigstellt; vgl. BGHZ 9, 237.

II. Der Gültigkeit der Verträge über künftige Werke sind freilich Grenzen gezogen.

1. Schon vor Erlaß des UrhG waren Rechtsprechung und Schrifttum davon ausgegangen, daß dem Urheber keine Bindungen auferlegt werden dürfen, die ihn in zu weitgehendem Maß in der Verwertung des künftigen Schaffens beschränken.

Das RG hatte in RGZ 19, 156 einen Optionsvertrag, in dem ein Operettenkomponist dem Verleger das Vorrecht für alle künftigen Kompositionen einräumte, noch als gültig angesehen. In BGHZ 22, 347 wurde dagegen mit Recht darauf hingewiesen, daß die Optionsvereinbarung es dem Verfasser, trotz dem Recht, günstigere Bedingungen eines anderen Verlegers anzunehmen, unmöglich macht, vor Fertigstellung seines künftigen Werkes in feste Beziehungen zu einem Verleger zu treten, sich von ihm Vorschüsse zahlen zu lassen usw. Unter Berufung auf die im Schrifttum und in Richtlinienverträgen, die zwischen Autoren- und Verlegerverbänden geschlossen wurden, zur Herrschaft gelangte Auffassung wurde daher dahin erkannt, daß Optionsverträge in der Regel wegen Verstoßes gegen die guten Sitten nichtig sind, wenn sie für das gesamte künftige Schaffen des Verfassers gelten sollen. Eine solche Belastung des Verfassers könne höchstens bei Übernahme einer angemessenen Gegenleistung durch den Verleger, beispielsweise in Form eines Optionspauschales, das auch bei Ablehnung künftiger Werke dem Verfasser verbleibt, oder in Sonderfällen — beispielsweise bei der Übernahme eines außergewöhnlichen verlegerischen Risikos — gerechtfertigt sein. Die Nichtigkeitsgründe sind aber damit nicht erschöpfend aufgezählt. Unter Umständen kann es auch bei zeitlicher oder gegenständlicher Beschränkung des Optionsvertrags für den Verfasser bereits eine unzumutbare Härte bedeuten, daß er trotz Ablehnung eines Werkes, das er dem bevorrechtigten Verleger angeboten hat, für spätere Werke gebunden bleiben soll. — Wie Optionsverträge, so können auch Verlagsverträge, die ohne nähere Begrenzung über künftige Werke geschlossen werden, wegen Verstoßes gegen die guten Sitten nichtig sein. Die Interessenlage ist zwar, wie BAPPERT-MAUNZ, VerlG, § 1, Anm. 29, mit Recht hervorheben, insofern eine andere, als beim Verlagsvertrag nicht nur der Verfasser, sondern auch der Verleger gebunden ist. Das kann bei der Beurteilung des Einzelfalles ins Gewicht fallen. Grundsätzlich gilt aber auch hier, daß Verpflichtungen, die den Verfasser zu weitgehend in der Möglichkeit der Verwertung des Werkes beschränken, wegen Verstoßes gegen die guten Sitten nichtig sind. Vgl. dazu auch BGHZ 22, 354.

2. Feste Grenzen hat § 40 UrhG den Verträgen gezogen, in denen sich der Urheber zur Einräumung von Nutzungsrechten an künftigen Werken verpflichtet, die überhaupt nicht näher oder nur der Gattung nach bestimmt sind. Solche Verträge bedürfen der Schriftform. Auch können sie von beiden Vertragsteilen nach Ablauf von fünf Jahren seit ihrem Abschluß gekündigt werden: die Kündigungsfrist beträgt, falls keine kürzere Frist vereinbart wird, sechs Monate. Mit der Beendigung des Vertrags wird auch die Einräumung von Nutzungsrechten an Werken, die zu diesem Zeitpunkt noch nicht abgeliefert sind, unwirksam.

Andere vertragliche oder gesetzliche Kündigungsgründe, darunter insbesondere auch die Möglichkeit der Kündigung langfristiger Verträge wegen wichtigen Grundes, bleiben unberührt; § 40 Abs. 2 UrhG. Nicht ausgeschlossen wird auch die Anwendung des § 138 BGB auf Verträge über künftige Werke (auch über Werke, die näher bestimmt sind), wenn sie nach Lage des Falls unbillige Härten enthalten. Beispielsweise kann es bei einem Optionsvertrag wider die guten Sitten verstoßen, dem Verfasser eine weitgehende Bindung aufzuerlegen, ohne daß er eine angemessene Gegenleistung erhält; so auch die amtliche Begründung zu § 40 UrhG.

III. Der Wortlaut der Regel des § 40 UrhG läßt Zweifeln Raum. Die Regel bedarf daher im Weg sinngemäßer Auslegung näherer Bestimmung.

1. Verpflichtungsverträge i. S. des § 40 UrhG sind auch die Urheberrechtsverträge über nicht näher oder nur der Gattung nach bestimmte Werke, bei denen die Einräumung des Nutzungsrechts in das Verpflichtungsgeschäft eingebettet ist: Die Einheit des Vertrags hat zur Folge, daß auch die in dem Vertrag getroffene Verfügung über die Rechte an Werken, die nicht näher oder nur der Gattung nach bestimmt sind, ohne Einhaltung der Schriftform nichtig ist. Wurde die Schriftform eingehalten, der Vertrag aber nach Ablauf von fünf Jahren gekündigt, so ist die Regel des § 40 Abs. 3 UrhG auch auf die im Rahmen des Vertrags erfolgte Einräumung von Nutzungsrechten anzuwenden: Die Verfügung wird mit Beendigung des Vertrags hinsichtlich der Werke unwirksam, die zu diesem Zeitpunkt noch nicht abgeliefert sind.

Ebenso grundsätzlich FROMM-NORDEMANN, UrhG, § 40, Anm. 4 c. Abweichend nimmt dagegen v. GAMM, UrhG, § 40, Rdz. 4, an, daß die Anwendung des § 40 UrhG auf reine Verpflichtungsverträge beschränkt bleibt. Richtig ist zwar, daß die Verträge, in deren Rahmen Nutzungsrechte an künftigen Werken eingeräumt werden, zumeist über näher bestimmte Werke abgeschlossen werden, so daß aus diesem Grunde die Anwendung des § 40 UrhG entfällt. Möglich ist aber auch der Abschluß von Verträgen, in deren Rahmen die Einräumung von Nutzungsrechten an nicht näher oder nur der Gattung nach bestimmten, jedenfalls aber bestimmbaren Werken erfolgt, und es besteht aller Anlaß zu der Annahme, daß solche Verträge schriftlich abgeschlossen werden müssen und nach Ablauf von fünf Jahren mit der Wirkung gekündigt werden können, daß mit der Beendigung des Vertrags auch die Verfügung über die Nutzungsrechte an Werken unwirksam wird, die zu diesem Zeitpunkt noch nicht abgeliefert sind. — Bei Wahrnehmungsverträgen, die mit Verwertungsgesellschaften abgeschlossen werden, ist es die Regel, daß die Verfügung sich auch auf künftige Werke bezieht, die nur der Gattung nach bestimmt sind. § 40 UrhG ist daher grundsätzlich anwendbar. Die Verträge bedürfen, wie es auch in der Praxis üblich ist, der Schriftform. Eine Kündigung ist nach Ablauf von fünf Jahren möglich. Auf die Frage, ob die Werke vor der Beendigung des Vertrags abgeliefert wurden, kann freilich nicht abgestellt werden. Sinngemäß ist vielmehr m. E. anzunehmen, daß das Wahrnehmungsrecht, wie in den Fällen der ordentlichen, vertragsmäßig vorgesehenen Kündigung oder der Kündigung wegen wichtigen Grundes, auch im Hinblick auf die vor Beendigung des Vertrags eingeräumten Rechte erlischt.

2. Bei Verträgen, bei denen der Urheber die Verpflichtung zur späteren Einräumung des Nutzungsrechts übernimmt, ist die Anwendung des § 40 UrhG angesichts des Wortlauts des Gesetzes unstreitig. Möglich ist in solchen Fällen, daß der Vertrag zwar mangels Einhaltung der Schriftform nichtig ist, daß aber gleichwohl der Urheber dem Vertragspartner Nutzungsrechte an einzelnen Werken einräumt. Die Einräumung wird dabei zumeist bei der Ablieferung des Manuskripts erfolgen. Da sie sich auf ein bestimmtes Werk bezieht, ist sie als gültig anzusehen. Entsprechend ist anzunehmen, daß der formfrei abgeschlossene Nutzungsvertrag hinsichtlich des Werkes, an dem das Nutzungsrecht eingeräumt wird, bestätigt oder eventuell angesichts besonderer Absprachen, die bei der Einräumung des Nutzungsrechts getroffen werden, neu abgeschlossen wird.

Wurde der Vertrag schriftlich abgeschlossen, so bleiben die vor der Beendigung des Vertrags eingeräumten Nutzungsrechte unter der Voraussetzung, daß das Manuskript abgeliefert wurde, in Geltung. Für die Zukunft können neue Vereinbarungen getroffen werden.

3. Der gesetzliche Begriff der Verträge, durch die sich der Urheber zur Einräumung von Nutzungsrechten verpflichtet, umfaßt, über den Wortlaut hinausgehend, sinngemäß insbesondere auch die Optionsverträge, in denen sich der Urheber nur dazu verpflichtet, dem Vertragspartner künftige Werke zum Abschluß eines Nutzungsvertrags anzubieten.

Ebenso die herrschende Meinung. Vgl. FROMM-NORDEMANN, UrhG, § 40, Anm. 4, und v. GAMM, UrhG, § 40, Rdz. 6. Die abweichende Meinung von SAMSON, in UFITA 50

(1967) 491 ff., verkennt, daß dem Sinn der gesetzlichen Regelung insbesondere auch die Beschränkung der Möglichkeit einer langjährigen Bindung an Optionsverträge entspricht.

Optionsverträge, die über nicht näher oder nur der Gattung nach bestimmte Werke geschlossen werden, bedürfen daher zu ihrer Gültigkeit der Schriftform und können nach Ablauf von fünf Jahren seit Vertragsschluß gekündigt werden. Kommt es freilich aufgrund des Anerbietens des Urhebers zum Abschluß eines Nutzungsvertrags über ein bestimmtes Werk, so sind der Vertrag und die in ihm getroffene Verfügung auch dann wirksam, wenn der Optionsvertrag formnichtig ist oder gekündigt wird: An der Gültigkeit und der Weitergeltung von Verträgen, die über einzelne Werke abgeschlossen werden, besteht ein schutzwürdiges Interesse insbesondere auch des Autors.

IV. Auf das Kündigungsrecht kann im voraus nicht verzichtet werden; § 40 Abs. 2 UrhG. Erst nach Ablauf der Fünfjahresfrist ist ein Verzicht dadurch möglich, daß die Parteien den Vertrag bestätigen oder einen neuen, entsprechenden Vertrag schließen, der seinerseits nach Ablauf von fünf Jahren kündbar ist.

Nicht geregelt ist die Frage, ob der Urheber im Fall der Kündigung des Vertrags zu einer Rückerstattung bereits gezahlter Vergütungen verpflichtet ist. In der amtlichen Begründung heißt es darüber, daß die Frage nach den Vorschriften des bürgerlichen Rechts zu beurteilen ist. Fromm-Nordemann, UrhG., § 40, Anm. 3 f, verweisen auf die Rückforderungsansprüche, die in §§ 346 ff. BGB für den Fall des Rücktritts vorgesehen sind; Brandi-Dohrn, S. 102, und Hubmann, UR, S. 195, halten dagegen die Regeln über die ungerechtfertigte Bereicherung für anwendbar. Aber die Kündigung ist kein Rücktritt, und die Anwendung der bereicherungsrechtlichen Vorschriften scheitert daran, daß immerhin eine Bindung bis zu fünf Jahren vorliegt. Entscheidend kommt es vielmehr, wenn die Parteien keine ausdrückliche Vereinbarung getroffen haben, auf eine Auslegung der Verträge nach Treu und Glauben an. Dabei macht es einen Unterschied, ob es sich um eine Optionspauschale handelt, bei dem es angesichts der dem Urheber auferlegten Bindung gerechtfertigt sein kann, daß es dem Urheber verbleibt, oder um Vorschüsse auf künftige Werke, die der Urheber nicht fertigstellt oder an denen der Verwerter kein Nutzungsrecht erwirbt.

§ 95. Verträge über Werke, die in Arbeits- oder Dienstverhältnissen geschaffen werden

Dittrich, Arbeitnehmer und Urheberrecht, Bd. 55 der Schriftenreihe der INTERGU (1978); Samson, Die urheberrechtliche Regelung in Dienst- und Tarifverträgen, UFITA 64 (1972) 188 ff.; Schmieder, Die Rechtsstellung der Urheber und künstlerischen Werkmittler im privaten und öffentlichen Dienst, GRUR 1963, 297 ff.; Vinck, Die Rechtsstellung des Urhebers in Arbeits- und Dienstverhältnissen, Schriftenreihe der UFITA, Heft 41 (1972). — Sabine Rojahn, Der Arbeitnehmerurheber in Presse, Funk und Fernsehen, Bd. 15 der Urheberrechtlichen Abhandlungen des MPI (1978).

I. Für Werke, die die Urheber in Erfüllung ihrer Verpflichtungen aus Arbeits- oder Dienstverhältnissen schaffen, gilt die Regel des § 43

UrhG: Die Vorschriften über die Nutzungsrechte und ihre Einräumung sind auf sie insoweit anzuwenden, als sich aus dem Inhalt oder dem Wesen des Arbeits- oder Dienstverhältnisses nichts anderes ergibt.

1. Unter den Dienstverhältnissen sind im Unterschied zu den Arbeitsverhältnissen die Rechtsverhältnisse der Beamten zu verstehen. Die von Beamten geschaffenen Werke können amtliche Werke i. S. des § 5 UrhG sein, an denen kein Urheberrechtsschutz besteht. Bei sonstigen Werken, die Beamte aufgrund dienstrechtlicher Verpflichtung schaffen, folgt die Pflicht zur Einräumung von Nutzungsrechten aus den Regeln des öffentlichen Rechts. Die Einräumung ist aber, ebenso wie bei Arbeitnehmern, zivilrechtlich zu deuten.

Im übrigen bleiben die besonderen Regeln des öffentlichen Dienstrechts zu beachten. Insbesondere kann, soweit die Verwertungsrechte beim Urheber zurückbleiben, zu ihrer Ausübung die Genehmigung des Dienstherrn erforderlich sein.

2. Die Regel des § 43 UrhG bestätigt den bereits mehrfach erwähnten Grundsatz, daß die Urheberrechte auch bei Werken, die im Rahmen eines Arbeits- oder Dienstverhältnisses geschaffen werden, in der Person des Arbeitnehmers oder Beamten als des geistigen Schöpfers entstehen. Die Rechtslage weicht darin von der Regelung im angloamerikanischen Rechtskreis ab, steht aber im Einklang jedenfalls mit der in den kontinental-europäischen Ländern vorherrschenden Rechtsauffassung. Das Interesse des Arbeitgebers oder der Behörde wird durch die Vereinbarung gewahrt, die mit dem Urheber über die Einräumung von Nutzungsrechten geschlossen wird.

Daß der Arbeitgeber und die Dienststelle auf den vertraglichen Erwerb von Nutzungsrechten angewiesen sind, wird sowohl in der Rechtsprechung wie in der im Schrifttum vorherrschenden Meinung angenommen. Ebenso tritt DITTRICH, a.a.O., in seinem für das österreichische Bundesministerium für soziale Verwaltung erstatteten Gutachten aufgrund eingehender Untersuchung für die Beibehaltung der Regel ein, daß bei dem „Spannungsverhältnis" zwischen Urheberrecht und Arbeitsrecht von dem Urheberrecht des Arbeitnehmers auszugehen ist, und schlägt in einem Gesetzesentwurf Regeln für die Verträge über die Einräumung von Nutzungsrechten an den Arbeitgeber vor. Zu der abweichenden Meinung v. M. REHBINDER, in UFITA 66 (1973) 125 ff. vgl. oben § 33 II.

II. Die Vereinbarung über die Einräumung von Nutzungsrechten an Werken, die in Erfüllung von Verpflichtungen aus einem Arbeits- oder Dienstverhältnis geschaffen werden, kann ausdrücklich oder stillschweigend getroffen werden.

1. Ausdrückliche Vereinbarungen, die das Urheberrecht der Arbeitnehmer betreffen, finden sich in Arbeits- oder Tarifverträgen. In der Praxis haben sich in neuerer Zeit die Fälle gemehrt, in denen in Tarifverträgen einschlägige Urheberrechtsklauseln enthalten sind.

U. a. geht es um den Tarifvertrag, den die Verbände von Journalisten mit dem Bundesverband deutscher Zeitungsverleger, sowie um Tarifverträge, die die Verbände der

Film- und Rundfunkschaffenden mit dem Verband der deutschen Spielfilmproduzenten sowie mit Rundfunkanstalten geschlossen haben. Über Einzelheiten vgl. SAMSON, a.a.O., und SABINE ROJAHN, in Film u. Recht, 1979, 69 ff.

Im übrigen sind stillschweigende Vereinbarungen häufig. Sie sind bei Werken anzunehmen, die Arbeitnehmer in Erfüllung ihrer Arbeitspflichten schaffen, nicht dagegen bei Werken, die sie aus eigener Initiative herstellen, mögen sie dabei auch an Erfahrungen anknüpfen, die sie im Arbeitsverhältnis gesammelt haben.

Beispiele für Werke, die in Erfüllung von Verpflichtungen aus dem Arbeitsverhältnis geschaffen werden und bei denen eine stillschweigende Vereinbarung über die Einräumung von Nutzungsrechten anzunehmen ist, sind u. a. Entwürfe, die von Angestellten für Werke der angewandten Kunst, künstlerische Illustrationen, Werke der Gebrauchsgraphik oder Bauwerke geschaffen werden, Artikel oder Reportagen, die von angestellten Journalisten oder Redakteuren verfaßt werden, sowie Werke von angestellten Übersetzern, Werbetextern und Fotografen.

Vgl. dazu insbesondere SCHMIEDER, a.a.O. In der Rechtsprechung wurde in RGZ 110, 393 angenommen, daß zwar in der Regel bei künstlerischen, insbesondere kunstgewerblichen, Arbeiten, die die Angestellten in Erfüllung ihrer Verpflichtungen aus dem Arbeitsvertrag geschaffen haben, eine stillschweigende Rechtsübertragung anzunehmen ist. Anders liege es dagegen bei einmaligen Schöpfungen — im Streitfall bei einer Innenausstattung für ein Restaurant —, für die ihrer Art nach eine Vervielfältigung nicht in Betracht kommt. Gegen diese Unterscheidung vgl. DE BOOR, JW 1926, 559. Auch m. E. ist sie grundsätzlich nicht zu billigen. Zu bedenken ist nicht nur, daß die Ausführung der Entwürfe eine Vervielfältigung ist, sondern insbesondere auch, daß bei Werken, für die keine serienmäßige Herstellung geplant ist, doch jedenfalls eine Nachbildung durch andere möglich ist. Meist wird daher ein schutzwürdiges Interesse des Arbeitgebers an der Einräumung des Vervielfältigungsrechts vorliegen. Lehrreich ist im übrigen der Sachverhalt, der der Entscheidung des BArbG vom 24. 11. 1960 (GRUR 1961, 491 und Sammlung arbeitsrechtlicher Entscheidungen 1961, Nr. 22) zugrunde lag: Es handelte sich um eine Betriebschronik, zu deren Abfassung ein Arbeitnehmer einen besonderen Auftrag erhalten hatte. Der Schwerpunkt der Entscheidung des BArbG lag auf der Frage nach dem Eigentum am Manuskript. Unter urheberrechtlichen Gesichtspunkten, auf die das BArbG zu Unrecht nicht eingegangen ist, ist in einem solchen Fall entscheidend, daß die Pflicht zur Einräumung des Nutzungsrechts nicht bereits aus dem Arbeitsvertrag abgeleitet werden kann. Maßgebend ist vielmehr die Auslegung des Sonderauftrags, insbesondere auch bezüglich der Vergütungsfrage. Vgl. dazu die Anmerkung des Verfassers in der Sammlung arbeitsrechtlicher Entscheidungen, a.a.O.

Fraglich kann es insbesondere bei einer stillschweigenden Vereinbarung sein, ob die Einräumung von Nutzungsrechten als Vorausverfügung über Rechte an künftigen Werken bereits im Arbeitsvertrag enthalten ist oder ob nur eine Pflicht zur Rechtseinräumung anzunehmen ist, die im Zweifel bei der Ablieferung des Manuskripts oder des sonstigen Werkstücks erfüllt wird. Typischerweise wird eine bloße Verpflichtung anzunehmen sein, wenn der Arbeitnehmer, beispielsweise ein Journalist, das Manuskript erst abzuliefern braucht, sofern er es seinerseits für veröffentlichungsreif hält. Ist dagegen davon auszugehen, daß der Arbeitgeber dazu berechtigt ist, auch Vorentwürfe des Arbeitnehmers, beispielsweise Entwürfe für Werke der angewandten Kunst oder für Bauwerke, die aufgrund des Arbeitsverhältnisses hergestellt wurden, in Anspruch zu nehmen, um sie weiter ausarbeiten zu lassen, so ist auf eine Vorausverfügung zu schließen.

Über eine der Verpflichtung in einem Arbeitsverhältnis verwandte Bindung hat der BGH in GRUR 1974, 480, bezüglich von Bildwerken der Ordensschwester BERTA HUMMEL entschieden. Nach der Ordensregel, der sich die Künstlerin unterworfen hat, war sie gehalten, alles durch ihre Arbeit Erworbene der Oberin für die Kongregation zur Verfügung zu stellen. Der BGH wies auf die Verwandtschaft der Rechtslage mit den Fällen hin, in denen Werke aufgrund einer Verpflichtung in Arbeits- oder Diestverhältnissen geschaffen werden. Er ließ dahingestellt, ob kraft schlüssigen Verhaltens eine Vorausverfügung über die künftigen Rechte anzunehmen ist, nahm aber an, daß die Einräumung jedenfalls bei Ablieferung der fertiggestellten einzelnen Bildwerke erfolgt ist. Für die letztere Auffassung sprach, daß es Sache der Künstlerin war, über die Fertigstellung und damit über die Veröffentlichungsreife des Werkes zu entscheiden.

2. Auch bei Werken, die von Beamten geschaffen werden, kann die Einräumung der Nutzungsrechte ausdrücklich oder stillschweigend erfolgen. Meist wird eine stillschweigende Vereinbarung vorliegen, die, der dienstrechtlichen Verpflichtung entsprechend, getroffen wird. Ob dabei eine Vorausverfügung über die Rechte an künftigen Werken oder eine Verfügung über die einzelnen, im Lauf des Dienstverhältnisses geschaffenen Werke anzunehmen ist, die bei ihrer Ablieferung erfolgt, ist grundsätzlich nach denselben Kriterien wie bei Verfügungen anzunehmen, die von Arbeitnehmern getroffen werden.

Sofern keine dienstliche Verpflichtung zum Werkschaffen vorliegt, besteht auch keine Verpflichtung zur Einräumung von Nutzungsrechten. Dies gilt, entsprechend der Rechtslage bei Arbeitsverhältnissen, auch dann, wenn der Beamte das Werk unter Verwertung der bei der dienstlichen Tätigkeit gesammelten Erfahrungen geschaffen hat. Beispiele sind Kommentare, die von Ministerialbeamten zu Gesetzen verfaßt werden, deren Entwürfe sie ausgearbeitet und für die sie die amtliche Begründung geschrieben haben, sowie wissenschaftliche Werke, in denen beamtete Hochschullehrer, die zur Lehre und Forschung auf ihrem Fachgebiet verpflichtet sind, die Ergebnisse ihrer Lehr- und Forschungsarbeiten verwerten.

III. Ist demnach eine Vereinbarung über die Einräumung von Nutzungsrechten anzunehmen, so ist gemäß § 43 UrhG zwar von den allgemeinen Regeln der §§ 31 ff. UrhG auszugehen; sie sind jedoch nur insoweit anzuwenden, als sich nicht aus Inhalt und Wesen des Arbeits- oder Dienstverhältnisses ein anderes ergibt. Der Vorschrift liegt der Gedanke zugrunde, daß die Schutzvorschriften zugunsten der Urheber, die in den allgemeinen Regeln enthalten sind, in erster Linie für freischaffende Urheber bestimmt sind, die auf die Erträgnisse aus der Verwertung ihrer Werke angewiesen sind, während der Arbeitnehmer oder Beamte, der fortlaufende Bezüge erhält, eines solchen Schutzes nicht in gleichem Maß bedarf. Der Gesetzgeber hat sich dabei freilich auf eine Generalklausel beschränkt und die Entscheidung darüber, ob nach Lage der Umstände von den allgemeinen Regeln, darunter auch von zwingenden Vorschriften, abzuweichen ist, der Beurteilung durch Rechtsprechung und Schrifttum überlassen.

1. Was die Regel des § 40 UrhG bezüglich der Verträge über künftige Werke betrifft, so ist sie auf Werke, die in Dienstverhältnissen geschaffen werden, ohnedies nicht anwendbar: Die Verpflichtung aus dem Dienstverhältnis beruht nicht auf Vertrag, sondern auf Regeln des öffentlichen Rechts. Sie besteht bis zum Ablauf des Dienstverhältnisses fort.

Auch gegen die Anwendung der Regeln auf Werke, die in Erfüllung von Pflichten aus dem Arbeitsverhältnis geschaffen werden, sprechen entscheidende Bedenken. Was die Schriftform betrifft, so mehren sich zwar in der Praxis die Fälle, in denen Urheberrechtsklauseln in Arbeits- oder Tarifverträgen vereinbart werden. Noch immer handelt es sich aber in einer Vielzahl von Fällen um stillschweigende Vereinbarungen. Auch die amtliche Begründung zum UrhG geht davon aus, daß wie früher, so auch künftig, stillschweigende Vereinbarungen abgeschlossen werden können. Speziell bei stillschweigenden Vereinbarungen ist für die Beurteilung der Frage nach dem Umfang der Rechtseinräumung die Berücksichtigung von Inhalt und Wesen des Arbeitsverhältnisses, auf die das Gesetz verweist, von besonderer Bedeutung.

Nicht anwendbar ist auch die Regel über die Kündigung der Vereinbarung nach Ablauf von fünf Jahren. Die Verpflichtung, im Rahmen des Arbeitsverhältnisses Werke zu schaffen und dem Arbeitgeber Nutzungsrechte einzuräumen, läßt sich von dem Arbeitsverhältnis, in dem sie ausdrücklich oder stillschweigend vereinbart wurde, nicht trennen. Die einschlägige Vereinbarung kann daher nicht besonders gekündigt werden. Möglich ist nur eine vertragliche Änderung des Inhalts des Arbeitsverhältnisses, aufgrund derer die Verpflichtung entfällt oder abweichend bestimmt wird. Im übrigen besteht die Verpflichtung fort, bis das Arbeitsverhältnis durch Zeitablauf oder Kündigung beendet wird.

Abweichend hält VINCK, S. 16, die Regel des § 40 UrhG für anwendbar. Nur die Verfügung, die seiner Ansicht nach in der Regel erst bei der Ablieferung des Werkes erfolgt, sei formlos möglich. Solche Deutung führt aber zu dem unhaltbaren Ergebnis, daß es dem Arbeitnehmer, wenn keine schriftliche Vereinbarung getroffen wurde, freisteht, die Einräumung des Nutzungsrechts zu verweigern oder von beliebigen Bedingungen abhängig zu machen.

2. Die Lehre von der Zweckübertragung und die ihr entsprechende Regel des § 31 Abs. 5 UrhG ist dagegen auch bei Werken, die in Erfüllung der Verpflichtung aus einem Arbeits- oder Dienstverhältnis geschaffen werden, anwendbar. Sie hat wesentliche Bedeutung: Der Um-

fang des Nutzungsrechts, das einem Unternehmen eingeräumt wird, bestimmt sich nach dem Zweck des Unternehmens; entsprechend sind bei Werken, die im öffentlichen Dienst geschaffen werden, für den Umfang der Einräumung die Zwecke entscheidend, die von der Behörde verfolgt werden.

Was die Verträge mit Arbeitnehmern betrifft, so ist beispielsweise bei Verträgen mit Sendeunternehmen, dem Vertragszweck entsprechend, anzunehmen, daß sich das Nutzungsrecht des Sendeunternehmens auf die Verwertung zu Rundfunkzwecken beschränkt. Abweichende Vereinbarungen, z. B. die Vereinbarung, daß das Sendeunternehmen berechtigt sein soll, die Werke in Büchern oder Zeitschriften zu veröffentlichen, sind zwar möglich, sie müssen aber ausdrücklich getroffen werden. Über den Begriff der Verwertung zu Rundfunkzwecken vgl. unten § 114 III. Bei der Vertragsgestaltung, insbesondere auch bei der Regelung in Tarifverträgen, beginnt sich dabei der Gedanke durchzusetzen, daß für eine Verwertung, die nicht zu Rundfunkzwecken erfolgt, eine zusätzliche Vergütung zu entrichten ist.

3. Die Möglichkeit einer Änderung des Werkes wird im Hinblick auf die besondere Bindung des Arbeitnehmers oder Beamten an das Unternehmen oder die Dienststelle in weitergehendem Maß zuzubilligen sein als beim Erwerb der Nutzungsrechte aus der Hand freischaffender Urheber; jedenfalls bleibt aber der Kern des Urheberpersönlichkeitsrechts (§ 14 UrhG) gewahrt. Auch die Regeln über die Rückrufsrechte des Urhebers (§§ 41 und 42 UrhG) erfahren eine Einschränkung im Hinblick auf Inhalt oder Wesen des Arbeits- oder Dienstverhältnisses. Ganz auszuschließen ist aber ihre Anwendung nicht; gegebenenfalls kann eine modifizierte Anwendung in Betracht kommen. Beispielsweise wird der angestellte Journalist den Artikel, den er verfaßt hat, von dem Zeitungsverleger zurückrufen können, wenn auch nach dem Ablauf der in § 41 Abs. 3 UrhG vorgesehenen Frist von drei Monaten nicht mehr mit einer Verwertung durch den Verleger zu rechnen ist. Anstelle eines Rückrufsrechts wegen gewandelter Überzeugung kommt die Möglichkeit in Betracht, daß der Urheber die Verwertung des Werkes unter seinem Namen untersagt.

IV. Was die Vergütung des Urhebers betrifft, so scheint die Frage nahezuliegen, ob, entsprechend der Regelung in dem Gesetz über Arbeitnehmererfindungen, das den Arbeitgeber im Fall der Inanspruchnahme einer Diensterfindung zur Zahlung einer angemessenen Vergütung verpflichtet, auch dem Urheber für die Einräumung des Nutzungsrechts an einem im Arbeitsverhältnis geschaffenen Werk ein besonderes Entgelt gebührt. Die Sachverhalte sind jedoch verschieden: Der Ingenieur oder Chemiker kann zu Forschungsarbeiten verpflichtet werden, aus denen Erfindungen erwachsen können; ob und in welchem Umfang schutzfähige Erfindungen geschaffen werden, bleibt aber offen. Im Bereich der Literatur und Kunst kann dagegen im Arbeitsvertrag die Verpflichtung zur Ausarbeitung von Werken übernommen werden. Im Regelfall wird dabei der Arbeitnehmer mit den laufenden Bezügen abgefunden, die ihm aufgrund des Arbeitsverhältnisses zustehen. Abweichende Vereinbarungen sind möglich. Auch kann der Urheber in Fällen, in denen der Arbeitgeber aus der Nutzung des Werkes einen Gewinn erzielt, der in seiner Höhe außer Verhältnis zu den Bezügen des Arbeitnehmers steht, gemäß § 36 UrhG eine Vertragsänderung verlangen, aufgrund derer ihm eine den Umständen nach angemessene Beteiligung an den Erträgnissen gewährt wird.

Ebenso GERSTENBERG, UR an Werken der Kunst, S. 131, und MÖHRING-NICOLINI, UrhG, § 43, Anm. 4. Weitergehend schlägt DITTRICH, a.a.O., in seinem Gesetzentwurf vor, daß dem Arbeitnehmer eine zusätzliche Vergütung insoweit gebührt, als nicht schon in dem ihm aufgrund des Arbeitsverhältnisses im Hinblick auf seine Tätigkeit als Urheber zukommenden Entgelt eine angemessene Vergütung für die Einräumung des Nutzungsrechts gelegen ist. Über einen Sonderfall vgl. BGH in GRUR 1978, 244: Einem Arbeitnehmer, der für einfache Schreib-und Hilfsarbeiten bei der Fertigstellung eines Buchmanuskriptes angestellt war, der dabei aber schöpferische Beiträge leistete, wurde der Anspruch auf eine besondere Vergütung zuerkannt. — Auch Beamte werden grundsätzlich für die Einräumung von Nutzungsrechten durch die laufenden Bezüge, die sie erhalten, abgefunden. § 36 UrhG, der einen Anspruch auf Vertragsänderung vorsieht, ist m. E. nicht anwendbar; die Sorge für eine angemessene Besoldung bleibt vielmehr Aufgabe des öffentlichen Rechts.

II. Wahrnehmungsverträge. Das Recht der Verwertungsgesellschaften

§ 96. Individuelle und kollektive Wahrnehmung. Wahrnehmung durch Bühnenverlage

BEILHARZ, Der Bühnenvertriebsvertrag als Beispiel eines urheberrechtlichen Wahrnehmungsvertrags, Heft 9 der Urheberrechtlichen Abhandlungen des MPI, 1970.

I. Individuelle Wahrnehmung von Rechten der Urheber ist die Wahrnehmung von Rechten an Bühnenwerken durch Bühnenverlage und Bühnenvertriebe. Die Verlage und Vertriebe schließen mit den Urhebern von dramatischen, dramatisch-musikalischen und choreographischen Werken Verträge ab, in denen sie die Wahrnehmung von Nutzungsrechten für Rechnung der Urheber übernehmen. Als Vergütung für die Wahrnehmung wird in der Regel eine prozentuale Beteiligung an den Erträgnissen aus der Verwertung der Rechte vereinbart.

Die Begriffe „Bühnenverlag" und „Bühnenvertrieb" werden im Rechtsleben für dieselbe Art wirtschaftlicher Unternehmungen verwendet; vgl. dazu BEILHARZ, S. 2. Einfachheitshalber bezeichnen wir im folgenden die betreffenden Unternehmen einheitlich als Bühnenverlage.

1. Gegenstand der Wahrnehmung sind in erster Linie die Aufführungsrechte an Bühnenwerken. Vertraglich kann aber auch die Wahrnehmung anderer Rechte vereinbart werden. Häufig ist dies bezüglich der Senderechte, seltener bezüglich der Verfilmungsrechte der Fall.

Bei der Wahrnehmung der Aufführungs- und Senderechte an dramatisch-musikalischen Werken ist zwischen den großen Rechten und den kleinen Rechten zu unterscheiden: Die Wahrnehmung durch Bühnenverlage bleibt auf die sogenannten großen Rechte beschränkt, d. h. die Rechte zur bühnenmäßigen Aufführung sowie zur Sendung der

Werke, sofern sie zum Zweck der vollständigen Wiedergabe, zur Wiedergabe im Querschnitt oder in größeren Teilen vergeben werden. Die sogenannten kleinen Rechte, insbesondere die Rechte zur „konzertmäßigen" Aufführung, werden dagegen kollektiv von der GEMA wahrgenommen.

2. In Durchführung ihrer Aufgaben stellen die Bühnenverlage meist eine begrenzte Anzahl von Exemplaren der Werke her, die sie den Veranstaltern verkaufen oder — insbesondere bei musikdramatischen Werken — unter Berechnung der sogenannten Materialleihgebühr vermieten. Vertraglich wird ihnen daher, sofern diese Herstellung erforderlich ist, auch ein Vervielfältigungs- und Verbreitungsrecht eingeräumt, dessen Umfang durch den Zweck des Wahrnehmungsvertrags bestimmt wird. Mit dem Ende des Wahrnehmungsvertrags erlischt auch das Vervielfältigungs- und Verbreitungsrecht.

Wird der Bühnenverlag zur Herstellung des Text- und Notenmaterials nicht nur berechtigt, sondern auch verpflichtet, so enthält der Wahrnehmungsvertrag auch ein verlagsrechtliches Element. Dem Bühnenverlag wird dabei freilich zumeist nicht das ausschließliche Recht zur Vervielfältigung und Verbreitung, sondern nur ein einfaches Recht bewilligt. Dem Autor bleibt es vorbehalten, zum Zweck der Verwertung des Werkes beim allgemeinen Publikum einem Buch- oder Musikverlag das Verlagsrecht einzuräumen. Auch in Fällen, in denen dem Buch- oder Musikverlag eine Bühnenvertriebsabteilung angegliedert ist, wird bei Abschluß des Vertrags in der Regel nicht bereits die Einräumung des Buchverlagsrechts, sondern nur eine Option vereinbart. Der Verlag kann dann seine Entscheidung über den Abschluß eines besonderen Verlagsvertrags, durch den er die Buchrechte erwirbt, von dem Erfolg der Bühnenaufführung abhängig machen. Vgl. dazu BEILHARZ, S. 36 ff.

3. Zur Wahrnehmung der Rechte der Urheber werden den Bühnenverlagen in der Regel ausschließliche Nutzungsrechte eingeräumt, aufgrund derer sie in eigenem Namen die Verträge mit den Veranstaltern abschließen und Abwehrrechte gegen unbefugte Verwertung geltend machen können. Den Theaterunternehmen räumen die Bühnenverlage meist zeitlich begrenzte einfache Aufführungsrechte ein; möglich ist aber auch die Einräumung zeitlich begrenzter ausschließlicher Rechte, die räumlich auf eine bestimmte Stadt oder ein bestimmtes Gebiet beschränkt werden. Die Einräumung des Rechts zur Fernsehsendung ist in der Regel Einräumung eines zeitlich begrenzten ausschließlichen Rechts.

Handelsrechtlich gesehen sind die Verträge mit den Bühnenverlagen, die kaufmännische Unternehmen sind und die Verträge mit den Veranstaltern im eigenen Namen für Rechnung der Urheber abschließen, Verträge über eine Geschäftsbesorgungskommission i. S. des § 406 HGB, auf die die Regeln über Kommissionsgeschäfte zur Anwendung kommen; die Vergütung des Bühnenverlags ist Provision. Ergänzend sind die Vorschriften des bürgerlichen Rechts über Dienstverträge, die eine Geschäftsbesorgung zum Gegenstand haben (§ 675 BGB), anwendbar. Die Einräumung des Nutzungsrechts ist in die Verträge eingebettet. Sie ist in ihrer Gültigkeit und ihrem Bestand von der Gültigkeit und dem Bestand des Wahrnehmungsvertrags abhängig.

4. Die Wahrnehmungspflicht ist die Pflicht zur sorgfältigen Wahrnehmung der Rechte der Urheber: Sie umfaßt vorbehaltlich näherer Regelung in den Einzelverträgen die Pflicht zur Werbung durch dazu geeignete Maßnahmen, zum Abschluß von Aufführungs- und Sendeverträgen zu verkehrsüblichen Bedingungen, zur Überwachung der Aufführungen und Sendungen sowie die Pflicht, die Vergütung einzuziehen und sie, abzüglich der Provision, den Urhebern auszubezahlen.

5. Eine Hilfsfunktion leistet die Neue Zentralstelle der Bühnenautoren und Bühnenverleger GmbH. Sie ist keine Verwertungsgesellschaft, die Rechte wahrnimmt, kontrolliert vielmehr die Aufführungen und die Abrechnung der Bühnen und übernimmt aufgrund eines besonderen Auftrags auch das Inkasso der Aufführungstantiemen.

II. Kollektive Wahrnehmung ist die Wahrnehmung von Rechten der Urheber durch Verwertungsgesellschaften, die zum Zweck der gemeinsamen Auswertung erfolgt. Gemeinsame Auswertung ist insbesondere bei Rechten erforderlich, die angesichts der Vielheit der Werknutzer individuell nicht wirksam geltend gemacht werden können. Sie kommt aber auch bei Rechten in Betracht, die den Sendeunternehmen oder den Unternehmen der phonographischen Industrie eingeräumt werden, deren Kreis überschaubar ist.

Eine gesetzliche Regelung des Rechts der Verwertungsgesellschaften ist gleichzeitig mit dem Erlaß des UrhG durch das Gesetz über die Wahrnehmung von Urheberrechten und verwandten Schutzrechten (WahrnG) erfolgt. Es sieht u. a. eine staatliche Aufsicht über die Verwertungsgesellschaften sowie eine Reihe von Pflichten der Verwertungsgesellschaften vor. Für die Darstellung empfiehlt es sich dabei, der Erläuterung des Gesetzes eine Übersicht über die Entwicklung sowie über die Arten der Verwertungsgesellschaften voranzustellen.

§ 97. Entwicklung und Arten der Verwertungsgesellschaften

Plugge-Roeber, Das musikalische Tantiemerecht in Deutschland, 1930; Ulmer-Bussmann-Weber, Das Recht der Verwertungsgesellschaften (vergleichende Darstellung der gesetzlichen Bestimmungen), 1955; Schulze, Urheberrecht in der Musik, 4. Aufl. 1972; Haensel, Probleme der literarischen Verwertungsgesellschaft, in UFITA 26 (1958) 41 ff.

I. Zur Errichtung von Verwertungsgesellschaften kam es zuerst im Bereich der Musik.

1. Die Entwicklung beginnt in Frankreich, wo im Jahr 1851 eine Gesellschaft gegründet wurde, die sich die Wahrnehmung der Aufführungsrechte an Werken der Tonkunst gegenüber den Musikveranstaltern zur Aufgabe setzte. Heute bestehen Verwertungsgesellschaften zur

Wahrnehmung von Aufführungs- und Senderechten in den meisten Ländern der Welt. Ihre Aufgabe ist die treuhänderische Geltendmachung der Rechte im Interesse der Komponisten, der Textdichter und der mit ihnen vertraglich verbundenen Musikverleger.

Zur Geschichte der Verwertungsgesellschaften und zur Rechtsvergleichung vgl. SCHULZE sowie ULMER-BUSSMANN-WEBER a.a.O. In Frankreich besteht als Gesellschaft zur Wahrnehmung der kleinen Rechte die Société des Auteurs, Compositeurs et Editeurs de Musique (SACEM), in Österreich die Gesellschaft der Autoren, Komponisten und Musikverleger (AKM), in der Schweiz die Société Suisse des Auteurs et Éditeurs (SUISA). Über die Abgrenzung von großen und kleinen Rechten vgl. unten 4.

Ein weiteres Betätigungsgebiet von Verwertungsgesellschaften im Bereich der Musik liegt in der Wahrnehmung der mechanischen Vervielfältigungsrechte gegenüber den Herstellern von Schallplatten und anderen Tonträgern. In den meisten Staaten bestehen selbständige Verwertungsgesellschaften für die mechanischen Rechte. In der Bundesrepublik Deutschland nimmt dagegen die GEMA sowohl die Aufführungs- und Senderechte wie die mechanischen Vervielfältigungsrechte wahr.

In der DDR wurde durch Verordnung vom 5. April 1951 die Anstalt zur Wahrung der Aufführungsrechte auf dem Gebiete der Musik (AWA) geschaffen. Sie untersteht der Dienstaufsicht des Ministers für Volksbildung, an dessen Weisungen sie gebunden ist. Ihre Aufgabe ist sowohl die Wahrnehmung der Aufführungs- und Senderechte wie diejenige der mechanischen Vervielfältigungsrechte. Die GEMA hat mit ihr einen Gegenseitigkeitsvertrag abgeschlossen.

2. Die Entwicklung in Deutschland beginnt nach dem Erlaß des LUG von 1901, das den Komponisten das Aufführungsrecht auch an erschienenen Werken der Tonkunst ohne die Voraussetzung eines Vorbehalts der Rechte sicherte.

Zur Wahrnehmung der Aufführungsrechte wurde unter maßgebender Beteiligung von RICHARD STRAUSS im Jahre 1903 die Genossenschaft der deutschen Tonsetzer gegründet. Sie konnte aber die beherrschende Stellung, die sie zunächst innehatte, nicht auf die Dauer wahren. Durch die Abspaltung eines Teils der Komponisten kam es zu einem Nebeneinander mehrerer Verwertungsgesellschaften, das weder im Interesse der Komponisten noch in demjenigen der Musikveranstalter lag.

Vgl. über die Schwierigkeiten, die aus dem Nebeneinanderbestehen der Verwertungsgesellschaften erwuchsen, die aufschlußreiche Darstellung von PLUGGE-ROEBER a.a.O.

Überwunden wurde die Spaltung unter dem Einfluß des Reichsgesetzes über Vermittlung von Musikaufführungsrechten vom 4. Juli 1933, das eine Genehmigungspflicht einführte. Die bestehenden Verwertungsgesellschaften vereinigten sich zur STAGMA (Staatlich genehmigte Gesellschaft zur Verwertung musikalischer Aufführungsrechte), die 1934 die Genehmigung erhielt, als alleinige Stelle die gewerbsmäßige Vermittlung der kleinen Rechte zu übernehmen. Auch die früher selbständige

Anstalt für mechanische Rechte wurde ihr 1938 angegliedert. Nach 1945 wurde die Gesellschaft vom Kontrollrat zur Weiterführung ihrer bisherigen Tätigkeit ermächtigt. Sie wurde dabei in Gesellschaft für musikalische Aufführungsrechte und mechanische Vervielfältigungsrechte (GEMA) umbenannt.

3. Die GEMA ist ein wirtschaftlicher Verein, dessen Rechtsfähigkeit auf staatlicher Verleihung beruht. Mitglieder sind Komponisten, Textdichter und Musikverleger.

Die Satzung der GEMA unterscheidet zwischen ordentlichen, außerordentlichen und angeschlossenen Mitgliedern. Mitglieder i. S. des Vereinsrechts sind aber nur die ordentlichen und außerordentlichen Mitglieder. Die Aufnahme erfolgt auf Antrag nach Prüfung durch einen Aufnahmeausschuß durch den Vorstand. Die ordentliche Mitgliedschaft kann erst nach fünf Jahren außerordentlicher Mitgliedschaft erworben werden und setzt ein bestimmtes Durchschnittsaufkommen voraus. Die angeschlossenen Mitglieder sind mit der GEMA nur durch den Berechtigungsvertrag verbunden. Die Mitgliederversammlung ist eine Versammlung der ordentlichen Mitglieder, an der aber auch Delegierte der außerordentlichen und angeschlossenen Mitglieder teilnehmen. Sie wählt einen Aufsichtsrat, der seinerseits den Vorstand bestellt. Auch beschließt sie u. a. über Änderungen der Satzung, des Berechtigungsvertrags und des Verteilungsplans, wobei getrennt in den drei Berufsgruppen abgestimmt wird und Einstimmigkeit der Berufsgruppen erforderlich ist. Innerhalb der Berufsgruppen werden die Beschlüsse mit Zweidrittelmehrheit gefaßt.

4. Die Einräumung der Nutzungsrechte an die GEMA erfolgt durch den sogenannten Berechtigungsvertrag. Sie ist eine treuhänderische Übertragung, die auch die künftigen, von den Berechtigten während der Vertragsdauer erworbenen Rechte umfaßt.

Gegenstand der Übertragung sind insbesondere die Rechte zur öffentlichen Wiedergabe von Musikwerken mit oder ohne Text sowie die Rechte zur Vervielfältigung der Werke auf Ton- oder Bildträgern und zur Verbreitung der hergestellten Exemplare. Die Übertragung des Aufführungs- und Senderechts bleibt dabei auf die sogenannten kleinen Rechte beschränkt: Nicht übertragen werden die Rechte zur bühnenmäßigen Aufführung und zur Sendung dramatisch-musikalischer Werke, sofern es sich um vollständige Aufführungen, Aufführungen eines Querschnitts oder von größeren Teilen des Werkes handelt. Gegenstand der Übertragung sind im übrigen auch die Vergütungsansprüche, die dem Urheber gemäß § 27 Abs. 1 UrhG gegen die Vermieter oder Verleiher von Vervielfältigungsstücken sowie nach der Regel des § 53 Abs. 5 UrhG gegen die Hersteller und Importeure von Ton- oder Bildaufnahmegeräten zustehen. Die Übertragung des Filmherstellungsrechts erfolgt grundsätzlich mit der Maßgabe, daß die GEMA auf Verlangen zur Rückerstattung an den Berechtigten zum Zweck der Wahrnehmung im eigenen Namen verpflichtet ist.

5. In Wahrnehmung der ihr übertragenen ausschließlichen Rechte räumt die GEMA den Musikveranstaltern sowie den Herstellern von Tonträgern einfache Rechte zur Benutzung der Werke ein. In der Regel sind es Verträge, in denen sie die Benutzung des gesamten von ihr ver-

walteten Repertoires gestattet; seltener sind Verträge, die sich auf die Benutzung einzelner Werke beziehen.

Den Vertragsschlüssen legt die GEMA grundsätzlich die Tarife zugrunde, die sie aufgestellt und bekanntgemacht hat, bzw. die Tarife, die sie in Gesamtverträgen mit Vereinigungen von Werknutzern oder in Pauschalverträgen mit Sendeunternehmen vereinbart hat, eventuell die von der Schiedsstelle festgesetzten Tarife; vgl. darüber unten § 98 V. Bei der *Verfolgung von Rechtsverletzungen* kommt der GEMA das umfassende Repertoire, das sie verwaltet, zustatten: Jedenfalls bei Tanz- und Unterhaltungsmusik spricht eine tatsächliche Vermutung dafür, daß sie zur Geltendmachung der Aufführungsrechte an den dargebotenen Musikwerken befugt ist (BGHZ 17, 378). Bei der Schadensberechnung kann die GEMA eine angemessene Berücksichtigung der Kontrollkosten verlangen, die ihr durch die Unterhaltung der Überwachungsstellen entstehen. In der Rechtsprechung (BGHZ 17, 383 im Anschluß an die ständige Rechtsprechung des KG) wird ihr als Schadenspauschale ein 100prozentiger Zuschlag zum Normaltarif zugebilligt. Vgl. darüber unten § 131 II 2.

6. Die Einnahmen werden nach Abzug der Unkosten, der Rücklagen und der den ausländischen Gesellschaften zustehenden Beträge nach Maßgabe des Verteilungsplanes an die Komponisten, Textdichter und Musikverleger ausgeschüttet.

Bei der Verteilung müssen zunächst die auf die einzelnen Werke entfallenden Summen ermittelt werden. Diese Summen werden dann an die am Werk Beteiligten ausbezahlt. Sind gleichzeitig Komponisten, Textdichter und Verleger beteiligt, so erhalten aus der Verwertung von Aufführungs- und Senderechten der Komponist 5/12, der Textdichter 3/12, der Verleger 4/12; aus der Verwertung der mechanischen Rechte der Komponist 30 %, der Textdichter 30 %, der Verleger 40 %.

II. Wesentlich später als bei den Rechten an Musikwerken sind Verwertungsgesellschaften zur Wahrnehmung anderer Rechte von Urhebern sowie zur Wahrnehmung verwandter Schutzrechte errichtet worden.

1. Zu einem Zusammenschluß von Urhebern und Verlegern von Sprachwerken ist es, nach einem zunächst mißglückten Versuch, durch die im Jahr 1958 erfolgte Errichtung der Verwertungsgesellschaft Wort gekommen. Sie ist, ebenso wie die GEMA, ein wirtschaftlicher Verein, dessen Rechtsfähigkeit auf staatlicher Verleihung beruht.

Die Satzung der Verwertungsgesellschaft Wort sieht eine Gliederung in sechs Berufsgruppen vor: die Gruppe der Autoren und Übersetzer schöngeistiger und dramatischer Werke; der Journalisten, Autoren und Übersetzer von Sachliteratur; der Autoren wissenschaftlicher und Fachliteratur; der Verleger von schöngeistigen Werken und von Sachliteratur; der Bühnenverleger; der Verleger von wissenschaftlichen Werken und von Fachliteratur. Auch wird zwischen Wahrnehmungsberechtigten und Mitgliedern unterschieden: Mitglied kann nur werden, wer mindestens drei Jahre lang Wahrnehmungsberechtigter war und ein bestimmtes Mindestaufkommen erreicht hat. Die Übertragung der Rechte erfolgt sowohl bei den Mitgliedern wie bei den Wahrnehmungsberechtigten durch den Wahrnehmungsvertrag.

In dem Katalog der Rechte, die der Verwertungsgesellschaft Wort eingeräumt werden, fehlen, anders als bei der GEMA, die Senderechte[1]; es wurde Rücksicht darauf genommen, daß die Senderechte, jedenfalls soweit es sich um schöngeistige Werke handelt, in der Regel aufgrund der im Verlagsvertrag getroffenen Vereinbarung von dem Verleger geltend gemacht werden. Jedenfalls werden aber die Rechte der öffentlichen Wiedergabe von Funksendungen sowie die Rechte der öffentlichen Wiedergabe mittels Bild- und Tonträger sowie eine Anzahl weiterer Rechte übertragen.

Gegenstand der Übertragung sind u. a. auch die Vergütungsansprüche, die den Urhebern für die Aufnahme ihrer Werke in Sammlungen für den Kirchen-, Schul- und Unterrichtsgebrauch, für die Vervielfältigung und öffentliche Wiedergabe von Zeitungsartikeln und Rundfunkkommentaren sowie gegen die Hersteller und Importeure von Ton- und Bildaufnahmegeräten zustehen. Die Fotokopierrechte, insbesondere der Vergütungsanspruch des § 54 Abs. 2 UrhG, sowie die Vermietungs- und Ausleihtantieme wurden zunächst für die wissenschaftliche und Fachliteratur von der Verwertungsgesellschaft Wissenschaft wahrgenommen; seit ihrer Eingliederung in die Verwertungsgesellschaft Wort (1978) findet eine einheitliche Wahrnehmung statt.

2. Die Rechte der bildenden Künstler, der Fotografen, der Filmurheber sowie der Urheber von Darstellungen wissenschaftlicher oder technischer Art werden durch die Verwertungsgesellschaft Bild - Kunst wahrgenommen. Gegenstand der Wahrnehmung sind insbesondere die Rechte zur öffentlichen Wiedergabe der Werke (einschließlich der Senderechte) sowie Vergütungsansprüche, darunter die Ansprüche auf die Vermietungs- und Ausleihtantieme und die Ansprüche aus dem Folgerecht.

Auch die Verwertungsgesellschaft Bild-Kunst ist rechtsfähiger Verein kraft staatlicher Verleihung. Die Mitgliedschaft im Verein wird durch den Abschluß des Wahrnehmungsvertrags erworben. Die Satzung sieht dabei eine Gliederung in zwei Berufsgruppen vor: die Gruppe der bildenden Künstler und Architekten und die Gruppe der Bildautoren (Fotografen, Bildjournalisten, Graphikdesigner, Filmurheber) sowie der Bildagenturen.

3. Die Wahrnehmung bestimmter verwandter Schutzrechte, insbesondere der Rechte der ausübenden Künstler und der Hersteller von Ton- und Bildträgern, wird von der Gesellschaft zur Verwertung von Leistungsschutzrechten (GVL) übernommen. Sie ist eine GmbH, deren Gesellschafter die Deutsche Orchestervereinigung und die Deutsche Landesgruppe des Internationalen Verbandes der Produzenten von Phonogrammen und Videogrammen sind. Zum Katalog der wahrgenommenen Rechte gehören insbesondere die Vergütungsansprüche, die den ausübenden Künstlern im Fall der Zweitverwertung ihrer Darbietungen zustehen, die Ansprüche der Hersteller von Tonträgern auf Be-

[1] Eine Ausnahme ist seit 1980 für die sogenannten *kleinen Senderechte* vorgesehen. Sie betrifft Sendungen von nicht mehr als zehn Minuten im Fernsehen oder fünfzehn Minuten im Hörfunk aus verlegten Werken, sofern es sich nicht um szenische oder bildliche Darstellungen, Dramatisierungen oder Lesungen aus dramatischen Werken handelt.

teiligung an diesen Vergütungen sowie die Ansprüche, die den ausübenden Künstlern und den Herstellern von Ton- und Bildträgern gegen die Hersteller und Importeure von Ton- und Bildaufnahmegeräten zustehen.

Für die Ansprüche der ausübenden Künstler wegen der Zweitverwertung ihrer Darbietungen (§§ 76 Abs. 2 und 77 UrhG) führt die GEMA im Auftrag der GVL das Inkasso durch. Es erfolgt gemeinsam mit der Einziehung der Urhebervergütungen; an dem gesamten Reinaufkommen wird die GVL mit 20 % beteiligt. Der Verteilungsschlüssel der GVL ist im Gesellschaftsvertrag bestimmt. Die Erträgnisse aus den Vergütungsansprüchen der ausübenden Künstler, an denen die Hersteller von Tonträgern kraft Gesetzes zu beteiligen sind, sowie die Erträgnisse aus der Geltendmachung der Vergütungsansprüche gegen die Hersteller und Importeure von Ton- und Bildaufzeichnungsgeräten werden im Verhältnis 50 % : 50 % zwischen ausübenden Künstlern und Herstellern aufgeteilt. Über den Begriff der Zweitverwertung vgl. unten § 121 I 1 b.

4. Weitere Verwertungsgesellschaften sind u. a. die Zentralstelle für private Überspielungsrechte (ZPÜ) sowie die Interessengemeinschaft musikwissenschaftlicher Herausgeber und Verleger (IMHV).

Die ZPÜ ist eine Gesellschaft des bürgerlichen Rechts, deren Gesellschafter die GEMA, die Verwertungsgesellschaft Wort und die GVL sind. Sie ist ihrerseits eine Verwertungsgesellschaft,[1] die im Namen ihrer Gesellschafter die Vergütungsansprüche für die Aufnahme von Sendungen auf Ton- oder Bildträger sowie für das Überspielen von Ton- oder Bildträgern zum persönlichen Gebrauch (§ 53 Abs. 5 in Verbindung mit §§ 84 und 85 Abs. 3 UrhG) geltend macht. Das Inkasso bei den Herstellern und Importeuren der Geräte führt die GEMA als geschäftsführende Gesellschafterin durch. Von dem Nettoertrag erhalten die GEMA 42 %, die GVL 42 %, die Verwertungsgesellschaft Wort 16 %. — Die IMHV ist ein rechtsfähiger Verein, dem musikwissenschaftliche Herausgeber und Verleger angehören. Sie nimmt unter Beschränkung auf den musikalischen Bereich die verwandten Schutzrechte wahr, die den Verfassern wissenschaftlicher Ausgaben urheberrechtlich nicht geschützter Werke sowie den Herausgebern nachgelassener Werke gemäß §§ 70 und 71 UrhG zustehen. — Als weitere Verwertungsgesellschaft wurde 1976 die Gesellschaft zur Übernahme und Wahrnehmung von Filmaufführungsrechten mbH (GÜFA) gegründet; vgl. UFITA 78 (1977) 174.

III. Auf internationaler Ebene sind die Verwertungsgesellschaften gleicher Art durch Gegenseitigkeitsverträge miteinander verbunden, aufgrund derer die nationalen Verwertungsgesellschaften auf ihrem Gebiet auch das Repertoire der ausländischen Gesellschaften wahrnehmen können. Dem Erfahrungsaustausch zwischen den Gesellschaften und der Verfolgung gemeinsamer Ziele auf dem Gebiet des Urheberrechts dient die im Jahr 1926 gegründete Confédération Internationale des Sociétés d'Auteurs et Compositeurs (CISAC). Ihr Organ ist die Zeitschrift Interauteur.

Eine noch engere internationale Verflechtung besteht zwischen den Verwertungsgesellschaften, die das mechanisch-musikalische Vervielfältigungsrecht wahrnehmen. Ihre Dachorganisation ist das BIEM (Bureau International des Sociétés gérant les droits d'Enregistrement et de Reproduction Mécanique). Ursprünglich hatten die nationalen Verwer-

---

[1] Angesichts einer Vertragsänderung ist laut Bekanntmachung des Präs. des PA die ZPÜ anders als die Gesellschaften, deren Ansprüche sie geltend macht, keine Verwertungsgesellschaft mehr, die den Bestimmungen des WarhnG unterliegt.

tungsgesellschaften die ihnen zur Wahrnehmung eingeräumten Rechte auf das BIEM weiterübertragen, von dem die Lizenzverträge mit den Schallplattenherstellern abgeschlossen wurden. Dabei wurde der Inhalt des Normalvertrags zwischen dem BIEM und dem internationalen Verband der Hersteller von Phonogrammen vereinbart. 1973 wurde die Struktur des BIEM infolge kartellrechtlicher und gesellschaftsrechtlicher Auseinandersetzungen i. S. einer Lockerung der Zentralisierung geändert: Die Einräumung der Rechte erfolgt, ohne Übertragung auf das BIEM, durch die nationalen Verwertungsgesellschaften selbst. Das BIEM stellt aber nicht nur den Text der Gegenseitigkeitsverträge auf, die zwischen den beteiligten Gesellschaften geschlossen werden; es vereinbart vielmehr in Verhandlungen mit dem internationalen Verband der Produzenten die Normalverträge, die die beteiligten Gesellschaften in ihrem Hoheitsgebiet zu schließen gehalten sind. Vgl. dazu im einzelnen MESTMÄCKER-SCHULZE, UrhG, Bd. II, 9. Abschnitt, S. 12 ff.

§ 98. Das Recht der Verwertungsgesellschaften

HAERTEL, Verwertungsgesellschaften und Verwertungsgesellschaftengesetz, in UFITA 50 (1967) 7 ff.; REINBOTHE, Schlichtung im Urheberrecht, Heft 16 der Urheberrechtlichen Abhandlungen des MPI, 1978.

I. Die Verwertungsgesellschaften, die ein umfassendes Repertoire verwalten, nehmen in ihrem Tätigkeitsbereich eine faktische Monopolstellung ein. Daraus folgen besondere Pflichten. Die im Grundsatz kritische Beurteilung der Monopole, die im Wirtschaftsrecht um der Freiheit des Wettbewerbs willen vorherrscht, ist freilich den Verwertungsgesellschaften gegenüber nicht am Platz. Die gemeinsame Wahrnehmung der Rechte der Urheber und der Inhaber verwandter Schutzrechte entspricht sachlichen Erfordernissen. Auch ist es, wie die Erfahrung gezeigt hat, erwünscht, daß die Wahrnehmung von Rechten gleicher Art tunlichst in der Hand *einer* Verwertungsgesellschaft liegt. Ein Nebeneinanderbestehen von Verwertungsgesellschaften im gleichen Sektor bedingt nicht nur eine Vermehrung der Ausgaben für die Überwachung und das Personal, die zu Lasten der Urheber geht. Es liegt vielmehr auch im Interesse der Benutzer, beispielsweise der Musikveranstalter, durch Pauschalverträge die Rechte an dem gesamten in Betracht kommenden Repertoire aus einer Hand erwerben zu können.

1. Aus dieser Sicht erklärt sich die Regelung, die in dem Gesetz über die Wahrnehmung von Urheberrechten und verwandten Schutzrechten getroffen wurde. Im Interesse einer angemessenen Wahrnehmung und Geltendmachung der Rechte der Urheber sowie der Inhaber verwandter Schutzrechte sieht das Gesetz eine Erlaubnispflicht, eine staatliche Aufsicht sowie bestimmte Pflichten der Verwertungsgesellschaften gegenüber den Rechtsinhabern und Werknutzern vor. Andererseits wurde die Anwendung der kartellrechtlichen Vorschriften beschränkt: Dem Gesetz gegen Wettbewerbsbeschränkungen wurde durch das WahrnG die Vorschrift des § 102 a eingefügt: Die §§ 1 und 15 GWB finden auf die Bildung der Verwertungsgesellschaften, die der Aufsicht nach dem

WahrnG unterliegen, sowie auf wettbewerbsbeschränkende Verträge oder Beschlüsse, die sich auf ihre erlaubnispflichtige Tätigkeit beziehen und der Aufsichtsbehörde gemeldet sind, keine Anwendung. Das BKartA kann aber Maßnahmen untersagen und Verträge und Beschlüsse für unwirksam erklären, die einen Mißbrauch der durch die Freistellung erlangten Stellung am Markt darstellen.

Vor der Regelung des § 102 a GWB war streitig, ob die Verwertungsgesellschaften Kartelle i. S. des § 1 GWB oder ob sie angesichts ihres umfassenden Repertoires zwar nicht als Kartelle, wohl aber als marktbeherrschende Unternehmen i. S. des § 22 GWB anzusehen sind. Durch die Freistellung von den Vorschriften der §§ 1 und 15 GWB hat die Frage ihre Bedeutung eingebüßt. Es bleibt die Mißbrauchsaufsicht, die grundsätzlich der in § 22 GWB vorgesehenen Mißbrauchsaufsicht über marktbeherrschende Unternehmen entspricht. Das BKartA trifft dabei seine Verfügungen im Benehmen mit der Aufsichtsbehörde (dem Deutschen Patentamt). Im Schrifttum wird die Regelung, insbesondere die Kumulierung der Fachaufsicht durch das Patentamt und der Mißbrauchsaufsicht durch das BKartA, u. a. von FROMM-NORDEMANN, WahrnG, Einl., Anm. 9; HUBMANN, UR, S. 60, und MESTMÄCKER-SCHULZE, WahrnG, Einl,, kritisiert. Die von Verwertungsgesellschaften beim BVerfG eingelegte Beschwerde wurde jedoch zurückgezogen. Jedenfalls haben aber die Ämter bei Ausübung der Aufsicht darauf zu achten, daß soweit wie möglich die Autonomie der Verwertungsgesellschaften gewahrt bleibt.

2. Anders als im GWB, ist im EWG-Vertrag keine Einschränkung der wettbewerbsrechtlichen Vorschriften vorgesehen. Die Kommission der EWG und der EuGH wenden jedenfalls die Regel des Art. 86 auch auf Verwertungsgesellschaften an. Vgl. darüber und über die Entscheidung, die im Verfahren gegen die GEMA getroffen wurde, oben § 7 III 2. Die sehr detaillierten Vorschriften, die von der Kommission der EWG getroffen wurden, haben angesichts von Gegenvorstellungen Einschränkungen erfahren. U. a. sehen sie die Lockerung zu weitgehender Bindungen der Angehörigen der Mitgliedstaaten der EWG vor. Im ganzen haben sie aber im Ergebnis — anders als es in den USA in Anwendung der Antifrust-Regeln der Fall ist — nicht zu einschneidenden Rechtsänderungen geführt.

II. Verwertungsgesellschaften i. S. des WahrnG sind juristische Personen und Personengemeinschaften, die Nutzungsrechte, Einwilligungsrechte oder Vergütungsansprüche, die sich aus dem UrhG ergeben, für Rechnung mehrerer Urheber oder Inhaber verwandter Schutzrechte zur gemeinsamen Auswertung wahrnehmen; gleichgültig ist, ob die Wahrnehmung im eigenen oder fremden Namen erfolgt.

1. Verwertungsgesellschaften können juristische Personen oder Personengemeinschaften sein. Juristische Personen sind beispielsweise die GEMA und die Verwertungsgesellschaften Wort und Bild-Kunst, die rechtsfähige Vereine sind, sowie die GVL in ihrer Eigenschaft als GmbH; Personengemeinschaft ist die Zentralstelle für private Überspielungsrechte, die Gesellschaft des bürgerlichen Rechts ist. Gesetzlich zulässig ist aber auch, daß eine natürliche Person die für eine Verwertungsgesellschaft kennzeichnende Tätigkeit ausübt. Auf solche Personen sind die Regeln über die Verwertungsgesellschaften sinngemäß anzuwenden. § 1 Abs. 4 WahrnG.

2. Hauptfälle der gemeinsamen Wahrnehmung der Rechte sind die Fälle, in denen Werknutzern Rechte an dem gesamten Repertoire der Verwertungsgesellschaften eingeräumt werden, wobei es unschädlich ist, daß in Sonderfällen auch Rechte an einzelnen Werken vergeben werden. Möglich sind aber auch andere Arten gemeinsamer Wahrnehmung der Rechte.

In der amtlichen Begründung zu § 1 WahrnG heißt es, daß die treuhänderische Verwaltung und die gemeinsame Wahrnehmung der Rechte durch Abschluß von Pauschalverträgen über das gesamte Repertoire die beiden typischen Merkmale der Verwertungsgesellschaften sind. Die Verfasser hatten dabei das Beispiel der GEMA vor Augen. Zu bedenken ist aber, daß als Aufgabe der Verwertungsgesellschaften auch die gemeinsame Wahrnehmung von Vergütungsansprüchen in Betracht kommt. Auch dann können zwar, wie es beispielsweise bei der GVL die Regel ist, über die Zahlungen durch die Benutzer Pauschalverträge abgeschlossen werden. Dagegen kann die Verwertungsgesellschaft Bild-Kunst die Ansprüche aus dem Folgerecht nur bezüglich der einzelnen Fälle der Weiterveräußerung von Originalen der Werke der bildenden Künste geltend machen. Gemeinsam sind aber jedenfalls Verwaltung und Kontrolle, die nach einheitlichen Grundsätzen erfolgen, sowie die Geltendmachung der Auskunftsansprüche, die nach gesetzlicher Regel nur durch Verwertungsgesellschaften erfolgen kann. Der Begriff der gemeinsamen Wahrnehmung der Rechte ist daher in einem weiteren, auch solche Fälle umfassenden Sinn zu verstehen.

3. Erforderlich ist eine auf Dauer angelegte Geschäftstätigkeit: Bei nur gelegentlicher oder kurzfristiger Wahrnehmung liegt keine Verwertungsgesellschaft i. S. des Gesetzes vor. § 1 Abs. 2 WahrnG.

III. Zur Ausübung ihrer Tätigkeit bedürfen die Verwertungsgesellschaften der Erlaubnis, die das Patentamt als Aufsichtsbehörde erteilt; § 2 WahrnG. Die Erteilung setzt einen schriftlichen Antrag voraus, dem als Unterlagen die Satzung der Gesellschaft, Angaben über die zur Vertretung berechtigten Personen, über die Zahl der Personen, die sie mit der Wahrnehmung ihrer Rechte beauftragt haben, sowie über Zahl und Bedeutung der ihr zur Wahrnehmung anvertrauten Rechte beizufügen sind. Sie kann nur aus den in § 3 WahrnG genannten Gründen versagt werden.

Versagungsgründe liegen vor, wenn die Satzung der Gesellschaft nicht den Vorschriften des WahrnG entspricht, wenn Tatsachen die Annahme rechtfertigen, daß eine zur Vertretung berechtigte Person nicht die erforderliche Zuverlässigkeit besitzt, oder wenn die wirtschaftliche Grundlage der Gesellschaft eine wirksame Wahrnehmung der ihr anvertrauten Rechte nicht erwarten läßt. Zu widerrufen ist die Erlaubnis, wenn einer der Versagungsgründe der Aufsichtsbehörde bei Erteilung der Erlaubnis nicht bekannt war oder nachträglich eingetreten ist oder wenn die Gesellschaft einer der ihr nach dem WahrnG obliegenden Verpflichtungen trotz der Beanstandung durch die Aufsichtsbehörde wiederholt zuwiderhandelt. Erteilung und Widerruf der Erlaubnis sind im Bundesanzeiger bekanntzumachen. §§ 4 und 5 WahrnG.

IV. Dem Interesse der Urheber und der Inhaber verwandter Schutzrechte dienen die Regeln über den Wahrnehmungszwang und die Verteilungspläne der Verwertungsgesellschaften.

1. Der Wahrnehmungszwang trägt der faktischen Monopolstellung der Verwertungsgesellschaften Rechnung: Die Verwertungsgesellschaften sind verpflichtet, die zu ihrem Tätigkeitsbereich gehörenden Rechte auf Verlangen der Berechtigten zu angemessenen Bedingungen wahrzunehmen, wenn eine wirksame Wahrnehmung der Rechte anders nicht möglich ist. § 6 WahrnG.

Gemäß § 6 WahrnG besteht die Verpflichtung nur gegenüber Berechtigten, die deutsche Staatsangehörige sind oder ihren Wohnsitz im Geltungsbereich des Gesetzes haben. Aufgrund des Diskriminierungsverbots des Art. 7 Abs. 1 EWG-Vertrag besteht aber die Verpflichtung auch gegenüber Rechtsinhabern, die einem anderen Mitgliedstaat der EWG angehören. Auch ist, soweit die Rechte nach den Vorschriften des UrhG nur durch eine Verwertungsgesellschaft geltend gemacht werden können, angesichts des Grundsatzes der Inländerbehandlung, den die Urheberrechtskonventionen vorsehen, anzunehmen, daß die Verpflichtung auch gegenüber sonstigen Ausländern besteht, die den Konventionsschutz in Anspruch nehmen können. Vgl. dazu v. UNGERN-STERNBERG, in GRUR Int. 1973, 61 ff., und FROMM-NORDEMANN, WahrnG, § 6, Anm. 2.

Unterscheiden die Verwertungsgesellschaften zwischen Mitgliedern und Personen, die nur durch den Wahrnehmungsvertrag mit ihr verbunden sind, so ist gemäß § 6 Abs. 2 WahrnG zur Wahrung der Interessen der Nichtmitglieder eine gemeinsame Vertretung zu bilden. Die Vorschrift, daß die Wahrnehmung zu angemessenen Bedingungen erfolgen muß, ist für diesen Personenkreis von besonderer Bedeutung. Als angemessen sind im Zweifel die Bedingungen anzusehen, zu denen die Rechte der Mitglieder wahrgenommen werden; vgl. dazu die amtliche Begründung zu § 6 WahrnG.

2. Die Verteilung der Einnahmen der Verwertungsgesellschaften hat aufgrund der Verteilungspläne nach festen Regeln zu erfolgen, die ein willkürliches Vorgehen bei der Verteilung ausschließen. Die Pläne sollen dabei dem Grundsatz entsprechen, daß kulturell bedeutsame Werke und Leistungen zu fördern sind. Auch sollen die Verwertungsgesellschaften Vorsorge- und Unterstützungseinrichtungen für die Inhaber der von ihnen wahrgenommenen Rechte einrichten. §§ 7 und 8 WahrnG.

Die Vorschriften über die besondere Berücksichtigung kultureller und sozialer Zwecke sind nach dem Vorbild der bereits früher von der GEMA vorgesehenen Maßnahmen (besonderer Verteilungsschlüssel für Werke der ernsten Musik sowie Zuweisung eines Prozentsatzes der Erträgnisse an eine Sozialkasse) getroffen worden. Sie sind freilich bloße Sollvorschriften; von einer zwingenden Vorschrift wurde wegen verfassungsrechtlicher Bedenken (Ableitung der Erträgnisse aus den Individualrechten der Urheber und Inhaber verwandter Schutzrechte) abgesehen. Jedenfalls hat aber in der Praxis, den Bestrebungen der Autoren entsprechend, das soziale Element besondere Bedeutung gewonnen. Dies gilt insbesondere für das Aufkommen aus der sogenannten Bibliothekstantieme; vgl. oben § 61 IV.

V. Für die Rechtsbeziehungen zu den Verwertern sind die Regeln über die Aufstellung von Tarifen sowie über den Abschlußzwang und die Verpflichtung der Verwertungsgesellschaften zur Vereinbarung von Gesamtverträgen von Bedeutung.

1. Gemäß § 13 Abs. 1 und 2 WahrnG haben die Verwertungsgesellschaften Tarife über die Vergütungen aufzustellen, die sie aufgrund der

von ihnen wahrgenommenen Rechte fordern, und im Bundesanzeiger zu veröffentlichen. Zum Teil handelt es sich dabei um Tarife, die die Verwertungsgesellschaften einseitig festlegen, zum Teil um Tarife, die sie mit Verbänden der Verwerter in Gesamtverträgen vereinbaren. Auch kommt, wenn eine Einigung über den Abschluß von Gesamtverträgen oder von Verträgen mit Sendeunternehmen nicht erzielt werden kann, eine Festsetzung durch die beim Patentamt gebildete Schiedsstelle in Betracht.

Bei der Tarifgestaltung und der Einziehung der tariflichen Vergütungen sollen die Verwertungsgesellschaften auf religiöse, kulturelle und soziale Belange der zur Zahlung der Vergütung Verpflichteten einschließlich der Belange der Jugendpflege angemessene Rücksicht nehmen; § 13 Abs. 3 WahrnG. Auch hier handelt es sich, entsprechend den Regeln über die Berücksichtigung kultureller und sozialer Zwecke in den Verteilungsplänen, nur um eine Sollvorschrift.

2. Der Abschlußzwang der Verwertungsgesellschaften ist in § 11 Abs. 1 WahrnG geregelt: Die Verwertungsgesellschaft ist verpflichtet, aufgrund der von ihr wahrgenommenen Rechte jedermann auf Verlangen zu angemessenen Bedingungen Nutzungsrechte einzuräumen oder Einwilligungen zu erteilen.

Kein Abschlußzwang brauchte für die Vergütungsansprüche vorgesehen zu werden: Die Benutzung durch die Verwerter ist frei. Es besteht nur die Pflicht zur Zahlung einer angemessenen Vergütung, wobei im Streitfall über die Angemessenheit der Tarife im Prozeßweg entschieden wird.

Bei der Vergabe der Rechte gehen die Verwertungsgesellschaften von ihren Tarifen aus. Die Verwerter können aber, insbesondere bei Tarifen, die von der Verwertungsgesellschaft einseitig festgelegt wurden, geltend machen, daß die verlangte Vergütung unangemessen hoch ist, und unter Berufung auf den Abschlußzwang Klage auf Bewilligung der Rechte zu angemessenen Bedingungen erheben; die Rechtskraft des Urteils ersetzt dann gemäß § 894 Abs. 1 ZPO die Bewilligung durch die Verwertungsgesellschaft. Vor der Rechtskraft des Urteils wäre aber die Benutzung durch die Verwerter nicht möglich. Um den Verwertern den dadurch bedingten Zeitverlust zu ersparen, sieht § 11 Abs. 2 WahrnG vor, daß mangels einer Einigung die Bewilligung als erteilt gilt, wenn die von der Verwertungsgesellschaft geforderte Vergütung unter Vorbehalt an die Verwertungsgesellschaft gezahlt oder zu ihren Gunsten hinterlegt worden ist.

3. Eine Pflicht zum Abschluß von Gesamtverträgen mit Vereinigungen, deren Mitglieder geschützte Werke oder Leistungen nutzen oder zur Zahlung von Vergütungen verpflichtet sind, ist in § 12 WahrnG vorgesehen. Die Regel knüpft an die Praxis der GEMA an, sogenannte Rahmenverträge mit Verbänden von Musikveranstaltern abzuschließen. Möglich ist dabei, daß die Verwerterorganisation durch Mitteilung der

Anschriften ihrer Mitglieder und die Unterrichtung ihrer Mitglieder über ihre Verpflichtungen gegenüber der Verwertungsgesellschaft Vertragshilfe leistet, dafür aber die Bewilligung der Rechte an die Mitglieder der Organisation zu Vorzugssätzen erfolgt.

Vgl. dazu die Entscheidung des BGH in GRUR 1974, 35. Die GEMA hatte mit Landesverbänden der Automatenhersteller Verträge abgeschlossen, denen zufolge die Mitglieder der Verbände Vergütungssätze zu zahlen hatten, die 20 % niedriger als die von ihr aufgestellten Normaltarife waren. Der Forderung an einen nichtverbandsangehörigen Automatenhersteller legte sie den Normaltarif zugrunde. Angesichts der von den Verbänden zu leistenden Vertragshilfe sah der BGH in dieser Forderung keinen Verstoß gegen den Grundsatz der Gleichbehandlung gleichgelagerter Fälle. Auch wurden die Normaltarife i. S. des § 11 Abs. 1 WahrnG als angemessen angesehen.

Zur Rechtsnatur der Gesamtverträge vgl. REINBOTHE, S. 24 ff. Anders als Tarifverträge, sind sie keine Normverträge, die unmittelbare Wirkung auf die einzelnen Vertragsverhältnisse haben. Man pflegt sie daher als Rahmenverträge zu bezeichnen. Sie begründen schuldrechtliche Verpflichtungen zwischen der Verwertungsgesellschaft und den vertragschließenden Organisationen.

Die Pflicht zum Abschluß von Gesamtverträgen entfällt, sofern der Abschluß der Verwertungsgesellschaft insbesondere angesichts der geringen Mitgliederzahl des betreffenden Verbands, nicht zuzumuten ist. Auch können die Verbände nicht auf Erfüllung der Verpflichtung klagen. Stattdessen haben sie die Möglichkeit, die Schiedsstelle anzurufen, durch deren Entscheidung der Inhalt des Gesamtvertrags festgelegt wird.

VI. Sonstige Pflichten der Verwertungsgesellschaften sind die Auskunftspflicht sowie die Pflicht zur Rechnungslegung.

1. Die Verwertungsgesellschaften sind verpflichtet, jedermann auf schriftliches Verlangen Auskunft darüber zu geben, ob sie Nutzungsrechte an einem bestimmten Werk oder bestimmte Einwilligungsrechte oder Vergütungsansprüche für einen Urheber oder Inhaber eines verwandten Schutzrechts wahrnehmen. § 10 WahrnG.

Der Auskunftsanspruch dient in erster Linie der Orientierung der Verwerter darüber, ob die Rechte, an denen sie interessiert sind, zum Repertoire der Verwertungsgesellschaft gehören. Die Geltendmachung setzt aber nicht den Nachweis eines berechtigten Interesses voraus. Eine Ablehnung der Auskunftserteilung wäre nur aufgrund des Schikaneverbots (§ 226 BGB) möglich.

2. Im Interesse der Rechtsinhaber sowohl wie im Interesse der Allgemeinheit ist die Verwertungsgesellschaft zur Rechnungslegung verpflichtet: Sie hat unverzüglich nach dem Abschluß des Geschäftsjahres den Jahresabschluß und den Geschäftsbericht aufzustellen. Entsprechend der Regelung im Aktienrecht, ist der Jahresabschluß unter Einbeziehung der Buchführung und des Geschäftsberichts durch einen oder mehrere Wirtschaftsprüfer oder Wirtschaftsprüfungsgesellschaften zu prüfen. Auch sind der Jahresabschluß, der Bestätigungsvermerk der

Abschlußprüfer oder ein Vermerk über seine Versagung im Bundesanzeiger zu veröffentlichen. § 9 WahrnG.

VII. Die Pflichten der Verwerter folgen grundsätzlich aus den Regeln des UrhG und der Verträge, die sie mit den Verwertungsgesellschaften schließen. Nur einzelne ihrer Pflichten sind im WahrnG geregelt.

1. § 16 Abs. 1 und 2 WahrnG sehen Verpflichtungen für die Veranstalter von öffentlichen Wiedergaben urheberrechtlich geschützter Werke vor: Sie haben vor der Veranstaltung die Einwilligung der Verwertungsgesellschaft einzuholen, die die Nutzungsrechte wahrnimmt. Nach der Veranstaltung haben sie eine Aufstellung über die bei der Veranstaltung benutzten Werke zu übersenden.

Das Erfordernis, die Einwilligung der Verwertungsgesellschaft vor der Veranstaltung einzuholen, ergibt sich bereits aus dem UrhG. Angesichts der Erfahrung, daß trotz der urheberrechtlichen Regelung die Einwilligung oft nicht rechtzeitig eingeholt wird, sollte aber durch die Regelung im WahrnG den Veranstaltern die Pflicht besonders eingeschärft werden. Die Verpflichtung, eine Aufstellung über die bei der Veranstaltung benutzten Werke zu übersenden, erfährt zumeist in den Nutzungsverträgen noch eine nähere Bestimmung. Die Aufstellung soll den Verwertungsgesellschaften die gerechte Verteilung der Einnahmen ermöglichen. Die Pflicht zur Übersendung der Aufstellung entfällt jedoch in den Fällen der Wiedergabe mittels Tonträger sowie der Wiedergabe von Rundfunksendungen: Als Anhaltspunkte für die Verteilung der Einnahmen dienen den Verwertungsgesellschaften in diesen Fällen die Mitteilungen über den Schallplattenumsatz sowie die ihnen übersandten Programme der Sendeunternehmen.

2. Eine besondere Auskunftspflicht sieht § 16 Abs. 3 WahrnG für die Sendeunternehmen vor: Soweit es für die Verteilung der Einnahmen aus der Wahrnehmung der Rechte zur Wiedergabe von Funksendungen erforderlich ist, haben sie der Verwertungsgesellschaft Auskunft über die von ihnen veranstalteten Sendungen gegen die Erstattung der Unkosten zu erteilen.

Hat die Verwertungsgesellschaft dem Sendeunternehmen das Senderecht eingeräumt, so folgt bereits aus § 16 Abs. 2 WahrnG die Pflicht zur kostenfreien Mitteilung über die gesendeten Werke. Möglich ist aber, wie es bei der Verwertungsgesellschaft Wort der Fall ist, daß die Verwertungsgesellschaft zwar nicht das Senderecht, wohl aber das Recht zur öffentlichen Wiedergabe der Sendungen wahrnimmt. Um die Einnahmen aus diesem Recht verteilen zu können, braucht sie die Mitteilung der Sendeunternehmen über die Sendungen, die ihr gegen Ersatz der Unkosten zu übersenden ist.

§ 99. Staatsaufsicht. Schiedsstelle. Gerichtsstand

I. Die Staatsaufsicht über die Verwertungsgesellschaften wird durch das Deutsche Patentamt als Aufsichtsbehörde ausgeübt. § 18 Abs. 1 WahrnG.

Streitig ist, ob die Aufsicht Rechtsaufsicht oder Fachaufsicht ist. Vgl. FROMM-NORDEMANN, WahrnG, § 19, Anm. 2, die sie als Aufsicht sui generis deuten, die freilich der Fachaufsicht nähersteht als der Rechtsaufsicht. REINBOTHE, S. 12, spricht, m. E. mit

Recht, von Fachaufsicht; jedenfalls sind aber der Aufsicht durch die Bestimmung über ihren Inhalt Grenzen gezogen.

1. Über Erteilung und Widerruf der Erlaubnis entscheidet die Aufsichtsbehörde im Einvernehmen mit dem BKartA. Kommt kein Einvernehmen zustande, so entscheidet der Bundesminister der Justiz im Benehmen mit dem Bundesminister für Wirtschaft. § 18 Abs. 3 WahrnG.

Die Regel des § 4 Abs. 1 WahrnG über den Widerruf der Erlaubnis wird durch die Vorschrift des § 19 Abs. 4 WahrnG ergänzt: Wenn Tatsachen die Annahme rechtfertigen, daß ein zur Vertretung der Verwertungsgesellschaft Berechtigter die für die Ausübung seiner Tätigkeit erforderliche Zuverlässigkeit nicht besitzt, so setzt die Aufsichtsbehörde der Verwertungsgesellschaft zur Vermeidung des Widerrufs eine Frist zu seiner Abberufung. Bis zum Ablauf dieser Frist kann die Aufsichtsbehörde die weitere Ausübung seiner Tätigkeit untersagen, wenn dies zur Abwendung schwerer Nachteile erforderlich ist.

2. Die Aufsichtsbehörde hat darauf zu achten, daß die Verwertungsgesellschaft den ihr nach dem WahrnG obliegenden Verpflichtungen ordnungsgemäß nachkommt; § 19 Abs. 1 WahrnG. Einschlägige Verpflichtungen sind insbesondere Wahrnehmungs- und Abschlußzwang, die Aufstellung von Tarifen, die Rechnungslegung sowie die Auskunfts- und Unterrichtungspflichten.

Verfügungen, die die Aufsichtsbehörde zur Einhaltung der den Verwertungsgesellschaften obliegenden Verpflichtungen trifft, sind Verwaltungsakte, die nach den Vorschriften des Verwaltungsvollstreckungsgesetzes vollstreckt werden. Zwangsgelder können im Fall der Zuwiderhandlung bis zur Höhe von DM 10000,— festgesetzt werden. § 21 WahrnG. Äußerste Maßnahme ist bei wiederholter, trotz Abmahnung erfolgter Pflichtverletzung der Widerruf der Erlaubnis.

3. Die Aufsichtsbehörde hat, um ihre Aufgabe erfüllen zu können, ein Recht auf Informationen.

a) Die Aufsichtsbehörde kann von der Verwertungsgesellschaft Auskunft über alle die Geschäftsführung betreffenden Angelegenheiten sowie die Vorlage der Geschäftsbücher und anderer Geschäftsunterlagen verlangen. Auch ist sie berechtigt, an der Mitgliederversammlung oder, wenn ein Aufsichtsrat oder Beirat besteht, auch an dessen Sitzungen durch einen Beauftragten teilzunehmen. § 19 Abs. 2 und 3 WahrnG.

b) Die Verwertungsgesellschaft hat gegenüber der Aufsichtsbehörde eine Unterrichtungspflicht: Sie hat ihr jeden Wechsel der zu ihrer Vertretung berechtigten Personen mitzuteilen. Auch hat sie Satzungsänderungen, Tarife und Tarifänderungen, Gesamtverträge, Vereinbarungen mit ausländischen Verwertungsgesellschaften, die Beschlüsse der Mitgliederversammlung, eines Aufsichtsrats, Beirats oder eines Ausschusses, den Jahresabschluß, den Geschäftsbericht und den Prüfungsbericht abschriftlich zu übermitteln. Entscheidungen in gerichtlichen oder behördlichen Verfahren, in denen sie Partei ist, hat sie der Aufsichtsbehörde auf Verlangen mitzuteilen. § 20 WahrnG.

4. Neben der Aufsicht durch das Patentamt steht die Mißbrauchsaufsicht durch das Bundeskartellamt. Die Aufsichtsbehörde leistet dem BKartA Amtshilfe durch die Meldung über Verträge oder Beschlüsse der Verwertungsgesellschaften. Verfügungen in Ausübung der Miß-

brauchsaufsicht trifft das BKartA im Benehmen mit der Aufsichtsbehörde. § 102 a GWB.

Außer der Aufsicht durch das Patentamt und das BKartA kann nach gesetzlichen Vorschriften noch eine weitere Aufsicht in Frage kommen, insbesondere bei Vereinen, deren Rechtsfähigkeit auf staatlicher Verleihung beruht, die Vereinsaufsicht gemäß § 33 Abs. 2 BGB. Solche Aufsicht ist im Benehmen mit dem Patentamt auszuüben. § 18 Abs. 2 WahrnG.

II. Die bei der Aufsichtsbehörde gebildete Schiedsstelle kann in Fällen angerufen werden, in denen keine Einigung über den Abschluß oder die Änderung eines Gesamtvertrags mit einer Verwerterorganisation oder eines Vertrags mit einem Sendeunternehmen zustande kommt. Die rechtliche Regelung in § 14 WahrnG wird dabei durch die Verordnung über die Schiedsstelle[1] ergänzt, die vom Bundesjustizminister aufgrund der Ermächtigung in § 14 Abs. 7 WahrnG erlassen wurde.

1. Die Schiedsstelle besteht aus einem Vorsitzenden oder seinem Vertreter und zwei Beisitzern. Der Vorsitzende und sein Vertreter müssen die Befähigung zum Richteramt haben. Sie werden von der Aufsichtsbehörde auf zwei Jahre berufen; Wiederberufung ist zulässig. Die Beisitzer werden für jeden Fall der Anrufung der Schiedsstelle von den Beteiligten benannt. § 14 Abs. 2 WahrnG.

Über die Rechtsnatur der Schiedsstelle vgl. REINBOTHE, S. 55 ff. Sie ist staatliches Organ. Das Verfahren ist zwar justizförmig ausgestaltet. Die Schiedsstelle hat aber nicht die Eigenschaften, die ein Gericht aufweisen muß, ist vielmehr ein verwaltungsrechtliches Kollegialorgan. Ihre Entscheidung ist privatrechtsgestaltender Verwaltungsakt.

2. Die Schiedsstelle wird durch schriftlichen Antrag bei der Aufsichtsbehörde angerufen, wobei der Antragsteller einen Beisitzer zu benennen hat. Die Aufsichtsbehörde stellt den Antrag dem Antragsgegner mit der Aufforderung zu, binnen einer Frist von einem Monat ebenfalls einen Beisitzer zu benennen; nach fruchtlosem Ablauf der Frist wird der Beisitzer von der Aufsichtsbehörde benannt; § 14 Abs. 3 WahrnG.

Die Anrufung der Schiedsstelle kann sowohl durch eine Verwerterorganisation oder ein Sendeunternehmen wie durch eine Verwertungsgesellschaft erfolgen. Wird aber die Schiedsstelle von einer Verwertungsgesellschaft angerufen, so kann der Antragsgegner erklären, daß er zum Abschluß oder zur Änderung eines Vertrags nicht bereit ist; Folge der Erklärung ist die Einstellung des Verfahrens.

Die Regelung, die in § 2 Abs. 3 der Verordnung über die Schiedsstelle enthalten ist, erklärt sich daraus, daß nach §§ 11 und 12 WahrnG nur die Verwertungsgesellschaft zum Abschluß eines Gesamtvertrags oder eines Vertrags mit einem Sendeunternehmen verpflichtet ist. Im Schrifttum wird diese Regelung mehrfach als einseitig kritisiert. Vgl. FROMM-NORDEMANN, WahrnG, §§ 14 und 15, Anm. 3, sowie MESTMÄCKER-SCHULZE, WahrnG, §§ 14 und 15, Anm. 2. Vorzuziehen wäre eine Regelung, die eine Verpflichtung

---

[1] Verordnung vom 18. 12. 1965 in der Fassung der Verordnung vom 26. 6. 1970.

auch der Sendeunternehmen vorsieht sowie der Verwerterorganisationen jedenfalls dann, wenn sie bereits früher Gesamtverträge mit der Verwertungsgesellschaft abgeschlossen haben.

3. Während die Klageerhebung ausgeschlossen ist, ist der Abschluß eines Schiedsvertrags zwischen den Parteien zulässig. Schiedsverträge über künftige Rechtsstreitigkeiten sind jedoch nichtig, wenn sie nicht jedem der Beteiligten das Recht geben, im Einzelfall statt der Entscheidung durch das Schiedsgericht eine Entscheidung durch die Schiedsstelle zu verlangen; § 14 Abs. 1 Satz 3 WahrnG. Lehnt freilich das Sendeunternehmen oder die Verwerterorganisation die Beteiligung an dem Verfahren vor der Schiedsstelle ab, so muß die Anrufung des vereinbarten Schiedsgerichts möglich bleiben.

4. Vor der Schiedsstelle findet nach Vorbereitung durch den Vorsitzenden eine mündliche Verhandlung statt, von der nur im Einverständnis der Beteiligten abgesehen werden kann. An Beweisanträge der Beteiligten ist die Schiedsstelle nicht gebunden. Sie hat von Amts wegen die erforderlichen Ermittlungen anzustellen.

Insbesondere kann sie Zeugen oder Sachverständige vernehmen; erscheinen sie nicht freiwillig, so erfolgt die Vernehmung auf Ersuchen der Schiedsstelle vor dem Amtsgericht.

Kommt es nicht zu einem Vergleich, so entscheidet die Schiedsstelle mit Stimmenmehrheit. In der Entscheidung wird der Inhalt der Verträge, insbesondere Art und Höhe der Vergütung, festgesetzt. Sie ersetzt die entsprechende Vereinbarung der Beteiligten und wird verbindlich, wenn sie unanfechtbar geworden ist. § 14 Abs. 4 und 5 WahrnG.

5. Die Entscheidung der Schiedsstelle kann von jedem Beteiligten innerhalb eines Monats nach Zustellung durch Antrag auf gerichtliche Entscheidung angefochten werden. § 14 Abs. 5 WahrnG.

Zuständig für die gerichtliche Entscheidung ist das OLG München als das für den Sitz der Schiedsstelle zuständige OLG. Für das Verfahren gelten grundsätzlich die Vorschriften des Gesetzes über die freiwillige Gerichtsbarkeit. Die Beteiligten müssen sich in dem Verfahren durch einen bei einem Gericht in der Bundesrepublik oder in Westberlin zugelassenen Anwalt vertreten lassen. Das Gericht entscheidet mit Stimmenmehrheit. Die Entscheidung ist endgültig. Wird der Vertragsinhalt abweichend von der Entscheidung der Schiedsstelle festgesetzt, so ersetzt er die entsprechende Vereinbarung zwischen den Parteien. § 15 WahrnG.

6. Das BKartA ist sowohl von der Schiedsstelle wie vom OLG von dem Verfahren zu unterrichten. Auf Verlangen sind ihm Abschriften der Schriftsätze, Protokolle, Verfügungen und Entscheidungen zu übersenden. Auch kann der Präsident des BKartA ein Mitglied seines Amts als Vertreter bestimmen, der befugt ist, den Terminen beizuwohnen, in ihnen Ausführungen zu machen und Fragen zu stellen. §§ 14 Abs. 6 und 15 Abs. 2 WahrnG in Verbindung mit § 90 GWB.

Ist der Vertrag durch die Schiedsstelle verbindlich festgesetzt worden, so stehen dem BKartA Befugnisse aufgrund des GWB nur zu, soweit in dem Vertrag Bestimmungen zum Nachteil Dritter enthalten sind oder soweit der Vertrag mißbräuchlich gehandhabt wird; ist er durch das OLG festgesetzt worden, so können die Befugnisse nur im Fall einer mißbräuchlichen Handhabung des Vertrags geltend gemacht werden. § 102a Abs. 2 Satz 2 und 3 GWB.

III. Für Rechtsstreitigkeiten über Ansprüche einer Verwertungsgesellschaft wegen Verletzung eines von ihr wahrgenommenen Nutzungs- oder Einwilligungsrechts sieht § 17 WahrnG die ausschließliche Zuständigkeit bestimmter Gerichte vor: Der Anspruch kann nur vor einem Gericht geltend gemacht werden, in dessen Bezirk die Verletzungshandlung vorgenommen wurde oder der Verletzer seinen allgemeinen Gerichtsstand hat.

Die Regelung wurde im Hinblick auf die frühere Auslegung der Bestimmung des § 32 ZPO über den Gerichtsstand der unerlaubten Handlung durch das LG Berlin getroffen: Als Ort, in dessen Bezirk die Handlung begangen ist, wurde in den Verletzungsprozessen, die von der GEMA geführt wurden, außer dem Ort, in dem die Aufführung stattgefunden hatte, auch Berlin als Sitz der GEMA angesehen, weil bei ihr die Schadensfolge eingetreten sei bzw. die Zustimmung hätte eingeholt werden müssen. Darin lag eine Härte gegen entfernt wohnende Personen, die sich auch bei kleineren Ersatzansprüchen unter entsprechendem Kostenaufwand auf einen Rechtsstreit in Berlin einlassen mußten. Eine Klärung hat die Rechtslage in BGHZ 52, 108 erfahren, wo ausgeführt wird, daß der Begriff des Orts der Vornahme der Verletzungshandlung (§ 17 WahrnG) mit dem Begriff des Orts der Begehung der unerlaubten Handlung (§ 32 ZPO) gleichbedeutend, die Rechtsprechung des LG Berlin daher verfehlt gewesen sei. Wesentlich bleibt aber, daß die Regelung in § 17 WahrnG — abgesehen von dem Ausschluß spezieller Gerichtsstände wie des Gerichtsstands des Vermögens (§ 32 ZPO) — die Möglichkeit ausschließt, daß die Verwertungsgesellschaften in den Verträgen, die sie mit den Verwertern schließen, eine Gerichtsstandsvereinbarung treffen. Dieser Ausschluß geht weiter als die durch Gesetz vom 21. 2. 1974 vorgenommene Änderung der Regel des § 38 ZPO über die Gerichtsstandsvereinbarung: Die dort u. a. vorgesehene Regel, daß eine Vereinbarung über den Gerichtsstand ausdrücklich und schriftlich nach dem Entstehen des Rechtsstreits geschlossen werden kann, wäre indes auch im Hinblick auf die Geltendmachung von Ansprüchen durch die Verwertungsgesellschaften angemessen gewesen. Vgl. dazu auch die Kritik von FROMM-NORDEMANN, WahrnG, § 17, Anm. 1 b.

Unberührt bleibt die Regel des § 105 UrhG, die die Landesregierungen ermächtigt, durch Rechtsverordnung urheberrechtliche Streitsachen für die Bezirke mehrerer Amts- oder Landgerichte einem von ihnen zuzuweisen; § 17 Abs. 1 Satz 2 WahrnG. Auch kann die Verwertungsgesellschaft gemäß § 17 Abs. 2 WahrnG Ansprüche gegen dieselbe Person wegen mehrerer Rechtsverletzungen bei einem der Gerichte geltend machen, in dessen Bezirk eine der Verletzungshandlungen vorgenommen wurde. Beispielsweise kann die GEMA, wenn ein Konzertunternehmen bei Aufführungen in mehreren Städten eine Rechtsverletzung begeht, sämtliche Ansprüche bei einem der Gerichte geltend machen, in dessen Bezirk eine der Veranstaltungen stattgefunden hat.

III. Verlagsvertrag und Verlagsrecht

§ 100. Verlagswesen und Verlagsgesetz

BAPPERT-WAGNER, Rechtsfragen des Buchhandels, 2. Aufl. 1958; DELP, Das gesamte Recht der Presse, des Buchhandels, des Rundfunks und des Fernsehens (Loseblattausgabe); SIEGER, Recht im Verlag, Handbuch für die Mitgliedsverlage des Börsenvereins des Deutschen Buchhandels (Loseblattausgabe in 5 Bänden).

I. Das Verlagswesen hat seinen Ausgang vom Buchverlag genommen. Musikverlag, Kunstverlag, Bühnenverlag, Landkartenverlag u. a. sind ihm zur Seite getreten. In der reichen Entwicklung des deutschen Verlagswesens zeichnen sich auch innerhalb dieser Gruppen besondere Arbeitsgebiete von Verlegern ab (wissenschaftliche Verleger, belletristische Verleger, Verleger von Jugendschriften usf.). Der Zeitschriftenverlag ist regelmäßig mit dem Buchverlag verbunden, während der Zeitungsverlag meist selbständig betrieben wird.

1. Das Verlagsgewerbe ist ebenso wie die sonstigen Gewerbebetriebe des Buch- und Kunsthandels Grundhandelsgewerbe (§ 1 Abs. 2 Nr. 8 HGB): Der Verleger ist Kaufmann ohne Rücksicht auf die Größe seines Gewerbebetriebes.

Im Buchhandel stehen die Verleger in beruflicher Zusammenarbeit mit den am Vertrieb der Exemplare beteiligten Firmen, insbesondere den Sortimentern. Außer den Verlegern und den Sortimentern rechnet man zu den Buchhändlern auch die sog. Zwischenbuchhändler (Barsortimenter, Grossisten und Kommissionäre) sowie die Antiquare und die Versand- und Reisebuchhändler. Unternehmungen, die in der Hauptsache andere Waren, daneben aber auch Erzeugnisse des Verlagsgewerbes vertreiben — z. B. Warenhäuser mit Buchvertrieb —, werden als Buchverkaufsstellen bezeichnet.

Die Lieferungen des Verlegers an den Sortimenter erfolgen teils aufgrund fester Bestellung, teils bedingt. Die sog. Bedingtlieferung (das Konditionsgeschäft) ermöglicht es dem Sortimenter, Werkstücke, die er bis zu einem bestimmten Termin nicht verkauft hat, zurückzugeben. Sein Sortiment wird durch die Bedingtlieferung bereichert, ohne daß er das Risiko des Absatzes trägt. Das Eigentum an den Werkstücken bleibt dem Verleger; der Sortimenter hat jedoch das Verfügungsrecht bis zum vereinbarten Abrechnungstermin. Seiner rechtlichen Natur nach ist das Konditionsgeschäft ein aufschiebend bedingter Kaufvertrag (str.; vgl. BAPPERT-MAUNZ, VerlG, § 14, Anm. 41).

2. Organisatorisch war der deutsche Buchhandel bis 1945 in dem im Jahr 1825 gegründeten Börsenverein der Deutschen Buchhändler zu Leipzig zusammengefaßt. Im gespaltenen Deutschland der Nachkriegszeit besteht der alte Börsenverein nur in der DDR mit wesentlichen, politisch bedingten Umgestaltungen weiter. In der Bundesrepublik schlossen sich die Buchhändler in Fortführung der Tradition zu dem Börsenverein des Deutschen Buchhandels mit Sitz in Frankfurt zusammen.

Organ des Börsenvereins ist das Börsenblatt des Deutschen Buchhandels, das auch über Urheberrechtsfragen berichtet. Es erscheint heute, der Trennung der Verbände entsprechend, in einer Frankfurter und einer Leipziger Ausgabe. Die Regeln für den Geschäftsbetrieb im Buchhandel, die früher in der vom Börsenverein beschlossenen Verkehrs- und Verkaufsordnung niedergelegt waren, stießen in der Bundesrepublik auf kartellrechtliche Bedenken. An ihre Stelle ist die im Kartellregister eingetragene Verkehrsordnung getreten, die von dem Verein für Verkehrsordnung im Buchhandel — einer Vereinigung von Verlegern — als Bestandteil seiner Satzung beschlossen wurde. In Zusammenfassung der Gewohnheiten und Gebräuche, die sich im Geschäftsverkehr der Verleger mit ihren Kunden entwickelt haben, enthält sie u. a. Regeln über die Bezugsbedingungen und ihre Änderungen, die feste und die bedingte Bestellung und das Rechnungswesen. Von den Vereinsmitgliedern sollen die Regeln in Ergänzung oder anstelle von eigenen Geschäftsbedingungen verwendet werden; Vereinbarung besonderer Bedingungen im Einzelfall bleibt vorbehalten.

3. Die Besetzung Deutschlands durch die Alliierten hat 1945 dazu geführt, daß die Besatzungsmächte die Ausübung der Verlagstätigkeit von einer politischen Überprüfung und der Erteilung einer *Lizenz* abhängig machten. Verlagsunternehmen, deren Inhabern die Lizenz nicht erteilt wurde, wurden, soweit sie nicht auf andere Verleger übertragen wurden, unter treuhänderische Verwaltung gestellt; zum Teil sind sie erloschen. Daraus sind auch für die privatrechtlichen Beziehungen zwischen Verlegern und Autoren wichtige Fragen entstanden. Vgl. darüber VETTER, Die Rechtsbeziehungen zwischen Verfasser und behindertem Verleger (1949) und BGHZ 15 S. 209. Aufgehoben wurde der Lizenzierungszwang in der Bundesrepublik im September 1949; in Westberlin hat er bis 1955 fortbestanden.

4. Das GG gewährleistet in Art. 5 Abs. 1 die *Freiheit der Presse*. Sie findet ihre Schranken in den Vorschriften der allgemeinen Gesetze, den gesetzlichen Bestimmungen zum Schutze der Jugend und in dem Recht der persönlichen Ehre. Verfassungsrechtlich zulässig sind auch die gesetzlichen Regeln über die *Ordnung der Presse*, die den Grundsatz der Pressefreiheit nicht antasten. Sie beruhen auf den Landespressegesetzen, die nach 1945 an die Stelle des Reichsgesetzes über die Presse von 1874 getreten sind. Inhaltlich stimmen sie weitgehend miteinander überein. Die allgemeinen Bestimmungen des Presserechts gelten für Druckwerke, zu denen grundsätzlich alle mittels der Buchdruckpresse oder eines sonstigen Vervielfältigungsverfahrens hergestellten und zur Verbreitung in der Öffentlichkeit bestimmten Schriften, bildliche Darstellungen mit oder ohne Schrift und Musikalien mit Text oder Erläuterungen gerechnet werden. Sie enthalten Vorschriften über die Zulassungsfreiheit von Presseunternehmen, die öffentliche Aufgabe, das Informationsrecht und die Sorgfaltspflicht der Presse sowie über das Impressum (Angabe des Druckers und Verlegers, bei Selbstverlag: des Verfassers oder Herausgebers). Der Text der Landespressegesetze ist mit Kommentar bei LÖFFLER, Presserecht, Bd. 2, 2. Aufl. 1968, abgedruckt.

II. Das Verlagsrecht — die privatrechtliche Ordnung des Verlagsverhältnisses — hat sich in engem Zusammenhang mit dem Urheberrecht entwickelt.

1. Von der Regelung des Verlagsverhältnisses, dem Verlagsrecht im objektiven Sinn, unterscheiden wir das Verlagsrecht als subjektives Recht: Es ist das ausschließliche Recht des Verlegers zur Vervielfältigung und Verbreitung. In der Zeit, in der der Schutz gegen Nachdruck auf Privilegien beruhte, waren es neben Urhebern in erster Linie die Drucker und Verleger, zu deren Gunsten die Privilegien erteilt wurden. Erst seitdem mit dem Durchbruch der Lehre vom geistigen Eigentum die Schale des Privilegienwesens abgestreift wurde, ist der Urheber in den Mittelpunkt getreten. Es wurde erkannt, daß das Verlagsrecht nicht ein ursprüngliches, sondern ein aus dem Urheberrecht abgeleitetes Recht ist.

2. Die rechtliche Regelung des Verlagsverhältnisses blieb länger als diejenige des Urheberrechts dem Landesrecht vorbehalten. Im Sinne der Vereinheitlichung war es ein Fortschritt, daß der Börsenverein der deut-

schen Buchhändler in der Verlagsordnung von 1893 eine Richtlinie für die einheitliche Ausgestaltung der Verlagsverträge schuf. Die Regelung durch Reichsgesetz, durch die diese Verlagsordnung überholt wurde, ist gleichzeitig mit dem Erlaß des LUG durch das Gesetz über das Verlagsrecht vom 19. 6. 1901 (VerlG) erfolgt, das mit einzelnen in der Novelle von 1910 und dem UrhG von 1965 vorgesehehen Änderungen noch heute in Kraft ist. Die Regelung beschränkt sich auf die Verlagsverträge über die Werke der Literatur und der Tonkunst. Eine gesetzliche Regelung des Verlagsverhältnisses im Bereich der bildenden Künste ist angesichts der Verschiedenartigkeit der Lebenssachverhalte nicht erfolgt; die Ordnung bleibt der vertraglichen Gestaltung vorbehalten.

3. Rechtsvergleichend gesehen enthält das deutsche VerlG die eingehendste Regelung des Verlagsrechtes. In *Großbritannien* und den *Vereinigten Staaten* fehlen besondere gesetzliche Bestimmungen. Das publishing agreement, das zwischen Verfasser und Verleger geschlossen wird, entscheidet sowohl über die Übertragung des copyright wie über die Pflichten der Parteien. In *Frankreich* ist der contrat d'édition in Art. 48 ff. URG geregelt. Der Begriff ist aber, wie oben § 90 III gezeigt wurde, weiter als der deutsche Begriff des Verlagsvertrags: er umfaßt alle Verträge, die über die Herstellung und Verbreitung von Werkstücken geschlossen werden, u. a. auch Verträge mit Herstellern von Tonträgern und Filmen. Die gesetzlichen Bestimmungen beschränken sich daher auf Regeln allgemeiner Art, ordnen aber nicht die Einzelfragen des Verlagsverhältnisses.

In engerer Beziehung steht das deutsche Verlagsrecht mit demjenigen *Österreichs* und der *Schweiz,* wobei sich u. a. die Verwandtschaft zwischen den buchhändlerischen Usancen des deutschen Sprachgebietes geltend macht. Gesetzlich geregelt ist in Österreich — von den auch für den Verlagsvertrag wichtigen allgemeinen Bestimmungen des UrhG über die Einräumung von Werknutzungsrechten abgesehen — nur der Begriff des Verlagsvertrags (§ 1172 ABGB) und die Veranstaltung neuer Auflagen (§ 1173 ABGB). In Rechtsprechung und Schrifttum werden aber auch die Regeln des deutschen VerlG im Sinne einer ,,Erkenntnisquelle'' (RINTELEN) für die Gebräuche und Gewohnheiten des Verlagswesens mit berücksichtigt. In der Schweiz ist der Verlagsvertrag in Art. 380 ff. des (revidierten) Obligationenrechts geregelt. Anders als im deutschen Recht ist auch der Kunstverlag einbezogen. Im ganzen steht aber die gesetzliche Regelung, die an die buchhändlerischen Usancen anknüpft, der deutschen nahe. Vgl. dazu die zusammenfassende Darstellung des deutschen, österreichischen und schweizerischen Verlagsrechts bei RINTELEN UR S. 242 ff. sowie für Österreich DITTRICH, Verlagsrecht. — In der DDR sind anstelle der Regelung im VerlG die Vorschriften der §§ 46—52 des UrhG von 1965 getreten. Sie werden für die einzelnen Sparten des Verlagswesens durch Vertragsmuster und Honorarordnungen ergänzt.

III. Die Regeln des VerlG sind — mit Ausnahme der Vorschrift über die Wirkung des Verlegerkonkurses (§ 36 VerlG) — nachgiebigen Rechts. Abweichende Vereinbarungen sind häufig. Im Rechtsleben ist es zumeist der Verleger, der unter Verwendung von Vertragsmustern oder Formularen den Vertrag entwirft und dem Verfasser zur Unterschrift vorlegt.

Einseitige Formulierungen der Verträge durch die Verleger, die früher häufig waren, sind angesichts der Kritik der Autorenverbände und der Durchsetzung eines verfeinerten Rechtsempfindens seltener geworden. Von Bedeutung waren dabei insbesondere auch Vereinbarungen über Vertragsrichtlinien, die zwischen Autoren- und Verlegerverbänden getroffen wurden. Die Beanstandung solcher Kollektivverträge durch das BKartA, über die oben (§ 91 II 2) berichtet wurde, hat zwar die Entwicklung unterbrochen. Manche der früher vereinbarten Regeln wirken aber aufgrund ihrer Aufnahme in die Vertragsmuster der Verleger nach und wurden auch in der Rechtsprechung bei Prüfung der Verkehrssitte zu Rate gezogen (vgl. BGHZ 22, 356). Auch läßt die neuere Praxis des BKartA darauf schließen, daß Vereinbarungen, die nur über Konditionen, nicht über Honorare geschlossen werden, nicht mehr beanstandet werden. Jedenfalls ist die zwischen dem Hochschulverband und dem Börsenverein in der Fassung von 1951 getroffene Vereinbarung über Vertragsnormen bei wissenschaftlichen Verlagswerken ebenso in Geltung wie der 1978 zwischen dem Verband deutscher Schriftsteller und dem Börsenverein abgeschlossene Rahmenvertrag über die Anwendung eines Normvertrags für belletristische Werke und vergleichbare Werke im Sachbuchbereich.

Grenzen der Vertragsfreiheit ergeben sich aus zwingenden Bestimmungen des UrhG, darunter insbesondere den Regeln über die Beteiligung des Urhebers an den Erträgnissen aus der Werknutzung (§ 36 UrhG) sowie über die Verträge über künftige Werke (§ 40 UrhG). Dazu kommen die Regel des § 138 BGB über die Nichtigkeit von Verträgen, die gegen die guten Sitten verstoßen, sowie die strengeren Grundsätze, die in der Rechtsprechung unter Berufung auf Treu und Glauben auf Verträge angewendet wurden, die unter Zugrundelegung von allgemeinen Geschäftsbedingungen geschlossen werden und in dem Gesetz zur Regelung des Rechts der allgemeinen Geschäftsbedingungen einen weiteren Ausbau erfahren haben. Insbesondere dürfen dem Verfasser keine Bindungen auferlegt werden, die ihn in unzumutbarer Weise in der Freiheit seines Schaffens oder in der Möglichkeit der Verwertung seiner Werke beschränken.

Die Rechtsprechung hat sich zum Teil, ohne das Verdikt eines Verstoßes gegen die guten Sitten auszusprechen, mit einer abschleifenden Auslegungspraxis und mit einer Lockerung der Bindungen durch die Entwicklung des Rechtssatzes begnügt, daß bei langfristigen Verlagsverträgen im Fall der Erschütterung des Vertrauensverhältnisses zwischen Verleger und Verfasser eine Kündigung wegen wichtigen Grundes möglich ist; vgl. RGZ 112, 173 und 140, 265. Dagegen wurde nach Lage des Falles in RGZ 78, 298 bei einem Vertrag mit einem Bühnenverlag und in BGHZ 22, 347 bei einem Optionsvertrag ein Verstoß gegen die guten Sitten angenommen.

IV. Bei Verlagsverträgen mit Auslandsberührung, beispielsweise bei Verlagsverträgen, die ein deutscher Verfasser mit einem ausländischen Verleger oder ein ausländischer Verfasser mit einem deutschen Verleger schließt, ist die Frage nach dem anwendbaren Recht nach den Regeln des internationalen Privatrechts zu beurteilen. Dem für Schuldverträge geltenden Grundsatz der Parteiautonomie entsprechend können die Parteien Vereinbarungen über das anwendbare Recht treffen. Fehlt eine ausdrückliche oder stillschweigende Vereinbarung, so ist nach objektiven Maßstäben zu beurteilen, mit welchem Staat der Vertrag die engste Verbindung aufweist. In der Regel ist dabei anzunehmen, daß der

Schwerpunkt des Verlagsverhältnisses am Ort der gewerblichen Niederlassung des Verlegers liegt.

Vgl. dazu BGHZ 19, 110 sowie HOFFMANN, in RabelsZ 1931, 759 ff., TROLLER, Das internationale Privat- und Zivilprozeßrecht im gewerblichen Rechtsschutz und Urheberrecht, S. 221 ff., und ULMER, Die Immaterialgüterrechte im internationalen Privatrecht, S. 54.

§ 101. Der Verlagsvertrag

ERNST HEYMANN, Verlagsrechtsfragen (rechtsvergleichend), in RabelsZ 1937, 2 ff.; RIEZLER, Zum Verlagsvertrag im deutschen Recht und HOFFMANN, Der Verlagsvertrag: Deutsche Landesreferate zum 2. Internationalen Kongreß für Rechtsvergleichung im Haag 1937 (hrsg. von HEYMANN als Sonderheft zu RabelsZ 1937) S. 254 ff und 269 ff.; DELP, Der Verlagsvertrag, 4. Aufl., 1978. VON HASE, Der Musikverlagsvertrag, Urheberrechtliche Abhandlungen des MPI, Heft 3 (1961); GERDA KRÜGER-NIELAND, Der verlagsrechtliche Bestellvertrag, 1938.

I. Verlagsverträge i. S. des VerlG sind Verträge über die Vervielfältigung und Verbreitung von Werken der Literatur und der Tonkunst: Der Verfasser hat dem Verleger das Werk zur Vervielfältigung und Verbreitung für eigene Rechnung zu überlassen; der Verleger ist zur Vervielfältigung und Verbreitung verpflichtet. § 1 VerlG.

1. Der Abschluß des Verlagsvertrags ist grundsätzlich formfrei. Der Vertrag kann mündlich oder durch schlüssige Handlungen, z. B. Abdruck des der Redaktion einer Zeitung oder Zeitschrift eingesandten Beitrags, erfolgen. Bei größeren Werken ist schriftlicher Abschluß üblich. Gesetzlich ist schriftlicher Abschluß nur für die Verträge über künftige Werke vorgeschrieben, die nicht näher oder nur der Gattung nach bestimmt sind; § 40 UrhG.

2. Parteien des Verlagsvertrags sind der Verlaggeber und der Verleger. Im Regelfall ist Verlaggeber der Verfasser. Diesem Regelfall entsprechend, bezeichnet das VerlG den Verfasser als Partei des Verlagsvertrags. Es berücksichtigt aber in § 48 die Möglichkeit, daß der Verlagsvertrag von einem anderen als dem Verfasser geschlossen wird.

Verlaggeber, die nicht die Verfasser sind, sind insbesondere Personen, die Verlagsverträge über gemeinfreie Werke schließen. Bei geschützten Werken kann der Verlagsvertrag vom Verfasser oder seinem Rechtsnachfolger geschlossen werden. Auch ist es möglich, daß Verträge über die Vervielfältigung und Verbreitung von geschützten Werken der Literatur und Tonkunst mit Zustimmung des Verfassers oder seines Rechtsnachfolgers von anderen Personen geschlossen werden; insbesondere ist dies bei Lizenzverträgen der Fall, in denen der Originalverleger einem anderen Verleger das Recht zur Herstellung von fremdsprachigen Ausgaben, Taschenbuchausgaben oder zum Vorabdruck oder Nachdruck in Zeitungen und Zeitschriften bewilligt. Solche Verträge sind im Rechtssinn Verlagsverträge, wenn der Lizenznehmer die Verpflichtung zur Vervielfältigung und Verbreitung übernimmt. — Beim sogenannten Gemeinschaftsverlag ist Verleger eine aus mehreren Verlagsunternehmungen bestehende Gesellschaft des bürgerlichen Rechts. Vgl. RUNGE, UR, 454 ff., und BAPPERT-MAUNZ, VerlG, § 1, Anm. 23.

3. Gegenstände der Verlagsverträge sind Werke der Literatur und der Tonkunst. Zu den Werken der Literatur sind dabei außer Sprachwerken auch pantomimische Werke einschließlich der Werke der Tanzkunst sowie Darstellungen wissenschaftlicher oder technischer Art, wie beispielsweise Kartenwerke und Lehrmittel, die in graphischem Verfahren vervielfältigt werden, zu rechnen.

Für die Auslegung des Begriffs der Werke der Literatur ist wesentlich, daß das VerlG gleichzeitig mit dem LUG von 1901 erlassen wurde. Als Gesetz betreffend das Urheberrecht an Werken der Literatur und Tonkunst regelte es außer dem Urheberrecht an Sprach- und Musikwerken auch das Urheberrecht an Abbildungen wissenschaftlicher oder technischer Art sowie an choreographischen und pantomimischen Werken. Vgl. zu dieser Auslegung auch BAPPERT-MAUNZ, VerlG, § 1, Anm. 23.

Keine Verlagsverträge i. S. des VerlG sind die Verträge über Werke der bildenden Künste. Auch eine entsprechende Anwendung der Regeln des VerlG ist nur in beschränktem Umfang möglich; vgl. darüber unten § 117 II.

4. Der Begriff der Vervielfältigung ist im Verlagsrecht enger auszulegen als im Urheberrecht. Vervielfältigung ist nicht bereits die Herstellung eines einzelnen Exemplars; es muß sich vielmehr um die Herstellung einer Mehrzahl von Vervielfältigungsstücken handeln, die zur Verbreitung bestimmt sind. Im übrigen umfaßt der Rechtsbegriff der Vervielfältigung im Verlagsrecht zwar nicht nur den Druck, sondern u. a. auch die Herstellung in vereinfachten Reproduktionsverfahren, die Herstellung von Fotokopien und Mikrokopien, die Vervielfältigung in Blindenschrift und die Vervielfältigung durch Klischees. Nicht einbezogen ist aber die Vervielfältigung auf Tonträgern und Filmen. Verträge der Urheber mit Tonträger- und Filmherstellern sind keine Verlagsverträge.

Was die Anzahl der Vervielfältigungsstücke betrifft, so erfolgt in der Regel die Herstellung einer Vielzahl von Exemplaren. Es genügt aber auch die Herstellung einer kleineren Anzahl, durch die der voraussichtliche Bedarf befriedigt wird. Dies gilt insbesondere in Fällen, in denen Bühnen- und Musikverlage Text- oder Notenmaterial herstellen, das zur Vermietung bestimmt ist.

II. Der Verlagsvertrag kann sowohl über bereits vorliegende Werke wie über Werke abgeschlossen werden, die erst nach Abschluß des Vertrags geschaffen oder fertiggestellt werden sollen. Das Urheberrecht und das aus ihm abgeleitete Verlagsrecht setzt zwar ein bestehendes Werk voraus. Der Verlagsvertrag kann dagegen auch über künftige Werke geschlossen werden. Es genügt, daß die Werke hinreichend bestimmbar sind. § 11 VerlG.

Bei Verlagsverträgen über Werke, die überhaupt nicht näher oder nur der Gattung nach bestimmt sind, greift die Regel des § 40 UrhG ein: Die Verträge bedürfen der Schriftform und können von beiden Vertragsteilen nach Ablauf von fünf Jahren seit ihrem Abschluß gekündigt werden. Vgl. oben § 94.

Von den Verlagsverträgen über künftige Werke zu unterscheiden sind Optionsverträge, die nur Vorverträge sind, in denen sich der Verfasser verpflichtet, künftige Werke dem Verleger zum Abschluß eines Verlagsvertrags anzubieten. Vgl. darüber oben § 94 I 2 und III 3.

III. Verlagsverträge können über geschützte oder über ungeschützte Werke geschlossen werden.

1. Meist ist der Verlagsvertrag urheberrechtlicher Nutzungsvertrag, der über geschützte Werke geschlossen wird. Der Verfasser ist zur Rechtsverschaffung verpflichtet. In der Regel hat er dem Verleger das ausschließliche Recht zur Vervielfältigung und Verbreitung — das Verlagsrecht — zu verschaffen; § 8 VerlG. Möglich ist aber auch, daß sich die Rechtsverschaffungspflicht auf die Pflicht zur Einräumung des einfachen Vervielfältigungs- und Verbreitungsrechts beschränkt.

Im Rechtsleben begegnet die Beschränkung auf die Einräumung einfacher Rechte insbesondere bei Lizenzverträgen, die der Originalverleger mit anderen Verlagen abschließt, beispielsweise bei Verträgen über den Vorabdruck oder Nachdruck in Zeitungen oder Zeitschriften. Zur Rechtslage bei Urheberrechtsverträgen über Beiträge zu Sammelwerken vgl. unten § 111 II.

2. Seltener sind Verlagsverträge über ungeschützte Werke. Jedenfalls rechnet aber das VerlG auch die Verträge, in denen der Verlag die Verpflichtung zur Vervielfältigung und Verbreitung gemeinfreier Werke übernimmt, zu den Verlagsverträgen; § 39 VerlG. Insofern ist der gesetzliche Begriff des Verlagsvertrags weiter als der Begriff des urheberrechtlichen Nutzungsvertrags.

Im Schrifttum werden Verträge über ungeschützte Werke nach dem Beispiel KOHLERS (UR an Schriftwerken, S. 336 ff.) zuweilen als „uneigentliche Verlagsverträge" bezeichnet. Vgl. GLEISS, VerlG, § 40, Rdz. 80.

Beispiele sind Verlagsverträge über ältere Werke, die nicht mehr geschützt sind, sowie Verlagsverträge über amtliche Werke i. S. des § 5 UrhG.

Ein Urheberrechtsschutz kann freilich bei der Herausgabe älterer Werke an dem mitveröffentlichten wissenschaftlichen Apparat, der Einführung oder dem Schlußwort, bei der Sammlung gemeinfreier Werke und Texte an dem Sammelwerk bestehen. Insoweit ist der Verlaggeber zur Rechtsverschaffung, in der Regel zur Einräumung des Verlagsrechts, verpflichtet.

Gesetzlich gelten für Verlagsverträge über ungeschützte Werke die Sonderregeln der §§ 39 und 40 VerlG.

a) Die Pflicht zur Rechtsverschaffung entfällt. Der Verlaggeber hat sich aber im Zweifel bis zum Ablauf von sechs Monaten nach dem Erscheinen der anderweitigen Vervielfältigung und Verbreitung in gleicher Weise zu enthalten, wie wenn an dem Werk ein Urheberrecht bestünde.

Mit der Rechtsverschaffungspflicht entfällt grundsätzlich auch die Gewährleistungspflicht. Nur in Fällen, in denen der Verlaggeber arglistig verschweigt, daß das Werk bereits anderweitig veröffentlicht worden ist, finden die Regeln über die Gewährleistungspflicht entsprechende Anwendung. § 39 Abs. 2 VerlG.

b) Was die Vervielfältigung durch den Verleger betrifft, so trägt das Gesetz dem Umstand Rechnung, daß die Vervielfältigung ungeschützter Werke jedermann freisteht. Dementsprechend ist gemäß § 40 Satz 1 VerlG der Verleger berechtigt, von der Erstauflage weitere Abzüge herzustellen sowie Neuauflagen auch unter Vornahme von Änderungen zu veranstalten. Abweichende Vereinbarungen sind aber möglich.

c) Die vereinbarte, eventuell gesetzlich bestimmte Auflagenhöhe (§ 5 VerlG) bleibt auch bei Verlagsverträgen über ungeschützte Werke insofern von Bedeutung, als der Verleger gemäß § 16 VerlG bis zu Erschöpfung der Auflage dafür zu sorgen hat, daß der Bestand nicht vergriffen wird, der Bedarf vielmehr befriedigt werden kann. Eine Überschreitung der Auflagenhöhe durch den Verleger ist dagegen zulässig. Als mögliche abweichende Vereinbarung sieht § 40 Satz 2 VerlG die Abrede vor, daß die Herstellung einer Neuauflage oder von weiteren Abzügen von der Zahlung einer besonderen Vergütung abhängig ist. Im Rechtsleben wird aber zumeist nicht vereinbart, daß die Zahlung der besonderen Vergütung Voraussetzung für die weitere Herstellung ist, sondern vorgesehen, daß im Fall solcher Herstellung eine besondere Vergütung zu zahlen ist.

3. Sonderfälle, die beim Erlaß des VerlG nicht berücksichtigt werden konnten, sind die Fälle, in denen gemäß §§ 70 und 71 UrhG verwandte Schutzrechte an wissenschaftlichen Ausgaben urheberrechtlich nicht geschützter Werke oder an Ausgaben nicht mehr geschützter nachgelassener Werke bestehen. Dem Verfasser, bei nachgelassenen Werken dem Herausgeber steht das ausschließliche Vervielfältigungs- und Verbreitungsrecht zu. In entsprechender Anwendung der für den Verlag urheberrechtlich geschützter Werke geltenden Regeln ist daher anzunehmen, daß der Verlaggeber dem Verleger gegenüber zur Rechtsverschaffung, in der Regel zur Verschaffung des ausschließlichen Rechts zur Vervielfältigung und Verbreitung, verpflichtet ist.

Zu beachten ist freilich die kürzere Schutzdauer der verwandten Schutzrechte: Das Schutzrecht an wissenschaftlichen Ausgaben erlischt zehn Jahre nach dem Erscheinen der Ausgabe, eventuell zehn Jahre nach der Herstellung; das Schutzrecht an nachgelassenen Werken zehn Jahre nach dem Erscheinen des Werkes. Verlagsvertrag und Enthaltungspflicht des Verlaggebers erlöschen, wenn nichts anderes vereinbart ist, mit dem Ablauf der Schutzfrist.

IV. Die für das Verlagsverhältnis wesentlichen Pflichten sind die Pflicht des Verfassers, dem Verleger das Werk zur Vervielfältigung und Verbreitung für eigene Rechnung zu überlassen, und die Pflicht des Verlegers, das Werk zu vervielfältigen und zu verbreiten.

1. Der Verfasser überläßt dem Verleger die Vervielfältigung und Verbreitung für eigene Rechnung. Der Verleger ist der Unternehmer, der das Wagnis und damit Gewinn und Verlust trägt. Das wird nicht dadurch ausgeschlossen, daß die Höhe des Honorars vom Absatz abhängig gemacht wird oder daß der Verfasser einen Druckkostenzuschuß

zahlt. Wohl aber entfällt das Wagnis für den Verleger beim Kommissionsverlag. Hier wird der Verleger für Rechnung des Verfassers tätig, sei es, daß er die Vervielfältigung und Verbreitung oder daß er nur die Verbreitung des bereits vervielfältigten Werkes übernimmt. Gewinn und Verlust trägt der Verfasser. Der Verleger erhält Ersatz seiner Auslagen und eine Vergütung für seine Tätigkeit, die in fester Höhe vereinbart sein kann, meist aber prozentual nach dem Absatz berechnet wird. Im Rechtssinn ist ein solcher Vertrag nicht Verlagsvertrag, sondern Kommissionsvertrag.

Im Rechtsleben kommt der Kommissionsverlag nicht nur da vor, wo der Verleger die Übernahme des Risikos ablehnt, sondern auch bei Werken mit gesichertem Absatz, bei denen der Verfasser sich den Gewinn vorbehalten will. Häufig ist der Abschluß von Kommissionsverlagsverträgen insbesondere bei Sammelwerken, die von Vereinen oder Körperschaften, von wissenschaftlichen Gesellschaften oder Instituten herausgegeben werden. Gegenüber dem Selbstverlag bietet der Kommissionsverlag dem Verfasser den Vorzug, daß ihm die Geschäftserfahrungen und die Geschäftsbeziehungen des Verlegers zugute kommen. Rechtlich ist der Vertrag, soweit es nur um die Verbreitung des bereits vervielfältigten Werkes geht, Verkaufskommission (§ 384 HGB), im übrigen Geschäftsbesorgungskommission (§ 406 HGB). Über Gesellschaftsverträge zwischen Verfasser und Verleger vgl. unten IV 2.

2. Der Verleger übernimmt die Verpflichtung zur Vervielfältigung und Verbreitung des Werkes. Das Interesse des Verfassers an dem Erscheinen des Werkes ist entscheidend dafür, daß der Verleger zur Vervielfältigung und Verbreitung nicht nur berechtigt, sondern auch verpflichtet wird. Meist übernimmt der Verleger überdies die Pflicht zur Zahlung einer Vergütung. Sie ist aber für den Verlagsvertrag nicht wesentlich. Auch wenn der Verfasser ein wirtschaftliches Opfer bringt, beispielsweise einen Druckkostenzuschuß bezahlt, liegt ein Verlagsvertrag vor.

3. Verträge, in denen dem Verleger das Recht zur Vervielfältigung und Verbreitung übertragen wird, ohne daß er die Verpflichtung dazu übernimmt, sind keine Verlagsverträge. Sie können Werkverträge oder Dienstverträge sein.

Werkverträge sind die Verträge, in denen sich der Verfasser zur Herstellung des Werkes verpflichtet, der Verleger aber nur die Verpflichtung zur Zahlung einer Vergütung übernimmt, beispielsweise Verträge, in denen ein Zeitungsverleger freiberufliche Journalisten mit der Abfassung von Beiträgen beauftragt, ohne sich zum Abdruck zu verpflichten. Bei Vertragsbeziehungen, die sich nicht auf die Herstellung einzelner Werke beschränken, beispielsweise bei Verträgen, die Zeitungsverleger mit angestellten Journalisten schließen, liegen dagegen Dienstverträge vor. Verträge, in denen einem Verleger das Vervielfältigungs- und Verbreitungsrecht an einem bereits vorliegenden Werk gegen eine einmalige Vergütung übertragen werden, ohne daß der Verleger die Pflicht zur Vervielfältigung und Verbreitung übernimmt, wurden früher meist als Kaufverträge gedeutet. U. a. begegneten Fälle, in denen das Urheberrecht verkauft wurde; vgl. RGZ 123, 312 über den Vertrag, in dem Wilhelm Busch bzw. seine Erben die „unbeschränkten dinglichen Urheberrechte" auf den Verlag, in dem die Werke erschienen waren, gegen eine einmalige Zahlung übertrugen. Einer solchen Deutung steht heute entgegen, daß das Urheberrecht nicht übertragbar, sondern nur eine Einräumung von Nutzungsrechten möglich ist, die im Rechtssinn keine Veräußerung ist; auch besteht angesichts des Rückrufsrechts wegen Nichtausübung eine „Ausübungslast" des Erwerbers. Man kann daher nur davon sprechen, daß, wenn dem Verleger das Vervielfältigungs- und Verbreitungsrecht ohne Verpflichtung zur Ausübung gegen ein festes Entgelt eingeräumt wird, der Vertrag kaufähnliche Züge aufweist.

Werk- oder Dienstvertrag ist insbesondere auch der Bestellvertrag des § 47 VerlG: Wird dem Verfasser der Inhalt des Werkes sowie die Art und Weise der Behandlung genau vorgeschrieben, so ist der Besteller im Zweifel zur Vervielfältigung und Verbreitung nicht verpflichtet; das gleiche gilt, wenn sich die Tätigkeit auf die Mitarbeit an enzyklopädischen Unternehmungen oder auf Hilfs- oder Nebenarbeiten für das Werk eines anderen oder für ein Sammelwerk beschränkt. Entscheidend ist, daß in diesen Fällen, auch literarisch gesehen, das Schwergewicht beim Besteller liegt, so daß das Interesse des Verfassers an der Publikation zurücktritt.

VOIGTLÄNDER-ELSTER VerlG § 47 Anm. 1 nehmen einen Bestellvertrag nur an, wenn die Verfassertätigkeit eine „tiefstehende" ist. Für die Mitarbeit an enzyklopädischen Unternehmungen, von der § 47 Abs. 2 VerlG handelt, trifft aber dieses Merkmal nicht zu: vgl. BAPPERT-MAUNZ VerlG § 47 Anm. 11. Anders steht es bei § 47 Abs. 1 VerlG. Hier genügt es nicht, daß der Verleger Anregungen gibt und daß er den sachlichen Inhalt sowie den Umfang des Werkes vorschreibt. Voraussetzung ist vielmehr, daß genaue Vorschriften über die Art und Weise der Behandlung gegeben werden. In diesem Sinne spricht RGZ 140, 103 von einer „niederen" Verfassertätigkeit. (Der Verfasser hatte nach einem ihm vom Verleger vorgelegten Muster für einen Wegweiser durch das bürgerliche Recht die Kommentierung von Teilen des BGB in gemeinverständlicher Weise übernommen. Die Niederschrift erfolgte in kurzer Frist gegen einmalige Abfindung mit Honorar. Das RG sah mit Recht in dem Vertrag keinen Verlagsvertrag, sondern einen Bestellvertrag.) Mit BAPPERT-MAUNZ VerlG § 47 Anm. 6 ziehen wir den Ausdruck „abhängige" Verfassertätigkeit vor. Vgl. auch OLG Hamburg in UFITA 23 (1952) S. 339.: Der Auftrag, für ein Magazin eine romanhafte Schilderung des Aufstiegs eines bekannten Filmstars zu schreiben, wurde, da die Gestaltung des Inhalts Sache des Verfassers war, mit Recht nicht als Bestellvertrag, sondern als echter Verlagsvertrag gedeutet.

Angesichts der Freiheit der vertraglichen Gestaltung kann auch in anderen Fällen die Pflicht des Verlegers zur Vervielfältigung und Verbreitung ausgeschlossen und damit dem Vertrag der Charakter des Verlagsvertrags genommen werden. Solche Vereinbarungen sind aber angesichts der Kritik der Autorenverbände in den letzten Jahrzehnten seltener geworden, als sie früher waren. Je höher der Rang des Werkes ist, um so mehr entspricht es der Sache, daß der Verleger die Verpflichtung zur Vervielfältigung und Verbreitung übernimmt.

In der Vereinbarung über Vertragsnormen bei wissenschaftlichen Verlagswerken haben sich die Verbände dahin geeinigt, daß über wissenschaftliche Werke nur Verlagsverträge abzuschließen sind. Werkverträge sollen nur bei geschlossenen Sammlungen nicht streng wissenschaftlichen Charakter sowie bei Sammelwerken, deren Gesamtplan vom Verleger bestimmt wird, zulässig sein.

V. Als schuldrechtlicher Vertrag gehört der Verlagsvertrag zu den gegenseitigen Verträgen. Er ist aber keinem der bekannten schuldrechtlichen Vertragstypen unterzuordnen: er ist weder Werk- noch Pacht- noch Gesellschaftsvertrag, steht vielmehr als Vertragstypus eigener Art mit diesen Verträgen auf gleicher Ebene.

1. Die Pflichten der Parteien, die durch den Verlagsvertrag begründet werden, sind als Einzelpflichten mit den Pflichten verwandt, die aus anderen Vertragstypen entstehen: Sowohl die Pflicht des Verfassers zur Herstellung des Werkes, wie die Pflicht des Verlegers zur Vervielfältigung und Verbreitung stehen der Pflicht eines Werkunternehmers nahe; die Pflicht des Verfassers, das Werk dem Unternehmer für die Dauer des Verlagsverhältnisses zum Vertrieb für eigene Rechnung zu überlassen, ist mit der Pflicht eines Verpächters verwandt. Anders als bei diesen Verträgen besteht aber die Gegenleistung, die für den Typus des Verlagsvertrags wesentlich ist, nicht in einer Vergütung. Entscheidend ist vielmehr das Gegenseitigkeitsverhältnis, das zwischen der Pflicht zur Überlassung des Werkes und der Pflicht zur Vervielfältigung und Verbreitung besteht.

Im Schrifttum hat es nicht an Versuchen gefehlt, den Verlagsvertrag anderen Vertragstypen unterzuordnen. U. a. sah KARL LEHMANN, Handelsrecht, 2. Aufl., S. 854, im Verlagsvertrag eine Kombination zweier Werkverträge. Das RG hat dagegen in RGZ 144, 361 mit Recht die Anwendung der Werkvertragsregeln abgelehnt und den Verlagsvertrag als selbständigen Vertrag gedeutet. Ebenso die heute vorherrschende Lehre. Vgl. ALLFELD, VerlG, § 1, Anm. 1; RUNGE, UR, S. 431 ff.; BAPPERT-MAUNZ, VerlG, § 1, Anm. 6; HUBMANN, UR, S. 203, und LEISS, VerlG, § 1, Rdz. 20.

2. Die Ziele des Verfassers und des Verlegers begegnen sich in dem Interesse an der Verbreitung des Werkes. Insofern erinnert der Verlagsvertrag an einen Gesellschaftsvertrag. Aber die für das Gesellschaftsrecht wesentliche Zweckgemeinschaft fehlt: das wirtschaftliche Wagnis trägt der Verleger. Wird freilich der Verfasser am Reingewinn des Verlegers beteiligt, so sind dem Verlagsvertrag gesellschaftsrechtliche Züge beigemischt: er wird zum partiarischen Verlagsvertrag.

Die Vereinbarung, daß der Verfasser einen Prozentsatz des Ladenpreises der abgesetzten Exemplare erhält, genügt nicht, um den Verlagsvertrag zu einem partiarischen zu machen; Voraussetzung ist vielmehr, daß der Verfasser am Reingewinn beteiligt wird. Vgl. RGZ 78, 301; 81, 235 und 140, 275 sowie RIEZLER, Landesreferat S. 255. Fälle eigentlicher Gesellschaft sind selten. Sie liegen nur vor, wenn das Risiko gemeinschaftlich getragen wird, beispielsweise bei dem in Frankreich sog. contrat d'édition de compte-à-demi. Vgl. HEYMANN, RabelsZ 1937 S. 9 f.

VI. Der Verlagsvertrag steht als Vertrag über die Vervielfältigung eines Geisteswerkes in besonderem Maße unter der Herrschaft von Treu und Glauben. Er begründet ein Vertrauensverhältnis zwischen Verfasser und Verleger.

Auf die Eigenart dieses Vertrauensverhältnisses ist im Schrifttum vielfach hingewiesen worden. Vgl. GIERKE DPrivR III S. 751: „Der Urheber vertraut dem Verleger sein Persönlichkeitsgut an; der Verleger traut dem inneren Wert und der äußeren Verwertbarkeit der fremden geistigen Schöpfung." HEYMANN, RabelsZ 1937, S. 17, und RIEZLER, Landesreferat S. 261, bezeichnen den Verlagsvertrag als Vertrag uberrimae fidei. Auch in den Vereinbarungen über Vertragsnormen bei wissenschaftlichen Verlagswerken wird das Vertrauensverhältnis zwischen Verfasser und Verleger besonders betont und hervorgehoben, daß es nicht erst nach Abschluß des Vertrags, sondern schon während der Vorverhandlungen besteht.

Treu und Glauben bestimmen sowohl die Auslegung des Verlagsvertrags wie die Art und Weise, in der die Pflichten zu erfüllen sind; §§ 157, 242 BGB. Bei der Pflicht des Verfassers zur rechtzeitigen Überlassung des Werkes an den Verleger sind seine persönlichen Verhältnisse, seine Arbeitsbelastung usf. zu berücksichtigen. Umgekehrt kann der Verleger erwarten, daß auf Schwierigkeiten der Papierbeschaffung, der Drucklegung usf. Rücksicht genommen wird. Beide Parteien haben das Vertrauensverhältnis zu wahren: Weder darf der Verleger den Ruf des Verfassers, noch der Verfasser den Ruf des Verlegers gefährden. Treuwidrigkeiten sind zugleich Pflichtverletzungen. Eine schwere Erschütterung des Vertrauensverhältnisses kann Anlaß zur Kündigung wegen wichtigen Grundes werden.

Die Rechtsprechung ist reich an Belegen. Vgl. beispielsweise RGZ 110, 275: Einseitige Erhöhung des Ladenpreises durch den Verleger ist zwar eine Vertragsverletzung. Eine Beurteilung nach Treu und Glauben kann jedoch die Annahme, daß eine wesentliche, zum Rücktritt berechtigende Pflichtverletzung vorliegt, ausschließen. Über einen Herausgebervertrag vgl. RGZ 113, 74: Die Zahlung eines bescheidenen Honorars spricht gegen die Annahme einer die vereinbarte Laufzeit des Vertrags überdauernden Enthaltungspflicht des Herausgebers. Auch die Forderung, daß der Herausgeber bei einer Neuausgabe in einem anderen Verlag auf die Nennung seines Namens verzichtet, verstößt gegen „das billige Verlangen, Arbeit, Leistung und Ansehen in der Öffentlichkeit nach Gebühr gewürdigt zu sehen".

§ 102. Überlassung des Werkes an den Verleger. Enthaltungs- und Rechtsverschaffungspflicht des Verfassers

I. Der Verfasser ist verpflichtet, dem Verleger rechtzeitig ein zur Vervielfältigung geeignetes Werkstück (Manuskript, Partitur, Abbildung) abzuliefern. §§ 10, 11 VerlG.

Das Werkstück muß in einem zur Vervielfältigung geeigneten Zustand sein. Insbesondere muß das Manuskript lesbar sein. Bei Verlagsverträgen über Sprachwerke wird dies zumeist Ablieferung des Manuskripts in Maschinenschrift bedeuten; vgl. § 6 des zwischen dem Börsenverein und dem Verband deutscher Schriftsteller vereinbarten Normvertrags.

1. Wird der Verlagsvertrag über ein bereits vollendetes Werk geschlossen, so hat die Ablieferung sofort zu erfolgen. Ist dagegen das

Werk erst herzustellen,[1] so ist die Ablieferungspflicht betagt. Die Frist wird meist im Verlagsvertrag bestimmt. Sie kann sich aber auch aus den Umständen, insbesondere aus dem Zweck des Werkes ergeben (so bei Kalendern, Festschriften u. dgl.). Fehlen solche Anhaltspunkte, so richtet sich die Frist nach dem Zeitraum, innerhalb dessen die Herstellung zu erwarten ist. Auf anderweitige Tätigkeit des Verfassers ist Rücksicht zu nehmen; sie bleibt nur dann außer Betracht, wenn der Verleger sie weder kannte noch kennen mußte. § 11 VerlG.

Wird das Werk nicht rechtzeitig abgeliefert, so kann der Verleger auf Erfüllung klagen. Die Durchsetzungsmöglichkeit ist aber beschränkt. Soweit bereits ein Manuskript vorliegt, kann sie daran scheitern, daß dem Verfasser kraft des Urheberpersönlichkeitsrechts die Entscheidung darüber zusteht, ob es druckfertig ist. Wird er zur Herstellung verurteilt, so kommt grundsätzlich eine Vollstreckung nicht in Frage (die abw. Entsch. in RGZ 39, 420 betraf einen Sonderfall, in dem dem Verfasser die Herstellung ohne weiteres zuzumuten war). Praktisch bedeutsamer als die Erfüllungsklage ist das *Rücktrittsrecht*, das dem Verleger bei nicht rechtzeitiger Ablieferung nach Ablauf der von ihm gesetzten Nachfrist gemäß § 30 VerlG zusteht. Vgl. darüber unten § 110 II 1. Ist die Verzögerung verschuldet, so hat der Verleger die weitergehenden Rechte, die sich aus dem Verzug ergeben: Er kann Schadensersatz wegen der Verzögerung und nach Fristsetzung auch Schadensersatz wegen Nichterfüllung verlangen; §§ 286, 326 BGB.

2. Das Werk muß von vertragsmäßiger Beschaffenheit sein. Insbesondere muß es den Vereinbarungen über Umfang und Inhalt entsprechen.

Die Vereinbarung über den Umfang ist, auch wenn im Vertrag eine bestimmte Anzahl von Druckbogen vorgesehen ist, in der Regel nur als Richtschnur zu deuten, nicht als Norm, die dem Verfasser jeden Spielraum nimmt: Angesichts der Schwierigkeit, bei einem erst herzustellenden Werk den benötigten Raum vorherzubestimmen, ist die Umfangsabrede nach Treu und Glauben auszulegen. Vgl. RG in GRUR 1937, 488.

Was den Inhalt des Werkes betrifft, so kann der Verleger geltend machen, daß das Werk nicht dem vereinbarten Zweck entspricht, beispielsweise beim Schulbuchverlag, daß es nicht zur Einführung in den Schulen geeignet ist. Bei einem wissenschaftlichen Werk kann er beanstanden, daß der neueste Stand der Wissenschaft nicht berücksichtigt ist. Auch können im Verlagsvertrag besondere Vereinbarungen über Inhalt und Eigenschaft des Werkes getroffen werden, an die der Verfasser gebunden ist. Der Beanstandung durch den Verlag sind jedoch insofern Grenzen gezogen, als die Qualität des Werkes, sein literarischer, wissenschaftlicher oder künstlerischer Rang, grundsätzlich nicht dem Urteil des Verlegers unterliegt. Jedenfalls kann sich aber der Verleger darauf berufen, daß ihm die Ausgabe nicht zugemutet werden kann: Nicht nur der Verstoß gegen das Gesetz oder die guten Sitten, sondern auch der

[1] Die Herstellungspflicht ist im Zweifel Pflicht zu persönlicher Herstellung. Die Zuziehung von Hilfskräften ist aber, soweit sie üblich und sachentsprechend ist, gestattet. Vgl. RGZ 86 S. 111 und RIEZLER, Landesreferat S. 258 f.

Umstand, daß die Ausgabe seinen Ruf gefährden würde, kann ihn zur Ablehnung berechtigen.

Der Begriff der ‚Ausgabefähigkeit' ist von KOHLER, UR an Schriftwerken, S. 308, geprägt worden; er verweist darauf, daß auch der Verleger ein Persönlichkeitsrecht hat, auf das Rücksicht zu nehmen ist. HOFFMANN, UFITA 6 (1933), 217, u. a. haben die Lehre von der Ausgabefähigkeit weiter ausgebaut. S. auch HEYMANN, RabelsZ 1937, 19, und BAPPERT-MAUNZ, VerlG, § 31, Anm. 11. Aus der Rechtsprechung vgl. RGZ 74, 359. Das RG ließ die Berufung des Verlegers auf die vertragswidrige Beschaffenheit des ihm überlassenen, auf unfreier Benutzung anderer Schriften beruhenden Werkes zu, obwohl die Autoren, in deren Rechte der Verfasser eingegriffen hatte, nachträglich ihre Zustimmung erklärt hatten. Lehrreich ist auch die Entscheidung des BGH in GRUR 1960, 642 („Drogistenlexikon") über die Verpflichtung zur Berücksichtigung des neuesten Standes der Wissenschaft: Angesichts des praktischen Gebrauchszwecks des Werkes blieb es dem Ermessen des Verfassers überlassen, im einzelnen den neuesten Wissensstand zu berücksichtigen. Vgl. auch BGH in GRUR 1979, 396 betreffend das Risiko einer gerichtlichen Auseinandersetzung. Es ging um ein Werk, das unter dem Titel „Herren und Knechte der Kirche" geschrieben werden sollte. Wenn das Risiko einer Auseinandersetzung wegen Persönlichkeitsrechtsverletzungen dem Verleger beim Abschluß des Verlagsvertrags bekannt war, so scheidet — vorbehaltlich des Verlangens nach Änderung einzelner Stellen — die Berufung auf verlagswidrige Beschaffenheit aus.

Sind die Mängel behebbar, so richtet sich der Anspruch des Verlegers grundsätzlich auf eine Umarbeitung, durch die die Mängel beseitigt werden. Dem Anspruch des Verfassers auf Zahlung des bei der Ablieferung fälligen Honorars kann der Verleger in solchen Fällen mit der Einrede des nichterfüllten Vertrags (§ 320 BGB) entgegentreten. Vgl. darüber und über das Recht des Verfassers, bei verhältnismäßiger Geringfügigkeit der vorzunehmenden Änderung einen Honorarvorschuß zu verlangen, BGH in GRUR 1960, 645.

3. Hat das Werk nicht die vertragsmäßige Beschaffenheit, so hat der Verleger, ebenso wie bei nicht rechtzeitiger Ablieferung, ein Rücktrittsrecht. Der Rücktrittserklärung müssen in der Regel Androhung und Fristsetzung vorausgehen (s. unten § 110 II 1). Bei Verschulden des Verfassers kann der Verleger, statt zurückzutreten, Schadensersatz wegen Nichterfüllung verlangen. § 31 VerlG.

II. Mit der Verpflichtung zur Überlassung des Werkes verbindet sich regelmäßig die Verpflichtung des Verfassers, sich der Vervielfältigung und Verbreitung des Werkes zu enthalten. Das Gesetz geht dabei von der Regel aus, daß dem Verfasser während der Dauer des Verlagsverhältnisses die Vervielfältigung und Verbreitung im selben Umfang untersagt sind, wie sie einem Dritten aufgrund des Urheberrechts verboten sind. § 2 Abs. 1 VerlG.

Die Enthaltungspflicht des Verfassers besteht jedenfalls in den Hauptfällen, in denen der Verfasser dem Verleger das Verlagsrecht einräumt. Dagegen entfällt sie in der Regel, wenn der Verfasser dem Verleger nur das einfache Vervielfältigungs- und Verbreitungsrecht gewährt. Ihrem Wesen nach ist die Enthaltungspflicht eine schuldrechtliche, auf dem Verlagsvertrag beruhende Verpflichtung. Der Verleger, dem das Verlagsrecht zusteht, kann aber dem Verfasser, ebenso wie Dritten, die Vervielfältigung und Verbreitung auch aufgrund seines aus dem Urheberrecht abgeleiteten ausschließlichen Rechts verbieten; vgl. darüber unten § 103 III 2. Vertraglich kann aber die Enthaltungspflicht in einem weiteren Umfang vereinbart werden als das aus dem Verlagsrecht fließende Verbotsrecht.

1. Die Enthaltungspflicht bezieht sich auf die Vervielfältigung und Verbreitung. Die Ausübung der sonstigen Nutzungsrechte, beispielsweise des Aufführungsrechts oder des Senderechts, bleibt unberührt. Auch erstreckt sich die Enthaltungspflicht nicht auf die Herstellung von Tonträgern und auf die Verfilmung: sie sind keine Vervielfältigungen im Sinne des Verlagsrechts.

Die mechanisch-musikalische Vervielfältigung und die Verfilmung sind durch § 2 Abs. 2 Nr. 4 und 5 VerlG ausdrücklich ausgenommen. Die Schranke ergibt sich aber schon aus der richtigen Deutung des verlagsrechtlichen Vervielfältigungsbegriffs.

Die Enthaltungspflicht erstreckt sich, ebenso wie das Urheberrecht, auch auf die Vervielfältigung und Verbreitung des Werkes in veränderter Gestalt. Es macht dabei grundsätzlich keinen Unterschied, ob es sich um urheberrechtlich belanglose Änderungen oder ob es sich um Bearbeitungen handelt: Der Verfasser darf in einem anderen Verlag weder eine gekürzte Ausgabe noch eine Neubearbeitung des Werkes erscheinen lassen.

Einzelne Bearbeitungsrechte sind freilich von der Enthaltungspflicht ausgenommen: Dem Verfasser verbleibt die Befugnis, Übersetzungen herauszugeben oder zu autorisieren, sowie das Recht zur Wiedergabe einer Erzählung in dramatischer Form oder eines Bühnenwerkes in Form einer Erzählung. Bei Werken der Tonkunst erstreckt sich die Enthaltungspflicht zwar auf Auszüge und auf Übertragungen in eine andere Tonart oder Stimmlage, nicht aber auf sonstige Bearbeitungen, z. B. Einrichtungen für andere Klangmittel. § 2 Abs. 2 Nr. 1—3 VerlG.

Abweichende Vereinbarungen sind möglich. Beispielsweise kann sich der Verfasser verpflichten, das Übersetzungsrecht nur im Einverständnis mit dem Verleger zu vergeben. Möglich und häufig ist auch, daß dem Verleger durch ausdrückliche Vereinbarung das Übersetzungsrecht oder andere Nutzungsrechte, die dem Verfasser nach gesetzlicher Regel verbleiben, wie das Senderecht, das Verfilmungsrecht sowie das musikalisch-mechanische Vervielfältigungsrecht, als ausschließliche Rechte eingeräumt werden. In der Praxis des Verlagswesens spricht man in solchen Fällen von der Einräumung von Nebenrechten; vgl. unten § 104.

Kraft der eingeräumten ausschließlichen Nebenrechte stehen dem Verleger Verbotsrechte nicht nur gegenüber Dritten, sondern auch gegenüber dem Verfasser selbst zu. Entsprechend ist er aufgrund der Vereinbarung auch schuldrechtlich zur Enthaltung verpflichtet.

2. Innerhalb der sich daraus ergebenden Grenzen reicht die Enthaltungspflicht ihrem Inhalt nach soweit, wie der Urheberrechtsschutz in Anspruch genommen werden kann. Die Herausgabe eines neuen selbständigen Werkes, auch eines Werkes, das aufgrund freier Benutzung

des in Verlag gegebenen Werkes geschaffen ist, bleibt zulässig. Vertraglich wird freilich die Enthaltungspflicht des Verfassers nicht selten erweitert. Es werden Wettbewerbsverbote verabredet, die verhindern sollen, daß der Verfasser durch spätere Publikationen den Absatz des Verlegers schmälert. Solche Wettbewerbsverbote sind nicht unbedenklich. Anzuerkennen ist zwar, daß die Parallele, die das Gesetz zwischen dem Umfang des Urheberrechtsschutzes und dem Umfang der Enthaltungspflicht zieht, der Interessenlage nicht stets gerecht wird. Als Treupflicht des Verfassers, die aus dem Verlagsvertrag fließt, kann die Enthaltungspflicht weitergehen als die aus dem Urheberrecht abgeleitete Unterlassungspflicht. Bei der Bestimmung im einzelnen ist auf Sinn und Zweck des Verlagsvertrags zurückzugreifen. Dabei sind jedoch auch die Interessen des Verfassers angemessen zu berücksichtigen. Die Enthaltungspflicht darf ihm keine Fesseln für sein späteres Schaffen anlegen. Man wird daher ein Wettbewerbsverbot, das dem Verfasser die Behandlung des gleichen Gegenstandes in einem späteren Werk untersagt, aufgrund von Treu und Glauben einschränkend dahin auslegen müssen, daß es sich nur auf ein Werk von ähnlicher Art und ähnlichem Umfang bezieht: Ein Verlagsvertrag über einen Grundriß kann nicht hindern, daß der Verfasser später ein Handbuch über denselben Gegenstand schreibt. Vereinbarungen, die darüber hinausgehen und den Verfasser in seinem literarischen oder wissenschaftlichen Schaffen ungebührlich hemmen, verstoßen gegen die guten Sitten.

Vgl. zu der Frage ALLFELD VerlG § 2 Anm. 8, und BAPPERT-MAUNZ VerlG § 2 Anm. 7. RGZ 119 S. 413 ff. mahnt mit Grund zu vorsichtiger Vertragsauslegung. Es kann nicht angenommen werden, daß es dem Sinn des Verlagsvertrags entspricht, das „Gebiet freien Wirkens erheblich zugunsten geschäftlicher Zwecke des Verlegers einzuschränken". Andererseits kann aber eine über den gesetzlichen Umfang hinausgehende Enthaltungspflicht sich nicht nur aus ausdrücklicher Vereinbarung, sondern auch aus einer Auslegung des Vertrags nach Treu und Glauben ergeben. Vgl. dazu BGH in GRUR 1973, 426: Der BGH ließ dahingestellt, ob das Verlagsrecht an dem „Duden-Wörterbuch medizinischer Fachausdrücke" durch die Veröffentlichung des vom selben Autor verfaßten „Wörterbuch der Medizin" verletzt wurde oder eine freie Benutzung vorlag, leitete aber aus Treu und Glauben einen Verstoß gegen die Enthaltungspflicht ab, da das neue Werk denselben Gegenstand wie das frühere behandelte, sich an den gleichen Abnehmerkreis wandte und nach Art und Umfang geeignet war, dem früheren Werk ernstliche Konkurrenz zu machen.

3. Die Enthaltungspflicht des Verfassers besteht regelmäßig bis zum Ende des Verlagsverhältnisses. Eine Verkürzung der Frist findet jedoch zugunsten von Gesamtausgaben statt. Die Vervielfältigung und Verbreitung in einer Gesamtausgabe ist gestattet, wenn seit dem Ablauf des Kalenderjahres, in dem das Werk erschienen ist, 20 Jahre verstrichen sind; § 2 Abs. 3 VerlG.

Gesamtausgaben sind Ausgaben, die nur Werke eines Verfassers enthalten. Grundgedanke der Vorschrift ist, daß Verlagsverträge über einzelne Werke auf die Dauer die Zusammenfassung des Lebenswerkes des Verfassers nicht verhindern dürfen. Davon ist bei der Auslegung des Begriffs der Gesamtausgabe auszugehen: Sie muß ein abgerundetes Bild von dem Werkschaffen des Verfassers geben (RGZ 139 S. 338). Vollständigkeit ist freilich nicht erforderlich. Gesamtausgaben im Sinne des Gesetzes sind auch „ausgewählte Werke", die nur die Hauptwerke des Verfassers einschließen, sowie Ausgaben, die Werke bestimmter Art vereinigen. Vgl. ALLFELD VerlG § 2 Anm. 16 und BAPPERT-MAUNZ, VerlG, § 2, Anm. 25 ff. Über das Verhältnis zum Begriff der Sammelwerke vgl. oben § 29 I 1.

4. Sonderregeln über die Enthaltungspflicht gelten bei Verlagsverträgen über ungeschützte Werke sowie über Beiträge zu Sammelwerken . Vgl. darüber oben § 101 III 2a und unten § 111 II 1 u. 2.

III. Mit der Verpflichtung zur Überlassung eines geschützten Werkes ist in der Regel auch die Verpflichtung zur Verschaffung des Verlagsrechts verbunden. § 8 VerlG.

Die Einigung über die Einräumung des Verlagsrechts ist zwar bereits im Verlagsvertrag enthalten; die Verfügung wird aber nach gesetzlicher Regel erst mit der Ablieferung des Manuskripts oder eines sonstigen Werkstücks an den Verleger wirksam. Gleichwohl ist es sinnvoll, wenn das VerlG nicht nur von der Verpflichtung zur Ablieferung des Manuskripts, sondern auch von der Verpflichtung zur Verschaffung des Verlagsrechts spricht: Steht dem Übergang des Verlagsrechts ein Hindernis im Wege, so ist der Verfasser zur Beseitigung des Hindernisses verpflichtet. So liegt es beispielsweise, wenn der Verfasser noch an den Verleger der ersten Auflage gebunden ist; hier kann sich aus dem Verlagsvertrag die Verpflichtung ergeben, das Hindernis durch Ankauf der noch vorhandenen Exemplare zu beseitigen. Vor allem aber: Die Verpflichtung schließt, der allgemeinen, für Urheberrechtsverträge geltenden Regel entsprechend, eine Gewährleistungspflicht ein. Der Verfasser haftet für die Verschaffung des Verlagsrechts, dessen der Verleger zur Sicherung seiner Rechtsstellung bedarf.

Vgl. dazu oben § 92 II sowie BAPPERT-MAUNZ, VerlG, § 8, Anm. 38 f. Der Verleger kann nicht nur, solange das Verlagsrecht nicht verschafft ist, gemäß § 320 Abs. 1 BGB die Erfüllung seiner Verpflichtungen verweigern. Er kann vielmehr auch, ohne daß es auf ein Verschulden ankommt, in sinngemäßer Anwendung der Regeln der §§ 325 und 326 BGB vom Vertrag zurücktreten oder Schadensersatz wegen Nichterfüllung verlangen. Nur in besonderen Fällen, insbesondere wenn der Verfasser den Verleger auf den Sachverhalt hinweist, aus dem möglicherweise auf einen Eingriff in fremde Rechte geschlossen werden kann, kann die Vertragsauslegung zu einem anderen Ergebnis führen.

§ 103. Das Verlagsrecht als abgeleitetes Recht

Das Verlagsrecht ist das aus dem Urheberrecht abgeleitete ausschließliche Recht des Verlegers zur Vervielfältigung und Verbreitung des Werkes. Es entsteht aufgrund des Verlagsvertrags mit der Ablieferung des Manuskripts oder eines sonstigen Werkstücks an den Verleger und erlischt mit der Beendigung des Verlagsverhältnisses. § 9 Abs. 1 VerlG.

I. Das Verlagsrecht ist ein aus dem Urheberrecht abgeleitetes Recht.

1. Das Verlagsrecht beruht auf der Verfügung, die der Verfasser oder der sonstige Verlaggeber über das Vervielfältigungs- und Verbreitungsrecht trifft. Voraussetzung ist, daß der Verlaggeber zur Verfügung befugt ist. Gutgläubiger Erwerb findet so wenig wie sonst im Urheberrecht statt.

Abw. lehrte ALLFELD VerlG § 9 Anm. 4, daß das Verlagsrecht kraft Gesetzes entsteht. Auch DE BOOR hatte in UR S. 240ff. angenommen, daß das Verlagsrecht nicht durch Verfügungsgeschäft, sondern kraft Gesetzes als ein akzessorisches Recht des Verlegers entstehe, das seine durch den Verlagsvertrag begründeten schuldrechtlichen Ansprüche verstärkt. Er hat aber später seine Auffassung geändert; vgl. Vom Wesen S. 62. Die Annahme rechtsgeschäftlicher Verfügung ist, wie DE BOOR zutreffend hervorhebt, schon deshalb angezeigt, weil das Verlagsrecht nur entstehen kann, wenn dem Verlaggeber die Verfügungsbefugnis zusteht.

2. Wirksam wird die Verfügung mit der Ablieferung des Manuskripts oder eines sonstigen Werkstückes. Das Gesetz berücksichtigt, daß der Verleger der Sicherung seiner Rechtsstellung, die ihm das Verlagsrecht gewährt, jedenfalls von dem Zeitpunkt ab bedarf, in dem er das Werkstück erhält und damit in die Lage versetzt wird, das Werk zu vervielfältigen. Von nun ab ist mit wesentlichen Kosten des Verlegers, insbesondere mit Herstellungskosten, zu rechnen. Die Rechte, die ihm das Verlagsrecht gewährt, darunter die Abwehrrechte gegen Nachdrucker, sollen ihm daher regelmäßig vom Zeitpunkt der Ablieferung des Manuskripts an zustehen. Abweichend von der Regel kann aber im Verlagsvertrag vereinbart werden, daß das Verlagsrecht schon vor der Ablieferung auf den Verleger übergeht. Auch entfällt das Erfordernis der Ablieferung, wenn der Verleger bereits bei Abschluß des Verlagsvertrags im Besitz des Manuskripts oder eines sonstigen Werkstückes ist.

Die Regel, daß das Verlagsrecht erst mit der Ablieferung des Manuskriptes entsteht, ist eine Besonderheit des deutschen Verlagsrechtes. Abweichend wird nicht nur im angloamerikanischen und romanischen Rechtskreis, sondern auch in den meisten anderen Rechtsordnungen, darunter dem Schweizer Recht, angenommen, daß die Verfügung über das Verlagsrecht bereits mit dem Abschluß des Verlagsvertrags wirksam wird. Vgl. HEYMANN RabelsZ 1937 S. 20 und BAPPERT-MAUNZ VerlG § 9 Anm. 23 ff. HOFFMANN, Landesreferat S. 274 empfiehlt diese Regelung de lege ferenda auch für das deutsche Recht.

3. Konstruktiv ist die gesetzliche Regel im Schrifttum in Anlehnung an sachenrechtliche Grundsätze früher meist dahin gedeutet worden, daß das Verfügungsgeschäft erst bei Ablieferung des Manuskripts geschlossen wird. Ähnlich wie die Übereignung sich durch die Einigung und Übergabe vollziehe, beruhe auch das Verlagsrecht auf der Ablieferung

des Manuskripts und der sie begleitenden Willenseinigung zwischen Verfasser und Verleger.

So insbesonder BLASS, Die Begründung des Verlagsrechts (1909) und RIEZLER bei EHRENBERG S. 49. Auch HEYMANN RabelsZ 1937 S. 20 und HOFFMANN, Landesreferat S. 274 ziehen die Parallele zum Sachenrecht: Es liege ein abstraktes Verfügungsgeschäft vor, das vom zugrundeliegenden Verlagsvertrag zu sondern sei. KOHLER, UR an Schriftw. S. 333 f. hatte unterschieden: Verlagsverträge über fertige Werke deutete er als Verfügungsgeschäfte; bei Verlagsverträgen über künftige Werke nahm er an, daß die Verfügung dem Abschluß des Verlagsvertrags nachfolge. Diese Unterscheidung steht aber mit § 9 Abs. 1 VerlG in Widerspruch.

Der Vergleich mit dem Sachenrecht wird jedoch der Rechtslage im Verlagsrecht nicht gerecht: Anders als im Sachenrecht ist die Verfügung nicht abstrakt. Das Verlagsrecht entsteht nur, wenn ein gültiger Verlagsvertrag vorliegt, und es entsteht mit dem Inhalt, der im Verlagsvertrag bestimmt ist. Es besteht daher kein Anlaß, eine neue Willenseinigung der Parteien anzunehmen. Es ist vielmehr der Verlagsvertrag, in dem die Einigung über die Einräumung des Verlagsrechts enthalten ist. Zu ihrer Vollendung bedarf aber die Verfügung noch der Ablieferung des Manuskripts. Es liegt ein mehrgliedriger Tatbestand vor. Teile des Verfügungsgeschäfts sind einerseits die im Verlagsvertrag enthaltene Willenseinigung, andererseits der einseitige Akt der Ablieferung des Werkstücks.

Vgl. über die mehrgliedrigen Tatbestände v. TUHR, Allg. Teil II S. 147 ff. Die Lage ist eine ähnliche wie bei sonstigen Rechtsgeschäften, zu deren Tatbestand außer dem Vertrag noch ein realer Vorgang, beispielsweise die Übergabe einer Sache gehört. Eine Besonderheit des Verlagsvertrags liegt freilich darin, daß er gleichzeitig Verpflichtungsgeschäft und Teil des Verfügungsgeschäfts ist. Als Verpflichtungsgeschäft wird er mit dem Abschluß wirksam. Die Verfügung erfordert dagegen als weiteres Tatbestandsmerkmal noch die Ablieferung des Manuskriptes, zu der der Verfasser kraft des Verlagsvertrags verpflichtet ist. Es handelt sich um eine ergänzende Tatsache, eine „Rechtsbedingung" (v. TUHR S. 148).

Der hier vertretenen Lehre, daß der Verlagsvertrag Teil des Verfügungsgeschäfts ist, stimmen BAPPERT-MAUNZ VerlG § 9 Anm. 3, HUBMANN UR S. 187 und LEISS, VerlG, § 9, Rdz. 3 ff. zu. Die Lehre vermeidet die Verschiedenheit in der Deutung des Verlagsvertrags und anderer Urheberrechtsverträge. Die Aufführungs-, Vorführungs-, Sendeverträge usf. enthalten regelmäßig zugleich die Verfügung über die Nutzungsrechte. Ähnlich steht es beim Verlagsvertrag: die Einigung über die Einräumung des Verlagsrechts ist in die schuldrechtliche Vereinbarung eingebettet. Vollendet ist die Verfügung freilich erst mit Ablieferung des Manuskriptes. Aber diese Regel ist abdingbar. Der Grundsatz, daß die Verfügung über die Nutzungsrechte formfrei erfolgen kann, bleibt unberührt.

4. Als abgeleitetes Recht unterliegt das Verlagsrecht den Schranken, die dem Mutterrecht gezogen sind: Die Schranken des Urheberrechts sind auch Schranken des Verlagsrechts. Mit dem Ablauf der Schutzfrist erlischt auch das Verlagsrecht.

Im übrigen ist aber das Verlagsrecht, einmal entstanden, als Tochterrecht dem Urheberrecht gegenüber insofern selbständig, als spätere Verfügungen des Urhebers seinen Bestand nicht berühren. Auch wenn der Verfasser auf sein Vervielfältigungs- und Verbreitungsrecht verzichtet, besteht das Verlagsrecht fort.

Vgl. über die Verselbständigung des Tochterrechts gegenüber dem Mutterrecht in Fällen konstitutiver Rechtsübertragung v. TUHR, Allg. Teil II, S. 74f.

II. Wie bei sonstigen ausschließlichen Nutzungsrechten, ist insbesondere auch beim Verlagsrecht zwischen seinem positiven und seinem negativen Kern zu unterscheiden.

Der positive Kern des Verlagsrechts, die Befugnis des Verlegers zur Vervielfältigung und Verbreitung, steht unter den Schranken, die sich aus dem Verlagsvertrag und den ergänzenden Vorschriften des Gesetzes ergeben. Der Verleger darf das Werk nur so, wie es ihm überlassen ist, vervielfältigen. Die Herausgabe in geänderter Fassung oder in einer Bearbeitung ist ihm nicht gestattet. Auch wird sein Recht durch die Bestimmungen über die Auflage, die Zahl der Abzüge und die Beendigung des Verlagsverhältnisses begrenzt.

Vgl. darüber unten §§ 107 u. 110. Von den Vereinbarungen, durch die das Verlagsrecht begrenzt wird, sind die Abreden zu unterscheiden, in denen nur die Art und Weise der Vervielfältigung und Verbreitung, beispielsweise Druck, Format, Ausstattung und Werbung, näher geregelt wird. Solche Abreden begründen schuldrechtliche Pflichten. Ihre Verletzung kann Rücktrittsrechte oder Schadensersatzansprüche auslösen. Sie ist aber keine Urheberrechtsverletzung. Vgl. dazu DE BOOR UR S. 300 f. sowie eingehend BÜCHLER, Übertragung des UR S. 116ff.

Wesentlich für das Verlagsrecht sind auch die Vereinbarungen über die Art der Ausgabe, über räumliche Beschränkungen sowie über den Absatzweg:

1. Die Art der Ausgabe wird im Verlagsvertrag bestimmt. Es wird vereinbart, ob das Werk als Einzelwerk oder ob es im Rahmen eines Sammelwerkes erscheinen soll. Auch kann im Vertrag eine Gesamtausgabe von Werken desselben Verfassers vorgesehen sein. Soll das Werk als Einzelwerk erscheinen, so darf es der Verleger nicht in ein von ihm herausgegebenes Sammelwerk aufnehmen. Umgekehrt darf der Verleger, dem ein Beitrag für ein Sammelwerk geliefert wurde, beispielsweise der Zeitungs- oder Zeitschriftenverleger, den Beitrag nicht ohne Einwilligung des Verfassers als Monographie herausgeben. Zuwiderhandlungen sind nicht nur Vertragsverletzungen, sondern auch Urheberrechtsverletzungen. § 4 VerlG.

2. Das Verlagsrecht wird dem Verleger im Zweifel ohne räumliche Beschränkung eingeräumt. Räumliche Beschränkungen können zwar grundsätzlich, ebenso wie bei sonstigen Einräumungen von Nutzungsrechten, gemäß § 32 UrhG vereinbart werden. Im Verhältnis zwischen mehreren Staaten kann räumliche Begrenzung zu einer Teilung des Verlagsrechts führen. Für das Inland (Bundesrepublik und Westberlin) steht aber einer solchen Teilung im Hinblick auf die Veräußerung der

Exemplare die Einheit des Wirtschaftsgebiets entgegen: Exemplare, die von demjenigen, der im Inland zur Verbreitung befugt ist, im Weg der Veräußerung in Verkehr gebracht werden, können im Inland weiterverbreitet werden.

Vgl. zu dieser Auslegung der Regel des § 17 Abs. 2 UrhG oben § 47 II. Eine Aufspaltung des Verlagsrechts zwischen verschiedenen Staaten, wie sie insbesondere im Musikverlag häufig ist, ist beispielsweise in der Weise möglich, daß einem deutschen Verleger das Verlagsrecht für Europa und Asien, einem amerikanischen Verleger dagegen für die anderen Erdteile eingeräumt wird. Im Inland kann dann die Verbreitung der amerikanischen Ausgabe aufgrund des deutschen Rechts verboten werden; das Recht, die Verbreitung einer der beiden Ausgaben, der vertraglichen Aufteilung entsprechend, im Ausland zu verbieten, folgt für jedes Land aus dessen nationaler Gesetzgebung. Zur Rechtslage, die sich für die Mitgliedstaaten der Europäischen Wirtschaftsgemeinschaft aus den Regeln des EWG-Vertrags über den freien Warenverkehr im Gemeinsamen Markt ergibt, vgl. oben § 47 III 2.

3. Was den Absatzweg betrifft, so ist zwischen dem Vertrieb durch den Buchhandel und dem *Vertrieb im Rahmen von Buchgemeinschaften* zu unterscheiden. Die beiden Vertriebsformen haben sich im Verlauf der letzten Jahrzehnte als klar unterscheidbare Typen herausgebildet. Mit Grund nahm daher der BGH in GRUR 1959, 200 ff. an, daß das Verbreitungsrecht des Verlegers auf eine der beiden Vertriebsformen beschränkt werden kann.

Die Idee der Buchgemeinschaft ist in Deutschland nach dem Ersten Weltkrieg entstanden. Die Buchgemeinschaften sind Unternehmen, die Bücher an einen festen Leserkreis liefern. Die Mitglieder des Leserkreises sind zum laufenden Bezug von Büchern berechtigt und in bestimmtem Mindestumfang verpflichtet. Meist wird dabei zwischen Pflichtbänden, die jedes Mitglied beziehen muß, und Auswahlbänden unterschieden. Beim Vertrieb geschützter Werke wird in der Regel auf Werke zurückgegriffen, die bereits in anderen Verlagen mit Erfolg erschienen sind. Zumeist ist es daher nicht der Verfasser, sondern der Originalverleger, der mit Zustimmung des Verfassers das Recht zum Vertrieb über eine Buchgemeinschaft einräumt. Möglich ist dabei sowohl die Einräumung eines einfachen wie insbesondere auch eines ausschließlichen Rechts. Vgl. zum Begriff der Buchgemeinschaft auch BGHZ 28, 1.

III. Der negative Kern des Verlagsrechts dient dem Schutz des Verlegers gegen Vervielfältigung und Verbreitung durch andere. Stünde dem Verleger nur eine einfache Berechtigung zu, so müßte er zum Schutz gegen Nachdruck die Hilfe des Verfassers in Anspruch nehmen. Die Ausgestaltung des Verlagsrechts als ausschließliches Recht ermöglicht ihm dagegen ein unmittelbares Vorgehen: Er kann zum Schutze seines Rechtes die Befugnisse ausüben, die das Gesetz zum Schutze des Urheberrechts vorsieht; § 9 Abs. 2 VerlG.

Über die Folgen der Urheberrechtsverletzung vgl. unten § 128 ff. Wie der Urheber, so kann auch der Verleger Abwehr-, Schadensersatz- und Bereicherungsansprüche sowie den

Anspruch auf Vernichtung der rechtswidrig hergestellten oder verbreiteten Exemplare geltend machen. Auch kann er ebenso wie der Urheber Strafantrag stellen.

1. Die Abwehrrechte des Verlegers reichen in ihrem Umfang weiter als sein Recht auf Benutzung: Der Verleger eines Einzelwerkes darf das Werk nicht in ein Sammelwerk aufnehmen; zum Schutz seines Absatzes kann er aber anderen die Aufnahme in ein Sammelwerk verbieten. Ist der Verleger nur zu einer Auflage in Höhe vom 1000 Exemplaren berechtigt, so kann er gleichwohl, solange die Auflage noch nicht vergriffen ist, anderen die Herstellung und Verbreitung weiterer Exemplare untersagen. Auch kann der Verleger, obwohl er selbst das Werk nicht in bearbeiteter oder sonst veränderter Form herausgeben darf, anderen eine solche Herausgabe verbieten.

Eine Grenze ergibt sich aus § 8 VerlG: Der Umfang der Abwehrrechte reicht nicht weiter als der Umfang der Enthaltungspflicht des Verfassers. Soweit die Benutzung dem Verfasser vorbehalten bleibt, kann der Verleger auch gegen Dritte keine Abwehransprüche geltend machen. So steht es beispielsweise beim Übersetzungsrecht, das dem Verfasser im Zweifel verbleibt. Der Verleger kann, wenn nichts anderes vereinbart ist, die Herausgabe einer Übersetzung nicht verbieten. Auch gegen eine unautorisierte Übersetzung kann nur der Verfasser, nicht der Verleger vorgehen.

Die Fassung des § 8 VerlG ist freilich in mehrfacher Hinsicht verfehlt. Wenn es heißt, der Verfasser habe dem Verleger das Verlagsrecht in dem Umfang zu verschaffen, in dem er sich der Vervielfältigung und Verbreitung zu enthalten und sie dem Verleger zu gestatten habe, so ist der Unterschied übersehen, der zwischen dem positiven und dem negativen Kern des Verlagsrechts besteht: Das positive Recht zur Benutzung und das Abwehrrecht decken sich in ihrem Umfang nicht. Auch Abwehrrecht und Enthaltungspflicht stimmen nicht stets miteinander überein: Das Abwehrrecht reicht zwar nicht weiter, als die Enthaltungspflicht; es bleibt aber in seinem Umfang hinter der Enthaltungspflicht zurück, wenn diese kraft des Verlagsvertrags über den Schutzumfang des Urheberrechts hinausgeht. Vertragsklauseln, die Wettbewerbsverbote enthalten, binden zwar im Rahmen des sittlich Erlaubten den Verfasser. Sie werden aber nicht zum Inhalt des Verlagsrechts, das als abgeleitetes Recht nicht weiter reichen kann als das Urheberrecht. Vgl. auch BAPPERT-MAUNZ VerlG § 8 Anm. 9 ff.

2. Die Abwehrrechte des Verlegers richten sich nicht nur gegen Dritte, sondern auch gegen den Verfasser selbst; § 9 Abs. 2 VerlG. Veranstaltet der Verfasser trotz der Einräumung des Verlagsrechts seinerseits eine Ausgabe des Werkes, so begeht er nicht nur eine Vertragsverletzung. Er greift vielmehr auch in das Verlagsrecht ein. Der Verleger kann daher in solchem Falle neben den Ansprüchen aus dem Vertrag gegen den Verfasser auch die zum Schutze des Urheberrechts dienenden Befugnisse geltend machen, beispielsweise die Vernichtung der widerrechtlich hergestellten Exemplare verlangen sowie Strafantrag stellen.

§ 104. Die Einräumung von Nebenrechten an den Verleger

I. Im Verlagswesen ist es verbreitete Übung, daß sich die Verleger über das Verlagsrecht hinaus sonstige Rechte, sogenannte Nebenrechte, einräumen lassen.

Nebenrechte sind dabei nicht nur die Rechte, die, wie das Übersetzungsrecht, das Verfilmungsrecht, das Senderecht oder das Recht zur Aufnahme des Werkes auf Bild- und Tonträger, nach der gesetzlichen Regel dem Verfasser verbleiben. Als Nebenrechte kommen vielmehr auch die Rechte in Betracht, die zwar zum negativen, nicht aber zum positiven Kern des Verlagsrechts gehören, wie das Recht zur Veranstaltung von Taschenbuchausgaben und anderen Sonderausgaben, das fotomechanische Vervielfältigungsrecht u. a.: Dem Verleger steht an diesen Nutzungsarten kraft Gesetzes zwar das Verbotsrecht zu; das Recht zur Nutzung muß er sich aber vertraglich besonders einräumen lassen.

1. Noch im 19. und zu Beginn des 20. Jahrhunderts war es häufig, daß sich der Verleger die Gesamtheit der Nutzungsrechte, auch Rechte zur Verwertung in noch nicht bekannten Nutzungsarten, gegen eine Pauschalsumme übertragen ließ. Oft wurde dabei in den Verträgen die Übertragung des Urheberrechts vereinbart.

Beispielsweise war im Bereich des Musikverlags der sogenannte Urheberschein verbreitet, dessen Unterzeichnung die Verleger von den Autoren forderten (abgedruckt bei SCHULZE, Urhebervertragsrecht, S. 187). In dem Schein bestätigte der Urheber, daß er dem Verleger ,,das ausschließliche, alleinige, rechtmäßige und unbeschränkte Verlags-, Vertriebs- und Aufführungsrecht, mit einem Worte das gesamte Urheberrecht im weitesten Sinne für alle Länder und Staaten der Erde, für alle Auflagen und Veröffentlichungen und für immerwährende Zeiten" am Original des Werkes sowie an allen Bearbeitungen überlassen habe und daß er für das Honorar ein für alle Mal und vollständig befriedigt worden sei.

2. Solche Vertragspraxis wurde durch die Rechtsentwicklung überholt. Wichtige Nebenrechte, insbesondere bei Musikwerken die kleinen Aufführungs- und Senderechte sowie das Recht zur mechanischen Vervielfältigung, wurden auf Verwertungsgesellschaften übertragen. Im Anschluß an die fortschrittliche Rechtsprechung, die die Verträge einschränkend auslegte und sich insbesondere von dem Grundsatz der Zweckübertragung leiten ließ, erging die Regelung in § 31 Abs. 4 und 5 UrhG: Die Einräumung von Nutzungsrechten an noch nicht bekannten Nutzungsarten ist unwirksam; sind die Nutzungsarten, auf die sich das Recht erstrecken soll, nicht einzeln bezeichnet, so bestimmt sich der Umfang des Nutzungsrechts nach dem mit seiner Einräumung verfolgten Zweck. Bei Verlagsverträgen ist daher im Regelfall, ihrem Leitbild entsprechend, der Zweck, von dem angesichts der gesetzlichen Regelung auszugehen ist, die graphische Vervielfältigung des Werkes und die Verbreitung der Ausgabe durch den Verleger. Die Einräumung von Nebenrechten ist daher nur insoweit wirksam, als sie im Verlagsvertrag einzeln als Gegenstände der Einräumung bezeichnet sind.

II. Die gesetzliche Regelung bedeutet jedenfalls, daß es für den Verfasser erkennbar ist, über welche Nebenrechte er verfügt. Im ganzen hat sie aber nicht dazu geführt, daß die Einräumung von Nebenrechten seltener geworden ist als früher. Zwar werden heute die Rechte, die durch Verwertungsgesellschaften wahrgenommen werden, zumeist von den Urhebern unmittelbar an diese Gesellschaften zu treuen Händen übertragen. Andererseits kommen aber angesichts der technischen und wirtschaftlichen Entwicklung neue, früher nicht bekannte Nutzungsarten in Betracht. Sachlich gerechtfertigt ist dabei nach heutiger Rechtsauffassung die Einräumung von Nebenrechten, wie sie weitgehend insbesondere in Verlagsverträgen über belletristische Werke erfolgt, unter dem Gesichtspunkt, daß der Verleger aufgrund seiner Geschäftserfahrungen und Geschäftsverbindungen meist der berufene Mittler zur Vergabe der Nebenrechte ist, deren Einräumung die Verpflichtung einschließt, sich wirksam für ihre Nutzung einzusetzen und die Autoren angemessen an dem Erlös zu beteiligen.

Kennzeichnend für die Interessenlage und ihre Beurteilung ist die Regelung, die in dem zwischem dem Verband deutscher Schriftsteller und dem Börsenverein des Deutschen Buchhandels vereinbarten Normvertrag für belletristische Werke und vergleichbare Werke im Sachbuchbereich vorgesehen wurde. Der Katalog der Nebenrechte, die dem Verleger eingeräumt werden, umfaßt insbesondere das Recht, den Vorabdruck und Nachdruck in Zeitungen und Zeitschriften zu bewilligen, das Übersetzungsrecht, das Recht der Vergabe von Lizenzen für Taschenbuch-, Volks-, Schul- und Buchgemeinschaftsausgaben, das Recht zur fotomechanischen Vervielfältigung, das Verfilmungsrecht, das Recht, Aufnahmen des Werkes auf Bild- und Tonträger sowie deren Vervielfältigung und Verbreitung zu bewilligen, das Recht des Vortrags des Werkes durch Dritte, das Recht der Bearbeitung und Verwertung des Werkes zur Sendung im Rundfunk einschließlich des Rechts zur öffentlichen Wiedergabe der Sendung sowie die Vergütungsansprüche im Fall des Vermietens oder Verleihens der Buchausgabe und im Fall der Aufnahme von Funksendungen oder einer Überspielung von Bild- oder Tonträgern mittels Bild- und Tonaufzeichnungsgeräten. Bei den dafür in Betracht kommenden Nebenrechten ist die Vergabe von Lizenzen gestattet. Der Verlag ist verpflichtet, sich intensiv um die Verwertung der eingeräumten Nebenrechte zu bemühen und den Verfasser an den aus der Verwertung der Nebenrechte erzielten Erlösen zu beteiligten. Soweit Nebenrechte durch Verwertungsgesellschaften wahrgenommen werden, richtet sich der Anteil von Verlag und Urheber nach deren satzungsmäßiger Bestimmung.

III. Die Einräumung von Nebenrechten an den Verlag kann daran scheitern, daß der Urheber bereits zuvor über einschlägige Rechte verfügt hat. In der Praxis handelt es sich dabei insbesondere um die Rechte, die durch Verwertungsgesellschaften wahrgenommen werden. Hat der Urheber seine Rechte, wie es insbesondere im Bereich der Musik üblich ist, der Verwertungsgesellschaft vorweg übertragen, so ist die Übertragung an den Verleger, die im Verlagsvertrag vereinbart wird, unwirksam. Sie ist nur von Bedeutung, wenn es an der Vorwegübertragung fehlt. In diesem Fall ist es Sache des Verlegers, die Rechte in die Verwertungsgesellschaft einzubringen. Für die Ausschüttung der Verwertungsgesellschaften an Urheber und Verleger sind dabei grundsätzlich die Verteilungspläne der Gesellschaften ohne Rücksicht darauf maßgebend, ob die Rechte von den Urhebern oder von den Verlegern eingebracht wurden.

§ 105. Vervielfältigung und Verbreitung durch den Verleger. Der Ladenpreis

I. Die Vervielfältigung und Verbreitung durch den Verleger haben unter Beobachtung der im Verlagshandel herrschenden Übung rechtzeitig und sorgfältig zu erfolgen. § 14 Satz 1 VerlG.

1. Die Vervielfältigung hat rechtzeitig zu erfolgen. Der Verleger hat mit ihr unmittelbar nach Ablieferung des druckfertigen Manuskripts zu beginnen. Voraussetzung ist, daß das Manuskript vollständig vorliegt. Soll jedoch das Werk vereinbarungsgemäß in Abteilungen (Lieferungen, Heften, Bänden) erscheinen, so beginnt die Verpflichtung bereits mit der Ablieferung der Abteilung, die nach ordnungsmäßiger Folge zur Herausgabe bestimmt ist. § 15 VerlG.

Über den Verzug des Verlegers bei der Herausgabe eines Buches vgl. OLG München in GRUR 1956, 236: Der Verfasser kann auf Erfüllung bestehen und Ersatz des Verspätungsschadens verlangen. Auch kann er eine Nachfrist setzen und nach deren Ablauf zurücktreten oder Schadensersatz wegen Nichterfüllung verlangen. § 32 VerlG in Verbindung mit § 326 BGB.

2. Die Pflicht zur Vervielfältigung schließt die Sorge für Papierbeschaffung, für Drucklegung und Buchbinderarbeit ein. Form und Ausstattung der Exemplare bestimmt, falls keine besonderen Vereinbarungen darüber getroffen werden, der Verleger. Er hat dabei aber Rücksicht auf Inhalt und Zweck des Werkes zu nehmen und die im Verlagshandel herrschende Übung zu beachten. § 14 Satz 2 VerlG.

Zur Ausstattung gehört neben der Auswahl des Papiers, des Formats und der Drucktypen auch der Einband. Der Verleger hat im Zweifel darüber zu bestimmen, ob das Werk geheftet oder gebunden erscheinen soll. Doch kann sich, auch wenn ausdrückliche Vereinbarungen fehlen, die Pflicht, das Werk gebunden zu liefern, für Werke bestimmter Art aus verlegerischem Brauch ergeben.

3. Zur ordnungsmäßigen Vervielfältigung des Werkes gehört auch die Sorge für die Korrektur, durch die Fehler des Satzes berichtigt werden. Nach dem Gesetz obliegt sie dem Verleger. Der Verfasser hat aber ein Recht darauf, daß ihm ein Abzug zur Durchsicht übersandt wird, damit er zur Überwachung der Vervielfältigung in der Lage ist. Die vom Verfasser auf den Abzügen vorgenommenen Korrekturvermerke sind zu beachten. Nichtbeanstandung innerhalb angemessener Frist gilt als Genehmigung. § 20 VerlG.

Die Verkehrssitte im Buchverlag weicht von der gesetzlichen Regel ab: In der Druckerei oder im Verlag wird eine Hauskorrektur gelesen. Im übrigen ist es aber nicht nur das Recht, sondern auch die Pflicht des Verfassers, die Fahnenkorrektur und die Bogenrevision ohne besondere Vergütung vorzunehmen. Von dieser Verkehrssitte ist, wenn nichts anderes vereinbart ist, bei der Auslegung der Verlagsverträge auszugehen. — Bei Gelegenheit der Korrektur kann der Verfasser nicht nur Fehler berichtigen, sondern auch Änderungen gegenüber dem Manuskript vornehmen. Die Kosten solcher Autorkorrekturen hat er jedoch, sofern sie das übliche Maß übersteigen, selbst zu tragen. Vgl. unten II, 1.

4. Zur ordnungsmäßigen Verbreitung des Werkes gehört neben der Anzeige in den buchhändlerischen Fachblättern regelmäßig die Werbung durch Prospekte, der Versand von Besprechungsexemplaren und die Belieferung der Sortimenter zu den im Buchhandel üblichen Bedingungen. Die Sorge für den Vertrieb liegt nicht nur im eigenen Interesse des Verlegers; sie wird vielmehr kraft des Verlagsvertrags auch dem Verfasser geschuldet.

5. Die Verbreitung kann, sofern es der Vereinbarung im Verlagsvertrag entspricht, statt durch Verkauf auch durch das Vermieten von Vervielfältigungsstücken erfolgen. Häufig ist die Vermietung (die im Rechtsleben auch als Leihe bezeichnet wird) beim Musikverlag und Bühnenverlag: Die Verleger stellen insbesondere von dramatisch-musikalischen und Musikwerken nur eine beschränkte Anzahl von Exemplaren her, die sie mietweise den Musikveranstaltern, Sendeunternehmen, Schallplattenherstellern und Bühnen überlassen. Das Entgelt pflegt man als Materialleihgebühr zu bezeichnen.

Über die Entwicklung des Vermietens von Materialien durch Musikverleger, die in Deutschland in größerem Umfang wegen des kostspieligen Drucks insbesondere von Orchestermaterialien nach dem Ersten Weltkrieg einsetzte, vgl. v. HASE, Der Musikverlagsvertrag, S. 24ff. Der Ertrag aus der Materialleihgebühr ist eine wesentliche Quelle von Einnahmen der Verleger, an denen sie in der Regel die Urheber zu beteiligen haben; vgl. über diese Beteiligung die Entscheidung des KG vom 9.7.1965 bei SCHULZE, KGZ 41. Die Vermietung erfolgt „reversgebunden". In den Reversen werden nähere Vereinbarungen über die Art der Benutzung, die einmalige oder mehrmalige Verwertung und über das Verbot der Überlassung des Materials an Dritte getroffen. Eingehende Regeln über Anmietung und Entschädigung reversgebundenen Aufführungsmaterials sind in den Regelsammlungen Musikverlage — Rundfunk zusammengefaßt. Auch beim Verkauf von Notenmaterial können, wie es insbesondere bei Orchesterwerken der Fall ist, besondere Bedingungen über die Verwendung vereinbart werden: Das abgegebene Notenmaterial bleibt „reversgebunden".

II. Zu Änderungen des Werkes ist der Verfasser bis zur Beendigung der Vervielfältigung berechtigt; der Verleger ist dagegen grundsätzlich zur Vornahme von Änderungen nicht befugt. §§ 12 VerlG, 39 UrhG.

1. Die Änderungsbefugnis des Verfassers entspricht der Verantwortung, die er als Autor des Werkes für dessen Veröffentlichung trägt. Er kann Änderungen auch noch nach Beginn der Vervielfältigung vornehmen. Die Mehrkosten, die in diesem Falle entstehen, hat er aber zu er-

setzen, soweit sie das übliche Maß übersteigen. Die Ersatzpflicht entfällt jedoch, wenn die Änderungen durch Umstände gerechtfertigt werden, die in der Zwischenzeit eingetreten sind (beispielsweise bei Berücksichtigung von Neuerscheinungen oder Gesetzesänderungen). § 12 Abs. 3 VerlG.

Änderungen nach Beginn der Vervielfältigung werden meist bei Gelegenheit der Korrektur vorgenommen. Als Richtlinie gilt dabei sowohl für schöngeistige wie für wissenschaftliche Werke, daß der Verfasser die Kosten der von ihm veranlaßten Korrekturen insoweit zu tragen hat, als sie 10 % der Satzkosten überschreiten.

2. Für den Verleger gilt die allgemeine Regel des § 39 UrhG über Änderungen durch den Inhaber von Nutzungsrechten: Er darf das Werk, dessen Titel oder Urheberbezeichnung nicht ändern, wenn nichts anderes vereinbart ist. Zulässig sind nur Änderungen des Werkes oder seines Titels, zu denen der Verfasser seine Einwilligung nach Treu und Glauben nicht verweigern darf.

Vgl. dazu RGZ 119, 401; 125, 174 und BGH in GRUR 1954, 80. Soweit nicht im Einzelfall besondere Umstände vorliegen, läßt die Rechtsprechung mangels anderer Vereinbarungen nur geringfügige Änderungen durch den Verleger zu. Grundsätzlich ist nicht nur der sachliche Inhalt, sonderen auch die Ausdrucksweise des Verfassers zu wahren. „Die Erfahrungstatsache, daß der Stil der Mensch ist, und die Art, wie man redet oder schreibt, dem Wesen eines jeden zugehört, erheischt auch im Urheberrecht Anerkennung" (RGZ 125, 179). RGZ 151, 53 verneinte das Änderungsrecht des Verlegers auch bei einer Übersetzung, die aufgrund einer Bestellung durch den Verleger angefertigt wurde. — Für Beiträge zu periodischen Sammelwerken gilt § 44 VerlG: Soll der Beitrag anonym erscheinen, so ist der Verleger zu den bei Sammelwerken derselben Art üblichen Änderungen befugt. Bei Nennung des Verfassernamens gelten aber die allgemeinen Regeln. Unter Umständen werden freilich, insbesondere bei Zeitungsartikeln, kleinere Kürzungen mit Rücksicht auf den zur Verfügung stehenden Raum hingenommen werden müssen. Jedenfalls darf aber das Urheberpersönlichkeitsrecht in seinem Kern nicht verletzt werden: Der Verleger darf den Gesamtcharakter des Werkes nicht ändern, u. a. bei politischen Artikeln keine Änderungen der Tendenz vornehmen. — Unzulässige Änderungen sind im Rechtssinn nicht nur Vertragsverletzungen, sondern auch Urheberrechtsverletzungen.

III. Nach Beendigung der Vervielfältigung hat der Verleger dem Verfasser das Manuskript zurückgeben, sofern sich der Verfasser die Rückgabe vor Beginn der Vervielfältigung vorbehalten hat; § 27 VerlG. Das Manuskript wird dem Verfasser zwar meist stückweise bei Übersendung der Korrekturabzüge zurückgegeben. Das Gesetz schließt aber mangels eines Vorbehalts des Verfassers die Pflicht des Verlegers zur Rückgabe des Manuskripts aus. Bei Originalvorlagen von künstlerischem oder dokumentarischem Wert ist aber auch ohne besonderen Vorbehalt eine Haftung für unversehrte Rückgabe anzunehmen.

Praktisch ist die Regel des § 27 VerlG in der Mehrzahl der Fälle, in denen der Verfasser das mit der Schreibmaschine geschriebene Manuskript dem Verleger abgeliefert und eine Kopie zurückbehalten hat, mangels eines Interesses des Verfassers an der Rückgabe ohne Bedeutung. In Sonderfällen, insbesondere in Fällen, in denen dem Verfasser keine Abschrift mehr zur Verfügung steht und das gedruckte Exemplar wegen einer Überarbeitung von dem Text des Manuskripts abweicht, kann aber ein besonderes Interesse des Verfassers an der Rückgabe bestehen; vgl. über einen solchen Fall BGH in GRUR 1969, 551. Bei der Beurteilung der Rechtslage ist dabei grundsätzlich davon auszugehen, daß das Eigentum am Manuskript dem Verfasser verblieben ist: Der Verleger ist beispielsweise nicht dazu befugt, das Manuskript wegen seines Wertes als Autograph zu veräußern. Wenn ein besonderes Interesse des Verfassers an der Rückgabe vorliegt, stellt sich daher die Frage, ob er zwar nicht den schuldrechtlichen, wohl aber den dinglichen Herausgabeanspruch geltend machen kann. Der BGH weist dabei a.a.O. unter Bezugnahme auf die Entstehungsgeschichte des § 27 VerlG mit Recht darauf hin, daß es der Sinn der Vorschrift ist, den Verleger von der Haftung für eine Beschädigung des Manuskripts zu befreien, wie sie insbesondere im Zuge des Vervielfältigungsverfahrens eintreten kann. Anzunehmen ist daher, daß der Verfasser mit dem dinglichen Herausgabeanspruch, falls kein schutzwürdiges Interesse des Verlegers mehr vorliegt, das ihn gemäß § 986 BGB zum Besitz berechtigt, die Rückgabe des Manuskripts wenigstens in dem Zustand verlangen kann, in dem es sich befindet. Ein schutzwürdiges Interesse des Verlegers fehlt, wie der BGH a.a.O. ausführt, jedenfalls, wenn das Vertragsverhältnis beendet ist. Schon zuvor wird aber der Verfasser unter Berufung auf Treu und Glauben verlangen können, daß ihm auf seine Kosten eine Fotokopie des in der Hand des Verlegers befindlichen Manuskripts überlassen wird. Zum Stand der Meinungen im Schrifttum vgl. BAPPERT, in GRUR 1969, 553 f. — Klischees, die der Verleger aufgrund der ihm überlassenen Zeichnungen, Abbildungen usw. herstellen läßt, stehen im Eigentum des Verlegers. Der Verleger darf sie aber aufgrund des Verlagsvertrags grundsätzlich nur für das Werk, für das die Zeichnung oder Abbildung bestimmt ist, verwenden; vgl. HILLIG, Gutachten I, Nr. 30 und 100 sowie BAPPERT-MAUNZ, VerlG, § 27, Anm. 8. Doch kann sich der Verleger durch Vertrag weitergehende Rechte einräumen lassen.

IV. Für die Verbreitung wesentlich ist die Festsetzung des Ladenpreises. In der Tradition des deutschen Buchhandels hat sich das System des festen Ladenpreises durchgesetzt. Der Verleger setzt den Ladenpreis fest, zu dem die Exemplare an das Publikum verkauft werden sollen. An die Sortimenter liefert er die Exemplare zum Nettopreis, der sich aus dem Ladenpreis abzüglich des dem Wiederverkäufer gewährten Rabatts ergibt.

1. Im Interese der Aufrechterhaltung des bewährten Systems des festen Ladenpreises im Buchhandel sieht das GWB in § 16 eine Ausnahme von dem Verbot der Preisbindung zweiter Hand vor. In seiner ursprünglichen Fassung hatte § 16 GWB sowohl die Preisbindung für Markenartikel wie die Preisbindung für Verlagserzeugnisse gestattet. Seit der Kartellrechtsnovelle von 1973 bleibt die Ausnahme auf Verlagserzeugnisse beschränkt. Entscheidend sind kulturpolitische Gründe: Der feste Ladenpreis soll in Verbindung mit der Handelsspanne, die den Sortimentern gewährt wird, dazu beitragen, die Angebotsvielheit des deutschen Buchhandels aufrechtzuerhalten.

Der Begriff des Verlagserzeugnisses wird im GWB nicht näher bestimmt. Jedenfalls sind i. S. der Regelung zu den Verlagen über das Anwendungsgebiet des VerlG hinaus auch die Kunstverlage zu rechnen. Auch Briefmarkenalben (Vordruckalben) werden von der Rechtsprechung zu den Verlagserzeugnissen gerechnet (BGH in GRUR 1977, 506). Grundsätzlich ist aber bei der Auslegung des Begriffs der Verlagserzeugnisse von dem Zweck der Bestimmung auszugehen, das traditionelle System der Preisbindung im Buchhandel aufrechtzuerhalten: Schallplatten sind keine Verlagserzeugnisse; vgl. BGHZ 46, 74.

2. Die rechtliche Bindung der Wiederverkäufer, insbesondere der Sortimenter, an den vom Verlag festgesetzten Ladenpreis beruhte früher auf dem vom Börsenverein geschaffenen Verbandsrecht des deutschen Buchhandels.

Aus dem Verlagsrecht ließ sich der Schutz des Ladenpreises nicht ableiten: Das ausschließliche Verbreitungsrecht des Verlegers erschöpft sich mit der Veräußerung der Exemplare an die verbreitenden Buchhändler. Der Verleger kann daher kraft des Verlagsrechts den Händlern keine Vorschriften über die Weiterverbreitung machen. Vgl. RGZ 63, 394.

Die Regelung in § 16 in Verbindung mit § 34 GWB gestattet dagegen die Preisbindung nur auf dem Weg über den Abschluß schriftlicher Verträge, die die Verleger mit den Buchhändlern schließen. Die Händler werden daher seitens der Verleger durch die Reverse, die sie unterschreiben, zur Einhaltung des Ladenpreises sowie dazu verpflichtet, ihren Abnehmern die gleiche Verpflichtung bis zur Weiterveräußerung an den letzten Verbraucher aufzuerlegen. In der Praxis handelt es sich dabei um Sammelreverse, die im Auftrag der Verleger von einem Treuhänder den Buchhändlern zur Unterzeichnung vorgelegt werden. Nachlässe dürfen nur gewährt werden, soweit sie im Revers ausdrücklich gestattet sind.

Die Gewährung von *Nachlässen* wird üblicherweise nur für Sonderfälle gestattet, darunter für den Bezug durch Volksbüchereien und wissenschaftliche Bibliotheken mit hohem Vermehrungsetat. Nicht anwendbar ist die Preisbindung auf Antiquariate. Auch der sogenannte Subskriptionspreis für Bestellungen, die vor einem bestimmten Zeitpunkt erfolgen, kann niederer sein als der Ladenpreis, der nach dem vollständigen Erscheinen des Werkes zum verbindlichen Preis wird.

3. Vorbehalten bleibt der Kartellbehörde gemäß § 17 GWB die Aufhebung der Preisbindung, wenn sie mißbräuchlich gehandhabt wird oder wenn sie dazu geeignet ist, in einer durch die gesamtwirtschaftlichen Verhältnisse nicht gerechtfertigten Weise die gebundenen Waren zu verteuern, ein Sinken der Preise zu verhindern oder ihre Erzeugung oder ihren Absatz zu beschränken. Vgl. dazu die Entscheidung des BKartA in WuW 1978, 363 betreffend die Michelin-Hotelführer, -Reiseführer und -Straßenkarten: Da der gebundene Endverkaufspreis in Deutschland dreimal so hoch wie der entsprechende Preis in Frankreich war, wurde die Preisbindung für unwirksam erklärt.

4. Wesentlich für die Durchsetzung der Preisbindung ist, daß der Verleger für ihre Lückenlosigkeit Sorge trägt: Er kann die verbreitenden Buchhändler billigerweise an der Reversverpflichtung nur festhalten, wenn er auch ihre Mitbewerber in entsprechender Weise bindet. Auch muß er bei direkter Lieferung an das Publikum grundsätzlich seinerseits den den Händlern vorgeschriebenen Preis einhalten.

Vgl. zu dem Erfordernis der Lückenlosigkeit der Preisbindungssysteme BAUMBACH-HEFERMEHL, Wettbewerbsrecht (12. Aufl. 1978), § 1 UWG, Anm. 591 ff; KRASSER, Der

Schutz von Preis- und Vertriebsbindungen (Bd. 22 der Schriftenreihe des MPI zum gewerblichen Rechtsschutz, 1972); sowie ULMER-REIMER, Unlauterer Wettbewerb, Bd. III, Deutschland, 1968, S. 719 ff. Für die Wirksamkeit der Bindung von Verlagserzeugnissen gelten dabei grundsätzlich die allgemeinen Regeln, die in der Rechtsprechung insbesondere für die früher zulässige Preisbindung von Markenartikeln entwickelt worden sind: Die Lückenlosigkeit ist Voraussetzung dafür, daß die Einhaltung der Preise von den vertraglich gebundenen Händlern verlangt werden kann; vgl. u.a. RGZ 133, 61 und BGHZ 36, 375. Gegenüber vertraglich nicht gebundenen Außenseitern kann geltend gemacht werden, daß sie i.S. der §§ 826 BGB und 1 UWG gegen die guten Sitten verstoßen, wenn sie die gebundenen Preise beim Absatz von Exemplaren unterbieten, die sie unter Ausnutzung fremden Vertragsbruchs oder auf Schleichwegen erworben haben. Der Nachweis der Lückenlosigkeit der Preisbindung ist dabei insofern von Bedeutung, als er eine Vermutung für die Unredlichkeit des Erwerbs begründet. Über Umgehungsversuche durch gesellschaftsrechtliche Beteiligung der Bezieher von Verlagserzeugnissen an einem Handelsunternehmen, deren Gewinnanteile nach dem Verhältnis der von ihnen mit dem Unternehmen getätigten Umsätze berechnet werden, vgl. BGH in GRUR 1979, 490 und 493.

V. Die Regeln des VerlG über den Ladenpreis betreffen nur das Verhältnis zwischen Verfasser und Verleger. Als Träger des wirtschaftlichen Risikos hat der Verleger die Vorhand: mangels anderweitiger Vereinbarungen steht ihm die Bestimmung des Ladenpreises zu. An die einmal getroffene Bestimmung ist er aber insofern gebunden, als er zu einer Erhöhung der Zustimmung des Verfassers bedarf. Herabsetzung ist dagegen zulässig, soweit nicht berechtigte Interessen des Verfassers verletzt werden. § 21 VerlG.

1. Die berechtigten Interessen des Verfassers können ideelle oder materielle Interessen sein. Ideelle Interessen des Verfassers werden berührt, wenn die *Herabsetzung des Ladenpreises* den Ruf des Werkes beeinträchtigt. Materielle Interessen werden betroffen, wenn die Vergütung des Verfassers sich nach einem Prozentsatz des Ladenpreises bestimmt. Bei der Prüfung der Berechtigung der Preisherabsetzung sind aber neben den Interessen des Verfassers auch die Interessen des Verlegers zu berücksichtigen: Der Verfasser muß die Herabsetzung in Kauf nehmen, wenn ohne sie ein angemessener Absatz nicht mehr zu erzielen ist. Schwerer als die Preisherabsetzung wiegt die Aufhebung des Ladenpreises, insbesondere die *Verramschung* des Werkes durch den Verleger. Sie kann nicht nur Verletzung eines berechtigten Interesses des Verfassers im Sinne des § 21 VerlG, sondern auch Verletzung der Pflicht zur ordnungsmäßigen Verbreitung sein. Ist aber der Vorrat sonst unverkäuflich, so muß gegebenenfalls auch die Verramschung vom Verfasser hingenommen werden. Zeitweilige Absatzstockung reicht freilich nicht aus (vgl. dazu HILLIG-GREUNER, Gutachten II Nr. 114). Auch hat der Verleger die Absicht der Verramschung dem Verfasser anzuzeigen, um ihm Gelegenheit zu geben, die restliche Auflage zum Ramschpreis zu erwerben. Vgl. dazu ALLFELD VerlG § 21 Anm. 2, BAPPERT-MAUNZ VerlG § 21 Anm. 10 und LEISS, VerlG § 21, Rdz. 21. — Von der Verramschung zu unterscheiden ist die *Makulierung* (Vernichtung der restlichen Exemplare), die der Verleger zur Entlastung seines Lagerbestands vornimmt. Sie kann, solange noch Aussicht auf hinreichenden Absatz besteht, gegen die Verbreitungspflicht des Verlegers verstoßen. Jedenfalls hat der Verleger im Hinblick auf etwaige Bestellungen, mit denen noch zu rechnen ist, einen kleinen Bestand der Auflage vorrätig zu halten. Auch hat er, ebenso wie bei der Verramschung, den Verfasser von der beabsichtigten Makulierung zu benachrichtigen, um ihm Gelegenheit zu Gegenvorstellungen oder zum Erwerb von Exemplaren zu geben. Vgl. dazu die Entscheidung des OLG Düsseldorf vom 25.2.1975 bei SCHULZE, OLGZ 155. Mit Grund wird darin ausgeführt, daß der Verramschung und Makulierung der vorrätigen

Exemplare grundsätzlich auch diejenige der Rohbögen gleichsteht. Eine Informationspflicht vor Verramschung und Makulierung wird ausdrücklich auch in dem zwischen dem Börsenverein und dem Verband deutscher Schriftsteller vereinbarten Normvertrag vorgesehen. Auch soll der Verfasser das Recht haben, bei beabsichtigter Verramschung die Restauflage zum Ramschpreis abzüglich des Prozentsatzes seiner Beteiligung und bei beabsichtigter Makulierung unentgeltlich ab Lager zu übernehmen.

2. Zur *Erhöhung des Ladenpreises* fordert das Gesetz die Zustimmung des Verfassers, weil die Erhöhung den Absatz beeinträchtigen kann. Der Verfasser ist daran interessiert, daß die Verbreitung nicht durch einen zu hohen Ladenpreis erschwert wird (auch im Hinblick auf Neuauflagen, die erst nach dem Absatz der früheren Auflagen möglich sind). Keine echte Erhöhung war die Erhöhung in der Inflationszeit; vgl. RGZ 110, 175.

§ 106. Die Vergütung des Verfassers und sein Recht auf Werkstücke

I. Die Vergütungspflicht ist für den Verlagsvertrag nicht wesentlich. Meist wird aber eine Vergütung vereinbart. Sinngemäß gilt sie als vereinbart, wenn die Überlassung des Werkes den Umständen nach nur gegen eine Vergütung zu erwarten ist; insbesondere kann für Beiträge zu periodischen Sammelwerken eine Vergütung verlangt werden, wenn die Honorierung der Mitarbeiter üblich ist. Ist die Höhe der Vergütung nicht bestimmt, so ist eine angemessene Vergütung in Geld zu entrichten. § 22 VerlG.

Die Art und Weise der Berechnung der Vergütung ist verschieden:

1. Neben der Vereinbarung einer bestimmten Summe steht die Honorierung nach der Zahl der Zeilen (insbesondere bei Zeitungen und vielen Zeitschriften) oder der Druckbogen. Das Summenhonorar ist im Zweifel bei Ablieferung des Manuskriptes, das Zeilen- und Bogenhonorar bei Beendigung der Vervielfältigung fällig. § 23 VerlG.

2. Häufig wird die Vergütung prozentual nach dem Ladenpreis berechnet, dem Verfasser beispielsweise eine Vergütung in Höhe von 10 % des Ladenpreises zugesagt. Ist vereinbart, daß das Honorar ohne Rücksicht auf den Absatz zu zahlen ist, so ist es nach der Höhe der Auflage zu berechnen. Meist wird aber die Zahlung der Vergütung vom Absatz abhängig gemacht. Der Verleger hat dann nach dem Ablauf bestimmter Zeitabschnitte — im Zweifel jährlich — dem Verfasser über die abgesetzten Exemplare Rechnung zu legen und die entsprechende Vergütung zu entrichten. Soweit es für die Prüfung erforderlich ist, hat er dem Verfasser die Einsicht seiner Geschäftsbücher zu gestatten. § 24 VerlG.

Die prozentuale Berechnung bewirkt, daß sich eine Erhöhung oder Herabsetzung des Ladenpreises in Ansehung der später abgesetzten Exemplare auf die Vergütung des Verfassers auswirkt. Wird das Honorar im voraus bezahlt, so kann der Verfasser bei nachträglicher Erhöhung des Ladenpreises eine Nachzahlung verlangen; zu einer Rückzahlung im Falle späterer Herabsetzung ist er aber im Zweifel nicht verpflichtet; ebenso ALLFELD VerlG § 22 Anm. 5 und BAPPERT-MAUNZ, VerlG § 22 Anm. 7. Über die Lage in der Inflationszeit vgl. RGZ 113, 174 und über die Lage nach der Währungsreform 1948 BAPPERT in GRUR 1948, 284 ff.

Ob der Berechnung des Honorars der Preis des gebundenen oder des ungebundenen (broschierten) Exemplares zugrunde zu legen ist, ist nach dem Verlagsvertrag zu beurteilen. Fehlt eine Vereinbarung darüber, so kommt es darauf an, wie die Exemplare tatsächlich verkauft werden. Vgl. zu der Frage RGZ 110, 285 sowie BAPPERT-MAUNZ VerlG § 22 Anm. 7

3. Möglich ist auch die Vereinbarung, daß der Verfasser *am Reingewinn* des Verlegers *beteiligt* wird: Der Gewinn, der dem Verleger nach Deckung seiner Unkosten erwächst, soll nach bestimmtem Schlüssel zwischen Verleger und Verfasser geteilt werden. Dann liegt ein partiarischer Verlagsvertrag vor. Auch in solchem Falle hat der Verleger gemäß § 24 VerlG dem Verfasser im Zweifel jährlich Rechnung zu legen und, soweit erforderlich, Einsicht in seine Bücher zu gewähren. Vgl. dazu RGZ 81, 233.

4. Über den Anspruch des Verfassers auf Änderung der Honorarvereinbarung im Fall eines groben Mißverhältnisses zwischen dem vereinbarten Honorar und den Erträgnissen aus der Verwertung des Werkes (§ 36 UrhG) vgl. oben § 93, II 2—4.

II. Der Verfasser hat aufgrund des Verlagsverhältnisses einen Anspruch auf Freiexemplare sowie einen Anspruch auf Überlassung weiterer Exemplare zum Vorzugspreis.

1. An Freiexemplaren sind dem Verfasser mangels besonderer Vereinbarung bei Werken der Literatur auf je 100 Abzüge 1 Exemplar, im ganzen jedoch mindestens 5 und höchstens 15 zu liefern. Bei Musikwerken enthält sich das Gesetz angesichts der Verschiedenheit der Verhältnisse einer Bestimmung über die Anzahl der Freiexemplare; mangels besonderer Vereinbarung ist die übliche Zahl von Freiexemplaren zu liefern. § 25 VerlG.

Außer den Freiexemplaren ist dem Verfasser bei Werken der Literatur auf Verlangen ein Exemplar in „Aushängebogen" zu überlassen; § 25 Abs. 1 Satz 2 VerlG. Der Name stammt aus dem Meßverkehr des Buchhandels, in dem es üblich war, bereits angezeigte, aber noch nicht völlig fertiggestellte Werke durch Aushang der Bogen vor den Verkaufsgewölben bekannt zu machen (GOLDFRIEDRICH, Geschichte des deutschen Buchhandels, 2. Bd. S. 324). Die Aushängebögen sollen dem Verfasser die Nachprüfung der ordnungsmäßigen Vervielfältigung ermöglichen. Da sie Reindruckbogen sind, kommt aber eine Korrektur nicht mehr in Frage. Der Verfasser kann nur noch die Aufnahme eines Druckfehlerverzeichnisses verlangen. — Bei *Sammelwerken* genügt der Verleger seiner Verpflichtung, wenn er den Beiträgern Sonderabzüge ihrer Beiträge zur Verfügung stellt; für Beiträge in Zeitungen können keine Freiexemplare verlangt werden. §§ 25 Abs. 3, 46 Abs. 1 VerlG.

2. Der Verfasser kann ferner verlangen, daß ihm der Verleger Exemplare zum Vorzugspreis überläßt. Maßgebend ist der niedrigste Preis, zu dem der Verleger das Werk im Betriebe seines Verlagsgeschäftes abgibt.[1] Die Zahl der Exemplare, die der Verfasser verlangen kann,

[1] Das ist in der Regel der Buchhändlernettopreis. Wird aber eine Gruppe von Abnehmern (beispielsweise Reisebuchhändler) zu einem niedereren Vorzugspreis beliefert, so ist dieser maßgebend. Außer Betracht bleiben dagegen Ausnahmepreise, die nur einmalig aus bestimmtem Anlaß bewilligt werden. Vgl. ALLFELD VerlG § 26 Anm. 3, und BAPPERT-MAUNZ, VerlG, § 26, Anm. 3.

ist nicht begrenzt: er kann neben der Lieferung einzelner Exemplare auch die Überlassung sämtlicher Abzüge verlangen, die dem Verleger noch zur Verfügung stehen. § 26 VerlG.

Dogmatisch gesehen ist das Verlangen des Verfassers nicht ein Kaufantrag, zu dessen Annahme der Verleger verpflichtet ist. Die Verpflichtung des Verlegers wird vielmehr unmittelbar durch das Verlangen des Verfassers ausgelöst: Aus dem Verlagsverhältnis erwächst, wenn das Verlangen gestellt wird, ein Kaufverhältnis zwischen Verfasser und Verleger, dessen Wurzeln im Verlagsvertrag liegen. Abw. im Sinne eines Kontrahierungszwanges LG Leipzig in UFITA 11 (1938) 382; dagegen wie hier BAPPERT-MAUNZ VerlG § 26 Anm. 1.

Die Geltendmachung des Rechts kann verschiedenen Zwecken dienen. Unter anderem kann der Verfasser die Überlassung von Exemplaren zum Vorzugspreise verlangen, weil die Freiexemplare zur Deckung des persönlichen Bedarfs und zur Überreichung des Werkes an Bekannte nicht ausreichen. Weitergehende Zwecke pflegt er beim Aufkauf aller zur Verfügung des Verlegers stehenden Exemplare zu verfolgen: Er kann die Herausgabe einer neuen Auflage beabsichtigen. Auch kann er durch den Aufkauf des Restbestandes die ihm unerwünschte weitere Verbreitung des Werkes durch den Verleger verhindern.

Fraglich und streitig ist, inwieweit eine Weiterveräußerung der Exemplare durch den Verfasser zulässig ist. Das ausschließliche Verbreitungsrecht des Verlegers steht nicht im Wege: es ist mit der Abgabe der Exemplare an den Verfasser erschöpft. Wohl aber kann der Eigenhandel des Verfassers mit seiner vertraglichen Verpflichtung, dem Verleger die Verbreitung zu überlassen, in Widerspruch stehen. Gewerbsmäßige Verbreitung durch den Verfasser ist jedenfalls unzulässig. Umstritten ist dagegen insbesondere die Frage, ob Dozenten dazu befugt sind, Exemplare ihrer Lehrbücher ihren Hörern zu einem Vorzugspreis zu überlassen. Gegen die Entscheidungen des RG, in der die Frage bejaht wurde (RG in DJZ 1906, Sp. 81), wird eingewandt, daß solche Abgabe die an Hochschulorten ansässigen Sortimenter schädigt. In der Vereinbarung zwischen dem Börsenverein und dem Hochschulverband wird empfohlen, daß die Verleger die wissenschaftlichen Sortimenter dazu berechtigen, die Exemplare an einen Hörer gegen Vorlage eines vom Dozenten unterschriebenen Hörerscheins mit einem Nachlaß von 20—25 % abzugeben (wobei die Verleger den Nettopreis entsprechend ermäßigen). Soweit dieser Empfehlung Folge geleistet wird, wird die unmittelbare Abgabe an die Hörer als unzulässig anzusehen sein.

§ 107. Die Auflage

SCHERINGER, Das Recht der Neuauflage im Buch- und Kunstverlag, 1928.

I. Der Begriff der Auflage ist im Buchverlag aufgrund der Technik des Drucks mit beweglichen Lettern entstanden. Der Satz wurde nach dem Druckgang abgelegt; die Lettern wurden anderweitig verwertet. Als Auflage erschien infolgedessen die Anzahl der Exemplare, die in einheitlichem Druckgang hergestellt wurden. Wirtschaftliche Gründe können aber dafür sprechen, daß der Verleger zur Beschränkung seines Risikos die Exemplare nicht auf einmal, sondern, dem Bedarf entsprechend, etappenweise herstellen läßt. Schon zur Zeit, in der noch der Bleisatz die Regel war, mehrten sich daher die Fälle, in denen der Verleger den Satz stehen oder, nach seiner Ablage, gleichartige Exemplare in einem anderen, beispielsweise fotomechanischen, Verfahren herstellen ließ. Heute ist es im besonderen der Lichtsatz, der eine sukzessive Herstellung begünstigt: Es genügt, daß der „Film" aufbewahrt wird, der zur Herstellung weiterer Abzüge verwendet werden kann.

Der Begriff der Auflage ist daher unabhängig von der Drucktechnik als Rechtsbegriff zu verstehen: Die Vereinbarung im Verlagsvertrag, eventuell die gesetzliche Regel über die Höhe der Auflage, entscheidet über die Anzahl der Exemplare, zu deren Herstellung der Verlag berechtigt und zur Befriedigung des Bedarfs verpflichtet ist. Ist er nur zu einer Auflage berechtigt, so erlöschen Recht und Pflicht zur Vervielfältigung mit der Herstellung der entsprechenden Anzahl von Exemplaren. Ist er zu mehreren Auflagen berechtigt und macht er von diesem Recht Gebrauch, so beginnt ein neuer Abschnitt des Verlagsverhältnisses mit entsprechender Berechtigung und Verpflichtung des Verlegers. Unter Auflage ist daher im Rechtssinn diejenige Anzahl von Exemplaren zu verstehen, zu deren Herstellung der Verleger im Rahmen des Verlagsverhältnisses oder eines Abschnittes des Verlagsverhältnisses berechtigt und, soweit es der Bedarf erfordert, verpflichtet ist.

Die frühere Lehre, Auflage sei die Gesamtzahl der Abzüge, die der Verleger auf einmal herzustellen berechtigt ist, bedarf daher der Berichtigung. In den Vorauflagen dieses Werkes wurde sie durch die Definition ersetzt, Auflage sei diejenige Anzahl von Exemplaren, zu deren Herstellung der Verleger im Rahmen des Verlagsverhältnisses oder eines Abschnitts des Vertragsverhältnisses berechtigt ist. Sie ist herrschend geworden; vgl. HUBMANN, UR, S. 213; BAPPERT-MAUNZ, VerlG, § 5, Anm. 2; LÖFFLER, Presserecht (Bd. 1, 1969) S. 712 f., und DITTRICH, Österreichisches Verlagsrecht, S. 127. Die Definition bedarf jedoch insofern noch einer Ergänzung, als die Höhe der Auflage nicht nur für die Berechtigung des Verlegers, sondern auch für seine Verpflichtung maßgebend ist, soweit es der Bedarf erfordert, die vertraglich oder gesetzlich festgelegte Anzahl von Abzügen herzustellen.

Neben dem Begriff der Auflage begegnet im Verlagswesen auch derjenige der *Ausgabe*. Er ist kein gesetzlicher Begriff, findet sich aber vielfach in Verlagsverträgen, in denen es heißt, daß der Verfasser dem Verleger das Recht zu allen Auflagen und Ausgaben einräumt. Der Begriff ist nicht eindeutig. In der Regel ist anzunehmen, daß die Neuausgabe im Rechtssinn eine Neuauflage ist. Im heutigen Sprachgebrauch des Buchhandels pflegt man, wie BAPPERT-MAUNZ, VerlG, § 5, Anm. 5, feststellen, bei belletristischen Werken die veränderte Neuauflage, bei wissenschaftlichen Werken dagegen die unveränderte Neuauflage als Neuausgabe zu bezeichnen. — Keine Auflage im Rechtssinn ist die sogenannte „Titelauflage", beispielsweise die Bezeichnung 1.—6. Auflage auf dem Titelblatt eines Werkes, das in 6000 Exemplaren erscheint.

II. An der Höhe der Auflage ist sowohl der Verleger wie der Verfasser interessiert. Sie wird daher regelmäßig im Verlagsvertrag festgelegt. Fehlt eine Vereinbarung, so beträgt die Auflage 1000 Exemplare; der Verleger hat jedoch das Recht, bis zum Beginn der Vervielfältigung durch Erklärung gegenüber dem Verfasser eine niederere Zahl von Exemplaren zu bestimmen; es ist ein Gestaltungsrecht, durch dessen Ausübung die Höhe der Auflage endgültig festgelegt wird; § 5 Abs. 2 VerlG.

1. Die Höhe der Auflage ist nicht nur für die Berechtigung, sondern auch für die Verpflichtung des Verlegers maßgebend. Der Verleger braucht zwar die Auflage nicht in einem Druckgang herstellen zu lassen. Jedenfalls hat er aber darauf zu achten, daß die Bestände ausreichen, um die Nachfrage zu befriedigen: er hat bis zur Erschöpfung der Auflage rechtzeitig dafür zu sorgen, daß der Bestand nicht vergriffen wird. § 16 VerlG.

Erfolgt die Herstellung nicht in einem Druckgang, so muß doch die Einheit der Auflage dadurch gewahrt werden, daß spätere Exemplare den früheren nicht an Qualität nachstehen. Dies gilt insbesondere auch für die photomechanische Vervielfältigung.

2. Die üblichen Zuschußexemplare werden in die Zahl der zulässigen Abzüge nicht eingerechnet. Dasselbe gilt für Freiexemplare, soweit sie $^1/_{20}$ der Auflage nicht überschreiten. Untergegangene Abzüge darf der Verleger nach vorheriger Anzeige an den Verfasser durch andere ersetzen. §§ 6, 7 VerlG.

Zuschußexemplare sind Exemplare, die nach verlegerischer Übung über die Zahl der zulässigen Abzüge hinaus hergestellt werden, um Abzüge, die bei der Herstellung beschädigt werden, zu ergänzen. Sind sie zum Ersatz oder zur Ergänzung nicht erforderlich, so dürfen sie nur mit Zustimmung des Verfassers verbreitet werden. *Freiexemplare* sind nicht nur die Exemplare, die der Verleger unentgeltlich dem Verfasser überläßt, sondern auch Exemplare, die an Dritte zur Einführung des Werkes ohne Entgelt abgegeben werden, wie Probehefte, Einführungsstücke und Besprechungsexemplare. Gleichzustellen sind die *Pflichtexemplare*, die aufgrund gesetzlicher Vorschriften an öffentliche Bibliotheken unentgeltlich zu liefern sind (str.; wie hier RIEZLER bei EHRENBERG S. 25 f.; abw. BAPPERT-MAUNZ VerlG § 6 Anm. 3).

III. Der Verleger ist nach dem Gesetz im Zweifel nur zu einer Auflage berechtigt; § 5 Abs. 1 VerlG. Vielfach lassen sich aber die Verleger im Verlagsvertrag das Recht zur Veranstaltung weiterer Auflagen, meist zur Veranstaltung sämtlicher Auflagen einräumen.

Verlagsverträge, aufgrund derer dem Verleger das Verlagsrecht für sämtliche Auflagen eingeräumt wird, führen zu einer Bindung des Verfassers und seiner Erben bis zum Ablauf der Schutzfrist. Im Schrifttum sind gegen diese weitgehende Bindung Bedenken geltend gemacht worden (LOBE in GRUR 1922, 93 ff.). Das Interesse des Verlegers an den weiteren Auflagen muß aber angesichts des Wagnisses, das er mit der Ausgabe der ersten Auflage übernimmt, als berechtigt anerkannt werden: Die Veranstaltung weiterer Auflagen hängt von dem Erfolg der ersten Auflage ab, wobei sich das Wagnis zu verringern pflegt. Das RG hat daher in ständiger Rechtsprechung unter Zurückweisung des Einwandes des Verstoßes gegen die guten Sitten Verlagsverträge über sämtliche Auflagen für gültig erklärt; vgl. RGZ 112, 173 und 140, 264. Ihre Begrenzung findet die Bindung darin, daß bei einer Erschütterung des Vertrauensverhältnisses zwischen Verfasser und Verleger die Möglichkeit der Kündigung wegen wichtigen Grundes besteht (unten § 110 IV).

1. Das vertraglich bedungene Recht des Verlegers zur Veranstaltung weiterer Auflagen ist nach gesetzlicher Regel nur eine Berechtigung, der keine Verpflichtung gegenübersteht. Das Verlagsrecht besteht weiter. Gebunden ist aber nur der Verfasser, nicht der Verleger. Der Verfasser kann jedoch dem Verleger eine angemessene Frist zur Ausübung seines Rechtes setzen und nach vergeblichem Ablauf der Frist vom Verlagsvertrag zurücktreten. Verweigert der Verleger die Veranstaltung einer neuen Auflage, so ist Rücktritt ohne Fristsetzung möglich. § 17 VerlG.

Mit dem Rücktritt erlischt das Recht des Verlegers zur Veranstaltung von Neuauflagen; arg. § 38 VerlG. Im System des Urheberrechts gesehen, erscheint der Rücktritt als Rückruf durch den Verfasser, der mit dem Rückruf wegen Nichtausübung verwandt ist. Den Verleger trifft nur eine Ausübungslast, nicht eine Ausübungspflicht. Rechtlich gebunden ist nur der Verfasser. Diese Einseitigkeit der Bindung ist im Schrifttum von PASSOW ZHR 90 S. 436 ff. und LOBE, a.a.O., beanstandet worden. Die Kritik wird aber meines Erachtens der Interessenlage nicht gerecht. Vgl. auch ALLFELD VerlG § 17 Anm. 1 und (rechtsvergleichend) SCHERINGER S. 114 ff.

2. Die Veranstaltung einer neuen Auflage kann Anlaß zur Vornahme von Änderungen sein, so daß das Werk mit Ergänzungen oder in einer Neubearbeitung erscheint. Der Verleger hat daher dem Verfasser vor der Veranstaltung einer neuen Auflage Gelegenheit zur Vornahme von Änderungen zu geben; der Verfasser kann sie auch durch Dritte vornehmen lassen. Berechtigte Interessen des Verlegers darf er dabei nicht verletzen. § 12 Abs. 1 Satz 2 und 3 und Abs. 2 VerlG.

Nach dem Gesetz ist der Verfasser zur Vornahme von Änderungen berechtigt, aber nicht verpflichtet. Eine Verpflichtung des Verfassers, die erforderlichen Änderungen vorzunehmen, z. B. ein Lehr- oder Handbuch oder einen Kommentar durch die Berücksichtigung neuer Forschungsergebnisse, neuer Gesetze usf. auf dem laufenden zu halten, kann aber durch Vereinbarung begründet werden, die unter Umständen auch aus allgemeiner Übung zu erschließen ist; vgl. BAPPERT-MAUNZ VerlG § 12 Anm. 12.

In den Verlagsverträgen über Schul-, Lehr- und Handbücher, Kommentare und ähnliche Werke behalten sich die Verleger mitunter das Recht vor, falls der Verfasser zur Vornahme der erforderlichen Änderungen nicht imstande oder nicht bereit ist, ihrerseits einen geeigneten Neubearbeiter zu bestimmen; dabei wird meist weiter vereinbart, daß die Vergütung des Verfassers bzw. seiner Erben im Hinblick auf das Honorar, das der Neubearbeiter erhält, verkürzt wird und nach einer bestimmten Anzahl weiterer Auflagen oder nach bestimmter Zeit ganz entfällt. Solche Klauseln sind angesichts des Urheberpersönlichkeitsrechts mit Vorsicht auszulegen. Insbesondere fragt sich, ob die Vereinbarung auch insoweit gültig ist, als sie dem Verleger gestattet, unter Umständen schon bei Lebzeiten des Verfassers die Bearbeitung ohne dessen Zustimmung einem anderen zu übertragen. Für Ungültigkeit insbesondere H. MEYER, Sittenwidrige Verlagsverträge (1926), unter Hinweis auf die literarische Ehre und Verantwortung des Verfassers sowie auf die Zwangslage, in die der mit vordringlicheren Arbeiten beschäftigte Wissenschaftler durch eine solche Vereinbarung geraten kann. Das RG hat dagegen in RGZ 112, 173 und 140, 264 die Gültigkeit der Neubearbeitungsklausel anerkannt, hat jedoch darauf hingewiesen, daß die Frage je nach dem Gegenstand, dem besonderen Sachgebiet und der Gattung des Werkes verschieden zu beurteilen ist. In der Tat läßt sie sich nicht einheitlich beantworten. Bei Kommentaren, bei denen eine Mehrheit von Verfassern mitwirkt, oder bei Grundrissen, die nach Richtlinien des Verlegers oder des Herausgebers in einer Reihe erscheinen, sind Neubearbeitungsklauseln unbedenklicher als bei anderen Werken. Je stärker die Individualität des Werkes ist, um so mehr macht sich das Urheberpersönlichkeitsrecht des Verfassers geltend. In der Vereinbarung über Vertragsnormen bei wissenschaftlichen Werken ist vorgesehen, daß in erster Linie der Verfasser dazu berufen ist, einen auch dem Verleger genehmen Neubearbeiter zu bestimmen. Nur wenn der Verfasser innerhalb von drei Monaten seit Aufforderung keine Vorschläge macht, soll das Vorschlagsrecht auf den Verleger übergehen. Ob der Verfasser den Vorschlag des Verlegers annehmen muß oder ob er die Neubearbeitung durch einen Dritten verweigern darf, soll nach Treu und Glauben beurteilt werden. Das gleiche soll für die Frage gelten, ob der Verfasser die Veranstaltung einer unveränderten Neuauflage verweigern darf.

3. Macht der Verleger von dem ihm eingeräumten Recht zur Veranstaltung einer neuen Auflage Gebrauch, so gelten im Zweifel für die neue Auflage die gleichen Abreden wie für die vorhergehende: Höhe der Auflage, Vergütung des Verfassers, Zahl der Freiexemplare usf. bestimmen sich nach den Vereinbarungen, die für die vorhergehende Auflage getroffen waren. § 5 Abs. 1 Satz 2 VerlG.

In den Verlagsverträgen wird bisweilen bestimmt, daß die Höhe der Vergütung für künftige Auflagen besonderer Vereinbarung vorbehalten bleibt. Eine solche Bestimmung ist im Zweifel dahin auszulegen, daß der Verleger, auch wenn keine Einigung zustande kommt, zur Veranstaltung der Neuauflage berechtigt ist: Er schuldet dann die Zahlung einer angemessenen Vergütung (§ 22 Abs. 2 VerlG). Vgl. dazu RGZ 60, 174.

IV. Im *Musikverlag* tritt die Bedeutung der Auflage zurück. In den Verlagsverträgen heißt es zwar zumeist, daß dem Verleger das Verlagsrecht für alle Auflagen und Ausgaben bis zum Ablauf der Schutzfrist eingeräumt wird. Der Musikverleger ist verpflichtet, sich für das Werk in handelsüblicher Weise einzusetzen. Zumeist genügt der Verleger seiner Pflicht, indem er, dem Bedarf entsprechend, eine beschränkte Anzahl von Exemplaren herstellt, die zur Vermietung an Musikveranstalter bestimmt ist. Seltener sind Drucklegung und Verkauf der Vervielfältigungsstücke. Die Höhe der Auflage wird in diesem Fall vom Verleger nach seinem Ermessen bestimmt. Jedenfalls kann aber der Urheber, wenn die Auflage vergriffen ist, dem Verleger nach der Regel des § 17 VerlG zur Ausübung des Rechts zur Veranstaltung einer Neuauflage eine angemessene Frist bestimmen, nach deren vergeblichem Ablauf er vom Verlagsvertrag zurücktreten kann. Vgl. dazu v. HASE, Musikverlagsvertrag, S. 15 ff.

§ 108. Übertragung der Verlegerrechte. Lizenzausgaben

DIETER BECK, Der Lizenzvertrag im Verlagswesen, Heft 2 der Urheberrechtlichen Abhandlungen des MPI (1961); RAMBOUR, Die Lizenzausgabe (1954).

I. Von der Übertragung der Verlegerrechte handelt § 28 VerlG. Die Regelung beruht auf einer Interessenabwägung. Durch die Übertragung werden die Interessen des Verfassers berührt, dem es nicht gleichgültig sein kann, in wessen Hand die Vervielfältigung und Verbreitung seines Werkes liegen. Andererseits können vom Standpunkt des Verlegers aus triftige Gründe für die Übertragung sprechen; er mag beispielsweise den Verkauf seines Unternehmens oder die Einbringung in eine Gesellschaft beabsichtigen. Darauf nimmt das Gesetz Rücksicht. Eine Übertragung aus Anlaß einer Unternehmensveräußerung ist zulässig. Bezieht sich dagegen die Übertragung nur auf einzelne Verlagswerke, so ist die Zustimmung des Verfassers erforderlich, die aber nicht ohne wichtigen Grund verweigert werden darf. Die Regel ist freilich nur nachgiebigen Rechts; abweichende Vereinbarungen sind möglich.

Die Bestimmung des § 28 VerlG ist, wie oben (§ 86 I) gezeigt wurde, zum Vorbild für die allgemeine Regel des § 34 UrhG über die Übertragung der Nutzungsrechte geworden. Im einzelnen weicht aber § 34 UrhG nicht nur in seinem Wortlaut, sondern auch in seinem Inhalt von der verlagsrechtlichen Regel ab.

Angesichts dieser Abweichung ist im Schrifttum streitig, ob die Bestimmung des § 28 VerlG durch § 34 UrhG gegenstandslos geworden ist oder ob sie als spezielle Vorschrift für Verlagsverträge weitergilt. M. E. ist zwar grundsätzlich von der Weitergeltung auszugehen. Wo aber nur eine Verschiedenheit des Wortlauts vorliegt, kann die neue Fassung in § 34 UrhG für die Auslegung der verlagsrechtlichen Regel zu Rate gezogen werden. Auch ist eine dem § 28 VerlG zwar nicht widersprechende, wohl aber eine ihn ergänzende Anwendung des § 34 UrhG möglich. Dies gilt für die Regel des § 34 Abs. 2 UrhG, daß bei Sammelwerken in Fällen, in denen die Zustimmung des Urhebers zur Übertragung erforderlich ist, die Zustimmung des Urhebers des Sammelwerkes auch hinsichtlich der Rechte an den einzelnen Beiträgen genügt, sowie für die Regel des § 34 Abs. 5 UrhG über die Haftung des Erwerbers für die Erfüllung der sich aus dem Vertrag mit dem Urheber ergebenden Verpflichtungen des Veräußerers.

Im Schrifttum nehmen HUBMANN, UR, S. 193; v. GAMM, UrhG, § 34, Rdz. 5; und MÖHRING-NICOLINI, UrhG, § 34, Anm. 1 a, an, daß § 28 VerlG als Spezialvorschrift die Anwendung des § 34 UrhG ausschließt. A. A. sind FROMM-NORDEMANN, UrhG, § 34, Anm. 2. M. E. spricht für die Weitergeltung des § 28 VerlG nicht nur, daß die Bestimmung nicht, wie einzelne andere Regeln des VerlG, durch § 141 UrhG ausdrücklich aufgehoben wurde. Vielmehr bleibt ihre Weitergeltung auch insofern sinnvoll, als sie auch auf die Übertragung schuldrechtlicher Ansprüche anwendbar ist (vgl. unten II 1). Die herrschende Meinung bedarf m. E. aber insofern einer Korrektur, als jedenfalls eine ergänzende Anwendung des § 34 UrhG in Betracht kommt: Anders als sonst bei der Anwendung des allgemeinen Grundsatzes lex posterior generalis non derogat legi priori speciali, liegt hier die Besonderheit vor, daß die lex generalis nach dem Vorbild der lex specialis geschaffen wurde, dabei aber eine Klarstellung (durch die Regel über Sammelwerke) oder eine Verbesserung (durch die Regel über die gesamtschuldnerische Haftung des Erwerbers) erfahren hat. Diese Klarstellung bzw. Verbesserung ist sinngemäß auch auf Fälle der Übertragung der Rechte des Verlegers anzuwenden. Andererseits ist anzunehmen, daß die in § 34 UrhG nicht übernommene Regel des § 28 Abs. 1 Satz 2 VerlG über die Folgen des Schweigens des Verfassers im Fall der Aufforderung des Verlegers zur Erklärung der Zustimmung in Geltung geblieben ist.

II. Im einzelnen wird die Rechtslage durch folgende Regeln näher bestimmt:

1. Bei der Übertragung der Verlegerrechte geht es nicht nur um die Übertragung des Verlagsrechts, sondern auch um die Übertragung der schuldrechtlichen Forderungen des Verlegers, die aus dem Verlagsverhältnis erwachsen, insbesondere der Ansprüche auf Ablieferung des Manuskripts und auf Unterlassung anderweitiger Vervielfältigung und Verbreitung. Bei Verlagsverträgen über ungeschützte Werke kommt nur die Abtretung schuldrechtlicher Ansprüche in Betracht.

2. Zulässig ist die Übertragung, wenn das Verlagsunternehmen im ganzen oder wenn die Abteilung des Unternehmens übertragen wird, zu der das Verlagswerk gehört. So kann beispielsweise ein wissenschaftlicher Verleger, der unter Beschränkung seiner Verlagstätigkeit auf die Naturwissenschaften die geisteswissenschaftliche Abteilung seines Verlags veräußert, im Rahmen dieser Veräußerung die Rechte an den einschlägigen Werken übertragen.

Über die Frage, wie weit man in der Spezialisierung gehen kann, ob beispielsweise nicht nur die Medizin, sondern auch die Chirurgie oder Gynäkologie als besondere Fachabteilung gelten kann, vgl. ALLFELD VerlG § 28 Anm. 6 und BAPPERT-MAUNZ VerlG § 28 Anm. 6. Sie ist meines Erachtens von Fall zu Fall zu beantworten: Je größer der Bestand an Werken ist, der zu einer solchen Abteilung gehört, um so eher wird ihre Anerkennung als besondere Abteilung möglich sein. — Unter Umständen kann der Verfasser auch bei Übertragung des Unternehmens oder einer Unternehmensabteilung berechtigte Einwände gegen den neuen Verleger haben. Insbesondere können seine ideellen Belange durch die Fortführung in einem Verlag mit anderem Verlagsprogramm gefährdet werden. ALLFELD VerlG § 28 Anm. 6 und RUNGE UR S. 588 halten auch in solchem Falle die Übertragung für gültig, wollen aber dem Verfasser ein Rücktrittsrecht in entsprechender Anwendung des § 35 VerlG oder ein Kündigungsrecht aus wichtigem Grunde geben. Meines Erachtens ist dieser Umweg entbehrlich. § 28 VerlG will der typischen Interessenlage gerecht werden, zwingt aber nicht zu einer interessenwidrigen Entscheidung. Soweit schutzwürdige Interessen des Verfassers verletzt werden, muß er in der Lage sein, der Übertragung zu widersprechen (ähnlich DE BOOR UR S. 332). Anlaß zu einer Kündigung wegen wichtigen Grundes hat daher der Verfasser nur, wenn ihm angesichts der Nichtbeachtung seines Widerspruchs die Fortsetzung des Verlagsverhältnisses nicht mehr zugemutet werden kann.

Zur Übertragung der Rechte an einzelnen Verlagswerken ist die Zustimmung des Verfassers erforderlich. Sie darf jedoch nur wegen wichtigen Grundes verweigert werden. Besteht kein wichtiger Grund, so kann sie durch richterliche Entscheidung ersetzt werden. Auch verschweigt sich der Verfasser, wenn er nach entsprechender Aufforderung durch den Verleger die Verweigerung nicht binnen zwei Monaten erklärt. § 28 Abs. 1 Satz 2—4 VerlG.

§ 34 Abs. 1 Satz 2 UrhG bestimmt in der Formulierung abweichend, daß der Urheber die Zustimmung nicht wider Treu und Glauben verweigern darf. Entsprechend ist auch § 28 VerlG auszulegen: Der Urheber handelt wider Treu und Glauben, wenn er die Zustimmung verweigert, obwohl durch die Übertragung keine schutzwürdigen Interessen beeinträchtigt würden. Liegen solche Interessen vor, so hat er auch einen wichtigen Grund zur Versagung der Zustimmung. Jedenfalls wäre es verfehlt, an die Möglichkeit der Verweigerung der Zustimmung bei Verlagsverträgen andere Maßstäbe als bei sonstigen Urheberrechtsverträgen anzulegen. — Aus der Praxis vgl. RGZ 65, 40: Klagt der Verfasser gegen den Verleger auf Schadensersatz wegen Übertragung des Verlagsrechtes, so kann das Gericht auch inzidenter berücksichtigen, daß der Verfasser keinen wichtigen Grund zur Verweigerung der Zustimmung hatte; der Verfasser muß sich so behandeln lassen, als habe er die Zustimmung erteilt.

3. Abweichende Vereinbarungen sind möglich. Insbesondere kann vertraglich jede Weiterübertragung von der Zustimmung des Verfassers abhängig gemacht werden. Die Vereinbarung der freien Übertragbarkeit auch in Fällen, in denen nur Rechte an einzelnen Werken veräußert werden, ist dagegen nicht unbedenklich: Soweit sie nach der Art des Werkes dem Verfasser nicht zugemutet werden kann, wird sie als unwirksam anzusehen sein; insbesondere kommt in Fällen, in denen die freie Übertragbarkeit in den vom Verleger vorformulierten Vertragsbedingungen vorgesehen ist, die Anwendung des § 9 des Gesetzes zum Recht der allgemeinen Geschäftsbedingungen in Betracht, daß in der Abweichung von wesentlichen Grundgedanken der gesetzlichen Regelung eine unangemessene Benachteiligung des Vertragspartners liegen kann.

4. Die Übertragung der Rechte befreit den Verleger nicht von seinen Verpflichtungen. Er kann zwar die geschuldeten Leistungen durch den Erwerber bewirken lassen: dieser ist kraft der Übertragung zur Vervielfältigung und Verbreitung berechtigt. Haftbar bleibt aber der alte Verleger.

Möglicherweise haftet neben ihm auch der neue: Übernimmt dieser dem alten gegenüber die Verpflichtung zur Vervielfältigung und Verbreitung, so entsteht eine gesamtschuldnerische Haftung beider Verleger. Die Erfüllungsübernahme hat kraft Gesetzes die Wirkung einer Schuldmitübernahme. Die Haftung erstreckt sich dabei auch auf die sonstigen Verbindlichkeiten aus dem Verlagsverhältnis, insbesondere auf die Pflicht zur Honorarzahlung; ausgeschlossen ist nur die Haftung für bereits begründete Schadensersatzpflichten. § 28 Abs. 2 VerlG.

Darüber hinaus ist ergänzend auch die Regel des § 34 Abs. 5 UrhG anwendbar: Der Erwerber haftet gesamtschuldnerisch mit dem Veräußerer für die Erfüllung der sich aus dem Vertrag mit dem Verfasser ergebenden Verpflichtungen auch dann, wenn die Weiterübertragung nach dem Vertrag oder kraft Gesetzes ohne Zustimmung des Verfassers zulässig ist.

Eine Entlastung des alten Verlegers von seiner Haftung ist nur mit Zustimmung des Verfassers möglich. In Betracht kommt eine befreiende Schuldübernahme, die vom Verfasser genehmigt wird (§ 415 BGB), oder eine entsprechende Regelung in einer Vereinbarung, die zwischen dem Verfasser und dem neuen Verleger getroffen wird.

III. Übertragung der Verlegerrechte i. S. des § 28 VerlG ist die unbeschränkte Übertragung, die Veräußerung. Außer der translativen sind aber auch konstitutive Übertragungen möglich: Es können Tochterrechte vergeben werden, bei deren Erlöschen das Recht des Verlegers wieder zum Vollrecht erstarkt.

In Betracht kommen dabei insbesondere die Übertragung von Wahrnehmungsrechten an Verwertungsgesellschaften sowie die Vergabe von Verlagslizenzen an andere Verleger.

Der Begriff der Lizenz ist zwar dem UrhG und dem VerlG fremd. Im Rechtsleben wird er aber, entsprechend der Terminologie im Patentrecht, zur Kennzeichnung von Fällen verwendet, in denen anderen Rechte zur Benutzung des Werkes eingeräumt werden: Neben der gesetzlichen Lizenz und der Zwangslizenz spricht man von vertraglichen Lizenzen. U. a. pflegt man im Filmwesen die Verwertungsverträge, die der Filmhersteller mit Filmverleihern schließt, auch als Filmlizenzverträge zu bezeichnen. Im Verlagswesen spricht man von Lizenzverträgen bei den Verträgen, in denen der Originalverleger anderen Verlegern Rechte zur Benutzung des Verlagswerkes bewilligt, und bezeichnet die betreffenden Ausgaben als Lizenzausgaben.

Die Rechtslage ist dabei im einzelnen eine verschiedene:

1. Möglich ist, daß der Originalverleger einem anderen Verleger eine Lizenz an seinem Verlagsrecht bewilligt. So war es beispielsweise nach 1945 häufig, daß der politisch verhinderte Verleger einem anderen Verleger eine Lizenz bis zur Wiederaufnahme seiner Verlagstätigkeit einräumte. § 28 VerlG ist auf solche Fälle nicht anwendbar. Vielmehr bedarf die Lizenzierung der Zustimmung des Verfassers, die aber nicht wider Treu und Glauben verweigert werden darf.

Vgl. dazu BGHZ 15, 209 betreffend die Werke von Ludwig Thoma. Der BGH ging davon aus, daß im Fall einer nur vorübergehenden Verhinderung des Originalverlegers dem Autor u. U. die Erteilung der Zustimmung zuzumuten ist. Anders lag es in dem entschiedenen Fall, in dem eine Wiederaufnahme der Verlagstätigkeit des Originalverlegers nur als entfernte Möglichkeit in Betracht zu ziehen war.

2. Bei den Nebenrechten, die dem Verleger eingeräumt werden, ist zu unterscheiden:

a) Sofern es sich um Nebenrechte handelt, die der Regel nach durch Verwertungsgesellschaften wahrgenommen werden, wie beispielsweise die kleinen Rechte zur Aufführung und Sendung von Musikwerken, ist der Verleger, dem Sinn der Vereinbarung entsprechend, ohne daß er der Zustimmung des Verfassers bedarf, zur Übertragung an die in Betracht kommende Verwertungsgesellschaft berechtigt und in der Regel, im Interesse an der wirksamen Nutzung der Rechte, verpflichtet. Vgl. oben § 86 II 3.

b) Bei der Einräumung anderer Nebenrechte, wie beispielsweise des Rechts zur Veranstaltung einer Sonderausgabe, kann es so liegen, daß der Verleger zur Ausübung im eigenen Unternehmen berechtigt wird. Die Vergabe an andere Verleger ist in solchen Fällen nur mit Zustimmung des Verfassers zulässig; die Zustimmung darf aber vom Verfasser nicht wider Treu und Glauben verweigert werden.

Häufiger sind die Fälle, in denen der Verleger im Verlagsvertrag berechtigt wird, die Rechte anderen Unternehmern zu vergeben. Es kann sich dies, wie bei der Bewilligung des Rechts zum Vorabdruck oder Nachdruck in Zeitungen ober bei der Einräumung des Verfilmungsrechts, angesichts der Verschiedenheit der Tätigkeitsbereiche der Unternehmen aus der Natur der Sache ergeben. Möglich ist aber auch, beispielsweise bei der Einräumung des Übersetzungsrechts, daß der Verleger sowohl selbst zur Ausübung des Rechts wie zur Vergabe an andere Verleger berechtigt wird; meist erfolgt in der Praxis die Verwertung des Übersetzungsrechts durch einen Lizenzvertrag, der mit einem ausländischen Verleger abgeschlossen wird.

Die Einräumung des Rechts zur Vergabe von Nebenrechten an andere Unternehmer kann sich mit der Vereinbarung verbinden, daß der Verleger bei bestimmten Rechten, beispielsweise dem Übersetzungs- und dem Verfilmungsrecht, die Vergabe nur im Benehmen oder im Einvernehmen mit dem Verfasser vornehmen darf. Eine solche Vereinbarung liegt im Hinblick auf die ideellen Interessen des Verfassers nahe.

c) Sind dem Verleger keine Nebenrechte eingeräumt, so bedarf er zu ihrer Vergabe der Zustimmung des Verfassers: Im Rechtssinn handelt es sich dabei um die Verfügung eines Nichtberechtigten, die nur mit Zustimmung des Berechtigten wirksam ist. Erlischt das Recht des Lizenznehmers, so kehrt es zum Verfasser zurück und kann mit seiner Zustimmung neu vergeben werden.

IV. Für die Verlagslizenz bleibt im besonderen folgendes zu beachten:

1. Nach Maßgabe der getroffenen Vereinbarung kann der Lizenznehmer zur Veranstaltung einer Lizenzausgabe nicht nur berechtigt, sondern auch verpflichtet werden. Der Lizenzvertrag ist dann im Rechtssinn Verlagsvertrag.

Die Bewilligung der Lizenz kann sowohl Einräumung eines einfachen wie Einräumung eines ausschließlichen Rechts sein. Insbesondere können das Übersetzungsrecht und andere Bearbeitungsrechte als ausschließliche Rechte vergeben werden. Möglich ist auch, vorbehaltlich der Grenzen, die sich aus den Regeln des EWG-Vertrags ergeben (oben § 7 III 3), daß das ausschließliche Recht unter räumlicher Begrenzung auf bestimmte Staatsgebiete vergeben wird.

Insbesondere ist es im Musikverlag häufig, daß der Originalverleger dem Lizenznehmer sogenannte *Subverlagsrechte* einräumt, d. h. Verlagsrechte, die auf bestimmte Staatsgebiete beschränkt sind.

Der Möglichkeit der Aufspaltung der Rechte am Werk und damit insbesondere der Einräumung ausschließlicher Rechte sind freilich Grenzen gezogen. U. a. können Vereinbarungen über die Herstellung und Verbreitung von Exemplaren in besonderer Ausstattung nur mit schuldrechtlicher Wirkung getroffen werden. Anerkannt ist aber jedenfalls die Möglichkeit der Einräumung eines ausschließlichen Rechts zum Vertrieb über eine Buchgemeinschaft; vgl. dazu BGH in GRUR 1959, 200 und oben § 103 II 3.

Umstritten ist die Frage, ob der Originalverleger dem Lizenznehmer das ausschließliche Recht zur Veranstaltung einer Volks- oder Taschenbuchausgabe einräumen kann. Vgl. dazu BÜCHLER, S. 130 ff., und BECK, S. 56 ff., mit weiteren Nachweisen aus dem Schrifttum. M. E. ist zu unterscheiden: Sofern der Unterschied der Ausgabe nur in der Art und Weise der Ausstattung liegt, können nur einfache Rechte zur Vervielfältigung und Verbreitung eingeräumt und dabei schuldrechtliche Vereinbarungen über die Art der Ausübung und gegebenenfalls über die Pflicht des Lizenzgebers getroffen werden, anderen keine gleichartigen Lizenzen zu bewilligen. Anders liegt es dagegen, wenn es sich um eine Ausgabe handelt, die sich in ihrem Typus nach der Verkehrsauffassung klar von der Originalausgabe unterscheidet. Für die Taschenbuchausgabe wird diese Frage angesichts der im Verlagswesen herrschend gewordenen Übung zu bejahen sein.

2. Beim Erlöschen des zwischen dem Verfasser und dem Originalverleger abgeschlossenen Vertrags stellt sich die Frage nach dem Schicksal der zuvor erteilten Verlagslizenzen.

Für den urheberrechtlichen Lizenzvertrag ist die Frage bisher nur von BECK, S. 82 ff., näher untersucht worden, der zwischen den Fällen des normalen und des außerordentlichen Erlöschens des Verlagsverhältnisses unterscheidet. Für die entsprechende Frage im Patentvertragsrecht nimmt auch BEHRENDT, in GRUR 1933, 199 ff., an, daß eine Unterlizenz erlischt, wenn die Hauptlizenz zur vorgesehenen Zeit endet, nicht dagegen, wenn die Hauptlizenz auf außerordentliche Weise vorzeitig erlischt. Dagegen wurde die Frage in RGZ 142, 168 dahin entschieden, daß die Unterlizenz grundsätzlich mit der Hauptlizenz erlischt. Ebenso NIRK, in KLAUER-MÖHRING, Patentrechtskommentar (3. Aufl. 1971), § 9 Anm. 11.

Grundsätzlich ist m. E. davon auszugehen, daß mit dem Erlöschen des Rechts des Originalverlegers auch die Lizenz erlischt. Die Regel kann aber zu Härten für den Lizenznehmer führen, insbesondere in Fällen, in denen der Verlagsvertrag vorzeitig, beispielsweise durch Kündigung wegen wichtigen Grundes, erlischt, sowie gegebenenfalls zu einer Schadensersatzpflicht des Originalverlegers, der seiner Rechtsverschaffungspflicht gegenüber dem Lizenznehmer nicht mehr zu genügen vermag. Die Härte läßt sich durch eine ausdrückliche Vereinbarung im Hauptvertrag vermeiden, daß im Fall seiner Beendigung der Bestand bereits abgeschlossener Lizenzverträge unberührt bleibt.[1] U. U. kann auch eine entsprechende stillschweigende Vereinbarung angenommen werden, insbesondere in Fällen, in denen der Verfasser dem einzelnen Lizenzvertrag in Kenntnis seiner Bedingungen zugestimmt hat.

---

[1] In dem zwischen dem Verband deutscher Schriftsteller und dem Börsenverein vereinbarten Normvertrag heißt es diesbezüglich, daß der Bestand der autorisiert abgeschlossenen Lizenzverträge unberührt bleibt.

Im Fall eines solchen Fortbestands des Lizenzvertrags erfährt freilich das Rechtsverhältnis zwischen Verfasser und Originalverleger insofern eine Änderung, als es von nun ab das Recht des Verfassers ist, von dem sich das Recht des Lizenznehmers ableitet. Der Verfasser tritt zwar nicht unmittelbar, wie BEHRENDT für die patentrechtliche Unterlizenz annimmt, in den Lizenzvertrag ein. Der Originalverleger ist aber nun mehr der Kommissionär, der ein fremdes Recht im eigenen Namen verwertet und die künftigen Erträgnisse an den Verfasser abzuführen hat. Anstelle des Tatiemenanteils, der bisher dem Verleger zustand, gebührt ihm nur noch eine angemessene Provision für seine Geschäftsbesorgung. Auch muß m. E. der Verfasser in Fällen, in denen sein Vertrauensverhältnis zum Verleger gestört ist, verlangen können, daß er anstelle des Originalverlegers selbst in das Lizenzverhältnis eintritt. Zu der dazu erforderlichen Zustimmung ist m. E. auch der Lizenznehmer nach Treu und Glauben unter dem Gesichtspunkt verpflichtet, daß der Verfasser nunmehr derjenige ist, dessen Recht unmittelbar mit der Lizenz belastet ist. Vgl. dazu BECK a.a.O. S. 89.

§ 109. Konkurs des Verlegers. Pfändung und Verpfändung von Verlegerrechten

I. Fällt der Verleger in Konkurs, so kann der Verfasser vom Verlagsvertrag zurücktreten, wenn zur Zeit der Eröffnung des Verfahrens mit der Vervielfältigung noch nicht begonnen war; § 36 Abs. 3 VerlG. Macht der Verfasser von dem Rücktrittsrecht keinen Gebrauch oder hatte die Vervielfältigung bereits begonnen, so liegt die Entscheidung über die Fortsetzung des Verlagsverhältnisses in der Hand des Konkursverwalters. Er hat gemäß § 36 Abs. 1 VerlG das Wahlrecht des § 17 KO.

§ 36 Abs. 1 VerlG stellt klar, daß dem Konkursverwalter das Wahlrecht trotz der Ablieferung des Manuskripts durch den Verfasser verbleibt. Der Verfasser hat zwar mit der Ablieferung eine ihm obliegende Pflicht erfüllt; er hat aber im Sinne des § 17 KO seine Vertragspflichten noch nicht vollständig erfüllt. Insbesondere trifft ihn auch fernerhin die Enthaltungspflicht. — Streitig ist, ob § 36 VerlG zwingendes Recht enthält. Meines Erachtens ist mit JAEGER-HENCKEL KO (9. Aufl. 1980) Anm. 241 anzunehmen, daß eine abweichende Vereinbarung insoweit unzulässig ist, als sie zum Schaden der Konkursmasse getroffen wird.

1. Der Konkursverwalter kann auf Erfüllung des Vertrages bestehen. Er kann dann die Rechte aus dem Verlagsverhältnis geltend machen, muß aber die Verpflichtungen als Masseschulden erfüllen (§ 59 Nr. 2 KO). Oft wird er die Erfüllung in der Absicht wählen, das Unternehmen oder einen Teil des Unternehmens mit den dazugehörenden Rechten zu veräußern. Dann gilt § 36 Abs. 2 VerlG. Der Erwerber tritt an Stelle der Konkursmasse in die sich aus dem Vertragsverhältnis ergebenden Verpflichtungen ein. Er wird dadurch zum Hauptschuldner; die Masse bleibt aber insofern gebunden, als sie für den aus der Nichterfüllung entstehenden Schaden wie ein selbstschuldnerischer Bürge haftet.

Voraussetzung für die Übertragung der Rechte durch den Konkursverwalter ist, daß sie nach Maßgabe des Verlagsvertrags zulässig ist. Dies ist zwar im Zweifel der Fall, wenn das Verlagsunternehmen im ganzen oder der Teil des Unternehmens übertragen wird, zu dem das Verlagswerk gehört. Macht aber der Verlagsvertrag die Übertragung generell zustimmungspflichtig, so gilt dies auch für die Übertragung durch den Konkursverwalter.

Eine von § 28 VerlG unabhängige Übertragungsbefugnis des Konkursverwalters wird durch § 36 Abs. 2 nicht begründet. Vgl. JAEGER-HENCKEL KO § 17 Anm. 239.

2. Lehnt der Konkursverwalter die Erfüllung ab, so erlischt das Verlagsverhältnis. Der Verfasser kann Schadensersatz wegen Nichterfüllung verlangen; der Anspruch kann aber nur als Konkursforderung geltend gemacht werden.

Mit dem Verlagsverhältnis *erlischt* auch das *Verlagsrecht*. Die noch nicht abgesetzten Exemplare gehören zwar zur Konkursmasse, dürfen aber nicht mehr verbreitet werden. Das muß der Konkursverwalter in Rechnung stellen, wenn er die Entscheidung über Erfüllung oder Ablehnung der Erfüllung trifft. Entschließt er sich zur Ablehnung, so wird er versuchen, sich über die Verbreitung des noch vorhandenen Bestandes an Exemplaren mit dem Verfasser zu einigen, da er sie sonst nur als Makulatur verwerten kann.

II. Ein Gläubigerzugriff auf das Verlagsunternehmen findet zwar im Fall des Konkurses des Verlegers statt. Eine Zwangsvollstreckung ist dagegen nur in einzelne Gegenstände und Rechte, die zu dem Unternehmen gehören, nicht aber in das Unternehmen selbst möglich. Dies gilt auch für den Verlag einer Zeitung oder Zeitschrift; er wird zwar möglicherweise im Rahmen eines größeren Verlagsunternehmens betrieben, stellt aber in diesem Fall eine in sich geschlossene kleinere Unternehmenseinheit dar. Auch das Recht am Titel der Zeitung oder Zeitschrift kann nicht Gegenstand der Zwangsvollstreckung sein.

Vgl. dazu RGZ 95, 235 sowie BAPPERT-MAUNZ, VerlG, § 28, Anm. 32.

Was die Zwangsvollstreckung wegen Geldforderungen in das Verlagsrecht oder in sonstige Rechte des Verlegers betrifft, die sich auf einzelne Werke beziehen, so folgt aus § 857 in Verbindung mit § 851 ZPO, daß sie der Pfändung nur insoweit unterworfen sind, als sie übertragbar sind. Da aber eine Übertragung der Verlegerrechte, die sich auf einzelne Werke beziehen, mangels anderweitiger Vereinbarung nur mit Zustimmung des Verfassers zulässig ist, ist im Regelfall auch zu der Pfändung die Zustimmung erforderlich.

Der Verfasser darf zwar seine Zustimmung zur Übertragung nicht wider Treu und Glauben verweigern; eine Zustimmung zu einer Pfändung, die zu einer nicht unter seiner Kontrolle stehenden Pfandverwertung führen kann, kann ihm aber in der Regel nicht zugemutet werden. Daß die Zustimmung des Verfassers bereits zur Pfändung und nicht erst zur Pfandverwertung erforderlich ist, entspricht der allgemeinen, für die Pfändung von Nutzungsrechten geltenden Regel (vgl. darüber und über abweichende Meinungen unten § 135 III); wie hier BAPPERT-MAUNZ, VerlG, § 28, Anm. 32 und HUBMANN, UR, S. 278. Eine Ausnahme gilt in Fällen, in denen der Verfasser dem Verleger vertraglich die freie Übertragbarkeit gestattet hat. Ist diese Abweichung von der dispositiven Gesetzesregel nach der Art des Werkes dem Verfasser zumutbar (vgl. dazu oben § 108 II 3), so ist eine Pfändung der Verlegerrechte ohne Zustimmung des Verfassers möglich. Über das Verfahren und die Pfandverwertung vgl. unten § 135 III. Die Art der Verwertung wird durch das Vollstreckungsgericht nach pflichtmäßigem Ermessen bestimmt.

III. So wenig wie eine Zwangsvollstreckung in das Verlagsunternehmen ist eine *Verpfändung* des Unternehmens möglich; vgl. RGZ 68, 49. Auch eine Verpfändung des Verlagsrechts oder sonstiger Rechte des Verlegers, die sich auf einzelne Werke beziehen, ist nur zulässig, wenn die Rechte übertragbar sind; § 1274 Abs. 2 BGB. Sie bedarf daher, ebenso wie die Pfändung, in der Regel der Zustimmung des Verfassers.

Da rechtlich nur die einzelnen, zum Unternehmen gehörenden Gegenstände und Rechte, nicht aber das Unternehmen als solches Gegenstand einer Veräußerung sein kann, ist auch eine *Sicherungsübereignung* eines Verlagsunternehmens oder eines Zeitungs- oder Zeitschriftenverlags nicht möglich; vgl. BGH in GRUR 1968, 329. Dagegen könnte beispielsweise ein Buchverleger die zu einer Verlagsabteilung gehörenden Rechte und Bestände einem Kreditgeber zur Sicherung übertragen, wobei für den Fall, daß keine Rückzahlung erfolgt, eine Verwertung durch den Verkauf an ein geeignetes Verlagsunternehmen in Betracht kommt.

§ 110. Die Beendigung des Verlagsverhältnisses

I. Der Verlagsvertrag kann befristet abgeschlossen werden, so daß das Verlagsrecht mit dem Ablauf der Frist erlischt. Der Verleger ist dann zur Verbreitung der noch vorhandenen Abzüge nicht mehr berechtigt; § 29 Abs. 3 VerlG. Im Rechtsleben sind aber solche Zeitvereinbarungen selten. Die Vertragsgestaltung wird zumeist durch das Interesse des Verlegers bestimmt, daß das Verlagsverhältnis bis zum Absatz der Vervielfältigungsstücke fortbesteht.

1. Regelmäßig ergibt sich daher die Laufzeit des Verlagsverhältnisses aus der Vereinbarung über die Auflage und aus dem Absatz. Ist das Verlagsverhältnis auf eine bestimmte Zahl von Auflagen oder Abzügen beschränkt, so endet es, wenn die Auflagen oder Abzüge abgesetzt sind. Auf Verlangen hat der Verleger dem Verfasser Auskunft darüber zu erteilen, ob die einzelne Auflage oder die bestimmte Zahl von Abzügen vergriffen ist. § 29 Abs. 1 und 2 VerlG.

Die *Auskunft* soll dem Verfasser nicht nur Aufschluß darüber geben, ob das Verlagsverhältnis erloschen und der Abschluß eines neuen Verlagsvertrags möglich ist. Er kann vielmehr, auch wenn der Verleger zu mehreren Auflagen berechtigt ist, über die einzelne Auflage Auskunft verlangen, um die erforderlichen Vorbereitungen für eine neue Auflage treffen zu können. Über den Wortlaut des Gesetzes hinaus, das nur von einer Auskunft über die Erschöpfung der Auflage spricht, muß der Verfasser auch Auskunft über die noch zur Verfügung des Verlegers stehenden Abzüge verlangen können. Sie dient ihm zur Berechnung des Zeitpunktes, in dem voraussichtlich eine Neuauflage erforderlich wird, und eventuell als Grundlage für den Entschluß, die restliche Auflage gemäß § 26 VerlG zum Vorzugspreis aufzukaufen. Eine solche erweiterte Auskunftspflicht wird man regelmäßig aus sinngemäßer Auslegung des Verlagsvertrags ableiten können. Im Ergebnis ebenso HOFFMANN VerlG § 29 Anm. 5 und BAPPERT-MAUNZ VerlG § 29 Anm. 6.

Ist dem Verleger das Verlagsrecht an sämtlichen Auflagen eingeräumt, so besteht das Verlagsverhältnis regelmäßig bis zum Ende der Schutzfrist weiter. Vertraglich kann jedoch die Laufzeit auch über die Schutzfrist hinaus ausgedehnt werden. Mit dem Ablauf der Schutzfrist endet dann zwar das Verlagsrecht, die schuldrechtlichen Beziehungen zwischen Verlaggeber und Verleger bestehen aber fort.

Ebenso ALLFELD VerlG § 29 Anm. 1 und BAPPERT-MAUNZ VerlG § 29 Anm. 7 f. Auch RGZ 79 S. 160 geht davon aus, daß das Verlagsverhältnis in der Regel mit dem Ablauf der Schutzfrist endet. HOFFMANN VerlG § 29 Anm. 2 will dagegen im Zweifel dem Ablauf der Schutzfrist keinen Einfluß auf den Fortbestand des Verlagsverhältnisses einräumen. Aber die Interessenlage ist, wenn das Werk gemeinfrei geworden ist und beliebig nachgedruckt werden kann, eine andere. Die Vereinbarungen über das Honorar, über die Enthaltungspflicht des Verlaggebers usf. sind im Zweifel nicht mehr angemessen. Richtig ist nur, daß eine Vereinbarung über den Fortbestand des Verlagsverhältnisses nach Ablauf der Schutzfrist möglich ist. Sie kann auch aus den Umständen entnommen werden, beispielsweise daraus, daß der Verlagsvertrag erst kurz vor Ablauf der Schutzfrist geschlossen wird. Die Rechtslage ist dann eine ähnliche wie bei Verlagsverträgen über ungeschützte Werke. Ob und wie lange noch eine Enthaltungspflicht des Verlaggebers besteht, muß aber aus Wortlaut und Sinn der Vereinbarung entnommen werden; eine entsprechende Anwendung des § 39 Abs. 3 VerlG wird im Zweifel dem Parteiwillen nicht gerecht.

2. Diese regelmäßige Laufzeit des Verlagsverhältnisses kann aber gestört und das Verlagsverhältnis abgebrochen werden. Die Aufhebung kann auf Vertrag beruhen. Unter bestimmten Voraussetzungen kann die Lösung auch durch einseitige Erklärung erfolgen.

Das VerlG sieht Rechte zur Aufhebung in einer Reihe von Fällen vor. Es spricht dabei bald von Kündigung, bald von Rücktritt. Die Begriffe sind aber nicht scharf voneinander geschieden; der Rücktritt hat, anders als im bürgerlichen Recht, nicht notwendig zur Folge, daß die erbrachten Leistungen zurückzuerstatten sind (unten II, 3). Auch werden die Regeln des VerlG durch die Bestimmungen über den Rückruf wegen Nichtausübung und wegen gewandelter Überzeugung sowie insbesondere durch den von der Rechtsprechung entwickelten Grundsatz ergänzt, daß bei einer Erschütterung des Vertrauensverhältnisses zwischen Verleger und Verfasser eine Kündigung wegen wichtigen Grundes möglich ist.

II. Die gesetzlichen Aufhebungsrechte, die dem Verfasser im Konkurs des Verlegers sowie im Falle nicht rechtzeitiger Veranstaltung einer neuen Auflage zustehen, sind bereits erörtert. Im übrigen sieht das VerlG Aufhebungsrechte einerseits bei Nichteinhaltung von Vertragspflichten, andererseits beim Wegfall der Geschäftsgrundlage vor.

1. Pflichten, deren Nichteinhaltung ein Rücktrittsrecht des anderen Teils auslöst, sind auf seiten des Verfassers die Pflicht, das Werk rechtzeitig und in vertragsmäßiger Beschaffenheit abzuliefern, auf seiten des Verlegers die Pflicht zu vertragsmäßiger Vervielfältigung und Verbreitung. Verschulden ist nicht erforderlich. Doch ist der Rücktritt regelmäßig erst zulässig, wenn eine Nachfrist gesetzt und die Ablehnung der Leistung nach vergeblichem Fristablauf angedroht ist. Nur wenn die Erfüllung unmöglich ist, wenn sie verweigert oder wenn der sofortige Rücktritt durch ein besonderes Interesse des Berechtigten gerechtfertigt wird, kann die Fristsetzung unterbleiben. Ausgeschlossen ist der Rücktritt, wenn die Nichteinhaltung der Pflicht für den anderen Teil nur einen unerheblichen Nachteil mit sich bringt. §§ 30—32 VerlG.

Lehrreich ist RGZ 110, 275: Der Verleger hatte, ohne die Zustimmung des Verfassers einzuholen, den Ladenpreis erhöht. Das RG sah darin mit Recht eine Verletzung der Pflicht zur vertragsmäßigen Verbreitung. Nach Lage des Falles war aber nicht anzunehmen, daß dem Verfasser aus der Pflichtverletzung ein erheblicher Nachteil erwachsen ist. Bei schuldhafter Pflichtverletzung kann der andere Teil nach den Regeln der §§ 325 und 326 BGB sowie der entsprechenden Regel des § 31 Abs. 2 VerlG nicht nur zurücktreten, sondern auch Schadensersatz wegen Nichterfüllung verlangen. Die Regeln des BGB sind auch bei Verletzung anderer als der in §§ 30—32 VerlG aufgeführten Pflichten anwendbar, insbesondere der Pflicht zur Honorarzahlung, sofern sie bei sinngemäßer Auslegung des Verlagsvertrags als eine Hauptpflicht anzusehen ist. Im Fall der Nichterfüllung der Rechtsverschaffungspflicht kann der Verlag den Verfasser grundsätzlich auch ohne Rücksicht auf Verschulden schadensersatzpflichtig machen; vgl. oben § 102 III.

2. Aufhebungsrechte bestehen ferner beim Wegfall der Geschäftsgrundlage. Es geht hier um die besondere verlagsrechtliche Ausprägung des Rechtsgedankens, daß den Parteien ein Lösungsrecht zusteht, wenn ihnen infolge einer wesentlichen Veränderung der Umstände, von denen sie beim Vertragsschluß ausgegangen sind, die Fortsetzung des Vertragsverhältnisses nach Treu und Glauben nicht mehr zugemutet werden kann. Mit einem solchen Rückgriff auf die clausula rebus sic stantibus ist zwar grundsätzlich Vorsicht geboten, da die Verlagstreue nicht ohne Not geopfert werden darf. Er ist jedoch gerade im Verlagsrecht nicht zu entbehren. Der Verlagsvertrag kann als Vertrag über die Herausgabe eines Geisteswerkes durch wesentliche Veränderung der Umstände stärker betroffen werden als andere Vertragsverhältnisse. Das VerlG sieht daher sowohl für den Verfasser wie für den Verleger Aufhebungsrechte vor.

a) Der Verfasser kann bis zum Beginn der Vervielfältigung vom Vertrag zurücktreten, wenn sich Umstände ergeben, die beim Vertragsschluß nicht vorauszusehen waren und die ihn bei Kenntnis der Sachlage und bei verständiger Würdigung des Falles von der Herausgabe des Werkes abgehalten hätten, § 35 Abs. 1 VerlG. Beispiele sind neuere Forschungsergebnisse, durch die sein Werk überholt wird, geschichtliche oder politische Wandlungen, die die Darstellung nicht mehr als zeitgemäß erscheinen lassen, u. U. auch ein Berufswechsel des Verfassers, aufgrund dessen ihm die Abfassung des Werkes nicht mehr zugemutet werden kann.

Zur Kasuistik vgl. BAPPERT-MAUNZ, VerlG § 35 Anm. 5 ff.; zur Frage der Vorhersehbarkeit RGZ 140 S. 273. Voraussetzung des Rücktritts ist, daß der Verfasser bei Kenntnis der Umstände von der Herausgabe des Werkes überhaupt Abstand genommen hätte. Es genügt nicht, daß er Anlaß zur Herausgabe in einem anderen Verlag gehabt hätte (RG in JW 1922, 1208).

Erklärt der Verfasser den Rücktritt, so ist er dem Verleger zum Aufwendungsersatz verpflichtet. Auch würde er wider Treu und Glauben verstoßen, wenn er nach dem Rücktritt das Werk anderweitig herausgeben würde. Nach dem Gesetz ist er ein Jahr lang gebunden: Bei anderweitiger Herausgabe innerhalb eines Jahres haftet er dem Verleger auf Schadensersatz wegen Nichterfüllung, wenn er ihm nicht zuvor die nachträgliche Ausführung des Verlagsverhältnisses angeboten hat und durch die Ablehnung des Angebots frei geworden ist. § 35 Abs. 2 VerlG.

b) Engere Grenzen als das Aufhebungsrecht des Verfassers hat dasjenige des Verlegers. Voraussetzung ist, daß der Zweck, dem das Werk dienen sollte, nach dem Abschluß des Vertrags wegfällt oder, wenn Gegenstand des Verlagsvertrags ein Beitrag zu einem Sammelwerk ist, daß die Vervielfältigung des Sammelwerkes unterbleibt. Liegen diese Voraussetzungen vor, so ist der Verleger zur Kündigung des Verlagsverhältnisses berechtigt. Er bleibt aber zur Zahlung der Vergütung verpflichtet. § 18 VerlG.

Wegfall des Zwecks liegt noch nicht vor, wenn sich die Aussichten auf den Absatz verringern und damit das Wagnis des Verlegers erhöht wird. Wohl aber fällt beispielsweise der Zweck einer Festschrift weg, wenn das Fest ausfällt, oder der Zweck eines Kommentars, wenn das Gesetz, um dessen Erläuterung es geht, aufgehoben wird. Die vereinbarte Vergütung ist, wenn der Verfasser das Werk ganz oder im wesentlichen vollendet hatte, in voller Höhe zu entrichten. Andernfalls muß sich aber der Verfasser in sinngemäßer Anwendung des § 649 BGB dasjenige anrechnen lassen, was er an Aufwendungen erspart oder was er durch anderweitige Verwendung seiner Arbeitskraft erwirbt oder zu erwerben böswillig unterläßt. Ebenso RIEZLER bei EHRENBERG S. 78; a. A. ALLFELD VerlG § 18 und BAPPERT-MAUNZ VerlG § 18 Anm. 8.

Über die Berufung des Verlegers auf den allgemeinen (aus § 242 BGB abgeleiteten) Rechtsgedanken des *Wegfalls der Geschäftsgrundlage* vgl. BGH in GRUR 1954, 131: sie kommt nicht in Frage, wenn eine Absatzkrisis eintritt, mit deren Möglichkeit zu rechnen war.

3. Kündigung und Rücktritt erfolgen durch Erklärung gegenüber dem anderen Vertragsteil. Formvorschriften bestehen nicht. Die Wirkungen des Rücktritts sind in §§ 37 f. VerlG einerseits durch Verweisung auf die Vorschriften des bürgerlichen Rechtes, andererseits durch verlagsrechtliche Sonderbestimmungen geregelt.

a) Wird der Rücktritt vor Ablieferung des Manuskripts erklärt, so löst er dieselben Wirkungen wie der Rücktritt des bürgerlichen Rechtes aus. Die Parteien sind verpflichtet, einander die empfangenen Leistungen zurückzugewähren. So hat der Verfasser das im voraus bezahlte Honorar, der Verleger einen etwaigen Druckkostenvorschuß zurückzuerstatten. Erfolgt freilich der Rücktritt wegen eines Umstandes, den der andere Teil nicht zu vertreten hat, so haftet dieser nur nach Bereicherungsgrundsätzen. § 37 VerlG.

b) Ist dagegen das Manuskript ganz oder teilweise abgeliefert, so gilt § 38 VerlG: Es hängt von den Umständen ab, ob der Vertrag teilweise aufrechterhalten bleibt. Im Zweifel bleibt er insoweit gültig, als er sich auf die nicht mehr zur Verfügung des Verlegers stehenden Abzüge, auf frühere Abteilungen des Werkes oder auf ältere Auflagen bezieht. Tritt beispielsweise der Verfasser nach Beendigung der Vervielfältigung zurück, so bleibt das Verlagsverhältnis bezüglich der bereits abgesetzten Exemplare in Kraft und der Verfasser kann einen diesem Absatz entsprechenden Teil der Vergütung verlangen. Im übrigen aber ist das Verlagsverhältnis erloschen. Der Verleger ist zu einer weiteren Verbreitung nicht mehr befugt. Er mag versuchen, die Bestände, über die er noch nicht verfügt hat, dem Verfasser oder dem neuen Verleger, an den sich der Verfasser wendet, zu verkaufen; andernfalls kann er sie nur als Makulatur verwenden.

Die Regeln des § 38 VerlG gelten im Zweifel auch dann, wenn der Rücktritt aufgrund eines vertraglichen Vorbehalts erfolgt oder der Vertrag in anderer Weise rückgängig gemacht wird (z. B. bei Eintritt einer auflösenden Bedingung oder bei vertraglicher Aufhebung). § 38 Abs. 1 Satz 2 und Abs. 4 VerlG.

III. Ergänzt werden die Regeln des VerlG durch die Vorschriften des UrhG über den Rückruf wegen Nichtausübung und wegen gewandelter Überzeugung.

1. Das Rückrufsrecht wegen Nichtausübung (§ 41 UrhG) tritt im Verlagsrecht an Bedeutung zurück, weil der Verleger kraft des Verlagsvertrags zur Vervielfältigung und Verbreitung verpflichtet ist. Der Verfasser kann daher, wenn der Verleger seiner Pflicht nicht rechtzeitig nachkommt, unter den Voraussetzungen der §§ 32 VerlG und 326 BGB, in der Regel nach fruchtlosem Ablauf einer von ihm gesetzten Nachfrist, vom Vertrag zurücktreten oder im Fall des Verschuldens des Verlegers Schadensersatz wegen Nichterfüllung verlangen. Anders als beim Rückruf wegen Nichtausübung, ist der Verfasser nicht auf die Einhaltung der in der Regel zweijährigen Wartefrist angewiesen; auch kommt eine Entschädigungspflicht nicht in Betracht.

Der Verfasser wird daher grundsätzlich den Rechtsbehelfen den Vorzug geben, die ihm wegen der Pflichtverletzung des Verlegers zustehen. Die Geltendmachung des Rückrufsrechts ist aber nicht ausgeschlossen. Auch kann der Rückruf, anders als der Rücktritt, im Fall der Übertragung der Verlegerrechte dem neuen Verleger auch dann erklärt werden, wenn dieser nicht für die Erfüllung der Verpflichtungen aus dem Verlagsvertrag haftet.

2. Was den Rückruf wegen gewandelter Überzeugung (§ 42 UrhG) betrifft, so ist zu unterscheiden:

a) Ein Rückruf, der vor Beginn der Vervielfältigung erklärt wird, ist mit dem Rücktritt verwandt, den der Verfasser gemäß § 35 VerlG bis zum Beginn der Vervielfältigung erklären kann, wenn sich Umstände ergeben, die bei Vertragsschluß nicht vorauszusehen waren und dem Verfasser bei Kenntnis der Sachlage und verständiger Würdigung des Falls von der Herausgabe des Werkes zurückgehalten hätten.

Die Rechtsfolgen der beiden Erklärungen sind zwar ähnlich, weichen aber im einzelnen voneinander ab: Beim Rücktritt wegen veränderter Umstände schuldet der Verfasser Aufwendungsersatz; beim Rücktritt wegen gewandelter Überzeugung hat er den Verleger angemessen zu entschädigen, mindestens aber seine Aufwendungen zu ersetzen. Der Rücktritt wird mit der Erklärung wirksam, der Rückruf erst, wenn der Verfasser die Aufwendungen des Verlegers ersetzt oder Sicherheit für den Aufwendungsersatz geleistet hat. Im Fall des Rückrufs ist der Verfasser gehalten, wenn er das Werk wieder verwerten will, seinem früheren Vertragspartner erneut den Verlag anzubieten; im Fall des Rücktritts kann er ohne erneutes Angebot an den alten Verleger bereits nach Ablauf eines Jahres das Werk anderweitig herausgeben.

Ein Unterschied in den Voraussetzungen der beiden Rechte besteht insofern, als die Wurzel des Rückrufs die Wandlung der Überzeugung des Verfassers, die Wurzel des Rücktritts dagegen die Veränderung der Umstände ist. Auf § 35 VerlG kann sich der Verfasser beispielsweise auch dann berufen, wenn sich die politischen Verhältnisse geändert haben, ohne daß sich seine Überzeugung gewandelt hat. Möglich ist aber, daß die Voraussetzungen beider Vorschriften vorliegen. Beispielsweise kann bei der Veröffentlichung neuer Forschungsergebnisse eine Veränderung der Umstände vorliegen; sie kann aber zugleich auch eine Wandlung der Überzeugung des Verfassers bedingen. In solchen Fällen kann der Verfasser nach der Regel des § 42 Abs. 5 in Verbindung mit § 41 Abs. 7 UrhG nach seiner Wahl einen der beiden Rechtsbehelfe geltend machen.

Fraglich kann freilich sein, in welcher Weise der Verfasser gegebenenfalls das ihm zustehende Wahlrecht ausübt. Ob er in seinem Schreiben an den Verleger von Rückruf oder von Rücktritt spricht, kann bei einem Verfasser, der urheberrechtlich nicht geschult ist, nicht entscheidend sein. Im Zweifel ist anzunehmen, daß er den ihm hinsichtlich der Rechtsfolgen günstigeren Rücktritt wegen veränderter Umstände erklärt.

b) Nach Beginn der Vervielfältigung kommt nur ein Rückruf wegen gewandelter Überzeugung in Frage. Das UrhG hat dabei eine Lücke des früheren Rechts geschlossen, auf die im Schrifttum wiederholt hingewiesen worden war: Der Verfasser bleibt nicht darauf beschränkt, seine ideellen Interessen gegebenenfalls dadurch zu wahren, daß er die Vervielfältigungsstücke zum Vorzugspreis ankauft. Er hat zwar, wenn er den Rückruf wegen gewandelter Überzeugung erklärt, den Verleger zu entschädigen. Die Entschädigung wird aber, insbesondere wenn die Vervielfältigung bei Erklärung des Rückrufs erst begonnen hat, wesentlich hinter den Kosten eines Ankaufs der Exemplare zurückbleiben.

IV. Die Möglichkeit der Kündigung des Verlagsverhältnisses wegen wichtigen Grundes beruht auf entsprechender Anwendung der bei Dienst- und Gesellschaftsverträgen geltenden Regeln (§§ 626, 723 BGB). Sie sind in ständiger Rechtsprechung auf andere Dauerschuldverhältnisse, die eine Vertrauensbeziehung zwischen den Vertragsparteien voraussetzen, insbesondere auch auf Verlagsverhältnisse, sinngemäß angewandt worden.

Vgl. aus der Rechtsprechung RGZ 65 S. 37 ff. und 78 S. 385 ff. (betr. langfristige Lieferverträge). Im Verlagsrecht wird der Grundsatz erstmals in RGZ 79 S. 156 ff. bei einem Vertrag erwähnt, in dem sich der Verleger ein Vorrecht an allen künftigen Werken des Verfassers ausbedungen hatte. Weitere Entscheidungen (RGZ 112, 188; 140, 275 und RG in UFITA 3 (1930) 634) betreffen Verlagsverträge, in denen dem Verleger das Recht auf sämtliche Auflagen eingeräumt wurde. Der BGH hat die Rechtsprechung in einer Reihe von Entscheidungen fortgeführt. Vgl. BGH in GRUR 1964, 326; 1970, 41 und 1977, 551.

Die Kündigung wegen wichtigen Grundes ergänzt die Aufhebungsrechte, die im VerlG und UrhG vorgesehen sind. Die Rechtsprechung geht dabei von der Regel aus, daß ein Verlagsvertrag, durch den ein Dauerschuldverhältnis begründet wird, vom Verfasser oder Verleger wegen wichtigen Grundes gekündigt werden kann, wenn ihm die Fortsetzung des Vertragsverhältnisses wegen einer Störung der Vertrauensgrundlage nicht mehr zuzumuten ist. Solche Lösungsmöglichkeit ist um so wichtiger, je langfristiger das Verlagsverhältnis ist. Insbesondere stellt für den Verfasser, der dem Verleger das Verlagsrecht an sämtlichen Auflagen einräumt, die Möglichkeit der Kündigung wegen wichtigen Grundes die notwendige Begrenzung der weitgehenden, von ihm übernommenen Bindung dar. Die Erschütterung des Vertrauensverhältnisses, die zur Kündigung berechtigt, kann auf wiederholten Pflichtverstößen, auf kränkendem Verhalten, auf einer Schädigung des Ansehens des anderen Teils usf. beruhen. Auch eine Gestaltung des Verlagsprogramms, die den Ruf des Verlags gefährdet, kann dazu führen, daß dem Verfasser die Fortsetzung des Verlagsverhältnisses nicht mehr zuzumuten ist. Verschulden des anderen Teils ist nicht erforderlich. Doch kann sich der kündigende Teil nicht auf eine von ihm selbst verschuldete Zuspitzung der persönlichen Beziehungen berufen (RGZ 112, 189).

Zur Beurteilung der Rechtslage im einzelnen vgl. BGH in GRUR 1977, 551 („Textdichteranmeldung"): Ein Musikverleger hatte sich bei der GEMA unter einem Pseudonym als Textdichter für nicht existierende Texte eines Musikwerks angemeldet. Der BGH sah mit Grund in diesem Verhalten eine Störung des Vertrauens auf die Rechtschaffenheit und Vertragstreue des Komponisten, angesichts derer dem Verfasser ein Festhalten nicht nur an dem Vertrag über das betreffende Werk, sondern auch an den sonstigen Verlagsverträgen, die er mit dem Verleger abgeschlossen hatte, nicht mehr zugemutet werden konnte.

V. Eine vorzeitige Beendigung des Verlagsverhältnisses kann auch durch Unmöglichkeit der Erfüllung eintreten.

1. Die Abfassung des Werkes kann durch den Tod oder durch dauernde Erkrankung des Verfassers unmöglich werden. In solchen Fällen unverschuldeter Unmöglichkeit wird der Verfasser oder sein Erbe unter Verlust des Anspruchs auf die Vergütung frei. Vorausbezahltes Honorar ist nach Bereicherungsgrundsätzen zurückzuerstatten. §§ 275, 323 BGB.

Diese Regeln gelten auch dann, wenn der Verfasser einen Teil des Werkes bereits hergestellt hat, ihm aber die Vollendung nicht mehr möglich ist. Hatte er jedoch das Manuskript über den hergestellten Teil dem Verleger bereits abgeliefert, so ist dieser berechtigt, den Vertrag in

Ansehung des abgelieferten Teils durch Erklärung gegenüber dem Verfasser oder seinen Erben aufrechtzuerhalten. Zur Ausübung dieses Rechtes kann ihm eine angemessene Frist gesetzt werden, mit deren vergeblichem Ablauf das Recht erlischt. § 34 VerlG.

Abweichende Vereinbarungen sind möglich und gegebenenfalls auch aus den Umständen zu erschließen. Ist zur Zeit des Todes des Verfassers das Werk in wesentlichen Teilen hergestellt, wenn auch noch nicht vollendet und abgeliefert, so kann es wider Treu und Glauben verstoßen, wenn der Erbe das Vertragsverhältnis als erloschen betrachtet und das Werk einem anderen Verleger anbietet. Umgekehrt kann es in solchem Fall auch Pflicht des Verlegers sein, den Vorschlägen des Erben entsprechend für die Vervollständigung zu sorgen und das Werk zu vervielfältigen und zu verbreiten. — De lege ferenda erscheint die Regelung des § 34 VerlG als zu starr. Auch das Urheberpersönlichkeitsrecht müßte berücksichtigt werden. Über die Reformbedürftigkeit vgl. HOFFMANN, Landesreferat S. 280.

2. Geht das Manuskript einschließlich etwa vorhandener Abschriften oder Durchschläge durch Zufall unter, nachdem es dem Verleger abgeliefert wurde oder nachdem er in Annahmeverzug geraten ist, so behält der Verfasser den Anspruch auf die Vergütung. Im übrigen werden aber beide Teile von der Verpflichtung zur Leistung frei. Kann jedoch der Verfasser aufgrund vorhandener Vorarbeiten oder sonstiger Unterlagen ohne besondere Mühe ein neues, im wesentlichen übereinstimmendes Exemplar liefern, so ist der Verleger berechtigt, diese Lieferung gegen Zahlung einer angemessenen Vergütung zu verlangen. Auch kann der Verfasser seinerseits sich zur kostenfreien Lieferung eines solchen Exemplars binnen angemessener Frist erbieten. Machen Verleger oder Verfasser von diesem Recht Gebrauch, so bleibt das Verlagsverhältnis in Kraft. § 33 VerlG.

Durch Untergang des Manuskripts vor Ablieferung an den Verleger wird das Verlagsverhältnis nicht beendet. Wohl aber kann es erlöschen, wenn der Verfasser zur nochmaligen Niederschrift nicht mehr in der Lage ist oder wenn der Verleger nach Fristsetzung gemäß § 30 VerlG zurücktritt. — Geht das Werk nach Ablieferung des Manuskripts durch Verschulden des Verlegers unter, so kann der Verfasser Schadensersatz verlangen.

§ 111. Der Verlag von Sammelwerken, insbesondere Zeitungs- und Zeitschriftenverlag

I. Die Sondervorschriften des VerlG und UrhG über den Verlag von Sammelwerken betreffen nur die Verträge, die über die einzelnen Beiträge geschlossen werden. Dagegen schweigt das Gesetz über das Vertragsverhältnis zwischen Verleger und Herausgeber, den im Rechtsleben sog. Herausgebervertrag. Er ist ein gemischter Vertrag. In der Regel verbinden sich Elemente des Dienst- oder Werkvertrags mit solchen des Verlagsvertrags oder eines sonstigen Urheberrechtsvertrags. Im einzelnen ist die Gestaltung verschieden. Unter anderem kommt es darauf an, ob das Sammelwerk als Unternehmen dem Herausgeber oder dem Verleger gehört (oben § 29 III 2). Auch macht es einen Unterschied, ob der Herausgeber Angestellter des Verlegers oder ob er freiberuflich tätig ist.

1. Der Verleger leitet sein Recht zur Vervielfältigung und Verbreitung nicht nur aus dem Urheberrecht der Beiträger, sondern auch aus dem Urheberrecht ab, das dem Herausgeber des Sammelwerkes zusteht. Der Herausgebervertrag ist daher Urheberrechtsvertrag.

Er kann Verlagsvertrag sein. Voraussetzung dafür ist, daß der Verleger die Vervielfältigung und Verbreitung für eigene Rechnung übernimmt. Kommissionsverträge, bei denen der Kommittent Gewinn und Verlust trägt, während der Verleger eine Kommissionsgebühr erhält — sie kommen im Rechtsleben insbesondere bei Zeitschriften vor, die im Auftrag von Instituten oder Verbänden herausgegeben werden —, begründen kein Verlagsverhältnis.

Voraussetzung für ein Verlagsverhältnis ist ferner, daß sich der Verleger dem Herausgeber gegenüber zur Vervielfältigung und Verbreitung verpflichtet. So liegt es in der Regel, wenn der Herausgeber Herr des Unternehmens ist. Aber auch wenn das Unternehmen dem Verleger gehört, wird er einem freiberuflichen Herausgeber, beispielsweise dem Herausgeber einer wissenschaftlichen Zeitschrift gegenüber, meist die Pflicht zur Vervielfältigung und Verbreitung übernehmen. Der Herausgebervertrag weist dann verlagsrechtliche Elemente auf. Beigemischt sind aber Züge eines Dienst- oder Werkvertrags, der eine Geschäftsbesorgung zum Gegenstand hat: Der Herausgeber verpflichtet sich, über die Ablieferung des Werkes hinaus, zu Geschäften mannigfacher Art; beim Abschluß der Verlagsverträge mit den Beiträgern handelt er meist im Auftrag und im Namen des Verlegers. Die Vergütung, die er erhält, pflegt neben dem Honorar auch das Entgelt für die Geschäftsbesorgung einzuschließen.

Über Herausgeberverträge, bei denen sich verlagsrechtliche Elemente mit solchen eines Dienst- oder Werkvertrages mischen, der eine Geschäftsbesorgung zum Gegenstand hat, vgl. RGZ 115, 358 und BGH in GRUR 1954, 129 ff. sowie Runge UR S. 595 ff. In der Frage, ob die Regeln über den Dienst- oder den Werkvertrag anzuwenden sind, unterscheidet Runge zwischen dem angestellten und dem freiberuflichen Herausgeber. In Wahrheit kann aber auch das Vertragsverhältnis der freiberuflichen Herausgeber ein Dienstvertrag sein. Dies ist insbesondere bei Verträgen über periodische Sammelwerke der Fall, die den Herausgeber zur laufenden Sorge und Tätigkeit für das Sammelwerk verpflichten. — Im Rechtsleben begegnet vielfach eine Mehrheit von Herausgebern. Ihre Beziehung zum Verleger wird durch den Herausgebervertrag geregelt. Ihr Verhältnis zueinander kann ein gesellschaftsrechtliches sein (RGZ 115, 362).

2. Ist der Herausgeber im Unternehmen des Verlegers angestellt, so liegt der Schwerpunkt auf dem Arbeitsverhältnis. Auch in diesem Fall entsteht aber das Urheberrecht am Sammelwerk in der Person des Herausgebers. Das Recht zur Vervielfältigung und Verbreitung wird dem Verleger im Zweifel durch den Arbeitsvertrag eingeräumt, ohne daß der Verleger eine Pflicht zur Vervielfältigung und Verbreitung übernimmt. Ausdrückliche Vereinbarungen über den Umfang der Rechtseinräumung können in Tarifverträgen oder

Anstellungsverträgen getroffen werden. Üblich sind solche Vereinbarungen insbesondere mit den von Zeitungsverlegern angestellten Schriftleitern; auch werden in ihnen Richtlinien über die grundsätzliche Haltung der Zeitung vereinbart, in deren Rahmen dem Schriftleiter aber die erforderliche Selbständigkeit verbleibt.

3. In den Herausgeberverträgen sind vielfach Bestimmungen über die mit den Beiträgern abzuschließenden Verträge enthalten. Insbesondere kann die vom Verleger für die einzelnen Beiträge zu entrichtende Vergütung festgelegt werden. Dadurch wird das Dienstverhältnis zwischen Verleger und Herausgeber näher bestimmt. Der Herausgeber darf namens des Verlegers keine höhere als die festgelegte Vergütung bewilligen. Zugleich erscheinen aber solche Vereinbarungen als Normenverträge, in denen der Inhalt einer Vielheit von künftig abzuschließenden Verträgen festgelegt wird. Inhalt der Einzelverträge werden die vereinbarten Normen dadurch, daß auf sie bei ihrem Abschluß Bezug genommen wird. Die Bezugnahme ist häufig eine stillschweigende. Mangels abweichender Vereinbarung gelten für die Verträge mit den Beiträgern die für das Sammelwerk üblichen, sinngemäß also die in der Vereinbarung zwischen Herausgeber und Verleger festgelegten Sätze.

II. Die Verträge über die einzelnen Beiträge werden von den Beiträgern meist mit dem Verleger geschlossen. Der Herausgeber handelt dabei als Vertreter des Verlegers. Andere Gestaltungen sind möglich. Vertragspartner der Beiträger können der Herausgeber oder, bei Sammelwerken, die im Auftrag von Vereinigungen oder öffentlichen Körperschaften herausgegeben werden, die Vereinigung bzw. Körperschaft sein. Sie erwerben von den Beiträgern das Recht zur Vervielfältigung und Verbreitung, das sie auf den Verleger übertragen.

Für den Inhalt der Verträge werden die allgemeinen Regeln des VerlG durch Sondervorschriften ergänzt. Ein Teil dieser Vorschriften ist im Zug der Urheberrechtsreform in neuer Fassung in § 38 UrhG übernommen worden, wobei die Regeln über Beiträge zu periodischen Sammlungen eine Änderung erfahren haben.

Die Neuregelung im Rahmen des UrhG bedingt, daß § 38 UrhG in seinem Anwendungsbereich, über denjenigen des VerlG hinaus, nicht nur für literarische oder musikalische Beiträge zu Sammlungen, sondern auch für Beiträge von Urhebern anderer Werke, insbesondere von Werken der bildenden Künste, gilt. Auch trägt die Fassung des § 38 UrhG dem Umstand Rechnung, daß der Vertrag über die Aufnahme des Beitrags in eine Sammlung vom Urheber nicht nur mit dem Verleger, sondern auch mit dem Herausgeber geschlossen werden kann; entsprechend anwendbar ist die Regel auch in den Fällen, in denen die Verträge mit Vereinigungen oder Körperschaften geschlossen werden, in deren Vertretung die Herausgeber handeln. Terminologisch spricht § 38 UrhG, anders als die einschlägigen Regeln des VerlG, nicht von Sammelwerken, verwendet vielmehr den weiteren Begriff der Sammlung, der keine individuelle Leistung bei Auslese oder Anordnung der Beiträge erfordert. Der Sache nach liegt aber darin kein Unterschied, weil anzunehmen ist, daß auch die Regeln des VerlG sinngemäß auf Beiträge zu Sammlungen, die keine

Sammelwerke sind, Anwendung finden. In der Darstellung folgen wir der Terminologie des VerlG, gehen dabei aber von der entsprechenden Anwendung auf Verträge über Beiträge zu Sammlungen aus, die keine Sammelwerke sind, sowie auf Verträge, die mit dem Herausgeber oder einem anderen Vertragspartner geschlossen werden.

Gemeinsam gilt für die Verträge über Beiträge zu Sammelwerken, daß der Verleger, unbeschadet seiner Verpflichtung zur Entrichtung der Vergütung, das Verlagsverhältnis kündigen kann, wenn die Vervielfältigung des Sammelwerkes unterbleibt. Auch kann er, wenn von dem Sammelwerk neue Abzüge hergestellt werden, von der Aufnahme einzelner Beiträge im Einverständnis mit dem Herausgeber absehen. §§ 18 Abs. 2, 19 VerlG.

Im übrigen ist zwischen Beiträgen zu periodischen und nichtperiodischen Sammelwerken zu unterscheiden:

1. Bei nichtperiodischen Sammelwerken wird der Verleger zur Vervielfältigung und Verbreitung nicht nur berechtigt, sondern auch verpflichtet. Der Vertrag ist Verlagsvertrag. Mit der Ablieferung des Manuskripts erwirbt der Verleger das Verlagsrecht und hat sich der Verfasser anderweitiger Vervielfältigung und Verbreitung zu enthalten. Wird freilich der Beitrag ohne Vergütung überlassen, wie es in der Praxis beispielsweise bei Festschriften die Regel ist, so erlöschen das ausschließliche Recht des Verlegers und die Enthaltungspflicht des Urhebers binnen Jahresfrist seit Erscheinen der Sammlung. § 38 Abs. 2 UrhG.

2. Bei Beiträgen zu periodischen Sammelwerken gelten die Sonderregeln der §§ 38 UrhG und 43 ff. VerlG.

a) Bei Überlassung der Beiträge an eine Zeitung erwirbt der Verleger im Zweifel nur ein einfaches Nutzungsrecht. Eine abweichende Vereinbarung ist möglich. Der Urheber kann dem Zeitungsverleger ein ausschließliches Nutzungsrecht einräumen. Im Zweifel erlischt aber das ausschließliche Recht bereits beim Erscheinen des Beitrags: Der Urheber ist mangels anderer Vereinbarung berechtigt, den Beitrag sogleich nach dem Erscheinen anderweitig zu vervielfältigen und zu verbreiten. § 38 Abs. 3 UrhG.

Auch für sonstige periodische Sammelwerke, wie Zeitschriften, Kalender, Almanache und Jahrbücher, hatte das VerlG vorgesehen, daß der Verleger im Zweifel nur ein einfaches Recht an den Beiträgen erwirbt. In der Praxis wurde aber meist die Einräumung eines ausschließlichen Rechts vereinbart. Dem trägt die Neuregelung Rechnung: Der Verleger erwirbt im Zweifel das ausschließliche Recht zur Vervielfältigung und Verbreitung. Ebenso wie bei Beiträgen zu nichtperiodischen Sammelwerken, die nicht honoriert werden, ist aber die Einräumung des ausschließlichen Rechts nur eine kurzfristige: Der Urheber darf das Werk nach Ablauf eines Jahres seit Erscheinen anderweitig vervielfältigen und verbreiten. § 38 Abs. 1 UrhG.

b) Eine Verpflichtung des Verlegers zur Vervielfältigung und Verbreitung besteht nach gesetzlicher Regel nur, wenn er dem Verfasser den Zeitpunkt, in dem der Beitrag erscheinen soll, bezeichnet hat. Die Bezeichnung des Zeitpunktes kann insbesondere dadurch erfolgen, daß die Nummer der Zeitung oder das Heft der Zeitschrift angegeben wird. Gleichgültig ist, ob die Bestimmung bei Annahme des Beitrags oder später erfolgt. Ist kein Zeitpunkt angegeben, so hat der Verleger zwar die vereinbarte Vergütung zu entrichten. Er bestimmt aber frei darüber, ob und in welcher Nummer er den Beitrag aufnimmt. § 45 Abs. 2 VerlG.

Das Gesetz trägt, indem es die Pflicht zur Vervielfältigung und Verbreitung ausschließt, den Schwierigkeiten Rechnung, die der Schriftleitung in dem „Kampf um den Raum" erwachsen. Möglich ist freilich, daß eine abweichende Vereinbarung getroffen wird. Sie kann sich auch nach Lage der Umstände aus stillschweigender Vereinbarung ergeben. Insbesondere wird ein Verfasser, der mit der Abfassung eines Beitrags beauftragt wurde, zumeist den Abdruck verlangen können. Auch ist bei angesehenen Zeitschriften, gutem Brauch entsprechend, anzunehmen, daß die Annahme des Beitrags auch zu seiner Vervielfältigung und Verbreitung verpflichtet; der Abdruck hat dann im nächstmöglichen Heft der Zeitschrift zu erfolgen.

c) Das Interesse des Verfassers, daß sein *Beitrag in dem periodischen Sammelwerk nicht zu spät erscheint,* wird durch § 45 Abs. 1 VerlG geschützt. Er kann den Vertrag kündigen, wenn der Beitrag nicht innerhalb eines Jahres nach der Ablieferung veröffentlicht wird; sein Anspruch auf die Vergütung bleibt unberührt. Der Verfasser kann dadurch nicht nur die Veröffentlichung seines ihm nunmehr überholt erscheinenden Beitrags verhindern; er kann sich vielmehr, falls er dem Verleger das ausschließliche Recht eingeräumt hatte, durch die Kündigung auch die Möglichkeit zu anderweitiger Veröffentlichung verschaffen. — Im übrigen kann, wenn sich die Auflage des Beitrags verzögert, dem Verleger aus Treu und Glauben die Verpflichtung erwachsen, der Veröffentlichung einen Vermerk über den Zeitpunkt der Ablieferung des Beitrags beizufügen; KG in GRUR 1918 S. 128.

d) *Weitere Sondervorschriften für periodische Sammelwerke* enthalten die §§ 43, 44, 46 VerlG. Die Stellung des Verlegers ist eine freiere. Die Zahl der Abzüge ist dem Verleger anheim gegeben. Soll der Beitrag ohne Namen des Verfassers erscheinen, so ist der Verleger zu den bei entsprechenden Sammelwerken üblichen Änderungen befugt. Der Verfasser hat keinen Anspruch auf Korrekturabzüge und keinen Anspruch auf Überlassung von Abzügen zum Vorzugspreis. Bei Zeitungen entfällt auch der Anspruch auf Freiexemplare bzw. Sonderabzüge.

IV. Sonstige Nutzungsverträge

§ 112. Überblick. Pauschverträge und Einzelverträge

Der Verlagsvertrag ist, jedenfalls in seiner typischen Gestaltung, urheberrechtlicher Nutzungsvertrag. Für andere Nutzungsverträge fehlt eine gesetzliche Sonderregelung. Bei ihrer rechtlichen Beurteilung ist zwischen Pauschverträgen zu unterscheiden, die die Verwertungsgesellschaften über die Nutzung der zu ihrem Repertoire gehörenden Rechte abschließen, und Verträgen, die von den Urhebern, ihren Rechtsnachfolgern oder von Inhabern von Nutzungsrechten über die Nutzung einzelner Werke abgeschlossen werden.

I. Nutzungsverträge, die von Verwertungsgesellschaften über die Gesamtheit des von ihnen verwalteten Repertoires geschlossen werden, begegneten in der Rechtsentwicklung zuerst im Bereich der Musik. Heute werden sie, dem Beispiel der GEMA folgend, auch von anderen Verwertungsgesellschaften abgeschlossen.

1. Wichtige Arten der Pauschverträge, die die GEMA mit Musikveranstaltern schließt, sind die Aufführungs- und Sendeverträge. Sie haben die sogenannten kleinen Rechte an Werken der Musik mit oder ohne Text zum Gegenstand; vgl. oben § 97 I 4.

Die von der GEMA eingeräumten Aufführungs- und Senderechte sind einfache Nutzungsrechte. Für die Berechnung der Vergütung sind bei Aufführungsverträgen u. a. Merkmale wie die Zeitdauer der Veranstaltung, die Größe des Veranstaltungsraums, die Ortsklasse und die Höhe des Eintrittsgeldes maßgebend. Nach der Veranstaltung hat der Veranstalter der Verwertungsgesellschaft eine Aufstellung über die bei der Veranstaltung benutzten Werke zu übersenden; § 16 Abs. 2 WahrnG.

Mit den Aufführungsverträgen verwandt sind die Verträge, die die GEMA über die öffentliche Wiedergabe von Musikwerken mit oder ohne Text in Gastwirtschaften, Tanzlokalen usw. abschließt, die mittels Tonträgern oder durch Wiedergabe von Rundfunksendungen erfolgt. In diesen Fällen entfällt aber die Verpflichtung des Veranstalters zur Übersendung einer Aufstellung über die benutzten Werke. Anhaltspunkte für die Beurteilung der Einnahmen ergeben sich aus den Rundfunkprogrammen und dem Schallplattenumsatz.

Pauschverträge werden von der GEMA auch mit Herstellern von Tonträgern, insbesondere Schallplattenherstellern, sowie mit Herstellern von Bild- und Tonträgern über die mechanische Vervielfältigung der Musikwerke und die Verbreitung der Exemplare geschlossen. Die Hersteller werden verpflichtet, der GEMA Belege und Aufstellungen zur Verfügung zu stellen, aus denen sich die Werke, die zur Herstellung benutzt werden, der Verkaufspreis der Exemplare und der Umsatz ergeben. Als Vergütung ist ein Prozentsatz des Verkaufspreises zu entrichten.

2. Auch die Verwertungsgesellschaft Wort schließt entsprechende Pauschverträge ab. Sie nimmt zwar keine Senderechte wahr,[1] wohl aber das Recht zur öffentlichen Wiedergabe der Sendung, das Recht zur öffentlichten Wiedergabe mittels Bild- und Tonträgern, sowie die Rechte zur Herstellung von mehr als einzelnen Vervielfältigungsstücken, insbesondere Fotokopien zum eigenen Gebrauch. Auch vergibt sie aufgrund der ihr im Wahrnehmungsvertrag eingeräumten Berechtigung das Recht

[1] Über eine Ausnahme vgl. oben S. 412 Fußn. 1.

zum öffentlichen Vortrag erschienener Werke; der Urheber bleibt jedoch befugt, sofern er die Verwertungsgesellschaft benachrichtigt, den Vortrag selbst zu halten oder anderen die Zustimmung zum Vortrag zu erteilen.

Auch die Verwertungsgesellschaft Bild-Kunst schließt Pauschverträge über die von ihr wahrgenommenen Rechte ab. Sie befindet sich dabei aber noch in der Aufbauphase. Pauschverträge mit Sendeunternehmen sind noch nicht abgeschlossen worden.

II. Von Pauschverträgen unterscheiden sich die Nutzungsverträge, die, ebenso wie Verlagsverträge, über einzelne Werke abgeschlossen werden. Von Verwertungsgesellschaften werden sie in Fällen abgeschlossen, in denen die Veranstalter nur die Wiedergabe einzelner Werke beabsichtigen. Im übrigen kommen als typische Verträge, die über einzelne Werke abgeschlossen werden, insbesondere die Bühnenaufführungsverträge, die Sendeverträge, die nicht von Verwertungsgesellschaften abgeschlossen werden, die Verträge im Filmwesen und die Verträge über Werke der bildenden Künste in Betracht. Sie sind Gegenstand der folgenden Darstellung.

§ 113. Bühnenaufführungsverträge

I. Die Bühnenaufführungsverträge werden zum Teil von den Urhebern selbst, meist aber von den Bühnenverlagen, die ihre Rechte wahrnehmen, mit den Bühnenunternehmen als Individualverträge über einzelne Werke abgeschlossen.

Im älteren Schrifttum wurde wiederholt die Unterordnung der Bühnenaufführungsverträge, ebenso wie der Aufführungsverträge über Musikwerke, unter die vom BGB geregelten Typen schuldrechtlicher Verträge versucht. U. a. hat RIEZLER, UR, S. 384, die Aufführungsverträge als Pachtverträge gedeutet. Das RG hat in RGZ 115, 17 die Frage unter dem steuerrechtlichen Gesichtspunkt geprüft, ob der Stempel für Pachtverträge zu entrichten ist, hat sie aber für Bühnenaufführungsverträge, bei denen das Theaterunternehmen zur Aufführung verpflichtet ist, verneint. In BGHZ 13, 119 werden die Aufführungsverträge als Nutzungsverträge eigener Art gedeutet, die, je nach Sachlage, im Einzelfall Elemente aus verschiedenen Vertragstypen, wie dem Pacht-, Gesellschafts- oder Werkvertrag, enthalten können. Eine Verwandtschaft mit Verlagsverträgen besteht bei Bühnenaufführungsverträgen, die — der Regel entsprechend — eine Aufführungspflicht des Bühnenunternehmens begründen; die Verschiedenartigkeit der Ausübungspflicht schließt aber eine entsprechende Anwendung der einzelnen Regeln des VerlG aus.

II. Mangels einer gesetzlichen Regelung des Bühnenaufführungsvertrags war es für die Vertragsgestaltung von Wert, daß sich die Verbände der Vertragspartner über die Regeln geeinigt haben, die den Einzelverträgen zugrunde zu legen sind. Der frühere, zuletzt 1933 zwischen dem Deutschen Bühnenverein und den Verbänden der Autoren und Verleger abgeschlossene Gesamtvertrag enthielt allgemeine Bestimmungen für den Geschäftsverkehr zwischen Bühnenunternehmen und Werkberechtigten sowie ein Vertragsmuster für Bühnenaufführungsverträge und sah darüber hinaus vor, daß Rechtsstreitigkeiten aus den Aufführungsverträgen vor den Bühnenschiedsgerichten ausgetragen werden sollen; als Berufungsinstanz konnte das Bühnenoberschiedsgericht in Berlin angerufen werden.

In der Nachkriegszeit hat das Vertragswerk mit der Auflösung der vertragschließenden Parteien seine Gültigkeit verloren. Der Versuch eines neuen Abschlusses, der 1965 gemacht wurde, scheiterte an der Beanstandung durch das BKartA. In der Praxis ging aber die Rechtsprechung davon aus, daß jedenfalls Teile des Vertragswerkes weiterhin als Bühnenbrauch anzusehen sind (BGHZ 13, 121). Auch verständigten sich Bühnenverlage und Bühnenunternehmen 1976 über eine Regelsammlung, in der die der Übung entsprechenden Regeln einschließlich von Vergütungsregeln in näherer Formulierung festgelegt sind. Die Bühnenschiedsgerichtsbarkeit wurde nicht wieder aufgebaut.

III. Das Aufführungsrecht wird den Bühnenunternehmen in der Regel unter räumlicher Beschränkung bewilligt. Es kann als einfaches oder ausschließliches Recht eingeräumt werden. Auch wird im Aufführungsvertrag die Laufzeit des Vertrags und damit die in Betracht kommende Spieldauer bestimmt.

Besondere Arten der Bewilligung sind die Bewilligung des Rechts zur Uraufführung, zur Erstaufführung eines fremdsprachlichen Werkes in deutscher Sprache und einer regional bestimmten Erstaufführung. Rechtlich gesehen handelt es sich dabei um schuldrechtliche Vereinbarungen: Sie begründen die Verpflichtung des Werkberechtigten, anderen Bühnenunternehmern keine Aufführungen zu gestatten, die veranstaltet werden, bevor die Uraufführung oder die Erstaufführung stattgefunden hat.

Eine Weiterübertragung des Aufführungsrechts ist ohne besondere Vereinbarung nur im Rahmen der Veräußerung des Bühnenunternehmens zulässig; im übrigen bedarf sie der Zustimmung der Werkberechtigten, die freilich nicht ohne wichtigen Grund versagt werden darf. § 34 Abs. 1 und 3 UrhG. Die Sendung der Aufführung darf das Bühnenunternehmen nur mit Zustimmung der Werkberechtigten gestatten.

Schuldrechtlich gesehen ist der Werkberechtigte, wie bei anderen Nutzungsverträgen, zur Rechtsverschaffung verpflichtet: Er steht dafür ein, daß durch die Aufführung keine Rechte Dritter verletzt werden. Auch enthalten die Aufführungsverträge meist Vereinbarungen über die Überlassung des Materials (Textbuch, Rollen-, Stimmen- und Notenmaterial). Insbesondere ist bei musikdramatischen Werken die mietweise Überlassung, für die die sogenannte Materialleihgebühr zu entrichten ist, wirtschaftlich gesehen, von erheblicher Bedeutung.

IV. Das Bühnenunternehmen wird in der Regel zur Aufführung nicht nur berechtigt, sondern auch verpflichtet.

1. Das Bühnenunternehmen ist, wie es in der Regelsammlung heißt, verpflichtet, die Aufführung angemessen vorzubereiten und das Werk angemessen im Spielplan auszunutzen.

Die Verpflichtung zur angemessenen Ausnutzung ist nach den Umständen des Einzelfalls zu beurteilen. Für die Zahl der Wiederholungen fällt dabei auch der Erfolg der Aufführung ins Gewicht. Vgl. dazu den Schiedsspruch des Bühnenoberschiedsgerichts in UFITA 10 (1937) 203. — Darüber hinaus wird in der Regelsammlung die Pflicht des Bühnenunternehmens durch weitere Regeln näher bestimmt. Insbesondere ist dem Urheber, dem Verlag oder deren Vertretern die Teilnahme an den Proben zu ermöglichen. Der Termin der ersten Aufführung ist mitzuteilen. Auch sind dem Urheber und dem Verlag Plätze zu jeder Aufführung unentgeltlich zur Verfügung zu stellen. Die Aufführungen sind rechtzeitig in der dafür geeigneten Form anzukündigen. Im Programmheft und Theaterzettel ist das Werk unter Nennung der Urheber zu bezeichnen.

2. Änderungen des Werkes sind insoweit zulässig, als der Werkberechtigte seine Einwilligung nach Treu und Glauben nicht versagen kann. Weitergehende Änderungen bedürfen besonderer Vereinbarung, für die in der Regelsammlung Schriftform vorgesehen wird. Jedenfalls ist das Urheberpersönlichkeitsrecht in seinem Kern zu wahren.

Vgl. dazu und über die besonderen Probleme, die sich aus der Modernisierungstendenz der Regisseure ergeben, oben § 41 II 3.

V. Für die Urhebervergütung sind in der Regelsammlung Richtsätze vorgesehen: Staats- und Stadttheater und sonstige von der öffentlichen Hand unmittelbar oder mittelbar getragene Bühnen zahlen grundsätzlich die Vergütung in Form einer Urheberabgabe pro Besucher und Vorstellung. Privattheater zahlen als Vergütung in der Regel von den Roheinnahmen der Aufführung einen Urheberanteil von 10%.

Einzelbestimmungen sind in den Anlagen zur Regelsammlung enthalten: Operntheater der öffentlichen Hand sind in acht Gruppen, Schauspieltheater der öffentlichen Hand in sieben Gruppen eingeteilt, für die jeweils die Höhe der Vergütung bestimmt wird, die pro Besucher und Vorstellung zu bezahlen ist. Mindestens beträgt die Vergütung 12% und höchstens 18% der Roheinnahmen. Sie ermäßigt sich u. a. bei urheberrechtlich geschützten Übersetzungen und sonstigen Bearbeitungen gemeinfreier Werke sowie bei Werkverbindungen, bei denen nur noch *ein* Werk urheberrechtlichen Schutz genießt. Entsprechende Ermäßigungen sind für den Urheberanteil vorgesehen, der von den Privattheatern zu entrichten ist.

§ 114. Sendeverträge

Hillig, Das Urhebervertragsrecht des Fernsehens und Hörfunks, in: UFITA 73 (1975) 107 ff.; H. Hübner und E. Ulmer, Fernstudium im Medienverbund (1972); Ulmer, Urhebervertragsrecht (1977); Zum Thema Kassettenfernsehen (Sammlung von Referaten), hrsg. vom Westdeutschen Rundfunk (1971).

I. Sendeverträge sind Verträge, die die Urheber, ihre Rechtsnachfolger oder die Inhaber abgeleiteter Rechte mit Sendeunternehmen über die Nutzung geschützter Werke zu Sendezwecken schließen.

1. Den Verträgen mit Sendeunternehmen stehen dabei die Verträge mit Unternehmen gleich, die nicht Sendeunternehmen sind, die sich aber ihrerseits von den Rechtsinhabern die Benutzung der Werke zur Herstellung von Sendeprogrammen bewilligen und das Senderecht zur Übertra-

gung an Sendeunternehmen einräumen lassen. In Betracht kommen dabei insbesondere Verträge mit Produzenten, die im Auftrag von Sendeunternehmen Sendeprogramme herstellen.

Die ARD-Anstalten vergeben Aufträge in der Regel an anstaltsverbundene Produzenten, das ZDF an freie Produzenten. Seltener sind Fälle, in denen Produzenten von Wiedergabevorrichtungen aus eigener Initiative Sendeprogramme herstellen und das Produktionsrisiko übernehmen. Praktisch bedeutsamer ist die Produktion von Sendeprogrammen im Auftrag Dritter, darunter die Herstellung von sog. Fernsehspots, die zum Zweck wirtschaftlicher oder politischer Werbung im Auftrag von Unternehmen oder politischen Parteien erfolgt. In den Verträgen über die Herstellung von Kinofilmen, insbesondere Spielfilmen, wird zumeist vereinbart, daß die Filme auch für Sendezwecke verwendet werden können; vgl. darüber unten § 115 IV.

Zur Vereinfachung der Terminologie sprechen wir im folgenden von den Verträgen mit Sendeunternehmen. Sinngemäß gelten aber die Ausführungen auch für Verträge mit anderen Unternehmen, die Sendeprogramme herstellen und sich das Senderecht zur Übertragung an Sendeunternehmen einräumen lassen.

2. Vertragspartner der Sendeunternehmen sind die Urheber, ihre Rechtsnachfolger oder Inhaber von Nutzungsrechten, die das Senderecht vertraglich von ihnen erworben haben.

Im Bereich der Musik ist es hinsichtlich der kleinen Rechte die GEMA, die die Verträge mit den Sendeunternehmen als Pauschalverträge über die Werke des von ihr verwalteten Repertoires schließt. Das Senderecht an Bühnenwerken erwerben die Sendeunternehmen zumeist durch Verträge mit den Bühnenverlagen; die üblichen Vertragsbedingungen sind in den Regelsammlungen Bühnenverlag / Rundfunk- Fernsehen sowie Bühnenverlag / Rundfunk-Hörfunk zusammengestellt, über deren Fassung sich die Bühnenverlage mit den Rundfunkanstalten verständigt haben.[1] Die Senderechte an belletristischer Literatur liegen in der Regel in der Hand von Buchverlagen, die sich das Senderecht von den Verfassern als Nebenrechte einräumen lassen.

Soweit die Verträge mit den Urhebern selbst abgeschlossen werden, ist zwischen Verträgen mit angestellten und mit rechtlich selbständigen Urhebern, insbesondere den freien Mitarbeitern der Sendeunternehmen, zu unterscheiden. Mit angestellten Urhebern, beispielsweise Redakteuren, Reportern und Dramaturgen, werden urheberrechtliche Vereinbarungen in Tarifverträgen oder Arbeitsverträgen getroffen. Den Verträgen mit den selbständigen Urhebern werden die Honorarbedingungen der Sendeunternehmen zugrunde gelegt. Die Bedingungen der einzelnen Sendeunternehmen weichen dabei zwar in ihrem Aufbau und in einzel-

---

[1] Abgedruckt sind die Regelsammlungen bei SCHULZE, Urhebervertragsrecht, S. 438 ff.

nen Regeln voneinander ab, stimmen aber in ihrem wesentlichen Gehalt miteinander überein.

3. Die Werke, die Gegenstand der Sendeverträge sind, sind z. T. vorbestehende Werke, z. T. Werke, die für die Zwecke des Sendeunternehmens geschaffen werden. Bei den vorbestehenden Verlagswerken unterscheidet man zwischen den sog. Zeilenhonorarverträgen, die über die Lesung von Gedichten, kleineren Werken oder Ausschnitten von Werken geschlossen werden, und Verträgen über Stoffrechte, wie Rechte an Romanen, Novellen u. dgl., bei denen eine Umgießung in die für die Sendung geeignete Form erforderlich ist. Sendeverträge werden in diesen Fällen sowohl mit den Inhabern der Rechte an den Originalwerken wie mit den Bearbeitern geschlossen. Auch sonst sind Sendeverträge mit Bearbeitern wie Übersetzern, Arrangeuren usw. häufig. Zu den Verträgen mit freien Mitarbeitern gehören insbesondere die Verträge über Auftragswerke, die für die Zwecke der Sendung herzustellen sind.

In den Honorarbedingungen der Rundfunkanstalten wird meist zwischen Verträgen mit Urhebern und Verträgen mit Mitwirkenden unterschieden. Zu den Mitwirkenden werden dabei insbesondere Regisseure, Dirigenten, Musiker, Darsteller, Kameraleute und Cutter gerechnet. Die Begriffe weichen dabei im einzelnen von den urheberrechtlichen Begriffen ab: Rechtlich gesehen sind die Regisseure bei Fernsehwerken, die im Rechtssinn Filmwerke sind, in der Regel zu den Urhebern zu rechnen; u. a. können auch Kameraleute und Cutter Urheber sein.

II. Als gesetzliche Bestimmungen kommen für die Sendeverträge neben den allgemeinen Regeln des bürgerlichen Rechts die Regeln des UrhG über die Einräumung von Nutzungsrechten zur Anwendung sowie für Verträge über die Nutzung von Werken zu Fernsehsendungen die Sonderregeln des UrhG über Verfilmungsverträge.

Fernsehwerke sind Filmwerke; vgl. oben § 27 II 2. Auf die Verträge, die Sendeunternehmen mit Urhebern über die Nutzung der Werke zur Herstellung und Verwertung von Fernsehwerken schließen, finden daher die Vermutungen der §§ 88 und 89 UrhG über den Umfang der Rechtseinräumung Anwendung. Hat die Fernsehsendung kein Fernsehwerk zum Gegenstand, erfolgt beispielsweise aufgrund einer Fernsehaufzeichnung die Sendung eines Bühnenwerks, das im Theater aufgeführt wird, so findet aufgrund der Vorschriften über Laufbilder (§ 95 UhrG) die Vermutung des § 88 UrhG Anwendung. Die weitgehende Vermutung, die § 88 UhrG für die Einräumung von Nutzungsrechten vorsieht, erweist sich freilich für Sendeverträge nicht in gleicher Weise als angemessen wie für Verträge über Kinofilme. In der Praxis treten an ihre Stelle zumeist ausdrückliche Vereinbarungen über die Rechtseinräumung, die auf der Grundlage von allgemeinen Vertragsbedingungen, von Vertragsmustern oder in Tarifverträgen getroffen werden; auch kann sich aus sinngemäßer Auslegung der Sendeverträge ein Ausschluß von Vermutungen ergeben. Vgl. darüber unten § 115 II 2.

De lege ferenda plant, wie bereits erwähnt wurde, das Bundesjustizministerium eine Sonderregelung des Rechts der Sendeverträge, die einer umfassenderen Regelung des Urhebervertragsrechts vorausgehen soll. Der Plan erklärt sich aus der besonderen Bedeutung, die heute im

Urheberrechtsverkehr den Sendeverträgen zukommt. Rechtspolitisch gesehen gilt es dabei einen Interessenausgleich zu finden, bei dem sowohl die besondere Verantwortung der Sendeunternehmen für die von ihnen ausgestrahlten Programme wie die berechtigten Anliegen der Urheber als der im Zweifel schwächeren Vertragspartner berücksichtigt werden. Was die Urheber betrifft, so geht es insbesondere um die Stärkung der Rechtsposition der freien Mitarbeiter, deren Verträgen die von den Sendeunternehmen einseitig formulierten Honorarbedingungen zugrunde gelegt werden.

Vgl. dazu das von mir im Auftrag des Bundesjustizministeriums erstattete Gutachten zum Urhebervertragsrecht, insbesondere zum Recht der Sendeverträge (1977 unter dem Titel „Urhebervertragsrecht" erschienen). Die Kritik an den Honorarbedingungen der Rundfunkanstalten richtet sich gegen die Art der Abfassung, die für urheberrechtlich nicht geschulte Autoren schwer verständlich ist, und den dadurch bedingten Mangel an Transparenz sowie gegen die Unbilligkeit einzelner Vertragsklauseln. In einem urheberrechtlichen Mißbrauchsverfahren, das von 1971 bis 1974 gegen das ZDF geschwebt hat, haben einige Klauseln der Honorarbedingungen Anlaß zu Beanstandungen durch das BKartA gegeben, die eine Änderung der Honorarbedingungen veranlaßt haben. Eine Stärkung hat im übrigen die Vertragsposition der Urheber durch die auf der Novelle von 1974 beruhende Bestimmung des § 12 a TVG erfahren, die den Abschluß von Tarifverträgen auch mit Wirkung für arbeitnehmerähnliche Urheber ermöglicht; vgl. oben § 91 II 1. Im ganzen zeichnet sich schon heute im Zeichen der Reformbestrebungen die Tendenz zu einer die Interessen der Urheber stärker berücksichtigenden Fassung der Honorarbedingungen ab, wie sie beispielsweise in der Neufassung der Honorarbedingungen des Süddeutschen Rundfunks erfolgt ist.

III. Die Einräumung der Nutzungsrechte in Sendeverträgen bleibt in der Regel auf die Einräumung von Rechten zu Rundfunkzwecken beschränkt.

Der Begriff der Verwertung zu Rundfunkzwecken findet sich auch in der Vertragspraxis. Insbesondere heißt es in der Regel in den Honorarbedingungen der Rundfunkanstalten, daß die Bewilligung der Rechte, wenn nichts anderes vereinbart ist, nur zu Rundfunkzwecken erfolgt. Bei der näheren Bestimmung des Begriffs der Verwertung zu Rundfunkzwecken finden sich freilich im einzelnen Abweichungen.

1. Einräumung der Rechte zu Rundfunkzwecken ist dem Wesen der Sendeverträge entsprechend, in erster Linie die Einräumung des Senderechts. Umfang und Zeitdauer des Senderechts werden dabei im Sendevertrag näher bestimmt.

Die Berechtigung des Sendeunternehmens kann auf die einmalige Ausstrahlung über seine Sendeanlagen beschränkt werden. Das Sendeunternehmen kann aber auch zu Wiederholungssendungen sowie dazu berechtigt werden, die Übernahme der Sendung durch andere Sendeunternehmen zu gestatten.

Übernahme einer Sendung ist sowohl die unmittelbare Anschlußsendung wie die Sendung, die aufgrund eines Mitschnitts, der Überlassung der Wiedergabevorrichtungen oder der Zuleitung der Programme, durch Kabel, Richtstrahl oder Satelliten erfolgt. Eine besondere Art der Überlassung der Wiedergabevorrichtungen ist die Überlassung an einen Transkriptionsdienst zum Zweck der Verwertung durch andere Sendeunternehmen. Im Bereich des Fernsehens ist es dabei in der Bundesrepublik Deutschland die TransTelGesellschaft, die den Transkriptionsdienst mit Bildprogrammen für außereuropäische, insbesondere in Entwicklungsländern gelegene Rundfunkstationen durchführt.

Die vertragliche Vereinbarung entscheidet ferner über den räumlichen Umfang und die Zeitdauer des Senderechts sowie darüber, ob das Senderecht als einfaches oder ausschließliches Recht eingeräumt wird. Die Einräumung des ausschließlichen Rechts entspricht dem berechtigten Interesse der Sendeunternehmen u. a. in Fällen, in denen die Werke, wie beispielsweise Hörspiele und Fernsehspiele, im Auftrag des Sendeunternehmens geschaffen werden und mit dem Honorar auch die Ausarbeitung des Werkes vergütet wird. Bei Fernsehsendungen fallen auch die hohen Produktionskosten dafür ins Gewicht, daß den Sendeunternehmen das ausschließliche Recht eingeräumt wird.

Auch die Honorarbedingungen für den Hörfunk sehen in der Regel die Einräumung des ausschließlichen Rechts vor. Doch finden sich Ausnahmen. Beispielsweise heißt es in den Bedingungen des Bayerischen Rundfunks, daß der Urheber berechtigt ist, nach der Erstsendung über sein Werk zugunsten anderer Rundfunkanstalten frei zu verfügen, ohne daß dadurch die der Anstalt eingeräumten Sende- und sonstigen Verwertungsrechte berührt werden. Das zunächst eingeräumte ausschließliche Recht verwandelt sich, mit anderen Worten, nach der Erstsendung in ein einfaches Recht.

Der Vertragsfreiheit bleibt damit ein weiter Spielraum. Eine bedenkliche Beschränkung der Verwertungsmöglichkeit der Urheber liegt freilich vor, wenn in den Honorarbedingungen der Rundfunkanstalten für die rechtlich selbständigen Urheber vorgesehen wird, daß den Sendeunternehmen das zeitlich unbeschränkte ausschließliche Recht eingeräumt wird. De lege feranda sollte daher der Einräumung des ausschließlichen Rechts eine zeitliche Grenze gesetzt werden.

Die unbefristete Bewilligung des Senderechts verliert naturgemäß mit Ablauf der Zeit ihre praktische Bedeutung. Für das Anliegen des Sendeunternehmens, zwecks zeitgeschichtlicher Darstellungen oder aus besonderem Anlaß auf ältere Sendeprogramme zurückgreifen zu können, genügt es daher, daß das Senderecht nach Ablauf einer bestimmten Zeit als einfaches Recht fortbesteht.

2. Einräumung der Rechte zu Rundfunkzwecken ist ferner die Einräumung des Rechts zur Herstellung, Vervielfältigung und Verbreitung von Wiedergabevorrichtungen (Bild- und Tonträgern), die zu Zwecken der Sendung erfolgt. § 55 UrhG gestattet den zur Sendung berechtigten Unternehmen kraft Gesetzes die „ephemere“ Aufnahme der Werke auf Wiedergabevorrichtungen (vgl. oben § 53 V). Die Sendeunternehmen sind aber in der Regel an einer längeren Verwertungsmöglichkeit und an der Archivierung interessiert und lassen sich daher die dazu erforderlichen Rechte vertraglich ausdrücklich einräumen.

3. Darüber hinaus sind als Bestimmungen über Verwertung zu Rundfunkzwecken auch die in Sendeverträgen üblichen Vertragsklauseln anzusehen, die die Benutzung der Bild- und Tonträger zur nicht funkmäßigen öffentlichen Wiedergabe gestatten, sofern sie im Interesse des Rundfunks erfolgt. Einschlägige Fälle sind die Wiedergabe auf Messen, Ausstellungen, Festivals usw., die als Leistungsschau über die Produktion der Sendeunternehmen dienen, sowie die Wiedergabe für Prüf-, Lehr- oder Forschungszwecke des Rundfunks. Auch kommt als Verwertung zu Rundfunkzwecken die graphische Vervielfältigung der Werke in Betracht, die der Vorbereitung der Sendung, der Unterrichtung der Mitarbeiter und Mitglieder der Organe der Sendeunternehmen oder der Inhaltsangabe zu Informations- und Werbezwecken dient.

4. Im Rahmen der Vereinbarungen über die Verwertung zu Rundfunkzwecken pflegen auch Vereinbarungen über Übersetzungen oder andere Bearbeitungen sowie über Änderungen des Werkes getroffen zu werden. In ihren Honorarbedingungen sehen die Sendeunternehmen ausdrücklich vor, daß sie zu Bearbeitungen und Änderungen berechtigt werden. Bei Werken, die nicht zu Sendezwecken geschaffen wurden, beispielsweise bei Romanen oder Erzählungen, ist eine Umgießung in die für die Sendung geeignete Form, insbesondere beim Fernsehen in die audiovisuelle Form, erforderlich und damit meist eine weitgehende Umgestaltung. Unverzichtbar bleibt aber der Kern des Urheberpersönlichkeitsrechts; insbesondere ist die geistige und künstlerische Eigenart des Werkes zu wahren.

IV. Weitergehende Vereinbarungen über die Einräumung von Nutzungsrechten sind möglich. Die Nutzungsarten, auf die sich das Recht der Sendeunternehmen erstrecken soll, müssen dann aber, auch in Verträgen mit angestellten Urhebern, nach der Regel des § 31 Abs. 5 UrhG im Sendevertrag oder in einer späteren Vereinbarung einzeln bezeichnet werden.

1. Praktisch von besonderer Bedeutung ist die Frage, ob im Sendevertrag vereinbart werden kann, daß die Bild- und Tonträger auch für Kinofilme, Schallplatten und Videogramme verwertet werden dürfen. Viel erörtert wurde im neueren Schrifttum insbesondere die Frage der Verwertung der Fernsehproduktionen zur Herstellung und zur Verbreitung von Videogrammen. Urheberrechtlich gesehen ist jedenfalls eine ausdrückliche Vereinbarung erforderlich. Bei den Sendeunternehmen, die Anstalten des öffentlichen Rechts sind, geht es aber darüber hinaus auch um die öffentlich-rechtliche Frage, ob durch solche Verwertungsarten der Funktionsbereich der Anstalten überschritten wird. Bei ihrer Beantwortung ist m. E. davon auszugehen, daß die Weiterverwertung unter dem Gesichtspunkt der Randnutzung des Verwaltungsvermögens rechtlich zulässig ist. Die Verwertung unterliegt aber einer doppelten Begrenzung: Zulässig ist nur eine Verwertung der zu Sendezwecken hergestellten Wiedergabevorrichtungen, nicht aber eine Verwertung der Werke zur Vornahme einer Neuproduktion. Auch liegt es außerhalb des Funktionsbereichs der Rundfunkanstalten, selbst die Herstellung und den Vertrieb zu übernehmen. Es geht nur um die Möglichkeit, daß die Rundfunkanstalten Verträge über die Verwertung der Wiedergabevorrichtungen mit Produzenten von Videogrammen, Herstellern von Schallplatten und Filmherstellern oder -verleihern schließen.

Über die Verwertung der Fernsehproduktion zur Herstellung von Videogrammen vgl. die bereits oben (§ 84 III) erwähnte Entscheidung des BGH in GRUR 1974, 786 („Anneliese Rothenberger"): Bei einem Vertrag, der seinem Zweck nach auf die Herstellung eines Fernsehfilms gerichtet ist, bedarf es einer ausdrücklichen Bestimmung darüber, daß die Wiedergabevorrichtungen auch zur Verwertung in Form von Videogrammen verwendet werden können. Zu der öffentlich-rechtlichen Frage nach dem Funktionsbereich der Rundfunkanstalten vgl. HERRMANN, in Zum Thema Kassettenfernsehen, S. 15 ff.; SCHARF, Film u. Recht 1972, 278 und IPSEN, in DÖV 1974, 721 ff.

2. In der Praxis der Vertragsgestaltung hat sich weitgehend der Gedanke durchgesetzt, daß an dem Erlös aus der Verwertung, die nicht zu Rundfunkzwecken erfolgt, die Urheber angemessen zu beteiligen sind. Im Verhältnis zu ihren Arbeitnehmern pflegen die Sendeunternehmen eine Beteiligung nicht nur der Urheber, sondern auch der sonstigen an der Produktion Mitwirkenden vorzunehmen.

In den Verträgen mit den Arbeitnehmern, insbesondere auch in den in neuerer Zeit abgeschlossenen Tarifverträgen, wird zumeist vereinbart, daß an den Erlösen nicht nur die an den einzelnen Sendungen beteiligten Urheber und Mitwirkenden, sondern ein „Kollektiv" der an den Produktionen des Sendeunternehmens mitwirkenden Personen beteiligt wird. Man spricht dabei vom „kleinen Kollektiv" im Gegensatz zum „großen Kollektiv", bei dem sämtliche Arbeitnehmer des Sendeunternehmens beteiligt werden; vgl. dazu ULMER, Urhebervertragsrecht, S. 103 f.

V. Zur Einräumung der im Sendevertrag vorgesehenen Nutzungsrechte sind die Urheber und die sonstigen Rechtsinhaber dem Sendeunternehmen gegenüber verpflichtet. In der Regel erfolgt die Einräumung der Rechte im Sendevertrag selbst. Die Verpflichtung bleibt aber insofern von Bedeutung, als die Vertragspartner des Sendeunternehmens für den Bestand der Rechte, die sie dem Sendeunternehmen einräumen, einzustehen haben.

Aufgrund der *Gewährleistungspflicht* haftet der Urheber oder sonstige Vertragspartner dem Sendeunternehmen dafür, daß weder Urheberrechte noch sonstige Rechte Dritter verletzt werden. Ist freilich dem Urheber seitens des Sendeunternehmens der Auftrag zur Bearbeitung der Werke von Dritten erteilt worden, so ist es grundsätzlich Sache des Sendeunternehmens, die Zustimmung der Berechtigten einzuholen. — Angesichts der Gefahr des Eingriffs in das Persönlichkeitsrecht Dritter wird in den Sendeverträgen zumeist vereinbart, daß der Urheber verpflichtet ist, das Sendeunternehmen auf Anspielungen oder Bezugnahmen auf Personen oder Ereignisse hinzuweisen, die möglicherweise zu einer Beanstandung führen könnten. Das Risiko der Verwertung liegt dann beim Sendeunternehmen.

VI. Ein besonderer Typus der Sendeverträge sind die Verträge über Auftragswerke. Die Urheber räumen den Sendeunternehmen das Recht für die Sendung von Werken ein, zu deren Ausarbeitung sie sich verpflichten. In Betracht kommen u. a. Verträge über Hörspiele und Fernsehspiele, über Lehr- und Unterrichtsmaterial für ein Fernstudium sowie über Zeichnungen und andere Werke der bildenden Künste, die für Fernsehsendungen bestimmt sind.

Verträge über Auftragswerke werden in der Regel mit freien Mitarbeitern geschlossen. Rechtlich gesehen verbindet sich bei ihnen der Typus des Werkvertrags mit dem Typus des urheberrechtlichen Nutzungsvertrags. Der Urheber ist nach den Regeln, die für Werkverträge gelten, zur Herstellung, das Sendeunternehmen zur Abnahme des Werkes verpflichtet. Die Vertragslage ist eine ähnliche wie bei Verlagsverträgen, die über erst zu schaffende Werke geschlossen werden: Das Sendeunternehmen kann die Abnahme ablehnen, wenn das Werk nicht von vertragsmäßiger Beschaffenheit ist.

Abweichend heißt es freilich meist in den Honorarbedingungen der Rundfunkanstalten, daß die Anstalten „nach eigenem Ermessen“ oder „nach eigenem billigen Ermessen“ über die Abnahme entscheiden; im Fall der Ablehnung soll der Urheber anstelle des Honorars eine Entschädigung erhalten. Zur Begründung berufen sich die Anstalten auf ihre besondere Verantwortung für die ausgestrahlten Programme, aufgrund derer sie berechtigt seien, strengere Maßstäbe anzulegen als die Verleger. Jedenfalls darf aber die Ablehnung nicht willkürlich erfolgen. Den auf das eigene Ermessen abstellenden Vertragsklauseln, insbesondere in vorformulierten Bedingungen, ist daher die rechtliche Anerkennung insoweit zu versagen, als die Ablehnung nicht durch sachliche Gründe gerechtfertigt ist. In der Regel ist die Abnahme geboten, wenn das Werk den Anforderungen genügt, die das Sendeunternehmen billigerweise stellen kann, insbesondere den vereinbarten Richtlinien entspricht. Auch ist einem Urheber, wenn die Behebung von Mängeln möglich ist, vor einer endgültigen Ablehnung Gelegenheit zur Vornahme von Änderungen zu geben. Aus der Rechtsprechung vgl. BGH in GRUR 1971, 270 ff. Dem Sendeunternehmen wurde in dem Urteil nach Lage des Falls zwar die Entscheidung darüber zugebilligt, ob das Werk „sendefertig“ ist; dabei wurde aber rechtlich nicht zwischen der Abnahmepflicht und der Sendepflicht unterschieden.

VII. Unter den Pflichten der Sendeunternehmen ist zu unterscheiden:

1. Die Pflicht zur Sendung schließen die Sendeunternehmen in den von ihnen abgeschlossenen Verträgen grundsätzlich aus. Sie behalten sich die Entscheidung darüber vor, ob und zu welchem Zeitpunkt die Werke, an denen ihnen das Senderecht eingeräumt wurde, zur Herstellung und Ausstrahlung des Sendeprogramms verwertet werden sollen.

Die Praxis der Vertragsgestaltung weicht damit von den Regeln ab, die für Verlagsverträge und Bühnenaufführungsverträge gelten, entspricht aber der Praxis bei Verfilmungsverträgen; vgl. unten § 115 VI. Zur Begründung machen die Rundfunkanstalten geltend, daß sich für die Programmgestaltung Umstände ergeben können, die bei Abschluß des Sendevertrags nicht vorauszusehen waren. Die Nichtausübung des Senderechts kann freilich eine Härte für die Urheber, insbesondere für die Urheber von Werken bedeuten, die im Auftrag des Rundfunks hergestellt und angesichts der vertragsmäßigen Beschaffenheit abgenommen wurden. Jedenfalls ist eine abweichende Vereinbarung möglich. Auch kann sich m. E. in besonderen Fällen die Sendepflicht in Abweichung von der vorformulierten Vertragsklausel aus Treu und Glauben ergeben.

Angesichts des Ausschlusses der Sendepflicht ist es von besonderer Bedeutung, daß dem Urheber im Fall der Einräumung ausschließlicher Senderechte unter der Voraussetzung des § 41 UrhG das Rückrufsrecht wegen Nichtausübung zusteht. Bedenklich ist freilich die Vertragsklausel, die sich zumeist in den Honorarbedingungen findet, daß der Urheber bei Ausübung des Rückrufsrechts das Honorar ganz oder teilweise zurückerstatten muß. Im Zweifel hat er von dem Honorar gelebt. De lege ferenda sollte daher vorgesehen werden, daß ihm das bereits bezahlte Honorar sowie die bereits fälligen Ansprüche auf Honorierung verbleiben.

2. Hauptpflicht des Sendeunternehmens ist die Pflicht zur Zahlung der im Sendevertrag vereinbarten Vergütung. Dabei geht es u. a. um die Frage, ob die Urheber mit einem Pauschbetrag abgefunden werden oder ob zusätzlich zur Honorierung für die Erstsendung Vergütungen für Wiederholungs- und Übernahmesendungen zu zahlen sind. In den Honorarbedingungen der Rundfunkanstalten für freie Mitarbeiter sind Regeln für beide Vertragstypen vorgesehen. Beim Abschluß der Verträge mit den Urhebern gehen die Sendeunternehmen von einem Honorarrahmen aus, in dem unter Zugrundelegung bestimmter Merkmale Richtlinien für die Höhe der Vergütung und für den Typus der Honorarbedingungen vorgesehen sind.

Der Gedanke, daß dem Urheber eine Honorierung entsprechend dem Umfang der Verwertung seines Werkes gebührt, spricht grundsätzlich für eine besondere Vergütung von Wiederholungs- und Übernahmesendungen. Die Verträge, die die Sendeunternehmen mit Verwertungsgesellschaften, Bühnenvertrieben und Verlagen schließen, sichern in der Regel ein entsprechendes Ergebnis. Bei den Verträgen, die mit freien Mitarbeitern geschlossen werden, fällt aber der Unterschied zwischen den Arten der Autorenleistungen ins Gewicht; bei kleineren Beiträgen wie Überarbeitungen, Beiwerken u. dgl. kann eine pauschale Vergütung angemessen sein. Wünschenswert ist aber eine Mitsprache der Urheberverbände bei der Festlegung der Honorarsätze. Ein Fortschritt in dieser Richtung ist es, daß § 12a TVG jedenfalls den Abschluß von Tarifverträgen mit arbeitnehmerähnlichen Mitarbeitern ermöglicht. Bei angestellten Mitarbeitern ist in der Regel davon auszugehen, daß sie für die Verwertung der im Arbeitsverhältnis geschaffenen Werke, die zu Rundfunkzwecken erfolgt, mit den festen Bezügen abgefunden werden, die ihnen aufgrund von Tarif- oder Arbeitsverträgen zustehen.

3. Als *Nebenpflichten* der Sendeunternehmen kommen Pflichten zur Interessenwahrnehmung und Benachrichtigung der Urheber in Betracht. U. a. sind die Sendeunternehmen dazu verpflichtet, die Rechte, die ihnen gegen unbefugte Weitersendungen zustehen, auch im Interesse der Urheber geltend zu machen. Von Übernahmesendungen, bei denen die Zahlung der Vergütung dem übernehmenden Sendeunternehmen obliegt, sind die Urheber zu benachrichtigen; vgl. darüber ULMER, Urhebervertragsrecht, S. 143 f.

§ 115. Verfilmungsverträge

Schrifttum s. oben § 27.

I. Ihrem Wesen nach urheberrechtliche Nutzungsverträge sind auch die Verträge, die Filmhersteller mit Urhebern, ihren Rechtsnachfolgern und Inhabern abgeleiteter Rechte über die Herstellung und Verwertung von Filmwerken schließen. Es sind Verträge über die zur Herstellung benutzten Werke, zu denen das UrhG neben Romanen, Bühnenwerken usw. auch die Werke rechnet, die, wie Drehbücher, Filmmusik, Zeichnungen und andere Werke der bildenden Künste, für die Zwecke des

Filmwerkes geschaffen werden, sowie Verträge mit den Filmurhebern, insbesondere dem Regisseur des Filmwerkes.

In der Praxis spricht man vom Filmmanuskriptvertrag, Filmdrehbuchvertrag und Verfilmungsvertrag, vgl. die Vertragsmuster bei SCHULZE, Urhebervertragsrecht, S. 345 ff., sowie BERTHOLD-v. HARTLIEB, S. 49 ff. Rechtlich besteht dabei ein Unterschied zwischen Verträgen über bereits geschaffene Werke und Verträgen über Werke, die für die Zwecke des Films erst herzustellen sind. Bei letzteren verbindet sich der urheberrechtliche Nutzungsvertrag in der Regel mit einem Werkvertrag. Bei Verträgen über schöpferische Leistungen, die bei der Filmherstellung erbracht werden, liegt in der Regel eine Verbindung von Dienstvertrag und urheberrechtlichem Nutzungsvertrag vor. In der Folge sprechen wir einheitlich vom Verfilmungsvertrag, wobei wir den Begriff als Oberbegriff verstehen, der die verschiedenen Arten der urheberrechtlichen Nutzungsverträge umfaßt, die mit den Filmherstellern geschlossen werden. Für Filmschaffende, die in einem Arbeitsverhältnis mit dem Filmhersteller stehen, sind die Tarifverträge von Bedeutung, die von der Rundfunk-Fernseh-Film-Union mit Verbänden von Film- und Fernsehproduzenten geschlossen werden; vgl. über den Tarifvertrag von 1979 NEUFELDT in Film und Recht 1980, 127 ff.

Bei Filmen, die keine Filmwerke sind, den sogenannten Laufbildern, kommen keine Verträge über Werke, die zum Zweck der Verfilmung geschaffen werden, und über schöpferische Leistungen bei der Filmherstellung in Betracht. Wohl aber können in Laufbildern vorbestehende Werke, die nicht zu Filmzwecken geschaffen wurden, wiedergegeben werden, wie es beispielsweise bei Fernsehaufzeichnungen von Theater- und Opernaufführungen der Fall ist.

In dieser Beschränkung ist daher auch bei Laufbildern der Filmhersteller auf den Abschluß von Verfilmungsverträgen mit den Urhebern angewiesen. Gemäß § 95 UrhG finden auf diese Verträge die Regeln des § 88 UrhG betreffend die Vermutungen für die Rechtseinräumungen sowie die Regeln der §§ 90 und 93 UrhG betreffend die Verfügung über die eingeräumten Rechte und die Beschränkungen des Urheberpersönlichkeitsrechts entsprechende Anwendung. Im folgenden gehen wir von den Verträgen aus, die die Hersteller von Filmwerken mit Urhebern schließen; die entsprechende Anwendung der genannten Vorschriften auf Laufbilder ist dabei im Auge zu behalten.

II. Das UrhG sieht in §§ 88 und 89 Regeln über Verfilmungsverträge vor, die den Verwertungsinteressen der Filmhersteller durch weitgehende Vermutungen über die Einräumung von Nutzungsrechten Rechnung tragen. Sie sind in ihren Grundlinien bereits oben (§ 36 III) dargestellt worden, bedürfen aber noch näherer Erläuterung.

Bei den Verfilmungsverträgen mit Urhebern der benutzten Werke wird gemäß § 88 UrhG vermutet, daß die Urheber dem Filmhersteller bestimmte ausschließliche Nutzungsrechte einräumen.

1. Vermutet wird die Einräumung ausschließlicher Nutzungsrechte zur Herstellung, Vervielfältigung und Verbreitung des Filmwerkes. Die Vermutung schließt auch das Recht ein, das Werk unter Bearbeitung oder Umgestaltung zur Herstellung des Filmwerkes zu benutzen; § 88 Abs. 1 Nr. 1 und 2 UrhG.

Grenzen für die Bearbeitung und Umgestaltung ergeben sich aus dem Urheberpersönlichkeitsrecht, das freilich durch die Regel des § 93 UrhG abgeschwächt wird. Vgl. darüber oben § 36 III 2.

2. Dem Unterschied zwischen Vorführfilmen, insbesondere Kinofilmen, und Fernsehfilmen, wird durch die Bestimmungen des § 88 Abs. 1 Nr. 3 und 4 UrhG Rechnung getragen, daß bei Filmwerken, die zur Vorführung bestimmt sind, dem Hersteller im Zweifel das ausschließliche Vorführungsrecht, bei Filmwerken, die zur Sendung bestimmt sind, das ausschließliche Senderecht eingeräumt wird.

Bei Vorführfilmen ist demgemäß im Zweifel anzunehmen, daß der Hersteller zur beliebig häufigen Vorführung des Films berechtigt wird. Bei Sendefilmen ist es dagegen nicht selbstverständlich, daß die Urheber dem Sendeunternehmen das Recht nicht nur zur einmaligen Sendung, sondern auch zu Wiederholungssendungen sowie dazu einräumen, anderen Sendeunternehmen die Übernahme der Sendung zu gestatten. Solche weitgehende Einräumung ist zwar die Regel bei Sendeverträgen, die mit angestellten Urhebern geschlossen werden. Mit rechtlich selbständigen Urhebern und Verlegern werden zumeist ausdrückliche Bestimmungen über Wiederholungssendungen und Anschlußsendungen getroffen. Mangels solcher Vereinbarung kann sich der Ausschluß der Vermutung für Wiederholungs- und Weitersendungen unter Berücksichtigung typischer Sachverhalte aus den Umständen ergeben.

Die vom Gesetz vermutete Einräumung der Vorführungs- und Senderechte kann daran scheitern, daß die Rechte einer Verwertungsgesellschaft vorwegübertragen wurden. In der Praxis ist dies in der Regel bei den Rechten der Komponisten und Textdichter der Fall, die vor Abschluß des Verfilmungsvertrags an die GEMA übertragen wurden.

Aufgrund der Vorwegübertragung ist daher zur Wiedergabe der Musik, die im Rahmen der Vorführung oder der Sendung des Filmwerkes erfolgt, die Zustimmung der GEMA erforderlich. Praktisch sind es Tantiemenansprüche, die die GEMA aufgrund ihrer mit den Veranstaltern abgeschlossenen Pauschverträge geltend macht. Anders als die Komponisten und die mit ihnen verbundenen Textdichter, haben sonstige Autoren, insbesondere die Wortautoren, solche Ansprüche nicht durchzusetzen vermocht. Die Verwertungsgesellschaft Wort läßt sich zwar in dem Wahrnehmungsvertrag, den sie mit den Wortautoren schließt, auch das Filmvorführungsrecht übertragen, macht aber — jedenfalls vorläufig — davon keinen Gebrauch.

Die Rechtslage bei der Wiedergabe mittels Videogrammen ist vom Gesetzgeber noch nicht berücksichtigt worden. Die Videogramme sind m. E. als Filme, die ähnlich wie Schallplatten zur Veräußerung an die Allgemeinheit bestimmt sind, nicht zu den Vorführfilmen zu rechnen. Das Recht zur öffentlichen Wiedergabe verbleibt daher, sofern nichts anderes vereinbart ist, den Urhebern der zu ihrer Herstellung benutzten Werke.

Die Interessenlage bei Videogrammen entspricht derjenigen bei Phonogrammen. Wie bei diesen ist nicht zu vermuten, daß das Recht zur öffentlichen Wiedergabe auf den Hersteller übertragen wird. Das Recht verbleibt im Zweifel den Urhebern, die es zweckmäßigerweise einer Verwertungsgesellschaft zur Wahrnehmung übertragen. Vgl. ULMER, Urhebervertragsrecht, S. 52.

3. Soweit dem Filmhersteller ausschließliche Nutzungsrechte eingeräumt sind, ist er im Zweifel auch dazu berechtigt, Übersetzungen und andere filmische Bearbeitungen oder Umgestaltungen des Filmwerkes in gleichem Umfang wie dieses zu verwerten; § 88 Abs. 1 Nr. 5 UrhG. Dabei bleibt aber die Grenze zu beachten, die sich aus dem Urheberpersönlichkeitsrecht ergibt.

Eine Einschränkung erfahren die Rechtseinräumungen durch die Regel des § 88 Abs. 2 UrhG: Eine Wiederverfilmung ist dem Hersteller im Zweifel nicht gestattet. Auch ist der Urheber im Zweifel berechtigt, sein Werk nach Ablauf von 10 Jahren nach Vertragsschluß anderweit filmisch zu verwerten; dem Filmhersteller verbleibt jedoch das einfache Recht zur weiteren Verwertung des von ihm hergestellten Filmwerkes.

Der Ausschluß des Rechts zur Wiederverfilmung, den das Gesetz vorsieht, bleibt auf den positiven Kern des Nutzungsrechts beschränkt: Der Filmhersteller darf selbst keine Wiederverfilmung vornehmen; anderen kann er aber im Interesse der Auswertung des Filmwerkes die Wiederverfilmung untersagen. Das Verbotsrecht endet jedoch, wenn nichts anderes vereinbart ist, nach Ablauf von 10 Jahren seit Vertragsschluß.

III. Für die Verträge zwischen den Filmurhebern und dem Filmhersteller sieht § 89 Abs. 1 UrhG weitergehend vor, daß die Urheber dem Hersteller im Zweifel das ausschließliche Recht einräumen, das Filmwerk sowie Übersetzungen und andere filmische Bearbeitungen oder Umgestaltungen des Filmwerkes auf alle bekannten Nutzungsarten zu nutzen. Ohne Rücksicht auf die Zweckbestimmung des Filmwerkes wird daher vermutet, daß sie dem Hersteller eines Kinofilms auch das Recht zur Verwertung als Sendefilm oder Videogramm einräumen und umgekehrt. Auch ist die Einräumung des ausschließlichen Rechts im Zweifel zeitlich nicht begrenzt.

Die Regel gilt für die Personen, die bei der Realisation des Filmwerkes schöpferisch mitwirken. Sie erscheint als angemessen, sofern das künstlerisch-technische Personal und die Darsteller in Betracht kommen, bei denen es von der Beurteilung des Einzelfalls abhängt, ob sie zu den Urhebern zu rechnen sind. Dagegen wird sie der schöpferischen Leistung des Regisseurs nicht gerecht: Es sollte nicht vermutet werden, daß der Regisseur, wenn er die Inszenierung eines Fernsehfilms übernimmt, dem Filmhersteller auch die Rechte zur Verwertung als Kinofilm oder Videogramm einräumt und umgekehrt. Die RBÜ sieht in Art. 14bis Abs. 3 mit Grund vor, daß die Vermutung für die Legitimation des Filmherstellers zur umfassenden Verwertung des Filmwerkes, sofern die innerstaatlichen Rechtsvorschriften nichts anderes bestimmen, auf den Regisseur sowenig zur Anwendung kommt wie auf die Urheber der Drehbücher, der Dialoge und der musikalischen Werke. Die Vermutung bleibt vielmehr auf die „Nebenurheber“ beschränkt.

Darüber hinaus wird bezüglich der Filmurheber auch die Wirkung einer Vorausverfügung, insbesondere einer Vorwegübertragung der Rechte auf Verwertungsgesellschaften, beschränkt: Trotz einer im voraus erfolgten Einräumung des Nutzungsrechts an einen Dritten behalten die Filmurheber die Befugnis, ihre Rechte beschränkt oder unbeschränkt dem Filmhersteller einzuräumen. § 89 Abs. 2 UrhG.

Die Vorschrift hat ihre Parallele in der für die ausübenden Künstler in § 78 UrhG getroffenen Regelung, daß sie trotz einer Vorausübertragung ihrer Rechte die Befugnis behalten, die zur Verwertung ihrer Darbietungen erforderliche Einwilligung selbst zu erteilen. Vgl. darüber und über die Begründung der Regel unten § 123 IV 2.

IV. Bei der Beurteilung des Verhältnisses der verschiedenen Medien untereinander ist grundsätzlich davon auszugehen, daß es sich bei der Verwertung der Werke für Vorführfilme, Fernsehfilme und Videogramme i. S. des § 31 Abs. 5 UrhG um die Verwertung in verschiedenen Nutzungsarten handelt. In den Verträgen mit den Urhebern benutzter Werke genügt daher nicht die generelle Vereinbarung über die Verwertung der Werke zu Filmzwecken. Vielmehr beschränkt sich, wenn die Nutzungsarten nicht einzeln bezeichnet werden, das Recht des Filmherstellers auf die primäre Zweckbestimmung, von der die Parteien beim Vertragsschluß ausgegangen sind.

Vgl. dazu aus der Rechtsprechung BGH in GRUR 1960, 197 („Keine Ferien für den lieben Gott") sowie in GRUR 1969, 143 („Curt-Goetz-Filme II") und GRUR 1974, 786 („Anneliese Rothenberger"). Daß primärer Zweck der Vorführungszweck ist, läßt sich u. a. aus der Finanzierung des Films durch den Filmverleih oder der Subventionierung durch die Filmförderungsanstalt erschließen, daß er das Senderecht ist, aus Aufträgen, die von Rundfunkanstalten erteilt werden. S. auch FROMM-NORDEMANN, UrhG, § 88, Anm. 3.

Was im besonderen das Verhältnis zwischen Kinofilmen und Fernsehfilmen betrifft, so ist es bei Kinofilmen häufig, daß sich der Hersteller auch das Recht zur Verwertung im Fernsehen einräumen läßt. Die Hersteller pflegen dabei in der Regel zunächst das Vorführungsrecht zu verwerten und erst nach einem bestimmten Zeitraum, der dem Vorabspiel in Lichtspieltheatern vorbehalten ist, die Rechte zur Auswertung im Fernsehen zu vergeben.

Die Möglichkeit des Einsatzes von Kinofilmen im Fernsehen wird insbesondere auch in den Regeln des Filmförderungsgesetzes (Gesetz über Maßnahmen zur Förderung des deutschen Films vom 25. 6. 1979) in Rechnung gestellt. Die als Anstalt des öffentlichen Rechts errichtete Filmförderungsanstalt gewährt den Produzenten zur Herstellung deutscher Filme Förderungshilfen. Die Inanspruchnahme der Förderungshilfe für neue programmfüllende Filme, die nach dem Referenz- oder dem Projektfilmprinzip gewährt wird, hat u. a. zur Voraussetzung, daß der Hersteller sich verpflichtet, die ihm zustehenden Fernsehnutzungsrechte an dem Referenzfilm oder dem Projektfilm für die Dauer von 5 Jahren seit der Erstaufführung nicht auf eine öffentlich-rechtliche Rundfunkanstalt oder auf Dritte zu übertragen. Auf Antrag kann die Vorabspielzeit auf 2 Jahre und, wenn der Film unter Mitwirkung einer Rundfunkanstalt hergestellt wurde, auf 6 Monate, beginnend mit der Abnahme durch die Rundfunkanstalt verkürzt werden.

V. In der Verwertung der ihnen verbleibenden Rechte sind die Urheber grundsätzlich frei. Dies gilt nicht nur für die außerfilmische Verwertung, beispielsweise die Umgießung in einen Roman oder ein Drama, sondern auch für die Verwertung in einer anderen als der vereinbarten filmischen Nutzungsart. Möglich ist indes, daß vertraglich Enthaltungspflichten vereinbart werden. Insbesondere kann der Urheber, der dem Filmhersteller nur das Vorführungsrecht einräumt, sich dazu verpflichten, erst nach einem bestimmten Zeitraum, der der Vorführung in Lichtspieltheatern vorbehalten bleibt, Rechte zur Nutzung seines Werkes für die Zwecke des Fernsehens einzuräumen.

Vgl. dazu BGH in GRUR 1969, 364. Möglicherweise kann, wie es in der Entscheidung heißt, auch ohne ausdrückliche Vereinbarung aus Treu und Glauben die Verpflichtung des Urhebers abgeleitet werden, die Auswertung in Lichtspieltheatern nicht durch eine gleichzeitige Auswertung im Fernsehen zu beeinträchtigen. Ohne besondere Vereinbarung kann aber nicht angenommen werden, daß der Urheber solche Auswertung längere Zeit hindurch zu unterlassen hat. Ratsam ist jedenfalls, daß die Rechtslage durch ausdrückliche Vereinbarung im Verfilmungsvertrag geklärt wird; vgl. BERTHOLD-v. HARTLIEB, S. 348 f.

VI. Hauptpflicht des Filmherstellers ist die Pflicht zur Zahlung der vereinbarten Vergütung. Bei Vorführfilmen ist sie meist Pauschalvergütung; möglich ist aber auch eine Vereinbarung über die Beteiligung der Urheber an den Einspielergebnissen.

Vorbehalten bleibt der Anspruch der Urheber auf eine Änderung der Vereinbarung in Fällen, in denen die Vergütung in einem groben Mißverhältnis zu den Erträgnissen aus der Nutzung seines Werkes steht; § 36 UrhG. Anders als den Urhebern der benutzten Werke, wird aber durch § 90 Satz 2 UrhG den Filmurhebern der Anspruch aus § 36 UrhG versagt. Bedenklich ist, daß dieser Ausschluß auch für den Filmregisseur vorgesehen ist; vgl. oben § 36 III 2. — Bei Fernsehfilmen wird, sofern es sich nicht um kleinere Beiträge oder Umgestaltungen handelt, zumeist eine zusätzliche Vergütung für Wiederholungs- und Anschlußsendungen vorgesehen.

Eine Verpflichtung des Filmproduzenten zur Herstellung und Verbreitung des Filmwerks wird im Zweifel durch den Verfilmungsvertrag nicht begründet. Die abweichende Meinung, die früher insbesondere von GOLDBAUM unter Berufung auf die für Verlagsverträge geltende Regel vertreten wurde, hat sich nicht durchzusetzen vermocht. Das RG hat in RGZ 107, 62 unter Hinweis auf den Unterschied zwischen Verlags- und Verfilmungsverträgen und die Höhe der Kosten, die mit der Realisation des Filmwerkes verbunden sind, dahin erkannt, daß ein Verfilmungszwang nur im Fall besonderer Vereinbarung anzunehmen ist. Diese Deutung ist in Rechtsprechung und Schrifttum zur herrschenden Meinung geworden.

GOLDBAUM, UR, S. 86 ff., sah im Filmmanuskriptvertrag einen Verlagsvertrag, hat dabei aber den verlagsrechtlichen Begriff der Vervielfältigung verkannt. Auch eine entsprechende Anwendung der verlagsrechtlichen Regel scheitert daran, daß, anders als der Druck eines Verlagswerkes, die Realisation eines Filmwerkes ihrerseits eine schöpferische Leistung erfordert. Aus der Rechtsprechung des BGH vgl. insbesondere BGHZ 27, 96 und aus dem Schrifttum BERTHOLD-v. HARTLIEB, S. 39; BAPPERT-MAUNZ, VerlG, § 1, Anm. 33; HUBMANN, UR, S. 235 f.

Da es in der Regel an der Ausübungspflicht fehlt, kommt dem Rückrufsrecht wegen Nichtausübung besondere Bedeutung zu. § 90 UrhG beschränkt dieses Recht freilich ebenso wie das Rückrufsrecht wegen gewandelter Überzeugung; es kann nur seitens der Urheber der benutzten Werke und nur bezüglich der Herstellung, nicht bezüglich der Verwertung des Filmwerkes geltend gemacht werden. Vgl. zur Kritik dieser Bestimmung oben § 87 IV.

§ 116. Filmverwertung

I. Für die Übertragung der dem Filmhersteller zustehenden Rechte und für die Einräumung von Nutzungsrechten durch den Filmhersteller erfahren die Regeln der §§ 34 und 35 UrhG eine Abwandlung durch die Vorschriften des § 90 UrhG.

1. Die allgemeinen Regeln gelten nur für die Verfügungen der Urheber der benutzten Werke über das Herstellungsrecht: Die Übertragung des Herstellungsrechts kann ohne ihre Zustimmung nur erfolgen, wenn sie im Rahmen der Veräußerung des Unternehmens oder eines Teiles des Unternehmens erfolgt. Im übrigen ist zur Übertragung des Herstellungsrechts die Zustimmung der Urheber der benutzten Werke erforderlich, die freilich nicht wider Treu und Glauben verweigert werden darf. Abweichende Vereinbarungen sind zulässig.

2. Verfügungen über die Rechte zur Vervielfältigung, Verbreitung und öffentlichen Wiedergabe des Filmwerkes kann dagegen der Filmhersteller mangels anderweitiger Vereinbarung ohne Zustimmung der Urheber treffen.

II. Für die Verträge, durch die die Hersteller von Kinofilmen Rechte an den von ihnen hergestellten Filmwerken einräumen, haben sich in der Praxis bestimmte Typen herausgebildet.

Der Vertrieb des Filmwerkes an die Filmtheater erfolgt regelmäßig unter Zwischenschaltung von Filmverleihern. Die Filmhersteller pflegen den Filmverleihern ausschließliche Rechte für bestimmte Auswertungsgebiete einzuräumen, aufgrund derer die Filmverleiher ihrerseits den Besitzern der Filmtheater das Recht zur Vorführung des Films einräumen. Die Verträge zwischen Filmherstellern und Filmverleihern bezeichnen wir als Verwertungsverträge, die Verträge zwischen Filmverleihern und Filmtheatern als Vorführungsverträge.

Vgl. über den Vertrieb des Films Berthold-v. Hartlieb S. 351 ff. Der Vertrag zwischen Filmhersteller und Filmverleiher wird von ihnen als Filmmonopol- oder Filmlizenzvertrag bezeichnet; das RG und ihm folgend der BGH nennen ihn meines Erachtens besser Filmverwertungsvertrag (RGZ 158, 324, BGHZ 2, 331 und 9, 264). Der Vertrag zwischen Filmverleiher und Theaterbesitzer wird im Schrifttum Filmverleihvertrag oder Filmbestellvertrag (Berthold-v. Hartlieb S. 409 ff.) genannt. Die Parallele zum Aufführungsvertrag legt aber die Bezeichnung Vorführungsvertrag nahe; so auch BGHZ 2, 333.

1. Durch den Verwertungsvertrag erwirbt der Filmverleiher das ausschließliche Recht, in einem bestimmten Auswertungsgebiet den Film zu

verbreiten und die Vorführung durch die Theaterbesitzer zu gestatten. Mit der Pflicht zur Übertragung dieses Rechtes verbindet sich die Verpflichtung zur Überlassung des für die Verwertung erforderlichen Filmmaterials. Es hängt dabei von der vertraglichen Vereinbarung ab, ob es Sache des Verleihers ist, vom Filmnegativ die erforderliche Zahl von Kopien herzustellen, oder ob der Filmhersteller die Kopien zur Verfügung zu stellen hat.

Das Verwertungsgebiet wird auch als Monopolgebiet bezeichnet. Möglich ist, daß das Auswertungsrecht an große Verleihfirmen für die ganze Welt übertragen wird. Meist ist aber die Übertragung räumlich auf das Gebiet eines Staates oder eines Bezirkes innerhalb eines Staates beschränkt. Häufig ist auch eine *zeitliche Beschränkung der Übertragung*. In der Praxis pflegt man dabei zwischen dem sog. „Erstmonopol" und evtl. weiteren Monopolen zu unterscheiden: Der erste Zeitraum, für den das Auswertungsrecht übertragen wird, umfaßt zumeist 5 Jahre. Nach ihrem Ablauf wird das Auswertungsrecht, falls ihm noch Bedeutung zukommt, für weitere Zeiträume übertragen. Vgl. BERTHOLD-v. HARTLIEB S. 352 ff.

Das Verwertungsrecht des Filmverleihers schließt der Natur der Sache nach auch das Recht ein, mit dem Film die einzelnen Lichtbilder zu verbreiten und deren Vorführung zu gestatten. Doch ist das Recht insoweit kein ausschließliches: Der Filmhersteller kann, ohne das Recht des Verleihers zu verletzen, einzelne Bilder auch zur Herstellung anderer Filme benutzen. Handelt es sich nicht nur um einzelne Fotografien, sondern um Bilderfolgen, so kommt es darauf an, ob der Verwertung des Films durch ihre Übernahme Abbruch geschieht. Siehe dazu in Besprechung von BGHZ 9 S. 262 ff. ULMER in JZ 1953, 697 f.: Das Verbotsrecht des Verleihers reicht nur so weit, als es zum Zwecke der Auswertung des Films erforderlich ist. Auch der BGH hat diesem Gesichtspunkt in GRUR 1957, 614 (hinsichtlich einer Wiederverfilmung) Rechnung getragen.

2. Ob und inwieweit der Filmverleiher verpflichtet ist, von dem ihm eingeräumten Auswertungsrecht Gebrauch zu machen, hängt von den getroffenen Vereinbarungen ab. Mangels ausdrücklicher Abrede entscheidet sinngemäße Vertragsauslegung. Eine Pflicht zur Auswertung ist insbesondere anzunehmen, wenn der Filmhersteller an den Einspielergebnissen beteiligt wird.

Vgl. dazu RGZ 106, 367 und BGHZ 2, 335. Die Pflicht zur sachgemäßen Verwertung umfaßt auch die Pflicht, die erforderlichen Werbemaßnahmen zu treffen. Auch muß der Verleiher die Theaterbesitzer zur Erfüllung der von ihnen übernommenen Verpflichtungen anhalten. Vgl. darüber und über die Frage, ob und inwieweit dem Filmverleiher die Durchführung von Prozessen zuzumuten ist, BGH in UFITA 71 (1974) 184.

3. Seinem Wesen nach ist der Verwertungsvertrag urheberrechtlicher Nutzungsvertrag. Unter die bekannten Vertragstypen des Schuldrechts läßt er sich sowenig wie andere urheberrechtliche Nutzungsverträge einordnen. In der Rechtsprechung wird er zutreffend als Nutzungsvertrag eigener Art gekennzeichnet.

Dabei wird auf die Verwandtschaft mit dem Lizenzvertrag über patentrechtlich geschützte Gegenstände sowie auf die Möglichkeit der Anwendung einzelner pachtrechtlicher, kaufrechtlicher sowie verlagsrechtlicher Regeln hingewiesen. Vgl. RGZ 106, 365 und 118, 290 sowie BGHZ 9, 264. Die Anwendung kann aber nur eine begrenzte sein. Vgl.

BGHZ 2, 331: Anders als bei Pachtverträgen, genügt es nicht, daß der Verleiher gegen die Entwehrung durch Dritte geschützt wird. Der Filmhersteller ist vielmehr zur Rechtsverschaffung verpflichtet (vgl. unten 4).

Besondere Züge weist der Verwertungsvertrag auf, wenn sich der Verleiher — wie es im Rechtsleben häufig ist — an der Finanzierung der Produktion beteiligt und auf die Filmherstellung Einfluß nimmt. Vgl. über einschlägige Fälle RGZ 158, 321; 159, 374 und 161, 321 sowie BERTHOLD-v. HARTLIEB S. 352 ff. BERTHOLD-v. HARTLIEB unterscheiden zwischen echter und unechter Auftragsproduktion. Bei der sog. unechten Auftragsproduktion werden die für die Produktion erforderlichen Verträge für Rechnung und im Namen des Verleihers geschlossen, der damit seinerseits im Rechtssinne zum Hersteller wird; einer Übertragung der Auswertungsrechte bedarf es in diesem Falle nicht. Bei der echten Auftragsproduktion ist Hersteller der Filmproduzent, der im eigenen Namen und für eigene Rechnung tätig wird; der Verleiher bleibt auf bestimmte Mitwirkungsrechte beschränkt. Hier verbindet sich der Verwertungsvertrag mit Elementen des Werkvertrags. Unter Umständen kann aber auch, wie die Entscheidungen des RG zeigen, ein Gesellschaftsverhältnis zwischen Hersteller und Verleiher vorliegen: Ein Gesellschaftsverhältnis liegt insbesondere auch im Falle der *Gemeinschaftsproduktion* (Coproduktion) vor, bei der mehrere Filmhersteller (bzw. Film- und Fernsehproduzenten) sich zu dem gemeinsamen Zweck der Herstellung eines Filmes verbinden.

4. Bezüglich der Haftung des Filmherstellers für Mängel des Films ist zwischen Rechtsmängeln und Beschaffenheitsmängeln zu unterscheiden. Für Rechtsmängel gelten die allgemeinen für Urheberrechtsverträge maßgebenden Regeln. Insbesondere hat der Filmhersteller, ebenso wie der Verlaggeber und andere Personen, die urheberrechtliche Nutzungsrechte einräumen, ohne Rücksicht auf Verschulden dafür einzustehen, daß durch die Verwertung des Films nicht in Rechte Dritter eingegriffen wird.

Zur Haftung für Rechtsmängel vgl. BGHZ 2, 334, sowie oben § 92 II. Bei *Beschaffenheitsmängeln* findet eine sinngemäße Anwendung der Regeln des bürgerlichen Rechtes (insbesondere des Pacht- und Kaufrechtes) über Sachmängel statt. Als Beschaffenheitsmängel sind dabei nicht nur technische Mängel der Filmstreifen anzusehen. Vielmehr weicht der Film auch dann von der im Vertrag vorausgesetzten Beschaffenheit ab, wenn er entgegen der Erwartung, von der der Verleiher ausgehen durfte, bereits in Lichtspieltheatern des Auswertungsgebietes vorgeführt worden ist. Die Tatsache allein, daß der Film keinen Erfolg beim Publikum hat, ist dagegen noch kein Beschaffenheitsmangel (so im Ergebnis zutreffend, aber in der Begründung zu weitgehend RGZ 106, 366). Hier geht es um ein Risiko, das der Filmverleiher tragen muß. Anders steht es, wenn die Auswertungsmöglichkeit des Films durch erhebliche Mängel in der Ton- oder Bildqualität oder in der Filmgestaltung beeinträchtigt wird. Doch kann sich aus dem Einfluß, den der Verleiher auf die Produktion genommen hat, eine abweichende Beurteilung ergeben. Auch macht es einen Unterschied, ob der Verleiher den Film besichtigt hat oder ob es sich um einen sog. „Blindkauf" handelte.

III. Vorführungsverträge sind die Verträge, die vom Filmhersteller oder vom Filmverleiher mit den Besitzern von Lichtspieltheatern abgeschlossen werden. In der Regel erhält der Theaterbesitzer nur ein einfaches Vorführungsrecht. Der Vertrag, der unter Verwendung von Bestellscheinen aufgrund allgemeiner Bezugsbedingungen abgeschlossen zu werden pflegt, enthält nähere Bestimmungen über die Spieltermine sowie die eventuelle Einräumung des Erstvorführungsrechtes, des Vorspielrechtes usf. Der Theaterbesitzer hat die vereinbarte Vergütung zu entrichten. Auch ist er im Zweifel zur Vorführung nicht nur berechtigt, sondern auch verpflichtet.

Die Rechtsprechung zur Frage der Vorführungspflicht hat geschwankt. KG in GRUR 1927, 313 hatte sie abgelehnt. Dagegen ist sie in der Nachkriegszeit unter anderem vom LG Frankfurt (UFITA 20 (1955) 236 und 365) und vom OLG Düsseldorf (UFITA 21 (1956) 334) mit Recht bejaht worden: Ein Interesse des Verleihers an der Vorführung besteht nicht nur, wenn er an den Einnahmen beteiligt wird, sondern auch im Hinblick auf die Auswirkung der Vorführung auf die Verwertung des Films in anderen Theatern und Orten.

Im Rechtsleben werden die Vorführungsverträge in der Regel nicht über einzelne Filme, sondern über ein ganzes Programm des Verleihers bzw. einen Teil des Programms abgeschlossen (sog. Staffel- oder Blockbuchen). Vgl. dazu BERTHOLD-v. HARTLIEB S. 409 ff. Zur Rechtsmängelhaftung vertreten BERTHOLD-v. HARTLIEB (S. 422 f.) die Auffassung, der Verleiher habe seiner Pflicht genügt, wenn der Theaterbesitzer den Film ungestört vorführen konnte. Dem ist meines Erachtens nicht zuzustimmen: Standen die Rechte an dem Film einem Dritten zu, so kann der Theaterbesitzer noch nachträglich wegen Urheberrechtsverletzung in Anspruch genommen werden. Der Verleiher muß daher nach den Regeln, wie sie allgemein für die Nutzungsverträge gelten, für den Bestand des Rechtes einstehen.

§ 117. Verträge über Werke der bildenden Künste

GERSTENBERG, Das Urheberrecht an Werken der Kunst, der Architektur und der Photographie, 1968; HENSSLER, Urheberrechtsschutz in der angewandten Kunst und Architektur, 1955; LOCHER, Das Recht der bildenden Kunst, 1970. — NEUENFELD, Architekt und Recht, 1977; ders., Handbuch des Architektenrechts (Loseblattausgabe). — JACOBSOHN, Das Recht der Gebrauchsgraphik, 1957; PFISTER, Der Gebrauchsgraphiker und sein Recht, 2. Aufl. 1968.

I. Die Urheberrechtsverträge im Bereich der bildenden Künste sind zu einem großen Teil Verträge, die zwischen Unternehmern und angestellten Künstlern abgeschlossen werden. Die angestellten Künstler arbeiten Entwürfe für Werke der angewandten Kunst, künstlerische Illustrationen, Reklamezeichnungen usf. aus. Die Einräumung der Nutzungsrechte pflegt in solchem Falle ausdrücklich oder stillschweigend im Arbeitsvertrag vereinbart zu werden. Das gilt auch für angestellte Architekten, die Entwürfe von Bauwerken herstellen.

Das RG nahm in RGZ 110, 393 eine stillschweigende Übertragung der Rechte jedenfalls dann an, wenn die Werke im Unternehmen vervielfältigt werden sollen. Anders liege es dagegen, wenn es sich um eine einmalige Schöpfung handle, für die ihrer Art nach eine Vervielfältigung nicht in Betracht komme, beispielsweise um eine Innenausstattung, die nur für ein einzelnes Lokal bestimmt sei. Gegen diese Unterscheidung OSTERRIETH-MARWITZ KUG S. 71 und DE BOOR JW 1926, 559. Auch meines Erachtens ist sie in ihrer Allgemeinheit nicht zu billigen. Vgl. dazu oben § 95 II 1.

II. Urheberrechtsverträge mit selbständigen Künstlern begegnen vor allem im Bereich des Kunstverlags. Die Rechtsverhältnisse weichen dabei zum Teil erheblich von denjenigen des Buch- und Musikalienverlags ab. Dem Buchverlag am nächsten steht noch der Illustrationsverlag, bei dem Werke der bildenden Künste in Verbindung mit Schriftwerken vervielfältigt werden. Die Verbindung fehlt bei Reproduktionen von Kunstwerken, die selbständig erscheinen, insbesondere bei Kunstblättern (Drucken, Radierungen, Stichen, Lithographien usf.). Man spricht hier vom Kunstverlag im engeren Sinn und stellt ihn dem Kunstgewerbeverlag gegenüber, in dem Teppiche, Möbel und andere Gebrauchs- und Bedarfsgegenstände vervielfältigt werden.

Die Vertragsgestaltung ist verschieden. Bald wird dem Unternehmer nur eine einfache Berechtigung, bald wird ihm das ausschließliche Vervielfältigungs- und Verbreitungsrecht eingeräumt. Auch hängt es von der vertraglichen Vereinbarung ab, ob der Unternehmer zur Ausübung des Rechtes verpflichtet ist oder nicht. Nur wenn eine Verpflichtung zur Vervielfältigung und Verbreitung besteht, entspricht der Vertrag seinem Typus nach dem Verlagsvertrag. Er fällt aber nicht unter das VerlG. Die Möglichkeit entsprechender Anwendung einzelner Vorschriften des VerlG ist angesichts der Verschiedenheit der Sachverhalte von Fall zu Fall zu prüfen.

Zwischen dem Reichswirtschaftsverband bildender Künstler und einer größeren Anzahl von Verlegerorganisationen sind 1926 „Richtlinien für Abschluß und Auslegung von Verträgen zwischen bildenden Künstlern und Verlegern" vereinbart worden (Abdruck bei SCHULZE, Urhebervertragsrecht, S. 167 ff.). Die Richtlinien unterscheiden zwischen Verlagsverträgen, Urheberrechtsübertragung, Erlaubniserteilung und Kommissionsverlagsverträgen. Das Abkommen zwischen den Verbänden ist nicht mehr in Kraft; zur Frage der Weitergeltung als Verkehrssitte vgl. OLG München in GRUR 1958, 458. Jedenfalls bleibt die Aufzeigung typischer Möglichkeiten der Vertragsgestaltung von Bedeutung:

1. Beim *Verlagsvertrag* übernimmt der Verleger die Verpflichtung zur Vervielfältigung und Verbreitung. Den Urheber trifft die Enthaltungspflicht. Es verbleibt ihm jedoch das Recht der Vervielfältigung und Verbreitung seines Werkes in einer anderen Vervielfältigungsart oder zu einem anderen Verlagszweck, es sei denn, daß sie wegen Ähnlichkeit des Verfahrens oder des Verlagszwecks gegen die berechtigten Interessen des Verlegers verstößt.

Vgl. zur Enthaltungspflicht die Elfenreigen-Entsch. in RGZ 119, 408: Die Pflicht beschränkt sich auf das einzelne, vom Urheber geschaffene Kunstwerk. Die Verwertung eines anderen, wenn auch ähnlichen Werkes kann ihm nicht untersagt werden. Insoweit ist das Interesse des Künstlers daran zu berücksichtigen, in der bisherigen Schaffensrichtung weiterzuarbeiten. Anders liegt es freilich, wenn die Ähnlichkeit so weit geht, daß im Verkehr die Gefahr von Verwechslungen entsteht. In solchem Falle berührt sich der Gesichtspunkt der Vertragsverletzung mit demjenigen des Wettbewerbsverstoßes. — S. im übrigen über die Rechte und Pflichten aus einem Verlagsvertrag BGH in GRUR 1976, 706 („Serigraphie").

2. Die sogenannte *Urheberrechtsübertragung* ist in heutiger rechtlicher Sicht als eine Einräumung ausschließlicher Nutzungsrechte zu verstehen, aufgrund derer der Erwerber zur Vervielfältigung und Verbreitung berechtigt, aber nicht verpflichtet ist. Sie ist insbesondere bei Verträgen über Werke der angewandten Kunst häufig. Dem Urheber bleiben grundsätzlich die persönlichkeitsrechtlichen Befugnisse. Sie können jedoch eine Einschränkung erfahren: Das Recht des Urhebers auf Anbringung seines Namens oder Namenszugs kann, der Übung des Verkehrs entsprechend, entfallen (vgl. oben § 40 III und

IV 2). Änderungen seines Werkes kann der Urheber nur untersagen, soweit seine berechtigten ideellen Interessen verletzt werden. Werden die Vervielfältigungsstücke befugterweise ohne Hinweis auf den Urheber verbreitet, so wird es meist an einem solchen Interesse fehlen. Vgl. HENSSLER, S. 77 und 83 f.

Die Nutzungsrechte werden im Zweifel nur insoweit übertragen, als es der Zweck erfordert, zu dem die Übertragung erfolgt: Ein Inseratenentwurf darf nicht ohne Zustimmung des Urhebers als Plakatentwurf oder Umschlagszeichnung vervielfältigt werden (JACOBSOHN S. 11). Vgl. auch OLG München in GRUR 1958 S. 458 f.: Der Erwerb urheberrechtlicher Befugnisse zur Herstellung von Kunsttafeln berechtigt den Unternehmer im Zweifel nicht, auch Postkarten und dgl. herzustellen. Über allgemeine Rechtsgrundsätze für die Verträge der Gebrauchsgraphiker und die Richtlinien und Honorarordnungen des Bundes deutscher Gebrauchsgraphiker vgl. PFISTER, S. 104 ff., mit näheren Nachweisen aus der Rechtsprechung.

3. Die *Erlaubniserteilung* ist einfache Nutzungsbewilligung. Der Erlaubnisnehmer hat das Recht, das Werk in den Grenzen der erteilten Erlaubnis zu benutzen. Wird ihm für ein bestimmtes Gebiet oder für eine bestimmte Zeit die alleinige Erlaubnis erteilt, so liegt darin nicht die Einräumung eines ausschließlichen Rechts; es handelt sich vielmehr um eine schuldrechtliche Bindung des Erlaubnisgebers, der auf Verlangen des Erlaubnisnehmers gegen Rechtsverletzungen entweder selbst einzuschreiten oder dem Erlaubnisnehmer eine Prozeßvollmacht zu erteilen hat.

4. Beim *Kommissionsverlag* übernimmt der Verleger den Vertrieb der Vervielfältigungsstücke für Rechnung des Urhebers, an dessen Weisungen er gebunden ist. Der Verleger erlangt kein ausschließliches Recht; er kann daher im Falle der Nachbildung durch andere die Rechte des Urhebers nur als dessen Bevollmächtigter geltend machen.

III. Von den Verträgen, in denen der Urheber anderen das Reproduktionsrecht einräumt, sind die Verträge zu unterscheiden, die er über einzelne Werkstücke schließt. Neben Verkäufen von Werkstücken, insbesondere dem Verkauf des Originals, kommen dabei die Verträge in Betracht, in denen sich die Urheber zur Herstellung von Werken der bildenden Künste verpflichten.

Die Verträge über die Herstellung von Zeichnungen, Bildern und anderen Werkstücken, die dem Besteller zu übereignen sind, sind im Rechtssinn Werklieferungsverträge; die Verträge über Werkstücke, die wesentlicher Bestandteil von Grund und Boden, oder, wie beispielsweise Wandgemälde, von Häusern werden, sind Werkverträge. Der Künstler ist zur Herstellung, der Besteller zur Abnahme des vertragsmäßig hergestellten Werkes und zur Zahlung der vereinbarten Vergütung verpflichtet. Zur vertragsmäßigen Beschaffenheit vgl. BGH in GRUR 1956. 234: Der Künstler genießt grundsätzlich eine Gestaltungsfreiheit, in deren Rahmen sich seine künstlerische Eigenart entfaltet. Es ist Sache des Bestellers, sich vor Erteilung des Auftrags mit der Schaffensweise des Künstlers vertraut zu machen. Die Gestaltungsfreiheit kann freilich dadurch begrenzt werden, daß Künstler und Besteller sich auf ein Muster einigen, nach dem das Werk geschaffen werden soll. Auch in solchen Fällen kann freilich keine maßstabgetreue Ausführung verlangt werden.

1. Die Verträge, die sich auf einzelne Werkstücke beziehen, sind in der Regel keine Urheberrechtsverträge: Die Bestimmung des § 44 Abs. 1 UrhG, daß der Urheber durch die Veräußerung des Originals im Zweifel dem Erwerber kein Nutzungsrecht einräumt, gilt sinngemäß auch in Fällen, in denen keine Veräußerung erfolgt, sondern ein Eigentumserwerb

des Bestellers aufgrund der Verbindung mit dem Grund und Boden stattfindet.

Abweichende Vereinbarungen sind möglich. Der Käufer oder Besteller kann sich auch das Vervielfältigungs- und Verbreitungsrecht einräumen lassen. Bei Personenbildnissen, die auf Bestellung geschaffen werden, ist in bestimmten Grenzen eine Vervielfältigung und Verbreitung kraft Gesetzes (§ 60 UrhG) gestattet; vgl. oben § 74 I. Weitergehende Befugnisse zur Vervielfältigung und Verbreitung können vertraglich vereinbart werden.

2. Besonderheiten gelten für den Architektenvertrag.

Ihrem Wesen nach waren Architektenverträge von der Rechtsprechung des RG als Dienstverträge gedeutet worden. Der BGH beurteilt dagegen den Architektenvertrag in Übereinstimmung mit einer schon früher im Schrifttum vertretenen Meinung als Werkvertrag (ständige Rechtsprechung seit BGHZ 31, 226). Richtig ist m. E., daß der Architektenvertrag in seinem Schwerpunkt, in dem er sich auf den Bauplan und die durch ihn bedingte Gestaltung des Bauwerks bezieht, Werkvertrag ist. Im Hinblick auf die Verhandlungen mit Bauämtern, die Vergabe von Aufträgen an Bauunternehmen sowie die Überwachung der Bauausführung, sind ihm aber Züge des Dienstvertrages beigemischt. Sind dagegen nur solche Leistungen in Ausführung des von einem anderen Architekten geschaffenen Bauplans zu erbringen, so ist der Vertrag Dienstvertrag. Die Vergütung des Architekten ist in der auf gesetzlicher Ermächtigung beruhenden Honorarordnung für Architekten und Ingenieure (vom 17. 9. 1976) geregelt. Die Verordnung sieht, ausgehend von den anrechenbaren Kosten des Objekts, nach bestimmten Bewertungsmerkmalen Mindest- und Höchstsätze vor. In der Honorarvereinbarung, die Bauherr und Achitekt treffen, dürfen die Mindestsätze nur in Ausnahmefällen unterschritten und die Höchstsätze nur bei außergewöhnlichen oder ungewöhnlich lang dauernden Leistungen überschritten werden. Über Vertragsmuster (insbesondere Muster des Bundes deutscher Architekten und Muster für Aufträge der öffentlichen Hand) vgl. NEUENFELD, Handbuch I, Anlage I—IV.

Auch beim Architektenvertrag ist zwar grundsätzlich davon auszugehen, daß das Urheberrecht beim Architekten verbleibt. Insbesondere ist es der Architekt, nicht der Bauherr, der den Nachbau durch andere untersagen kann. Zugunsten des Bauherrn ist aber in sinngemäßer Auslegung des Architektenvertrags anzunehmen, daß ihm im Fall der Zerstörung des Bauwerkes oder von Teilen desselben eine Wiedererrichtung nach den alten Plänen ohne erneute Beauftragung des Architekten bzw. ohne seine Zustimmung gestattet ist.

Ebenso v. GAMM, UrhG, § 13, Rdz. 13; HUBMANN, UR, S. 236, sowie GERLACH, in GRUR 1976, 620; abweichend insbesondere NEUENFELD, Handbuch II G f 21 ff. Eine andere Frage ist es, ob im Fall der Wiedererrichtung Änderungen zulässig sind oder ob durch die Änderungen in das Urheberpersönlichkeitsrecht des Architekten eingegriffen wird. Vgl. darüber oben § 41 III 2.

Auch in anderen Fällen kann der Architektenvertrag eine Erlaubnis zur Vervielfältigung in sich schließen. Wird der Architekt mit der Anfertigung eines Vorentwurfs beauftragt, so kann es dem Sinn des Vertrags entsprechen, daß dem Bauherrn die Errichtung des Bauwerkes, die im Rechtssinn eine Vervielfältigung des Entwurfs ist, ohne die Zustimmung des Architekten gestattet ist. Im Zweifel ist aber anzunehmen, daß das Recht zur Ausführung des Entwurfs dem Architekten als Urheber vorbehalten bleibt. Entschließt sich daher der Bauherr, den Entwurf ausführen zu lassen, so ist er darauf angewiesen, den Auftrag dem Architekten zu erteilen oder seine Zustimmung zur Ausführung durch andere einzuholen.

So hinsichtlich der Ausführung eines Vorentwurfs BGHZ 24, 55, 70. Die Entscheidung wurde vom I. Zivilsenat getroffen. Dagegen hat der VII. Zivilsenat in einem Fall, in dem es um die Ausführung eines Entwurfs ging, gegenteilig entschieden und dabei den Widerspruch zu BGHZ 24, 70 verneint, da sich diese Entscheidung auf den Vorentwurf bezogen habe. Die Unterscheidung zwischen Entwurf und Vorentwurf ist aber nicht überzeugend. Vgl. die Kritik von NORDEMANN in GRUR 1975, 446. Die allgemeinen Bedingungen des Bundes deutscher Architekten sehen eine Regelung zugunsten des Architekten, diejenigen für Aufträge der öffentlichen Hand dagegen zugunsten des Bauherrn vor. Jedenfalls wird aber kein Unterschied zwischen Entwurf und Vorentwurf gemacht. — Stirbt der Architekt, so können die Erben die Errichtung oder Vollendung des Bauwerkes nicht aufgrund des Urheberrechts untersagen. Auch kann der Architekt, wenn der Vertrag mit dem Bauherrn nach dem Beginn der Bautätigkeit aufgelöst wird, ihre Fortführung nicht verbieten. Aufgrund einer Vertragsauslegung nach Treu und Glauben ist vielmehr in solchen Fällen anzunehmen, daß der Bauherr zu der Errichtung bzw. Vollendung des Bauwerkes befugt ist; er hat aber den Architekten oder seine Erben für die Auswertung des Urheberrechts angemessen zu vergüten.

IV. Verträge über Einzelwerke sind auch die sogeannten *Galeristenverträge*, die die Künstler mit Kunsthändlern abschließen, die in Galerieräumen Ausstellungen veranstalten. Der Galerist setzt sich durch Werbung und Ausstellung für die Abnahme des Werkes ein. Der Künstler kann ihm dabei den Vertrieb übertragen, insbesondere durch Abschluß eines Kommissionsvertrags, aufgrund dessen der Kunsthändler das Werk im eigenen Namen aber für Rechnung des Künstlers veräußert. Die Vergütung des Kunsthändlers ist in solchen Fällen Provision. Im übrigen können besondere Verpflichtungen des Künstlers, darunter eine Beteiligung an den Werbe- und Veranstaltungskosten, vereinbart werden. Auch kann sich der Künstler hinsichtlich des Vertriebs seiner künftigen Werke an den Galeristen in den Grenzen der Zumutbarkeit binden. Vgl. dazu LOCHER, S. 121

8. Kapitel

Verwandte Schutzrechte

I. Der Schutz bestimmter Ausgaben

§ 118

Mit der Anerkennung verwandter Rechte zum Schutz bestimmter Ausgaben schließt das UrhG eine Lücke des früheren Rechts, auf die mehrfach hingewiesen worden war. Insbesondere wurde der im Schrifttum wiederholt gestellten Forderung nach einem Schutz der editio princeps, der Erstausgabe urheberrechtlich nicht geschützter Werke, Rechnung getragen.

Das UrhG geht in seiner Regelung von dem Gedanken des Schutzes bestimmter Leistungen aus. Es unterscheidet dabei zwischen dem Schutz wissenschaftlicher Ausgaben und dem Schutz der Erstausgabe nachgelassener Werke.

I. Die Ausgabe urheberrechtlich nicht geschützter Werke oder Texte wird durch § 70 UrhG geschützt, wenn sie das Ergebnis wissenschaftlich sichtender Tätigkeit ist und sich wesentlich von den bisher bekannten Ausgaben der Werke oder Texte unterscheidet.

Wissenschaftlich sichtende Tätigkeit, aufgrund deren die Ausgabe hergestellt wird, kann eine Leistung von hohem Rang sein. Sie ist aber keine Werkschöpfung, sondern nur Herstellung und Wiedergabe eines alten Textes oder Werkes. Urheberrechtlich geschützt sind daher nur der mitveröffentlichte wissenschaftliche Apparat sowie eine etwaige Ergänzung der Werke oder Texte, wie die Ausfüllung von Lücken, die auf eigener Vermutung oder Phantasie beruht.

1. Die Ausgabe braucht nicht Erstausgabe zu sein. Voraussetzung des Schutzes ist vielmehr, daß sie auf quellenkritischer Arbeit beruht und sich wesentlich von bisher bekannten Fassungen unterscheidet.

Als Ergebnis solcher Arbeit kommen dabei nicht nur Ausgaben alter Handschriften, Urkunden und Inschriften in Betracht, die niemals geschützt waren, sondern auch Ausgaben neuerer, gemeinfrei gewordener Werke, wie beispielsweise der Werke von Nietzsche, die aufgrund wissenschaftlich sichtender Tätigkeit in ihrer Originalfassung wiederhergestellt werden.

Aus der Praxis vgl. BGH in GRUR 1975, 667. Der Verfasser eines Buchs über den Ulmer Reichswehrprozeß 1929/30 hatte in einem Teil seines Werkes den urheberrechtlich nicht geschützten Wortlaut der Verhandlungen vor dem Reichsgericht rekonstruiert, indem er angesichts des Fehlens von Protokollen u. a. Berichte möglichst vieler Tageszeitungen verschiedener politischer Richtungen gegenüberstellte und miteinander verglich. In der Rekonstruktion aufgrund vergleichender kritischer Prüfung des Materials sah der BGH eine wissenschaftliche Ausgabe i. S. des § 70 Abs. 1 UrhG.

2. Der Schutz entsteht mit der Herstellung der Fassung, nicht erst mit der Veröffentlichung oder dem Erscheinen der Ausgabe.

Inhaber des Schutzrechts ist der Verfasser, nicht das Institut oder der Verlag, in dessen Auftrag er handelt. Das Recht ist, ebenso wie das Urheberrecht, nur im Zuge des Erbgangs übertragbar. Der Verfasser kann aber Nutzungsrechte einräumen und Vergütungsansprüche abtreten.

Geschützt werden nach der Regel des § 124 in Verbindung mit §§ 120 ff. UrhG deutsche Staatsangehörige, Staatenlose, die ihren gewöhnlichen Aufenthalt in der Bundesrepublik haben, sowie Ausländer, wenn die Ausgabe erstmals oder gleichzeitig in der Bundesrepublik erschienen ist. Ein Schutz aufgrund der RBÜ oder des WUA kommt nicht in Betracht, da sich der Konventionsschutz auf den Urheberrechtsschutz beschränkt.

3. In seinem Inhalt entspricht der Schutz dem Urheberrechtsschutz: Dem Inhaber des Schutzrechts stehen nicht nur die Rechte zur Vervielfältigung, Verbreitung und öffentlichen Wiedergabe der Ausgabe, sondern auch die Vergütungsansprüche und das Urheberpersönlichkeitsrecht zu. Auch die Regeln über den Schutzumfang, die Schranken des Urheberrechts, die Rechtsnachfolge in das Urheberrecht und über die Einräumung von Nutzungsrechten sind entsprechend anwendbar.

Der Schutz bleibt freilich auf die in wissenschaftlich sichtender Tätigkeit erarbeitete Fassung der Werke und Texte beschränkt. Die Verwertung einer schon bisher bekannten Ausgabe der Werke oder Texte ist keine Rechtsverletzung.

Abweichend vom Urheberrechtsschutz ist dagegen die Schutzdauer geregelt: Das Schutzrecht erlischt 10 Jahre nach dem Erscheinen der Ausgabe, jedoch bereits 10 Jahre nach der Herstellung, wenn die Ausgabe nicht innerhalb dieser Frist erschienen ist; § 70 Abs. 3 UrhG.

II. Ein verwandtes Schutzrecht besteht ferner an Ausgaben noch nicht erschienener nachgelassener Werke: Geschützt wird, wer ein noch nicht erschienenes Werk in der Bundesrepublik nach Erlöschen des Urheberrechtsschutzes erscheinen läßt. § 71 UrhG.

Die Vorschrift ist, wie bereits oben (§ 77 V 2) erwähnt wurde, an die Stelle der früheren Regel getreten, daß der Urheberrechtsschutz nicht vor Ablauf von 10 Jahren nach der Veröffentlichung erlischt. Wird ein nachgelassenes Werk nach Ablauf von 60 Jahren, aber vor Ablauf von 70 Jahren nach dem Tod des Urhebers veröffentlicht, so erlischt der Urheberrechtsschutz 10 Jahre nach der Veröffentlichung. Mit dem Ablauf der regelmäßigen oder der um höchstens 10 Jahre verlängerten Schutzfrist erlischt der Urheberrechtsschutz. Der Sicherung des Herausgebers von Werken, die vor Ablauf der Schutzfrist noch nicht erschienen waren, dient das verwandte Schutzrecht des § 71 UrhG.

1. Den nichterschienenen nachgelassenen Werken, deren Schutzfrist abgelaufen ist, stehen nichterschienene Werke gleich, die in der Bundesrepublik niemals geschützt waren, deren Urheber aber schon länger als 70 Jahre tot ist. Beispiele sind Märchen und Sagen, Volkslieder und Volkstänze aus älterer Zeit.

Die Einschränkung, daß bei Werken, die in der Bundesrepublik niemals geschützt waren, das Schutzrecht an der Ausgabe nur in Anspruch genommen werden kann, wenn der Urheber länger als 70 Jahre tot ist, ist für Werke ausländischen Ursprungs von Bedeutung, die nach den Regeln des internationalen Urheberrechts im Inland schutzlos geblieben sind. Beispielsweise schützen wir das Werk eines chinesischen Urhebers nur, wenn es erstmals oder gleichzeitig in der Bundesrepublik erschienen ist. Andernfalls ist — unbeschadet der Rechte, die einem Übersetzer oder einem sonstigen Bearbeiter zustehen — die Verwertung des Werkes frei. Auch der Herausgeber kann, wenn das Werk noch nicht erschienen ist, den Schutz des § 71 UrhG nur in Anspruch nehmen, wenn der Urheber schon länger als 70 Jahre tot ist.

2. Der besondere Schutz, der für die Ausgabe gewährt wird, setzt voraus, daß es sich um ein bisher noch nicht erschienenes Werk handelt. Bloße unkörperliche Wiedergabe, die der Herausgabe vorausgegangen ist, hindert die Entstehung des Schutzes nicht. Die Neuregelung hat daher, wie in der amtlichen Begründung hervorgehoben wird, die Folge, daß auch die Erstausgabe von Liedern oder Tänzen, die sich im Volksleben durch unkörperliche Wiedergabe erhalten haben, diesen Schutz genießt.

Die Voraussetzung, daß das Werk bisher noch nicht erschienen ist, entfällt, dem Wortlaut und Sinn der Vorschrift entsprechend, auch dann, wenn das Werk im Ausland erschienen war. Vgl. dazu FROMM-NORDEMANN, UrhG, § 71, Anm. 2, und MÖHRING-NICOLINI, UrhG, § 71, Anm. 4; abweichend v. GAMM, UrhG, § 71, Rdz. 7.

3. Das Schutzrecht entsteht mit dem Erscheinen des Werkes und erlischt 10 Jahre nach dem Erscheinen; § 71 Abs. 3 UrhG.

Inhaber des Schutzrechts ist der Herausgeber. Anders als das Urheberrecht und das Schutzrecht des § 70 UrhG, ist das Recht übertragbar; § 71 Abs. 2 UrhG. Möglich ist aber auch die Einräumung beschränkter Rechte.

Das Schutzrecht entsteht ohne Rücksicht darauf, ob der Herausgeber Deutscher oder Ausländer ist. Dem Erfordernis des Inlandsbezugs ist durch das Merkmal der Herausgabe in der Bundesrepublik genügt.

4. Seinem Inhalt nach umfaßt das Schutzrecht das ausschließliche Recht, das Werk in der Originalfassung oder in einer Bearbeitung zu vervielfältigen und zu verbreiten sowie Vervielfältigungsstücke des Werkes zur öffentlichen Wiedergabe zu benutzen. Die Regeln über die Schranken des Urheberrechts sind dabei entsprechend anzuwenden. Von den Vergütungsansprüchen kann der Herausgeber die Vermietungs- und Ausleihtantiemen in Anspruch nehmen. Ein Urheberpersönlichkeitsrecht steht ihm nicht zu. § 71 Abs. 1 UrhG.

Bezüglich der Verwertungsrechte ist der Unterschied zwischen dem Vervielfältigungs- und Verbreitungsrecht und dem Recht zur öffentlichen Wiedergabe zu beachten. Das Vervielfältigungs- und Verbreitungsrecht bezieht sich nicht, wie bei § 71 UrhG, auf die Ausgabe, sondern auf das Werk: Im Interesse des Schutzes seines Absatzes kann der Herausgeber auch die Vervielfältigung und Verbreitung verbieten, die ohne Benutzung seiner Ausgabe, beispielsweise aufgrund von privaten Aufzeichnungen von Märchen und Sagen, erfolgt. Dagegen steht dem Herausgeber das Recht der öffentlichen Wiedergabe nur zu, wenn sie unter Benutzung der Vervielfältigungsstücke der Ausgabe erfolgt. Der Herausgeber kann daher beispielsweise nicht untersagen, daß Volkslieder, die sich in der Tradition durch öffentliche Wiedergabe erhalten haben, ohne Benutzung seiner Ausgabe weitergesungen werden. Vgl. dazu BGHZ 64, 164: Das von Bizet geschaffene gemeinfreie Jugendwerk „TE DEUM", das bisher noch nicht erschienen war, wurde in der Bundesrepublik herausgegeben. Ohne Benutzung dieser Ausgabe wurde das Werk aufgrund einer Kopie der Originalpartitur öffentlich aufgeführt. Die Aufführung konnte von dem Herausgeber nicht untersagt werden. Dagegen ist, wie der BGH mit Recht ausführte, die zu Sendezwecken vorgenommene Aufzeichnung des Werkes, wenn sie nach dem Erscheinen der Ausgabe erfolgt, ein Eingriff in das Vervielfältigungsrecht am Werk, das dem Herausgeber zusteht.

III. In Fällen, in denen eine wissenschaftliche Ausgabe in der Bundesrepublik erscheint, die Erstausgabe des Werkes ist, sind die Voraussetzungen sowohl des § 70 wie des § 71 UrhG erfüllt. Das Schutzrecht des § 70 steht dabei dem Verfasser, das Schutzrecht des § 71 UrhG dem Herausgeber zu. In ihrem Inhalt decken sich die beiden Schutzrechte nur teilweise. Das Schutzrecht an der wissenschaftlichen Ausgabe hat insofern einen weiteren Umfang, weil es dem Inhalt des Urheberrechts entspricht; das Schutzrecht der Erstausgabe insofern, als sich das ausschließliche Recht der Vervielfältigung und Verbreitung nicht nur auf die Ausgabe, sondern auf das Werk bezieht. Bei der Frage, wie sich die Schutzrechte zueinander verhalten, ist m. E. zu unterscheiden: Ist der Verfasser der Ausgabe mit dem Herausgeber identisch, so stehen ihm beide Rechte zu. Er kann im Einzelfall die weitergehenden Rechte in Anspruch nehmen. Soll dagegen die Herausgabe durch einen anderen erfolgen, so bedarf der Herausgeber der Einräumung des Vervielfältigungs- und Verbreitungsrechts durch den Verfasser. Sie wird in der Regel Einräumung des ausschließlichen Rechts sein. Der Herausgeber kann dann sowohl aufgrund des übertragenen wie aufgrund des eigenen Rechts die Vervielfältigung und Verbreitung der Ausgabe, kraft eigenen Rechts auch die Vervielfältigung und Verbreitung des Werkes in anderer Fassung untersagen. Soweit die Rechte — darunter insbesondere das Recht zur öffentlichen Wiedergabe und die Bearbeitungsrechte — dem Verfasser verblieben sind, können sie in dem gesetzlich vorgesehenen Umfang sowohl vom Verfasser wie vom Herausgeber geltend gemacht werden. Zu ihrer Verwertung und Vergabe ist daher gegebenenfalls die Zustimmung beider erforderlich. Das Urheberpersönlichkeitsrecht steht nur dem Verfasser zu.

II. Der Schutz der Lichtbilder

§ 119

I. Für Lichtbilder und Erzeugnisse, die ähnlich wie Lichtbilder hergestellt werden, sieht § 72 UrhG ein verwandtes Schutzrecht vor, auf das die für den Schutz von Lichtbildwerken geltenden Vorschriften sinngemäß anzuwenden sind.

1. Lichtbilder i. S. der gesetzlichen Terminologie sind Fotografien, die mangels schöpferischer Leistung keine Lichtbildwerke sind. In Be-

tracht kommen sowohl Aufnahmen, die in Gewerbebetrieben routinemäßig gemacht werden, wie einfache Liebhaberaufnahmen.

BGH in GRUR 1967, 316 spricht von Leistungen, die im wesentlichen nur auf handwerklichem Können beruhen. Aber selbst handwerkliches Können ist nicht erforderlich; auch die Aufnahme des Amateurs, dem handwerkliches Können fehlt, ist geschützt. Eine andere Frage ist es, ob der Schutz nicht ein Mindestmaß an persönlicher Leistung erfordert und da zu versagen ist, wo eine bloß automatische Aufnahme vorliegt. Die Frage ist m. E. zu bejahen. Fotokopien und Mikrokopien sind keine schutzfähigen Lichtbilder (ebenso HUBMANN, UR, S. 259). Werden geschützte Werke fotokopiert, so stellt sich die heute vordringliche Frage nach dem Schutz des Urhebers. Sie stellt sich auch dann, wenn von Fotokopien weitere Kopien hergestellt werden; aber ein Schutz des Kopisten kommt nicht in Betracht. Auch Aufnahmen, beispielsweise Aufnahmen von Paßbildern, die durch einen Automaten (Photomaton) hergestellt werden, sind m. E. nicht schutzfähig; abweichend FROMM-NORDEMANN, UrhG, § 72, Anm. 2.

2. Der Schutz erstreckt sich auch auf die Erzeugnisse, die in ähnlicher Weise wie Lichtbilder hergestellt werden. Wie bei Lichtbildwerken ist entscheidend, daß die Bilder unter Benutzung strahlender Energie hergestellt werden. Gleichgültig ist es insbesondere, ob es sich um eine Aufnahme auf Film, Platte oder Magnetband handelt.

Urheberrechtlichen Grundsätzen entspricht die Annahme, daß, wie bei Lichtbildwerken, auch die körperliche Festlegung fehlen kann. BGHZ 37, 7. Zur Rechtslage bei Fernsehsendungen vgl. oben § 26 III.

3. Inhaber des Schutzrechts ist der Lichtbildner; § 72 Abs. 2 UrhG. Eine Übertragung des Schutzrechts ist, ebenso wie eine Übertragung des Urheberrechts, nur im Zug des Erbgangs möglich. Der Lichtbildner kann aber anderen Nutzungsrechte einräumen. Insbesondere ist bei angestellten Fotografen im Zweifel auch ohne ausdrückliche Vereinbarung anzunehmen, daß sie dem Arbeitgeber für die Zwecke seines Unternehmens die Rechte zur Vervielfältigung, Verbreitung und öffentlichen Wiedergabe einräumen.

Vgl. dazu KG in GRUR 1976, 264. Es ging um Aufnahmen, die eine in der Stiftung Preußischer Kulturbesitz angestellte Fotografin auftragsgemäß von Exponaten des Museumsbestands gemacht hatte. Zutreffend nahm das KG an, daß die Lichtbildnerin das Recht zur Vervielfältigung und Verbreitung der Stifung mit der Maßgabe eingeräumt hatte, daß die Stiftung auch berechtigt war, ihrerseits dem Leiter der Stiftung die Vervielfältigung und Verbreitung im Rahmen einer staatlich geförderten populärwissenschaftlichen Veröffentlichung („Gesicherte Spuren — Aus der früheren Vergangenheit der Mark Brandenburg") zu gestatten. Entscheidend war dabei, daß auch diese Veröffentlichung noch im Rahmen des Stiftungszwecks gelegen war.

Bei den Lichtbildern, die für Filme oder Laufbilder geschaffen werden, steht das Recht zur filmischen Verwertung kraft Gesetzes dem Filmhersteller zu. Vgl. oben § 36 IV 1.

II. Daß das UrhG für den Schutz von Lichtbildern die sinngemäße Anwendung der Regeln über den Schutz von Lichtbildwerken vorschreibt, hat, wie bereits oben (§ 26 II) ausgeführt wurde, seinen Grund darin, daß der Gesetzgeber wegen der Schwierigkeit der Unterscheidung aus pragmatischen Gründen sich grundsätzlich für eine Gleichheit der Rechtslage entschieden hat. Insbesondere beträgt daher die Schutzdauer sowohl bei Lichtbildwerken wie bei einfachen Lichtbildern gemäß § 68 UrhG 25 Jahre nach dem Erscheinen bzw., wenn das Lichtbild innerhalb dieser Frist nicht erschienen ist, seit der Herstellung.

Über Reformbestrebungen zur Verlängerung der Schutzfrist vgl. oben § 26 IV.

Darüber hinaus bedeutet die Gleichstellung, daß das Schutzrecht an Lichtbildern ebenso wie das Urheberrecht an Lichtbildwerken die Quelle sowohl der Verwertungsrechte wie der Vergütungsansprüche und der persönlichkeitsrechtlichen Befugnisse ist, die das UrhG allgemein für geschützte Werke vorsieht. Es fragt sich jedoch, ob sich nicht unter dem Gesichtspunkt der nur sinngemäßen Anwendung der Regeln über Lichtbildwerke Unterschiede hinsichtlich des Schutzes ergeben.

1. Eine Unterscheidung bezüglich des Schutzumfangs hat der BGH in GRUR 1967, 315 versucht. Der Schutz einfacher Lichtbilder, so heißt es in der Entscheidung, beschränke sich auf die konkrete Aufnahme als körperlicher Gegenstand und daher nur auf die Vervielfältigung in unveränderter Form. Dabei scheint der Gedanke nahezuliegen, daß die Rechtslage eine ähnliche ist wie bei den verwandten Schutzrechten der ausübenden Künstler, der Hersteller von Ton- und Bildträgern und der Sendeunternehmen: Für diese Gruppe der verwandten Schutzrechte ist charakteristisch, daß sich das Schutzrecht auf die unmittelbare Leistungsübernahme beschränkt, die mittels technischer Mittel erfolgt, nicht aber einen Schutz gegen nachschaffende Leistungen gewährt.

Diese Beschränkung des Schutzumfangs gilt aber für die verwandten Schutzrechte nicht allgemein, beispielsweise nicht für die Schutzrechte an wissenschaftlichen Ausgaben und an nachgelassenen Werken. Auch auf einfache Lichtbilder ist sie nicht anwendbar: Der Lichtbildner wird auch dagegen geschützt, daß ein anderer — mit oder ohne die Hilfe einer Pause — eine Nachzeichnung vornimmt, auch wenn damit kleinere Änderungen verbunden sind.

Gegenstand des Schutzes ist, richtig gesehen, nicht das körperliche Objekt, sondern seine wiederholbare Gestalt und Erscheinung. Die Frage, um die es geht, ist die Frage nach dem Schutzumfang.

2. Unterschiede bezüglich des Schutzes können sich jedoch aus allgemeinen urheberrechtlichen Regeln ergeben. Zu erinnern ist an den Grundsatz, daß ein Werk stärkerer Eigenart schwerer in ein nachgeschaffenes Werk aufgeht, ohne ihm seinen charakteristischen Stempel aufzudrücken, als ein Werk schwächerer Eigenart. Vgl. RGZ 169, 114 sowie oben § 58 II 1. Je geringer die Eigenart der Fotografie ist, umso eher kann freie Benutzung angenommen werden. Beispielsweise ist in den nicht seltenen Fällen, in denen eine Liebhaberaufnahme als Vorlage

für ein Gemälde oder ein anderes Kunstwerk benutzt wird, das nach dem Tode des Abgebildeten geschaffen wird, in aller Regel freie Benutzung anzunehmen.

Der Schutz gegen Entstellungen und andere Beeinträchtigungen setzt eine Gefährdung berechtigter geistiger oder persönlicher Interessen voraus (§ 14 UrhG). An einem solchen Interesse kann es bei einfachen Lichtbildern fehlen. Auch das Recht auf Namensnennung, das auch der Urheber nicht stets geltend machen kann (oben § 40 III), kann von einem angestellten Fotografen nicht in Anspruch genommen werden, der routinemäßige Aufnahmen macht.

Solche Abstufung nötigt aber nicht zu einer Grenzziehung, die der Gesetzgeber vermeiden wollte. Auch bei Lichtbildwerken variiert der Schutz je nach der Stärke ihrer Eigenart. Die sachgemäße Entscheidung ist daher in Anwendung allgemeiner urheberrechtlicher Regeln zu treffen, ohne daß der Richter im Einzelfall zu entscheiden braucht, ob die Fotografie an der oberen Grenze einfacher Lichtbilder oder der unteren Grenze von Lichtbildwerken einzuordnen ist.

III. Die Gleichstellung mit Lichtbildwerken gilt auch für den Anwendungsbereich der Regeln über die Lichtbilder; § 124 UrhG. Im Sinne der RBÜ und des WUA sind sie m. E. als Werke zu deuten.

III. Die Rechte der ausübenden Künstler, der Hersteller von Ton- und Bildträgern und der Sendeunternehmen

Baum, Über den Rom-Entwurf zum Schutze der vortragenden Künstler, der Hersteller von Phonogrammen und des Rundfunks, in GRUR Int. 1953, 197 ff.; Bodenhausen, Protection of neighbouring rights in literary and artistic products and copyright problems, Duke University, School of Law, USA (1954), S. 156 ff.; Straschnov-Bergström-Greco, Protection internationale des droits voisins, 1958; Ulmer, Der Rechtsschutz der ausübenden Künstler, der Hersteller von Tonträgern und der Sendegesellschaften in internationaler und rechtsvergleichender Sicht, Heft 1 der Urheberrechtlichen Abhandlungen des MPI, 1957 (mit weiteren Literaturnachweisen); ders., Das Rom-Abkommen über den Schutz der ausübenden Künstler, der Hersteller von Tonträgern und der Sendeunternehmen, in GRUR Int. 1961, 569 ff.

1. Nationale und internationale Rechtsentwicklung

§ 120. Allgemeines

I. Ein Schutz der ausübenden Künstler, der Hersteller von Tonträgern und der Sendeunternehmen hat sich als Folge der technischen Entwicklung im Lauf des 20. Jahrhunderts als erforderlich erwiesen.

1. In der deutschen Gesetzgebung wurde eine erste einschlägige Bestimmung durch die Novelle von 1910 geschaffen, die dem LUG die Vorschrift des § 2 Abs. 2 einfügte: Die Übertragung von Werken der Literatur und Tonkunst auf „Vorrichtungen für Instrumente, die der mechanischen Wiedergabe für das Gehör dienen“, wurde einer Bearbeitung des Werkes gleichgestellt. Neben Musikinstrumenten alter Art, wie Drehorgel, Orchestrion u. dgl., ging es vor allem um die Schallplatten,

auf denen die Wiedergabe der Werke durch ausübende Künstler festgelegt wird. Nach der gesetzlichen Regel galt dabei der ausübende Künstler als Bearbeiter. Der Gesetzgeber rechnete aber damit, daß die Künstler das Recht, das in ihrer Person entsteht, auf die Schallplattenhersteller übertragen werden, die auf dieser Grundlage das Nachpressen der Platten untersagen können.

Die Regelung folgte der Meinung, die JOSEF KOHLER in GRUR 1909, 230 ff. und MuW 1909, 269 vertreten hatte. Seine bisherige Ansicht, so schrieb KOHLER, daß die Kunst der Wiedergabe nur Gegenstand eines Persönlichkeitsrechts, nicht aber eines Urheberrechts sein könne, sei nur richtig gewesen, solange es nicht möglich war, die Darbietungen des ausübenden Künstlers festzulegen. Seitdem aber das Mittel geschaffen wurde, der Wiedergabe Dauer zu verleihen, müsse auch die Wiedergabe als ,,Autorwerk'' anerkannt werden.

2. Die Regelung durch die Novelle von 1910 war ein erster, noch unvollkommener Schritt. Die Gleichstellung der Wiedergabe eines Werkes mit einer Bearbeitung war eine Fiktion. Sie vermochte zwar zu verdeutlichen, daß das Recht an der Wiedergabe vom Urheberrecht am Werk in ähnlicher Weise zu unterscheiden ist wie das Urheberrecht an der Bearbeitung von dem Urheberrecht am Originalwerk. Seinem Wesen nach ist aber das Schutzrecht nicht als Bearbeiterurheberrecht, sondern als Leistungsschutzrecht an der Wiedergabe zu deuten. Auch zeigte sich in der Folge, daß die Übertragung der Rechte der ausübenden Künstler an den Hersteller der Tonträger keine Selbstverständlichkeit ist; die Interessenlage erfordert vielmehr die Anerkennung besonderer Rechte von Künstlern und Herstellern. Weitergehend kam später auch der Schutz der Sendeunternehmen sowie der Hersteller von Bildträgern in Sicht.

Aus dem deutschen Reformschrifttum vgl. insbesondere W. HOFFMANN, in UFITA 12 (1939) 96 ff. Wesentlich für die weitere Entwicklung waren auch die Entscheidungen des BGH vom 31. 5. 1960 (BGHZ 33, 1, 38 und 48), in denen aus § 2 Abs. 2 LUG auch das Recht der ausübenden Künstler abgeleitet wurde, die öffentliche Wiedergabe ihrer auf Tonträgern festgelegten Darbietungen zu bewilligen.

3. Den deutschen Reformplänen parallel gingen Bestrebungen zu einer Regelung auf internationaler Ebene. Sie fanden ihren Abschluß in dem Rom-Abkommen über den Schutz der ausübenden Künstler, der Hersteller von Tonträgern und der Sendeunternehmen von 1961. In der Bundesrepublik erfolgte die Neuregelung im UrhG von 1965, die auch die Ratifikation des Rom-Abkommens ermöglichte.

II. Die Rechte der ausübenden Künstler, der Hersteller von Tonträgern und der Sendeunternehmen pflegt man im internationalen Recht als angrenzende Rechte (droits voisins, neighbouring rights) zu bezeichnen. Der deutsche Rechtsbegriff der verwandten Schutzrechte ist umfassender, schließt aber jedenfalls die Gruppe der angrenzenden Rechte ein und erweitert sie durch den Schutz der Hersteller von Bildträgern und

Bild- und Tonträgern sowie der Veranstalter von Darbietungen der ausübenden Künstler.

Die gemeinsame Regelung der angrenzenden Rechte, wie sie im Rom-Abkommen erfolgt ist, darf freilich nicht darüber täuschen, daß die Rechte ihrer Natur nach von verschiedener Art sind.

1. Bei den ausübenden Künstlern geht es zunächst um die Achtung vor ihrer Persönlichkeit, die es ausschließen muß, daß Aufnahmen oder Sendungen ihrer persönlichen Darbietungen ohne ihre Zustimmung erfolgen. Der Zwang für die Verwerter zur Einholung der Zustimmung und damit zum Vertragsschluß mit den ausübenden Künstlern bedeutet zugleich die Sicherung der nächstliegenden wirtschaftlichen Interessen der Künstler.

Dazu kommt, daß die Darbietungen der Künstler, wenn sie gesendet oder körperlich festgelegt werden, weiterverwertet werden können: Die Sendung kann Gegenstand der Wiedergabe in öffentlichen Lokalen werden. Die Ton- und Bildträger können vervielfältigt und zur öffentlichen Wiedergabe benutzt werden. Die Benutzung zur öffentlichen Wiedergabe — die sogenannte Zweitverwertung der Darbietungen — beeinträchtigt dabei die Interessen der ausübenden Künstler, da sie die persönliche Darbietung zu ersetzen vermag. Zum Ausgleich sieht das UrhG Ansprüche der Künstler gegen die Veranstalter auf Zahlung einer angemessenen Vergütung vor.

Neben wirtschaftlichen sind auch die ideellen Interessen der ausübenden Künstler zu berücksichtigen: Sie müssen in der Lage sein, Entstellungen ihrer Darbietungen, die ihr Ansehen oder ihren Ruf gefährden, zu untersagen. Ähnlich wie die Urheberrechte, müssen daher auch die Schutzrechte der ausübenden Künstler vermögensrechtliche und persönlichkeitsrechtliche Elemente enthalten.

2. Die Schutzrechte der Hersteller von Ton- und Bildträgern und der Sendeunternehmen stehen ihrem Wesen nach den Urheberrechten nicht in gleicher Weise nahe wie die Rechte der ausübenden Künstler. Es geht um den vermögensrechtlichen Schutz der Leistungen, die bei der Aufnahme und der Sendung erbracht werden. Anders als die Rechte der Urheber und ausübenden Künstler, entstehen sie nicht in der Person dessen, der Werke schafft oder darbietet. Inhaber der Rechte sind vielmehr die Unternehmen, die die Apparaturen einsetzen und denen die Leistungen ihres technischen Personals zugerechnet werden. Bestimmte Interessenverletzungen, wie das Nachpressen oder Überspielen von Schallplatten und das Weitersenden der Rundfunksendungen, könnten unter den Voraussetzungen des § 1 UWG schon als Handlungen unlauteren Wettbewerbs bekämpft werden. Wie aber bereits oben (§ 3 II) ausgeführt wurde, fehlt es dem wettbewerbsrechtlichen Schutz an festen Konturen.

Solche Unbestimmtheit wird durch die Anerkennung ausschließlicher, zeitlich begrenzter Rechte vermieden.

3. Auf die Verschiedenheit der Rechtsnatur der angrenzenden Rechte ist im Schrifttum wiederholt hingewiesen worden.

Vgl. v. GAMM, UrhG, Einl., Rdz. 31 ff., und TROLLER, Immaterialgüterrecht II, S. 820 ff. Sie kritisieren u. a. die Regelung in Gesetzen, die die Rechte in der Nähe der Urheberrechte ansiedeln. TROLLER spricht von einem „dogmatischen und rechtspolitischen Durcheinander". Vgl. auch seine Schrift Jurisprudenz auf dem Holzweg, Bd. 13 der Schriftenreihe der INTERGU (1959).

Trotz dieser Verschiedenheit sprach aber für die Regelung der angrenzenden Rechte aus einheitlicher Sicht die Nähe der Beziehungen, die zwischen den Schutzgegenständen besteht: Ton- und Bildträger sowie Rundfunksendungen sind die Medien, die die Darbietungen der ausübenden Künstler festhalten oder in die Ferne tragen. Auf nationaler wie auf internationale Ebene galt es daher, die Regeln sinngemäß aufeinander abzustimmen.

Dazu kommt, daß die angrenzenden Rechte auch in ihrer Ausgestaltung ein für sie charakteristisches gemeinsames Merkmal aufweisen: Anders als bei den Urheberrechten und den anderen verwandten Schutzrechten, wird der Schutz nur dagegen gewährt, daß die Darbietungen der Künstler, die Festlegung auf Ton- und Bildträgern sowie die Sendung durch Rundfunk durch technische Mittel übernommen werden, nicht aber gegen nachschaffende Leistungen. Nicht hinsichtlich ihrer Rechtsnatur, wohl aber im Blick auf den Schutzumfang erweisen sie sich daher im Rahmen der verwandten Schutzrechte als eine besondere Gruppe.

III. Die Grenzlinie zu den Urheberrechten ist klar gezogen: Gegenstand der Urheberrechte ist das Werk. Gegenstände der angrenzenden Rechte sind dagegen Vorträge und Aufführungen, Ton- und Bildträger sowie Sendungen durch Rundfunk. Werden geschützte Werke vervielfältigt, verbreitet oder öffentlich wiedergegeben, so ist stets die Zustimmung der Urheber erforderlich. Aus den angrenzenden Rechten folgt nur, daß außer den Rechten der Urheber auch die Rechte der ausübenden Künstler, der Hersteller von Ton- und Bildträgern sowie der Sendeunternehmen beachtet werden müssen.

Abweichend hatte PIOLA CASELLI, UFITA 11 (1938) 1 ff. und 71 ff., sowie Codice del Diritto d'Autore, S. 457 ff., gelehrt, daß neben dem ausschließlichen Recht des Urhebers kein Raum für ein weiteres ausschließliches Recht sein könne. Er verkannte dabei aber, daß die Rechte verschiedene Gegenstände haben. Mit Grund sind ihm daher HOFFMANN, in UFITA 12 (1939) 96 ff., und DE BOOR, in UFITA 13 (1940) 186 ff., entgegengetreten.

Dogmatisch gesehen, besteht kein Hindernis für die Ausgestaltung der angrenzenden Rechte als ausschließliche Rechte. Dagegen fragt sich, ob solcher Regelung das Bedenken entgegensteht, daß sie zu einer mittelbaren Beeinträchtigung der Interessen der Urheber führen können. Solche Bedenken sind von Urheberverbänden insbesondere bezüglich der Rechte der ausübenden Künstler geltend gemacht worden. Sie weisen darauf hin, daß die Möglichkeit der Verwertung der Werke der Urheber durch die Geltendmachung der Rechte der ausübenden Künstler beschränkt werden könne.

Auf diesen Gedanken wird heute insbesondere noch in Frankreich hingewiesen. Vgl. DESBOIS-FRANÇON-KERREVER, Les Conventions internationales (1976) S. 340. Frankreich ist daher bis heute dem Rom-Abkommen nicht beigetreten.

Bei der Beurteilung der Interessenlage ist zu unterscheiden:

1. Unbegründet ist jedenfalls der Einwand, daß die Urheber durch das Recht der ausübenden Künstler, die Sendung oder die körperliche Festlegung ihrer persönlichen Darbietungen zu bewilligen oder zu verbieten, „blockiert" werden können. Realistisch gesehen, liegt es so, daß bei einem Verbot durch einzelne Künstler andere bereit sind, ihre Zustimmung zur Sendung und zur körperlichen Festlegung ihrer Darbietungen zu erteilen. Auch ist es aus persönlichkeitsrechtlichen Gründen unerläßlich, daß den Künstlern die Entscheidung darüber zusteht, ob ihre persönlichen Darbietungen gesendet oder festgelegt werden dürfen.

2. Anders steht es bezüglich der Zweitverwertung der mit Zustimmung der ausübenden Künstler gesendeten oder körperlich festgelegten Darbietungen. Die weitgehende Verbreitung der Zweitverwertung hat einen Rückgang der Aufträge zu persönlichen Darbietungen zur Folge, in dem die Künstler und ihre Verbände eine ernste Gefahr für ihren Berufsstand sehen. Würde den ausübenden Künstlern das Recht gewährt, die Zweitverwertung zu untersagen, so würden sie bzw. die Gesellschaften, die ihre Rechte wahrnehmen, solche Verwertungen, insbesondere Verwertungen durch den Rundfunk, aufgrund des Verbotsrechts, wenn nicht ausschließen, so doch jedenfalls wesentlich beschränken. Die Folge wäre eine Beeinträchtigung der Interessen der Urheber an der möglichst weitgehenden Verwertung ihrer Werke.

Für die rechtliche Beurteilung fällt dabei auch ins Gewicht, daß in den Fällen, in denen die ausübenden Künstler der Sendung und der körperlichen Festlegung ihrer Darbietungen zugestimmt haben, keine persönlichkeitsrechtlichen Gründe mehr für die Anerkennung eines Verbotsrechts vorliegen. In den Gesetzen, die, wie es im UrhG der Bundesrepublik der Fall ist, den Künstlern Rechte bezüglich der Zweitverwertung gewähren, werden daher nur Ansprüche auf eine angemessene Vergütung vorgesehen.

Erwünscht bleiben freilich sonstige geeignete Maßnahmen zur Förderung der persönlichen Darbietungen der ausübenden Künstler, darunter auch eine Beschränkung, die sich die Rundfunkanstalten selbst auf freiwilliger Basis bezüglich der Benutzung von Schallplatten zu Sendezwecken auferlegen.

3. Auch gegen die Zuerkennung von Vergütungsansprüchen an die ausübenden Künstler wird freilich noch heute, insbesondere in Frankreich, das Bedenken geltend gemacht, daß sie den Interessen der Urheber zuwiderlaufen: Die Zahlungsbereitschaft der Verwerter sei nicht unbegrenzt. Die Urheber müßten sich daher den „Kuchen", den die Verwerter zur Verfügung stellen, mit den ausübenden Künstlern teilen. Die Erfahrung in den Staaten, die Vergütungsansprüche zugunsten der Künstler vorsehen, haben aber diese sogenannte Kuchentheorie widerlegt: Die Geltendmachung der Vergütungsansprüche durch die ausübenden Künstler hat nicht zu einer Schmälerung der Einnahmen der Urheber geführt.

Vgl. dazu den Bericht des Regierungsausschusses des Rom-Abkommens in DdA 1979, 311 ff. und die ihm vorausgegangenen Feststellungen eines Unterausschusses in DdA 1979, 109 ff.

§ 121. Das Recht der Konventionen

I. Dem Rom-Abkommen über den Schutz der ausübenden Künstler, der Hersteller von Tonträgern und der Sendeunternehmen vom 26. Oktober 1961 waren langjährige Vorarbeiten vorausgegangen, insbesondere in Sachverständigenausschüssen, die von dem Internationalen Büro der Berner Union, der UNESCO und dem Internationalen Arbeitsamt eingeladen worden waren.

Vgl. über die Vorarbeiten Baum in GRUR Int. 1953, 197 ff. sowie Ulmer, Der Rechtsschutz der ausübenden Künstler (1957) und in GRUR Int. 1961, 589 ff. Die Wege der internationalen Organisationen haben sich zeitweise getrennt. Die Sachverständigen der Berner Union und der UNESCO einerseits, diejenigen des Internationalen Arbeitsamtes andererseits hatten verschiedene Entwürfe ausgearbeitet. Die Zusammenarbeit wurde aber später wieder aufgenommen und führte zu dem Haager Entwurf von 1960, der die Grundlage für die Arbeiten der Rom-Konferenz wurde. — Zur Prüfung der Fragen, die sich auf die Anwendung und Durchführung des Abkommens sowie auf die Vorbereitung etwaiger Revisionen beziehen, wurde durch Art. 32 des Abkommens ein Ausschuß von Regierungsvertretern berufen, dessen Sekretariat sich aus Angehörigen des Internationalen Arbeitsamtes, der UNESCO und der WIPO zusammensetzt. — Über den Verlauf der Konferenz unterrichtet der Generalbericht, der von A. Kaminstein, dem Chef der Delegation der Vereinigten Staaten, erstattet wurde.

1. Das Rom-Abkommen baut, ebenso wie RBÜ und WUA, auf dem Grundatz der Inländerbehandlung auf und ergänzt ihn durch Regeln über einen Mindestschutz.

Der Schutz des Abkommens in den Vertragsstaaten bezieht sich auf Sachverhalte, die durch die in Art. 4—6 näher bestimmten Anknüpfungsmerkmale mit anderen Vertragsstaaten verbunden sind. Die Regelung der nationalen Sachverhalte, bei denen eine solche Verbindung mit anderen Vertragsstaaten fehlt, bleibt der innerstaatlichen Gesetzgebung vorbehalten.

Der Mindestschutz der drei Gruppen von Berechtigten ist in Art. 7 ff. des Abkommens geregelt.

a) Der Schutz der ausübenden Künstler, der, wie in Großbritannien, auch ein strafrechtlicher Schutz sein kann, umfaßt zunächst den Schutz gegen die Sendung und die sonstige öffentliche Wiedergabe ihrer unmittelbaren (weder körperlich festgelegten noch gesendeten) Darbietungen sowie den Schutz gegen die körperliche Festlegung ihrer Darbietungen, in bestimmten Fällen auch den Schutz gegen die Vervielfältigung der Festlegungen. Ausschließliche Privatrechte sind für die Hersteller von Tonträgern und die Sendeunternehmen vorgesehen: Die Hersteller von Tonträgern können die Vervielfältigung ihrer Tonträger, die Sendeunternehmen können insbesondere die Weitersendung und die körperliche Festlegung ihrer Sendungen bewilligen oder untersagen.

Die Mindestschutzdauer, zu der das Abkommen die Vertragsstaaten verpflichtet, beträgt 20 Jahre. Ihr Lauf beginnt bei den Tonträgern und den Darbietungen, die auf ihnen festgelegt sind, am Ende des Jahres der Festlegung, bei sonstigen Darbietungen am Ende des Jahres, in dem sie stattgefunden haben, bei Sendungen am Ende des Jahres, in dem sie ausgestrahlt wurden.

b) Die Rechte im Fall der sogenannten Zweitverwertung von Tonträgern sind in Art. 12 des Abkommens geregelt: Werden die zu Sendezwecken veröffentlichten Tonträger, insbesondere Industrieschallplatten, unmittelbar zu einer Sendung oder einer sonstigen öffentlichen Wiedergabe benutzt, so hat der Benutzer den ausübenden Künstlern, den Herstellern von Tonträgern oder beiden eine einzige angemessene Vergütung zu bezahlen. Diese bereits im Haager Entwurf vorgesehene Bestimmung, die von den Urheberverbänden und der Europäischen Rundfunk-Union bekämpft wurde, war auf der Konferenz besonders umstritten. Sie wurde zwar angenommen; den Vertragsstaaten bleibt aber die Erklärung vorbehalten, daß sie die Bestimmung nicht oder nur zum Teil zur Anwendung bringen.

Das Erfordernis der unmittelbaren Benutzung der Tonträger schließt den Mindestschutz, zu dessen Gewährung die Vertragsstaaten verpflichtet sind, u. a. in Fällen aus, in denen eine Schallplattensendung des Rundfunks weitergesendet oder in einem öffentlichen Lokal zu Gehör gebracht wird. — Mit der Bestimmung, daß die Vertragsstaaten die Vergütungsansprüche den ausübenden Künstlern, den Herstellern von Tonträgern oder beiden zuerkennen können, wurde auf die Verschiedenheit der in den Vertragsstaaten geltenden oder geplanten Regelungen Rücksicht genommen. In der Bundesrepublik Deutschland wurde das Recht den ausübenden Künstlern mit der Verpflichtung einer Beteiligung der Hersteller an der Vergütung zuerkannt; in Großbritannien den Herstellern der Tonträger, die vertraglich die ausübenden Künstler an den Erträgnissen zu beteiligen pflegen; andere Staaten, wie beispielsweise Österreich, gewähren die Vergütungsansprüche den Herstellern, verpflichten sie aber durch Gesetz zur Beteiligung der Künstler. Jedenfalls sollen aber die Benutzer nur mit einer einzigen Vergütung belastet werden. — Angesichts der Möglichkeit, Vorbehalte bezüglich der Anwendung des Art. 12 zu erklären, sowie einer Verschiedenheit der Bestimmungen über die Länge der Schutzdauer wurde in Art. 16 des Abkommens eine Reziprozitätsklausel vorgesehen: Die Vertragsstaaten können erklären, daß sie für Tonträger, deren Hersteller Angehörige eines anderen Vertragsstaats sind, den Umfang und die Dauer des Schutzes auf den Umfang und die Dauer beschränken, die der betreffende Staat den Tonträgern gewährt, die in den die Erklärung abgebenden Staaten hergestellt werden. Zum Begriff des Herstellers und der Herstellung von Tonträgern vgl. unten § 125 II 1.

c) Ein Schutz der Hersteller von Bildträgern sowie von Bild- und Tonträgern ist im Abkommen nicht vorgesehen. Angesichts der verschiedenen Konzeptionen, von denen die nationalen Rechtsordnungen bei der Regelung des Filmrechts ausgehen, war eine Einigung über einen solchen Schutz nicht zu erzielen. Unbefriedigend bleibt aber jedenfalls, daß das Abkommen zwar die Hersteller von Tonträgern gegen die Benutzung ihrer Tonträger zur Herstellung der Tonstreifen des Films, nicht aber umgekehrt die Filmhersteller gegen die Benutzung der Tonstreifen des Films zur Herstellung von Schallplatten und anderen Tonträgern schützt.

d) Im übrigen wurde auch der Schutz der ausübenden Künstler mit Rücksicht auf die Verwertung von Filmproduktionen beschränkt: Hat ein ausübender Künstler seine Zustimmung dazu erteilt, daß seine Darbietung in einen Bildträger oder einen Bild- und Tonträger eingefügt wird, so sind die weiteren Regeln über den Mindestschutz der ausübenden Künstler nicht mehr anwendbar. Art. 19 Rom-Abkommen.

2. Das Abkommen ist am 18. Mai 1964, für die Bundesrepublik Deutschland am 21. Oktober 1966 in Kraft getreten. Vertragsstaaten sind bisher 23 Staaten. Das zunächst nur langsame Anwachsen der Zahl der Ratifikationen und Beitritte ist, von Widerständen interessierter Kreise abgesehen, dadurch bedingt, daß mit dem Abkommen, anders als mit den Urheberrechtsabkommen, weitgehend Neuland betreten wurde. Es geht um den Schutz von Rechten, die in der großen Mehrzahl der Staaten beim Abschluß des Abkommens noch nicht oder nur teilweise anerkannt worden waren. Ihr Beitritt setzt daher einen Ausbau der nationalen Gesetzgebung voraus. Jedenfalls gehen aber von der Konvention Ausstrahlungen auch auf die nationalen Rechtsordnungen von Staaten aus, die dem Abkommen noch nicht beigetreten sind.

Vertragsstaaten sind nach dem Stand vom 1. 1. 1980 Brasilien, die Bundesrepublik Deutschland, Chile, Costa Rica, Dänemark, El Salvador, Ekuador, Fidschi, Guatemala, Irland, Italien, Kolumbien, Kongo, Luxemburg, Mexiko, Niger, Norwegen, Österreich, Paraguay, Schweden, Tschechoslowakei, Uruguay und das Vereinigte Königreich von Großbritannien und Nordirland. Die Schweiz bereitet im Zug der Urheberrechtsreform ihren Beitritt vor. Über die Ausstrahlung des Abkommens auf andere Länder vgl. NORDEMANN-VINCK-HERTIN, Internationales Urheberrecht, S. 269, sowie v. RAUSCHER, in GRUR Int. 1973, 310ff.

II. Das Rom-Abkommen ist das führende internationale Abkommen im Bereich der angrenzenden Rechte. Für einzelne Teilbereiche sind jedoch besondere Abkommen geschlossen worden.

1. Die unerlaubte Vervielfältigung von Tonträgern hat seit den sechziger Jahren dieses Jahrhunderts in wachsendem Maß um sich gegriffen. Die Piraterie, fabrikmäßig betrieben, blühte in einer großen Anzahl von Staaten, insbesondere auch in den USA. Die unautorisiert hergestellten Platten und Kassetten wurden exportiert; sie gelangten u. a. auch auf den europäischen Markt. Für eine wirksame Bekämpfung auf internationaler Ebene reichte das Rom-Abkommen angesichts der begrenzten Zahl der Vertragsstaaten nicht aus. Um dem Mißstand zu begegnen, wurde auf einer Konferenz, zu der UNESCO und WIPO eingeladen hatten, als besonderes Abkommen am 29. Oktober 1971 ein Übereinkommen zum Schutz der Hersteller von Tonträgern gegen die unerlaubte Vervielfältigung ihrer Tonträger unterzeichnet.

Der Schutz, zu dem sich die Vertragsstaaten verpflichten, ist ein Schutz der Hersteller von Tonträgern, die Angehörige anderer Vertragsstaaten sind, gegen die Herstellung von Vervielfältigungsstücken, die ohne ihre Zustimmung erfolgt, sowie gegen die Einfuhr der unautorisiert hergestellten Exemplare unter der Voraussetzung, daß die Herstellung oder die Einfuhr zum Zweck der Verbreitung an die Öffentlichkeit erfolgt; auch ist ein Schutz gegen die Verbreitung solcher Vervielfältigungsstücke an die Öffentlichkeit zu gewähren. Der Schutz kann, wie es das Rom-Abkommen vorsieht, durch ein ausschließliches Privatrecht erfolgen, das ein angrenzendes Recht oder, wie in den anglo-amerikanischen Staaten, ein Urheberrecht (copyright) sein kann. Der Schutz kann aber auch durch die Rechtsvorschriften über den unlauteren Wettbewerb und durch Strafbestimmungen gewährt werden. Die Möglichkeit, den Schutz auf wettbewerbsrechtlicher Grundlage zu gewähren, ist eine Einräumung an den französischen Rechtsstandpunkt. Die damit verbundene Unbestimmtheit der Konturen des Schutzes mußte im Interesse der Breitenwirkung des Übereinkommens in Kauf genommen werden.

Vertragsstaaten des Abkommens, das am 18. 4. 1973 in Kraft getreten ist und auch von der Bundesrepublik Deutschland ratifiziert wurde, sind nach dem Stand vom 1. 1. 1980 32 Staaten, vgl. DdA 1980, 38. — Über die Einzelbestimmungen vgl. ULMER, in GRUR Int. 1972, 69 ff., sowie NORDEMANN-VINCK-HERTIN, Internationales Urheberrecht, S. 343 ff. Angesichts der Möglichkeit, den Schutz auf wettbewerbsrechtlicher Grundlage zu gewähren, bleibt es den Vertragsstaaten überlassen, ob sie eine bestimmte Schutzdauer vorsehen. Ist dies wie bei der Gewährung des Schutzes durch ein ausschließliches Privatrecht oder durch Strafvorschriften der Fall, so darf die Schutzfrist nicht kürzer sein als 20 Jahre seit der ersten körperlichen Festlegung der Töne oder seit der Erstveröffentlichung des Tonträgers.

2. Für den Schutz der Sendeunternehmen wurde als weiteres Abkommen das bereits oben (§ 54 III 1) erwähnte Übereinkommen über die Verbreitung der durch Satelliten übertragenen programmtragenden Signale abgeschlossen. Es wurde nach mehrjährigen Vorarbeiten in

Sachverständigenausschüssen, zu denen UNESCO und WIPO eingeladen hatten, am 21. Mai 1974 in Brüssel unterzeichnet. Das Abkommen sieht den Schutz der Sendeunternehmen, die einem anderen Vertragsstaat angehören, gegen die Benutzung der an Satelliten ausgestrahlten oder darüber geleiteten Signale durch terrestrisch ausstrahlende Unternehmen vor, für die die Signale nicht bestimmt sind. Der Schutz braucht nicht, wie ursprünglich vorgesehen war, durch ein ausschließliches Privatrecht des Sendeunternehmens (angrenzendes Recht oder copyright) gewährt zu werden. Die Vertragsstaaten sind nur verpflichtet, einen Schutz durch angemessene Maßnahmen vorzusehen, die auch administrative Maßnahmen oder strafrechtliche Bestimmungen sein können.

Das Abkommen wurde von der Bundesrepublik ratifiziert und ist am 25. 8. 1979 in Kraft getreten; Vertragsstaaten sind nach dem Stand vom 1. 1. 1980 bisher nur 5 Staaten (vgl. DdA 1980, 38). In dem Gesetz der Bundesrepublik zu dem Abkommen vom 14. 2. 1979 ist ein Schutz durch ein verwandtes Schutzrecht vorgesehen. — Über die Vorgeschichte und die Einzelheiten der Regelung vgl. Masouyé, in GRUR Int. 1973, 291 ff., Steup, in GRUR Int. 1973, 341 ff.; sowie Steup-Bungeroth, in GRUR Int. 1975, 124 ff. Ein Schutz der über Direktsatelliten ausgestrahlten Signale, die von der Allgemeinheit unmittelbar empfangen werden können, wird durch das Abkommen nicht gewährleistet. Ein solcher Schutz kann auf internationaler Ebene nur aufgrund des Rom-Abkommens in Anspruch genommen werden. Vgl. im übrigen über das Verhältnis zum Rom-Abkommen unten § 127 II 1.

3. Auf regionaler Ebene wurde als besonderes Abkommen das Europäische Abkommen zum Schutz von Fernsehsendungen vom 22. Juni 1960 (geändert durch die Protokolle vom 22. 6. 1965 und vom 14. 1. 1974) geschlossen.

Der Entwurf des Abkommens war von einem vom Europarat eingeladenen Sachverständigenausschuß ausgearbeitet worden, dem der Mehrzahl nach Experten von Sendeunternehmen angehörten. Er stieß auf das Bedenken, daß die in ihm vorgesehenen Bestimmungen die für das Rom-Abkommen in Aussicht genommene Regelung vorwegnehmen sollten, während die Frage nach dem Schutz der Rechte der ausübenden Künstler und der Hersteller von Tonträgern, den die Europäische Rundfunk-Union bekämpfte, noch offenblieb. Vgl. zur Kritik Ulmer, in GRUR Int. 1960, 13 sowie die Stellungnahme der Bundesregierung in UFITA 31 (1960) 229 f. Dem Bedenken wurde in mehrfach veränderter Weise Rechnung getragen. Zuletzt wurde in dem Protokoll von 1974 vorgesehen, daß das Abkommen zwar ohne zeitliche Beschränkung in Kraft bleibt, daß aber vom 1. 1. 1985 ab kein Staat mehr Mitglied des Abkommens bleiben oder werden kann, wenn er nicht gleichzeitig dem Rom-Abkommen angehört. Das Abkommen, das von der Bundesrepublik ratifiziert wurde, ist für 10 europäische Staaten verbindlich; vgl. DdA 1980, 40.

In seinem Inhalt entspricht der Schutz, zu dem das Abkommen die Vertragsstaaten verpflichtet, im wesentlichen dem im Rom-Abkommen vorgesehenen Schutz der Fernsehsendungen. In Einzelfragen geht er aber weiter. Insbesondere ist auch ein Schutz gegen die öffentliche Übertragung der Fernsehsendungen durch Drahtfunk und gegen die Festlegung und Vervielfältigung der im Rahmen der Sendungen ausgestrahlten Einzelbilder vorgesehen.

4. Ein weiteres, vom gleichen Sachverständigenausschuß des Europarats vorbereitetes Abkommen ist das Europäische Abkommen über den Austausch von Programmen mit Fernsehfilmen. Es sieht keine Regelung der angrenzenden Rechte vor, sondern Vermutungen für die Rechtsübertragung an Fernsehunternehmen, die den Austausch der Programme erleichtern sollen; von der Bundesrepublik wurde das Abkommen nicht ratifiziert. — Auch das Europäische Übereinkommen zur Verhütung von Rundfunksendungen, die von Sendeunternehmen außerhalb der staatlichen Hoheitsgebiete gesendet werden, vom 22. 1. 1965 ist kein Übereinkommen über angrenzende Rechte. Es verpflichtet vielmehr die Vertragsstaaten, die erforderlichen Maßnahmen zu treffen, um die Errichtung der Piratensender, ihren Betrieb sowie die wissentliche Mitwirkung in ihren Vorhaben als Zuwiderhandlungen zu verfolgen. Das Abkommen, das von der Bundesrepublik ratifiziert wurde, ist für 14 Staaten verbindlich; vgl. DdA 1980, 40.

2. Der Schutz der Darbietungen der ausübenden Künstler

§ 122. Die geschützten Darbietungen

Ausübender Künstler i. S. des UrhG ist, wer ein Werk vorträgt oder aufführt oder bei einem Vortrag oder einer Aufführung eines Werkes künstlerisch mitwirkt; § 73 UrhG. Vorträge und Aufführungen zusammenfassend, spricht das UrhG in §§ 74 ff. von den Darbietungen der ausübenden Künstler.

I. Gegenstand des Rechtsschutzes ist die Darbietung von Werken oder die künstlerische Mitwirkung bei ihrer Darbietung. Gleichgültig ist, ob es sich um Darbietungen geschützter oder ungeschützter Werke handelt.

Darbietungen von Werken können auch die Darbietungen in einem Varietétheater oder bei einer Eisrevue sein, insbesondere wenn sie Aufführungen von pantomimischen oder choreographischen Werken sind. Vgl. darüber und über verwandte Beispiele (Darbietungen eines Musikclowns) FROMM-NORDEMANN, UrhG, § 73, Anm. 1.

Von einer zuweilen befürworteten Ausdehnung des Schutzes auf andere Leistungen, wie diejenigen von Artisten und Sportlern, hat dagegen das UrhG, ebenso wie das Rom-Abkommen, abgesehen. Möglicherweise kommt aber ein Schutz des Rechts am eigenen Bild und insbesondere ein Schutz des Veranstalters wegen unlauteren Wettbewerbs oder wegen eines Eingriffs in seinen Gewerbebetrieb in Betracht.

Aus der Rechtsprechung vgl. die Entscheidung des KG in UFITA 20 (1955) 199, in der der Schutz gegen die ungenehmigten Filmaufnahmen eines Boxkampfes abgelehnt wurde, da es sich angesichts der Bekanntheit der Boxer um Bilder aus dem Bereich der Zeitgeschichte handle; auch dem Veranstalter wurde kein Schutz zuerkannt. Dagegen ging der BGH in BGHZ 33, 28 davon aus, daß bei vergänglichen Darbietungen, bei denen eine Nachfrage nach ihrer Wiederholung besteht, wie bei den Darbietungen von Artisten und Sportlern, die eigenmächtige Ausnutzung außerhalb des vertraglich vorgesehenen Rahmens nicht nur aus persönlichkeitsrechtlichen, sondern auch aus allgemeinen bürgerlichrechtlichen Gründen untersagt werden kann. Auch wurde vom BGH in NJW 1970, 2060 im Grundsatz anerkannt, daß der Veranstalter eines Boxkampfes die ungenehmigte Ausstrahlung im Fernsehen sowohl aufgrund von § 1 UWG wie unter dem Gesichtspunkt des Eingriffs in den Gewerbebetrieb (823 Abs. 1 BGB) untersagen kann. Die Klage wurde jedoch deshalb abgewiesen, weil es sich nur um die Ausstrahlung kleiner Ausschnitte des Kampfes handelte, die längere Zeit nach der Veranstaltung erfolgte und durch die kein unmittelbares Interesse des Veranstalters mehr beeinträchtigt wurde. In der Praxis ist es angesichts der Kosten der Veranstaltungen besonders wichtig, daß die Veranstalter von olympischen Spielen und anderen sportlichen Wettkämpfen Aufnahme und Sendung durch das Fernsehen von ihrer Zustimmung und damit von der Zahlung einer Vergütung abhängig machen können.

II. Geschützt ist nicht nur die öffentliche, sondern auch die private Darbietung. Die Definition der Vortrags- und Aufführungsrechte der Urheber in § 19 UrhG, die von der Öffentlichkeit der Darbietung ausgeht, ist nicht anwendbar. Auch in der Frage, ob sich der Schutz auf künstlerische Darbietungen beschränkt oder ob beispielsweise auch das einfache unpersönliche Ablesen der Texte von Werken geschützt ist, verbietet sich eine Parallele mit dem Urheberrecht: Der Urheber kann jede öffentliche Wiedergabe seines Werkes untersagen, gleichgültig in welcher Weise sie erfolgt. Dem Rechtsschutz des ausübenden Künstlers ist dagegen der Gedanke immanent, daß eine schutzwürdige Leistung vorliegen muß. Dabei darf freilich keine „künstlerische Reife" verlangt werden. Es genügt vielmehr, daß die Wiedergabe des Werkes eine persönliche Note aufweist.

Abweichend v. GAMM, UrhG, § 73, Rdz. 5, der von den Begriffen des § 19 UrhG ausgeht. Vgl. dagegen DÜNNWALD, in UFITA 65 (1972) 105, sowie MÖHRING-NICOLINI, UrhG, § 73, Anm. 2, und LG Hamburg, in GRUR 1976, 151 („Rundfunksprecher"). FROMM-NORDEMANN, UrhG, § 73, Anm. 2, bejahen zwar den Schutz auch privater Darbietungen, sehen aber von dem Erfordernis einer schutzwürdigen Leistung ab.

III. Künstlerische Mitwirkung ist die Mitwirkung, die Einfluß auf die Darbietung nimmt, insbesondere die Mitwirkung des Dirigenten und Regisseurs. Anders steht es bei Leistungen, die sich, wie diejenigen von Kameramännern, Tonmeistern, Schnittmeistern, Beleuchtern u. a., nicht auf die Darbietung als solche, sondern auf die Art ihrer Wiedergabe auswirken.

Aus der Praxis vgl. die Entscheidung des BGH in UFITA 71 (1972) 163. Bei einem Maskenbildner, so heißt es in der Entscheidung, fehlt es an der künstlerischen Mitwirkung, wenn er, wie es der Regel entspricht, nur einen vorgegebenen Entwurf handwerksmäßig nachvollzieht. Richtiger wäre m. E. die Begründung, daß die vorbereitende Mitwirkung bei der Aufmachung des Künstlers keine Mitwirkung bei der Darbietung ist. Sonst wären gegebenenfalls auch die Kostümbildner zu den ausübenden Künstlern zu rechnen. Eine andere Frage ist es, ob dem Schöpfer der Maske oder dem Modeschöpfer ein Urheberrecht zusteht. Zum Tonregisseur vgl. OLG Hamburg, in GRUR 1976, 708: Er ist ausübender Künstler, wenn er durch Anwendung der Elektronik Klangeffekte erzielt.

§ 123. Die Rechte der ausübenden Künstler

I. Das Schutzrecht der ausübenden Künstler umfaßt Einwilligungsrechte, Vergütungsansprüche sowie einen persönlichkeitsrechtlichen

Schutz gegen Entstellungen und andere Beeinträchtigungen. In die Gliederung der Rechte, die aus ihm erwachsen, steht daher der Schutz der ausübenden Künstler dem Urheberrechtsschutz nahe. In seiner Ausgestaltung unterscheidet sich aber der Schutz, der besonderen Interessenlage entsprechend, von demjenigen der Urheber. Insbesondere bleibt er in Inhalt, Umfang und Dauer hinter dem Urheberrechtsschutz zurück.

Außer den verwandten Schutzrechten können die ausübenden Künstler Urheberrechtsschutz nur in Sonderfällen in Anspruch nehmen. Es sind die bereits oben (§ 28 III und V 2) genannten Fälle, bei denen die ausübenden Künstler nicht nur Interpreten des Werkes sind, sondern bei der Wiedergabe eine Bearbeitung vornehmen, sowie die Fälle, in denen sie, wie bei den sogenannten „offenen Werken", die Werkschöpfung vollenden. Abweichend TROLLER, Immaterialgüterrecht I, S. 500 ff., der von den Werken der ausübenden Künstler spricht und Dirigenten, Regisseure von Bühnenwerken und Solisten zu den Urhebern rechnet und den Begriff der angrenzenden oder verwandten Schutzrechte grundsätzlich verwirft.

II. Die Einwilligungsrechte und die Vergütungsansprüche der ausübenden Künstler sind in §§ 74—77 UrhG geregelt.

1. Die Darbietung des ausübenden Künstlers darf nur mit seiner Einwilligung auf Ton- oder Bildträger aufgenommen; die Ton- und Bildträger dürfen nur mit seiner Einwilligung vervielfältigt werden. § 75 UrhG.

Im Urheberrecht ist unter der Vervielfältigung auch bereits die Aufnahme des Werkes auf Ton- oder Bildträger zu verstehen. Bei den Rechten der ausübenden Künstler liegt es dagegen nahe klarzustellen, daß die Einwilligung der Künstler sowohl zur Aufnahme der Darbietung wie zur Vervielfältigung der Ton- und Bildträger erforderlich ist. Der Unterschied ist freilich nur ein terminologischer. Entscheidend ist, daß sich das Einwilligungsrecht des ausübenden Künstlers auf die körperliche Festlegung bezieht. Im Rechtsleben pflegen die ausübenden Künstler dem Schallplattenhersteller sowohl die Aufnahme der Darbietung wie die Vervielfältigung der Tonträger zu bewilligen. Die unbefugte Vervielfältigung rechtmäßig hergestellter Tonträger durch Dritte können sie aber untersagen. Auch darf die Vervielfältigung nicht zu anderen Zwecken als denjenigen erfolgen, zu denen sie bewilligt wurde: Der Schallplattenhersteller darf aufgrund der Einwilligung zur Vervielfältigung mangels anderer Vereinbarung die Tonträger nicht zur Herstellung von Bild- und Tonträgern benutzen oder solche Herstellung bewilligen.

2. Die Darbietung des ausübenden Künstlers darf nur mit seiner Einwilligung außerhalb des Raums, in dem sie stattfindet, durch Bildschirm, Lautsprecher oder ähnliche technische Einrichtungen öffentlich wahrnehmbar gemacht werden. § 74 UrhG.

Die Vorschrift entspricht mutatis mutandis der Regel des § 19 Abs. 3 UrhG. Wie diese, bezieht sie sich nicht auf die Lautsprecherwiedergabe im selben Raum, sondern nur auf die mittels einer Übertragung, insbesondere einer Drahtübertragung, erfolgende Wiedergabe in anderen Räumen. Vgl. oben § 51 IV.

3. Die Darbietung des ausübenden Künstlers darf nur mit seiner Einwilligung durch Rundfunk gesendet werden. § 76 Abs. 1 UrhG.

Die Einwilligung ist auch zu Wiederholungssendungen und Weitersendungen erforderlich. Für die Weitersendung wird dies in der amtlichen Begründung ausdrücklich hervorgehoben. Die Regel gilt aber auch für die Wiederholungssendungen: Der ausübende Künstler muß bestimmen können, ob seine Darbietung nur einmal oder wiederholt gesendet werden darf.

Ein Abschwächung des Einwilligungsrechts zu einem Vergütungsanspruch sieht das UrhG in Fällen vor, in denen Ton- oder Bildträger zur Sendung der Darbietung benutzt werden: Ist die Darbietung erlaubterweise auf Ton- oder Bildträger aufgenommen worden und sind die Ton- oder Bildträger erschienen, so steht dem ausübenden Künstler kein Einwilligungsrecht, sondern nur ein Recht auf Zahlung einer angemessenen Vergütung zu. § 76 Abs. 2 UrhG.

Die gesetzliche Regelung des § 76 UrhG ist insbesondere für Tonträger von Bedeutung; bei Bildträgern und Bild- und Tonträgern beschränkt sie sich grundsätzlich auf die Sendung von Filmen, die keine Filmwerke sind (vgl. § 92 UrhG sowie unten III 2). Tonträger, die erschienen sind, d. h. mit Zustimmung des ausübenden Künstlers in genügender Anzahl der Öffentlichkeit angeboten oder in Verkehr gebracht worden sind, sind vor allem die Industrieschallplatten und Kassetten. Bei Tonträgern, die nicht erschienen sind, beispielsweise bei Festlegungen, die von Sendeunternehmen zur Erleichterung des Sendebetriebs hergestellt werden, verbleibt es dagegen beim Einwilligungsrecht des ausübenden Künstlers.

4. Wird die Darbietung des ausübenden Künstlers mittels Ton- oder Bildträger oder die Sendung der Darbietung öffentlich wahrnehmbar gemacht, so steht dem ausübenden Künstler ein Anspruch auf angemessene Vergütung zu. § 77 UrhG.

Die Vergütungsansprüche, die §§ 76 Abs. 2 und 77 UrhG vorsehen, sind die sogenannten Zweitverwertungsrechte der ausübenden Künstler. Sie sind keine Verbotsrechte: Die ausübenden Künstler können sie nicht als Instrumente einsetzen, um im Interesse der persönlichen Darbietung die Zweitverwertung, beispielsweise die öffentliche Wiedergabe der mechanischen Musik zu unterbinden. Eine solche Unterbindung würde sowohl den Interessen der Allgemeinheit wie insbesondere auch denjenigen der Urheber zuwiderlaufen (vgl. oben § 120 III 2). Die Ausgestaltung als Vergütungsanspruch entspricht der Regel des Rom-Abkommens über den Vergütungsanspruch im Fall der Benutzung von Tonträgern zur öffentlichen Wiedergabe. Anders als das Rom-Abkommen, sieht aber das UrhG Vergütungsansprüche auch in Fällen vor, in denen die Sendung der Darbietung öffentlich wahrnehmbar gemacht wird: Das im Rom-Abkommen vorgesehene Merkmal der „unmittelbaren Benutzung der Tonträger zur öffentlichen Wiedergabe" wurde nicht übernommen. Die im Rom-Abkommen offengelassene Frage, ob die ausübenden Künstler, die Hersteller von Tonträgern oder beide Inhaber der Vergütungsansprüche sein sollen, entscheidet das UrhG zugunsten der ausübenden Künstler, verpflichtet sie aber, die Hersteller der Tonträger an der Vergütung angemessen zu beteiligen; vgl. unten § 125 III. — Weitergehend als das Rom-Abkommen sieht das UrhG Vergütungsansprüche auch im Fall der Zweitverwertung von Bildträgern sowie von Bild- und Tonträgern vor. Diese Erstreckung des Schutzes ist aber angesichts der Regel des § 92 UrhG zwar für die Wiedergabe von Laufbildern, nicht aber für die Wiedergabe von Filmwerken von Bedeutung.

III. Beschränkungen erfahren die Einwilligungsrechte und Vergütungsansprüche durch die Regeln der §§ 84 und 92 UrhG.

1. Allgemein gilt, daß die Regeln über die Schranken des Urheberrechts sinngemäß auch auf die Rechte der ausübenden Künstler anzuwenden sind. Eine Ausnahme sieht das Gesetz nur für die Zwangslizenz zur Herstellung von Tonträgern vor. § 84 UrhG.

Zweck der Zwangslizenz des § 61 UrhG ist es, Monopole einzelner Tonträgerhersteller hinsichtlich der Verwertung geschützter Werke zu verhindern. Bei den Darbietungen der ausübenden Künstler bedarf es dieser Beschränkung nicht: Sie bleiben im Wettbewerb durch andere Darbietungen ersetzbar. — Von den sonstigen Schranken, die dem Urheberrecht gezogen sind, finden u. a. die Schranken zugunsten der Rechtspflege und der öffentlichen Sicherheit, zugunsten der Bild- und Tonberichterstattung durch Funk und Film und zugunsten der ephemeren Aufnahme im Betrieb des Sendeunternehmens Anwendung. Auch ist die Vervielfältigung zum persönlichen Gebrauch gestattet. Insbesondere ist es zulässig, zum persönlichen Gebrauch die durch Rundfunk gesendete Darbietung auf Ton- oder Bildträger aufzunehmen sowie die Überspielung von Ton- und Bildträgern vorzunehmen. Dem ausübenden Künstler steht aber in diesen Fällen, ebenso wie dem Urheber, ein Vergütungsanspruch gegen die Hersteller und Importeure der Geräte zu.

2. Eine weitgehende Einschränkung der Rechte der ausübenden Künstler sieht § 92 UrhG im Fall der Verwertung ihrer Darbietungen in Filmwerken vor. Die Einwilligung der ausübenden Künstler ist zwar zur Aufnahme ihrer Darbietungen auf den Bild- und Tonträgern des Filmwerkes erforderlich. Erteilen sie diese Einwilligung, insbesondere dadurch, daß sie bei der Herstellung des Filmwerkes mitwirken, so entfallen die Rechte, die Vervielfältigung und die Sendung zu bewilligen, sowie die Vergütungsansprüche im Fall öffentlicher Wiedergabe.

Sachlich berechtigt ist der Ausschluß der Vergütungsansprüche im Fall der öffentlichen Vorführung von Vorführfilmen, insbesondere von Kinofilmen. Hier ist entscheidend, daß die ausübenden Künstler sich bei ihrer Mitwirkung bewußt sind, daß das Filmwerk zur beliebig häufigen öffentlichen Vorführung bestimmt ist. Von dem Ausschluß des Rechts, die Vervielfältigung der Bild- und Tonträger zu bewilligen, sollte dagegen de lege ferenda abgesehen werden. Daß der ausübende Künstler dem Filmhersteller die Vervielfältigung zu den Zwecken gestattet, zu denen das Filmwerk bestimmt ist, ist aus seiner Vereinbarung mit dem Filmhersteller zu erschließen. Es liegt hier nicht anders als bei den ausübenden Künstlern, die bei der Herstellung von Schallplatten mitwirken, für die aber das UrhG keine Einschränkung des § 75 Satz 2 vorsieht. Die Vervielfältigung zu Zwecken, die durch die Vereinbarung nicht gedeckt sind, beispielsweise die Vervielfältigung von Vorführfilmen zur Herstellung von Fernsehfilmen und Videogrammen, sollte aber nur mit Einwilligung des ausübenden Künstlers zulässig sein. Bei Videogrammen sollten dem ausübenden Künstler, ebenso wie bei Schallplatten, Vergütungsansprüche im Fall der öffentlichen Wiedergabe zuerkannt werden. Vgl. darüber und über die Rechte, die für ausübende Künstler de lege ferenda bei der Verwertung von Filmwerken vorgesehen werden sollten, ULMER, Urhebervertragsrecht, S. 54.

IV. Einwilligungsrechte und Vergütungsansprüche der ausübenden Künstler sind übertragbar. § 78 UrhG.

1. Bei den Vergütungsansprüchen ist es die Regel, daß sie an eine Verwertungsgesellschaft — die Gesellschaft zur Verwertung von Leistungsschutzrechten — abgetreten werden: Angesichts der Vielzahl der

Veranstaltungen ist die Wahrnehmung durch eine Verwertungsgesellschaft nicht zu entbehren. Vorausabtretung ist zulässig und üblich.

2. Bei den Einwilligungsrechten ist zwischen der Bewilligung zur Benutzung der Darbeitung und der Übertragung des Einwilligungsrechts zu unterscheiden.

Die Einwilligung zur Benutzung der Darbietung ist Erlaubnis zur Aufnahme, Vervielfältigung und Sendung. Anders als beispielsweise die Einräumung des Verlagsrechts durch den Urheber, begründet sie kein ausschließliches Recht. Soweit der Schutz der Verwerter ausschließliche Rechte erfordert, erwachsen sie aus den Leistungen, die sie ihrerseits erbringen: Den Herstellern der Tonträger steht das ausschließliche Recht zur Vervielfältigung und Verbreitung der Tonträger, den Filmherstellern darüber hinaus auch das ausschließliche Recht zur Benutzung der Bildträger sowie der Bild- und Tonträger zur öffentlichen Wiedergabe, den Sendeunternehmen auch das ausschließliche Recht zur körperlichen Festlegung und Weitersendung ihrer Sendungen zu.

Unberührt bleibt freilich die Möglichkeit, daß die ausübenden Künstler mit den Verwertern *Exklusivverträge* abschließen. Sie beziehen sich in der Regel nicht auf eine konkrete Darbietung, sondern auf eine Reihe von Darbietungen und entfalten nur schuldrechtliche Wirkungen. Eine Grenze ist ihrer Gültigkeit durch den Gesichtspunkt gezogen, daß der Künstler in seiner Schaffensfreiheit und in der Verwertung seiner Darbietungen nicht in unangemessener Weise beschränkt werden darf.

Die Übertragung des Einwilligungsrechts ist dagegen Übertragung eines ausschließlichen Rechts. Sie ist aber in ihrer Wirkung durch § 78 Halbsatz 2 UrhG beschränkt: Trotz der Übertragung des Einwilligungsrechts behält der Künstler die Befugnis, die Einwilligung auch selbst zu erteilen. Die Bestimmung wurde im Hinblick auf etwaige Übertragungen der Einwilligungsrechte an Verwertungsgesellschaften getroffen. Ihr Zweck ist, daß der Künstler durch solche Übertragungen nicht in der Freiheit beschränkt werden soll, die Verträge über die Verwertung seiner Darbietungen persönlich abzuschließen.

In der amtlichen Begründung heißt es, daß die Vorausübertragung zu einer bedenklichen Einschränkung der Verfügungsmacht des ausübenden Künstlers über seine Arbeitskraft führen würde, da er bei unbeschränkter Zulässigkeit der Abtretung niemals mehr ohne Zustimmung der Verwertungsgesellschaft für eine Schallplattenfirma oder ein Sendeunternehmen tätig werden könnte. Bei dieser Begründung wurde nicht bedacht, daß die Verwertungsgesellschaften unter einem Kontrahierungszwang stehen. Sie würden in Wahrnehmung der Einwilligungsrechte mit den Verwertern Pauschverträge abschließen. Der Künstler könnte sich vertraglich zu seiner Darbietung verpflichten; zur Aufnahme, Vervielfältigung und Sendung wären die Unternehmen aufgrund der Einwilligung berechtigt, die in den Pauschverträgen erteilt wird. Die Vergütung der Künstler würde sich aus dem Honorar zusammensetzen, das ihnen für die Darbietungen bezahlt wird, und dem Betrag, den die Verwertungsgesellschaften als Entgelt für Aufnahme, Vervielfältigung und Sendung einkassieren. Die Freiheit, die dem Künstler gewahrt bleibt, ist daher nicht die Freiheit, für die Unternehmen tätig zu werden, sondern nur die Freiheit, die Gesamtheit seiner Rechtsbeziehungen zu den Unternehmen in individueller Vereinbarung zu regeln. Realistisch gesehen, gereicht sie in erster Linie zum Vorteil der Unternehmen.

V. Als persönlichkeitsrechtliche Befugnis steht dem ausübenden Künstler das Recht zu, eine Entstellung oder eine andere Beeinträchtigung seiner Darbietung zu verbieten, die geeignet ist, sein Ansehen oder seinen Ruf als ausübender Künstler zu gefährden. Wird die Darbietung von mehreren Künstlern gemeinsam erbracht, so haben sie bei der Ausübung des Rechts aufeinander angemessen Rücksicht zu nehmen. § 83 UrhG.

Der Schutz ist dem in § 14 UrhG geregelten Schutz des Urhebers gegen Entstellung und Beeinträchtigung seines Werkes verwandt. Anders als § 14, stellt aber § 83 UrhG nur auf die Gefährdung des Rufs oder Ansehens, d. h. auf die persönlichen, nicht auf die geistigen Interessen des Künstlers ab; in der Praxis dürfte dem Unterschied keine wesentliche Bedeutung zukommen. — Ein Recht des ausübenden Künstlers auf Namensnennung sieht das UrhG nicht vor. In der amtlichen Begründung heißt es dazu, der ausübende Künstler werde in der Regel in der Lage sein, sich das Recht auf Namensnennung vertraglich auszubedingen. Man wird aber weitergehend annehmen müssen, daß die Vereinbarung auch stillschweigend getroffen werden kann. Stillschweigende Vereinbarung ist in der Regel anzunehmen, wenn die Namensnennung üblich ist. Vgl. dazu FROMM-NORDEMANN, UrhG, § 83, Anm. 1.

VI. Die Frage nach der Schutzdauer stellt sich bei den Rechten der ausübenden Künstler in den Fällen, in denen ihre Darbietungen auf Ton- oder Bildträgern festgelegt sind. Dabei unterscheidet das UrhG zwischen der Verwertung der Ton- und Bildträger und ihrer Entstellung oder Beeinträchtigung.

1. Die Rechte der Künstler, die Vervielfältigung der Ton- und Bildträger zu bewilligen, sowie ihre Rechte im Fall der Wiedergabe der auf ihnen festgelegten Darbietungen erlöschen 25 Jahre nach dem Erscheinen der Ton- und Bildträger; jedoch bereits 25 Jahre nach der Darbietung, wenn die Ton- und Bildträger innerhalb dieser Frist nicht erschienen sind. Die Berechnung der Schutzfrist ist, wie beim Urheberrechtsschutz, eine Berechnung nach Kalenderjahren. § 82 UrhG.

Die vor Ablauf der Frist bereits entstandenen Rechte bleiben unberührt. Entscheidend ist, daß die Benutzungshandlung während der Schutzdauer erfolgt ist.

2. Der Schutz gegen Entstellung und sonstige Beeinträchtigung erlischt mit dem Tod des ausübenden Künstlers, frühestens jedoch 25 Jahre nach der Darbietung. § 83 Abs. 3 UrhG.

Der Schutz ist demnach, wenn der ausübende Künstler vor Ablauf der 25 Jahre seit der Darbietung verstorben ist, postmortaler Schutz. Das Recht, Entstellungen oder sonstige Beeinträchtigungen zu untersagen, steht den Angehörigen des Künstlers zu. Angehörige sind dabei im Rechtssinn der Ehegatte und die Kinder oder, wenn weder Ehegatte noch Kinder vorhanden sind, die Eltern des ausübenden Künstlers. Zu berechnen ist die 25jährige Frist nach Kalenderjahren. § 83 Abs. 3 in Verbindung mit § 60 Abs. 3 UrhG.

VII. Im Hinblick darauf, daß die auf Tonträgern festgelegte Darbietung des ausübenden Künstlers in § 2 Abs. 2 LUG einer Bearbeitung gleichgestellt wurde und daher bis zum Ablauf von 50 Jahren nach dem Tod des Künstlers geschützt war, wurde eine besondere *Übergangsregelung* erforderlich. Die Vorschrift des § 135 UrhG, die ohne Einschränkung eine Überleitung des Bearbeiterurheberrechts in das kürzer befristete verwandte Schutzrecht vorsah, wurde vom BVerfG in BVerfGE 31, 275 für verfassungswidrig erklärt. Die Verkürzung der Schutzfrist wurde zwar grundsätzlich nicht beanstandet, wohl aber die vom Gesetz vorgesehene Auswirkung auf ältere Rechte. Im Sinn der Entscheidung ist daher durch die Novelle von 1972 eine Neuregelung in § 135 a UrhG erfolgt: Liegt das für den Beginn der Schutzfrist maßgebende Ereignis (Erscheinen bzw. Darbietung) vor dem Inkrafttreten des UrhG, so wird die Frist erst vom Inkrafttreten des UrhG an berechnet; der Schutz erlischt jedoch spätestens mit dem Ablauf der im früheren Recht vorgesehenen Schutzdauer. — Die Bestimmung des § 135 a UrhG gilt im übrigen auch für Lichtbilder und Lichtbildwerke. Bei ihnen könnte die unbeschränkte Anwendung der Neuregelung insofern zu einer Verkürzung der Schutzdauer führen, als nach früherem Recht der Schutz, wenn die Fotografie zu Lebzeiten des Fotografen nicht erschienen war, mit dem Ablauf von 25 Jahren seit seinem Tod endete, nach geltendem Recht dagegen, wenn sie binnen 25 Jahren seit der Herstellung nicht erschienen ist, mit dem Ablauf von 25 Jahren seit der Herstellung erlischt (vgl. oben § 78 II). Ist daher die Herstellung vor Inkrafttreten des UrhG erfolgt, so läuft die 25jährige Frist erst von dem Inkrafttreten des UrhG ab; der Schutz erlischt jedoch spätestens mit dem Ablauf der im früheren Recht vorgesehenen Schutzdauer.

VIII. Der Anwendungsbereich des Schutzes ist in § 125 UrhG geregelt: Deutsche Staatsangehörige sowie Staatenlose mit gewöhnlichem Aufenthalt in der Bundesrepublik genießen den Schutz für ihre Darbietungen ohne Rücksicht darauf, wo sie stattfinden. Ausländer oder Staatenlose ohne gewöhnlichen Aufenthalt in der Bundesrepublik werden jedenfalls gegen die Benutzung ihrer persönlichen Darbietungen zu Bildschirm- und Lautsprecherübertragungen, zur Aufnahme auf Ton- und Bildträgern und zur Sendung sowie gegen Entstellungen ihrer Darbietungen geschützt. Sind ihre Darbietungen erlaubterweise auf Ton- oder Bildträgern aufgenommen, so können sie den Schutz gegen die Vervielfältigung der Ton- und Bildträger sowie Vergütungsansprüche im Fall der öffentlichen Wahrnehmbarmachung in Anspruch nehmen, wenn die Ton- oder Bildträger erstmals oder gleichzeitig mit dem Erscheinen in anderen Staaten in der Bundesrepublik erschienen sind. Werden ihre Darbietungen durch Rundfunk gesendet, so stehen ihnen Rechte im Fall der Aufnahme der Sendung auf Ton- oder Bildträger, im Fall der Weitersendung sowie Vergütungsansprüche im Fall der öffentlichen Wahrnehmbarmachung der Sendung unter der Voraussetzung zu, daß die Sendung in der Bundesrepublik ausgestrahlt worden ist. In anderen Fällen ist ihr Schutz davon abhängig, daß die Darbietung in der Bundesrepublik stattgefunden hat. Im übrigen genießen ausländische Staatsangehörige den Schutz nach dem Inhalt der Staatsverträge, d. h. des Rom-Abkommens. Vgl. dazu OLG Koblenz, in GRUR Int. 1968, 164.

§ 124. Ausübende Künstler in Arbeits- oder Dienstverhältnissen. Chor-, Orchester- und Bühnenaufführungen. Schutz des Veranstalters

I. Für Darbietungen ausübender Künstler, die in Erfüllung ihrer Verpflichtungen aus einem Arbeits- oder Dienstverhältnis erbracht werden, gilt die Regel des § 79 UrhG: Sind keine besonderen Vereinbarungen getroffen, so bestimmt das Wesen des Arbeits- oder Dienstverhältnisses, in welchem Umfang und unter welchen Bedingungen der Arbeitgeber oder Dienstherr die Darbietungen benutzen und anderen ihre Benutzung gestatten darf.

Die Regel entspricht mutatis mutandis der Vorschrift des § 43 UrhG über die Rechte an Werken, die von Urhebern in Erfüllung ihrer Verpflichtungen aus einem Arbeits- oder Dienstverhältnis geschaffen wurden: Das Schutzrecht entsteht, entsprechend der Rechtslage im Urheberrecht, in der Person des ausübenden Künstlers. Die Künstler werden aber in der Regel den Arbeitgeber oder Dienstherrn zur Benutzung ihrer Darbietungen sowie dazu berechtigen, anderen die Benutzung zu bewilligen. In welchem Umfang diese Berechtigung erteilt wird, kann vertraglich vereinbart werden. In Betracht kommen ausdrückliche Vereinbarungen in Arbeits- oder Tarifverträgen, u. a. in den Verträgen, die angestellte Künstler oder ihre Verbände mit Herstellern der Ton- oder Bildträger oder mit Sendeunternehmen schließen. Fehlt eine ausdrückliche Vereinbarung, so ist der Umfang der Berechtigung aus dem Wesen des Arbeits- oder Dienstverhältnisses zu erschließen. Im Zweifel wird sie insoweit erteilt, als es der Zweck des Arbeitgebers oder der Aufgabenbereich des Dienstherrn erfordert: Dem Schallplattenhersteller wird das Recht zur Aufnahme der Darbietungen und zur Vervielfältigung der Tonträger bewilligt. Die Sendeunternehmen werden zur Verwertung für Rundfunkzwecke berechtigt. Darüber hinaus kann auch die Verwertung der Wiedergabevorrichtungen zu sonstigen Zwecken, beispielsweise zur Überlassung an andere Unternehmen zwecks Herstellung von Videogrammen, vereinbart werden. Zumeist wird dabei eine Beteiligung der Künstler an den Erträgnissen vereinbart.

Über einen Vertrag angestellter Künstler mit einem Bühnenunternehmen vgl. BGHZ 33, 20. In der Entscheidung, die vor dem Inkrafttreten des UrhG getroffen wurde, ging es um die Verwertung einer Opernaufführung zur Sendung durch Rundfunk. Der BGH leitete aus dem Wesen des Arbeitsverhältnisses und der Treuepflicht der angestellten Künstler die Verpflichtung ab, die Erteilung der Sendebewilligung durch das Theaterunternehmen gegen Zahlung einer angemessenen Vergütung zu gestatten. Angesichts der in § 80 UrhG getroffenen Neuregelung für Chor-, Orchester- und Bühnenaufführungen und der Erleichterungen, die sie für die Erteilung der Einwilligung vorsieht, wird aber nach geltendem Recht in der Regel eine ausdrückliche Vereinbarung erforderlich sein; nur unter besonderen Umständen, insbesondere bei einer Übertragung, die ohne ausdrückliche Vereinbarung zur Regel geworden ist, kann eine stillschweigende Vereinbarung angenommen werden.

II. Bei Chor-, Orchester- und Bühnenaufführungen sieht § 80 UrhG für die Geltendmachung der Rechte der im Ensemble mitwirkenden Künstler eine Sonderregelung vor. Das Gesetz unterscheidet dabei zwischen der Erteilung der Einwilligung zur Benutzung der Darbietung und der Geltendmachung der Vergütungsansprüche sowie der Ansprüche, die den Künstlern aus der Verletzung ihrer Einwilligungsrechte erwachsen.

1. In den Fällen der Bildschirm- und Lautsprecherübertragung, der Aufnahme auf Ton- oder Bildträger und ihrer Vervielfältigung sowie der Sendung der Darbietungen, in denen nach der gesetzlichen Regel die Einwilligung des ausübenden Künstlers erforderlich ist, genügt bei Chor-, Orchester- und Bühnenaufführungen neben der Einwilligung der Solisten, des Dirigenten und des Regisseurs die Einwilligung der gewählten Vertreter (Vorstände) der mitwirkenden Künstlergruppe. Der gesetzlichen Regel entspricht es, daß jede Künstlergruppe, wie Chor, Orchester, Ballett und Bühnenensemble, einen Vorstand wählt. Unterbleibt die Wahl, so wird die Einwilligung der ihr angehörenden Künstler durch den Leiter der Gruppe, darunter den Chordirektor, den Dirigenten oder den Ballettmeister, erteilt.

2. Die Geltendmachung der Vergütungsansprüche der Angehörigen der Künstlergruppe sowie der Ansprüche, die ihnen aus der Verletzung ihrer Einwilligungsrechte erwachsen, ist dem Vorstand bzw. dem Leiter der Gruppe vorbehalten: Er ist zu ihrer Geltendmachung ermächtigt und kann die Ermächtigung auf eine Verwertungsgesellschaft übertragen. Solisten, Dirigenten und Regisseure sind allein zur Geltendmachung ihrer Ansprüche und zu ihrer Übertragung befugt.

3. Das Recht, Entstellungen oder sonstige Beeinträchtigungen ihrer Darbietungen zu untersagen, die geeignet sind, ihr Ansehen oder ihren Ruf zu gefährden, können von den Künstlern, auch soweit sie einem Ensemble angehören, allein geltend gemacht werden. Von Bedeutung ist dabei die Regel des § 83 Abs. 2 UrhG, daß sie bei der Ausübung des Rechts aufeinander angemessene Rücksicht zu nehmen haben.

III. In Anlehnung an die Rechte der ausübenden Künstler sieht § 81 UrhG auch einen Schutz der Unternehmen vor, von denen die Darbietungen veranstaltet werden. In den Fällen, in denen zur Benutzung der Darbietungen nach gesetzlicher Regel die Einwilligung der ausübenden Künstler erforderlich ist, bedarf es außer ihrer Einwilligung auch derjenigen des Inhabers des Unternehmens. Die Vergütungsansprüche, die aus der Verwertung zweiter Hand erwachsen, stehen dagegen allein den ausübenden Künstern zu.

Als veranstaltende Unternehmen kommen nicht nur Theater- und Konzertunternehmen, sondern auch Gastwirtschaften, Hotels, Varietétheater u. dgl. in Betracht. Ob der vom UrhG vorgesehene besondere Rechtsschutz erforderlich war, läßt sich bezweifeln. Vgl. die Kritik bei FROMM-NORDEMANN, UrhG, § 81, Anm. 17: Der BGH hat vor Inkrafttreten des UrhG in BGHZ 39, 352 („Werner Finck") den Veranstalter einer Unterhaltungsdarbietung aufgrund von § 1 UWG gegen den von einer Rundfunkanstalt ohne seine Zustimmung vorgenommenen Mitschnitt unter dem Gesichtspunkt der unmittelbaren Leistungsübernahme geschützt. Die Rechtslage ist eine ähnliche wie bei Sportveranstaltungen, zu deren Aufnahme und Sendung die Zustimmung des Veranstalters erforderlich ist (vgl. oben § 122 I). Immerhin stellt die Regelung klar, daß der Veranstalter auch gegen Dritte geschützt ist, die den Eingriff nicht unmittelbar begangen haben. Haben beispielsweise Künstler und Konzertveranstalter einem Schallplattenhersteller die Aufnahme der Darbietung und die Vervielfältigung der Tonträger bewilligt, so können nicht nur die Künstler, sondern auch die Inhaber der Unternehmen einem Filmhersteller die Benutzung der Tonträger, auch wenn sie vom Schallplattenhersteller gestattet wurde, zur Herstellung von Tonfilmen untersagen, ohne daß es auf den guten oder bösen Glauben des Filmherstellers ankommt.

3. Die Rechte der Hersteller von Tonträgern

§ 125

I. Der Schutz der Hersteller von Tonträgern ist durch die Leistung gerechtfertigt, die bei der Aufnahme der Töne erbracht wird. Er dient der Sicherung der wirtschaftlichen Interessen des Herstellers. Angesichts der seit den sechziger Jahren verbreiteten Piraterie auf dem Markt der Tonträger kommt ihm besondere Bedeutung zu.

Vor der Regelung im UrhG konnten die Hersteller ein ausschließliches Recht an dem Tonträger aufgrund der Abtretung des Rechts geltend machen, das § 2 Abs. 2 LUG zugunsten der ausübenden Künstler vorgesehen hatte. Die Neuregelung trägt der Erkenntnis Rechnung, daß sowohl dem ausübenden Künstler wie dem Hersteller von Tonträgern ein Leistungsschutz gebührt. Bezüglich der Verwertung zweiter Hand sind die beiden Rechte dadurch aufeinander abgestimmt, daß die Vergütungsansprüche dem ausübenden Künstler mit der Verpflichtung zuerkannt wurden, die Hersteller der Tonträger an den Erträgnissen angemessen zu beteiligen.

Außer dem von den ausübenden Künstlern abgeleiteten Recht konnten die Hersteller von Tonträgern unter der Herrschaft des früheren Rechts gegen die Vervielfältigung ihrer Tonträger auch einen wettbewerbsrechtlichen Schutz in Anspruch nehmen. Das RG hatte bereits in RGZ 73, 294 bei einem Sachverhalt, auf den die Vorschriften des § 2 Abs. 2 LUG und des UWG noch nicht anwendbar waren, das Nachpressen der Schallplatten i. S. von § 826 BGB als sittenwidrige Ausnutzung fremder Leistung verurteilt; nach dem Inkrafttreten des UWG war es übereinstimmende Meinung, daß die unautorisierte Vervielfältigung durch andere Unternehmer ein Wettbewerbsverstoß i. S. des § 1 UWG ist. Unter der Herrschaft des UrhG stellt sich die Frage, ob gegebenenfalls noch ergänzend auf den Wettbewerbsschutz zurückgegriffen, ob insbesondere nach Erlöschen des verwandten Schutzrechts noch ein Wettbewerbsverstoß geltend gemacht werden kann. Der Regierungsentwurf zum UrhG wollte den Fortbestand des wettbewerbsrechtlichen Schutzes durch die Bestimmung klarstellen, daß ein Schutz nach anderen gesetzlichen Vorschriften als denjenigen des UrhG unberührt bleibt. Die Bestimmung wurde aber bei den Beratungen im Bundestagsausschuß in der Erwägung gestrichen, daß „schwere Nachteile für die Schallplattenindustrie aufgrund der 25jährigen Schutzfrist nicht zu erwarten seien“. Nach Ablauf der Schutzfrist kann daher jedenfalls generell kein wettbewerbsrechtlicher Schutz mehr in Anspruch genommen werden. Er wird aber in Fällen zu gewähren sein, in denen über das Nachpressen oder die Überspielung der Tonträger hinaus Umstände vorliegen, die das Gesamtverhalten als sittenwidrig erscheinen lassen, beispielsweise in Fällen, in denen nicht nur einzelne Platten, sondern systematisch ganze Serien von Platten aus dem Repertoire eines Mitbewerbers übernommen werden. Vgl. dazu ULMER, in Festschrift für Hefermehl (1971) S. 189 ff., sowie BGH in GRUR 1976, 322.

II. Das Schutzrecht des Herstellers von Tonträgern umfaßt gemäß § 85 Abs. 1 UrhG das ausschließliche Recht, den Tonträger zu vervielfältigen und zu verbreiten. Als Vervielfältigung kommt dabei das Nachpressen, heute vor allem auch das Überspielen, von Tonträgern in Betracht. Unwesentlich ist, ob die Vervielfältigung unmittelbar oder mittelbar erfolgt. Insbesondere ist die Aufnahme von Schallplattensendungen des Rundfunks nicht nur eine körperliche Festlegung der Sendungen, sondern zugleich Vervielfältigung der Tonträger.

1. Hersteller der Tonträger ist, wer die Töne aufnimmt. Erfolgt die Aufnahme in einem Unternehmen, so gilt der Inhaber des Unternehmens als Hersteller. § 85 Abs. 1 UrhG.

Daß unter der Herstellung die Aufnahme der Töne zu verstehen ist, ergibt sich mittelbar aus der Regel des § 85 Abs. 1 Satz 3 UrhG, daß das Recht nicht durch Vervielfältigung eines Tonträgers entsteht. Im Rom-Abkommen ist die Klarstellung unmittelbar dadurch erfolgt, daß das Abkommen im französischen Text nicht vom „fabricant", sondern vom „producteur des phonogrammes", im englischen Text nicht vom „maker", sondern vom „producer of phonograms" spricht und diese Begriffe in Art. 3 dahin definiert, daß Produzent die Person ist, die erstmals die Töne von Darbietungen oder andere Töne festlegt.

Der Rechtsschutz besteht am Tonträger ohne Rücksicht darauf, was Gegenstand der Aufnahme ist. Außer der Darbietung von Werken durch ausübende Künstler kommt auch die Aufnahme anderer Tonfolgen in Betracht, beispielsweise die Aufnahme des Glockenläutens oder von Naturlauten, wie Tierstimmen oder dem Gesang von Vögeln.

2. Wie auf die Rechte der ausübenden Künstler, so finden auch auf das Vervielfältigungsrecht der Hersteller von Tonträgern die Regeln über die Schranken des Urheberrechts mit Ausnahme der Bestimmung über die Zwangslizenz zur Herstellung von Tonträgern entsprechende Anwendung; § 85 Abs. 3 UrhG. U. a. ist es zwar gestattet, zum persönlichen Gebrauch Vervielfältigungen durch das Überspielen von Tonträgern oder durch die Aufnahme von Schallplattensendungen vorzunehmen. Zum Ausgleich stehen aber dem Hersteller der Tonträger Vergütungsansprüche gegen die Hersteller und Importeure der Geräte zu, die sie üblicherweise, ebenso wie die ausübenden Künstler, auf die Gesellschaft zur Verwertung von Leistungsschutzrechten zur Wahrnehmung übertragen.

3. Keine Anwendung finden die Regeln über die Rechte der Hersteller von Tonträgern auf Hersteller von Bild- und Tonträgern. An ihre Stelle treten die in den Sonderbestimmungen für Filme getroffenen Regeln der §§ 94 und 95 UrhG; vgl. darüber unten § 126.

In der Ausgestaltung der Rechte besteht ein Unterschied insbesondere darin, daß dem Filmhersteller auch das ausschließliche Recht zusteht, Bildträger oder Bild- und Tonträger zur öffentlichen Vorführung oder zur Funksendung zu benutzen. Was die Vervielfältigung und Verbreitung betrifft, so kann sowohl der Hersteller von Tonträgern dem Filmhersteller die Benutzung der Tonträger zur Herstellung, Vervielfältigung und Verbreitung der Tonstreifen des Films wie umgekehrt der Filmhersteller die Benutzung der Tonstreifen des Films zur Herstellung, Vervielfältigung und Verbreitung von Tonträgern untersagen.

4. Das Schutzrecht der Hersteller von Tonträgern ist übertragbar. Es erlischt 25 Jahre nach dem Erscheinen des Tonträgers, jedoch bereits 25 Jahre nach der Herstellung, wenn der Tonträger innerhalb dieser Frist nicht erschienen ist; § 85 Abs. 2 UrhG.

Über die Frage, ob nach Ablauf der Schutzfrist noch ein wettbewerbsrechtlicher Schutz in Anspruch genommen werden kann, vgl. oben I.

III. Ein Recht der Benutzung der Tonträger zur öffentlichen Wiedergabe steht den Herstellern nicht zu. Sie bleiben vielmehr auf den Anspruch gegen die ausübenden Künstler auf eine angemessene Beteiligung an der Vergütung beschränkt, die diese für die Benutzung von Tonträgern zur Sendung und sonstigen öffentlichen Wiedergabe ihrer Darbietungen erhalten; § 86 UrhG.

In der Praxis werden die Vergütungsansprüche der ausübenden Künstler durch die Gesellschaft zur Verwertung von Leistungsschutzrechten wahrgenommen, in der sich die Verbände der ausübenden Künstler und der Tonträgerhersteller zusammengeschlossen haben und die die Reinerträgnisse an Künstler und Hersteller je zur Hälfte ausschüttet.

Sind auf den Tonträgern nicht Darbietungen ausübender Künstler, sondern sonstige Tonfolgen aufgenommen, so stehen den Herstellern im Fall ihrer Benutzung zur öffentlichen Wiedergabe keine Ansprüche zu.

IV. Der Anwendungsbereich der Regeln über den Schutz der Hersteller von Tonträgern ist in § 126 UrhG bestimmt: Deutsche Staatsangehörige sowie Unternehmen mit Sitz in der Bundesrepublik genießen den Schutz ohne Rücksicht darauf, ob und wo die Tonträger erschienen sind. Ausländer und Unternehmen ohne Sitz in der Bundesrepublik werden geschützt, wenn die Tonträger erstmalig oder gleichzeitig mit dem Erscheinen in einem anderen Staat in der Bundesrepublik erschienen sind. Im übrigen richtet sich der Schutz nach dem Inhalt der Staatsverträge, d. h. des Rom-Abkommens sowie des Übereinkommens über den Schutz der Hersteller von Tonträgern gegen die unerlaubte Vervielfältigung ihrer Tonträger.

4. Die Rechte der Hersteller von Bildträgern sowie von Bild- und Tonträgern. Die Rechtslage bei Laufbildern

§ 126

Der Schutz der Hersteller von Bildträgern sowie von Bild- und Tonträgern ist im UrhG im Rahmen der Sonderbestimmungen für Filme in § 94 und § 95 in Verbindung mit § 94 UrhG geregelt. Bei Filmwerken ist dabei das verwandte Schutzrecht des Filmherstellers von den Rechten der Urheber des Filmwerkes zu unterscheiden. Bei Laufbildern bleibt der filmrechtliche Schutz auf das verwandte Schutzrecht des Filmherstellers beschränkt.

I. Das verwandte Schutzrecht des Filmherstellers ist einheitlich ausgestaltet, gleichgültig ob es sich um Stummfilme oder Tonfilme handelt. Die Begriffe Bildträger oder Bild- und Tonträger zusammenfassend, können wir daher auch vom Filmträger sprechen.

1. In seinem Inhalt ist das Schutzrecht des Filmherstellers insofern umfassender als das Schutzrecht des Herstellers von Tonträgern, als dem Filmhersteller außer dem ausschließlichen Recht zur Vervielfältigung und Verbreitung des Filmträgers auch das ausschließliche Recht seiner Benutzung zur öffentlichen Vorführung und zur Funksendung zusteht.

Angesichts des Rechts des Filmherstellers zur Benutzung des Filmträgers zur öffentlichen Wiedergabe war kein Anlaß, dem Hersteller Rechte auf Beteiligung an den Vergütungsansprüchen zu gewähren, die die ausübenden Künstler nach geltendem Recht im Fall der öffentlichen Wiedergabe von Laufbildern, nicht aber von Filmwerken geltend machen können. — Im übrigen finden wie bei den Rechten der Hersteller von Tonträgern die Regeln über die Schranken des Urheberrechts mit Ausnahme der Bestimmungen über die Zwangslizenz zur Herstellung von Tonträgern sinngemäß Anwendung. U. a. ist die Vervielfältigung zum persönlichen Gebrauch durch Aufnahme der Sendungen von Filmen sowie durch Überspielung des Filmträgers gestattet; zum Ausgleich stehen aber auch dem Filmhersteller Vergütungsansprüche gegen die Hersteller und Importeure der Geräte zu. § 94 Abs. 4 UrhG.

2. Weitergehend steht dem Filmhersteller gemäß § 94 Abs. 1 Satz 2 UrhG auch das Recht zu, Entstellungen und Kürzungen des Filmträgers zu verbieten, die geeignet sind, seine berechtigten Interessen zu gefährden. Der Schutz scheint dem persönlichkeitsrechtlichen Schutz der Urheber und ausübenden Künstler nahezustehen. Zu beachten ist aber, daß das Schutzrecht der Filmhersteller, anders als das Recht der Urheber und ausübenden Künstler, als Ganzes übertragbar ist und daß es daher im Fall der Veräußerung nicht der Hersteller, sondern der Erwerber des Rechts ist, der den Schutz gegen Entstellungen und Kürzungen geltend machen kann. Entscheidend ist daher nicht das Interesse des Produzenten an Ruf oder Ansehen seiner Person oder seines Unternehmens, sondern das Interesse an der Nutzung des Films, dessen Wert und Erfolg durch Entstellungen und Kürzungen beeinträchtigt werden kann.

3. Das Schutzrecht des Filmherstellers ist übertragbar. Es erlischt 25 Jahre nach dem Erscheinen des Filmträgers, jedoch bereits 25 Jahre nach der Herstellung, wenn der Filmträger innerhalb dieser Frist nicht erschienen ist. § 94 Abs. 2 und 3 UrhG.

4. Der Anwendungsbereich des Schutzes ist in § 128 UrhG in gleicher Weise wie beim Schutz der Hersteller von Tonträgern geregelt. Vgl. oben § 125 IV.

II. Bei Filmwerken erwirbt der Filmhersteller durch die Verträge, die er mit den Urhebern der benutzten Werke und den Filmurhebern schließt, nach den Regeln der §§ 88 und 89 UrhG im Zweifel ausschließliche Nutzungsrechte. Sie sind grundsätzlich umfassender als das verwandte Schutzrecht, das der Filmhersteller originär am Filmträger erwirbt: In den Grenzen, in denen ausschließliche Nutzungsrechte eingeräumt werden, sichern sie dem Filmhersteller nicht nur das Recht zur Verwertung des Filmwerkes, sondern auch das Recht, die anderweitige Verwertung der schöpferischen Beiträge der Urheber zur Herstellung und Verwertung von Filmwerken zu untersagen.

Dennoch kommt auch bei Filmwerken dem Schutzrecht des Filmherstellers am Filmträger praktische Bedeutung zu. Beispielsweise können die Urheber der benutzten Werke dem Hersteller von Sendefilmen nur das Senderecht einräumen. Sie können dann dem Hersteller die Nutzung des Filmwerkes zur Vorführung untersagen. Sie sind aber ihrerseits nicht dazu berechtigt, Kopien des Filmwerkes zur Vorführung zu verwerten; der Filmhersteller kann ihnen vielmehr die Benutzung aufgrund seines Schutzrechts am Filmträger untersagen. Dem Filmkomponisten, der dem Filmhersteller das ausschließliche Recht zur filmischen Nutzung der Musik eingeräumt hat, verbleibt jedenfalls das Recht zur außerfilmischen Verwertung; er darf dazu aber nicht die Tonstreifen des Films benutzen.

Ebenso grundsätzlich FROMM-NORDEMANN, UrhG, § 94, Anm. 2

III. Von der Rechtslage bei Filmwerken ist die Rechtslage bei Laufbildern, d. h. bei Filmen zu unterscheiden, bei denen es an der schöpferischen Gestaltung der Bildfolgen oder der Bild- und Tonfolgen fehlt. In Betracht kommen als Laufbilder, wie bereits oben (§ 27 III) gezeigt wurde, insbesondere die Aufnahmen von Tagesereignissen, von Sportveranstaltungen oder Naturerscheinungen sowie die Fernsehaufzeichnungen von Theater- und Opernaufführungen.

1. Mangels eines Urheberrechtsschutzes des Filmwerkes bleibt der filmrechtliche Schutz der Laufbilder auf das Schutzrecht des Filmherstellers beschränkt. Dem Hersteller steht das Schutzrecht an den Bild- und Tonfolgen zu, die auf dem Filmträger festgelegt sind. Das Schutzrecht bleibt aber auf die Benutzung des Filmträgers beschränkt. Die Neuaufnahme gleichartiger Bild- und Tonfolgen und ihre Verwertung kann der Hersteller nicht untersagen.

2. Außer der Verweisung auf das verwandte Schutzrecht des Herstellers von Filmwerken sieht § 95 UrhG für die Rechtslage bei Laufbildern auch die entsprechende Anwendung einiger weiterer Regeln über die Rechtslage bei Filmwerken vor.

a) Möglich ist, daß auf Laufbildern Werke aufgenommen werden, die nicht für Filmzwecke geschaffen wurden. In Betracht kommt u. a. die Aufnahme von Bühnenwerken und vorbestehenden Musikwerken, insbesondere die Fernsehaufzeichnung von Theater- und Opernaufführungen.

Zu solchen Aufnahmen bedarf der Filmhersteller der Bewilligung sowohl der Urheber wie der ausübenden Künstler. Für die Verträge, die der Filmhersteller mit den Urhebern abschließt, verweist dabei § 95 UrhG auf die in § 88 vorgesehene Vermutung für die Einräumung ausschließlicher Nutzungsrechte.

Die Verweisung bedeutet u. a. eine Vermutung dafür, daß der Urheber dem Filmhersteller das ausschließliche Recht zur Aufnahme der Werke auf Laufbilder für die Dauer von 10 Jahren einräumt. Die Regelung ist nicht frei von Bedenken: Es kann nicht generell unterstellt werden, daß der Urheber eines Bühnenwerkes sich auf die Dauer von 10 Jahren des Rechtes begibt, Aufzeichnungen von Aufführungen seines Werkes, u. a. auch Aufzeichnungen von Neuinszenierungen, zu gestatten. Aus den Umständen und der Interessenlage kann sich daher für die Deutung des Parteiwillens der Schluß ergeben, daß die Urheber dem Sendeunternehmen nur ein einfaches Recht oder ein auf eine kurze Frist beschränktes ausschließliches Recht einräumen. Ratsam ist jedenfalls eine ausdrückliche Vereinbarung.

b) Entsprechend anwendbar sind gemäß § 90 UrhG auch die Regeln über die Einschränkung der Rechte der Urheber: Anders als die Rechte zur Herstellung von Laufbildern, kann der Filmhersteller die Rechte zu ihrer Verwertung ohne Zustimmung der Urheber auf andere übertragen oder anderen bewilligen. Der Rückruf wegen Nichtausübung oder gewandelter Überzeugung ist nach der Herstellung der Laufbilder ausgeschlossen.

c) Den Schutz gegen Entstellungen und sonstige Beeinträchtigungen können Urheber und ausübende Künstler in entsprechender Anwendung des § 93 UrhG nur im Fall gröblicher Entstellung oder anderer gröblicher Beeinträchtigung ihrer Werke oder Darbietungen geltend machen. Diese Abschwächung des persönlichkeitsrechtlichen Schutzes, die auch bei den Filmwerken nicht unbedenklich ist (vgl. oben § 36 III 2), erscheint jedenfalls bei Laufbildern nicht als sachgerecht: Anders als bei Filmwerken, findet bei Laufbildern, insbesondere bei Fernsehaufzeichnungen, keine filmische Schöpfung statt, die eine Umformung der benutzten Werke erforderlich macht und in die die Darbietungen der ausübenden Künstler integriert werden. Es besteht daher kein Anlaß, dem Hersteller einen weitergehenden Spielraum für Entstellungen und Beeinträchtigungen zu lassen als beispielsweise bei der Aufnahme der Musik auf Tonträger.

d) Bezüglich der Lichtbilder sieht § 95 UrhG die entsprechende Anwendung von § 91 UrhG vor: Die Rechte zur filmischen Verwertung der bei der Herstellung des Films entstehenden Lichtbilder stehen dem Filmhersteller zu. Dem Lichtbildner bleibt aber die außerfilmische Verwertung vorbehalten.

3. Keine Verweisung sieht § 95 UrhG auf die Regeln des § 92 UrhG über die Einschränkungen der Rechte der ausübenden Künstler vor. Den ausübenden Künstlern steht daher nicht nur das Recht zu, die Aufnahme ihrer Darbietungen zu bewilligen, sondern auch das Recht zur Vervielfältigung der körperlichen Festlegung sowie Ansprüche auf eine angemessene Vergütung im Fall der öffentlichen Wiedergabe der Laufbilder.

5. Die Rechte der Sendeunternehmen

§ 127

I. Ein verwandtes Schutzrecht sieht das UrhG in Übereinstimmung mit dem Rom-Abkommen und dem Europäischen Abkommen zum Schutz von Fernsehsendungen auch für die Sendeunternehmen vor. Die Sendungen durch Rundfunk sind zwar, ihrer Reichweite entsprechend, für eine breitere Öffentlichkeit bestimmt. Insofern besteht eine Offenheit der Sendung, die für den Rundfunk charakteristisch ist. Gleichwohl besteht ein berechtigtes Interesse der Sendeunternehmen daran, bestimmte Arten der Verwertung ihrer Sendungen untersagen zu können.

Ein privatrechtlicher Schutz von Sendungen ist in bestimmten Fällen schon vor der Regelung im UrhG von der Rechtsprechung gewährt worden. Insbesondere ging es um den Schutz von Fernsehsendungen gegen die öffentliche Wiedergabe in Lichtspieltheatern. Der BGH hat in BGHZ 37, 1 die Sendeunternehmen gegen die Großprojektion von Fernsehsendungen in Lichtspieltheatern sowohl aufgrund der Rechte, die ihnen an den Lichtbildern zustehen, wie aufgrund der Vorschriften gegen unlauteren Wettbewerb geschützt. An die Stelle diese Schutzes ist die Regelung in § 87 Abs. 1 Nr. 3 UrhG getreten. Der Schutz gegen die öffentliche Wiedergabe hat dabei insofern eine Einschränkung erfahren, als er auf die Wiedergabe an Stellen beschränkt wird, die der Öffentlichkeit nur gegen Zahlung eines Eintrittsgeldes zugänglich sind. U. a. bedarf daher zwar die öffentliche Wiedergabe von Fernsehsendungen in Lichtspieltheatern, nicht aber in Gastwirtschaften, Hotels usw. der Zustimmung der Sendeunternehmen. Insoweit wurde der Offenheit der Sendung Rechnung getragen.

II. Das Schutzrecht der Sendeunternehmen umfaßt Verwertungsrechte bestimmter Art.

1. Das Sendeunternehmen hat das ausschließliche Recht zur Weitersendung seiner Funksendungen; § 87 Abs. 1 Nr. 1 UrhG. Unter Weitersendung ist dabei, ebenso wie im Rom-Abkommen, die gleichzeitig erfolgende Ausstrahlung der übernommenen Sendung zu verstehen. Im Fall späterer Ausstrahlung durch ein anderes Sendeunternehmen sind die Interessen des Ursprungsunternehmens dadurch geschützt, daß die körperliche Festlegung, die die Voraussetzung für die Übernahme der Sendung unter zeitlicher Verschiebung ist, ihrer Zustimmung bedarf. Auch die Weiterübertragung durch Draht oder Kabel ist, soweit sie im Rechtssinn Sendung ist (vgl. darüber oben § 54 II), von der Zustimmung des Ursprungsunternehmens abhängig.

Bei Sendungen über Satelliten kann das Sendeunternehmen aufgrund von § 87 Abs. 1 Nr. 1 UrhG jedenfalls die Weitersendung der Direkt-Satelliten-Sendungen verbieten. Streitig ist dagegen, ob das Sendeunternehmen aufgrund von § 87 Abs. 1 Nr. 1 UrhG auch bei Punkt-zu-Punkt- und Verteiler-Satelliten die nichtgenehmigte Ausstrahlung durch terrestrische Unternehmen untersagen kann. Im Sinne des Urheberrechts ist in diesen Fällen die Ausstrahlung der Signale über Satelliten keine Sendung, da sie nicht zum unmittelbaren Empfang durch die Öffentlichkeit bestimmt ist. Es sprechen aber gute Gründe dafür, daß der Begriff der Sendung in § 87 UrhG, ebenso wie im Rom-Abkommen, in einem weiteren Sinn zu verstehen ist. Vgl. dazu den Bericht von Steup-Bungeroth, in GRUR 1975, 130: Im Regierungsausschuß des Rom-Abkommens hat sich die Mehrheit der Delegierten für diese weitere Auslegung des Sendebegriffs ausgesprochen. Ebenso Masouyé, in Revue de l'U.E.R. 1969, Nr. 115; abweichend dagegen v. Ungern-Sternberg, S. 159. Seit dem Inkrafttreten des von der Bundesrepublik ratifizierten Übereinkommens über die Verbreitung der durch Satelliten übertragenen programmtragenden Signale ist der Schutz jedenfalls den Ursprungsunternehmen zu gewähren, die Angehörige der Vertragsstaaten des Übereinkommens sind, darunter nach Maßgabe des Bundesgesetzes vom 14. 2. 1979 insbesondere auch den Ursprungsunternehmen der Bundesrepublik Deutschland.

2. Die Sendeunternehmen haben das ausschließliche Recht, ihre Funksendungen auf Bild- oder Tonträger aufzunehmen, Lichtbilder von ihren Funksendungen herzustellen sowie die Bild- oder Tonträger und die Lichtbilder zu vervielfältigen; § 87 Abs. 1 Nr. 2 UrhG.

Dabei sind die Vorschriften über die Schranken des Urheberrechts grundsätzlich entsprechend anwendbar; § 87 Abs. 3 UrhG. Nicht anwendbar sind aber die Regeln über die Löschung der Bild- und Tonträger, die erlaubterweise von Schulfunksendungen hergestellt werden, sowie über die Zwangslizenz zur Herstellung von Tonträgern. Die Aufnahme zum persönlichen Gebrauch ist gestattet, ohne daß den Sendeunternehmen zum Ausgleich ein Anspruch gegen die Hersteller und Importeure der Geräte zusteht.

3. Die Sendeunternehmen haben das ausschließliche Recht der öffentlichen Wiedergabe ihrer Fernsehsendungen an Stellen, die der Öffentlichkeit nur gegen Zahlung eines Eintrittsgeldes zugänglich sind. § 37 Abs. 1 Nr. 3 UrhG.

Die Regel berücksichtigt ein besonderes Interesse der Sendeunternehmen: Werden Sportveranstaltungen, Theateraufführungen u. dgl. im Fernsehen gesendet, so besteht die Gefahr, daß der Besuch der Veranstaltung zurückgeht. Die Gefahr erhöht sich, wenn die Sendungen in Lichtspieltheatern, insbesondere in Großaufnahmen wiedergegeben werden. Für die Verhandlungsposition der Sendeunternehmen gegenüber den Veranstaltern ist es daher von Bedeutung, daß die Sendeunternehmen in der Lage sind, solche Wiedergabe zu verbieten. Die Wiedergabe in Gastwirtschaften u. dgl. ist dagegen, ebenso wie die Wiedergabe im privaten Bereich, frei.

III. Das Schutzrecht des Sendeunternehmens ist übertragbar. Es erlischt 25 Jahre nach der Sendung, wobei die Frist nach Kalenderjahren zu berechnen ist; § 87 Abs. 2 UrhG. Die zeitliche Begrenzung ist für das Recht der Vervielfältigung der Bild- und Tonträger sowie der Lichtbilder von Bedeutung, auf denen die Sendung oder einzelne Bilder der Fernsehsendung aufgenommen sind.

IV. Der Anwendungsbereich des Schutzes ist in § 127 UrhG geregelt: Den Schutz genießen Sendeunternehmen mit Sitz in der Bundesrepublik für alle Sendungen, ohne Rücksicht auf den Ort der Ausstrahlung. Sendeunternehmen ohne Sitz in der Bundesrepublik genießen den Schutz für die Sendungen, die sie in der Bundesrepublik ausstrahlen. Im übrigen genießen Sendeunternehmen ohne Sitz in der Bundesrepublik Schutz nach Maßgabe der Staatsverträge, d. h. des Rom-Abkommens, des Europäischen Abkommens über den Schutz von Fernsehsendungen und des Übereinkommens über die Verbreitung der durch Satelliten übertragenen programmtragenden Signale.

9. Kapitel

Die Rechtsverletzungen und ihre Folgen

I. Der zivilrechtliche Schutz. Der Rechtsweg

§ 128. Allgemeines

I. Der zivilrechtliche Schutz, den das UrhG in §§ 97 ff. regelt, ist ein umfassender Schutz gegen rechtswidrige Eingriffe in die ausschließlichen Rechte, die das UrhG vorsieht.

1. Eingriffe in ausschließliche Rechte sind im Bereich des Urheberrechts Eingriffe in das Urheberpersönlichkeitsrecht und die Verwertungsrechte der Urheber und ihrer Rechtsnachfolger sowie Eingriffe in die ausschließlichen Nutzungsrechte, die aus dem Urheberrecht abgeleitet sind. Im Bereich der verwandten Schutzrechte sind es Eingriffe in die ausschließlichen Rechte der Rechtsinhaber, darunter, bei den Rechten der ausübenden Künstler, Eingriffe in die Einwilligungsrechte und das Recht, Entstellungen und sonstige Beeinträchtigungen zu untersagen.

Keine ausschließlichen Rechte sind die Vergütungsansprüche, die aufgrund des Urheberrechts oder der verwandten Schutzrechte geltend gemacht werden können. Sie sind schuldrechtliche Ansprüche, für die, von den Sonderregeln über die Verjährung der Ansprüche aus dem Folgerecht und über die Geltendmachung durch Verwertungsgesellschaften abgesehen, die allgemeinen Regeln des bürgerlichen Rechts gelten. Schadensersatz und Verzugszinsen können aufgrund von §§ 286 und 288 BGB im Falle des Verzugs verlangt werden. Nur die Regeln über das Verfahren und den Rechtsweg, die in §§ 103—105 UrhG für Rechtsstreitigkeiten über die im UrhG geregelten Rechtsverhältnisse vorgesehen sind, sind auch auf die Geltendmachung der Vergütungsansprüche anzuwenden.

2. Darüber hinaus sind Eingriffe in ausschließliche, durch das UrhG geschützte Rechte auch die Verletzungen der besonderen Verwertungsverbote, die das UrhG in § 96 als Folge der rechtswidrigen Herstellung von Vervielfältigungsstücken sowie der rechtswidrigen Ausstrahlung von Sendungen vorsieht.

a) Rechtswidrig hergestellte Vervielfältigungsstücke dürfen weder verbreitet noch zur öffentlichen Wiedergabe benutzt werden; § 96 Abs. 1 UrhG. Auch wenn der Verwerter aufgrund der Bewilligung durch den Rechtsinhaber oder aufgrund der Regeln über die Schranken des Urheberrechts und der verwandten Schutzrechte zur Verbreitung oder zur öffentlichen Wiedergabe berechtigt ist, darf die Verbreitung bzw. die Wiedergabe nicht unter Benutzung rechtswidrig hergestellter Vervielfältigungsstücke erfolgen. Von besonderer Bedeutung ist die Regel in Fällen, in denen Notenmaterial, das dem Musikveranstalter nur mietweise überlassen worden ist, zur öffentlichen Wiedergabe benutzt wird. Der Musikverleger, der das Notenmaterial vermietet, behält sich das Vervielfältigungsrecht vor. Wird daher das Material ohne seine Zustimmung vervielfältigt, so dürfen die Vervielfältigungsstücke trotz Einräumung des Aufführungsrechts durch die GEMA nicht zu einer öffentlichen Aufführung benutzt werden. Entsprechendes gilt u. a., wenn die Darbietung der ausübenden Künstler ohne ihre Erlaubnis auf Ton- oder Bildträgern vervielfältigt wird. Die Künstler können in solchen Fällen nicht bloß eine angemessene Vergütung für die Benutzung der Ton- oder Bildträger zur öffentlichen Wiedergabe verlangen; sie können vielmehr die Wiedergabe untersagen und im Fall des Verschuldens Schadensersatzansprüche geltend machen.

b) Von geringerer praktischer Bedeutung ist die Regel des § 96 Abs. 2 UrhG, daß rechtswidrig ausgestrahlte Sendungen weder auf Bild- und Tonträger aufgenommen noch öffentlich wiedergegeben werden dürfen. Beispielsweise kann der Komponist zwar dem Gastwirt trotz dem Vertrag, den dieser mit der GEMA geschlossen hat, die öffentliche Wiedergabe von rechtswidrig ausgestrahlten Musikwerken in seinem Lokal verbieten, wird aber in der Regel mit seinem Verbot zu spät kommen. Auch Schadensersatzansprüche werden im Zweifel am fehlenden Verschulden scheitern. Ähnlich steht es in den Fällen, in denen rechtswidrig gesendete Werke zum persönlichen Gebrauch auf Band aufgenommen werden. Der Urheber kann zwar in solchen Fällen gemäß § 98 UrhG die Löschung des Bandes verlangen, wird sich aber in der Regel nicht in der Lage sehen, gegen die Vielzahl der möglichen Benutzer vorzugehen.

3. Die Eingriffe in die vom UrhG geschützten ausschließlichen Rechte, die ohne Zustimmung des Berechtigten erfolgen und nicht durch die Regeln über die Schranken des Urheberrechts und der verwandten Schutzrechte gestattet sind, sind grundsätzlich rechtswidrige Eingriffe.

Theoretisch gesehen, kommen für den Ausschluß der Rechtswidrigkeit die Regeln über das Schikaneverbot (§ 226 BGB), die Notwehr (§ 227 BGB) und den Notstand (§ 34 StGB) in Betracht. Aus der Praxis ist nur ein Fall der Berufung auf einen übergesetzlichen Notstand bekannt geworden. Das KG hat in GRUR 1962, 207 einen solchen Notstand in dem Fall der Übernahme eines kurzen Ausschnitts aus einer DDR-Wochenschau über eine Maifeier in eine in Westberlin ausgestrahlte Sendung angenommen, zu der die Zustimmung aus politischen Gründen verweigert worden war. Die Begründung der Entscheidung mit übergesetzlichem Notstand ist m. E. nicht unbedenklich.

Keine Rechtfertigungsgründe können für die sogenannten Raubdrucke in Anspruch genommen werden, die als Folgeerscheinung der außerparlamentarischen Oppositionsbewegung und der Studentenrevolte seit Ende der sechziger Jahre in bedenklichem Umfang überhandgenommen haben.

Gegenstand der Raubdrucke waren anfänglich in erster Linie soziologisch-politische Werke mit gesellschaftskritischer Tendenz. Dazu kamen Nachdrucke von psychologischen und psycho-analytischen Schriften, von Sexual- und pornographischer Literatur sowie vereinzelt auch von Lehrbüchern und von belletristischen Werken. Vgl. die Übersicht bei v. OLENHUSEN -GNIRSS, Handbuch der Raubdrucke II, Theorie und Klassenkampf (1973). Der Vertrieb erfolgte anfänglich vor allem durch Studenten, zum Teil auch in universitätseigenen Räumen. Zur ideologischen Begründung wurde das Anliegen nach weiter, durch billige Preise ermöglichter Verbreitung des Aufklärungsgehalts der Schriften angeführt. Wirtschaftlich gesehen war die Verbilligung der Preise im wesentlichen dadurch ermöglicht, daß durch fotomechanischen Nachdruck die Satzkosten erspart wurden und das Autorenhonorar entfiel. Der Höhepunkt der ideologischen Motivierung ist seit mehreren Jahren überschritten. Noch immer sind aber Raubdrucke verbreitet, wobei das Motiv mehr und mehr zu einem rein kommerziellen, zu einer geschäftsmäßigen Ausbeute von Autoren und Verlegern geworden ist. Zur Kritik an der Raubdruckbewegung und ihrer Rechtfertigung durch Sympathisanten vgl. die eingehende Darstellung bei ULRICH WEBER, Der strafrechtliche Schutz des Urheberrechts, S. 46 ff.

II. Berechtigt zur Geltendmachung der Ansprüche sind die Inhaber der ausschließlichen Rechte. Dabei ist zu unterscheiden:

1. Die Ansprüche wegen Urheberrechtsverletzungen stehen dem Urheber oder seinem Rechtsnachfolger zu. Hat der Urheber oder sein Rechtsnachfolger anderen ausschließliche Nutzungsrechte eingeräumt, so können sie die Rechte sowohl gegen den Urheber oder seinen Rechtsnachfolger wie gegen Dritte geltend machen. Im Fall der Einräumung eines einfachen Nutzungsrechts ist dagegen der Inhaber zwar zur Nutzung befugt, ohne daß ihm aber ein Verbotsrecht zusteht.

Möglich bleibt freilich, daß der Erwerber eines einfachen Nutzungsrechts aufgrund einer Ermächtigung des Urhebers Abwehransprüche gegen Dritte geltend macht, die das geschützte Werk unbefugt nutzen. Es handelt sich dabei um die sogenannte gewillkürte Prozeßstandschaft, die Wahrnehmung fremder Rechte im eigenen Namen, die unter der Voraussetzung zulässig ist, daß der Rechtsinhaber zustimmt und der Kläger ein eigenes berechtigtes Interesse an der Geltendmachung des Anspruchs hat. Vgl. dazu allgemein BGHZ 48, 15 mit näheren Nachweisen aus der Rechtsprechung und speziell für das Urheberrecht BGH in GRUR 1961, 636.

Neben dem Inhaber eines ausschließlichen Nutzungsrechts kann grundsätzlich auch der Urheber selbst aufgrund des ihm verbliebenen Mutterrechts gegen Rechtsverletzungen einschreiten. Beispielsweise kann neben dem Verleger, dem das ausschließliche Recht zur Vervielfältigung und Verbreitung eingeräumt wurde, auch der Verfasser des Werkes gegen einen Nachdrucker vorgehen. Voraussetzung ist aber, daß trotz der Einräumung des ausschließlichen Nutzungsrechts noch ein schutzwürdiges Interesse des Urhebers vorliegt.

Das schutzwürdige Interesse des Urhebers kann ein materielles oder ideelles sein. Beispielsweise kann er gegen den Nachdruck eines von ihm in Verlag gegebenen Werkes nicht nur vorgehen, weil ihm Honorare entgehen, sondern auch weil ihm die Art der Ausgabe unerwünscht ist. Das österreichische UrhG behält in § 26 dem Urheber das Recht, auch nach der Bestellung von Werknutzungsrechten Verletzungen des Urheberrechts gerichtlich zu verfolgen, ausdrücklich vor.

2. Entsprechend ist die Rechtslage im Fall der Verletzung der verwandten Schutzrechte an wissenschaftlichen Ausgaben und an Lichtbildern. Ebenso wie der Urheber, kann der Verfasser der Ausgabe sowie der Lichtbildner anderen Nutzungsrechte einräumen, während ihm das Mutterrecht als Grundlage für die Geltendmachung von Ansprüchen verbleibt. Die sonstigen verwandten Schutzrechte sind dagegen grundsätzlich übertragbar. Im Fall der Übertragung ist daher allein der Erwerber zur Geltendmachung der Ansprüche wegen Rechtsverletzung befugt.

Eine Ausnahme von der Übertragbarkeit der sonstigen verwandten Schutzrechte gilt für das Recht der ausübenden Künstler auf Schutz gegen Entstellungen (§ 79 UrhG). — Keine Übertragung ist die Einwilligung der ausübenden Künstler zur Sendung oder zur Herstellung von Ton- oder Bildträgern. Sendeunternehmen und Hersteller können aber kraft eigenen Rechts Schutzrechte an den Sendungen und an den Bild- und Tonträgern geltend machen.

III. Verletzt werden die durch das UrhG geschützten ausschließlichen Rechte durch diejenigen, die einen rechtswidrigen Eingriff vornehmen oder an ihm teilnehmen. Teilnehmer ist insbesondere auch, wer die Rechtsverletzung veranlaßt. Die Rechtsverletzung kann daher gegebenenfalls einer Mehrheit von Personen oder Unternehmen zugerechnet werden: Hinter dem Drucker steht der Verleger, der ihm den Druckauftrag erteilt hat. Auch der Verfasser kommt in Betracht. Hat er eine Schrift, die er in unfreier Benutzung eines geschützten Werkes verfaßt hat, in Verlag gegeben, so ist die Vervielfältigung und Verbreitung auch ihm als Urheberrechtsverletzung zuzurechnen. Wird in einer Gastwirtschaft durch eine Kapelle Musik gespielt, so ist Veranstalter der Aufführung im Rechtssinn nicht nur der Kapellmeister, sondern auch der Gastwirt.

Vgl. über Drucker und Verleger RGSt. 12, 34, über Kapellmeister und Gastwirt RGZ 78, 86. Der BGH führte die Rechtsprechung des RG fort. Vgl. BGHZ 14, 175 (Passivlegitimation des Verlegers auch bezüglich des Inhalts von Beilagen, die im Verkehr als unselbständige Bestandteile der verlegten Zeitschrift angesehen werden); BGHZ 38, 367 (verantwortlich für die öffentliche Wiedergabe der Rundfunkmusik ist der Gastwirt, der das Empfangsgerät eingeschaltet hat); BGH in GRUR 1956, 515 (Veranstaltung der Tanzmusik durch den Tanzlehrer) und BGH in GRUR 1960, 607 (Veranstalter der Musikaufführung bei einer Eisrevue ist derjenige, der sie angeordnet und ins Werk gesetzt hat). Wer nur Raum für die Aufführungen zur Verfügung stellt oder vermietet, ist nicht Veranstalter; wohl aber derjenige, der durch Werbung, Verkauf der Eintrittskarten u. dgl. bei der Organisation der Veranstaltung mitwirkt; vgl. OLG München in GRUR 1979, 152.

1. Die Rechtsfolgen der Verletzungshandlung werden durch die Anspruchsvoraussetzungen bestimmt. Insbesondere setzt der Schadensersatzanspruch, anders als der Unterlassungs- und Bereicherungsanspruch, ein Verschulden voraus. Liegt das Verschulden nur beim Ver-

fasser und Verleger, nicht aber beim Drucker, so sind nur die ersteren schadensersatzpflichtig. Mehrere Ersatzpflichtige haften als Gesamtschuldner.

2. Wird die Rechtsverletzung in einem Unternehmen von einem Arbeitnehmer oder einem Beauftragten begangen, so stehen die Ansprüche dem Berechtigten auch gegen den Inhaber des Unternehmens zu; § 100 UrhG. Eine Ausnahme gilt nur für den Schadensersatzanspruch. Für ihn hat es bei der Regel des § 831 BGB sein Bewenden, daß der Inhaber des Unternehmens zwar grundsätzlich für die Verletzungshandlung von Gehilfen einzustehen, aber die Möglichkeit hat, sich durch den Nachweis zu entlasten, daß er bei der Auswahl des Gehilfen und dessen Anleitung bzw. Überwachung die erforderliche Sorgfalt beachtet hat.

Im Anwendungsbereich des § 31 BGB — Haftung der juristischen Personen und der Handelsgesellschaften für das schuldhafte Verhalten ihrer Organe — entfällt die Entlastung durch Exkulpationsbeweis. Vgl. dazu BGHZ 17, 383 und 24, 212.

3. Vgl. im übrigen zur Veranlassung auch BGHZ 15, 338, 348: Das Angebot einer Interessengemeinschaft deutscher Tanzmusikverbraucher, mit dem Verkauf der von ihr verlegten Noten den Musikveranstaltern auch das Aufführungsrecht zu übertragen, stand im Widerspruch dazu, daß jedenfalls einer der Komponisten, dessen Bearbeitung eines Musikwerkes angeboten wurde, das Aufführungsrecht an die GEMA übertragen hatte. Die Veranlassung der Musikveranstalter, diese Bearbeitung ohne Genehmigung der GEMA aufzuführen, begründete daher die Verantwortung für die Urheberrechtsverletzung.

IV. Für die Verjährung der Ansprüche, die aus der Verletzung ausschließlicher Rechte erwachsen, gelten verschiedene Regeln. Für den Schadensersatzanspruch sieht § 102 Abs. 1 UrhG in Übereinstimmung mit der Regel des § 852 BGB über die Verjährung von Schadensersatzansprüchen aus unerlaubter Handlung vor, daß der Anspruch in 3 Jahren von dem Zeitpunkt ab verjährt, in dem der Verletzte von dem Schaden und der Person des Ersatzpflichtigen Kenntnis erlangt, ohne Rücksicht auf diese Kenntnis in 30 Jahren von der Begehung der Handlung ab. Die Ansprüche auf Vernichtung und Überlassung der Vervielfältigungsstücke und Vorrichtungen unterliegen gemäß § 102 Abs. 2 UrhG nicht der Verjährung. Für die anderen Ansprüche, insbesondere Beseitigungs-, Unterlassungs- und Bereicherungsansprüche, gilt die regelmäßige 30jährige Verjährungsfrist des § 195 BGB.

Abweichend nimmt v. GAMM, UrhG, § 102, Rdz. 3, entgegen dem Wortlaut des Gesetzes an, daß die Verjährungsregel des § 102 Abs. 1 UrhG auch für den Beseitigungs- und den Unterlassungsanspruch gilt. Vgl. dagegen FROMM-NORDEMANN, UrhG, § 102, Anm. 3. Was den Unterlassungsanspruch betrifft, so beginnt der Lauf der Frist mit der Eingriffshandlung; mit jeder weiteren Eingriffshandlung entsteht ein neuer Anspruch. Zu beachten ist aber, daß der Anspruch Wiederholungsgefahr voraussetzt. Je länger die Eingriffshandlung zurückliegt, um so weniger ist mit einer Wiederholungsgefahr zu rechnen. Der Anspruch wird daher in der Regel bereits vor Ablauf der 30jährigen Verjährungsfrist erloschen sein; vgl. dazu ROGGE, in GRUR 1963, 345. Der Beseitigungsanspruch hat den Fortbestand der Beeinträchtigung zur Voraussetzung.

V. Von der Verjährung zu unterscheiden ist die Verwirkung. Dogmatisch gesehen liegt ihr der Gedanke zugrunde, daß die Rechtsausübung unzulässig ist, wenn sie infolge verspäteter Geltendmachung wider Treu und Glauben verstößt; anders als die Verjährung, begründet sie nicht eine Einrede gegen den Anspruch, sondern eine Einwendung gegen seine Geltendmachung. Von besonderer Bedeutung ist der Verwirkungseinwand im Kennzeichenrecht: Der Berechtigte muß über seine Rechte an Unternehmenskennzeichen, Warenzeichen usw. wachen und der Entstehung eines mit seinem Recht in Widerspruch stehenden Besitzstandes in fremder Hand rechtzeitig entgegentreten. Die Urheberrechte und die verwandten Schutzrechte erfordern eine wachsame Abwehr nicht in gleicher Weise. Auch für sie gilt aber der in ständiger Rechtsprechung entwickelte Grundsatz, daß eine Verwirkung insbesondere anzunehmen ist, wenn der Verletzer nach dem Verhalten des Verletzten mit der Geltendmachung von Ansprüchen nicht mehr zu rechnen brauchte und sich darauf einrichten durfte und eingerichtet hat.

Vgl. zum Verwirkungseinwand im Urheberrecht aus dem Schrifttum v. GAMM, in NJW 1956, 1780, und KLAKA, in GRUR 1970, 273; aus der Rechtsprechung RGZ 129, 258; 139, 40; 153, 26 sowie BGHZ 11, 151 und 67, 56. In der Mehrzahl der Entscheidungen wurde der Verwirkungseinwand abgelehnt; insbesondere wurde hervorgehoben, daß die längere Nichtausübung des Rechts für sich allein den Einwand nicht zu rechtfertigen vermag (BGHZ 11, 151 — „Schallplattenaufführungen") und daß die Frage, ob der Verletzer mit der Kenntnis des Rechtsverstoßes durch den Verletzten rechnen konnte, mit Sorgfalt zu überprüfen ist (RGZ 139, 340 — „Kleines Wilhelm-Busch-Album").

Besonders zu beachten ist, daß der Verwirkungseinwand nur von dem Verletzten geltend gemacht werden kann, in dessen Person er begründet ist. Bei Zuwiderhandlungen durch andere kommt es darauf an, ob auch ihnen gegenüber die Geltendmachung des Anspruchs wider Treu und Glauben verstößt. Die Verwirkung betrifft daher nicht das gegenüber jedermann wirksame ausschließliche Recht, sondern nur die Ansprüche, die aus ihm abgeleitet werden. In BGHZ 67, 56 („Schmaltonfilm") wird dazu gesagt, im Bereich des Urheberrechts ergreife die Verwirkung „regelmäßig" nicht das urheberrechtliche Nutzungsrecht selbst, sondern nur die aus der Urheberrechtsverletzung entstehenden Ansprüche. Es gibt aber keine Ausnahmen von der Regel. Die Frage kann nur sein, ob der Verwirkungseinwand bloß den Ansprüchen entgegengehalten werden kann, die vor der Geltendmachung durch den Berechtigten entstanden sind, oder auch den künftig aus der Rechtsverletzung erwachsenen Ansprüchen.

VI. Der Ort der Verletzungshandlung ist nicht nur für den Gerichtsstand der unerlaubten Handlung (§ 32 ZPO), sondern auch für das internationale Urheberrecht wesentlich. Wenn verschiedene Staaten in Frage kommen, so entscheidet der Ort der Handlung darüber, welche Rechtsordnung anzuwenden ist. Bei der Ortsbestimmung ist von der einzelnen Verletzungshandlung auszugehen. Entscheidend ist u. a., wo das urheberrechtlich geschützte Werk vervielfältigt, verbreitet oder öffentlich wiedergegeben wird, wo die Darbietungen der ausübenden Künstler gesendet, auf Ton- oder Bildträger aufgenommen oder die Ton- oder

Bildträger vervielfältigt werden. Eine Verbreitung findet im Rechtssinn nicht nur in dem Land statt, in dem die Exemplare feilgehalten oder von dem aus sie geliefert werden, sondern auch in den Ländern, in denen sie anderen zugestellt werden. Werden daher beispielsweise von einem österreichischen Verlag Exemplare an einen deutschen Sortimenter geliefert, so liegt im Rechtssinn eine Verbreitung sowohl in Österreich wie in Deutschland vor. Für die Verletzung des inländischen Urheberrechts und für die Begründung des Gerichtsstands der unerlaubten Handlung genügt es, daß ein Stück des Tatbestands auch im Inland bzw. im Gerichtsbezirk verwirklicht wird.

Vgl. über die Rechtslage im internationalen Urheberrecht ULMER, die Immaterialgüterrechte im internationalen Privatrecht, S. 13 ff. Keine inländische Verbreitungshandlung ist der bloße Transit, bei dem das Inland weder Absender- noch Empfangsland, sondern bloßes Durchgangsland ist (vgl. für die entsprechende Frage im Markenrecht BGHZ 23, 199). Bei der Rundfunksendung wird als Ort der Vornahme von der herrschenden Meinung im Anschluß an den Rechtsgedanken, der der Regelung in der RBÜ zugrunde liegt, der Ort angesehen, von dem aus die Sendung ausgestrahlt wird. — Über den Gerichtsstand bei Ansprüchen von Verwertungsgesellschaften wegen der Verletzung eines von ihr wahrgenommenen Nutzungs- oder Einwilligungsrechts vgl. oben § 99 III.

§ 129. Der Abwehranspruch. Unterlassungs- und Beseitigungsklage

Die Urheberrechtsgesetze von 1901 und 1907 sahen den Abwehranspruch nicht ausdrücklich vor. Seine Zulässigkeit wurde aber in Rechtsprechung und Schrifttum allgemein anerkannt. Wie aus dem Eigentum, so erwächst auch aus sonstigen ausschließlichen Rechten in entsprechender Anwendung des § 1004 BGB der negatorische Anspruch, kraft dessen der Rechtsinhaber, ohne daß es auf ein Verschulden ankommt, die Unterlassung drohender und die Beseitigung fortdauernder Störungen verlangen kann. Dieser Anspruch ist in § 97 Abs. 1 UrhG in seinen beiden Ausprägungen ausdrücklich geregelt worden: Wer ein durch das UrhG geschütztes ausschließliches Recht verletzt, kann vom Verletzten auf Beseitigung der Beeinträchtigung und bei Wiederholungsgefahr auf Unterlassung in Anspruch genommen werden. Für Ausnahmefälle sieht § 101 UrhG zur Vermeidung unbilliger Härten ein Abfindungsrecht des Verletzten vor.

I. Der Unterlassungsanspruch richtet sich gegen drohende Störungen. Erfährt der Inhaber des ausschließlichen Rechts von Verletzungshandlungen, erfährt beispielsweise der Urheber von Akten der Vervielfältigung, der Verbreitung oder der öffentlichen Wiedergabe seines Werkes, die ohne seine Zustimmung erfolgen, so kann er, wenn Wiederholungsgefahr besteht, auf Unterlassung weiterer Störungen klagen. Anstelle der Verletzung genügt aber auch die Gefährdung des Urheberrechts oder eines verwandten Schutzrechts durch ein Verhalten, aus dem auf einen bevorstehenden Eingriff zu schließen ist. Man spricht von der vorbeugenden Unterlassungsklage. Sie ist zwar im UrhG nicht ausdrücklich vorgesehen; ihre Zulässigkeit steht aber angesichts der allgemeinen Grundsätze, die für den negatorischen Anspruch gelten, außer Zweifel. Wird beispielsweise eine nichtgenehmigte Aufführung öffentlich angekündigt oder durch Proben oder sonstige Handlungen vorbereitet, so braucht der Urheber die Zuwiderhandlung nicht abzuwarten; er kann vielmehr schon angesichts des drohenden Eingriffs auf Unterlassung klagen. Die Unterlassungsklage ist für den Schutz des Urheberrechts und der verwandten Rechte von wesentlicher Bedeutung. Oft ist ein rascher Zugriff geboten, um erhebliche materielle oder ideelle Schäden abzuwenden; wichtig ist daher, daß der Berechtigte unter den Voraussetzungen der §§ 935, 940 ZPO durch Antrag auf einstweilige Verfügung ein vorläufiges Verbot erwirken kann.

Vgl. aus der Rechtsprechung über den *drohenden ersten Eingriff* RGZ 54, 414; 101, 335 und 151, 246. Die bloße Besorgnis einer Rechtsverletzung genügt nicht, wohl aber ein Verhalten, das die Annahme eines bevorstehenden Eingriffs rechtfertigt, insbesondere Ankündigungs- und Vorbereitungshandlungen. Ist bereits eine Rechtsverletzung erfolgt, so spricht in der Regel eine tatsächliche Vermutung für die Wiederholungsgefahr. Die Besorgnis, daß mit einer Wiederholung zu rechnen ist, kann aber durch die Umstände des Einzelfalles ausgeschlossen werden. Vgl. RGZ 84, 146. Grundsätzlich stellt aber die Rechtsprechung an die Berufung auf den Wegfall der Wiederholungsgefahr strenge Anforderungen. Insbesondere wird kein Wegfall angenommen, wenn der Verletzer im Prozeß den Antrag auf Klageabweisung auch damit begründet, daß das beanstandete Verhalten berechtigt gewesen sei (BGHZ 14, 167 — ,,Constanze II''). Auch eine vom Verletzer abgegebene Verpflichtungserklärung, die beanstandete Handlung künftig zu unterlassen, reicht zum Ausschluß der Wiederholungsgefahr nur aus, wenn der Verletzer sich gleichzeitig für den Fall einer Zuwiderhandlung einer Vertragsstrafe in angemessener Höhe unterwirft. Vgl. BGH in GRUR 1961, 140 — ,,Familie Schölermann''.

II. Der Beseitigungsanspruch richtet sich gegen fortdauernde Störungen. Er ist, ebenso wie der Unterlassungsanspruch, auch bei Eingriffen in das Urheberpersönlichkeitsrecht zulässig. Wird beispielsweise ein Kunstwerk durch Übermalungen entstellt, so kann die Beseitigung der Übermalung verlangt werden (RGZ 79, 397).

Unter den Verletzungshandlungen sind Akte der öffentlichen Wiedergabe, ihrer Natur nach vorübergehende Störungen. Der Abwehranspruch ist daher Unterlassungsanspruch. Auch bei rechtswidrigen Vervielfältigungen und Verbreitungen kann die Unterlassungsklage mit dem Ziel erhoben werden, daß weitere Akte der Vervielfältigung und Verbreitung verboten werden. Darüber hinaus stellt aber der Vertrieb der Exemplare eine fortdauernde Störung dar. Von einem Verleger, der Nachdrucke über den Buchhandel verbreitet, kann daher mit der Beseitigungsklage verlangt werden, daß er sie, soweit noch möglich, aus dem Verkehr zieht.

Im Ergebnis berührt sich der Beseitigungsanspruch mit dem Anspruch auf Vernichtung und Unbrauchbarmachung rechtswidrig hergestellter, verbreiteter oder zur rechtswidrigen Verbreitung bestimmter Vervielfältigungsstücke sowie von Vorrichtungen, die ausschließlich zur rechtswidrigen Herstellung von Vervielfältigungsstücken bestimmt sind (§ 98 UrhG). Die Wurzel des Vernichtungsanspruchs ist zwar eine andere als diejenige des Beseitigungsanspruchs (vgl. unten § 130 II). Gemeinsam ist aber der Gedanke, daß Beseitigung oder Vernichtung nur verlangt werden kann, sofern ein schutzwürdiges Interesse des Berechtigten es gebietet. Werden in einem Buch nur einzelne Stellen eines geschützten Werkes nachgedruckt, so kann nur die Unkenntlichmachung dieser Stellen verlangt werden. Sinngemäß anzuwenden ist u. a. auch die Regel, daß Bauwerke nicht dem Vernichtungsanspruch unterliegen (§ 101 Abs. 2 Nr. 1 UrhG): Auch mit der Beseitigungsklage kann nicht verlangt werden, daß es abgerissen wird.

III. Zur Vermeidung unbilliger Härten sieht das UrhG in § 101 unter bestimmten Voraussetzungen ein Abfindungsrecht des Verletzten vor, durch dessen Ausübung der Unterlassungs- und Beseitigungsanspruch abgewendet werden kann.

Unter den gleichen Voraussetzungen ist auch eine Abwendung der Ansprüche auf Vernichtung, Unbrauchbarmachung und Überlassung von Exemplaren und Vorrichtungen durch Zahlung einer Abfindung möglich; vgl. unten § 130 IV.

Voraussetzung ist, daß sich der Abwehranspruch gegen eine Person richtet, der weder Vorsatz noch Fahrlässigkeit zur Last fällt, daß ihr durch die Erfüllung des Anspruchs ein unverhältnismäßig großer Schaden entstehen würde und dem Verletzten die Abfindung in Geld zuzumuten ist. In Betracht kommen u. a. Filmwerke, die mit hohen Kosten hergestellt sind, oder umfangreiche Verlagswerke. Das Verschulden kann beispielsweise in Fällen fehlen, in denen der Urheber oder einer der beteiligten Urheber ein geschütztes Werk unfrei benutzt hat, ohne daß dies für den Filmhersteller oder den Verleger erkennbar war.

Zur Frage, ob dem Verletzten eine Abfindung in Geld zumutbar ist, vgl. BGH in GRUR 1976, 320. Es handelte sich um die Vervielfältigung von Schallplatten, für die die Schutzfrist aufgrund der Übergangsregelung des § 135 UrhG abgelaufen war, nachträglich aber durch das Änderungsgesetz vom 10. 11. 1972 wieder verlängert wurde (vgl. oben § 123 VII). Für den Vertrieb der Exemplare, die vor dem 15. 11. 1971 (dem Tag, an dem der Beschluß des BVerfG in der Presse mitgeteilt worden war) hergestellt wurden, ist in dem Änderungsgesetz eine Anwendung des § 101 UrhG mit der Maßgabe vorgesehen, daß der Verletzer zu einer Abfindung des Verletzten berechtigt ist, es sei denn, daß die Abfindung in Geld für den Verletzten unzumutbar ist. Der BGH entschied in dem einschlägigen Fall aufgrund einer Interessenabwägung dahin, daß dem verletzten Hersteller der Weitervertrieb der kopierten Platten zwar innerhalb einer bestimmten Aufbrauchsfrist, nicht aber unbeschränkt bis zum Ablauf der verlängerten Schutzfrist zumutbar ist.

Abfindungssumme ist der Betrag, der im Falle der vertraglichen Einräumung des Rechts als Vergütung angemessen wäre. Mit der Zahlung der Abfindung gilt die Einwilligung des Verletzten zur Verwertung im üblichen Umfang als erteilt.

Mit der Zahlung erwirbt der Verletzer, mit anderen Worten, ein Nutzungsrecht im üblichen Umfang, beispielsweise der Filmhersteller in dem in §§ 88 und 89 UrhG vorgesehenen Umfang. Bei einem Verlagswerk wird — trotz verbreiteter anderweitiger Vereinbarung — von der gesetzlichen Regelung auszugehen sein, daß der Verleger im Zweifel nur zu einer Auflage berechtigt ist; vor der Veranstaltung einer Neuauflage erscheint es als angemessen, daß die Zustimmung des Urhebers eingeholt werden muß.

§ 130. Der Anspruch auf Vernichtung und ähnliche Maßnahmen. Das Übernahmerecht

Die Ansprüche auf Vernichtung und ähnliche Maßnahmen dienen der Sicherung der Interessen der Berechtigten. Dem Verletzten bleibt es aber anheimgestellt, an ihrer Stelle den Übernahmeanspruch geltend zu machen.

I. Das UrhG regelt in § 98 die Gegenstände der Vernichtung, der Unbrauchbarmachung oder ähnlicher Sicherungsmaßnahmen sowie den Kreis der Personen, gegen die die Anprüche geltend gemacht werden können.

1. Gegenstände der Vernichtung sind alle rechtswidrig hergestellten, rechtswidrig verbreiteten und zur rechtswidrigen Verbreitung bestimmten Vervielfältigungsstücke; § 98 Abs. 1 UrhG. In Betracht kommen insbesondere Schriften und Bücher, Notenmaterial, Bild- und Tonträger sowie Kopien von Werken der bildenden Künste, von Lichtbildwerken und Lichtbildern.

Die Regelung, die neben der Rechtswidrigkeit der Herstellung auch die Rechtswidrigkeit der Verbreitung und die Bestimmung zur rechtswidrigen Verbreitung genügen läßt, trägt dem Umstand Rechnung, daß die Verbreitung auch bei rechtmäßiger Herstellung widerrechtlich sein kann. Werden beispielsweise bei geteiltem Verlagsrecht die vom ausländischen Verleger hergestellten Exemplare in der Bundesrepublik verbreitet oder zum Zweck der Verbreitung eingeführt, so steht dem inländischen Verleger der Vernichtungsanspruch zu. Keine Gegenstände der Vernichtung sind Vervielfältigungsstücke, die zu rechtswidriger öffentlicher Wiedergabe benutzt werden. Auch unterliegen der Vernichtung nur die Vervielfältigungsstücke, nicht die Originale der Werke.

2. Gegenstände der Unbrauchbarmachung sind gemäß § 98 Abs. 2 UrhG die ausschließlich zur rechtswidrigen Herstellung von Vervielfältigungsstücken bestimmten Vorrichtungen, wie Formen, Platten, Steine, Druckstöcke, Matrizen und Negative. Durch das Erfordernis der ausschließlichen Bestimmung zur rechtswidrigen Herstellung sind Mittel, die auch zur Vervielfältigung anderer Werke oder geschützter Leistungen dienen, wie Setzmaschinen, Fotokopiergeräte u. dgl. von der Unbrauchbarmachung ausgeschlossen. Im übrigen kommt es nicht darauf an, ob die Vorrichtungen bereits zur Zeit ihrer Herstellung zur rechtswidrigen Vervielfältigung bestimmt waren. Auch die im Ausland rechtmäßig hergestellten Vorrichtungen unterliegen, wenn sie eingeführt und in der Bundesrepublik ausschließlich zur rechtswidrigen Vervielfältigung bestimmt sind, der Unbrauchbarmachung. Ist die Unbrauchbarmachung durch Maßnahmen wie Abschleifen der Platten, Einschmelzen

der Formen u. dgl. nicht möglich, so kann Vernichtung der Vorrichtungen verlangt werden.

Begrifflich gesehen, weist die Unterscheidung zwischen Vervielfältigungsstücken und Vorrichtungen, die zu ihrer Herstellung bestimmt sind, insofern eine Besonderheit auf, als nach allgemeinen urheberrechtlichen Regeln bereits die Herstellung von Vorrichtungen, wie Matrizen, Klischees usw., auf denen das Werk körperlich festgelegt wird, Vervielfältigung ist. Im § 98 UrhG ist daher der Begriff der Vervielfältigungsstücke in einem engeren Sinn zu verstehen; er wird von denjenigen Verkörperungen des Werkes abgegrenzt, die nur als Mittel zur Herstellung gebrauchsfertiger Exemplare dienen.

3. Im Vergleich zur Vernichtung ist die Unbrauchbarmachung das mildere Mittel, weil der Materialwert der Vorrichtung erhalten bleibt. Auch darüber hinaus trägt das UrhG dem Gedanken Rechnung, daß Wertzerstörungen soweit wie möglich zu vermeiden sind.

a) Bauwerke bleiben von der Vernichtung ausgeschlossen; § 101 Abs. 2 Nr. 1 UrhG. Droht ein Nachbau, so kann der Architekt zwar die Erstellung des Bauwerkes untersagen und die Vernichtung der Entwürfe und Pläne verlangen. Das bereits errichtete Bauwerk braucht aber nicht abgerissen zu werden.

Von der Vernichtung ausgeschlossen sind nur die Bauwerke in ihrer Substanz. Kopien von Kunstwerken, die an der Fassade angebracht sind, u. dgl. müssen dagegen auf Verlangen des Berechtigten, in dessen Urheberrecht eingegriffen wird, entfernt werden. Ebenso Fromm-Nordemann, UrhG, § 101, Anm. 7.

b) Im übrigen ist es allgemeine Regel, daß, wenn der die Rechtsverletzung begründende Zustand der Vervielfältigungsstücke und Vorrichtungen auf andere Weise als durch Vernichtung oder Unbrauchbarmachung behoben werden kann, nur die mildere Maßnahme verlangt werden kann. Auch bei Vervielfältigungsstücken genügt, wenn es möglich ist, die Unbrauchbarmachung, beispielsweise das Löschen der Bänder, auf denen Werke der Urheber, Darbietungen der ausübenden Künstler oder Aufnahmen der Hersteller von Ton- oder Bildträgern rechtswidrig vervielfältigt sind. Ausscheidbare Teile von Vervielfältigungsstücken und Vorrichtungen, die ihrerseits nicht den Makel der Rechtswidrigkeit aufweisen, unterliegen nicht der Vernichtung oder ähnlichen Maßnahmen. U. a. kann dem Anspruch des Berechtigten beispielsweise bei Vorrichtungen durch Abschleifen einzelner rechtsverletzender Teile genügt werden. Bei Büchern kann gegebenenfalls das Schwärzen einzelner Stellen, bei Lichtbildern das Retuschieren genügen. §§ 98 Abs. 3 und 101 Abs. 2 Nr. 2 UrhG.

§ 98 Abs. 3 UrhG nennt dabei als Beispiel einer anderen Maßnahme die Möglichkeit, Änderungen als nicht vom Berechtigten herrührend zu kennzeichnen. Eine solche Kennzeichnung kann aber nur in Ausnahmefällen den Ansprüchen des Berechtigten Genüge leisten. Der Verleger oder Drucker, der den Text des Werkes unbefugt ändert, kann sich in der Regel nicht durch den Vermerk entlasten, daß die Änderungen von ihm selbst veranlaßt wurden; der Urheber hat vielmehr grundsätzlich Anspruch auf eine unveränderte

Wiedergabe. Nur bei kleineren Änderungen, die zwar nicht gemäß § 39 Abs. 2 UrhG zulässig sind, aber jedenfalls keine Entstellung oder sonstige Beeinträchtigung des Werkes verursachen, kann gegebenenfalls ein solcher Vermerk ausreichen. Das gleiche gilt für die Einfügung von Einlagezetteln, auf denen der Verletzer darauf hinweist, daß er einzelne Teile seines Werkes aus einem fremden Werk übernommen hat. In der Praxis einigen sich die Parteien nicht selten auf solche Einfügungen, um einen Rechtsstreit zu vermeiden. Der Anspruch des Verletzten reicht aber, sofern es sich nicht um Fälle handelt, in denen nur einzelne Stellen übernommen wurden, grundsätzlich weiter. Vgl. dazu auch FROMM-NORDEMANN, UrhG, §§ 98 und 99, Anm. 4 und MÖHRING-NICOLINI, UrhG, § 98, Anm. 11.

4. Der Kreis der Personen, gegen die der Anspruch auf Vernichtung und ähnliche Maßnahmen geltend gemacht werden können, ist ein begrenzter: Die Vervielfältigungsstücke und Vorrichtungen unterliegen den Maßnahmen nur dann, wenn sie im Eigentum der an der rechtswidrigen Herstellung oder Verbreitung der Vervielfältigungsstücke beteiligten Personen oder ihrer Erben stehen; § 98 Abs. 4 UrhG. In Betracht kommen insbesondere Drucker, Verleger, Sortimentsbuchhändler, Kunsthändler, Hersteller von Bild- und Tonträgern sowie Händler, die Schallplatten oder Videogramme verbreiten. Exemplare, die bereits an das Publikum, die Leser oder die sonstigen Abnehmer, abgesetzt sind, sind dagegen der Vernichtung entzogen.

II. Die Vernichtung und die sonstigen Maßnahmen sind keine Strafmaßnahmen, sondern Sicherungsmaßnahmen, die dem Schutz der Interessen der Urheber oder der Inhaber verwandter Schutzrechte dienen. Der Anspruch ist ein zivilrechtlicher. Seinem Wesen nach wird er im Schrifttum zuweilen als Abwehranspruch gedeutet: Er bezwecke die Beseitigung einer fortdauernden Gefährdung des Urheberrechts.

Die Lehre, daß der Vernichtungsanspruch seinem Wesen nach Beseitigungsanspruch sei, geht auf RIEZLER, UR, S. 196, zurück. Im neueren Schrifttum wird sie von v. GAMM, UrhG, § 97, Rdz. 1, und MÖHRING-NICOLINI, UrhG, § 98, Anm. 1 b, vertreten.

Richtig gesehen, berührt sich der Anspruch auf Vernichtung und ähnliche Maßnahmen mit dem Beseitigungsanspruch zwar insofern, als bei Abgrenzung des Kreises der betroffenen Personen die typische Gefahrenlage berücksichtigt wird. Die Interessen der Berechtigten sind in besonderem Maß gefährdet, wenn sich die Vervielfältigungsstücke oder Vorrichtungen in der Hand der an der Herstellung oder Verbreitung beteiligten Personen befinden. Das Fundament des Anspruchs ist aber nicht die fortdauernde Gefährdung, sondern die widerrechtliche Herstellung, Verbreitung oder Zweckbestimmung. Die Rechtswidrigkeit haftet den Vervielfältigungsstücken und Vorrichtungen, solange sie im Eigentum der an der Herstellung oder Verbreitung beteiligten Personen stehen, als ein Makel an, der sie der Vernichtung aussetzt. In dieser Ausgestaltung ist der Vernichtungsanspruch, der, geschichtlich gesehen, aus der strafrechtlichen Konfiskation hervorgegangen ist, mit den in Straf- und Steuergesetzen vorgesehenen Maßnahmen der Einziehung und Unbrauchbarmachung verwandt.

Entscheidend bleibt daher die Rechtswidrigkeit von Herstellung, Verbreitung oder Zweckbestimmung. Hat beispielsweise ein Verleger nach Erlöschen des Verlagsrechts noch unverkaufte Exemplare auf Lager, so darf er sie zwar nicht verbreiten; da sie aber rechtmäßig hergestellt wurden, sind sie nicht Gegenstand der Vernichtung. Liegt dagegen eine Rechtsverletzung vor, so kann auch noch nach Ablauf der Schutzfrist auf Vernichtung erkannt werden. Sind beispielsweise Vervielfältigungsstücke während der Dauer des Urheberrechts ohne Zustimmung des Berechtigten hergestellt worden, so bleiben sie auch nach seinem Erlöschen der Vernichtung ausgesetzt. Indem der Urheber den Vernichtungsanspruch geltend macht, beruft er sich nicht auf die derzeitige Störung, sondern auf die seinerzeitige Verletzung seines Rechtes. Sein Interesse an der Vernichtung kann trotz Ablauf der Schutzfrist noch fortbestehen: er kann durch die Vernichtungsklage verhindern, daß der Nachdrucker sich einen ungerechtfertigten Vorsprung verschafft, indem er die rechtswidrig hergestellten Exemplare alsbald nach Ablauf der Schutzfrist absetzt.

Zur Möglichkeit der Geltendmachung des Vernichtungsanspruchs nach Ablauf der Schutzfrist vgl. RGSt. 27, 206; BGH in GRUR 1960, 446 sowie aus dem Schrifttum HUBMANN, UR, S. 275, und FROMM-NORDEMANN, UrhG, § 102, Anm. 3; abweichend v. GAMM, UrhG, § 98, Rdz. 7. Die gegenteilige Auffassung würde dazu führen, daß bei längerer Dauer des Verfahrens die Exemplare nach Ablauf der Schutzfrist freigegeben werden müßten. Immerhin muß verlangt werden, daß ein schutzwürdiges Interesse vorliegt. Daran würde es fehlen, wenn die Vernichtung noch geraume Zeit nach Ablauf der Schutzfrist verlangt würde. — Über die Rechtslage nach Erlöschen des Verlagsrechts vgl. RGSt. 14, 267. Der Verleger mag in solchen Fällen die Exemplare, die er noch auf Lager hat, wenn er sie nicht makuliert, behalten und nach dem Ablauf der Schutzfrist verkaufen. Ein Vernichtungsanspruch kommt nur in Frage, wenn er die Exemplare schon vor Ablauf der Schutzfrist verbreitet oder Vorbereitungen zu ihrer Verbreitung trifft.

III. Anstelle des Vernichtungsanspruchs oder ähnlicher Maßnahmen kann der Berechtigte das Übernahmerecht geltend machen.

Der Übernahmeanspruch ist in § 99 UrhG geregelt: Der Berechtigte kann verlangen, daß ihm die Vervielfältigungsstücke und Vorrichtungen ganz oder teilweise gegen eine angemessene, höchstens dem Betrag der Herstellungskosten gleichkommende Vergütung überlassen werden. Die Ausübung dieses Rechts hat, wirtschaftlich gesehen, den Vorzug, daß die Exemplare und Vorrichtungen in ihrem Wert erhalten bleiben. Die Übernahme kann aber dem Berechtigten nicht aufgedrängt werden. Es bleibt vielmehr seiner Wahl anheimgestellt, ob er das Übernahmerecht geltend machen will.

Die Verwertung der übernommenen Vervielfältigungsstücke und Vorrichtungen setzt voraus, daß der Verletzte zu ihrer Vornahme berechtigt ist. Hat beispielsweise ein Verleger die ihm gestattete Anzahl von Exemplaren hergestellt, so kann er im Falle des Nachdrucks zwar das Übernahmerecht geltend machen. Zur Verbreitung von Exemplaren, durch die die Auflagenhöhe überschritten wird, bedarf er aber der Zustimmung des Verfassers; ohne solche Zustimmung ist er erst nach Ablauf der Schutzfrist zur Verbreitung befugt. — Die entsprechende Anwendung des § 98 Abs. 3, die § 99 Abs. 2 UrhG vorschreibt, schützt den Verpflichteten davor, daß er in Fällen, in denen von ihm nur weniger einschneidende Maßnahmen, wie das Schwärzen einzelner Stellen eines Buchs, verlangt werden können, auf Überlassung der Exemplare in Anspruch genommen werden kann.

IV. In Sonderfällen kann der Verpflichtete die Geltendmachung der Ansprüche auf Vernichtung und ähnliche Maßnahmen sowie des Übernahmerechts gemäß § 101 Abs. 1 UrhG durch Zahlung einer Abfindung abwenden. Voraussetzung ist, ebenso wie bei der Abwendung des Unterlassungs- und Beseitigungsanspruchs, daß dem Verpflichteten weder Vorsatz noch Fahrlässigkeit zur Last fällt, daß durch die Erfüllung der Ansprüche dem Verpflichteten ein unverhältnismäßig großer Schaden entstehen würde und daß dem Verletzten die Abfindung in Geld zuzumuten ist. Als Abfindung ist der Betrag zu zahlen, der im Falle der vertraglichen Einräumung des Rechts als Vergütung angemessen gewesen wäre.

V. Die Ansprüche auf Vernichtung und ähnliche Maßnahmen sowie auf Überlassung der Vervielfältigungsstücke und Vorrichtungen unterliegen nicht der Verjährung; § 102 Abs. 2 UrhG. Wesentlich ist nur, daß das rechtswidrige Verhalten, das Voraussetzung der Ansprüche ist, vor Ablauf der Schutzfrist begangen wurde. Ist der Anspruch entstanden, so kann er auch nach Ablauf der Schutzfrist geltend gemacht werden. Er erlischt erst, wenn kein schutzwürdiges Interesse des Verletzten mehr vorliegt.

VI. Für das Verfahren war in den früheren Urheberrechtsgesetzen vorgesehen, daß der Anspruch auf Vernichtung oder Überlassung der Exemplare und Vorrichtungen auch vor einem Strafgericht geltend gemacht werden kann. Der Antrag konnte dabei sowohl in einem Verfahren, das gegen den Verletzer wegen einer Straftat anhängig war, wie in einem selbständigen („objektiven") Verfahren gestellt werden. Das UrhG hat die Möglichkeit der Geltendmachung in einem selbständigen Strafverfahren nicht übernommen. Es sieht vielmehr die Anwendung der Regeln über das sogenannte Adhäsionsverfahren (§§ 403 ff. StPO) vor: Wie bei sonstigen, aus der Straftat erwachsenden vermögensrechtlichen Ansprüchen, kann der Verletzte auch die Ansprüche auf Vernichtung und ähnliche Maßnahmen sowie auf Überlassung der Vervielfältigungsstücke und Vorrichtungen gegen den Beschuldigten im Rahmen eines anhängigen Strafverfahrens geltend machen. Als Sondervorschrift gilt nur die Regel, daß in einem Strafverfahren, das vor dem Amtsgericht anhängig ist, der Anspruch ohne Rücksicht auf die Höhe des Streitwerts geltend gemacht werden kann. § 110 UrhG.

Eine Vollstreckung der Sicherungsmaßnahmen findet nur aufgrund eines rechtskräftigen Urteils nach den Vorschriften der ZPO statt; §§ 98 Abs. 4 Satz 2 und 99 Abs. 2 UrhG. Eine vorläufige Sicherstellung kann im Zivilverfahren durch einstweilige Verfügung angeordnet werden. In einem Strafverfahren kann durch den Richter, bei Gefahr im Verzug auch durch den Staatsanwalt, eine Beschlagnahme angeordnet werden, sofern es sich um Gegenstände handelt, die als Beweismittel für die Untersuchung von Bedeutung sein können.

§ 131. Schadensersatz- und Bereicherungsansprüche. Auskunfts- und Rechenschaftspflicht

Krasser, Schadensersatz für Verletzungen von gewerblichen Schutzrechten und Urheberrechten nach deutschem Recht, in GRUR Int. 1980, 259 ff.

I. Der allgemeine Rechtsgrundsatz, daß der vorsätzliche oder fahrlässige Eingriff in ausschließliche Rechte zum Schadensersatz verpflichtet, gilt auch im Urheberrecht: Die rechtswidrige und schuldhafte Verletzung der Rechte der Urheber und ihrer Rechtsnachfolger, der Inhaber von Nutzungsrechten und der Inhaber von verwandten Schutzrechten verpflichtet zum Schadensersatz; § 97 Abs. 1 UrhG.

Die Regel des § 97 UrhG über eine Schadenshaftung wegen schuldhafter Verletzung ausschließlicher Rechte stimmt mit der Regel des § 823 Abs. 1 BGB überein. Der Frage, ob neben der Regel des § 97 Abs. 1 UrhG auch § 823 Abs. 1 BGB anwendbar oder — was m. E. richtiger ist — ob § 97 Abs. 1 UrhG Spezialvorschrift ist, kommt daher keine praktische Bedeutung zu. Das gleiche gilt in Fällen schuldhafter Verletzung der im UrhG vorgesehenen Schutzbestimmungen, darunter der Verwertungsverbote des § 96 UrhG und der Straftatbestände der §§ 106 ff. UrhG, für das Verhältnis zu § 823 Abs. 2 BGB: Die Verletzung der genannten Schutzbestimmungen ist i. S. des § 97 UrhG widerrechtliche Verletzung der durch das UrhG geschützten Rechte. Anders steht es, wenn nicht nur eine Verletzung der Urheberrechte oder der verwandten Schutzrechte, sondern zugleich eine Verletzung anderer ausschließlicher Rechte oder deliktisch geschützter Rechtsgüter, beispielsweise ein schuldhafter Eingriff in das allgemeine Persönlichkeitsrecht, das Recht am Namen oder am eigenen Bild, oder eine unlautere Wettbewerbshandlung vorliegt. Solche Ansprüche können unabhängig von dem Anspruch wegen der Verletzung von Urheberrechten und verwandten Schutzrechten geltend gemacht werden.

1. Die Schadensersatzpflicht setzt voraus, daß eine schuldhafte Verletzung vorliegt. Fahrlässigkeit, auch leichte Fahrlässigkeit, genügt. Die Gerichte legen im allgemeinen einen strengen Maßstab an die Sorgfaltspflicht an. Sie erwarten insbesondere von Fachkreisen, beispielsweise von Verlegern, Schallplatten- und Filmherstellern sowie von Sendeunternehmen, daß sie sich mit Sorgfalt über die Sach- und Rechtslage unterrichten.

Vgl. über die Sorgfaltspflicht des Verlegers insbesondere RGZ 114, 113. In BGHZ 14, 163 („Constanze II“) wurde betont, daß der Verleger jedenfalls bei nichtperiodischen

Druckwerken zur Überprüfung des Inhalts der von ihm verlegten Schriften verpflichtet ist; bei periodischen Druckwerken, für die ein von den Weisungen des Verlegers unabhängiger Schriftleiter bestellt ist, ist dagegen die Prüfungspflicht in erster Linie Sache des Schriftleiters oder des Herausgebers. Zur Sorgfaltspflicht der Fachkreise gehört auch die Berücksichtigung der von der Rechtsprechung entwickelten Grundsätze; vgl. BGH in GRUR 1961, 140 und 1974, 671. In Fällen, in denen noch keine höchstrichterliche Rechtsprechung vorliegt, kommt es bei der Frage, ob die beklagte Partei sich auf die von ihr vertretene Rechtsauffassung verlassen konnte, u. a. darauf an, welches Gewicht dieser Auffassung angesichts ihrer Beurteilung in Fachkreisen zukommt. Vgl. dazu die unter der Herrschaft des LUG ergangenen Entscheidungen über die Aufnahme geschützter Musik auf Tonbänder: Bei der Aufnahme, die zum Zweck der gewerblichen Verwertung erfolgte, wurde die Schadensersatzpflicht bejaht (BGHZ 8, 97); in der ersten Entscheidung über die Aufnahme zu privatem Gebrauch wurde sie dagegen verneint (BGHZ 17, 295): im Hinblick darauf, daß die Frage in Fachkreisen umstritten war, konnte der Bekl. kein Vorwurf daraus gemacht werden, daß sie der von ihr vertretenen Rechtsauffassung entsprechend handelte. Einzelne Gutachten, die sich der Verletzer erstatten läßt und die im Widerspruch zu der herrschenden Rechtsauffassung stehen, vermögen dagegen den Vorwurf des Verschuldens nicht auszuräumen. Vgl. dazu die Entscheidung im Fall Solschenizyn („August Vierzehn") in BGHZ 64, 183.

2. Für die Schadensersatzpflicht gilt die allgemeine Regel des bürgerlichen Rechts, daß, sofern möglich, Naturalherstellung sowohl zum Ausgleich der materiellen wie der ideellen Schäden verlangt werden kann. Beispielsweise kann der Urheber, dessen Name bei der öffentlichen Wiedergabe des Werkes nicht genannt wurde, mit der Schadensersatzklage verlangen, daß sein Name nachträglich in geeigneter Form bekannt gemacht wird.

Schadensersatz in Geld kann jedenfalls wegen eines Vermögensschadens gefordert werden. Ein solcher kann auch aus der Verletzung des Urheberpersönlichkeitsrechts erwachsen: Entstellungen des Werkes oder falsche Urheberbezeichnungen können zum Verlust von Aufträgen, zur Minderung des Absatzes oder zur sonstigen Schmälerung von Erwerbsaussichten führen. Geldersatz wegen eines Schadens, der nicht Vermögensschaden ist, kann nach der Regel des § 253 BGB nur in den gesetzlich vorgesehenen Sonderfällen verlangt werden. Der Kreis dieser Sonderfälle ist aber, wie bereits oben § 6 I 3 erwähnt wurde, vom BGH erstmalig in der Herrenreiter-Entscheidung, BGHZ 26, 349, und seitdem in ständiger Rechtsprechung durch die Regel erweitert worden, daß Geldersatz wegen des immateriellen Schadens grundsätzlich auch im Fall der Verletzung eines Persönlichkeitsrecht verlangt werden kann. Diesem Rechtsgedanken hat das UrhG in § 97 Abs. 2 durch die Bestimmung Rechnung getragen, daß Urheber, Verfasser wissenschaftlicher Ausgaben, Lichtbildner und ausübende Künstler auch wegen eines Schadens, der nicht Vermögensschaden ist, eine Entschädigung in Geld verlangen können, wenn und soweit es der Billigkeit entspricht. Es geht dabei in erster Linie um die Verletzung des Urheberpersönlichkeitsrechts sowie um Fälle, in denen die Darbietungen der ausübenden

Künstler entstellt oder sonst beeinträchtigt werden. Zu beachten bleibt aber, daß auch durch die Verwertungsrechte der Urheber, der Verfasser wissenschaftlicher Ausgaben und der Lichtbildner sowie durch die Einwilligungsrechte der ausübenden Künstler nicht nur materielle, sondern auch ideelle Interessen geschützt werden. Beispielsweise kann ein Urheber die Verfilmung seines Werkes deshalb untersagen, weil er angesichts von Wesen und Inhalt des Werkes die Verfilmung nicht für eine angemessene Form der Wiedergabe hält. Obwohl er sein Verbotsrecht in solchen Fällen aus dem ihm zustehenden Bearbeitungsrecht, mithin einem Verwertungsrecht, ableitet, kann er gegebenenfalls auch wegen Verletzung seiner ideellen Interessen Schadensersatz in Geld verlangen.

Abweichend wird meist angenommen, daß Geldersatz für immaterielle Schäden nur bei Verletzung des Urheberpersönlichkeitsrechts oder der Rechte der ausübenden Künstler, Entstellungen und Beeinträchtigungen zu verbieten, verlangt werden kann. Vgl. FROMM-NORDEMANN, UrhG, § 97, Anm. 13, und MÖHRING-NICOLINI, UrhG, § 93, Anm. 11. Daß die Verwertungsrechte auch ideelle Interessen schützen, wird dabei übersehen. — Für die Frage, ob die Zuerkennung einer Geldentschädigung für immaterielle Schäden der Billigkeit entspricht, sind die Grundsätze entsprechend anzuwenden, die von der Rechtsprechung im Fall der Verletzung des allgemeinen Persönlichkeitsrechts entwickelt wurden. Ins Gewicht fällt insbesondere die Schwere der Verletzung oder des Verschuldens sowie der Umstand, daß auf andere Weise der Verletzte keine ausreichende Genugtuung erfährt.

3. Im übrigen finden die Regeln über unerlaubte Handlungen entsprechende Anwendung: Mittäter haften als Gesamtschuldner; Anstifter und Gehilfen stehen den Mittätern gleich; § 830 BGB. Für die Haftung des Geschäftsherrn bei Rechtsverletzungen durch Gehilfen oder Beauftragte gilt § 831 BGB.

II. Besondere Grundsätze gelten für die Berechnung des Vermögensschadens. Die Gerichte haben dabei unter Überschreitung der Grenzen, die dem Schadensersatzanspruch der Regel nach gezogen sind, eine Rechtsfortbildung vorgenommen, die auf Billigkeitserwägungen beruht: Wird ein Buch nachgedruckt, so können aus der Zahl der rechtswidrig verbreiteten Exemplare Schlüsse auf die Verkaufsmöglichkeit gezogen werden, die dem Berechtigten entgangen ist. Er kann daher nach allgemeinen Grundsätzen der Schadensberechnung die Vermögenseinbuße, die er durch die Schmälerung des Absatzes erlitten hat, zugrunde legen. Es gibt aber Fälle der Urheberrechtsverletzung, in denen ein solcher Nachweis nicht geführt werden kann. Wird beispielsweise eine Dichtung, die im Druck erschienen ist, ohne Zustimmung des Verfassers durch Rundfunk gesendet, so mag es sein, daß die Sendung nicht zu einer Schmälerung, sondern zu einer Steigerung des Absatzes führt. Dennoch erscheint es als gerecht, daß der Verfasser, in dessen Recht schuldhaft eingegriffen wurde, eine Entschädigung verlangen kann. Die Rechtsprechung läßt daher dem Berechtigten die Wahl zwischen verschiedenen Methoden der Schadensberechnung: Er kann, statt Ersatz für die Vermögenseinbuße zu fordern, auch die Zahlung einer angemessenen Vergütung oder die Herausgabe des durch die Benutzung erzielten Reingewinns verlangen.

In Betracht kommen daher drei Methoden der Schadensberechnung:

1. Der Verletzte kann den Schaden nach den allgemeinen Regeln des Schadensersatzrechts berechnen. Er kann verlangen, daß er vermögensrechtlich so gestellt wird, wie er ohne die Urheberrechtsverletzung stünde. Zur Vermögenseinbuße gehört auch der entgangene Gewinn. Dabei genügt gemäß § 252 BGB der Nachweis, daß nach dem gewöhnlichen Lauf der Dinge oder nach den besonderen Umständen, insbesondere nach den getroffenen Anstalten und Vorkehrungen, der Gewinn mit Wahrscheinlichkeit erwartet werden konnte.

2. Der Berechtigte kann die Zahlung einer angemessenen Vergütung fordern; er kann Honorar für den Nachdruck, Tantieme für die Aufführung usf. verlangen. Es kommt dabei nicht darauf an, ob er im Falle vorheriger Befragung die Benutzung gegen eine angemessene Vergütung gestattet hätte. Wer schuldhaft in das Urheberrecht eingreift, muß sich, wenn der Berechtigte es verlangt, hinsichtlich der Vergütung so behandeln lassen, als sei ein Vertrag zu den üblichen Bedingungen zustande gekommen. Der Schadensersatzanspruch wird hier in seinem Inhalt durch eine Billigkeitserwägung bestimmt, die mit dem Verbot des venire contra factum proprium verwandt ist.

Vgl. zu dieser Art der Schadensberechnung BGHZ 20, 353 mit näheren Nachweisen aus der früheren Rechtsprechung. Sie ist nicht nur bei Eingriffen in das Urheberrecht, sondern auch in andere ausschließliche Rechte (im entschiedenen Fall: in das Recht am eigenen Bild) zulässig und wird durch die Begründung gerechtfertigt, daß niemand, der unerlaubt in ausschließliche Rechte anderer eingreift, besser stehen darf, als er im Falle einer ordnungmäßig erteilten Erlaubnis stünde. Zur Berechnung bei einem Teilnachdruck vgl. BGH in GRUR 1975, 323 („Geflügelte Melodien"). Anerkannt ist in der Rechtsprechung, daß es nicht darauf ankommt, ob der Verletzte im Einzelfall die Zustimmung auf Befragen erteilt hätte. In BGHZ 26, 352 (Herrenreiter-Entscheidung) wird davon freilich eine Ausnahme für den Fall gemacht, daß im Hinblick auf die schwerwiegende Beeinträchtigung ideeller Interessen eine Erteilung der Zustimmung schlechthin als ausgeschlossen erscheinen mußte; in solchen Fällen kann nicht eine angemessene Honorierung, wohl aber Geldersatz für den immateriellen Schaden verlangt werden. — Bei Ansprüchen der GEMA wegen ungenehmigter Musikaufführungen gestattet der BGH in Anknüpfung an die ständige Rechtsprechung des KG und RG der GEMA die Berechnung eines 100 %igen Zuschlags zu der Gebühr, die in ihren Tarifen für die rechtzeitig und ordnungsgemäß angemeldeten Aufführungen der vorliegenden Art vorgesehen ist („doppelte Tarifgebühr"); vgl. BGHZ 17, 383. Entscheidend dafür ist die Erwägung, daß die GEMA einen umfangreichen und kostspieligen Überwachungsapparat unterhalten muß, um Urheberrechtsverletzungen nachzugehen, und daß es die Billigkeit gebietet, mit den Kosten dafür soweit möglich die Rechtsverletzer, nicht aber die Urheber oder, auf dem Weg über eine Erhöhung der normalen Tarife, die gesetzestreuen Musikveranstalter zu belasten. Trotz dogmatisch begründetem Widerspruch im Schrifttum (vgl. u. a. TROLLER, Immaterialgüterrecht II, S. 1129) hält der BGH mit Grund an seiner Rechtsprechung fest; vgl. BGHZ 59, 287. Der Rechtsgedanke ist entsprechend auf die Geltendmachung der Ansprüche durch andere Verwertungsgesellschaften anzuwenden, nicht dagegen auf Rechtsverletzungen im allgemeinen, auch nicht auf Verletzungen des Aufführungsrechts, das durch Bühnenverlage wahrgenommen wird: Hier erfordert die Aufdeckung von Rechtsverletzungen nicht in gleicher Weise einen besonderen Überwachungsapparat. Wohl aber können Kosten in Rechnung gestellt werden, die zur Aufdeckung einer konkreten Urheberrechtsverletzung aufgewendet werden müssen, beispielsweise für den Nachweis, daß in einem deutsch-englischen Rechtslexikon Hunderte von Übersetzungen, die bisher nicht gebräuchlich waren, übernommen wurden.

3. Der Berechtigte kann die Herausgabe des Reingewinns verlangen, ohne daß es darauf ankommt, ob ihm selbst ein entsprechender Gewinn entgangen ist. Bei dieser Berechnungsmethode deckt sich der Ersatzanspruch in seinem Inhalt mit dem Herausgabeanspruch, der dem Geschäftsherrn im Fall unechter Geschäftsführung ohne Auftrag gemäß § 687 Abs. 2 BGB zusteht. Während aber der Anspruch aus unechter Geschäftsführung voraussetzt, daß der Geschäftsführer bewußt in die fremde Rechtssphäre eingegriffen hat, kann der Berechtigte im Bereich des Urheberrechts, ebenso wie im Bereich des Patentrechts und sonstiger Immaterialgüterrechte, die Herausgabe des Reingewinns auch bei fahrlässigen Eingriffen in seine Berechtigung verlangen. Diese Erweiterung des Anspruchs ist vom RG in ständiger Rechtsprechung entwickelt worden, an der der BGH mit der Begründung festgehalten hat, daß der Regel gewohnheitsrechtlicher Rang zukommt (BGHZ 20, 533). Das UrhG hat dieser Rechtsentwicklung durch die Bestimmung in § 97 Abs. 1 Satz 2 Rechnung getragen. Es sieht dabei terminologisch genauer vor, daß der Verletzte die Herausgabe des Gewinns „an Stelle des Schadensersatzes" verlangen kann.

Sind in dem Werk, das der Verletzer vervielfältigt, verbreitet oder öffentlich wiedergibt, neben Teilen, die aus fremden Werken übernommen sind, auch selbständig geschaffene Teile enthalten, so ist nur ein Anteil des Reingewinns herauszugeben, wobei zu fragen ist, in welchem Verhältnis die übernommenen zu den selbständig geschaffenen Teilen stehen. Vgl. BGH in GRUR 1959, 382 mit Anm. des Verfassers. Bedenklich ist freilich die Annahme des Urteils, daß mit dem Verleger auch der Urheber, der aus fremdem Werk geschöpft hat, als Gesamtschuldner für die Herausgabe des vom Verleger erzielten Reingewinns haftet. Sinngemäß bedarf hier die Regel des § 830 BGB einer Abwandlung: Die Herausgabe des Reingewinns kann nur von demjenigen verlangt werden, der ihn erzielt hat.

Die Berechnungsmethode kann vom Berechtigten gewählt werden. Ein Übergang von einer Berechnungsmethode zu einer anderen ist auch noch im Lauf des Rechtsstreits möglich. Vgl. BGH in GRUR 1966, 379 und 1974, 54.

III. Der Vermögensausgleich ist durch die Vorschriften über den Schadensersatz nicht abschließend geregelt. Dem Berechtigten steht vielmehr auch der Bereicherungsanspruch zu, der ohne Rücksicht auf Verschulden geltend gemacht werden kann. Er kann gemäß § 812 BGB die Herausgabe der Bereicherung verlangen, die aufgrund unzulässiger Benutzung auf seine Kosten erlangt worden ist. Das ist heute in Rechtsprechung und Schrifttum allgemein anerkannt.

Die Bereicherung des Verletzers kann darin liegen, daß das geschützte Werk ohne Entrichtung einer Vergütung benutzt wird: Er hat den Betrag erspart, den er bei rechtmäßigem Verhalten hätte zahlen müssen. Der Berechtigte kann daher grundsätzlich mit dem Bereicherungsanspruch, ebenso wie mit dem Schadensersatzanspruch, die Zahlung einer angemessenen Vergütung verlangen.

Der Unterschied, daß sich der Verletzer gegenüber dem Bereicherungsanspruch auf den späteren Wegfall der Bereicherung berufen kann, fällt, da es sich um eine Ersparnisbereicherung handelt, praktisch nicht ins Gewicht. Vgl. dazu BGHZ 56, 322. Auch mit dem Einwand, er hätte bei Kenntnis der Sachlage das Werk nicht benutzt, sondern sich anderweitig beholfen, kann der Verletzer nicht gehört werden: er muß sich an der Sachlage, die er selbst geschaffen hat, festhalten lassen (BGHZ 20, 355). Vgl. zu dem Gedanken der Ersparnisbereicherung auch BGHZ 5, 123.

Die Bereicherung des Verletzers kann ferner in dem Reingewinn liegen, den er durch die Benutzung des Werkes erzielt hat. Anders als beim Schadensersatzanspruch kann aber der Berechtigte die Herausgabe des Gewinns nur insoweit verlangen, als er selbst den entsprechenden Gewinn hätte erzielen können. Nur in dieser Höhe ist er entreichert und der Gewinn auf seine Kosten erlangt. Es kommt daher darauf an, welche Verwertung der Berechtigte seinerseits beabsichtigte. Der Verleger kann sich auf den Gewinn berufen, der ihm infolge der Verbreitung der nachgedruckten Exemplare entgangen ist. In den Grenzen dieses entgangenen Gewinns kann er Herausgabe des Reingewinns verlangen, durch den das Vermögen des Verletzers noch in dem Zeitpunkt bereichert ist, in dem er von dem Mangel des rechtlichen Grundes Kenntnis erlangt oder die Rechtshängigkeit eintritt. Der Urheber, der Verlagsverträge, Aufführungsverträge usf. zu schließen pflegt, wird dagegen nur in seiner Aussicht auf Erlangung des Honorars, der Tantieme usw. gestört. Mit dem Bereicherungsanspruch kann er daher auch unter dem Gesichtspunkt, daß der Verletzer durch den noch vorhandenen Reingewinn bereichert ist, nicht mehr als die Zahlung der angemessenen Vergütung verlangen.

Die Frage, ob der Berechtigte mit dem Bereicherungsanspruch den beim Verletzer noch vorhandenen Reingewinn in voller Höhe oder ob er ihn nur in den Grenzen des ihm selbst entgangenen Gewinns herausverlangen kann, ist in der Rechtsprechung noch nicht ausgetragen. Im Schrifttum ist sie streitig. RIEZLER UR S. 142 entscheidet sich für die erste Alternative. Zutreffend weisen dagegen MÖHRING-NICOLINI, UrhG, § 97, Anm. 18 a bb, auf die gestörte Erwerbsaussicht des Berechtigten hin. Ähnlich v. CAEMMERER in seinen grundsätzlichen Ausführungen zum Bereicherungsrecht, in Festschrift für RABEL (1954) I, S. 156, sowie HUBMANN, UR, S. 268.

IV. Als Hilfsrecht für die Geltendmachung von Schadensersatz- und Bereicherungsansprüchen steht dem Berechtigten gegen den Verletzer ein Anspruch auf Auskunft und Rechenschaftslegung zu: Der den §§ 666, 681 und 687 Abs. 2 BGB zugrundeliegende Rechtsgedanke, daß, wer fremde Geschäfte besorgt, auf Verlangen über Stand und Ergebnis des Geschäfts Auskunft und Rechenschaft abzulegen hat, ist seit RGZ 108, 7 in ständiger Rechtsprechung unter Berufung auf Treu und Glauben um den allgemeinen Grundsatz erweitert worden, daß Ansprüche auf Auskunft und Rechenschaftslegung geltend gemacht werden können, wenn der Berechtigte in entschuldbarer Weise über Bestand oder Umfang seines Rechts im ungewissen ist, der Verpflichtete aber unschwer Auskunft erteilen kann. Das gilt im besonderen auch für die Ansprüche wegen Urheberrechtsverletzung. Das UrhG sieht in § 97 Abs. 1 Satz 2 ausdrücklich vor, daß der Verletzte anstelle des Schadensersatzes vom Verletzer nicht nur Herausgabe des Gewinns, sondern auch Rechnungslegung über diesen Gewinn verlangen kann. Den Grundsätzen der Rechtsprechung entsprechend, kann aber Auskunft und Rechnungslegung auch im Hinblick auf die Geltendmachung sonstiger Schadensersatz- und Bereicherungsansprüche verlangt werden, beispielsweise in Fällen, in denen die Zahlung einer angemessenen Vergütung für rechtswidrige Verletzungshandlungen verlangt wird, zu ihrer Geltendmachung aber eine Auskunft über den Umfang der Nutzung erforderlich ist.

Seltener sind Fälle, in denen bei sonstigen Ansprüchen wegen Verletzung der durch das UrhG geschützten Rechte Auskunft und Rechnungslegung in Frage kommen. Grundsätzlich ist aber die Möglichkeit nicht auszuschließen. So hat das RG in einem Fall, in dem der Beklagte aufgrund der negatorischen Beseitigungsklage des § 1004 BGB den Widerruf unwahrer geschäftsschädigender Behauptungen verlangen konnte, dem Kläger das Recht auf Auskunft darüber zugesprochen, wem gegenüber die Behauptung aufgestellt wurde (RGZ 158, 377). Entsprechend ist auch im Bereich des Urheberrechts anzunehmen, daß beispielsweise der Urheber, der den Beteiligungsanspruch des § 36 UrhG geltend macht, Auskunft über die Erträgnisse aus der Nutzung des Werkes verlangen kann. Ebenso Fromm-Nordemann, UrhG, § 36, Anm. 8; abweichend sind dagegen Möhring-Nicolini, UrhG, § 97, Anm. 10 d, der Ansicht, daß der Berechtigte Ansprüche auf Auskunft und Rechnungslegung nur zur Vorbereitung des bezifferten Schadensersatzanspruchs verlangen kann. — Eine Sonderregelung hat die Auskunftspflicht in § 26 Abs. 4-6 UrhG beim Folgerecht erfahren. Vgl. oben § 60 VI.

§ 132. Der Rechtsweg. Urteilsbekanntmachung

I. Der Rechtsweg, auf dem Urheberrechtsstreitigkeiten ausgetragen werden, ist grundsätzlich der ordentliche Rechtsweg. Zuständig sind, mit anderen Worten, die ordentlichen Zivilgerichte und in den Sonderfällen, in denen vermögensrechtliche Ansprüche in einem Adhäsionsverfahren geltend gemacht werden, die Strafgerichte. Nur bei Streitsachen aus Arbeits- oder Dienstverhältnissen, die ausschließlich Ansprüche auf Leistung einer vereinbarten Vergütung zum Gegenstand haben, bleibt der Rechtsweg zu den Gerichten für Arbeitssachen und der Verwaltungsrechtsweg unberührt; § 104 UrhG.

Die Vorschrift bezweckt eine Abgrenzung der Zuständigkeiten mit dem Ziel, daß die urheberrechtlich relevanten Streitfragen vor den ordentlichen Gerichten entschieden werden. Unter anderem soll es in Fällen, in denen im Rahmen eines Arbeits- oder Dienstverhältnisses Werke geschaffen oder künstlerische Darbietungen erbracht werden, vermieden werden, die zwischen den Parteien des Arbeits- oder Dienstverhältnisses streitige Frage, ob und inwieweit eine Einräumung bzw. Übertragung der Rechte auf den Arbeitgeber oder Dienstherrn stattgefunden hat, von den Arbeits- oder Verwaltungsgerichten, die Frage dagegen, wer zur Verfolgung von Rechtsstreitigkeiten gegen Dritte berechtigt ist, von den ordentlichen Gerichten zu entscheiden ist.

Unter Urheberrechtsstreitigkeiten sind nach dem Wortlaut des Gesetzes alle Rechtsstreitigkeiten zu verstehen, durch die ein Anspruch aus einem der im UrhG geregelten Rechtsverhältnisse geltend gemacht wird. Der Begriff ist in einem weiteren Sinn zu deuten. Neben den Ansprüchen aus ausschließlichen Rechten kommen auch die Vergütungsansprüche in Betracht, die aufgrund von Urheberrechten oder verwandten Schutzrechten geltend gemacht werden. Sinngemäß sind zu den Urheberrechtsstreitsachen auch Streitigkeiten über die Urheberschaft, den Bestand und Umfang der Rechte sowie die Übertragung oder die Einräumung von Rechten zu rechnen. Der Rechtsweg zu den Arbeits- oder Verwaltungsgerichten bleibt nur unberührt, wenn sich der Rechtsstreit auf die Leistung der vereinbarten Vergütung bezieht, ohne daß über den Bestand oder den Umfang urheberrechtlicher Befugnisse oder über die Person des Rechtsinhabers zu entscheiden ist.

II. Für die Entscheidung in Rechtsstreitigkeiten ist es wesentlich, daß die Gerichte über die genügende Sach- und Rechtskunde verfügen. Daher ist eine Konzentration der Urheberrechtsstreitigkeiten bei bestimmten Gerichten erwünscht, die spezielle Erfahrungen auf dem Gebiet des Urheberrechts und den verwandten Rechtsgebieten des gewerblichen Rechtsschutzes haben. Schon unter der Herrschaft der früheren Urheberrechtsgesetze hatte es sich bewährt, daß die Parteien oftmals in Urheberrechtsstreitigkeiten die Zuständigkeit besonders erfahrener Gerichte vereinbart haben. Das UrhG hat daher nach dem Vorbild der bereits früher für Patent- und Warenzeichenprozesse getroffenen Regelung in § 105 die Landesregierungen ermächtigt, durch Rechtsverordnungen Bestimmungen über die örtliche Zuständigkeit zu treffen: Urheberrechtsstreitsachen, die zur Zuständigkeit der Amtsgerichte oder Landgerichte gehören, können für die Bezirke mehrerer Amts- oder Landgerichte einem von ihnen zugewiesen werden, wenn dies der Rechtspflege dienlich ist.

Einschlägige Regelungen sind bisher in Baden-Württemberg, Bayern, Berlin, Hamburg, Hessen, Niedersachsen und Nordrhein-Westfalen erfolgt. Über die Vertretung durch Rechtsanwälte vor dem Landgericht vgl. § 105 Abs. 4 UrhG.

III. Eine prozessuale Sonderregel, die nach dem Vorbild des § 23 UWG getroffen wurde, gilt für die Bekanntmachung des Urteils: Ist Klage aufgrund des UrhG erhoben worden, so kann im Urteil der obsiegenden Partei die Befugnis zugesprochen werden, das Urteil auf Kosten der unterliegenden Partei öffentlich bekannt zu machen, wenn sie ein berechtigtes Interesse dartut. § 103 UrhG.

1. Obsiegende Partei kann sowohl der erfolgreiche Kläger wie, im Fall der Klageabweisung, der Beklagte sein. Voraussetzung ist, daß die Partei, die einen Antrag auf Zuerkennung der Bekanntmachungsbefugnis stellt, ein berechtigtes Interesse dartut. Es kann sich dabei sowohl um ideelle wie um materielle Interessen handeln. Dem Kläger kann an einer Bekanntmachung gelegen sein, aus der sich ergibt, daß ihm das vom Beklagten bestrittene Recht auf Anerkennung seiner Urheberschaft zusteht oder daß der Nachdruck eine rechtswidrige Vervielfältigung ist, so daß auch Dritte im Fall eines Nachdrucks mit einer Klage zu rechnen haben. Der Beklagte kann ein berechtigtes Interesse an der Ausräumung des Vorwurfs haben, daß er durch Eingriff in das Urheberrecht des Klägers ein Plagiat begangen hat.

Für die Auslegung der Regel können Rechtsprechung und Schrifttum zu § 23 UWG zu Rate gezogen werden; vgl. dazu eingehend BAUMBACH-HEFERMEHL, Wettbewerbsrecht, 12. Aufl. 1978, zu § 23 UWG, Anm. 9. Eine Interessenabwägung ist insofern geboten, als der Nachteil, der der unterliegenden Partei aus der in der Veröffentlichung liegenden Bloßstellung erwachsen kann, nach Lage der Sache nicht außer Verhältnis zu dem Vorteil stehen darf, der der obsiegenden Partei aus der Veröffentlichung erwächst. Zu beachten ist dabei freilich, daß Urheberrechtsverletzungen, insbesondere Akte der rechtswidrigen Vervielfältigung und Verbreitung, eine längere Auswirkung haben können als Wettbewerbsverstöße, die als einmalige Zuwiderhandlungen nach entsprechendem Zeitablauf in Vergessenheit geraten können. Vgl. dazu MÖHRING-NICOLINI, UrhG, § 103, Anm. 7.

2. Falls das Gericht nichts anderes bestimmt, darf die Bekanntmachung erst nach Rechtskraft des Urteils erfolgen. Art und Umfang der Bekanntmachung werden im Urteil bestimmt. Das Gericht entscheidet darüber, ob die Bekanntmachung auf den Tenor des Urteils zu beschränken ist oder ob auch Entscheidungsgründe, insbesondere Teile von ihnen, die für die Unterrichtung der Öffentlichkeit wesentlich sind, auf Kosten der unterliegenden Partei bekannt zu machen sind. Als Art der Bekanntmachung kann im Urteil insbesondere die Veröffentlichung in einer oder mehreren Zeitungen oder Zeitschriften bestimmt werden.

Nach Lage des Falls kann auch eine Bekanntmachung auf einer Anschlagfläche in Betracht kommen. Im übrigen kommt als geeignete Art der Bekanntmachung auch die Mitteilung im Hörfunk oder Fernsehen in Frage. FROMM-NORDEMANN, UrhG, § 103, Anm. 3, weisen aber mit Grund darauf hin, daß zur Zeit noch keine allgemeine Bereitschaft der Rundfunkanstalten zu solchen Mitteilungen besteht und daß sich daher gegebenenfalls eine Anfrage des Gerichtes über die Möglichkeit einer solchen Bekanntmachung empfiehlt. — Vgl. im übrigen § 103 Abs. 2 Satz 2 und Abs. 3 UrhG: Die Befugnis zur Bekanntmachung erlischt, wenn das Urteil nicht innerhalb von sechs Monaten seit seiner Rechtskraft bekannt gemacht wird. Die Partei, der die Befugnis zur Bekanntmachung zusteht, kann beantragen, die unterliegende Partei zur Vorauszahlung der Kosten der Bekanntmachung zu verurteilen.

3. Gesetzlich nicht geregelt ist die Frage, ob eine Partei, ohne daß ihr die Bekanntmachungsbefugnis zugesprochen wurde, das Urteil auf eigene Kosten bekannt machen darf. Ein berechtigtes Interesse daran kann insbesondere in Fällen vorliegen, in denen ein Hinweis an die Öffentlichkeit auf die Unzulässigkeit der Vervielfältigung, Verbreitung oder öffentlichen Wiedergabe eines Werkes sachentsprechend erscheint. Doch wird sich die Veröffentlichung noch nicht rechtskräftiger Urteile und einstweiliger Verfügungen nur in Ausnahmefällen zur Abwehr erheblicher Gefahren rechtfertigen lassen. Auch wäre eine Veröffentlichung unzulässig, wenn der im Prozeß gestellte Antrag auf Zuerkennung der Bekanntmachungsbefugnis mit Rücksicht darauf abgelehnt wurde, daß die Veröffentlichung der unterliegenden Partei wegen unverhältnismäßig großer Schädigung nicht zuzumuten ist. Vgl. dazu Baumbach-Hefermehl, UWG, § 23, Anm. 1; sowie v. Gamm, UrhG, § 103, Rdz. 2d.

II. Das Urheberstrafrecht

§ 133

Ulrich Weber, Der strafrechtliche Schutz des Urhebers, 1976.

I. Die Bestrafung von Verletzungen des Urheberrechts und verwandter Schutzrechte setzt, allgemeinen strafrechtlichen Grundsätzen entsprechend, voraus, daß bestimmte Straftatbestände verwirklicht werden. Sie sind in §§ 106—108 UrhG geregelt.

Die Regelung des Urheberstrafrechts im UrhG ist durch das Einführungsgesetz zum StGB vom 2. März 1974 mit Wirkung ab 1. Januar 1975 zwecks Anpassung an die Strafrechtsreform redaktionell neu gefaßt worden. Der folgenden Darstellung wird die neue Fassung zugrunde gelegt.

1. Die Straftaten sind Vergehen. Sie werden nur auf Antrag des Verletzten verfolgt; § 109 UrhG. Bestraft wird nur, wer vorsätzlich handelt. Strafe ist Freiheitsstrafe bis zu einem Jahr oder Geldstrafe.

Nicht strafbar ist der Versuch, wohl aber Anstiftung und Beihilfe. Die Strafe für den Gehilfen ist gemäß §§ 27 Abs. 2 und 49 Abs. 1 StGB zu mildern. Die Geldstrafe wird nach Maßgabe des § 40 StGB in Tagessätzen verhängt, deren Höhe das Gericht unter Berücksichtigung der persönlichen und wirtschaftlichen Verhältnisse des Täters bestimmt.

2. Strafbare Handlungen können durch den Verletzten im Weg der Privatklage verfolgt werden. Die öffentliche Klage wird von der Staatsanwaltschaft nur erhoben, wenn dies im öffentlichen Interesse liegt. §§ 374 Abs. 1 Nr. 8 und 376 StPO.

Die Verweisung der Strafverfolgung in Fällen, in denen kein öffentliches Interesse vorliegt, auf den Weg der Privatklage, die durch Gesetz vom 21. März 1924 erfolgt ist, hat wichtige Folgen gehabt: Der Schwerpunkt des Urheberrechtsschutzes hat sich auf den Zivilprozeß verlagert.

Die Reihe von Entscheidungen des RG in Strafsachen, die früher für die Auslegung der Urheberrechtsgesetze bedeutsam waren, brach ab. Den Staatsanwaltschaften und den Strafgerichten wurde die Materie fremd. Sachentsprechend ist die Entwicklung insofern, als in der Mehrzahl der Fälle die Geltendmachung der Ansprüche wegen Urheberrechtsverletzung vor den Zivilgerichten der geeignetere Weg ist: Der Verletzte braucht keinen Vorsatz nachzuweisen. Die Beurteilung neuartiger Sachverhalte kann die Fortbildung des Urheberrechts durch Analogieschlüsse erforderlich machen, die im Strafrecht unzulässig sind. Das Offizialverfahren sollte aber jedenfalls in schwereren Fällen der Urheberrechtsverletzung und bei laufenden Zuwiderhandlungen bereitstehen, wie sie insbesondere in den letzten Jahrzehnten bei den Raubdrucken und bei der Schallplattenpiraterie in Erscheinung getreten sind. Die Staatsanwaltschaften haben sich in den in der Bundesrepublik vordringlichen Fällen der Verfolgung von Raubdrucken dieser Aufgabe zunächst nur zögernd angenommen. Doch sind in den letzten Jahren Fortschritte erzielt worden; im ganzen bleibt aber angesichts der Zunahme der Fälle erheblicher Urheberrechtsverletzungen ein stärkerer Einsatz der im UrhG vorgesehenen Möglichkeiten zu strafrechtlicher Verfolgung durch die Staatsanwaltschaften erwünscht.

Vgl. dazu den Bericht von AHRENS, in BBl 1976, 424 ff., über die Beschlagnahme von Tonnen von Raubdruckmaterial in Hamburg und Göttingen, die durch die Zusammenarbeit des Börsenvereins mit der Staatsanwaltschaft und der Kriminalpolizei ermöglicht wurde. Die bundeseinheitlich geltenden Richtlinien für das Strafverfahren haben bezüglich der Urheberrechtsvergehen eine Verschärfung erfahren. In der Fassung vom 1. Dezember 1970 wird vorgesehen, daß das öffentliche Interesse in der Regel anzunehmen sein wird, wenn der Täter mehrere Schöpfungen nachahmt, wenn er fremde Namen oder Titel benutzt, wenn er das ganze Werk vervielfältigt oder wenn er aus Gewinnsucht gehandelt hat. — In einem weiteren Sinn gehört die Verfolgung von schweren Urheberrechtsvergehen in den Bereich der Verfolgung der Wirtschaftskriminalität. Das erste Gesetz zur Bekämpfung der Wirtschaftskriminalität vom 29. Juli 1976 sieht zwar noch keine Erneuerung des Urheberstrafrechts vor. Einschlägige Bestimmungen wurden dagegen in einem 1977 veröffentlichten Alternativentwurf vorgeschlagen, die freilich nicht durchwegs überzeugend sind. Vgl. dazu FLECHSIG, in GRUR 1978, 287 ff.

II. Die erste Gruppe der Straftatbestände betrifft Fälle, in denen in das Urheberrecht oder daraus abgeleitete Nutzungsrechte eingegriffen wird. Dabei ist zwischen Eingriffen in Verwertungsrechte und Nutzungsrechte und Eingriffen in das Urheberpersönlichkeitsrecht zu unterscheiden.

1. Urheberrechtsvergehen sind vorsätzliche Eingriffe in die Verwertungsrechte der Urheber und ihrer Rechtsnachfolger sowie in die ausschließlichen Nutzungsrechte, wie beispielsweise das Verlagsrecht, die auf Verfügungen über Verwertungsrechte beruhen: Strafbar ist gemäß § 106 UrhG, wer in anderen als den gesetzlich zugelassenen Fällen ohne

Einwilligung des Berechtigten ein Werk oder eine Bearbeitung oder Umgestaltung eines Werkes vervielfältigt, verbreitet oder öffentlich wiedergibt.

Bei der Bearbeitung und anderen Umgestaltungen ist zu beachten, daß gegebenenfalls ein Eingriff sowohl in das Urheberrecht am Originalwerk wie in das Urheberrecht an der Bearbeitung oder einer sonstigen abhängigen Nachschöpfung vorliegen kann. Der Strafantrag kann in diesen Fällen vom Urheber des bearbeiteten Werkes wie vom Urheber der Bearbeitung oder der sonstigen Nachschöpfung gestellt werden. — Nicht strafbar ist der Eingriff in das Ausstellungsrecht. Auch hier zeigt sich, daß das Ausstellungsrecht angesichts seiner Ausgestaltung im UrhG nicht zu einem echten Verwertungsrecht ausgereift ist; vgl. oben § 48 II. Zu erwägen bleibt aber der Vorschlag von WEBER, S. 404 ff., de lege ferenda als weiteren Straftatbestand die unerlaubte Veröffentlichung und damit auch die unerlaubte Ausstellung vorzusehen.

2. Anders als bei den Verwertungsrechten, ist ein strafrechtlicher Schutz des Urheberpersönlichkeitsrechts nur in Sonderfällen vorgesehen. Wichtige Tatbestände der Verletzung des Urheberpersönlichkeitsrechts eignen sich angesichts des Beurteilungsspielraums, den sie dem Richter belassen, nicht für eine strafrechtliche Regelung. Das gilt beispielsweise für die Frage, ob beim Umbau eines Werkes der Baukunst eine Entstellung oder eine sonstige Beeinträchtigung vorliegt, die geeignet ist, die berechtigten geistigen oder persönlichen Interessen des Architekten zu gefährden, sowie bei der Frage, ob bei Änderungen, die der Inhaber eines Nutzungsrechts an dem Werk vornimmt, angenommen werden kann, daß der Urheber seine Einwilligung nach Treu und Glauben nicht versagen kann. Einen strafrechtlichen Schutz sieht daher § 107 UrhG nur für zwei klar umrissene Tatbestände vor, bei denen es sich um den Schutz der Urheberrechtsbezeichnung bei Werken der bildenden Künste handelt.

Eine Erweiterung des strafrechtlichen Schutzes des Urheberpersönlichkeitsrechts schlägt de lege ferenda WEBER, S. 391 ff., vor. Er befürwortet freilich nur eine „punktuelle" Pönalisierung besonders gravierender, klar umrissener Eingriffe, darunter von Eingriffen in das Veröffentlichungsrecht. Sein weiterer Vorschlag, auch eine Strafbestimmung gegen die Zerstörung des Werkes vorzusehen, hätte eine Klärung der Frage zur Voraussetzung, ob und in welchen Grenzen die Zerstörung als Verletzung des Urheberpersönlichkeitsrechts angesehen werden kann; vgl. oben § 41 III 1.

a) Der Grundsatz, daß dem Urheber das Recht vorbehalten ist, auf dem Original eines Werkes der bildenden Künste seinen Namen oder Namenszug oder sein Pseudonym anzubringen, liegt der Strafbestimmung des § 107 Nr. 1 UrhG zugrunde: Strafbar handelt, wer auf den Originalen eines Werkes die Urheberbezeichnung ohne Einwilligung des Urhebers anbringt oder ein derart bezeichnetes Original verbreitet. § 107 Nr. 1 UrhG.

Anbringung ist i. S. des § 107 UrhG die Signierung des Werkes, nicht die Anbringung auf einem Rahmen, Sockel o. dgl. Vgl. dazu MÖHRING-NICOLINI, UrhG, § 107, Anm. 14c.

b) Strafbar ist ferner, wer auf einem Vervielfältigungsstück, einer Bearbeitung oder Umgestaltung eines Werkes der bildenden Künste die Urheberbezeichnung auf eine Art anbringt, die dem Vervielfältigungsstück, der Bearbeitung oder der Umgestaltung den Anschein eines Originals gibt, oder ein derart bezeichnetes Werkstück verbreitet. § 107 Nr. 2 UrhG.

Durch eine Signierung, die dem Exemplar den Anschein eines Originalwerkes gibt, wird nicht nur das Urheberpersönlichkeitsrecht verletzt. Vielmehr sind auch die Interessen Dritter gefährdet, die, durch die Irreführung verleitet, die Exemplare erwerben. Eine verbreitete Meinung geht daher davon aus, daß § 107 Nr. 2 UrhG auch das Interesse der Allgemeinheit an der Lauterkeit des Verkehrs mit Werken der bildenden Künste schützt; vgl. WEBER, S. 254 f; HUBMANN, UR, S. 71 und LAMPE, in UFITA 83 (1978) 18. Diese nach dem Wortlaut der Regel naheliegende Annahme hätte zur Folge, daß eine strafbare Handlung i. S. des § 107 Nr. 2 UrhG auch dann vorliegt, wenn die irreführende Signierung mit Einwilligung des Urhebers bzw. des Originalurhebers vorgenommen wird oder wenn das Werk urheberrechtlich nicht mehr geschützt ist. Der Strafantrag müßte dann von dem geschädigten Dritten gestellt werden; in Fällen, in denen sowohl die Interessen des Urhebers wie diejenigen von Dritten verletzt werden, wären sowohl der Urheber wie die geschädigten Dritten antragsberechtigt. Falls kein öffentliches Interesse an der Strafverfolgung vorliegt, bliebe auch der Dritte zur Verfolgung des Vergehens im Weg der Privatklage berechtigt. Meines Erachtens ist nicht anzunehmen, daß eine Deutung mit solchen Folgerungen dem Sinn der Vorschrift entspricht. Die Regelung bezweckt den Schutz des Urhebers. Ihm sollte die Stellung des Strafantrags und gegebenenfalls die Erhebung der Privatklage vorbehalten bleiben. Ähnlich auch MÖHRUNG-NICOLINI, UrhG, § 107 , Anm. 4 a. — Zum Schutz Dritter kommen die Straftatbestände der Urkundenfälschung und des Betrugs in Betracht. Wird die falsche Signierung zur Täuschung im Rechtsverkehr vorgenommen, so liegt Urkundenfälschung (§ 267 StGB) vor, vgl. dazu WÜRTENBERGER, Der Kampf gegen das Kunstfälschertum in der deutschen und schweizerischen Strafrechtspflege (1951), S. 109, sowie RGSt 34, 53; 56, 357 und 76, 28. Wird durch eine in Bereicherungsabsicht vorgenommene Irreführung das Vermögen anderer beschädigt, so ist die Handlung als Betrug (§ 263 StGB) strafbar. Angesichts der Subsidiarität der Strafbestimmungen des § 107 UrhG in Fällen, in denen die Tat — wie bei Urkundenfälschung und Betrug — durch andere Vorschriften mit einer schwereren Strafe bedroht ist, ist im übrigen auch die Anwendung des § 107 Nr. 2 im Fall der Verletzung des Urheberpersönlichkeitsrechts nur eine beschränkte. Sie kann beispielsweise in Betracht kommen, wenn der Besitzer einer Kopie die falsche Signierung aus Prestigegründen vornimmt, ohne daß er beabsichtigt, die Kopie zu veräußern.

III. Die Strafbarkeit der Verletzung verwandter Schutzrechte ist in § 108 UrhG geregelt. Eingriffe in die persönlichkeitsrechtlichen Befugnisse, die das UrhG für die Verfasser wissenschaftlicher Ausgaben, für Lichtbildner und für ausübende Künstler vorsieht, sind nicht strafbar. Wohl aber werden — mit Ausnahme des Schutzrechts des Unternehmers, der Darbietungen ausübender Künstler veranstaltet — die ausschließlichen Rechte zur Verwertung der Leistungen durch Strafbestimmungen geschützt:

1. Strafbar ist in den Grenzen, in denen das Schutzrecht besteht, die Vervielfältigung, Verbreitung und öffentliche Wiedergabe von wissenschaftlichen Ausgaben, von nachgelassenen Werken und von Lichtbil-

dern, die ohne Einwilligung des Berechtigten erfolgt, gleichgültig ob es sich um eine Verwertung in der Originalform oder in der Form einer Bearbeitung oder sonstigen Umgestaltung handelt. § 108 Nr. 1—3 UrhG.

Bei nachgelassenen Werken beschränkt sich der Schutz gegen die öffentliche Wiedergabe gemäß der Regel des § 71 UrhG auf die Benutzung der Vervielfältigungsstücke zur öffentlichen Wiedergabe; vgl. oben § 118 II 4.

2. Strafbar ist ferner die Verwertung der Darbietungen der ausübenden Künstler, die ohne die dazu erforderliche Einwilligung erfolgt. § 108 Nr. 4 UrhG.

3. Bei Tonträgern, bei Bildträgern und Bild- und Tonträgern sowie bei Sendungen ist die Verwertung strafbar, durch die das ausschließliche Recht des Herstellers bzw. des Sendeunternehmens verletzt wird. § 108 Nr. 5—7 UrhG.

Die in § 108 vorgesehene Regelung wird von WEBER, S. 283 f., kritisiert. Bei den durch verwandte Rechte geschützten Leistungen handle es sich um Rechtsgüter, die ihrem Rang nach unter den geschützten Werken stehen und bei denen von einer Pönalisierung der Verletzungshandlung abgesehen werden könne. Dieses Urteil ist jedenfalls in seiner Allgemeinheit nicht haltbar. Ausbeutungen von Darbietungen ausübender Künstler, wie beispielsweise der bekannte Fall der Verwertung von Tonbändern, auf die von einem Sendeunternehmen zu Rundfunkzwecken Darbietungen unter der Stabführung von Furtwängler aufgenommen worden waren, zur Herstellung von Schallplatten, sind nicht minder schwerwiegend als Urheberrechtsverletzungen. Zur strafrechtlichen Verfolgung der Schallplattenpiraterie besteht angesichts der in neuerer Zeit gemachten Erfahrungen aller Anlaß. Was für die Hersteller von Tonträgern gilt, muß aber auch für die Filmhersteller, darunter die Hersteller von Videogrammen, rechtens sein. Auf einzelne Strafbestimmungen, wie beispielsweise die Pönalisierung der Übertragung der Darbietungen ausübender Künstler in andere Räume, könnte freilich verzichtet werden.

IV. Nach allgemeinen strafrechtlichen Regeln bestimmen sich auch die Merkmale der Täterschaft und der Teilnahme sowie die Beurteilung der Irrtumsfälle.

1. Täter ist, wer durch die strafbare Handlung das Urheberrecht oder ein verwandtes Schutzrecht verletzt. Die Person des Verletzers ist dabei grundsätzlich nach denselben Merkmalen zu bestimmen wie bei den zivilrechtlichen Ansprüchen. Mehrere Personen, denen die Verletzung zuzurechnen ist, beispielsweise der Verleger und der Drucker oder der Gastwirt und der Kapellmeister, sind, sofern sie beide vorsätzlich handeln, Mittäter. Handelt nur einer vorsätzlich, so ist er Alleintäter.

Über Anstiftung und Beihilfe vgl. die eingehende Untersuchung bei WEBER, S. 315 ff.

2. In Irrtumsfällen gelten die Regeln der §§ 16 und 17 StGB, die unter Berücksichtigung der Entscheidung des Großen Strafsenats des BGH vom 18. März 1952 in dem zweiten Gesetz zur Reform des Strafrechts getroffen wurden: Der Irrtum über Tatumstände schließt den Vorsatz und damit die Strafbarkeit aus. Fehlt dem Täter dagegen bei Begehung der Tat die Einsicht, unrecht zu tun, so handelt er ohne Schuld, wenn er

den Irrtum nicht vermeiden konnte; war der Irrtum vermeidbar, so kann die Strafe nach § 49 Abs. 1 StGB gemildert werden. Nimmt der Täter beipielsweise an, daß die Schutzfrist bereits abgelaufen ist, so ist zu unterscheiden: Handelt er in dem Glauben, der Urheber sei bereits vor mehr als 70 Jahren verstorben, so ist der Vorsatz ausgeschlossen. Hält er dagegen das Werk in Unkenntnis der Verlängerung der Schutzfrist von 50 auf 70 Jahre für gemeinfrei, so entfällt die Strafbarkeit nur, wenn er den Irrtum nicht vermeiden konnte. War dagegen der Irrtum vermeidbar, was insbesondere für einen berufsmäßigen Verwerter anzunehmen wäre, so kommt nur eine Milderung der Strafe in Betracht.

Abweichend sieht WEBER, S. 289, in dem Irrtum über die Länge der Schutzfrist einen Irrtum über einen Tatumstand, der den Vorsatz ausschließt. Im Widerspruch dazu nimmt er dagegen an, daß ein Irrtum über die Schranken des Urheberrechts — beispielsweise die irrige Annahme eines Verlegers, er dürfe ohne Einwilligung der Urheber eine Sammlung von Werken herausgeben, die zwar auch, aber nicht ausschließlich für den Schulgebrauch bestimmt ist — ein Verbotsirrtum ist. Auch die zeitliche Begrenzung des Schutzes ist eine Schranke des Urheberrechts. Vgl. dazu KIRCHER in seiner Untersuchung über Tatbestands- und Verbotsirrtum im Urheberrecht, Erlanger Diss. (1973), S. 220 ff.

V. Der Strafantrag kann bei der Staatsanwaltschaft, den Behörden und Beamten des Polizeidienstes und den Amtsgerichten gestellt werden; § 158 StPO. Antragsberechtigt ist als Verletzter der Inhaber des ausschließlichen Rechts, in das eingegriffen wurde, nach seinem Tod die in § 77 Abs. 2 StGB genannten Personen. Wird in ein vom Urheber eingeräumtes ausschließliches Nutzungsrecht eingegriffen, so ist außer dem Inhaber des Nutzungsrechts grundsätzlich auch der Urheber antragsberechtigt. Vgl. oben § 128 II 1.

Der Strafantrag kann nur innerhalb einer Frist von drei Monaten gestellt werden. Der Lauf der Frist beginnt mit dem Ablauf des Tages, an dem der Berechtigte von der Tat und der Person des Täters Kenntnis erlangt; § 77 Abs. 1 und 2 StGB.

VI. Dem Verletzten steht das Recht der Verfolgung des Vergehens im Weg der Privatklage zu. Erhebt der Staatsanwalt öffentliche Klage, so kann sich der Verletzte der Klage in jeder Lage des Verfahrens als Nebenkläger anschließen; §§ 374 Abs. 1 Nr. 8 und 395 StPO.

Für die Zwecke des Strafprozesses kann durch den Richter, bei Gefahr im Verzug auch durch den Staatsanwalt, die Beschlagnahme von Gegenständen angeordnet werden, die als Beweismittel für die Untersuchung von Bedeutung sein können; §§ 94 und 98 StPO. Eine Einziehung (§ 74 StGB) kann dagegen im Urteil nicht vorgesehen werden, sofern es sich um die Vervielfältigungsstücke oder die Vorrichtungen handelt, hinsichtlich derer Ansprüche auf Vernichtung oder Überlassung geltend gemacht werden können. § 110 Satz 2 UrhG.

Im Rahmen des Strafverfahrens kann der Verletzte, auch wenn er nicht als Privat- oder Nebenkläger beteiligt ist, im sogenannten Adhäsionsverfahren gegen den Beschuldigten einen aus der Straftat erwachsenen vermögensrechtlichen Anspruch geltend machen, der noch nicht anderweitig gerichtlich anhängig gemacht worden ist. Die allgemeinen Regeln der §§ 403 ff. StPO finden dabei auch auf die Ansprüche auf Vernichtung oder ähnliche Maßnahmen sowie auf die Übernahme von Vervielfältigungsstücken und Vorrichtungen Anwendung; § 110 Satz 1 UrhG. Das früher besonders geregelte Verfahren über die Geltendmachung dieser Ansprüche im Strafverfahren ist vom UrhG nicht übernommen worden. Es gilt nur noch die Besonderheit, daß die Ansprüche auf Vernichtung und Übernahme, anders als sonstige vermögensrechtliche Ansprüche, im Verfahren vor dem Amtsgericht ohne Rücksicht auf den Wert des Streitgegenstands geltend gemacht werden können.

Wird der Angeklagte in dem Strafverfahren freigesprochen und auch nicht eine Maßnahme der Besserung und Sicherung gegen ihn verhängt oder erscheint der Antrag als unbegründet, so sieht das Strafgericht von einer Entscheidung ab. Das gleiche gilt, wenn sich der Antrag zur Erledigung im Strafverfahren nicht eignet, insbesondere wenn seine Prüfung das Verfahren verzögern würde, oder wenn der Antrag unzulässig ist; § 405 StPO. Die Geltendmachung der Ansprüche im Zivilprozeß bleibt vorbehalten.

VII. Wird auf Strafe erkannt, so ist, wenn der Verletzte es beantragt und ein berechtigtes Interesse daran dartut, anzuordnen, daß das Urteil auf Verlangen öffentlich bekannt gemacht wird. Die Art der Bekanntmachung wird im Urteil bestimmt. § 111 UrhG.

10. Kapitel

Die Zwangsvollstreckung

HUBMANN, Die Zwangsvollstreckung in Persönlichkeitsrechte und Immaterialgüterrechte, Festschrift für HEINRICH LEHMANN (1956) II, S. 812 ff.; SMOSCHEWER, Zur Zwangsvollstreckung in die Rechte am Film, Zeitschrift für Zivilprozeß 52, S. 25 ff.

§ 134. Übersicht

I. Die allgemeinen, für die Zwangsvollstreckung vorgesehenen Regeln gelten gemäß § 112 UrhG auch für die Vollstreckung in ein durch das UrhG geschütztes Recht, werden aber in § 113—119 UrhG durch Sonderregeln ergänzt, die die Möglichkeit der Vollstreckung beschränken. Die Grenzen, die der Zwangsvollstreckung in den allgemeinen Regeln und in den Sonderregeln des UrhG gezogen sind, sind dabei zugleich Grenzen der Beschlagsfähigkeit im Konkurs: Sie gelten für den Gläubigerzugriff im allgemeinen.

Vgl. zur Rechtslage im Konkurs insbesondere JÄGER-HENCKEL, Konkursordnung (9. Aufl.), § 1, Anm. 19—32.

II. Was die Rechte der Urheber und ihrer Rechtsnachfolger betrifft, so folgt bereits aus der allgemeinen Regel des § 857 in Verbindung mit § 851 ZPO, daß das Urheberrecht als solches, da es nur im Zug des Erbgangs übertragbar ist, dem Gläubigerzugriff entzogen ist. Auch in das Urheberpersönlichkeitsrecht ist, seiner Natur entsprechend, keine Vollstreckung möglich.

Gegenstände der Zwangsvollstreckung können daher nur die Verwertungsrechte und die Vergütungsansprüche der Urheber und ihrer Rechtsnachfolger sein. Für die Vollstreckung in die Vergütungsansprüche hat es bei den allgemeinen Regeln der ZPO sein Bewenden. Sonderregeln des UrhG gelten dagegen für die Zwangsvollstreckung, die wegen Geldforderungen in die Verwertungsrechte erfolgt; §§ 113 und 115 UrhG. Sie tragen, indem sie die Vollstreckung entscheidend begrenzen, dem Umstand Rechnung, daß auch die Verwertungsrechte einen persönlichkeitsrechtlichen Einschlag haben. Eine entsprechende Beschränkung gilt auch zugunsten der Verfasser wissenschaftlicher Ausgaben und der Lichtbildner; § 118 UrhG: Die verwandten Schutzrechte, die ihnen zustehen, sind, ebenso wie die Urheberrechte, als Rechte, die nur im Zug des Erbgangs übertragen werden können, der Zwangsvollstreckung entzogen. Für die aus ihnen fließenden Verwertungsrechte gelten die Sonderregeln des UrhG, die die Vollstreckung wegen Geldforderungen begrenzen. Für die Vollstreckung in die sonstigen verwandten Schutzrechte sind dagegen keine Sonderbestimmungen vorgesehen.

III. Besondere Schranken sieht das UrhG im übrigen für die Zwangsvollstreckung wegen Geldforderungen bei bestimmten körperlichen Gegenständen vor.

1. Eine Begrenzung erfährt die Zwangsvollstreckung in die Originale geschützter Werke, die den Urhebern oder ihren Rechtsnachfolgern gehören. Auch diese Regel ist auf die Verfasser wissenschaftlicher Ausgaben und auf die Lichtbildner sinngemäß anzuwenden; §§ 114, 116 und 118 UrhG.

2. Begrenzt ist ferner die Zwangsvollstreckung wegen Geldforderungen in Vorrichtungen, die ausschließlich zur Vervielfältigung oder Sendung eines Werkes oder zur Vorführung eines Filmwerkes bestimmt sind. Sie ist nur zugunsten von Gläubigern gestattet, die zur Nutzung des Werkes mittels dieser Vorrichtungen berechtigt sind; § 119 Abs. 1 und 2 UrhG.

Entsprechend gilt diese Einschränkung auch für die Vollstreckung in Vorrichtungen, die ausschließlich zu einer dem Rechtsinhaber vorbehaltenen Verwertung von Gegenständen verwandter Schutzrechte bestimmt sind, beispielsweise zur Vollstreckung in Matrizen, die zur Herstellung von Schallplatten dienen; § 119 Abs. 3 UrhG.

IV. In der folgenden Darstellung gehen wir von den Sonderbestimmungen der §§ 113—119 UrhG aus, ergänzen die Darstellung aber durch den Hinweis auf die Rechtslage, die sich aus allgemeinen Vorschriften der ZPO für die Vollstreckung in die aus dem Urheberrecht abgeleiteten Nutzungsrechte sowie in Vergütungsansprüche der Urheber und der Inhaber verwandter Schutzrechte ergibt.

§ 135. Zugriff auf Verwertungsrechte und Nutzungsrechte

I. Durch die Regeln der §§ 113 und 115 UrhG wird die Zwangsvollstreckung wegen Geldforderungen in die Verwertungsrechte begrenzt, die den Urhebern oder ihren Rechtsnachfolgern zustehen. Die Vorschriften gelten gemäß § 118 UrhG entsprechend für die Vollstreckung in die Verwertungsrechte der Verfasser wissenschaftlicher Ausgaben und der Lichtbildner; diese Anwendung ist mit gemeint, wenn wir im folgenden zur Vereinfachung der Darstellung von der Vollstreckung in die Verwertungsrechte der Urheber und ihrer Rechtsnachfolger sprechen.

1. Die Beschränkung der Zwangsvollstreckung in die Verwertungsrechte, die das UrhG vorsieht, gilt nur für die Zwangsvollstreckung we-

gen Geldforderungen. Keine Beschränkung ist für die Vollstreckung wegen Individualforderungen vorgesehen; es ist möglich, daß der Urheber aufgrund einer vertraglich übernommenen Verpflichtung oder aufgrund der Zwangslizenz des § 61 UrhG zur Einräumung von ausschließlichen oder einfachen Nutzungsrechten verurteilt wird. In solchen Fällen gilt gemäß § 894 Abs. 1 ZPO die Einwilligung mit der Rechtskraft des Urteils als erteilt.

2. Keine Anwendung finden die einschlägigen Regeln auf das Ausstellungsrecht: Das Ausstellungsrecht ist der Zwangsvollstreckung schon deshalb entzogen, weil es seinem Wesen nach Ausstrahlung des Veröffentlichungsrechts und damit des Urheberpersönlichkeitsrechts ist. Vgl. oben § 48 II.

II. Im einzelnen gelten für die Zwangsvollstreckung wegen Geldforderungen in die Verwertungsrechte der Urheber und ihrer Rechtsnachfolger folgende Regeln:

1. Die Zwangsvollstreckung gegen den Urheber ist nur mit seiner Einwilligung zulässig. Die Einwilligung kann nicht durch den gesetzlichen Vertreter erteilt werden. § 113 UrhG.

Die Entscheidung des Urhebers muß, mit anderen Worten, persönliche Entscheidung sein. Für einen geschäftsunfähigen Urheber kann daher die Einwilligung nicht erteilt werden. Ist der Urheber beschränkt geschäftsfähig, so kann er die Einwilligung mit Zustimmung seines gesetzlichen Vertreters erteilen. Die Erteilung durch einen Bevollmächtigten des Urhebers ist unbedenklich, wenn sie auf einer Spezialvollmacht beruht. Erteilung aufgrund einer Generalvollmacht ist dagegen, dem Sinn der Regel entsprechend, unwirksam; ebenso Hubmann, UR S. 276.

Auch für die Zwangsvollstreckung gegen den Rechtsnachfolger des Urhebers ist dessen Einwilligung erforderlich. Das Erfordernis entfällt aber, anders als bei der Vollstreckung gegen den Urheber, wenn das Werk erschienen ist. Auch gilt nicht die Einschränkung, daß die Einwilligung nicht durch den gesetzlichen Vertreter erteilt werden kann. § 115 UrhG. Hat der Urheber durch letztwillige Verfügung die Ausübung des Urheberrechts einem Testamentsvollstrecker übertragen, so ist die zur Vollstreckung erforderliche Einwilligung von diesem zu erteilen; § 117 UrhG.

2. Die Zwangsvollstreckung gegen den Urheber oder seinen Rechtsnachfolger ist im übrigen dadurch beschränkt, daß sie nach der Regel der §§ 113 und 115 UrhG nur insoweit zulässig ist, als der Urheber oder sein Rechtsnachfolger Nutzungsrechte einräumen kann. Der Vorschrift des § 31 Abs. 4 UrhG entsprechend, ist daher eine Zwangsvollstreckung in noch nicht bekannte Verwertungsarten ausgeschlossen.

Im UrhG heißt es in §§ 113 und 115 in ungenauer Terminologie, daß die Zwangsvollstreckung in das Urheberrecht nur insoweit zulässig ist, als der Urheber oder sein Rechtsnachfolger Nutzungsrechte einräumen kann. In Wahrheit ist eine Zwangsvollstreckung in das Urheberrecht ausgeschlossen. In Betracht kommt eine Vollstreckung nur in die Verwertungsrechte und die Vergütungsansprüche. Beides sind Rechte, deren Quelle das Urheberrecht ist. §§ 113 und 115 UrhG beziehen sich aber allein auf die Zwangsvollstreckung in die Verwertungsrechte.

3. Möglich ist, daß die Einwilligung zur Vollstreckung unter Beschränkung auf bestimmte Verwertungsarten erteilt wird. Dies gilt auch im Fall des Konkurses für die Einwilligung, die Voraussetzung für die Zugehörigkeit von Verwertungsrechten zur Konkursmasse ist; die Einwilligung, die während des Konkursverfahrens erteilt wird, wirkt dabei auf den Zeitpunkt der Konkurseröffnung zurück.

Weitergehend würde dem Sinn der Regel des § 31 Abs. 5 UrhG die Vorschrift entsprechen, daß in der Einwilligungserklärung die gestatteten Verwertungsarten ausdrücklich bezeichnet werden. Eine solche Vorschrift ist im UrhG nicht vorgesehen. Im Zweifelsfall ist es aber m. E. Pflicht des Vollstreckungsgerichts, die Tragweite der Einwilligungserklärung klarzustellen.

4. Soweit demnach eine Zwangsvollstreckung stattfinden kann, gilt für das Verfahren die Regel des § 857 ZPO. Die Pfändung ist bewirkt, wenn der Beschluß des Vollstreckungsgerichts dem Urheber oder seinem Rechtsnachfolger zugestellt wird. Die Art der Verwertung bestimmt das Vollstreckungsgericht nach pflichtgemäßem Ermessen. In Betracht kommt insbesondere die Bestellung eines Treuhänders, dem Nutzungsrechte mit der Maßgabe eingeräumt werden, daß er die Erträgnisse aus ihrer Vergabe bis zur Befriedigung des Gläubigers an diesen abzuführen hat. Vor einer solchen Anordnung hat das Vollstreckungsgericht den Urheber oder seinen Rechtsnachfolger zu hören; § 857 in Verbindung mit § 844 ZPO.

Die normale Art der Verwertung, die § 857 in Verbindung mit § 835 ZPO für die Vollstreckung von Geldforderungen in Vermögensrechte vorsieht — die Überweisung zur Einziehung oder an Zahlungs Statt —, kommt bei der Vollstreckung in Verwertungsrechte nicht in Betracht. Unstreitig ist jedenfalls, daß eine Überweisung an Zahlungs Statt ausgeschlossen ist, weil die gepfändeten Verwertungsrechte keinen Nennwert haben. Dagegen wird u. a. von HUBMANN, UR, S. 277, und STEIN-JONAS-POHLE, ZPO (19. Aufl. 1975), § 857 V 1, angenommen, daß eine Überweisung zur Einziehung erfolgen kann. Aber die Verwertungsrechte sind, anders als die Vergütungsansprüche, keine Rechte, aufgrund derer von Drittschuldnern Leistungen zur Abdeckung der Gläubigerforderung eingezogen werden können. Sie sind nur die Basis für den Abschluß von Verträgen, die Zahlungspflichten begründen. Daher kommt m. E. nur die sonstige Verwertung gemäß § 844 ZPO in Betracht, deren Anordnung einen Antrag des Gläubigers und eine Anhörung des Schuldners voraussetzt.

5. Mit den Bestimmungen über die Zwangsvollstreckung in die Verwertungsrechte ist das UrhG im wesentlichen der Regelung gefolgt, die erstmals im LUG von 1901 getroffen wurde. Demgegenüber wäre eine *Neudurchdenkung der Regelung* vorzuziehen gewesen. Ist der Urheber damit einverstanden, daß die Erträgnisse aus der Verwertung seines Werkes zur Abdeckung seiner Verbindlichkeiten verwendet werden, so kann er sich, statt die Einwilligung zur Zwangsvollstreckung zu erteilen, mit dem Gläubiger in anderer, besser geeigneter Weise verständigen. Insbesondere kann er Vereinbarungen über die Art der

Verwertung und die von ihm abzuschließenden Nutzungsverträge treffen und in den Verträgen sicherstellen, daß die Vergütungen bis zur Tilgung seiner Schulden an den Gläubiger ausgezahlt werden. Damit wird nicht nur das umständliche Verfahren der Pfändung und einer durch das Vollstreckungsgericht anzuordnenden Verwertung vermieden. Dem Urheber bleibt vielmehr auch die Entscheidung über die Durchführung der Verwertung und die Person des Verwerters, über die er sich mit dem Gläubiger verständigt. Bedenklich ist im übrigen insbesondere, daß nach dem Tod des Urhebers die Zwangsvollstreckung in erschienene Werke ohne Zustimmung des Rechtsnachfolgers bzw. des Testamentsvollstreckers erfolgen kann, dem er die Obhut über das Werk anvertraut hat. Der Gesetzgeber von 1901 konnte noch davon ausgehen, daß jedenfalls bei literarischen Werken die Vervielfältigung und die Verbreitung der Exemplare die Hauptart der Verwertung ist. Heute ist mit einer Reihe anderer, bedeutsamer Verwertungsarten zu rechnen, darunter solcher, die, wie beispielsweise die Verfilmung, auch den ideellen Interessen des Urhebers zuwiderlaufen können. Das UrhG läßt aber selbst in Fällen, in denen der Urheber einen Testamentsvollstrecker zum Hüter seines geistigen Nachlasses berufen hat, mit dem Erscheinen des Werkes ohne dessen Einwilligung die Zwangsvollstreckung in alle bekannten Verwertungsarten zu. Als bessere Lösung erscheint diejenige des österreichischen UrhG, in dem es heißt: „Verwertungsrechte sind der Exekution wegen Geldforderungen entzogen."

III. Keine Sonderbestimmungen sieht das UrhG für die Vollstreckung in die aus den Verwertungsrechten abgeleiteten Nutzungsrechte vor. Aus den allgemeinen Regeln der ZPO (§ 857 in Verbindung mit § 851) folgt, daß sie der Pfändung nur insoweit unterworfen sind, als sie übertragbar sind. Im Regelfall, in dem die Übertragung gemäß § 34 UrhG nur mit Zustimmung des Urhebers zulässig ist, setzt daher auch die Pfändung die Zustimmung des Urhebers voraus, die freilich nicht wider Treu und Glauben verweigert werden darf. Im übrigen ist die Pfändung ohne Zustimmung des Urhebers zulässig, wenn der Urheber vertraglich die Übertragung der Nutzungsrechte gestattet hat oder wenn die Übertragung, wie bei den Rechten des Filmherstellers zur Verwertung des Filmwerkes, kraft Gesetzes ohne Zustimmung des Urhebers zulässig ist.

Abweichend wird zum Teil angenommen, daß die Pfändung in die Nutzungsrechte stets zulässig und nur eine Verwertung in Form der Übertragung von Nutzungsrechten der Zustimmung des Urhebers bedarf; so Möhring-Nicolini, UrhG, § 112, Anm. 4e, und Stein-Jonas-Pohle, ZPO, § 857 II 4c, sowie die amtliche Begründung zu § 112 UrhG. Diese Meinung steht aber im Widerspruch mit dem Gesetzestext, der von der Unzulässigkeit der Pfändung ausgeht. Wie hier Hubmann, UR, S. 278. Auch die Bestimmung des § 857 Abs. 3 ZPO, daß ein unveräußerliches Recht der Pfändung insoweit unterworfen ist, als die Ausübung einem anderen überlassen werden kann, ist m. E. nicht anwendbar: In Fällen, in denen die Zustimmung zur Übertragung erforderlich ist, kann sinngemäß auch die Ausübung des Nutzungsrechts einem anderen nur mit Zustimmung des Urhebers überlassen werden. — Die Pfändung ist bewirkt, wenn der Beschluß des Vollstreckungsgerichts dem Inhaber des Nutzungsrechts zugestellt wird. Die Art der Verwertung bestimmt das Vollstreckungsgericht — ebenso wie bei der Vollstreckung in die Verwertungsrechte — nach pflichtgemäßem Ermessen. Zur Zwangsvollstreckung in das Verlagsrecht und zur Rechtslage im Konkurs des Verlegers vgl. oben § 109 I und II. Bei Verträgen über die öffentliche Wiedergabe des Werkes hat der Urheber, wenn der Unternehmer in Konkurs fällt, die Möglichkeit der Kündigung wegen wichtigen Grundes, die zum Erlöschen des

Nutzungsrechts führt. Macht er davon keinen Gebrauch, so liegt die Entscheidung gemäß § 17 KO beim Konkursverwalter: Wählt er die Erfüllung, so besteht das Nutzungsrecht weiter; die Verpflichtungen des Unternehmers werden zur Masseschuld. Lehnt er die Erfüllung ab, so erlischt das Recht zur öffentlichen Wiedergabe. Über die Rechtslage im Konkurs einer Verwertungsgesellschaft vgl. BGH in GRUR 1966, 567, 569.

§ 136. Zugriff auf Vergütungsansprüche

Auf die Vollstreckung in Vergütungsansprüche, die den Urhebern oder den Inhabern von verwandten Schutzrechten kraft Gesetzes zustehen, finden die allgemeinen Vorschriften der ZPO Anwendung. Das gleiche gilt für die Vergütungsansprüche, die ihnen aus den Verträgen erwachsen, die sie über die Einräumung von Nutzungsrechten oder über verwandte Schutzrechte schließen, sowie für Schadensersatz- und Bereicherungsansprüche: Grundsätzlich können die Ansprüche gepfändet und dem Gläubiger nach seiner Wahl zur Einziehung oder an Zahlungs Statt überwiesen werden. Doch gelten folgende Ausnahmen:

I. Die Pfändung ist ausgeschlossen, sofern die Forderung nicht übertragbar ist; § 851 ZPO. Dementsprechend ist eine Pfändung der Forderungen, die den Urhebern aufgrund des Folgerechts im Fall der Weiterveräußerung von Originalen der Werke der bildenden Künste zustehen, erst nach der Entstehung der Forderung möglich.

Nicht übertragbar ist gemäß § 97 Abs. 2 UrhG auch der Anspruch des Urhebers auf Geldersatz für einen immateriellen Schaden, es sei denn, daß er durch Vertrag anerkannt oder daß er rechtshängig geworden ist; insoweit ist daher auch die Pfändung ausgeschlossen.

II. Die Pfändung des Arbeitseinkommens ist aus sozialen Gründen nach Maßgabe der Regeln der §§ 850 ff. ZPO beschränkt. Die Beschränkung kommt für die Ansprüche der Urheber, der Verfasser von wissenschaftlichen Ausgaben, der Herausgeber von nachgelassenen Werken, der Lichtbildner sowie der ausübenden Künstler in Betracht. Der Begriff des Arbeitseinkommens bleibt dabei nicht auf das Einkommen aus Arbeits- oder Dienstverhältnisse beschränkt. Er umfaßt vielmehr die Vergütung für Dienstleistungen aller Art, die die Erwerbstätigkeit des Schuldners vollständig oder zu einem wesentlichen Teil in Anspruch nehmen, darunter auch das Einkommen aus freiberuflichem Schaffen.

Vgl. über die Auslegung des § 850 ZPO Stein-Jonas-Pohle, ZPO, § 850 VII 5. Rechtlich macht es keinen Unterschied, ob die Vergütungsansprüche dem Schuldner unmittelbar gegen die Verwerter zustehen oder ob es sich um Ansprüche gegen Verwertungsgesellschaften handelt, die seine Rechte wahrnehmen; vgl. dazu KG vom 7. Juni 1956, bei Schulze, KGZ 20. Hinsichtlich der Art der Pfändungsbeschränkung unterscheidet die ZPO, ob es sich um wiederkehrend oder nichtwiederkehrend zahlbare Vergütungen handelt. Nur bei wiederkehrenden Vergütungen sind die Ansprüche in den durch das Gesetz festgelegten Grenzen unpfändbar. Bei anderen Bezügen gilt dagegen die Regel des § 850 i ZPO, daß nach erfolgter Pfändung das Vollstreckungsgericht auf Antrag dem Schuldner soviel zu belassen hat, als er während eines angemessenen Zeitraums für seinen notwendigen Unterhalt und denjenigen seiner Angehörigen bedarf. Bei der Entscheidung sind die wirtschaftlichen Verhältnisse des Schuldners, insbesondere seine sonstigen Verdienstmöglichkeiten, frei zu würdigen.

§ 137. Zugriff auf körperliche Gegenstände

Die Werkstücke unterliegen als körperliche Gegenstände grundsätzlich dem Gläubigerzugriff. Das UrhG sieht aber einzelne Beschränkungen vor.

I. §§ 114 und 116 UrhG beschränken die Zwangsvollstreckung wegen Geldforderungen in die Originale der Werke. Gegen den Urheber ist grundsätzlich eine Vollstreckung in die ihm gehörenden Originale nur mit seiner Einwilligung zulässig; das gleiche gilt für die Vollstreckung gegen seinen Rechtsnachfolger, sofern das Werk noch nicht erschienen ist. Wird das Urheberrecht durch einen Testamentsvollstrecker ausgeübt, so ist anstelle der Einwilligung des Rechtsnachfolgers diejenige des Testamentsvollstreckers erforderlich; § 117 UrhG.

Die Entscheidung des Urhebers über die Erteilung der Einwilligung ist, ebenso wie bei der Zwangsvollstreckung in Verwertungsrechte, persönliche Entscheidung: Erteilung durch den gesetzlichen Vertreter ist ausgeschlossen. § 114 Abs. 1 Satz 2 UrhG.

1. Die Begrenzung der Vollstreckung in die Originale der Werke der Literatur und Tonkunst war schon im LUG vorgesehen: Die Originalniederschriften sollten dem Urheber, bei nichterschienenen Werken auch dessen Rechtsnachfolger, nicht nur als Grundlage für die Wiedergabe, sondern auch um ihrer autographischen Bedeutung willen belassen werden. Die Neuregelung im UrhG erstreckt die Begrenzung auf Originale von Werken aller Art. Sie gilt daher grundsätzlich auch für die Vollstreckung in die Originale von Werken der bildenden Künste, in die nach früherem Recht mit Rücksicht auf ihren Materialwert die Vollstreckung unbegrenzt zugelassen wurde. Reste der früheren Regelung sind aber geblieben: Die Einwilligung ist nicht erforderlich zur Vollstreckung in das Original eines Werkes der Baukunst; bei anderen Werken der bildenden Künste bedarf es der Einwilligung nicht, wenn das Werk veröffentlicht ist. In beiden Fällen ist, um den Gläubigern die Befriedigung aus dem gepfändeten Original zu ermöglichen, auch dessen Verbreitung ohne Zustimmung des Urhebers oder seines Rechtsnachfolgers gestattet. §§ 114 Abs. 2 Satz 1 Nr. 2 und 3, Satz 2 sowie 116 Abs. 2 UrhG.

Eine weitere Ausnahme sieht das UrhG in §§ 114 Abs. 2 Satz 1 Nr. 1 und 116 Abs. 2 vor: Die Einwilligung ist nicht erforderlich, soweit die Zwangsvollstreckung in das Original des Werkes zur Durchführung der Zwangsvollstreckung in ein Nutzungsrecht (richtiger: in ein Verwertungsrecht) erforderlich ist. Hat beispielsweise der Urheber oder sein Rechtsnachfolger die Zwangsvollstreckung wegen einer Geldforderung in das Vervielfältigungsrecht gestattet, so muß der Gläubiger auch verlangen können, daß ihm das Original zur Verfügung gestellt wird, sofern dies zur Vervielfältigung des Werkes notwendig ist. Nicht erforderlich ist die Überlassung des Originals, wenn dem Gläubiger eine zur Vervielfältigung geeignete Kopie zugänglich ist. Auch genügt in der Regel eine kurzfristige Überlassung des Originals.

2. Entsprechend anwendbar ist die zum Schutz des Urhebers und seines Rechtsnachfolgers vorgesehene Beschränkung der Vollstreckung in die Originale auch auf die Zwangsvollstreckung wegen Geldforderungen gegen die Verfasser wissenschaftlicher Ausgaben, gegen Lichtbildner und ihre Rechtsnachfolger. § 118 UrhG.

II. Beschränkt wird ferner die Zwangsvollstreckung wegen Geldforderung in Vorrichtungen, die ausschließlich zur Vervielfältigung oder Sendung eines Werkes oder zur Vorführung eines Filmwerkes bestimmt sind. Gemäß § 119 Abs. 1 und 2 UrhG unterliegen sie der Zwangsvollstreckung wegen Geldforderungen nur, sofern der Gläubiger zur Nutzung des Werkes mittels dieser Vorrichtungen berechtigt ist: Mangels einer solchen Berechtigung blieben die Gläubiger auf die Nutzung des zumeist nur geringfügigen Materialwerts beschränkt. Die Vollstreckung in die Vorrichtungen ist daher auch dann ausgeschlossen, wenn sie sich nicht gegen den Urheber oder seinen Rechtsnachfolger, sondern gegen dritte Personen richtet. Als Beispiele der Vorrichtungen, die ausschließlich zur Vervielfältigung bestimmt sind, nennt das UrhG Formen, Platten, Steine, Druckstöcke, Matrizen und Negative, als Vorrichtungen, die ausschließlich zur Vorführung des Filmwerkes bestimmt sind, die Filmstreifen. Vorrichtungen, die ausschließlich zur Sendung bestimmt sind, sind die im Rundfunkwesen sogenannten Wiedergabevorrichtungen.

Entsprechend anwendbar ist die Regel auf Vorrichtungen, die ausschließlich zu der den Rechtsinhabern vorbehaltenen Verwertung von Gegenständen verwandter Schutzrechte bestimmt sind. Es geht um die Vorrichtungen, die zur Herstellung von schutzfähigen Editionen, von Lichtbildern und von Ton- und Bildträgern bestimmt sind, sowie um Wiedergabevorrichtungen, die der Vorführung von Filmen oder der Funksendung dienen. Die Vollstreckung ist unzulässig, wenn ihrer bestimmungsmäßigen Verwertung die Rechte der Verfasser oder Herausgeber geschützter Ausgaben, der Lichtbildner, der ausübenden Künstler, der Hersteller von Ton- und Bildträgern oder der Sendeunternehmen entgegenstehen. § 119 Abs. 3 UrhG.

III. Die Vollstreckung wegen Geldforderungen in Vervielfältigungsstücke, die keine Vorrichtungen i. S. des § 119 UrhG sind, ist nach den allgemeinen Regeln der ZPO zulässig. Die Verwertungsmöglichkeit ist aber, sofern dem Urheber oder dem Inhaber eines verwandten Schutzrechts das ausschließliche Verbreitungsrecht zusteht, nur eine beschränkte. Werden beispielsweise Bücher gepfändet, so kommt es darauf an, ob sie bereits im Weg der Veräußerung in Verkehr gebracht worden sind, so daß das Verbreitungsrecht erschöpft ist: Richtet sich der Zugriff gegen den Käufer der Exemplare, so ist die weitere Verbreitung und demgemäß auch die Versteigerung im Vollstreckungsverfahren zulässig. Werden dagegen beim Urheber oder beim Verleger Exemplare gepfändet, die noch nicht abgesetzt sind, so dürfen sie nicht in den Verkehr gebracht werden. Ohne Zustimmung des Verbreitungsberechtigten kann sich daher der pfändende Gläubiger nur an den Materialwert halten. Dieselbe Lage kann im Konkurs eintreten: Im Konkurs des Verlegers fallen die noch nicht abgesetzten Exemplare in die Konkursmasse. Lehnt der Konkursverwalter die Erfüllung des Verlagsvertrags ab, so erlischt das Verlagsrecht, so daß eine Verbreitung nur mit Zustimmung des Berechtigten zulässig ist. Ähnlich steht es auch beim gesetzlichen Pfandrecht: Buchdrucker und Buchbinder haben zwar aufgrund des Werkvertrags, den sie mit dem Verleger abgeschlossen haben, gemäß § 647 BGB ein gesetzliches Pfandrecht an den Werkstücken, die sich in ihrem Besitz befinden; zur Verbreitung der Exemplare sind sie aber nicht ohne Zustimmung des Verlegers berechtigt.

Nachtrag

Der Bundesminister der Justiz hat den interessierten Kreisen am 2. Oktober 1980 den Referentenentwurf eines Gesetzes zur Änderung des UrhG übersandt, um ihnen Gelegenheit zur Stellungnahme zu geben. Bei dem Entwurf handelt es sich um einen Gesetzesvorschlag zu den folgenden, im Text dieses Buches erwähnten Reformfragen:

1. Hinsichtlich des *Schutzes von Lichtbildwerken und Lichtbildern* (S. 151 ff.) sieht der Entwurf die Aufhebung des § 68 UrhG vor, die zur Folge hätte, daß für Lichtbildwerke die regelmäßige urheberrechtliche Schutzdauer von 70 Jahren p. m. a. in Anspruch genommen werden kann. Für Lichtbilder soll dem § 92 UrhG ein Absatz angefügt werden, in dem es heißt, daß der Schutz 50 Jahre nach dem Erscheinen des Lichtbilds, jedoch bereits 50 Jahre nach der Herstellung erlischt, wenn das Lichtbild innerhalb dieser Frist nicht erschienen ist. Grundsätzlich handelt es sich um eine Regelung, die der im Text sog. österreichischen Lösung entspricht.

2. Zu den auf S. 307 ff. erörterten Reformfragen betreffend die *Vervielfältigung zum persönlichen und sonstigen eigenen Gebrauch* sieht der Entwurf vor, daß die Vervielfältigung graphischer Aufzeichnungen von Werken der Musik und die im wesentlichen vollständige Vervielfältigung eines Buchs, einer Zeitung oder Zeitschrift, soweit sie nicht handschriftlich vorgenommen wird, stets nur mit Einwilligung des Berechtigten zulässig ist, es sei denn, daß es sich um die im geltenden Recht vorgesehenen Ausnahmen für die Aufnahme in ein eigenes Archiv und für vergriffene Werke handelt.

Im übrigen liegt der Schwerpunkt der Vorschläge bei den Regeln über eine Vergütung in den Fällen, in denen die Vervielfältigung genehmigungsfrei ist:

a) Der Forderung, im Hinblick auf das Überhandnehmen der Fälle der Aufnahme von Sendungen auf Bild- oder Tonträger und der Überspielung von Bild- und Tonträgern auf andere die bisher vorgesehene Geräteabgabe durch eine Vergütungspflicht für den Vertrieb von Leerkassetten zu ergänzen, wird in der im Entwurf vorgesehenen Regelung nicht entsprochen. Dafür soll bezüglich der Geräteabgabe die Beschränkung der Gesamtvergütung, die seitens der Urheber, der ausübenden

Künstler, der Hersteller von Tonträgern und der Filmhersteller in Anspruch genommen werden kann, auf höchstens 5 % des Veräußerungserlöses entfallen, so daß unter Berücksichtigung der neueren Entwicklung als angemessene Vergütung ein höherer Betrag verlangt werden kann. Im übrigen soll die Regel nicht nur, wie bisher, für die Vervielfältigung zum persönlichen Gebrauch, sondern auch für die Fälle gelten, in denen die Aufnahme oder Überspielung nach den Regeln über die Vervielfältigung zum sonstigen eigenen Gebrauch genehmigungsfrei ist.

b) Hinsichtlich der Reprographie wird der Vorschlag der Einführung einer Geräteabgabe nicht aufgegriffen. Die Urheber sollen aber in Fällen, in denen zu erwarten ist, daß ihre Werke durch Ablichtung von Werkstücken oder in einem Verfahren vergleichbarer Wirkung vervielfältigt werden, gegen diejenigen, die als Betreiber von dazu geeigneten Geräten solche Vervielfältigungen herstellen oder herstellen lassen, Anspruch auf Zahlung einer angemessenen Vergütung für die durch das Betreiben der Geräte geschaffene Möglichkeit der Herstellung solcher Vervielfältigungen haben.

c) Bei beiden Tatbeständen soll die in § 54 Abs. 2 UrhG vorgesehene Bestimmung, daß der zur Vervielfältigung Befugte, wenn die Vervielfältigung gewerblichen Zwecken dient, eine angemessene Vergütung zu zahlen hat, entfallen, wenn eine Vergütung nach den vorgenannten Regeln gezahlt worden ist. Auch sollen die im Entwurf vorgesehenen Vergütungsansprüche nur durch eine Verwertungsgesellschaft geltend gemacht werden können.

3. Hinsichtlich der *Sonderfälle der öffentlichen Wiedergabe* (S. 313 ff.) berücksichtigt der Entwurf die Entscheidung des BVerfG vom 25. Oktober 1978.

Demnach wird in Abänderung des § 52 Abs. 1 Nr. 2 UrhG vorgesehen, daß die Wiedergabe eines erschienenen Werkes bei einem Gottesdienst, einer kirchlichen Feier oder einer anderen Veranstaltung der Kirchen oder Religionsgesellschaften des öffentlichen Rechts zwar wie bisher genehmigungsfrei ist, daß für sie aber eine angemessene Vergütung zu zahlen ist. Eine Ausnahme von der Vergütungspflicht soll jedoch, außer für die Liturgie, für den Gesang der Gemeinde und die Begleitung bei gottesdienstlichen Veranstaltungen gelten.

Im übrigen soll an der bisherigen Regel, daß die öffentliche Wiedergabe eines erschienenen Werkes zulässig ist, wenn die Wiedergabe keinem Erwerbszweck des Veranstalters dient, die Teilnehmer ohne Entgelt zugelassen werden und im Fall des Vortrags oder der Aufführung des Werkes den ausübenden Künstlern keine besondere Vergütung gezahlt wird, festgehalten werden. Für die Wiedergabe soll jedoch eine angemessene Vergütung bezahlt werden, „sofern nicht Gründe des Allgemeinwohls vorliegen, die auch bei Berücksichtigung der Belange des Urhebers eine Vergütungsfreiheit rechtfertigen". Dient die Veranstaltung dem Erwerbszweck eines Dritten, so soll dieser dem Urheber ohne Rücksicht auf die Art der Veranstaltung die Vergütung bezahlen.

Abschließend wird wie bisher vorgesehen, daß öffentliche bühnenmäßige Aufführungen, Funksendungen eines Werkes sowie öffentliche Vorführungen eines Filmwerks nur mit Einwilligung des Berechtigten zulässig sind.

Im ganzen ist der Entwurf eine wertvolle Grundlage für die Diskussion über die Reformfragen. Da sie in wesentlichen Teilen rechtspolitisch umstritten sind, bleibt die Frage offen, inwieweit und gegebenenfalls mit welchen Änderungen die im Entwurf vorgesehenen Bestimmungen in eine Novelle zum UrhG übernommen werden.

Gesetzesregister

Die Zahlen verweisen auf die Seiten. Hauptstellen sind fett gedruckt.

1. Gesetz über das Urheberrecht und verwandte Schutzrechte (Urheberrechtsgesetz)

2. Gesetz über die Wahrnehmung von Urheberrechten und verwandten Schutzrechten

3. Gesetz über das Verlagsrecht

4. Revidierte Berner Übereinkunft zum Schutz von Werken der Literatur und Kunst (Pariser Fassung, 1971)

5. Welturheberrechtsabkommen (Pariser Fassung, 1971)

6. Internationales Abkommen über den Schutz der ausübenden Künstler, der Hersteller von Tonträgern und der Sendeunternehmen (Rom-Abkommen)

Sachregister

Die Zahlen verweisen auf die Seiten. Hauptstellen sind fett gedruckt.

Errata

1. Auf Seite 363, 3. Zeile vor II muß es heißen: §88
2. Auf Seite 400, 5. Zeile vor §95 muß es heißen: um *ein*
3. Auf Seite 415, vor II muß es heißen: Antitrust-Regeln
4. Auf Seite 476, 3. Zeile vor V muß es heißen: Vertragstreue des *Verlegers* angesichts derer dem *Komponisten*...